TRAITÉ
THÉORIQUE ET PRATIQUE

DE DROIT CIVIL

XVIII

DU CONTRAT DE LOUAGE

I

Bordeaux, Y. Cadoret, impr., rue Poquelin-Molière, 17.

TRAITÉ

THÉORIQUE ET PRATIQUE

DE

DROIT CIVIL

DU CONTRAT DE LOUAGE

PAR

G. BAUDRY-LACANTINERIE	**Albert WAHL**
DOYEN ET PROFESSEUR DE DROIT CIVIL	PROFESSEUR A LA FACULTÉ DE DROIT
A LA FACULTÉ DE DROIT DE BORDEAUX	DE LILLE

DEUXIÈME ÉDITION

Entièrement refondue et mise au courant de la législation et de la jurisprudence.

TOME PREMIER

PARIS

LIBRAIRIE DE LA SOCIÉTÉ DU RECUEIL Gal DES LOIS ET DES ARRÊTS

FONDÉ PAR J.-B. SIREY, ET DU JOURNAL DU PALAIS

Ancienne Mon L. LAROSE & FORCEL

22, RUE SOUFFLOT, 22

L. LAROSE, DIRECTEUR DE LA LIBRAIRIE

1900

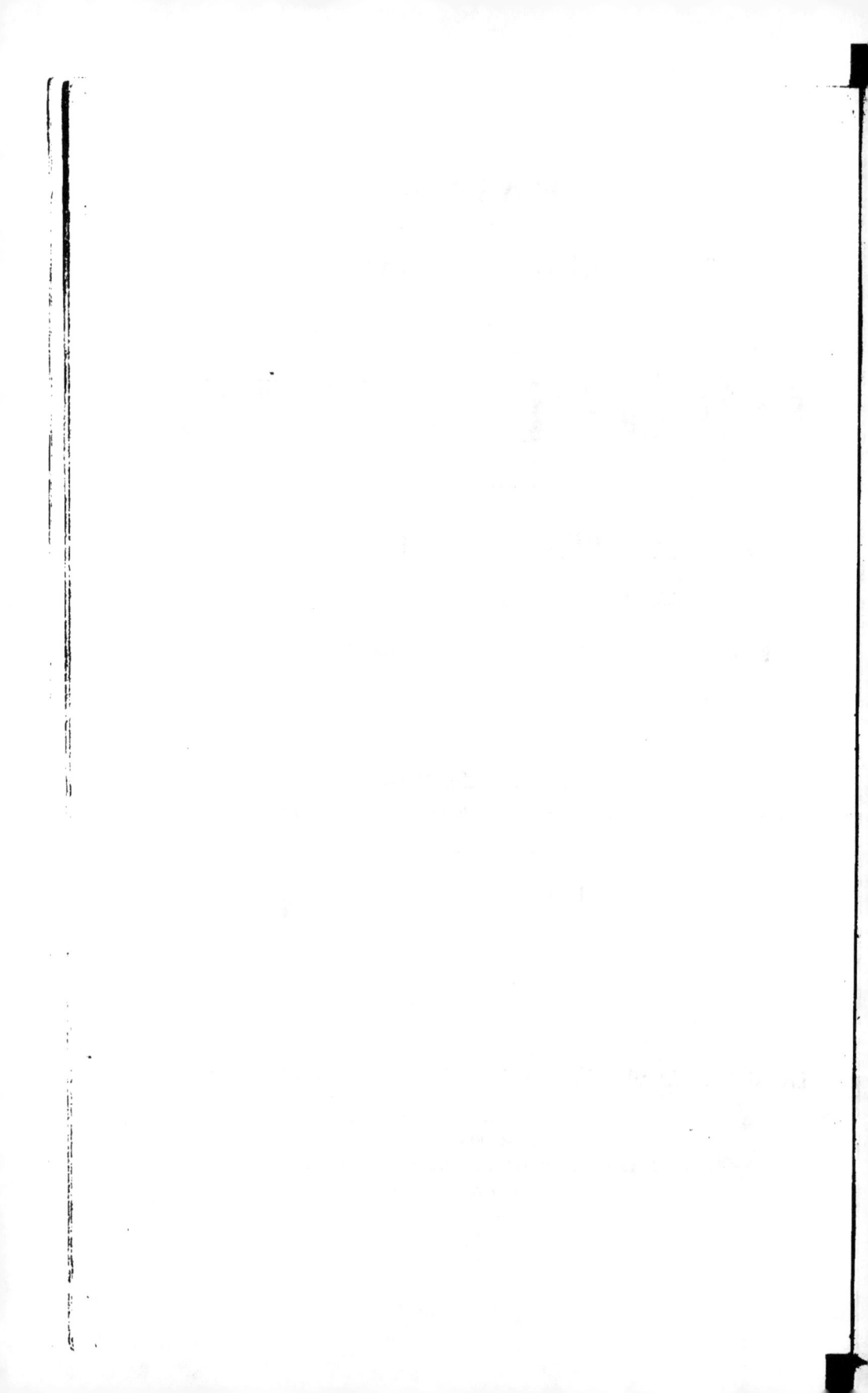

DU CONTRAT DE LOUAGE

(Livre III, titre VIII du Code civil)

CHAPITRE PRÉLIMINAIRE

DÉFINITIONS

1. Le louage est un contrat par lequel une personne (*bailleur* dans le louage de choses, *locateur* dans le louage d'ouvrage) s'engage à mettre pendant un certain temps sa chose ou son activité au service d'une autre personne (*preneur* dans le louage de choses, *patron* ou *maître* dans le louage d'ouvrage), moyennant un certain prix (*loyer, fermage* dans le louage de choses, *loyer, salaire* ou *honoraire* dans le louage d'ouvrage), que celle-ci s'oblige de lui payer.

2. « *Il y a deux sortes de contrats de louage : — Celui des* » *choses, — Et celui d'ouvrage* » (art. 1708).

Les Romains distinguaient trois espèces de louages : 1° *locatio conductio rerum ;* 2° *locatio conductio operarum ;* 3° *locatio conductio operis.* Les deux dernières sont confondues dans le code civil, sous la dénomination générale de *louage d'ouvrage* (art. 1708 et 1710) ([1]).

3. « *Le louage des choses est un contrat par lequel l'une* » *des parties s'oblige à faire jouir l'autre d'une chose pendant* » *un certain temps, et moyennant un certain prix que celle-ci* » *s'oblige de lui payer* » (art. 1709).

Celle des parties qui s'oblige à procurer la jouissance de la chose, porte le nom de *bailleur* ou *locateur*. La première de ces deux dénominations est plus usitée que la seconde. L'autre partie, qui s'oblige à payer le prix comme contre-

([1]) V. *infra*, t. II.

valeur de la jouissance, est désignée sous la dénomination générique de *preneur*, et sous les dénominations spéciales de *locataire*, quand la chose louée est une maison ou un meuble, de *fermier*, quand c'est un fonds rural et que le prix de la location est ferme, et de *colon partiaire*, quand c'est un fonds rural et que le prix consiste dans une quotité des fruits. Ordinairement cette quotité est de la moitié, et alors le colon partiaire est aussi appelé *métayer* de *meta*, moitié. On donne même souvent le nom de métayer à tout colon partiaire, sans tenir compte de la quotité des fruits qu'il doit livrer au bailleur.

« *Le louage d'ouvrage est un contrat par lequel l'une des* » *parties s'engage à faire quelque chose pour l'autre, moyen-* » *nant un prix convenu entre elles* » (art. 1710).

Celle des parties qui fait travailler et qui *paie* le prix du travail porte le nom de *maître*, et l'autre, celui de *domestique, ouvrier, entrepreneur, architecte, voiturier*, suivant les cas. C'est cette dernière partie qui doit être considérée comme jouant dans le contrat le rôle de *bailleur ;* la chose louée est le travail ou l'industrie.

4. *Ces deux genres de louage* [le louage des choses et le » louage d'ouvrage] *se subdivisent encore en plusieurs espèces* » *particulières :* — On appelle bail à loyer, *le louage des* » *maisons et celui des meubles ;* — Bail à ferme, *celui des* » *héritages ruraux ;* — Loyer, *le louage du travail ou du ser-* » *vice ;* — Bail à cheptel, *celui des animaux dont le profit se* » *partage entre le propriétaire et celui à qui il les confie.* — » Les devis, *marché ou* prix fait, *pour l'entreprise d'un ou-* » *vrage moyennant un prix déterminé, sont aussi un louage,* » *lorsque la matière est fournie par celui pour qui l'ouvrage* » *se fait.* — *Ces trois dernières espèces ont des règles parti-* » *culières* » (art. 1711).

Il n'y a qu'une observation à faire sur les définitions, c'est que dans le langage courant le louage de travail ou de services ne s'appelle jamais loyer ; on lui donne le nom de *louage de services* ou de *contrat de travail*.

5. Nous étudierons successivement le louage des choses et le louage d'ouvrage dans deux titres distincts. Un troisième titre sera consacré au cheptel, qui est en général une variété du louages de choses, mais dont la loi fait un contrat particulier.

TITRE PREMIER

DU LOUAGE DES CHOSES

CHAPITRE PREMIER

DISTINCTION DU BAIL AVEC D'AUTRES ACTES ET CONTRATS.
ACTES QUI CONSTITUENT DES BAUX

6. Le bail doit être rapproché et distingué d'autres contrats avec lesquels il présente une certaine analogie, réelle ou apparente. Ce rapprochement seul nous permettra de déterminer les actes qui doivent être considérés comme des baux.

Avant tout, le bail doit être distingué de la vente. Dans l'un et l'autre de ces contrats, on rencontre les mêmes éléments essentiels : le consentement des parties, une chose transmise, un prix. Aussi est-il permis la plupart du temps d'argumenter par analogie de la vente au louage. Notamment il y a lieu d'appliquer aux promesses de louage ce que la loi dit des promesses de vente (¹). La principale différence entre les deux contrats consiste en ce que la vente engendre une obligation de *donner,* tandis que le louage engendre seulement une obligation de *faire;* en d'autres termes, tandis que le vendeur s'oblige à rendre l'acheteur propriétaire, le bailleur s'oblige seulement à faire jouir le preneur de sa chose (²). En outre, l'obligation du vendeur est instantanée et s'exécute par la livraison de la chose, tandis que l'obligation du bailleur est successive et se prolonge pendant toute la durée du bail (³).

(¹) V. *infra,* n. 39 s.

(²) Pothier, *Tr. du contr. de louage,* n. 3 ; Proudhon, *Tr. des dr. d'usufr.,* II, n. 993 ; Duranton, XVII, n. 8 ; Troplong, *Tr. du louage,* I, n. 21 ; Aubry et Rau, IV, p. 464, § 363 ; Guillouard, *Tr. du louage,* I, n. 6 et 7 ; Fuzier-Herman, art. 1709, n. 88.

(³) Guillouard, *Tr. de la vente,* I, n. 3.

Ces différences en entraînent d'autres :

1° L'acheteur prend la chose dans l'état où elle existe (C. civ., art. 1614), tandis que le bailleur, obligé à procurer la jouissance sérieuse de l'immeuble au preneur, doit livrer la chose en bon état (art. 1720) [1].

2° Dans la vente, l'acquéreur peut user de la chose comme il l'entend; il en est autrement dans le bail [2].

3° Le bailleur est tenu de garantir le preneur de tous les vices qui se produiront au cours de la convention, tandis que le vendeur (art. 1641) garantit seulement les vices existant au moment de la vente [3].

4° Les risques de l'immeuble sont pour le compte de l'acquéreur, tandis qu'ils incombent au bailleur [4].

5° Comme nous le verrons, et à la différence de la vente de la chose d'autrui (art. 1599), le bail de la chose d'autrui est valable [5].

6° Au point de vue fiscal, la vente donne lieu au droit de 2 p. 100 ou de 5,50 p. 100 suivant qu'il s'agit de meubles (L. 22 frim. an VII, art. 69, § 5, n. 1) ou d'immeubles (L. 28 avril 1816, art. 52), tandis que le bail donne lieu au droit de 20 cent. p. 100 (L. 16 juin 1824, art. 1) [6].

7° Le détournement, par le preneur, de l'objet mobilier donné à bail est un abus de confiance; tandis que l'acquéreur peut détourner l'objet vendu, même avant d'en avoir payé le prix, sans être passible de peines correctionnelles.

8° Le privilège du vendeur est soumis à d'autres règles que le privilège du bailleur.

7. Il s'élève souvent des difficultés très graves sur le point de savoir si les parties ont entendu faire une vente ou un bail. Les questions de ce genre ont surtout été agitées en matière fiscale [7]. Nous avons vu que le bail donne lieu à des droits fiscaux moins élevés que la vente; aussi les contractants

[1] V. infra, n. 272 s.
[2] V. infra, n. 754 s.
[3] V. infra, n. 429.
[4] V. infra, n. 335 s.
[5] V. infra, n. 125 s.
[6] V. aussi le n. suivant.
[7] Wahl, Note. S., 92. 1. 423.

donnent-ils souvent la qualification de bail d'un immeuble à la vente de certains produits de cet immeuble. La pratique fournit aussi des exemples du contraire : la vente de meubles, à la différence du bail d'immeubles, n'étant pas sujette d'enregistrement dans le délai déterminé, on voit les parties attribuer à un bail d'immeubles la dénomination de vente des produits de cet immeuble, pour échapper à l'obligation de faire enregistrer leur acte.

La distinction présente encore, au point de vue fiscal, d'autres intérêts :

1° Les parties peuvent, si le bail est fait pour plusieurs années, requérir le fractionnement de la perception par périodes de trois ans, et acquitter ainsi l'impôt par portions successives (L. 23 août 1871, art. 11). Il en est autrement pour les ventes de récoltes.

2° Le montant du loyer des immeubles peut être contrôlé par la voie de l'expertise (L. 23 août 1871, art. 15); l'expertise n'existe pas en matière de meubles.

3° Le prix des baux doit être pris pour base du calcul de la valeur d'immeubles échangés, donnés ou laissés après décès (L. 22 frimaire an VII, art. 15, n. 4, 7 et 8). Il en est autrement du prix des ventes de récoltes.

4° Le revenu des immeubles transmis à titre gratuit ne peut être contrôlé par voie d'expertise que s'il n'existe pas de bail courant établissant ce revenu (L. 22 frimaire an VII, art. 19).

Au point de vue civil, il est également très important de déterminer si les parties ont voulu faire une vente des produits d'un immeuble ou un bail de cet immeuble; le propriétaire qui vend les fruits de son immeuble n'a le droit de réclamer le prix de cette vente que si l'immeuble produit effectivement des fruits; au contraire, le preneur n'acquiert que la jouissance de l'immeuble tel qu'il se comporte et ne peut se soustraire au payement de son loyer, par le motif que l'immeuble n'a rien produit; cependant l'art. 1769 l'autorise, en certaines circonstances, à réclamer une remise du prix de la récolte (¹).

(¹) V. *infra*, n. 373 s.

D'un autre côté, si les fruits sont vendus, le vendeur doit les livrer sans avoir aucune indemnité à réclamer pour les frais de semence, de culture et de récolte ; au contraire, toutes ces dépenses sont une charge de la jouissance et incombent au fermier ([1]).

8. Pour déterminer s'il se trouve en présence d'un bail ou d'une vente de produits, le juge doit, aux termes d'une jurisprudence à peu près constante, adopter le critérium suivant : le bail ayant pour effet de confier la jouissance de la chose au preneur, qui perçoit tous les fruits, il y aura bail si le prétendu acquéreur ou preneur a le droit de recueillir tous les produits du sol ; au contraire, il y aura vente si la transmission porte exclusivement sur certains produits du sol ([2]).

Ainsi il y aura vente :

Si la transmission porte sur des truffes à extraire d'une forêt pendant plusieurs années ([3]) ; ou sur l'alfa produite par une terre dont elle ne constitue qu'un produit accessoire([4]) ; ou sur des herbes ou la première et la seconde herbes de l'année à recueillir sur une prairie ([5]) ; ou sur le kaolin ([6]) ou le charbon([7]) à extraire d'un immeuble ; ou sur des coupes de bois([8]) ;

([1]) Guillouard, I, n. 7.

([2]) Cass., 26 août 1839, S., 39. 1. 674. — Cass., 19 mars 1845, S., 45. 1. 262, D., 45. 1. 188, et les arrêts ci-après. — Guillouard, 1, n. 8 et *Tr. de la vente*, I, n. 64 ; Pothier, *Du contr. de louage*, n. 11 ; Merlin, *Rép.*, v° *Bail*, § 1, n. 2 ; Duvergier, *Tr. du louage*, n. 80. — *Contra* Nîmes, 26 fév. 1883, S., 83. 2. 225, D., 83. 2. 214.

([3]) Guillouard, *loc. cit.* — *Contra* Nîmes, 26 fév. 1883, S., 83. 2. 225, D., 83. 2. 214.

([4]) Cass. civ., 5 mai 1875, S., 75. 1. 323, D., 75. 1. 368.

([5]) Cass., 26 août 1839, S., 39. 1. 674. — Cass., 19 mars 1845, S., 45. 1. 262, D., 45. 1. 188. — Cass., 13 déc. 1858, S., 59. 1. 119, D., 59. 1. 22. — Cass. req., 9 mai 1892, S., 92. 1. 423, D., 93. 1. 28. — Guillouard, *Tr. de la vente*, I, n. 64, — et cela même si le concessionnaire a en même temps le droit d'exploiter les regains. — Cass., 26 août 1839, 19 mars 1845 et 13 déc. 1858, précités. — Guillouard, *loc. cit.* — Décidé cependant que le bail des herbages fait pour une courte durée (sept semaines) n'est pas une vente s'il s'agit de prairies naturelles ou d'autres récoltes croissant sans le secours de l'homme. Sol. Rég., 23 déc. 1891, *Rev. de l'enreg.*, 1892, n. 160.

([6]) Cass. civ., 4 août 1886, S., 88. 1. 226, D., 87. 1. 36. — Huc, X, n. 5.

([7]) Cass., 31 déc. 1856, D., 57. 1. 280.

([8]) Cass., 3 déc. 1832, S., 33. 1. 888. — Cass., 20 mai 1839, S., 39. 1. 525. — Cass. civ., 21 mai 1849, D., 49. 1. 146. — Cass. req., 23 mars 1870, D., 70. 5. 166. — Guillouard, *Tr. de la vente*, I, n. 64 ; Bastiné, *Tr. de dr. fiscal*, I, p. 162, note 1.

ou sur la récolte de chênes lièges (¹) ou de mûriers (²); ou sur l'exercice d'une prise d'eau (³).

Cette jurisprudence ne nous paraît pas devoir être approuvée; aucun texte ne dit que le bail doive nécessairement conférer le droit de prendre tous les produits de la chose louée; au contraire, il est généralement admis, notamment par la jurisprudence, que le droit de chasse, celui de pêche et divers autres droits spéciaux (⁴) peuvent faire l'objet d'un bail; cela étant, on ne voit pas pourquoi le droit d'extraire les fruits d'une certaine nature ne pourrait pas également être concédé à titre de bail. La définition que l'art. 1709 donne du bail conduit à la même solution; car le trait caractéristique qu'il attribue à ce contrat est de conférer au preneur, non pas la perception de tous les produits, mais la *jouissance* du sol (⁵), c'est-à-dire sa mise en possession de l'immeuble pour y faire les travaux nécessaires à la production des fruits.

Il suffira donc, pour qu'il y ait bail, que le preneur ait à faire les travaux nécessaires pour l'*extraction et la préparation* de la récolte; il n'est aucunement nécessaire que cette extraction porte sur les produits de toute nature (⁶). En sens contraire, si le prétendu preneur n'a aucun travail de ce genre à faire, l'acte constituera une vente, parce que le seul objet du contrat sera la vente des produits créés par les œuvres du prétendu bailleur.

(¹) Cass. req., 25 janv. 1886, S., 88. 1. 226, D., 86. 1. 441. — Cass. civ., 29 avril 1896, S., 97. 1. 369, D., 96. 1. 414. — Guillouard, *Tr. de la vente*, I, n. 64. — *Contra* Cass., 7 déc. 1819, S. chr.

(²) Cass., 30 mai 1868, S., 68. 1. 201. D., 68. 1. 417. — Bastiné, *Tr. de dr. fiscal*, I, p. 162, note 1.

(³) Paris, 28 juin 1880, sous Cass., 10 mai 1881, S., 82. 1. 77, D., 81. 1. 460. — Guillouard, *Tr. de la vente, loc. cit.*

(⁴) V. *infra*, n. 36 s.

(⁵) En ce sens Huc, X, n. 5 et les décisions citées aux notes suivantes.

(⁶) V. en ce sens Trib. civ. Bordeaux, 11 déc. 1895, *Rev. de l'Enreg.*, n. 1176 (l'adjudication du droit d'extraire la résine des arbres dans une forêt, avec droit de gemmer certains d'entre eux à mort et les autres à vie seulement, n'est une vente que pour les premiers et un bail pour les derniers, car la récolte de l'année ne vient pas spontanément, et il faut des travaux particuliers pour l'extraire). — Sol. Régie, 26 avril 1888, *Rép. périod. de l'Enreg.*, n. 7295 (qui en conclut avec raison que le droit de récolter pendant des années la haute herbe d'un pré est une vente et non un bail). — Huc, *loc. cit.*

Ainsi la concession du droit de récolter l'écorce des chênes lièges dans un bois est un bail, si le concessionnaire est tenu des démasclages, c'est-à-dire des enlèvements d'écorce nécessaires pour que l'arbre puisse donner de l'écorce susceptible d'être utilisée, et cela même si le concessionnaire n'a pas la jouissance exclusive du sol (¹). Cette concession est une vente dans le cas contraire (²).

9. En cas de doute, les circonstances accessoires peuvent servir à montrer s'il y a vente ou bail.

Ainsi, quoiqu'un prix de vente puisse être payable par fractions périodiques et égales et qu'un loyer puisse être payable en bloc, ces deux circonstances sont assez peu habituelles pour qu'une stipulation de payement périodique puisse aider à faire présumer l'existence du bail (³).

De même, quoique quelquefois le vendeur prenne les risques ou une partie des risques à sa charge, on peut supposer que si le concédant a pris à sa charge tout ou partie des risques, il y a bail (⁴).

De même encore, lorsqu'il résulte des époques fixées pour le commencement et la fin du bail que le prétendu preneur n'aura aucun travail à faire et sera seulement tenu de procéder à leur enlèvement, la convention est une vente de récoltes et non un bail (⁵).

10. Il y a également vente, comme nous le verrons en étudiant les obligations du preneur (⁶), si la jouissance porte sur des produits qui, comme ceux des mines, carrières, etc., épuisent le sol, au lieu de se renouveler périodiquement.

(¹) Trib. civ. Brignoles, 20 avril 1893, *Rép. périod. de l'Enreg.*, art. 8198. — Trib. civ. Toulon, 25 avril 1893, sous Cass., 29 avril 1896, précité. — *Contra* Cass. req., 25 janv. 1886 et Cass. civ., 29 avril 1896, précités.

(²) Huc, X, n. 5.

(³) Trib. civ. Toulon, 25 avril 1893, sous Cass., 29 avril 1896, précité. — V. cep. Cass., 29 avril 1896, précité.

(⁴) Trib. civ. Toulon, 25 avril 1893, précité. — V. cep. Cass. civ., 29 avril 1896, précité.

(⁵) Location d'une terre pour un an à partir du 15 novembre, Délib. rég. belge. 18 juin 1835, *Mon. du not. belge*, 55. 307. — Bastiné, I, p. 162, note 1. — Adjudication de la récolte du foin et du regain de juin en décembre, Cass. Luxembourg, 7 mai 1869, *Journ. enreg. belge*, n. 11022. — Bastiné, *loc. cit.*

(⁶) V. *infra*, n. 779 s.

En nous occupant des choses qui peuvent être louées (¹),
nous rencontrerons encore des hypothèses où on peut se
demander s'il y a vente ou bail.

11. La transmission d'un brevet d'invention peut être faite
soit à titre de vente, soit à titre de bail ; elle n'est pas uniformément une vente (²). Elle constitue une vente si elle est faite
d'une manière définitive, un bail si elle est faite pour un certain temps (³).

On a nié que cette base de la distinction fût admissible (⁴) :
le brevet d'invention n'étant, a-t-on dit, jamais concédé qu'à
temps, la cession est nécessairement temporaire comme la
concession. — Si sérieuse que soit cette argumentation, nous
ne la croyons pas exacte ; elle conduirait à contester que l'usufruit pût être l'objet d'une vente aussi bien que d'un bail, car
l'usufruit est, lui aussi, essentiellement temporaire. La vérité
est que si le brevet d'invention est cédé pour toute sa durée,
il fait l'objet d'une vente, et que sa transmission constitue un
bail dans le cas contraire. Tout ce qu'il faut retenir de l'objection, c'est que la cession du brevet est une vente si sa durée
est égale à la durée de la concession, et alors même que les
parties se sont contentées de fixer dans le bail une durée
ferme pour la cession, sans indiquer que cette durée soit égale
à celle de la concession (⁵).

Toutefois, même quand la cession est faite pour la durée
de la concession, elle constitue un bail si elle ne porte que
sur l'un des droits du concessionnaire, — la cession ou l'exploitation, — ou si elle n'est faite que pour une région déterminée (⁶), ou, à plus forte raison, si ces deux conditions se
trouvent réunies. Car le concessionnaire ne se dépouille pas
alors de son droit, il permet simplement à son cessionnaire
de jouir de ce droit dans des conditions déterminées.

(¹) V. *infra*, n. 122 s.
(²) Wahl, *Note*, S., 95. 1. 246. — *Contra* Pouillet, *Tr. des brev. d'invent.*, n. 246 s.
(³) Orléans, 13 juill. 1892, S., 95. 2. 134, D., 93. 2. 329. — Wahl, *loc. cit.*
(⁴) Planiol, *Note*, D., 93. 2. 329 ; Fuzier-Herman, art. 1709, n. 91 (ce dernier
auteur se contente d'une affirmation).
(⁵) V. cep. Orléans, 13 juill. 1892, précité.
(⁶) Orléans, 13 juillet 1892, précité. — Trib. civ. Tournon, 13 juillet 1886, *Rép.
périod. de l'enreg.*, n. 6992.

La circonstance que le prix de la cession est payable en une seule fois ou par fractions périodiques est, selon nous (¹), sans influence sur la question.

On a eu également tort, suivant nous, d'affirmer que la défense imposée au cessionnaire de rétrocéder son droit à des tiers et la défense de poursuivre les contrefacteurs impliquent le bail (²).

12. De même, la *licence,* c'est-à-dire l'autorisation d'exploiter le brevet alors que le cédant se réserve le droit de l'exploiter de son côté, est un bail : ici encore le cédant garde son droit, tout en conférant à un tiers la jouissance de ce droit. On a caractérisé la licence en la considérant comme une « renonciation relative au monopole » (³) ; à notre avis, elle emporte une cession partielle du droit et non pas seulement une renonciation.

13. La distinction entre la vente et le bail d'un brevet d'invention présente en particulier les intérêts suivants :

1° Les vices de la chose, c'est-à-dire les causes de la nullité et de la déchéance entraînent, s'il y a vente, la nullité de cette vente conformément aux art. 1641 s. (⁴).

2° En cas de nullité ou de déchéance du brevet, comme nous le verrons, le cédant doit restituer les sommes qu'il a touchées s'il y a eu vente et peut être dispensé de cette restitution s'il y a bail.

14. Est un bail et non pas une vente l'autorisation donnée à titre onéreux par un éditeur, propriétaire d'un tableau, de reproduire ce tableau pour une durée déterminée, à l'expiration de laquelle l'éditeur reprend de plein droit la libre disposition du droit de reproduction (⁵).

La concession pour un temps déterminé du privilège exclusif de vendre un ouvrage moyennant une redevance fixée pour chaque volume, est également un bail (⁶).

(¹) *Contra* Planiol, *Note*, D., 93. 2. 329.
(² Orléans, 13 juillet 1892, précité.
(³) Planiol, *Note*, D., 93. 2. 329.
(⁴) Pouillet, *loc. cit.*
⁵ Trib. com. Seine, 29 mai 1893, *Loi.* 24 juin 1893.
(⁶) Trib. civ. Rambouillet, 14 juil. 1894, *Rép. périod. de l'Enreg.*, n. 8512 (pour

15. La concession à titre onéreux d'un droit de passage, lorsqu'elle n'est pas faite au profit d'un fonds, est un bail (¹). Dans le cas contraire, c'est un acte constitutif de servitude.

16. La clause d'un acte de vente par lequel le vendeur se réserve pendant un certain temps la jouissance de la chose louée ou d'un droit sur cette chose sans payer aucun loyer, n'est pas davantage un bail (²).

17. Fréquemment il est stipulé dans un contrat de bail que l'objet mis à la disposition de l'une des parties par l'autre partie deviendra la propriété de la première, soit de plein droit, soit, si elle le désire, après qu'elle en aura payé le loyer pendant un temps déterminé, pour un prix qui consistera uniquement dans le montant de ce loyer ou sur lequel ce montant sera imputé. Les conventions de cette nature se rencontrent fréquemment pour les machines agricoles, les machines à coudre, les pianos, etc. Elles ont pour but soit, comme les ventes à l'essai, de permettre aux personnes intéressées d'expérimenter la valeur de l'objet qu'elles devront acheter, soit de leur permettre de se procurer, en vue de cette acquisition, des fonds qui leur font actuellement défaut.

La question de savoir si ces contrats sont des ventes ou des baux s'est surtout présentée au sujet de l'art. 576 C. com., qui interdit au vendeur d'objets mobiliers la revendication de la chose vendue et non payée en cas de faillite de l'acheteur ; elle a aussi de l'intérêt au point de vue de la compétence du juge de paix.

On admet généralement qu'il y a dans ces conventions — au moins dans celles aux termes desquelles le preneur deviendra, *de plein droit*, acquéreur après paiement d'un certain nombre d'annuités — un bail accompagné d'une promesse de vente ou d'une vente sous condition suspensive (³), et

---

le cas où, en outre, le concessionnaire s'engage à prendre chaque année un nombre déterminé de volumes.

(¹) Ainsi décidé pour la concession par une Compagnie de chemins de fer à une autre du droit de faire passer des trains sur sa ligne. — Lyon, 8 févr. 1888, *Mon. jud. Lyon*, 15 mai 1888.

(²) V. notre *Tr. de la soc., du prêt. du dépôt*, n. 311.

(³) Cass. civ., 22 févr. 1887, S., 88. 1. 87, D., 87. 1. 500. — Bordeaux, 28 fév. 1870, D., 71. 2. 54. — Amiens, 26 nov. 1881, *Gaz. Pal.*, 82. 1. 517. — Toulouse,

même, dans le cas où il n'est pas indiqué clairement que le prix est la condition de la vente, une vente à terme ou à crédit ([1]).

Quelquefois même, on dit soit qu'il y a vente immédiate sans mélange de louage ([2]), soit que le contrat est mixte et participe de la vente et du louage ([3]).

A notre avis, il est plus exact de dire que le contrat doit être considéré provisoirement comme un bail, mais que les circonstances ultérieures peuvent le transformer rétroactivement en vente, de manière qu'il n'y aura jamais eu de bail. Les parties, aussi bien si l'objet doit devenir de *plein droit* la propriété du preneur que dans le cas contraire, ont entendu donner à ce dernier une option : s'il acquitte régulièrement jusqu'à l'époque fixée toutes les prestations stipulées, il sera acquéreur ; s'il ne les acquitte pas, il aura été un simple preneur ; et cela est important à noter, car il n'y aura pas lieu de prononcer la résolution du contrat pour défaut de payement du prix, mais de déclarer que le preneur a valablement payé les prestations périodiques, que ces prestations ne lui seront pas restituées et que, réciproquement,

14 juill. 1882, *Rec. Marseille*, 84. 2. 3. — Paris, 19 avril 1887, *Mon. jud. Lyon*, 2 sept. 1887. — Alger, 18 fév. 1888, S., 89. 2. 115. — Lyon, 10 août 1888, S., 90. 2. 113. — Caen, 22 nov. 1894, S., 95. 2. 240. — Trib. civ. Amiens, 28 janv. 1882, *Gaz. Pal.*, 82. 1. 582. — Trib. com. Seine, 2 oct. 1885, *Loi*, 15 oct. 1885. — Trib. com. Marseille, 31 janv. 1894, *Rec. Marseille*, 94. 1. 108. — Trib. com. Marseille, 6 oct. 1896, *Rec. Marseille*, 97. 1. 10. — Trib. com. Seine, 5 août 1897, *Gaz. Trib.*, 20 janv. 1898. — Trib. civ. Seine, 20 oct. 1897, *Gaz. Trib.*, 27 janv. 1898. — Trib. paix Compiègne, 13 nov. 1896, *Loi*, 16 fév. 1897. — Valéry, *Du louage de meubles*, n. 28 ; Appleton, *Note*, S., 90. 2. 113 ; Colin, *Rev. algér.*, 88. 415 ; Guillouard, II, n. 673. — *Contra* Rouen, 22 avril 1886 et 19 nov. 1887, *Rec. Rouen*. 88. 26. — Dans d'autres circonstances la cour de cassation a décidé que c'est une question de fait à résoudre par le juge. — Cass. req., 16 juin 1885, S., 88. 1. 462, D., 86. 1. 237. — Décidé, d'autre part, que c'est une vente sous condition résolutoire. — Trib. civ. Charleroi, 25 juil. 1896, *Pasicr.*, 96. 3. 332.

([1]) Guillouard, *Tr. de la vente*, I, n. 65 ; Huc, X, n. 6.

([2]) Amiens, 12 mars 1884, sous Cass., 16 juin 1885, S., 88. 1. 462. — Nancy, 14 déc. 1889, *Rec. Nancy*, 88-89, 285. — Bourges, 26 déc. 1887, S., 88. 2. 78. — Bordeaux, 3 juin 1890, *Rec. de Bordeaux*, 91. 1. 15. — Rouen, 1er août 1892, *Gaz. Pal.*, 93. 1. 1re partie, 47. —Trib. civ. Seine, 13 juil. 1895, *Droit*, 25 sept. 1895. — Thaller, *Note*, D., 96. 1. 57 (sauf cependant si une somme importante doit être versée outre le loyer); Guillouard, *Tr. de la vente*, I. n. 65, *Tr. du louage*, I, n. 12, et II, n. 673.

([3]) Trib. paix Paris, 14 avril 1897, *Pand. franç.*. 98. 2. 54.

il ne sera pas passible de dommages-intérêts pour défaut d'exécution du contrat. En un mot, il a l'option entre la qualité de preneur et celle d'acquéreur ; il est preneur sous condition résolutoire puisque le payement intégral seul le rendra acquéreur et qu'il n'est pas obligé à ce payement intégral, et acquéreur sous condition suspensive.

Il en est autrement cependant si, aux termes de la convention, les objets sont livrés à titre de bail et que la propriété en soit réservée par l'auteur de la livraison jusqu'au paiement total du prix ; les parties ont en effet le droit de reculer l'époque où se produira le transfert de propriété résultant d'une vente ; il y aura donc bail avec promesse de vente (¹).

18. Peu importe que le prix du bail soit inférieur au revenu normal de la chose louée (²), que le preneur soit chargé de toutes les réparations (³), qu'il soit tenu de s'assurer lui-même contre l'incendie (⁴) ; dans ces cas même il n'y a pas vente immédiate.

La même solution doit être donnée pour le cas où le preneur a le droit d'acquérir la chose louée au bout d'un certain temps moyennant un supplément de prix (⁵).

S'il est convenu que le preneur peut à la fin du bail se rendre propriétaire du meuble — *sans avoir rien à ajouter aux loyers payés* — et que dans le cours du bail il peut se rendre propriétaire à la seule condition d'acquitter les loyers à échoir, l'acte contient également un bail pouvant être rétroactivement transformé en vente (⁶).

19. La cession temporaire du droit d'exploiter un journal est un bail si la cession est faite pour un prix déterminé et même si, outre ce prix, une part dans les bénéfices est stipulée (⁷).

20. Le bail doit être distingué de l'usufruit. La grande ressemblance entre l'un et l'autre, c'est qu'ils confèrent tous

---

(¹) Huc, X, n. 6.

(²⁻³⁻⁴) Cass. civ., 22 fév. 1887, précité.

(³) Décidé cependant qu'il y a là un bail, Paris, 19 avril 1887, *Mon. jud. Lyon.* 2 sept. 1887.

(⁶) Cass., 22 fév. 1887, précité. — Huc, X, n. 6. — V. cep. Trib. civ. Bourges, 5 juin 1884, *Rép. périod. de l'enreg.*, n. 6354 (ce serait une vente immédiate).

(⁷) Lyon, 22 mars 1890, *Mon. jud. Lyon*, 1ᵉʳ mai 1890.

deux à une personne, qui n'est pas propriétaire d'une chose,
le droit de jouir temporairement de cette chose et d'en
recueillir les fruits. Mais il existe aussi entre le bail et l'usufruit des différences très importantes.

1° La principale consiste en ce que l'usufruit est un droit
réel, tandis que le droit résultant pour le preneur du contrat
de louage est personnel. Cela est de tradition. On a cependant soutenu que le droit du preneur est réel. Nous démon-
trerons plus tard que cette opinion est fausse (¹).

De cette différence, il suit que le nu propriétaire est seulement tenu de *laisser jouir* l'usufruitier, c'est-à-dire de ne pas
mettre obstacle à l'exercice de son droit de jouissance ; tandis
que le bailleur est tenu de *faire jouir* le preneur, c'est-à-dire
de lui procurer la jouissance de la chose. Le premier n'est
tenu que d'un rôle passif; le second doit jouer un rôle actif (²).

Ce principe est fertile en conséquences. Ainsi l'usufruitier
prend la chose dans l'état où elle est (art. 600) (³) : si des
réparations sont nécessaires pour l'exercice de son droit de
jouissance, il ne peut pas forcer le nu propriétaire à les
faire ; il ne peut pas exiger non plus que le propriétaire fasse
les réparations dont le besoin se fait sentir pendant la durée
de l'usufruit ; c'est à l'usufruitier de faire le nécessaire pour
que son droit de jouissance puisse s'exercer et se continuer (⁴). Au contraire le preneur, ayant le droit d'exiger que
le bailleur le fasse jouir, peut forcer celui ci à lui délivrer la
chose en bon état de réparations de toute espèce (art. 1720)
et exiger que, pendant toute la durée du bail, il entretienne
la chose en état de servir à l'usage pour lequel elle a été
louée (art. 1719-2°).

2° D'un autre côté, l'usufruit a un caractère personnel à
celui qui en profite; il suit de là que l'usufruit est viager; au
contraire, les droits et les obligations du preneur se transmettent à ses héritiers, comme toutes les suites des conventions.

¹ V. *infra*, n. 684.
(²) Guillouard, I, n. 9.
(³) Guillouard, *loc. cit.*
(⁴) Guillouard, *loc. cit.*

3° Enfin le bail est essentiellement à titre onéreux, tandis que l'usufruit peut être et est plus souvent à titre gratuit.

21. Le bail à vie lui-même ne doit pas être confondu avec l'usufruit, bien que la durée ordinaire de l'usufruit soit également la vie de l'usufruitier ([1]).

Il va sans dire qu'en fait le juge verra plus facilement un usufruit dans un acte ayant la forme d'un bail à vie que dans un acte qui se présente comme un bail dont la durée est établie sur des bases différentes ([2]).

22. D'autres conventions ont pour objet un droit réel et, par suite, ne doivent pas être confondues avec le bail.

Ainsi en est-il de l'emphytéose, si on admet (ce qui est controversé) que l'emphytéote a un droit réel sur l'immeuble qui lui est concédé ([3]); dans l'opinion contraire, l'emphytéose constituerait un bail à longue durée.

Il en est de même pour d'autres contrats, qualifiés généralement de *baux perpétuels* et qui confèrent au prétendu preneur un droit réel ou même un véritable droit de propriété ([4]).

23. Ainsi en est-il encore d'une concession de sépulture dans un cimetière; toutefois une distinction est nécessaire :

Ou cette concession est perpétuelle, ou elle est temporaire.

Si la concession est temporaire, elle s'analyse dans l'autorisation, moyennant un prix, de faire des inhumations dans un endroit déterminé d'un cimetière pendant un nombre d'années fixé par la convention. Il s'agit donc d'un acte de concession de jouissance à titre onéreux, c'est-à-dire d'un bail conférant un droit personnel ([5]); la commune concédante

---

([1]) Cass., 18 janvier 1825, S. chr., D. *Rép.*, v° *Louage*, n. 27. — Proudhon, *Tr. de l'usuf.*, n. 98 s.; Toullier, III, n. 387 s.; Troplong, I, n. 25; Championnière et Rigaud, IV, n. 3076; Duvergier, I, n. 29; Fuzier-Herman, art. 1709, n. 13. — *Contra* Merlin, *Rép.*, v° *Usufruit*, § I, n. 3.

([2]) Cpr. Duranton, XVII, n. 19.

([3]) V. *infra*, t. II.

([4]) V. *infra*, t. II.

([5]) Hauriou, *Note*, S., 92. 3. 43; Wahl, *Note*, S , 95. 1. 246. — Au point de vue fiscal, la Régie considère la concession temporaire comme un contrat spécial dont l'enregistrement n'est pas obligatoire comme celui d'un bail. Sol. Régie, 15 oct. 1877, S., 78. 2. 25. — Sol. Régie, 11 nov. 1885, S., 87. 2. 72. — V. *infra*, p. 17, note 1.

s'engage à assurer au concessionnaire la jouissance libre et
exclusive du terrain concédé; le concessionnaire, en retour,
s'engage à payer un loyer. Ce loyer est généralement stipulé
payable d'avance pour la durée totale de la concession, mais
nous verrons qu'une clause de ce genre n'a rien d'incompatible avec le bail.

On a contesté cette solution, pour prétendre que la concession temporaire est un contrat spécial procurant un droit réel
au concessionnaire (¹) : la commune, dit-on, abdique tous ses
droits de propriétaire pour ne conserver que des droits de
haute police. C'est une erreur, selon nous, puisque, après
l'expiration de la concession, la commune rentre en possession du terrain concédé.

La concession, ajoute-t-on, est tellement bien un droit réel
qu'en cas de translation du cimetière, les concessionnaires
dépossédés peuvent obtenir dans le nouveau cimetière une
concession équivalente (Ord. 6 déc. 1843, art. 5). Cette objection n'a rien qui nous séduise : sans doute, l'obligation imposée à la commune se justifie dans la théorie qui voit dans la
concession l'octroi d'un droit réel et s'explique alors par
l'obligation en garantie qui incombe au vendeur et le force,
en cas de dépossession par sa faute, à indemniser l'acquéreur ;
aussi cette obligation existe-t-elle dans la concession perpétuelle, qui fait bien naître un droit réel. Mais cette obligation
n'a rien d'incompatible avec notre système : le bailleur doit
faire jouir le preneur, qui, en cas de contravention, peut
réclamer une indemnité au bailleur; l'ordonnance de 1843,
au lieu de fixer cette indemnité en argent, l'établit de la manière qui lui paraît la plus satisfaisante pour l'ordre public
et la plus conforme aux intentions et à l'intérêt des parties.

On va jusqu'à nier, pour contredire notre doctrine, que le
concessionnaire ait un droit de jouissance sur le terrain concédé; son seul droit, dit-on, est d'empêcher que les corps

---

¹) Caen, 4 janv. 1893, S., 93. 2. 227 (par ses termes généraux). — Trib. paix
Haon-le-Châtel, 16 mai 1881, *France jud.*, 80-81, p. 601. — Guillouard, I, n. 16 :
Ducrocq, *Tr. de dr. adm.*, 6ᵉ édit., II, n. 1419 et *Tr. des édif. publics*, n. 93;
Huc, X, n. 273; l'Hôpital, *Concl.* sous Cons. d'Et., 19 mars 1863, S., 63. 2. 118;
Gautier, *Rev. crit.*, XI, 1882, p. 656.

inhumés ne soient déplacés. N'est-ce pas là une véritable jouissance ? Le terrain concédé est consacré, pendant la durée de la concession, au concessionnaire, qui jouit, par conséquent, de ce terrain ; à la vérité, et en raison même de la nature du terrain, la jouissance ne peut s'exercer que par l'inhumation ; mais la loi suppose elle-même que le bail peut imposer un mode particulier de jouissance (art. 1728).

Par application de notre théorie, le droit fiscal considère la concession temporaire comme un bail assujetti au droit de 20 cent. p. 100 ([1]).

24. Il en est tout autrement si la concession est perpétuelle ; elle confère au concessionnaire un droit réel, et non pas un simple droit personnel ([2]).

Y voir un bail, ce serait imposer à la commune concédante l'obligation de *faire jouir* perpétuellement le concessionnaire ; il y aurait donc là une servitude imposée à une personne (il s'agit d'une personne morale, mais cela importe peu) à l'occasion d'un fonds ; or, ces sortes de servitudes sont nulles.

On a invoqué dans le même sens les considérations par lesquelles certains auteurs ont attribué à la concession tem-

---

([1]) Cependant la Régie, nous l'avons dit, admet que la concession n'est pas, par application de l'art. 11 de la loi du 23 août 1871, assujettie obligatoirement à l'enregistrement ; le droit de bail, dit elle, n'est perçu sur la concession temporaire qu'à raison de l'analogie qu'elle présente avec le bail ; elle n'est pas un bail véritable. Sol. 11 nov. 1885, précitée.

([2]) Cons. d'Etat, 19 mars 1863, S., 63. 2. 118. — Cass., 24 août 1864. S., 64. 1. 493. — Angers, 5 mai 1869, sous Cass., 31 janv. 1870, S., 70. 1. 263. — Caen, 4 janv. 1893, S., 93. 2. 227. — Rouen, 6 fév. 1882, Rec. de Rouen, 82. 163. — L'Hôpital, Concl. sous Cons. d'Etat, 19 mars 1863, S., 63. 2. 118 ; Ducrocq, Tr. de dr. adm., 6e éd., II, n. 1419, et Tr. des édif. publ., n. 93 ; Guillouard, I, n. 16 ; Wahl, Note, S., 95. 1. 246 ; Huc, X, n. 273. — On cite dans le même sens Trib. conflits, 19 nov. 1875, S., 77. 2. 280 (le maire qui fait fouiller dans un cimetière pour les fondations d'une église sans avoir pris un arrêté spécial commet le délit de violation de sépulture) et 26 mars 1881. S., 82. 3. 55 (le maire qui s'oppose à la prise de possession d'un concessionnaire fait un acte de police), qui sont étrangers à la question. — Contra Lyon, 13 nov. 1890, Loi, 18 mars 1891 (cet arrêt veut simplement justifier que la vente de la concession ne soit pas possible). — Trib. civ. Tarascon, 11 juill. 1894, Gaz. Pal., 94. 2. 401. — Trib. civ. Seine, 12 nov. 1894, Gaz. Pal., 95. 1. Suppl., 2. — Hauriou, Note. S., 92. 3. 43 ; Davenne, Régime des communes, p. 307 ; Gaudry, Tr. du domaine, III. p. 231 : Smith, Admin. comm., n. 248.

poraire le caractère de droit réel, et que nous avons déjà réfutées.

Cependant certains auteurs attribuent un caractère simplement personnel au droit du cessionnaire. Ils se fondent sur la forme de la concession, qui est un arrêté municipal, mais ils conviennent que cette forme n'a rien d'incompatible avec une concession sur le domaine public, ce qui détruit leur opinion. On dit encore que la concession perpétuelle n'est qu'une concession temporaire prolongée. Ce n'est pas une raison pour qu'elle ait la même nature juridique.

Il suit de notre solution que si l'immeuble périt par cas fortuit, la commune ne doit aucune indemnité au concessionnaire; il en serait différemment si la concession perpétuelle était un bail.

25. La nature juridique de la concession perpétuelle est, du reste, difficile à déterminer. Certaines autorités attribuent au concessionnaire un véritable droit de propriété [1], d'autres, plus nombreuses, un droit réel d'usage ou de possession [2].

Cette dernière opinion nous paraît préférable, car le droit de propriété emporte le droit d'user et d'abuser, alors que le concessionnaire, même perpétuel, ne peut faire de la concession qu'un emploi déterminé, et que la commune a même le droit de le déposséder en lui attribuant un terrain équivalent.

La question de savoir si la concession perpétuelle confère un droit de propriété ou un simple droit réel ne nous paraît pas présenter un grand intérêt. La jurisprudence fiscale l'assujettit au droit de 4 p. 100 exigible sur les baux perpétuels, mais, comme il s'agit de la concession d'un droit réel immobilier de propriété ou d'usage, la perception du droit de 5,50 p. 100 établi pour les ventes d'immeubles ou droits réels immobiliers serait plus juridique.

---

[1] Trib. civ. Seine, 24 déc. 1856, D., 58. 3. 53. — Ducrocq, *Tr. de dr. admin.*, éd., II. n. 1419.

[2] Lyon, 24 janv. 1866, D., 67. 3. 45. — Caen, 4 janv. 1893, S., 93. 2. 227. — Circ. min. intérieur, 20 juill. 1841, D., 42. 3. 103. — Circ. min. intérieur, 30 déc. 1843, D. *Rép.*, v° *Culte*, n. 790. — Cazalens, *Note*, D., 77. 2. 161.

26. Les conséquences suivantes sont admises pour tout le monde.

Le concessionnaire ne peut faire servir la concession perpétuelle à un usage autre que celui pour lequel elle a été accordée ([1]).

Il ne peut l'hypothéquer ([2]).

La concession, même perpétuelle, ne peut être acquise par prescription ([3]).

Le concessionnaire a l'action possessoire pour protéger son droit ([4]). Les partisans de la personnalité du droit prétendent que cette solution n'est pas inconciliable avec leur théorie ([5]). C'est, selon nous, une erreur ([6]).

27. La concession d'un emplacement ou d'une construction sur le domaine privé de l'Etat ou d'une commune est un bail ([7]), alors même que la concession est révocable à volonté de la part de l'Etat ou de la commune ([8]).

Il en est ainsi notamment de la concession conférée par une personne qui a elle-même obtenu une concession plus générale sur le domaine public ([9]).

28. L'abonnement au service du téléphone est un bail ([10]) : l'abonné a la jouissance du matériel de l'entreprise.

([1]) Nancy, 24 mai 1889, S., 89. 2. 188. — Hauriou, *Note*, S., 92. 3. 43.

([2]) Hauriou, *loc. cit.*

([3]) Trib. civ. Seine, 11 nov. 1894, *Gaz. Pal.*, 95. 1. *Suppl.*, 2.

([4]) Trib. paix Saint-Haon le Châtel, 16 mai 1881, *Fr. jud.*, 80-81. 601. — Gautier, *Rev. crit.*, XI, 1882, p. 656.

([5]) Hauriou, *loc. cit.*

([6]) Gautier, *loc. cit.*

([7]) Cass. req., 18 janvier 1893, S., 93. 1. 237 (attribution à un habitant, par voie de tirage au sort et moyennant une somme annuelle, de biens communaux). — Trib. civ. Carcassonne, 10 nov. 1890, *Droit*, 1er oct. 1891 (concession d'un emplacement pour élever un kiosque). — Sol. Régie, 9 juin 1891, *Rép. pér. de l'enreg.*, n. 7894. — V. cep. Trib. civ. Seine, 27 mai 1876, *Rép. pér. de l'enreg.*, n. 4442 (concession à un limonadier ou étalagiste).

([8]) Sol. Régie, 9 juin 1891, précité. — Le motif invoqué par cette solution est erroné; il consiste à dire que la révocation ne peut avoir lieu que pour certains motifs graves; cela est inexact, et, du reste, étranger à la question; mais un bail révocable à la volonté du bailleur reste un bail.

([9]) Lyon, 9 janv. 1896, S., 97. 2. 135, D., 96. 2. 400. — Concession de place à un exposant par le concessionnaire d'une exposition.

([10]) Paris, 21 avril 1887, S., 89. 2. 51. — Nancy, 9 mai 1896, S., 98. 2. 281, D., 97. 2. 129. — Huc, X, n. 334. — V. cep. Trib. civ. Nancy, 13 août 1895, sous Nancy,

29. L'acte par lequel le propriétaire d'un bateau-lavoir met à la disposition des tiers des places dans ce bateau pour le blanchissage et des cabines pour le séchage du linge, est un bail (¹).

Il en est de même de l'acte par lequel une place dans un établissement de bains publics est attribuée, moyennant salaire, à un baigneur.

30. La location d'une stalle, dans une église, est également un bail qui obéit aux règles générales du bail (²); la solution est la même pour la location de places sur une promenade publique (³).

Il en est autrement de la location d'une place dans un théâtre; c'est, comme nous le montrerons, un contrat de louage d'ouvrage (⁴).

31. La location de la force motrice est un bail (⁵). La cession du droit de capter ou de recueillir des eaux est aussi un bail (⁶). On a, pour soutenir le contraire, dit que la propriété des eaux appartient au concessionnaire, mais la propriété des fruits n'appartient-elle pas au preneur?

Au contraire l'engagement de fournir, aux habitants d'une ville, l'eau qui leur est nécessaire après l'avoir captée, est une vente (⁷).

9 mai 1896, précité. (Ce jugement parle tantôt de louage de services, tantôt de bail). — Capitant. *Note*, D., 97. 2. 129. (Ce serait un louage de services).

(¹) Cass., 26 janv. 1875, S., 75. 1. 256, D., 75. 1. 219.

(²) Trib. civ. Avallon. 6 déc. 1894, *Pand. franç.*, 96. 2. 65, *Gaz. Pal.*, 95. 1. 141 (pour la preuve). — Huc, X, n. 274. — On a soutenu qu'il y a là seulement *un acte se rapprochant du bail*, parce que le preneur ne peut sous-louer. Chesney, *Note, Pand. franç., loc. cit.*

(³) Huc, *loc. cit.*

(⁴) V. *infra*, t. II.

(⁵) Lyon. 9 janv. 1896, précité (emplacement dans une exposition avec fourniture de la force motrice). — Douai. 13 mars 1897, D., 98. 2. 81 (dans l'espèce un immeuble était loué en même temps).

(⁶) Montpellier, 21 déc. 1883, sous Cass., 15 juin 1885, D., 86. 1. 198. — Trib. civ. Montélimar, 26 juin 1884, *Rép. périod. de l'Enreg.*, n. 6376. — Guillouard, I, n. 12 *ter*; Fuzier-Herman, art. 1709, n. 89. — *Contra* Trib. civ. Semur, 10 mai 1882, *Rép. pér. de l'Enreg.*, n. 5962.

(⁷) Cass. civ., 22 nov. 1880, S., 81. 1. 274, D., 81. 1. 169. — Cass., 31 juillet 1883, S., 84. 1. 398, D., 84. 1. 245. — Trib. civ. Lille, 7 juin 1882, *Journ. de l'Enreg.*, n. 22060, *Rép. périod. de l'Enreg.*, n. 6075. — Guillouard, I, n. 12 *ter*; Fuzier-Herman, art. 1709, n. 90. — *Contra* Dijon, 1ᵉʳ déc. 1897, *Gaz. Trib.*, 16 janv. 1898 (bail).

32. Dans les villes où il existe un abattoir, les bouchers ne peuvent procéder à l'abattage des bestiaux que dans cet établissement. Les droits qu'ils paient à cet égard (Décr. 1er août 1864) ne sont autre chose qu'un prix de location, car ils sont la rémunération de la place temporairement occupée par le boucher dans l'établissement municipal. Cependant la cour de cassation voit dans ce prix un impôt indirect [1] ; elle en conclut que les règles de procédure des impôts indirects doivent être employées [2].

En tout cas, s'il existe une triperie municipale, la somme payée par un boucher pour travailler dans cet établissement est un prix de location [3] ; on ne peut y voir un impôt, puisque le boucher n'est pas obligé de se servir de la triperie.

33. La concession du droit d'affichage sur un mur ou dans les gares est un bail de ce mur, puisqu'il comporte la faculté de jouir du mur dans la mesure où cette jouissance est matériellement possible [4].

Il en est de même de la concession du droit de tenir les buffets dans les gares de chemins de fer [5], ou du droit de déposer des matériaux sur un terrain [6].

34. Dans toutes les hypothèses de concession du droit de jouir *pour un objet déterminé* d'un immeuble (pêche, chasse,

---

[1] Cass. civ., 15 janv. 1889, S., 90. 1. 349, D., 89. 1. 249. — Cass. civ., 14 nov. 1892, S., 93. 1. 22, D., 93. 1. 11 (impl.).

[2] Cass. civ., 15 janv. 1889 et 14 nov. 1892, précités (impl.).

[3] Cass. civ., 14 nov. 1892, précité.

[4] Trib. civ. Seine, 17 déc. 1894, *Droit*, 29 déc. 1894. — Trib. com. Seine, 31 juillet 1895, *Loi*, 5 septembre 1895, *Mon. jud. Lyon*, 29 oct. 1895 (rideau d'un théâtre). — Sol. de la Régie, 27 nov. 1872, *Dict. de l'Enreg.*, v° *Bail*, n. 388. — Wahl, *Note*, S., 95. 1. 246. — V. cep. Trib. civ. Seine, 29 juill. 1893, *Rép. périod. de l'Enreg.*, art. 8168, *Journ. de l'Enreg.*, art. 24263. (Ce jugement décide le contraire pour la concession du droit d'affichage dans les gares, par la raison qu'en fait la Compagnie des chemins de fer se réservait de placer les cadres d'affichage à l'endroit qui lui convenait, et les déplacer, de poser elle-même les affiches qui lui conviendraient, etc. Dans ces conditions, on peut penser qu'il n'y a pas location, puisque la Compagnie ne s'engage pas d'une manière ferme, et qu'en tous cas elle ne concède pas la jouissance d'un mur déterminé ; il y a simplement engagement de placer les affiches du concessionnaire).

[5] Déc. min. fin. belge, 22 fév. 1869, *Journ. enreg. belge*, 1869, p. 372. — Bastiné, *op. cit.*, 1, p. 162, note 1 ; Wahl, *Note* S., 95. 1. 246.

[6] Limoges, 12 mars 1890, D., 91. 2. 350.

etc.), on a soutenu ([1]) qu'il n'y a non pas bail, *mais dette,* ou, si l'on veut, création de créance. Il ne peut y avoir bail, dit-on, parce que le bail arriverait presque au même résultat que la création de droits réels ayant pour objet les démembrements de la propriété, interdits par l'art. 686. Cette opinion nous paraît devoir être rejetée, si ingénieuse qu'elle soit, pour divers motifs ([2]) : d'une part, il ne s'agit pas ici de droits réels, mais bien de droits personnels, car le bail ne confère que ces derniers ; or, la création de droits personnels, n'étant pas défendue, est permise, eût-elle les mêmes inconvénients que celle de droits réels. D'autre part, la solution que nous donnons n'a aucun des inconvénients qu'on lui prête, et nous croyons, au contraire, que ces inconvénients appartiennent à la solution qu'on veut lui substituer, car la loi a voulu prohiber uniquement les droits réels perpétuels ; or le bail est nécessairement temporaire et l'opinion qui voit dans le droit de chasse et d'autres droits un droit de créance, est forcée d'en autoriser la création à titre perpétuel ; c'est bien alors que ces droits auraient tous les inconvénients de droits réels ; les parties trouveraient même dans la possibilité de les créer un moyen sûr de tourner la prohibition de l'art. 686. Du reste, ce qui diminue encore l'inconvénient des baux portant sur des éléments de la propriété, c'est qu'ils doivent, pour être opposés aux acquéreurs, avoir date certaine ou être transcrits.

Le bail, dit-on encore, ne peut porter que sur des choses susceptibles d'être vendues et, la propriété ne pouvant être démembrée, le droit de chasse ne peut être vendu ; nous montrerons que les prémisses de ce raisonnement sont discutables.

On le voit, la doctrine que nous venons de combattre ne réfute surtout pas l'idée qu'en prétendant que notre système contrarie l'art. 686, elle le contrarie davantage.

35. On doit considérer notamment comme un bail de chasse

---

[1] Esmein, *Note.* S., 93. 1. 185.

[2] Cass. req , 30 mars 1885, S., 85. 1. 223, D., 85. 1. 348. — Colmar, 1er octobre 1867, S., 68. 2. 249. — Paris, 4 janv. 1884, D., 84. 5. 56. — Angers, 2 juil. 1895, *Rec. Angers*, 95. 264. — Fuzier-Herman, art. 1709, n. 94 ; Huc, X, n. 275.

l'autorisation concédée par une commune à toutes personnes de chasser sur les terres communales moyennant une somme déterminée. Le conseil d'Etat a donné la solution contraire, mais sans motif(¹). Selon lui, il y a là simplement un règlement de jouissance des biens communaux ; cela est exact, mais le règlement de jouissance est un bail quand il consiste dans une concession de jouissance à des particuliers pour un prix.

36. Ce qui, dans le bail d'une chasse, fait l'objet de la location, c'est le *droit de chasser* (²), c'est-à-dire, en réalité, un droit incorporel ; en effet, c'est de ce droit que le propriétaire se dessaisit pour un temps indéterminé, et c'est également ce droit qui constituait l'un des attributs de sa propriété. Ce n'est pas évidemment une vente du gibier, d'abord parce qu'on pourrait aussi bien considérer tout bail comme une vente de fruits, ensuite parce que le gibier rentre dans les *res nullius* et, par conséquent, n'appartient pas au propriétaire (³).

Mais on pourrait soutenir (⁴) que le bail de chasse est *le bail de l'immeuble considéré au point de vue de la chasse*. Cette idée ne paraît pas exacte : l'immeuble ne peut être envisagé par fractions et en considérant indépendamment les uns des autres les divers droits qui le composent ; cela est tellement vrai, que la jurisprudence et la doctrine refusent de voir un bail dans la concession d'extraire certains produits, et la considèrent comme la vente de ces produits ; la conception que nous venons d'indiquer se réduirait donc à assimiler le bail de·chasse à la vente de gibier, c'est-à-dire à l'annuler comme portant sur un objet qui n'appartient pas au vendeur ; or, on reconnaît que cette manière d'envisager le bail n'est pas exacte.

(¹) Cons. d'Etat, 5 juil. 1895, S., 97. 3. 119.

(²) Planiol. *Note*, D., 93. 2. 161.

(³) Esmein, *Note.* S., 93. 1. 185.

(⁴) M. Esmein, *loc. cit.*, attribue cette doctrine à Cass. civ., 10 janv. 1893, S., 93. 1. 185, D., 93. 1. 161. — Cette interprétation est très plausible ; peut-être cependant une autre interprétation est-elle admissible ; l'arrêt dit simplement que l'art. 1743 s'applique aux baux à loyer qui, comme le bail de chasse, « se restreignent à la jouissance d'un des droits inhérents à la propriété ». Il n'y a peut-être là rien de plus que dans la formule par laquelle nous définissons nous-mêmes le droit de chasser.

On s'est attaqué ([1]) à notre propre conception en disant que le droit de chasse n'existe pas comme démembrement de la propriété ; cette objection ne veut dire qu'une chose, c'est qu'on ne peut, par la concession du droit de chasse, démembrer la propriété, c'est-à-dire conférer le droit de chasse à titre perpétuel ; or cette solution est évidente, mais elle nous paraît étrangère à la question, qui est de savoir quelle est la nature d'une concession temporaire du droit de chasse.

37. En parlant du louage d'ouvrage, nous montrerons que la concession, par une ville, d'un monopole ou d'un droit d'exploration est un bail ([2]).

38. Quelquefois le bail présente de l'analogie avec la société : la distinction peut être difficile entre la société, dont le trait distinctif est le partage des bénéfices, et le bail où il est convenu que le prix consistera dans une portion des bénéfices de l'exploitation du preneur. Nous étudierons ce point plus loin ([3] et aussi à propos du contrat de société ([4]).

39. Le bail se distingue du commodat en ce que ce dernier est gratuit ([5]). Il y a quelques difficultés à déterminer s'il y a bail ou commodat soit dans la convention par laquelle un vendeur ou un donateur se réserve un droit de chasse ou de pêche ou un droit complet de jouissance sur l'immeuble vendu ([6], soit dans celle par laquelle un maître s'engage à loger son domestique ([7]).

40. Le bail doit être distingué du mandat salarié ; il en diffère par des caractères analogues à ceux qui le séparent du louage d'ouvrage, et qui seront indiqués plus loin ([8]) ; le mandataire, alors même qu'il touche un salaire, peut être révoqué ; en outre il administre pour le compte du mandant et non pour son propre compte.

Le bail se distingue encore du mandat en ce que le preneur,

([1]) Esmein, *loc. cit.*

([2]) V. *infra*, t. II.

([3]) V. *infra*, n. 847 s.

([4]) V. notre *Tr. de la société, du prêt, du dépôt*, n. 24.

([5]) V. notre *Tr. de la soc., du prêt, du dépôt*, n. 610.

([6]) V. notre *Tr. de la soc., du prêt, du dépôt*, n. 611.

([7]) V. *infra*, t. II.

([8]) V. *infra*, tit. II, chap. 1er.

à la différence du mandataire et comme nous le dirons plus loin (¹), ne représente pas le bailleur.

Ainsi la concession du droit de percevoir les revenus d'un immeuble moyennant une somme fixe est un mandat plutôt qu'un bail. Au contraire la concession, moyennant un prix, de la publicité d'un journal est un bail (²).

CHAPITRE II

CARACTÈRES DU LOUAGE DE CHOSES

41. Le louage de choses présente les caractères suivants :

1º C'est un contrat synallagmatique (³), puisqu'il impose des obligations tant au bailleur qu'au preneur ; de là une importante conséquence au point de vue de la forme de l'acte qui constate le louage (⁴).

2º C'est un contrat à titre onéreux (⁵), puisque les obligations de chacune des parties ont pour équivalent les obligations de l'autre.

Un bail à titre gratuit ne serait pas autre chose, dans les cas où il ne constituerait pas un prêt à usage, qu'une donation de jouissance, laquelle obéirait, soit au point de vue de la forme, soit au point de vue du fond, aux règles ordinaires des donations (⁶). Il en sera de même, comme nous le verrons, si le prix n'est stipulé qu'en apparence (⁷).

Il peut arriver que les obligations de l'une des parties ne soient pas l'équivalent des obligations de l'autre ; par exemple le bail est consenti pour un loyer annuel très inférieur au revenu de l'immeuble. Nous nous occuperons plus tard de ce cas (⁸).

(¹) V. *infra*, n. 1037 s.

(²) V. notre *Tr. des contr. aléatoires, du mandat. etc.*, n. 376

(³) Guillouard, I, n. 5.

(⁴) V. *infra*, n. 186.

(⁵) Guillouard, I, n 9.

(⁶) M. Guillouard, I, n. 9, prétend que le bail à titre gratuit est toujours un prêt à usage, mais ailleurs, n. 63, il paraît adopter l'opinion que nous exprimons.

(⁷) V. *infra*, n. 832.

(⁸) V. *infra*, n. 840 s.

3° Le bail est un contrat consensuel.

On pourrait soutenir cependant que le bail à colonat partiaire est un contrat réel, la loi du 10 juillet 1889, art. 17, définissant ce bail comme un contrat par lequel le possesseur d'un héritage rural le *remet*, etc. Mais ce serait certainement exagérer la portée de ce terme, qui fait maladroitement allusion à l'obligation imposée au bailleur de délivrer l'immeuble [1].

CHAPITRE III

DES PROMESSES DE LOCATION

42. Au lieu de contracter immédiatement la convention de louage, les parties peuvent s'en tenir sur ce point à une promesse. De même que le bail doit être rapproché de la vente, la promesse de location doit être rapprochée de la promesse de vente.

Il y a donc deux sortes de promesses de bail : la promesse synallagmatique et la promesse unilatérale.

43. La promesse synallagmatique ou réciproque, celle par laquelle les parties s'engagent, l'une à donner et l'autre à prendre en location, équivaut au bail, et les parties se trouvent immédiatement engagées respectivement comme bailleur et comme preneur [2]. C'est l'effet que l'art. 1589 attribue aux promesses réciproques de vente, et le motif de décider est ici le même : la promesse synallagmatique de bail contient les mêmes éléments que le bail et doit aussi produire les mêmes effets.

Il suit de là que l'exécution de la promesse peut être poursuivie *manu militari* [3].

---

[1] V. *infra*, n. 272 s.

[2] Cass., 3 avril 1838, S., 38, 1. 299, D. *Rép.*, v° *Louage*, n. 80-2°. — Paris, 7 nivôse an X, S. chr. — Bruxelles, 31 déc. 1807, S. chr. — Caen, 5 janv. 1858, *Recueil de Caen*, 1859, p. 330. — Merlin, *Rép.*, v° *Bail*, § 9, n. 1 et *Quest.*, v° *Bail*, § 1 ; Championnière et Rigaud, IV, n. 3034 ; Duranton, XVII, n. 48 ; Troplong, I, n. 121 ; Duvergier, I, n. 48 ; Aubry et Rau, IV, p. 465, § 363, note 6 ; Laurent, XXV, n. 40 ; Guillouard, I, n 41 ; Fuzier-Herman, art. 1709, n. 1 et 73 ; Huc, X, n. 277.

[3] Cass., 3 avril 1838, précité. — Merlin, *loc. cit.*; Duvergier, *loc. cit.*; Guillouard, *loc. cit.*; Fuzier-Herman, art. 1709, n. 74 et art. 1719, n. 27.

Du reste, comme en matière de vente, les parties peuvent convenir que le contrat ne commencera qu'à une époque postérieure.

D'autre part, de graves lacunes dans l'écrit qui constate la promesse peuvent faire admettre que les parties n'on voulu faire qu'un projet (¹). Le juge du fait est souverain sur ce point (²).

44. La promesse change-t-elle de caractère s'il a été remis un denier à Dieu, un pot de vin ou des épingles, enfin des arrhes ? Nous examinons la question à propos de la forme du bail (³).

45. La promesse unilatérale, tant qu'elle n'est pas acceptée, n'est qu'une simple pollicitation qui, comme en toute matière, n'engage pas le promettant et peut être retirée par lui (⁴).

Une fois acceptée, la promesse unilatérale engage le promettant à réaliser sa promesse (⁵); le bailleur est tenu de louer, le preneur d'entretenir l'objet loué et de payer le prix. Mais, le contrat de bail n'étant pas formé, l'exécution de la promesse ne peut être poursuivie *manu militari*; l'inexécution ne peut donc donner lieu qu'à des dommages-intérêts (⁶). Le bailleur, par exemple, sera tenu à des dommages-intérêts, s'il loue à autrui (⁷) et même si, sans louer à autrui, il refuse de louer à celui qui s'était fait promettre la location.

46. Nous nous occuperons plus loin de la preuve de la promesse de bail (⁸).

(¹) Nancy, 3 nov. 1888, sous Cass. req., 12 nov. 1889, S., 91. 1. 445, D., 90. 1. 33 (durée restée indéterminée, entrée en jouissance et date de payement des loyers non fixées). — Fuzier-Herman, art. 1709, n. 78 et 79.

(²) Cass. req., 12 nov. 1889, précité. — Fuzier-Herman, art. 1709, n. 80 et 87.

(³) V. *infra*, n. 192 s.

(⁴) V. les auteurs précités.

(⁵) Mêmes auteurs.

(⁶) *Contra* Fuzier-Herman, art. 1709, n. 74.

(⁷) Guillouard, *loc. cit.*

(⁸) V. *infra*, n. 203.

CHAPITRE IV

INTERPRÉTATION DU BAIL

47. D'après l'art. 1162 C. civ., la convention s'interprète en faveur du débiteur; l'application littérale de ce texte conduirait à décider, comme l'ont fait quelques auteurs [1], que le bail s'interprétera en faveur du bailleur ou du preneur, suivant qu'il s'agira d'apprécier les obligations du preneur ou celles du bailleur.

La jurisprudence [2] décide, au contraire, avec plus de raison, selon nous, que le bail doit toujours s'interpréter contre le bailleur. Cette solution est, tout d'abord imposée par la tradition; car elle était admise, soit en droit romain [3], soit dans l'ancien droit, par Domat [4] et Bourjon [5]. D'un autre côté, l'art. 1602 dispose que tout pacte obscur et ambigu s'interprète contre le vendeur; la raison qui, dans l'esprit des rédacteurs du code, justifie cette disposition est applicable au bail, et même les travaux préparatoires déclarent l'art. 1602 commun à la vente et au bail : « En voici la raison, disait Galli au corps législatif : parce qu'il est au pouvoir, soit du vendeur, soit du locateur, *legem apertius conscribere* ». Il est vrai que l'art. 1602 s'explique mal et contredit le principe d'égalité qui doit servir à résoudre toutes les difficultés; mais l'art. 1162 ne contredit-il pas aussi ce principe?

On objecte encore que l'art. 1602 déroge à l'art. 1162 et ne peut être étendu. Ce caractère dérogatoire de l'art. 1602 peut être contesté. En parlant de créancier et de débiteur, l'art. 1162 n'a peut-être voulu viser que le cas d'un engagement unilatéral, et l'art. 1602, seul texte relatif à l'interprétation

---

[1] Duvergier, I, n. 26; Laurent, XXV, n. 99; Guillouard, I, n. 85.

[2] Paris, 10 août 1841, D. *Rép.*, v° *Louage*, n. 147. — Angers, 23 avril 1842, P., 42. 2. 507, D. *Rép.*, v° *Louage*. n. 87. — Paris, 10 nov. 1896, S., 98. 2. 249, D., 97. 2. 288. — Trib. civ. Toulouse, 16 déc. 1886, *Gaz. Trib. Midi*, 13 fév. 1887. — Trib. civ. Lyon, 30 juin 1897, *Loi*, 28 juill. 1897. — Trib. paix Paris, 20 fév. 1890, *Loi*, 19 mars 1890.

[3] L. 39, D., *De pact.*, 2. 14.

[4] Tit. IV, sect. 3, n. 10.

[5] *Dr. commun*, liv. IV, tit. IV, sect. 3, n. 9 et 10.

des contrats synallagmatiques, peut alors être considéré, en cette matière, comme formant le droit commun. Peut-être aussi l'art. 1602 doit-il être rattaché à l'art. 1162, par l'observation que, si l'acquéreur a le vendeur pour obligé, il n'est pas son *créancier*, et c'est également la situation du preneur.

La solution de la jurisprudence a été appliquée notamment à la détermination de l'étendue du bail (¹).

Mais ce n'est pas là une règle écrite dans la loi; elle ne s'impose donc pas au juge du fond. Ce dernier interprète souverainement les clauses du bail, comme celles de tout autre contrat (²); c'est une idée dont nous aurons l'occasion d'indiquer diverses applications.

CHAPITRE V

MODALITÉS DU BAIL

48. Le bail peut être soumis aux mêmes modalités que toute autre convention.

Ainsi, il peut être soumis à un terme suspensif; il est même nécessairement soumis à un terme extinctif, puisqu'il ne peut être perpétuel; le terme peut être certain ou incertain.

49. Le bail peut être soumis à une condition, soit suspensive, soit résolutoire; nous étudierons cette dernière à l'occasion de la cessation du bail (³).

L'autorisation administrative, dont il sera également question à propos de la cessation du bail, peut jouer le rôle, soit d'une condition suspensive, soit d'une condition résolutoire (⁴).

CHAPITRE VI

CONDITION DE VALIDITÉ DU BAIL

50. Comme tout contrat, le bail exige :
Le consentement des parties ;

(¹) V. *infra*, n. 232.
(²) Cass. req., 16 nov. 1898, D., 99. 1. 117.
(³) V. *infra*, n. 1373 s.
(⁴) V. *infra*, n. 1375 s.

Un objet et une cause licites ;

La capacité des parties.

Aucune forme n'est, comme nous le verrons (¹), nécessaire.

SECTION PREMIÈRE

DU CONSENTEMENT ET DE SES VICES

51. Comme tout contrat, le bail est frappé d'une nullité absolue si l'une des parties n'y a pas consenti; tel est le cas où l'une d'elles est en état d'ivresse ou de folie (²).

Tels sont encore les cas, dont il sera question plus tard, où les parties ne se sont pas accordées sur un des éléments sans lesquels le contrat ne saurait être exécuté, comme l'objet (³), le prix (⁴) ou la durée (⁵).

De ce que le consentement est nécessaire, il résulte qu'une personne ne peut obliger une autre personne à la prendre comme preneur. C'est ce dont nous donnerons divers exemples plus loin (⁶).

52. Les vices du consentement donnent lieu à la nullité relative du bail, dans les cas où elles annulent toute autre convention.

Ainsi la violence, de quelque personne qu'elle émane, annule le bail (C. civ., art. 1111).

Le bail peut être annulé pour cause de dol (⁷), si le dol émane du cocontractant (C. civ., art. 1116).

53. L'erreur sur la personne n'est pas plus, en principe, une cause de nullité du bail que de tout autre contrat à titre onéreux (C. civ., art. 1110) (⁸). Il en est autrement si la considération de la personne a été déterminante (⁹).

(¹ V. *infra*, n. 185 s.

(²) A moins qu'elle ne fût interdite ou placée dans un établissement d'aliénés. V. *infra*, n. 60 s.

(³ V. *infra*, n. 162.

(⁴ V. *infra*, n. 832 s.

(⁵ V. *infra*, n. 1201 s.

(⁶) V. *infra*, n. 120 et 121.

(⁷ Trib. civ. Roanne, 22 fév. 1894, *Mon. jud. Lyon*, 3 sept. 1894.

(⁸) Larombière, *Th. et prat. des oblig.*, art. 1110, n. 17. — V. *infra*, n. 55.

(⁹ Trib. civ. Nantes, 10 juil. 1894, *Gaz. Pal.*, 94. 2. 176. — Larombière, *loc. cit.*; Baudry-Lacantinerie et Barde, *Tr. des oblig.*, I, n. 62, note.

Mais en principe, on ne doit pas plus dans le bail que dans
tout autre contrat admettre que la considération de la personne a été déterminante. — Et il en est ainsi du bail à ferme
aussi bien que du bail à loyer (¹).

54. Si le bail est à colonage partiaire, l'erreur sur la personne du preneur est elle une cause de nullité? Dans l'opinion
qui assimile ce contrat à la société, ou même qui le rapproche de la société, l'affirmative doit être admise, car, dans la
société, l'erreur sur la personne est une cause de nullité (²);
la même solution nous paraît même devoir être admise dans
le système qui fait du bail à colonage partiaire une variété
du contrat de louage; car, les bénéfices du bailleur dépendant
de l'activité et de l'honnêteté du preneur, la personne de ce
dernier influe sur la détermination du premier (³).

L'erreur sur la personne du bailleur à colonage partiaire
n'est pas — sauf les circonstances — une cause de nullité
dans ce dernier système; cette personne a été, en principe,
indifférente au preneur, qui a considéré exclusivement la
nature et l'importance du fonds loué (⁴). — Il semble que,
pour l'opinion qui traite le bail à colonage comme une variété
de la société ou comme un contrat participant de la société,
l'erreur sur la personne du bailleur devrait autoriser le métayer à demander la nullité du bail; cependant les partisans
de cette opinion adoptent la solution contraire (⁵).

55. Quant à l'erreur sur les qualités ou sur la profession
de la personne, elle n'est jamais une cause de nullité du bail,
parce qu'elle n'est une cause de nullité dans aucun contrat.
Ainsi le vendeur ne peut demander la résiliation du bail par
la raison que le locataire est une femme galante dont il a
ignoré la profession (⁶).

(¹) V. cep. Demolombe, XXIV, n. 116; Laurent, XV, n. 498; Baudry-Lacantinerie et Barde, *op. cit.*, n. 62.

(²) Larombière, *op. cit.*, I, art. 1110, n. 15.

(³) Larombière, *loc. cit.*; Fuzier-Herman, sur l'art. 1110, n. 57; Demolombe,
loc. cit.; Baudry-Lacantinerie et Barde, *loc. cit.*

(⁴) Demolombe, XXIV, n. 115; Baudry-Lacantinerie et Barde, *op. cit.*, n. 62.

(⁵) Larombière, *loc. cit.*

(⁶) *Contra* Trib. civ. Nantes, 10 juil. 1894, précité. Ce jugement voit là à tort
une erreur sur la personne.

Nous verrons cependant si le bail ne peut pas être résilié pour abus de jouissance dans le cas où la femme galante exercerait son industrie dans l'immeuble loué (¹).

A plus forte raison l'erreur sur la profession antérieure ou sur l'honorabilité du preneur n'est-elle pas une cause de nullité (²).

Toutefois il en est autrement si des manœuvres frauduleuses ont été employées par le locataire pour dissimuler une qualité ou une profession dont la connaissance aurait empêché le bailleur de lui consentir le bail (³).

56. La lésion n'est pas une cause de nullité du bail (⁴).

57. L'erreur sur la substance est une cause de nullité du bail, comme tous les autres contrats (⁵).

Nous nous occuperons, à propos de l'objet, de l'erreur sur la nature de l'objet ou des produits (⁶).

Enfin l'erreur sur la nature du contrat entraîne la nullité absolue; tel est le cas où l'une des parties a voulu faire un bail et l'autre une donation (⁷).

SECTION II

CAPACITÉ ET POUVOIRS EN MATIÈRE DE BAIL

58. La capacité et les pouvoirs exigés en matière de bail doivent être envisagés séparément pour le bailleur et pour le preneur.

(¹) V. infra, n. 763.

(²) Trib. civ. Toulouse, 13 janv. 1888, Gaz. Trib. Midi, 8 avril 1888.

(³) Cpr. Trib. civ. Nantes, 10 juill. 1894, Gaz. Pal., 94. 2. 176 (femme galante qui dissimule son nom, lequel a acquis une fâcheuse notoriété).

(⁴) Cass., 11 mars 1824, S. chr., D. Rép., v° Louage, n. 97. — Rouen, 21 mai 1844, S., 44. 2. 653, D. Rép., v° Louage, n. 96-1°. — Trib. civ. Roanne, 22 fév. 1894, Mon. jud. Lyon, 3 sept. 1894 (motifs). — Fuzier-Herman, art. 1118, n. 3 et 4.

(⁵) Jugé avec raison que la concession antérieure d'un droit qui entrave la jouissance du preneur ne peut conduire à l'annulation du contrat pour cause d'erreur sur la substance. — Trib. civ. Ypres, 13 mars 1896, Pasicr., 97. 3. 17. — Mais elle peut donner lieu à la garantie pour vices de la chose ou défaut de délivrance. V. infra, n. 272 s., 429 s.

(⁶) V. infra, n. 162.

(⁷) Fuzier-Herman, art. 1709, n. 16.

Toutefois, nous ferons une observation préliminaire, c'est que, comme pour tout autre contrat, la capacité doit être envisagée au moment de la convention.

59. Le bail à périodes étant un bail unique pour toute la durée (¹), la capacité doit être envisagée, pour toutes les périodes, au moment où le contrat a été passé ; le bail continue donc faute de dénonciation, même pour les périodes qui ont commencé à un moment où le preneur n'avait plus sa capacité (²).

§ I. *Bailleur.*

I. *Des personnes qui ont le pouvoir ou la capacité de faire un bail.* •

60. Il est admis par tout le monde que le fait de donner un immeuble à bail constitue un acte d'administration et non pas un acte de disposition (³), et c'était la solution de l'ancien droit (⁴) ; en effet, le bailleur reste propriétaire de l'immeuble, il n'en perd que la jouissance, laquelle est représentée pour lui par des prestations équivalentes, et ainsi le bail ne peut avoir pour le bailleur les inconvénients d'un acte de disposition. Cette solution est corroborée par les textes que nous citerons et qui concèdent aux administrateurs le droit de donner un immeuble à bail.

S'il en est ainsi des immeubles, à plus forte raison cela est-il vrai des meubles (⁵).

61. De là, les solutions suivantes.

Le tuteur du mineur non émancipé et de l'interdit peut donner à bail les immeubles de ce dernier ; c'est ce que dit

---

(¹) V. *infra*, n. 1216.

(²) Trib. civ. Nancy, 13 août 1895, *Gaz. Pal.*, 95. 2. 564 (ce jugement applique ce principe au bail fait avec la clause que faute de dénonciation le bail se renouvellera *par tacite reconduction*).

(³) Cass. civ., 5 avril 1882, S., 83. 1. 31, D., 82. 1. 310. — Duranton, XVII. n. 32 s. ; Bertin, *Ch. du conseil*, 3ᵉ éd., 1894, I, n. 476 ; Aubry et Rau, IV, p. 465. § 364 ; Guillouard, n. 44 ; Fuzier-Herman, art. 1709, n. 31 et les autorités citées dans les notes qui suivent.

(⁴) Argou, *Instit. du dr. fr.*, 9ᵉ éd. par Boucher d'Argis. 1762, liv. III. ch. XXVII. II, p. 271.

(⁵) Guillouard, II, n. 674.

l'art. 1718 dans les termes suivants : « Les articles du titre du
contrat de mariage et des droits respectifs des époux relatifs
aux baux des biens des femmes mariées, sont applicables aux
baux des biens des mineurs ».

Le bail est valable même s'il lèse le mineur (¹), conformément au droit commun.

A plus forte raison le bail fait par le père administrateur
légal est valable (²).

Le tuteur peut user de la forme d'un contrat, il n'est pas
obligé de recourir à une adjudication (³). La solution est la
même pour le père administrateur légal.

62. Le mineur émancipé peut donner à bail ses propres
immeubles. C'est ce que dit l'art. 481 : « Le mineur émancipé
passera les baux dont la durée n'excèdera point neuf ans ».

63. Le mari peut donner à bail les biens de la femme dont
il a l'administration. Cela résulte implicitement de l'art. 1429,
qui limite la durée pour laquelle est obligatoire, après la dissolution de la communauté, un bail de plus de neuf ans fait
par le mari, et qui, par là même, sous le régime de la communauté, donne une validité absolue aux baux n'excédant
pas neuf ans, faits par le mari sur les biens de la femme (⁴).
On doit en dire autant pour le régime sans communauté et
pour les immeubles dotaux de la femme sous le régime dotal.

La femme séparée de biens peut louer ses immeubles (⁵),
ou ses meubles ; la femme dotale peut également louer ses
biens paraphernaux.

64. L'individu pourvu d'un conseil judiciaire peut donner à
bail ses immeubles (⁶), car les art. 499 et 513 énumèrent limitativement les actes pour lesquels il doit obtenir l'assistance

---

(¹) Trib. civ. Meaux, 14 janv. 1898, *Gaz. Trib.*, 22 avril 1898.

(²) Demolombe, VI, n. 439 ; Aubry et Rau, I, p. 783, § 123, note 32.

(³) Cass. civ., 11 août 1818, S. chr. — Rouen, 30 nov. 1840, S., 41. 2. 137. —
Proudhon, *Tr. de l'état des personnes*, II, p. 365 et 366 ; de Fréminville, *Tr. des
minor.*, I, n. 533 ; Demolombe, VII, n. 638 ; Laurent, V, n. 46.

(⁴) Argou, liv. III, ch. XXVII, p. 27.

(⁵) V. Argou, liv. III, ch. XIV, II, p. 202.

(⁶) Toulouse, 23 août 1855, S., 55. 2. 748, D., 55. 2. 329. — Guillouard, I, n. 58 ;
Huc, X, n. 286. — Décidé cependant que le bail est nul s'il est commercial et fait
en vue de la constitution d'une société dans laquelle doit entrer le prodigue. —
Paris, 16 janv. 1890, *Gaz. Trib.*, 7 mars 1890.

de son conseil ; or, parmi ces actes, qui, du reste, consistent exclusivement en ceux qui sont de nature à compromettre le patrimoine, ne figure pas le bail.

Le bail consenti par une personne pourvue de conseil judiciaire n'est pas attaquable, même si le prix est de beaucoup inférieur au revenu normal de la chose [1].

65. L'héritier bénéficiaire peut donner à bail les immeubles de la succession [2]. Il en est de même pour l'administrateur de la succession qui a fait, de la part de l'héritier bénéficiaire, l'objet d'un abandon [3] ou pour l'administrateur judiciaire de la succession dont l'administration a été enlevée à l'héritier bénéficiaire [4].

Il en est de même encore pour l'héritier apparent, qui est l'administrateur qualifié de la succession à l'égard des tiers [5].

Quant au successible chargé d'administrer provisoirement la succession en attendant qu'il ait pris parti, il peut également faire les baux, mais seulement s'ils sont urgents [6].

66. Le possesseur de bonne foi peut également donner à bail l'immeuble qu'il possède, car il est, comme l'héritier apparent, considéré comme propriétaire vis-à-vis des tiers en vertu de la même raison [7].

Nous admettrons encore cette solution pour le possesseur de mauvaise foi [8] ; sa mauvaise foi ne produit d'effets que dans ses rapports avec le propriétaire ; les tiers ne doivent pas souffrir de préjudice à raison de la mauvaise foi du possesseur, pourvu qu'ils considèrent le possesseur comme propriétaire.

On ne peut opposer à ces solutions, et notamment à la der-

---

[1] Beudant, *L'état et la cap. des personnes*, II, n. 988.

[2] V. pour les détails notre *Tr. des succ.*, 2e édit., II, n. 1337.

[3] V. notre *Tr. des succ.*, 2e édit., II, n. 1496.

[4] V. notre *Tr. des succ.*, 2e édit., II, n. 1523.

[5] Demolombe, II, n. 137 ; Troplong, I, n. 98 ; Marcadé, art. 1713, n. 14 ; Guillouard, I, n. 56 et 448. — *Contra* Huc, X, n. 287. — V. notre *Tr. des succ.*, 2e édit., I, n. 947.

[6] V. notre *Tr. des succ.*, 2e édit., II, n. 1148, et *infra*, n. 68.

[7] Guillouard, I, n. 56 et 448. — *Contra* Laurent, XXV, n. 56 s. ; Huc, X, n. 287.

[8] Cpr. cass., 19 nov. 1838, S., 39.1.397, D. *Rép.*, v° *Louage*, n. 55-1°.— *Contra* Laurent, *loc. cit.* ; Guillouard, I, n. 448 ; Huc, X, n. 287.

nière, les art. 1726 et 1727 ; ces articles supposent bien que
le bail consenti par un non-propriétaire peut être nul ; mais,
en dehors des hypothèses que nous avons indiquées, n'y en
a-t-il pas une multitude où le bail est consenti par un non-
propriétaire ?

67. L'administrateur ou le gérant d'une société peuvent
donner à bail les immeubles de la société, sauf cependant ceux
de ces immeubles qui, d'après le but de la société, ne sont
pas destinés à être loués ([1]).

Nous parlons plus loin du communiste ([2]).

68. Les administrateurs provisoires dont les fonctions ont
un caractère essentiellement temporaire ne nous paraissent
pas, en principe, avoir le droit de faire des baux, même
n'excédant pas neuf ans ; ils ne sont chargés, en effet, que
des actes conservatoires destinés à empêcher le dépérissement des biens et non pas des actes d'administration ; ils ne
sont donc autorisés à faire que les baux urgents, c'est-à-dire
ceux dont le but est d'empêcher le dépérissement des biens
ou qui sont indispensables pour les mettre en rapport.

Nous donnerons cette solution pour l'administrateur provisoire nommé pendant une instance en interdiction (C. civ.,
art. 497) ([3]), pour l'administrateur provisoire d'une succession ([4]), pour le séquestre ([5]). Nous l'avons donnée également
pour l'héritier qui n'a pas encore pris parti ([6]).

69. La loi du 30 juin 1838 (art. 31) permet à l'administrateur provisoire délégué par les commissions administratives
ou de surveillance de faire les baux n'excédant pas trois ans.

On accorde, par analogie, le même droit à l'administrateur
nommé à l'absent par le tribunal ([7]). Mais il nous paraît pré-

---

([1]) V. notre *Tr. de la soc., du prêt, du dépôt*, n. 302.

([2]) V. *infra*, n. 132 s.

([3]) Décidé qu'il peut faire des baux de neuf ans. Trib. civ. Epernay, 25 juill. 1890,
Loi, 11 oct. 1890. — V. *infra*, n. 92.

([4]) V. notre *Tr. des succ.*, II, n. 2099 et en sens contraire l'arrêt qui y est cité et
Guillouard, I, n. 49.

([5]) V. notre *Tr. de la soc., du prêt, du dépôt*, n. 1298.

([6]) V. *supra*, n. 65.

([7]) Trib. civ. Châlons-sur-Marne, 24 mars 1890, *Loi*, 11 oct. 1890. — Demolombe,
VIII, n. 828 ; Bertin, *op. cit.*, I, n. 738.

férable de lui interdire toutes espèces de baux, sauf ceux qui
sont urgents.

70. Les envoyés en possession provisoire des biens d'un
absent, ayant le droit d'administrer ces biens (C. civ., art. 125),
peuvent les donner à bail (¹).

71. Tous ces administrateurs peuvent-ils louer des meubles ? Nous ne faisons aucune difficulté d'admettre l'affirmative (²); le pouvoir d'aliéner les meubles est plus facilement
accordé par le code que le pouvoir d'aliéner les immeubles;
on doit donc reconnaître que le pouvoir de louer les immeubles emporte le pouvoir de louer les meubles.

Toutefois, certains auteurs font exception pour les meubles
sujets à détérioration, par la raison que leur location est
interdite à l'usufruitier (³). Nous n'admettons pas cette restriction. D'une part, nous montrerons que, contrairement à
l'opinion de ces auteurs, tous les meubles peuvent être donnés à bail par l'usufruitier; d'autre part, à supposer le contraire, le système qui interdit à l'usufruitier le bail des meubles sujets à détérioration s'appuie sur des raisons de texte
qui sont spéciales.

72. Les baux des biens de l'Etat étaient autrefois tous soumis à l'approbation du ministre des finances. (Loi des 18 oct.
5 nov. 1790, tit. 4, art. 15). Le décret du 25 mars 1852 (art. 3,
tableau C, 2°), permit au préfet de passer sans l'autorisation
du ministre des finances les baux amiables dont le prix annuel
n'excéderait pas 500 fr.

Aujourd'hui, d'après l'art. 7 (al. 2, 3 et 4), de la loi du
6 déc. 1897 : « *Les directeurs des domaines sont autorisés à
consentir ceux de ces baux (baux amiables des biens de l'Etat)
n'excédant pas une durée de neuf années et dont le prix annuel
ne dépasse pas 1,000 fr.* ». Le directeur général « *consent
les baux n'excédant pas une durée de neuf années et dont le
prix annuel, excédant 1,000 fr., ne dépasse pas 5,000 fr. Sont
soumis à l'approbation du ministre des finances les baux d'une
durée supérieure à neuf années et ceux d'une durée moindre
dont le prix annuel est supérieur à 5,000 fr.* ».

(¹) V. Baudry-Lacantinerie et Houques-Fourcade, *Tr. des personnes*, I, n. 1126.
(²) Guillouard, II, n. 675 ; Valéry, *op. cit.*, p. 32, n. 7.
(³) Guillouard, II, n. 675.

73. Aux termes du décret du 21 juillet 1897, relatif aux universités, le conseil de l'université statue définitivement sur « l'administration des biens de l'université » (art. 7-1"), mais il délibère seulement « sur les baux d'une durée de plus de dix-huit ans » (art. 9-2"), et cette délibération n'est exécutoire qu'après approbation du ministre (art. 10).

74. L'usufruitier, suivant le langage de l'art. 595, « peut donner à ferme à un autre » ([1]). Il est certain qu'il peut donner à loyer des immeubles non seulement ruraux, mais urbains ([2]); l'expression *donner à ferme* n'a pas dans l'art. 595 un sens restrictif, qui, d'ailleurs, serait injustifiable; on peut ajouter que l'art. 602, d'après lequel, si l'usufruitier ne fournit pas de caution, « les immeubles sont donnés à ferme », montre la signification large de l'expression.

75. Mais une difficulté a été soulevée pour les meubles.

Il est certain que les meubles qui ne se détériorent pas par l'usage peuvent être donnés à bail par l'usufruitier ([3]).

Mais beaucoup d'auteurs prétendent qu'il en est autrement des meubles qui se détériorent par l'usage ([4]). L'usufruitier, dit-on, ne peut s'en servir, suivant l'art. 589, que pour l'usage auquel ils sont destinés. — Ce texte nous paraît être sans importance pour la solution de la question : tout ce que veut l'art. 589, c'est que les meubles sujets à détérioration soient employés suivant leur destination ; ce but est suffisamment rempli si le locataire est tenu de fournir cette destination aux meubles ; or, de plein droit, comme nous le montrerons, tout locataire

---

[1] V. pour l'ancien droit Argou, II, p. 271, liv. III, ch. XXVII. — L'usufruitier peut même autoriser le preneur à faire des coupes de bois si elles n'ont rien d'exagéré. — Cass. req., 28 nov. 1896, D., 97. 1. 45. — Il a été également décidé avec raison que le bail est valable quoiqu'il soit fait peu de temps avant la mort de l'usufruitier. — Caen, 26 janv. 1895, sous Cass., 28 nov. 1896, précité. — V. aussi *infra*, n. 89.

[2] Demolombe, X, n. 347; Aubry et Rau, II, p. 693, § 230, note 45; Baudry-Lacantinerie et Chauveau, *Tr. des biens*, n. 536.

[3] Demolombe, X, n. 298 et 299; Aubry et Rau, II, p. 694, § 230; Guillouard, II, n. 675; Valéry, *loc. cit.*

[4] Proudhon, *Tr. de l'usuf.*, III, n. 1061 s.; Marcadé, art. 589, n. 6 et art. 595, n. 3; Ducauroy, Bonnier et Roustain, II, n. 182; Demante, II, n. 428 *bis*, I; Aubry et Rau, II, p. 694, § 230, note 51; Demolombe, X, n. 298 et 299; Guillouard, *loc. cit.*; Valéry, *loc. cit.*; Polacco, *Riv. ital. per le scienze giurid.*, IV, 1887, p. 420, cité par Valéry, *loc. cit.*

contracte cette obligation ; l'art. 595 est, du reste, formel. En vain dit-on que ce texte s'occupe exclusivement, comme le montrerait le mot *ferme*, des immeubles ruraux ; s'il en était ainsi, il faudrait interdire à l'usufruitier le bail des immeubles urbains et de tous les meubles, et c'est ce que personne n'ose soutenir (¹).

Au surplus, les auteurs que nous signalons permettent le louage des meubles sujets à détérioration, quand leur nature ou leur usage les destine à être loués (²) ; ils citent les navires marchands, les voitures servant au transport de personnes ou de marchandises, les livres d'un cabinet de lecture, le mobilier et le linge d'un hôtel, le matériel d'un théâtre (³). Cette distinction n'a aucune base.

Certains auteurs ne donnent à l'usufruitier que le droit de louer les meubles qui ne sont pas destinés à son usage personnel (⁴).

On affirme aussi que l'usufruitier ne peut louer les animaux qui font partie d'une exploitation rurale (⁵), leur location étant contraire à une jouissance normale. Cette opinion nous paraît erronée : non seulement l'art. 595 impose la solution contraire, mais, l'usufruitier ayant le droit d'exploiter comme il l'entend, pourvu que sa jouissance soit celle d'un bon père de famille, rien ne lui interdit de louer les animaux qui lui paraissent inutiles à l'exploitation.

76. La jurisprudence admet que le curé ou desservant a sur le presbytère un droit de jouissance *sui generis* ne se confondant pas avec l'usufruit et se rapprochant de l'habitation (⁶).

On conclut de là que le desservant ne peut donner le presbytère à bail (arg. art. 634 C. civ.) (⁷).

(¹) En ce sens Laurent, VI, n. 470 s.

(²) Aubry et Rau, *loc. cit.* ; Guillouard, II, n. 675 ; Valéry, *loc. cit.* ; Baudry-Lacantinerie et Chauveau, *Tr. des biens*, n. 537, et les auteurs précités.

(³) Guillouard, II, n. 675 ; Valéry, *loc. cit.*

(⁴) Laurent, VI, n. 470 s.

(⁵) Proudhon, *Tr. de l'usufr.*, II, n. 1086 et 1087 ; Guillouard, II, n. 922.

(⁶) V. notamment Trib. confl., 15 déc. 1883, S., 85. 3. 66. — Cass., 7 décembre 1883, S., 85. 1. 510. — Paris, 2 avril 1896, S., 97. 2. 129.

(⁷) Paris, 2 avril 1896, précité. — Jeanvrot, *Manuel de la police des cultes*.

Cependant les desservants autorisés par l'évêque à biner dans les succursales vacantes, et ayant par suite la jouissance de ces succursales, peuvent les donner à bail, en tout ou en partie, avec l'autorisation de l'évêque. Ord., **3 mars 1825**, art. 2).

77. A la différence de l'usufruitier, l'usager et le titulaire d'un droit d'habitation ne peuvent donner leur droit à bail. (C. civ., art. 631 et 634).

78. L'antichrésiste peut louer les biens soumis à son nantissement [1].

79. Le bail consenti par une personne qui est plus tard déclarée en faillite est nul à la condition qu'il soit passé dans la période suspecte et que le preneur soit de mauvaise foi [2]; c'est la condition exigée par l'art. 447 C. com. pour la nullité de tous les actes à titre onéreux consentis par le failli.

80. On considère quelquefois le saisi comme incapable de donner l'immeuble saisi à bail; nous verrons qu'il ne s'agit pas là d'une véritable incapacité [3].

Nous nous occupons un peu plus loin du bail consenti par la personne expropriée pour cause d'utilité publique [4].

81. Les règles de capacité que nous avons développées et celles qui vont suivre sont applicables au colonage partiaire, car, d'après l'art. 13 de la loi du 10 juillet 1889 : « *Les dis-* » *positions de la section I*re *du titre du louage contenues dans* » *l'art. 1718... sont applicables aux baux à colonat partiaire* ».

II. *Effets, après la fin de l'administration, du bail consenti par un administrateur.*

A. *Opposabilité au propriétaire.*

82. Par cela même que la loi permet aux administrateurs de faire des baux, et qu'elle limite la durée pendant laquelle

---

n. 189. — *Contra* Gaudry, *Tr. de la lég. des cultes*, II, n. 742 ; de Champeaux, *Le dr. civ. ecclésiast.*, II, p. 50 (qui est dans le même sens une consultation de Berryer, Hennequin et autres).

[1] Laurent, XXVIII, n. 545 : Guillouard, *Tr. du nantissement*, n. 246.

[2] Cass. req., 27 nov. 1893, S., 94. 1. 328.

[3] V. *infra*, n. 1334 s.

[4] V. *infra*, n. 85.

ces baux, après la fin de l'administration, sont opposables au propriétaire (¹), elle montre qu'ils lui sont opposables en principe. Cette solution, qui déroge aux règles admises par une partie de l'ancienne jurisprudence (²), résulte au surplus de textes formels.

83. D'abord, quel est le sort du bail consenti par le propriétaire sous condition résolutoire, si son droit de propriété est résolu ?

La question est, pour l'acquéreur avec pacte de rachat, tranchée par l'art. 1673, suivant lequel « lorsque le vendeur vend son héritage par l'effet du pacte de rachat... il est tenu d'exécuter les baux faits sans fraude par l'acquéreur ». On peut rapprocher l'art. 595, qui rend les baux faits par l'usufruitier opposables au nu propriétaire.

Ces textes ne peuvent s'expliquer que par la volonté d'empêcher l'incertitude du droit du preneur, et c'est également l'explication qui convient à l'art. 1743, lequel rend les baux opposables à l'acquéreur d'un immeuble. Aussi faut-il appliquer la solution de l'art. 1673 à tout propriétaire sous condition résolutoire (³). En présence des considérations que nous avons invoquées, on ne peut attacher aucune importance à l'objection tirée de l'art. 1183, qui donne à la résolution un effet rétroactif ; l'art. 1673 lui attribue bien le même effet et cependant il maintient le bail. Il est surtout singulier que le bail fait par un propriétaire soit opposable à l'acquéreur, alors que le bail fait par le propriétaire sous condition résolutoire n'est pas, pour nos adversaires, opposable au propriétaire définitif ; ces deux personnes succèdent l'une et l'autre aux droits du bailleur, les baux passés par le bailleur doivent donc avoir vis-à-vis d'elles le même effet.

(¹) V. *infra*, n. 91 s.

(²) Annotateur de Chorier, *La jurisprudence de Guy-Pape*. 2e éd., 1769, p. 243, qui cite un arrêt de Grenoble du 18 novembre 1639. — Mais V. *infra*, n. 92 s., notes.

(³) Duranton, XVII, n. 134 ; Toullier, VI, n. 576 ; Troplong, I, n. 100, 545 et 546 et *Tr. de la vente*, II, n. 776 et 777 ; Duvergier, I, n. 83 s. ; Aubry et Rau, IV, p. 497, § 369 ; Guillouard, I, n. 50 ; Fuzier-Herman, art. 1709, n. 52. — *Contra* Paris, 9 déc. 1864, S., 65. 2. 42. — Laurent, XXIV, n. 258, XXV, n. 46 et 383 ; Huc, X, n. 172 et 286.

84. Sont donc définitifs les baux consentis par les personnes suivantes :

L'adjudicataire dont le droit est résolu par suite d'une folle enchère ([1]) ou d'une surenchère ([2]) ;

L'acquéreur dont le titre est résolu pour défaut de paiement du prix ou d'exécution des charges ([3]) ;

Le grevé de substitution après que le droit des appelés s'est ouvert ([4]) ;

Le donataire dont le titre est révoqué ([5]) ;

Le donataire dont le titre est résolu par suite du retour conventionnel ([6]).

Quant au preneur dont le droit est résolu, la question de savoir si la cession de bail ou le sous-bail consentis par lui reste valable sera étudiée plus tard ([7]).

85. L'art. 595 C. civ. dit aussi que le bail fait par l'usufruitier est maintenu après l'extinction de l'usufruit.

Il faut également donner cette solution pour les baux con-

([1]) Cass., 11 avril 1821, S. chr., D. Rép , v° *Vente publ. d'imm.*, n. 1915-1°. — Cass., 16 janvier 1827, S. chr., D. Rép., v° *Vente publ. d'imm.*, n. 1915-2°. — Paris, 25 janvier 1835, S., 35. 2. 102, D. Rép., v° *Vente publ. d'imm.*, n. 1915-3°. — Paris, 19 mai 1835, S., 35. 2. 256, D. Rép , v° *Louage*, n. 67. — Paris, 11 mai 1839, S., 39. 2. 337, D. Rép., v° *Louage*, n. 67. — Paris, 22 mai 1847, P., 47. 1. 659, D. Rép., v° *Vente publ. d'imm.*, n. 1915-4°. — Paris, 28 oct. 1893, D., 94. 2. 104. — Bioche, *Dict. proc.*, v° *Vente sur folle enchère*, n. 104 ; Chauveau sur Carré, *Lois de la proc.*, Quest. 2432-7° ; Persil, *Comment. de la loi du 2 juin 1841*, n. 382 s. ; Rolland de Villargues, v° *Folle enchère*, n. 40 ; Lachaize, *De l'exprop. forcée*, II, n. 471 ; Huet, *Tr. de la saisie-immobilière*. p. 309, n. 3 : Duvergier, I, n. 84 ; Aubry et Rau, IV, p. 498, § 369, note 14 ; Fuzier-Herman, art. 1709, n. 55 s. ; Guillouard, I, n. 50 et 449. — *Contra* Paris, 25 juin 1814, D. Rép., v° *Vente publ. d'imm.*, n. 1910. — Laurent, XXV, n. 384 ; Paignon, *Comment. des ventes jud.*, I, n. 185.

([2]) Orléans, 10 janvier 1860, P., 60. 135. D., 60. 5. 374 (impl.). — Guillouard, *loc. cit.*

([3]) Bruxelles, 25 février 1843, *Pasicr.*, 45. 2. 198. — Trib. Luxembourg, 19 juin 1896, *Pasicr.*. 96. 4. 151. — Toullier, VI, n. 576 ; Duvergier, I, n. 83 et 539 ; Aubry et Rau, *loc. cit.* ; Guillouard, I, n. 50 et 449 ; Fuzier-Herman, art. 1709, n. 54.

([4]) Duranton, XVII, n. 134 ; Duvergier, I, n. 84 et 530 ; Aubry et Rau, IV, p. 497, § 369, note 14 ; Guillouard, I, n. 50 et 449 ; Fuzier-Herman, art. 1709, n. 53. — *Contra* Laurent, XXV, n. 45.

([5]) Duranton, *loc. cit.* : Duvergier, *loc. cit.* : Aubry et Rau, *loc. cit.* ; Guillouard, I, n. 449 ; Fuzier-Herman, *loc. cit.* — *Contra* Laurent, *loc. cit.*

([6]) Guillouard, I. n. 50.

([7]) V. *infra*, n. 1392 et 1393.

sentis par une personne quelconque dont les pouvoirs d'administration prennent fin (¹).

Ainsi le bail fait par les copropriétaires indivis ne cesse pas par le partage (²); il en est ainsi même si le bail a été fait à l'un des copropriétaires (³).

Toutefois, il va sans dire que le bail fait au profit du copropriétaire cesse par la consolidation si l'immeuble loué est attribué au copropriétaire preneur (⁴).

Par application des mêmes principes, le bail consenti ou renouvelé par un propriétaire menacé d'expropriation pour cause d'utilité publique est valable et opposable à l'expropriant.

Il en est de même du bail postérieur à la déclaration d'utilité publique, car cette déclaration n'enlève au propriétaire ni la propriété ni l'administration de ses biens (⁵).

Toutefois il va sans dire qu'en cas de fraude, c'est-à-dire si le bail, postérieur à la déclaration d'utilité publique, n'a été fait ou renouvelé que dans le but de fournir une indemnité d'expropriation au preneur, le bail n'est pas opposable à l'expropriant (⁶).

86. Les textes que nous avons cités, comme le montrent les termes de l'art. 1430 et la place de l'art. 1718, sont spéciaux aux immeubles; de là on conclut généralement que les baux de meubles consentis par un administrateur cessent de plein droit quand l'administrateur lui-même quitte ses fonctions (⁷). On ajoute dans le même sens que l'intérêt du preneur et l'intérêt social ne commandent pas le maintien du bail de meubles comme ils commandent le maintien du bail d'immeubles. On dit enfin que cette solution est seule con-

---

(¹) L'opinion contraire est soutenue par Laurent, à propos de l'antichrésiste, XXVIII, n. 545.

(²) Rennes, 9 janvier 1858, S., 58. 2. 548, D., 58. 2. 203.

(³) Paris, 5 janvier 1831, S., 31. 2. 281, D. *Rép.*, v° *Louage*, n. 541.

(⁴) V. *infra*, n. 1345.

(⁵) Cass., 15 fév. 1860, S., 60. 1. 817, D., 60. 1. 117. — Cass., 14 mars 1860, S., 60. 1. 817, D., 60. 1. 279. — Fuzier-Herman, art. 1713, n. 23.

(⁶) Cass., 15 fév. 1860, précité. — Fuzier-Herman, art. 1713, n. 25.

(⁷) Proudhon, *Tr. de l'usufr.*, III, n. 1217 ; Duvergier, II, n. 241 ; Marcadé, art. 595, n. 3; Aubry et Rau, II, p. 694, § 230, note 52 ; Demolombe, X, n. 300 ; Guillouard, II, n. 676; Baudry-Lacantinerie et Chauveau, *Tr. des biens*, n. 537.

forme au principe *resoluto jure dantis resolvitur jus accipientis.*

Toutes ces considérations ne nous touchent pas ([1]). Sans doute les dispositions qui précèdent visent exclusivement les immeubles, et nous devrons, en partant de cette idée, refuser de les appliquer aux meubles en ce qui concerne la durée du bail ([2]). Mais, pour ce qui regarde la survie du bail à l'extinction des droits de l'administrateur, ces mêmes textes ne se donnent pas la peine de la proclamer, ils se contentent de la supposer ; c'est donc qu'elle est l'application du droit commun. Et, en effet, si l'administrateur peut consentir un bail, il peut le consentir sans aucune autre condition de durée que celle qui est compatible avec l'étroitesse de ses pouvoirs ; si le bail est valable, il est par là même définitif.

La maxime *resoluto jure,* etc., n'a rien à voir dans la question ; elle signifie que la résolution d'un droit entraîne, *à raison de sa rétroactivité,* la résolution de tous les droits consentis par la personne dont le titre est résolu. Or, les droits de l'administrateur ne sont pas résolus ; en droit comme en fait, ils ont duré un certain temps, et, par là même, les pouvoirs de l'administrateur ne sont pas effacés rétroactivement.

Quant à savoir si l'intérêt social peut être mêlé à la question, cela est fort douteux, tout aussi bien pour les immeubles que pour les meubles ; et l'intérêt du preneur, quoi qu'on en dise, exige, au même degré, le maintien des baux de meubles que celui des baux d'immeubles : qu'on suppose des bœufs loués pour les travaux des champs, un navire pour le transport des marchandises dans un pays éloigné, des meubles pour garnir une maison louée, etc. N'est-il pas très préjudiciable aux intérêts du preneur que la cessation des pouvoirs du bailleur fasse cesser subitement le bail? N'est-ce pas également préjudiciable aux intérêts du propriétaire, qui trouvera plus difficilement un locataire disposé à accepter de pareilles éventualités?

Signalons enfin une triple bizarrerie de la doctrine que nous combattons.

([1]) Valéry, *op. cit.,* p. 40, n. 20.
([2]) V. *infra.* n. 103.

D'une part, si une maison meublée est donnée à bail ou si une terre est louée avec les bestiaux qui s'y trouvent, la cessation des pouvoirs mettra fin au bail des meubles et laissera intact le bail des immeubles [1].

D'autre part, le bail des meubles risque de durer moins longtemps que le bail des immeubles, et cela est contraire, comme nous l'avons montré, à l'esprit de la loi.

Enfin, tandis que le bail de meubles consenti par un mineur émancipé ou une femme séparée de biens atteindra fatalement sa durée normale, le bail de meubles consenti par un tuteur ou par un mari commun risquera de se terminer bien avant l'expiration de cette durée ; et cependant le tuteur a les mêmes pouvoirs que le mineur émancipé, et le mari commun que la femme séparée.

Ces trois observations constituent la meilleure réfutation qu'on puisse faire de la doctrine que nous repoussons.

Ainsi les baux de meubles consentis par l'usufruitier sont opposables au propriétaire [2].

87. Les auteurs dont nous venons de réfuter l'opinion en corrigent les inconvénients en décidant qu'un certain délai pourra être accordé au preneur pour faire la remise des meubles loués [3]. Cela est peu logique ; car, à partir du moment où le bail est expiré, le locataire doit, en principe, quitter l'immeuble.

Dans tous les cas on ne peut permettre au preneur de rester en possession jusqu'à ce que ses dépenses lui aient été remboursées [4].

B. *Conditions et durée du maintien du bail.*

a) *Date certaine.*

88. Dans toutes les hypothèses où le bail fait par une per-

---

[1] On admet il est vrai, mais peu logiquement, que le bail d'une terre et de bestiaux est soumis tout entier à la durée des baux d'immeubles. — Proudhon, *Tr. de l'usuf.*, III, n. 1086 ; Laurent, VI, n. 473 ; Baudry-Lacantinerie et Chauveau, *Tr. des biens*, n 537.

[2] Cpr. les arrêts cités à propos du cas où le bail est frauduleux, *infra*, n. 89. — *Contra* Huc, X, n. 287.

[3] Demolombe, X, n. 300 ; Guillouard, II, n. 676.

[4] *Contra* Grenoble, 18 nov. 1639, précité.

sonne dont les droits sont anéantis est opposable à la personne qui se substitue à cette dernière, il doit, pour pouvoir
lui être opposé, avoir date certaine avant la naissance du
droit du nouveau propriétaire (arg. art. 1328) (¹).

b) Absence de fraude.

89. Pour que le bail fait par l'acquéreur à réméré soit,
après le rachat, opposable au vendeur, l'art. 1673 exige que
le bail soit fait sans fraude, et cette solution doit être appliquée au bail consenti par tout propriétaire sous condition
résolutoire (²).

Si donc le bail est fait dans le but de nuire au propriétaire
définitif, ce bail est nul vis-à-vis de lui (³).

Nous en dirons autant du bail consenti par une personne
ayant des droits sur l'immeuble d'autrui, par exemple un
usufruitier (⁴) ou un mari commun (⁵). Le bail que ferait ce
dernier pour nuire à la femme et dans l'éventualité du divorce
ou d'une séparation de corps ou de biens serait nul (⁶).

Le bail que ferait l'usufruitier pour déprécier la valeur des
biens dans le but d'en faciliter l'acquisition par une personne
colludant avec lui serait également frauduleux (⁷).

Mais il ne suffirait pas qu'un bail fût fait par un usufruitier
avancé en âge pour qu'il fût nul (⁸).

Un bail ne serait pas davantage frauduleux parce que le
prix ne représenterait pas le revenu de la chose; pourvu que
le prix soit sérieux, peu importe qu'il soit *vil*. Cela a été

(¹) Huc, X, n. 320.

(²) Guillouard, I, n. 50.

(³) Paris. 28 oct. 1893, D., 94. 2. 104 (bail pour un an, puis trois, six ou neuf ans
au choix du locataire avec promesse de vente). — Guillouard, I, n. 50.

(⁴) Douai. 6 juin 1854, S., 55. 2. 74, D., 55, 2. 253. — Lyon, 24 juin 1854, S., 55.
2. 74. — Orléans, 31 déc. 1868, S , 69. 2. 51. — Caen, 23 juin 1874, D., 75. 2. 212.
— Poitiers, 22 mars 1881, S., 82. 2. 105, D., 82. 2. 150. — Toullier, XII, n. 408 ;
Proudhon, *op. cit.*, III, n. 1219; Troplong, I, n. 155; Taulier, II, p. 313; Demo-
lombe, X, n. 350 s.; Aubry et Rau, III. p. 693, § 230, note 47; Laurent, VI, n. 460;
Guillouard, I, n. 57; Baudry-Lacantinerie et Chauveau, *Tr. des biens*, n. 528.

(⁵ Guillouard, I, n. 57.

(⁶ Guillouard, *loc. cit.*

(⁷) Orléans, 31 déc. 1868, précité. — Baudry-Lacantinerie et Chauveau, *loc. cit.*

(⁸) *Contra* Douai, 6 juin 1854, S., 55. 2. 74, D., 55. 2. 253. — Caen, 23 juin 1874,
D., 75. 2. 212. — Guillouard, I, n. 57. — V. aussi *supra*, n. 74.

décidé pour le bail fait par l'usufruitier ([1]). Toutefois la faiblesse du prix peut être un indice de la fraude.

c) *Absence d'indivisibilité avec une autre convention.*

90. Une autre dérogation doit être apportée au maintien du bail : si le bail contient une promesse de vente ou toute autre convention qui tombe avec la cessation des fonctions de l'administrateur et qu'en fait les deux conventions soient indivisibles, le bail ne peut être maintenu ([2]).

d) *Durée pendant laquelle le bail est opposable au propriétaire.*

91. La question la plus délicate que soulève cette matière est de savoir si les baux constituent des actes d'administration *quelle que soit leur durée*, et cette durée fût-elle de quatre-vingt-dix neuf ans ([3]).

S'il n'existait pas de textes sur ce point, on devrait sans difficulté admettre l'affirmative, car la valeur des raisons que nous avons indiquées est indépendante de la durée du bail ; comme, en outre, il est souvent possible de trouver, en consentant un bail de longue durée, un locataire ou fermier disposé à faire des concessions particulières, comme, enfin, la longue durée du bail est une garantie de la bonne gestion, un long bail serait encore plus sûrement un acte d'administration qu'un bail de courte durée.

92. Mais les textes réduisent les pouvoirs de certains administrateurs au droit de faire des baux *de neuf ans au plus*, et même, pour l'administrateur provisoire des biens d'un individu placé dans un établissement d'aliénés, de trois ans au plus (L. 30 juin 1838, art. 31 al. 1). Ils obéissent sans doute à l'idée que, les propriétaires tenant souvent à habiter ou à cultiver eux-mêmes les immeubles acquis, l'immeuble loué à long terme trouverait difficilement un acquéreur ([4]). Cette idée est, du reste, peu défendable : l'acquéreur d'un immeuble cherche avant tout à obtenir le profit de ses capitaux et rien

---

[1] Cass. req., 11 mars 1824, S. chr. — Guillouard. I, n. 64.
[2] Paris, 28 oct. 1893, D., 94. 2. 104.
[3] Un bail n'est jamais valable pour plus de 99 ans. — V. *infra*, n. 1202.
[4] Guillouard, I, n. 47.

ne saurait lui assurer davantage ce profit qu'une location de longue durée.

Les textes s'expliquent beaucoup mieux par une raison historique. On admettait généralement dans l'ancien droit que les baux, quelle que fût leur durée, devaient continuer à être entretenus après la cessation des fonctions de celui qui les avait consentis ; mais comme, au-dessus de neuf ans, le bail perdait son caractère et devenait une vente (¹), cette règle se réduisait à rendre définitifs les seuls baux qui n'excédaient pas neuf ans (²).

L'art. 1429 dispose : « Les baux que le mari seul a fait des biens de sa femme pour un temps qui excède neuf ans ne sont, en cas de dissolution de la communauté, obligatoires vis-à-vis de la femme ou de ses héritiers que pour le temps qui reste à courir soit de la première période de neuf ans, si les parties s'y trouvent encore, soit de la seconde et ainsi de suite, de manière que le fermier n'ait que le droit d'achever la jouissance de la période de neuf ans où il se trouve » (³).

93. Aux termes de l'art. 1718 : « Les articles du titre *Du contrat de mariage et des droits respectifs des époux,* relatifs aux baux des biens des femmes mariées, sont applicables aux baux des biens des mineurs », et, d'après l'art. 481 : « Le mineur émancipé passera les baux dont la durée n'excèdera point neuf ans » (⁴).

L'art. 1718 partant d'une assimilation entre le bail de plus de neuf ans et l'aliénation, on décide que le bail de plus de

---

(¹) V. Vente, *De la nature du bail d'immeubles, Rev. hist. du dr.,* IX, 1863, p. 215 s.

(²) V. *infra,* n. 95.

(³) Dans la Cout. de Paris, art. 217, le mari pouvait faire des baux urbains pour dix ans et des baux ruraux pour neuf ans. Dans la Cout. de Blois, art. 179, pas de limitation. Dans les coutumes muettes, on admettait que les baux du mari étaient opposables à la femme s'ils étaient faits pour une durée modique et que, s'ils étaient de cinq ans au moins, la femme était dispensée de les entretenir, mais à la charge d'indemniser le mari ou ses héritiers des dommages-intérêts auxquels le fermier pouvait prétendre. Dumoulin, *Cons. Par.,* § 30, n. 106 ; Pontanus, *Cons. Bles.,* art. 179 ; Argou, II, p. 273.

(⁴) Dans l'ancien droit, les baux du tuteur étaient, quelle que fût leur durée (c'est-à-dire jusqu'à neuf ans), opposables au mineur. Argou, liv. III, ch. XXVII, p. 272.

neuf ans fait par le tuteur n'est définitif qu'avec l'autorisation
du conseil de famille et l'homologation du tribunal ([¹]).

94. Enfin, pour l'usufruitier, l'art. 595 dispose que : « S'il
donne à ferme, il doit se conformer, pour les époques où les
baux doivent être renouvelés et pour leur durée, aux règles
établies pour le mari à l'égard des biens de la femme au titre
Du contrat de mariage et des droits respectifs des époux » ([²]).

95. Mais la même restriction s'applique-t-elle aux autres
personnes ayant le droit d'administrer? Nous ne le pensons
pas ([³]). D'une part, le principe est que le bail constitue un
acte d'administration; les restrictions que la loi a mises à
ce principe ne peuvent, par conséquent, s'étendre; d'autre
part, ces restrictions se justifient mal et, pour ce motif encore,
elles ne sont pas susceptibles d'extension. Enfin, par cela
même que le code a pris la peine d'appliquer textuellement
l'art. 1429 à certaines personnes ayant capacité ou pouvoir
d'administrer,cette disposition ne peut s'appliquer aux autres
personnes qui se trouvent dans la même situation; bien
mieux, l'art. 1673 nous paraît donner évidemment notre solution pour le bail consenti par le vendeur à réméré ([⁴]).

On ne peut objecter que la solution contraire était admise
dans l'ancien droit, car elle se justifiait, comme le dit Ferrière ([⁵]), par l'idée que le bail fait pour plus de neuf années
emportait aliénation ou, comme le dit Pothier, par l'idée que
ce bail était un bail à rente ([⁶]), d'où on concluait aussi que les

---

([¹]) V. *infra*, n. 104.

([²]) Dans l'ancien droit, le bail fait par l'usufruitier avec l'indication de sa qualité
cessait lors de la cessation de ses fonctions, en vertu d'une interprétation de la
volonté présumée des parties et, par conséquent, sans que le preneur eût une
action en indemnité contre l'ancien usufruitier ou ses héritiers ; il avait une action
en indemnité si la qualité de l'usufruitier ne lui était pas connue. Argou, II, p. 274.
— D'après l'ord. du 7 sept. 1468, le bénéficier n'était pas tenu d'observer le bail fait
par son prédécesseur. Cependant on n'observait pas cette disposition dans le cas
où le bénéficier était pourvu par résignation ou permutation. Henrys, I, liv. XLIX.
n. 4 ; Argou, II, p. 273.

([³]) V. cep. Guillouard, I, n. 47; Huc, V, n. 286; Baudry-Lacantinerie et Houques-
Fourcade, *Tr. des personnes*, I, n. 1126. — V. aussi les autorités citées aux notes
suivantes.

([⁴]) V. *infra*, n. 97.

([⁵]) Ferrière, *Dict.*, v° *Bail fait pour plus de neuf années*.

([⁶]) Pothier, n. 4 et 5.

baux de plus de neuf ans donnaient naissance au droit de
vente (¹). Or il est certain aujourd'hui que le bail, quelle que
soit sa durée, ne confère au preneur qu'un droit personnel.
Du reste, l'ancien droit annulait logiquement le bail fait pour
plus de neuf ans par un administrateur (²), et le code civil se
contente de le réduire.

96. Nous reconnaîtrons donc le droit de faire des baux
définitifs de plus de neuf ans aux personnes suivantes :

Le père *administrateur légal des biens de son enfant*. Toutefois il en est autrement dans l'opinion qui, d'une manière
absolue, limite les pouvoirs du père administrateur à ceux du
tuteur (³).

L'individu pourvu d'un conseil judiciaire. Du reste, cette
solution s'impose en présence des art. 499 et 513, qui ne lui
interdisent que les actes de disposition (⁴).

La *mari pour les biens dotaux* de la femme. Nous ajoutons
à l'appui de cette solution que le mari a sur les biens dotaux
de la femme les pouvoirs les plus larges d'administration ; il
peut même aliéner le mobilier, ce qui lui permet de disposer
pour une longue durée des récoltes à faire sur les immeubles
de la femme; comment ne pourrait-il pas faire un bail de
plus de neuf ans, qui aboutit souvent au même résultat?

Mais il en serait autrement du mari *administrateur des
biens de la femme sous le régime sans communauté*, car on
admet généralement que les règles de l'administration sont,
sous ce régime, empruntées au régime de communauté.

Peut-être ne doit-on pas davantage autoriser de la part de
la *femme séparée de biens* — ou de la femme dotale pour ses
biens paraphernaux — les baux de plus de neuf ans; on argumenterait en ce sens de l'analogie entre la situation de la
femme séparée de biens et celle du mineur émancipé; on
ajouterait que la femme séparée de biens est réduite aux
droits qui appartiennent, sur les biens de la femme, au mari

(¹) Ferrière, *loc. cit.*
(²) Pothier, *loc. cit.*
(³) Demolombe, VI, n. 439; Aubry et Rau, I, p. 783, § 123, note 32.
(⁴) *Contra* Toulouse, 23 août 1855, S., 55. 2. 748, D., 55. 2. 328. — Guillouard,
II, n. 58; Bertin, *Chambre du conseil*, I, n. 797.

sous le régime de la communauté. Mais cette dernière idée n'est pas complètement exacte et, quant à la première, elle est fausse ; les textes montrent que la femme séparée de biens à un pouvoir d'administration plus large que le mineur émancipé ; ce dernier ne peut faire que les actes de « pure administration » (art. 481), la seconde a la « libre administration » de son patrimoine (art. 1449).

Ce qui est certain, c'est que la *femme séparée de corps* peut faire les baux de la plus longue durée, puisque la loi du 6 février 1893 lui permet d'aliéner ses biens sans autorisation.

L'*héritier bénéficiaire* peut, en principe, faire sans autorisation du tribunal des baux de plus de neuf ans. La loi ne lui interdit que certains actes, parmi lesquels ne figurent pas les baux, et qui sont des actes d'aliénation. On ne pourrait, du reste, décider le contraire qu'en empêchant entièrement l'héritier bénéficiaire de faire des baux de plus de neuf ans, car il est admis par la doctrine et par la jurisprudence que les tribunaux ne peuvent concéder à l'héritier bénéficiaire les droits que la loi lui refuse ; or, les baux de fermes importantes sont, dans la plupart des contrées, faits pour une durée supérieure à neuf ans ; on voit à quelle conséquence désastreuse conduit la solution que nous combattons (¹).

Il en est de même de l'héritier apparent.

97. Nous pensons que le bail de plus de neuf ans, fait par *le propriétaire sous condition résolutoire*, est opposable, en cas de résolution, au propriétaire définitif (²). L'art. 1673, qui valide les baux faits par l'acquéreur à pacte de rachat, exige, comme seule condition, que le bail soit fait « sans fraude » ; c'est tout à fait arbitrairement qu'on considère comme frauduleux les baux de plus de neuf ans ; pour qu'ils fussent frauduleux, il faudrait qu'ils fussent interdits et c'est précisément ce qui est à démontrer.

Ainsi le bail fait par un adjudicataire folenchéri est opposable, quoiqu'il excède neuf ans, à l'adjudicataire définitif (³).

(¹) V. *infra*, n. 100.

(²) Duvergier, I, n. 86 ; Troplong, I, n. 100. — *Contra* Guillouard, I, n. 47 et les autorités citées pour le cas de folle enchère à la note qui suit.

(³) Paris, 19 mai 1855, S., 55. 2. 256, D. *Rép.*, vº *Louage*, n. 67. — Paris, 11 mai

98. Le créancier antichrésiste peut aussi faire des baux de plus de neuf ans (¹).

L'administrateur ou le gérant de la société peut de même faire des baux de plus de neuf ans (²).

99. Le bail fait par l'envoyé en possession provisoire des biens d'un absent peut également dépasser neuf ans (³).

Dans tous les cas, il en est ainsi pour le bail fait par l'envoyé en possession définitive, qui a un droit de disposition sur les biens de l'absent.

100. Il ne résulte pas de ces développements que les baux de plus de neuf ans ou même ceux de moins de neuf ans faits par les diverses personnes dont nous venons de parler soient *toujours* valables. Il se peut qu'en fait, soit par leur durée, soit par leurs clauses accessoires, soit par l'atteinte qu'ils portent à la propriété, ces baux ne constituent pas des actes de bonne administration ; ils seront alors entièrement inopposables, même pour neuf ans au propriétaire. Cela a été décidé pour les baux de plus de neuf ans consentis par un adjudicataire folenchéri (⁴) ou dépossédé par une surenchère (⁵).

De même les juges peuvent décider que les baux de plus de neuf ans, et même les baux de moins de neuf ans, ne sont pas des actes d'administration de la part de l'héritier bénéfi-

---

1839, S., 39. 2. 337, D. *Rép.*, v⁰ *Louage*, n. 67. — Duvergier, *loc. cit.* : Troplong, *loc. cit.* — On cite Fuzier-Herman, art. 1709, n. 65) en sens contraire Cass., 11 avril 1821, S. chr., D. *Rép.*, v⁰ *Vente publ. d'imm.*, n. 1915-1⁰. — Paris, 25 janvier 1835, S., 35. 2. 102, D. *Rép.*, v⁰ *Vente publ. d'imm.*, n. 1915-3⁰, mais ces arrêts font simplement remarquer qu'*en fait* le bail ne dépassait pas neuf ans ou la durée ordinaire des baux, et s'ils voient là un argument de plus en faveur de la validité, rien ne prouve qu'ils eussent, si le bail avait dépassé neuf ans, prononcé son annulation.

(¹) *Contra* Troplong, *Tr. du nantiss.*, n. 527 et 531 ; Pont, *Tr. des petits contrats*, II, n. 1235 ; Aubry et Rau, IV, p. 717, § 438 ; Guillouard, *Tr. du nant.*, n. 246.

(²) V. notre *Tr. de la soc., du prêt, du dépôt*, n. 302.

(³) Proudhon, *Tr. de l'usuf.*, I, n. 54 ; Demolombe, II, n. 105 ; Aubry et Rau, I, § 153, note 10. — *Contra* Duranton, I, n. 490 ; Demante, I, n. 158 *bis*, V ; Laurent, II, n. 176 ; Huc, I, n. 434 ; Baudry-Lacantinerie et Houques-Fourcade, *Tr. des personnes*, I, n. 1126.

(⁴) Paris, 22 mai 1847, P., 47. 659. D. *Rép.*, v⁰ *Vente publ. d'imm.*, n. 1915-4⁰. — Fuzier-Herman, art. 1709, n. 58.

(⁵) Orléans, 10 janv. 1860, P., 60. 135. D., 60. 5. 374. — Fuzier-Herman, art. 1709, n. 61.

ciaire. En un mot, les art. 1429 et 1728 ne sont pas applicables à l'héritier bénéficiaire ([1]).

Il en est de même pour le curateur à la succession vacante ([2]).

Même solution pour l'héritier apparent.

101. Quant aux administrateurs provisoires, comme ils ne peuvent faire que les actes urgents, on ne saurait les autoriser, d'une manière absolue, à faire des baux supérieurs à neuf ans, ni même atteignant cette durée ; tout dépend des circonstances : en principe, et à moins qu'il ne leur ait été impossible de trouver un preneur consentant à louer pour un court terme, les baux consentis par eux ne sont valables que s'ils sont faits pour un temps très bref ; car le rôle des administrateurs provisoires se restreint à la gestion temporaire et intérimaire des biens : c'est ce que nous déciderons pour l'administrateur provisoire nommé pendant une instance en interdiction ([3]), ou pour l'administrateur provisoire d'une succession ([4]), ou pour le séquestre ([5]), ou pour l'héritier administrant la succession avant de prendre parti ([6]). La jurisprudence cependant autorise ces administrateurs à faire des baux de neuf ans ([7]) ; elle n'a pas eu l'occasion d'examiner s'ils font valablement des baux supérieurs à cette durée.

102. Nous verrons plus loin que les baux d'une durée exagérée, faits par les administrateurs auxquels la loi défend expressément de faire des baux excédant une certaine durée, ne sont pas nuls, mais simplement réductibles ([8]).

103. Les développements que nous venons de donner à propos de la durée des baux consentis par les administrateurs des biens d'autrui ne s'appliquent qu'aux immeubles.

Les meubles peuvent-ils être loués par une personne ayant

---

[1] V. notre *Tr. des succ.*, 2e éd.. II, n. 1337.
[2] V. notre *Tr. des succ.*, 2e éd.. II, n. 1964.
[3] V. *supra*, n. 68.
[4] V. notre *Tr. des succ.*, 2e éd., II, n. 2099.
[5] V. notre *Tr. de la soc., du prêt, du dép.*, n. 1298.
[6] V. notre *Tr. des succ.*, 2e éd., II. n. 1148.
[7] V. les passages cités aux deux notes qui précèdent. — Fuzier-Herman, art. 1709, n. 48 ; Guillouard, I, n. 44.
[8] V. *infra*, n. 165 et 165 *bis*.

pouvoir d'administration, pour plus de neuf ans ? Nous ne
croyons pas que cette question puisse être tranchée par une
formule absolue. Il est certain que les textes relatés s'occupent exclusivement des baux d'immeubles ; ils s'inspirent, au
surplus, de la solution, spéciale aux immeubles, qui, dans
l'ancien droit, assimilait aux aliénations les baux de plus de
neuf ans. On ne peut donc appliquer cette règle aux meubles ([1]). Mais, d'un autre côté, un bail d'une durée indéfinie
ne peut constituer toujours un acte d'administration.

Aussi pensons-nous que le juge devra décider en fait si la
durée du bail est exagérée. Il pourra partir de l'idée qu'un
bail qui n'excède pas neuf ans n'est jamais exagéré, et cela
pour deux raisons : la première est celle que nous venons
d'indiquer ; la seconde est que, la vente des meubles étant
plus facilement permise que la vente des immeubles, le bail
des meubles doit être permis au moins aussi facilement que
le bail des immeubles. Mais si le juge méconnaît ces raisons
et annule un bail de meubles inférieur à neuf ans, sa décision ne tombera pas sous la censure de la cour de cassation ;
car aucun texte ne limite l'arbitraire des tribunaux.

103 bis. Nous avons vu que les règles qui précèdent concernent les baux à colonage partiaire aussi bien que les autres
baux ([2]).

104. Il reste à savoir quelles sont les conditions nécessaires
pour que l'administrateur des biens d'autrui puisse faire des
baux de plus de neuf ans qu'il n'a pas le droit de faire seul.

Certains auteurs partent de l'idée que la loi considère les
baux ne dépassant pas neuf ans comme étant seuls des actes
d'administration ; que, par suite, les baux d'une durée supérieure doivent être regardés comme des actes d'aliénation à
titre onéreux ([3]).

De là on conclut que le tuteur ne peut faire les baux supérieurs à cette durée sans l'autorisation du conseil de famille
et l'homologation du tribunal ([4]).

([1]) *Contra* Valéry, *op. cit.*, p. 40, n. 20.
([2]) V. *supra*, n. 81.
([3]) Beudant, *Cours de dr. civ. franç.*, *L'état et la cap. des pers.*, II, n. 878.
([4]) Trib. civ. Meaux, 14 janv. 1898, *Gaz. Trib.*, 22 avril 1898. — Beudant, *loc. cit.*

Nous pensons au contraire, — et de cette idée nous avons tiré quelques conséquences en examinant les administrateurs auxquels est applicable la restriction, — que la loi n'a pas entendu refuser aux baux, quelle qu'en soit la durée, le caractère d'actes d'administration ; ce caractère leur appartenant par leur essence même, une fiction légale qui le leur refuserait ne peut résulter que des termes formels d'un texte. Si la loi maintien l'interdiction faite dans l'ancien droit à certains administrateurs de faire des baux trop longs, c'est à cause de leurs dangers.

On doit donc décider que les baux de plus de neuf ans sont des actes d'administration que certains administrateurs ne peuvent faire.

Il résultera de là que le tuteur pourra faire avec la seule autorisation du conseil de famille les baux de toute durée ; en effet, quoique la loi énumère limitativement les actes pour lesquels le tuteur a besoin de la seule autorisation du conseil de famille, il est à remarquer que cette autorisation est encore exigée pour d'autres actes qui sont d'administration, tels que certaines actions en justice, tandis que tous les actes exigeant l'homologation du tribunal sont des actes de disposition. Du reste, à supposer même que le bail de plus de neuf ans fût un acte de disposition, nous ne comprendrions pas pourquoi le tuteur serait obligé, pour le consentir, de se munir de l'homologation du tribunal, car ce ne sont pas les actes de disposition, mais seulement les actes d'*aliénation* proprement dite (C. civ., art. 457), de *vente* (art. 459), qui exigent l'homologation ; il n'y a donc, en tout cas, pas plus de raison pour exiger l'homologation au tribunal que pour se contenter de l'autorisation du conseil de famille ; et, cela étant, cette autorisation doit suffire, car toute question de capacité doit se résoudre, dans le cas de doute, en faveur de la solution la plus favorable à la capacité, l'incapacité étant l'exception.

Ajoutons que, dans le système contraire, il faut se résoudre à considérer également le bail de neuf ans comme un acte de disposition au point de vue des formes de l'acte, c'est-à-dire à exiger qu'il soit fait en justice. Cela serait, surtout pour les baux de peu d'importance, inutilement coûteux.

e, Des baux renouvelés par l'administrateur.

105. Dans l'ancien droit le nouveau bail ne pouvait être fait par un usufruitier ou administrateur que six mois avant l'expiration du précédent s'il s'agissait d'un bail urbain, et un an ou dix-huit mois s'il s'agissait d'un bail à ferme [1].

Le code civil adopte des règles analogues.

L'art. 1430 dit, en ce qui concerne le mari administrateur des biens de sa femme : « Les baux de neuf ans et au-dessous que le mari a passés ou renouvelés des biens de sa femme, plus de trois ans avant l'expiration du bail courant s'il s'agit des biens ruraux et plus de deux ans avant la même époque s'il s'agit de maisons, sont sans effet, à moins que leur exécution n'ait commencé avant la dissolution de la communauté ».

Les dispositions que nous avons citées (art. 595 et 1718) étendent ce texte aux baux consentis par l'usufruitier et aux baux des biens de mineurs, et cette extension doit être appliquée même aux baux consentis par les mineurs émancipés [2].

Mais nous tenons que les autres personnes ayant capacité ou pouvoir d'administrer peuvent, à une époque quelconque, renouveler librement soit les baux n'excédant pas neuf ans, soit même ceux de plus de neuf ans ; du moment que l'art. 1429 n'est pas applicable à ces administrateurs [3], l'art. 1430 ne saurait leur être appliqué davantage ; du reste, l'art. 1430 n'est que le corollaire de l'art. 1429, il veut éviter que la prohibition faite par ce dernier article ne soit tournée au moyen de renouvellements anticipés.

Ainsi l'héritier bénéficiaire peut renouveler les baux des biens héréditaires avant l'époque fixée par les art. 1429 et 1430, sans encourir la déchéance du bénéfice d'inventaire [4].

Le curateur d'une succession vacante a le même droit [5].

106. Comme les administrateurs provisoires ne peuvent

---

[1] Louet et Brodeau, let. E, n. 5 ; Argou, II, p. 274.

[2] Nîmes, 12 juin 1821, S. chr. — Chardon, *Tr. de la puiss. tutélaire*, n. 566 ; Troplong, I, n. 146 ; Demolombe, VIII, n. 272 ; Aubry et Rau, I, p. 841, § 132, note 2 ; Laurent, V, n. 215.

[3] V. *supra*, n. 95 s.

[4] V. notre *Tr. des succ.*, 2ᵉ éd., II, n. 1337.

[5] V. notre *Tr. des succ.*, 2ᵉ éd , II, n. 1964.

faire que les baux urgents, ils n'ont le droit de renouveler
des baux également qu'en cas d'urgence, c'est-à-dire après
que l'époque est arrivée où ils risqueraient, s'ils attendaient
davantage, de ne plus trouver de locataires, et de même ils
ne doivent donner au bail que la durée indispensable pour
trouver un locataire.

Telle est la règle pour le successible administrant la succession avant d'avoir pris parti [1]).

107. Nous avons examiné à quelles conditions un bail
renouvelé par la personne expropriée pour cause d'utilité
publique est opposable à l'expropriant ([2]).

108. D'après la loi des 28 oct.-5 nov. 1790 (tit. II, art. 11),
les baux de biens domaniaux doivent être renouvelés un an
avant leur expiration dans les campagnes et six mois dans les
villes. Mais ce n'est là qu'une disposition réglementaire, dont
l'inobservation engage seulement la responsabilité des fonctionnaires vis-à-vis de l'Etat ([3]).

109. Le renouvellement, dans les cas où la loi le subordonne
à la condition de ne pas être intervenu trop longtemps avant
la fin du bail, n'étant pas soumis à d'autres conditions, le
renouvellement qui obéit à cette condition s'impose, après la
fin des pouvoirs de l'administrateur, à la personne dont les
biens étaient administrés par celui-ci, alors même qu'au moment où cette personne reprend l'administration de ses biens,
l'ancien bail n'est pas encore terminé.

Le mineur notamment doit respecter, en pareil cas, le renouvellement consenti par le tuteur ([4]).

110. Il ne faut pas confondre avec le renouvellement un
nouveau bail consenti, fût-ce au même preneur, après la résiliation amiable ou judiciaire du premier. Ce nouveau bail,
étant indépendant du précédent, est valable pour la période

([1]) V. notre *Tr. des succ.*, 2ᵉ éd., II. n. 1148.

([2]) V. *supra*, n. 85.

([3]) V. cep. *Rev. de l'Enreg.*, n. 63, p. 215 (il faudrait appliquer l'art. 1430 C. civ. :
le bail serait nul, mais la nullité ne pourrait être invoquée que par l'Etat).

([4]) Valette sur Proudhon, *Tr. de l'état des personnes*, II, p. 372 ; Magnin, *Tr. des
minorités*, I, n. 673 ; de Fréminville, *Tr. de la minorité*, n. 531 ; Demolombe, VII,
n. 641 ; Aubry et Rau, I, p. 716, § 113, note 61 ; Laurent, V, n. 48. — *Contra* Duranton, III, n. 545.

de neuf ans en cours lors de la cessation des pouvoirs de
celui qui l'a consenti (¹).

C. *Effets du maintien du bail.*

111. Le maintien du bail entraîne le maintien de toutes les
clauses accessoires qu'il contient (²). Toutefois il en est autrement si ces clauses ne rentrent pas dans les actes d'administration (³).

Il en est aussi autrement si le bailleur a entendu les sous-
crire non pas en sa qualité de bailleur, mais à titre purement
personnel, c'est-à-dire si elles ne concernent pas l'immeuble
loué, mais créent à la charge du bailleur une obligation indépendante de cet immeuble (⁴).

Dans ces deux cas, le preneur ne peut que poursuivre contre le bailleur personnellement l'exécution des clauses ou
réclamer contre lui la résiliation du bail pour défaut d'exécution des conditions (⁵).

112. Des difficultés peuvent s'élever, par suite de la continuation du bail après la cessation des droits de la personne
qui l'a consenti, au sujet de la répartition des arrhes ou du
pot-de-vin entre cette personne et celle qui a eu, après elle,
la jouissance de l'immeuble. Ces difficultés seront étudiées à
propos du prix (⁶).

§ II. *Preneur.*

113. Le bail est un acte d'administration pour le preneur
comme pour le bailleur (⁷) ; le preneur, en effet, acquiert le

---

(¹) Aix, 30 nov. 1863, S., 64. 2. 15, D., 64. 2. 47. — Laurent, VI, n. 469; Baudry-
Lacantinerie et Chauveau. *Tr. des biens*, n. 535.

(²) Cpr. *infra*, n. 1301 s.

(³) Ainsi on a pu décider que l'adjudicataire sur folle enchère, s'il est tenu de
respecter le bail fait par l'adjudicataire fol enchéri, ne peut se voir opposer la
clause par laquelle ce dernier cédait un excédent de force motrice d'une machine
à vapeur établie sur l'immeuble et lui appartenant. — Paris, 22 mai 1847, P., 47.
1. 659, D. *Rép.*, v° *Vente publ. d'imm.*, n. 1915-4°. — Fuzier-Herman, art. 1709,
n. 59.

(⁴) Paris, 22 mai 1847, précité. — Fuzier-Herman, art. 1709, n. 60.

(⁵) Paris, 22 mai 1847, précité. — Fuzier-Herman, art. 1709, n. 60.

(⁶) V. *infra*. n. 905.

(⁷) Guillouard, I, n. 44.

droit de jouir d'une chose, moyennant une somme prise sur
les revenus de cette chose même si elle en produit, ou sur les
revenus de son propre patrimoine dans le cas contraire ; il ne
fait aucun acte de disposition sur son capital.

Cela est exact, quelle que soit la durée du bail (¹). La loi ne
met pas à la capacité du preneur les mêmes restrictions qu'à
la capacité du bailleur ; du reste, si les baux de longue durée
sont considérés comme dangereux pour le bailleur, ils ne le
sont pas nécessairement pour le preneur, auquel ils donnent
le moyen de recouvrer à longue échéance les frais de culture
faits dans les premières années du bail.

Ainsi les différents administrateurs dont nous avons parlé
sont capables de prendre un immeuble à bail : tuteur, mari
commun ou dotal, femme séparée de biens (²) ; il en est de
même du gérant ou administrateur de société en tant que les
objets loués sont nécessaires à la société (³).

Toutefois nous faisons exception pour l'héritier apparent et
l'héritier bénéficiaire : l'un et l'autre sont chargés d'administrer la *succession ;* ils ne peuvent donc prendre à bail les
immeubles d'un tiers; du reste, un acte de ce genre est opposé
au but de l'administration qui leur est confiée et qui doit
aboutir à la liquidation.

Il en est de même de la femme qui s'est réservé le droit
d'administrer quelques-uns de ses propres (⁴).

114. En principe, l'individu pourvu d'un conseil judiciaire
peut prendre un objet à bail sans l'assistance de son conseil (⁵),
car il peut faire les actes d'administration.

Toutefois, il en est autrement si le bail est excessif eu égard

---

(¹) Guillouard, I, n. 48. — V. *infra*, n. 115 *bis.*
(²) Guillouard, I, n. 59 et *Tr. du mandat*, n. 81. — Elle peut même prendre un
immeuble à colonage partiaire. — Bordeaux, 22 fév. 1878, S., 79. 2. 293. —
Guillouard, *Tr. du mandat*, n. 81.
(³) V. notre *Tr. de la soc., du prêt. du dépôt*, n. 302.
(⁴) Guillouard, I, n. 59.
(⁵) Cass. civ., 2 déc. 1885, S., 86. 1. 120, D., 86. 1. 128. — Toulouse, 23 août
1855, S., 55. 2. 748. — Trib. civ. Trévoux, 7 juin 1894, *Mon. jud. Lyon*, 25 mars
1895. — Troplong, I, n. 148; Lataillède, *Note.* S., 55. 2. 748; Demolombe, VIII,
n. 750; Aubry et Rau, I, § 140, note 18; Guillouard, I, n. 59 *bis;* Fuzier-Herman,
art. 1709, n. 32.

aux ressources du preneur (¹), ou s'il ne répond pas à ses besoins (²), car le bail cesse alors d'être un acte d'administration.

115. Le mineur non émancipé (³), l'interdit (⁴), la femme mariée non séparée (⁵) ne peuvent remplir le rôle de preneurs.

Le mineur émancipé le peut sans aucune assistance (⁶).

Il va sans dire que ces incapables peuvent recevoir, de l'administrateur de leurs biens, mandat de prendre un immeuble à bail. Le mandat peut même être tacite; on décide avec raison que la femme autorisée par son mari à vivre, en fait, séparée de lui, reçoit implicitement en général le mandat de louer un appartement ou une maison pour son habitation particulière (⁷), mais qu'il peut cependant en être autrement suivant les circonstances (⁸).

La femme dont le mari n'est pas présent doit être réputée avoir reçu le même mandat (⁹).

Il faut, dans ces hypothèses, que le prix de la location ne soit pas au-dessus de la condition des époux (¹⁰).

115 *bis*. Nous répétons que, la loi n'ayant pas limité la durée des baux que peut se faire consentir un administrateur,

---

(¹) Cass. civ., 2 déc. 1885, précité. — Trib. civ. Trévoux, 7 juin 1894, précité. — Fuzier-Herman, art. 1709, n. 33. — *Contra* Beudant. *L'état et le cap. des personnes*, II, n. 988.

(²) Cass. civ., 2 déc. 1885, précité. — Trib. civ. Trévoux, 7 juin 1894, précité. — Fuzier-Herman, art. 1709, n. 33.

(³) Guillouard, I, n. 59. — Décidé que si un mineur loue un vélocipède et ne le restitue pas, le loueur n'a aucune action contre les parents du mineur, s'il n'a pas demandé à ce dernier de justifier de l'autorisation de ses parents. — Trib. civ. Seine, 6 févr. 1894, *Loi*, 26 avril 1894.

(⁴) Guillouard, *loc. cit.*

(⁵) Cass., 15 juin 1842, S., 42. 1. 838. — Guillouard, *loc. cit.*

(⁶) Caen, 13 mars 1852, *Journ. de proc.*, 1852, n. 5167. — Toullier, II, n. 1296; Troplong, I, n. 147: de Fréminville, *Tr. de la minorité*, II, n. 1052; Demolombe, VIII, n. 281 ; Bertin, *Ch. du conseil*, 3ᵉ édit., I, n. 593; Aubry et Rau, I, p. 843, § 132, note 8; Beudant, *L'état et la cap. des pers.*, II, n. 916.

(⁷) Paris, 23 février 1849, S., 49. 2. 145. — Guillouard, *loc. cit.* — V. notre *Tr. des contr. aléat., du mandat*, etc.

(⁸) Nancy, 18 févr. 1896, D., 97. 2. 436 (époux en instance de divorce).

(⁹) Troplong, I, n. 149 ; Guillouard, *loc. cit.*

(¹⁰) Troplong, *loc. cit.; Guillouard, loc. cit.* — V. notre *Tr. des contr. aléat., du mandat*, etc.

ou une personne n'ayant que des pouvoirs d'administration,
le bail fait à ces personnes est valable quoiqu'il excède neuf
an ([1]).

116. A côté des incapacités générales qui viennent d'être
énumérées, il existe une incapacité spéciale, celle du tuteur,
qui ne peut, sans autorisation du conseil de famille, prendre
à bail les biens du mineur (art. 450) ([2]).

La même solution est applicable au père administrateur
légal dans l'opinion qui restreint ses pouvoirs à ceux qui
appartiennent au tuteur. Cependant certains partisans de
cette dernière opinion décident le contraire, prétendant que
les rapports entre le père et l'enfant, en dehors de la gestion,
sont libres ([3]).

117. On a soutenu devant les tribunaux qu'il existait une
autre incapacité spéciale, celle du copropriétaire d'un objet
indivis vis-à-vis de cet objet ; il y a, a-t-on dit, incompatibilité
entre la situation du preneur et celle du propriétaire ; cette
prétention ne pouvait qu'être rejetée ([4]) : le copropriétaire
auquel il est fait bail de l'immeuble indivis est propriétaire
de sa portion indivise et preneur des autres portions, dont il
n'est pas propriétaire.

Il est inutile de dire que ce bail, pour être valable, doit être
consenti par tous les copropriétaires ou tout au moins (c'est
une question qui sera étudiée ailleurs ([5]) par la majorité et
que, s'il n'est consenti que par quelques-uns, il n'est opposable
qu'à ces derniers ([6]) ; à plus forte raison l'un des copropriétaires ne peut-il, de sa propre autorité, donner à bail l'immeuble indivis ([7]).

([1]) V. *supra*. n. 113. — V. pour les gérants d'une société, notre *Tr. de la soc.,
du prêt. du dépôt*, n. 302.

([2]) Aussi le bail consenti à un tuteur par une personne qui gèrerait pour son
compte, serait nul. — Berlin, *Chambre du conseil*, 3ᵉ éd., I, n. 494. — Pour la
cession du bail, v. *infra*, n. 1060.

([3]) Demolombe, VI, n. 442 ; Aubry et Rau, I, p. 786, § 123, note 43.

([4]) Rennes, 9 janv. 1858, S., 58. 2. 548, D., 58. 2. 213. — Guillouard, I, n. 55 ;
Fuzier-Herman, art. 1709, n. 55.

([5]) V. *infra*, n. 136.

([6]) V. à propos du bail fait à un tiers, *infra*, n. 132 s.

([7]) Orléans, 29 août 1849, P., 49. 2. 284. — Fuzier-Herman, art. 1709, n. 51.

118. D'autres incapacités spéciales existaient autrefois et ont disparu ([1]).

119. Les représentants des incapables, par cela même qu'ils peuvent prendre un objet à bail pour ces derniers, ont le droit de fixer les conditions du contrat.

Ainsi un tuteur peut mettre à la charge du mineur les réparations de la chose ([2]).

120. Si toute personne capable d'administrer peut prendre un bien à bail, il va sans dire que le bailleur est libre de ne pas louer à un preneur avec lequel il ne lui plaît pas d'avoir des rapports.

Les aubergistes et hôteliers eux-mêmes ont, en règle, et à part les mesures de police prises à cet égard, le droit de refuser de loger les voyageurs sans avoir à en donner les raisons ([3]). L'ordonnance du 20 janvier 1563 leur interdisait de refuser sans cause les voyageurs (art. 19); mais cette ordonnance a été abrogée par la loi des 2-17 mars 1791, qui proclame la liberté du commerce ([4]).

Un entrepreneur de théâtre ou de spectacle a le même droit ([5]).

([1]) A Rome, il était défendu aux soldats de prendre des biens à bail, parce que cela les détournait du service militaire, L. 31 et *l. ult.*, C., *De loc.*; nov. 126. — Dans l'ancien droit, les gentilshommes ne pouvaient, sous peine d'être privés de la noblesse, prendre à bail des bénéfices ou dîmes. — Ord. de Blois, art 4; Argou, II, p. 275. — Les étrangers pourvus de bénéfices ne pouvaient louer qu'à des Français, sous peine de perdre leur bénéfice; Argou, II, p. 275.

([2]) *Contra* Trib. civ. Seine, 8 août 1895, *Droit*. 15 sept. 1895. — Ce jugement prétend qu'il y a là une libéralité.

([3]) Trib. civ. Nice. 7 avril 1892, S., 92. 2. 189, D., 94. 2. 132. — Jay, *Dict. des just. de paix*, v° *Aubergiste*. n. 14; Bioche, *ibid.*, eod. v°, n. 1; Dutruc, *Dict. du contentieux comm.*, eod. v°, n. 4; Ruben de Couder, *Dict. de dr. comm.*, v° *Hôtelier*, n. 60; Tailliar, *Dict. de lég. et de jurispr.* concernant les aubergistes, etc., v° *Lib. du comm*, n. 6 s.; Agnel, *Code des propriétaires*, n. 1004. — V. sur la conciliation des lois 1, § 8 et 3, *pr., de recept. naut.*, Vangerow, *Pandekt.*, III, § 648, note 1 et les autorités qu'il cite. — En Allemagne, Kayser, Holtzendorff's *Rechtslexikon*, v° *Recep. naut.* — En Suisse, une loi vaudoise de 1868 (art. 20) porte que les aubergistes ne peuvent refuser, à moins de motifs reconnus valables, aussi longtemps qu'ils ont de la place, de loger les voyageurs qui ne résistent pas à payer leur logement.

([4]) Cass., 2 juil. 1857, S., 57. 1. 718. — Cass., 2 oct. 1857. S., 58. 1. 80. — Cass.. 18 juil. 1862, S., 64. 1. 99.

([5]) V. *infra*, t. II.

121. Ce droit des propriétaires donne à craindre qu'un particulier puisse ne pas trouver à se loger : par exemple il est mis à l'index en raison de considérations religieuses ou politiques par les habitants d'une ville dans laquelle ses fonctions on ses intérêts l'obligent à résider ; ou bien c'est un magistrat qu'on sait être menacé de mort violente ; ou bien encore il exerce une profession à laquelle s'attache une répugnance générale.

On ne peut évidemment, même avec l'agrément de l'autorité, et quoique la solution contraire ait été proposée, recourir aux formes de l'expropriation pour cause d'utilité publique [1]. D'abord on ne voit pas, sauf peut-être dans l'hypothèse où il s'agit d'un fonctionnaire indispensable aux intérêts de l'Etat, que l'utilité publique ait rien à faire ici. Dans tous les cas les formes de l'expropriation sont réservées à une expropriation à titre d'aliénation, et ne peuvent être étendues à une expropriation à titre de location.

Un décret du 18 juin 1811 (art. 114) est intervenu pour permettre aux exécuteurs des hautes-œuvres de trouver un logement ; il punit de peine correctionnelle celui qui, requis de les loger, refuse de le faire ; mais ce décret, dont la légalité est d'ailleurs contestable [2], n'oblige pas civilement les particuliers à loger l'exécuteur des hautes-œuvres [3].

SECTION III

DES CHOSES QUI PEUVENT ÊTRE LOUÉES

122. L'art. 1713 porte : « *On peut louer toutes sortes de » biens meubles et immeubles* ». On exprime souvent cette idée en disant que le louage peut porter sur tous les objets qui sont dans le commerce [4] ; elle a cependant besoin d'être

---

[1] Besançon, 22 mai 1829, sous Cass. req., 28 déc. 1829, S. chr., D. *Rép.*, v° *Minist. public*, n. 96 (motifs).

[2] Besançon, 22 mai 1829, précité.

[3] Cass. req., 28 déc. 1829, précité. — Cet arrêt en conclut que le ministère public, à supposer même qu'il ait un droit d'action dans les matières intéressant l'ordre public, ne peut forcer un particulier à loger l'exécuteur des hautes-œuvres.

[4] Guillouard, I, n. 67.

corrigée par l'addition des mots *au point de vue du louage,*
et elle n'est alors qu'une nouvelle forme de l'art. **1713.**

En principe, toutefois, les seuls objets qui puissent être
loués sont ceux qui peuvent être vendus : car les raisons
d'ordre public qui interdisent la vente interdisent également
le louage. Ainsi les droits d'usage et d'habitation ne peuvent
pas plus être loués que vendus, parce qu'ils ont un caractère
strictement personnel (art. 631 et 634) (¹). De même on ne
peut ni louer ni vendre une servitude prédiale, séparément
du fonds auquel elle est inhérente ; les servitudes sont des
qualités des fonds qui ne peuvent en être détachées (²).

123. On peut se demander si les choses consomptibles
quarum usus in abusu consistit), lesquelles peuvent être vendues, peuvent être également louées. Parmi ces choses figurent les denrées, les monnaies, etc.

Il ne s'agit pas de savoir si ces choses peuvent être louées
à charge d'une restitution en nature ; de même qu'elles peuvent faire l'objet d'un prêt à usage, elles peuvent faire l'objet
d'une location (³) ; aucun principe d'ordre public n'interdit
aux parties d'envisager les choses consomptibles en elles-
mêmes et d'en stipuler la restitution en nature.

Le cas n'est pas très fréquent, mais cependant la pratique
en offre des exemples : un négociant loue des denrées à un
autre négociant qui essaiera à leur aide de composer son étalage et les restituera ; un particulier ou un banquier loue des
pièces de monnaie à un changeur qui les mettra dans son
étalage et les restituera avec un intérêt (ce qui distinguera le
contrat du prêt à usage) et en nature (ce qui le distinguera
du prêt à intérêt).

Mais la difficulté est de savoir s'il y a bail dans le contrat
par lequel il est stipulé que ces objets seront restitués en
équivalent et même si cette convention est valable ; nous étudierons plus tard cette question ; la négative l'emporte (⁴).

(¹) V. *supra,* n. 77.
(²) Pothier, n. 18 ; Duranton, XVII, n. 23 ; Rolland de Villargues, v° *Bail,* n. 72 ;
Laurent, XXV, n. 62 ; Agnel, n. 41 ; Guillouard, I, n. 68 ; Fuzier-Herman,
art. 1713, n. 18.
(³) Guillouard, I, n. 69 et II, n. 672. — V. Fuzier-Herman, art. 1713, n. 74.
(⁴) V. *infra,* n. 960 et s.

124. En sens inverse, certains biens qui ne peuvent être vendus peuvent être loués.

Les biens dotaux qui ne peuvent être vendus peuvent être loués, car ils sont simplement indisponibles ([1]).

De même, le domaine public, qui ne peut être aliéné, peut être loué, les raisons qui en empêchent l'aliénation ne s'étendant pas au bail ([2]).

De même encore, le droit de pêche appartenant à un riverain peut être donné à bail ([3]), tandis que, d'après la jurisprudence, il ne peut être vendu, à raison de ce qu'il constitue une dépendance indivisible de la propriété du fonds ([4]). Il est probable que la jurisprudence, pour le même motif, annulerait la vente du droit de chasse; or le droit de chasse peut être loué ([5]).

125. Enfin, tandis que la vente de la chose d'autrui est nulle, le bail de la chose d'autrui est valable ([6]).

La vente peut être considérée dans notre droit comme un contrat translatif de propriété par sa nature, la loi réputant immédiatement exécutée l'obligation de *donner* que contracte le vendeur, au moins lorsque la vente a pour objet un corps certain. De là cette conséquence formulée par l'art. 1599 que la vente de la chose d'autrui est nulle : elle est nulle, d'après l'opinion qui paraît la plus rationnelle, parce qu'elle recèle une impossibilité juridique, le vendeur ne pouvant pas transférer un droit de propriété qui ne lui appartient pas. Quant au louage, il n'est pas un contrat translatif de propriété, mais simplement un contrat productif d'obligations; or, aucune règle de droit ni de raison ne s'oppose à ce que l'on contracte une obligation relativement à la chose d'autrui, sauf les dom-

---

([1]) Duranton, XVII, n. 25 ; Troplong, I, n. 86 : Laurent, XXV, n. 64 : Guillouard, I, n. 67 : Fuzier-Herman, art. 1713, n. 3.

([2]) Duranton, XVII, n. 21 ; Troplong, I, n. 83 : Colmet de Santerre, VII, n. 159 *bis*, III. — V. *infra*, n. 154.

([3]) V. *infra*, n. 150.

([4]) Cass., 30 mars 1885, S., 85, 1, 223.

([5]) V. *infra*, n. 149.

([6]) Troplong, I, n. 98; Duranton, XVII, n. 34; Colmet de Santerre, VII, n. 159 *bis*, II; Guillouard, I, n. 51 et 52: Fuzier-Herman, art. 1709, n. 35. — *Contra* Duvergier, I, n. 82; Championnière et Rigaud, IV, n. 3097: Laurent, XXV, n. 56.

mages et intérêts auxquels pourra donner lieu l'inexécution
de cette obligation.

Nous arrivons à la même solution si, avec de nombreux auteurs, nous assignons comme fondement à l'art. 1599 le caractère illicite d'une vente portant sur la chose d'autrui. Les
rédacteurs du code n'ont pu trouver illicite la vente de la
chose d'autrui qu'en dénaturant les intentions des parties,
et c'est encore une raison pour ne pas étendre l'art. 1599 aux
baux.

On a objecté que le bailleur ne peut transmettre une jouissance qu'il n'a pas; mais le bailleur ne transmet pas ce qu'il
n'a pas, à moins qu'on ne dise qu'un débiteur, au jour où sa
dette prend naissance, transmet à son créancier ce qu'il n'a
pas. Le bailleur prend un engagemant personnel, celui d'empêcher que la jouissance du preneur ne soit entravée, et il
importe peu, à ce point de vue, que le bailleur soit ou non
propriétaire de l'immeuble.

Certains partisans de notre opinion (¹) ont fait une autre
réponse à cette objection; selon eux, le bailleur de la chose
d'autrui promet que le propriétaire ratifiera le bail; or, la
promesse du fait d'autrui est valable, suivant l'art. 1120.
Cette réponse est dangereuse, car elle conduirait à dire que
si le propriétaire ne ratifie pas le bail, le preneur peut en
faire prononcer la nullité et c'est ce que ces auteurs eux-
mêmes ne soutiennent pas.

On a encore invoqué en notre sens Pothier; mais Pothier
est sans autorité, car s'il valide le bail de la chose d'autrui (²),
il valide aussi la vente de la chose d'autrui (³).

126. Les effets du bail de la chose d'autrui doivent être
étudiés dans quatre hypothèses:

1° Si les parties ont su toutes deux que l'immeuble appartenait à autrui, chacune d'elles peut exiger l'exécution du
contrat (⁴), car elles ont, l'une et l'autre, contracté un engagement valable. — Le jour où le preneur sera forcé d'aban-

(¹) Guillouard, *loc. cit.*
(²) *Tr. du louage*, n. 20.
(³) *Tr. de la vente*, n. 7.
(⁴) Guillouard, I, n. 53.

donner la chose au propriétaire, il réclamera la résiliation du bail, mais n'obtiendra pas de dommages-intérêts ([1]), puisqu'il aura dû s'attendre à l'éviction.

2° Si le preneur seul a su que la chose appartenait à autrui, il devra encore exécuter le bail ; il pourra aussi demander l'exécution du bail ([2]), puisqu'il n'y aura aucune impossibilité matérielle à cette exécution ; le bailleur qui craint une action en dommages-intérêts du propriétaire peut, ou bien tenir compte à ce dernier des loyers perçus, ou l'inviter à reprendre possession de sa chose. Le preneur, une fois évincé, demandera la résiliation du bail, mais, pour les mêmes raisons que plus haut, il n'obtiendra pas de dommages-intérêts ([3]).

3° Si le bailleur seul a su que la chose était à autrui, chacune des parties pourra demander l'exécution du bail, toujours jusqu'au moment où le preneur sera forcé d'abandonner la possession ([4]). Mais alors ce dernier obtiendra des dommages-intérêts ([5]), parce que le bailleur est en faute de n'avoir pas signalé l'éventualité de la dépossession, ou, en d'autres termes, parce que l'éviction provient de sa faute.

4° Si les deux parties ignoraient que la chose fût à autrui, ce bail doit encore être exécuté jusqu'à la dépossession du preneur ([6]). A ce moment, comme dans le cas précédent, le preneur pourra demander la résiliation du bail avec dommages-intérêts ([7]). Le bailleur n'a plus, il est vrai, commis de faute, mais il manque à son obligation, qui est d'exécuter le contrat.

127. Les auteurs qui annulent le bail de la chose d'autrui arrivent, sur beaucoup de points, à des solutions analogues ([8]) ; pour eux la question de savoir dans quelles conditions les parties peuvent demander la nullité du bail dépend de la solution qu'on donne à cette même question au sujet de la

---

[1] V. cep. Guillouard, I, n. 53.
[2] Guillouard, loc. cit.
[3] V. cep. Guillouard, loc. cit.
[4] Guillouard, loc. cit.
[5] Guillouard, loc. cit.
[6] Guillouard, loc. cit.
[7] Guillouard, loc. cit.
[8] Laurent, XXV, n. 56.

vente, où elle est très controversée. Mais quant aux dommages-intérêts, ils admettent comme nous que le preneur de
bonne foi y a toujours droit, et cela par application de l'art.
1599, qui le décide en matière de vente.

Quant aux auteurs qui adoptent notre opinion, ils autorisent, par exception, le preneur de bonne foi à demander la
nullité du bail en deux cas, celui où il a l'intention de faire
des travaux ou d'établir un commerce important sur l'immeuble loué ([1]) (cependant on permet quelquefois au bailleur de
se soustraire à la nullité en donnant caution des conséquences
dommageables que causera l'éviction) ([2]), et celui où le preneur sait que le bailleur s'est mis en possession de la fortune
d'autrui et essaie de la dilapider ([3]).

La première de ces exceptions reposerait sur l'idée que le
preneur qui craint l'éviction n'a pas une jouissance paisible
et s'expose à perdre le résultat de ses démarches ou de ses
travaux. Cette raison ne nous paraît pas suffisante ; d'une
part, si elle était exacte, elle s'appliquerait, quoiqu'à des
degrés divers, à tous les cas où le bail porte sur une chose
d'autrui ; d'autre part, rien n'autorise le preneur à penser
que le bailleur ne le fera pas jouir jusqu'au bout de l'immeuble et se soustraira à ses obligations. Le code n'autorise pas
le preneur à demander une caution au bailleur s'il craint que
les bâtiments loués ne s'écroulent ; pourquoi la crainte, assez
analogue, d'une éviction autoriserait-elle cette réclamation ?

La seconde exception n'est pas plus fondée. On essaie de
la justifier en disant que nul ne peut être tenu de s'associer à
une fraude. Cet argument conduirait à permettre au preneur
de demander, en toute hypothèse, la résiliation du bail de la
chose d'autrui. Car si le bailleur sait qu'il a loué la chose
d'autrui, il commet une fraude ; s'il l'ignore, le preneur pourra
l'en instruire et désormais le bailleur sera de mauvaise foi.
Le preneur qui ne veut pas s'associer à cette spoliation a, nous
le rappelons, une autre ressource, celle de prévenir le propriétaire.

([1]) Guillouard, *loc. cit.*
([2]) Guillouard, *loc. cit.*
([3]) Guillouard, *loc. cit.*

128. Nous verrons plus tard que, si le véritable propriétaire se fait connaître, le droit à la garantie prend naissance ([1]).

129. Dans les rapports du preneur avec le propriétaire véritable, le bail est-il valable? Lorsque le bailleur possède la chose qu'il donne à bail, la question revient à se demander si un tiers, possesseur de bonne ou de mauvaise foi (ou, si l'on veut, propriétaire apparent), peut valablement donner à bail la chose possédée. Cette question a été examinée plus haut ([2]). Si le bailleur ne possède pas la chose, il est incontestable que le bail est nul ([3]), et cela même si le preneur est de bonne foi ([4]).

130. Vis-à-vis des tiers, nous ne pensons pas davantage que le preneur de la chose d'autrui puisse se comporter comme un preneur, puisque cette qualité ne lui appartient pas et que ses droits contre le bailleur dérivent exclusivement des engagements personnels pris par ce dernier. On ne saurait objecter que les tiers, en invoquant le défaut de qualité du preneur, excipent du droit du propriétaire, c'est-à-dire du droit d'autrui; c'est, au contraire, le preneur qui, en agissant contre les tiers, se prévaudrait d'un droit qui ne lui appartient pas; or toute action contre les tiers est subordonnée à la preuve du droit en vertu duquel l'action est intentée (C. civ., 1315).

Ainsi le preneur ne pourrait faire réprimer les voies de fait commises contre sa jouissance. Par exemple, comme on l'a jugé, le preneur d'un droit de chasse ne peut, si le bailleur n'est pas le propriétaire du terrain, mettre en mouvement l'action publique dans le cas visé par l'art. 26, § 2, de la loi du 3 mai 1844 ([5]).

131. Le propriétaire peut-il, au cas où un tiers a donné

([1]) V. *infra*, n. 534 s.

([2]) V. *supra*. n. 66.

([3]) Delvincourt, III, p. 97, note ; Duranton, XVII, n. 134 et 135 ; Duvergier, I, n. 82 et 531 ; Troplong, I. n. 98 ; Demante, I, n. 176 *bis* ; Demolombe, II, n. 237 ; Laurent, XXV, n. 57 et 381 ; Fuzier-Herman, art. 1709, n. 38.

([4]) Duranton, *loc. cit.*; Duvergier, *loc. cit.*; Laurent, *loc. cit.* ; Fuzier-Herman, *loc. cit.* — *Contra* Troplong, *loc. cit.*, et, pour le cas où le bail ne dépasse pas neuf ans, Delvincourt, *loc. cit.*

([5]) Amiens, 2 mai 1863, S.. 63. 2. 133. D., 63. 2. 196.

son immeuble à bail, ratifier l'acte et s'approprier ainsi le bail? La question de savoir si le propriétaire peut ratifier la vente de sa chose est discutable ; celle de savoir s'il peut ratifier le bail doit être tranchée par la négative : ce n'est pas un droit réel sur son immeuble qui a été créé ; il s'est formé entre les parties des engagements personnels, auxquels le propriétaire doit rester étranger.

Nous faisons, bien entendu, abstraction du cas où le bailleur a déclaré se porter fort pour le propriétaire.

132. *Le bail d'une chose indivise* doit être rapproché du bail de la chose d'autrui. Le propriétaire d'une chose indivise a-t-il le droit de louer cette chose?

La question doit être examinée à deux points de vue : les rapports du preneur avec son bailleur, ses rapports avec les autres copropriétaires.

Entre les parties contractantes, le bail doit être exécuté [1], car, à supposer même qu'il soit consenti à tort, la défectuosité provient de ce que le bail a porté partiellement sur la chose d'autrui et nous avons vu qu'en pareil cas le bail est valable entre les parties ; le droit à la résiliation et aux dommages-intérêts naîtra seulement au profit du preneur après que la nullité aura été prononcée et dans les conditions que nous avons déterminées.

Mais le bail est-il opposable aux copropriétaires du bailleur? On admet généralement la négative ; les copropriétaires pourraient donc, sans attendre les résultats du partage, faire annuler le bail [2].

Cette opinion nous paraît méconnaître le principe posé par l'art. 883 ; on sait qu'en règle la validité des actes consentis sur l'objet indivis par l'un des communistes est subordonnée aux résultats du partage ; si l'objet tombe au lot de

---

[1] Guillouard, I, n. 54 ; Fuzier-Herman, art. 1709, n. 44. — *Contra* Laurent, XXV, n. 44.

[2] Cass. civ., 4 janv. 1844, S., 44. 1. 723, D., 44. 1. 258. — Alger, 13 mai 1897, *Journ. trib. alg.*, 8 déc. 1897 (motifs). — Liège, 6 août 1835, P. chr. — Merlin, *Quest.*, v° *Location* ; Favard, *Rép.*, v° *Louage*, sect. I, § I, n. 2 *bis*; Duranton, XVII, n. 35 ; Duvergier, I, n. 87 ; Troplong, I, n. 100 ; Demolombe, IX, n. 447 ; Aubry et Rau, IV, p. 466, § 364 ; Laurent, XXV, n. 44 ; Guillouard, I, n. 54 et *Tr. du contr. de soc.*, n. 391 ; Fuzier-Herman, art. 1709, n. 42.

l'auteur de l'acte, l'acte est valable pour le tout ; dans le cas
contraire, l'acte est non pas nul, mais caduc ; il était affecté
d'une condition suspensive qui ne s'est pas réalisée. Telle est
notamment la solution appliquée à la vente ; nous ne voyons
pas pourquoi elle serait exclue en matière de bail.

A la différence de la vente, dit-on, le bail produit des effets
immédiats, et, par là même cause un préjudice actuel aux
copropriétaires. Cette objection est le résultat d'une confusion ; sans doute, si le preneur entre en possession, les communistes souffriront un préjudice ; mais n'en sera-t-il pas de
même si l'acquéreur entre en possession ? Dire que la vente
est subordonnée aux résultats du partage, cela revient à dire
que tant que le partage ne s'est pas dénoué d'une manière favorable à ses intérêts, l'acquéreur ne pourra entrer en possession au préjudice des communistes, et c'est suffisamment
sauvegarder les droits de ces derniers que d'appliquer la même
solution en matière de bail.

Si donc les communistes empêchent ou entravent la possession du preneur, ils en auront le droit, car aucun des
copropriétaires ne représente les autres, et à ce point de vue
notre solution est conforme à celle de nos adversaires ; mais
nous n'admettons pas que ce fait ait pour résultat d'autoriser
la résiliation du bail : le preneur a su que son bail était soumis à une condition suspensive ; si cette condition se réalise,
il pourra entrer en possession, et, à partir du jour de la réalisation de la condition, il acquittera les loyers promis ; si la
condition ne se réalise pas, le bail est censé n'avoir pas
existé. Tant que le preneur est empêché de jouir, il est évidemment entendu entre son bailleur et lui qu'il n'acquittera
pas de loyers.

Il nous paraît, du reste, incontestable (¹) que les copropriétaires du bailleur ne peuvent empêcher la jouissance du
preneur de s'exercer sur la portion indivise de l'immeuble
appartenant à son bailleur ; le preneur persistera donc dans
cette jouissance si, en fait, cela a été entendu entre son bailleur et lui. En vain dit-on qu'un seul des copropriétaires ne

---

(¹) *Contra* Guillouard, *loc. cit.*

peut exercer les droits de tous : il n'exerce que ses propres droits en louant sa propre portion. En vain dit on encore que la location partielle peut nuire à la location du surplus et, par suite, diminuer les produits de la chose commune : tout copropriétaire peut exploiter l'immeuble indivis en concurrence avec ses copropriétaires ; il peut se faire représenter par un mandataire, ses créanciers peuvent exploiter pour son compte ; en vertu de quel principe juridique ne pourrait-il pas confier l'exercice de ses droits à un preneur?

Dans tous les cas le preneur ne peut, comme tous les créanciers de ce dernier, réclamer, en son nom, le partage de la chose louée ; il ne peut davantage réclamer le partage de la masse indivise dont cette chose fait partie ([1]).

133. Si l'un des copropriétaires indivis vend ses droits à un tiers, l'acquéreur a les droits de son vendeur. Donc l'acquéreur des droits d'un copropriétaire autre que le bailleur peut méconnaître le bail dans les mêmes conditions que son vendeur. Mais l'acquéreur des droits du bailleur ne peut méconnaître le bail que si le bail n'a pas date certaine antérieure à la vente ([2]).

L'adjudicataire de l'immeuble entier a les droits de ceux à qui il succède ; il ne peut donc méconnaître le bail en son entier et expulser le preneur dont le bail a date certaine ([3]). Son seul droit est de méconnaître le bail jusqu'à concurrence de la portion indivise de l'immeuble appartenant aux copropriétaires autres que le bailleur.

134. La solution que nous avons donnée au sujet du maintien du bail entre les parties ne s'applique plus entièrement si le preneur a cru que la chose louée appartenait exclusivement à son bailleur ; dans ce cas, il y aurait bail de la chose d'autrui et l'exercice des droits des copropriétaires pourrait donner lieu à des dommages-intérêts et à la résiliation du bail, car le preneur avait imposé au bailleur une obligation qui

---

[1] V. notre *Tr. des succ.*, 2ᵉ éd., II, n. 2293. — V. aussi Nimes, 24 déc. 1827, S. chr., D. *Rép.*, vᵒ *Succ.*, n. 2011. — Fuzier-Herman, art. 1709, n. 45 et art. 1719, n. 23.

[2] V. *infra*, n. 1282 s.

[3] *Contra* Alger, 13 mai 1897, *Journ. trib. alg.*, 8 déc. 1897.

n'a pas été exécutée; on voit combien cette hypothèse diffère
de la précédente, où le bail s'exécute dans les limites où l'ont
voulu les parties contractantes.

135. Les copropriétaires indivis peuvent ils louer la chose
à l'un d'eux? c'est là une question de capacité qui a été traitée ailleurs ([1]).

136. Le bail, pour être opposable aux copropriétaires indivis, doit-il être fait par eux tous, ou au contraire la majorité
lie-t-elle la minorité? Cette question, qui dépend d'une autre
plus générale, sera étudiée à propos de la *communauté* ([2]).

137. Le preneur qui prend possession de l'immeuble déjà
loué à un tiers est vis-à-vis de ce tiers coupable d'un trouble
de droit; il ne lui doit donc pas de réparation directe. Toutefois, s'il s'agit d'un bail de chasse, il est coupable d'un délit
de chasse et cela même, conformément au droit commun, s'il
est de bonne foi ([3]).

En tout cas le bailleur n'a évidemment pas le droit de louer
un objet qu'il a déjà loué; il s'expose à des dommages-intérêts envers celui des preneurs dont le titre sera sans valeur;
on doit considérer que ce dernier est victime d'un trouble de
droit ([4]). Toutefois la clause contraire est valable ([5]).

Mais quel est ce preneur? comment, en d'autres termes, se
règle le conflit entre deux preneurs du même objet? On fait
généralement dépendre ce point de la solution d'une autre
question ([6]).

Si le droit du preneur est réel, la solution est la suivante :
Ou il s'agit de meubles et alors, conformément à l'art. 1141,

---

([1]) V. *supra*, n. 116.

([2]) V. notre *Tr. de la soc., du prêt, du dépôt*, n. 582. — V. en faveur de la première opinion Trib. civ. Liège, 23 déc. 1885, *Pasicr.*, 86.3. 214 (bail de chasse).

([3]) Trib. corr. Lille, 6 nov. 1889, *Gaz. Pal*, 90. 1. 19.

([4]) Lespinasse, *Rev. crit.*, V, 1876, p. 300; Huc, X, n. 290. — Il a cependant été
décidé qu'en prenant possession il peut poursuivre l'autre preneur, coupable d'un
trouble de fait, si son droit est préférable à celui de ce dernier. Trib. Amiens,
7 janv. 1892, *Rec. d'Amiens*, 1892, 160.

([5]) Ainsi il peut être stipulé que le preneur prendra possession des lieux loués à
ses risques et périls, sans recours pour quelque cause que ce soit. Cass. req.,
26 avril 1895, S., 95. 1. 504, D., 95. 1. 367. — Paris. 6 juil. 1893, *Gaz. Pal*. 93. 2.
2e p., p. 24.

([6]) Guillouard, 1, n. 23.

le preneur qui est entré le premier en possession l'emporte.
Ou il s'agit d'immeubles et alors, conformément à l'art. 1328
C. civ., celui dont le titre a le premier acquis date certaine est
préféré à l'autre ; toutefois le bail de plus de 18 ans, pour
être opposable aux tiers, et notamment à un autre preneur,
doit avoir été transcrit (¹). — Les auteurs qui ont proposé ces
solutions n'ont pas remarqué que les baux peuvent tous deux
n'avoir ni été transcrits ni acquis date certaine ; la question
deviendra alors très délicate ; nous essayerons de la résoudre
tout à l'heure.

138. Dans l'opinion, généralement admise, qui ne reconnaît au preneur qu'un droit personnel, la question nous paraît
devoir être scindée. Il faut supposer :

1° Que des deux baux en conflit aucun n'est fait pour plus
de dix-huit ans ;

2° Que tous deux sont faits pour plus de dix-huit ans ;

3° Que l'un est fait pour plus de dix-huit ans et l'autre
pour dix-huit ans au plus ;

4° Que, quelle que soit leur durée, aucun des baux n'est
transcrit et n'a date certaine.

1° Si aucun des deux baux n'est fait pour plus de dix-huit
ans, il nous semble (quoique des auteurs contestent cette solution) (²) que le preneur dont le titre a le premier acquis date
certaine l'emporte (³). En effet, l'art. 1328 dit en termes
absolus que le titre ayant date certaine est opposable aux
tiers.

En vain objecte-t-on qu'entre créanciers chirographaires

(¹) Guillouard, *loc. cit.* ; Yseux, *Nat. du dr. du preneur*, *Rev. crit.*, XXII, 1893,
p. 104.

(²) Guillouard, n. 23 et 29. — Cpr. Yseux, *loc. cit.*

(³) On peut citer en notre sens, tout au moins à titre d'argument, les décisions
d'après lesquelles un preneur peut ou non poursuivre pour délit de chasse un autre
locataire ou la personne qui chasse sur la propriété louée avec l'autorisation du
propriétaire suivant que le bail a ou non date certaine avant l'autorisation de chasser
accordée au tiers ou le bail consenti à l'autre locataire. — Cass., 21 juil. 1865, S.,
65. 1. 135. — Cass., 10 mai 1884, S., 86. 1. 185. — Rouen, 23 mars 1866, S., 67. 2.
150. — Dijon, 15 janv. 1873, S., 73. 2. 280. — Douai, 1er fév. 1898, S., 99. 2. 14, D.,
99. 2. 191. — Douai, 15 juin 1898, S., 98. 2. 228. — Orléans, 19 déc. 1893, *Loi*,
23 déc. 1893. — Trib. corr. Amiens, 21 mars 1888, *Rec. Amiens*, 88. 70. — V. aussi
Douai, 10 fév. 1890, S., 92. 2. 113.

la priorité de date n'est pas une cause de préférence ; cela est exact quand il s'agit de répartir entre les divers créanciers d'une personne le patrimoine entier de cette dernière, mais non pas quand il s'agit de créanciers réclamant un droit qui leur a été promis sur un objet déterminé; ici l'art. 1328 s'applique par la généralité de son texte.

139. 2° Si les deux baux sont de plus de dix-huit ans, il y a lieu d'appliquer l'art. 2, n. 4 de la loi du 23 mars 1855, d'après lequel les baux de plus de dix-huit ans sont soumis à la transcription, et l'art. 3 al. 1, de la même loi, aux termes duquel « jusqu'à la transcription, les droits résultant des actes et jugements énoncés aux articles précédents ne peuvent être opposés aux tiers qui ont des droits sur l'immeuble et qui les ont conservés en se conformant aux lois » [1]. Le preneur dont le bail a plus de dix-huit ans est, comme nous le montrerons en étudiant les rapports du preneur avec l'acquéreur, un de ces tiers [2]. Par suite, entre deux preneurs de plus de dix-huit ans, celui qui est préféré est celui qui a fait transcrire son titre le premier, alors même que son titre serait postérieur au titre de son concurrent, ou que ce dernier titre aurait seul date certaine, ou aurait date certaine antérieure au premier titre.

Toutefois cette solution n'est pas exacte pour toute la durée du bail ; le bail de plus de dix-huit ans non transcrit reste opposable aux tiers pour dix-huit ans, suivant l'art. 3 al. 2 de la loi du 23 mars 1855 ; il est, comme nous le montrerons plus amplement en étudiant les rapports du preneur avec l'acquéreur, assimilé, jusqu'à concurrence de dix-huit ans, au bail n'excédant pas dix-huit ans [3]. Par suite, le bail non transcrit, ou transcrit postérieurement à l'autre bail, est préféré au premier, *s'il a date certaine antérieure à celui-ci,* pour dix-huit ans ; c'est seulement après l'expiration de ce délai que le preneur, dont le bail aura été transcrit le premier mais

---

[1] Troplong, *Tr. de la transcr.*, n. 207 ; Sellier, *Comment. de la loi du 23 mars 1855*, n. 301 *bis :* Flandin, *Tr. de la transcr.*, II, n. 1273 et 1274 ; Aubry et Rau. II, p. 86, § 174, note 20 : Guillouard, I, n. 29 (v. cep. n. 23 .

[2] V. *infra*, n. 1285 s.

[3] V. *infra*, n. 1288.

n'aura obtenu date certaine que le second, pourra exiger sa mise en jouissance ([1]). Solution étrange, mais que la loi de 1855 rend certaine.

Quant au point de départ des dix-huit ans pendant lesquels celui des baux de plus de dix-huit ans qui a obtenu date certaine le premier et n'a été transcrit que le second, doit être exécuté, il sera examiné à propos du conflit entre le preneur et l'acquéreur ([2].

140. 3° Si l'un des baux est fait pour plus de dix-huit ans et l'autre pour dix-huit ans au plus, il faut faire une combinaison des solutions qui précèdent : le bail de dix-huit ans au plus étant préféré aux autres baux à la condition d'avoir date certaine, le bail de plus de dix-huit ans leur étant préféré à la condition d'être transcrit, on admettra que le premier sera préféré au second s'il a date certaine avant que ce dernier soit transcrit, et que, dans le cas contraire, le second sera préféré au premier. Et si le bail de dix-huit ans au plus a date certaine avant que le bail de plus de dix-huit ans soit transcrit, il va sans dire que ce dernier sera complètement non avenu; pour que l'art. 3, al. 2 soit applicable, c'est-à-dire que le bail de plus de dix-huit ans soit préféré à **un autre** bail pendant dix-huit ans, il faut, comme nous l'avons montré à propos de la question précédente, qu'il ait date certaine antérieurement au second.

Une autre opinion, dont nous ne nous expliquons pas la raison, veut qu'entre ces deux baux, celui qui est le premier en date (entend-on par là celui qui le premier a date certaine ?) est préféré ([3]).

141. 4° Il reste à prévoir l'hypothèse où aucun des deux baux n'a date certaine ou n'est transcrit; cette hypothèse est peu pratique pour le cas où soit les deux preneurs, soit l'un d'eux ont un titre écrit; car ils s'empresseront évidemment de faire enregistrer ou transcrire ce titre dès que le conflit s'élèvera, et ainsi la priorité sera établie entre eux. Il faut donc supposer, pour donner une réelle importance à la question, que, —

---

[1] Aubry et Rau, II, p. 86, § 174, note 20.

[2] V. *infra*, n. 1289.

[3] Aubry et Rau, II, p. 86, § 174, note 21.

cela est à la vérité assez fréquent, — les locations ont été faites verbalement.

Les auteurs, se plaçant uniquement en face de la théorie qui confère au preneur un droit exclusivement personnel, admettent que si l'un des deux preneurs est en possession, il sera préféré à l'autre [1]. Les uns [2] ont invoqué l'art. 1141 C. civ., d'après lequel, de deux acquéreurs du même meuble, celui qui est entré en possession est préféré à l'autre ; l'argument est sans valeur [3] ; outre que le caractère mobilier du preneur est très douteux, l'art. 1141 (cela est reconnu par tout le monde) est uniquement applicable aux meubles corporels, et le droit du preneur est incorporel.

D'autres [4] ont, à l'appui de la même opinion, invoqué l'idée que le preneur en possession est défendeur à l'action dirigée par l'autre preneur et que ce dernier, étant, comme le premier, créancier chirographaire, n'est pas en état de fournir la preuve d'un droit préférable. Cette considération repose sur une pétition de principe : le preneur demandeur n'a pas à démontrer l'existence d'un droit préférable, mais simplement la convention passée entre le bailleur et lui ; ceci prouvé, il se trouve égal en droits au défendeur qui ne peut, de son côté, invoquer qu'une convention identique ; sa possession ne le mettrait à l'abri que s'il était démontré qu'en cas d'égalité, le possesseur est préféré au non-possesseur, et c'est ce qu'on se contente de supposer établi.

Quoi qu'il en soit, si l'opinion que nous venons de réfuter était exacte, elle s'appliquerait tout aussi bien pour les auteurs qui reconnaissent au preneur un droit réel ; l'argument auquel nous avons répondu en dernier lieu ne met pas en jeu le caractère du droit du preneur ; ici donc encore ce caractère n'est d'aucune importance.

Nous assimilons, on le voit, le cas où l'un des preneurs est

[1] Douai, 3 août 1870, S., 70. 2. 273. D., 71. 2. 115. — Demolombe, III, p. 200, note 6; Duranton, XVII, n. 143 ; Laurent, XXV, n. 18 ; Colmet de Santerre, VII, n. 198 *bis*, XIX ; Guillouard, I, n. 23 et 29. — *Contra* Rouen, 15 mars 1869, D., 71. 2. 78.

[2] Colmet de Santerre, *loc. cit.*

[3] Guillouard, *loc. cit.*

[4] Guillouard, *loc. cit.*

entré en possession à celui où aucun d'eux n'est en possession.

142. Il faut régler ce dernier cas, et ce n'est pas ce qu'il y a de moins délicat.

Il nous paraît incontestable que les deux preneurs ont les mêmes droits sur la chose louée ([1]). Ce sont, en effet, deux créanciers du même bailleur, et aucun d'eux n'a obtenu par la date certaine un droit de préférence sur l'autre. On a soutenu, il est vrai, que la préférence appartient au preneur dont le bail est le plus ancien ([2]). Mais comment peut-on prétendre que la date, quoique non certaine, d'un bail peut être invoquée vis-à-vis des tiers? L'art 1328 s'y oppose.

Mais en quoi consistent ces droits égaux? A notre avis, ils se neutralisent; chacun des preneurs se heurte, lorsqu'il demande la consécration de son droit, à la prétention inverse et également fondée de l'autre preneur; il subit donc un trouble de droit; et ce trouble entraîne ses conséquences ordinaires : la résiliation du bail avec indemnité. Donc celui des preneurs qui le premier voudra entrer en possession et en sera empêché par un droit rival, obtiendra la résiliation de son bail et l'autre preneur, désormais à l'abri de tout trouble, entrera paisiblement en jouissance. Si les deux preneurs agissent à la fois contre le bailleur, la résiliation des deux baux sera prononcée avec indemnité, car chacun des preneurs aura subi le même trouble.

On a proposé un autre moyen de trancher la difficulté : « Le droit au bail sera licité, et le prix à provenir de la licitation partagé également entre les deux preneurs » ([3]).

Rien qui soit plus singulier et d'une application plus difficile que cette solution.

D'une part, la licitation n'est possible que pour des droits indivis; or le droit au bail n'est pas indivis entre les preneurs; chacun d'eux est créancier du bailleur pour la jouissance intégrale de l'objet loué : on ne peut prétendre qu'il soit forcé de reconnaître le droit rival de l'autre preneur.

D'autre part, la licitation du droit au bail n'est pas une

[1] Guillouard, I, n. 23 et 29.
[2] Aubry et Rau, II, p. 100, § 176, note 10.
[3] Guillouard, I, n. 23 et 29. — *Contra* Laurent, XXV, n. 129.

manière d'indemniser les preneurs victimes de la faute du
bailleur. Car, de deux choses l'une : ou la licitation sera prononcée pour un prix supérieur au prix primitif des baux, ou
il en sera autrement. Dans ce dernier cas, le droit au bail
n'aura, en réalité, rien produit ; le loyer sera dû au bailleur.
Dans le premier cas, — d'ailleurs peu vraisemblable, — les
preneurs n'auront à se partager, à titre de droit au bail, que
l'excédent du loyer provenant de l'adjudication sur les loyers
primitifs, et cet excédent sera nécessairement insignifiant.

En troisième lieu, la solution que nous rejetons est d'une
iniquité trop évidente. Car, alors que le bailleur a commis
une faute et souvent un dol en louant deux fois le même
immeuble, on le laisse indemne, et on dépossède les preneurs
victimes de cette faute ou de ce dol.

Enfin n'est-il pas étrange qu'on tranche le conflit entre
deux personnes prétendant au même droit, — et y prétendant justement l'une et l'autre, — en leur enlevant ce droit à
toutes deux pour le conférer à un tiers ? Ce procédé rappelle
trop la fable de l'Huître et des Plaideurs.

143. Le bail à colonage partiaire, par définition même, ne
peut porter que sur un immeuble rural, le seul qui produise
des fruits naturels ([1]), puisqu'il se distingue par la division
des fruits entre le bailleur et le preneur.

Mais il n'est pas nécessaire que la perception des fruits
exige un certain travail ([2]). Ainsi un étang peut être loué à
moitié fruits ([3]. La loi, en effet, ne décide pas le contraire.
On ne peut objecter que le contrat n'impose qu'une obligation au preneur et n'est pas à titre onéreux. Les soins qu'il
faut donner à l'immeuble, les difficultés de la pêche peuvent
être considérés comme des obligations sérieuses.

144. Les meubles peuvent être loués aussi bien que les
immeubles([4]). Cela n'est pas contestable. L'art. 1711 le décide.
Mouricault, dans son rapport au tribunat, le disait ([5]) ; il

[1]. Guillouard, II, n. 615.
[2]. Guillouard, II, n. 615. — *Contra* Méplain, *Tr. du bail à portion de fruits*,
n. 50.
[3]) Guillouard, II, n. 615.
[4]) Guillouard, I, n. 275.
[5]) Fenet, XIV, p. 322.

expliquait que si les meubles sont passés sous silence, c'est qu'« il est aisé d'appliquer dans l'usage celles des dispositions subséquentes qui leur seront communes ». Cela tient peut-être aussi à ce que, lors de la promulgation du code civil, le louage des meubles était rare et portait ordinairement sur une valeur pécuniaire peu considérable. A ce point de vue, le louage des meubles a pris une importance très grande : on rencontre fréquemment la location de pianos, de futailles et autres récipients pour contenir les vins ou les grains, de linge ou d'argenterie en vue d'un repas, etc. (¹).

145. De là il suit que les règles du louage de meubles doivent être empruntées au titre du louage (²) ; il en est ainsi même des dispositions qui paraissent viser spécialement les immeubles (³) ; car ces dispositions mêmes sont placées sous la rubrique générale du louage de choses. C'est ce que dit expressément Mouricault (⁴). Les seules dispositions qui ne soient pas applicables aux meubles sont celles qui sont dictées par la nature immobilière de la chose louée (⁵).

Nous ferons de nombreuses applications de cette solution, notamment à l'incendie.

Sur les points où les règles du louage, en général, diffèrent des règles spéciales du bail à loyer, ce sont ces dernières qui doivent être appliquées aux meubles (⁶), car l'art. 1711 range le bail des meubles au nombre des baux à loyer ; c'est à tort qu'on a invoqué en sens contraire le passage précité de Mouricault.

146. Les choses incorporelles peuvent être données à bail aussi bien que les choses corporelles (⁷).

(¹) V. sur ce point Valéry, *Du louage des meubles, Annales de dr. comm.*, IX, 1895, p. 27 s., n. 2 s.

(²) Cass. civ.. 16 août 1882, S., 84. 1. 33, D., 83. 1. 213. — Aubry et Rau, IV, p. 464, § 362, note 2 ; Laurent, XXV, n. 65 ; Guillouard, I, n. 275 et II, n. 671 ; Valéry, *op. cit.*, p. 31, n. 6.

(³) Mêmes auteurs.

(⁴) *Loc. cit.*

(⁵) Valéry, *loc. cit.*

(⁶) *Contra* Aubry et Rau, IV, p. 464, § 362 ; Laurent, XXV, n. 96 ; Guillouard, II, n. 671.

(⁷) Duvergier, I, n. 64 ; Troplong, I, n. 93 ; Rolland de Villargues, v° *Bail*, n. 70 ; Guillouard, I, n. 68 ; Fuzier-Herman, art. 1713, n. 1.

L'hypothèse du bail d'une créance est juridiquement possible ([1]), car ni les textes ni les principes n'interdisent à un créancier de confier le recouvrement des intérêts d'une créance à un tiers, qui percevra les intérêts à son profit et à ses risques et versera périodiquement au créancier une somme fixée à forfait ; mais un pareil contrat n'est pas usité.

L'usufruitier peut louer son droit ([2]). C'est le langage de l'art. 595 qui lui permet de « donner à ferme à un autre », alors qu'il oppose cette faculté à celle, également autorisée, de « vendre ou céder son droit ».

Nous avons vu qu'au contraire les droits d'usage et d'habitation ne peuvent être loués ([3]).

147. Le droit de superficie peut être loué.

Il en est de même de la possession ([4]).

148. Le nom patronymique lui-même peut faire l'objet d'un bail, c'est-à-dire d'une transmission de jouissance pendant un nombre d'années déterminé moyennant un prix ([5]) ; car il est de principe que la propriété du nom entraîne le droit d'en disposer. Par exemple celui qui porte un nom célèbre peut autoriser un tiers à s'en servir dans l'intérêt d'un commerce.

Mais la location du nom est illicite et nulle si elle a pour but une fraude, par exemple si la location est faite à une personne qui se propose, à la faveur d'une similitude de nom, de faire une concurrence déloyale à une maison de commerce connue sous le même nom ([6]).

149. Parmi les droits incorporels doit être cité le *droit de chasse*. Le droit de chasse ne pouvait être affermé dans l'ancien droit parce que « les seigneurs et possesseurs de fiefs qui ont ce droit ne l'ont que *ad oblectamentum* et non *ad quæs-*

([1]) *Contra* Troplong, I, n. 84 ; Agnel, n. 39 ; Fuzier-Herman, art. 1713, n. 15.

([2]) V. *supra*, n. 74 et 75.

([3]) V. *supra*, n. 77.

([4]) L. 28, D., *De acq. poss.*, 41. 2. — V. *supra*, n. 66.

([5]) Paris, 27 déc. 1793, *Gaz. Pal.*, 94. 1. 166 (motifs). — Lyon, 21 mars 1894, *Mon. jud. Lyon*, 2 juin 1894. — Wahl, *Note* S., 95. 1. 246.

([6]) Lyon, 22 nov. 1893, *Mon. jud. Lyon*, 5 mai 1894. — Paris, 27 déc. 1893, précité (il n'y a pas, comme le dit cet arrêt, *prêt* du nom). — Lyon, 21 mars 1894, précité. — Trib. civ. Seine, 2 août 1899, *Le dr. industriel*, 99. 340.

tum » ([1]) ; il était seulement permis de stipuler que le preneur d'un immeuble aurait le droit de chasse sur cet immeuble ([2]).

Il en est certainement tout autrement aujourd'hui. Le droit de chasse est un droit incorporel qui peut se louer comme tout autre droit ([3]).

Le bail de la chasse peut être également cédé ([4]).

Mais c'est une question délicate que de savoir si dans le bail d'un immeuble est implicitement compris le bail du droit de chasse ; nous étudierons cette question plus tard ([5]).

Nous avons dit plus haut que la réserve du droit de chasse sur un immeuble vendu n'est pas un bail ([6]).

150. On peut également louer les autres avantages ou agréments que confère la propriété :

Droit de pêche ([7]).

Droit d'exercer sur l'immeuble telle industrie à certains jours.

Droit de passage ([8]).

Droit de pacage ([9]).

Droit de se baigner dans une pièce d'eau.

151. Un brevet d'invention peut faire valablement l'objet d'un bail ([10]) ; nous avons indiqué la véritable nature de ce contrat ([11]).

152. Nous avons, à propos des actes qui constituent des baux, indiqué d'autres droits incorporels susceptibles d'être loués ([12]).

---

[1] Pothier, n. 16.

[2] Pothier, n. 17.

[3] Merlin, *Rép.*, v° *Bail*, § 1, n. 4 ; Duranton, XVIII, n. 24 ; Duvergier, I, n. 71 et 82 ; Troplong, I, n. 94 ; Guillouard, I, n. 71 ; Planiol, *Note*, D., 93. 2. 161 ; Bastiné, *Tr. de dr. fiscal*, I, n. 286 ; Esmein, *Note*, S., 93. 1. 185 ; Charmont, *Ex. doctr. de la jurispr. civ.*, Rev. crit., XXIII, 1894, p. 81 s. ; Fuzier-Herman, art. 1713, n. 1 et 19.

[4] V. *infra*, n. 1065.

[5] V. *infra*, n. 827.

[6] V. *supra*, n. 16 et 39.

[7] Bastiné, *op. cit.*, I, n. 286.

[8] Pothier, n. 18. — V. *supra*, n. 15.

[9] Pothier, n. 18.

[10] Orléans, 13 juillet 1892, S., 95. 2. 134, D., 93. 2. 329. — Planiol, *Note*, D., 93. 2. 329.

[11] V. *supra*, n. 11 s.

[12] V. *supra*, n. 19 s.

153. Comme le bail de meubles corporels, le bail de biens incorporels obéit aux règles générales du contrat de louage ([1]). Ces règles sont, en effet, posées en termes absolus ; en outre, on serait, dans l'opinion contraire, très embarrassé pour trouver les principes applicables aux baux de biens incorporels.

154. Le domaine public peut être loué, quoiqu'il ne puisse pas être vendu ([2]).

Ainsi la loi du 20 déc. 1872 (art. 2) autorise la location des plages et autres dépendances du domaine maritime.

De même les fabriques d'une église peuvent louer des bancs ou des chaises dans cette église ([3]) ; les communes peuvent louer des terrains sur les places publiques pour les foires et marchés ([4]) ou pour l'exercice de certains commerces ou de certaines industries ([5]).

On peut encore donner à bail le droit de percevoir un impôt ou des droits de place ou de péage ([6]).

Mais le domaine public ne peut être loué dans des conditions qui entraveraient sa destination ([7]).

155. Aux termes de l'art. 1712 C. civ., « les baux des biens des communes et des établissements publics sont soumis à des règlements particuliers ». Ces règlements ne concernent que la forme ([8]) et non pas les droits et obligations des parties, pour lesquelles, à défaut de texte, on applique le droit commun.

156. Un office ne peut être loué ([9]), car l'officier public a

---

[1] Orléans, 13 juill. 1892, S., 95. 2. 134, D., 93. 2. 329 (impl., pour les brevets d'invention). — *Contra* Planiol, *Notes*, D., 93. 2. 161 et 329 ; cependant cet auteur admet que l'acquéreur de l'immeuble est tenu de respecter le droit de chasse. — V. *infra*, n. 1273.

[2] Cons. d'Et., 8 avril 1852, D., 53. 3. 3. — Cons. d'Et., 19 mai 1853, D., 53. 3. 51. — Cass. civ., 7 juill. 1869, S., 69. 1. 419. — Cass. req., 21 juin 1880, S., 81. 1. 33. — Duvergier, I, n. 78 ; Troplong, I, n. 91 ; Aubry et Rau, IV, p. 467 ; *Rép. périod. de l'Enreg.*, n. 6067 ; Laurent, XXV, n. 64 ; Fuzier-Herman, art. 1713, n. 4. — V. *supra*, n. 124.

[3] Guillouard, I, n. 67. — V. *supra*, n. 30.

[4] Guillouard, *loc. cit.* — V. *supra*, n. 27 et 37.

[5] Guillouard, *loc. cit.*

[6] Fuzier-Herman, art. 1713, n. 1. — V. *supra*, n. 37.

[7] Cass. civ., 7 juil. 1869, précité. — *Rép. périod. de l'Enreg.*, *loc. cit.*

[8] V. *infra*, n. 201.

[9] Troplong, I, n. 85 et 92 ; Garsonnet, *Tr. de procéd.*, I, p. 397, § 237 ; Aguel, n. 40 ; Fuzier-Herman, art. 1713, n. 16 ; Wahl, *Note*, S., 94. 2. 290, § 2, n. 4.

été choisi à raison de ses qualités personnelles. D'ailleurs, l'art. 91 de la loi du 28 avril 1816 n'autorise au sujet d'un office qu'un seul contrat, la présentation d'un *successeur,* et la loi du 25 juin 1841 ne prévoit également que la « transmission » d'un office. C'est pour la même raison que le contrat de gérance d'un office et la société relative à son exploitation sont nuls.

157. L'objet du bail doit être licite, c'est-à-dire que le preneur ne peut affermer un commerce ou une industrie illicite, par exemple une maison de jeu ou de tolérance.

Le bail qui aurait pour objet, d'après les clauses du bail, une maison de jeu ou de tolérance serait nul, car les conventions relatives aux faits de ce genre sont contraires aux art. 1131 et 1133, qui annulent les conventions faites sans cause licite; or, l'objet de l'obligation du bailleur, c'est-à-dire la cause de l'obligation du preneur, est illicite. C'est donc avec raison que les baux de ce genre ont été déclarés nuls (¹). On a objecté que les maisons de tolérance sont autorisées par l'administrattion; mais l'objection est mal fondée, car cette autorisation n'a qu'un caractère administratif (²).

Toutefois la jurisprudence a peut-être commis une confusion en annulant également, comme ayant un objet illicite, le

---

(¹) Paris, 30 déc. 1839, S., 40. 2. 121, D. *Rép.*, vº *Vente publ. d'imm.*, n. 1526-2º — Lyon, 11 juil. 1862, S., 63. 2. 165. — Caen, 29 juil. 1874, S., 75. 2. 298, D., 75. 2. 127. — Rouen, 31 juil. 1883, *Recueil de Rouen*, 1884, p. 47. — Bourges, 13 juin 1889, D., 89. 5. 329. — Rennes, 21 fév. 1890, *Gaz. Pal.*, 90. 1. 624. — Lyon, 24 sept. 1892, *Gaz. Pal.*, 93. 1. 7. — Alger, 15 nov. 1893, S., 94. 2. 211, D., 94. 2. 528. — Alger, 9 mai 1894, S., 94. 2. 302, D., 95. 2 21. — Angers, 29 mars 1897, *Loi*, 12 avril 1897, *Mon. jud. Lyon*, 23 avril 1897. — Angers, 3 janv. 1899, *Loi*, 11 janv. 1899. — Trib. civ. Auxerre, 17 nov. 1886, *France jud.*, 87, p. 48. — Trib. civ. Lyon, 21 juin 1887, *Mon. jud. Lyon*, 12 oct. 1887. — Trib. civ. Dijon, 20 fév. 1888, *Gaz. Pal.*, 88. 1. *Supp.*, 83. — Trib. civ. Nice, 20 mai 1889, *Gaz. Trib.*, 6 juil. 1889. — Trib. civ. Orléans, 31 déc. 1889, *Gaz. Pal.*, 90. 1. 270. — Trib. civ. Seine, 17 juil. 1891, *Gaz. Pal.*, 91. 2. 538. — Trib. civ. Tunis, 5 juin 1893, *Rev alg.*, 93. 2. 382 et S., 94. 2. 211 (sous Alger, 15 nov. 1893). — Trib. civ. Angers, 15 déc. 1896 *Rec. Angers*, 97. 103. — Guillouard, I, n. 72 ; Wahl, *Note*. S., 99. 4. 3, n. 3. — *Contra* Trib. civ. Limoges, 6 juin 1888, *Gaz. Pal.*, 88. 2. 268. — Agnel, n. 117. — Un arrêt de Milan, 20 oct. 1897, S., 99. 4. 1, a été interprété en sens contraire. Ratto, *La legge*. 98. 1. 225; Fubini, *Appunti di giurispr. sulla destinaz. immorale delle stabile locato*, Turin, 1898. Mais. quoiqu'il s'agit d'un bail de ce genre, la question n'a pas été agitée.

(²) V. *infra*, n. 158.

bail non plus d'une maison de tolérance, louée comme telle avec son matériel, mais d'un immeuble loué pour servir à l'exploitation d'une maison de tolérance (¹). Le bail porte alors sur l'immeuble et non pas sur le fonds de commerce qui y est exploité ; la destination seule de l'immeuble est illicite ; or, cette destination rentre dans les motifs qui portent les parties à contracter et l'on sait que les motifs illicites ne sont pas une cause de nullité des conventions (²).

158. Le bail d'un immeuble pour y exploiter une maison de tolérance est également nul d'après la jurisprudence, si d'autres faits que la lecture du bail démontrent que l'immeuble a été loué pour cette exploitation (³).

Dans tous les cas, l'autorisation d'exploiter la maison de tolérance, accordée par l'administration, n'évite pas l'annulation du bail (⁴).

Nous indiquons plus loin les effets de la nullité (⁵).

159. Le bail d'un immeuble doit être annulé (⁶) ou plutôt résolu s'il a été consenti comme accessoire d'une vente illicite de fonds de commerce ou d'office ; le bail n'est pas illicite en lui-même (⁷), mais dans la pensée des parties il est inséparable de la vente.

160. L'objet loué doit exister ; s'il a péri, le bail est nul faute d'objet (⁸).

Qu'arrivera-t-il si l'objet du bail a péri en partie? On applique généralement avec raison l'art. 1722 (⁹), qui, en cas de

---

¹ Tous les arrêts précités (sauf Milan, 20 oct. 1897) sont relatifs à cette question. — V. dans le même sens, Duvergier, I, n. 402 ; Laurent, XXV, n. 65 ; Guillouard, *loc. cit.*; Fuzier-Herman, art. 1709, n. 66. — *Contra* Beslay, *Des commerçants*, n. 119.

(²) Wahl, *Note*, S., 99. 4. 3, n. 3 ; Fubini, *op. cit.*, p. 9.

(³) Rennes, 21 fév. 1890, précité. — Alger, 15 nov. 1893, précité. — Alger, 9 mai 1894, précité. — Trib. civ. Dijon, 20 fév. 1888, précité. — *Contra* Trib. civ. Limoges, 6 juin 1888, précité.

(⁴) Lyon, 11 juill. 1862, précité. — Fuzier-Herman, art. 1709, n. 67. — V. *infra*, n. 176.

⁵) V. *infra*, n. 172 s.

(⁶) Trib. civ. Marseille, 1ᵉʳ juil. 1890, *Rec. d'Aix*, 90. 2. 260 (cession d'un fonds de pharmacie à une personne non diplômée, avec bail des lieux).

⁷) V. cep. Trib. civ. Marseille, 1ᵉʳ juil. 1890, précité.

⁸) Duvergier, I, n. 54 ; Guillouard, I, n. 73.

(⁹) Duvergier, I. n. 55 ; Guillouard, *loc. cit.*

perte partielle survenue au cours du bail, admet, suivant les cas, soit la cessation (en l'espèce, il faut dire la nullité) du bail, soit la réduction du prix.

161. Nous examinerons plus loin si les mines, minières et carrières peuvent être données à bail ([1]).

161 bis. En principe un bail peut porter sur une chose future. Cependant, par application de l'art. 1130 C. civ., il ne peut porter sur une chose qui fait partie du patrimoine d'une personne dont le bailleur est héritier présomptif, si l'exécution du bail est reportée à l'époque où la succession s'ouvrira ([2]).

162. Il va sans dire que l'accord doit exister sur l'objet ; dans le cas contraire, c'est-à-dire si l'une des parties croit donner à bail tel objet, et si l'autre partie croit prendre en location tel autre objet, le consentement ne se forme pas et le contrat est frappé de nullité absolue ([3]).

163. La nature des produits de l'objet loué importe peu. Ainsi, on peut donner à bail un immeuble qui ne produit que des fruits naturels, comme un pacage dans une montagne ([4]), aussi bien qu'un immeuble productif de fruits industriels, comme un champ, ou de fruits civils, comme une maison.

Mais il faut que les parties soient d'accord sur la nature de ces produits ; dans le cas contraire, il y aurait erreur sur des qualités substantielles de la chose, et la partie qui se serait trompée pourrait demander la nullité du contrat ([5]). Il en serait ainsi si l'une des parties croyait louer une vigne et l'autre un champ ensemencé.

Au contraire, l'erreur sur la valeur ou la quantité des produits n'entraînerait pas la nullité du contrat ; ce ne serait qu'une erreur sur les qualités de l'objet loué ([6]).

([1]) V. infra, n. 781.

([2]) V. Baudry-Lacantinerie et Barde. Tr. des oblig., I. n. 276.

([3]) Guillouard, I, n. 34.

([4]) Nîmes, 26 février 1883, S., 83. 2. 225, D., 83. 2. 214 (motifs). — Guillouard, I, n. 8.

([5]) Pothier, n. 48 ; Guillouard, I. n. 34.

([6]) Guillouard, loc. cit.

SECTION IV

SANCTION DES CONDITIONS DE VALIDITÉ

§ I. *Nullité ou réductibilité du bail.*

164. La sanction des conditions de validité est naturellement la nullité du bail qui ne réunit pas toutes ces conditions.

Il en est ainsi, par exemple, des baux faits par un incapable, notamment un interdit (¹), une femme mariée et non séparée de corps ou de biens (²), sauf si elle s'est réservé l'administration de ses propres, un mineur (³).

165. Toutefois les baux faits pour plus de neuf ans, sans les autorisations nécessaires, par un administrateur qui n'a le droit que de faire les baux de neuf ans au plus ne sont pas, dans le cas où la loi les interdit, entièrement nuls comme ils l'étaient dans l'ancien droit. Ils sont simplement réductibles (⁴). L'art. 1429, auquel renvoient toutes les autres dispositions, le dit expressément.

165 *bis*. Pour les baux consentis par des successibles, il ne peut être question de réduction : comme les actes excédant l'administration ont pour seul effet de rendre héritiers purs et simples ces successibles, cet effet appartiendra également aux baux excédant la durée fixée par la loi et, par suite, ces baux seront valables ; c'est ce qu'il faut décider soit pour le

---

(¹) Cass. civ., 5 avril 1882, S., 83. 1. 31 (bail par un interdit). — Guillouard, I, n. 48.

(²) Guillouard, I, n. 59.

(³) Guillouard, *loc. cit.*

(⁴) Cass. req., 7 février 1865, S., 65. 1. 57, D., 65. 1. 249 (biens de mineurs). — Cass. req., 17 novembre 1890, S., 94. 1. 445 (biens ruraux). — Trib. civ. Seine, 6 janvier 1853, 28 mars 1856, 11 décembre 1858 et 19 décembre 1859 (biens de mineurs), cités par Bertin, *Ch. du cons.*, 3ᵉ édit., I, n. 476. — Trib. civ. Meaux, 14 janvier 1898, *Gaz. Trib.*, 22 avril 1898. — Guillouard, I, n. 46 et 47 (ailleurs, n. 58, cet auteur dit que le bail fait par le pourvu de conseil est nul), et *Traité du contr. de mar.*, II, n. 788 ; Troplong, *Tr. du louage*, I, n. 11 ; Massé et Vergé, IV, p. 107, § 643, notes 8 et 9 ; Marcadé, art. 1429, n. 3 ; Aubry et Rau, I, p. 716, § 113, note 62 ; Rodière et Pont, *Tr. du contr. de mar.*, II, n. 918 ; Laurent, V, n. 47 et XXII, n. 136 ; Vigié, III, n. 205 ; L. et A. Mérighnac, *Tr. de la commun.*, I, n. 1409 ; Bertin, *Ch. du conseil, loc. cit.* ; Huc, III, n. 381 ; Baudry Lacantinerie et Chauveau, *Tr. des biens*, n. 528. — *Contra* Valette sur Proudhon, *Tr. de l'état des personnes*, II, p. 371 ; de Fréminville, *Tr. de la minorité*, I, n. 555 ; Demante, II, n. 221 *bis*, I.

successible administrant la succession avant d'avoir pris
parti (¹), soit pour l'héritier bénéficiaire (²).

§ II. *Personnes qui peuvent demander la nullité ou la
réduction et époque à partir de laquelle elles peuvent
le faire.*

166. Si le consentement des parties n'est qu'apparent ou si
l'objet loué ne peut faire l'objet d'un bail, la nullité est absolue et peut être proposée par tout intéressé. Il en est ainsi
notamment pour le cas où l'objet du bail est illicite.

Au contraire, conformément au droit commun, la nullité
pour cause d'incapacité ou pour vice du consentement ne
peut être demandée que par l'incapable ou son représentant (³) ou par la personne dont le consentement a été vicié.

Toutes ces actions peuvent être formées dès le jour où le
bail a été consenti.

167. La réduction des baux de plus de neuf ans consentis
par une personne qui ne pouvait faire des baux dépassant
cette durée n'est ordonnée que dans l'intérêt du propriétaire
incapable ou du propriétaire mis à la tête de l'administration
de son patrimoine après l'administration d'autrui; lui seul
peut la demander. Le preneur ne peut donc la demander (⁴).

Le tuteur même du mineur ne peut demander la réduction (⁵), et cela même si ce tuteur n'est pas celui qui a consenti le bail (⁶); le bail est, en effet, valable pendant tout le

(¹) V. notre *Tr des succ.*, 2e éd., II, n. 1111 s.

(²) V. notre *Tr. des succ.*, 2e éd , II, n. 1458.

³) Cass. civ., 5 avril 1882, S., 83. 1. 31. — Guillouard, n. 48.

(⁴) Cass. req., 7 fév 1865, S., 65. 1. 57, D , 65. 1. 249. — Cass. req., 29 janv.
1883. S., 85. 1. 482, D., 83. 1. 314. — Duranton, IV, n. 587 et 588; Troplong, 1,
n. 151; Duvergier, I, n. 41; de Fréminville, *op. cit.*, I, n. 356; Taulier, II, p. 313;
Ducaurroy, Bonnier et Roustain, II, n. 180; Massé et Vergé, II, p. 137, § 308,
note 19; Aubry et Rau, II, p. 693, § 230, note 49; Demolombe, X, n. 356; Guillouard, I, n. 44 s.; Fuzier-Herman, art. 1718, n. 1; Baudry-Lacantinerie et Chauveau, *Tr. des biens*, n. 529 et 530. — *Contra* Laurent, VI, n. 462 s.

(⁵) Cass. req., 7 févr. 1865, S., 65. 1. 57, D., 65. 1. 249. — Bertin, *loc. cit.*;
Aubry et Rau, *loc. cit.*; Laurent, V, n. 47; Huc, III, n. 381. — *Contra*, Valette sur
Proudhon, *loc. cit.*; de Fréminville, *loc. cit.*; Demolombe, VII, n. 640; Demante,
loc. cit.

⁶) Cass. req., 7 fév. 1865, précité.

cours de la tutelle ; le mineur seul pourra le faire réduire après avoir atteint sa majorité [1].

Mais le mineur émancipé pourra, sans attendre sa majorité et dès que le bail aura été conclu, demander la réduction du bail de plus de neuf ans qu'il aura consenti ; on ne voit pas pourquoi on retarderait son action jusqu'au moment de sa majorité.

La femme séparée de biens peut également, si on lui interdit les baux de plus de neuf ans, attaquer ces baux immédiatement.

Par application de l'art. 1429, l'usufruitier ne peut attaquer les baux de plus de neuf ans qu'il a consentis [2] ; le nu propriétaire seul à ce droit [3].

De même, si les baux faits par l'acquéreur sous condition résolutoire sont réductibles, ils ne peuvent certainement être réduits que sur la demande du vendeur et après que la résolution est accomplie.

167 bis. Le droit de faire réduire la durée du bail appartient-il à l'acquéreur de l'immeuble ? Nous ne le pensons pas [4] : la réductibilité est autorisée dans un intérêt personnel au bailleur ; ce n'est donc qu'un droit personnel, qui ne se transmet pas aux ayant cause à titre particulier. La vente anéantit donc le droit de faire réduire la durée du bail : l'incapable n'a plus aucun intérêt à la réduction et ce n'est pas l'intérêt de l'acquéreur que le législateur a eu en vue. En vain dit-on que l'acquéreur a tous les droits de son auteur ; c'est une erreur certaine : l'action en nullité pour cause d'incapacité du vendeur d'un immeuble se transmet-elle donc à l'acquéreur de cet immeuble ?

A supposer le contraire, une question subsidiaire se pose : l'acquéreur pourra-t-il immédiatement faire réduire la durée

---

[1] Cass. req., 7 fév. 1865, précité.

[2] Douai, 18 mars 1852, S., 52. 2. 337, D., 53. 2. 20. — Massé et Vergé, II. p. 137, § 308, note 19 ; Taulier, II. p. 313 ; Aubry et Rau, II, p. 693, § 240, note 49 ; Laurent, VI, n. 461 ; Demolombe, X. n. 355 ; Baudry-Lacantinerie et Chauveau. *Tr. des biens*, n. 529.

[3] Cass. req., 13 avril 1897, D., 98. 1. 76.

[4] *Contra* Laurent, VI, n. 466 ; Guillouard, I. n. 306 ; Baudry-Lacantinerie et Chauveau, *op. cit.*, n. 533.

du bail ou devra-t-il attendre l'époque à laquelle l'incapable aurait pu demander cette réduction ?

La seconde opinion nous paraît la meilleure ([1]) : un ayant-cause ne saurait avoir plus de droits que son auteur ; en vain dit-on que l'acquéreur est un tiers ; il n'est pas un tiers pour les droits qui sont nés en la personne du bailleur et qui se transmettent à l'acquéreur.

En tout cas, l'acquéreur ne peut faire réduire le bail, si dans son acte d'acquisition il s'est engagé à maintenir le bail quelle que soit sa durée ([2]).

En tout cas aussi, l'acquéreur d'un immeuble qui s'est engagé envers le preneur à respecter un bail de plus de neuf ans consenti illégalement par un administrateur, ne peut plus demander la nullité de ce bail ([3]).

Enfin, il est certain que si le bail a été consenti par un usufruitier, la réduction ne peut être demandée par son acquéreur, l'ayant-cause n'ayant pas plus de droits que son auteur ([4]).

168. Le nu propriétaire ne peut, pendant le cours de l'usufruit, demander la réduction de la durée du bail consenti par l'usufruitier, car il ne profiterait pas de cette réduction ([5]).

§ III. *Fins de non recevoir contre l'action en nullité ou en réduction.*

169. L'action en nullité fondée sur l'incapacité ou les vices du consentement est, par application du droit commun (C. civ. 1338), éteinte par la ratification expresse ou tacite de l'incapable ou de la personne dont le consentement a été vicié.

L'action en nullité pour défaut de consentement, étant absolue, n'est éteinte que par la renonciation des deux parties ;

---

[1] Paris. 30 avril 1838, S., 39. 2. 397. D. *Rép*, v° *Louage*, n. 68. — *Contra* Guillouard, I, n. 60.

[2] Cass., 3 avril 1839, S., 39. 1. 397, D. *Rép.*, v° *Louage*. n. 68.

[3] Paris, 30 avril 1838, précité. — Bertin, *op. cit.*, I, n. 664.

[4] Baudry-Lacantinerie et Chauveau, *Tr. des biens*. n. 529, note et n. 533.

[5] Baudry-Lacantinerie et Chauveau. *Tr. des biens*. n. 529.

la renonciation de l'une d'elles laisse intacte l'action de l'autre.

L'action en nullité pour objet illicite est d'ordre public et peut être formée par chaque partie, malgré sa renonciation.

170. Les actions en nullité pour incapacité ou vices du consentement sont éteintes par la prescription décennale (C. civ. 1304). La prescription trentenaire seule éteint les autres actions en nullité (C. civ., 2262). L'action en nullité fondée sur un objet illicite ne s'éteint par aucune prescription, à raison de son caractère d'ordre public.

171. Enfin, lorsque le bailleur est tenu à garantie, la personne à laquelle appartient l'action en nullité ne peut, si elle est héritière du bailleur, former l'action en nullité, en vertu du principe : *Qui doit garantir ne peut évincer.*

Mais le propriétaire auquel est accordé le droit de réduire le bail de plus de neuf ans a ce droit même s'il est l'héritier de celui qui a consenti le bail; il ne s'agit pas, en effet, d'un bail nul, qui oblige le bailleur à garantie; le bail est valable, mais le preneur savait, en raison de la qualité du bailleur, que ce bail devait se terminer lors de l'arrivée d'un événement déterminé; le bail ayant cessé par l'arrivée de cet événement, le bailleur n'est pas tenu à garantie et on ne peut, par suite, opposer à son héritier la règle *qui doit garantir ne peut évincer.*

Ainsi le nu propriétaire, héritier de l'usufruitier, n'a pas à respecter le bail fait par ce dernier [1].

Il en serait tout autrement si le bailleur, l'usufruitier par exemple, s'était donné comme propriétaire; dans ce cas, en effet, il serait tenu à garantie [2].

§ IV. *Effets de la nullité ou de la réduction.*

172. L'annulation du bail produit ses effets dès le jour, soit où elle est reconnue par les parties, soit où le jugement qui l'a prononcée a acquis force de chose jugée, sans que le

---

[1] Cass. req., 13 avril 1897, D., 98. 1. 76. — Baudry-Lacantinerie et Chauveau, *op. cit.*, n. 531.

[2] Laurent, VI. n. 465; Baudry-Lacantinerie et Chauveau, *loc. cit.*

bailleur soit obligé de faire précéder d'un congé l'expulsion du preneur ([¹]).

173. Le premier effet de la nullité prononcée par les tribunaux, ou reconnue par les parties, est qu'aucune des deux parties ne sera tenue d'exécuter son engagement. Il en est ainsi dans le cas d'un bail nul à raison du caractère illicite de son objet comme dans tous les autres cas de nullité ([²]).

174. De même le bailleur peut exiger l'expulsion du preneur; notamment, comme la jurisprudence la plus récente, rejetant la maxime *in pari turpitudine melior est causa possidentis*, permet aux parties de demander la nullité de l'acte illicite auquel elles ont participé, le bailleur d'une maison de tolérance peut exiger l'expulsion du locataire ([³]).

Dans l'opinion même d'après laquelle aucune des parties ne peut agir en se basant sur la convention illicite, le bailleur pourra cependant se prévaloir de son droit de propriété pour demander à revenir en possession de son immeuble ([⁴]). Il ne se fonde pas, en effet, sur la convention, il se fonde uniquement sur le titre qui l'a rendu propriétaire; et, au contraire, le preneur ne peut s'opposer à cette action en revendication qu'en se fondant sur le titre nul, ce qui lui est, par hypothèse, interdit.

L'opinion contraire paraît aboutir à un singulier résultat, c'est qu'à aucune époque et même après l'expiration du bail le bailleur ne pourrait demander à revenir en possession.

Quant au preneur, si on admet qu'aucun des contractants ne

([¹]) Paris, 8 février 1894, *Gaz. Pal.*, Table, 1er sem., v° *Bail*, n. 3.

([²]) Rennes, 21 fév. 1890, cité *infra* (maison de tolérance). — Lyon, 24 sept. 1892, *Gaz. Pal.*, 93. 1. 7 (maison de tolérance). — Trib. civ. Dijon, 20 fév. 1888, *Gaz. Pal.*, 88. 1. *Suppl*, 83 (id.). — Trib. civ. Nice, 20 mai 1889, *Gaz. Trib.*, 6 juill. 1889 (maison de jeu). — Trib. civ. Seine, 17 juil. 1891, *Gaz. Pal.*, 91. 2. 258 (maison de tolérance).

([³]) Alger, 15 nov. 1893, S., 94. 2. 211, D., 94. 2. 528. — *Contra* Alger, 9 mai 1894, S., 94. 2. 302. D., 95. 2. 21. — Trib. civ. Orléans, 31 déc. 1889, *Gaz. Pal.*, 90. 1. 270, *Loi*, 7 mars 1890. — Trib. civ. Tunis, 5 juin 1893, *Rev. algér*, 93. 2. 382.

([⁴]) Rennes, 21 fév. 1890, *Gaz. Pal.*, 90. 1. 624. — Lyon, 24 sept. 1892, précité. — Trib. civ. Chàlons-sur-Marne, 12 nov. 1889, *Loi*, 15 nov. 1889. — Trib. civ. Orléans, 31 déc. 1889, précité. — *Contra* Rouen, 31 juill. 1883, *Rec. Rouen*, 84. 47. — Alger, 9 mai 1894, précité.

peut réclamer la nullité d'un contrat dont l'objet est illicite, il n'a pas le droit de demander la résiliation du bail ([1]).

175. On décide quelquefois que par exception le bailleur ne peut demander à rentrer en possession s'il a acheté l'immeuble comme maison de tolérance, parce qu'alors il invoquera une propriété illicite et un acte qui n'est pas réellement translatif de propriété ([2]); c'est une erreur : les vices d'un titre ne peuvent être opposés par ceux qui y sont étrangers; d'ailleurs le bailleur est en tout cas possesseur de l'immeuble *animo domini,* et cela suffit pour lui permettre de le réclamer contre le preneur qui n'a pas une possession de cette nature ([3]).

176. Lorsque la maison de tolérance est fermée par l'autorité administrative, le preneur n'a pas droit à garantie, car la garantie suppose la validité du bail ([4]).

177. Le preneur pourra, s'il n'est pas entré en jouissance, réclamer les pots de vin, arrhes, épingles qu'il aura payés : car toutes ces sommes constituent soit un acompte sur le prix du bail, soit une addition au prix du bail ([5]).

Il pourra également répéter le terme payé d'avance ([6]).

Toutes ces répétitions pourront-elles avoir lieu si l'objet du bail était illicite, par exemple si la location portait sur une maison de jeu ou de tolérance ? La négative a été décidée, par application de l'adage *nemo auditur suam turpitudinem allegans* ([7]); la question se rattache à une question plus générale, celle de savoir si la personne qui a fourni une prestation en vertu d'une convention nulle comme étant illicite de sa part, peut répéter cette prestation. La tendance actuelle de

---

([1]) Bourges, 13 juin 1889, D., 89. 5. 329.

([2]) Trib. civ. Orléans, 31 déc. 1889, précité.

([3]) Douai, 24 oct. 1887, *Gaz. Pal.*, 87. 2. 527.

([4]) Wahl, *Note*, S., 99. 4. 3, n. 3. — V. cep. Milan, 20 oct. 1897, précité; l'arrêt admet la garantie, mais, comme nous l'avons dit *supra*, p. 84, note 1, la validité du bail n'a pas été agitée dans l'espèce.

([5]) *Contra* Paris, 30 nov. 1839, S., 40. 2. 121, D. *Rép.*, v° *Vente publ. d'imm.*, n. 1526-2°.

([6]) *Contra* Paris, 30 nov. 1839, précité.

([7]) Caen, 29 juil. 1875, D., 75. 2. 127. — Rennes, 21 fév. 1890, *Gaz. Pal.*, 90. 1. 624. — Trib. civ. Nice, 20 mai 1889, *Gaz. Trib.*, 6 juil. 1889. — Guillouard, I, n. 72.

la jurisprudence est sur ce dernier point en faveur de l'affirmative.

178. Si le preneur est entré en jouissance, il n'a pas à
payer ou peut répéter les loyers afférents à sa jouissance.
Mais comme sa jouissance a été effective, les tribunaux peuvent, si elle lui a été profitable, le condamner sur la demande
du bailleur, agissant par l'action *de in rem verso*, à payer ou
laisser au bailleur une somme représentant ce profit.

Si, par exemple, le bail d'une chose indivise fait par un seul
des copropriétaires est annulé, le preneur peut être condamné
à rendre les fruits perçus au propriétaire définitif (¹).

179. Cependant si le bail est annulé comme ayant été fait
à un preneur incapable, on s'est demandé si ce dernier est
dispensé de payer ou laisser aucune somme au bailleur pour
le temps qu'il occupe l'immeuble, et on a imputé l'affirmative
à un arrêt de la cour de cassation, qui, à propos d'un bail fait
à un prodigue, aurait décidé que le prodigue n'avait même
pas à restituer les sommes représentant son profit. Cette solution ne nous paraît pas exacte : à la vérité, un acte nul ne peut
produire aucun effet, mais il résulte de la nullité, comme
nous l'avons dit, que le preneur a joui sans droit de l'immeuble; il est donc tenu envers le bailleur, en vertu d'un quasi-
contrat, pour le fait de l'occupation.

D'ailleurs, il est certain que la cour de cassation n'a pas
voulu méconnaître ces principes, car elle décide que, dans le
cas où un bail à ferme est annulé pour cause d'incapacité du
preneur, ce dernier doit restituer les fruits qu'il a perçus (³),
cela équivaut à reconnaître qu'il est débiteur du fermage
dans la mesure où le bail lui a profité. L'arrêt auquel on a
imputé l'opinion contraire ne l'exprime pas en réalité (⁴).

(¹) Alger, 13 mai 1897, *Journ. trib. alg.*, 8 déc. 1897.
(²) Cass. civ., 2 déc. 1885, S., 86. 1. 120, D., 86. 1. 128. — Fuzier-Herman, art.
1709, n. 34. — V. sur l'arrêt précité la note 4, qui suit.
(³) Cass. civ., 25 août 1841, S., 41. 1. 782, D., 41. 1. 354. — Cass. civ., 27 déc.
1843, S., 44. 1. 332, D., 44. 1. 80. — Il s'agissait, dans ces deux espèces, d'un bail
fait à une femme mariée non autorisée.
(⁴) L'arrêt précité du 2 déc. 1885 repousse simplement l'action du bailleur en se
fondant 1º sur ce qu'*en fait* le prodigue preneur n'a pas profité du bail; 2º sur ce
qu'il est contradictoire de décider à la fois, comme l'avait fait l'arrêt attaqué, que

Toutes ces solutions sont l'application du principe général, dont l'art. 1310 C. civ. suppose l'existence et formule une conséquence, et d'après lequel les incapables restitués contre leurs engagements doivent restituer le profit qu'ils ont retiré des actes annulés.

En tout cas, c'est au bailleur qu'il appartient de prouver le profit procuré au preneur par le bail, car c'est lui qui est demandeur ; au surplus, cette solution ressort de l'art. 1310.

180. En cas d'annulation fondée sur le caractère illicite de l'objet, le bailleur ne peut réclamer le paiement des loyers échus, car la jouissance du preneur ne reposera plus ici sur un quasi-contrat licite.

181. Dans tous les cas, et alors même que l'objet du bail était illicite, le bailleur peut exiger une indemnité à raison des dégradations du preneur ([1]) ; il ne s'appuie pas sur le bail, mais sur son droit de propriété, qui interdit aux tiers de faire eux-mêmes acte de propriétaire.

Par exception, si la nullité du bail est fondée sur l'incapacité du preneur, ce dernier n'est pas tenu d'indemniser le bailleur pour les dégradations qu'il a commises ; on sait, en effet, que l'incapable n'est tenu des conséquences de ses conventions que dans la mesure où il en a profité (C. civ., art. 1312).

Toutefois, l'art. 1310 C. civ., que nous avons déjà cité, décide que les incapables sont tenus de leurs délits et quasi-délits ; l'incapable sera donc tenu des dégradations provenant de sa faute ; et, par application de l'art. 1384 C. civ., son père en sera tenu avec lui ([2]).

182. Le bail une fois réduit, comme excédant la durée pendant laquelle l'administrateur pouvait consentir le bail, sur la demande du propriétaire entré en jouissance, le pre-

---

le prix du bail excède les ressources et les besoins du preneur et que cependant il doit acquitter le montant *total* des loyers échus. Cette contradiction est, en effet, évidente.

([1]) Angers, 3 janv. 1899, *Loi*, 11 janv. 1899. — Trib. civ. Lyon, 21 juin 1887, *Mon. jud. Lyon*, 12 oct. 1887.

([2]) Il a été décidé, d'une manière trop absolue, que si un mineur a pris une bicyclette en location, son père est tenu des dégradations qu'il fait subir à cette bicyclette. — Trib. paix Confolens, 16 août 1897, *Mon. jug. paix*. 98. 26.

neur ne peut exercer une action en garantie, à raison de cette résiliation, contre son bailleur, notamment contre l'usufruitier dont les pouvoirs sont expirés ([1]). D'une part, il n'y a pas faute de ce dernier; d'autre part, le preneur a prévu ou dû prévoir la résolution.

Il va sans dire cependant que la convention peut mettre une obligation de garantie à la charge du bailleur ([2]).

D'autre part, si le bailleur s'est donné comme propriétaire définitif, il est tenu à garantie, en raison de la fraude qu'il a commise ([3]).

Nous avons examiné déjà si une exception de garantie peut être opposée au propriétaire, héritier de l'administrateur ([4]).

183. Lorsque l'administrateur qui a donné la chose à bail est copropriétaire de cette chose et a loué tant en son nom que comme administrateur, la réduction demandée par son copropriétaire s'applique-t-elle seulement à la portion indivise de ce dernier ou à l'immeuble entier? La première solution est la plus exacte; le preneur, ayant su ou dû savoir l'éventualité de la réduction, ne peut être réputé avoir entendu stipuler que le bail, en cas de réduction, tomberait en entier; du reste, le bail d'une portion indivise de propriété peut matériellement s'exécuter ([5]).

Cependant le bail peut contenir la stipulation contraire.

D'autre part, si le bailleur s'est fait passer pour propriétaire unique, le bail doit être réduit en entier sur la demande du preneur, car ce dernier, ayant cru que l'immeuble lui avait été loué en entier sans éventualité de résolution, ne peut être tenu d'accepter la location d'une portion indivise, laquelle peut avoir des inconvénients ([6]).

([1]) Proudhon, *Tr. de l'usuf.*, III, n. 1220; Demolombe, X, n. 357; Aubry et Rau, II, p. 694, § 230, note 59. — V. cep., pour le cas où l'usufruitier n'a pas dit sa qualité, Baudry-Lacantinerie et Chauveau, *Tr. des biens*, n. 531.

([2]) Rouen, 11 août 1825, S. chr. — Aubry et Rau, *loc. cit.*: Baudry-Lacantinerie et Chauveau, *loc. cit.*

([3]) Paris, 7 mars 1844, D. *Rép.*, v° *Louage*, n. 661. — Baudry-Lacantinerie et Chauveau, *loc. cit.*

([4]) V. *supra*, n. 171.

([5]) V. *infra*, n. 184.

([6]) Baudry-Lacantinerie et Chauveau, *op. cit.*, n. 532.

En tout cas le propriétaire qui a le droit de faire réduire le bail n'a ce droit que pour la portion indivise lui appartenant (¹).

184. En cas de réduction, c'est seulement pour l'avenir que le bail est inefficace ; les obligations des parties doivent donc être exécutées en ce qui concerne le passé.

CHAPITRE VII

FORMES DU BAIL

185. Le louage est, comme nous l'avons dit (²), un contrat consensuel. L'écriture n'est donc pas nécessaire pour sa perfection. « *On peut louer ou par écrit, ou verbalement* », dit l'art. 1714. Cependant la clause qui exige un écrit est évidemment valable (³) ; cette clause contraire peut être établie par les modes de preuve ordinaires, notamment par la correspondance des parties (⁴).

186. Le bail écrit peut être authentique ou sous seing privé ; s'il est sous seing-privé, il doit être fait double, étant synallagmatique (⁵).

L'acte sous seing privé doit aussi être signé des deux parties (⁶). Mais il suffit que chacun des doubles soit signé par la partie autre que celle entre les mains de laquelle il se trouve.

D'autre part, si le double détenu par l'une des parties n'est pas revêtu de la signature de l'autre partie, l'exécution du bail par cette dernière la rend non recevable, ainsi que sa caution (⁷), à invoquer la nullité.

(¹) Metz, 29 juil. 1818, S. chr. — Laurent, VI, n. 466 ; Baudry-Lacantinerie et Chauveau, *op. cit.*, n. 532. — *Contra* Paris, 7 mars 1844, D. *Rép.*, vᵒ *louage*, n. 61.

(²) V. *supra*, n. 41.

(³) Rouen, 20 nov. 1895, *Rec. Rouen*, 96. 1. 220. — Trib. civ. Verviers Belgique, 18 fév. 1880, *Pasev.*, 81. 3. 226. — Huc, X, n. 118.

(⁴) Trib. civ. Verviers, 18 févr. 1880, précité. — Huc, *loc. cit.*

(⁵) Rouen, 17 déc. 1880, *Rec. Rouen*, 89. 1. 270. — Décidé de même pour la sous-location, Paris, 3 déc. 1892, S., 93. 2. 71, D., 93. 2. 71.

(⁶) Ainsi décidé pour la sous-location. — Paris, 3 déc. 1892, S., 93. 2. 71, D., 93. 2. 71.

(⁷) Cass., 22 nov. 1825, S. chr., D., 26. 1. 9. — Fuzier-Herman, art. 1714, n. 4.

187. Comme tout autre acte, le bail sous seing privé déposé, même en dehors de la présence du bailleur, chez un notaire, devient authentique (¹).

188. Le bail peut aussi être fait par lettres missives (²). Enfin l'art. 1714 dit qu'il peut être verbal.

L'art. 1714 autorisant en termes absolus le bail verbal, ce bail, conformément d'ailleurs aux principes, est valable dès que son existence est démontrée, même vis-à-vis des tiers.

Ainsi, sauf le cas de fraude (³), il est opposable aux créanciers des parties ; il l'est notamment aux créanciers du preneur en faillite (⁴).

De même le preneur de la chasse peut mettre l'action publique en mouvement, alors même que son bail est verbal (⁵).

189. Il n'est pas nécessaire que l'écrit ou l'accord verbal porte sur autre chose que sur la volonté même de louer un objet commun entre les parties (⁶) ; la durée du bail n'a pas à être indiquée, puisque la loi l'a fixée à défaut de convention (⁷) ; quant au prix, nous en parlons plus loin (⁸).

190. Le bail peut même être tacite, quand un objet mis par une personne qui a l'habitude de le louer à la disposition d'un tiers est utilisé par ce dernier. La loi autorise le renouvellement tacite du bail, et il n'y a aucune raison de défendre sa conclusion tacite ; d'ailleurs un contrat conclu tacitement repose tout autant sur la volonté des parties qu'un contrat exprès. On ne saurait objecter que l'art. 1715 C. civ. exige un écrit, car il ne s'occupe que de la preuve : aussi l'art. 1714 permet-il le bail verbal (⁹).

(¹) Bordeaux, 18 nov. 1839, S., 46. 2. 201 (en note). — Fuzier-Herman, art. 1714, n. 6.

(²) Cass., 2 juil. 1849, P., 50. 1. 65, D. *Rép.*, vᵒ *Louage*, n. 116-2ᵒ. — Trib. civ. Bordeaux, 9 fév. 1891, *Rec. Bordeaux*, 91. 2. 65, *Gaz. Trib.*, 1ᵉʳ sept. 1891. — Trib. civ. Seine, 15 juil. 1895, *Gaz. Pal.*, 95. 2. 682. — Laurent, XXV, n. 66.

(³⁻⁴) V. *infra*, n. 221.

(⁵) *Contra* Amiens, 2 mai 1863, S., 63. 2. 133, D., 63. 2. 196. — Cet arrêt, confondant le droit du preneur avec la preuve de ce droit, se fonde sur ce que le preneur verbal ne saurait justifier suffisamment que le bailleur lui a transmis ses droits.

(⁶) Cass., 2 juil. 1849, P., 50. 1. 65, D. *Rép.*, vᵒ *Louage*, n. 116-2ᵒ. — V. *supra*, n. 163.

(⁷) V. *infra*, n. 1223 s.

(⁸) V. *infra*, n. 832 s.

(⁹) Laurent, XV, n. 482 et XXV, n. 334 ; *Note*, S., 87. 1. 57.

191. Le bail, s'il est sous seing privé, devant être fait double, la lettre missive du bailleur suivie de la prise de possession du preneur ne prouverait pas le bail ([1]).

La question de savoir si le bail non fait double peut servir de commencement de preuve par écrit dépend du droit commun, si l'on admet que la preuve par témoins d'un bail verbal doit être reçue au cas où il existerait un commencement de preuve par écrit ([2]). Si, avec la jurisprudence, on adopte sur ce dernier point l'opinion contraire, il faudra décider que le bail non fait double ne peut servir de commencement de preuve par écrit ([3]), alors même qu'on se rangerait, sur la question de savoir si un acte synallagmatique non fait double sert de commencement de preuve, à l'affirmative.

192. La remise d'un pot-de-vin ou d'épingles, d'un denier à Dieu, ou enfin d'arrhes ne modifie pas les principes.

Le denier à Dieu est une somme minime qu'au moment de la conclusion verbale du contrat le preneur remet, selon l'usage, soit au propriétaire, soit beaucoup plus fréquemment au concierge.

Cette définition même indique que le denier à Dieu ne permet pas aux parties de se dégager, mais constate au contraire le caractère définitif de la convention dont elle est l'exécution ([4]).

Cependant l'usage a dérogé sur ce point à la loi : il est admis, du moins à Paris, que, avant la fin de la journée du lendemain, les parties peuvent abandonner le contrat, le bailleur en rendant le denier à Dieu, le preneur en le retirant ([5]).

([1]) *Contra* Trib. civ. Bordeaux, 9 fév. 1891, *Gaz. Trib.*, 1er sept. 1891, *Rec. Bordeaux*. 91. 2. 65 (ce jugement va jusqu'à décider qu'il y a bail écrit).

([2]) V. *infra*, n. 211.

([3]) V. en ce sens, Paris, 3 déc. 1892, S., 93. 2. 71. D., 93. 2. 71. — Trib. civ. Seine, 30 juin 1892, *Gaz. Trib.*. 27 sept. 1892.

([4]) Paris, 2 fév. 1850. P., 50. 1. 198. — Trib. paix Paris (7e arrondissement), 9 oct. 1891, S., 91. 2. 253. — Duvergier, I, n. 51. — *Contra* Trib. civ. Seine, 10 déc. 1881, S., 91. 2. 253 (sous note). — Trib. paix Paris (11e arrondissement), 13 mai 1891, S., 91. 2. 253. — Agnel, n. 128 ; Tailliar, v° *Denier à Dieu*, n. 2 ; Fuzier-Herman, art. 1709, n. 82 ; Guillouard, I, n. 42.

([5]) Trib. civ. Seine. 25 juin 1875, S., 78. 1. 317. — Trib. civ. Seine, 10 déc. 1881, S., 91. 2. 253 (en note). — Trib. paix Paris (1er arrondissement), 22 déc. 1871, S.,

Mais il nous paraît incontestable qu'une fois que les parties ont signé un bail, elles se sont engagées d'une manière absolument ferme et ne peuvent plus se dégager. La pratique est, croyons-nous, en ce sens. Elle assimile même au bail rédigé selon les formes légales le simple engagement de location.

193. Ainsi, en principe, la personne qui a donné un denier à Dieu peut être forcée à l'exécution du bail ([1]). Dans les localités où le preneur a le droit de reprendre le denier à Dieu dans un délai déterminé, il peut être contraint à l'exécution du bail s'il ne le reprend pas dans ce délai ([2]).

Ces solutions ne s'appliquent que si la remise du denier à Dieu est reconnue ; si elle est déniée, on tombe sous l'application de l'art. 1715 C. civ. ([3]) : bail nié, exécution également niée.

Quant au *pot-de-vin* et aux *épingles,* ils ont également pour but de constater la conclusion du contrat ; leur usage est, du reste, peu répandu. On doit y voir ([4]) un commencement d'exécution, puisque le pot-de-vin constitue, en réalité, un supplément de prix, remis au bailleur ; mais, de quelque manière qu'on le considère, le pot-de-vin interdit aux parties de se dégager ([5]), même dans les conditions que nous avons indiquées à propos du denier à Dieu ; les principes, en effet, conduisent à cette solution, et il n'existe pas d'usage contraire.

---

71. 2. 281, D., 71. 3. 91 (24 heures, et même davantage en certaines circonstances, notamment lorsque c'est un fait postérieur, imputable au propriétaire, qui rompt l'engagement). — Trib. paix Paris (7e arrondissement), 9 oct. 1891, S., 91. 2. 253 (fin de la journée du lendemain). — Duvergier, I, n. 49 ; Guillouard, I, n. 42 (cet auteur parle de 24 heures) ; Agnel, n. 128 (même observation); Huc, X, n. 277.

([1]) Certaines des autorités qui font, avec nous, dériver du denier à Dieu la preuve de la conclusion du contrat, décident que le preneur qui a donné le denier à Dieu ne peut être condamné qu'à des dommages-intérêts. Paris, 2 fév. 1850, précité. Cela est tout à fait inconséquent. V. la note qui suit.

([2]) Décidé qu'il ne peut être condamné qu'à des dommages-intérêts. Trib. paix Paris (7e arrondissement), 9 oct. 1891, précité. Cela n'est pas exact. V. la note qui précède.

([3]) Duvergier, *loc. cit.*

([4]) Guillouard, I, n. 42.

([5]) Guillouard, *loc. cit.*

194. Enfin les *arrhes* (qu'il est souvent difficile de distinguer des deux prestations précédentes) sont, comme on le sait, les sommes remises par l'une ou l'autre des parties, soit par le preneur comme à-compte sur le loyer, soit (très rarement) par le bailleur comme preuve de la convention. En matière de vente, l'art. 1590 porte que « si la promesse de vente a été faite avec des arrhes, chacun des contractants est maître de s'en départir, celui qui les a données en les perdant, et celui qui les a reçues en restituant le double ». La loi considère donc les arrhes comme un témoignage du droit de se dédire, que se sont réservé les parties ; en partant de cette idée, on applique la même solution aux ventes.

Faut-il également l'appliquer aux baux et aux promesses de baux ? Nous le croyons ([1]). Il n'est pas inadmissible que les arrhes aient dans le bail une autre signification que dans la vente. En vain dit-on que l'art. 1590 dénature le caractère des arrhes, qui, en réalité, constituent un à-compte. Ce dernier mode d'interprétation n'est pas, *a priori,* plus raisonnable que le premier et il est, en tout cas, inexact pour le cas où les arrhes sont données par le bailleur. Au reste, il importe peu que l'art. 1590 soit, ou non, conforme à la réalité ; ce qui est certain c'est que, quel que soit le caractère des arrhes, il est le même dans la vente et dans le bail ; l'esprit de la loi commande donc d'appliquer au bail ce que le texte dit de la vente.

195. Mais il n'y a là aucune règle d'ordre public ; aussi les juges peuvent-ils, quelle que soit la solution de cette question, en se basant soit sur l'usage des lieux, soit sur les circonstances, donner aux arrhes les effets qui leur paraissent convenables ([2]), décider ou que les arrhes permettent aux parties de se dégager dans les conditions de l'art. 1590 ([3]), ou qu'elles le leur permettent dans d'autres conditions, ou

---

([1]) Paris, 13 mars 1820, S. chr., (motifs). — Duvergier, I, n. 49 ; Troplong, I, n. 124. — *Contra* Marcadé, art. 1714, n. 4 ; Laurent, XXV, n. 41 ; Guillouard, I, n. 42 ; Huc, X, n. 277.

([2]) Dijon, 15 janv. 1845, S., 46. 2. 163, D., 45. 2. 109. — Fuzier-Herman. art. 1709, n. 86.

([3]) Guillouard, I, n. 42.

qu'elles ne le leur permettent pas et constituent l'exécution du contrat ([1]).

Ainsi on peut, pour conclure que les arrhes ne font qu'assurer l'exécution ou établir l'existence du contrat et ne permettent pas aux parties de se dégager, se prévaloir de leur faible importance, comparée au prix du bail (car il n'est pas admissible que les parties aient entendu se réserver le droit de se dégager moyennant un sacrifice insignifiant) ([2]), ou de l'aveu des parties ([3]), ou de ce que le bail est la continuation d'un autre bail entre les mêmes parties (car on peut supposer qu'elles ont alors entendu prolonger d'une manière irrévocable leur situation respective et non pas seulement se procurer un droit que les règles de la tacite reconduction leur assuraient suffisamment) ([4]).

196. Lorsque les arrhes sont postérieures à la convention parfaite, elles constituent évidemment, comme en matière de vente, l'exécution du contrat qui, déjà antérieurement définitif, reste irrévocable et dont les parties ne peuvent pas se dégager en abandonnant les arrhes ou en les restituant au double ([5]).

197. Dans le cas où les arrhes ou le denier à Dieu constituent l'exécution du bail, la preuve de leur remise autorise la partie qui se prévaut de l'existence du bail, à invoquer un acte sous seing privé de bail non fait double, puisque la nécessité des doubles est supprimée par l'art. 1325 C. civ., quand le contrat a été exécuté par le co-contractant du demandeur ([6]). Il en est ainsi soit que le demandeur ait payé les arrhes ([7]), soit qu'il les ait reçues ; dans les deux hypothèses, en effet, son co-contractant a concouru à l'exécution.

---

[1] Dijon, 15 janv. 1845, précité. — Trib. paix Toulouse. 3 mars 1898, *Loi*, 16 mai 1898.

[2] Dijon, 15 janv. 1845, précité (arrhes de 25 fr. pour un bail dont le prix est de 2,30 fr., augmenté de prestations nombreuses en nature). — Fuzier-Herman, art. 1709, n. 7.

[3] Même arrêt.

[4] Même arrêt.

[5] Paris, 13 mars 1820, S. chr.

[6] Paris, 13 mars 1820, S. chr.

[7] Paris, 13 mars 1820, précité.

Mais lorsque les arrhes ou le denier à Dieu ont pour objet de permettre aux parties de se dégager, leur remise, qui n'est plus l'exécution du contrat, ne permet pas à la partie qui veut prouver le bail d'invoquer un acte sous seing privé non fait double.

198. Quels que soient les effets des arrhes, du denier à Dieu ou du pot-de-vin, ils constituent, une fois que le contrat est devenu parfait et s'ils émanent du preneur, une partie du prix, puisqu'ils consistent dans une prestation fournie par le preneur au bailleur dans le but d'obtenir la jouissance de la chose louée ([1]).

Il en résulte que si le bail est résilié avant l'expiration de la durée fixée, une partie de ces prestations doit être restituée au preneur ([2]).

Il en résulte aussi que dans le cas de tacite reconduction, au prix du nouveau bail doivent s'ajouter les mêmes prestations ([3]).

Il en résulte encore que si le bail est consenti soit par un usufruitier sur un bien soumis à l'usufruit, soit par un mari commun, ou ayant la jouissance des biens de sa femme, sur les biens propres de la femme, et que ce bail n'expire qu'après la cessation de l'usufruit, de la communauté ou de la jouissance du mari, il doit être tenu compte par le mari ou l'usufruitier au nu propriétaire ou à la femme d'une portion de ces prestations, correspondant au temps qui s'écoulera jusqu'à l'expiration du bail ([4]).

199. Nous nous occuperons de la preuve de la remise des arrhes ou du denier à Dieu, à propos de la preuve du bail ([5]).

200. A côté des baux conventionnels, l'ancien droit reconnaissait les baux judiciaires pour les immeubles d'un débi-

---

([1]) Douai, 28 juin 1839 et 30 décembre 1839, S., 46. 1. 64 (en note), D. *Rép.*, v° *Louage*, n. 111-1° et 2° (pot-de-vin). — Douai, 7 nov. 1845, S., 46. 2. 64. D. *Rép.*, v° *Louage*, n. 543 (pot-de-vin). — Rennes, 21 nov. 1889, S., 92. 2. 35 (motifs) (pot-de-vin). — Proudhon, *Tr. de l'usufruit*, III, n. 1219 ; Toullier, XII, n. 408 ; Duranton, XIV, n. 312.

([2]) V. *infra*, n. 1385.

([3]) V. *infra*, t. II.

([4]) Proudhon, *op. cit.*, III, n. 1219 ; Toullier, XII, n. 408 ; Duranton, XIV, n. 312.

([5]) V. *infra*, n. 209.

teur saisi ; les commissaires aux saisies réelles les donnaient à bail par adjudication (¹). Cette espèce de bail a disparu, par suite des modifications apportées à la procédure de la saisie immobilière.

Il n'en est pas moins exact que les baux peuvent, encore aujourd'hui, être faits par adjudication.

201. En pratique, seuls, parmi les baux de biens appartenant à des particuliers, ceux de biens ruraux sont quelquefois faits par adjudication.

La loi des 23-28 octobre-5 novembre 1790 (tit. 2), qui défendait à l'Etat de régir lui-même le domaine public et ordonnait de l'affermer (art. 1ᵉʳ), indiquait la forme que devaient avoir ces baux ; cette forme était celle de l'adjudication (art. 13), conformément à l'ancien droit (²). Toutefois le bail à l'amiable était autorisé dans les cas où il était impossible de procéder par adjudication, soit parce que la nature et la situation des biens ne le comportaient pas, soit parce que l'adjudication aurait été tentée sans succès, soit parce que l'Etat avait besoin de trouver dans le locataire des garanties spéciales d'aptitude et de moralité (³).

Aujourd'hui, suivant l'art. 7 al. 1 de la loi du 6 déc. 1897, les baux des biens de l'Etat peuvent toujours être faits à l'amiable (⁴).

Les lois déterminent les formes de ces baux (⁵).

L'art. 17 du décret du 30 déc. 1809 exige que les fabriques des églises recourent, pour la ferme de la location des chaises, à l'adjudication.

Mais cette formalité n'est pas nécessaire pour la location directe des chaises aux particuliers (⁶).

(¹) Argou, II, p. 293, liv. III, ch. XXVII.

(²) Pothier, n. 376 s. — Ord. fév. 1566, art. 4.

(³) L. 19 août-12 sept. 1791, art. 8, § 2. — Déc. min. fin., 9 flor. an VI. — Circ. rég., n. 126.

(⁴) V. supra, n. 72.

(⁵) L. 9-20 mars 1791, art. 7. — L. 19 août-12 sept. 1791, art. 8. — V. Rev. de l'enreg., 1892, n. 53, p. 186 et 187.

(⁶) Contra Trib. civ. Lodève, 4 fév. 1891, qui en conclut que si le conseil de fabrique a loué moyennant un prix uniforme les chaises aux premiers inscrits, les particuliers lésés peuvent demander à ses membres des dommages-intérêts.

L'art. 9 du décret du 6 nov. 1813 porte, en ce qui concerne les biens dépendant des cures, évêchés, chapitres et séminaires : « Les titulaires ne pourront faire de baux excédant neuf ans que par forme d'adjudication aux enchères et après que l'utilité en aura été déclarée par deux experts qui visiteront les lieux et feront leur rapport : ces experts seront nommés par le sous-préfet, s'il s'agit de biens de cures, et par le préfet, s'il s'agit de biens d'évêchés, de chapitres et de séminaires. Ces baux ne continueront, à l'égard des successeurs des titulaires, que de la manière prescrite par l'art. 1429 C. civ. ». Il a été décidé que le locataire ne peut se prévaloir de l'absence des formes prescrites, parce qu'elles ne sont exigées que dans l'intérêt du bailleur [1].

202. Nous avons examiné, à propos de la capacité, si les baux de plus de neuf ans, consentis par un tuteur, doivent être faits en justice [2].

CHAPITRE VIII

PREUVE EN MATIÈRE DE BAIL.

SECTION PREMIÈRE

PREUVE DE LA PROMESSE DE BAIL

203. On a émis l'idée que la promesse de bail est soumise aux mêmes règles de preuve que le bail lui-même [3]. Cette opinion ne peut être acceptée que sous le bénéfice d'une distinction.

Une fois la promesse exécutée, elle se convertit, même si elle est unilatérale, en bail, puisque désormais les consentements sont réunis; les règles sur la preuve du bail lui sont donc applicables.

Même non exécutée, la promesse synallagmatique de bail est soumise aux mêmes règles que le bail, puisqu'elle consti-

[1] Cass., 17 nov. 1890. S., 91. 1. 444. — Trib. civ. Alger. 22 janv. 1887. *Rev. algér.*, 90. 144.

[2] V. *supra*, n. 61.

[3] Guillouard, 1, n. 43; Huc, X, n. 277.

tue un bail véritable ; elle ne peut donc être prouvée par témoins (¹).

Mais nous déciderons le contraire pour la promesse unilatérale, qui n'a rien de commun avec le bail, et à laquelle on ne peut, dès lors, appliquer les modes de preuve exceptionnels réservés au bail.

204. Quant à la preuve de la remise des arrhes, du denier à Dieu ou du pot-de-vin, nous en parlons plus loin (²)

SECTION II

PREUVE DU BAIL

§ I. *Cas où le bail est fait par écrit.*

205. La preuve du contrat de louage n'offre rien de particulier, s'il a été dressé un acte soit authentique, soit sous seing privé (³) pour le constater ; le droit commun s'applique alors de tous points.

Si donc l'écrit qui constatait le bail a été perdu sans la faute de la partie qui demande à prouver la convention, le bail peut être prouvé par témoins, et cela quelle que soit l'importance du loyer (⁴). L'art. 1348 dispose, en effet, que les témoins sont reçus si la partie qui veut les produire « a perdu le titre qui lui servait de preuve littérale, par suite d'un cas fortuit imprévu et résultant d'une force majeure ».

On pourrait songer à objecter que la preuve par témoins est, sans restriction, interdite en matière de bail par l'art. 1715. Mais d'une part, d'après l'opinion qui nous paraît la meilleure, cette interdiction n'existe que pour le cas de l'art. 1341, c'est-à-dire si l'on veut prouver par témoins une convention dont le prix n'excède pas 150 fr. sans justifier ni de la perte de l'écrit ni d'un commencement de preuve par écrit.

(¹) Trib. civ. Seine, 25 juin 1875, sous Cass., 17 avril 1877, S., 78. 1. 317. — Guillouard, *loc. cit.*

(²) V. *infra*, n. 209.

(³) Sur le point de savoir si cet acte doit être rédigé en double, v. *supra*, n. 186 et 191.

(⁴) Colmet de Santerre, VII, n. 162 *bis*, III ; Huc, X, n. 279.

D'autre part, et quelles que soient les opinions sur ce dernier point, l'art. 1715 s'occupe exclusivement du bail fait sans écrit; or ici, par hypothèse, le bail est écrit.

206. Mais le bail ou ses conditions ne peuvent, en cas de perte de l'écrit, être prouvées par l'enregistrement (¹).

§ II. *Cas où le bail est verbal.*

207. Pour les baux faits verbalement, la preuve en est soumise à des règles particulières qui sont établies par les art. 1715 et 1716. La loi distingue si l'exécution du bail a ou non commencé.

I. *Du bail verbal dont l'exécution n'est pas commencée.*

208. L'art. 1715 dit à ce sujet : « *Si le bail fait sans écrit* » *n'a encore reçu aucune exécution, et que l'une des parties* » *le nie, la preuve ne peut être reçue par témoins, quelque* » *modique qu'en soit le prix, et quoiqu'on allègue qu'il y a* » *eu des arrhes données. — Le serment peut seulement être* » *déféré à celui qui nie le bail* ».

Il y a donc ici une dérogation au droit commun (²), puisque les conventions dont le montant n'excède pas 150 fr. peuvent, d'après le droit commun, être prouvées par témoins (art. 1341). La justification de cette solution particulière importe peu : « En cette matière, disait le tribun Mouricault (³), tout est urgent ». Cette considération, reproduite par certains auteurs (⁴), n'est pas décisive ; car il existe une procédure particulière, l'enquête sommaire, pour recueillir la preuve par témoins dans les cas urgents. Le tribun Jaubert proposait devant le corps législatif un autre motif (⁵) : « On a voulu, disait-il, tarir la source de procès qui entraînent la ruine des plaideurs, surtout pour cette classe nombreuse qui ne peut louer que des objets d'une valeur modique ». Cette considé-

---

(¹) Trib. civ. Seine, 23 déc. 1896, *Droit*, 19 mars 1897.
(²) V. cep. Cass., 11 juin 1834, P. chr.
(³) Locré, XIV, p. 423.
(⁴) Guillouard, I, n. 71.
(⁵) Locré, XIV, p. 456.

ration est aussi discutable que la précédente : car on n'empêche pas les procès, on a simplement la chance d'en fausser la solution, en interdisant aux parties de recourir au mode de preuve le plus décisif. Il eût donc été meilleur de conserver, en cette matière, le droit commun (¹).

209. Il est incontestable que les parties peuvent prouver par témoins, conformément au principe général de l'art. **1341**, la remise d'arrhes ou d'un denier à Dieu n'excédant pas **150** fr.

Mais elle ne peuvent, à l'aide de cette preuve, établir indirectement par témoins l'existence du bail ; en d'autre termes, elles ne peuvent user de la preuve testimoniale pour prouver que ces remises ont eu lieu *dans le but de constater le bail* (²). Ce n'est pas à dire que le bail ne puisse être prouvé par la preuve de cette remise, si cette preuve n'est pas faite par témoins (³).

210. Par cela même qu'il déroge au droit commun, l'art. 1715 doit être restreint dans les limites les plus étroites ; et, partant de cette idée, on doit reconnaître l'admissibilité de tous les modes de preuve qui ne sont par visés par l'art. 1715.

La seule preuve qui soit interdite, outre celle par témoins, est la preuve que les juges peuvent, en vertu de l'art. **1353**, tirer des présomptions de fait (⁴). Car d'après l'art. **1353** lui-même, les présomptions ne sont admises que dans les cas où la preuve par témoins est elle-même admise.

211. Mais la preuve par témoins (et il faut, en raison de l'observation qui précède, en dire autant des présomptions judiciaires) doit être admise, s'il existe du bail un commencement de preuve par écrit, et quelle que soit d'ailleurs l'importance du bail (⁵). Cette solution est très contestée ; elle nous paraît justifiée par les raisons suivantes.

(¹) Laurent, XXV, n. 691 ; Huc, X, n. 279.

(²) Nancy, 4 mars 1893, D., 93. 2. 288. — Agnel, n. 128 ; Tailliar, vº *Denier à Dieu*, n. 2 ; Fuzier-Herman, art. 1715, n. 2 ; Huc, X, n. 279.

(³) V. *supra*, n. 192 et 193.

(⁴) Cass., 17 janv. 1894, S., 94. 1. 136, D., 94. 1. 127. — Huc, X, n. 279.

(⁵) Cass. req., 1ᵉʳ août 1867, S., 67. 1. 373, D., 73. 5. 301. — Rouen, 20 mars 1873, *Rec. de Rouen*, 1873, p. 232. — Agen, 7 juin 1893 (motifs), S., 94. 2. 92, D., 94. 2. 114. — Alger, 18 fév. 1895, *Rev. algér.*, 95. 306. — Alger, 21 fév. 1895, *Journ. trib. alg.*, 8 janv. 1896. — Trib. civ. Seine, 18 déc. 1897, *Gaz. Pal.*, 98. 1.

L'art. 1715 interdit la preuve par témoins, *quelque modique que soit le prix du bail*. Le sens de cette formule est très clair ; on a voulu déroger à la règle qui admet la preuve des conventions par témoins *en raison de la modicité du prix ; or*, l'art. 1347 ne tient aucun compte des valeurs qui font l'objet de la convention, quand il dispose : « Les règles ci-dessus reçoivent exception lorsqu'il existe un commencement de preuve par écrit ». Il faut rappeler en outre qu'un texte qui, comme l'art. 1715, déroge au droit commun, doit être interprété restrictivement.

En vain objecte-t-on que l'art. 1347 est une exception au principe de l'art. 1341, qui rejette la preuve par témoins au-dessus de 150 fr. ; cette observation nous paraît étrangère à la question ; car l'art. 1715 a pu étendre la règle sans songer à abroger l'exception ; du reste, l'art. 1348 se présente lui aussi comme une exception à l'art. 1341, et cependant il est incontestable que l'art. 1348 s'applique en matière de bail.

---

68. — Delvincourt, III, p. 187; Rolland de Villargues, v° *Bail*, n. 190; Duvergier, I, n. 267; Aubry et Rau, IV, p. 468 et 469, § 461, note 18 et VIII, p. 328, § 763 *ter*, note 5 ; Laurent, XXV, n. 75 et 88; Colmet de Santerre, VII, n. 162 *bis*, IV et VI : Arntz, IV, n. 1129; Garsonnet, III, p. 13, § 824. — *Contra* Cass. civ., 19 fév. 1873, S., 73. 1. 99, D., 73. 5. 302. — Cass. civ., 26 nov. 1873. S., 74. 1. 130. — Cass. req., 28 juin 1892, S., 92. 1. 417, D., 92. 1. 407. — Rennes, 19 juin 1810, S. chr., D. *Rép.*, v° *Louage*, n. 126. — Caen, 23 mars 1840, S., 40. 2. 263, D. *Rép.*, v° *Louage*, n. 126. — Rouen, 18 fév. et 19 mars 1841, S., 41. 2. 468, D. *Rép.*, v° *Louage*, n. 126. — Bordeaux, 8 avril 1842, S., 42. 2. 402, D. *Rép.*, v° *Louage*, n. 142-3°. — Caen, 31 janv. 1843 (sol. impl.), S., 43. 2. 151, D. *Rép.*, v° *Louage*, n. 141. — Paris, 6 mai 1862, S., 62. 2. 273, D., 62. 2. 113. — Nancy, 3 août 1871, S., 71. 2. 245, D., 72. 2. 150. — Pau, 5 août 1873, S., 74. 2. 120. — Caen, 12 nov. 1883, S., 84. 2. 15, D. sous Cass., 26 janv. 1885, 85. 1. 234. — Lyon, 28 nov. 1889 (motifs), *Mon. jud. Lyon*, 24 avril 1890. — Rouen, 17 déc. 1889, *Rec. de Rouen*, 89. 1. 270. — Paris, 3 déc. 1892, S., 93. 2. 71, D., 93. 2. 71. — Nancy, 4 mars 1893, S., 93. 2. 173, D., 93. 2. 288. — Pau, 21 mars 1893, S., 93. 2. 368, D., 93. 2. 304 (motifs). — Alger, 7 fév. 1895, S., 96. 2. 45, D., 95. 2. 488. — Trib. civ. Seine, 25 juin 1875, sous Cass., 17 avril 1877, S., 78. 1. 317. — Trib. civ. Louviers, 25 juin 1886, *Gaz. Pal.*, 87. 1. *Suppl.*, 65. — Trib. civ. Béthune, 27 juin 1889, *Loi*, 19 déc. 1889. — Trib. civ. Sidi-Bel-Abès, 20 déc. 1892, *Loi*, 7 fév. 1893. — Trib. civ. Montpellier, 10 mars 1898, *Mon. jud. Midi*, 15 mai 1898. — Troplong, I, n. 112; Duranton, XVII, n. 54; Taulier, VI, p. 221; Boileux, VI, p. 25; Marcadé, art. 1715, n. 2; Larombière, *Th. et prat. des oblig.*, art. 1347, n. 38; Massé et Vergé, IV, p. 357, § 699, note 6 ; Curasson, *Comp. des juges de paix*, I, n. 267; Demolombe, XIII, n. 188; Guillouard, I, n. 78, et *De la preuve en mat. de louage*, *Rev. crit.*, III, 1873-74, p. 563; Valéry, *op. cit.*, p. 36, n. 12; Agnel, n. 125; Huc, X, n. 279.

En vain encore invoque-t-on les motifs donnés à l'appui de l'art. 1715. Ces motifs, dont la valeur est, d'ailleurs, douteuse, perdent cette valeur quand il existe un commencement de preuve par écrit ; car il est concevable que, malgré l'urgence, le législateur considère la vraisemblance des prétentions d'une partie assez forte en présence d'un commencement de preuve pour autoriser la preuve testimoniale ; et quant au motif tiré du désir d'empêcher les petits procès, il cède peut-être devant la même considération ; dans tous les cas, l'opinion contraire, pour empêcher les petits procès en présence d'un commencement de preuve par écrit, arrive à empêcher dans le même cas les procès les plus importants, puisqu'elle rejette, quelle que soit l'importance du prix du bail, un mode de preuve admis par le droit commun.

On pourrait dire encore qu'aux termes formels de l'art. 1715, un seul mode de preuve est admis, le serment, mais nous ferons à cette objection, à propos de l'aveu, une réponse qui est considérée comme exacte par la cour de cassation et par la plupart des partisans du système que nous combattons.

La jurisprudence est très divisée ; la cour de cassation a fini par décider dans le sens contraire à celui que nous proposons ; mais cette jurisprudence, qui d'ailleurs mettait jusqu'à ces derniers temps la chambre civile en opposition avec la chambre des requêtes, ne nous paraît pas définitive, car en matière de transaction, où la même question s'élève, la cour de cassation adopte notre solution, qui cependant se soutient en cette dernière matière par des arguments moins sérieux qu'en matière de louage.

212. Quoi qu'il en soit, il faut conclure de la jurisprudence qu'un engagement de location non fait double, et qui constitue un commencement de preuve par écrit, n'autorise pas la preuve testimoniale [1].

Au contraire une quittance du bailleur avec la mention que les sommes payées sont versées à titre de loyers, est une preuve par écrit du bail [2].

---

[1] V. *supra*, n. 186.

[2] Décidé qu'elle est seulement un commencement de preuve par écrit. **Trib.** civ. Seine, 18 déc. 1897, *Gaz. Pal.*, 98. 1. 68.

213. A supposer qu'un commencement de preuve par écrit rende possible la preuve testimoniale, ce commencement de preuve doit, conformément au droit commun, émaner de la partie même à laquelle on oppose le bail, ou de son représentant, ou de la personne dont elle est l'ayant-cause (¹).

214. L'aveu de la partie qui refuse d'exécuter le bail, peut également servir à prouver le bail (²), car l'aveu est un des modes de preuve admis par le droit commun, et l'interrogatoire sur faits et articles, qui est le moyen de procédure à l'aide duquel une partie peut provoquer l'aveu de son adversaire, est reçu, suivant l'art. 324 C. pr. civ., en toute matière.

La question s'est surtout élevée à propos de l'interrogatoire sur faits et articles, où elle a reçu la solution que nous proposons (³) ; cependant il y a de graves dissidences.

La généralité de l'art. 324 C. pr. et de l'art. 1356 C. civ. nous paraît décisive et nous ajoutons que l'art. 1715, comme nous l'avons montré, ne déroge au droit commun qu'en ce qui concerne la preuve par témoins et ne peut être étendu.

Les motifs auxquels les travaux préparatoires rattachent l'art. 1715 conduisent, si l'on attache à ces motifs quelque importance, à la même solution. Car, s'il s'agit d'un aveu extra-judiciaire, on ne peut objecter à sa recevabilité ni l'ur-

---

(¹) Ainsi les billets souscrits par un sous-preneur au profit du prétendu preneur ne prouvent pas, en faveur du bailleur, le bail contre le preneur. Alger, 21 fév. 1895, *Journ. trib. alg.*, 8 janv. 1896.

(²) Cass., 5 mars 1856, S., 58. 1. 389, D., 56. 1. 146. — Cass., 12 janv. 1864, S., 64. 1. 88, D., 64. 1. 142. — Cass. req., 26 janv. 1885, S., 85. 1. 109, D., 85. 1. 234. — Caen, 12 nov. 1883, S., 84. 2. 15, D. (sous Cass., 26 janv. 1885), 85. 1. 234. — Rouen, 17 déc. 1889, *Rec. Rouen*, 89. 270. — Duranton, XVIII, n. 53 ; Duvergier, I, n. 257 ; Marcadé, art. 1715, n. 2 ; Carré et Chauveau, *Lois de la proc.*, III, quest. 1226 ; Boileux, VI, p. 24 ; Massé et Vergé, IV, p. 358, § 699, note 7 ; Berriat Saint-Prix, *Cours de proc.*, p. 322 ; Colmet de Santerre, VII, n. 162 *bis*, VII ; Aubry et Rau, IV, p. 467, § 364, note 12 ; Laurent, XXV, n. 75 ; Guillouard, I, n. 77 et *Rev. crit.*, 1873 1874, p. 561 s. ; Valéry, *op. cit.*, p. 36, n. 12, note 2 ; Fuzier-Herman, art. 1715, n. 52 s. ; Huc, X, n. 279. — *Contra* Rennes, 6 août 1813, S. chr. — Caen, 21 mai 1875, *Rec. de Caen*, 1875, p. 127. — Troplong, I, n. 111 ; Taulier VI, p. 221 ; Agnel, n. 125.

(³) Cass., 12 janv. 1864, précité. — Cass., 26 janv. 1885, précité. — Paris, 8 mai 1862, précité. — Caen, 12 nov. 1883, précité. — Rouen, 17 déc. 1889, précité. — et les auteurs précités. — *Contra* Rennes, 6 août 1813 et Caen, 21 mai 1875, précités. — Troplong, *loc. cit.* ; Taulier, *loc. cit.* ; Agnel, *loc. cit.* ; Huc, *loc. cit.*

gence, ni les frais, et s'il s'agit d'un interrogatoire sur faits
et articles, il n'est jamais provoqué qu'au cours d'une instance déjà engagée et n'en retarde guère la solution ; on ne
peut donc lui opposer davantage l'urgence de l'affaire ou le
coût de la procédure.

Ajoutons qu'il serait peu moral de ne pas tenir compte
d'un aveu qui est, comme on l'a souvent dit, la meilleure de
toutes les preuves.

L'argument principal de la doctrine contraire est tiré de
ces mots de l'art. 1715 : « Le serment peut seulement être
déféré..... » ; on en conclut qu'en dehors du serment aucun
mode de preuve n'est admis.

Si la loi avait véritablement ce sens, il serait surprenant
qu'elle eût, dans le 1er al. de l'art. 1715, écarté la seule preuve
testimoniale : on ne peut admettre que cette disposition ait été
immédiatement, dans le 2e al., remplacée par une disposition
nouvelle interdisant les preuves de toute autre nature. D'un
autre côté, le serment n'est qu'un moyen de provoquer l'aveu,
et cela est à un tel point que la partie qui refuse de prêter
serment est censée avoir avoué la fausseté de ses prétentions ;
on ne peut donc pas ne pas reconnaître une pleine efficacité
à l'aveu intervenu dans une pareille circonstance, et il n'existe
aucune raison de décider le contraire pour les aveux inter-
venus en dehors de cette même circonstance. L'aveu une fois
admis, il faut également admettre l'interrogatoire, qui est la
procédure normale pour provoquer l'aveu.

Il faut en somme décider que le mot *seulement* de l'art. 1715
a simplement pour but d'indiquer le mode de preuve le plus
usuel, qui, en dehors de la preuve par témoins, peut être
employé.

Les travaux préparatoires de l'art. 1715 conduisent à la
même solution ; car, d'après le tribun Mouricault (¹), « la
disposition de l'art. 1715 est fondée sur les inconvénients
particuliers de la preuve testimoniale en cette matière ».

En ce qui concerne l'interrogatoire des faits et articles, on
objecte encore qu'au lieu de mettre fin aux procès il servira

(¹ *Loc. cit.*

souvent à les alimenter ; ce n'est là qu'une considération de sentiment, d'ailleurs inexacte généralement en fait. Du reste, en présence de l'art. 324 C. pr. qui, comme nous l'avons vu, admet l'interrogatoire dans toutes les contestations, il faudrait un texte non moins formel pour empêcher cette procédure en matière de bail.

215. Notamment le bail peut être prouvé contre le bailleur par un acte dans lequel le bailleur impose à un tiers l'entretien du bail (¹).

L'aveu résulte également d'une lettre missive par laquelle le preneur informe le bailleur qu'il a cédé son bail (²), ou lui réclame des réparations, ou l'informe de l'envoi du prix du bail, ou lui réclame un délai pour le paiement, etc.

La question de savoir si un fait déterminé est un aveu constitue, d'ailleurs, une question d'appréciation et rentre dans les pouvoirs souverains des juges du fait (³).

216. De ce que l'interrogatoire sur faits et articles peut être employé pour prouver le bail non écrit, nous concluons que toutes les dispositions du code de procédure relatives à l'interrogatoire sont applicables en cette matière.

Il y a donc lieu d'appliquer l'art. 330 C. pr., d'après lequel « si l'assigné ne comparait pas ou refuse de répondre après avoir comparu..., les faits pourront être tenus pour avérés ». Il a été décidé en ce sens que la partie qui refuse de se prêter à l'interrogatoire peut être considérée comme ayant avoué l'existence du bail (⁴).

217. Lorsque l'aveu est fait dans un acte auquel est étrangère la partie qui invoque le bail, elle peut, soit, s'il s'agit d'un acte notarié, obtenir une ordonnance du juge qui lui permettra de se faire délivrer un extrait de cet acte (⁵), soit, s'il s'agit d'un acte sous seing privé, en exiger la présentation.

(¹) Paris, 20 mai 1858, S., 58. 2. 666, D., 59. 2. 39.
(²) Cass., 5 mars 1856, S., 58. 1. 389, D., 56. 1. 146.
(³) Cass., 5 mars 1856, S., 58. 1. 389, D., 56. 1. 146.
(⁴) Cass. req., 26 janv. 1885, S., 85. 1. 109, D., 85. 1. 234. — Caen, 12 nov. 1883, S., 84. 2. 15, D. (sous Cass., 26 janv. 1885), 85. 1. 234. — Guillouard, I, n. 77 *bis*.
(⁵) Paris, 20 mai 1858, S., 58. 2. 666, D., 59. 2. 39.

218. Dans le cas où l'interrogatoire ne constitue pas un aveu formel, il se peut qu'il réunisse les conditions nécessaires pour former un commencement de preuve par écrit ; dans ce cas, nous y voyons un commencement de preuve autorisant la preuve testimoniale ; la jurisprudence décide logiquement le contraire ([1]).

219. L'art. 1715 dit lui-même que « le serment peut être déféré à celui qui nie le bail ». Cette disposition était inutile, puisque la preuve par témoins seul est interdite. De même le serment peut être déféré à celui qui affirme l'existence du bail ; enfin il peut être référé à celui qui l'a déféré par celui à qui il a été déféré ; toutes ces solutions sont l'application du droit commun.

Mais, conformément au droit commun, le serment n'est pas recevable s'il est conçu en termes complexes ([2]).

220. L'art. 1715 vise, par ses termes généraux, avec le serment décisoire, déféré par l'une des parties à l'autre, le serment supplétoire, déféré par le juge pour compléter les preuves qui lui sont soumises ([3]) ; ce mode de preuve doit être également admis en notre matière, même si on veut que l'art. 1715 ait fait uniquement allusion au serment décisoire ; car nous avons montré que, sauf la preuve par témoins, tous les modes de preuve sont admis en matière de bail verbal.

221. On a décidé que, vis-à-vis des tiers, les parties peuvent prouver le bail par tous les moyens ([4]). La question dépend de celle de savoir si les textes limitatifs des modes de preuves s'appliquent seulement dans les rapports entre les parties ou s'appliquent également dans les rapports de ces dernières avec les tiers.

222. Il a été décidé aussi que, pour la preuve du bail, le droit commun devient applicable lorsque l'existence du bail est invoquée non pour forcer l'une des parties à exécuter ses obligations vis-à-vis de l'autre, mais pour servir de base, entre le bailleur et le preneur, à une autre prétention, par

---

([1]) Alger, 17 oct. 1892, D., 93. 2. 314.
([2]) Trib. Luxembourg, 8 fév. 1893, D., 94. 2. 84.
([3]) Huc, X, n. 279.
([4]) Chambéry, 15 juin 1891, *Rec. Chambéry*, 91. 236.

exemple pour justifier que le bailleur est propriétaire de
l'immeuble et que la personne qui s'en dit possesseur n'est
que fermier (¹). Cette solution est des plus contestables. C'est
d'une manière absolue que la loi restreint la preuve du bail,
et les motifs auxquels elle obéit interdisent toute distinction (²).

223. En tout cas ce n'est pas invoquer le bail, que d'agir
contre un tiers détenteur, ce tiers fût-il effectivement fermier,
pour l'obliger à restituer les fruits ; la preuve de sa détention
peut donc être faite par témoins, et cela, comme il s'agit d'un
simple fait, même au-dessus de 150 fr. (³). Le preneur qui
soutient qu'il détient en vertu d'un bail doit alors établir
l'existence de ce bail suivant les règles posées par l'art. 1715.

Le bailleur qui n'est pas en état de prouver le bail peut
trouver dans cette solution un moyen indirect d'en faire avouer
l'existence par le preneur.

224. Une proposition a été faite à la chambre des députés,
il y a peu d'années, pour la réforme de l'art. 1715 et des
autres textes qui, en matière de transaction et d'antichrèse
(art. 2044 et 2085), dérogent de la même manière que l'art. 1715
aux règles générales de la preuve (⁴). Cette proposition, repoussée par la commission nommée pour l'examiner (⁵) et
par la commission de la réforme judiciaire (⁶), n'est pas venue
en discussion.

II. *Du bail verbal dont l'exécution est commencée.*

225. Ici, il faut distinguer suivant que le commencement
d'exécution est contesté ou non ; dans le second cas, la preuve
ne peut porter que sur les conditions du bail, puisque le bail
est nécessairement reconnu ; nous nous occuperons plus loin
de cette hypothèse.

(¹) Pau, 17 nov. 1865, S., 66. 2. 153, D., 66. 2. 164.

(²) Aubry et Rau, VIII, p. 303, § 762, note 9.

(³) Nîmes, 1ᵉʳ août 1836, S., 38. 2. 125, D. *Rép.*, v° *Louage*, n. 129-3°. — Toullier, IX, n. 32 ; Troplong, I, n. 114. — V. *infra*. n. 230.

(⁴) Proposition Talou et autres, 10 juin 1895, n. 1370.

(⁵) Rapport Estanyer, 12 juil. 1895, n. 1517.

(⁶) Rapport Sauzet, 21 janv. 1896, *Rev. crit.*, XXV, 1896, p. 112.

Quant au premier cas, celui où l'exécution est contestée, la loi ne s'en occupe pas. Aussi certains arrêts, prétendant appliquer le droit commun, veulent que l'exécution puisse être prouvée selon les modes ordinaires de preuve (¹).

Nous préférons appliquer l'art. 1715 et interdire en principe la preuve par témoins (²). Prouver, en effet, l'exécution du bail, c'est prouver implicitement l'existence même de ce bail; or on ne peut indirectement éluder la disposition de l'art. 1715.

Toutefois, rien n'empêche que le bailleur, sans s'appuyer sur le bail, prouve que sa chose est entre les mains du preneur, s'il veut se contenter d'exercer l'action en revendication, sans demander l'exécution des obligations résultant du bail (³).

Ce qui est certain, en tout cas, c'est que la preuve de l'exécution ne peut, en principe, être faite par témoins au-

(¹) Bruxelles, 20 nov. 1810, S. chr., D. *Rép.*, vº *Louage*, n. 129-2º. — Paris, 6 avril 1825, S. chr., D. *Rép.*, vº *Louage*, n. 133 (impl.). — Bordeaux, 29 nov. 1826, S. chr., D. *Rép.*, vº *Louage*, n. 129-1º — Bordeaux, 19 janv. 1827, S. chr., D., 29. 2. 133. — Limoges, 30 juill. 1836, S., 36. 2. 427, D. *Rép.*, vº *Louage*, n. 129-1º. — Nîmes, 1ᵉʳ août 1836, S., 38. 2. 125, D. *Rép.*, vº *Louage*, n. 129-3º (impl.). — Lyon, 22 nov. 1854. S., 55. 2. 44. — Paris, 19 fév. 1891, *Droit*, 12 mars 1891. — Agen, 7 juin 1893. S., 94. 2. 92, D., 94. 2. 114. — Bordeaux, 10 fév. 1898, *Droit*, 17 août 1898, *Loi*, 23 août 1898. — Trib. civ. Marseille, 10 janv. 1889, *Rec. d'Aix*, 90. 2. 82. — Valéry, *op. cit.*, p. 36, n. 13.

(²) Cass., 14 janv. 1840, S., 40. 1. 5, D. *Rép.*, vº *Louage*, n. 131. — Cass., 3 janv. 1848, P., 48. 1. 286, D. *Rép.*, vº *Louage*, n. 130. — Cass., 12 janv. 1864, S., 64. 1. 88, D., 64. 1. 112. — Cass., 25 août 1884, S., 84. 1 424, D., 85. 1. 172. — Cass. civ., 17 janv. 1894, S., 94. 1. 136, D., 94. 1. 127. — Rouen, 1ᵉʳ mai 1811, S. chr., D. *Rép.*, vº *Louage*, n. 132. — Bourges, 14 mai 1842. S., 43. 2. 30, D. *Rép.*, vº *Louage*, n. 130-2º. — Aix, 4 mai 1892. S., 93. 2. 70, D., 92. 2. 378. — Alger, 17 oct. 1892. D., 93. 2. 314. — Nancy, 4 mars 1893, S., 93. 2. 173, D., 93. 2. 288 (qui en conclut, suivant la jurisprudence qui s'est formée sur l'art. 1715, qu'il en est ainsi même s'il y a commencement de preuve par écrit). — Agen, 7 juin 1893 (motifs). S., 94. 2. 92, D., 94. 2. 114. — Bordeaux, 10 mars 1898, *Droit*, 17 août 1898. — Trib. civ. Avallon, 6 déc. 1894, *Gaz. Pal.*, 95. 1. 141. — Trib. civ. Lyon, 6 nov. 1895, *Mon. jud. Lyon*, 16 déc. 1895. — Trib. paix Domart en Ponthieux, 20 oct. 1896, *Mon. just. paix*, 97. 70. — Trib. civ. Bruxelles, 17 fév. 1897, *Pasicr.*, 97. 3. 123. — Trib. Luxembourg, 8 fév. 1893, D., 94. 2. 84. — Rolland de Villargues, vº *Bail*, n. 195; Boileux, VI, art. 1715, p. 25; Marcadé, VI, art. 1715, n. 3; Massé et Vergé, IV, p. 357, § 699, note 6; Aubry et Rau, IV, p. 468, § 364; Agnel, n. 125; Colmet de Santerre, VII, n. 162 *bis*, IV et VI; Laurent, XXV, n. 71 et 86; Guillouard, I, n. 84; Fuzier-Herman, art. 1715, n. 15 s.; Guillouard, I, n. 84; Huc, X, n. 279.

(³) V. *supra*, n. 223.

dessus de 150 fr. (¹). Il n'y a place qu'entre deux opinions : celle qui applique le droit commun de l'art. 1341 et celle qui se réfère à l'art. 1715.

226. Dans l'opinion que nous avons combattue, ceux des faits d'exécution qui consistent dans la jouissance matérielle de la chose louée (culture, habitation) pourraient être prouvés par témoins, même au-dessus de 150 fr. (²); il s'agit, en effet, de faits matériels et non de faits juridiques; On objecte qu'ils ont des effets juridiques (³). Cela importe peu et s'il fallait tenir compte d'une considération de cette nature, il n'y aurait plus de faits matériels susceptibles, quel que soit le chiffre de la demande, d'être prouvés par témoins, car on ne demande jamais à prouver un fait qu'à cause des conséquences juridiques qu'il entraîne.

227. *L'exécution* ne peut être qu'un fait constatant la volonté commune des deux parties à passer un bail. L'exécution ne résulte donc ni de ce que le prétendu preneur a été autorisé à se rendre dans l'immeuble en une autre qualité que celle de preneur (⁴), ni de ce qu'il a occupé l'immeuble sans l'autorisation du bailleur (⁵).

228. A supposer que, contrairement à notre avis, on puisse prouver par témoins, dans les conditions du droit commun, l'exécution d'un bail? contesté, cette preuve est admissible de la part du preneur même si le bailleur avait antérieurement loué le même objet à un tiers dont le bail n'est pas expiré (⁶). Ce n'est pas, comme on l'a soutenu, méconnaître l'art. 1341 C. civ. qui rejette la preuve par témoins outre et contre la coutume des actes, car ce texte ne s'entend que des

---

(¹) Lyon, 22 nov. 1854, S., 55. 2. 44, D.. 56. 2. 167. — Fuzier-Herman, art. 1715, n. 26.

(²) Bruxelles, 24 août 1807, S. chr., D. *Rép.*, vᵒ *Louage*, n. 130-1ᵒ (habitation, apport des meubles, appropriation des biens . — Certains arrêts exigent un commencement de preuve par écrit, mais sans en donner de motifs. — Agen, 7 juin 1893, précité. — V. aussi Valéry, *loc. cit.*

(³) Guillouard, *loc. cit.*

(⁴) Par exemple de la remise des clefs pour visiter l'immeuble. — Caen, 3 déc. 1897, *Rec. Caen*, 98. 163.

(⁵) Caen, 3 déc. 1897, précité.

(⁶) *Contra* Aix, 4 fév. 1898, S. chr., D. *Rép.*, vᵒ *Louage*, n. 135. — Fuzier-Herman, art. 1715, n. 27.

actes passés entre les parties dont l'une entend user de la preuve testimoniale.

229. Dans l'opinion que nous avons admise, d'après laquelle la preuve testimoniale n'est reçue que jusqu'à 150 fr., il reste à se demander quel est l'objet à considérer pour savoir si la demande excède 150 fr. On admet généralement qu'il s'agit non pas de la valeur des objets loués, mais de la créance résultant du bail au profit du demandeur [1], savoir des loyers si la demande est formée par le bailleur, « de la créance de jouissance » si elle est formée par le preneur [2]. On conclut de là qu'il faut additionner le loyer payé ou dû pendant toute la durée du bail [3].

230. L'aveu ou la preuve d'une occupation ne suffit pas à prouver le bail, car cette occupation peut avoir lieu à tout autre titre [4].

Mais si l'occupant ne justifie pas de son titre, elle est considérée comme ayant lieu sans droit, et le propriétaire peut réclamer une indemnité [5].

L'occupation ainsi considérée peut être prouvée par tous moyens, même au-dessus de 150 fr. [6].

SECTION III

PREUVE DE L'ÉTENDUE DU BAIL ET DES OBJETS SUR LESQUELS IL PORTE

231. Les art. 1715 et 1716 ne s'appliquent pas à la preuve de l'étendue du bail ; cette étendue dépend exclusivement de

---

[1] Aubry et Rau, IV, § 364, note 13 ; Laurent, XXV, n. 90 ; Valéry, *op. cit.*, p. 36, n. 13.

[2] Valéry, *loc. cit.*

[3] Paris, 6 avril 1825, S. chr., D. *Rép.*, v° *Louage*, n. 133. — Cpr. Bordeaux, 30 juin 1896. S., 97. 2. 81, D., 97. 2. 200 (pour les baux de meubles). — V. dans le même sens, Boiceau, *Tr. de la preuve par témoins*, ch. XIV, n. 33 ; Duvergier, I, n. 15 ; Troplong, I, n. 116 ; Agnel, n. 112 ; Fuzier-Herman, art. 1715, n. 23 ; Valéry, *loc. cit.* — Si le bail est à durée indéterminée, ce dernier auteur admet qu'il faut compter les loyers seulement jusqu'au jour de l'instance, parce que le congé est censé donné à ce jour. — En tout cas, s'il y a un congé antérieur, on ne doit compter les loyers que jusqu'au jour du congé.

[4] Cass civ., 17 janv. 1894, précité. — Huc, X, n. 279.

[5] Trib. civ. Marseille, 10 janv. 1889, *Rec. d'Aix*, 90. 2. 82.

[6] Trib. civ. Marseille, 10 janv. 1889, précité. — V. *supra*, n. 223.

l'interprétation des expressions employées par le contrat, et le juge du fait interprète souverainement les actes d'après leurs termes et les circonstances extérieures ([1]).

Cette interprétation doit, pour des raisons indiquées plus haut ([2]), être faite, en cas de doute, contre le bailleur ([3]).

232. L'étendue du bail peut être également démontrée par la manière dont les parties l'ont interprétée jusqu'au moment où la contestation s'est élevée.

Mais si le contrat est clair, on ne peut donner au bail une étendue différente de celle qui y est indiquée sous prétexte que les parties ont ainsi interprété l'acte, car on s'exposerait ainsi à considérer une tolérance comme l'exécution du bail ([4]).

233. La preuve du point de savoir quels sont les lieux loués peut être faite par témoins même au-dessus de 150 fr. s'ils ne sont pas indiqués dans le bail, car il s'agit là d'un simple fait; la même solution peut s'appuyer sur un autre motif : le fait à établir porte sur l'interprétation du bail, et cette interprétation peut être faite, comme celle de tous les contrats, librement par le juge, c'est-à-dire à l'aide de simples présomptions judiciaires.

234. Si les lieux loués sont indiqués dans le bail, la preuve contraire peut évidemment être faite ([5]), mais la preuve testimoniale n'est pas admise, même au-dessous de 150 francs, car l'art. 1341 défend de prouver outre et contre le contenu d'un acte ([6]).

([1]) Trib. civ. Lyon, 6 juin 1891. *Mon. jud. Lyon*, 13 juil. 1891. — Décidé cependant que le bail d'une maison, d'un jardin et de ses dépendances ne comprend pas une grange si la preuve contraire, conforme à l'art. 1715, n'est pas apportée. — Angers, 26 fév. 1895, *Rec. d'Angers*, 95. 127. — Décidé qu'un preneur a droit à la jouissance d'un cellier et des cabinets d'aisance, à l'exclusion des preneurs d'une maison contiguë appartenant au même bailleur, si l'aspect des clôtures du jardin ne pouvait pas révéler l'existence d'une communauté avec la maison voisine. — Trib. civ. Seine, 29 juin 1895, *Gaz. Trib.*, 15 oct. 1895.

([2]) V. *supra*, n. 47.

([3]) Paris, 10 nov. 1896, S., 98. 2. 249, D., 97. 2. 288.

([4]) Ainsi la jouissance de caves supplémentaires non comprises dans le bail, quelque temps qu'elle ait duré, ne donne pas au locataire le droit d'exiger la continuation de cette jouissance — Trib. civ. Seine, 30 mai 1895, *Loi*, 15 novembre 1895.

([5]) Paris, 10 nov. 1896, précité.

([6]) Paris, 10 nov. 1896, précité.

Mais ici encore toute preuve est admise pour interpréter une clause obscure de l'acte [1].

Il en est ainsi, par exemple, dans le cas fréquent où il est dit que les immeubles ne sont pas désignés en détail, le preneur en connaissant l'état [2].

SECTION IV

PREUVE DES CLAUSES ET CONDITIONS DU BAIL

§ I. *Bail écrit.*

235. Si le bail est écrit, la preuve de ses clauses et conditions se fera de la même manière que celle de son étendue et de son objet, c'est-à-dire conformément au droit commun, la loi ne contenant aucune disposition sur ce point.

Nous nous occupons plus loin de la preuve du prix, s'il y a commencement de preuve par écrit [3].

§ II. *Bail non écrit.*

236. Pour le bail non écrit, il faut étudier distinctement la preuve du prix, celle de la durée et celle des autres conditions.

I. *Preuve du prix.*

237. En ce qui concerne le prix, l'art. 1716 dispose : « *Lors-* » *qu'il y aura contestation sur le prix du bail verbal dont* » *l'exécution a commencé, et qu'il n'existera point de quittance,* » *le propriétaire en sera cru sur son serment, si mieux n'aime* » *le locataire demander l'estimation par experts ; auquel cas* » *les frais de l'expertise restent à sa charge, si l'estimation* » *excède le prix qu'il a déclaré* ».

Ainsi le prix du bail sera déterminé tout d'abord d'après les quittances des loyers ou fermages payés par le preneur depuis son entrée en jouissance ; car il est probable que le prix du bail a été fixé d'une manière uniforme pour toute sa

[1] Paris, 4 mars 1887, S., 90, 2, 60.
[2] Paris, 4 mars 1887, précité.
[3] V. *infra*, n. 241.

durée (¹). S'il n'existe pas de quittances, ou si elles ne sont pas produites, la loi, accordant dans tous les cas au bailleur une préférence qui n'est peut-être pas suffisamment justifiée, décide que le prix du bail sera fixé par son affirmation sous serment.

Dans l'ancien droit, c'est au contraire le preneur qui était cru sur son affirmation (²).

Si le preneur estime que le serment du bailleur ne lui offre pas une garantie suffisante, il peut, aux termes formels de la loi, lui ravir le bénéfice de la fixation du prix, en demandant une estimation par experts (³), dont il supportera les frais si l'estimation excède le prix qu'il a déclaré.

En somme, l'art. 1716 établit une double dérogation au droit commun ; le mérite de l'une et de l'autre est d'ailleurs fort contestable : 1° la preuve de l'importance du prix d'un bail, dont l'existence n'est pas contestée, ne peut en aucun cas être faite par témoins, quelque minime que soit l'intérêt en litige ; 2° le juge ne peut pas déférer le serment au preneur pour la fixation du prix, alors même qu'il lui inspirerait plus de confiance que le bailleur.

238. Les frais de l'expertise sont à la charge du preneur, quelque minime que soit la différence entre le prix réel et le prix prétendu par le preneur (⁴) : l'art. 1716 est, en effet, absolu.

. Mais ils sont à la charge du bailleur si le prix prétendu par le preneur est exact. Cela résulte du droit commun, et, *a contrario*, de l'art. 1716.

Enfin, si l'expertise a conduit à la fixation d'un prix qui n'est conforme ni aux prétentions du bailleur ni à celles du preneur, le juge divisera comme il l'entendra les dépens entre les parties, conformément au droit commun (C. pr. art. 130) (⁵). On a soutenu que dans ce cas les frais sont à la charge

---

¹ Cpr. *infra*. n. 863 s.
(² Ferrière, *Dict.*, v° *Bail verbal*.
(³) Nîmes, 22 mai 1819. S. chr., D. *Rép.*, v° *Louage*. n. 137.
(⁴) Duranton, XVII, n. 58; Duvergier, I, n. 262; Colmet de Santerre, VII, n. 162 *bis*. X; Laurent, XXV, n. 82; Fuzier-Herman, art. 1716, n. 6.
(⁵ Duranton. *loc. cit.*; Colmet de Santerre, *loc. cit.*

du preneur, et cela même si le prix fixé par l'expertise est plus au-dessous de l'affirmation du bailleur qu'il n'est au-dessus de celle du preneur ([1]). Mais l'art. 1716, sur lequel on s'est fondé, n'a certainement pas voulu trancher la question.

239. L'art. 1716 ne donnant au preneur que le choix entre le serment du bailleur et l'expertise, le preneur ne peut évidemment plus réclamer l'expertise après que le bailleur a prêté serment ([2]).

Il ne peut pas davantage, après le serment du bailleur ou l'expertise, offrir la preuve contraire.

Mais rien ne l'empêche de réclamer le serment ou l'expertise après qu'il aura offert de produire des quittances, et aura ensuite refusé de les produire ; cette allégation et ce refus ne sont pas des causes de déchéance, en l'absence d'un texte. Cependant il a été décidé qu'en pareil cas, le tribunal peut se fier à la simple affirmation du bailleur, sans permettre au preneur ni de déférer le serment ni d'exiger une expertise ([3]).

240. A plus forte raison, en dehors de ce cas, la simple affirmation du bailleur ne peut être substituée au serment. Ainsi on ne doit pas tenir compte de l'allégation du bailleur dans l'exploit d'assignation, s'il n'offre pas de la corroborer par le serment ([4]).

241. Comme l'art. 1715, l'art. 1716 ne défend pas les preuves ordinaires ([5]) :

1° La preuve par l'aveu ([6]).

([1]) Duvergier, *loc. cit.*; Laurent, *loc. cit.*; Fuzier-Herman, *loc. cit.*

([2]) Colmet de Santerre. VII, n. 162 *bis*, IX ; Fuzier-Herman, art. 1716, n. 5.

([3]) Cass., 4 déc. 1823, S. chr.

([4]) Rennes, 27 sept. 1817. P. chr., D. *Rép.*, v° *Louage*, n. 136. — Le preneur peut même former pour la première fois en appel sa demande en estimation. — Rennes, 27 sept 1817, précité.

([5]) Grenoble, 8 avril 1809, P. chr. — *Contra* Trib. civ. Seine, 30 janv. 1896, *Gaz. Pal.*, 96. 1. 352.

([6]) Ainsi il a pu être jugé que le prix d'un bail verbal, allégué par le bailleur et non contesté par le preneur dans l'instance ouverte sur l'action en exécution, peut être tenu pour constant, bien que, dans la même instance, le preneur ait nié l'existence du bail, si cette existence est démontrée. — Cass., 5 mars 1856, S., 58. 1. 389, D., 56., 1. 146.

2° La preuve par témoins, s'il existe un commencement de preuve par écrit (¹) ou jusqu'à 150 fr. (²).

3° La preuve par témoins du prix d'un bail écrit dont le titre a été égaré par cas fortuit.

4° La preuve par l'usage des lieux (³).

242. Malgré les termes de l'art. 1716, l'expertise peut être réclamée non seulement par le preneur, mais par le bailleur ; on ne peut obliger ce dernier à prêter serment s'il ne se souvient pas des stipulations faites. Le preneur ne peut même exiger que le serment lui soit référé par application de l'art. 1361, qui oblige d'une manière générale celui qui ne veut pas prêter serment à référer le serment. Il s'agit, en effet, dans cette disposition, du serment décisoire déféré par l'une des parties à l'autre et que cette dernière est obligée de prêter ou de référer, et le serment dont parle l'art. 1716 est un serment spécial déféré par le juge.

Or, si le bailleur ne peut prêter le serment, l'expertise apparaît comme étant le mode normal de trancher la difficulté ; le tribunal ne pourrait obliger le bailleur à faire la preuve de son droit (⁴), ce serait méconnaître l'esprit de la loi et encourager le bailleur à un serment frauduleux. Du reste, qu'arriverait-il dans l'opinion contraire ? C'est que le bailleur devrait (nous allons voir la cour de cassation le décider pour ses héritiers) démontrer le montant du prix stipulé ; s'il ne connaît pas ce prix, la démonstration sera impossible ; on ne peut cependant pas débouter le bailleur par la seule raison que le montant du prix ne sera pas connu, alors que l'existence du bail et la stipulation d'un prix sont avérés. L'expertise est le moyen normal de fixer, en cas de contestation, le montant d'une dette qui n'est pas contestée.

243. Si le bailleur est décédé, ses héritiers ne peuvent pas obliger le tribunal à leur déférer le serment (⁵) ; le serment

---

(¹) Aubry et Rau, IV, p. 467, § 364 ; Laurent. XXV, n. 79. — *Contra* Metz. 10 avril 1856, S., 57. 2. 145. — Guillouard, I, n. 79 ; Huc, X, n. 280.

(²) Grenoble, 8 avril 1809, P. chr. (de la part du bailleur, par a *fortiori* de ce qu'il est cru sur son serment).

(³) *Contra* Trib. civ. Seine, 30 janv. 1896, précité.

(⁴) V. cep. Guillouard, I, n. 80.

(⁵) Cass. req., 13 mars 1867, S., 67. 1. 98, D., 67. 1. 175. — Trib. civ. Seine,

est une affirmation personnelle et, s'il est naturel que la loi puisse croire à l'affirmation du bailleur, elle n'a pas les mêmes raisons de se fier à ses héritiers, généralement ignorants des clauses du bail. Dans cette hypothèse encore, nous pensons que l'expertise est obligatoire ([1]); les motifs que nous venons de développer sont encore applicables ici en partie; on ne peut imposer aux héritiers, demandeurs en payement, l'obligation de justifier du montant du loyer ([2]), car ce serait, d'une part, les obliger à une preuve souvent impossible, d'autre part les débouter de leur action, alors que la dette du preneur est certaine et que le montant seul de cette dette est inconnu.

En tout cas, le tribunal peut ordonner l'expertise ([3]).

244. Nous appliquerons les mêmes principes relativement à l'acquéreur de la chose louée; s'il n'est pas cru sur son serment, qui d'ailleurs offrirait moins de garanties que celui du bailleur, il ne peut pas davantage faire appel au serment du bailleur, qui n'est pas partie à la contestation.

II. *Preuve de la durée.*

245. La preuve de la durée du bail (dont par hypothèse ni l'existence ni l'exécution ne sont contestées) n'a pas préoccupé l'art. 1716. La jurisprudence et la plus grande partie de la doctrine ([4] appliquent les art. 1736, 1738 et 1774, qui fixent

---

30 janv. 1896, précité. — Trib. civ. Charleroi, 13 fév. 1857, *Belg. jud.*, 57. 1257. — Laurent, XXV, n. 80; Guillouard, I. n. 80; Fuzier-Herman, art. 1716, n. 1; Huc, X, n. 280.

[1] *Contra* Trib. civ. Seine, 30 janv. 1896, précité.

[2] *Contra* Cass., 13 mars 1867, S., 67. 1. 98, D., 67. 1. 175. — Laurent, *loc. cit.*; Guillouard, *loc. cit.*; Fuzier-Herman, *loc. cit.*

[3] Trib. civ. Seine, 30 janv. 1896, précité.

[4] Cass., 13 mars 1867, précité. — Paris, 6 avril 1825, S. chr. — Grenoble, 4 ou 14 mai 1825, S. chr., D. *Rép.*, v° *Louage*, n. 142 1°. — Bordeaux, 18 juin 1839, P., 39. 2. 552. — Bordeaux, 8 avril 1842, P., 42. 2. 95. — Colmar, 15 mars 1843, S., 43. 2. 373, D. *Rép.*, v° *Louage*, n. 142 2°. — Metz, 10 avril 1856, S., 57. 2. 145, D., 57. 2. 55. — Pau, 5 août 1873, S., 74. 2. 120. — Bordeaux, 23 janv. 1878, S., 78. 2. 137, D., 79. 2. 118. — Rouen, 20 nov. 1895, *Rec. Rouen*, 96. 2. 20. — Alger, 7 févr. 1896, S., 96. 2. 45, D., 96. 2. 488. — Bruxelles, 9 déc. 1826, P. chr. — Toullier, IX, n. 32; Rolland de Villargues, v° *Bail*, n. 195; Duvergier, I, n. 260; Troplong, I, n. 118; Marcadé, VI, art. 1714-1716, n. 3; Massé et Vergé, IV, p. 357, § 699, note 6;

la durée du bail, au cas où les parties n'ont rien convenu à cet égard; dans cette opinion donc on rejette toute preuve par témoins, même avec commencement de preuve par écrit.

Il est incontestable (et personne ne se fait, à cet égard, d'illusion) que l'application de ces textes n'est pas directe, car ici une stipulation a été faite, quoi qu'on en ignore le sens et que les parties discutent sur leur convention.

Aussi invoque-t-on ces textes par analogie; or l'analogie n'est rien moins que certaine; autant il est conforme à l'intention des parties de supposer que, si elles n'ont rien stipulé, elles ont entendu se référer à l'usage des lieux, autant il est contraire à cette intention de se régler sur l'usage des lieux quand les parties sont d'accord pour reconnaître qu'elles ont fait une stipulation expresse et souvent même conviennent qu'elles ont entendu déroger à cet usage.

Il serait peu logique, objecte-t-on, d'admettre l'application du droit commun, et notamment la preuve testimoniale, en ce qui concerne la durée quand la loi rejette cette application en ce qui concerne le prix. Nous retournons l'objection et nous disons : il est peu logique, en présence d'un texte qui déroge au droit commun pour la preuve d'une des clauses du bail, de soutenir qu'une dérogation — et une dérogation toute différente — doit être également admise pour d'autres clauses du bail. Il n'y a qu'une idée logique : c'est d'appliquer le droit commun quand la loi n'y déroge pas expressément.

Au surplus, les dispositions mêmes de la loi sur le prix protestent contre l'application des textes relatifs à la fixation de la durée du bail suivant l'usage des lieux. Il est certain, comme nous le montrerons, que si les parties ont omis de fixer le prix du bail, ce prix peut être réglé par les tribunaux, mais on n'a jamais soutenu que l'art. 1716 fût applicable; la distinction est ici certaine entre le cas d'une stipulation dont les termes sont contestés et le cas d'un défaut de stipulation. Il est donc singulier que, sous prétexte d'analogie avec les dispositions

Grand, *Note*. P., 56. 2. 458; Colmet de Santerre, VII, n. 162 *bis*, XI; Guillouard, I. n. 82; Valéry, *op. cit.*, p. 37, n. 17; Huc, X, n. 280; Agnel, n. 126.

législatives sur le prix, on arrive, à propos de la durée, à une
assimilation que la loi a certainement réprouvée en ce qui
concerne le prix.

Si les parties, objecte-t-on encore, ont voulu déroger à l'usage
des lieux, elles doivent s'imputer à elles-mêmes de n'être pas
en situation de fournir, par les moyens qu'autorise la loi, une
preuve complète de leurs conventions (¹). C'est une considération bien puérile ; car les parties étaient en droit de compter
sur les preuves de droit commun pour démontrer leurs assertions.

Enfin on rassemble contre nous tous les textes où la loi a
proscrit la preuve testimoniale pour la proscrire une fois de
plus ; mais n'oublie-t-on pas que les textes dérogatoires au
droit commun doivent être strictement interprétés ? Au surplus, il y a bien des cas (notamment celui d'une modification
faite au bail) où la preuve est faite suivant les principes du
droit commun.

Nous réfuterons de la même manière une opinion qui, invoquant par analogie la disposition relative à la preuve du bail
sans écrit, et adoptant sur ce texte l'opinion d'après laquelle
la preuve testimoniale est admise avec un commencement de
preuve par écrit (²), admet les témoins s'il y a un commencement de preuve par écrit seulement (³). Ici encore, nous
répondons qu'un texte dérogatoire au droit commun ne peut
être étendu.

A notre avis donc le droit commun doit être appliqué (⁴) :
si le prix est inférieur à 150 fr., les témoins seront reçus ; ils
le seront également au-dessus de ce chiffre, au cas d'un commencement de preuve par écrit ou si le titre a été perdu (⁵) ;
le serment, l'aveu seront admis.

.¹) Metz, 10 avril 1856, précité. — Guillouard, *loc. cit.*

(²) V. *supra*, n. 211.

(³) Nîmes, 14 juill. 1810, S. chr., D. *Rép.*, vº *Louage*, n. 142. — Rouen, 22 juin
1842, S., 43. 2. 29, D. *Rép.*, vº *Louage*, n. 143. — Nancy, 3 août 1871, S., 71. 2.
245, D., 72. 2. 150. — Aubry et Rau, IV, p. 468, § 364, note 16, et p. 469, § 364,
note 20 ; Laurent, XXV, n. 79, 83 et 84.

(⁴) Caen, 8 janv. 1860, *Rec. de Caen*, 1860, p. 243. — Douai, 17 mars 1897, S.,
98. 2. 336, D., 97. 2. 249. — Duranton, VII, n. 55 ; Laurent, XXV, n. 83.

(⁵) Douai, 17 mars 1897, précité.

On a même décidé, par un argument *a contrario* fort inexact tiré de l'art. 1715, que la preuve testimoniale est toujours admise pour établir la durée du bail ([1]).

246. Dans tous les cas les déclarations de locations verbales faites à l'enregistrement (L. 25 août 1871, art. 11) ne peuvent être invoquées pour prouver la durée du bail verbal ([2]). Elles ne constituent pas un acte, mais une simple attestation et, d'ailleurs, ne contiennent pas nécessairement la durée du bail; enfin elles ne sont signées que du bailleur.

Ces déclarations ne peuvent même servir de commencement de preuve par écrit contre celui qui les a signées ([3]), car, nous le répétons, ce ne sont pas des actes.

247. Quelque solution qu'on adopte, aucune distinction ne peut être faite entre le bail d'immeubles et celui de meubles ([4]).

III. *Autres clauses.*

248. Parlons enfin des clauses autres que celles relatives au prix ou à la durée, par exemple celles qui concernent la nature et l'étendue des obligations mises à la charge des parties.

Peu d'autorités rejettent ici l'application du droit commun pour reproduire les solutions données par l'art. 1715 ([5]). La plupart reconnaissent que les témoins sont admis dans les conditions ordinaires ([6]). Nous approuvons, bien entendu,

---

([1]) Nimes, 14 juill. 1810, précité.

([2]) *Note*, S., 97. 2. 249. — *Contra* Tailliar, v° *Durée des baux*. n. 10.

([3]) V. cep. *Note*, S., 97. 2. 250.

([4]) Valéry, *op. cit.*, p. 37, n. 17.

([5]) Nimes, 14 juil. 1810, S. chr., D. *Rép.*, v° *Louage*. n. 142. — Trib. civ. Montpellier. 1er sept. 1830, sous Cass. req., 10 mai 1832, S., 33. 1. 557, D. *Rép.*, v° *Louage*, n. 142-6° (preuve du droit accordé par le bail verbal à un preneur de percer les planchers). — Trib. civ. Béthune, 21 juin 1889, *Loi.* 19 déc. 1889. — Duvergier, I, n. 258. — On a cité dans le même sens Cass. req., 10 mai 1832 (S., 33. 1. 557, D. *Rép.*, v° *Louage*, n. 142-6°), qui n'a pas trait à la question. Elle était agitée dans le procès, mais la cour l'a négligé. — On a également cité Pau, 5 avril 1873, S., 74. 2. 120, qui ne concerne que la durée du bail.

([6]) Lyon, 28 nov. 1889, *Mon. jud. Lyon*, 24 avril 1890. — Amiens, 30 oct. 1895, *Rec. Amiens*, 95. 250. — Durantou, XVII, n. 55 ; Marcadé, art. 1714-1716, n. 3 ; Aubry et Rau, IV, p. 467, § 364, note 15 ; Laurent, XXV, n. 85 ; Guillouard, I, n. 83 ; Huc, X, n. 280.

cette solution qui se justifie par les arguments que nous avons développés à propos de la durée. Les auteurs qui, sur ce dernier point, étaient nos adversaires, prétendent éviter le reproche de contradiction, en disant qu'il n'existe pas ici, comme pour la durée, de textes réglant la question par l'usage des lieux. Cette considération n'est d'aucune valeur : car il existe des textes qui fixent les obligations légales du bailleur et du preneur, et pourquoi ne les appliquerait-on pas ? Ajoutons qu'une grande partie des arguments que nous avons réfutés conduiraient, s'ils étaient exacts, à rejeter la preuve par témoins, aussi bien sur cette question que sur la précédente.

249. La preuve des termes de paiement se fera également d'après le droit commun ; on a soutenu que cette échéance est fixée par l'usage des lieux (¹). Cela n'est pas exact : l'usage des lieux ne peut servir à fixer les échéances que si la convention est muette ; or, on suppose ici qu'il y a eu sur ce point une convention dont le sens est contesté (²).

250. On doit également ranger parmi les conditions du bail, auxquelles s'appliquent les principes qui précèdent, la répartition du prix annuel entre les différents termes fixés. Il n'y a pas lieu d'appliquer l'art. 1716, qui est relatif seulement à la preuve du montant du prix (³).

251. On doit encore y ranger les conditions relatives à la nature du prix et notamment à la question de savoir si un bail est à ferme ou à métayage ; c'est à tort qu'ici encore on a voulu appliquer l'art. 1715 (⁴).

252. Quelque solution qu'on adopte sur la preuve des clauses du bail, c'est certainement au droit commun qu'il faut recourir pour la preuve des conventions qui se rattachent au bail, mais sont étrangères aux lieux loués. C'est,

---

(¹) Grenoble, 4 août 1832, S., 33. 2. 74, D. *Rép.*, v° *Louage*, n. 141. — Guillouard, I, n. 79.

(²) Fuzier-Herman, art. 1716, n. 2.

(³) Nîmes, 14 juill. 1810, S. chr. et S., 33. 2. 74 (en note), D. *Rép.*, v° *Louage*, n. 142.

(⁴) Nîmes, 22 mai 1819, S. chr., D. *Rép.*, v° *Louage*, n. 142. — Nous ne savons si cet arrêt part de l'idée que l'art. 1715 est applicable à la preuve des conditions du bail, ou s'il a cru que la question concernait l'existence du bail.

notamment, d'après le droit commun que se prouvera le cautionnement fourni par un tiers en garantie des engagements du preneur ([1]).

SECTION V

PREUVE DE LA PROROGATION DU BAIL

253. On pourrait, en théorie, penser que la preuve de la prorogation du bail doit être faite de la même manière que la preuve d'un bail nouveau ; la prorogation n'est, en effet, pas autre chose qu'une convention nouvelle de bail. On appliquerait donc, si la prorogation était verbale (que le bail primitif fût, d'ailleurs, écrit ou verbal), l'art. 1715 et on exclurait la preuve par témoins.

En reconnaissant la tacite reconduction, c'est-à-dire la prorogation par une simple prolongation de jouissance, démontrée par un procédé quelconque, la loi déroge à cette règle ; la prorogation du bail peut donc être prouvée conformément au droit commun.

SECTION VI

PREUVE DES DÉROGATIONS APPORTÉES AUX CONVENTIONS PRIMITIVES

254. La preuve des dérogations aux conventions primitives est faite conformément au droit commun.

Si donc le bail est écrit, ces dérogations, même si elles sont verbales, peuvent être prouvées par témoins ou par présomptions soit lorsqu'il y a un commencement de preuve par écrit ([2]), soit même sans commencement de preuve par écrit ([3]). On ne peut opposer en sens contraire l'art. 1715, qui interdit la

---

([1]) Nîmes, 6 juin 1823, S. chr., D. *Rép..* v° *Louage.* n. 137.

([2]) Caen, 31 janv. 1843, S., 43. 2. 151, D. *Rép.*, v° *Louage*, n. 144. — Caen, 15 nov. et 22 mars 1859, *Recueil de Caen*, 1860, p. 243. — Guillouard, I. n. 79.

([3]) V. cep. Guillouard, 1, n. 79 (cet auteur, tout en reconnaissant que l'art. 1715 n'est pas applicable et qu'il faut appliquer le droit commun, parait soutenir que des témoins ne peuvent pas être reçus sans commencement de preuve par écrit). — Décidé aussi que la convention modifiant la date de l'entrée en possession ne peut être prouvée par témoins. — Trib. paix Bourganeuf, 8 déc. 1896, *Rev. just. de paix*, 1897, p. 208.

preuve testimoniale, car nous avons montré que ce texte est exceptionnel. D'autre part, comme il ne s'agit pas d'une valeur pécuniaire, la preuve testimoniale est admise sans limites.

255. Le preneur peut donc prouver conformément au droit commun que le bailleur lui a abandonné la jouissance d'un local qu'il s'était réservé dans l'immeuble loué ; cette preuve ne peut être considérée comme portant sur l'existence d'un bail nouveau ([1]).

256. Si le bail est verbal, les mêmes solutions doivent être appliquées ; car l'art. 1715 doit être restreint à l'hypothèse qu'il prévoit, celle d'une *convention de bail.*

257. Par exception, l'art. 1716 ([2]), en raison de ses termes généraux, est applicable, non seulement si le prix réclamé par le bailleur est le prix originaire, mais encore si, par suite de conventions modificatives, le prix primitivement stipulé n'est plus le prix actuel. Il en est ainsi certainement si le prix primitif ne figure pas dans un écrit.

Mais si même le prix primitif figure dans un acte écrit, nous pensons que l'art. 1716 est applicable ; on ne saurait objecter l'art. 1341 C. civ., d'après lequel la preuve par témoins n'est pas admise outre ou contre le contenu d'un acte ; car il ne s'agit pas ici de preuve par témoins.

En tout cas, la preuve d'une modification au prix primitif, même stipulé par écrit, peut résulter soit de ce que les payements opérés par le preneur ne sont pas conformes à la stipulation originaire ([3]), soit de la correspondance des parties ([4]).

SECTION VII

PREUVE EN MATIÈRE DE PAIEMENT DE LOYERS, DE DÉGRADATIONS, DE PERTE, DE CONGÉ OU DE RÉSILIATION

258. La preuve en ces diverses matières sera étudiée avec ces matières elles-mêmes ([5]).

([1]) Caen, 31 janv. 1843, précité.

([2]) V. *supra*, n. 237.

([3]) Cass. req., 20 août 1877, S., 79. 1. 10, D., 79. 1. 299. — Fuzier-Herman, art. 1714, n. 7.

([4]) Cass. req., 20 août 1877, précité. — Fuzier-Herman, *loc. cit.*

([5]) V. *infra*, n. 823, 863 s., 916 s., 972 s., 1254, 1369 s.

SECTION VIII

DE L'ÉTAT DES LIEUX

259. L'état des lieux, c'est-à-dire l'acte indiquant dans quel état se trouve la chose louée, a pour but de fixer l'état dans lequel la chose doit être restituée.

Il présente une grande utilité, soit pour le bailleur, soit pour le preneur.

Le bailleur y trouve l'avantage de faire indiquer les objets annexes ou accessoires que le preneur doit restituer en dehors de la chose louée; sans état de lieux, le preneur pourra soutenir qu'il a reçu la chose seule.

Quant au preneur, l'état des lieux lui permet d'échapper à l'art. 1731, qui lui ordonne de restituer la chose en bon état de réparations.

Or, toute partie a le droit de forcer son cocontractant à fixer les limites soit de ses obligations, soit de celles de ce dernier; c'est un droit qui est le corollaire de l'obligation principale.

L'état des lieux peut donc être exigé soit par le bailleur (¹), soit par le preneur (²). Ce droit est, du reste, partout consacré par l'usage des lieux.

260. Pour les baux des biens domaniaux, la loi des 23-28 oct.-5 nov. 1790, exige formellement l'état des lieux (³).

261. Aucun texte ne fixant le délai dans lequel l'état des lieux doit être fait, le tribunal détermine souverainement ce délai (⁴), à moins qu'il ne soit indiqué dans le bail (⁵); dans ce dernier cas, chacune des parties peut contraindre l'autre partie à concourir dans le délai fixé à la confection de l'état

---

(¹) Guillouard, I, n. 239 ; Huc, X, n. 312.

(²) Guillouard, *loc. cit.* : Huc, *loc. cit.*

(³) « A l'entrée de la jouissance, il sera procédé par experts à la visite des objets affermés, ensemble à l'estimation du bétail et à l'inventaire du mobilier. Le tout sera fait contradictoirement avec le nouveau fermier et l'ancien, ou, s'il n'y en avait pas un d'ancien, avec un commissaire pris dans le directoire du district ou par lui délégué (délégué par le sous-préfet). Les frais de ces opérations seront à la charge du nouveau fermier, sauf son recours contre l'ancien, si celui-ci y était assujetti ».

(⁴) Paris, 18 mars 1895, D., 95. 2. 240.

(⁵) Paris, 18 mars 1895, précité.

des lieux, mais ce n'est pas à dire que son action soit mal fondée après le délai (¹); l'indication d'un délai n'a pour but que d'empêcher l'une des parties de retarder, sous un prétexte quelconque, la confection de l'état des lieux.

Il n'est pas indispensable que l'état des lieux précède l'entrée en jouissance du preneur, mais il ne peut lui être sensiblement postérieur sans que les deux parties y consentent.

D'ailleurs chacune d'elles a le droit d'exiger l'état des lieux à toute époque de la jouissance : si l'utilité de l'état des lieux s'atténue de plus en plus à mesure que la jouissance se prolonge, elle ne disparaît jamais entièrement (²).

262. Si l'état des lieux est dressé à l'amiable, les frais incombent non pas aux deux parties par moitié (³), ni au preneur seul, mais à la personne qui réclame cet état; l'état des lieux est, sans doute, un annexe du bail, et on pourrait s'appuyer là-dessus pour en imposer les frais au preneur. Mais le preneur n'est tenu que des frais *nécessaires* (⁴) ; or l'état des lieux n'est pas nécessaire, chaque partie étant libre de le réclamer ou de s'en passer. Il n'est pas plus exact de soutenir, pour partager les frais entre les parties, que l'état des lieux leur est également utile à toutes deux ; il appartient à chacun de consulter ses intérêts et de rechercher ce qui peut lui être utile. En outre, l'état des lieux est inutile au preneur si la chose est en excellent état, car alors le défaut d'état des lieux n'aggrave pas l'obligation du preneur ; d'un autre côté, l'état des lieux est inutile au bailleur, si la chose est louée sans aucun accessoire, car alors la restitution devra porter sur la chose en excellent état. On objecte à tort que l'état des lieux empêchera le preneur de dissimuler les traces des dégradations dont il sera l'auteur ; en admettant que ces traces puissent être dissimulées, l'état des lieux n'empêchera pas cette dissimulation.

Si un procès est nécessaire pour amener l'une des parties

(¹) Huc, X, n. 312.

(²) Huc, X, n. 312.— *Contra* Trib. civ. Marseille, 6 févr. 1884, rapporté dans Cass., 28 juin 1892, S., 93. 1. 415.

(³) V. cep. Guillouard, I, n. 241.

(⁴) V. *infra*, n. 692.

à concourir à l'état des lieux, cette partie, comme toute personne qui perd un procès, payera les frais de l'instance (C. pr., art. 130) ([1]). Mais les frais de l'état des lieux sont toujours supportés, comme nous venons de le montrer, par le demandeur, sauf en ce qui concerne les frais nécessités par la résistance de cette même partie (par exemple la nomination d'experts dans un cas où les parties auraient pu facilement elles-mêmes constater l'état de la chose louée).

SECTION IX

DES BAUX AUXQUELS S'APPLIQUENT LES TEXTES RELATIFS
A LA PREUVE DU BAIL

263. Toutes les règles qui précèdent sont applicables au bail tacite : il repose sur la convention des parties, et la preuve des conventions obéit à des règles indépendantes de la forme même de ces conventions; d'ailleurs les textes sont généraux ([2]).

On a soutenu cependant que le bail tacite peut être prouvé par témoins ([3]). On a dit que la preuve porte sur des faits purs et simples (C. civ. 1348); c'est, selon nous, une erreur : la preuve ne porte pas seulement sur le fait même de la possession, mais sur le caractère de cette possession; il faut établir que cette possession est à titre de bail, c'est-à-dire qu'un contrat de bail a été passé.

On a reproché à notre opinion d'arriver au même résultat que si elle méconnaissait le bail tacite et d'en interdire la preuve. Non, il reste l'aveu et le serment.

On a enfin tiré un argument d'analogie de ce que la tacite reconduction peut être prouvée par témoins; c'est que la tacite reconduction est une prolongation du bail et non pas une convention spéciale et qu'elle suppose, non pas le consentement pour prolonger le bail, mais l'absence du consentement pour le terminer.

([1]) Guillouard, I, n. 241.
([2]) V. à propos de la résiliation, *infra*. n. 1369 s.
([3]) *Note*, S., 87. 1. 57.

264. Les solutions relatives à la preuve s'appliquent aussi au renouvellement d'un bail ([1]), mais elles ne s'appliquent pas à la tacite reconduction ([2]).

265. Les règles des art. 1715 et 1716 sont, malgré leur caractère dérogatoire, applicables aux baux de meubles ([3]). En effet, ils s'expriment en termes généraux ; d'autre part, et de l'avis général, les règles des baux de meubles doivent être empruntées au chapitre du louage de choses ([4]). On objecte donc en vain que les art. 1715 et 1716 sont placés dans la section des règles communes aux baux de maisons et de biens ruraux. Un pareil raisonnement conduirait à écarter des baux de meubles toutes les solutions contenues au titre du louage de choses ; il conduirait aussi à les écarter pour les baux d'usines ou de moulins ; or l'opinion commune et les auteurs mêmes que nous réfutons décident le contraire, ils appliquent notamment les art. 1733 et 1734 à toutes espèces de baux ([5]). On n'est pas mieux fondé à dire que les procès ont moins besoin d'être évités en matière de baux mobiliers qu'en matière de baux immobiliers ; cela est entièrement inexact. La raison tirée du peu d'importance du litige est, au contraire, particulièrement sérieuse en matière de baux de meubles.

Enfin, nous ferons remarquer que des auteurs qui tirent ici parti du caractère exceptionnel des art. 1715 et 1716, la plupart étendent ces mêmes articles à des hypothèses pour lesquelles ce texte n'est pas fait et notamment à la preuve du congé ou de résiliation.

266. Les art. 1715 et 1716 s'appliquent encore au colonage partiaire. Cette solution était admise avant la loi du 10 juil. 1889 par l'opinion qui considérait ce contrat comme un bail ([6]) et

---

([1]) Cass., 2 juil. 1849, P., 50. 1. 65, D. *Rép.*, v° *Louage*, n. 116-2°. — Bordeaux, 25 janv. 1898, *Droit*, 23 juil. 1898 (art. 1715).

([2]) V. *infra*, t. II.

([3]) *Contra* Bordeaux, 30 juin 1896, S., 97. 2. 81, D., 97. 2. 200. — Duranton, XVII, n. 52 ; Delvincourt, III, p. 417 ; Boileux, VI, p. 27 ; Troplong, I, n. 110 ; Duvergier, I, n. 14 et II, n. 227 ; Massé et Vergé, II, p. 356, § 699, note 5 ; Marcadé, VI, art. 1715, n. 1 ; Laurent, XXV, n. 90 ; Guillouard, II, n. 677 ; Huc, X, n. 274.

([4]) V. *supra*, n. 145.

([5]) V. *infra*, n. 1003 s.

([6]) Cass., 28 juin 1892, S., 92. 1. 417, D., 92. 1. 407 (qui cependant ne prend pas parti sur la nature du contrat). — Guillouard, II, n. 616.

rejetée par celle qui l'assimilait à une société (¹), ou qui y voyait un contrat innommé (²). Aujourd'hui, le colonage étant regardé comme un bail (³), l'art. 1715 lui est applicable (⁴). Cependant on a soutenu le contraire par le motif que la loi de 1889 énumère limitativement les articles du titre de louage applicables au colonage et que parmi ces articles ne figurent pas les art. 1715 et 1716 (⁵); mais tout ce qu'a voulu dire la loi de 1889, c'est que les textes qui, par leur nature, sont spéciaux au bail ordinaire ne peuvent être étendus au colonage.

267. Les art. 1715 et 1716 s'appliquent également à la sous-location, mais non pas à la cession de bail (⁶).

268. Nous examinerons ultérieurement si ces textes s'appliquent au cheptel (⁷).

269. En matière commerciale, toutes les preuves sont admises, conformément à l'art. 109 C. com. (⁸). Nous dirons plus loin ce qu'il faut entendre par un bail commercial (⁹).

CHAPITRE IX

OBLIGATIONS DU BAILLEUR

270. La loi indique une partie des obligations du bailleur; il en a d'autres encore. Mais toutes ces obligations peuvent être modifiées par la convention (¹⁰). Nous indiquerons, chemin faisant, les principales de ces modifications.

Toutefois la cour de cassation n'admet pas que la convention puisse supprimer toute action en justice du preneur contre le bailleur pour toutes les obligations de ce dernier; elle

---

(¹) Méplain, *Tr. du bail à portion de fruits*, n. 59 s.

(²) Trib. civ. Moulins, 2 déc. 1886, *Mon. jud. Lyon*, 12 avril 1887.

(³) V. *infra*, t. II.

(⁴) Alger, 7 fév. 1895, S., 96. 2. 45, D., 95. 2. 488. — Guillouard, *loc. cit.*; Huc, X, n. 279 et 359.

(⁵) Guillouard, II, n. 633, VII *bis*.

(⁶) V. *infra*, n. 1061 et 1062.

(⁷) V. *infra*, t. II.

(⁸) Trib. paix Libourne, 29 juil. 1896, *Pand. franç.*, 97. 2. 280 (baux d'un fonds de commerce entre commerçants. — Valéry, *op. cit.*, p. 33, n. 9.

(⁹) V. *infra*, n. 1061.

(¹⁰) Guillouard, I, n. 86 et II, n. 616; Fuzier-Herman, art. 1719, n. 1.

voit dans cette clause une atteinte aux caractères essentiels
du bail [1]. On peut soutenir le contraire : dès lors que chaque
obligation du bailleur peut individuellement être supprimée,
il n'y a aucune raison d'annuler une clause qui les fait disparaître toutes à la fois ; les caractères, même essentiels, des
conventions peuvent être librement modifiés par les parties.

En tous cas il peut être convenu que si le preneur élève
contre le bailleur une contestation reconnue mal fondée, le
bailleur aura le droit de résilier la convention [2].

271. Suivant l'art. 1719 : « *Le bailleur est obligé, par la*
» *nature du contrat, et sans qu'il soit besoin d'aucune stipu-*
» *lation particulière, — 1° De délivrer au preneur la chose*
» *louée ; — 2° D'entretenir cette chose en état de servir à*
» *l'usage pour lequel elle a été louée ; — 3° D'en faire jouir*
» *paisiblement le preneur pendant la durée du bail* ».

L'art. 2 de la loi du 10 juillet 1889 sur le bail à colonat
partiaire dit également : « *Le bailleur est tenu à la délivrance*
» *et à la garantie des objets compris au bail* ».

En réalité, ces diverses obligations se ramènent à une
seule, celle de faire jouir le preneur.

Le bailleur, en outre, doit en certaines circonstances rembourser au preneur les dépenses faites à l'occasion de l'immeuble.

SECTION PREMIÈRE

OBLIGATION DE DÉLIVRER LA CHOSE

§ I. *État dans lequel la chose doit être délivrée.*

272. *Le bailleur est tenu de délivrer la chose en bon état*
» *de réparations de toute espèce* », dit l'art. 1720 al. **1.** Cette
disposition signifie que le locateur doit exécuter toutes les réparations dont le besoin se fait sentir au moment de l'entrée
en jouissance du preneur [3], même les réparations dites *loca-*

---

[1] Cass., 19 janv. 1863, S., 63. 1. 185, D., 63. 1. 248. — Cass. req., 23 juin 1873,
S., 73. 1. 304, D., 74. 1. 218. — Fuzier-Herman, art. 1719, n. 11.

[2] Cass. req., 23 juin 1873, S., 73. 1. 304, D., 74. 1. 218. — Fuzier-Herman, art.
1719, n. 12.

[3] Grenoble, 26 mai 1849, S., 50. 2. 375. — Huc, X, n. 304.

tives (art. 1754) (¹) ou, à plus forte raison, celles des dégradations qui, sans rentrer dans cette dernière catégorie, ne sont
pas de nature à entraîner la ruine de la maison (²).

Le preneur est bien tenu des réparations locatives qui deviennent nécessaires pendant la durée du bail (art. 1754 al. 2),
parce qu'elles ont probablement été occasionnées par sa
négligence ou celle des personnes dont il répond (³) ; mais il
n'y avait aucun motif pour mettre à sa charge les réparations
de cette nature, dont la cause est antérieure à son entrée en
jouissance et ne peut par suite lui être imputée. Ainsi, les
réparations locatives, nécessaires au moment de l'entrée en
jouissance du preneur, sont à la charge du bailleur ; celles
qui deviennent nécessaires pendant le cours du bail sont à la
charge du preneur. Le tout, sauf stipulation contraire.

A la différence du bailleur, le vendeur n'est pas tenu de
délivrer la chose en bon état, il la délivre dans l'état où elle
se trouve au moment de la vente (art. 1614) ; son obligation de
ce chef est donc moins rigoureuse que celle du bailleur. C'est
que le vendeur n'est pas tenu de *faire jouir* l'acheteur, mais
seulement de lui faire avoir la chose à titre de propriétaire.

273. Le preneur peut agir en garantie si, au moment où il
veut entrer en jouissance, il se heurte à un tiers, notamment à
l'ancien preneur resté en possession malgré l'expiration de
son bail (⁴).

274. Mais le preneur peut-il agir lui-même en expulsion
contre l'ancien preneur ? Non, en principe, car le preneur n'a
pas sur l'immeuble de droit réel, mais seulement un droit
personnel contre le bailleur.

Toutefois il peut être convenu que le preneur se chargera
d'expulser le tiers qui est en possession indue de la chose
louée ; cette convention, par cela même qu'elle transmet au
preneur l'action en expulsion appartenant au bailleur et l'enlève à celui-ci, fait disparaître l'obligation de garantie (⁵). On

(¹) Duvergier, I, n. 278 ; Laurent, XXV, n. 107 ; Guillouard, I, n. 93.
(²) *Contra* Paris, 24 août 1854, S., 55. 2. 529, D., 56. 2. 166.
(³) V. *infra*, n. 797 s.
(⁴) V. *supra*, n. 136 s.
(⁵) Cass. req., 9 fév. 1875, S., 75. 1. 158. — Cass. req., 26 avril 1895, S., 95. 1.

objecte que l'obligation de délivrance est une condition essentielle du bail. C'est une erreur; ce qui est essentiel au bail, c'est seulement que le payement d'un loyer soit subordonné à la mise en possession.

Mais on a décidé que le loyer stipulé ne court alors que du jour de la possession effective du preneur (¹). C'est là, suivant nous, une question de fait, qui doit être résolue d'après la convention et les intentions des parties.

275. Le preneur qui s'est chargé d'expulser le tiers possesseur de la chose louée, a, pour agir contre ce dernier, les actions du bailleur, lesquelles lui ont été implicitement cédées (²).

276. La chose doit notamment être livrée dans l'état suivant :

Clefs à toutes les serrures ;

Peintures et papiers des chambres neufs, en bon état (³) et en rapport avec la richesse de l'appartement ;

État extérieur des murs irréprochable ;

Portes et fenêtres fermant bien ;

Clôtures des immeubles ruraux en bon état ;

Immeuble rural dont les récoltes ne soient pas compromises par les abus de jouissance des fermiers antérieurs, lesquels auraient détruit ou détérioré les racines (⁴).

277. C'est par un corollaire de l'obligation de délivrance que le bailleur est tenu de faire disparaître les vices qui, au moment de la délivrance, entraveraient la jouissance du loca-

504, D., 95. 1. 367. — Paris, 6 juill. 1893, S., 94. 2. 147. — Guillouard, I, n. 426 ; Fuzier-Herman, art. 1719, n. 2 s. ; Huc, X, n. 273 et 290. — On a dit que, le preneur ne pouvant être que créancier du bailleur et n'ayant pas droit réel sur la chose, cette clause n'est valable que parce que le preneur agira comme mandataire du bailleur. — Huc, X, n. 273. — Mais s'il en était ainsi on ne comprendrait pas que le bailleur ne fût pas tenu d'indemniser son mandataire, le preneur, dans le cas où ce dernier ne parviendrait pas à expulser le tiers. La vérité est que la nature du droit du preneur n'a rien à faire ici ; le preneur *a acquis l'action en expulsion du bailleur*, c'est un cessionnaire.

(¹) Paris, 6 juill. 1893, précité. — Fuzier-Herman, art. 1719, n. 5 ; Huc, X, n. 290.

(²) Cass. req., 9 fév. 1875, précité.

(³) Le contraire a cependant été décidé. Trib. civ. Seine, 22 nov. 1894, *Mon. jud. Lyon*, 29 fév. 1895.

(⁴) Guillouard, I, n. 163.

taire : nous nous occuperons de ces vices à propos de la garantie (¹).

278. De même l'obligation de délivrer oblige le bailleur à faire cesser le trouble, même le trouble de fait, à l'aide duquel un tiers entrave l'entrée du locataire en jouissance (²), car le preneur a le droit d'exiger la disparition de tous les obstacles qui s'opposent à son entrée en jouissance ; on ne peut donc objecter que, dans le cours du bail, et en vertu de l'art. 1725, le bailleur est seulement garant du trouble de droit.

Il y a cependant une différence entre le trouble de fait et le trouble de droit ; le preneur peut réclamer à l'auteur du trouble de fait la réparation de ce trouble ; il ne peut pas la réclamer à l'auteur du trouble de droit (³).

279. Le bailleur doit faire désinfecter l'immeuble si un décès s'y est produit par l'effet d'une maladie contagieuse (⁴).

280. Mais le bailleur n'est pas responsable des cas fortuits, qui détériorent matériellement l'immeuble ou qui s'opposent à l'entrée en jouissance dans l'intervalle qui s'écoule entre la conclusion du bail et la délivrance (⁵) : la convention étant parfaite, le preneur se trouve obligé à exécuter le bail, à moins de faute du bailleur. Le bailleur, comme tout débiteur, ne répond pas du cas fortuit.

Le preneur n'a pas même le droit de demander la résiliation du bail en prouvant que si la détérioration avait été antérieure au bail, il n'eût pas contracté (⁶).

Mais c'est au bailleur qu'il appartient d'établir le cas fortuit.

281. La convention peut déroger à l'obligation du bailleur relative aux réparations (⁷).

(¹) V. *infra*, n. 428 s.

(²) Cass. req., 7 juin 1837, S., 37. 1. 970, D. *Rép.*, v° *Louage*, n. 240. — Duvergier, I, n. 277 ; Troplong, I, n. 262 ; Aubry et Rau, IV, p. 474, § 366 ; Laurent, XXV, n. 105 ; Guillouard, I, n. 89 ; Fuzier-Herman, art. 1719, n. 20 et 21. — *Contra* Nîmes, 26 juin 1806, S. chr., D. *Rép.*, v° *Louage*, n. 238-1°.

(³) V. *infra*, n. 531 et 543.

(⁴) Trib. paix Oran, 4 fév. 1895, *Loi*, 18 fév. 1895.

(⁵) Cass. req., 12 mai 1885, S., 88. 1. 132.

(⁶) *Contra* Alger, 24 janv. 1884, sous Cass., 12 mai 1885, précité (motifs).

(⁷) Lyon, 4 janv. 1894 (impl.), D., 95. 2. 183. — Guillouard, I, n. 94 ; Troplong,

La convention, dérogeant au droit commun, doit être interprétée restrictivement ([1]).

Il est bien entendu que la convention pourrait être tacite ([2]).

Elle ne résulte pas de ce que le preneur connait l'état des lieux ([3], car le preneur a dû penser que le bailleur accomplirait ses obligations légales.

Mais elle résulte de ce que le preneur déclare connaître l'état des lieux ou avoir visité les lieux ([4]), car cette déclaration ne peut être interprétée que comme une acceptation des lieux tels qu'ils se comportent. Il importe peu que le bail soit signé antérieurement à l'entrée en jouissance ([5]).

La rédaction d'un état des lieux tient lieu de convention, car, en rédigeant un état des lieux, les parties conviennent que la restitution sera conforme à cet état et, par suite, que la jouissance aura lieu dans les mêmes conditions ([6]) ; il en est ainsi à plus forte raison si l'état des lieux est suivi ou précédé de l'entrée en possession ([7]).

Mais la prise de possession à elle seule ([8]) ne peut être

I, n. 165: Aubry et Rau, IV. p. 474. § 366 ; Laurent, XXV, n. 108 ; Fuzier-Herman, art. 1709, n. 9 ; Huc, X, n. 290.

([1]) Lyon, 4 janv. 1894, précité. — Guillouard, *loc. cit.* — Ainsi on a décidé que la clause d'après laquelle le preneur doit prendre les lieux loués dans l'état où ils se trouvent lors de son entrée en jouissance, sans pouvoir exiger aucune réparation, peut être regardée comme ne statuant que pour l'avenir et ne s'appliquant pas notamment aux réparations commencées avant l'entrée en jouissance. — Cass., 22 mai 1882, S., 83. 1. 245, D., 82. 1. 320. — Jugé également que la clause qui dispense le bailleur des réparations d'entretien ne lui enlève pas l'obligation de livrer la chose en bon état. — Caen, 19 juil. 1845, P., 45. 2. 361.

([2]) V. cep. Guillouard, *loc. cit.* ; mais cet auteur se contente, comme nous allons le voir, d'une renonciation tacite du preneur.

([3]) Liège, 29 mai 1812, S. chr. — Duvergier, I, n. 278 ; Laurent, XXV, n. 108 ; Guillouard, *loc. cit.*

([4]) Paris, 24 juin 1857, sous Cass., 27 janv. 1858, S., 58. 1. 728, D., 58. 1. 158. — Trib. civ. Bruxelles, 25 fév. 1876, *Pasicr.*, 76. 3. 165. — *Contra* Liège, 29 mai 1812, précité. — Alger, 22 mars 1890, *Rev. algér.*, 90. 369. — Fuzier-Herman, art. 1720, n. 2 et 30.

([5]) V. cep. Huc, X, n. 290.

([6]) Rennes, 17 fév. 1893, D., 94. 2. 214. — *Contra* Caen, 30 août 1862, D. *Rép.*, *Suppl.*, vº *Louage*, n. 84. — Guillouard, I, n. 94.

([7]) *Contra* Caen, 30 août 1862, précité. — Guillouard, *loc. cit.*

([8]) Rennes, 17 fév. 1893, précité (impl.). — Duvergier, I, n. 278 ; Laurent, XXV, n. 108 ; Guillouard, I. n. 94 ; Fuzier-Herman, art. 1720, n. 31. — *Contra* Troplong, I, n. 166. — A plus forte raison en est-il ainsi de la prise de possession

considérée, de la part du preneur, comme une renonciation
au droit de demander des réparations. C'est, en effet, seulement après être entré en jouissance que le preneur peut
s'apercevoir de l'utilité de certaines réparations et, du reste,
on doit lui attribuer la pensée de n'avoir pas voulu reculer
son entrée en jouissance pour attendre des réparations qui
pouvaient être faites ensuite.

Toutefois, la renonciation du preneur peut s'induire d'une
possession suffisamment longue pour qu'il doive être considéré comme ayant consenti à jouir de la maison telle qu'elle
se comportait (¹).

282. A la convention entre les parties, on ne peut assimiler évidemment celle qui aurait été passée entre le bailleur
et les preneurs précédents et par suite de laquelle les dégradations de l'immeuble n'auraient jamais été réparées (²).

283. En vertu de l'obligation de délivrance, le bailleur
d'un fonds de terre doit délivrer la contenance indiquée au
contrat, mais il n'est tenu de délivrer que cette contenance.
Les conséquences de l'erreur, en plus ou en moins, qui aurait
été commise par le bailleur dans l'indication de la contenance
du fonds, sont réglées par l'art. 1765, ainsi conçu : « *Si,*
» *dans un bail à ferme, on donne aux fonds une contenance*
» *moindre ou plus grande que celle qu'ils ont réellement, il*
» *n'y a lieu à augmentation ou diminution du prix pour le fer-*
» *mier, que dans les cas et suivant les règles exprimées au titre*
» *de la Vente* ». Il faut donc appliquer les art. 1617 à 1623 (³).

---

accompagnée de circonstances qui rendent invraisemblable la renonciation du
preneur. — Rennes, 17 fév. 1893, précité (le bailleur a continué à occuper la
majeure partie des lieux loués et, deux mois après son entrée en jouissance, le
locataire a fait constater l'état des lieux par huissier, après avoir, dans le premier
mois, fait une réclamation amiable). — V. cep. Huc, X, n. 290.

(¹) Caen, 30 août 1862, précité. — Rennes, 17 fév. 1893, précité. — Guillouard.
loc. cit.; Fuzier-Herman, art. 1720, n. 30.

(²) Jugé en ce sens que si un moulin, construit pour marcher avec plusieurs
piles, est loué, les réparations doivent être faites à toutes les piles, quoiqu'au moment du bail le moulin fonctionnât avec une seule pile. Caen. 3 août 1848, P., 49.
1. 394, D., 49. 2. 12.

(³) Cass. req., 2 fév. 1891, S., 91. 1. 80, D., 91. 1. 267. — George-Lemaire, *Rapport* sous Cass., 2 fév. 1891, D., 91. 1. 267. — V. cep. Trib. civ. Lille, 31 janv.
1898, *Nord jud.*. 98. 179.

Les solutions suivantes découlent de là :

1° Si le bail est fait à tant la mesure et sans indication de contenance, aucune erreur n'est possible et la contenance sert uniformément de base au prix du bail. Il y aura lieu d'observer pour le mesurage les règles que nous donnons à propos du prix ([1]).

2° Si le bail est fait à tant la mesure, mais avec indication de contenance, c'est encore le prix de la mesure qui sert de base au bail, mais on a égard à la contenance réelle, de sorte qu'il y a lieu à augmentation ou à diminution si la contenance indiquée dans le bail n'est pas exacte ([2]).

En outre, si la différence de contenance est supérieure à un vingtième au profit de la contenance réelle, le preneur peut à son choix payer un excédent de prix ou faire résilier le bail ([3]). C'est ce que décide, en matière de vente, l'art. 1618 et le renvoi au titre de la vente est général, outre qu'il n'y a aucune raison pour décider le contraire en matière de louage.

Le mesurage comprend l'immeuble tout entier, même les parties improductives ([4]).

Il comprend notamment les murs ([5]), les chemins d'exploitation ([6]), les talus et les fossés ([7]).

3° Si le bail est fait moyennant un prix déterminé et avec indication de contenance, il n'y a lieu à augmentation ou à diminution du prix que si la différence avec la contenance réelle est d'au moins un vingtième ([8]).

Ici encore, si la différence d'un vingtième est en plus, le preneur peut demander la résiliation (art. 1620) ([9]).

4° Si le bail est fait moyennant un prix déterminé et sans

([1]) Guillouard, II, n. 535. — V. *infra*, n. 837.

([2]) Rouen, 16 juin 1894, *Rec. Rouen*, 94. 1. 290. — Trib. civ. Nivelles, 7 août 1882, *Pasicr.*, 83. 3. 145. — Guillouard, II, n. 535.

([3]) Duvergier, II, n. 134; Guillouard, II, n. 536.

([4]) Caen, 14 nov. 1842, S., 44. 2. 174. — Duvergier, II, n. 144; Guillouard, II, n. 539.

([5]) Caen, 14 nov. 1842, précité. — Duvergier, *loc. cit.*; Guillouard, *loc. cit.*

([6]) Caen, 14 nov. 1842, précité. — Duvergier, *loc. cit.*; Guillouard, *loc. cit.*

([7]) Caen, 14 nov. 1842, précité. — Duvergier, *loc. cit.*; Guillouard, *loc. cit.*

([8]) Guillouard, II, n. 535.

([9]) Duvergier, II, n. 134; Guillouard, II, n. 536.

indication de contenance, il n'y a jamais lieu à modification du prix.

284. La durée de la prescription de l'action en augmentation ou en diminution du prix pour erreur de contenance est fixée à un an par l'art. 1622 en matière de vente.

Ce texte est applicable au bail ([1]), car l'art. 1765 renvoie au titre *de la vente* pour toutes *les règles* de la matière. Les raisons de décider sont également les mêmes. Il faut donc rejeter l'opinion contraire, d'après laquelle l'action du bailleur et celle du preneur sont, à défaut de limitation expresse, d'une durée de 30 ans.

Ce délai court du jour du bail ([2]).

Néanmoins si la contenance est subordonnée à un arpentage, la prescription ne commence à courir que du jour de cet arpentage, par application de l'art. 2257 ([3]).

285. On peut déroger aux art. 1617 et suiv. ([4]).

286. La délivrance ne doit pas seulement porter sur la chose; elle doit porter sur tous les accessoires ([5]), comme le disait, dans le rapport au tribunat, le tribun Mouricault ([6]).

La question de savoir quels sont les accessoires à livrer est résolue non pas seulement par la stipulation des parties, ou par l'usage des lieux ([7]), mais par la nature de l'objet loué.

Les accessoires consistent notamment dans les immeubles par destination de l'immeuble loué : clefs, etc. ([8]).

On doit aussi considérer comme tels les parties communes et accessoires de l'immeuble.

([1]) Cass. req., 2 fév. 1891, précité. — Rouen, 16 juin 1894, précité. — Trib. civ. Provins, 3 déc. 1896, *Pand. franç.*, 98. 2. 87. — Trib. civ. Evreux, 21 déc. 1897, *Loi*, 23 mars 1898. — George-Lemaire, *loc. cit.*: Duranton, XVII, n. 180 (4e éd.; il avait dans les précédentes éditions soutenu le contraire): Troplong, II, n. 658 ; Duvergier, II, n. 135 ; Marcadé, art. 1765, n. 1 ; Massé et Vergé, IV, p. 392, § 706, note 1 ; Aubry et Rau, IV, p. 505, § 371, note 1 ; Laurent, XXV, n. 445 ; Guillouard, II, n. 537 ; Huc, X. n. 361.

([2]) Guillouard, II, n. 537.

([3]) Paris, 28 août 1841, D. *Rép.*, v° *Louage*, n. 739. — Guillouard, II, n. 538.

([4]) Alger, 28 oct. 1889, sous Cass. req., 2 fév. 1891, précité.

([5]) Aubry et Rau, IV, p. 473, § 366 ; Laurent, XXV, n. 104 ; Agnel, n. 154; Guillouard, I, n. 88 ; Fuzier-Herman. art. 1719, n. 13.

([6]) Fenet, XIV, p. 325; Locré, VII, p. 99.

([7]) Guillouard, *loc. cit.*

([8]) V. *supra*, n. 276.

Ainsi le bailleur doit délivrer, si une maison est louée tout entière, les greniers, caves, vestibule, cour (¹).

Si la maison est louée en partie, le preneur doit avoir les greniers et caves correspondant à son appartement ; il a, comme nous le verrons à propos de la garantie, la jouissance de la cour.

287. Si la location porte sur une ferme, le bailleur doit délivrer les fumiers, pailles, fourrages, etc., que l'usage considère comme essentiels à l'exploitation de la ferme (²).

Si une terre est louée comme *herbage,* le bailleur doit délivrer les clôtures (³), car l'herbage est par définition un pré entouré de clôtures défensives qui puissent empêcher les animaux non gardés de fuir.

288. Il se peut que l'intention des parties soit de laisser au preneur un droit de passage sur l'immeuble voisin du bailleur : cette intention peut se manifester par l'état antérieur des lieux (⁴).

289. Si la location porte sur une usine, la délivrance devra avoir pour objet tous les ustensiles et machines nécessaires à l'exploitation de l'usine (⁵).

290. Le bailleur méconnait encore son obligation de délivrance s'il ne fait pas les constructions qu'il a promises (⁶), s'il n'y introduit pas les meubles ou les immeubles par destination promis (⁷).

291. Dans le cas où les accessoires indispensables n'existeraient pas dans l'immeuble, le bailleur devrait nécessairement les procurer au preneur (⁸). Le bailleur doit notamment

---

(¹) Grenoble, 8 mai 1882, S., 84. 2. 123, D., 83. 2. 94 (corridor) — Guillouard, *loc. cit.* — Un locataire a droit à une pompe se trouvant dans la cour commune, alors même qu'une clause expresse accorde ce droit à un autre locataire ; il ne résulte pas de là qu'une clause expresse soit nécessaire pour tous les locataires. — Trib. civ. Lyon, 31 mai 1894, *Mon. jud. Lyon,* 13 juin 1894. — V. *infra,* n. 507 s.

(²) Guillouard, I, n. 88.

(³) Paris, 29 novembre 1892, D., 93. 2. 473.

(⁴) Rennes. 23 avril 1896, *Rec. Angers,* 96. 303.

(⁵) Troplong, I, n. 160 ; Laurent, XXV, n. 104 ; Guillouard, I, n. 88.

(⁶) Cass. civ., 5 mars 1894, S., 97. 1. 84, D., 94. 1. 508. — Huc, X, n. 288.

(⁷) Amiens, 13 août 1895, *Rec. Amiens,* 95. 205.

(⁸) Guillouard, I, n. 88.

faire les constructions nécessaires pour que l'immeuble puisse remplir sa destination. L'intention des parties est en ce sens, car elles ne peuvent avoir laissé ce soin au preneur, qui n'a pas le droit de changer la forme de l'immeuble sans une clause formelle.

Ainsi on a décidé que la location d'une boutique destinée au commerce de la charcuterie oblige le bailleur à y faire construire une cheminée indispensable à une exploitation de ce genre ([1]).

En tout cas la convention peut être différente; le preneur ne pourra exiger aucune construction nouvelle, s'il loue l'immeuble tel qu'il se comporte, ou même s'il déclare connaître les lieux.

292. On doit d'ailleurs décider que le bailleur n'a pas à faire les agencements intérieurs nécessaires au preneur, et qui ne changent pas la forme de la chose; le preneur ayant le droit de les faire, il n'est pas à supposer que le bailleur en ait assumé le soin ([2]).

293. Parmi les accessoires de la chose il faut comprendre la dénomination sous laquelle la chose est connue. Le preneur a la jouissance de cette dénomination, il peut donc vendre les produits de la chose en leur donnant cette dénomination ([3]).

294. Faut-il considérer comme un accessoire de l'immeuble loué l'*alluvion,* ou tout autre attérissement qui vient se joindre à l'immeuble loué dans le cours du bail ?

Il est certain, tout d'abord, que le preneur n'est pas forcé de prendre la jouissance de l'alluvion qui n'est pas comprise dans la chose louée. Mais a-t-il le droit d'exiger la jouissance de l'alluvion ? S'il a ce droit et en use, doit-il payer un supplément de prix ?

La première question nous paraît devoir être tranchée par

([1]) Caen, 25 août 1875, S., 76. 2. 40. — Guillouard, I, n. 88 ; Fuzier-Herman, art. 1719, n. 17.

([2]) Paris, 9 juin 1896, *Droit,* 27 août 1896.

([3]) Cass., 21 juil. 1890, S., 91. 1. 19. — Huc, X, n. 288. — Mais il ne peut leur donner évidemment le nom d'une propriété voisine appartenant au bailleur. Même arrêt. — Huc, *loc. cit.*

la négative (¹). Si le preneur ne peut être forcé de se mettre en jouissance de l'alluvion, il ne peut obliger le bailleur à lui confier cette jouissance, qui ne lui est pas due en vertu du bail. Pothier (²) le disait très bien : « Il n'a pas le droit de jouir de ce qui ne lui a pas été loué ; et la partie qui est accrue depuis le bail n'a pas pu lui être louée, puisqu'elle n'existait pas encore... Dans le contrat de louage ou de bail à ferme, la chose est entièrement aux risques du locateur, et non à ceux du conducteur ; ce n'est donc pas le conducteur, mais le locateur, qui doit avoir le bénéfice de l'accrue survenue durant le bail à héritage ». On peut ajouter que le contrat ne contient que ce que les parties ont voulu y mettre ; or elles n'ont pas songé à l'alluvion.

On objecte que l'obligation de garantie assumée par le bailleur l'oblige à fournir au preneur la jouissance paisible de la chose louée, et que si le bailleur exploitait lui-même ou louait à un tiers l'alluvion, il enlèverait au fermier les avantages du voisinage de la rivière et méconnaîtrait ainsi l'obligation de garantie.

La question de savoir si la privation de l'un des agréments de la jouissance par l'effet d'un élément naturel rend le bailleur garant envers le preneur, sera étudiée en son lieu ; cette question est étrangère à celle qui nous occupe, car l'obligation de garantie ne peut avoir d'autre sanction que le paiement de dommages-intérêts ou la résiliation du bail ; jamais on n'a songé à la sanctionner par la jouissance accordée au preneur d'une chose non comprise dans le contrat de bail.

295. En admettant que le preneur ait le droit de jouir de l'alluvion, ou qu'il s'empare de l'alluvion avec le consentement tacite du bailleur, doit-il pour cette alluvion un supplément de loyer ? L'affirmative nous paraît certaine (³) ; nous

---

(¹) Huc, X, n. 307. — *Contra* Guillouard, I, n. 282.

(²) N. 278.

(³) Garnier, *Tr. du régime des eaux*, I, n. 242 ; Charlon, *De l'alluvion*, n. 57 ; Duvergier, I, n. 356 ; Demolombe, X, n. 95 ; Aubry et Rau, IV, p. 470, § 365, note 1 ; Guillouard, I, n. 284. — *Contra* Lecoq, *Tr. des différ. esp. de biens*, III, n. 5 ; Troplong, I, n. 190 et II, n. 240 ; Proudhon, *Tr. du domaine public*, IV, n. 1295 ; Duranton, XVII, n. 81 ; Daviel, *Tr. des cours d'eaux*, I, n. 142.

ne l'appuyons pas, comme l'ont fait certains auteurs, sur l'autorité de Pothier ; Pothier, en effet, ne s'occupait pas de la question. Mais si le preneur n'avait pas droit à l'alluvion, il ne peut en recevoir la jouissance sans payer un supplément de loyer ; s'il y avait droit, il sera encore vrai de dire que, l'alluvion n'ayant pas été prévue, le prix a été calculé sans tenir compte de l'alluvion et doit être révisé ; du reste le fermier, qui n'est pas tenu de subir les diminutions fortuites de la chose, ne peut bénéficier des augmentations.

On objecte en vain que l'alluvion se forme insensiblement et suit le sort de la chose, dont il ne peut être distingué ; la distinction est, au contraire, matériellement facile. On a également tort de dire que la réciprocité que nous invoquons n'existe pas, le fermier n'étant obligé à aucune augmentation de prix s'il fait de bonnes récoltes et ayant le droit d'exiger une diminution s'il en fait de mauvaises. Cette dernière solution se justifie par des raisons particulières.

296. En tout cas, si le prix est fixé à tant la mesure, il doit être augmenté par l'alluvion ; cela est évident et accepté par les partisans de l'opinion contraire [1].

297. Si on admet que l'alluvion donne lieu à augmentation du prix, il n'y a pas à distinguer suivant que l'alluvion est importante ou non [2] ; les arguments que nous avons donnés s'appliquent aux deux hypothèses. Il va sans dire cependant qu'une alluvion imperceptible ou insignifiante, n'augmentant en rien la valeur locative de la chose, ne peut donner lieu à une augmentation du fermage.

§ II. *Epoque de la délivrance ou de l'entrée en jouissance.*

298. L'époque de l'entrée en jouissance est un des points essentiels du bail ; si les parties n'ont pu s'accorder sur ce point, le bail doit être considéré comme étant resté à l'état de projet [3].

---

[1] Duranton, *loc. cit.* ; Daviel, *loc. cit.*
[2] Guillouard, *loc. cit.* — *Contra* Demolombe, *loc. cit.* ; Aubry et Rau, *loc. cit.*
[3] Montpellier, 3 fév. 1896, *Gaz. Pal.*, 96. 1. 756. — V. *supra*, p. 27, note 1.

L'époque de l'entrée en jouissance est généralement fixée par la convention, qui est libre sur ce point ([1]).

299. Si la convention est muette, c'est, selon nous, à l'usage des lieux qu'il faut se référer; dans toutes les contrées et pour les immeubles de presque toutes les catégories (maisons, fermes) il existe un ou plusieurs termes d'entrée en jouissance; on doit supposer que le terme le plus prochain a été adopté par les parties ([2]).

Toutefois certains auteurs ([3]) n'admettent pas qu'on consulte l'usage des lieux si l'immeuble est actuellement vacant; ils pensent que les parties doivent avoir entendu faire une location immédiate; nous ne pensons pas que cette idée soit exacte : l'effet de l'usage des lieux étant de feindre une stipulation tacite, en l'absence de convention expresse, nous ne voyons pas pourquoi le principe subirait un échec.

On soutient aussi que s'il y a plusieurs époques usitées d'entrée en jouissance dans l'année, l'usage des lieux ne peut plus être invoqué ([4]). C'est encore ce que nous n'admettons pas; il est à supposer que les parties ont voulu se référer au terme le plus prochain.

300. A défaut d'usage des lieux et de convention, nous admettons que la jouissance doit être immédiate, et cela même si l'objet n'est pas disponible, car nous avons montré que le bail peut porter sur un objet qui se trouve entre les mains d'un tiers. Des auteurs veulent qu'alors, faute de consentement, le bail ne se forme pas ([5]).

Il n'existe pas, en général, d'usage des lieux pour les usines et les objets mobiliers.

301. Pothier disait déjà ([6]) : « A Paris, il y a quatre termes par chaque année, d'où les baux commencent et où ils finissent : le 1er janvier, le 1er avril, le 1er juillet et le 1er octo-

---

([1]) Jugé avec raison que la fixation de l'entrée en jouissance à l'époque de la mort du bailleur est valable et ne constitue pas un pacte sur succession future. — Trib. civ. Bruxelles, 7 avril 1896, *Pasicr.*, 96. 3. 230.

([2]) Pothier, n. 58; Guillouard, I, n. 92.

([3]) Guillouard, *loc. cit.*

([4]) Guillouard, *loc. cit.*

([5]) Guillouard, I, n. 92.

([6]) N. 29.

bre. Lorsqu'il n'y a pas de bail par écrit, qui exprime le temps que le bail doit durer, il dure toujours jusqu'à l'un de ces termes, pour lequel l'une ou l'autre des parties doit donner ou prendre congé ».

Cette solution est toujours conforme à l'usage des lieux (¹).

.A Orléans, nous dit Pothier (²), il y a deux termes : la Saint-Jean pour les maisons de la ville et la Toussaint pour celles de la campagne.

302. Dans les lieux où le preneur dont le bail expire à un terme quelconque a le droit de rester un certain nombre de jours en jouissance, et où, par conséquent, le départ du preneur s'opère un nombre de jours uniforme après le terme, c'est seulement à ce dernier moment que le bailleur est tenu de procurer au nouveau preneur la jouissance.

Ainsi, à Paris, il est d'usage que le preneur dont le bail prend fin le premier jour d'un trimestre, a le droit de rester en jouissance jusqu'au 8 ou au 15, suivant le montant du loyer (³); par une solution qui est le corollaire de celle-ci, l'usage des lieux admet que le preneur ne peut, si les lieux loués sont encore occupés par l'ancien preneur, exiger sa mise en possession avant le 8 ou le 15, quoique son bail parte du 1ᵉʳ (⁴).

303. Le bailleur est responsable, même pour un retard résultant d'un cas fortuit ou du fait du prince (⁵), en ce sens qu'il n'est pas dû de loyer pour la durée du retard.

(¹) Guillouard, II, n. 497.

(²) N. 29.

(³) V. *infra*, n. 1394 s.

(⁴) Trib. civ. Seine, 13 nov. 1895 et 11 fév. 1896, D., 97. 2. 182. — On doit, semble-t-il, conclure de là que si le bailleur s'est obligé à faire certains travaux pour le premier jour du trimestre, il suffit que les travaux soient terminés le 15 du même mois, époque de l'entrée en jouissance. Cependant le contraire a été décidé. — Trib. civ. Seine, 28 mars 1898, *Loi*, 6 avril 1898.

(⁵) Paris, 6 juill. 1893, D., 94. 2. 53. — Haute Cour Angleterre, 2 juin 1876, *Week. Rep.*, XXIV, p. 845, *Anal. Journ. dr. int.*, III, 1876, p. 276 (location d'un navire, à partir du jour où il aura fini son voyage actuel ; retenue du navire après ce voyage comme innavigable, par les agents du commerce, et nécessité de le réparer). — Haute Cour Angleterre (banc de la reine), 22 janv. 1897, *Times*, 23 janv. 1877, *Anal. Journ. dr. int.*, IV, 1877, p.49 (*id.*). — V. *infra*, n. 310.

§ III. *De l'endroit où se fait la délivrance.*

304. D'après l'art. 1247, que l'art. 1609 reproduit en matière de vente, « le paiement doit être exécuté dans le lieu désigné par la convention. Si le lieu n'y est pas désigné, le paiement, lorsqu'il s'agit d'un corps certain et déterminé, doit être fait dans le lieu où était, au temps de l'obligation, la chose qui en fait l'objet ».

Cette disposition est entièrement applicable à la délivrance de l'objet loué ([1]), notamment pour les meubles ([2]).

Il faut ajouter que l'usage des lieux peut, comme la convention, fixer un endroit autre que celui de la situation ([3]).

Cet usage existe dans un grand nombre de cas pour les meubles.

Ainsi, il est d'usage que le loueur de chevaux et voitures mène, comme le disait Pothier ([4]), les objets loués au domicile du preneur si ce dernier demeure dans la même localité ([5]).

De même pour les meubles donnés à bail par un tapissier ([6]), c'est encore ce que disait Pothier ([7]).

305. Pour ceux qui admettraient qu'une chose peut être louée sans obligation de restitution en nature, il faudrait appliquer l'art. 1247 al. 2, suivant lequel, hors les deux cas cités, le paiement doit être fait au domicile du bailleur; c'est donc au domicile du bailleur que se ferait la délivrance.

Mais les choses consomptibles louées comme accessoires d'un établissement industriel ou commercial doivent être livrées au lieu même où est situé cet établissement; la jurisprudence en autorise la location parce qu'elles sont l'accessoire de l'établissement et participent en quelque sorte de sa nature; cette considération conduit à la solution qui précède.

306. Il va sans dire que les choses consomptibles louées à

([1]) Pothier, n. 55; Troplong, I, n. 167; Duvergier, I, n. 245; Laurent, XXV, n. 103; Guillouard, I, n. 91; Fuzier-Herman, art. 1719, n. 24; Huc, X, n. 290.

([2]) Guillouard, *loc. cit.;* Valéry, n. 21; Huc, *loc. cit.*

([3]) Guillouard, *loc. cit.;* Valéry, n. 21.

([4]) N. 57.

([5]) Guillouard, II, n. 678; Valéry, n. 21.

([6]) Guillouard, II, n. 678; Valéry, *loc. cit.*

([7]) N. 57.

la charge d'être restituées en nature sont, au sens de l'art.
1247, des corps certains.

§ IV. *Frais de la délivrance.*

307. Les frais de la délivrance sont à la charge du bailleur (¹), car, d'après l'art. 1248, « les frais de paiement sont à
la charge du débiteur » et c'est par application de cette disposition que l'art. 1608 met à la charge du vendeur les frais
de la délivrance de l'objet vendu. Telle est d'ailleurs la solution donnée soit par Pothier (²), soit par Mouricault dans son
rapport au Tribunat (³). La stipulation contraire est, du reste,
permise, comme le dit l'art. 1608 en matière de vente, et l'usage
des lieux peut conduire à la même solution.

Nous citerons parmi les frais de délivrance :

Les frais de transport si le meuble loué doit être déplacé (⁴),
les frais d'arpentage s'il y a lieu (⁵).

Au contraire, les frais d'enlèvement sont à la charge du
preneur (⁶), car l'enlèvement ne rentre pas dans les obligations
du bailleur ; par exemple, comme le disait Pothier (⁷) : « Si
j'ai loué à un marchand de bois des pièces de bois pour étayer
une maison, c'est à mes frais que je dois les enlever ».

§ V. *Sanction de l'obligation de délivrance.*

308. Le défaut de délivrance ou le retard dans la délivrance ont la même sanction (⁸).

Dans l'une et l'autre hypothèse, le preneur a le choix entre
deux partis :

1° Il peut exiger la délivrance *manu militari*, c'est-à-dire

---

(¹) Pothier, n. 55 ; Troplong, I, n. 167 ; Duvergier, I, n. 245 ; Laurent, XXV,
n. 103 ; Guillouard, I, n. 90 ; Fuzier-Herman, art. 1719, n. 24.

(²) N. 55 et 56.

(³) Fenet, XIV, p. 324.

(⁴) Guillouard, I, n. 90 et II, n. 678 ; Pothier, n. 57. — *Contra* Fuzier-Herman,
art. 1719, n. 24.

(⁵) Guillouard, I, n. 90 ; Fuzier-Herman, art. 1719, n. 24.

(⁶) Guillouard, I, n. 91.

(⁷) N. 56.

(⁸) V. cep. Guillouard, I, n. 95 et 100.

se faire mettre, sans la participation du bailleur, en possession.
Ce droit lui appartient soit en cas de défaut de délivrance (¹),
— c'est ce que disait Mouricault (²), — soit en cas de retard
dans la délivrance (³). Le bailleur a, en effet, contracté une
obligation de faire, et d'après l'art. 1144 « le créancier peut,
en cas d'inexécution, être autorisé à faire exécuter lui-même
l'obligation aux dépens du débiteur ». L'art. 1184 al. 2 est
dans le même sens.

La même solution doit être admise dans l'opinion qui accorde au preneur un droit réel ; car, le droit réel étant créé
par le seul effet du consentement, le preneur a les mêmes
droits qu'un propriétaire et peut se faire mettre en possession.

Toutefois il va sans dire que le preneur ne peut se faire
mettre en possession dans les cas où cette mise en possession
heurterait les droits d'autrui : bail de la chose d'autrui, bail
d'une chose déjà louée à un preneur préférable (⁴).

309. 2° Le preneur peut demander la résiliation du bail ;
il le peut certainement si la délivrance n'a pas eu lieu et ne
doit pas avoir lieu (⁵). Il le peut aussi s'il y a un simple retard
dans la délivrance (⁶), quoique certains auteurs (⁷) exigent
que le retard soit volontaire et considérable ; la raison du retard n'influe que sur la question des dommages-intérêts et le
montant du retard n'a aucune importance, car l'art. 1184
dispose en termes absolus : « La condition résolutoire est
toujours sous-entendue dans les contrats synallagmatiques,
pour le cas où l'une des parties ne satisfera pas à son enga-

---

(¹) Pothier, n. 66; Duvergier, I, n. 286 ; Troplong, I, n. 169 ; Agnel, n. 158;
Laurent, XXV, n. 106; Guillouard, I, n. 95; Fuzier-Herman, art. 1719, n. 25 et
27 ; Huc, X, n. 291.

(²) Fenet, XIV, p. 325.

(³) V. cep. Guillouard, I, n. 100.

(⁴) V. supra, n. 125 et s.

(⁵) Aix, 2 mars 1897, Loi, 26 mars 1897. — Laurent, XXV, n. 106; Guillouard, I,
n. 95; Fuzier-Herman, art. 1719, n. 25; Huc, X, n. 291.

(⁶) Cass., 7 nov. 1827, S. chr., D. Rép., v° Louage, n. 163. — Haute-Cour Angleterre, 26 avril 1877 (Echiquier), Journ. dr. int., 1877, p. 442 (pour un appartement garni). — Fuzier-Herman, art. 1719, n. 29. — V. aussi les décisions anglaises
citées n. 303, pour les réparations à faire à un navire frété.

(⁷) Guillouard, I, n. 100.

gement ». Or le bailleur ne satisfait pas à son engagement s'il ne fait pas la délivrance dans le délai fixé.

Toutefois le tribunal, par application de l'art. 1244, qui l'autorise à accorder des délais modérés pour le paiement et de l'art. 1184 qui lui donne le même droit dans l'action en résolution, peut décider que le bailleur jouira — par exemple à raison de la longueur des réparations — d'un certain délai pour la délivrance (¹) ; il peut aussi, dans le cas où le défaut de délivrance est partiel, condamner simplement le bailleur à des dommages-intérêts (²).

Mais les tribunaux ne sont pas forcés d'accorder ces délais ; ils ne sont même pas forcés, une fois que l'action en résolution est intentée, d'accueillir l'offre faite par le bailleur d'exécuter immédiatement son obligation (³).

La résiliation peut être demandée alors même que le défaut de délivrance provient d'un cas fortuit (⁴).

310. En outre, s'il y a retard, les loyers ne courent que du jour de l'entrée en possession effective (⁵). On a même décidé, comme nous l'avons vu, qu'il en est ainsi quand le retard provient de l'occupation indue d'un tiers que le preneur s'est chargé d'expulser (⁶).

311. Non seulement la résolution prononcée avant l'entrée en jouissance permet au preneur de se soustraire à l'exécution du bail, mais il peut encore demander la restitution de ce qu'il a versé.

Ainsi il se fera restituer les loyers payés d'avance (⁷).

Il pourra même demander la restitution des arrhes et du denier à Dieu ; car si le bailleur (à moins d'être dans le cas d'être condamné à des dommages-intérêts) ne doit éprouver

---

(¹) Aix, 2 mars 1897, précité (implic.). — Trib. civ. Chambéry, 13 mai 1891, *Rec. Chambéry*, 91. 31.

(²) Trib. civ. Chambéry, 13 mai 1891, précité.

(³) Cass., 7 nov. 1827, S. chr., D. *Rép.*, v° *Louage*, n. 163. — Guillouard, I, n. 180 ; Fuzier-Herman, art. 1719, n. 30.

(⁴) Pothier, n. 73 ; Guillouard, I, n. 96 ; Fuzier-Herman, art. 1719, n. 26. — Cpr. *supra*, n. 303.

(⁵) V. *supra*, n. 303.

(⁶) V. *supra*, n. 274.

(⁷) Guillouard, I, n. 96 ; Fuzier-Herman, art. 1719, n. 25.

aucune perte à raison de la résolution, le preneur, de son côté, doit être rendu indemne.

La question de savoir s'il peut refuser de payer les loyers tant que l'obligation du bailleur n'est pas accomplie sera traitée plus loin ([1]).

Le preneur a encore droit au remboursement des dépenses faites sur l'immeuble, comme nous le montrerons ([2]).

312. Dans l'une et l'autre des actions qu'il intente, le preneur peut avoir droit à des dommages-intérêts. L'art. 1147 autorise, au cas où l'exécution a lieu de force, la condamnation « s'il y a lieu, au payement de dommages-intérêts, soit à raison de l'inexécution de l'obligation, soit à raison du retard dans l'exécution » et l'art. 1184 dit aussi que « la partie envers laquelle l'engagement n'a point été exécuté » peut « en demander la résolution avec dommages-intérêts ».

Les dommages-intérêts peuvent donc être prononcés soit en cas d'inexécution ([3]), soit en cas de retard ([4]), soit en cas d'exécution partielle ([5]). Dans tous ces cas, ils peuvent prendre la forme d'une diminution de loyer ([6]).

Toutefois, d'après l'art. 1146, « les dommages et intérêts ne sont dus que lorsque le débiteur est en demeure de remplir son obligation ». Cette solution doit être appliquée au bail ; cependant on a soutenu et décidé que le bailleur doit être réputé en faute et tenu des dommages-intérêts de plein droit ([7]). Il s'agit, a-t-on dit, d'une chose que le débiteur ne pouvait faire que dans un certain temps et, par suite, l'expiration de ce temps rend de plein droit exigibles les dommages-intérêts

---

([1]) V. pour l'affirmative, Cass. req., 3 fév. 1889, D., 90. 1. 21. — V. *infra*, n. 328.

([2]) V. *infra, loc. cit.*

([3]) Guillouard, I, n. 96 ; Fuzier-Herman, art. 1719, n. 28 ; Huc, X, n. 291.

([4]) Lyon, 9 janv. 1896, S., 97. 2. 135. — Pothier, n. 74 ; Duvergier, I, n. 290 ; Laurent, XXV, n. 106 ; Agnel, n. 163 ; Guillouard, I, n. 100 ; Fuzier-Herman, art. 1719, n. 29 ; Huc, *loc. cit.*

([5]) Cass. civ., 5 mars 1894, S., 97. 1. 74, D., 94. 1. 508. — V. *infra*, n. 316.

([6]) Cass. civ., 5 mars 1894, précité.

([7]) Cass. civ., 15 déc. 1880, S., 81. 1. 170, D., 81. 1. 37. — Amiens, 13 août 1895, *Rec. Amiens*, 95. 205. — Pothier, n. 74 ; Duvergier, I, n. 290 ; Laurent, XXV, n. 106 ; Guillouard, I, n. 100 ; Baudry-Lacantinerie et Barde, *Tr. des obl.*, I, n. 470. — La cour de cassation adopte aujourd'hui notre opinion, ainsi qu'on le verra, d'ailleurs, *infra*, n. 332.

(C. civ. art. 1146). C'est, croyons-nous, une erreur : quoique le bailleur soit obligé par la convention de faire la délivrance complète au jour de l'entrée en jouissance, on ne peut dire que la délivrance ne puisse *matériellement* être opérée encore ensuite ; la chose n'est donc pas de celles qui ne peuvent se donner que dans un certain temps.

D'un autre côté, l'art. 1147 permet au débiteur d'échapper aux dommages-intérêts « soit à raison de l'inexécution de l'obligation, soit à raison du retard dans l'exécution », s'il justifie « que l'inexécution provient d'une cause étrangère qui ne peut lui être imputée ».

Cette disposition s'appliquera en premier lieu au bailleur qui n'a pu exécuter son obligation (¹) ; par exemple si une inondation a détruit l'immeuble loué, lequel ainsi ne peut être mis en état d'être loué (²).

313. De même les dommages-intérêts ne pourront pas, en cas de force majeure, être prononcés contre le bailleur qui a mis du retard dans l'exécution (³) ; l'art. 1147 le décide expressément ; l'opinion contraire a été soutenue (⁴), elle est inadmissible. On l'appuie sur l'idée que le bailleur est alors nécessairement en faute. Le bailleur est-il donc en faute si un incendie, provenant d'un cas fortuit ou de la malveillance, a détruit l'immeuble ?

Mais conformément à l'art. 1147, le cas fortuit doit être prouvé par le bailleur (⁵).

314. A la faute du bailleur doit être assimilée (non pas, comme nous le verrons, pour le montant des dommages-intérêts, mais seulement pour le droit aux dommages-intérêts) le fait du bailleur, c'est-à-dire la perte ou le retard causés par le bailleur, mais sans intention de se soustraire à ses engagements, et même sans sa faute (⁶) ; l'art. 1147 n'excepte en effet

---

(¹) Guillouard, I, n. 96.

(²) Guillouard, I, n. 96.

(³) Lyon, 9 janv. 1896, S., 97. 2. 135 (motifs). — Trib. civ. Lyon, 28 juin 1895, *Gaz. Pal.*, 95. 2. 563.

(⁴) Pothier, n. 74 ; Duvergier, I, n. 290 ; Laurent, XXV, n. 106 ; Guillouard, I, n. 100.

(⁵) Lyon, 9 janv. 1896, précité.

(⁶) Pothier, *loc. cit.* ; Guillouard, I, n. 96.

que la force majeure. Il y a donc lieu à des dommages-intérêts si un incendie, provenant de l'imprudence du bailleur, a causé la perte de l'immeuble ([1]); ou si le retard dérive de la nécessité de faire de grosses réparations ([2]), car le bailleur devait savoir que ces réparations seraient nécessaires.

315. Le montant des dommages-intérêts est fixé suivant la distinction suivante, qui résulte des art. 1149 et s.

1° Si l'inexécution ou le retard proviennent d'un dol, le bailleur est tenu des dommages-intérêts représentant la perte qu'a faite le preneur et le gain dont il a été privé, mais en les limitant à « ce qui est une suite immédiate et directe de l'inexécution de la convention « (art. 1149 et 1151).

On peut indiquer comme cas de dol le refus ou le retard fait dans le seul but de nuire au preneur. Dans l'opinion d'après laquelle l'acquéreur n'est pas obligé de respecter le bail non suivi d'entrée en jouissance, on peut également supposer que le bailleur retarde l'exécution pour vendre plus facilement son immeuble.

Comme suite directe de l'inexécution, nous citerons la perte faite par le débiteur en revendant les meubles qu'il avait achetés pour garnir l'immeuble loué ([3]), les profits qu'il pouvait légitimement espérer réaliser dans le cours de la convention ([4]).

Au contraire, si l'inexécution a empêché le preneur de continuer ses affaires et a consommé sa ruine, le créancier ne sera pas tenu des conséquences de cette ruine ([5]). Il ne sera pas tenu non plus des profits qu'aurait procurés au preneur l'ouverture postérieure d'une route près de l'immeuble loué.

2° Si l'inexécution ou le retard proviennent de la faute ou

([1]) Cpr. Pothier, *loc. cit.*: Guillouard, *loc. cit.*

([2]) V. cep. Trib. civ. Lyon, 28 juin 1895, précité (le preneur n'aurait droit qu'à la dispense de payer le loyer pendant le temps des réparations). — Ce jugement se fonde sur l'art. 1724 C. civ., lequel est entièrement étranger à la question. — La solution donnée ci-dessus nous paraît exacte même dans le cas où le preneur savait que des réparations seraient nécessaires, car il pouvait croire que le bailleur se hâterait pour les faire.

([3]) Guillouard, I, n. 97.

([4]) Amiens, 11 mars 1837, S., 38. 2. 120. — Guillouard, I, n. 97 et II, n. 604.

([5]) Pothier, n. 70; Guillouard, *loc. cit.*

du fait du bailleur, on applique l'art. 1150 ([1]), suivant lequel
« le débiteur n'est tenu que des dommages-intérêts qui ont
été prévus ou qu'on a pu prévoir lors du contrat ».

Ainsi non seulement le bailleur ne sera pas tenu de rembourser les profits que le preneur aurait tirés de travaux postérieurs faits par l'administration dans un cours d'eau et qui
ont augmenté la force motrice de l'usine louée ([2]), ou des profits que le preneur aurait pu retirer dans son commerce de
l'ouverture d'une route ([3]), mais il ne sera pas tenu de rembourser au preneur la perte résultant de la vente des meubles
qu'il a achetés pour garnir l'immeuble loué. Il lui rembour-
sera seulement les profits que le preneur aurait tirés de la
location.

316. Le cas où le bailleur n'offre qu'une délivrance partielle ou ajourne la délivrance d'une portion de la chose louée,
doit être assimilé au cas où la délivrance totale est ajournée
où refusée ([4]). En effet, un débiteur ne peut offrir un paiement partiel (art. 1244) : le preneur est donc dans la même
situation que si aucune délivrance ne lui était faite ; il demandera à son choix la résiliation ([5]) ou (si elle est possible) l'exécution totale ([6]), et en outre des dommages-intérêts, s'il y a
faute ou fait du bailleur ([7]) ; il peut aussi demander la réduction du prix du bail ([8]).

On pourrait être tenté, toutefois, d'appliquer l'art. 1722,
qui, en cas de perte partielle intervenue par cas fortuit au
cours du bail, permet seulement au preneur de demander,
suivant les circonstances, ou une réduction de prix, ou la
résiliation. Mais les deux hypothèses ne doivent pas être assimilées. On comprend que la loi tienne au maintien du bail, si

---

([1]) Guillouard, I, n. 98.

([2]) Pothier, *loc. cit.* : Guillouard, *loc. cit.*

([3]) Pothier, *loc. cit.* : Guillouard, *loc. cit.*

([4]) M. Guillouard (I, n. 101) assimile ce cas à celui du défaut de réparations :
aussi adopte-t-il en partie des solutions différentes.

([5]) Guillouard, I, n. 101. — V. *supra*. n. 309.

([6]) V. cep. Guillouard, *loc. cit.*

([7]) Guillouard, *loc. cit.* — V. *supra*, n. 312.

([8]) Cass. civ., 5 mars 1894, S., 97. 1. 74, D., 94. 1. 508 (cas où le bailleur ne fait
pas les constructions promises).

ce maintien ne nuit pas au preneur; mais il est naturel aussi que le preneur ne soit pas forcé d'entrer en jouissance d'une chose qui ne s'offre pas à lui dans l'état où elle a été promise.

Certains auteurs assimilent, sans aucune raison, le cas d'une perte partielle au cas d'un défaut de réparations, et autorisent, comme ils le font à propos de cette dernière circonstance, le preneur à opter entre la résiliation et une *diminution du prix* (¹). Ce dernier terme de l'option ne nous paraît pas acceptable; si l'exécution forcée n'est pas possible, le bailleur ne peut être tenu, alors qu'il a stipulé un prix déterminé, de se contenter d'un prix moindre. La solution contraire est, nous venons de le montrer, exceptionnelle.

317. L'obligation de livrer la chose en bon état de réparations est une des fractions de l'obligation de délivrer; elle est donc sanctionnée comme cette dernière elle-même.

Ainsi le preneur a le choix entre l'exécution forcée (²) et la résiliation; certains auteurs (³) ne paraissent admettre que l'exécution forcée; il est cependant vrai que l'art. 1184 est applicable par son texte. Ces mêmes auteurs ajoutent que le preneur pourra réduire, en tous cas, le prix du bail (⁴). Cela est inadmissible. A plus forte raison, comme nous le montrerons, ne pourra-t-il faire lui-même cette réduction (⁵).

En outre, le preneur aura droit à des dommages-intérêts, comme nous l'avons montré, s'il y a faute ou fait du bailleur (⁶), et à condition d'avoir mis le bailleur en demeure. Cette dernière condition est, comme en matière de livraison tardive, niée par certaines autorités (⁷), qui, sans motif, con-

---

(¹) Pothier, n. 61; Guillouard, *loc. cit.*; Duvergier, I, n. 291.

(²) Cass., 20 mai 1873, S., 73. 1. 453. — Rennes, 17 fév. 1893, D., 94. 2. 214, qui paraît donner le choix au tribunal et ne prononce la résiliation qu'en se basant sur l'énormité de la valeur des réparations (six fois le prix du bail).

(³) Guillouard, I, n. 101.

(⁴) Douai, 24 mars 1847, S., 48. 2. 190. — Pau, 17 mai 1865, S., 65. 2. 199. — Cass., 15 déc. 1880, S., 81. 1. 170, D., 81. 1. 37. — Aubry et Rau, IV, p. 474; Guillouard, *loc. cit.* — *Contra* Douai, 7 mai 1856, S., 57. 2. 209. — Laurent, XV, n. 109.

(⁵) V. *infra*, n. 328.

(⁶) Lyon, 7 janv. 1898, *Mon. jud. Lyon*, 22 mars 1898. — Par exemple, si, faute de désinfection, une maladie contagieuse a été communiquée à un membre de la famille du locataire, le bailleur est tenu de dommages-intérêts. — Trib. paix Oran, 4 fév. 1895, *Loi.* 18 fév. 1895.

(⁷) Cass., 16 mars 1853, S., 53. 1. 361. — Cass. civ., 15 déc. 1880, S., 81. 1. 170,

sidèrent le bailleur comme étant nécessairement en faute.

On a encore décidé qu'il peut se refuser à payer les loyers, tant que l'obligation n'est pas accomplie (¹).

318. Nous nous référons pour le montant des dommages-intérêts aux développements que nous avons déjà donnés (²).

319. S'il y a plusieurs bailleurs, ou plusieurs héritiers du bailleur, l'action en délivrance peut être intentée pour le tout contre chacun d'eux (³). En effet, l'obligation de délivrer est indivisible, non pas sans doute *natura* ou *obligatione*, mais *solutione* (C. civ., **1221-5°**), c'est-à-dire qu'il a été tacitement entendu entre les parties que le preneur aurait la jouissance totale de l'objet loué ; bien que théoriquement une jouissance de partie de la chose n'ait rien d'impossible, on ne peut admettre que le preneur ait entendu se contenter d'une jouissance partielle.

Par suite, le preneur peut demander, si tous les bailleurs ne lui procurent pas la jouissance de la chose, la résiliation du bail (⁴).

Il pourra réclamer des dommages-intérêts, en cas de faute d'un seul d'entre eux (⁵), et ces dommages-intérêts seront dus même par ceux qui auront offert la délivrance de leur part (⁶).

§ VI. *Des baux auxquels s'applique l'obligation de délivrance.*

320. L'obligation de délivrance et toutes ses conséquences dérivent du droit commun.

Aussi doivent-elles être appliquées à toutes espèces de baux.

D., 81. 1. 37. — Aubry et Rau, IV, p. 474, § 366 ; Laurent, XVI, n. 251 ; Guillouard, I, n. 101. — Les arrêts précités de la cour de cassation ne peuvent faire autorité, car ils sont contredits par un arrêt plus récent relatif aux réparations des dégradations postérieures à l'entrée en jouissance. — V. *infra*, n. 332.

(¹) Alger, 22 mars 1890, *Rec. Alger*, 90. 369. — V. *infra*, n. 328.

(²) V. *supra*, n. 315.

(³) Cass., 15 décembre 1880, S., 81. 1. 170, D., 81. 1. 37. — Rouen, 15 avril 1897, S., 98. 2. 241 (impl.). — Pothier, n. 61 et *Tr. des Oblig.*, n. 315 ; Duvergier, I, n. 293 ; Guillouard, I, n. 102 ; Dalmbert, *Note*, S., 98. 2. 241.

(⁴) Mêmes autorités.

(⁵) Mêmes autorités.

(⁶) Mêmes autorités. — Mais divisément, Cass., 15 déc. 1880, précité.

Notamment, elles existent dans les baux de meubles (¹), et cela même si on soustrait ces baux aux règles édictées par le code civil. Nous avons appliqué cette solution au lieu de la délivrance (²).

L'obligation de délivrance et ses conséquences existent également en matière de bail à colonage (³).

SECTION II

OBLIGATION D'ENTRETENIR LA CHOSE. — RÉPARATIONS

321. L'obligation dont est tenu le bailleur de faire jouir le preneur est une obligation *successive,* qui se répète chaque jour jusqu'à la fin du bail. Il ne suffit donc pas que le bailleur fasse le nécessaire pour que la jouissance du preneur puisse s'exercer au moment de la délivrance; il est obligé de lui procurer la continuation de cette jouissance sans interruption jusqu'à la fin du bail. De là l'obligation, que l'art. 1719-2° impose au bailleur, d'entretenir la chose « *en état de servir à l'usage pour lequel elle a été louée* ».

Cette obligation se décompose; le bailleur est obligé :

1° De « faire, pendant la durée du bail, toutes les réparations qui peuvent devenir nécessaires, autres que les locatives » (art. 1720-2°).

L'art. 3 de la loi du 10 juillet 1889 dit : « *Il* (le bailleur à colonage) *doit faire aux bâtiments toutes les réparations qui peuvent devenir nécessaires. Toutefois, les réparations locatives ou de menu entretien qui ne sont occasionnées ni par la vétusté ni par force majeure demeurent, à moins de stipulations ou d'usage contraire, à la charge du colon* ».

Il était déjà admis par tous les auteurs, avant la loi de 1889, que l'obligation d'entretenir la chose était à la charge du bailleur à colonage (⁴). Cela était peu logique dans l'opinion qui voyait dans le bail à colonage une société : car l'associé n'est pas tenu d'entretenir l'objet apporté ;

(¹) Troplong, I, n. 175 ; Duvergier, II, n. 242 ; Guillouard, II, n. 678.
(²) V. *supra,* n. 304.
(³) V. *supra.* n. 190.
(⁴) Méplain, n. 94 s. ; Guillouard, II, n. 617.

2° De ne causer au preneur aucun trouble ;

3° De faire disparaître les vices ;

4° De garantir de l'éviction ou trouble et de la perte.

Les trois dernières obligations rentrent dans l'obligation de *garantie* et seront traitées à part. La première seule sera étudiée ici.

322. Les réparations de toute espèce incombent au bailleur ; il n'y a lieu d'excepter que les réparations locatives ; nous verrons ce qu'il faut entendre par là [1]. Nous examinerons également plus loin les clauses dérogeant au droit commun [2].

En revanche, et sauf les restrictions que nous étudierons en nous occupant du trouble [3], le bailleur a le *droit* de faire les réparations sans la volonté du preneur.

323. L'obligation de réparer est, nous l'avons montré, une application de l'obligation de faire jouir. Elle existe donc dans les baux de toute espèce.

Ainsi cette obligation existe dans les baux de meubles aussi bien que dans ceux d'immeubles [4]. Pothier le disait déjà [5].

324. Le bailleur peut être contraint de faire les réparations qui lui incombent [6].

Le preneur peut également demander la résiliation du bail, toujours par application du droit commun (art. 1184) ; nous étudierons bientôt les dispositions spéciales de la loi sur ce point à propos de la destruction partielle, à laquelle les dégradations doivent, comme nous le montrerons, être assimilées [7]. Même en dehors de cette assimilation, la résolution est possible, parce qu'elle est l'application du droit commun [8]. Le tribunal, d'ailleurs, n'est pas tenu de la pronon-

---

[1] V. *infra*, n. 803 s.

[2] V. *infra*, n. 801 et 802.

[3] V. *infra*, n. 464 s.

[4] Guillouard, I, n. 103.

[5] N. 106.

[6] Paris, 29 nov. 1892, D., 93. 2. 473.

[7] V. *infra*, n. 356 s.

[8] *Contra* Cass., 16 mai 1877, S., 79. 1. 363, D., 79. 1. 164. — Alger, 10 juil. 1868, S., 68. 2. 243, D., 69. 2. 29. — Laurent, XXV, n. 408 : Guillouard, I, n. 394.

cer ; il peut s'en dispenser si les réparations sont de courte durée (¹).

Enfin, le preneur peut demander la réduction de son loyer, car nous verrons que la loi autorise cette demande en cas de perte partielle et que la réfection de la perte partielle est une des réparations qui incombent au bailleur. Les auteurs qui rejettent cette assimilation n'admettent pas que le défaut de réparations puisse donner lieu à une réduction du loyer(²).

325. Le procédé le plus sûr que puisse employer le preneur qui veut faire faire les réparations refusées par le bailleur est de s'adresser au tribunal (³), qui fixera le montant des réparations et la manière dont elles seront faites. C'est ce qui résulte de l'art. 1144, d'après lequel « le créancier peut, en cas d'inexécution d'une obligation de faire, *être autorisé à faire exécuter lui-même* l'obligation aux dépens du débiteur ». Il pourra user à cet égard, comme nous le verrons, de la procédure en référé s'il y a urgence.

On a conclu de ces observations que le preneur qui fait faire, sans recourir à la justice, les réparations nécessaires n'aura droit à aucune indemnité (⁴). Ce serait une illégalité et une injustice (⁵). Le preneur qui fait une dépense incombant au bailleur doit, en équité, être indemnisé ; du reste, il n'est pas juridiquement dans une situation autre qu'un tiers qui ferait les mêmes réparations pour le compte du bailleur ; sans doute, et quoiqu'on ait dit le contraire (⁶), il n'est pas gérant d'affaires (puisqu'il a agi dans son intérêt et non dans celui du bailleur), mais il a une action *de in rem verso* contre le bailleur qu'il a ainsi enrichi. Pothier, du reste (⁷), lui accordait déjà une indemnité.

L'action n'aboutira que si le preneur justifie que les répa-

---

¹ Trib. civ. Lyon, 28 juin 1895, *Mon. jud. Lyon*, 23 oct. 1895.

² Guillouard, I, n. 394.

³ Laurent, XXV, n. 112; Guillouard, I, n. 106 et 108; Huc, X, n. 292.

⁴ Laurent, *loc. cit.*

⁵ Cass., 7 nov. 1826. S. chr. (sol. impl.). — Douai, 23 mars 1842, S., 42. 2. 482. — Troplong, I, n. 351; Marcadé, art. 1730, n. 1; Aubry et Rau, II, p. 398, § 204, note 22 et IV, p. 475, § 366; Guillouard, I, n. 108.

⁶ Guillouard, *loc. cit.* — Cpr. aussi Cass., 7 nov. 1826, précité.

⁷ N. 129 et 131.

rations étaient nécessaires (¹) ; encore n'aura-t-il le droit de réclamer que les frais qu'il aurait faits en faisant cette dépense de la manière la plus économique (²).

326. Quant aux intérêts de ces avances du preneur, ils ne seraient dus, d'après le droit commun, que du jour de l'assignation en remboursement (C. civ., 1153). Cependant, si l'on décide que le preneur est gérant d'affaires du bailleur, il y aura lieu, pour les autorités qui appliquent l'art. 1996 au gérant d'affaires, de faire partir les intérêts du jour des avances. La cour de cassation, tout en regardant le preneur comme un gérant d'affaires, ne lui applique pas l'art. 1996 (³).

327. Le remboursement pourra se faire par voie de retenue sur le prix du bail, si le tribunal autorise ce mode de remboursement (⁴).

328. Le preneur peut-il de lui-même retenir une fraction correspondante à la valeur des réparations? La question ne se pose pas seulement pour les réparations nécessaires au cours du bail, elle peut se poser également pour les réparations qui doivent être faites lors de l'entrée en jouissance; elle se pose encore, comme nous le verrons, pour les constructions élevées par le preneur.

La négative nous paraît devoir être admise (⁵). Il n'appartient pas au preneur de fixer lui-même soit la valeur des réparations dont le bailleur est redevable, soit la manière dont l'obligation du bailleur doit être sanctionnée ; ceci est du ressort des tribunaux comme toutes les contestations. Du

---

(¹) Guillouard, *loc. cit.*

(²) Guillouard, *loc. cit.*

(³) Cass., 7 nov. 1826, précité.

(⁴) Guillouard, *loc. cit.*

(⁵) Cass., 5 janv. 1876, S., 76. 1. 104. — Paris, 6 déc. 1844, P., 45. 1. 111. — Douai, 9 juin 1846, P., 46. 2. 342. — Donai, 7 mai 1856, S., 57. 2. 209. — Paris, 4 juill. 1868, S., 68. 2. 304, D., 68. 2. 247. — Alger, 7 nov. 1892, D., 93. 2. 286. — Laurent, XXV, n. 109. — *Contra* Donai, 24 mars 1847, S., 48. 2. 189. — Dijon, 28 déc. 1857, S., 58. 2. 411. — Caen, 17 mai 1882, sous Cass., 3 janv. 1883, S., 84. 1. 432, D., 83. 1. 416. — Amiens, 22 déc. 1887, sous Cass., 4 fév. 1889, D., 90. 1. 121. Orléans, 20 avril 1888, S., 90. 2. 85. — Duvergier, I, n. 480; Troplong, I, n. 331; Agnel, p. 398; Aubry et Rau, IV, p. 474, § 366; Guillouard, I, n. 101 (plus loin, n. 108, cet auteur paraît exiger l'autorisation de justice) et 222; Guénot, *Note, Pand. fr.*, 95. 1. 417; Huc, X, n. 292.

reste, le bailleur, comme tout débiteur, ne peut être tenu à des dommages-intérêts pour inexécution de ses obligations qu'après mise en demeure. En vain dit-on que le preneur n'est pas tenu d'exécuter son obligation si le bailleur n'accomplit pas la sienne : c'est précisément en raison de cette idée que la loi autorise le preneur à faire réduire ou résilier le bail. En vain dit-on encore que ce moyen est très pratique en raison de la contrainte indirecte qu'il exerce sur le bailleur : le moyen est loin d'être pratique, car il rend définitive une dissension qui aurait peut-être facilement disparu et, en outre, donne lieu à des procès inévitables sur le point de savoir si la retenue faite par le preneur n'est pas exagérée.

L'opinion contraire nous paraît surtout inadmissible en présence de l'art. 1720, qui permet seulement au preneur de « demander une diminution du prix ».

On a encore invoqué avec raison en notre sens l'idée que la compensation ne peut être admise entre la créance du bailleur et celle du preneur, laquelle n'est pas liquide (art. 1291); certains auteurs [1] ont objecté qu'il ne s'agit pas ici de compensation, mais de déduction. L'argument nous paraît inexact.

329. Toutefois il se peut que la créance du preneur soit liquide et exigible; c'est ce qui arrivera si le chiffre des réparations a été arrêté contradictoirement avec les parties et que le bailleur se soit engagé à les faire; dans ce cas la compensation est évidemment possible [2].

330. En tout cas, si la créance du preneur dépasse celle du bailleur, le bailleur ne peut être tenu de l'excédent qu'après une mise en demeure [3].

Le preneur ne peut pas davantage refuser le paiement du loyer jusqu'à ce que les réparations soient faites [4].

331. De quelque action qu'il use à raison des réparations non faites, le preneur peut avoir droit à des dommages-inté-

---

[1] Guillouard, I, n. 146.

[2] Alger, 7 nov. 1892, D., 93. 2. 286.

[3] Douai, 24 mars 1847, S., 48. 2. 190. — Lyon, 21 août 1873, *Mon. jud. Lyon*, 29 janv. 1874. — Cuénot, *loc. cit.*

[4] Trib. civ. Evreux, 2 août 1898, *Gaz. Trib.*, 29 déc. 1898.

rêts. Certains auteurs les lui accordent d'une manière absolue ([1]); leur solution est contraire au droit commun, et, par
suite, inexacte : le créancier n'a droit à des dommages-intérêts que si le défaut d'exécution est imputable à la faute ou
au fait du débiteur; du reste, l'art. 1722 dit que si la perte
partielle (et c'est là un fait donnant lieu à réparation) provient
d'un cas fortuit, il n'y a lieu à « aucun dédommagement » ([2]).

332. Toujours par application du droit commun, les dommages-intérêts ne sont pas dus de plein droit; la mise en demeure du bailleur est nécessaire ([3]).

On décide souvent le contraire ([4]), mais nous avons réfuté
une opinion semblable qui s'est produite au sujet de la délivrance et des réparations à faire lors de l'entrée en jouissance ([5]); elle prête ici, selon nous, davantage encore aux
objections : l'obligation du bailleur n'est pas, quoi qu'on ait
dit, de celles qui ne peuvent être exécutées que jusqu'à un
certain moment, moment que le bailleur a laissé passer : des
réparations peuvent être faites matériellement dans tout le
cours du bail. On objecte à tort que l'obligation du bailleur est
de procurer au preneur une jouissance continue : il ne résulte
pas de là que les réparations doivent être faites obligatoirement dès le jour où elles sont devenues nécessaires. Du reste,
pourquoi la loi exige-t-elle, en principe, la mise en demeure
pour faire courir les dommages-intérêts ? C'est parce que,
sans mise en demeure, le débiteur peut ignorer son obligation.
Or il est certain que le bailleur peut légitimement ne pas
connaître la nécessité des réparations; aussi reconnaît-on quelquefois que le preneur doit faire au bailleur un avertissement pour que les dommages-intérêts soient dus et dès lors

---

([1]) Guillouard, I, n. 108.

([2]) Ainsi jugé pour la réfection d'un mur mitoyen. — Trib. civ. Lyon, 28 juin
1895, *Mon. jud. Lyon*, 23 oct. 1895.

([3]) Cass. civ., 11 janv. 1892, S., 92. 1. 117, D., 92. 1. 257 (qui conclut avec raison que les dommages postérieurs à la mise en demeure doivent seuls être réparés).
— Douai, 9 juin 1846, P., 46. 2. 342. — Huc, X, n. 292. — Cpr. Douai, 24 mars
1847, S., 48. 2. 189.

([4]) Pau, 17 mai 1865, S., 65. 2. 199. — Guillouard, I, n. 108; Baudry-Lacantinerie
et Barde, *Tr. des oblig.*, I, n. 470; Planiol, *Note*, D., 92. 1. 257.

([5]) V. *supra*, n. 312 et 317.

l'opinion de nos adversaires ne se distingue de la nôtre qu'en ce qu'elle soustrait le preneur aux formes ordinaires de la mise en demeure; cela ne nous paraît pas très logique.

333. Quant à l'étendue des dommages-intérêts, il faut se référer au droit commun (¹).

SECTION III

OBLIGATION DE FAIRE JOUIR PAISIBLEMENT LE PRENEUR

334. Le bailleur n'est pas seulement tenu de procurer au preneur la jouissance de la chose louée, il doit lui procurer une jouissance *paisible* pendant toute la durée du bail (art. 1719-3°).

L'obligation de faire jouir ne porte pas seulement sur l'immeuble loué lui-même ; elle porte sur toutes les parties de l'immeuble nécessaires à la jouissance de cet immeuble ; nous nous occupons de ces accessoires à propos de l'obligation de délivrer et à propos de l'obligation de garantie.

L'obligation de faire jouir se décompose de la manière suivante :

Garantie de la perte ou de la détérioration de la chose, ou de la perte des récoltes.

Garantie des modifications dans la valeur des produits ou la facilité de jouissance.

Garantie des vices.

Garantie des troubles.

§ I. *Garantie de la perte de la chose.*

335. Le bailleur est garant de la perte totale ou partielle de la chose, survenue pendant la durée du bail, en ce sens

---

(¹) Décidé que si, par suite du mauvais état des clôtures d'un herbage, les bestiaux du preneur ont franchi ces clôtures et ont été écrasés par un train, le bailleur doit payer la valeur des bestiaux tués. — Paris, 29 nov. 1892, D., 93. 2. 473 (qui décide avec raison que la responsabilité du bailleur n'est pas atténuée par le défaut de surveillance du preneur, les herbages étant destinés à contenir des bestiaux non surveillés). — Décidé également que si, par suite du défaut de réparation du toit d'une ferme, les fourrages du preneur sont avariés, le bailleur en est responsable. — Cass. civ., 11 janv. 1892, S., 92. 1. 117, D., 92. 1. 257.

qu'il est tenu, suivant les circonstances, de subir ou la résiliation du bail ou une diminution du prix ; l'art. 1722 porte à ce sujet : « *Si pendant la durée du bail, la chose louée est* » *détruite en totalité par cas fortuit, le bail est résilié de plein* » *droit ; si elle n'est détruite qu'en partie, le preneur peut,* » *suivant les circonstances, demander ou une diminution du* » *prix, ou la résiliation même du bail. Dans l'un et l'autre* » *cas, il n'y a lieu à aucun dédommagement* ».

L'art. 1741 dispose également : « *Le contrat de louage se* » *résout par la perte de la chose louée* ».

L'art. 8 de la loi du 10 juillet 1889 sur le bail à colonat partiaire porte : « *Si pendant la durée du bail, les objets qui* » *y sont compris sont détruits en totalité par cas fortuit, le* » *bail est résilié de plein droit. S'ils ne sont détruits qu'en* » *partie, le bailleur ne peut se refuser à faire les réparations* » *et les dépenses nécessaires pour les remplacer ou les rétablir.* » *Le preneur et le bailleur peuvent, dans ce cas, suivant les* » *circonstances, demander la résiliation. — Si la résiliation* » *est prononcée à la requête du bailleur, le juge appréciera* » *l'indemnité qui pourrait être due au preneur, conformément* » *au deuxième paragraphe de l'art. 7 de la présente loi* ».

L'art. 13 ajoute que l'art. 1741 C. civ. est applicable au bail à colonat partiaire.

On voit que l'effet de la perte est différent suivant qu'elle est totale ou partielle. Avant d'étudier les effets de l'une et de l'autre, nous devrons donner la définition de ce qu'est la *perte*.

I. *Définition de la perte.* — *De la perte totale et de la perte partielle.*

336. Le code ne définit pas la *perte;* mais il n'était pas besoin de définition. La *perte totale* est la disparition entière de l'objet loué, la *perte partielle* est la disparition d'une partie de cet objet.

Les exemples les plus sûrs sont les suivants : Un terrain loué est submergé en tout ou en partie par une inondation (nous verrons toutefois que l'inondation peut être un simple

vice (¹, enlevé en tout ou en partie par un éboulement (²);
un meuble loué est incendié.

Il y a également perte totale si une maison est détruite en
entier par un ouragan ou un incendie, quoiqu'on puisse dire
théoriquement que la perte est partielle, le sol loué restant
debout : car les parties n'ont songé à faire une convention
qu'au sujet de la maison seule ; la maison constitue l'immeuble loué et le sol n'est destiné qu'à supporter cet immeuble.
L'art. 1734 montre que l'*immeuble* consiste uniquement dans
la maison louée.

La destruction de l'immeuble par l'administration, pour
cause d'insalubrité ou de vétusté, par exemple, est également
une perte totale (³). Nous examinons plus loin si c'est une
perte fortuite (⁴).

337. La jurisprudence va plus loin : elle admet qu'il y a
perte totale ou partielle soit si la jouissance de l'immeuble
est enlevée en tout ou partie au locataire par un fait de
l'administration, soit si la culture du sol devient impossible
par la destruction des racines ; nous examinerons, comme
cas divers de garantie, ces hypothèses (⁵).

Elle admet également que l'impossibilité de jouissance
constitue une perte ; nous nous occuperons de ce cas dans les
mêmes passages (⁶).

Elle va jusqu'à admettre que le danger de la jouissance est
une perte (⁷).

Dans tous les cas les événements qui diminuent les agréments ou l'utilité de la jouissance sans entraver la jouissance
matériellement ne constituent pas une perte (⁸). Il en est

---

¹) V. *infra*, n. 431. — Ce n'est pas en tout cas une perte si l'inondation ne fait que
causer le chômage temporaire du moulin loué. — Alger, 21 déc. 1889, *Gaz. Trib.*,
19 fév. 1890.

²) Trib. civ. Gex, 9 juin 1898, *Loi*, 4 août 1898, carrière détruite par l'éboulement d'une montagne.

³) Paris, 8 juil. 1852, P., 52. 2. 663, D., 55. 2. 60. — Aix, 8 nov. 1888, *Rec.
d'Aix*, 89. 1. 81. — Wahl, *Note*, S., 99. 4. 1.

⁴) V. *infra*, n. 544.

⁵) V. *infra*, n. 554 s., 377.

⁶) V. *infra*, n. 451 s.

⁷) V. *infra, loc. cit.*

⁸) V. *infra*, n. 427.

ainsi par exemple de la guerre ou du siège d'une ville ([1]). A plus forte raison, un simple changement dans la forme de la chose n'est pas une perte ([2]).

Cette extension faite par la jurisprudence est fâcheuse en pratique à cause des différences nombreuses qui, au point de vue des obligations des parties, séparent le trouble de la perte ([3]) :

1° Le trouble doit être dénoncé au bailleur, il en est autrement de la perte ;

2° La perte met ou peut mettre fin au bail ; il en est autrement, en général, du trouble ;

3° Le bailleur n'est pas tenu de reconstruire l'objet détruit ; il doit, au contraire, réparer les conséquences du trouble ;

4° Le bailleur peut invoquer lui-même la cessation du bail en cas de perte ; il ne le peut pas en cas de trouble ;

5° La perte termine le bail quelle qu'en soit la cause, le trouble ne donne lieu à l'action du preneur que s'il est un trouble de droit ;

6° Dans bien des hypothèses où il y a trouble, la chose reste intacte matériellement, dans toutes ses parties, et, par suite, on ne peut accorder de garantie que sur le fondement du trouble, et non si l'on rattache la garantie à la perte.

338. L'expropriation pour cause d'utilité publique, dont nous parlerons plus tard, peut être considérée comme une perte, totale ou partielle suivant les cas ; mais elle est régie par des dispositions spéciales ([4]).

339. La perte sera partielle si la portion de l'immeuble restée debout ne suffit pas à permettre au bail de remplir un but ([5]).

340. Pour examiner si la perte est totale ou partielle, il n'y

---

([1]) V. *infra*, n. 525.

([2]) Par exemple le reculement d'une maison pour cause d'alignement si la maison reste appropriée à l'usage pour lequel elle a été louée. — Rouen, 11 fév. 1842, P., 42. 2. 8, D. *Rép.*, v° *Louage*, n. 202-3°.

([3]) Wahl, *Note*, S., 99. 4. 1, n. 2.

([4]) V. *infra*, n. 1348 et s.

([5]) *Contra* Limoges, 5 janv. 1887, D., 88. 2. 167. (Cette solution n'est adoptée par l'arrêt que pour lui permettre de déclarer l'art. 1722 inapplicable).

a pas à tenir compte des constructions élevées par le preneur
sur le terrain (¹).

La destination de la chose convenue entre les parties peut
au contraire servir à déterminer si la perte est totale ou partielle (²).

341. La disparition des arbres qui se trouvaient plantés
sur un immeuble n'est pas une perte partielle de l'immeuble;
le locataire doit remplacer ces arbres en vertu de l'obligation
de restitution, comme nous le montrerons (³).

342. Si l'on admet que les dégradations et la perte partielle
sont soumises par la loi à un traitement différent (⁴), il sera
important, mais aussi très délicat, de les distinguer, car en
réalité, comme nous le dirons, un immeuble dont une partie
a péri est dégradé et une dégradation ne va pas sans une perte
partielle.

Le seul point certain c'est que la perte partielle consistera
dans des faits plus graves que la dégradation; le sens naturel
des termes l'indique et, en rapprochant la perte partielle de
la perte totale. la loi a montré qu'elle la considère comme plus
grave que la dégradation.

Il y aura perte partielle en cas de destruction des bâtiments faisant partie d'une exploitation rurale, d'un pavillon
constituant l'annexe de la maison louée.

II. *Époque où doit s'être produite la perte pour donner lieu
à la garantie.*

343. La perte, pour donner lieu à la garantie, doit être produite dans l'intervalle qui s'écoule entre le commencement et
la fin du bail.

Le bail n'est réputé commencé que du jour de l'entrée en
jouissance (⁵); mais comme le bailleur doit livrer la chose
même qu'il a promise, la perte totale ou partielle, si elle se

---

(¹) Trib. civ. Seine, 3 juillet 1888, *Journ. des Assurances*, 88. 494.
(²) Trib. civ. Seine, 3 juillet 1888, précité.
(³) V. *infra*, n. 920.
(⁴) V. *infra*, n. 797 s.
(⁵ V. à propos de l'obligation de délivrance, *supra*, n. 310. — V. cep. **Cass.**,
12 mars 1885, S., 88. 1. 132. — Huc, X, n. 294.

produit entre la signature du bail et l'entrée en jouissance, donne lieu aux mêmes solutions que dans le cas de bail portant sur une chose qui n'existe pas ou n'existe qu'en partie.

III. *Perte totale.*

344. L'effet le plus immédiat de la perte totale est de résilier le bail; l'art. 1722 le dit pour la perte par cas fortuit et l'art. 1741 le répète en termes très généraux. Cela se produit même si la perte est causée par la faute du locataire et ce dernier peut lui-même invoquer la résiliation (¹).

Mais, en ce qui concerne les obligations que la perte fait naître entre les parties, on doit distinguer suivant que la perte est arrivée par cas fortuit ou force majeure, par le fait du preneur, par le fait du bailleur. Il importera donc avant tout d'examiner dans quels cas il y a cas fortuit ou force majeure et dans quels cas fait des parties.

Sur ce point, le droit commun s'applique; du reste, à propos des réparations locatives et de l'incendie, nous donnerons des exemples de cas fortuit et de force majeure (²); ces exemples sont entièrement applicables au cas de perte totale ou partielle.

Disons simplement que la destruction ordonnée par l'administration est une perte fortuite (³), à moins que la cause de la destruction ne soit imputable au bailleur (⁴) ou au preneur,

---

(¹) Trib. civ. Lyon, 28 mai 1887, *Mon. jud. Lyon*, 21 oct. 1887 (incendie). — Trib. civ. Seine, 17 juin 1893, *Gaz. Trib.*, 24 sept. 1893 (incendie).

(²) V. *infra*, n. 797 s., 977 s. — Sur la preuve, v. *infra*, n. 823.

(³) Trib. civ. Carpentras, 20 déc. 1892, *Gaz. Trib.*, 3 janv. 1893. — Trib. civ. Lyon, 11 janv. 1895, *Mon. jud. Lyon*, 8 avril 1895. — Trib. civ. Lyon, 28 fév. 1896, *Gaz. Pal.*, 96. 2. 156.

(⁴) Cass., 12 mars 1851, D., 54. 5. 474 (vétusté). — Bordeaux, 4 oct. 1831, P. chr., D. *Rép.*, vº *Louage*, n. 207 (reconstruction d'un mur interdite parce que des constructions faites par le bailleur en compromettent la solidité). — Bordeaux, 24 déc. 1833, P. chr., D. *Rép.*, vº *Louage*, n. 205-4º (défaut de solidité). — Paris, 8 juill. 1852, P., 52. 2. 663, D., 55. 2. 60 (insalubrité). — Aix, 7 mars 1870 (motifs), D., 71. 2. 253 (vétusté). — Aix, 8 nov. 1888, *Rec. d'Aix*, 89. 1. 81 (vétusté). — Trib. civ. Seine, 7 mars 1896, *Gaz. Pal.*, 96. 2. 176 (constructions indûment élevées sur la voie publique). — Troplong, I, n. 216; Guillouard, I, n. 290; Fuzier-Herman, art. 1722, n. 80. — Cpr. Cass., 8 août 1855, S., 56. 1. 422, D., 55. 1. 336 (vétusté). — Si l'immeuble était soumis à des servitudes de voirie qui empêchaient la réparation,

et que l'expropriation pour cause d'utilité publique est également une perte fortuite (¹).

Toutefois il existe des effets inhérents à la perte elle-même sans qu'on ait à s'inquiéter de sa cause.

Ainsi, quelle que soit la cause de la perte, le preneur n'a pas, si l'immeuble a péri en entier, à payer les réparations auxquelles il était obligé (²), car ce paiement, au lieu d'indemniser le bailleur, l'enrichirait.

De même, lorsque le bail a pris fin par la perte de la chose le preneur doit immédiatement enlever les débris de ce qui lui appartient sous peine d'être obligé de payer une indemnité au bailleur (³).

A. *Effets de la perte totale par le fait du preneur.*

345. L'art. 1760 porte : « *En cas de résiliation par la faute* » *du locataire, celui-ci est tenu de payer le prix du bail pen-* » *dant le temps nécessaire à la relocation, sans préjudice des* » *dommages-intérêts qui ont pu résulter de l'abus* ».

Cette disposition est placée parmi les règles particulières aux baux à loyer ; néanmoins on doit l'étendre aux baux à ferme (⁴), car elle est l'application du droit commun, d'après lequel l'inexécution d'une obligation oblige le débiteur à payer les dommages-intérêts qui ont pu être prévus lors du contrat. A plus forte raison, l'art. 1760 s'applique à la perte d'une usine (⁵).

L'abus auquel fait allusion l'art. 1760 concerne le cas où la résiliation provient du dol du preneur ; en ce cas, il sera

la destruction par l'administration pour défaut de solidité est une **perte fortuite**. — Cass., 31 déc. 1878, S., 79. 1. 398, D., 79. 1. 300.

(¹) Trib. civ. Seine, 19 janv. 1889, *Gaz. Trib.*, 14 fév. 1889. — V. sur l'expropriation, *infra*, n. 1348 s.

(²) Décidé cependant que le locataire n'est pas dispensé de faire les **réparations** locatives parce que l'indemnité d'assurance aurait, à la suite d'un incendie, complètement indemnisé le bailleur. — Trib. civ. Seine, 17 nov. 1886, *Mon. jud. Lyon,* 10 mars 1887.

(³) V. cep. Trib. civ. Lyon, 14 déc. 1892, *Loi*, 20 mars 1893.

(⁴) Guillouard, I, n. 497.

(⁵) Cass. civ., 24 nov. 1879. S., 81. 1. 319, D., 80. 1. 385 (incendie d'une usine). — Guillouard, II, n. 507 (*id.*).

condamné à tous les dommages-intérêts qui seront une suite directe de l'inexécution (C. civ. 1151).

Au contraire, s'il y a simplement faute du preneur, il n'est tenu que des dommages-intérêts qui ont pu être prévus lors du contrat, et on ne voit pas que des dommages-intérêts puissent être dus en dehors des indemnités de reconstruction et de relocation ; c'est bien ce qui paraît résulter de l'art. 1760, lequel prévoit des dommages-intérêts dans le cas seulement d'abus, c'est-à-dire de dol (¹).

346. Il est incontestable que l'art. 1760 s'applique à la résiliation produite par la perte totale comme à toute résiliation (²).

Mais l'art. 1760 ne parle que des dommages-intérêts ; comme le preneur doit en outre et principalement réparer la faute qu'il a commise, il payera, non pas comme on le prétend, la valeur de l'immeuble détruit (³), mais le montant des réparations (⁴).

En outre, les dommages-intérêts comprendront le prix du bail pendant le temps nécessaire à la reconstruction et à la relocation (⁵) ; au besoin on peut invoquer en ce sens le texte même de l'art. 1760, car ce temps est nécessairement compris dans celui qui s'écoule avant la relocation.

347. Le temps nécessaire à la relocation est calculé par les juges en tenant compte des probabilités (⁶). Les termes de la loi font en effet supposer que la condamnation aux dommages-

---

(¹) C'est donc à tort qu'il a été décidé que le preneur est tenu de rembourser au bailleur les frais de l'expertise que ce dernier a dû faire contradictoirement avec son assureur, du moins si le bail mentionnait l'assurance. Aix, 22 mai 1895, *Rec. des assur.*, 96. 156.

(²) Rouen, 16 janv. 1845, S., 45. 2. 473, D., 45. 2. 172. — Guillouard, I, n. 385.

(³) Trib. civ. Lyon, 17 nov. 1893, *Mon. jud. Lyon*, 5 janv. 1894. — Guillouard, I, n. 385 ; Huc, X, n. 322.

(⁴) Lyon, 25 fév. 1892, D., 92. 2. 393 (pour l'incendie). — On en déduit la valeur du vieux au neuf. — Trib. civ. Lyon, 28 mai 1887, *Mon. jud. Lyon*, 21 oct. 1887. — Trib. civ. Seine, 17 juill. 1889, *Loi*, 25 fév. 1890.

(⁵) Cass. req., 9 nov. 1869, S., 70. 1. 60, D., 70. 1. 213. — Aix, 12 juin 1890, *Rec. d'Aix*, 91. 1. 52 (incendie). — Lyon, 25 fév. 1892, D., 92. 2. 393 (pour l'incendie). — Lyon, 4 juill. 1894, *Mon. jud. Lyon*, 27 nov. 1894 (incendie). — Trib. civ. Lyon, 28 mai 1887, précité. — Trib. civ. Marseille, 17 janv. 1890, *Rec. d'Aix*, 90. 2. 94. — Guillouard, I, n. 385 ; Huc, X, n. 322.

(⁶) Guillouard, II, n. 508.

intérêts doit être immédiate ; le juge ne peut donc prononcer une condamnation dont le montant sera subordonné à la durée nécessaire pour relouer l'immeuble. Du reste, le tribun Mouricault dit, dans son rapport au Tribunat : « Le locataire sera tenu du loyer pendant le temps ordinairement laissé au propriétaire pour s'assurer d'un nouveau locataire » (¹).

Généralement, les tribunaux considèrent, comme temps nécessaire à la relocation, le terme courant et le terme suivant (²).

348. De ce qui précède, on doit conclure que l'indemnité de relocation est due même si, en fait, le bailleur a, avant le jugement rendu contre le preneur, reloué son immeuble (³). En vain objecte-t-on que l'art. 1760 suppose un préjudice causé ; cela est vrai, mais l'art. 1760 fixe à forfait le montant du préjudice ; ce forfait pourrait nuire au bailleur, il peut également lui profiter.

A plus forte raison le preneur ne peut, une fois la condamnation prononcée, se baser, pour refuser le paiement de l'indemnité de relocation, sur ce que le bailleur a trouvé un nouveau locataire (⁴).

349. Si le bailleur tient à trouver un locataire immédiatement, il peut, en renonçant à l'indemnité de relocation, demander que le bail soit mis en adjudication publique et que le preneur soit tenu de la différence entre le prix de son bail et le prix du nouveau bail pendant le temps restant à courir jusqu'à la fin de l'ancien bail (⁵).

Mais le tribunal n'est pas forcé d'accéder, sur ce point, à la volonté du bailleur, car le tribunal donne à l'indemnité la forme qui lui convient, en l'absence d'un texte qui l'oblige à lui donner une forme déterminée.

(¹) Fenet, XIV, p. 333.
(²) Cass. req., 1er juill. 1851, S., 51. 1. 481. — Bordeaux, 19 mai 1849, S., 49. 2. 560. — Duranton, XVII, n. 172; Duvergier, II, n. 79; Troplong, II, n. 621; Aubry et Rau, IV, p. 504, § 370, note 5; Guillouard, II, n. 508. — Décidé que, suivant « un usage constant », le préjudice doit être fixé à quatre mois de loyer. — Trib. civ. Lyon, 17 nov. 1893, précité.
(³) *Contra* Duvergier, II, n. 80; Troplong, II, n. 622; Guillouard, II, n. 509.
(⁴) Guillouard, II, n. 509.
(⁵) Guillouard, II, n. 510.

350. Le preneur est tenu de rembourser au bailleur les loyers dont il a été privé depuis la perte jusqu'à la reconstruction, en ce qui concerne même la portion d'immeuble louée à des tiers ([1]).

Il doit également lui rembourser l'indemnité qu'il a pu avoir à payer à d'autres locataires pour privation de jouissance ([2]).

351. Le bail étant résilié de plein droit, le preneur ne peut être tenu de continuer le bail et de faire reconstruire l'immeuble ; le bailleur ne peut exiger la continuation du bail après reconstruction aux frais du preneur ; le preneur ne peut exiger la continuation du bail après reconstruction.

On ne peut pas davantage forcer le preneur à reconstruire sans lui imposer la continuation du bail ([3]) ; c'est une somme d'argent qu'il doit, aux termes formels de l'art. 1760, et non pas un *faire*.

Enfin on ne peut forcer le preneur à continuer jusqu'à l'expiration du bail le paiement des loyers ([4]).

On ne voit pas cependant ce qui empêcherait les parties de convenir que, même en cas de perte, le preneur devra continuer à payer les loyers jusqu'à la fin du bail ([5]). C'est un forfait que la loi ne défend pas. En vain objecte-t-on que l'une des parties ne peut s'affranchir de ses obligations lorsque l'autre reste soumise aux siennes. Le contraire est certain et la jurisprudence a souvent admis la validité des clauses tendant à ce résultat, notamment dans le contrat de transport ([6]).

B. *Effets de la perte totale par cas fortuit.*

352. C'est un principe de droit commun que le cas fortuit produit ses effets, dans un contrat synallagmatique, à l'égard de toutes les parties contractantes ; c'est dire que chacune des

---

([1]) Alger, 27 mars 1886, *Rec. des assur.*, 86. 401.

([2]) Trib. paix Paris (11e arrond.), 26 mars 1886, *Rec. des assur.*, 86. 210.

([3]) Rouen, 6 août 1846, S., 48. 2. 140, D., 47. 4. 323. — Nancy, 9 août 1849, S., 51. 2. 129, D., 50. 2. 92. — Paris, 3 janv. 1850, S., 51. 2. 129, D., 50. 2. 190. — Metz, 25 juillet 1855, D., 56. 2. 212. — Guillouard, I. n. 393.

([4]) Cass., 26 mai 1868, D., 68. 1. 471. — Trib. civ. Lyon, 11 mars 1894, *Mon. jud. Lyon*, 16 mai 1894. — Laurent, XXV, n. 241 ; Guillouard, I, n. 222.

([5]) *Contra* Paris, 29 juin 1898, *Droit*, 1er oct. 1898.

([6]) V. *infra*, t. II.

parties est désormais dégagée de ses engagements (art. 1302), et que le bail est résilié sans indemnité. C'est ce que dit l'art. 1722 : « Si, pendant la durée du bail, la chose louée est détruite en totalité par cas fortuit, le bail est résilié de plein droit; il n'y a lieu à aucun dédommagement » (¹).

Il est donc certain que le preneur ne peut forcer le bailleur à reconstruire ou remplacer l'objet péri (²). Le bailleur ne peut pas davantage, en offrant la reconstruction, obliger le preneur à continuer le bail (³).

Le bailleur peut-il au moins être forcé à reconstruire si l'immeuble est remplacé dans son patrimoine par une indemnité ? Pas davantage. La question ne fait difficulté que pour la perte partielle (⁴).

Le preneur ne peut pas davantage rester en possession ; il n'y a pas intérêt en général : cependant il y a intérêt dans le cas où la perte consiste dans la destruction des racines; dans ce cas même il ne peut exiger qu'on le laisse en possession (⁵).

353. Le preneur peut prendre à sa charge les cas fortuits;

---

¹ L'explication que nous donnons est très rationnelle; elle rattache l'art. 1722 au droit commun et fait comprendre pourquoi, à ce point de vue, le bail diffère de la vente où le vendeur, ayant définitivement accompli son obligation par la délivrance et n'ayant plus aucun droit sur la chose, n'est pas tenu du cas fortuit. V. en ce sens Windscheid, *Lehrb. der Pandekten*, II, §§ 299 s. Cependant on a voulu voir l'origine de la garantie due par le bailleur, en cas de perte fortuite, dans ce fait qu'avant que le bail ne fût reconnu comme contrat consensuel par le droit romain, le preneur était un précariste, tenu seulement tant qu'il était en état de jouir. Degenkolb, *Platzrecht und Miethe*. p. 192 s.; Eck, Holzendorff's *Encyklopœdie*. vᵒ *Miethe*.

² Conseil d'État, 13 mars 1891. S., 93. 3. 34, D., 92. 3. 101.—Cass., 31 déc. 1878, S., 79. 1. 398. D.. 79. 1. 300.—Guillouard, I. n. 393 et 394; Huc, X, n. 294; Wahl. *Note*, S., 99. 4. 2, n. 2. — C'est donc par erreur qu'on décide quelquefois que le cheval loué et qui meurt dans le cours de la location doit être remplacé; Pothier, n. 112 et 114; Valéry, n. 22. Il ne s'agit pas ici, comme en cas de maladie, d'un vice de la chose.

(³) Trib. civ. Carpentras, 20 déc. 1892, *Gaz. Trib.*. 3 janv. 1893. — Huc, *loc. cit.* — Si les parties conviennent de la reconstruction, le preneur n'a droit à aucune indemnité pour privation de jouissance pendant la reconstruction. Cons. d'État, 13 mars 1891, précité.

(⁴) V. *infra*, n. 364.

(⁵) Poitiers, 19 fév. 1894, S., 94. 2. 201, D., 94. 2. 383 (phylloxéra). — Wahl, *Note*, S., 99. 4. 2, n. 2. — Il y aurait intérêt surtout dans le cas où le prix du bail consisterait dans une portion de fruits, car alors il pourrait rester en possession sans payer de fermages. Pour le bail à complant, v. *infra*, t. II.

on appliquera ici l'art. 1773 qui, en matière de récoltes, et en l'absence d'une clause formelle, n'entend par là que les cas fortuits ordinaires.

C. *Effets de la perte totale par la faute du bailleur.*

354. Ici encore, et en vertu de la disposition générale de l'art. 1741, le bail est résilié, sans doute par la raison que son exécution est impossible ; cette raison, généralement exacte, est quelquefois mal fondée en fait, car on aurait pu obliger, notamment, le bailleur qui par sa faute a fait périr la *maison*, à la reconstruire ; cette obligation n'incombe pas au bailleur, l'art. 1741 s'y oppose.

Mais, comme le bailleur est tenu à garantie envers le preneur, il encourra des dommages-intérêts (¹) ; ces dommages-intérêts consisteront, en tous cas, dans le remboursement des frais faits par le preneur pour le transport de son mobilier, des frais faits pour louer un autre immeuble ; ce sont les dommages-intérêts qu'on a pu prévoir. — En outre, si le bailleur a commis un dol, il sera tenu, conformément aux principes, de tous les dommages directs, notamment de la perte résultant pour le preneur de l'obligation où il a pu se trouver de prendre en location un immeuble dont le loyer est plus élevé.

355. Ici encore, en vertu des termes généraux de l'art. 1741, le bailleur ne peut être forcé de reconstruire la chose (²).

Il ne peut pas davantage exiger la continuation du bail, en offrant de reconstruire.

IV. *Perte partielle.*

A. *Effets de la perte partielle par le fait du preneur.*

356. La perte partielle par le fait du preneur entraine-t-elle nécessairement la résiliation ? On l'a pensé (³), et on a invoqué en ce sens l'art. 1760.

La solution contraire est plus soutenable : l'art. 1760 indi-

(¹) Guillouard, I, n. 386.
(²) Guillouard, I, n. 393 et 394.
(³) Guillouard, I, n. 385.

que les effets de la résiliation, sans dire dans quels cas il y a
résiliation, c'est donc une pétition de principe que de l'invoquer. D'autre part, l'art. 1741 dispose que le bail se résout
par la perte *de la chose louée,* ce qui s'entend évidemment
d'une disparition totale. Enfin et surtout l'art. 1722, au cas
où la perte partielle est fortuite, n'admet la résiliation que
suivant les circonstances ; il serait singulier que le preneur
puisât dans sa faute un droit qu'il n'a pas quand il n'y a aucune faute de sa part ; on comprend, au contraire, fort bien
que la perte partielle provenant de la faute du preneur laisse
le bail intact.

Le preneur continuera donc de payer son loyer jusqu'à la
fin du bail ; en outre, il doit indemniser le bailleur en payant
les frais de reconstruction de la chose louée et les autres
frais (¹). Cette reconstruction peut être faite dans le cours du
bail, ce qui permettra au preneur de reprendre une jouissance complète ; le bailleur peut, sans y être forcé, également
l'imposer dans le cours du bail si la reconstruction est urgente ;
nous invoquons soit directement, soit par analogie, suivant
que la destruction partielle est ou non une dégradation,
l'art. 1724. — Le bailleur est, par cette reconstruction, suffisamment indemnisé, même s'il y a dol du preneur, car il n'a
subi d'autre perte que celle de la valeur de la portion détruite.

Si la reconstruction n'est pas faite au cours du bail, la perte
empêchera le bailleur de louer l'immeuble tant que la reconstruction n'est pas opérée ; nous appliquons alors au point de
vue des dommages-intérêts ce que nous avons dit à propos
de la perte totale, parce que les solutions données, et en partie
empruntées à l'art. 1760, sont, comme nous l'avons montré,
l'application du droit commun.

357. Dans le cas où la jouissance est devenue impossible,
nous admettons que le preneur peut demander la résiliation
du bail (²).

(¹) Ainsi le preneur doit payer les frais de réparations à l'immeuble détruit par un
incendie et aux immeubles par destination loués en même temps. Trib. civ. Lille,
18 avril 1887, *Rec. des assur.,* 87. 418.

(²) Trib. civ. Lyon, 14 mars 1894, *Mon. jud. Lyon,* 16 mai 1894 (impl.) (incendie).

Il doit alors une indemnité calculée de la même manière qu'en cas de perte totale ([1]).

B. *Effets de la perte partielle par cas fortuit.*

358. Nous avons rappelé, à propos de la perte totale, le principe qui met le cas fortuit à la charge de toutes les parties contractantes.

Ce principe n'est pas plus délicat à appliquer dans l'hypothèse d'une perte partielle que dans celle d'une perte totale.

De deux choses l'une : ou la perte n'empêche pas le preneur de jouir de la chose suivant sa destination, ou elle l'en empêche.

Dans le premier cas, le bail est maintenu, mais, l'effet de la perte se produisant à l'égard de tous les intéressés, le preneur sera dispensé de payer une portion de ses loyers proportionnelle à la partie de l'immeuble qui est détruite.

Dans le second cas, la perte partielle doit être assimilée à la perte totale et, le preneur étant hors d'état de jouir de la chose, le bail sera résilié.

C'est évidemment cette distinction qu'a voulu établir l'art. **1722** en disant : « Si elle (la chose) n'est détruite (par cas fortuit) qu'en partie, le preneur peut, *suivant les circonstances,* demander ou une diminution du prix ou la résiliation même du bail ; il n'y a lieu à aucun dédommagement ».

359. Il résulte de nos observations que le preneur peut opter pour la résiliation malgré le refus du bailleur ([2]), et que le bailleur ne peut demander la résiliation ou la diminution ; le preneur seul a le droit d'indiquer sa volonté ([3]). Par exception, le bailleur peut exiger la résiliation s'il y a danger à conserver le surplus de l'immeuble ([4]), à la condition, bien entendu, de payer des dommages-intérêts au preneur ([5]). Il le peut éga-

---

([1]) Trib. civ. Lyon, 14 mars 1894, précité.

([2]) Trib. civ. Seine, 25 nov. 1887, *Pand. franç.*, 88. 2. 83.

([3]) Cass., 23 juil. 1827, S. chr. — Cass. req., 7 juil. 1847, S., 47. 1. 835, D., 47. 1. 250 (à propos de l'expropriation partielle. — Conseil d'Etat, 4 mai 1826, S. chr. — Duvergier, I, n. 522 ; Troplong, I, n. 213 ; Aubry et Rau, IV. p. 495, § 369, note 2 : Laurent, XXV, n. 404 ; Guillouard, I, n. 397 ; Agnel, n. 802 et 1106 ; Huc, X, n. 294.

([4]) Cass. req., 3 août 1847, S., 47. 1. 838, D., 47. 1. 251.

([5]) Cass. req., 3 août 1847, précité.

lement lorsque l'immeuble ne remplit plus son but, car nous
verrons qu'il ne peut être forcé à faire les reconstructions.

Il résulte aussi de ce que nous avons dit que le tribunal
n'est pas obligé d'accéder au désir du preneur ; il prononcera
en toute liberté la réduction ou la résiliation ([1]), en se basant
sur la distinction que nous avons faite. Quelques auteurs ([2])
conseillent aux juges de se guider sur les termes du projet
de Cambacérès (tit. IV, art. 18), d'après lequel il y avait lieu
d'opter entre une indemnité ou la résiliation si l'éviction
dépassait le quart de l'objet loué, suivant le gré du preneur,
et de prononcer une réduction du loyer dans le cas contraire ([3]).

360. S'il y a lieu à réduction du loyer, cette diminution
courra dès le jour de la diminution de la jouissance et non
pas seulement à partir du jour où le preneur aura formé sa
demande ([4]). La réduction du loyer, dans l'opinion contraire,
ne remplirait pas son but, lequel est de compenser entièrement la privation de jouissance.

361. L'option entre la réduction du loyer et la résiliation
du bail ne peut être faite par les créanciers du preneur ([5]).
Ils n'y ont pas d'intérêt, puisque, quel que soit le parti pris,
le patrimoine du preneur ne se trouve pas directement augmenté. D'autre part, l'option a été accordée au preneur parce
qu'il lui appartient de décider si la jouissance de l'immeuble
reste ou non possible ; or c'est lui seul qui a cette jouissance
et qui est, par conséquent, en état de prendre parti sur ce
point.

Ces motifs gardent toute leur valeur pour le cas où le preneur est déclaré en faillite. Nous ne ferons donc aucune
exception pour cette hypothèse ([6]). L'art. 2102, n. 1, qu'on a
invoqué en sens contraire, est étranger à la question.

362. L'option du preneur, une fois faite, ne peut plus être

([1]) Caen, 14 déc. 1871, S., 72. 2. 235. — Paris, 9 juin 1874, D., 77. 2. 52. —
Guillouard, I, n. 397 ; Huc, X, n. 294.

([2]) Guillouard, I, n. 397.

([3]) Fenet, I, p. 79.

([4]) Guillouard, I, n. 398.

([5]) Huc, *Tr. de la cession et de la transm. des créances*, I, n. 94.

([6]) *Contra* Huc, *loc. cit.*

rétractée après qu'elle a été acceptée par le bailleur, explicitement ou implicitement ([1]). Avant ce moment, elle peut encore être rétractée ([2]). On objecte à tort que l'option du preneur est valable sans l'assentiment du bailleur ; cela est vrai, mais tout ce qui en résulte, c'est que le bailleur ne peut s'opposer à l'option.

363. En cas de perte partielle par cas fortuit, le preneur peut-il forcer le bailleur à refaire la portion détruite ?

L'affirmative, quelquefois admise ([3]), est plus généralement rejetée ([4]). On peut l'appuyer sur les raisons suivantes :

D'une part, le droit commun conduit à cette solution, car toutes les obligations de faire, nous l'avons déjà rappelé, peuvent être exécutées contre le gré du débiteur. Or, le bailleur s'est engagé à faire jouir le preneur pendant tout le cours du bail.

Ce droit commun n'a pas, comme on le prétend, été modifié par l'art. 1722 ; ce texte dispose bien que le preneur peut demander une réduction du prix ou la résiliation du bail, mais il n'ajoute pas que le preneur n'aura pas les autres ressources que lui fournit le droit commun ; la disposition spéciale de l'art. 1722 s'explique, soit par l'idée qu'on a dérogé au droit commun en n'autorisant pas dans toutes les hypothèses la résiliation, soit par l'idée qu'on a ajouté au droit commun en permettant la réduction.

Au surplus, la réfection de la partie détruite n'est pas autre chose qu'une réparation et toutes les réparations peuvent

---

([1]) Cass. req., 9 janv. 1889, S., 89. 1. 105, D., 89. 1. 9 (pour l'expropriation partielle pour cause d'utilité publique ; acceptation tacite de la résiliation résultant de ce que le propriétaire a imputé sur les loyers échus une somme versée d'avance pour les derniers termes). — Huc, X, n. 294.

([2]) *Contra* Paris, 6 juin 1888, sous Cass., 9 janv. 1889, précité. — Huc, *loc. cit.*

([3]) Troplong, I, n. 220.

([4]) Cass. req., 10 fév. 1864, S., 64. 1. 118, D., 64. 1. 234. — Paris, 27 juil. 1850, S., 52. 2. 404, D., 51. 2. 141. — Douai, 30 mai 1852, S., 53. 2. 57, D., 53. 2. 226. — Alger, 10 juil. 1868, S., 68. 2. 243, D., 69. 2. 29. — Lyon, 11 fév. 1896, *Mon. jud. Lyon*, 9 juil. 1896. — Bordeaux, 7 mars 1899, *Gaz. Pal.*, 99. 1. 562. — Marcadé, VI, art. 1722, n. 1 ; Pont, *Rev. crit.*, III, 1853, p. 276 s. ; Massé et Vergé, IV, p. 381, § 704, note 4 ; Duvergier, I, n. 522 ; Aubry et Rau, IV, p. 474, § 366, note 5 ; Laurent, XXV, n. 111 et 404 ; Guillouard, I, n. 107 et 394 ; George-Lemaire, Rapport sous Cass. req., 18 nov. 1891, S., 91. 1. 265, D., 92. 1. 81 ; Poncet, *Note*, D., 92. 1. 81 ; Huc, X, n. 294 et 296.

être exécutées par la force (¹). En vain dit-on qu'un droit perpétuel ne peut être sacrifié à un droit temporaire, la loi exige
bien ce sacrifice en matière de réparations.

On nie cette assimilation et, en effet, la loi paraît bien distinguer ; mais comment discerner la réparation — qui consiste nécessairement à remplacer une portion détruite — de
la réfection d'une perte partielle, qui a exactement le même
but ? On dit que les dégâts causés à un toit ne sont pas une
perte partielle. Que dira-t-on d'un mur tombé ? d'un toit
abattu ? etc. Ce sont d'inextricables difficultés (²). On est bien
obligé d'admettre que le bailleur est forcé de faire les réparations nécessaires pour que le bail de la chose détruite partiellement puisse être utilement continué (³). Nous pensons
qu'il y a les mêmes raisons pour l'obliger de reconstruire la
partie détruite.

364. Si l'on admet que le bailleur n'est pas tenu à reconstruction, y sera-t-il tenu dans le cas où la perte résultant de
la destruction partielle était compensée dans son patrimoine
par une indemnité ?

La question s'est élevée surtout au cas d'une indemnité
payée à raison de l'incendie par une compagnie d'assurances ;
on pourrait également la poser à propos de la perte causée
par un tiers qui a payé des dommages-intérêts ; enfin, nous
la retrouverons à propos de l'expropriation pour cause d'utilité publique (⁴).

Nous n'hésitons pas à la trancher par la négative (⁵) ; le
preneur est étranger aux relations qui s'établissent entre la
compagnie d'assurances et le bailleur et c'est sa propre indem-
nisation que recherche ce dernier par le contrat d'assurance ;
du reste, si on interprète la loi comme le fait l'opinion dans
laquelle cette question se pose, il faut repousser, comme le

(¹) V. *infra*, n. 366.
(²) V. *infra*, n. 366.
(³) Huc, *loc. cit.*
(⁴) V. *infra*, n. 1363.
(⁵) Paris, 5 mai 1826, S. chr., D. *Rép.*, v⁰ *Louage*, n. 204. — Paris, 27 juil. 1850,
précité. — Douai, 21 mai 1852, précité. — Bordeaux, 7 mars 1899 précité. — Aubry
et Rau, IV, p. 475, § 366, note 5 ; Laurent, XXV, n. 404 ; Guillouard, I, n. 394. —
Contra Troplong, I, n. 219 et 220 ; Duvergier, I, n. 523.

fait le texte ainsi interprété, en toute hypothèse l'obligation de reconstruction imposée au bailleur.

Quelques auteurs (¹) pensent que dans le cas où le preneur est chargé de payer les primes, cette clause peut être interprétée comme destinant éventuellement l'indemnité d'assurance à la reconstruction. Nous n'acceptons pas cette interprétation ; il n'y a là qu'une délégation pour le paiement des primes.

Il va sans dire qu'en toute hypothèse le bailleur peut s'engager à la reconstruction (²).

365. Le preneur lui-même ne pourrait, en cas de perte partielle, faire les reconstructions et obliger ainsi le bailleur à lui continuer le bail.

366. Des reconstructions, il faut, si l'on admet que le bailleur n'est pas tenu de reconstruire, distinguer les réparations destinées à mettre en état la partie restante de l'immeuble, de manière qu'elle puisse servir à son but primitif. Si des réparations peuvent produire ce résultat, le preneur a le droit de les exiger, car les art. 1719 et 1720 obligent le bailleur, en termes absolus, à faire les réparations (³).

La distinction entre les réparations et les reconstructions est délicate ; elle est du domaine du juge du fait (⁴). À notre avis, il y aura répartition dans les modifications destinées à compléter la partie restante ; il y aurait reconstruction toutes les fois que cette partie devrait être gravement modifiée et toutes les fois qu'il s'agirait de refaire une fraction de la partie détruite.

L'addition d'un escalier dans la partie restante pour remplacer un escalier détruit est une réparation (⁵).

On considère comme des dégâts donnant lieu à réparation :

(¹⁻²) Guillouard, I, n. 394.

(³) Cass. req., 18 nov. 1890, S., 91, 1. 265, D., 92. 1. 81. Cet arrêt est relatif à l'expropriation pour utilité publique (V. *infra*, n. 1363), mais doit être étendu à l'hypothèse par *a fortiori*. — Troplong, I, n. 220 ; Marcadé, VI, art. 1722, n. 1 ; Massé et Vergé, IV, p. 381, § 704, note 4 ; George-Lemaire, Rapport sous Cass., req., 18 nov. 1890, précité ; Poncet, *Note*, D., 92. 1. 81. — V. cep. Duvergier, I, n. 522 ; Laurent, XXV, n. 111.

(⁴) Marcadé, *loc. cit.* ; Laurent, *loc. cit.*

(⁵) Limoges, 9 juill. 1889, sous Cass. req., 18 nov. 1890, précité.

L'endommagement d'un toit par un incendie ([1]) ;

L'enlèvement d'une cheminée par le vent ([2]).

Au contraire, on regarde comme des destructions partielles :

La chute d'une partie des bâtiments par un tremblement de terre ([3]) ;

La destruction, par ordonnance de police, d'une façade ébranlée par les travaux d'un immeuble voisin ([4]).

367. Nous aurons à examiner plus tard si la destruction des bâtiments élevés par le preneur tombe sous l'application de l'art. 1722 ([5]).

368. Le preneur peut d'avance renoncer à toute indemnité en cas de perte fortuite ([6]).

C. *Effets de la perte partielle par la faute du bailleur.*

369. Nous pensons qu'en ce cas le preneur peut demander la résiliation du bail, et qu'il n'y a pas lieu d'appliquer la distinction faite, pour le cas fortuit, par l'art. **1722**. Aucune analogie n'existe entre les deux hypothèses ; le bailleur a, dans l'espèce, manqué à l'obligation de garantie qui lui incombait et la résolution est la sanction naturelle du défaut d'exécution d'une obligation (art. 1184).

Si le preneur le préfère, il pourra demander la reconstruction de la partie détruite, car c'est encore la sanction naturelle de l'obligation de faire ([7]) ; les raisons pour lesquelles la loi a admis le contraire en cas de perte totale sont, comme nous l'avons vu, spéciales à cette dernière hypothèse ; si on admet généralement le contraire pour la perte partielle par cas fortuit, c'est pour des raisons de texte inapplicables à l'espèce.

Enfin le preneur peut demander une indemnité et se contenter de la partie restante de la chose louée, c'est encore le

---

([1]) Poncet, *loc. cit.*

([2]) Poncet, *loc. cit.*

([3]) Alger, 10 juill. 1868, précité. — Poncet, *loc. cit.*

([4]) Paris, 27 juill. 1850, précité. — Poncet, *loc. cit.*

([5]) V. *infra*, n. 645 et 663.

([6]) Cpr. Bordeaux, 16 avril 1886, S., 87. 2. 38. — V. *infra*, n. 371.

([7]) V. cep. Guillouard, I, n. 394 (cet auteur ne paraît pas distinguer entre la perte partielle par cas fortuit et la perte partielle par la faute du bailleur).

droit accordé à tout créancier d'une obligation de faire. Le tribunal allouera comme indemnité, soit annuellement une somme représentative de la valeur de la jouissance dont le preneur aura été privé, — et cette somme pourra être déduite du prix du bail, — soit une somme fixe égale au montant total de la valeur de cette jouissance pendant la durée du bail.

En outre, le preneur aura droit à des dommages-intérêts calculés suivant le droit commun ([1]).

V. *Charge de la preuve en matière de perte.*

370. La charge de la preuve en matière de perte incombe au preneur ([2]) ; nous en donnerons la raison en parlant de l'incendie ([3]).

VI. *Clauses écartant la garantie.*

371. La garantie du bailleur en cas de perte soit par cas fortuit, soit par sa faute, pourra être écartée par la convention ([4]).

Une clause qui écarterait la garantie pour les cas fortuits prévus ou imprévus s'appliquerait à la perte soit partielle, soit totale ([5]).

VII. *Baux auxquels s'appliquent les solutions de la loi relatives à la perte.*

372. Les règles de la perte s'appliquent à tous les baux d'immeubles. Ainsi les baux d'immeubles domaniaux y sont soumis ([6]). La loi du 10 juillet 1889 les a également appliquées aux baux à colonage ([7]).

([1]) Guillouard, I, n. 386.
([2]) **Alger**, 31 déc. 1887, *Rev. algér.*, 88. 175.
([3]) V. *infra*, n. 972 s.
([4]) V. *supra*, n. 368.
([5]) Décidé cependant qu'elle s'applique seulement à la perte des récoltes. Caen. 14 déc. 1872, S., 72. 2. 235. — V. aussi pour les vignes phylloxérées, *infra*, n. 377 et 408, note.
([6]) Déc. min. fin., 20 nov. 1884, citée *Rev. de l'Enreg.*, n. 63, p. 217. — Sol. Régie, 28 fév. 1872 et 27 avril 1873, citées *ibid.*, p. 218.
([7]) V. *supra*, n. 335.

Comme les solutions que nous avons données reposent sur les principes du droit commun, elles doivent être encore appliquées aux baux de meubles.

§ II. *Garantie de la perte des récoltes.*

I. *Justification de la garantie.*

373. Le bailleur est obligé de souffrir une diminution proportionnelle du prix du bail, lorsque, par suite d'un cas fortuit qu'il n'a pas pris à sa charge et qui se produit avant que les fruits soient séparés de la terre, le fermier est privé de la moitié au moins d'une récolte ; à moins cependant qu'il ne soit indemnisé par les récoltes antérieures ou qu'il ne se trouve l'être à la fin du bail, en appréciant toutes les récoltes dans leur ensemble.

Il y a là, on le voit, une assimilation partielle de la perte des récoltes à la perte de la chose.

En équité, cette assimilation se justifie évidemment, et son seul tort est de ne pas avoir été également faite pour toutes les hypothèses où un cas fortuit empêche le preneur d'avoir la jouissance complète.

En droit, Pothier (¹) prétendait également justifier cette assimilation, et son idée était reproduite par Jaubert, d'après lequel, comme « le bail à ferme est un contrat commutatif..., les fruits doivent être l'équivalent du prix de terme » (²) ; cela revient à dire que le preneur privé des récoltes n'a pas la jouissance de la chose. Plusieurs auteurs sont encore de cet avis (³).

Ils ont tort, à notre sens (⁴) : le preneur a la jouissance complète de la chose, du moment qu'il peut librement en percevoir les fruits, et, si ces fruits en fait n'existent pas, la jouissance du fermier n'en restera pas moins complète. C'est

---

(¹) N. 144 et 145.

(²) Fenet, XIV, p. 354.

(³) Trib. civ. Charolles, 23 mars 1894, *Loi*, 27 avril 1894. — Duranton, XVII, n. 190 ; Troplong, II, n. 695 et 696 ; Marcadé, art. 1769, n. 1 ; Aubry et Rau, IV, p. 506, § 371, note 4.

(⁴) Duvergier, II, n. 149 s. ; Laurent, XXV, n. 455 ; Guillouard, I, n. 559.

ce qui explique que la loi ait subordonné la créance en indemnité du fermier à une perte de moitié de la récolte.

Des auteurs allemands ont tenté une autre justification; ils ont dit que les fruits, avant leur séparation, appartenant, en vertu des principes de l'accession, au bailleur, ce dernier doit en garantir la libre jouissance au preneur, comme il doit garantir la libre jouissance de l'immeuble lui-même (¹). Ce raisonnement repose sur l'idée inadmissible que le bailleur a loué les fruits comme il a loué l'immeuble ; or il est certain que le bailleur n'a pas promis la jouissance des fruits, que leur propriété seule est promise au preneur, et qu'elle ne lui est promise que comme accessoire de la jouissance de l'immeuble.

Les restrictions qu'a mises le code à l'application de l'indemnité et la fixation de cette indemnité démontrent d'ailleurs que ce point de vue n'est pas celui du législateur.

On a dit enfin que la loi s'est basée sur la volonté présumée des parties, et a pensé que le fermier n'aurait pas contracté s'il avait prévu la perte des récoltes (²); il est, au contraire, certain que le fermier connaissait les éventualités auxquelles il s'exposait ; ce n'est donc pas l'intention des parties qu'on peut donner comme justification de l'obligation de garantie imposée au bailleur.

374. La solution du code était déjà donnée en droit romain (³); le droit à l'indemnité s'ouvrait seulement si le préjudice était très considérable *(plus quam tolerabile)* (⁴), sans d'ailleurs qu'une limite fût fixée.

La même solution était admise dans l'ancien droit (⁵). Pothier (⁶) rapporte l'opinion de Bruneman, d'après lequel il fallait à la fois que la récolte fût en quantité au-dessous de la moitié d'une récolte ordinaire et que la valeur du surplus

---

(¹) Glueck, *Erlauterungen.* XVII, p. 447; Sell, *Arch. f. civilist. Praxis*, XX, p. 201 s.

(²) Huc, X, n. 356.

(³) L. 15, § 2. L. 25, § 6, D., *Loc. cond.*, 19. 2. — V. Glueck, *loc. cit.*; Jacobi, *Ueb. Recht des Pachts*, 1856, p. 16 s.

(⁴) L., 25, § 6, D., *Loc. cond.*, 19. 2.

(⁵) Argou, liv. III, ch. XXVII, p. 281.

(⁶) N. 156.

fût inférieure à la moitié du prix du bail; au contraire, selon Pothier, la question dépend de l'arbitraire du juge (¹).

375. Les textes du code relatifs à cette obligation du bailleur s'expriment dans les termes suivants :

ART. 1769. *Si le bail est fait pour plusieurs·années, et que, pendant la durée du bail, la totalité ou la moitié d'une récolte au moins soit enlevée par des cas fortuits, le fermier peut demander une remise du prix de sa location, à moins qu'il ne soit indemnisé par les récoltes précédentes. — S'il n'est pas indemnisé, l'estimation de la remise ne peut avoir lieu qu'à la fin du bail, auquel temps il se fait une compensation de toutes les années de jouissance; — Et cependant le juge peut provisoirement dispenser le preneur de payer une partie du prix en raison de la perte soufferte.*

ART. 1770. *Si le bail n'est que d'une année, et que la perte soit de la totalité des fruits, ou au moins de la moitié, le preneur sera déchargé d'une partie proportionnelle du prix de la location. — Il ne pourra prétendre aucune remise, si la perte est moindre de moitié.*

ART. 1771. *Le fermier ne peut obtenir de remise, lorsque la perte des fruits arrive après qu'ils sont séparés de la terre, à moins que le bail ne donne au propriétaire une quotité de la récolte en nature; auquel cas le propriétaire doit supporter sa part de la perte, pourvu que le preneur ne fût pas en demeure de lui délivrer sa portion de récolte. — Le fermier ne peut également demander une remise, lorsque la cause du dommage était existante et connue à l'époque où le bail a été passé.*

ART. 1772. *Le preneur peut être chargé des cas fortuits par une stipulation expresse.*

ART. 1773. *Cette stipulation ne s'entend que des cas fortuits ordinaires, tels que grêle, feu du ciel, gelée ou coulure. — Elle ne s'entend pas des cas fortuits extraordinaires, tels que les ravages de la guerre, ou une inondation, auxquels le pays n'est pas ordinairement sujet, à moins que le preneur n'ait été chargé de tous les cas fortuits prévus ou imprévus.*

(¹, Sic Argou, II, p. 283.

II. *Conditions de la garantie.*

A. *Du cas fortuit.*

376. La première condition de l'application des art. 1769 et s., est que les récoltes soient détruites *par un cas fortuit*, ce que l'ancien droit appelait un *vimaire (vis major)* ([1]).

Le cas fortuit s'entend dans le même sens ici qu'à propos de la libération des obligations du preneur. C'est l'événement que le preneur ne pouvait éviter ([2]).

Sont donc des cas fortuits :

L'incendie, à moins qu'il ne soit causé par la faute du preneur ;

L'inondation ([3]), sauf peut-être dans le cas où elle détruit l'herbe ([4]) ;

Les gelées ([5]) ;

La sécheresse ([6]).

Constituent encore des cas fortuits, les ravages causés par les animaux, tels que les oiseaux, les rats, les sauterelles, les vers blancs ([7]).

L'orage ;

La grêle ([8]) ;

Le maraudage.

La guerre est également un cas fortuit ([9]), ainsi que le disait

---

([1]) Argou, liv. III, chap. XXVII, p. 281.

([2]) L. 15, § 2, L. 25, § 6, D., *Loc. cond.*, 19. 2.

([3]) L. 15, § 2, D., *Loc. cond.*, 19. 2. — Argou, liv. III, chap. XXVII, p. 281 ; Guillouard, II, n. 562 ; Huc, X, n. 366 ; Glueck, *op. cit.*, p. 355.

([4]) V. *infra*, n. 378.

([5]) Guillouard, II, n. 562 ; Huc, *loc. cit.*

([6]) Paris, 22 juin 1872, S., 73. 2. 99. D., 72. 2. 233. — Nimes, 26 fév. 1883, S., 83. 2. 225, D., 83. 2. 215. — Besançon, 3 janv. 1894, S., 94. 2. 15, D., 94. 2. 151. — Limoges, 28 nov. 1894, S., 96. 2 269. D., 96. 2. 147. — Trib. civ. Coutances, 25 oct. 1894, *Gaz. Pal.*, 94. 2. *Suppl.*, 31 (impl.). — Guillouard, II, n. 562 ; Huc, *loc. cit.* — *Contra* Trib. civ. Mortain, 28 janv. 1889, *Gaz. Pal.*, 89. 1. 383.

([7]) Trib. civ. Coutances, 25 oct. 1894, *Gaz. Pal.*, 94. 2. *Suppl.*, 31 (impl., vers blancs). — Guillouard, II, n. 562 ; Huc, *loc. cit.* — *Contra*, pour les vers blancs, Trib. civ. Mortain, 28 janv. 1889, *Gaz. Pal.*, 89. 1. 383.

([8]) Argou, *loc. cit.*

([9]) Argou, liv. III, ch. XXVII, p. 281 ; Ballot, *Des effets de la guerre sur le louage et la propriété*, p. 40 s.

Ulpien ([1]). Cependant un certain nombre d'auteurs ([2]) admettent que la guerre produit la perte non pas seulement des récoltes mais de la jouissance elle-même et, par conséquent, qu'il faut appliquer ici les règles de la perte. Nous reconnaissons qu'en effet, dans les cas cités par ces auteurs comme exemples et où le fermier est mis dans l'impossibilité d'aborder sa ferme, il est privé de la jouissance, et nous examinerons à propos de la garantie des troubles le point de savoir si cette privation peut être assimilée à la perte de la chose ([3]). Dans l'opinion négative, le preneur ne peut se plaindre que de la privation de ses récoltes dans les termes des art. 1769 et s.

Dans tous les cas, il est incontestable que le preneur subit simplement une perte des récoltes et que les art. 1769 et s. doivent être observés, si la récolte est endommagée sans que le preneur soit privé de la jouissance ([4]), par exemple si l'ennemi réquisitionne la récolte avant son enlèvement.

La guerre n'est même pas un cas fortuit donnant lieu à l'application des art. 1769 et s. si la guerre était commencée lors du bail et connue du fermier ([5]). L'art. 1771 nous en indique les raisons ([6]).

377. Les art. 1769 et s. règlent la perte de la récolte, même si les racines elles-mêmes disparaissent à raison d'un événement fortuit. Par exemple, le phylloxéra détruit tout ou partie des vignes. Cependant l'opinion générale voit là une destruction partielle ou totale de la chose ([7]) soumise aux règles générales de la destruction, et permettant, selon les

---

[1] L. 15. § 2. D., *Loc. cond.*, 19. 2.

[2] Troplong, II, n. 752 ; Duvergier, II, n. 187 ; Guillouard, II, n. 564.

[3] V. *infra*, n. 526.

[4] Guillouard, II, n. 586 ; Huc, X, n. 370.

[5] Troplong, *loc. cit.* ; Duvergier, *loc. cit.* ; Guillouard, II, n. 564.

[6] V. *supra*, n. 375.

[7] Cass. req., 11 février 1896, S., 97. 1. 10, D., 96. 1. 239. — Aix, 27 mai 1875, S., 75. 2. 147. — Poitiers, 19 fév. 1894, S., 94. 2. 201. — Trib. civ. Marseille, 20 août 1873, S., 74. 2. 154, D., 74. 3. 320. — Trib. civ. Langres, 24 nov. 1887, *Loi*, 17 nov. 1888. — Trib. civ. Périgueux, 18 nov. 1886, *Loi*, 5 nov. 1887. — Trib. civ. Toulouse. 19 mai 1888, *Gaz. trib. Midi.* 3 juin 1888. — Trib. civ. Dijon, 6 août 1888, *Droit*, 29 sept. 1888. — Trib. civ. Nantes, 14 décembre 1893, S., 94. 2. 315. — Guillouard, I, n. 396 et II, n. 562 ; Surville, *Note*, S., 94. 2. 202 ; Fuzier-Herman. art. 1722. n. 32 s. ; Huc, X. n. 294. — V. cep. en sens contraire, pour le mildew, Trib. civ. Narbonne, 30 mars 1897, D., 97. 2. 422 (motifs).

circonstances, la résiliation du bail ou la réduction du prix ;
la substance de la chose est, dit-on, détruite. C'est une erreur :
la substance de la chose est l'immeuble, et rien n'est détruit
puisqu'on peut replanter ; du reste, l'art. 1769 s'applique ici
par son texte même et on ne peut accorder au preneur des droits
supérieurs à ceux que lui donne cette disposition. Enfin, c'est
par un abus de mots qu'on qualifie de destruction un fait qui
laisse l'immeuble intact, alors que la destruction, nous l'avons
montré, fait disparaître tout ou partie de l'immeuble.

L'opinion contraire va jusqu'à appliquer les règles de la
destruction dans le cas même où le preneur a pris à sa charge
tous les cas fortuits, prévus ou imprévus : cette clause, dit-on,
ne concerne que la perte des récoltes (¹). Une pareille interprétation modifie le sens naturel des termes ; car des expressions aussi larges concernent tous les cas fortuits ; et, en
admettant que la perte des vignes par le phylloxéra ne soit
pas une perte de récolte, on doit néanmoins observer les
règles normales d'interprétation ; si les art. 1772 et 1773
règlent le sens de la clause dont nous venons de parler en ce
qui concerne les récoltes, ils ne disent pas, et ne peuvent pas
raisonnablement dire, qu'elle n'ait aucune signification en
dehors des récoltes (²).

Si l'on admet, contrairement à notre opinion, que la destruction des vignes par le phylloxéra entraîne la résiliation du
bail, cette solution doit être donnée même pour le cas où le
terrain a été loué nu, pourvu toutefois que le preneur con-
tractât l'engagement de le planter en vignes ; ces vignes ont
été plantées pour le compte du bailleur et ainsi la situation
est la même que si le terrain avait été loué planté de vignes.
Le bailleur peut donc demander la résiliation même si le preneur offre de replanter le terrain (³).

Dans tous les cas il n'y a pas lieu à indemnité si la maladie

(¹) Aix, 27 mai 1875, précité. — Trib. civ. Marseille. 29 août 1873, précité. —
Trib. civ. Toulouse, 19 mai 1888, précité. — Guillouard, I, n. 396. — V. *infra*, n.
408, note.

(²) V. *infra*, n. 801 s.

(³) Poitiers, 19 fév. 1894, S., 94. 2. 201 (impl.). — *Contra* Surville, *Note*. S., 94.
2. 202 (on ne voit pas si cet auteur veut donner une solution générale ou une solution spéciale au bail à comptant).

qui détruit les racines est de celles que l'état de la science
permet au preneur de conjurer (¹), à moins que les circonstances ne l'aient empêché de s'en préserver (²).

378. De même on a prétendu que l'inondation prolongée
d'herbages par l'eau de mer, si elle détruit l'herbe et cor-
rompt l'eau des abreuvoirs, constitue une perte partielle de
chose (³). Cette solution se réfute par les mêmes raisons que
la précédente.

379. Pothier (⁴) n'admet pas que le fermier puisse demander une réduction de loyer si le cas fortuit est *ordinaire* et
non *extraordinaire,* c'est-à-dire si le cas fortuit est de ceux
qui peuvent et doivent être prévus, comme la grêle, ou la
coulure, ou la gelée, « à moins que ce ne fût une gelée ou
une grêle extraordinaire ».

Cette distinction n'est pas admissible (⁵) en présence soit
des termes généraux de l'art. 1769, soit surtout de l'art. 1773 :
l'art. 1769, suivant les opinions, a obéi, soit à des raisons
d'humanité, soit à l'idée que, sans jouissance utile, il n'y a
pas de fermages exigibles. Or, cette dernière idée a la même
valeur que le cas fortuit soit ordinaire ou extraordinaire ; et,
d'un autre côté, l'humanité veut que le fermier soit déchargé
des loyers toutes les fois qu'il ne récolte pas assez de fruits
pour en payer le montant. Enfin l'art. 1773 indique d'une
manière formelle qu'une clause expresse est nécessaire pour
décharger le fermier, même des cas fortuits ordinaires.

380. Certains auteurs modernes (⁶) ont proposé une distinction qui se rapproche de celle de Pothier. Le cas fortuit
ne leur paraît pas devoir donner facilement lieu à une indemnité, s'il est causé par la situation particulière de l'immeuble :
contrée exposée à la sécheresse ou aux gelées, voisinage d'un

---

(¹) Trib. civ. Narbonne, 30 mars 1897, D., 97. 2. 422 (mildew).

(²) Trib. civ. Narbonne, 30 mars 1897, précité (pluie continuelle empêchant
d'employer les moyens préventifs contre le mildew).

(³) Caen, 13 juill. 1871, S., 72. 2. 234. — Guillouard, II, n. 562.

(⁴) N. 163.

(⁵) Duranton, XVII, n. 193 ; Duvergier, II, n. 187 ; Bugnet sur Pothier, n. 163,
note 1 ; Laurent, XXV, n. 458 ; Guillouard, II, n. 563. — Aussi Argou (II, p. 281 ,
cite la grêle comme un cas fortuit.

(⁶) Guillouard, II, n. 563.

fleuve exposé aux inondations, etc. On dit, à l'appui de cette opinion, qu'à raison même de la fréquence des accidents fortuits, le fermier ne devait pas s'attendre à avoir une récolte complète; il n'y aura donc lieu à indemnité que si le fermier se voit enlever la moitié de la récolte moyenne, c'est-à-dire de celle qu'il pouvait espérer recueillir en tenant compte de la fréquence des accidents.

Cette opinion est à peu près celle de Pothier, mais elle est beaucoup plus difficile à défendre : nous verrons, en effet, que la récolte dont l'enlèvement partiel donne lieu à indemnité est la récolte complète.

381. Il n'y a pas cas fortuit mais vices de la chose louée, ne donnant lieu à aucune indemnité parce que le preneur à dû les prévoir, — car le vice de la chose n'a d'effet que s'il atteint la chose louée elle-même, — dans les cas suivants :

Mauvaise qualité du sol, laquelle empêche le grain de pousser (') ou favorise le développement des mauvaises herbes (').

Stérilité des vignes par suite de leur vieillesse (³).

382. Conformément au droit commun, le cas fortuit ne libère plus le preneur quand il est causé par sa faute (⁴).

Il en est ainsi si la destruction des récoltes par l'inondation provenait du mauvais état des ouvrages dont l'entretien incombait au preneur (⁵).

En pareil cas, le fermier est même tenu à des dommages-intérêts.

Aucune remise n'est due, d'autre part, au fermier si la cause du dommage était prévue ou existante au moment du bail (art. 1771).

Nous avons indiqué une application de cette idée à propos de la guerre (⁶).

Des termes de la loi il résulte que la connaissance du cas

(¹) Troplong, II, n. 713; Duvergier, II, n. 187; Guillouard, II, n. 565.
(²) Troplong, II, n. 713: Duvergier, II, n. 187; Guillouard, II, n. 565.
(³) Troplong, II, n. 713; Duvergier, II, n. 187 : Guillouard, II, n. 565.
(⁴) Duvergier, II, n. 191 ; Guillouard, II, n. 583.
(⁵) Guillouard, II, n. 583.
(⁶) V. *supra*, n. 376.

fortuit par le preneur est nécessaire, il ne suffit pas qu'il ait pu le connaître (¹).

383. C'est au preneur qu'il appartient de prouver le cas fortuit.

Il peut recourir à tous les modes de preuve, puisqu'il n'a pu se procurer une preuve par écrit. Il peut, par exemple, user de la preuve testimoniale ou de l'expertise (²).

B. *De l'époque de la perte des récoltes.*

384. La perte doit être survenue avant que les fruits fussent séparés de la terre. Une fois récoltés, les fruits sont devenus la propriété du fermier, et s'ils périssent, ils périront pour son compte, d'après la règle *Res perit domino* (³). C'est ce que dit l'art. 1771. Il en est autrement, aux termes du même article, dans le colonage partiaire : les fruits recueillis appartenant par indivis au propriétaire et au colon, leur perte fortuite serait naturellement supportée par l'un et par l'autre, chacun dans la mesure de son droit (⁴). — A ce motif on a voulu substituer le suivant : si le fermier a récolté les fruits, il est difficile de savoir si la perte ne provient pas de son peu d'activité à faire et ramasser la récolte (⁵). Cela n'est guère satisfaisant; nous préférons la première considération, qui est du reste invoquée dans le rapport du tribun Mouricault (⁶).

385. L'indemnité est due, quoique la récolte ne soit pas arrivée à maturité et que la destruction porte sur les grains (⁷).

Mais elle n'est pas due si, les fruits étant arrivés à maturité, le fermier a commis une imprudence en ne faisant pas la récolte à temps.

(¹) Laurent, XXV, n. 190. — *Contra* Duvergier, II, n. 190; Guillouard, II, n. 582.

(²) Trib civ. Charolles, 23 mars 1894, *Loi*, 27 avril 1894. — V. *infra*, n. 417 et s.

(³) Argou, II, p. 282; Troplong, II, n. 742 ; Colmet de Santerre, VII, n. 220; Huc, X, n. 366 et 368 ; Vangerow, *Pandekt.*, § 641, note 1.

(⁴) V. *infra*, n. 420.

(⁵) Guillouard, II, n. 559 et 566.

(⁶) Fenel, XIV, p. 336.

(⁷) Duvergier, II, n. 183 ; Guillouard, II, n. 516.

C. *De l'extinction de l'action en indemnité.*

386. L'action en indemnité du preneur peut s'éteindre de plusieurs manières.

D'abord elle s'éteint par la prescription.

La prescription est de 30 ans, conformément au droit commun (art. 2262).

Elle ne court que du jour de l'expiration du bail : jusque-là, en effet, le preneur n'a droit à aucune indemnité. Celle que la loi lui accorde provisoirement n'existe que si un jugement la rend exigible ; donc à défaut de ce jugement, le preneur n'y a pas droit, et il y a lieu d'appliquer l'art. 2257, d'après lequel les droits soumis à une condition suspensive se prescrivent seulement à partir de l'arrivée de la condition.

Mais il va sans dire que si le preneur a obtenu un jugement, l'action en payement de l'indemnité se prescrit par 30 ans à partir du jour où le jugement est passé en force de chose jugée.

387. L'action en indemnité s'éteint également par la renonciation du preneur.

La question de savoir si la renonciation résulte de ce que le preneur a payé un terme de loyer est discutée ; certains admettent l'affirmative parce que ce payement ne peut s'expliquer autrement ([1]), et d'autres pensent, au contraire, que le paiement doit être répété à plusieurs reprises et être accompagné d'autres circonstances sur lequelles ils ne s'expliquent pas ([2]), parce que la renonciation ne se présume pas et que d'ailleurs le débiteur est forcé de payer les fermages malgré son action en indemnité.

En maintenant la question sur ce terrain, la première solution nous paraîtrait exacte ; car si le preneur a une action contre le bailleur en réduction du loyer, le paiement intégral du loyer ne peut s'expliquer que par une renonciation à son action ; il est d'ailleurs inexact que le preneur soit obligé à ce payement.

([1]) Trib. civ. Mortagne, 30 avril 1880, *Recueil de Caen*, 1881, p. 9.
([2]) Guillouard, II, n. 588.

Mais une autre considération nous décide à adopter la seconde solution ; l'action en indemnité n'est que provisoire, et le preneur qui l'intente s'expose soit à ne pas le voir aboutir, soit, si elle aboutit, à être contraint à une restitution éventuelle des sommes dont le bail a été réduit. Cela étant, il est naturel de supposer que le preneur, en payant les loyers, n'a pas renoncé à son action.

Mais le paiement de plusieurs termes peut, selon les circonstances, être regardé comme une renonciation [1].

L'action s'éteint encore, d'après certains auteurs, lorsque le bail est résilié par la faute du preneur [2].

Dans tous les cas, la renonciation du preneur ne résulte pas de ce qu'il a enlevé les récoltes sans prévenir le bailleur de la perte [3].

D. *Etendue que doit avoir la perte.*

388. Il faut, pour que le preneur ait droit à une indemnité, que, dans une même année, la moitié au moins de la récolte que le fonds devait normalement produire ait été enlevée (art. 1769 et 1770). Ainsi le fermier qui, pendant toute la durée d'un bail de neuf ans, n'aurait recueilli chaque année, par suite de cas fortuits, que deux tiers de récolte, n'aurait droit à aucune indemnité.

En droit romain, on exigeait une perte considérable sans en fixer le montant [4].

Nous avons déjà examiné, à propos du cas fortuit, le point de savoir si la récolte dont l'enlèvement partiel donne lieu à l'indemnité est la récolte totale ou la récolte moyenne, en tenant compte des accidents ordinaires qui la diminuent ; la première solution nous a paru la meilleure [5].

389. De même, nous pensons que si la récolte de l'année s'annonçait comme étant supérieure à la moyenne, la perte de la moitié de la récolte donne lieu à indemnité ; le texte est

---

[1] Trib. civ. Coutances, 25 octobre 1893, *Gaz. Pal.*, 94. 2. *Suppl.*, 3.
[2] V. *infra*. n. 401.
[3] V. *infra*, n. 417.
[4] L. 25, § 6, D., *Loc. cond.*, 19. 2.' — V. *supra*, n. 374.
[5] V. *supra*, n. 379.

formel et les raisons sur lesquelles il repose n'autorisent pas une autre solution.

Cependant, d'après l'opinion générale, le fermier, quoique privé de plus de la moitié de la récolte, ne peut réclamer aucune indemnité si le surplus représente plus de la moitié d'une récolte ordinaire (¹). Le fermier, dit-on, ne peut se plaindre, puisqu'il recueille tout ce qu'il pouvait espérer. Cette raison est évidemment insuffisante, car elle ne répond pas à l'argument que nous avons tiré du texte et de l'esprit de la loi ; au surplus, le fermier pouvait s'attendre à recueillir autre chose que la moitié d'une récolte ordinaire.

390. L'absence de quantité donne seule lieu à la réduction du loyer ; la mauvaise qualité des produits est sans influence sur le montant du loyer (²) et cela même si cette mauvaise qualité tient à la nature du sol (³).

Ainsi le fermier ne peut demander aucune indemnité à raison de ce que le vin récolté devient aigre (⁴).

391. Toujours pour la même raison, nous admettons le droit à l'indemnité en cas de privation de la moitié de la récolte, quoique le prix du surplus soit supérieur au prix ordinaire de la moitié de la récolte (⁵).

D'une part le texte est formel.

D'autre part, s'il est vrai que le fermier peut ainsi avoir droit à une indemnité sans même éprouver aucun préjudice, il n'en éprouve pas moins une lésion ; le prix qu'il pourra obtenir des récoltes était sans doute élevé ; mais c'est là une circonstance qui n'intéresse aucunement le bailleur, puisque ce dernier touche un loyer uniforme et dans le calcul duquel il a fait entrer en ligne de compte toutes les éventualités d'augmentation ou de diminution de la valeur des récoltes. Il n'y a, du reste, aucune injustice à décider en ce sens, car,

---

(¹) Duvergier, II, n. 154 et 184 ; Laurent, XXV, n. 456 ; Guillouard, II, n. 567.
(²) Guillouard, II, n. 565.
(³) Guillouard, II, n. 565.
(⁴) Guillouard, II, n. 565.
(⁵) Duranton, XVII, n. 192 ; Duvergier, II, n. 155 ; Marcadé, art. 1770, n. 2 ; Thiry, *Rev. prat.*, XIV, 1862, p. 206 ; Aubry et Rau, IV, p. 502, § 371, note 8 ; Arntz, IV, n. 1188 ; Laurent, XXV, n. 457 ; Guillouard, II, n. 569 ; Huc, X, n. 368. — *Contra* Troplong, I, n. 717 ; Colmet de Santerre, VII, n. 219 *bis*, III, IV et V.

réciproquement, le fermier peut être sérieusement lésé sans
éprouver aucune perte de récolte, ainsi que nous allons le
montrer.

Nous ajoutons que le système contraire peut donner lieu à
des difficultés d'appréciation très délicates.

En vain objecte-t-on que la loi a obéi au désir d'indemniser
le fermier qui est privé de la jouissance ; c'est là précisément
ce qui doit conduire à faire admettre notre solution, car le
fermier est privé de la jouissance de la moitié de sa récolte.

Réciproquement le fermier n'a droit à aucune indemnité
s'il n'est pas privé de la moitié de la récolte, quoique le prix
des fruits soit inférieur de plus de moitié au prix moyen.
Cela n'est, croyons-nous, contesté par personne.

392. Notre solution entraîne une conséquence importante
pour le cas où le bail porte sur des immeubles de différentes
natures et de différents revenus, loués pour un prix unique.
Supposons, par exemple, un champ loué avec des vignes pour
un prix unique ; le revenu normal des vignes est beaucoup
plus considérable que celui des champs ; il est donc possible
que, privé de plus de la moitié de ses récoltes *en étendue,* le
fermier ne soit pas privé de cette moitié *en valeur,* et que
même l'excédant du revenu des vignes l'indemnise, et au-delà,
de la perte faite sur le champ.

Comme la loi s'est exclusivement préoccupée de l'étendue
des récoltes perdues, nous admettons ici encore qu'il y a lieu
à indemnité (¹). Du reste, nous répétons qu'il y a privation de
jouissance, au sens où l'entendaient les rédacteurs du code, de
plus de moitié, et que l'injustice de cette solution est compensée par la solution inverse que nous allons donner.

Il y aura donc simplement lieu de voir si, en tenant compte
de la perte *en quantité* faite dans certains des biens loués, et
du gain en quantité fait dans certains autres, le preneur est
privé de plus de la moitié des récoltes.

Réciproquement le fermier, quoique privé par les pertes
éprouvées sur les vignes de plus de la moitié de ses revenus,

---

(¹) Alger, 13 déc. 1893, D., 94. 2. 407. — Trib. civ. Limoges, 7 juin 1894. sous
Limoges, 28 nov. 1894, S., 96. 2. 269. — Guillouard, II, n. 570 ; Huc, V, n. 368.

n'a pas droit à une indemnité s'il n'est pas privé de la moitié des récoltes en quantité.

393. Mais que décider si un prix différent est fixé pour chaque nature d'immeubles ? Nous admettons encore les mêmes solutions ; malgré ce mode de fixation du prix, un bail unique a été consenti et il est certain que, dans la pensée des parties, toutes les clauses en sont indivisibles. Ainsi, personne ne soutiendra que si le fermier paie le prix des herbages et non pas celui des vignes, la résiliation du bail ne puisse avoir lieu en totalité. Du reste, la fixation de plusieurs prix peut avoir lieu pour des raisons toutes spéciales ; ainsi, si le bail est fait à tant la mesure, il est très rare que le prix de la mesure puisse être fixé d'une manière uniforme pour les immeubles de toute nature ; dira-t-on qu'il y a alors autant de baux qu'il y a de sortes d'immeubles ? Enfin, ce que la loi a voulu, c'est que le fermier n'éprouvât pas une perte de plus de moitié ; or, il n'éprouve pas une perte de plus de moitié, s'il gagne d'un côté ce qu'il perd de l'autre. Il serait inadmissible que la loi, ayant admis une compensation entre les différentes périodes du bail, ne l'admit pas entre les différentes espèces de biens loués.

394. En tout cas, pour apprécier la perte en quantité, il ne faudra pas seulement tenir compte de la récolte dont une partie est perdue, mais de la récolte de tous les immeubles loués pour un prix unique, quelque différentes que soient les cultures [1].

395. Nous admettons la même solution si un prix distinct a été fixé pour chaque nature de récolte.

396. De même, pour établir la quotité de la perte, il faut tenir compte des recettes en argent faites par le fermier en sa qualité, notamment du prix du fermage d'un autre fermier occupant une partie des biens compris au bail [2].

On a même décidé qu'il faut tenir compte de l'indemnité payée au fermier par l'administration pour occupation temporaire d'une partie des biens [3].

[1] Alger, 13 déc. 1893, D., 94. 2. 407.
[2] Limoges, 28 nov. 1894. S., 96. 2. 269, D., 96. 2. 147.
[3] Limoges, 28 nov. 1894, précité.

E. *De la compensation entre les diverses récoltes.*

397. La perte, quelque considérable qu'elle soit, ne donne jamais lieu à une remise du prix au profit du fermier, si elle se trouve compensée par l'excédent des récoltes précédentes appréciées dans leur ensemble et en prenant pour terme de comparaison le produit moyen du fonds.

D'autre part, en supposant que la perte de plus de moitié, subie par le fermier sur la récolte d'une année, ne soit pas couverte par l'excédent des récoltes précédentes, le droit à une réduction du fermage n'est pas encore irrévocablement acquis au fermier, qui peut seulement obtenir provisoirement du juge la dispense de payer une partie de fermage proportionnelle à la perte subie. Pour le règlement définitif des droits des parties, il faut attendre la fin du bail. Alors on fera la somme des produits de toutes les récoltes perçues par le fermier pendant la durée de sa jouissance. Si cette somme est égale ou supérieure au produit moyen du fonds pendant toute la durée du bail, la perte subie par le fermier est compensée, et il doit payer intégralement ses fermages. Dans le cas contraire, il a droit à une diminution proportionnelle à l'importance du déficit : c'est ce que la loi appelle faire la *compensation de toutes les années de jouissance.*

398. Le droit romain admettait déjà qu'une compensation devait s'établir entre les différentes années du bail [1].

Elle se justifie par l'idée que, le droit à une indemnité étant fondé sur l'équité, le fermier ne mérite pas la faveur du législateur si ses gains compensent en grande partie ses pertes [2]. La seule solution illogique de la loi est celle qui compense la perte d'une année avec les gains des années antérieures, sans permettre de tenir compte des pertes faites dans les années postérieures, et inférieures à la moitié [3].

399. La compensation d'une année de perte soit avec les années antérieures, soit avec les années postérieures s'établit-elle en tenant compte seulement de la quantité des récoltes

---

[1] L. 8, C.. *Loc. cond.*, 4. 65. — V. aussi pour l'ancien droit, Argou, II, p. 283.
[2] Guillouard, II, n. 573. — V. cep. Laurent, XXV, n. 460.
[3] Laurent, XXV, n. 459; Guillouard, II, n. 573.

ou aussi du prix qu'elles atteignent? Le texte de l'art. 1769 est favorable à la première solution, et nous nous référons pour sa justification au raisonnement que nous avons produit à propos de la compensation entre les récoltes des divers immeubles loués; il faut donc admettre que la quantité des récoltes faites dans les diverses années doit seule servir de base à l'établissement de la compensation ([1]).

400. Les années qui restent à courir, et pendant lesquelles la compensation peut s'opérer, sont celles qui séparent l'année de la perte de la fin du bail, quelle que soit la cause de cette fin.

Il importe donc peu que le bail se termine avant l'expiration du temps fixé ([2]).

401. Toutefois on a prétendu que si la résiliation est causée par la faute du preneur, le droit à l'indemnité disparaît ([3]). Dans ce cas, dit-on, le bailleur a le droit de soutenir que le fermier s'est mis peut-être par sa propre faute dans l'impossibilité de compenser la perte.

Cette solution nous paraît contraire au texte et à l'esprit de la loi.

Le texte dit formellement que la compensation se fait à « la fin du bail », sans distinguer suivant les manières dont le bail se termine. En vain dit-on que ces mots font allusion à l'expiration normale du bail. S'il en était ainsi, il faudrait dire que la résiliation du bail par le consentement des parties et même par la faute du bailleur fait disparaître le droit à l'indemnité.

Quant à l'esprit de la loi, il est d'indemniser le fermier toutes les fois que la compensation est impossible. Or ici elle est impossible, et il importe peu que ce soit par la faute du fermier; du reste, cette dernière objection est elle-même inexacte. Sans doute le juge peut décider en fait qu'à cause de la longue durée qui restait à courir, et de la probabilité

([1]) Duranton, XVII. n. 192; Laurent, XXV, n. 461; Guillouard, II, n. 574; Huc, X, n. 368. — *Contra* Colmet de Santerre, VII, n. 219 *bis*, VI.

([2]) Guillouard, II. n. 579; Huc, X, n. 368.

([3]) Trib. civ. Charolles, 12 janv. 1893, *Gaz. Pal.*, 93. 1. *Suppl.*. 26. — Guillouard, II, n. 579; Huc, X, n. 368.

de bonnes récoltes, le fermier aurait pu être indemnisé en tout ou en partie, et partant de là, on peut, à titre de dommages-intérêts compensatoires de la faute commise, lui enlever tout ou partie de l'indemnité. Mais il est inexact d'ériger en principe que la résiliation par la faute du fermier lui enlève tout droit à l'indemnité.

402. La compensation doit être établie entre l'année où la perte est de plus de moitié, d'un côté et, d'un autre côté, non seulement les années où un gain a été réalisé, mais encore celles qui ont fait apparaître une perte de moins de moitié [1]. En d'autres termes, si les années de gain viennent en déduction de la perte de moitié subie, les années de perte viennent en augmentation de cette même perte et peuvent servir à rétablir la perte à la moitié, alors que les années de gain l'ont réduite à moins de moitié. Nous exceptons, bien entendu, le cas, réglé différemment par la loi, où la perte est compensée par le gain des années antérieures; en ce cas, la compensation est définitive, comme nous l'avons dit [2].

403. La question se restreint donc à l'hypothèse où le fermier n'est pas indemnisé dans les années antérieures.

La raison décisive d'adopter l'opinion que nous avons proposée est que l'art. 1769 exige que la compensation soit faite de « *toutes* les années de jouissance ». Il faut ajouter que ce système est plus conforme à l'équité, car il est juste, en partant du principe posé par la loi, que le fermier soit indemnisé pour chaque récolte inférieure de moitié à la récolte normale, alors que, malgré d'autres récoltes meilleures, la perte subsiste.

C'est donc d'une manière très arbitraire qu'on fait dire à l'art. 1769 que la compensation s'établit avec les années de jouissance *où il y a un excédent de récoltes*.

404. Pour que la compensation fasse disparaître le droit à l'indemnité, il ne suffit pas qu'elle ait pour effet de réduire à moins de moitié la perte subie dans une récolte, il faut que

---

[1] Duranton, XVII, n. 201; Troplong, II, n. 732; Aubry et Rau, IV, p. 507, § 371, note 6; Arntz, IV, n. 1190; Laurent, XXV, n. 461; Guillouard, II, n. 576; Huc, X, n. 368. — *Contra* Duvergier, II, n. 175; Marcadé, art. 1770, n. 4.

[2] Guillouard, II, n. 573 et 576.

cette perte disparaisse entièremeut; si elle est simplement
réduite à moins de moitié, le fermier pourra se faire indemniser de la perte définitivement subie ([1]).

En effet, l'art. 1769 exige, pour que le droit à l'indemnité
disparaisse, que le fermier soit indemnisé par les récoltes
postérieures; cette disposition est très claire et c'est tout à
fait arbitrairement que les partisans de l'opinion contraire la
complètent par celle qui indique à quelles conditions *naît* le
droit à l'indemnité.

405. Si le bail est à périodes, et que le fermier use de son
droit de résiliation à la fin de l'une des périodes, la compensation doit être faite à ce moment, et le fermier n'est pas
déchu de son droit à l'indemnité ([2]).

F. De la clause mettant les cas fortuits à la charge du preneur.

406. Il faut encore, pour que le droit à l'indemnité prenne
naissance, que le fermier n'ait pas pris à sa charge les cas
fortuits. Il peut d'ailleurs les prendre à sa charge pour une
partie seulement, pour moitié par exemple ([3]).

La loi explique suffisamment que cette stipulation doit être
interprétée restrictivement ([4]), puisqu'elle l'interprète elle-
même comme ne comprenant que les cas fortuits ordinaires,
à moins que la convention ne porte que le fermier se charge
des cas fortuits *prévus et imprévus* (art. 1772 et 1773). Telle
était la solution de l'ancien droit ([5]).

Nos articles adoptent donc, mais cependant en la modifiant.
la solution admise dans l'ancien droit. On distinguait trois

([1]) Duranton, XVII, n. 281; Aubry et Rau, IV, p. 507, § 371, note 7; Laurent,
XXV, n. 462; Guillouard, II, n. 577; Huc, X, n. 368. — *Contra* Troplong, II,
n. 731; Duvergier, II, n. 174.

([2]) Limoges, 28 nov. 1894, S., 96. 2. 269, D., 96. 2. 147.

([3]) Alger, 21 janv. 1895, *Journ. trib. alg.*, 8 janv. 1896.

([4]) Il a été décidé cependant, mais à raison de circonstances particulières, que
la clause ordonnant le partage de la perte causée par les sauterelles ou la grêle
doit être étendue aux autres éléments calamiteux. Alger, 21 janv. 1895, précité.

([5]) Argou, II, p. 284, dit que la seule stipulation qui supprime l'action du fermier, est celle d'après laquelle il n'aura droit à aucune diminution pour les vimai-
res, prévus ou non prévus. La clause qu'il « ne pourra demander aucune diminution pour quelque cas que ce soit ». n'est pas réputée concerner la perte de récoltes
par un cas fortuit quelconque.

sortes de cas fortuits : ordinaires *(soliti)*, extraordinaires *(inso-liti)*, et très extraordinaires *(insolitissimi)*. Comme aujourd'hui, la renonciation aux cas fortuits ne s'entendait que des cas for-tuits ordinaires, mais la renonciation aux cas fortuits prévus et imprévus ne s'entendait pas des cas fortuits très extraordi-naires. Le code a fait rentrer cette dernière classe dans celle des cas fortuits extraordinaires, dont elle aurait été difficile à distinguer.

407. Les cas fortuits ordinaires sont ceux auxquels l'im-meuble est exposé à raison des saisons ou de l'état de l'at-mosphère.

Il faut donc considérer comme cas fortuits ordinaires, la grêle, la gelée, l'incendie causé par l'orage, la coulure, la sécheresse ([1]). De ces quatre phénomènes, les trois **premiers** sont formellement indiqués par l'art. **1773.**

Au contraire, la guerre est un cas fortuit extraordinaire ([2]).

L'inondation est ordinaire ou extraordinaire, suivant que l'immeuble y est sujet ou non; elle n'est donc pas toujours extraordinaire ([3]).

408. La loi n'admet la renonciation à l'indemnité due à raison de cas fortuits imprévus qu'en vertu d'une clause for-melle. Mais elle n'exige pas de termes sacramentels.

Ainsi la mise à la charge du fermier des « cas fortuits quels qu'ils soient » s'entend même des cas fortuits imprévus ([4]).

Il en est de même de la clause que le preneur supportera « tous les cas fortuits de la perte sans indemnité » ([5]).

Les clauses de ce genre comprennent même les cas fortuits dont il était impossible de soupçonner la possibilité lors du

---

[1] Sur ce dernier point, en ce sens Besançon. 3 janv. 1894, S., 94. 2. 15, D., 94. 2. 151. — Huc, X, n. 371.

[2] Guillouard, II, n. 585.

[3] V. cep. Guillouard, II. n. 585.

[4] Bordeaux, 14 déc. 1830, S., 31. 2. 102. — Bordeaux, 16 avril 1886, S., 87. 2. 38. — Guillouard, II, n. 585 ; Huc, X, n. 571. — La clause s'applique même à la destruction des vignes par le phylloxéra, d'après le dernier arrêt. Cependant il a été décidé que la clause qui interdit tout recours pour les cas fortuits prévus ou imprévus, ne s'applique pas à la destruction des vignes par le phylloxéra, cette destruction constituant, d'après la jurisprudence (V. *supra*, n. 377), une perte de la chose et non une perte des récoltes. — V. *supra*, n. 377.

[5] Besançon, 2 janv. 1894, S., 94. 2. 15, D., 94. 2. 151.

contrat ; c'est bien là ce qu'on entend par cas fortuits *imprévus* (¹). Ainsi on doit y comprendre les maladies des vignes ou des céréales qui étaient entièrement inconnues lors de la signature du bail (²)..

409. Nous verrons que de semblables clauses produisent également effet au point de vue des dégradations et des réparations (³).

G. *Du cas où la perte est couverte par une assurance.*

410. Le fermier peut réclamer l'indemnité à laquelle la loi lui donne droit même si la perte des récoltes est couverte par une assurance (⁴). Il est vrai qu'alors le fermier n'éprouve aucun préjudice ; mais, conformément aux principes, l'assurance est un contrat auquel le bailleur, en sa qualité de tiers, reste étranger (art. 1165).

III. *Montant de l'indemnité.*

411. L'indemnité consiste dans une remise du prix de location afférent à l'année pendant laquelle s'est produit la perte. Le preneur ne peut rien exiger de plus (⁵), car il s'agit d'un cas fortuit qui ne peut donner lieu aux dommages-intérêts, et, de plus, l'art. 1769 est formel en ce sens ; le preneur est donc dans une situation inférieure à celle que lui procure la perte de la chose.

412. Du montant de l'indemnité le bailleur ne peut déduire la semence qu'il a fournie pour la préparation de la récolte, s'il l'a fournie en exécution du bail (⁶). D'une part, l'art. 1769 veut que l'indemnité soit égale à la perte subie. D'autre part, la perte de la semence est un cas fortuit dont on ne peut imposer la charge au preneur.

(¹) *Contra* Huc, X, n. 371.

(²) *Contra* Huc, *loc. cit.* — « Ce serait, dit cet auteur, jouer sur les mots que de les considérer comme *prévus* ». Cet argument est singulier, puisque la clause dont il est question vise les cas prévus et *imprévus*.

(³) V. *infra*, n. 801 s.

(⁴) Cass. req., 4 mai 1831, S., 31. 1. 204.— Duvergier, II, n. 202 ; Laurent, XXV. n. 469 ; Guillouard, II, n. 590.

(⁵) Duvergier, II, n. 161 ; Guillouard, II, n. 580 ; Huc, X, n. 369.

(⁶) Duvergier, II, n. 162 ; Guillouard, I, n. 581·; Huc, X, n. 369.

Mais il en est autrement si la valeur de la semence devait être restituée ([1]); car le fermier n'est déchargé que du prix du bail; et d'ailleurs, comme il est devenu propriétaire des semences, on doit lui appliquer la règle *res perit domino*. Il est difficile de comprendre l'objection qu'on a tirée de l'art. 524, d'après lequel la semence est l'accessoire de l'immeuble.

IV. *Époque du paiement de l'indemnité.*

413. L'indemnité pour perte de récoltes ne serait, d'après les principes, exigible qu'à la fin du bail, car elle n'est définitive que si les récoltes postérieures n'indemnisent pas le fermier et se trouve, par conséquent, soumise à une condition suspensive.

Cette solution aurait empêché l'art. 1769 d'atteindre son but, car le preneur, comptant sur sa récolte pour payer ses fermages, est dans l'impossibilité de s'acquitter; aussi l'art. 1769 permet-il au tribunal de réduire provisoirement le loyer; c'est un cas de compensation judiciaire. Mais le tribunal n'est pas forcé d'accorder cette dispense provisoire, quoique la perte dépasse la moitié de la récolte ([2]).

414. De toute manière, l'indemnité peut être exigée à l'expiration du bail.

Il importe peu que le bail expire avant sa durée normale, par exemple par le consentement des parties ([3]).

Nous avons vu cependant qu'on discute le point de savoir si la résolution du bail par la faute du preneur lui laisse droit à l'indemnité ([4]).

V. *Mode de paiement de l'indemnité.*

415. Dans le cours du bail, le fermier ne peut de lui-même compenser avec l'indemnité les fermages qu'il doit au bailleur; sa créance, en effet, n'est pas encore liquide ([5]). Cette solution

---

([1]) Guillouard, II, n. 581. — *Contra* Duranton, XVII. n. 199.

([2]) Guillouard, II, n. 578 et 589. — V. cep. Trib. civ. Charolles, 23 mars 1894, *Loi*, 27 avril 1894.

([3]) Duvergier, II, n. 176; Guillouard, II, n. 579.

([4]) V. *supra*, n. 401.

([5]) Rennes, 15 mars 1814, S. chr. — Guillouard, II, n. 589.

est acceptée même par les auteurs qui admettent que le preneur peut, en principe, compenser avec sa dette des loyers la créance en dommages-intérêts qu'il a contre le bailleur. La contradiction est certaine.

416. Même avant que la créance en indemnité ne soit liquidée, le juge peut permettre au preneur de saisir-arrêter pour sa garantie entre ses propres mains les loyers qu'il doit ([1]). C'est une mesure conservatoire autorisée par les solutions générales de la loi.

VI. *Preuve en matière de perte de récoltes.*

417. Le preuve de la perte de la moitié des récoltes par cas fortuit peut être faite par tous moyens, et notamment par témoins ([2]), car il s'agit d'un simple fait, et, d'ailleurs, le fermier n'a pu s'en procurer une preuve par écrit.

Le plus simple pour le fermier sera, soit de procéder à une constatation amiable avec le bailleur, soit, si ce dernier s'y refuse ou s'il s'élève des contestations au cours de l'opération, de provoquer une expertise en référé, comme nous le verrons ([3]). Le fermier ne peut valablement procéder seul à la constatation, même s'il a prévenu le bailleur du jour où il la ferait ([4]).

418. Il sera prudent de faire faire l'expertise ou de recueillir les témoignages avant l'enlèvement de la récolte, car, ensuite, il serait difficile de contrôler les témoignages ou de faire l'expertise sur une base sérieuse. Cependant rien ne s'oppose à ce que les tribunaux acceptent encore, après l'enlèvement, la preuve des assertions du fermier ([5]), sauf à en tenir le compte

---

[1] Paris, 29 avril 1817, S. chr.

[2] Cass. req., 4 mai 1831, S., 31. 1. 204. — Guillouard, II. n. 571.

[3] V. *infra*, t. II.

[4] V. cep. Guillouard, II, n. 571 (mais cet auteur se contredit au n. 578).

[5] Cass. req., 4 mai 1831. S., 31. 1. 204. — Alger, 8 avril 1868, S., 69. 2. 87. — Paris, 22 juin 1872, D., 72. 2. 233. — Trib. civ. Charolles, 23 mars 1894, *Loi*, 27 avril 1894. — Trib. civ. Narbonne, 30 mars 1897, D., 97. 2. 422. — Troplong, II, n. 740; Duvergier, II, n. 179; Laurent, XXV, n. 463; Guillouard, II, n. 571. — *Contra* Cass., 25 mai 1808, S. chr. — Poitiers, 17 juill. 1806, S. chr. — Rennes, 15 mars 1814, S. chr. — Caen, 8 mars 1889, *Gaz. Pal.*, 89. 1. 762. — Trib. civ. Mortain, 28 janv. 1889, *Gaz. Pal.*, 89. 1. 383.

qu'ils voudront; car la loi n'a pas dit que l'enlèvement des récoltes éteindrait l'action du fermier ([1]).

419. Du reste, il est incontestable que la constatation peut être immédiate, quoique l'indemnité ne puisse être définitivement due à l'expiration du bail ([2]).

VII. *Des baux dans lesquels peut être due l'indemnité pour perte de récoltes.*

420. La loi ne pose le principe de l'indemnité pour perte de récoltes que dans les baux de biens ruraux.

Encore faut-il excepter le bail à colonage partiaire ([3]); comme la récolte appartient pour partie au bailleur et pour partie au preneur, la perte se répartit dans les mêmes proportions. Cette solution, donnée dans l'ancien droit ([4]), était déjà admise ([5]) avant la loi du 10 juillet 1889, qui l'a consacrée dans les termes suivants :

« *Si, dans le cours de la jouissance du colon, la totalité ou* » *une partie de la récolte est enlevée par cas fortuit, il n'a pas* » *d'indemnité à réclamer du bailleur. Chacun d'eux supporte* » *sa portion correspondante dans la perte commune* » (art. 9).

La perte des récoltes non enlevées est donc traitée de la même manière que la perte des fruits déjà arrachés ([6]).

421. Toutefois la perte fortuite des fruits ou récoltes dans le bail à colonage est à la charge du preneur si elle arrive après que le preneur a été mis en demeure de fournir au bailleur sa part ([7]) : il n'est pas nécessaire pour cela que les récoltes aient été enlevées ([8]), il suffit qu'elles soient arrivées à maturité et que le preneur eût dû les enlever.

De même, si la perte fortuite est causée par la faute du preneur, il en est responsable.

Réciproquement si, par la négligence du bailleur, la récolte

---

[1] Cass., 4 mai 1831, précité.
[2] Caen, 10 juil. 1894, *Rec. Caen*, 95. 41.
[3] L. 25, § 6, D., *Loc. cond.*, 19. 2.
[4] Argou, II, p. 285.
[5] Duvergier, II, n. 92 ; Troplong, II, n. 658 ; Guillouard, II, n. 623.
[6] Sur ce dernier point, v. l'art. 1771, *supra*, n. 375.
[7] Duvergier, II, n. 93 ; Guillouard, II, n. 623.
[8] V. cependant Guillouard, II, n. 623.

n'a pu être enlevée, il est responsable du cas fortuit qui la détruit.

422. Dans le cas même où le métayer s'est obligé à payer un petit fermage, la perte des récoltes ne donne pas lieu à une indemnité ([1]). D'une part, l'usage est constant en ce sens : d'autre part, comme nous le montrerons, le bail fait avec une pareille clause reste pour le tout un bail à colonat partiaire.

423. L'indemnité pour perte de récoltes est applicable à l'emphytéose, qui est un bail ([2]).

424. Pour les baux de biens domaniaux, l'art. 19 de la loi des 23-28 oct.-5 nov. 1790, porte : « L'adjudicataire ne pourra prétendre aucune indemnité ou diminution du prix de son bail, en aucuns cas, même pour stérilité, inondation, grêle, gelée ou tous autres cas fortuits ». Cette disposition est encore en vigueur ([3]) ; elle doit être observée même quand le cahier des charges ne la rappelle pas ([4]) ; si l'art. 17 de la loi porte que les prescriptions de cette loi « seront toujours expressément rappelées », c'est là simplement un ordre donné aux rédacteurs de ce cahier et dont l'inobservation entraîne la responsabilité de ces derniers.

425. Nous nous occuperons plus loin de l'indemnité pour perte de récoltes dans les sous-baux et cessions de baux ([5]).

§ III. *Garantie des modifications dans la valeur des produits, ou la facilité de jouissance.*

426. Il peut y avoir une diminution, pour le preneur, et même une disparition complète des avantages du bail sans la participation ni du bailleur ni des tiers.

Nous ne parlons pas seulement de la perte ou de la dété-

([1]) Méplain, n. 209 s. ; Guillouard, II, n. 624.

([2]) L. 15, § 4, D., *Loc. cond.*, 19. 2. — On admet le contraire en droit allemand parce que le prix n'est pas considéré comme un loyer, mais comme un moyen de reconnaître la propriété éminente du propriétaire. — Beseler, *Deutsches Privatrecht*, p. 762, note 20.

([3]) *Rev. de l'Enreg.*, n. 63, p. 216.

([4]) *Contra Rev. de l'Enreg.*, *loc. cit.* qui cite dans le même sens une déc. min. fin. du 20 nov. 1884).

([5]) V. *infra*, n. 1121 s.

rioration fortuites, qui sont réglées par des dispositions spéciales.

427. Mais en dehors de ces hypothèses, le dommage du preneur peut consister en trois catégories de faits :

1° Les produits diminuent *de valeur ;* par exemple une découverte quelconque permet de fabriquer certains produits à meilleur compte que ne peut le faire le preneur dans l'immeuble loué.

Dans ce cas, le bailleur n'est pas tenu à garantie (¹), et le montant entier du loyer continue à être dû par le preneur, sans indemnité ; il n'y a pas de doute sur ce point : le bailleur doit faire jouir le preneur de l'immeuble et n'a pas à s'inquiéter du point de savoir si l'exploitation est, pour le preneur, plus ou moins ruineuse.

2° Il n'est pas dû davantage de garantie si les produits diminuent *en quantité* ou disparaissent entièrement (²) ; la chose, alors, n'est pas *perdue ;* par exemple, les récoltes donnent un faible rendement à cause des intempéries, ou une épidémie entraîne la désertion de l'hôtel ou du casino loués (³). La guerre nous offrira un autre exemple de la même hypothèse (⁴). On a rangé dans le même cas un acte de l'administration faisant inonder un herbage ; il est à peine besoin de dire que ce cas est étranger à la question.

La loi s'occupe de la perte des récoltes ; elle ne donne lieu, comme nous l'avons dit, à indemnité, que dans des conditions déterminées (⁵).

(¹) Cass., 5 mars, 1850, S., 50. 1. 269, D., 50. 1. 168 (réduction des profits du débit de tabacs loué, par une décision de l'administration). — Caen, 19 mai 1838, S., 38. 2. 386, D. *Rép.,* vᵒ *Louage,* n. 217-1ᵒ (découverte permettant de fabriquer à meilleur compte). — Duvergier, I, n. 529 ; Fuzier-Herman, art. 1722, n. 10. — On cite également un changement de route, diminuant les produits de l'auberge louée ; Troplong, I, n. 232 ; Fuzier-Herman, art. 1722, n. 17. — Cependant il a été décidé que la garantie pour perte de la chose est due si l'établissement d'un barrage formant gué rend inutile l'usage du pont à péage loué et par conséquent en supprime les revenus. — Cass., 13 nov. 1871, S., 71. 1. 233, D., 72. 1. 175. — V. *infra,* n. 558.

(²) Nimes, 1ᵉʳ juin 1839, S., 41. 2. 132, D. *Rép.,* vᵒ *Louage,* n. 217-5ᵒ (diminution des recettes d'un pont à péage). — Huc, X, n. 366.

(³) *Contra* Toulouse, 20 fév. 1888. *Gaz. Trib. Midi,* 25 mars 1888.

(⁴) V. *infra,* n. 526.

(⁵) V. *supra,* n. 373 s.

Nous y avons assimilé, comme on l'a vu, la perte des vignes par le phylloxéra ou par tous autres événements qui les détruisent ([1]).

3° Des événements naturels rendent la jouissance difficile : éboulement, inondation, guerre, etc., qui empêchent l'exploitation régulière sans nuire à l'immeuble. Nous verrons qu'il y a là tantôt un trouble de fait ([2]), tantôt un vice de la chose ([3]).

§ IV. *Garantie des vices de la chose.*

428. L'obligation de livrer et de faire jouir est imparfaitement remplie si la chose se trouve atteinte de vices qui ne permettent pas de l'employer à l'usage auquel elle est destinée dans la commune intention des parties. Aussi l'art. **1721** al. 1 dispose-t-il : *Il est dû garantie au preneur pour tous les* » *vices ou défauts de la chose louée qui empêchent l'usage,* » *quand même le bailleur ne les aurait pas connus lors du bail*».

I. *Conditions de la garantie. — Vices dont le bailleur est garant.*

429. La garantie porte, suivant les termes généraux de l'art. 1721, non seulement sur les vices existant au moment du bail, mais encore sur les vices postérieurs ([4]) ; les motifs que nous avons donnés ([5]) conduisent également à cette solution : obligé de faire jouir, le bailleur doit faire disparaître tout ce qui est obstacle à la jouissance ; on ne peut objecter que la solution contraire est admise en matière de vente, car dans la vente, le vendeur est tenu seulement de délivrer et non pas de faire jouir.

Quant aux premiers, il importe peu que le bailleur ne les

[1] V. *supra*, n. 377.
[2] V. *infra*, n. 520 s.
[3] V. *infra*, n. 429 s.
[4] Paris, 4 juill. 1895. D., 96. 2. 171 (explosion de gaz par suite de l'absence des organes essentiels). — Pothier, n. 112 ; Duvergier, I, n. 343 ; Aubry et Rau, IV, p. 477, § 366 ; Laurent, XXV, n 119 ; Guillouard, I, n. 120 ; Valéry, n. 22 ; Fuzier-Herman, art. 1721, n. 1. — Par exemple encore, le cheval loué tombe malade. Pothier, n. 112 et 114 ; Valéry, *loc. cit.*
[5] V. *supra*, n. 428.

ait pas connus lors du bail ([1]) ; la loi le dit expressément, et cela est logique ; car la garantie n'est pas fondée sur la faute du bailleur, mais bien sur l'inexécution de son obligation. La seule question délicate est de savoir si le bailleur doit indemniser le preneur des pertes qui lui ont été causées personnellement par des vices inconnus du bailleur ([2]).

Il importe peu également que les vices ne proviennent pas du bailleur ([3]).

430. D'après l'art. 1721, la garantie est due uniquement pour les vices qui *empêchent l'usage* de la chose. Dans le passage auquel a été emprunté l'art. 1721, Pothier disait ([4]) : « Les vices de la chose louée que le locateur est obligé de garantir sont ceux qui en *empêchent entièrement* l'usage ; il n'est pas obligé de garantir ceux qui en *rendent seulement l'usage moins commode* ».

La question de savoir si le code a voulu modifier la doctrine de Pothier ou dans quel sens il a voulu la modifier est assez délicate.

Certaines autorités ([5]) pensent que le code a, au fond, voulu reproduire la solution de Pothier et que la suppression du mot *entièrement* signifie simplement que le bailleur est garant même des vices qui empêchent *partiellement* l'usage. — Au fond, le code ne contiendrait alors aucune innovation, car il est bien certain que Pothier n'entendait pas méconnaître l'obligation de garantie pour un vice qui aurait empêché l'usage d'une *partie* de l'objet loué ; il y aurait bien eu alors empêchement *complet*, quoique cet empêchement ne s'appliquât pas à l'objet loué tout entier. Du reste, les auteurs que nous signalons admettent en fait la garantie dans des espèces

---

[1] Paris, 4 juill. 1895, précité.

[2] V. *infra*, n. 445 s.

[3] Lyon, 27 mai 1892, *Gaz. Pal.*, 92. 2. *Suppl.*, 41 (humidité).— Lyon, 5 février 1897, *Mon. jud. Lyon*. 4 mai 1897 (humidité provenant de l'exhaussement d'une rue voisine).

[4] N. 110. Il considérait comme rendant seulement l'usage moins commode le caractère peureux ou rétif du cheval loué.

[5] Grenoble, 17 juill. 1896, *Rec. Grenoble*, 97. 43. — Troplong, I, n. 196 ; Marcadé, art. 1721, n. 1 ; Aubry et Rau, IV, p. 478, § 366 ; Guillouard, I, n. 117 ; Valéry, n. 22 ; Fuzier-Herman, art. 1721, n. 2.

où, comme nous le verrons, l'usage est simplement rendu plus difficile.

Dans une autre opinion, radicale en sens inverse ([1]), le code a complètement renversé la théorie de Pothier et introduit la garantie pour tous les vices dont le preneur souffre la moindre incommodité. Cette opinion est conforme à la logique, car les motifs auxquels est due l'obligation de garantir les vices conduiraient à rejeter toute distinction entre les différents vices. On invoque, en outre, la théorie du code relative aux réparations, où aucune distinction n'est faite.

Ce système a un double tort : il aboutit à des chicanes sans nombre et rend la situation du bailleur intolérable, car il n'est pas difficile à un preneur processif de trouver des vices dans la chose louée ; en outre, on met de côté le texte du code, lequel vise exclusivement les vices qui *empêchent l'usage*.

Une opinion intermédiaire doit être admise ; elle paraît être suivie par la jurisprudence. En supprimant le mot *complètement,* les rédacteurs du code ont voulu étendre la garantie aux vices qui rendent l'usage très incommode, c'est-à-dire qui empêchent l'usage *normal,* l'usage paisible de la chose ; quant aux vices qui ne font pas supporter une grave incommodité, le code décide, comme Pothier, qu'ils ne donnent pas lieu à garantie ([2]).

Il est donc très important de distinguer les *vices* des *dégradations* donnant lieu à réparation : ces dernières doivent être réparées, quelque faible qu'en soit l'importance. La chose est dégradée, quand une *portion de la chose est détériorée ;* la chose est vicieuse quand l'état de la chose en elle-même n'est pas critiquable, mais qu'elle est, soit à raison d'éléments étrangers qui s'y sont introduits, soit à raison de défectuosités qui ne touchent pas à son état extérieur, impropre à réaliser complètement l'usage qu'en voulait faire le preneur.

---

[1] Laurent, XXV, n. 115; Duvergier. I, n. 339.
[2] Huc, X, n. 293. — En ce sens sur ce dernier point, Colmar. 14 nov. 1825, S. chr., D. *Rép.*, v° *Louage.* n. 187.

431. L'existence de punaises ([1]), de souris ([2]) ou de cafards ([3]) dans l'immeuble loué rentre dans les vices donnant lieu à garantie, car elle rend l'usage de l'immeuble très incommode, sans empêcher cependant cet usage. Toutefois, c'est là une question de mesure ; comme l'incommodité doit être considérable, il faut que le séjour de l'immeuble devienne réellement difficile.

Les défauts de construction ([4]), le mauvais état des cheminées qui en empêchent l'usage sont encore des vices ([5]).

De même pour les mauvaises odeurs ([6]), le manque d'eau

[1] Bordeaux, 25 août 1870, D., 73. 2. 157. — Caen, 25 fév. 1871, S., 72. 2. 206, D., 72. 2. 150. — Caen, 21 juill. 1873, *Rec. de Caen*, 74. 29. — Bordeaux, 29 mai 1879, S., 80. 2. 4. — Caen, 17 juill. 1882, *Rec. Caen*, 85. 176. — Caen, 13 juill. 1885, S., 86. 2. 31. — Lyon, 11 avril 1892, *Gaz. Pal.*, 92. 2. 437. — Pau, 26 fév. 1894, S., 94. 2. 59, D., 95. 2. 23 (surtout pour un hôtel meublé). — Grenoble, 17 juill. 1896, *Rec. Grenoble*, 97. 43. — Nancy, 15 janv. 1898, S., 98. 2. 80 (notamment pour un hôtel meublé). — Angers, 28 juin 1898, *Rec. Angers*, 98. 169. — Trib. civ. Seine, 16 juin 1897, *Loi*, 22 juill. 1897. — C. just. Genève, 26 mai 1894, S., 94. 4. 32, *Pand. franç.*, 95. 5. 7. — Guillouard, I, n. 118 ; Laurent, XXV, n. 118 ; Fuzier-Herman, art. 1721, n. 13 ; Huc, X, n. 293.

[2] Orléans, 5 juill. 1895, *Loi*, 17 août 1895 (cependant cet arrêt exige que le preneur prenne toutes les mesures pour détruire les souris avant d'actionner le bailleur).

[3] Nancy, 15 janv. 1898, précité.

[4] Cass., 3 déc. 1872, S., 72. 1. 403, D., 73. 1. 294 (le preneur, condamné à réparer vis-à-vis des voisins les conséquences de l'exploitation d'une industrie dangereuse, a un recours contre le bailleur si ces dommages proviennent du mauvais agencement de l'usine louée). — Cass., 23 juin 1874, S., 75. 1. 120 (incendie provenant d'un vice de construction). — Cass. req., 14 fév. 1893 (motifs), S., 96. 1. 510, D., 97. 1. 314. — Caen, 1er mai 1868, S., 69. 2. 132 (maison construite de telle manière que tout ce qui se dit et se fait dans un logement s'entend dans le logement voisin). — Bordeaux, 12 janv. 1892, *Rec. de Bordeaux*, 92. 1. 111. — Trib. civ. Seine, 1er fév. 1889, *Droit*, 8 mars 1889 (mauvais état du plancher). — Trib. civ. Lyon, 2 juin 1897, *Mon. jud. Lyon*, 7 oct. 1897 (inondation des eaux provenant d'un appartement voisin par suite du mauvais état de l'appareil servant à l'écoulement des eaux ménagères). — Bruxelles, 7 nov. 1893, *Pasicr.*, 94. 2. 386 (impl.).

[5] Bordeaux, 25 août 1870, S., 89. 2. 39 (note), D., 73. 2. 157. — Amiens, 1er août 1889, S., 89. 2. 39. — Trib. civ. Seine, 17 avril 1893, *Loi*, 15 mai 1893. — Troplong, I, n. 196 ; Agnel, n. 130 ; Laurent, XXV, n. 118 ; Tailliar, v° *Cheminées*, n. 9 s. ; Guillouard, I, n. 118 ; Fuzier-Herman, art. 1719, n. 14 s. — Le bailleur n'est pas garant d'une fissure dans la cheminée, si elle n'a été dangereuse qu'à raison d'un poêle mobile employé par le preneur et qui a obligé ce dernier à des dommages-intérêts envers le voisin. — Paris, 7 déc. 1893, D., 95. 2. 276.

[6] Amiens, 1er août 1888, S., 89. 2. 39 (fumée des cheminées voisines. — *Sic* Huc, X, n. 293). — Bordeaux, 1er déc. 1893, *Rec. de Bordeaux*, 94. 119 (émanations d'une fosse d'aisances). — Riom, 10 fév. 1896, *Loi*, 20 avril 1896 (fosse d'aisan-

potable pour les hommes (¹) ou les bestiaux (²), l'humidité (³), l'infiltration des eaux (⁴) ou l'insalubrité (⁵), les maladies contagieuses ayant contaminé l'immeuble (⁶), les concessions antérieures de droits qui nuisent au preneur (⁷).

L'inondation nous paraît être aussi un vice de la chose (⁸).

432. En principe, les dégâts causés par le gibier qui se trouve dans les lieux loués ne donnent pas lieu à garantie (⁹), car l'existence du gibier pouvait être prévue par le preneur, qui a dû faire entrer en ligne de compte l'éventualité des dégâts qu'il pouvait commettre.

Toutefois, il en est autrement si le bailleur a employé des procédés destinés à favoriser la multiplication du gibier (¹⁰); il s'agit ici d'un fait que le fermier n'a pu prévoir.

Encore la garantie disparaît-elle si le fermier a reçu le droit de chasser (¹¹), car alors il a la faculté de détruire le gibier et, d'un autre côté, la concession du droit de chasse au fermier suppose que ce dernier a loué en considération du gibier. C'est donc à tort qu'on objecte que le fermier est simplement obligé de cultiver la terre et ne peut être forcé de détruire le gibier.

---

ces). — Trib. civ. Beauvais, 15 fév. 1894, *Mon. jud. Lyon*, 14 avril 1894, *Droit*. 4 avril 1894 (odeurs provenant de la combustion de tourbes avant l'entrée en jouissance). — Trib. civ. Bruxelles, 20 fév. 1895, *Pasicr*., 95. 3. 147 (émanations putrides et gaz méphitiques viciant l'état atmosphérique, alors même qu'une viciation complète n'est pas à craindre).

(¹) Bruxelles, 1ᵉʳ mai 1894, *Pasicr*., 94. 2. 387 (impl.). — Trib. civ. Bruxelles, 20 mai 1896, *Pasicr*., 96. 2. 228.

(²) Bruxelles, 26 juin 1895, *Pasicr*.. 95. 2. 402. — Lyon, 27 mai 1892, *Gaz. Pal.*, 92. 2. *Suppl.*, 41.

(³) Nancy, 26 juin 1895, S., 97.2.66, D., 96.2.367. — Lyon, 5 fév. 1897, *Mon. jud. Lyon*, 4 mai 1897. — Rennes, 1ᵉʳ mars 1897, *Rec. Angers*, 97. 225. — Trib. civ. Bordeaux, 28 déc. 1894, *Loi*, 26 mars 1895. — Trib. civ. Lyon, 9 juin 1887, *Mon. jud. Lyon*, 19 sept. 1887.

(⁴) Paris, 6 mai 1891, *Gaz. Trib.*, 24 juil. 1891. — Rouen, 5 janv. 1895, *Rec. Caen*, 95. 2. 27. — Riom, 10 fév. 1896, *Loi*, 20 avril 1896 (fosse d'aisances).

(⁵) Bruxelles, 26 juin 1895, précité (écuries).

(⁶) Trib. paix Oran, 4 fév. 1895, *Pand. franç.*, 96. 2. 103.

(⁷) Trib. civ. Ypres, 12 mars 1896, *Pasicr*., 97. 3. 15.

(⁸) Cass. req., 14 fév. 1893, S., 96. 1. 510, D., 97. 1. 314. — Cpr. *infra*, n. 440.

(⁹) Guillouard, II, n. 541; Sorel, *Dommages aux champs causés par le gibier*. n. 42 s.

(¹⁰) Guillouard, II, n. 541. — *Contra* Sorel, *loc. cit.*

(¹¹) V. cep. Guillouard, II, n. 541.

433. Nous montrerons que l'exercice du droit de chasse par le bailleur ne donne pas lieu à garantie (¹).

Il en est de même de l'exercice du droit de chasse par un cessionnaire de ce droit (²).

434. La garantie est due alors même que les vices ne proviennent pas du bailleur; ainsi l'édification, par un voisin, de constructions qui enlèvent au preneur l'air ou la lumière donne lieu à garantie (³).

435. Les vices de la chose donnent lieu à garantie aussi bien s'ils sont temporaires que s'ils sont permanents.

Ainsi la privation de jouissance résultant de travaux donne lieu à indemnité (⁴).

436. D'autre part, il y a lieu à indemnité aussi bien pour les dommages aux personnes que pour la difficulté de jouissance (⁵).

437. La jouissance doit être assurée au preneur, non seulement pour son appartement lui-même, mais pour les accessoires (⁶) comme l'entrée (⁷), la loge du concierge (⁸), la cour, les escaliers (⁹), les caves (¹⁰).

438. Le bailleur de meubles est également tenu des vices

(¹) V. *infra*, n. 785 s.

(²) Guillouard, II, n. 542.

(³) Paris, 13 juin 1849, S., 49. 2. 471, D. *Rép.*, v° *Louage*, n. 188. — Troplong, I, n. 199; Duvergier, I, n. 309; Laurent, XXV, n. 156; Fuzier-Herman, art. 1721, n. 22. — V. *infra*, n. 594 s.

(⁴) Paris, 12 juin 1893, *Gaz. Pal.*, 93. 2. 2e p., 12 (impossibilité dans laquelle le locataire se trouve de se servir de quelques-unes de ses presses d'imprimerie, au cours de la reconstruction du mur mitoyen). — V. aussi les décisions citées à propos de l'humidité.

(⁵) Aix, 21 janv. 1888, *Gaz. Pal.*, 88. 2. 75 (accident par suite de l'insuffisance d'un escalier provisoire). — Paris, 3 mai 1889, *Gaz. Trib.*, 7 sept. 1888. — Paris, 5 déc. 1891, *Gaz. Pal.*, 92. 1. 146 (entrée des caves ouverte et non éclairée, mais la responsabilité peut être diminuée par l'imprudence). — Trib. civ. Seine, 1er fév. 1889, *Droit*, 8 mars 1889 (chute d'un plancher). — Trib. civ. Seine, 29 juill. 1892, *Gaz. Pal.*, 92. 2. 397 (ce jugement invoque à tort l'art. 1386 C. civ.; il s'agissait de la chute d'un vantail d'une fenêtre). — V. *infra*, n. 518.

(⁶-⁹) Trib. civ. Seine, 18 janv. 1889, *Gaz. Trib.*, 22 fév. 1889. — V. à propos des actes du bailleur modifiant la jouissance de ces accessoires, *infra*, n. 507 s.

(¹⁰) Nancy, 26 juin 1895, S., 97. 2. 66, D., 96. 2. 367 (inondation périodique d'une cave). — Mais le bailleur n'est pas tenu de laisser le preneur en jouissance d'une partie de l'immeuble (une cave) non comprise dans le bail, alors même que par tolérance il l'aurait laissé en possession pendant longtemps. Trib. civ. Seine, 30 mai 1895, *Gaz. Pal.*, 95. 2 *Suppl.*, 17.

de la chose (¹). Ainsi le bailleur de tonneaux est responsable de ce qu'à raison du mauvais état des tonneaux les liqueurs qui y sont mises se perdent (²).

439. L'entrave à la jouissance donne lieu à garantie alors même qu'en fait le preneur n'occupe pas les lieux loués (³).

440. Mais le bailleur peut, par une clause du bail, écarter ou restreindre sa garantie (⁴), de même que le preneur peut, explicitement ou implicitement, renoncer à la garantie (⁵); l'ordre public n'est pas intéressé dans la question. La clause que le preneur a visité les locaux en connaissance de cause et les prend tels qu'ils sont ne constitue pas une renonciation à son action contre le bailleur, même pour les vices existant au moment du bail (⁶).

Une stipulation est même inutile, ou plutôt elle est réputée avoir été faite tacitement, en ce qui concerne les vices apparents au moment du bail (⁷). Pothier (⁸) le disait déjà, et les raison qu'il invoque ont gardé toute leur valeur : le preneur

---

(¹) L. 19, D., *Loc. cond.* — Argou, liv. III, chap. XXVII, II, p. 297; Valéry, n. 22.

(²) L. 19, D., *Loc. cond.*, précitée. — Argou, *loc. cit.*

(³) *Contra* Trib. civ. Lyon, 22 juin 1887, *Mon. jud. Lyon*, 9 sept. 1887 (dans le cas où les héritiers du preneur abandonnent la jouissance).

(⁴) Pothier, n. 114; Duvergier, I, n. 345; Troplong, I, n. 198; Guillouard, I, n. 121; Fuziez-Herman, art. 1721, n. 4. — *Contra* Bordeaux, 12 janv. 1892, *Rec. Bordeaux*, 92. 2. 111.

(⁵) V. *infra*, n. 442.

(⁶) Bruxelles, 5 mars 1895, *Pasicr.*, 95. 2. 131. — V. cep. Colmar, 14 nov. 1825, S. chr., D. *Rép.*, vᵒ *Louage*, n. 187.

(⁷) Cass., 21 juill. 1880, S., 81. 1. 262, D., 81. 1. 103. — Colmar, 14 nov. 1825, S. chr., D. *Rép.*, vᵒ *Louage*, n. 187. — Rouen, 21 juill. 1838, S., 39. 2. 94. — Rennes, 1ᵉʳ juin 1839, S., 41. 2. 132. — Bordeaux, 28 mai 1841, S., 42. 2. 16, D. *Rép.*, vᵒ *Louage*, n. 197-2ᵒ. — Paris, 23 janv. 1849. S., 49. 2. 77. D., 49. 5. 272. — Lyon, 6 juin 1873, S., 73. 2. 194, D., 74. 5. 108. — Paris, 3 juill. 1882, S., 84. 2. 79. — Grenoble, 17 juill. 1896, *Rec. Grenoble*, 97. 43. — Trib. civ. Lyon, 10 nov. 1893, *Mon. jud. Lyon*, 27 déc. 1893. — Trib. civ. Lyon, 31 juill. 1895, *Mon. jud. Lyon*, 3 déc. 1895. — Cass. Rome, 16 avril ou août 1877, *La Legge*, XLIII. 1. 573. — Cass. Rome, 1ᵉʳ mai 1878, *La Legge*, XLVIII. 1. 547. — Turin, 2 déc. 1878, *Giur. Tor.*, XVI. 63. — Casale, 15 sept. 1888, *Giur. Cas.*, I. 380. — Troplong, I, n. 198 et 235; Duvergier, I, n. 343; Marcadé, art. 1721, n. 1; Massé et Vergé, IV, p. 361, § 701, note 4; Agnel, n. 271 s.; Aubry et Rau, IV, p. 478, § 366; Arntz, IV, n. 1136; Guillouard, I, n. 122; Wahl, *Note*, S., 95. 4. 17; Fuzier-Herman, art. 1721, n. 5 et 7; Huc, X, n. 293. — *Contra* Laurent, XXV, n. 116; Colmet de Santerre, VII, n. 167 *bis*, II; Thiry, IV, n. 22.

(⁸) N. 113.

a connu ou dû connaître ces vices, et il est à supposer qu'il
en a tenu compte dans le calcul qu'il a fait du prix du bail ;
c'est, du reste, la solution admise par la loi en matière de
vente, certainement pour le même motif.

En vain objecte-t-on que si l'art. 1641, pour la vente, donne
garantie seulement pour les défauts cachés, l'art. 1721 parle
de « tous les vices ou défauts ». Cette différence de rédaction
ne peut être intentionnelle, car les travaux préparatoires ne
manifestent pas chez le législateur l'intention de distinguer.

On dit encore que le locataire a pu ignorer les vices ; nous
répondons qu'il est alors en faute, car son devoir était, comme
celui de l'acquéreur, de visiter la chose louée.

On dit enfin que le locataire a dû compter que le bailleur
ferait disparaître les vices. A-t-il donc pu compter, dans le
cas où le logement est placé dans un endroit malsain ou
humide, que le bailleur assainirait les lieux ? Cela est absolument impossible à supposer.

Les vices qui sont de notoriété publique sont des vices
apparents ([1]).

Ainsi le bailleur ne sera pas tenu des vices qui suivent :

Humidité de l'endroit loué, si cette humidité est visible ([2]) ;
nos adversaires mêmes acceptent cette solution, par la raison
que ces vices sont de notoriété publique ;

Inondation des caves par suite des crues d'une rivière,
lesquelles sont de notoriété publique ([3]) ;

Insuffisance de clôture ([4]) ;

Escalier dangereux ([5]).

([1]) Guillouard, I, n. 122.

([2]) Bordeaux, 28 mai 1841, précité. — Lyon, 6 juin 1873, précité. — Paris, 3 juill.
1882, précité. — Grenoble, 17 juill. 1896, précité. — Trib. civ. Lyon, 10 nov. 1893,
précité. — Laurent. loc. cit.; Guillouard, loc. cit. — Contra Bruxelles, 5 mars
1895, Pasicr., 95. 2. 131.

([3]) Paris, 23 janv. 1849, précité. — Laurent, loc. cit.; Guillouard, loc. cit.;
Fuzier-Herman, art. 1721, n. 6. — Il a même été décidé qu'il n'y a pas là un vice
et que par suite, dans le cas même où le preneur ne l'a pas connue, il n'a pas droit
à garantie. — Alger, 21 déc. 1889, Gaz. trib., 19 fév. 1890.

([4]) Trib. civ. Lyon, 13 mars 1890, Mon. jud. Lyon, 23 juin 1890 (dans le cas
de vol).

([5]) V. cep. Trib. paix Châlons-sur-Marne, 1er mars 1887, Loi, 6 avril 1887. (Le
bailleur est responsable si, malgré les réclamations des locataires, il n'a pas fait
disparaître le danger .

Les vices que le preneur a connus sont également des vices apparents (¹).

Toutefois, même dans ces hypothèses, le bailleur est tenu à garantie, si en fait le preneur pouvait compter que le bailleur ferait disparaître les vices (²), ou si les vices se sont aggravés dans une proportion inattendue (³), ou enfin si les réparations nécessaires rentrent dans les grosses réparations (⁴).

441. Le bail peut également mettre la réparation des vices à la charge du preneur (⁵). Mais la clause qui se contenterait de porter que toutes les réparations seront à la charge du preneur ne paraît pas devoir comprendre les réparations nécessitées par les vices cachés (⁶).

442. D'un autre côté le preneur peut renoncer à la garantie soit dans une convention avec le bailleur (⁷), soit par un acte unilatéral.

Le fait de payer les loyers emporte, selon les circonstances, renonciation. Il en est autrement si le preneur a protesté antérieurement au paiement des loyers contre ces vices (⁸).

Il est évident que le fait d'engager des pourparlers en vue de la résiliation n'emporte pas renonciation (⁹).

Le fait d'avoir supporté pendant un certain temps le vice sans réclamation n'emporte pas davantage renonciation (¹⁰).

(¹) Caen, 13 juill. 1885, précité (punaises). — Pau, 26 fév. 1894, S., 94. 2. 59, D., 95. 2. 23. — Amiens, 16 fév. 1898, *Rec. Amiens*, 98. 51 (manque d'eau potable). — Trib. civ. Trévoux, 15 mai 1894, *Mon. jud. Lyon*, 16 février 1895 (vice de construction de la cheminée). — Bruxelles, 1ᵉʳ mai 1894, *Pasicr.*, 94. 2. 387 (manque d'eau potable). — Bruxelles, 26 juin 1895, précité (insalubrité et défectuosité des écuries). — Mêmes auteurs.

(²) Pau, 26 fév. 1894, S., 94. 2. 59, D., 95. 2. 23.

(³) Rouen, 5 janv. 1895, *Rec. Caen*, 95. 2. 27.

(⁴) V. *infra*, n. 799.

(⁵) Cass. req., 14 février 1893, S., 96. 1. 510, D., 97. 1. 314 (inondation). — Trib. civ. Marseille, 3 juill. 1888, *Rec. d'Aix*, 89. 2. 14.

(⁶) Liège, 19 mars 1864, D., 64. 2. 272. — Huc, X, n. 293.

(⁷) Cass. req., 14 fév. 1893, S., 96. 1. 510, D., 97. 1. 314, — et les auteurs cités *supra*, n. 440.

(⁸) Pau, 26 fév. 1894, S., 94. 2. 59, D., 95. 2. 23. — Fuzier-Herman, art. 1721, n. 21.

(⁹) Trib. civ. Bruxelles, 20 fév. 1895, *Pasicr.*, 95. 3. 147.

(¹⁰) Trib. civ. Bruxelles, 20 fév. 1895, précité. — V. cep. Amiens, 16 déc. 1898, *Rev. Amiens*, 98. 51.

443. Enfin il est certain que le bailleur n'est pas tenu à garantie pour les vices provenant de la faute ou de la négligence du preneur ([1]).

Ainsi le preneur n'a pas d'action pour les vices résultant de ce qu'il n'a pas demandé au bailleur, en temps utile, les réparations indispensables ([2]).

Le preneur est même tenu de réparer les vices résultant de sa faute ([3]).

444. Comme le bailleur est responsable même des vices qui se sont manifestés postérieurement à l'entrée en jouissance ([4]), le preneur n'est pas tenu de prouver que ces vices existaient lors de son entrée en jouissance.

Il en est ainsi notamment pour le vice consistant dans la présence de punaises ou autres insectes ou animaux ([5]) ; en effet le bailleur en est responsable, même s'il ne s'est manifesté que postérieurement à l'entrée en jouissance, pourvu qu'il ne provienne pas de la faute du preneur ; et c'est au bailleur qu'il appartient de prouver la faute du preneur, puisqu'il invoque une exception à l'action de ce dernier.

II. *Sanction de la garantie des vices.*

445. L'art. 1721 al. **2** dispose : « *S'il résulte de ces vices » ou défauts quelque perte pour le preneur, le bailleur est tenu » de l'indemniser* ».

Il est à remarquer que ce texte ne fait pas d'exception pour le cas où le bailleur ignore le vice ; il est donc tenu comme le bailleur qui a connu les vices (et sauf une différence quant à l'étendue de l'obligation) des dommages-intérêts ([6]). Nous

---

([1]) Fuzier-Herman. art. 1721, n. 29.

([2]) Colmar, 20 nov. 1816, S. chr. — Fuzier-Herman, *loc. cit.*

([3]) V. *infra*, n. 809.

([4]) V. *supra*, n. 429.

([5]) *Contra* Angers, 28 juin 1898, *Rec. Angers*, 98. 269.

([6]) Cass., 20 mai 1837, S., 37. 1. 602. — Cass., 23 janv. 1872, S., 73. 1. 221, D., 72. 1. 123. — Cass., 21 janv. 1873, S., 76. 1. 104, D., 73. 1. 263. — Cass., 23 juin 1874, S., 75. 1. 120. — Bastia, 7 mars 1854, S., 54. 2. 165, D., 54. 2. 117. — Bordeaux, 22 mars 1872, S., 72. 2. 132, D., 73. 2. 94. — Aix, 5 janv. 1877, S., 78. 2. 167, D., 78. 2. 94. — Delvincourt, III, p. 191; Devilleneuve, *Note*, S., 54. 2. 165 ; Coin-Delisle, *Rev. crit.*, VII, p. 6 ; Massé et Vergé, IV, p. 362, § 701, note 6 ; Aubry et Rau, IV, p. 477, § 366, note 16 ; Colmet de Santerre, VII, n. 167 *bis*, I ; Agnel, n. 270 ; Arntz,

ne concevons guère l'opinion contraire, car l'al. 2 de l'art. 1721 est la sanction du 1er alinéa, qui indique les conditions dans lesquelles la garantie est due et dit expressément qu'elle est due même par le bailleur qui a ignoré les vices. L'opinion contraire paraît, il est vrai, se restreindre aux dommages-intérêts dus à raison d'une perte éprouvée sur les biens personnels du preneur, mais ce n'est pas uniquement de cette perte qu'a voulu parler l'art. 1721 al. 2 et, en fût-il autrement, qu'il faudrait encore reconnaître que ce texte ne fait pas d'exception pour la bonne foi du bailleur.

On objecte qu'en matière de vente la solution est contraire (art. 1645 et 1646), mais il est facile de comprendre la raison de la différence : le vendeur n'est tenu que de livrer, le bailleur est tenu de faire jouir ; si la jouissance n'est pas complète, il a commis une faute, car il aurait dû veiller à ce que le preneur pût jouir de la chose louée.

Il est vrai encore que le droit romain (¹) et l'ancien droit (²) décidaient le contraire, sauf pour le cas où le bailleur aurait dû, à raison de sa profession, connaître les vices, mais il est facile de concevoir que le code civil ait mis la tradition de côté pour appliquer les principes du droit commun.

Il est inique, dit-on encore, que le bailleur de bonne foi soit traité comme le bailleur de mauvaise foi ; cette objection, comme nous le montrerons, repose sur une observation inexacte.

Enfin on ne peut opposer la solution admise en matière de perte fortuite, puisqu'en cette matière le bailleur n'a commis aucune faute.

446. La nature de la sanction est également indiquée par l'art. 1721 al. 2 ; le bailleur est tenu d'*indemniser* le preneur, c'est-à-dire de lui donner une certaine somme (³).

IV, n. 1137 ; Laurent, XXV, n. 122 ; Guillouard, I, n. 125 ; Valéry, *Du louage des meubles*, n. 22 ; Fuzier-Herman, art. 1721, n. 30 s. ; Huc, X, n. 293. — *Contra* Troplong, II, n. 194 et *Tr. de la vente*, I, n. 574 ; Duvergier, I, n. 341 ; Marcadé, art. 1721, n. 3 ; Duranton, XVII, n. 63 ; Taulier, VI, p. 230.

(¹) L. 30, D., *Loc. cond.*, 19. 2.

(²) Domat, liv. I, tit. IV, sect. III, n. 8 ; Pothier, n. 118 et 119.

(³) C. just. Genève, 26 mai 1894, S., 94. 4. 32 pour les punaises . — V. cep. Guillouard, I, n. 123.

Le bail ne pourrait-il donc jamais être résilié ? Nous croyons au contraire que les tribunaux peuvent prononcer la résiliation ([1]), non pas seulement, comme on l'a dit ([2]), si les défauts sont assez graves pour que le preneur puisse prétendre qu'il n'aurait pas loué s'il les avait connus, ou si la jouissance devient impossible ([3]), mais aussi dans le cas contraire ([4]) : la résolution est la sanction légale du défaut d'exécution des obligations, et, en rappelant une autre sanction, l'art. 1721 n'a pas écarté la première ; du reste, on peut considérer la résolution comme un moyen d'*indemniser* le preneur : en tout cas, la distinction qu'on propose n'a aucune base.

Enfin les tribunaux pourront stipuler une réduction de loyer ([5]) ; cette mesure équivaut, en somme, à une indemnité pécuniaire payée par fractions et au moyen de retenues sur la créance du bailleur.

Dans toutes les hypothèses, le preneur aura droit à des dommages-intérêts, puisqu'il y a faute du bailleur ([6]). Ces dommages-intérêts, qui ne sont dus, comme ceux qui proviennent de l'inexécution des autres obligations du bailleur ([7]), qu'après mise en demeure de ce dernier ([8]), varient, conformément au droit commun, suivant que le bailleur sera de bonne foi ou de mauvaise foi ([9]) (art. **1150 à 1151**).

[1] Trib. civ. Bordeaux, 28 déc. 1894, *Loi*, 26 mars 1895. — Pothier, n. 116 ; Troplong, I, n. 193 ; Duvergier, I, n. 339 ; Aubry et Rau, IV, p. 477 § 366 ; Arntz, IV, n. 1137 ; Laurent, XXV, n. 120 ; Guillouard, I, n. 123 ; Fuzier-Herman, art. 1721, n. 27 ; Huc, X, n. 293.

[2] Guillouard, I, n. 123.

[3] V. cep. Pau, 26 fév. 1894, S., 94. 2. 59, D., 95. 2. 23.

[4] La jurisprudence ne distingue pas. — V. pour l'existence des punaises, Bordeaux, 29 mai 1879, S., 80. 2. 4. — Caen, 13 juillet 1885, S., 86. 2. 31, — pour les mauvaises odeurs, Trib. civ. Bruxelles, 20 fév. 1895, *Pasicr.*, 95. 3. 147.

[5] Nancy, 15 janv. 1898, S., 98. 2. 80 (punaises et cafards). — Duvergier, I, n. 339 ; Aubry et Rau, IV, p. 477, § 366 ; Laurent, XXV, n. 120 ; Guillouard, I, n. 123 ; Fuzier-Herman, art. 1721, n. 28.

[6] Décidé cependant que le fait que la maison a été habitée par une personne atteinte de maladie contagieuse ne peut donner lieu à des dommages-intérêts si cette maladie ne s'est pas communiquée à la famille du locataire. — Trib. civ. Bordeaux, 3 déc. 1894, *Rec. Bordeaux*, 95. 2. 24.

[7] V. *supra*, n. 332.

[8] Riom, 10 fév. 1896, *Loi*, 20 avril 1896. — Cet arrêt dit que la mise en demeure est inutile s'il s'agit d'un vice apparent (mauvaises odeurs et infiltrations) que le propriétaire, habitant la maison, n'a pu ignorer.

[9] Guillouard, I, n. 125.

On doit considérer comme des dommages-intérêts qui pouvaient être prévus lors du contrat, le dommage causé aux meubles du preneur qui garnissaient l'immeuble loué ; le bailleur en sera donc tenu, qu'il soit de bonne ou de mauvaise foi (¹).

447. Le bailleur est de même tenu de réparer le préjudice résultant de la détérioration des marchandises composant le fonds de commerce du preneur (²).

Cette solution est exacte même si le commerce du preneur était subordonné à une autorisation administrative qui n'a pas été fournie (³) : l'autorisation est une formalité dont l'inobservation n'intéresse que les rapports entre le preneur et l'administration.

Mais si le bail avait un objet illicite, l'action en garantie ne peut naître ; c'est ce que nous avons établi plus haut (⁴).

448. Certains tribunaux font, au point de vue des dommages-intérêts dus par le bailleur de bonne foi, une distinction entre les vices existant lors de l'entrée en jouissance et ceux qui ne naissent qu'ensuite : dans le second cas, à la différence du premier, le bailleur de bonne foi ne serait jamais tenu de réparer que le préjudice résultant du défaut de la jouissance (⁵).

D'autres, au contraire, pensent avec plus de raison que le bailleur est, sans distinction, tenu des dommages-intérêts dans les limites fixées par le droit commun (⁶).

449. La responsabilité du bailleur peut être atténuée, si le preneur a éprouvé un dommage par un accident qu'il eût pu éviter en faisant connaître au bailleur les vices de la chose (⁷).

450. Le preneur n'a pas droit à la résiliation si les vices

(¹) Trib. civ. Seine, 16 juin 1897, *Loi*, 22 juill. 1897 (frais de désinfection dans le cas où l'appartement était infesté de punaises).

(²) Lyon, 5 févr. 1897, *Mon. jud. Lyon*, 4 mai 1897.

(³) Lyon, 5 fév. 1897, précité.

(⁴) V. *supra*, n. 176.

⁵) Bruxelles, 5 mars 1895, *Pasicr.*, 95. 2. 131. — Huc, X, n. 293.

⁶) Trib. civ. Bordeaux, 28 déc. 1894, *Loi*, 25 mars 1895 (il est vrai qu'il s'agissait d'un vice existant avant l'entrée en jouissance).

⁷) Trib. civ. Seine, 1ᵉʳ fév. 1889, *Droit*, 8 mars 1889 (chute d'un plancher).

sont réparables (¹), à moins qu'il n'ait prié en vain le bailleur
de les réparer (²), et il lui appartient de prouver ce dernier
fait (³).

§ V. *Garantie des troubles.*

451. L'obligation imposée au bailleur de faire jouir paisiblement le preneur, le contraint de réparer les conséquences
des troubles apportés à la jouissance personnelle de ce dernier par tout acte émanant d'une personne quelconque. Toutefois cette solution n'est pas exacte d'une manière absolue ;
il y a lieu, pour l'étudier, de passer en revue des troubles provenant du bailleur, d'un tiers étranger à l'immeuble, de
l'administration ou du prince, d'une autre personne ayant
des droits sur l'immeuble, du concierge, de personnes ayant
des droits sur un immeuble voisin.

1. *Troubles provenant du bailleur.*

A. *Trouble relatif à la portion de l'immeuble occupée par le preneur.*

452. Le bailleur, étant obligé de *faire jouir* le preneur, ne
peut le troubler (⁴), car, loin de veiller à ce que la jouissance
soit complète, il entraverait cette jouissance.

453. Mais le bailleur ne peut être tenu de modifier l'état de
l'immeuble tel qu'il existait au moment du bail et qu'il a été
accepté par le preneur (⁵); il en est ainsi même si ce changement est indispensable pour que l'immeuble puisse remplir
sa destination (⁶).

454. Le bailleur est garant aussi bien des troubles de fait
que des troubles de droit, car, étant tenu de procurer au
preneur une jouissance paisible, il commet nécessairement un

(¹) Bruxelles, 7 nov. 1893, *Pasicr.*, 94. 2. 386. — V. cep. Trib. civ. Bruxelles,
20 fév. 1895, *Pasicr.*, 95 3. 147 (pour les mauvaises odeurs, par la raison qu'elles
persisteront pendant les travaux).

(²) Bruxelles, 7 nov. 1893, précité. — Bruxelles, 1er mai 1894, *Pasicr.*, 94. 2.
387.

(³) Bruxelles, 7 nov. 1893, précité.

(⁴) Guillouard, I, n. 127.

(⁵) Lyon, 31 déc. 1890, *Droit*, 24 juin 1891 (grillages aux vitres d'une cour).

(⁶) *Contra* Lyon, 31 déc. 1890, précité (motifs).

trouble de droit lorsqu'il porte par un acte personnel atteinte à cette jouissance (¹).

455. Une condition essentielle pour que le bailleur soit garant de ses faits personnels est qu'une stipulation contraire n'ait pas été conclue.

Ainsi on peut convenir, comme nous le verrons à propos de la condition résolutoire, que le bailleur pourra reprendre la chose louée si tel événement se produit (²).

On peut également convenir que le bailleur pourra faire dans l'immeuble loué les réparations, excédassent-elles quarante jours, qu'il conservera le droit d'user en commun avec le locataire de certaines parties de l'immeuble, de modifier les lieux loués (³), d'y construire ou d'y planter (⁴), de démolir certaines parties de l'immeuble (⁵).

Le bailleur peut même stipuler qu'il ne sera garant d'aucun de ses faits personnels. On admet cependant que cette clause est nulle (⁶) ; cette clause, dit-on, permet au bailleur d'expulser le locataire tout en continuant à toucher les loyers : or il est de l'essence du bail qu'au paiment des loyers corresponde la jouissance du locataire ; l'obligation du preneur n'aurait donc pas de cause.

Plusieurs raisons nous décident à adopter la solution contraire.

D'abord il ne nous semble pas que l'interprétation proposée soit, en principe, exacte. On ne doit pas facilement admettre que le bailleur ait entendu se permettre d'expulser le locataire tout en continuant à toucher les loyers ; il est plus naturel d'admettre qu'il a entendu seulement se réserver le droit d'entraver la jouissance du preneur sans la supprimer, c'est-à-dire de passer sur l'immeuble, de modifier la forme, d'exercer ou faire exercer dans la partie non louée une industrie incommode ou dangereuse, etc.

(¹) Wahl, *Note*, S., 95, 4. 17.
(²) V. *infra*, n. 1373 s.
(³) Guillouard, I, n. 144.
(⁴) Guillouard, I, n. 144.
(⁵) Guillouard, I, n. 144.
(⁶) Guillouard, I, n. 144.

Dans les cas même où la clause doit être interprétée comme comportant le droit d'expulsion, nous montrerons à propos de la résolution qu'elle est valable (¹).

456. Il y a trouble si le bailleur consent sur la chose un droit dont l'exercice entrave celui du preneur.

Le bailleur trouble donc la jouissance s'il loue à un tiers tout ou partie de l'immeuble déjà loué au preneur (²). Quoique cette location soit nulle, elle n'en porte pas moins atteinte à la jouissance du preneur qui est obligé de faire déclarer cette nullité.

Ainsi la garantie est due si, après un bail conférant au preneur la jouissance exclusive d'un corridor, un second preneur acquiert le droit d'y passer (³).

De même le bailleur est tenu à garantie s'il consent une servitude sur l'immeuble (⁴).

Le bailleur cause au preneur un trouble de fait s'il pénètre dans l'immeuble pour y accomplir un acte qui lui est interdit, par exemple s'il y perçoit des fruits ou y envoie des troupeaux (⁵), ou simplement y passe ou s'y promène (⁶).

457. L'administration qui a loué la pêche dans un fleuve dépendant du domaine public doit garantie au preneur, si elle consent dans ce fleuve des travaux de draguage qui lui portent préjudice (⁷).

L'administration qui a loué la chasse dans une forêt est également responsable des troubles provenant de manœuvres militaires exécutées dans cette forêt (⁸).

458. L'art. 1723 porte que « le bailleur ne peut, pendant la durée du bail, changer la forme de la chose louée », ce qui

---

¹) V. *infra*, n. 1377.

(²) Guillouard, I, n. 127.

(³) Grenoble, 8 mai 1882, S., 84. 2. 123, D., 83. 2. 95. — Guillouard, I, n. 127.

(⁴) Guillouard, I, n. 127.

(⁵) Troplong, I, n. 187; Colmet de Santerre, VII, n. 169 *bis*, I; Fuzier-Herman, art. 1719, n. 83.

(⁶ V. *infra*, n. 830.

(⁷) Nancy, 7 mai 1892, D., 94. 2. 300. — Nancy, 31 déc. 1892, D., 94. 2. 300.

(⁸) Cass. req., 23 juin 1887, S., 88. 1. 358, D., 89. 1. 72. — Dijon, 12 nov. 1886, S., 87. 2. 20, D. (sous Cass., 23 juin 1887), 87. 1. 72. — Féraud-Giraud, *Rapport* sous Cass., 23 juin 1887, précité, S., 88. 1. 358; Guillouard, n. 128; Fuzier-Herman, art. 1719, n. 39.

s'entend à la fois de la chose même et de ses accessoires ([1]).

Par exemple le bailleur ne peut :

Modifier le mode de culture ([2]) ;

Elever des constructions sur le terrain loué ;

Exhausser d'un étage la maison louée ([3]) ;

Changer la distribution de l'appartement ;

Faire des réparations ([4]), sauf la distinction que nous ferons plus loin ([5]) ;

Abattre un bâtiment, même pour le reconstruire ([6]) ;

Diminuer d'une manière quelconque l'air, la lumière ou la vue ([7]), par exemple en établissant, sauf usage contraire, une marquise à l'étage supérieur ([8]);

Supprimer ou restreindre le chauffage de l'appartement quand il s'en est chargé ([9]);

Pénétrer dans l'immeuble pour y abattre les arbres de haute futaie ([10]), quoique ces arbres lui appartiennent;

Réduire l'espace ([11]).

---

[1] Nancy, 10 mars 1894, *Gaz. Trib.*, 18 juill. 1894. — V. *infra*, n. 507 s.

[2] Guillouard, I, n. 128.

[3] Bordeaux, 26 juil. 1831, S., 44. 2. 79 (note), D. *Rép.*, v° *Louage*, n. 228. — Trib. civ. Seine, 30 nov. 1886, *Mon. jud. Lyon*, 31 mars 1887. — Troplong, I, n. 243; Guillouard, I, n. 128 et 145 ; Fuzier-Herman, art. 1719, n. 73.

[4] Cass. req.. 16 nov. 1886, S., 87. 1. 56.

[5] V. *infra*, n. 464 s.

[6] Guillouard, I, n. 128.

[7] Paris, 26 mars 1857, S., 57. 2. 500. — Aix, 21 janv. 1864, S., 64. 2. 157. — Toulouse, 20 avril 1893, *Loi*, 10 mai 1893. — Paris, 11 avril 1894, *Mon. jud. Lyon*, 14 nov. 1894 (même par des travaux faits sur la demande du preneur). — Agnel, n. 224 s. — Paris, 11 juil. 1889 (motifs), S., 91. 2. 131. — Paris, 19 juil. 1895. S., 97. 2. 27, D., 96. 2. 364 (surtout si l'étage supérieur a été loué à destination d'hôtel et si les appartements en sont dépréciés). — Paris, 17 nov. 1891, *Gal. Pal.*. 92. 1. 31 (du moins si la marquise cache une enseigne que le preneur était autorisé à mettre). — Trib. comm. Seine, 11 août 1891, *Gaz. Pal.*, 92. 1. 20. — Trib. civ. Seine, 30 déc. 1891, *Gaz. Pal.*, 92. 1. 187. — Trib. civ. Seine, 29 nov. 1887, *Gaz. Pal.*, 87. 2. 588. — *Contra* Trib. civ. Grenoble, 12 mars et 2 mai 1894, *Rec. Grenoble*, 95. 17. — Il en est autrement si la marquise, par sa petite dimension, ne peut nuire au preneur. — Trib. civ. Seine. 29 nov. 1887, précité. — Trib. civ. Seine, 4 mars 1893, *Gaz. Trib.*. 11 avril 1893. — V. aussi *infra*, n. 579. — V. pour les constructions élevées sur une autre partie du bâtiment sur la cour. ou sur un immeuble voisin, *infra*, n. 480, 508 et 509.

[8] V. la note précédente.

[9] V. *infra*. n. 508.

[10] V. *infra*. n. 827 s.

[11] Bordeaux, 1er déc. 1893, *Rec. Bordeaux*, 94. 119 (cave). — Huc, X, n. 297.

Il importe peu que ces changements de forme aient été nécessités par une force majeure ([1]).

459. La circonstance que le changement n'est pas de nature à faire subir le moindre préjudice au preneur, et même doit lui profiter, ne modifie pas davantage les principes ([2]). En vain dit-on ([3]) que sans intérêt, il n'y a pas d'action ; cette règle n'a jamais été considérée comme applicable à une partie qui demande l'exécution d'une convention, mais seulement à celle qui réclame la réparation d'un délit ; aussi le code dit-il en termes généraux que celui qui n'exécute pas son obligation peut y être contraint.

La forme ne peut même être changée malgré le grand intérêt que le bailleur peut y avoir et le peu d'incommodité que le preneur doit en souffrir ([4]), quoique Pothier décidât que le bailleur avait le droit de modifier la chose louée, à la triple condition que la modification fût peu importante, que le bailleur y eût un intérêt sérieux, et que la gêne causée au preneur fût insignifiante ([5]) ; il ne le peut même pas en indemnisant, comme le voulait Pothier, le preneur du préjudice causé.

Non seulement, en effet, l'art. 1723 s'exprime en termes généraux, mais la solution de Pothier contrarie le principe de la responsabilité du bailleur ; l'obligation de faire jouir ne comporte pas de tempérament et le preneur peut, sans aucune restriction, exiger une jouissance complète et conforme à la convention. Enfin la solution de Pothier donne lieu à des difficultés de fait très considérables.

Il faut donc décider, contrairement à Pothier, que le bailleur ne peut ni agrandir son parc au détriment d'une faible partie des terrains loués, ni faire, un peu avant la fin du bail, des plantations sur le terrain qui va lui revenir.

([1]) *Contra* Trib. civ. Blois, 3 fév. 1887, *Loi.* 13 avril 1887 (surélévation d'un mur nécessitée par des travaux de nivellement autorisés par l'administration. Ce jugement oublie que le bailleur est responsable des faits de l'administration).

([2]) Paris, 9 janv. 1894, précité. — Huc, X, n. 295.

([3]) Guillouard, I, n. 130. — Cpr. Bourges, 16 nov. 1891, précité (motifs).

([4]) Troplong, II, n. 244 ; Duvergier, I, n. 307 ; Laurent, XXV, n. 144 ; Guillouard, I, n. 130.

([5]) N. 75.

Toutefois la jurisprudence et la plupart des auteurs ne suivent pas ce principe jusqu'au bout : ils admettent que la chose peut être modifiée si la modification ne cause aucun préjudice au preneur, si en outre elle ne contrevient pas à une clause formelle du bail et si enfin elle est minime ([1]).

Toutes ces conditions réunies ne nous paraissent pas de nature à modifier le principe : il importe peu que le preneur ne souffre aucun préjudice, puisqu'il a le droit de réclamer l'exécution de l'obligation du bailleur et que cette obligation empêche toute modification à la chose louée; il importe peu que la modification soit insignifiante, pour la même raison ; il importe peu enfin qu'une clause formelle du bail n'interdise pas la modification, car une cause formelle en ce sens serait l'expression du droit commun et constituerait une superfétation. Nous trouvons, en outre, singulier que ces trois circonstances qui, isolées, n'ont aucune influence sur le droit du bailleur, acquièrent par leur réunion une valeur particulière.

En vain rappelle-t-on l'adage *sans intérêt pas d'action*. Si cet adage était applicable, le bailleur pourrait faire les plus grandes modifications, à la condition que le preneur ne subit aucun préjudice.

Ainsi nous déciderons, contrairement à l'opinion générale ([2]), que le bailleur, devenu propriétaire d'une maison voisine de l'immeuble loué, ne peut faire abattre le mur de séparation des deux cours et convertir les deux loges de concierge en une seule. Le preneur, du reste, peut souffrir un préjudice de cette situation, car il a le droit de craindre que le service, désormais plus important pour le concierge unique, ne soit plus mal fait.

460. Si le bailleur trouble le preneur par son fait, le preneur peut réclamer soit la résiliation du bail ([3]), soit une indemnité; cette indemnité peut être déclarée payable par

---

([1]) Laurent, XXV, n. 144 ; Guillouard, I, n. 130; Huc, X, n. 297.
([2]) Paris, 12 janv. 1856, S., 56. 2. 168, D., 56. 2. 83. — Laurent, XXV, n. 144 ; Guillouard, I, n. 130.
([3]) Guillouard, I, n. 142 et 145.

retenues périodiques sur le montant du loyer (¹). Les tribunaux ne sont pas forcés de prononcer la résiliation (²).

En outre, le preneur a droit à des dommages-intérêts (³), et cela en toute hypothèse (⁴), car il y aura toujours faute du bailleur.

Les dommages-intérêts peuvent être alloués par les tribunaux au moyen de l'autorisation de retenir les loyers. Le preneur peut être également autorisé à retenir les loyers provisoirement jusqu'au règlement de l'indemnité (⁵).

Le preneur ne peut pas retenir son loyer de lui-même et sans autorisation de justice (⁶). Nous en avons indiqué les raisons à propos de l'obligation d'entretenir la chose (⁷).

Mais le bailleur ne peut exiger le prix du loyer s'il n'exécute pas lui-même ses obligations et si cette inexécution est constatée par les tribunaux (⁸).

461. Le preneur peut renoncer à l'action en garantie. Mais le fait que le preneur a, sans protester, laissé opérer le changement qui le gêne et même est resté un certain temps sans actionner le bailleur, ne démontre pas qu'il a renoncé à cette action (⁹).

462. Un changement peut porter, jusqu'à un certain point, sur des modifications que le bailleur a, au cours du bail, introduites sur l'immeuble avec le consentement du preneur.

(¹) Guillouard, I, n. 142 et 145.

(²) Cass. req., 23 juin 1887, S., 88. 1. 358. — Dijon, 12 nov. 1886, S., 87. 2. 20. — Trib. civ. Seine, 8 févr. 1890, *Gaz. Pal.*, 91. 1, *Suppl.*, 6.

(³) Bordeaux, 26 juill. 1831, D. *Rép.*, v° *Louage*, n. 228. — Angers, 4 août 1847, S., 48. 2. 378, D., 47. 2. 195. — Laurent, XXV, n. 127; Guillouard, I, n. 142 et 145; Wahl, *Note*, S., 95. 4. 17.

(⁴) Trib. civ. Seine, 8 févr. 1890, précité. — Guillouard, *loc. cit.*

(⁵) Cass., 29 nov. 1832, S., 33. 1. 18. — Paris, 29 avril 1817, S. chr., D. *Rép.*, v° *Louage*, n. 799.

(⁶) Paris, 6 déc. 1844, P., 45. 1. 111. — Douai, 9 juin 1841, S., 46. 2. 342. — Paris, 4 juill. 1868, S., 68. 2. 304, D., 68. 2. 247. — Trib. civ. Bordeaux, 17 fév. 1890, *Rec. de Bordeaux*, 90. 2. 49. — *Contra* Amiens, 23 juill. 1896, *Rec. Amiens*, 96. 201. — Troplong, I, n. 331; Duvergier, I, n. 480; Guillouard, I, n. 149 et 222.

(⁷) V. *supra*, n. 328.

(⁸) Orléans, 20 avril 1888, S., 90. 2. 85. — Trib. civ. Tarbes, 20 mars 1895, *Gaz. Pal.*, 95. 2. 116.

(⁹) Grenoble, 8 mai 1882, S., 84. 2. 123, D., 83. 2. 194. — Paris, 7 févr. 1896, *Gaz. Pal.*, 96. 1. 621.

Le bailleur peut faire disparaître ces modifications ; le preneur ne peut objecter qu'une convention les a autorisées et que le bailleur a, en ce qui les concerne, contracté les mêmes obligations que pour l'état existant lors du bail ; car l'autorisation du preneur ne peut lui donner de droits sur la modification opérée ; le preneur s'est engagé à n'introduire aucune réclamation au sujet de la modification, le bailleur, de son côté, n'a pris aucun engagement. Il en serait donc autrement si le bailleur s'était engagé à introduire ou à ne pas faire disparaître la modification.

Mais si le bailleur veut maintenir la modification introduite, il ne peut en changer l'état contre le gré du preneur ; car l'autorisation donnée par ce dernier ne peut être étendue à un changement nouveau.

463. D'autre part, quelque temps avant l'expiration du bail, le bailleur a le droit de faire entrer dans l'immeuble les personnes qui se présentent pour le visiter (¹). Ce droit est reconnu en tout endroit par l'usage des lieux et, par conséquent, le preneur est censé l'avoir admis. Du reste, il est indispensable, pour que le bailleur soit en mesure de relouer son immeuble immédiatement après l'expiration du bail.

En cas de difficultés, les jours et heures de visite sont fixés judiciairement (²).

Nous verrons que le bailleur peut également apposer sur l'immeuble un écriteau portant que cet immeuble est à louer (³).

(¹) Caen, 5 janv. 1857, *Rev. de Caen*, 1857, p. 32. — Paris, 28 août 1873, S., 73. 2. 256, D., 74. 2. 160. — Trib. civ. Marseille, 23 mai 1888, *Rec. d'Aix*. 88. 2. 323. — Trib. civ. Marseille, 27 mai 1891, *Rec d'Aix*. 91. 2. 202. — Guillouard, I, n. 143 ; Fuzier-Herman, art. 1719, n. 184 ; Huc, X, n. 301. — Décidé que le bailleur peut, au lieu d'accompagner lui-même les visiteurs, se faire remplacer par un tiers, mais non cependant par une personne qui a de mauvais rapports avec le preneur. Douai, 15 fév. 1896. D., 96. 2. 279. — Décidé que le bailleur ne peut accompagner les visiteurs. Trib. civ. Gand, 22 mars 1878, *Pasicr.*, 79. 3. 110. — Le preneur doit de même laisser visiter l'immeuble, s'il est mis en vente. — Trib. civ. Havre, 25 janv. 1887, *Rép. gén. du not.*, 87. 1. 38. — Le bailleur a également le droit de faire visiter l'immeuble pour examiner s'il a besoin de réparations. — V. le n. suiv.

(²) Trib. civ. Marseille, 27 mai 1891, précité.

(³) V. *infra*, n. 508.

Nous développerons plus loin les hypothèses où le bailleur a le droit de pénétrer dans l'immeuble ([1]).

464. Le principe que le bailleur n'a pas le droit de troubler la jouissance du preneur reçoit une autre limitation qu'indique l'art. 1724 : « *Si, durant le bail, la chose louée a* » *besoin de réparations urgentes et qui ne puissent être diffé-* » *rées jusqu'à sa fin, le preneur doit les souffrir, quelque in-* » *commodité qu'elles lui causent, et quoiqu'il soit privé, pen-* » *dant qu'elles se font, d'une partie de la chose louée.* — » *Mais, si ces réparations durent plus de quarante jours, le* » *prix du bail sera diminué à proportion du temps et de la* » *partie de la chose louée dont il aura été privé.* — *Si les* » *réparations sont de telle nature qu'elles rendent inhabitable* » *ce qui est nécessaire au logement du preneur et de sa fa-* » *mille, celui-ci pourra faire résilier le bail* ».

Cette solution, empruntée à l'ancien droit ([2]), concilie, dans la mesure du possible, les intérêts rivaux qui se trouvent ici en présence. Sans doute le bailleur n'a pas le droit de troubler la jouissance du preneur ; aussi celui-ci peut-il s'opposer à ce que le bailleur exécute pendant la durée du bail une réparation qui peut être ajournée sans danger et que le bailleur veut sans doute exécuter immédiatement pour pouvoir trouver à relouer sa maison aussitôt que le bail aura cessé. Mais il ne faut pas non plus exagérer le droit du preneur jusqu'à lui permettre de s'opposer à l'exécution de réparations urgentes, dont l'ajournement entraînerait peut-être la perte de la chose ou une détérioration considérable. Telle n'a pu être la commune intention des parties lorsqu'elles ont contracté. Le preneur devra donc souffrir ces réparations, quelque incommodité qu'elles lui causent. Du reste, comme le disait Pothier ([3]). « c'est une chose censée prévue lors du bail, qu'il pourra survenir des réparations à faire, et le loca-

([1]) V. *infra.* n. 827 s.

([2]) Le propriétaire d'une maison qui menaçait ruine pouvait la rebâtir, sans avoir, en dehors de la remise des loyers pendant le temps que le preneur ne pouvait pas jouir, rien à payer à ce dernier ; il pouvait également rebâtir sa maison pour la rendre plus commode. Mais alors il devait des dommages-intérêts au preneur, Argou, liv. III, ch. XXVII. p. 277.

([3]) N. 76.

taire est censé s'être soumis à en supporter l'incommodité ».
Le tribun Mouricault dit également, dans son rapport au Tribunat ([1]) : « Le locataire, en acceptant le bail, a dû prévoir qu'il pourrait survenir des dégradations à la chose louée, qu'elles pourraient lui occasionner de l'embarras, que cependant il serait nécessaire d'y pourvoir, qu'il serait même intéressant pour lui qu'on ne les négligeât pas ; il a dû déterminer d'après ces considérations le prix qu'il lui convenait de donner ».

Comme conséquence, le bailleur peut exiger que le preneur le laisse de temps en temps pénétrer dans l'immeuble pour voir s'il y a des réparations à faire ([2]).

465. Il est indispensable, nous l'avons dit, que les travaux soient urgents ; le bailleur doit donc faire constater l'urgence en cas de difficultés ([3]) ; il doit la prouver si, après les travaux, le preneur réclame une indemnité en alléguant qu'ils n'étaient pas urgents ([4]). D'autre part, il faut que ce soient des travaux de réparation ; s'il s'agissait d'améliorations, le bailleur serait garant ([5]).

Il est indispensable aussi que l'urgence soit nécessitée par l'état de la chose louée elle-même ; si donc des modifications ont besoin d'être apportées à un appartement pour consolider une autre partie de l'immeuble, des dommages-intérêts sont dus par le bailleur ([6]).

466. Le preneur n'aura droit à aucune indemnité, si les travaux durent moins de quarante jours : la fixation de l'indemnité eût été trop difficile pour une privation de jouissance aussi courte. Si les travaux durent plus de quarante jours, le preneur a droit à une diminution du prix du bail.

([1]) Fenet, XIV, p. 325 s.

([2]) V. *infra*, n. 827 s.

([3]) Angers, 4 août 1847, S., 48. 2. 378. D., 47. 2. 195. — Rennes, 9 déc. 1895, *Gaz. Pal.*, 96. 1. 627. — Trib. civ. Lille, 20 nov. 1897. *Nord jud.*, 98. 126.— Guillouard, I, n. 128 et 145 ; Huc, X, n. 302.

([4]) Rennes, 9 déc. 1895, précité.

([5]) Trib. civ. Lyon, 10 nov. 1887, *Mon. jud. Lyon*, 13 janv. 1888.

([6]) Rennes, 9 déc. 1895, *Gaz. Pal.* 96. 1. 627. — De même il a été décidé avec raison que si un propriétaire vide aux deux tiers son étang pour réparer son usine, le preneur du droit de pêche a droit à une indemnité. — Angers, 2 juill. 1895, *Rec. Angers*, 95. 264.

Deux hypothèses doivent donc être envisagées.

467. 1° *Les travaux ne durent pas plus de quarante jours.*
— Dans ce cas, le preneur n'aura droit à aucune indemnité ; et cela même s'il démontre qu'un dommage lui a été causé par la privation de la chose (¹). L'opinion contraire a le double tort d'être opposée au texte de l'art. 1724 et de conduire à la suppression absolue de la règle ; car il n'est guère à supposer que les travaux puissent s'opérer sans préjudice pour le preneur. On dit en vain que l'art. 1724 a pour seul but de donner en toute hypothèse une indemnité au preneur, si les travaux durent plus de quarante jours ; l'art. 1724, expressément, distingue les deux hypothèses.

Du reste, l'art. 1724 est emprunté à Pothier (²), dont le passage relatif à notre cas est d'une signification très claire. « Si les réparations n'avaient duré que peu de jours à faire... le locataire ne pourrait même pas en ce cas prétendre quelque remise du loyer ». Et il nous apprend que, selon l'usage du Châtelet de Paris, la durée des travaux pouvait, sans indemnité pour le locataire, atteindre six semaines. Les motifs auxquels, comme nous l'avons vu, a obéi la loi, conduisent au même résultat.

Les dommages-intérêts ne sont pas dus davantage si les réparations sont nécessitées par le défaut d'entretien ou les vices de la chose (³).

468. Trois exceptions doivent être apportées à ce principe :

1° Si un dommage, autre que la privation de la chose, a été causé au preneur, par exemple si son enseigne a été couverte et si sa clientèle a ainsi diminué (⁴), ou si les papiers de l'appartement ont été endommagés (⁵), il a droit à une indemnité.

2° Le preneur a droit à une indemnité, malgré l'urgence des réparations, si elles ont été entreprises de manière à lui causer un préjudice imprévu, par exemple si elles ont duré

(¹) Guillouard. I. n. 111 ; Huc, X, n. 302. — *Contra* Paris, 24 nov. 1864, S., 65. 2. 77.

(²) N. 77.

(³) *Contra* Trib. civ. Marseille, 5 juill. 1887. *Rec. d'Aix*, 88. 107.

(⁴) Trib. civ. Seine, 20 janv. 1891, *Droit*, 20 fév. 1891.

(⁵) Trib. civ. Seine, 16 janv. 1897, *Droit*, 12 mai 1897.

plus longtemps qu'il ne convenait (¹), ou si elles avaient pu
être faites d'une manière moins incommode (²). Dans ce cas,
en effet, le preneur fait abstraction de l'art. 1724 et demande
compte au bailleur du préjudice causé par une faute personnelle de ce dernier.

3° Le preneur peut demander la résiliation du bail si les
réparations ont rendu inhabitable ce qui est nécessaire à son
logement et à celui de sa famille (³). L'art. 1724 le dit expressément et c'est à tort qu'on voudrait restreindre sa disposition au cas où les réparations durent plus de quarante jours ;
il est vrai qu'elle vient immédiatement après celle qui règle
l'effet des réparations durant plus de quarante jours, mais
elle s'exprime dans les termes les plus généraux. Un passage
contraire du rapport de Mouricault (⁴) ne peut avoir d'importance en présence de ce texte.

469. Au lieu de demander la résiliation, le preneur dont
le logement a été inhabitable peut-il demander une diminution du prix du bail? Cela nous paraît incontestable. Le mot
« pourra » qu'emploie l'art. 1724, en parlant de la résiliation,
rapproché de l'alinéa précédent où la loi décide que, si les
réparations excèdent quarante jours, « le prix du bail *sera diminué* », prouve que le preneur a le droit de se contenter d'une
diminution même si son logement a été rendu inhabitable
pendant plus de quarante jours ; la loi a voulu seulement, dans
ce cas, ajouter au droit qu'elle lui accordait une faveur plus
grande ; or, le texte, s'appliquant quelle que soit la durée des
travaux, doit, quelle que soit cette durée, recevoir la même
interprétation.

Mais le preneur ne peut demander une indemnité pour
impossibilité d'habitation ; la loi s'exprime en termes trop
impératifs pour que la solution contraire soit admissible ;
l'art. 1724, interprété comme nous le faisons, s'explique : il

---

(¹) Angers, 4 août 1847, S., 48. 2. 378, D., 47. 2. 195. — Laurent, XXV, n. 140 ;
Guillouard, I, n. 111.

(²) Laurent, *loc. cit.* ; Guillouard, *loc. cit.* ; Huc, *loc. cit.*

(³) Duvergier, I, n. 300 ; Laurent, XXV, n. 142 ; Colmet de Santerre, I, p. 251 ;
Guillouard, I, n. 113.

(⁴) Fenet, XIV, p. 326.

a voulu concilier les intérêts du bailleur et du preneur, et a pensé que, pour le premier, il serait moins onéreux de toucher un loyer moins fort que de payer immédiatement une indemnité importante.

470. L'art. 1724 n'exige pas d'ailleurs que les réparations rendent inhabitable le logement tout entier, mais « ce qui est nécessaire au logement », c'est-à-dire une simple portion du logement, pourvu que le surplus ne suffise pas à l'habitation (¹).

471. Si l'immeuble loué n'est pas un appartement ou une maison d'habitation, on décide souvent que l'art. 1724 ne s'en applique pas moins (²); il a prévu évidemment, dit-on, l'hypothèse la plus usuelle, et doit être interprété par son esprit; il s'appliquera donc à la location d'une boutique devenue inexploitable par suite de réparations. — Nous ne croyons pas que cette interprétation puisse être acceptée; l'hypothèse de la location d'un appartement n'est pas plus usuelle que toute autre et, comme l'art. 1724 n'est pas placé dans la section spéciale aux baux à loyer, mais dans celle qui concerne les baux en général, il n'est pas possible de croire que les termes de la loi ne soient employés intentionnellement. Du reste, dans l'hypothèse dont elle s'occupe, le préjudice causé peut paraître plus grave que dans tous les autres, et les mots mêmes qu'elle emploie *(ce qui est nécessaire au logement)*, prouve qu'elle suppose elle-même que le bail peut comporter autre chose qu'un logement. Un boutiquier, objecte-t-on encore, ne peut se passer du produit de sa vente; mais aussi a-t-il droit, si les travaux sont trop longs, à une indemnité.

472. 2° *Les travaux durent plus de quarante jours.* — Ici Pothier disait encore (⁴) « : Si les réparations... ayant duré longtemps n'eussent causé au locataire qu'une incommodité médiocre, et ne l'eussent privé que de quelque partie médio-

---

(¹) Paris, 14 avril 1862, S., 62. 2. 177. — Guillouard, I, n. 115.

(²) Angers, 2 juil. 1895, *Rec. Angers*, 95. 264 (étang). — Colmet de Santerre, VII, p. 151 ; Guillouard, I, n. 144.

(³) Mêmes auteurs.

(⁴) N. 77.

cre de la maison, le locataire ne pourrait même pas, en ce cas, prétendre quelque remise du loyer ». Mais la jurisprudence du Châtelet, qu'il cite également, autorisait une diminution du loyer si les travaux excédaient six semaines et le code s'est approprié cette jurisprudence.

Ainsi, si les travaux durent plus de quarante jours, le preneur peut de plein droit demander une diminution du prix du bail et cela même si aucun préjudice ne lui a été causé.

La diminution doit être, d'après la loi, proportionnelle à la partie de la chose louée dont le preneur a été privé.

Elle est également, d'après la loi, proportionnelle au *temps ;* le preneur peut donc se faire indemniser même de la privation de jouissance qu'il a subie pendant les quarante premiers jours (¹). On a prétendu le contraire, par le motif qu'en ce qui concerne les quarante jours une différence serait inexplicable entre le cas où ces quarante jours n'ont pas été dépassés et le cas où ils l'ont été ; cela est parfaitement explicable au contraire : la loi est partie sans doute de l'idée que le preneur a dû prévoir les réparations de peu de durée, et qu'il ne s'est aucunement attendu à des dégâts importants dont la réparation serait longue. Au reste, tout raisonnement est inutile devant les termes formels de l'art. 1724.

Comme dans d'autres hypothèses, le preneur ne pourra retenir de lui-même et sans autorisation de justice, une partie du loyer (²).

473. Il n'est pas nécessaire, pour que l'art. 1724 trouve son application, que les réparations soient faites sur l'ordre du bailleur lui-même ; l'art. 1724 n'exige pas expressément cette condition et il n'y a aucune raison de la suppléer.

474. L'hypothèse de réparations faites par des tiers est exceptionnelle. On peut citer :

Les réparations exigées par le nu-propriétaire dans le cas où le bail est consenti par l'usufruitier ;

(¹) Trib. civ. Bordeaux, 5 nov. 1888, *Gaz. Pal.*, 88. 2. 495. — Trib. paix Verviers, 2 déc. 1887, *Pasicr.*, 89. 3. 13. — Duvergier, I, n. 303 ; Marcadé, art. 1724. n. 1 ; Laurent, XXV, n. 140 ; Arntz, IV, n. 1158 ; Colmet de Santerre, VII, n. 170 *bis*, III ; Guillouard, I, n. 112 ; Huc, X, n. 302. — *Contra* Troplong, I, n. 253.

(²) *Contra* Guillouard, I, n. 222.

Les réparations faites par l'administration et incombant au bailleur (¹) ;

La reconstruction d'un mur mitoyen par le propriétaire de l'immeuble voisin.

475. Ce dernier cas donne lieu à quelques difficultés qui peuvent être résolues par la distinction suivante :

Si la reconstruction était urgente, c'est-à-dire si elle était nécessitée par l'état de délabrement du mur mitoyen, la reconstruction constitue une réparation dans le sens où l'entend l'art. 1724 (²) ; cet article s'applique par son texte et non pas, comme on le pense (³), par analogie.

Par suite, si la réparation dure plus de quarante jours, le preneur aura droit aux prestations auxquelles lui donne droit l'art. 1724 (⁴). On ne peut objecter qu'il y a *trouble de fait* (⁵) ; le voisin, au contraire, use de son droit.

Si elle ne dure pas plus de quarante jours, le bailleur ne devra rien au preneur (⁶).

Toutefois, si la reconstruction a excédé le temps qui était nécessaire, sans dépasser quarante jours, il s'est produit une gêne que le preneur n'est pas obligé de supporter et qui lui donne droit à une indemnité. Il a droit à la résiliation du bail, si la partie de l'appartement nécessaire au logement est devenue inhabitable.

Quant à l'auteur de la reconstruction, il a usé de son droit, et, suivant le principe que nous développerons à propos de la responsabilité du voisin (⁷), n'est tenu à aucune indemnité

(¹) Cpr. Rouen, 11 fév. 1842, P., 42. 2. 8, D. *Rép.*, v° *Louage*, n. 202-3° (reculement conforme à un arrêté d'alignement.

(²) Guillouard, I, n. 180, 182 et 183 ; Huc, X, n. 303 et 304.

(³) Guillouard, I, n. 182.

(⁴) Trib. civ. Seine, 16 janv. 1897, *Droit*, 12 mai 1897. — Trib. civ. Lyon, 30 mars 1898, *Mon. jud. Lyon.* 27 juin 1898. — Guillouard, I, n. 182. — *Contra* Trib. civ. Lyon, 18 nov. 1897, *Mon. jud. Lyon*, 12 janv. 1898. — Décidé qu'il y aura lieu à diminution de loyers, mais non à des dommages-intérêts. — Trib. civ. Marseille, 14 janv. 1887, *Rec. d'Aix*, 87, 206. — Trib. civ. Marseille, 23 juin 1887, *Rec. d'Aix*, 88. 93. — Trib. civ. Seine, 8 mars 1889, *Gaz. Trib.*, 2 avril 1889.

(⁵) V. *infra*. n. 594 s.

(⁶) V. cep. Trib. civ. Lyon, 23 juin 1897, *Mon. jud. Lyon*, 19 août 1897. — Trib. civ. Lille, 21 fév. 1898, *Droit*, 18 mars 1898.

(⁷) V. *infra*. n. 604 s.

envers le preneur (¹). Cependant, dans l'opinion qui lui interdit d'exercer ses droits de manière à nuire au preneur, il sera
tenu de payer une indemnité à ce dernier si la reconstruction
(qu'elle excède ou non quarante jours) dure plus que le temps
normal.

476. Il peut arriver, en sens inverse, que la reconstruction
du mur mitoyen ne soit pas nécessitée par l'urgence, mais par
l'utilité qu'elle offre au propriétaire voisin, par exemple pour
y appuyer des constructions.

Le propriétaire voisin use incontestablement alors du droit
que lui confèrent les art. 658 et 659 C. civ.

Dans l'opinion d'après laquelle le propriétaire voisin est
tenu à garantie envers le preneur, même s'il use de son droit
et à condition qu'il lui porte un préjudice sensible (²), on pourrait soutenir que le droit à la garantie existe (³). C'était dans
l'ancien droit l'opinion de Goupy, l'annotateur de Desgodets (⁴).
Le voisin serait, par exemple, tenu d'indemniser le preneur,
à raison de la poussière ou de l'humidité causée par les travaux, à raison aussi de ce qu'une profession qui nécessitait le
voisinage du mur mitoyen n'a pu s'exercer pendant la durée
des travaux (Pothier donnait pour exemple le cas d'un jeu de
paume organisé par un maître paumier contre le mur mitoyen).
Au contraire il va sans dire que, dans l'opinion qui ne donne
jamais au preneur d'indemnité contre le propriétaire voisin,
le droit à l'indemnité n'existe pas davantage dans cette hypothèse.

Du reste Desgodets (⁵) et Pothier (⁶) étaient en ce sens; les
partisans de l'opinion à laquelle nous venons de faire allusion
sont ici d'accord avec nous (⁷) et la jurisprudence n'hésite pas
davantage à nier le droit à l'indemnité (⁸).

(¹) Trib. civ. Lyon. 23 juin 1897, *Mon. jud. Lyon.* 19 août 1897. — V. cep. Trib.
civ. Lyon, 18 nov. 1897, *Mon. jud. Lyon.* 12 janv. 1898.

(²) V. *infra.* n. 604 s.

(³) Trib. civ. Lyon, 3 juill. 1897. *Mon. jud. Lyon.* 30 juill. 1897. — Duranton, V,
n. 331; Duvergier, II, n. 21: Demolombe, XI. n. 406. — V. *infra*, n. 606.

(⁴) Sur l'art. 136 de la Cout. de Paris.

(⁵) Sur l'art. 136 de la Cout. de Paris.

(⁶) *Du quasi-contrat de communauté.* art. 5, § 2. n. 215.

(⁷) Guillouard, I. n. 181.

(⁸) Paris, 4 mai 1813, S. chr. — Paris, 19 juil. 1848, S., 48. 2. 463, D., 48. 2.

On appuie surtout cette solution sur l'art. 659 C. civ.; cette disposition, comme l'art. **136** de la cout. de Paris qu'invoquait Pothier, autorise le copropriétaire d'un mur mitoyen à démolir ce mur pour le reconstruire sans avoir autre chose à payer que les frais de reconstruction ; donc, dit-on, il ne **peut être obligé à payer** une indemnité au preneur. Pothier ajoutait (et cela surtout est décisif à notre sens) qu'on ne cause pas de dommage sujet à réparation quand on use de son droit.

Si pourtant le voisin a commis une faute en prolongeant outre mesure la durée des travaux ou en s'abstenant de prendre les précautions nécessaires, on accorde au preneur une indemnité (¹), par application de la théorie d'après laquelle le propriétaire voisin ne peut faire un usage abusif de son droit ; nous renvoyons à l'appréciation que nous ferons plus loin de cette théorie (²).

Quant au bailleur, il est évidemment responsable, suivant les termes de l'art. 1721, la réparation n'étant pas urgente(³). Et il n'a pas de recours contre le voisin (⁴).

477. Au point de vue de la sanction, nous appliquons encore l'art. **1724.**

Donc, si le logement nécessaire au preneur et à sa famille est inhabitable, le preneur a droit à la résiliation (⁵). Dans le cas contraire, il obtiendra une diminution du loyer(⁶) ou une indemnité, en raison de la perte de jouissance.

En aucun cas il n'a droit à des dommages-intérêts, c'est-à-dire à la réparation de la perte qu'il subit, car l'art. **1724** ne lui en accorde pas (⁷). Du reste, nous montrerons que, d'une

168. — Paris, 30 déc. 1864, S., 65. 2. 133. — Paris, 5 fév. 1868, S., 68. 2. 337. — Paris, 8 mai 1868. S., 68. 2. 338. — Paris, 15 déc. 1875. S., 76. 2. 109. — Paris, 24 mars 1879, S., 79. 2. 137, D., 80. 2. 17. — Duvergier, II n. 211; Huc, X, n. 303.

(¹ Cass., 28 août 1877, S., 78. 1. 344. — Trib. civ. Lyon, 23 juin 1898, **précité**. — Guillouard, I, n. 181.

(²) V. *infra*, n. 604 s.

(³) V. *infra*, n. 596 *bis*.

(⁴) V. *infra*, n. 610.

(⁵) Trib. civ. Bruxelles, 28 fév. 1886, *Pasicr.*, 86. 3. 146.— Guillouard, I, n. 183; Huc, X, n. 303.

(⁶) Guillouard, I, n. 183; Huc, *loc. cit.*

(⁷) Paris, 15 déc. 1875, S., 76. 2. 109, D., 76. 2. 1. — Amiens, 14 déc. 1882, *France jud.*, 82-83. 631. — Trib. civ. Marseille, 10 fév. 1863, S., 64. 2. 73 (note). — Guillouard, I, n. 183.

manière générale, le fait du voisin n'autorise pas le preneur à réclamer des dommages-intérêts au bailleur, ce dernier n'ayant commis aucune faute et l'obligation de payer des dommages-intérêts supposant essentiellement une faute (¹).

Ainsi le preneur ne pourra se faire indemniser par le bailleur pour les objets suivants :

Pertes matérielles, comme les dégâts causés au mobilier (²) ;

Perte de clientèle (³) ;

Frais de transport du mobilier dans un autre local (⁴) ;

Perte des bénéfices que le preneur aurait pu réaliser dans son industrie (⁵).

478. La clause obligeant le preneur à souffrir sans indemnité toutes les réparations est valable (⁶).

Toutefois, même en ce cas, le bailleur est tenu de terminer les réparations dans le plus bref délai possible (⁷).

Si le preneur laisse faire des travaux qui troublent sa jouissance sans élever aucune protestation, il peut être considéré comme ayant renoncé à son action.

Mais son silence peut aussi, suivant les circonstances, être interprété autrement. Ainsi on a pu décider que si un locataire a laissé s'élever dans la cour des constructions qui troublent

(¹) V. *infra*, n. 594 s.

(²) Guillouard, I, n. 183 ; Huc, *loc. cit.* — *Contra* Aix, 4 mai 1863, S., 64. 2. 73. — Paris, 10 juill. 1848, S., 48. 2. 463. — Paris, 30 déc. 1864, S., 65. 2. 133. — Trib. civ. Seine, 19 juin 1863, *Droit*, 1er juill. 1863.

(³) Aix, 4 mai 1863, précité. — Guillouard, I, n. 183; Huc, *loc. cit.* — *Contra* Paris, 10 juill. 1848 et 30 déc. 1864, précités. — Trib. civ. Seine, 19 juin 1863, précité.

(⁴) Guillouard, I, n. 183. — *Contra* Aix, 4 mai 1863, précité.

(⁵) Aix, 4 mai 1863, précité. — Guillouard, I, n. 183; Huc, *loc. cit.* — *Contra* Paris, 10 juill. 1848 et 20 déc. 1864, précités. — Trib. civ. Seine, 19 juin 1863, précité.

(⁶) Bordeaux, 15 juill. 1890, *Rec. de Bordeaux*, 90. 1. 530 (elle s'applique à la réfection d'une partie de la façade) — Décidé que cette clause ne s'applique pas aux réparations imposées au bailleur par un tiers, spécialement à la démolition et à la reconstruction du mur mitoyen, par suite d'une servitude de voisinage. — Trib. Paris, 17 nov. 1886, *Mon. jud. Lyon*, 9 mars 1887, — ni aux modifications apportées à l'état des lieux, notamment par l'établissement d'une marquise à l'étage inférieur, les clauses de ce genre ne visant que la privation de jouissance temporaire résultant de travaux à effectuer. — Paris, 19 juill. 1895, S., 97. 2. 27, D., 96. 2. 364.

(⁷) Trib. civ. Seine, 16 nov. 1888, *Gaz. Pal.*, 89. 1. 14.

sa jouissance, il ne peut plus en demander la démolition, mais peut encore demander la résiliation du bail ou des dommages-intérêts [1].

479. Les clauses doivent d'ailleurs être interprétées dans un sens favorable au preneur [2]. Si par exemple il est dit simplement que le preneur devra supporter « les grosses réparations », les juges peuvent décider que cela ne s'entend pas des réparations durant plus de quarante jours [3].

B. *Trouble relatif aux portions de l'immeuble occupées par le bailleur ou par des tiers.*

480. Non seulement le bailleur ne peut modifier la partie de l'immeuble louée au preneur, mais il ne peut pas davantage modifier les autres portions, si le preneur doit souffrir de cette modification [4].

Par application de ce principe, le bailleur ne peut ni établir dans l'immeuble une industrie ou un commerce qui entraveraient la jouissance du preneur, ni louer une portion de l'immeuble à des tiers qui exerceraient une industrie ou un commerce entravant cette jouissance [5]. Cette solution est universellement admise, et nous en indiquerons des applications nombreuses. Mais on la justifie mal en disant [6] que le bailleur, par des faits de ce genre, change la forme de la chose louée ; si la chose louée reste matériellement intacte, il n'est pas possible de dire que la forme en soit changée [7]; c'est évidemment par un abus de mots qu'on considère que toute

---

[1] Paris, 19 janv. 1857, S., 57. 2. 500. — Fuzier-Herman, art. 1719, n. 78.

[2] V. *supra*, n. 47.

[3] Trib. civ. Seine, 16 janv. 1897, *Droit*, 12 mai 1897.

[4] Troplong, I, n. 243; Laurent, XXV, n. 146; Massé et Vergé, IV, p. 363, § 701, note 9; Guillouard, I, n. 132 s.; Fuzier-Herman, art. 1719, n. 68. — V. pour les marquises établies aux étages inférieurs, *supra*, n. 458, note. — De même le bailleur ne peut faire des travaux de démolition à une autre partie de l'immeuble. — Lyon, 29 déc. 1894, *Mon. jud. Lyon*, 22 fév. 1895. — Une écurie ne peut être convertie en porcherie, si ce changement aggrave les inconvénients de l'habitation des appartements voisins. — Aix, 21 janv. 1864, S., 64. 2. 157. — Rouen, 23 juin 1878, S., 79. 2. 116. — Guillouard, I, n. 135.

[5] Guillouard, I, n. 134. — V. *infra*, n. 482 s.

[6] Guillouard, *loc. cit.*

[7] Huc, X, n. 297.

entrave à la jouissance est un changement de substance de la chose, et, par suite, un changement de forme. La raison de décider, beaucoup plus simple, est que le bailleur, obligé de faire jouir le preneur, ne peut faire aucun acte qui entrave cette jouissance, soit au point de vue matériel, soit au point de vue moral.

La jouissance est entravée au point de vue matériel lorsque le bailleur exhausse une portion de l'immeuble, et enlève ainsi le jour ou l'air aux locataires occupant la portion qui fait face à cette dernière ou permet de plonger le regard dans leur appartement (¹). Nous avons examiné le droit du bailleur relativement à l'exhaussement de la partie même de l'immeuble occupée par ses locataires (²). Nous parlons plus loin des constructions élevées par le bailleur dans la cour de l'immeuble (³) ou sur un terrain voisin (⁴).

La jouissance d'un locataire de la chasse dans une forêt de l'Etat a été justement considérée comme entravée au point de vue matériel lorsque le locataire d'un autre lot de chasse dans la même forêt recevait de l'Etat l'autorisation d'établir des grillages qui empêchaient l'accès du gibier dans le premier (⁵).

Le bailleur ne peut pas davantage procéder à des démolitions, des réparations ou des reconstructions qui, pendant les travaux, entraveraient la jouissance du preneur (⁶). Toutefois, si les réparations sont urgentes, elles nous paraissent ne devoir donner lieu à aucune indemnité dans les hypothèses où les réparations urgentes faites à l'appartement du preneur doivent être supportées sans indemnité par ce dernier (⁷); on

(¹) Lyon, 10 août 1855, S., 55. 2. 620, D., 55. 2. 359. — Aix, 21 janv. 1864, S., 64. 2. 157.

(²) V. *supra*, n. 458.

(³) V. *infra*, n. 508.

(⁴) V. *infra*, n. 509.

(⁵) Cass., 18 mai 1892, S., 92. 1. 440.

(⁶) Cass. req., 31 mars 1897, D., 97. 1. 214 (démolition et reconstruction d'étages supérieurs qui, par la chute de matériaux, empêchent la jouissance du locataire inférieur et éloignent sa clientèle).

(⁷) Cependant l'arrêt précité du 31 mars 1897, précité, ne formule pas cette restriction ; mais la question ne se posait pas.

peut, ce semble, tirer des solutions adoptées par la loi sur ce dernier point un argument *a fortiori*.

481. La jouissance est altérée au point de vue moral lors-qu'une partie de l'immeuble est louée à une maison de tolé-rance (¹), ou à une maison de jeu (²), ou à une femme exerçant la profession de femme galante (³), ou lorsque le bailleur y exerce ou y fait exercer des entreprises de cette nature (⁴).

Dans toutes ces hypothèses, le preneur n'est pas empêché de jouir ; mais la maison acquiert un mauvais renom, de sorte que la jouissance est moralement entravée.

Quant au cas où un preneur exerce des industries de cette nature, sans y être autorisé par son bail, nous le traiterons plus loin (⁵).

482. Le bailleur doit également garantie aux locataires dont la jouissance est entravée par la location d'une partie de l'immeuble à une industrie ou à un commerce bruyants (⁶).

On doit considérer comme industries ou commerces bruyants :

Une école (⁷) ;

Un bureau de bienfaisance (⁸) ;

Un hôtel meublé (⁹) ;

(¹) Lyon, 6 fév. 1833, S., 33. 2. 392. — Trib. civ. Lyon, 8 mai 1891, *Mon. jud. Lyon*, 25 mai 1891. — Milan, 15 mai 1893 (implic.), S., 95. 4. 17. — Guillouard, I, n. 135 ; Wahl, *Note*, S., 95. 4. 17.

(²) Paris, 11 mars 1826, S. chr., D. *Rép.*, v° *Louage*, n. 224. — Troplong, I, n. 185 ; Duvergier, I, n. 310, note 2 ; Laurent, XXV, n. 130 ; Guillouard, I, n. 135 (c'est sans doute par inadvertance que cet auteur ajoute « à l'époque où elles étaient permises ». Il va sans dire que la maison de jeu, quand elle est prohibée, a un caractère plus immoral encore que quand elle est permise) ; Wahl, *loc. cit.* ; Fuzier-Herman, art. 1719, n. 134.

(³) Lyon, 6 fév. 1833, précité. — Lyon, 15 mars 1895, S., 96. 2. 31 (au moins si cela est notoire). — Trib. civ. Lyon, 4 juill. 1894, *Gaz. Pal.*, 94. 2, *Suppl.*, 32. — Fuzier-Herman, art. 1719, n. 132.

(⁴) Wahl, *loc. cit.*

(⁵) V. *infra*, n. 763.

(⁶) Trib. civ. Lyon, 8 juill. 1897, *Mon. jud. Lyon*, 12 nov. 1897. — Guillouard, I. n. 135 ; Wahl, *Note*, S., 95. 4. 17. — V. cependant Huc, X, n. 298.

(⁷) Trib. civ. Lyon, 25 janv. 1881, S., 81. 2. 219. — Trib. sup. Cologne, 19 oct. 1894, S., 96. 4. 11 (salle d'asile). — Guillouard, I, n. 135 ; Fuzier-Herman, art. 1719, n. 80 et 81. — *Contra* Huc, X, n. 298.

(⁸) Paris, 15 mars 1894, D., 94. 2. 288. — Paris, 15 mars 1895, *Pand. franç.*, 95. 2. 306.

(⁹) Paris, 26 fév. 1869, S., 69. 2. 176, D., 74. 5. 316.

Un café (^{1}), un café-concert (^{2}), un restaurant (^{3}) ou un cercle (^{4}) ;

Une filature (^{5}) ;

Une maison d'accouchement (^{6}) ;

Tout atelier comportant l'installation de machines bruyantes (^{7}).

483. Une industrie ou un commerce dangereux ou insalubre ou un bail à des personnes ayant une profession dangereuse entraîneraient également la garantie (^{8}), car ils troubleraient la jouissance.

Nous citerons les locations suivantes :

Fabrique de poudre ;

Location à des anarchistes ;

Dépôt de pétrole (^{9}).

On considère quelquefois comme une industrie dangereuse celle de loueur en garni et ou en conclut que la location d'un appartement au profit d'une personne qui est autorisée à sous-louer en garni entraîne garantie au profit des autres

---

(^{1}) Caen, 10 juin 1862, *Rec. Caen*, 1862, p. 283.— Bordeaux, 29 mai 1879, S., 80. 2. 4.—Trib. civ. Seine, 8 fév. 1890, *Gaz. Pal.*, 91. 1, *Suppl.*, 6 (brasserie de femmes). — Guillouard, I, n. 135. — *Contra* Huc, *loc. cit.*

(^{2}) Trib. civ. Seine, 28 déc. 1897, *Droit*, 19 avril 1898.

(^{3}) Paris, 19 juill. 1856, S., 56. 2. 436, D., 56. 2. 229. — Paris, 24 janv. 1857. S., 57. 2. 500. — Trib. civ. Seine, 19 mai 1892, *Gaz. Pal.*, 92. 2, *Suppl.*, 42. — Guillouard, I, n. 135 ; Fuzier-Herman, art. 1719, n. 138 et 142. — *Contra* Huc, *loc. cit.*

(^{4}) Riom, 12 avril 1869, S., 69. 2. 176, D., 74. 5. 316, D. *Rép.*, *Suppl.*, v° *Louage*, n. 128. — Trib. civ. Versailles, 31 mars 1898, *Droit*, 19 avril 1898. *Loi*, 12 avril 1898.

(^{5}) Douai, 11 juin 1844, P., 44. 2. 327, D. *Rép.*, v° *Louage*, n. 449 (au dessus d'une école). — Laurent, XXV, n. 130 ; Guillouard, I, n. 135 ; Fuzier-Herman, art. 1719, n. 143. — *Contra* Huc, *loc. cit.*

(^{6}) Paris, 11 août 1843, P., 43. 2. 822, D. *Rép.*, v° *Louage*, n. 225-2°. — Laurent, XXV, n. 130 ; Guillouard, n. 135 ; Fuzier-Herman, art. 1719, n. 135. — *Contra* Huc, *loc. cit.*

(^{7}) Lyon, 9 fév. 1886, *Mon. jud. Lyon*, 10 mai 1886 (presses d'imprimerie). — Trib. civ. Lyon, 25 mars 1887, *Gaz. Pal.*, 2, *Suppl.*, 86 (moteur à gaz). — Trib. civ. Lyon, 9 nov. 1886, *Mon. jud. Lyon*, 20 déc. 1886 (métier à la barre.) — Trib. civ. Seine, 30 janv. 1897, *Droit*, 3 avril 1897 (machine à vapeur pour la production de la lumière électrique).

(^{8}) Guillouard, I, n. 135 ; Huc, X, n. 297.

(^{9}) Trib. civ. Lyon, 15 déc. 1892, *Loi*, 23 mars 1893. Ce jugement dit à tort qu'il y a là un vice de la chose.

locataires (¹) : ce genre de sous-location, dit-on, permet à tout le monde de se présenter constamment dans la maison sous prétexte de visiter les chambres garnies et, en outre, facilite les locations de courte durée au profit des personnes dont la moralité est douteuse.

Ces considérations nous paraissent insuffisantes ; d'une part, un locataire ayant, à moins de convention contraire, le droit de sous-louer en garni, nous ne voyons pas quel danger particulier offre l'autorisation formelle de le faire ; d'un autre côté, il n'est pas besoin qu'un appartement soit garni pour que les malfaiteurs puissent, au moment où il va être vacant, s'y introduire sous le prétexte de le visiter ; enfin les personnes dont la moralité est suspecte peuvent aussi bien louer un appartement non garni qu'un appartement garni (²).

La location d'une partie de l'immeuble dans des conditions qui amènent dans l'immeuble une grande affluence de personnes est un trouble à la jouissance des autres locataires (³).

Il en est de même de la location du pas de la porte cochère ou de la cour dans des conditions qui entraveraient l'accès des lieux loués (⁴).

Une industrie qui provoque de mauvaises odeurs donne également lieu à garantie (⁵).

De même encore si, par suite de l'introduction d'une indus-

(¹) Paris, 6 déc. 1839, P., 39. 2. 667, D. *Rép.*, vᵒ *Louage*. n. 225-1ᵒ. — Paris, 25 juin 1857, S., 57. 2. 500. — Paris, 10 fév. 1869, D., 71. 2. 194. — Guillouard, I, n. 135 ; Fuzier-Herman, art. 1719, n. 13. — *Contra* Paris, 11 août 1854, S., 55. 2. 531, D., 56. 2. 68. — Décidé en tout cas qu'il en est ainsi si le bail impose au preneur d'habiter bourgeoisement. — Trib. civ. Seine, 5 mars 1889, *Gaz. Pal.*, 89. 1. 614.

(²) En ce sens Huc, X, n. 298.

(³) Paris, 19 juill. 1856, S., 56. 2. 436, D., 56. 2. 229 (café restaurant remplaçant un cercle). — Caen, 10 juin 1862, D. *Rép.*, *Suppl.*, vᵒ *Louage*, n. 128 (café remplaçant un magasin de tabac. — Riom, 12 avril 1869, S., 69. 2. 176, D., 74. 5. 316, D. *Rép.*, *Suppl.*, vᵒ *Louage*, n. 128 (cercle remplaçant un locataire habitant bourgeoisement. — Paris, 15 mars 1894, D., 94. 2. 288 (la location à un bureau de bienfaisance trouble les autres locataires, même ceux qui exercent une industrie de gros). — Bordeaux, 29 mars 1879, D. *Rép.*, *Suppl.*, vᵒ *Louage*, n. 128 (café remplaçant un magasin de chaussures). — Trib. civ. Lyon, 25 janv. 1884, D. *Rép.*, *Suppl.*, vᵒ *Louage*, n. 128 (école remplaçant un locataire habitant bourgeoisement). — Voir aussi les notes qui précèdent.

(⁴) V. *infra*, n. 508.

(⁵) Trib. civ. Seine, 30 janv. 1897, *Droit*, 3 avril 1897 (fromagerie).

trie nouvelle dans l'immeuble, la prime d'assurances contre l'incendie payée par le preneur est augmentée, le bailleur est tenu à garantie ; il est donc obligé de rembourser au preneur le supplément de primes (¹).

484. Le bailleur trouble-t-il la jouissance du preneur s'il loue une autre portion de l'immeuble à un second preneur exerçant le même commerce ou la même industrie que le premier ? La question est très discutée ; cependant l'opinion qui l'emporte aujourd'hui en jurisprudence est la négative (²), et nous nous y rangeons sans hésitation.

(¹) Paris, 18 janv. 1898, *Rec. des assur.*, 98. 214.
(²) Cass. civ., 6 nov. 1867, S., 67. 1. 421, D., 68. 1. 129. — Cass., 29 janv. 1868, (impl.), S., 68. 1. 116. — Lyon, 19 mars 1857, S., 58. 2. 322, D., 60. 2. 189. — Paris, 8 mai 1862, S., 62. 2. 276, D., 62. 2. 109. — Bordeaux, 17 avril 1863, S., 63. 2. 222, D., 63. 2. 191. — Rennes, 8 mai 1863, S., 64. 2. 257, D., 64. 2. 156. — Paris, 12 mars et 15 juin 1864, S., 64. 2. 257, D., 64. 2. 203. — Paris, 5 juill. 1864, S., 64. 2. 257, D., 65. 2. 56. — Paris, 19 janv. 1865, D., 65. 2. 172. — Paris, 29 août 1867, S., 67. 1. 421 (en note), D., 68. 2. 37. — Metz, 26 nov. 1868, S., 69. 2. 175, D., 69. 2. 44. — Paris, 16 janv. 1874, D., 77. 2. 229. — Aix, 19 déc. 1885, *Bull. d'Aix*, 86. 114. — Lyon, 19 mai 1896, S., 97. 2. 209. — Trib. civ. Seine, 9 avril 1859, D., 61. 2. 32. — Trib. civ. Marseille, 19 fév. 1886, *Rec. d'Aix*, 86, 110. — Trib. civ. Marseille, 14 janv. 1887, *Rec. d'Aix*, 87. 229. — Trib. civ. Havre, 30 janv. 1887, *Rec. du Havre*, 87. 71. — Trib. civ. Marseille, 23 fév. 1888, *Rec. d'Aix*, 88. 25. — Trib. civ. Marseille, 12 avril 1888, *Rec. d'Aix*, 88. 288. — Trib. civ. Carcassonne, 10 nov. 1890, *Droit*, 1er oct. 1891. — Trib. civ. Dreux, 3 janv. 1393, *Gaz. Pal.*, 93. 1, *Suppl.*, 37. — Trib. civ. Rennes, 10 nov. 1893, D., 95. 2. 378. — Trib. civ. Seine, 13 déc. 1893, *Droit*, 10 mai 1894. — Trib. civ. Lyon, 19 mai 1896, *Rec. Lyon*, 96. 318. — Trib. civ. Evreux, 28 juil. 1896, *Gaz. Pal.*, 96. 2. 634. — Trib. civ. Lyon, 10 fév. 1898, *Mon. jud. Lyon*, 20 mai 1898. — Trib. civ. Beauvais, 11 nov. 1898, *Droit*, 31 déc. 1898. — Trib. paix Toulouse, 21 sept. 1887, *Gaz. Trib. Midi*, 13 nov. 1887. — Pataille, *Ann. de la propr. industr.*, 1860, p. 186 ; Rendu, *Tr. des marq. de fabriq. et de la concurr. déloy.*, n. 517 ; Colmet de Santerre, VII, n. 169 *bis*, II ; Laurent, XXV, n. 132 s. ; Huc, X, n. 299 ; Pouillet, *Tr. des marques de fabr.*, n. 755. — *Contra* Cass., 8 juil. 1850, S., 51. 1. 111, D., 50. 1. 307. — Nîmes, 31 déc. 1855, S., 57. 2. 164, D., 57. 2. 125. — Lyon, 19 mars 1857, S., 58. 2. 322, D., 60. 2. 189. — Paris, 4 mars 1858, S., 58. 2. 322, D., 60. 2. 185. — Paris, 5 nov. 1859, S., 59. 2. 649. — Paris, 29 mars 1860, S., 61. 2. 125, D., 60. 2. 189. — Bordeaux, 2 août 1860, S., 61. 2. 124, D., 61. 5. 294. — Paris, 8 juill. 1861, S., 62. 2. 74, D., 61. 2. 198. — Paris, 12 mars 1863, S., 63. 2. 221. — Paris, 27 janv. 1864, S., 64. 2. 257. — Toulouse, 14 mars 1864, S., 64. 2. 28. — Grenoble, 26 juin 1866, S., 67. 2. 54. — Bordeaux, 7 nov. 1873, D., 74. 2. 136. — Caen, 29 avril 1874, *Rec. de Caen*, 1875, p. 224. — Dijon, 5 mai 1875, S., 75. 2. 142. — Lyon, 13 juin et 4 août 1894, *Mon. jud. Lyon*, 5 août 1895 (sauf dans le cas où les locaux ne sont pas contigus, notamment sont séparés par deux magasins et une allée). — Trib. com. Gournay, 7 mars 1892, *Gaz. Pal.*, 92. 1. 38. — Trib. civ. Seine, 23 nov. 1894, *Pand. franç.*, 95. 2. 334. — Trib. paix Pantin, 10 juin 1887, *Gaz. Pal.*, 87. 2. 138. —

L'obligation *de faire jouir,* imposée au bailleur par l'art. 1719, ne peut s'entendre, suivant le sens littéral des termes, que d'une jouissance complète au point de vue matériel et au point de vue moral ; il faut, en d'autres termes, que le preneur ait la jouissance entière de la chose louée et que cette jouissance soit, en quelque sorte, de bonne qualité ; mais le bailleur n'a en aucune manière garanti les profits que le preneur pourrait retirer de la chose louée.

Cette solution est en outre, conforme au principe que tout ce qui n'est pas défendu est permis ; on ne peut supposer qu'en l'absence de toute clause le bailleur ait admis des restrictions, autres que celles que lui impose son obligation de faire jouir, à son droit de libre disposition.

Le preneur, objecte-t-on, n'aurait pas loué s'il avait su que le bailleur lui susciterait un concurrent dans le même immeuble. Nous répondrons qu'il avait à prendre lui-même ses précautions en faisant insérer une clause d'interdiction dans le bail. Du reste, on peut faire le même raisonnement pour le cas où une industrie similaire est installée dans un immeuble voisin appartenant à un tiers et cependant il est certain que le preneur n'a, en ce cas, aucun recours contre le bailleur.

On objecte encore que la location à une industrie similaire constitue un changement à la forme de la chose louée, interdit par l'art 1723. Nous avons déjà rencontré cet argument à propos de la location à une industrie insalubre ou incommode, et nous l'avons réfuté.

La garantie n'existe même pas vis-à-vis du preneur auquel le bailleur impose l'exercice d'une profession déterminée (¹) ; cette clause impose une obligation au preneur et ne lui donne aucun droit.

L'obligation de la garantie ne naît pas davantage de ce

Bezout, *Des industries similaires,* n. 17 et 18 ; de Villepin, *Ann. de la propr. industr.,* 1860, p. 177 ; Agnel, n. 203 ; Tailliar, v° *Industrie similaire,* n. 21 ; Guillouard, I, n. 138 et 139 ; Fuzier-Herman, art. 1719, n. 87 et 94 s.

(¹) Lyon, 19 mai 1896, S., 97. 2. 209. — Trib. civ. Seine, 29 mars 1893, *Gaz. Pal.,* 93. 1. 483. — Trib. civ. Lyon, 10 fév. 1898, *Mon. jud. Lyon,* 20 mai 1898. — *Contra* Paris, 17 déc. 1891. *Droit,* 10 janv. 1892 en fait.

que le bailleur a connu la profession du preneur et même de ce que cette profession a été indiquée dans le bail ([1]).

485. Certains auteurs font une distinction ([2]). Ils veulent qu'une partie de l'immeuble ne puisse pas être louée pour l'exercice d'un commerce ou d'une industrie similaire à celui qui est déjà exercé par un locataire, si la partie de l'immeuble louée à ce dernier était disposée pour le commerce ou l'industrie qu'il y exerçait ; mais ils décident le contraire dans l'hypothèse où, sans qu'il y ait une disposition antérieure, le bail énonce que le preneur se propose d'y exercer tel commerce ou telle industrie. Certains arrêts ont adopté soit la première ([3]), soit la seconde solution ([4]).

Cette distinction repose sans doute sur l'idée, que dans le premier cas, l'engagement tacite du bailleur se manifeste plus énergiquement que dans le second. Toutefois, nous croyons devoir la rejeter ; car il est certain que si cet engagement tacite existe, il doit être suppléé dans le premier cas aussi bien que dans le second ; l'intention du preneur est en effet également connue du bailleur dans les deux cas. On ne peut donc pas reconnaître l'exactitude de cette distinction ([5]).

486. Si, comme nous l'avons soutenu, le bailleur peut introduire dans l'immeuble un tiers exerçant un commerce similaire, il n'est pas tenu davantage à garantie lorsqu'un locataire, entré dans l'immeuble antérieurement à un autre locataire, vient, postérieurement à l'entrée de ce dernier, exercer un commerce similaire. Au contraire, le bailleur est en pareil cas tenu à garantie si l'on admet que le bailleur ne peut louer pour l'exercice d'un commerce similaire ([6]).

([1]) Arrêts précités.

([2]) Aubry et Rau, IV, p. 475, § 366, notes 8 et 9.

([3]) Montpellier, 26 juin 1844, S., 44. 2. 477. — Aix, 6 août 1862, S., 63. 2. 223. — Lyon, 3 déc. 1864, S., 65. 2. 131.

([4]) Cass. civ., 6 nov. 1867, S., 67. 1. 421, D., 68. 1. 129. — Cass. req., 29 janv. 1868, S., 68. 1. 116, D., 68. 1. 213. — Paris, 8 mai 1862, S., 62. 2. 276, D., 62. 2. 109. — Bordeaux, 17 avril 1863, S., 63. 2. 222, D., 63. 2. 191. — Paris, 12 mars 1864, S., 64. 2. 257. — Paris, 15 juin 1864, S., 64. 2. 257, D., 64. 2. 203. — Metz, 26 nov. 1868, S., 69. 2. 175, D., 69. 2. 44.

([5]) Guillouard, I, n. 138.

([6]) Paris, 5 nov. 1859, S., 59. 2. 649, D., 59. 2. 140.

487. En tout cas, le bailleur est tenu de garantir le preneur au sujet de l'introduction d'un commerce ou d'une industrie similaires, dans les cas suivants :

S'il s'y est engagé formellement (¹), mais cet engagement doit être interprété restrictivement (²); toutefois il est applicable aux commerces similaires déjà exercés dans l'immeuble au moment où le preneur contracte, en raison de ses termes généraux (³). Du reste le juge du fond est souverain sur l'interprétation des clauses de cette nature (⁴);

S'il résulte des circonstances que les parties ont tacitement entendu ne créer aucune concurrence au preneur (⁵);

(¹) Cass., 8 juill. 1850, S., 51. 1. 111, D., 50. 1. 307. — Cass., 6 nov. 1867, précité. — Cass. req., 29 janv. 1868, précité. — Cass., 18 mai 1868, S., 68. 1. 303, D., 69. 1. 374. — Metz, 26 nov. 1868, précité. — Paris, 20 fév. 1872, D., 74. 2. 22. — Paris, 15 juill. 1872, D., 77. 5. 282. — Paris, 8 juill. 1873, D., 77. 5. 282. — Paris, 13 déc. 1892, Ann. de comm., VII, 1893, p. 28. — Rennes, 29 oct. 1893 ou 1894, D., 95. 2. 117, Gaz. Pal., 94. 2. 560. — Paris, 23 janv. 1895, Droit, 19 fév. 1895. — Trib. civ. Rennes, 10 nov. 1893, D., 95. 2. 378. — Trib. civ. Seine, 16 déc. 1893, Droit, 10 mai 1894. — Trib. civ. Lyon, 19 mai 1896, précité. — Trib. civ. Beauvais, 11 nov. 1898, précité. — Trib. civ. Seine, 14 nov. 1898, Gaz. trib., 7 janv. 1899, Droit, 6 janv. 1899. — Pouillet, Des marq. de fabriq. et de la concurr. déloyale, n. 758; Aubry et Rau, loc. cit.; Laurent, loc. cit.; Guillouard, I, n. 140; Huc, X, n. 300. — Décidé même que l'interdiction d'établir un commerce similaire dans un rayon déterminé emporte interdiction de donner dans ce rayon à bail un immeuble pour l'exercice de ce commerce. — Toulouse, 16 janv. 1895, Gaz. des trib. Midi, 3 fév. 1895. — L'engagement du bailleur ne s'applique pas aux baux antérieurement consentis. Trib. civ. Seine, 17 fév. 1894, Droit, 9 avril 1894.

(²) On a décidé, à tort selon nous, que le bailleur ne peut, s'il s'est engagé à ne pas exercer une industrie similaire, louer à une personne qui exerce l'industrie similaire. — Alger, 15 janv. 1891, Rev. algér., 91. 168. — Toulouse, 16 janv. 1895, S., 97. 2. 210. — Il a été également décidé, mais avec plus de raison, que l'engagement pris pour les boutiques de tous les immeubles composant une propriété s'applique aux immeubles qui, lors du bail contenant cet engagement, n'étaient encore qu'en cours de construction. — Paris, 24 avril 1879, S., 79. 2. 178. — Fuzier-Herman, art. 1719, n. 111. — Il s'appliquerait même aux immeubles dont la construction n'aurait commencé qu'ultérieurement.

(³) Trib. civ. Seine, 14 nov. 1899, précité.

⁴ Cass., 29 janv. et 18 mai 1868, précités.

(⁵) Cass., 6 nov. 1868, précité. — Cass., 18 mai 1868, précité. — Metz, 26 nov. 1868, précité. — Pouillet, op. cit., n. 758. — Décidé que cette intention peut résulter de ce que le surplus de l'immeuble comprend un magasin où n'a jamais été exercé un commerce similaire, et de ce que le bail n'a pas été passé par le propriétaire, ou bien de ce que le bailleur connaissait la profession du preneur et que les locaux étaient disposés pour le commerce ou l'industrie exercés par ce dernier et avaient toujours été loués en vue de ce commerce ou de cette industrie. — Trib. civ. Rennes, 10 nov. 1893, précité. — V. aussi Lyon, 3 déc. 1864, S., 65. 2. 131. — Il

Si l'introduction a eu lieu dans le seul but de causer un préjudice au preneur.

En revanche, il est certain que le bailleur n'est pas tenu à garantie :

Si l'introduction du commerce ou de l'industrie similaires est formellement prévue dans le bail (¹) ;

Si le bailleur ignore la profession du preneur ou si cette profession ne lui est pas indiquée par le bail (²).

La garantie n'existe pas, en tout cas, si le commerce ou l'industrie qui portent atteinte à la jouissance ont été installés dans l'immeuble antérieurement à la signature du bail (³) ; car le preneur a dû les connaître ; il est de la prudence la plus élémentaire de s'assurer de tous les éléments de succès ou d'insuccès que présente l'installation d'un commerce ou d'une industrie, et parmi ces éléments, figure l'examen des commerces et industries exercés dans le voisinage.

On prétend même (⁴), mais certainement par inadvertance, que le bailleur, alors même qu'on admettrait sa garantie en principe, ne doit pas garantie pour les installations faites antérieurement à *l'entrée en jouissance* du preneur qui prétend avoir droit à la garantie. L'obligation de faire jouir qui incombe au bailleur court dès le jour du bail ; le bailleur est donc immédiatement obligé de veiller à ce que les événements qui entraveraient la jouissance ne puissent pas se produire (⁵).

488. Le bailleur, qui a promis sa garantie, n'est pas davantage engagé à éviter l'introduction d'un commerce ou d'une industrie semblable à ceux qu'a ensuite exercés le preneur

---

parait cependant exorbitant de décider que l'intention des parties résulte de ce seul fait que dans ce local était exploité, avant le bail, un commerce identique à celui du preneur ; Huc, X, n. 300. — Elle résulte bien moins encore de ce que le preneur prend l'engagement d'exercer une profession déterminée. — V. *supra*, n. 484.

(¹) Guillouard, I, n. 140.

(²) Guillouard, I, n. 139.

(³) Cass., 1er déc. 1863, S., 64. 1. 25. — Trib. civ. Seine, 17 fév. 1894, *Rev. dr. comm.*, 94. 2. 141 et 164. — Trib. corr. Nantes, 27 fév. 1897, *Rec. Nantes.* 97. 1. 293. — Guillouard, I, n. 41 ; Pouillet, *op. cit.*, n. 769.

(⁴) Guillouard, I, n. 141.

(⁵) Paris, 30 avril 1889, *Droit*, 28 sept. 1889. — Wahl, *Note*, S., 95. 4. 17.

dans l'immeuble loué ([1]). Car toute clause restrictive du droit
commun doit s'entendre d'une manière étroite ; et, d'ailleurs,
il n'est pas à supposer que le bailleur ait entendu faire dépendre indirectement de l'arbitraire du preneur le choix de
ses autres locataires.

Le contraire doit cependant être admis, soit en cas de
clause formelle, soit même si, postérieurement au bail où il
garantissait le preneur contre l'exercice d'une profession
similaire, le bailleur autorise le preneur à modifier son commerce ou son industrie; il faut alors penser, si les circonstances n'indiquent pas l'intention contraire, que le bailleur a
voulu donner à la nouvelle profession du preneur les avantages qu'il avait attachés à l'ancienne.

La solution contraire doit être également admise, en l'absence même de toute clause, dans le système d'après lequel
le bailleur doit, dans ce même cas d'absence de toute clause,
garantir le preneur contre l'exercice d'un commerce similaire
dans l'immeuble. Ce système, reposant sur l'idée que la jouissance n'est pas, dans la doctrine contraire, complète, défend
logiquement au bailleur, après que le preneur a changé de
commerce, de louer à un tiers une portion de l'immeuble
pour le même commerce ([2]).

489. Le preneur qui, changeant de profession, ne peut
s'opposer à l'exercice d'une profession semblable à sa profession nouvelle, peut-il du moins, si le bailleur a promis sa
garantie, empêcher l'exercice d'une profession semblable à
celle qu'il exerçait antérieurement? C'est une question de fait ;
en principe elle doit être, d'après l'intention présumée des
parties, tranchée par la négative. La stipulation du bail avait
pour but exclusif de mettre le preneur à l'abri du préjudice
résultant de l'exercice d'une profession similaire; ce préjudice
disparaît si le preneur a changé de profession.

490. Il n'y a pas non plus lieu à garantie si les commerces

([1]) Rennes, 29 octobre 1894, précité. — Huc, X, n. 300. — V. **cep. Paris,**
4 mars 1858, S., 58. 2. 322, D., 60. 2. 189 (le preneur avait installé un commerce
dans l'immeuble peu de temps après être entré en jouissance ; l'arrêt interdit le
commerce similaire).

([2]) V. à propos du commerce similaire dans une maison voisine, *infra*, n. 512 s.

au sujet desquels le débat s'élève sont immoraux, notamment s'il s'agit d'une maison de prostitution, car, un bail de ce genre étant nul, le preneur ne peut faire exécuter les obligations du bailleur (¹).

491. Mais le bailleur obligé à garantir le preneur contre un commerce similaire est responsable même du commerce similaire exercé par un preneur qui avait loué avec l'intention exprimée de l'exercer, et cela que le dernier ne contrevienne pas à son bail (²) ou y contrevienne.

492. Il faut décider d'ailleurs, d'une manière absolue, que la responsabilité du bailleur, lorsque la garantie existe, s'applique même au cas où le preneur qui exerce le commerce similaire contrevient à son bail (³).

493. La garantie promise s'étend même à l'hypothèse où, postérieurement au bail, l'un des locataires antérieurs ou postérieurs de la maison modifie ou étend son commerce de manière à nuire au preneur vis-à-vis duquel l'obligation de garantie a été prise. Il en est ainsi soit que le locataire qui étend son commerce agisse conformément à son droit (⁴), soit qu'il agisse contrairement à son droit (⁵); ces deux hypothèses ne diffèrent l'une de l'autre qu'en ce qui concerne le recours du bailleur contre ce locataire (⁶).

494. Le bailleur dans les mêmes conditions est responsable de la sous-location consentie par l'un de ses preneurs à un tiers exerçant un commerce similaire de celui d'un autre preneur (⁷).

Il en est responsable même si le preneur, en faisant cette sous-location, méconnaît les clauses de son bail (⁸).

495. Il est souvent délicat d'apprécier si les commerces ou les industries exercés par deux locataires sont similaires (⁹).

(¹) Wahl, *Note*, S., 95. 4. 18.

(²) Paris, 23 janv. 1895, *Droit*. 19 fév. 1895. — V. *supra*, n. 176 s.

(³) V. *infra*, n. 580 s.

(⁴) Paris, 8 nov. 1856, S., 58. 2. 322, D., 60. 2. 188. — Paris, 14 mai 1859, S., 59. 2. 486, D., 59. 2. 140. — Fuzier-Herman, art. 1719, n. 112 et 114.

(⁵) Paris, 14 mai 1859, précité.

(⁶) V. *infra*, n. 580 s.

(⁷) Paris, 13 mars 1864, sous Cass. req., 18 juil. 1865, S., 65. 1. 455, D., 66. 1. 32.

(⁸) Paris, 13 mars 1864, précité.

(⁹) Voici quelques exemples empruntés à la jurisprudence : Un café concert est

496. Mais les tribunaux entendent très largement les droits du bailleur ; et cela se comprend, puisque la défense imposée par la convention au bailleur de louer pour un commerce similaire est contraire au droit commun. Ainsi, malgré cette défense, le bailleur peut louer à une personne vendant accessoirement des objets que le preneur envers lequel l'engagement

similaire d'un café si des spectacles gratuits y sont donnés à ceux qui y achètent des consommations et même si on exige une redevance très modique. Cela du moins si le prix de consommation est le même que dans les autres cafés. — Toulouse, 16 janv. 1895, S., 97. 2. 210. — A Paris, un locataire qui exerce un commerce de vins, liqueurs et café ou d'épicerie et un crémier qui, en même temps, vend du café noir à 10 centimes la tasse, n'exercent pas un commerce similaire.— Paris, 4 mai 1897, S., 97. 2. 235 (mais le crémier ne peut vendre des boîtes de sardines, conserves, etc.). — Trib. civ. Seine, 13 déc. 1893, *Droit,* 10 mai 1894. — De même un épicier et un crémier qui, suivant les usages de Paris, vend du beurre, des œufs, des légumes, du charbon, etc. — Trib. civ. Seine, 7 nov. 1892, *Loi,* 22 mars 1893. — *Contra* Paris, 19 fév. 1858, P., 58. 251. — Un débit de vins et un bar sont similaires. — Trib. civ. Seine, 24 déc. 1894, *Droit,* 6 mars 1895. — Un café ou un cercle et un restaurant peuvent être considérés comme similaires. — Cass., 7 nov. 1853, S., 55. 1. 812, D., 54. 1. 396. — La fabrication de fournitures d'horlogerie et bijouterie est distincte de la profession de bijoutier-chainiste-joaillier. — Paris, 23 janv. 1895, *Droit,* 19 fév. 1895. — Les commerces de chapelier et de modiste ne sont pas similaires, alors même que la modiste, second locataire, vend des chapeaux d'enfants. — Trib. civ. Seine, 23 nov. 1894, *Loi,* 18 déc. 1894. — Un fourreur n'a pas une industrie similaire à une couturière, s'il ne fait que des manteaux tout en fourrure, à l'intérieur et à l'extérieur. Mais il en est autrement pour les manteaux dans lesquels la fourrure n'entre que comme accessoire. — Paris, 13 déc. 1802, précité. — Un commerce de modes de Paris, coiffures, plumes, rubans, chapeaux de paille est similaire d'un commerce de modes. — Lyon, 19 mars 1857, précité. — L'interdiction de louer à un marchand vendant de la chemiserie pour hommes, ne défend pas de louer à un marchand vendant tous les objets de toilette pour hommes et femmes. — Paris, 22 déc. 1859, P., 60. 192. — Le bailleur qui s'est engagé envers un mercier, son locataire, à ne pas louer à un marchand d'articles d'optique, d'orthopédie, de photographie et de sellerie, peut louer à un quincailler et ce dernier peut vendre des couronnes mortuaires, qui ne sont pas la spécialité des merciers. — Alger, 19 mars 1895, *Journ. trib. alg.,* 30 juin 1895. — Il n'y a pas commerce similaire entre un mercier et un marchand de confections, quoiqu'ils vendent quelques articles communs. — Lyon, 19 mai 1896, S., 97. 2. 209. — Le bailleur qui s'est engagé à ne pas louer à un marchand de *plumes et fleurs* peut louer à un marchand de chapeaux de paille vendant accidentellement des plumes séparément. — Paris, 20 juin 1885, *Ann. propr. industr.,* 91. 351. — Un commerce portant sur toutes les branches de la toilette n'est pas similaire d'un commerce de chemiserie et cols-cravates. — Paris, 22 déc. 1859, P., 60. 192, D., 60. 2. 189. — Si le bail est consenti à un marchand de chapeaux pour dames et enfants et que le bailleur s'est engagé à ne pas louer une autre partie de l'immeuble à une profession similaire, on peut admettre que l'exclusion porte exclusivement sur la vente des chapeaux de paille, alors qu'à

a été pris vend également (¹), pourvu que cette vente accessoire rentre, suivant les usages, dans le commerce du second preneur.

Toutefois si, en fait, les tribunaux jugent que cette vente accessoire est contraire à la promesse du bailleur, il va sans dire que ce dernier est tenu à la garantie (²).

497. Ainsi on peut admettre que si l'industrie du second locataire porte accessoirement sur un objet qui est la branche *principale* ou exclusive de l'industrie du premier, celui-ci peut exercer l'action en garantie (³).

498. Il ne semble pas qu'en aucune hypothèse, le com-

l'époque du bail le preneur ne vendait pas autre chose. — Paris, 20 juin 1885, précité. — Le commerce d'épicerie avec débit de boissons à consommer sur place est similaire d'un débit de vins. — Trib. com. Gournay, 7 mars 1892, *Gaz. Pal.*, 92. 1. *Suppl.*, 38, — mais non d'un dépôt de bière et cuisine bourgeoise. — Trib. civ. Seine, 23 fév. 1898, *Loi*, 3 mars 1898. — Le commerce de café est similaire du commerce d'épicerie. — Paris, 13 mars 1864, sous Cass. req., 18 juillet 1865, S., 65. 1. 455, D., 66. 1. 32. — Mais le commerce de produits chimiques n'est pas similaire de celui d'épicerie. — Paris, 23 mars 1848, P., 48. 1. 551. — Le commerce de lait et de beurre, où l'on débite des boissons telles que thé, lait et chocolat, n'est pas similaire d'un commerce d'huîtres auquel est annexé un bar. — Trib. civ. Seine, 22 janv. 1898, *Droit*, 11 mai 1898. — Le bailleur qui s'est engagé envers une couturière à ne pas louer à une personne exerçant le commerce de robes et manteaux ne peut louer à un tailleur fabriquant des vêtements pour dames. — Paris, 30 avril 1889, *Droit*, 28 sept. 1889. — Le bailleur qui s'est engagé à ne pas louer à un marchand de brosses ne peut louer à un épicier vendant de la brosserie. — Trib. civ. Seine, 13 mai 1890, *Gaz. Trib.*, 6 juin 1890. — Le bailleur qui s'est engagé à ne pas louer à un épicier ne peut louer à une société coopérative de consommation vendant de l'épicerie. — Trib. civ. Seine, 12 nov. 1889, *Droit*, 19 nov. 1889. — Le bailleur, après avoir loué à un boulanger-pâtissier, ne peut louer à un crémier vendant des biscuits destinés à sa clientèle. — Trib. civ. Seine, 2 nov. 1886, *Gaz. Trib.*, 18 nov. 1886. — Le commerce de flanelles et tissus hygiéniques est similaire du commerce de bonneterie et confections. — Lyon, 16 janv. 1895, sous Cass., 15 juill. 1896, D., 97. 1. 149. — Décidé qu'un marchand de vins auquel a été faite la promesse qu'aucun commerçant du même genre ne vendra ou n'installera dans la maison, peut se plaindre qu'un autre marchand de vins vient vendre des vins aux clients d'un autre locataire. — Trib. civ. Seine, 11 nov. 1897, *Droit*, 4 fév. 1898.

(¹) Paris, 17 nov. 1800, P., 62. 865, D., 61. 2. 32. — V. aussi les décisions citées dans la note qui précède.

(²) Paris, 4 mai 1897, précité.

(³) Ainsi jugé au profit d'un agent de vente de fonds de commerce, dont le bailleur a loué une autre partie de son immeuble à un agent d'affaires négociant accessoirement les ventes de fonds de commerce. Trib. civ. Seine, 17 déc. 1897, *Droit*, 11 mars 1898.

merce doive être stipulé similaire, alors même que sa dénomination englobe ou paraît englober le commerce exercé par
le preneur qui réclame la garantie, si le commerce prétendu
similaire ne comprend pas, en fait, les objets que le preneur
met en vente ([1]). En effet, on ne voit pas en ce cas quel préjudice subit ce dernier.

499. Le juge du fait est d'ailleurs souverain sur tous ces
points ([2]).

500. La question de savoir si le bailleur peut lui-même
exercer dans l'immeuble loué les industries similaires dont
nous avons parlé se résout exactement de la même manière
que celle de savoir s'il peut louer une partie de l'immeuble à
un tiers exerçant ces mêmes industries ([3]). En effet, le bailleur empêche le preneur de jouir ou entrave cette jouissance,
ou la laisse intacte, dans un cas comme dans l'autre ; l'exercice du commerce ou de l'industrie similaires est son fait dans
les deux cas. Il peut donc, dans notre opinion, exercer le commerce ou l'industrie similaires ([4]), à moins de clause contraire.

501. En dehors des limitations qui précèdent, le bailleur
peut louer le surplus de sa maison à qui il l'entend. L'obligation imposée par le bail au preneur de ne pas exercer tel
commerce dans l'immeuble ou d'habiter bourgeoisement ne
permet pas à ce dernier d'exiger que les mêmes conditions
soient imposées aux autres locataires ([5]).

([1]) *Contra* Lyon, 19 mars 1857, S., 58. 2. 322, D., 60. 2. 189.

([2]) Cass., 7 nov. 1853, S., 55. 1. 112, D., 54. 1. 396. — Cass. civ., 15 juillet 1896,
D., 97. 1. 149.

([3]) Cpr. Guillouard, I, n. 134 et 136.

([4]) Montpellier, 5 mars 1891, *Pand. franc.*, 92. 2. 167. — *Contra* Paris, 10 janv.
1841, S., 51. 1. 111 (en note), D., 42. 2. 73. — Montpellier, 26 juill. 1844, S., 44. 2.
477. — Aix, 6 août 1862, S., 63. 2. 223. — Trib. com. Gournay, 7 mars 1892, précité. — Fuzier-Herman, art. 1719, n. 87 et 88 ; Guillouard, I, n. 139. — Le bailleur peut
s'engager évidemment à ne pas exercer un commerce ou une industrie similaires
soit dans l'immeuble, soit au dehors, pourvu que cet engagement ne soit pas illimité
à la fois dans le temps et dans l'espace. Décidé qu'un engagement de ce genre, s'il
est muet sur sa durée, doit être considéré comme pris seulement pour la durée du
bail. — Limoges, 30 janv. 1893, *Ann. dr. com.*, 95. 40.

([5]) *Contra* Trib. civ. Seine, 19 mai 1892, *Gaz. Pal.*, 92. 2, *Suppl.*, 42 (Le preneur
obligé à jouir bourgeoisement peut demander la fermeture d'un restaurant que le
propriétaire a laissé s'installer dans un autre appartement, et cela même si le bailleur s'est réservé formellement le droit de louer les autres appartements à qui
bon lui semblera).

502. Il ne suffit même pas que le bailleur, en imposant cette condition au preneur, donne comme motif que la maison est louée bourgeoisement pour qu'il soit réputé avoir voulu contracter une obligation quelconque envers le preneur ([1]).

Mais le bailleur peut prendre l'engagement de ne louer le surplus de son immeuble qu'à des personnes réunissant des conditions déterminées ou l'occupant bourgeoisement ([2]).

L'aménagement des lieux au moment du bail peut être un indice de la volonté commune des parties sur ce point.

503. Il va sans dire que le bailleur est tenu envers le preneur pour le fait d'un autre preneur alors même que ce dernier, dans son bail, a promis de garantir le bailleur ([3]).

504. La sanction de l'obligation de garantie en ce qui concerne les commerces et les industries dont l'installation est interdite au bailleur doit être étudiée aux points de vue suivants :

1° Dans les relations entre le premier preneur et le bailleur :

2° Dans les relations entre le bailleur et le second preneur ;

3° Dans les relations entre le premier et le second preneur.

1° Le preneur a, vis-à-vis de son bailleur, droit aux actions qui sont la conséquence ordinaire de l'obligation de garantie ; cela ne fait pas de doute ([4]). Il peut réclamer une diminution du loyer pendant la durée de la jouissance du locataire qui le gêne ([5]), ou des dommages-intérêts ([6]). Il peut aussi demander la résiliation de son bail ([7]) avec dommages-intérêts ([8]).

Il peut même exiger que le bailleur demande la résiliation du bail de son concurrent et fasse expulser ce dernier dans

---

([1]) *Contra* Trib. civ. Seine, 28 mars 1898, *Droit.* 19 avril 1898.

([2]) Décidé qu'un propriétaire qui s'est obligé envers son locataire à louer le surplus de son immeuble bourgeoisement peut louer à un marchand de diamants, exerçant son commerce sans allées et venues, mais non à un dentiste. — Trib. civ. Seine, 28 mars 1898, précité.

([3]) Cass., 18 mai 1892, S., 92. 1. 449 (il s'agissait d'un bail de chasse consenti par l'Etat).

([4]) Guillouard, I, n. 142 ; Huc, X, n. 300.

([5]) Paris, 15 mars 1894, *Gaz. Pal.*, 94. 1. 741. — Huc, *loc. cit.*

([6]) Trib. civ. Rennes, 10 nov. 1893, *Rec. d'Angers*, 94, p. 189. — Huc, *loc. cit.*

([7]) Huc, *loc. cit.* — V. cep. Paris, 15 mars 1894, précité.

([8]) Huc, *loc. cit.*

les cas où cette résiliation est susceptible d'être prononcée, c'est-à-dire où le concurrent a agi contrairement aux termes de son bail (¹). Cependant, si le preneur concurrent cesse le commerce ou l'industrie similaires, le premier preneur ne peut exiger son expulsion, qui est pour lui sans intérêt (²).

Son action en résiliation de son propre bail n'est pas admise si, sur ses premières réclamations, le bailleur a fait cesser le trouble. Mais il continue à avoir droit à une indemnité si le bailleur fait cesser le trouble sur une assignation en justice postérieure à ces réclamations (³).

D'ailleurs le tribunal n'est pas forcé de prononcer la résiliation qui lui est demandée ; il peut, si le préjudice ne lui paraît pas suffisant pour justifier la résiliation, réduire les loyers ou condamner le bailleur à des dommages-intérêts (⁴).

505. 2° Le bailleur n'a ni le droit d'expulser le second preneur, ni le droit de lui réclamer une indemnité, ni le droit de recourir contre lui en garantie (⁵), si le preneur a été dans son droit en exerçant le commerce qui lui convenait. Ce dernier a, à la vérité, su ou dû savoir que le commerce entravait la jouissance d'autres locataires, mais il n'avait pas à s'en préoccuper, attendu que le bailleur seul est obligé à la garantie.

Il en est, bien entendu, différemment si le second preneur s'est engagé, aux termes du bail, à ne pas exercer le commerce ou l'industrie qui donnent lieu à garantie (⁶).

506. 3° Le premier preneur n'a aucune action contre le second preneur (⁷), puisque ce dernier a agi conformément à ses droits.

Il en serait autrement toutefois dans la théorie qui confère au preneur un droit réel (⁸) (que ce droit d'ailleurs se

(¹) Nîmes. 31 déc. 1855, S., 57. 2. 164. D., 57. 2. 125. — Toulouse, 14 mars 1864, S., 64. 2. 28, D., 65. 2. 56.
(²) Paris, 12 mars 1863, S., 63. 2. 221.
(³) Trib. civ. Lyon, 4 juill. 1894, *Gaz. Pal.*, 94. 2, *Suppl.*, 32.
(⁴) Trib. civ. Versailles, 31 mars 1898, *Droit*, 19 avril 1898, *Loi*, 12 avril 1898.
(⁵) Paris, 7 mars 1859 (Meyer c. Rousselet), cité par Guillouard, I, n. 142. — Huc, X, n. 300.
(⁶) Guillouard, *loc. cit.*
(⁷) Cass.. 16 nov. 1881, S., 82. 1. 225. — Paris, 22 avril 1864, S., 64. 2. 259. — Paris, 26 juill. 1879, S., 81. 2. 229. — Guillouard, I, n. 142 ; Huc, X, n. 300.
(⁸) Guillouard, I, n. 142. — V. *infra*. n. 684 s.

cumule ou non avec un droit personnel) ; le propre du droit
réel est de pouvoir être opposé à toutes les personnes qui en
entravent l'exercice. Le premier preneur pourrait donc obliger le second preneur à cesser son commerce ou son industrie, et, à défaut, lui réclamer des dommages-intérêts (¹). Il ne
pourrait cependant obtenir l'expulsion du second preneur,
puisqu'il n'a aucun droit sur la portion de l'immeuble occupée
par ce dernier.

C. *Trouble relatif à une partie accessoire de la chose.*

507. Les changements sont prohibés non seulement s'ils
portent sur la chose principale, mais encore s'ils portent sur
les accessoires de cette chose.

Cela n'est pas contesté en principe (²), mais certains auteurs (³),
partant de l'idée que la jouissance des accessoires a une importance moindre que la jouissance de la chose principale,
permettent au bailleur des modifications dans ces accessoires,
pourvu qu'elles ne causent pas au preneur un dommage sensible.

Cette opinion ne peut être admise (⁴) : le preneur ayant le
droit de jouir non seulement de la chose principale, mais
aussi des accessoires, sa jouissance doit être garantie sur ces
derniers aussi bien que sur la chose principale.

508. Parmi les accessoires doivent être rangées des parties
communes de l'immeuble, celles dont le locataire a la jouissance avec d'autres locataires. On peut citer :

1° *La cour* (⁵). Le bailleur ne peut empêcher le locataire
d'un appartement de faire passer par la cour des gens de sa
maison, à une heure quelconque. Il ne peut pas davantage
empêcher le locataire d'introduire dans la cour, même com-

(¹) Paris, 24 juin 1858, S., 59. 2. 146, D., 59. 2. 217. — Paris, 29 mars 1860, S.,
60. 2. 122, D., 60. 2. 187.

(²) Troplong, I, n. 243; Massé et Vergé, IV, p. 363, § 701, note 9; Laurent, XXV,
n. 146 : Guillouard, I, n. 132 s. ; Fuzier-Herman, art. 1719, n. 68 : Huc, X, n. 297.
— V. *supra*, n. 458 et 483.

(³) Aubry et Rau, IV, p. 477.

(⁴) Paris, 12 janv. 1856, S., 56. 2. 168, D., 56. 2. 83. — Laurent, XXV, n. 145 ;
Guillouard, I, n. 131.

(⁵) Huc, X, n. 297.

mune, les voitures de ses invités, à une heure quelconque (¹).
Il ne peut pas non plus diviser la cour commune par une
clôture (²). Il doit entretenir la cour commune (³). Il ne peut y
élever des constructions (⁴). Il ne peut empêcher le locataire
d'y décharger des marchandises si la cour a cette destination (⁵).

Les encombrements temporaires, de matériaux par exemple,
sur les parties communes ou accessoires de l'immeuble entraînent la responsabilité du bailleur vis-à-vis des preneurs
qui en souffrent un préjudice (⁶).

2° *Les murs extérieurs*. Ainsi c'est au preneur et non pas au
bailleur qu'appartient le droit de concéder l'affichage sur les
murs extérieurs (⁷). Le preneur a également le droit de couvrir

---

(¹) Paris, 4 mars 1828, S. chr., D., 56. 2. 75 (note), — et cela même si l'appartement
du locataire est placé sur le passage même de la porte cochère. — **Paris, 8 janv.
1856**, S., 57. 2. 222, D., 56. 2. 76 (même après minuit). — Laurent, XXV, n. 104;
Guillouard, I, n. 88; Fuzier-Herman, art. 1719, n. 57 s. ; Huc, X, n. 288. — S'il
existe une allée pavée ou dallée sous la voûte donnant accès à la maison par la
porte cochère, les locataires peuvent en réclamer l'usage pour leurs voitures et
celles de leurs invités à toute heure de jour et de nuit. Trib. civ. Seine, 14 janv.
1895, *Pand. fr.*, 95. 2. 285. — Trib. civ. Seine, 4 nov. 1896, *Droit*, 25 nov. 1896.

(²) Cass. req., 25 avril 1893, S., 93. 1. 464, D., 93. 1. 287. — Jugé de même que
l'État qui a loué la chasse d'une forêt en plusieurs lots, ne peut autoriser l'un des
adjudicataires à clôturer son lot par des grillages. Bourges, 16 nov. 1891, *Loi*,
30 déc. 1891. — Mais le bailleur peut entourer d'une clôture la cour commune. **Trib.
paix Arras, 5 févr. 1898**, *Rev. just. de paix*, 98. 183 (même si le preneur a la
jouissance d'un cabinet d'aisances dans cette cour).

(³) Bordeaux, 2 déc. 1893, *Rec. Bordeaux*, 94. 119.

(⁴) Paris, 26 mars 1857, S., 57. 2. 500. — Paris, 22 nov. 1893, *Gaz. Pal.*, 94.
1ᵉʳ sem., Table, vᵒ *Bail*, n. 5 (et cela même si le locataire connaissait le projet de
construction, alors qu'il ne connaissait pas les conditions de son exécution). — Il ne
le peut notamment si les constructions permettent de voir ce qui se passe dans
l'appartement loué et privé le locataire de la vue de jardins voisins. — Aix, 21 janv.
1864, S., 64. 2. 57. — Il ne peut, par une palissade, enlever la vue sur un jardin.
Nancy, 10 mars 1894, *Pand. fr.*, 95. 2. 138; — ni établir un vitrage sur la cour par
laquelle un atelier recevait jour. Paris, 7 fév. 1896, *Gaz. Pal.*, 96. 1. 621.

(⁵) V. *infra*, même numéro et n. 509.

(⁶) Paris, 15 déc. 1825, S. chr.

(⁷) Dans le cas où l'immeuble entier est loué à un seul preneur, c'est au preneur
et non pas au bailleur qu'appartient le droit de concéder l'affichage. — *Contra* Trib.
paix Angers, 31 déc. 1891, *Rec. d'Angers*, 92. 93 (bail d'un théâtre). — Tel est le
cas pour des affiches électorales. — Cass., 15 nov. 1884, S., 85. 1. 286. — Dans le
cas où l'immeuble est divisé en appartements, le preneur peut concéder le droit
d'affichage sur les murs extérieurs de son appartement. Trib. civ. Seine, 22 juill.
1896, *Droit*, 5 août 1896. — *Contra* Cass., 20 janv. 1883, S., 83. 1. 488 (affiches

le mur extérieur de ses enseignes (¹), et le bailleur n'a pas le même droit, sauf exception pour l'écriteau indiquant la prochaine mise en location de l'immeuble (²).

A la fin de son bail ou même dans le cours de son bail, le preneur peut indiquer par une affiche, sur la portion des murs extérieurs dont la jouissance lui appartient, son changement futur de domicile (³). D'une part il ne modifie pas ainsi la

électorales). — Cass., 15 nov. 1884, S., 85. 1. 286 (*id.* . — Cass., crim., 18 janv. 1890, S., 90. 1. 237 (*id.*). — Cass. crim., 7 août 1890, S., 91. 1. 91. — Trib. civ. Bordeaux, 11 fév. 1891, *Gaz. Pal.*, 92. 1. *Suppl.*, 9. — Le bailleur n'a pas le même droit. — Trib. paix Toulouse, 29 avril 1891, *Gaz. Trib. Midi*, 28 juin 1891. — *Contra* Trib. civ. Bordeaux, 11 fév. 1891, précité.

(¹) Il peut le faire depuis le niveau du plancher jusqu'à celui du plafond. — Paris, 5 fév. 1858, S., 59. 2. 348, D., 58. 2. 135. — Trib. civ. Lyon, 29 octobre 1886, *Loi*, 29 déc. 1886. — Trib. civ. Seine, 29 janv. 1891, *Droit*, 20 fév. 1891. — Trib. civ. Bordeaux, 11 fév. 1891, précité. — Trib. civ. Seine, 3 août 1897, *Droit*, 15 janv. 1898. — Trib. paix Montpellier, 1ᵉʳ août 1895, *Mon. jud. Midi*, 3 nov. 1895. — Trib. civ. Bruxelles, 3 fév. 1897, *Pasicr.*, 97. 3. 122. — Agnel, n. 156; Huc, X, n. 289, — ou devant la marquise qu'il a été autorisé à mettre. — Trib. civ. Seine, 28 juill. 1896, *Droit*, 13 oct. 1896. — Il peut aussi en mettre sur la façade extérieure de l'immeuble s'il demeure dans un bâtiment de derrière. — Huc, X, n. 289. — Cette enseigne peut être éclairée intérieurement le soir. — Trib. civ. Seine, 28 juill. 1896, précité. — Elle ne doit pas dépasser la partie du mur correspondant à l'appartement du preneur. — Décisions précitées. — Le propriétaire peut badigeonner les murs extérieurs comme il l'entend. — Trib. civ. Lyon, 29 oct. 1886, précité, — mais à la condition que ces enseignes puissent être apposées. Même jugement, — et que si elles disparaissent par l'effet de ces travaux, le bailleur les rétablisse. Trib. paix Montpellier, 1ᵉʳ août 1895, précité.

(²) Pendant la période où, soit l'usage des lieux, soit la convention admettent que l'immeuble loué peut être visité par des tiers désireux de le prendre à bail, le bailleur peut faire mettre sur le mur de l'immeuble donnant sur la rue un écriteau indiquant la mise en location de l'immeuble. — Trib. civ. Marseille, 27 mai 1891, *Rec. Marseille*, 91. 2. 202. — Huc, X, n. 301. — *Contra* Paris, 11 août 1854, S., 55. 2. 531. — Paris, 25 juin 1857, S., 57. 2. 500. — Paris, 4 juill. 1857, S., 57. 2. 500. — Guillouard, I, n. 143. — D'une part, sans cette apposition, le droit que tout le monde reconnaît au bailleur de faire visiter l'immeuble serait illusoire, puisque personne ne connaîtrait la mise en location. D'autre part, ce droit est généralement consacré par l'usage des lieux. Enfin il n'entrave en aucune manière la jouissance du preneur. On a contesté ce dernier point : la jouissance du preneur est entravée, dit-on, puisque l'apposition de l'écriteau doit amener chez lui une multitude de personnes. L'objection nous paraît singulière, puisque, de l'avis général, le bailleur a le droit de faire visiter par des tiers l'immeuble à louer. — Mais le bailleur ne peut faire placer un écriteau de ce genre avant la dernière époque du bail ; la durée de cette époque est une question de fait. — Paris, 4 juill. 1857, S., 57. 2. 500 (l'écriteau ne peut être placé deux ans avant la fin du bail).

(³) Paris, 21 août 1882, S., 83. 2. 107. — Trib. civ. Seine, 1ᵉʳ juin 1870, *Droit*, 9 juil. 1870. — Fuzier-Herman, art. 1719, n. 151.

forme de la chose; d'autre part il ne fait qu'exercer un acte de jouissance sur une chose comprise dans son bail.

C'est également à cause de son droit de jouissance sur les murs extérieurs que le preneur a le droit de donner, par une inscription sur le mur ou la porte de l'immeuble, un nom à la maison louée, notamment à une villa (¹).

Il peut aussi mettre sur la porte de son appartement une plaque indicatrice de son nom et de sa profession ; ici encore il exerce un acte de jouissance sur une chose comprise dans son bail.

Il peut même apposer cette plaque indicatrice sur le mur attenant à la porte cochère de la maison, puisque cette porte cochère fait partie des accessoires de l'immeuble dont la jouissance est commune à tous les locataires ; du reste l'usage est en ce sens. Toutefois, par cela même que cette partie de l'immeuble est commune à tous les locataires, aucun d'entre eux ne peut en jouir d'une manière préjudiciable aux autres locataires (²); la plaque indicatrice ne doit donc pas être d'une dimension telle qu'elle empêche les autres locataires d'apposer également des plaques de ce genre.

Ce que nous venons de dire de la porte cochère est également vrai du palier sur lequel s'ouvre l'appartement du locataire (³).

La convention peut évidemment supprimer ou restreindre le droit du preneur relativement à l'apposition d'enseignes ou d'écriteaux (⁴).

Le bailleur ne peut pas non plus, par des travaux inutiles aux murs extérieurs, causer une gêne au preneur (⁵).

3° *L'eau de l'immeuble*. Le bailleur doit entretenir la

(¹) Trib. civ. Fontainebleau, 5 janv. 1899, *Gaz. Pal.*, 99. 1. 272. — Ce jugement dénote que le nom de « la bicoque » ne peut être critiqué par le bailleur, comme ayant un sens injurieux, si le preneur n'a pas agi par taquinerie et si cette dénomination ne peut causer de préjudice à l'immeuble.

(²) Cass. req., 23 juin 1868, S., 69. 1. 21.

(³) Cass. req., 23 juin 1868, précité.

(⁴) Paris, 23 janv. 1869, S., 69. 2. 34, D., 69. 2. 193. — Trib. civ. Seine, 24 janv. 1862, S., 69. 2. 34 (en note). — Ruben de Couder, v° *Enseigne*, n. 26 ; Fuzier-Herman, art. 1719, n. 6.

(⁵) Cass., 16 nov. 1886, S., 87. 1. 56. — Pour les réparations nécessaires, v. *infra*, n. 464 s.

conduite d'eau. Il ne peut donc la supprimer (¹). Mais le prix de l'eau consommée par le preneur doit être payé par ce dernier (²). La question de savoir si le bailleur est responsable de la qualité de l'eau a déjà été étudiée (³).

4° *L'escalier* (⁴). Le bailleur ne peut modifier cet escalier (⁵).

Il doit l'éclairer pendant les heures fixées par l'usage (⁶), le chauffer si les conventions ou l'usage l'y obligent (⁷), y entre-

(¹) Alger, 8 juin 1892, *Gaz. Pal.*, 93. 1. 2ᵉ p., 26. — Trib. civ. Bordeaux, 31 juil. 1895, *Loi*, 12 déc. 1895. — Trib. civ. Lyon, 12 mai 1898, *Droit*, 6 oct. 1898.

(²) V. *infra*, n. 911.

(³) V. *supra*, n. 431.

(⁴) Huc, X, n. 288 et 297.

(⁵) Bordeaux, 26 juil. 1831, S., 44. 2. 79 (en note). — Paris, 9 janv. 1844, S., 44. 2. 79. — Guillouard, I, n. 128. — Ainsi il ne peut être établi un garage pour bicyclette dans l'escalier. — Trib. civ. Seine, 10 mars 1898, S., 98. 2. 222.

(⁶) La question de savoir jusqu'à quelle heure les escaliers d'une maison doivent être éclairés dépend des usages locaux. Il était autrefois décidé qu'à Paris les escaliers devaient être éclairés jusqu'à minuit. — Trib. civ. Seine, 19 avril 1862, S., 99. 2. 52 (en note). — Trib. civ. Seine, 30 janv. 1869, *Gaz. Trib.*, 20 fév. 1869. — Trib. civ. Seine, 30 janv. 1891, S., 99. 2. 52 (en note). — Agnel, n. 168. — Quelques décisions admettent que le gaz peut être éteint à 11 heures quand les locataires sont rentrés ou leurs visiteurs sortis. Trib. civ. Seine, 19 août 1862, et 30 janv. 1891, précités. — Plus récemment, il a été jugé qu'il suffisait au propriétaire d'éclairer jusqu'à onze heures. Trib. civ. Seine, 29 avril 1895, S., 99. 2. 52 (en note), D., 95. 2. 216. — Trib. civ. Seine, 8 fév. 1890, S., 99. 2. 52, D., 99. 2. 176. — En tout cas, le propriétaire doit, si le locataire a besoin d'un éclairage plus prolongé, le fournir. Trib. civ. Seine, 30 janv. 1869, 30 janv. 1891 et 29 avril 1895, précités, — sauf au locataire à payer le supplément. Trib. civ. Seine, 30 janv. 1869, et 30 janv. 1891, précités. — Ces solutions peuvent être modifiées par les clauses du bail. Trib. civ. Seine, 29 avril 1895, précité.

(⁷) En principe, le bailleur n'est pas obligé de faire chauffer les appartements loués. Mais il en est autrement s'il existe dans ces appartements des bouches de chaleur témoignant de l'existence d'un calorifère destiné à chauffer la maison tout entière. Trib. civ. Seine, 30 janv. 1891, *Gaz. Pal.*, 91. 1. 218. — Trib. civ. Seine, 28 juin 1893, *Loi*, 19 janv. 1894 (et si le bail interdit au locataire toute réclamation au sujet du chauffage, ce n'est là qu'une précaution contre des exigences exagérées, et cette clause n'empêche pas le locataire de réclamer le chauffage de son appartement, et, dans le cas où il est obligé de dépenser du combustible, une indemnité). — Décidé que les calorifères doivent fonctionner du 15 octobre au 15 avril, de six heures du matin à minuit. Trib. civ. Seine, 21 mai 1895, *Gaz. Pal.*, 19 juin 1895. — Certaines décisions n'admettent pas cette solution en dehors d'une stipulation du bail. Paris, 17 nov. 1888, *Gaz. Pal.*, 89. 1, *Suppl.*, 26. — En tout cas, si le calorifère n'a commencé à fonctionner qu'après l'entrée en jouissance, il y a là une simple tolérance du bailleur, et celui-ci peut y mettre fin. Paris, 17 nov. 1888, précité. — Lorsque l'escalier doit être chauffé, d'après les

tenir un tapis dans les mêmes cas (¹), laisser l'ascenseur à la disposition des locataires (²).

5° *La porte d'entrée* (³). Ainsi la location du pas de la porte ou de la cour dans des conditions qui entravent l'accès des lieux loués entraine la garantie (⁴). De même la porte doit rester fermée aux heures fixées par l'usage (⁵). Nous avons montré que le preneur peut, dans certains cas, apposer des enseignes sur la porte cochère (⁶).

6° *La loge du concierge,* que le bailleur ne peut ni supprimer (⁷), ni changer de place (⁸).

7° *Le jardin.* Le propriétaire ne peut y construire (⁹), et cela même si les constructions ne doivent enlever aux locataires ni jour, ni lumière (¹⁰).

stipulations du bail ou conformément à la situation existante lors de sa conclusion, il doit l'être de la même manière que les appartements. Trib. civ. Seine, 21 mai 1895, *Gaz. Trib.*, 19 juin 1895.

(¹) Dans les maisons où existait un tapis lors de la signature du bail, le bailleur doit conserver ce tapis. Jugé que, dans le cas au moins où une redevance est imposée au preneur pour le tapis, le tapis doit rester dans l'escalier pendant toute l'année. Trib. paix Paris (3ᵉ arrond.), 7 oct. 1886, S., 87. 2. 23. — Jugé que le tapis peut être enlevé en été, mais seulement pendant le temps nécessaire à sa conservation et à son entretien, et au plus tard du 1ᵉʳ juillet au 15 octobre. Trib. civ. Seine, 29 déc. 1894, S , 95. 2. 284, D., 96. 2. 154. — Lorsqu'il est enlevé, le bailleur n'a pas à le remplacer par un tapis de toile, sauf dans les maisons luxueusement meublées. Trib. civ. Seine, 29 déc. 1894, précité.

(²) Il est certain, par exemple, que s'il existait dans l'immeuble un ascenseur au moment du bail, le bailleur ne peut ni le supprimer ni en interdire l'usage ; il ne peut pas davantage en restreindre l'usage, par exemple ne permettre de l'utiliser que pour la montée. Trib. civ. Seine, 4 nov. 1896, *Droit*, 25 nov. 1896. — Trib. civ. Seine, 30 janv. 1897, S., 97. 2. 181, D., 97. 2. 471. — D'autre part l'ascenseur doit être à la disposition des locataires tant que l'escalier doit rester éclairé. Trib. civ. Seine, 25 juill. 1891, *Loi*, 13 août 1891.

(³) Huc, X, n. 288.

(⁴) Trib. civ. Seine, 31 déc. 1886, *Gaz. Pal.*, 87. 1. 243 (location du pas de la porte à une laitière).

(⁵) Le preneur ne peut exiger qu'elle soit fermée dans la journée. Trib. civ. Marseille, 19 fév. 1886, *Rec. d'Aix*, 86. 110. — V. aussi *supra*, n. 483.

(⁶) V. *supra*, même numéro.

(⁷) Trib. civ. Lyon, 2 fév. 1892, *Gaz. Pal.*, 92, 2. 130.

(⁸) Il ne peut transporter la loge du rez-de-chaussée au cinquième. — Trib. civ. Lyon, 2 fév. 1892, précité.

(⁹) Paris, 15 déc. 1825, S. chr. — Paris, 20 fév. 1843, S., 43. 2. 125, D. *Rép.*, vᵒ *Louage*, n. 228-4ᵒ.

(¹⁰) Paris, 20 fév. 1843, précité.

D. *Trouble relatif à un immeuble voisin appartenant au bailleur
ou occupé par lui.*

509. Si le bailleur est propriétaire d'un immeuble voisin,
il ne peut se comporter, dans l'exercice de son droit de propriété, de manière à porter préjudice aux preneurs de l'autre
immeuble ([1]) ; il n'a pas plus le droit, par cet exercice que par
des actes faits sur l'immeuble loué, de manquer à l'obligation
de faire jouir qu'il a contractée. On ne peut donc objecter
qu'il a agi comme propriétaire et non comme bailleur ; si sa
qualité de propriétaire lui permet d'user de la chose comme
le ferait un tiers, sa qualité de bailleur lui confère l'obligation personnelle de ne pas entraver la jouissance du preneur.

Ainsi le bailleur ne peut élever sur l'immeuble voisin des
constructions qui enlèveraient l'air ou la lumière aux immeubles loués ([2]), ni exhausser des constructions avec le même
résultat ([3]), ni cacher par des constructions l'enseigne du
locataire ([4]).

Il ne peut pas davantage pratiquer dans le mur de l'immeuble voisin des ouvertures donnant vue sur l'immeuble
loué ([5]), ou faire conduire par un égout les eaux ménagères de
l'immeuble voisin dans la cour de l'immeuble loué ([6]), ou
procéder à des opérations nuisant par le bruit ou les odeurs
à la jouissance du locataire ([7]).

([1]) Laurent, XXV, n. 146 ; Guillouard, I, n. 132.

([2]) Paris, 15 déc. 1825, S. chr. — Paris, 20 fév. 1843, S., 43. 2. 125. D. *Rép.*,
v° *Louage*, n. 228-4°. — Lyon, 10 août 1855. S., 55. 2. 620, D., 55. 2. 359. — Aix,
21 janv. 1864, S., 64. 2. 157. — Paris, 7 mai 1869, *Bull. de la cour de Paris*, 1869,
p. 258. — Alger, 21 oct. 1886, *Journ. de la jurispr. d'Alger*, 86, p. 497. — Trib.
civ. Seine, 9 déc. 1836, D. *Rép.*, v° *Louage*, n. 228-2°. — Trib. civ. Seine, 6 août
1885, *Loi*, 13 nov. 1885. — Trib. civ. Blois, 3 fév. 1887, *Loi*, 13 avril 1887. — Trib.
civ. Perpignan, 30 oct. 1895, *Gaz. Pal.*, 96. 1. 266 (ce jugement applique l'art. 1722).
— Trib. civ. Seine, 1er fév. 1898, *Loi*, 1er mars 1898. — Trib. civ. Seine, 2 juill.
1898, *Gaz. Trib.*, 11 nov. 1898. — *Contra* Paris, 2 août 1892, *Gaz. Trib.*, 22 sept.
1892.

([3]) Lyon, 10 août 1855, précité. — Trib. civ. Bordeaux, 7 fév. 1890, *Rec. Bordeaux*, 90. 2. 55.

([4]) Cette solution a été donnée pour le cas où le droit d'installer une enseigne
avait été stipulé dans le bail. — Trib. civ. Seine, 23 janv. 1891, *Loi*, 14 mars 1891.

([5]) Guillouard, I, n. 132.

([6]) Guillouard, I, n. 132.

([7]) Trib. civ. Marseille, 31 mai 1887, *Rec. d'Aix*, 88. 27.

A plus forte raison le bailleur ne peut-il faire des travaux dans une partie, par exemple une cour, commune aux deux immeubles ([1]).

510. Mais il va sans dire que le bailleur peut faire subir à l'immeuble voisin, dont il est propriétaire, toutes les modifications qui lui conviennent, à condition que ces modifications ne nuisent pas à la jouissance de l'immeuble loué ([2]); les droits du bailleur sont donc plus considérables sur le premier que sur le second de ces immeubles. En effet, tout ce que peut demander le preneur, c'est d'avoir la jouissance complète de la chose louée; si toutes les modifications apportées à la chose louée entravent cette jouissance, les modifications apportées à un immeuble voisin ne l'entravent qu'exceptionnellement.

Le bailleur peut donc détruire la maison voisine, changer le genre de culture de la terre voisine; il peut aussi exhausser la maison voisine ou construire une maison, si cet exhaussement ou construction ne font subir aucun préjudice aux preneurs de l'immeuble loué, par exemple si ce dernier immeuble est une terre labourable.

A plus forte raison le bailleur n'a-t-il pas, comme nous l'avons vu, à faire des réparations sur l'immeuble voisin.

511. Le bailleur n'est pas obligé de faire des réparations ou des travaux à l'immeuble voisin dont il est propriétaire, même si ces travaux doivent assurer la jouissance de l'immeuble loué ([3]). Il est bien tenu de ne pas faire subir à l'immeuble voisin des modifications empêchant la jouissance de l'immeuble loué, mais on ne peut le forcer, sur un immeuble autre que l'immeuble loué, à un fait actif ou à des dépenses. Ce serait étendre l'obligation de réparation au-delà de ses termes.

Ainsi le bailleur d'une terre n'est pas responsable des dégâts qui y sont faits par les lapins d'un bois voisin dont il est propriétaire ([4]), sauf dans les cas où un propriétaire étranger en serait également responsable ([5]).

([1]) Cass., 19 juin 1882, S., 84. 1. 238, D., 83. 1. 336. — Guillouard, I, n. 132.

([2]) Guillouard, I, n. 133.

([3]) Trib. civ. Etampes, 30 janv. 1883, *France jud.*, 82-83, p. 693. — Guillouard, I, n. 133.

([4-5]) Cass., 19 juill. 1859, S., 61. 1. 234, D., 60. 1. 425. — Trib. civ. Rambouillet,

512. Le bailleur peut-il, dans un immeuble dont il est propriétaire, exercer ou laisser exercer par un preneur une industrie ou un commerce similaires à celui qui est exercé par un autre de ses preneurs dans un immeuble voisin? La question doit être résolue comme celle de savoir si le bailleur a les mêmes droits en ce qui concerne l'immeuble même dont une partie est louée.

Nous admettons donc que le bailleur a, à cet égard, la plus grande liberté (¹).

513. Il va sans dire que cette liberté peut lui être enlevée par une clause du bail.

On a même jugé que la défense faite par le bail au bailleur de louer pour l'exercice d'un commerce similaire les autres immeubles de la *propriété,* s'applique non seulement à l'immeuble même, dont une partie est louée, mais encore aux immeubles contigus dont le bailleur est également propriétaire (²).

D'autre part, le droit commun interdit dans certaines circonstances au bailleur d'exercer un commerce similaire. Il ne peut, par exemple, l'exercer si, en même temps qu'il a donné une boutique à bail, il a cédé au preneur le fonds de commerce exploité dans cette boutique, et qui lui appartenait (³) ; car sa qualité de vendeur et l'obligation de garantie qui en découle lui défendent cet exercice.

15 fév. 1895, *Gaz. Trib.*, 25 avril 1895 (surtout si le fermier fait des cultures spéciales et des travaux pour attirer des lapins). — Fuzier-Herman, art. 1719, n. 87.

(¹) Metz, 26 nov. 1868, S., 69. 2. 175, D., 69. 2. 44.—Trib. civ. Evreux, 28 juill. 1896, *Gaz. Pal.*, 96. 2. 634. — *Contra* Cass. req., 1er déc. 1863, S., 64. 1. 25, D., 64. 1. 160 (motifs). — Bordeaux, 2 août 1860, S., 61. 2. 124, D., 61. 2. 94. — Paris, 8 juill. 1861, S., 62. 2. 274, D., 61. 2. 198. — Trib. com. Gournay, 7 mars 1892, *Gaz. Pal.*, 92. 1. *Suppl.*, 38. — Décidé en ce dernier sens, que la compagnie de chemins de fer qui a donné à bail le buffet d'une gare ne peut, au préjudice du preneur, installer un wagon-restaurant dans un train qui s'arrête à cette gare. — Cass. req., 28 oct. 1895, S., 96. 1. 293, D., 96. 1. 500. — Mais cet arrêt ne résout pas la question posée au texte, et les objections faites par les parties à la théorie qu'il consacre étaient étrangères à cette question. — Décidé encore en sens contraire que le bailleur ayant un matériel de navigation pour le transport ne peut faire concurrence au preneur dans le même trajet. — Lyon, 3 déc. 1864, S., 65. 2. 131.

(²) Paris, 24 avril 1879, S., 79. 2. 178. — Cpr. Guillouard, I, n. 440. — En tout cas elle ne s'applique pas à un immeuble séparé de la propriété louée par plusieurs autres immeubles. — Trib. civ. Beauvais, 11 nov. 1898, *Droit.* 31 déc. 1898.

(³) Dijon, 5 mai 1875, S., 75. 2. 142.

Il en est de même si le bailleur donne à bail le fonds de commerce ou la clientèle (¹).

514. En tout cas, si le bailleur exerçait avant le bail le commerce ou l'industrie similaire, et si le preneur connaissait ou était en mesure de connaître cette situation, le bailleur n'est pas tenu à garantie (²).

515. Le preneur ne peut évidemment exiger qu'un passage lui soit laissé sur l'immeuble voisin du bailleur. Toutefois, et surtout s'il s'agit d'exploitations rurales, le contraire peut résulter de l'intention des parties; or cette intention peut se manifester par l'état préexistant des lieux; c'est une question d'étendue du bail (³).

516. Rien n'empêche le bailleur d'aliéner l'immeuble voisin (⁴). Il peut même l'aliéner dans des conditions qui rendent probable ou certaine de la part du futur acquéreur une atteinte à la jouissance du preneur (⁵); par exemple la vente d'un terrain peut être faite comme vente de terrain à bâtir, quoique des constructions élevées sur le terrain doivent avoir pour objet d'enlever la lumière à l'immeuble loué; le bailleur, en effet, n'a contracté que l'obligation personnelle de faire jouir le preneur, il ne s'est pas obligé à affecter les biens dont il est propriétaire à la jouissance de l'immeuble loué; il n'a pas grevé ses immeubles d'une servitude réelle au profit des locataires de l'immeuble loué.

La question de savoir quels droits peut avoir alors le preneur vis-à-vis du bailleur dépend de l'étendue de la garantie que doit ce dernier pour les faits de tiers.

517. Ce que nous avons dit de l'immeuble voisin appartenant au bailleur s'applique aussi à l'immeuble voisin que le bailleur occupe à un titre quelconque, au titre de locataire par exemple; obligé de faire jouir le preneur, il ne peut lui nuire (⁶).

(¹) Montpellier, 26 juil. 1844, S., 44. 2. 477, D. *Rép.*, vᵒ *Industrie*, n. 217-5ᵒ.
(²) Cass. req., 1ᵉʳ déc. 1863, S , 64. 1. 25, D., 64. 1. 160.
(³) V. *supra*, n. 288.
(⁴) Guillouard, I, n. 133.
(⁵) Guillouard, I, n. 133.
(⁶) Cpr. Montpellier, 26 juil. 1844. S., 44. 2. 477, D. *Rép.*, vᵒ *Industrie*, n. 217-5ᵒ.

E. *Trouble relatif à la personne du preneur.*

518. Toute injure à la personne du preneur constitue de la part du bailleur un trouble ([1]).

Le bailleur est également responsable de l'accident causé au preneur par une mauvaise disposition des lieux ([2]), mais non pas, évidemment, d'un accident dû à l'imprudence du preneur ([3]).

II. *Troubles provenant d'un tiers étranger à l'immeuble.*

519. En ce qui concerne les troubles provenant du fait d'un *tiers,* c'est-à-dire de toute personne autre que le bailleur ou ses ayant cause universels, la loi distingue les troubles *de fait* et les troubles *de droit.*

Le trouble *de fait* est celui qui résulte de simples voies de fait, c'est-à-dire d'un délit ou d'un quasi-délit ([4]) ; le trouble *de droit* est celui qui est occasionné au moyen d'une voie de droit, c'est-à-dire par une personne qui prétend avoir un droit sur la chose ([5]).

A. *Trouble de fait.*

520. Le trouble de fait que subit le preneur donne-t-il lieu à la garantie à son profit? Non ; la loi n'a pas voulu rendre le bailleur responsable de semblables troubles, parce que le plus souvent ils seront le résultat de la négligence du preneur, qui aurait pu les éviter avec une surveillance plus active ([6]), ou constitueront un acte de vengeance dirigé contre sa personne ([7]). Dans tous les cas, comme le disait Mouricault ([8]) : « C'est le preneur seul que les tiers attaquent, c'est à sa jouissance personnelle qu'ils attentent ;

([1]) Besançon, 5 juin 1891, *Gaz. Pal.,* 91. 2, *Suppl.,* 17 (affichage d'un placard injurieux). — V. *infra,* n. 588 s.

([2]) Trib. civ. Béziers, 23 juin 1898, *Gaz. Pal.,* 98. 2. 363, *Droit,* 15 oct. 1898. — V. *supra,* n. 436 et 440.

([3]) Trib. civ. Béziers, 23 juin 1898, précité.

([4]) Guillouard, I, n. 156 et 157.

([5]) Guillouard, I, n. 156 et 166.

([6]) Colmet de Santerre, VII, n. 174 *bis,* I ; Guillouard, I, n. 158 ; Huc, X, n. 304.

([7]) Colmet de Santerre, *loc. cit.* ; Guillouard, *loc. cit.* ; Huc, *loc. cit.*

([8]) Fenet, XIV, p. 327. — V. aussi Guillouard, I, n. 158.

c'est à lui seul à les faire réprimer ». L'art. 1725 est ainsi
conçu : « *Le bailleur n'est pas tenu de garantir le preneur du*
» *trouble que des tiers apportent par voie de fait à sa jouis-*
» *sance, sans prétendre d'ailleurs aucun droit sur la chose*
» *louée; sauf au preneur à les poursuivre en son nom per-*
» *sonnel* ».

521. Le bailleur doit intervenir dès que l'auteur du trouble prétend avoir quelque droit sur la chose louée, soit qu'il
manifeste cette prétention au moment même où il accomplit
la voie de fait (art. 1725), soit qu'il ne l'élève que plus tard,
sur l'action en dommages et intérêts intentée contre lui par
le preneur (art. 1727); car c'est alors le droit du bailleur qui
est en cause, qui est contesté, et le preneur n'a pas qualité
pour le représenter dans le débat qui s'élève sur ce point. Le
trouble de fait dégénère ici en trouble de droit, dont le bailleur est responsable (art. 1727).

522. D'autre part, le trouble de fait doit être réprimé par
le bailleur, s'il est antérieur à l'entrée en jouissance du preneur (¹), car alors la délivrance n'est pas complète.

Le bailleur est également responsable du trouble de fait
commis par un tiers s'il a participé indivisiblement à ce
trouble (²).

523. La jurisprudence, au surplus, a enlevé à l'art. 1725
une grande partie de sa portée en décidant que le bailleur
est garant du trouble de fait lorsque ce trouble consiste dans
une diminution de jouissance (³); elle prétend qu'il y a alors
destruction ou perte.

Cette opinion est inexacte : la perte de la chose consiste
dans sa disparition (⁴).

524. Dans le cas même où l'auteur du trouble est inconnu
ou insolvable, le preneur ne peut recourir contre le bailleur (⁵); cela résulte des termes généraux de l'art. 1725; du

(¹) Lespinasse, *Rev. crit.*, V, 1876, p. 300.
(²) Trib. civ. Lyon, 15 juin 1887, *Gaz. Trib.*, 31 août 1887.
(³) Trib. Alger, 4 mars 1896, *Journ. trib. algér.*, 5 déc. 1897 et les autorités
citées aux notes suivantes.
(⁴) V. *supra*, n. 336.
(⁵) Duvergier, I, n. 315 ; Laurent, XXV, n. 161 ; Guillouard, I, n. 159 ; Huc,
X, n. 304.

reste, les motifs qui justifient cette disposition ne perdent rien de leur valeur dans l'hypothèse que nous venons d'indiquer.

Pothier, il est vrai, décidait le contraire et, en cette hypothèse, accordait au preneur la remise totale ou partielle des loyers (¹); et dans le projet du code, l'art. 32 du titre du louage contenait une disposition en ce dernier sens; cette disposition disparut sur l'observation qu'elle contredisait le principe.

525. Comme exemples de troubles de fait, Pothier (²) cite les cas suivants reproduits par les auteurs modernes (³) : « Si des laboureurs voisins font paître leurs troupeaux dans les prés d'une métairie que je tiens à ferme et ce par voie de fait sans prétendre en avoir le droit; si des voleurs, au clair de lune, vendangent mes vignes; si des gens jettent du coclevant dans les étangs et en font mourir les poissons ».

526. La *guerre*, lorsqu'elle force le preneur à abandonner l'immeuble loué, n'est qu'un trouble de fait et ne donne, par conséquent, pas lieu à la garantie. En effet, le trouble provient des ennemis, c'est-à-dire de tiers, et ces tiers ne prétendent aucun droit sur la chose louée (⁴).

L'opinion contraire est pourtant généralement admise. (⁵). On l'appuie sur l'art. 1722 et on donne droit au preneur, suivant les circonstances, à une réduction du prix du loyer ou à la résiliation.

Cette considération n'est certainement pas exacte, car l'immeuble, malgré les événements qui forcent le locataire à déguerpir, demeure intact; d'un autre côté, l'opinion que nous constatons assimile à la perte partielle, événement définitif et qui produit des effets définitifs, un événement tempo-

---

(¹) N. 81.
(²) N. 81.
(³) Guillouard, I, n. 157.
(⁴) Ballot, *Des eff. de la guerre sur le louage et la propriété*, p. 38.
(⁵) Angers, 12 janv. 1872, S., 73. 2. 22, D., 72. 2. 38. — Paris, 23 août 1872, D., 73. 2. 235. — Paris, 5 avril 1873, D., 74. 5. 314. — Nancy, 7 juin 1873, D., 74. 2. 159. — Trib. civ. Lyon, 25 mars 1871, D., 71. 5. 245. — Trib. civ. Lyon, 3 janv. 1872, D., 72. 3. 6. — Trib. civ. Remiremont, 19 déc. 1872, D., 73. 3. 64. — Trib. paix Paris (7e arrond.), 27 janv. 1871, S., 71. 2. 102. — Guillouard, I, n. 391 et II, n. 574 ; Huc, X, n. 304.

raire auquel elle fait très illogiquement produire des effets définitifs; il est singulier de voir le preneur déchargé définitivement en tout ou en partie pour un fait qui nécessairement n'a duré qu'un certain temps.

On voit aussi exprimer l'idée ([1]), appuyée sur l'autorité de Tronchet ([2]), que la guerre est un cas de force majeure qui donne lieu à garantie parce qu'elle « n'a rien de personnel au preneur et que celui-ci ne pouvait l'empêcher ». Cette observation est exacte; mais il n'en résulte pas que la guerre ne soit pas un trouble de fait. Ne peut-on pas dire de la plupart des troubles de fait qu'ils n'ont rien de personnel au preneur et ne pouvaient être empêchés par lui?

Ajoutons que notre solution était reçue dans l'ancien droit ([3]).

La guerre peut seulement donner lieu à l'application des art. 1769 et s., comme nous l'avons montré ([4]).

En tout cas, le bailleur n'est soumis à aucune action si le preneur, loin d'être obligé de quitter l'immeuble, a obéi à une crainte exagérée et a fui sans qu'aucun danger le menaçât ([5]); dans cette hypothèse le preneur n'a de reproches à faire qu'à lui-même; nous verrons même qu'il peut être responsable des dégâts envers le bailleur ([6]).

De même la guerre ou le siège d'une ville où se trouvent le preneur et l'habitation louée, ne fournissent au preneur aucune action en garantie, quoiqu'ils puissent diminuer sa sécurité ([7]) ou lui enlever en tout ou en partie les avantages de la jouissance ([8]).

([1]) Guillouard, I, n. 160 (cet auteur contredit ainsi l'assimilation qu'il établit lui-même entre l'abandon à la suite de la guerre et la perte par cas fortuit); Huc, X, n. 304.

([2]) Fenet, XIV, p. 245.

([3]) Arrêt de Grenoble, 19 janv. 1650, cité par Chorier, *La jurisprudence de Guy-Pape*, 2e éd., 1779, liv. IV, sect. 6, art. 3, p. 243. — Chorier, *loc. cit.*

([4]) V. *supra*, n. 376.

([5]) Orléans, 14 juil. 1871, S., 72. 2. 237. — Paris, 28 août 1873, S., 73. 2. 256, D., 74. 2. 160. — Guillouard. I, n. 391; Fuzier-Herman, art. 1722, n. 2 s.

([6]) V. *infra*, n. 756.

([7]) Paris, 26 mars 1872, S., 72. 2. 237, D., 72. 2. 118. — Fuzier-Herman, art. 1722, n. 1.

([8]) Cass., 21 janv. 1874, S., 74. 1. 125, D., 74. 1. 170 (fermier de droits de place

De même encore, nous avons montré, à propos de la perte de récoltes, que la guerre ne peut donner lieu à aucune indemnité si elle était commencée au moment du bail ([1]).

On admet aussi que la guerre ne produit aucun effet sur le bail si le départ du preneur est dû non pas aux dangers de l'invasion, mais à l'obligation où il se trouve, comme citoyen du pays ennemi, de servir sa patrie ou au moins de quitter le pays contre lequel le sien porte les armes ([2]). Dans ce cas, dit-on, la jouissance de l'immeuble loué est entière, et le bailleur ne peut être responsable des obligations qu'impose au preneur sa nationalité.

On appliquerait sans doute la même théorie au cas où le preneur serait forcé de quitter l'immeuble pour servir le pays même où est situé cet immeuble.

Ces solutions sont, bien entendu, exactes dans notre théorie ; nous les croyons difficiles à justifier dans le système de la jurisprudence ; en voyant dans l'abandon, par suite de la guerre, une destruction fortuite de l'immeuble, on est, ce semble, dans l'impossibilité de distinguer suivant les raisons qui entraînent l'abandon, pourvu que ces raisons soient indépendantes de la volonté du preneur.

Nous nous occuperons encore de la guerre à propos du fait du prince ([3]).

Aux faits de guerre, on doit assimiler les insurrections, guerres civiles, soulèvements populaires ou tous autres événements politiques qui produisent le même résultat. Donc, dans l'opinion qui considère le fait de guerre comme donnant lieu à garantie, il en sera de même de la cessation de jouissance par suite de l'insurrection ([4]).

---

dont les recettes baissent par suite de la guerre). — Trib. civ. Lyon, 1er fev. 1871, D., 71. 3. 103 (interruption momentanée des représentations d'un théâtre).

([1]) V. *supra*, n. 376.

([2]) Paris, 30 déc. 1873, S., 74. 2. 67, D., 75. 5. 276. — Trib. civ. Seine, 20 oct. 1871, D., 72. 3. 56. — Guillouard, I, n. 391.

([3]) V. *infra*, n. 568.

([4]) Paris, 11 mars 1834, D. *Rép.*, v° *Louage*, n. 240. — Laurent, XXV, n. 163: Guillouard, I, n. 160. — Décidé avec raison que le pillage d'une boutique pendant un soulèvement ne donne pas lieu à garantie. — Lyon, 8 fév. 1896, D., 97. 2. 173, *Loi*, 24 fév. 1896. — Trib. civ. Lyon, 28 nov. 1894, *Loi*, 17 janv. 1895. — Boistel, *Note*, D., 97. 2. 473. — Mais le contraire a été également décidé par la raison

527. Tout autre mode de cessation de jouissance que la guerre doit être également (lorsqu'il ne résulte pas d'un droit) considéré comme un trouble de fait qui n'a rien de commun avec la destruction et ne peut entraîner ni les conséquences de la destruction, ni l'obligation de garantie (¹).

Certains auteurs émettent cependant comme un **principe** l'idée qu'il y a là une destruction de la chose (²), **parce que** le preneur est dans la même impossibilité de jouir que s'il y avait destruction. Le rapprochement n'est pas heureux : en cas de destruction, les règles applicables sont celles des risques et les solutions de la loi sont entièrement conformes à cette théorie des risques ; lorsque le preneur est, par un cas fortuit, dans l'impossibilité de jouir, il y a simple trouble de fait. Les décisions qu'on a citées en sens contraire n'ont aucun rapport avec la question ; elles concernent la cessation de jouissance causée par un acte de l'autorité administrative et nous verrons que, dans ce cas, il y a trouble de droit.

A plus forte raison, n'admettrons-nous pas avec certains auteurs (³) que la simple obligation où se trouve le preneur de changer la destination de la chose est assimilée à la destruction partielle. Dira-t-on que les réformes douanières, qui rendent ruineuses l'exercice d'une industrie, seront regardées comme la destruction de l'immeuble où s'exerce cette industrie ; que le changement de goût du public qui fera péricliter tel commerce permettra au commerçant de faire résilier le bail de sa boutique? On ne peut avoir de pareilles prétentions(⁴).

---

fausse qu'il y a destruction de l'immeuble loué. — Trib. civ. Lyon, 14 mars 1895, *Loi*. 20 janv. 1896. — Trib. civ. Lyon, 27 janv. 1896, *Loi*, 4 avril 1896. — Il n'y a pas lieu davantage à garantie pour le chômage résultant des événements politiques. — Douai, 8 janv. 1849, S., 49. 2. 401, D. *Rép.*, v° *Louage*, n. 210-7°.

(¹) Cpr. Grenoble, 6 juin 1807, S. chr. — Paris, 13 mars 1832, S., 32. 2. 230. — Duvergier, I, n. 525 ; Aubry et Rau, IV, p. 501, § 369, note 29. — On a ouvert une action en indemnité au preneur au cas où l'usage de la chose est dangereux, mais en se fondant sur l'idée fausse qu'il y a perte partielle. — Trib. civ. Lyon, 1ᵉʳ déc. 1893, *Mon. jud. Lyon*, 2 fév. 1894.

(²) Troplong, I, n. 231 ; Duvergier, I, n. 524 ; Laurent, XXV, n. 410 (v. cep. n. 413 ; Guillouard, I, n. 392 (il se contredit aux n. 352 et 396 en disant que le preneur n'a droit à aucune indemnité).

(³) Troplong, *loc. cit.*; Duvergier, *loc. cit.*; Laurent, *loc. cit.*; Aubry et Rau, *loc. cit.*; Guillouard, *loc. cit.*

(⁴) V. *supra*, n. 427.

Ici encore les décisions qu'on cite concernent le trouble de droit causé par l'administration.

528. Une épidémie qui interrompt la jouissance ne permet donc pas au preneur de demander la résiliation. C'était la solution de l'ancien droit (¹).

Ainsi l'obligation où se trouve le preneur de quitter, par suite d'une épidémie, un immeuble qu'il a loué pour un temps limité (par exemple un châlet dans une station balnéaire), n'est pas un trouble permettant au preneur de ne pas payer le loyer stipulé (²).

Il en est ainsi à plus forte raison si, au moment où il a pris l'immeuble en location, le preneur connaissait l'existence de l'épidémie (³).

529. L'abaissement des eaux qui diminue la force motrice d'une usine ne donne pas lieu à garantie (⁴) ; il en est de même d'une inondation qui entraîne le chômage de l'usine (⁵), à moins qu'elle ne détruise la chose elle-même (⁶) ou, par son caractère de périodicité, ne puisse être considérée comme un vice (⁷).

530. Dans certaines hypothèses, le bailleur est responsable du vol des objets appartenant au preneur ; c'est le cas du dépôt d'hôtellerie, dont il ne saurait être question ici (⁸).

D'autre part, le locataire d'une place dans une halle ou dans un marché, si le bail l'oblige à se retirer pendant la nuit, peut se faire indemniser par le bailleur du vol commis à son préjudice pendant la nuit (⁹).

Nous nous occuperons plus loin du vol commis dans une maison surveillée par un concierge (¹⁰).

(¹) Arrêt de Grenoble, 19 janv. 1650, précité. — Chorier, *loc. cit.*
(²) V. cep. Trib. civ. Alais, 9 nov. 1893, *Gaz. Pal.*, 94. 1, *Suppl.*, 16 (motifs).
(³) Trib. civ. Alais, 9 nov. 1893, précité.
(⁴) Rouen, 21 juill. 1838, S., 39. 2. 94, D. *Rép.*, vº *Louage*. n. 217-3º.
(⁵) Cass., 16 mai 1877, S., 79. 1. 353, D., 79. 1. 164.
(⁶) V. *supra*, n. 336.
(⁷) V. *supra*, n. 431.
(⁸) V. notre *Tr. de la soc., du prêt, du dépôt*.
(⁹) Trib. civ. Toulouse, 15 mars 1894, *Loi*, 12 avril 1894, *Mon. jud. Lyon*, 18 mai 1894. — Ce jugement décide cependant que si le bail a été consenti par le fermier concessionnaire des droits de place, et que ce dernier lui-même n'ait pas accès au marché pendant la vente, le vol ne met à sa charge aucune responsabilité.
(¹⁰) V. *infra*. n. 589 et 590.

Le fait d'un tiers qui, par des travaux effectués ailleurs que dans l'immeuble loué, nuit à la jouissance du preneur, donne lieu à garantie, mais seulement si le tiers n'agit pas dans les limites de son droit (¹).

531. Il résulte de l'art. 1725 que le preneur peut poursuivre directement l'auteur du trouble de fait.

Le preneur peut donc poursuivre le délit de chasse commis sur la propriété louée, en tant que sa possession en est troublée, et cela même si le droit de chasse ne lui a pas été accordé (²).

Le preneur peut poursuivre les troubles de fait, alors même que son bail n'a pas date certaine (³).

Mais il est indispensable, pour que le trouble de fait puisse donner lieu à une action du preneur, qu'il ait été commis pendant la jouissance de ce dernier ; en effet, l'art. 1725 ne parle que des atteintes portées « à sa jouissance ».

Cependant un arrêt (⁴), approuvé par certains auteurs (⁵), décide qu'un fermier peut actionner en dommages-intérêts le précédent fermier dont les abus de jouissance ont nui à sa propre jouissance. Cette opinion est d'autant plus discutable que — nous l'avons montré et personne ne le conteste — le preneur a également en pareil cas une action contre le bailleur qui ne lui a pas livré la chose en bon état; or, l'art. 1725 dit explicitement que les troubles de fait ne donnent pas lieu à une action contre le bailleur.

Toutefois, il nous paraît certain que si le trouble s'est continué pendant la jouissance, le preneur a une action contre

---

(¹) V. pour la justification de cette idée, ce que nous disons du fait du voisin, *infra*, n. 594 s. — On a jugé à tort que si une ville, par le « tout à l'égout », nuit à la jouissance de la pêche louée par l'Etat, le preneur de la pêche a un recours contre l'Etat. Paris, 29 nov. 1895, D., 96. 2. 8.

(²) Rouen, 22 fév. 1878, S., 79. 2. 260. — Rennes, 1ᵉʳ mai 1878, S., 79. 2. 197. — Rennes, 13 juill. 1887, S., 90. 2. 3, D., 88. 2. 229. — Trib. corr. les Andelys, 24 décembre 1896, *Droit*, 15 janvier 1897. — Giraudeau, Lelièvre et Soudée, *La chasse*, 2ᵉ édit., n. 1077 et 1078 ; Menche de Loisne, *Essai sur le dr. de chasse*, n. 265.

(³) V. en ce sens pour les délits de chasse, Rouen, 22 fév. 1878, S., 79. 2. 260. — Rennes, 1ᵉʳ mai 1878, S., 79. 2. 197.

(⁴) Grenoble, 26 mai 1849, S., 50. 2. 375.

(⁵) Guillouard, I, n. 163.

l'auteur de ce trouble en tant que la jouissance est entravée (¹).

532. L'action pour trouble de fait ne peut être intentée que par le preneur seul et non pas par le bailleur (²). Ce dernier, en effet, ne souffre aucun préjudice par suite du trouble qui n'atteint que la jouissance.

Mais il va sans dire que si le dommage atteint la propriété elle-même, le bailleur a, de son côté, contre l'auteur du dommage, une action qui ne se confond pas avec celle du preneur (³). C'est ce qui arriverait par exemple en cas d'endommagement d'un mur.

Dans cette hypothèse, l'auteur du trouble, actionné par le bailleur, peut-il exiger la mise en cause du preneur afin d'éviter une seconde action de la part de ce dernier ? On l'a soutenu (⁴), mais nous ne le pensons pas : les deux actions sont différentes, on ne peut exiger qu'elles fassent l'objet d'une même instance.

533. L'action du preneur contre l'auteur du trouble est une action en dommages-intérêts ; la compétence en cette matière sera étudiée ultérieurement.

Il n'a pas le droit d'intenter une complainte contre l'auteur du trouble (⁵), car cette action n'appartient qu'aux titulaires de droits réels, et, comme nous le montrerons, le preneur n'a qu'un droit personnel ; le preneur ne peut pas davantage, à la différence peut-être du cas où il subit un trouble de droit (⁶), intenter la complainte du chef du bailleur, car le bailleur n'a pas d'action en cas de trouble de fait (⁷).

Mais si le preneur est dépossédé, il peut user de la réintégrande, c'est-à-dire de l'action possessoire accordée à ceux

---

(¹) **Cass.** req., 12 juil. 1892, S., 96. 1. 510 (établissement d'un barrage).

(²) Cons. d'Etat, 28 fév. 1845, S., 45. 2. 381, D., 45. 3. 125. — Guillouard, I, n. 164.

(³) Cons. d'Etat, 28 fév. 1845, précité. — Chambéry, 14 mai 1870, S., 70. 2. 247. — Guillouard, I, n. 164 ; Huc, X, n. 304.

(⁴) Guillouard, I, n. 164.

(⁵) Aubry et Rau, II, p. 224, § 187, note 5 ; Guillouard, I, n. 162 ; Garsonnet, I, p. 625, § 365.

(⁶) V. *infra*. n. 543.

(⁷) V. *supra*, n. 532.

qui veulent reprendre une possession perdue (¹) ; le preneur n'a pas, il est vrai, une possession véritable et il n'a pas
droit par conséquent, en principe, aux actions possessoires,
mais la réintégrade, d'après l'opinion générale, exige simplement que le demandeur ait eu la détention, c'est-à-dire la
jouissance matérielle de la chose.

B. *Trouble de droit.*

534. Nous avons montré qu'il y a trouble de droit, toutes
les fois qu'un tiers entrave la jouissance du preneur en prétendant qu'il a sur la chose louée un droit qui le lui permet (²).

Il en est ainsi :

Si un tiers intente une action en justice tendant au délaissement de la chose en s'en prétendant propriétaire (³) ;

S'il veut exercer un droit de servitude sur la chose ;

S'il prétend avoir, du chef du bailleur, d'autres droits sur
l'immeuble (⁴).

S'il prétend obliger le preneur à supprimer la dénomination qui, dans le public, sert à désigner l'établissement
loué, alors que l'établissement a été loué sous cette dénomination (⁵) ;

S'il nie les droits du locataire sur la chose (⁶).

535. Le preneur peut également se considérer comme
troublé s'il découvre qu'il a droit à la jouissance de la chose
en une autre qualité.

Il y a encore trouble de droit si un voisin prétend que le
preneur nuit à sa jouissance ou à sa propriété par des actes
abusifs (⁷), alors du moins que le preneur agit conformément

(¹) Cass., 3 janv. 1871, S., 71. 1. 7. — Cass., 12 août 1874, S., 75. 1. 28. — Cass.,
14 mars 1876, S., 76. 1. 266. — Cass., 22 janv. 1878, S., 78. 1. 216. — Cass., 27 fév.
1878, S., 78. 1. 216. — Bélime, *Tr. du dr. de poss.*, n. 383 ; Bourbeau, *Tr. de
proc.*, VII, n. 281 ; Aubry et Rau, II, p. 249, § 189, acte 3, et IV, p. 472, § 365,
note 9 ; Guillouard, I, n. 29 et 162.

(²) V. *supra*, n. 519.

(³) Trib. civ. Lodève, 4 fév. 1891, *Loi*, 21 juil. 1891.

(⁴) Trib. civ. Toulouse, 16 déc. 1886, *Gaz. Trib. Midi*, 13 fév. 1887.

(⁵) Paris, 20 juil. 1879, S., 80. 2. 203.

(⁶) V. cep. Huc, X, n. 306, qui cite Liège, 28 nov. 1883, *Pasicr.*, 84. 2. 122.

(⁷) Garsonnet, I, p. 615, § 362.

aux droits que lui confère son bail. Le tiers, qui peut, en ce cas, actionner le bailleur (¹), peut également actionner le preneur (²), notamment au possessoire (³), puisque tout fait de l'homme, accompli sans droit, l'oblige à réparation.

Mais il n'y a pas trouble de droit si les revenus de la chose louée sont diminués par des faits accidentels (⁴).

536. Le trouble de droit existe non seulement si un tiers prétend avoir droit à la propriété, mais encore s'il prétend seulement avoir droit à la possession, car le preneur est alors troublé dans la détention que lui confère le bail.

Ainsi le preneur contre lequel un tiers intente une action possessoire peut appeler le bailleur en garantie (⁵).

De même le preneur qui se voit obligé d'intenter (dans le cas où il y est autorisé) (⁶) une action possessoire contre un tiers peut appeler le bailleur en garantie (⁷).

537. Nous verrons plus tard que si l'objet loué est vendu et que l'acquéreur expulse le preneur, ce dernier a un recours en dommages-intérêts contre le bailleur (⁸).

Il a également un recours en dommages-intérêts contre le bailleur, comme nous le verrons, si l'acquéreur, obligé de supporter la possession du preneur, lui enlève les produits que le preneur a achetés du bailleur dans le but d'exploiter l'immeuble loué (⁹).

538. Il n'est pas nécessaire, pour qu'il y ait trouble de droit, que l'auteur du trouble intente immédiatement (¹⁰), ni même à aucune époque, une action tendant à faire reconnaître son

---

(¹) Bourbeau, *Tr. de proc.*, VII, n. 352 : Garsonnet, *loc. cit.* — V. *infra*, n. 1041 s.

(²) V. *infra*, n. 1038 s.

(³) Cass. req., 30 déc. 1817, S. chr., D. *Rép.*, vº *Act. poss.*, n. 545. — Cass. req., 19 nov. 1828, S. chr., D. *Rép.*, vº *Act. poss.*, n. 545. — Bourbeau, *loc. cit.* : Aubry et Rau, IV, p. 480, § 366 ; Garsonnet, *loc. cit.*

(⁴) V. *supra*, n. 427.

(⁵) Bioche, *Dict. proc.*, vº *Act. posses.*, n. 313 : Carré et Chauveau, *Lois de la proc.*, I, quest. 132 *bis* ; Garsonnet, III, p. 331, § 1005.

(⁶) V. *supra*, n. 533.

(⁷) Mêmes auteurs.

(⁸) V. *infra*, n. 1320 s.

(⁹) V. *infra*, n. 1320 s.

(¹⁰) Guillouard, I, n. 166 : Garsonnet, *loc. cit.*

droit ; des voies de fait suffisent. Cela résulte explicitement de l'art. 1727.

Ainsi il y a trouble de droit si la prétention à un droit sur la chose n'a été manifestée que tardivement, sur l'action judiciaire intentée par le preneur pour obtenir la réparation d'une voie de fait qui présentait au début toutes les apparences d'une usurpation pure et simple.

De même il y a trouble de droit si un tiers fait paître ses bestiaux dans une prairie qui dépend de la métairie louée en se prétendant propriétaire de cette prairie.

539. Il n'est pas nécessaire davantage que la prétention du tiers soit fondée, même en apparence, car l'art. 1727 exige seulement que les tiers prétendent avoir quelque droit sur la chose louée ([1]).

Ainsi, les riverains qui modifient le cours de l'eau nécessaire à l'entretien d'une usine, en prétendant que ce droit leur appartient, commettent évidemment un trouble de droit s'ils produisent des titres, même erronés, à l'appui de leur prétention ([2]) ; ils commettent également un trouble de droit dans le cas contraire ([3]).

540. Dans toutes ces hypothèses, c'est le droit du bailleur que l'on conteste, et celui du preneur n'est menacé que par contre-coup. Aussi suffit-il au preneur d'indiquer son titre, de nommer le bailleur et de l'appeler en garantie pour être mis immédiatement hors de cause s'il l'exige. C'est ce qui résulte de l'art. 1727 qui s'exprime ainsi : « *Si ceux qui ont* » *commis des voies de fait prétendent avoir quelque droit sur* » *la chose louée, ou si le preneur est lui-même cité en justice* » *pour se voir condamner au délaissement de la totalité ou de* » *la partie de cette chose, ou à souffrir l'exercice de quelque* » *servitude, il doit appeler le bailleur en garantie, et doit être* » *mis hors d'instance, s'il l'exige, en nommant le bailleur* » *pour lequel il possède* ».

541. Par exception, si le preneur est actionné au posses-

([1]) Wahl, *Note*, S, 99. 4. 1, n. 2.

([2]) Cass., 6 août 1841, S., 41. 1. 852. — Guillouard, I, n. 166.

([3]) *Contra* Guillouard, I, n. 166.

soire (¹), il n'a pas le droit d'exiger sa mise hors de cause, parce que l'action possessoire peut être formée contre tout auteur d'un trouble à la possession, et que, vis-à-vis du tiers troublé, le preneur a ainsi encouru une responsabilité personnelle (²).

542. Le preneur, s'il peut obliger le bailleur à prendre ses fait et cause, peut également engager lui-même l'instance et appeler le bailleur en garantie (³). Cela résulte de l'art. 1727.

Si pendant l'instance le trouble disparaît, le preneur ne peut demander la résiliation du bail (⁴).

543. En cas de trouble de droit, le preneur peut-il, comme il y est obligé en cas de trouble de fait, avant de s'adresser au bailleur, et si le trouble se produit autrement qu'au moyen d'une instance dirigée contre lui, agir contre l'auteur du trouble en cessation du trouble ?

L'affirmative est certaine dans l'opinion qui accorde un droit réel au preneur (⁵), car le propre du droit réel est de pouvoir se faire reconnaître vis-à-vis de tous.

Mais les auteurs qui ne donnent au preneur qu'un droit personnel, ne lui permettent pas d'agir contre l'auteur du trouble (⁶). Cela nous paraît inexact ; sans doute le preneur, qui n'a de droit que contre le bailleur, ne peut de son propre chef agir contre l'auteur du trouble. Mais il le peut comme créancier du bailleur et en vertu de l'art. 1166 C. civ.

Nous pensons donc qu'il peut, du chef du bailleur, former contre le tiers une action possessoire (⁷).

(¹) V. *supra*, n. 535.

(²) Cass. req., 30 déc. 1817, S. chr., D. *Rép.*, v⁰ *Act. posses.*, n. 544. — Cass. req., 19 nov. 1828, S. chr., D. *Rép.*, v⁰ *Act. posses.*, n. 545. — Bourbeau, *Tr. de proc.*, VII, p. 352 ; Aubry et Rau, IV, p. 480, § 366 ; Garsonnet, I, p. 615, § 362.

(³) Trib. civ. Toulouse, 19 déc. 1886, *Gaz. trib. Midi*, 13 fév. 1887.

(⁴) Lyon, 18 avril 1894, D., 95. 2. 377 (disparition d'une maison de prostitution). — On ne peut considérer le trouble comme ayant cessé si la mauvaise réputation donnée à l'immeuble par l'existence d'une maison de prostitution persiste. Lyon, 18 avril 1894, précité (impl.).

(⁵) Guillouard, I, n. 22.

(⁶) Guillouard, I, n. 22 et 29. — V. en ce sens Cass. req., 18 janv. 1893, S., 93. 1. 237. — Trib. civ. Toulouse, 21 mars 1894, *Gaz. trib. Midi*, 29 avril 1894.

(⁷) *Contra* Cass. req., 18 janv. 1893, précité. — Aubry et Rau, II, p. 224, § 187, note 5.

544. De toute manière, et suivant les termes généraux des art. 1726 et 1727, le preneur doit dénoncer le trouble de droit au bailleur.

Pour les baux à ferme, l'art. 1768 reproduit cette obligation dans les termes suivants :

« *Le preneur d'un bien rural est tenu, sous peine de tous* » *dépens, dommages et intérêts, d'avertir les propriétaires des* » *usurpations qui peuvent être commises sur les fonds.* — *Cet* » *avertissement doit être donné dans le même délai que celui* » *qui est réglé en cas d'assignation suivant la distance des* » *lieux* ».

La loi du 10 juill. 1889 (art. 4) déclare l'art. 1768 applicable au métayage.

Quoique l'art. 1768 ne parle que des usurpations, on est d'accord pour l'étendre à tous les troubles de droit [1].

Le preneur n'est dispensé de la dénonciation que si le bailleur connaît le trouble et est ainsi mis à même de le combattre [2] ; il n'est pas nécessaire que le bailleur ait effectivement agi [3] ; il n'est pas en effet nécessaire que le bailleur soit dédommagé.

Si le preneur omet de faire la dénonciation, les conséquences du trouble seront différentes suivant que le preneur aura laissé les voies de fait s'accomplir sans y résister, ou qu'il aura succombé dans l'instance engagée avec le tiers, ou qu'il aura triomphé dans cette même instance.

1° Si le preneur laisse les voies de fait s'accomplir vis-à-vis de lui, il sera considéré comme étant la victime d'un trouble de fait, et n'aura aucun recours contre le bailleur.

Mais, comme la loi lui fait de la dénonciation une obligation, il sera, ainsi que le dit du reste l'art. 1768, formellement responsable envers le bailleur du préjudice que le défaut de dénonciation aura causé à ce dernier [4], par exemple par la perte de la possession annale au cas où ni le bail-

---

[1] Laurent, XXV, n. 444 ; Guillouard, II, n. 532 ; Huc, X, n. 306 et 365.
[2] Cass., 1er déc. 1825, S. chr., D. *Rép.*, v° *Louage*, n. 253. — Guillouard, I, n. 167.
[3] V. cep. Guillouard, I, n. 167.
[4] Guillouard, II, n. 534.

leur ni le tiers n'avaient de titres de propriété ([1]) ; car à défaut de titres la propriété est censée appartenir au possesseur. De même le preneur est responsable de la prescription acquise au profit du tiers ([2]). Il n'en sera autrement que si le preneur démontre que pour d'autres raisons le bailleur aurait été battu dans l'instance qui serait engagée au sujet de l'existence du droit prétendu par le tiers ([3]).

2° Si le preneur succombe dans l'instance engagée avec l'auteur du trouble, on doit adopter les mêmes solutions. Le preneur a commis la même faute que dans le cas précédent. Il n'a droit à aucune indemnité ([4]), et est responsable du préjudice causé au bailleur ([5]), à moins qu'il ne démontre qu'en réalité le bailleur n'a subi aucun préjudice ([6]).

3° Si le preneur triomphe dans cette instance, il n'a droit à aucune indemnité, mais pour une autre raison : il n'a subi aucun préjudice ; aussi ce droit à indemnité ne naît-il même pas, à la différence des hypothèses précédentes, si, en fait, la dénonciation était inutile. Comme le preneur n'a aucune qualité pour agir au nom du bailleur, son action ne sauvegardera pas les droits de ce dernier ; et le bailleur, lésé par le défaut de dénonciation, peut recourir contre le preneur comme dans les deux hypothèses précédentes.

545. La forme de la dénonciation n'est pas indiquée par la loi.

La dénonciation peut donc être faite sous une forme quelconque ([7]) notamment par acte extrajudiciaire ([8]), par lettre chargée ([9]), par lettre missive ([10]), ou verbalement ([11]).

([1]) Guillouard, I, n. 167.

([2]) Guillouard, II, n. 534.

([3]) Guillouard, I, n. 167 et II, n. 534.

([4]) Duvergier, I, n. 323 ; Aubry et Rau, IV, p. 480, § 366, note 32 ; Laurent, XXV, n. 165 ; Guillouard, I, n. 167 ; Wahl, Note, S., 99. 4. 1, n. 2.

([5]) Duvergier, loc. cit. ; Aubry et Rau, loc. cit. ; Laurent, loc. cit. ; Guillouard, loc. cit. ; Wahl, loc. cit.

([6]) Duvergier, loc. cit. ; Aubry et Rau, loc. cit. ; Laurent, loc. cit. ; Guillouard, loc. cit.

([7]) Guillouard, II, n. 533 ; Huc, X, n. 365.

([8]) Guillouard, loc. cit.

([9]) Guillouard, loc. cit.

([10]) Guillouard, loc. cit.

([11]) Guillouard, loc. cit.

Mais la preuve de la dénonciation est, en cas de contestation, à la charge du preneur ; il a donc intérêt à user d'un acte extrajudiciaire ou d'une lettre chargée.

546. Le délai de la dénonciation imposé au preneur est indiqué, pour les baux à ferme, par l'art. 1768. C'est le délai des assignations augmenté du délai de distance. Cette solution est l'application du droit commun, le délai de l'assignation étant constitué de manière à laisser au défendeur le temps d'être prévenu et de réfléchir sur la décision à prendre.

Aussi faut-il, à ce point de vue, appliquer l'art. 1768 à toutes les espèces de baux ; on ne concevrait pas, du reste, une raison de distinguer.

Le point de départ du délai est le jour où le preneur a dû connaître le trouble, et non pas seulement le jour où il l'a effectivement connu [1], car l'art. 1768 fait au preneur une obligation de veiller sur la chose louée et cette obligation le force à s'inquiéter constamment des agissements des tiers.

547. L'effet, vis-à-vis du preneur, de l'instance engagée entre l'auteur du trouble et le bailleur doit être étudié dans trois situations : pendant l'instance, après l'instance et si le bailleur triomphe complètement après l'instance et si le bailleur succombe en tout ou en partie.

1° En général, pendant que l'instance est engagée, le preneur ne souffre aucun préjudice et continue l'exploitation de l'immeuble.

Cependant il peut arriver que, pour sauvegarder les droits réciproques du tiers et du bailleur, le tribunal ordonne le séquestre de l'immeuble ; la jouissance du preneur sera alors entravée ; sans doute l'obstacle pourra n'être pas définitif, puisque, si le bailleur triomphe, les produits de l'immeuble appartiendront au preneur ; néanmoins il se sera produit un retard dans la perception des fruits par le preneur, et, à raison de ce retard, qui est la conséquence d'un trouble de droit, le preneur aura droit, même si le bailleur triomphe, à une action en garantie ; du reste, l'art. 1726 accorde un

---

[1] Troplong, II. n. 692 ; Guillouard, II, n. 533 ; Huc, X, n. 365.

recours en garantie à raison du trouble sans s'inquiéter du point de savoir si la prétention du tiers était fondée.

2° Si le bailleur triomphe complètement, le droit du preneur sera consolidé, et il n'y aura pas d'autre action en garantie que celle que nous venons de signaler.

3° Si le bailleur succombe en tout ou en partie, on appliquera directement l'art. 1726 ainsi conçu : « *Si, au contraire,* » *le locataire ou le fermier ont été troublés dans leur jouis-* » *sance par suite d'une action concernant la propriété du* » *fonds, ils ont droit à une diminution proportionnée sur le* » *prix du bail à loyer ou à ferme, pourvu que le trouble et* » *l'empêchement aient été dénoncés au propriétaire* ».

Ce texte est d'ailleurs très incomplet ; il y a lieu de faire une distinction.

a. — Si le bailleur subit une éviction totale, auquel cas il ne lui est plus possible de procurer au preneur la jouissance qu'il lui a promise, le bail est résilié de plein droit ([1]).

b. — Au cas d'éviction partielle, il faut appliquer par analogie l'art. 1636, lequel est d'ailleurs lui-même l'application d'un texte plus général, l'art. 1184. Le preneur pourra donc obtenir la résiliation du bail, si la partie évincée est de telle importance qu'il n'aurait pas pris la chose à bail sans cette partie ([2]). Dans le cas contraire, il aura seulement droit pour l'avenir à une diminution proportionnelle du prix du bail ([3]).

Même solution, si, au lieu d'être évincé partiellement, le bailleur est condamné à souffrir l'exercice d'une servitude qui diminue la jouissance de la chose (arg. art. 1638).

548. En raison des termes formels de l'art. 1726, le preneur a droit à une indemnité, quelque faible que soit la valeur de la portion dont il est évincé ([4]) ; on ne peut invoquer en sens contraire l'art. 1769, qui, en cas de perte de récoltes, n'accorde d'indemnité au fermier que si la moitié au moins de la récolte est enlevée. Ici, ce n'est pas seulement le

---

([1]) Guillouard, I, n. 168 ; Huc, X, n. 306.

([2]) Trib. civ. Seine, 27 avril 1898, *Droit,* 3 août 1898. — Guillouard, I, n. 168 ; Huc, X, n. 306.

([3]) Guillouard, I, n. 168 ; Huc, X, n. 306.

([4]) Duvergier, I, n. 324 ; Guillouard, I, n. 168.

produit de la chose, c'est la chose louée elle-même qui disparaît en partie.

549. Le preneur peut-il retenir les loyers jusqu'à la cessation du trouble? Nous avons étudié la question à propos du trouble causé par le bailleur ([1]).

550. Dans tous les cas, le bailleur pourra en outre être condamné à des dommages et intérêts; car c'est par sa faute que le preneur subit une privation ou une diminution de jouissance, puisqu'il a donné à bail une chose dont il n'était pas propriétaire ou sur laquelle il n'avait qu'un droit de propriété partiel ([2]).

On ne distingue donc pas suivant que le bailleur est de bonne ou de mauvaise foi; la bonne foi du bailleur ne peut, comme nous l'avons montré à propos de l'obligation de délivrance ([3]), influer que sur le chiffre des dommages-intérêts (art. 1147) ([4]).

Ainsi le bailleur est tenu aux dommages-intérêts, même si l'éviction dérive d'une cause postérieure à la convention ([5]).

On décide toutefois qu'il en est autrement si le preneur a connu les chances d'éviction, soit d'ailleurs que le bailleur les ait également connues ([6]), soit qu'il les ait ignorées([7]). Cette opinion nous paraît contestable, car c'est d'une manière générale que l'art. 1147 impose des dommages-intérêts au débiteur qui n'exécute pas ses obligations. En vain dit-on que le preneur a entendu accepter les chances d'éviction auxquelles il s'exposait et renoncer à en demander la réparation. Cette intention du preneur n'est rien moins que certaine. Le preneur a pu croire ou que l'éviction ne se réaliserait pas au cours du bail, ou que les prétentions éventuelles du tiers étaient mal fondées, ou enfin que, si un préjudice était causé à la jouissance, ce préjudice serait réparé par le bailleur.

([1]) V. pour l'affirmative Orléans, 20 avril 1888, S., 90. 2. 85. — Trib. Luxembourg, *Pasicr.*, 94. 4. 95. — Huc, *loc. cit.*

([2]) Trib. civ. Seine, 27 avril 1898, précité. — Huc, *loc. cit.*

([3]) V. *supra*, n. 308 s.

([4]) Guillouard, I, n. 169; Huc, *loc. cit.* — *Contra* Trib. civ. Seine, 22 janv. 1890, *Droit*, 10 fév. 1891.

([5]) Guillouard, I, n. 169.

([6]) Guillouard, I, n. 171.

([7]) Duvergier, I, n. 328; Guillouard, I, n. 171.

551. La réduction des loyers doit-elle être basée sur la valeur qu'avait la chose au moment de la signature de la convention, ou sur la valeur qu'elle a au jour de l'éviction?

Supposons d'abord que la chose ait diminué de valeur. — La valeur qui doit servir de base à la réduction est la valeur qu'avait la chose au moment de la convention ([1]), c'est ce que disait déjà Pothier ([2]) et cela est incontestable. En effet, le preneur est débiteur des loyers fixés au moment de la convention, quelle que soit la valeur de la chose aux différentes époques où les loyers et fermages sont payés ; c'est donc cette somme qui est sujette à réduction, et elle doit être réduite en proportion de la valeur de la portion évincée.

Et il importe peu que le bailleur soit de bonne ou de mauvaise foi ([3]).

Si la chose a augmenté de valeur, une distinction est nécessaire.

Le bailleur qui au moment de l'échange des consentements était de bonne foi, c'est-à-dire ignorait la cause d'éviction, n'est tenu d'accepter la réduction qu'en prenant pour base la valeur de la chose à la même époque. Le raisonnement que nous venons de faire continue à s'appliquer.

Mais il en est autrement du bailleur de mauvaise foi ([4]). Le débiteur de mauvaise foi doit, en effet, la réparation de tous les dommages qui sont la suite directe de l'inexécution.

552. La garantie des troubles de droit disparaît en cas de clause formelle ([5]).

Dans ce cas, le bailleur n'aura même pas à subir une diminution du loyer ([6]). D'une part, le sens rationnel d'une pareille clause est que les troubles de droit maintiendront intacts les droits du preneur et les obligations du preneur. D'autre part, la diminution du loyer n'est, comme nous l'avons fait remarquer, qu'une forme d'indemnité, et il est certain qu'en

---

([1]) Guillouard, I, n. 169.
([2]) N. 93.
([3]) Pothier, *loc. cit.* ; Guillouard, I, n. 169.
([4]) Guillouard, I, n. 169.
([5]) Guillouard, I, n. 170.
([6]) *Contra* Duvergier, I, n. 330; Guillouard, I, n. 170.

cas de clause de non-garantie, le bailleur ne doit aucune indemnité. Enfin, l'art. 1629 décide que le vendeur qui a stipulé la non-garantie ne doit pas la restitution du prix et ce texte doit être appliqué par analogie.

On objecte en vain qu'à la différence de la vente le bail est un contrat successif où le droit aux loyers s'acquiert au fur et à mesure de la jouissance; cet argument repose sur une pétition de principe, car la question est de savoir si les parties n'ont pas entendu déroger à cette dernière règle.

En tout cas, les parties peuvent convenir que le trouble de droit ne permettra au preneur de réclamer aucune diminution de loyer (¹) et les juges peuvent faire ressortir des circonstances la volonté des parties en ce sens (²).

553. L'influence du trouble ou de l'éviction sur le bail donne une grande importance à la question de savoir si les jugements rendus au profit du bailleur relativement à la propriété de la chose louée ou à un droit réel sur cette chose peuvent être invoqués par le preneur et, en sens inverse, si les jugements rendus contre le bailleur sur le même point peuvent être opposés au preneur.

La question se rattache à la nature du droit du preneur (³).

Si le preneur n'a, comme nous le pensons, qu'un droit personnel, il est, comme tous les créanciers chirographaires, parmi lesquels il doit être rangé, lié par les jugements rendus contre le bailleur (⁴), de même qu'il peut invoquer les jugements rendus au profit du bailleur.

Si le preneur n'a qu'un droit réel, la solution contraire sera admise, car ce droit étant, comme tous les droits constitués sur l'immeuble, indépendant du droit du bailleur, le preneur n'est pas représenté par le bailleur dans les instances suivies par ce dernier.

Si, enfin, le preneur a à la fois un droit personnel et un droit réel, il pourra, comme créancier, se prévaloir des jugements rendus au profit du bailleur; mais il s'opposera à

(¹) Guillouard, I, n. 170.
(²) Guillouard, I, n. 170.
(³) Guillouard, I, n. 20.
(⁴) Guillouard, I, n. 20 et 29; Huc, X, n. 343.

l'exécution des jugements rendus contre le bailleur, en excipant de son droit réel.

III. *Troubles provenant de l'administration ou du prince.*

554. Le *fait du prince,* ce qui s'entend des actes du pouvoir administratif, donne-t-il, s'il entrave la jouissance du preneur (nous nous sommes déjà occupés des cas soit où il nécessite des réparations, soit où il entraîne la destruction de l'immeuble) lieu à la garantie ?

Si les actes de l'administration sont régulièrement accomplis, la situation est très simple.

L'administration usant, dans le trouble qu'elle cause, du droit qui lui appartient d'entraver la jouissance du preneur, il y a trouble de droit; la garantie est donc due [1]. On objecterait en vain que l'administration ne prétend aucun droit sur la chose ; elle n'y prétend aucun droit de propriété ni de servitude, mais elle exerce sur la chose un droit qui lui appartient, et cela suffit pour que la lettre de l'art. 1725 soit observée; son esprit conduit à la même solution : la loi ne peut mettre à la charge du preneur que les suites des faits accomplis par une personne qui ne prétendait pas à un droit sur la chose ; du reste, cette disposition est une exception au droit commun, qui oblige le bailleur à assurer la libre jouissance de la chose au preneur ; elle ne peut donc pas s'étendre.

C'est donc sur la théorie du trouble du droit qu'est, en pareil cas, fondée la garantie [2]. Cependant quelques décisions [3] se basent sur l'art. 1722, relatif à la perte de la chose due [4], mais c'est à tort. Dans diverses hypothèses où, nous le montrerons, la chose ne disparaît pas, tout le

---

[1] Paris, 23 juin 1885, S., 87. 2. 123. — Trib. civ. Amiens, 23 juin 1888, *Rec. d'Amiens*, 88. 139. — Trib. civ. Seine, 13 déc. 1893. *Gaz. Trib.*, 9 janv. 1894. — Trib. civ. Seine, 27 mai 1895, *Droit*, 30 mai 1895, *Loi*, 1er juin 1895, et les décisions citées dans les notes suivantes. — Aubry et Rau, IV, p. 478, § 366; Laurent, XXV, n. 149 s.; Guillouard, I, n. 149; Huc, X, n. 305 ; Wahl, *Note*, S., 99. 4. 1, n. 1.

[2] V. les auteurs précités et les arrêts des notes suivantes.

[3] Caen, 13 juil. 1871, S., 72. 2. 235. — Caen, 14 déc. 1871, S., 72. 2. 235. — Paris, 23 juin 1885, précité. — Milan, 20 oct. 1897, S., 99. 4. 1.

[4] V. *supra*, n. 335.

monde admet la garantie ; c'est seulement dans des cas exceptionnels que l'administration ordonne la destruction de la chose. La distinction a une très grande importance, comme nous l'avons montré à propos de la perte ([1]).

555. Nous laissons à l'écart l'expropriation pour cause d'utilité publique, dont il sera question plus tard, et qui ne constitue pas un véritable trouble ([2]).

556. Il y a trouble de l'administration, donnant lieu à garantie, si des travaux de défense nationale inondent pendant plusieurs mois un herbage, de manière que les produits seront notablement diminués en valeur et en quantité pendant un certain temps. On prétend que, dans cette hypothèse, il y a altération de la substance et par suite destruction partielle ([3]) ; on applique en conséquence les règles de la destruction partielle. Nous avons montré, à propos des récoltes, que l'altération de la substance, même d'une manière permanente, n'est pas une destruction ([4]) ; à plus forte raison ne considérons-nous pas comme telle une détérioration se limitant à quelques années.

Il y a lieu à garantie également :

Si l'administration, par des travaux de voirie, cause un préjudice à la jouissance ([5]) ;

Si, par des travaux, elle enlève à l'usine une partie de sa force motrice ;

Si elle enlève une partie de l'eau qui fait mouvoir un moulin ([6]) ;

Si elle supprime l'accès des biens loués ;

Si, en faisant exhausser un chemin, elle expose l'immeuble à une inondation ; ou si, par l'exhaussement ou l'abaissement du chemin, elle rend l'accès des biens loués difficile ([7]) ;

([1]) V. *supra*. n. 337.

([2]) V. *infra*, n. 1348 s.

([3]) Caen, 13 juil. 1871, S., 72. 2. 235. — Caen, 17 déc. 1871, S., 72. 2. 235. — Guillouard, I, n. 396, et II, n. 587 ; Fuzier-Herman, art. 1722, n. 42.

([4]) V. *supra*, n. 377.

([5]) Paris, 19 fév. 1844, P., 44. 1. 575, D. *Rép.*, v° *Louage*, n. 210-6°. — Fuzier-Herman, art. 1722, n. 40.

([6]) Dijon, 12 déc. 1866, S., 67. 2. 183, D., 66. 2. 241. — Guillouard, I, n. 149; Fuzier-Herman, art. 1722, n. 58.

([7]) Cons. d'État, 8 déc. 1876, D., 77. 3. 10. — Huc, X, n. 305.

Si elle ordonne le chômage de l'usine ou d'une partie de l'usine pendant une certaine époque de l'année ([1]) ;

Si une salle de danse est fermée par l'autorité municipale ;

Si un immeuble est réquisitionné par l'administration en temps de guerre pour y établir une ambulance ou un dépôt d'approvisionnement ([2]).

Nous ne voyons pas pourquoi certains auteurs ([3]) considèrent ces cas comme des hypothèses de perte partielle ou totale ; la chose reste entière et, du reste, ces auteurs eux-mêmes voient un trouble donnant lieu à garantie dans des hypothèses très voisines de celles qui viennent d'être indiquées.

Il y a encore lieu à garantie :

Si des travaux exécutés sur la voie publique, notamment des travaux de nivellement, causent un dommage à l'immeuble ([4]), par exemple en introduisant des eaux pluviales dans les lieux loués ([5]) ;

Si des remblais construits par l'administration empêchent l'écoulement des eaux pluviales sur le terrain loué ([6]) ;

Si des travaux, en abaissant le niveau de la voie publique, abaissent en même temps le sol de l'immeuble loué ([7]) ;

Si l'administration supprime pendant une durée déterminée (comme l'avait fait pour un an le décret du 10 sept. 1870) le droit de chasse ([8]) ;

Si, par des travaux d'assainissement, de salubrité ou de

([1]) V. *infra*, n. 568.

([2]) Trib. civ. Lyon, 25 mars 1871, D., 71. 5. 245. — Fuzier-Herman, art. 1722, n. 58 ; Boistel, *Note*, D., 97. 2. 473.

([3]) Guillouard, I, n. 389 et 392 (sauf pour les travaux enlevant l'eau d'un moulin ; cet auteur les considère comme un trouble, ainsi que nous l'avons vu ; il n'y a cependant aucune raison de distinguer entre le moulin et l'usine) ; Huc, X, n. 294.

([4]) Paris, 11 janv. 1866, S., 66. 2. 150, D., 66. 2. 243. — Dijon, 30 janv. 1867, S., 67. 2. 239, D., 67. 2. 68. — Paris, 18 août 1870, S., 70. 2. 244, D., 70. 2. 232.

([5]) Cass., 17 août 1859, S., 60. 1. 453, D., 59. 1. 457. — Paris, 24 nov. 1858, S., 59. 2. 349. — Paris, 7 fév. 1868, S., 69. 2. 227, D., 68. 2. 88. — Guillouard, I, n. 149 ; Fuzier-Herman, art. 1722, n. 46.

([6]) Aix, 24 mars 1865, S., 65. 2. 230. — Lyon, 19 nov. 1865, S., 66. 2. 280. — Guillouard, I, n. 149 ; Fuzier-Herman, art. 1722, n. 45 et 51.

([7]) Paris, 7 juin 1856, P., 57. 444. — Paris, 18 fév. 1860, P., 60. 661 (ces arrêts voient là une destruction partielle). — Boistel, *Note*, D., 97. 2. 473.

([8]) Trib. civ. Douai, 20 déc. 1871, S., 71. 2. 280, D., 71. 3. 111. — Trib. civ. Remiremont, 19 déc. 1872, S., 73. 2. 23, D., 73. 3. 64. — Fuzier-Herman, art. 1722, n. 52 s.

consolidation, l'administration empêche temporairement ou définitivement la jouissance de l'immeuble ou d'une portion de l'immeuble (¹), ou si elle ordonne au preneur, pour cause d'insalubrité ou à raison d'une démolition imminente, de déguerpir (²) (à moins, comme nous le verrons, que cela ne provienne du mode de jouissance du preneur) (³). Mais le preneur n'a aucune action directe contre le bailleur pour le forcer à faire les travaux d'assainissement prescrits (⁴); ce n'est pas, en effet, dans son intérêt particulier qu'ils sont exigés. Ajoutons que si l'immeuble est détruit pour cause d'insalubrité, il y a lieu à la garantie pour perte de la chose louée (⁵).

557. Tout acte législatif ou administratif qui augmente un impôt ou la part de l'Etat dans le prix d'un bail, produit ses effets contre le bailleur seul, qui est tenu de faire jouir le preneur dans les mêmes conditions qu'avant cet acte (⁶).

L'expulsion du preneur par un acte de l'autorité du lieu où se trouve l'immeuble loué et habité par lui est un cas de force majeure qui entraîne la résiliation du bail de plein droit (⁷), à moins que cette expulsion ne soit causée par un fait qui lui soit imputable (⁸); car, en dehors de cette dernière

(¹) Paris, 8 mars 1841, D., 41. 2. 459 (démolition d'un mur et reculement d'une maison pour cause de vétusté). — Paris, 23 juin 1885, S., 87. 2. 128 (logements insalubres). · Trib. civ. Seine, 5 fév. 1892, *Droit*, 27 fév. 1892 (fermeture de certaines chambres d'un hôtel meublé loué). — Trib. civ. Seine, 20 juil. 1887, *Mon. jud. Lyon*, 16 nov. 1887 (fermeture d'une partie de l'appartement pour cause d'insalubrité). — Trib. civ. Seine, 3 fév. 1897, *Droit*, 15 avril 1897 (fermeture pour défaut de solidité). — Trib. civ. Lille, 28 mars 1898, *Loi*, 27 avril 1898 (fermeture d'un théâtre pour travaux de sécurité). — Milan, 20 oct. 1897, S., 99. 4. 1. — Wahl, *Note*, S., 99. 4 2, n. 2 et 3; Huc, X, n. 295. — Plusieurs de ces autorités voient là à tort une destruction.

(²) *Contra* Paris, 18 mars 1864, S., 64. 2. 200, D., 64. 2. 105 (cet arrêt voit là à tort un trouble de fait).

(³) V. *infra*, n. 570.

(⁴) Paris, 24 août 1854, S., 55. 2. 529, D., 56. 2. 166.

(⁵) V. *supra*, n. 336.

(⁶) Cpr. Paris, 21 avril 1887, D., 88. 2. 217 (traité entre une Compagnie de téléphones et un abonné).

(⁷) Trib. civ. Anvers, 18 juin 1890, *Anal. Journ. dr. int.*, 1891, p. 592. — Cependant il a été décidé qu'un bail consenti à un roi n'est pas résilié par une révolution qui contraint ce roi à quitter le pays. Paris, 13 mars 1832, S., 32. 2. 330, D. *Rép.*, v° *Louage*, n. 212.

(⁸) Trib. civ. Anvers, 18 juin 1898, précité.

hypothèse, l'administration a agi suivant son droit et il y a, par conséquent, trouble de droit.

Mais la cession à une puissance étrangère du territoire sur lequel était situé l'immeuble loué n'est pas une cause de résiliation du bail, alors même que le locataire appartient à la nation primitivement souveraine de ce territoire (¹); en effet, la cession de territoire ne modifie que les rapports des particuliers avec l'Etat et non pas ceux des particuliers entre eux.

Il en est de même si le preneur est forcé de quitter le territoire cédé en raison de son option pour le maintien de son ancienne nationalité; car c'est là un fait.volontaire de sa part (²).

Un acte de l'administration qui prive le preneur de ses biens, ou de leur jouissance et, par conséquent, de la possibilité matérielle de payer le loyer n'entraine pas la résiliation du bail : ce n'est pas un trouble, ni de droit, ni de fait, puisque la jouissance du preneur n'est pas entravée. Ainsi un étranger ne peut demander la résiliation du bail parce que son pays, où se trouve sa fortune, est en état de blocus (³).

On peut en dire autant de l'acte administratif qui, appelant, sans l'expulser, le preneur hors du lieu où se trouve la chose louée, l'empêche d'en jouir; il en est ainsi, par exemple, si un fonctionnaire est appelé à changer de résidence (⁴), si un étranger est appelé dans son pays par le service militaire ou par une mobilisation (⁵).

558. Si l'acte administratif, au lieu d'empêcher la jouis-

(¹) Cela a été décidé pour la cession de l'Alsace-Lorraine à l'Allemagne par le traité de Francfort du 10 mai 1871. — Trib. civ. Seine, 17 juin 1873, *Journ. dr. intern.*, 1875, p. 19.

(²) Paris, 30 déc. 1873, S., 74. 2. 67, D., 75. 5. 276. — Fuzier-Herman, art. 1722, n. 30.

(³) Grenoble, 6 juin 1807, S. chr., D. *Rép.*, vᵒ *Louage*, n. 213.

(⁴) Fuzier-Herman, art. 1722, n. 31. — La clause contraire est évidemment permise ; elle produit son effet notamment si le fonctionnaire, autorisé à habiter provisoirement hors le lieu de ses fonctions, est forcé ensuite d'habiter ce dernier endroit. — Douai, 1ᵉʳ mars 1879, S., 80. 2. 29, D., 80. 2. 20. — Mais elle ne peut être invoquée par un fonctionnaire mis à la retraite. — Lyon, 11 déc. 1895, S., 96. 2. 279. — V. du reste *infra*, n. 1374 et 1377.

(⁵) Trib. civ. Seine, 29 sept. 1871, S., 71. 2. 183. — Fuzier-Herman, art. 1722, n. 28.

sance du preneur, la rend seulement plus difficile, la garantie est due néanmoins (¹) ; nous ne voyons pas pourquoi l'acte
de l'administration ne produirait pas les mêmes effets que le
fait d'un tiers ; d'un autre côté, le bailleur a promis, non pas
seulement que le preneur jouirait, mais que sa jouissance
serait complète. On objecte que le preneur a dû compter sur
ces sortes d'inconvénients. Mais n'a-t-il pas aussi bien dû
penser que la jouissance pourrait lui être complètement enlevée ?

Ainsi la garantie est due, dans le cas où un acte de l'administration interdit une culture déterminée, par exemple, en
vertu de l'art. 26 de la loi du 21 juin 1898, une culture nui-
sible à l'hygiène ou à la salubrité publique, et cela soit que le
bail ait été fait spécialement en vue de cette culture (²), soit
simplement que le preneur ait eu le droit de la pratiquer et
l'ait pratiquée en réalité (³). Il y a encore garantie si, par
application du texte précité, une culture n'est permise que
sous des conditions préjudiciables.

De même la garantie est due pour un fait de l'administration
qui fait naître des vices dans la chose louée (⁴).

La garantie est également due si la jouissance est rendue
moins agréable (⁵).

Les travaux ordonnés sur un immeuble et ayant provoqué
des dépenses donnent encore lieu à garantie (⁶).

559. La loi du 21 juin 1898, qui fait partie du code rural,
permet au maire de forcer les « propriétaires, usufruitiers, usa-

---

(¹) *Contra* Caen, 20 janv. 1880, *Rec. de Caen*, 81, p. 79, cité par Guillouard. —
Guillouard, I, n. 153. Cet auteur admet cependant la garantie dans plusieurs cas
que nous avons cités et où la jouissance est seulement rendue plus difficile.

(²) Cass. Turin, 28 juin 1882, *Anal. Journ. dr. intern.*, X, 1883, p. 422.

(³) *Contra* Cass. Turin, 28 juin 1882, précité.

(⁴) V. *supra*, n. 429 s.

(⁵) Trib. civ. Marseille, 3 août 1888, *Rec. d'Aix*, 89. 2. 103 (diminution de la vue
de la mer).

(⁶) Paris, 5 novembre 1887, D., 88. 2. 219 (obligation de construire des lieux
d'aisance). — Paris, 30 novembre 1892, sous Cass. req., 14 janvier 1895 (motifs),
S., 95. 1. 282. — Trib. civ. Seine, 15 décembre 1886, *Pand. franc.*, 87. 2. 43 (travaux de canalisation d'eau dans un théâtre pour le préserver contre l'incendie). —
Trib. civ. Seine, 31 juillet 1889, *Droit*, 29 août 1889 (travaux de préservation contre
l'incendie).

gers, fermiers et tous autres possesseurs ou exploitants » à entourer d'une clôture suffisante les puits et les excavations présentant un danger pour la sécurité publique (art. 13). Il est
certain que le preneur obligé de faire cette clôture a un
recours contre le bailleur.

560. L'art. 77 de la loi du 21 juin 1898 dispose que les
arrêtés préfectoraux qui prescriront les mesures nécessaires
pour arrêter ou prévenir les dommages causés à l'agriculture
par les insectes et les végétaux nuisibles, doivent être exécutés
par les « propriétaires, les fermiers, les colons ou métayers »,
et que ces diverses personnes doivent également ouvrir leurs
terrains aux agents pour permettre la vérification ou la destruction. Il y a encore là un chef de garantie.

561. La jurisprudence accorde une action directe au locataire contre l'administration qui le trouble par l'exécution
d'un travail public (¹). La question dépend de celle de savoir
si un trouble de droit provenant d'un tiers donne au preneur une action contre ce tiers (²).

Dans tous les cas le preneur, alors même qu'il jouit de cette
action, peut, s'il le préfère, se faire indemniser par le bailleur (³).

562. Le propriétaire ne peut agir contre l'administration
à raison du trouble que des travaux publics ont causé au locataire avant d'avoir été condamné à payer une indemnité à ce
dernier (⁴). Il ne peut recourir simplement à raison des con-
damnations qui pourront être prononcées ultérieurement
contre lui (⁵).

563. La loi du 29 oct. 1892, sur les dommages causés à la
propriété privée par l'exécution des travaux publics, règle la
situation du preneur en cas d'occupation temporaire de terrain pour l'exécution des travaux publics.

L'art. 11 permet au propriétaire de se dégager de la
garantie. « Avant qu'il soit procédé au règlement de l'in-

(¹) Cons. d'Etat, 17 janv. 1890, S., 92. 3. 47.
(²) V. *supra*, n. 543.
(³) Caen, 14 déc. 1872, S., 72. 2. 235.
(⁴) Cons. d'Etat, 6 fév. 1891, S., 93. 3. 21.
(⁵) Cons. d'Etat, 6 fév. 1891, précité.

demnité (¹), le propriétaire figurant dans l'instance ou dûment appelé est tenu de mettre lui-même en cause ou de faire connaître à la partie adverse, soit par la demande introductive d'instance, soit dans un délai de quinzaine à compter de l'assignation qui lui est donnée, *les fermiers, les locataires, les colons partiaires*... mais il reste seul chargé envers eux des indemnités que ces derniers pourront réclamer ».

Il résulte bien de là que le propriétaire, en faisant connaître le preneur, est dégagé, sinon on ne comprendrait pas que la loi, pour donner une sanction à cette obligation, l'ait déclaré, pour le cas où il la méconnaîtrait, engagé envers le preneur.

Pour empêcher que les intéressés ne soient réduits à une action illusoire contre le propriétaire, alors qu'ils n'ont eu aucun moyen de connaître l'occupation (²), l'art. 12 ajoute :

« Néanmoins, en cas d'insolvabilité du propriétaire, les tiers dénommés à l'article précédent ont, pendant le délai déterminé par l'art. 17 de la présente loi, recours subsidiaire contre l'administration ou la personne à laquelle elle a délégué ses droits, à moins que l'arrêté autorisant l'occupation n'ait été affiché dans la commune et inséré dans un journal de l'arrondissement ou, à défaut, dans un journal du département ».

D'après l'art. 18 : « Les propriétaires des terrains occupés ou fouillés et les autres ayants droits ont, pour le recouvrement des indemnités qui leur sont dues, privilège et préférence à tous les créanciers sur les fonds déposés dans les caisses publiques pour être délivrés aux entrepreneurs ou autres personnes auxquelles l'administration a délégué ses droits dans les conditions de la loi du 25 juillet 1891.

» En cas d'insolvabilité de ces personnes, ils ont un recours subsidiaire contre l'administration, qui doit les indemniser intégralement ».

(¹) Le règlement peut être demandé devant le conseil de préfecture par la partie la plus diligente, ou fixé entre les parties à l'amiable « après la fin de l'occupation temporaire des terrains, et à la fin de chaque campagne si les travaux doivent durer plusieurs années » (art. 10).

(²) Rapport de M. Morel au Sénat, *Journ. offic.*, oct. 1892, Sénat, *Doc. parlem.*, p. 348.

Le mode de fixation de l'indemnité est établi par l'art. 13 : « Dans l'évaluation de l'indemnité, il doit être tenu compte tant du dommage fait à la surface que de la valeur des matériaux extraits. La valeur des matériaux sera estimée d'après les prix-courants sur place, abstraction faite de l'existence et des besoins de la route pour laquelle ils sont pris ou des constructions auxquelles on les destine, et en tenant compte des frais de découverte et d'exploitation. Les matériaux n'ayant d'autre valeur que celle qui résulte du travail du ramassage, ne donnent lieu à indemnité que pour le dommage causé à la surface ».

L'art. 14 ajoute : « Si l'exécution des travaux doit procurer une augmentation de valeur immédiate et spéciale à la propriété, cette augmentation sera prise en considération dans l'évaluation du montant de l'indemnité ».

Aux termes de l'art. 16 : « Les matériaux dont l'extraction est autorisée ne peuvent, sans le consentement écrit du propriétaire, être employés soit à l'exécution des travaux privés, soit à l'exécution des travaux publics autres que ceux en vue desquels l'autorisation a été accordée ». La suite de ce texte fixe l'indemnité à payer en cas de contravention.

Suivant l'art. 17 : « L'action en indemnité des propriétaires ou autres ayants droit, pour toute occupation temporaire de terrains autorisée dans les formes prévues par la présente loi, est prescrite par un délai de deux ans, à compter du moment où cesse l'occupation ».

564. On admet que le preneur n'a pas droit à la garantie si l'administration agit illégalement (¹)

Il en serait ainsi, par exemple s'il s'agissait d'une occupation temporaire de terrains faite dans un cas où la loi ne la permet pas (²).

On cite encore l'expropriation pour cause d'utilité publique

(¹) Cass., 16 mai 1866, S., 66. 1. 286, D., 66. 1. 376. — Paris, 1ᵉʳ déc. 1864, S., 6ᵒ. 2. 136. — Trib. civ. Marseille, 16 nov. 1886, *Rec. d'Aix*, 87. 183 (irrégularités du service des eaux). — Trib. civ. Amiens, 23 juin 1888, *Rec. d'Amiens*, 88. 139 (rupture d'une conduite d'eau mal entretenue par la ville). — Aubry et Rau, IV, p. 479, § 366 note 22; Laurent, XXV, n. 148; Guillouard, I, n. 147; Huc, X, n. 305.

(²) Guillouard, *loc. cit.*

faite en dehors des formalités légales ; nous nous occuperons de cette hypothèse en parlant de la cessation du bail ([1]).

Dans toutes ces hypothèses, dit-on, il y a simplement trouble de fait, puisque l'administration agit sans droit ; or le trouble de fait ne donne pas lieu à garantie (art. 1725).

Nous pensons que ce raisonnement est le résultat d'une méprise ([2]) ; même quand elle agit sans droit, l'administration prétend avoir le droit d'agir ; la situation du preneur est donc celle même où il se trouve quand un tiers prétend exercer sur l'immeuble un droit qui ne lui appartient pas : l'obligation de garantie prend naissance ([3]).

Le preneur, objecte-t-on, a une action en responsabilité contre l'agent qui a commis l'acte illégal. N'en est-il pas de même si un acte illégal est commis par un tiers ?

En tout cas la solution contraire est insoutenable dans le système d'après lequel le fait du prince donne lieu à la garantie pour perte de la chose ([4]), car la perte, quelle qu'en soit la cause, donne lieu à la résiliation du bail ([5]).

565. Mais nous admettons qu'il y a simple trouble de fait et que le preneur n'a pas de recours contre le bailleur si l'acte de l'administration était légal et qu'il y eût faute personnelle d'un agent de l'administration, lequel aurait, par la manière dont il aurait ordonné les travaux, nui au preneur ([6]). Dans ce cas, en effet, le preneur ne se plaint pas de l'acte lui-même, lequel ne lui cause aucun préjudice ; les griefs n'existent que contre un tiers qui, sans prétendre aucun droit sur l'immeuble, nuit à la jouissance.

566. En tout cas, il est évident que le fait de l'Etat n'est pas exclusif de la garantie lorsque le bail est consenti par l'Etat lui-même ([7]).

567. La garantie ne s'applique pas davantage au cas où

[1] V. *infra*, n. 1365.
[2] Wahl, *Note*, S., 99. 4. 2. n. 2.
[3] V. *infra*, n. 539.
[4] V. *supra*, n. 554.
[5] V. *supra*, n. 344 s.
[6] Guillouard, I, n. 147 ; Wahl, *loc. cit.*
[7] Cass. req., 23 juin 1887 (impl.), S., 88. 1. 358. — Féraud-Giraud, *Rapport* sous Cass., 23 juin 1887, précité, S., 88. 1. 358. — V. *supra*, n. 457.

les actes administratifs ne toucheraient pas à la chose, la
maintiendraient intacte dans son état matériel et dans les
faits de jouissance matérielle qui la caractérisent, et diminue-
raient simplement les avantages, c'est-à-dire la valeur de
profit de cette jouissance (¹). Ce ne sont pas là des troubles,
ce sont des actes étrangers à la jouissance et qui ne produisent sur elle qu'un effet indirect : du reste, le preneur, qui
profiterait des actes augmentant la valeur de la jouissance,
doit, par compensation, supporter les actes qui diminuent
cette valeur.

Ainsi le percement d'une route nouvelle qui détourne les
passants de la route sur laquelle se trouve l'auberge louée
ne donne pas lieu à garantie (²).

De même l'établissement d'un fil télégraphique le long
d'une maison où se trouve exploité un hôtel ne donne pas
lieu à garantie (³).

568. Toutefois le droit à la garantie renaît si, un immeuble
ayant été loué pour l'exercice d'un commerce ou d'une industrie déterminés par les termes de la convention, ou l'immeuble
étant, par sa forme ou son aménagement, destiné exclusivement à l'exercice d'un commerce ou d'une industrie déterminés, cet exercice devient impossible par le fait de l'administration. Dans ce cas, en effet, les parties ont entendu que le
preneur jouirait de l'immeuble d'une manière déterminée ; il
ne peut en jouir autrement ; de son côté le bailleur s'engage
à lui procurer non pas seulement la jouissance, mais la jouissance dans des conditions déterminées (⁴).

(¹) Cass., 5 mars 1850, S., 50. 1. 269, D., 50. 1. 168 (élévation du prix des tabacs
vendus au débitant, sans élévation du prix de vente aux consommateurs). — Cass.,
3 juill. 1867, D., 67. 1. 277. — Douai, 8 janv. 1849, S., 49. 2. 401, D. *Rép.*, vᵒ
Louage, n. 210-7ᵘ (réduction dans la durée des heures de travail). — Guillouard,
I, n. 390.

(²) *Contra* Bruxelles, 8 mars 1884, *Pasicr.*, 84. 2. 268. — Huc, X, n. 294.

(³) *Contra* Angers, 17 juill. 1855, S., 56. 2. 167, D. *Rép.*, vᵒ *Télégraphie*, n. 56-1ᵒ.
— Guillouard, I, n. 149 ; Fuzier-Herman, art. 1722, n. 50.

(⁴) Trib. féd. suisse, 11 oct. 1895, *Ann. de comm.*, XI, 1897, p. 142. — Décidé en
ce sens que si, une cheminée nécessaire à l'exercice du commerce de la charcuterie
auquel se livre le preneur ayant été édifiée par le bailleur, l'usage de cette cheminée est interdit faute de satisfaire aux prescriptions d'un arrêté municipal, le
bailleur est tenu d'en faire construire une autre. Caen, 25 août 1875, S., 76. 2. 40.

Si par exemple l'immeuble est loué pour y installer une
usine, dont l'administration ordonne le chômage, il y a lieu
à garantie ([1]). On a cependant objecté que le chômage, au
moins temporaire, a dû être prévu par le preneur ; il n'y a
pas de raison pour que le preneur prévoie cet événement
plutôt que tel autre ; du reste, il ne suffit pas qu'un dommage
ait été prévu pour qu'il n'y ait pas lieu à garantie, il faut
encore que le preneur ait entendu décharger le bailleur de la
garantie ; enfin l'opinion contraire fait une distinction inadmissible entre le chômage perpétuel et le chômage temporaire.

Pour les mêmes raisons, la fermeture d'un théâtre, prescrite par l'administration, notamment dans le cours d'une
guerre, donne lieu à garantie ([2]).

Il en est autrement s'il s'agit d'une industrie ou d'un commerce créés postérieurement au bail ([3]).

569. Le retrait d'une autorisation administrative donne
lieu à des difficultés que nous étudierons à propos de la
résolution du bail ([4]).

570. Le droit à la garantie cesse si l'acte de l'administration est causé par la faute ou le fait du preneur ([5]), car il va
sans dire que le bailleur ne peut être déclaré responsable
envers le preneur des faits de ce dernier.

Il en est ainsi, par exemple, si une usine est fermée par
suite d'abus du preneur dans le mode d'exploitation ([6]).

De même, si la Régie des contributions indirectes oblige
le preneur d'un entrepôt à consigner toutes les marchandises
qui existent dans cet entrepôt et en saisit une partie pour le
paiement des droits et des amendes dus par l'entreposi-

([1]) Nancy, 17 mai 1837, S., 39. 2. 164, D. *Rép.*, v° *Louage*, n. 210-2°. — Aubry
et Rau, IV, p. 478, § 366 ; Laurent, XXV, n. 152 ; Guillouard, I, n. 150.

([2]) Paris, 23 déc. 1871, S., 73. 2. 63, D., 71. 2. 225. — Fuzier-Herman, art. 1722,
n. 56 et 57, — *Contra*, Ballot, *Effets de la guerre sur le louage*, p. 33 s.

([3]) Trib. féd. suisse, 11 oct. 1895, précité.

([4]) V. *infra*, n. 1375.

([5]) Trib. civ. Seine, 1er juin 1892, *Loi*, 11 nov. 1892 (réparations). — Trib. féd.
suisse, 11 oct. 1895, précité. — Guillouard, I, n. 151.

([6]) Nancy, 17 mai 1837, S., 39. 2. 164, D. *Rép.*, v° *Louage*, n. 210-2°. — Aubry et
Rau, IV, p. 478, § 366 ; Laurent, XXV, n. 152 ; Guillouard, I, n. 150 ; Fuzier-Herman, art. 1722, n. 49.

taire, le bailleur de l'immeuble n'est tenu à aucune garantie(¹).

Il en est de même encore si l'administration fait faire dans un hôtel meublé des travaux d'assainissement nécessités soit par les abus de jouissance du preneur (²), soit par une maladie contagieuse qui y a régné.

571. Les pénalités qui peuvent être dues à raison de l'ouverture d'un établissement incommode, dangereux ou insalubre ne peuvent être réclamées qu'au preneur, car seul il a commis une contravention (³).

Il ne peut en demander le remboursement au bailleur, toute pénalité ayant un caractère personnel.

572. Si l'acte de l'administration est fondé sur l'immoralité de l'exploitation, la garantie n'est pas due; il en est ainsi, par exemple, pour la fermeture d'une maison de tolérance ou de jeu (⁴).

573. La convention expresse ou tacite peut écarter la garantie du bailleur pour le fait de l'administration (⁵). Le juge du fait décide souverainement si cette convention existe (⁶).

574. Le fait de l'administration, dans les cas où il entraine garantie, permet au preneur de demander, conformément au droit commun, la résiliation (⁷) ou une indemnité pécuniaire : il peut aussi demander la diminution du loyer (⁸).

En principe, il n'a pas droit à des dommages-intérêts (⁹), car

(¹) Lyon, 12 mai 1871, S., 71. 2. 67. — Guillouard, I, n. 151.

(²) Paris, 5 nov. 1887, précité (ordre de réduire le nombre des habitants d'un hôtel garni).

(³) Trib. simple pol. Rennes, 23 déc. 1896, *Rev. just. paix*, 98. 105.

(⁴) V. *supra*, n. 176.

(⁵) Cass. req., 14 janv. 1895, S., 95. 1. 282. — Paris, 5 nov. 1887, *Gaz. Pal.*. 87. 2. 621 (la clause que le preneur supportera les innovations ou réparations ordonnées par l'administration s'applique aux soupapes de sûreté exigées pour la salubrité des fosses d'aisance, mais non aux constructions de fosses d'aisance).

(⁶) Cass. req., 14 janv. 1895, précité.

(⁷) Guillouard, I, n. 149 et 154.

(⁸) Paris, 11 janv. 1866, S., 66. 2. 150, D., 66. 2. 243. — Trib. civ. Seine, 20 juill. 1887, *Mon. jud. Lyon*, 16 nov. 1887. — Guillouard, I, n. 149 et 154.

(⁹) Cass. 10 fév. 1864, S., 64. 1. 118. — Rennes, 12 août 1864, S., 66. 2. 15. — Paris, 11 janv. 1866, S., 66. 2. 150, D., 66. 2. 243. — Dijon, 30 janv. 1867, S., 67. 2. 239, D., 67. 2. 68. — Paris, 18 août 1870, S., 70. 2. 244, D., 70. 2. 231. — Paris, 23 juin 1885, S., 87. 2. 123. — Trib. civ. Seine, 20 juill. 1887, précité. — Trib. civ. Lyon, 28 févr. 1896, *Gaz. Pal.*, 96. 2. 156 (démolition d'une maison menaçant ruine). — Guillouard, I, n. 149, 154 et 389.

l'acte de l'administration s'accomplit sans que le bailleur ait commis une faute.

Le bailleur doit cependant des dommages-intérêts si l'acte de l'administration est causé par sa faute ([1]), par exemple si la destruction d'une maison ou si des travaux sont ordonnés pour cause de *vétusté* ([2]), car c'est au bailleur qu'il appartient de faire les réparations nécessaires pour maintenir l'état de l'immeuble.

D'autre part si le bailleur a reçu une indemnité pour les travaux, on décide quelquefois qu'il doit en donner une partie au preneur ([3]). C'est, selon nous, une erreur; le bailleur n'a jamais droit à une indemnité que pour le dommage qu'il a personnellement subi, cette indemnité lui est donc acquise.

575. Les loyers, en principe doivent subir une réduction correspondante, en ce qui concerne leur durée, au temps pendant lequel le preneur a été privé de sa jouissance et, en ce qui concerne leur montant, à la valeur locative des locaux dont la jouissance a été enlevée au preneur, ou, si le trouble n'a consisté que dans une gêne subie par la jouissance, à l'importance de cette gêne.

Mais ces règles peuvent être modifiées suivant les circonstances ([4]).

IV. *Troubles provenant d'une personne ayant acquis un droit dans l'immeuble.*

576. Nous avons déjà traité du cas où le trouble est causé par un preneur prétendant avoir lui-même pris en location l'immeuble loué ([5]).

([1]) Troplong, I, n. 216; Guillouard, I, n. 390; Fuzier-Herman, art. 1722, n. 80.

([2]) V. à propos de la destruction, *supra*, n. 344.

([3]) Dijon, 12 déc. 1866, S., 67. 2. 183, D., 66. 2. 241. — Fuzier-Herman, art. 1722. n. 79.

([4]) Ainsi un entrepreneur de spectacles, privé pendant l'hiver de la jouissance de sa salle, peut exiger une réduction de loyer supérieure au loyer afférent au temps pendant lequel il a été privé de sa jouissance, car les recettes sont plus fortes dans la saison d'hiver que dans la saison d'été. Le contraire a été décidé dans une hypothèse où le loyer était payable par semestre. — Trib. civ. Lyon, 1er fév. 1871, D. 71. 3. 103. Mais cette circonstance, sur laquelle s'appuie le tribunal, est insignifiante.

([5]) V. *supra*, n. 137 s.

Un trouble peut également avoir lieu, du chef d'un locataire, au préjudice du locataire d'une autre partie de l'immeuble.

Si l'auteur du trouble agit ou prétend agir conformément à ses droits, il y a trouble de droit et par conséquent lieu au recours en garantie (¹).

C'est ce qui arrivera, par exemple, si un locataire, ayant reçu la concession de la jouissance exclusive d'un vestibule ou d'une autre partie commune, veut empêcher de jouir un locataire qui, à défaut d'indication dans son bail, croyait avoir droit à la jouissance indivise de toutes les parties communes ; nous nous sommes occupés de ce cas à propos de l'obligation de délivrance (²).

Il en sera de même si un locataire fait un bruit exagéré ou exerce une industrie incommode, dangereuse ou insalubre (³) ; mais, dans cette hypothèse, la garantie dérive plutôt du fait du bailleur (⁴), à moins cependant que le locataire n'agisse contrairement à son bail.

De même encore, si un locataire est actionné par un autre locataire à raison du bruit qu'il fait dans la partie de l'immeuble qu'il occupe, sans cependant outrepasser son droit (⁵). Cette action du colocataire constitue un trouble de droit dont le bailleur doit garantie. Mais le bailleur ne doit pas garantie si le bruit est contraire à la destination de la chose louée (⁶).

577. Comme, en dehors d'une stipulation formelle, le bailleur a le droit de laisser introduire dans l'immeuble un com-

---

(¹) Cass., 16 nov. 1881, S., 82. 1. 225, D., 82. 1. 121. — Cass. req., 17 juin 1890, S., 90. 1. 321, D., 91. 1. 324. — Caen, 1er mai 1868, S., 69. 2. 132. — Montpellier, 5 mars 1897, *Mon. jud. Midi*, 25 avril 1897. — Trib. civ. Bordeaux, 18 janv. 1892, *Rec. de Bordeaux*, 92. 2. 39 (locataires qui, en étendant du linge dans la cour commune, enlèvent l'air et la lumière). — Guillouard, I, n. 165 ; Wahl, *Note*, S., 95. 4. 17.

(²) V. *supra*, n. 286.

(³) Lyon, 15 juin 1888, *Gaz. Pal.*, 88. 2. 398. — Trib. civ. Lyon, 11 déc. 1897, *Mon. jud. Lyon*, 28 mars 1898.

(⁴) V. *supra*, n. 480 s.

(⁵) Cass. req., 17 juin 1890, S., 90. 1. 321, D., 91. 1. 324. — Nîmes, 25 janv. 1895, *Mon. jud. Lyon*, 13 août 1895 (bruit pendant la nuit). — Nîmes, 2 mars 1895, *Loi*, 27 juil. 1895. — Guillouard, I, n. 192.

(⁶) Cpr. Cass., 27 mars 1876, S., 76. 1. 271, D., 76. 1. 263 (pour le bruit fait par un marchand de fer. V. *infra*, n. 580). — Laurent, XXV, n. 174 ; Guillouard, I, n. 287.

merce ou une industrie similaires de ceux qu'exerce un autre locataire (¹), il n'est pas tenu à garantie alors même que le locataire qui les introduit agit contrairement à son bail (²); le locataire ne peut se plaindre de l'inexécution du bail d'un autre locataire, ce bail ne lui conférant aucun droit.

578. L'exercice de la prostitution par un locataire permet à un autre locataire de demander garantie (³).

Il y a encore trouble de droit si un locataire introduit dans l'immeuble des modifications, d'ailleurs autorisées, qui nuisent aux autres locataires (⁴), ou s'il ferme une ouverture commune en croyant avoir le droit de le faire (⁵).

Il y a aussi trouble de droit si c'est à raison de la mauvaise disposition des lieux que la jouissance de l'un des locataires nuit à la jouissance de l'autre (⁶).

Le preneur de la chasse peut considérer comme un trouble de droit la pose de grillages faite par le fermier de la terre et non interdite par son bail (⁷).

579. Les circonstances peuvent conduire à décider que le trouble de droit n'entraîne pas garantie. Ainsi un preneur ne peut se prévaloir de l'exercice de la prostitution dans l'immeuble s'il donne cette destination à l'appartement loué par lui (⁸).

D'autre part la convention peut écarter la garantie.

Le preneur n'a de même aucune action contre le bailleur à raison de faits qu'il connaissait au moment où il a contracté (⁹); on peut invoquer en ce sens les art. **1641** et **1642** par analogie.

(¹) V. *supra*, n. 484.

(²) Lyon, 19 mai 1896, *Rec. Lyon*, 96. 318.

(³) Milan, 15 mai 1893, S., 95. 4. 17. — Trib. civ. Lyon, 8 mai 1891, *Mon. jud. Lyon*, 25 mai 1891. — V. *supra*, n. 481.

(⁴) Trib. civ. Lyon, 4 août 1898, *Mon. jud. Lyon*, 11 nov. 1898 (construction, sur une terrasse, d'une tonnelle diminuant la lumière). — Trib. paix Toulouse, 20 avril 1893, *Pand. franc.*, 94. 2. 5 (limonadier qui, par une galerie, limite l'accès de la porte d'entrée, obstrue cette porte par des tables et des chaises).

(⁵) Trib. civ. Seine, 22 janv. 1890, *Gaz. Pal.*, 90. 1. 244.

(⁶) Caen, 1ᵉʳ mai 1868, S., 69. 2. 132.

(⁷) Trib. civ. Melun, 5 mars 1886, S., 87. 2. 93.

⁸ Milan, 15 mai 1893, précité. — Wahl, *Note*, S., 95. 4. 17. — Il ne peut pas davantage invoquer en pareil cas la théorie des industries similaires. — V. *supra* n. 484 s.

(⁹) Milan, 15 mai 1893, précité. — Wahl, *Note*, S., 95. 4. 17. — V. *supra*, n. 481.

De même encore le preneur n'a pas d'action si, en raison des usages, il pouvait s'attendre aux modifications faites. Ainsi, tandis qu'autrefois l'établissement d'une marquise devant une boutique à Paris ouvrait une action en dommages-intérêts au profit des locataires des étages supérieurs (¹), l'usage des marquises est aujourd'hui assez répandu à Paris pour que cette action n'appartienne pas aux locataires (²), à moins qu'un préjudice sérieux ne leur soit causé (³).

Mais, dans les villes où cet usage n'existe pas, le moindre préjudice autorise une action en garantie (⁴).

580. Si le locataire qui empêche de jouir le locataire d'une autre portion de l'immeuble ne se targue pas d'un droit qu'il prétendrait lui appartenir, il y a selon nous, un trouble de fait dont le bailleur n'est pas responsable (⁵); c'est la seule

---

(¹) Paris, 11 juill. 1889, S., 91. 2. 131. — V. *supra*, n. 458.

(²) Trib. civ. Seine, 10 janv. 1896, *Droit*, 10 avril 1896, *Loi*, 14 avril 1896. — *Contra* Huc, X, n. 289. — V. *supra*, n. 458.

(³) Trib. civ. Seine, 10 janv. 1896, précité. — Trib. civ. Seine, 20 nov. 1897, *Droit*, 15 janv. 1898 (marquise établie tout le long de la chaussée de manière à enlever l'air et la lumière). — V. *supra*, n. 458.

(⁴) Trib. civ. Lyon, 4 fév. 1898, *Droit*, 28 mai 1898. — V. *supra*, n. 458.

(⁵) Paris, 24 juin 1858, S., 59. 2. 146. — Caen, 1er mai 1868, S., 69. 2. 132 (motifs). — Trib. civ. Marseille, 23 fév. 1888, *Rec. d'Aix*, 88. 250 (introduction de femmes de mauvaise vie). — Trib. civ. Toulouse, 21 janv. 1892, *Gaz. Trib.*, 2 mars 1892 (infiltration d'eau). — Trib. civ. Bordeaux, 5 juin 1894, *Rec. Bordeaux*, 94. 2. 138 (écoulement d'eau). — Bruxelles, 4 avril 1894, *Pasicr.*, 94. 2. 301 (explosion d'une poudrière par suite d'infraction au règlement). — *Contra* Cass., 16 nov. 1881, S., 82. 1. 225, D., 82. 1. 121. — Cass. req., 17 juin 1890, S., 90. 1. 321, D., 91. 1. 324 (bruit fait à dessein). — Paris, 13 août 1875, S., 76. 2. 146. — Lyon, 29 juill. 1887, *Gaz. Pal.*, 87. 2, *Suppl.*, 48 (introduction de filles publiques). — Paris, 12 déc. 1887, *Droit*, 27 janv. 1888 (établissement d'une marquise). — Paris, 11 juillet 1889, S., 91. 2. 131 (*id.*). — Paris, 12 mars 1893, *Gaz. Pal.*, 93. 2, 2e p., 73. — Trib. civ. Seine, 11 janv. 1886, *Loi*, 13 janv. 1887. — Trib. civ. Melun, 5 mars 1886, S., 87. 2. 93 (motifs). — Trib. civ. Lyon, 12 fév. 1887, *Mon. jud. Lyon*, 4 juin 1887. — Trib. civ. Bordeaux, 11 déc. 1889, *Rec. Bordeaux*, 90. 2. 14. — Trib. civ. Seine, 26 janv. 1888, *Droit*, 9 fév. 1888. — Trib. civ. Seine, 22 janv. 1890, *Gaz. Pal.*, 90. 1. 244. — Trib. civ. Seine, 17 mai 1890, *Droit*, 3 juill. 1890 (commerce immoral). — Trib. sup. Cologne, 19 oct. 1894, S., 96. 4. 11 (salle d'asile). — Trib. civ. Seine, 11 janvier 1895, *Pand. franç. pér.*, 95. 2. 285 (empêchement de laisser des voitures pénétrer dans la cour commune). — Trib. civ. Lyon, 10 fév. 1897, *Mon. jud. Lyon*, 23 avril 1897. — Pascaud, *Rev. crit.*, XII, 1883, p. 181; Massé et Vergé, IV, p. 366; Agnel, n. 507; Guillouard, I, n. 105; Fuzier-Herman, art. 1719, n. 80 et 82 s.; Huc, X, n. 304.

solution qui paraît d'accord avec la définition que nous avons
donnée des deux espèces de troubles.

On objecte cependant que le colocataire, ayant des droits
dans la chose louée, ne peut être considéré comme un tiers,
mais comme un locataire qui a outrepassé ses droits et a ainsi
commis une faute contractuelle; or, dit-on, le bailleur a seul
le droit d'intenter l'action qui dérive de la violation du contrat qu'il a passé avec le locataire.

Ce raisonnement, très spécieux, peut être combattu : sans
doute l'auteur du trouble a un droit dans la chose louée, mais,
quand il n'agit pas en vertu de ce droit, il n'est pas autre
chose qu'un tiers qui vient troubler un locataire; il n'outre-
passe pas ses droits, puisqu'il ne s'en prévaut pas. Il commet
sans doute une faute contractuelle envers le bailleur s'il manque à ses engagements; mais le preneur lésé ne se prévaut
pas de la violation du contrat, il se prévaut simplement du
préjudice qui lui est causé sans prétention sur l'immeuble,
et, à ce point de vue, peu importe quel est l'auteur du préjudice.

Si, objecte-t-on encore, l'auteur du trouble est insolvable,
le bailleur sera bien tenu à garantie pour avoir introduit dans
l'immeuble un locataire sans prendre des précautions suffisantes pour faire respecter les droits qu'il a consentis à d'autres.

Nous ne croyons pas à l'exactitude de ce raisonnement : le
bailleur n'a pas commis de faute en introduisant dans l'immeuble des locataires qui accomplissent consciencieusement
leurs obligations de locataires et se contentent de commettre
des délits personnels vis-à-vis d'autres locataires.

Ainsi le preneur qui exerce une industrie ou un commerce
autres que ceux qu'il s'est engagé à exercer et en même temps
similaires de ceux exercés par un autre preneur n'engage pas
vis-à-vis de ce dernier la responsabilité du bailleur (¹).

(¹) Paris, 27 janv. 1864, S., 64. 2. 257. — *Contra* Paris, 22 avril 1864, S., 64. 2.
257, D., 65. 2. 59. — Paris, 26 juil. 1879, S., 81. 2. 229. — Paris, 29 janv. 1892,
Gaz. Trib., 10 juin 1892. — Amiens, 19 juin 1894. *Rec. Amiens*, 95. 119. — Trib.
civ. Lyon, 2 déc. 1887, *Gaz. Pal.*, 88. 2. 32. — Trib. civ. Seine, 12 fév. 1889,
Droit, 26 juin 1889. — Trib. civ. Dreux, 3 janv. 1893, *Gaz., Pal.*, 93, 2, **Suppl.**

581. Dans tous les cas, il paraît certain que, même dans le système de la jurisprudence, le bailleur n'est pas responsable envers un preneur d'un acte commis par un autre preneur en dehors de sa jouissance (¹), par exemple des injures adressées par ce dernier au premier.

582. Nous n'admettons la garantie à raison du trouble de fait causé par un colocataire que pour le cas où le fait d'un preneur crée un vice de la chose louée à un autre preneur, c'est-à-dire entrave directement la jouissance de cette chose, en lui enlevant une partie de ses avantages matériels (²), car alors le preneur invoque la garantie des vices de la chose.

583. A supposer que le trouble de fait causé par un colocataire donne, à la différence de celui qui provient d'un tiers, lieu à un recours contre le bailleur, il faut considérer comme colocataire, non seulement la personne qui habite un appartement de la maison louée, mais encore celle qui a obtenu sur l'immeuble loué un droit quelconque de locataire (un droit de chasse par exemple) (³).

Il faut également considérer comme colocataire le locataire d'une maison voisine appartenant au bailleur (⁴).

Mais deux locataires habitant des appartements d'une même maison ne sont pas des colocataires, si les appartements sont la propriété de deux personnes différentes (⁵).

584. Le trouble de droit causé par le locataire d'un immeuble voisin appartenant au même bailleur donne lieu à indemnité dans les mêmes conditions que le trouble causé par un locataire de l'immeuble loué lui-même (⁶).

---

7. — Trib. civ. Seine, 16 mars 1894, *Pand. franç.*, 95. 2. 135. — Fuzier-Herman, art. 1719, n. 126 et 127.

(¹) Paris, 11 juil. 1889 (motifs), S., 91. 2. 131.

(²) Tel est le cas où des infiltrations d'eau se produisent dans un appartement à raison d'un robinet laissé ouvert à l'étage supérieur. Paris, 13 août 1875, précité. — Paris, 12 mars 1893, précité. — V. cep. Trib. civ. Toulouse, 21 janv. 1892 et Trib. civ. Bordeaux, 5 juin 1894, précités.

(³) Trib. civ. Melun, 6 mars 1886, S., 87. 2. 93 (si le fermier établit des grillages qui mettent obstacle à l'exercice du bail de la chasse, le locataire de la chasse a un recours contre le bailleur).

(⁴) Trib. civ. Bruxelles, 10 juill. 1852, *Belg. jud.*, 53. 1175. — Huc, n. 304. — V. *infra*, n. 584.

(⁵) V. *infra*, n. 603.

(⁶) Cass. req., 18 mai 1892, S., 92. 1. 440, D., 92. 1. 349 (location de chasses par

585. Mais il va sans dire que le bailleur n'est pas responsable du fait d'un sous-locataire du preneur troublé [1]; au contraire il est responsable du sous-preneur choisi par un autre preneur.

586. Le bailleur n'est pas tenu, selon nous, du trouble de fait causé par une personne à laquelle il a conféré sur l'immeuble un droit autre qu'un droit de jouissance locative [2]. Toutefois nous pensons qu'il en est autrement dans l'opinion qui rend le bailleur responsable du trouble de fait provenant d'un colocataire, car les motifs invoqués s'appliquent ici.

Mais le bailleur est, en toute hypothèse, c'est-à-dire même si le trouble est de fait, tenu du trouble causé par une personne chargée par lui ou en son nom de faire des réparations sur l'immeuble [3]. Cette personne n'est que son préposé, et le maître est responsable du fait de son préposé (C. civ., art. 1384).

587. Le preneur troublé par un autre locataire peut-il agir contre ce dernier?

Il ne le peut pas si le trouble est un trouble de droit [4].

Notamment, le preneur ne peut recourir contre un autre preneur pour les actes que ce dernier a le droit de faire d'après son bail; tel est l'exercice d'un commerce similaire si le second preneur n'agissait pas contrairement à son bail [5].

Il le peut, au contraire, si le trouble est un trouble de

l'Etat ; autorisation donnée au preneur de l'un des lots, d'établir des grillages, lesquels empêchent le retour du gibier dans le lot voisin).

[1] V. *infra*, n. 1135.

[2] Lyon, 17 fév. 1892, *Mon. jud. Lyon*, 16 juill. 1892 (le bailleur n'est pas responsable de ce que l'acheteur d'une coupe a laissé le bois abattu sur le terrain plus que le temps normal).

[3] Ainsi il a été décidé que l'explosion par la faute d'un entrepreneur de vidanges entraîne la responsabilité du bailleur, et cela même si l'entrepreneur a été appelé par le preneur, ce dernier ayant agi comme gérant d'affaires du bailleur. Rouen, 11 mars 1892, *Rec. de Rouen*, 92. 1. 99. — V. aussi *infra*, n. 588 s.

[4] Trib. com. Seine, 10 juin 1887, *Journ. trib. comm.*, 89. 1. 14 (industrie similaire). — Trib. civ. Seine, 13 mai 1890, *Gaz. Trib.*, 6 juin 1890 (commerce similaire régulièrement exercé par le preneur). — Trib. civ. Seine, 10 nov. 1891, *Gaz. Pal.*, 92. 1. 20. — Trib. com. Nantes, 7 avril 1897, *Rec. Nantes*, 98. 1. 80 (*ibid.*). — V. cep. Trib. civ. Lyon, 8 mai 1891, *Mon. jud. Lyon*, 25 mai 1891 (prostitution).

[5] Trib. com. Nantes, 27 fév. 1897, *Rec. Nantes*, 97. 1. 293 (et cela même si le premier preneur a par son bail renoncé à agir contre le bailleur).

fait (¹), dans l'opinion d'après laquelle le bailleur n'est pas responsable du trouble de fait causé entre preneurs. Mais, dans l'opinion contraire, ce recours n'existe pas (²).

V. *Troubles provenant du concierge.*

588. Le concierge ne peut être assimilé à un tiers (³). Il est, comme nous le montrerons (⁴), le préposé, l'employé du bailleur ; le bailleur est donc responsable des faits du concierge agissant dans l'exercice de ses fonctions, comme il l'est des siens propres (art. 1384) ; c'est dire que le bailleur doit garantie pour tous les troubles, de fait aussi bien que de droit, commis par le concierge dans l'exercice de ses fonctions (⁵).

(¹) Trib. civ. Lyon, 8 mai 1891, précité (prostitution). — Trib. civ. Seine, 10 nov. 1891, précité (motifs). — Trib. civ. Pontoise, 25 nov. 1891, *Gaz. Pal.*, 91. 2. 641 (passage sur une terre ensemencée par le locataire de la chasse). — Trib. civ. Cologne, 19 oct. 1894, précité. — Muteau, *De la respons. civ.*, p. 488.

(²) Paris, 12 déc. 1887, *Droit*, 27 janv. 1888 (marquise). — Paris, 11 juil. 1889, précité. — Paris, 7 fév. 1893, *Gaz. Pal.*, 93. 1. 2ᵉ p., 350 (commerce similaire). — Trib. civ. Lyon, 2 déc. 1887, *Gaz. Pal.*, 88. 2. 32 (commerce similaire). — Trib. civ. Seine, 29 nov. 1887, *Gaz. Pal.*, 87. 2. 588 (établissement d'une marquise). — Trib. civ. Seine, 13 déc. 1893, *Droit*, 10 mai 1894 (commerce similaire). — Trib. sup. Cologne, 19 oct. 1894, précité.

(³) Guillouard, I, n. 165 ; Muteau, *De la respons. civ.*, p. 204.

(⁴) V. *infra*, t. II.

(⁵) Cass. req., 22 juill 1891, S., 92. 1. 569, D., 92. 1. 335 (concierge provoquant un commissaire-priseur chargé de vendre les meubles saisis sur le locataire, à vendre au-delà des causes de la saisie pour des loyers non dus. — Paris, 30 avril 1878, S., 78. 2. 139 (injures). — Paris, 29 juill. 1881, S., 81. 2. 183 (injures). — Lyon, 21 janv. 1887, S., 87. 2. 104. — Trib. civ. Lyon, 10 déc. 1886, *Mon. Lyon*, 10 février 1887 (injures, renseignements inexacts aux personnes qui ont à parler au locataire, remise irrégulière de la correspondance). — Lyon, 21 déc. 1887, S., 89. 2. 31 (absence de politesse, renseignements inexacts donnés aux tiers, calomnies, remise irrégulière de la correspondance). — Paris, 20 juil. 1889, S., 90. 2. 159, D., 90. 2. 112 (injures au locataire par le concierge dans l'exercice de ses fonctions). — Trib. civ. Seine, 27 janv. 1886, S., 86. 2. 71 (injures). — Trib. civ. Seine, 2 fév. 1889, S., 89. 2. 71 (remise irrégulière de la correspondance, refus d'ouvrir la porte, injures). — Trib. civ. Seine, 5 mars 1889, *Gaz. Pal.*, 89. 1. 614 (calomnies, remise irrégulière des lettres, etc.). — Trib. paix Paris, 1ᵉʳ avril 1891, *Gaz. Trib.*, 28 avril 1891 (concierge qui n'indique pas l'adresse du propriétaire, alors même qu'il ne la connaît pas). — Trib. civ. Seine, 21 déc. 1891, *Gaz. Pal.*, 92. 1. 34. — Trib. civ. Seine, 26 mai 1894, cité par Muteau, *op. cit.*, p. 205 (inondations provenant de la rupture d'un tuyau, le concierge ayant oublié de fermer les robinets des eaux). — Trib. civ. Seine, 14 mars 1895, *Droit*, 25 août 1895 (refus de dire si un locataire est chez lui). — Trib. civ. Seine, 21 mars 1896 (et non 1895),

Les devoirs du concierge varient d'ailleurs suivant les usages locaux ou les conventions ([1]).

589. Le vol commis dans un appartement n'engage pas, en principe, la responsabilité du concierge et, par suite, celle du propriétaire ([2]).

S., 96. 2. 255 (refus d'indiquer la nouvelle adresse du locataire. — *Sic* Muteau, *op. cit.*, p. 205). — Trib. civ. Seine, 6 avril 1895, *Droit*, 12 juil. 1895 (injures). — Trib. civ. Seine, 8 juin 1895, *Droit*, 12 juil. 1895 (divulgations sur la vie privée d'une locataire, qu'il présente comme une femme galante). — Trib. civ., 25 nov. 1895, *Droit*, 12 déc. 1895 (imputations calomnieuses). — Trib. civ. Seine, 23 mars 1897, D., 97. 2. 216 (dissimulation de l'adresse du preneur qui a quitté momentanément l'immeuble, de sorte que, le preneur n'ayant pas été touché par un exploit, ses meubles sont saisis). — Trib. civ. Alger, 7 juin 1896, *Journ. trib. alg.*, 10 fév. 1897 (voies de fait). — Trib. civ. Seine, 1er mai 1897, *Droit*, 9 juin 1897 (injures, défaut de remise des lettres). — Trib. civ. Seine, 18 mai 1897, *Gaz. Pal.*, 97. 2. 204, *Droit*, 13 août 1897 (propos diffamatoires sur le locataire). — Trib. civ. Seine, 2 août 1897, *Droit*, 22 août 1897 (concierge laissant la porte d'une cave ouverte). — Trib. paix Paris, 8e arrondissement, 27 janv. 1888, S., 88. 2. 70 (remise irrégulière de la correspondance). — Trib. paix Paris, 16e arrondissement, 29 avril 1890, *Gaz. Pal.*, 91. 1. 112. — Trib. paix Paris, 15e arrondissement, 7 nov. 1895, D., 96. 2. 206 (prêt ou location des fenêtres de l'appartement). — Agnel, n. 933; Tailliar, vo *Concierge*, n. 10; Fuzier-Herman, art. 1719, n. 46 s.

([1]) A Paris, le concierge doit ouvrir la porte aux locataires à toute heure du jour ou de la nuit. Paris, 6 mai 1885, S , 85. 2. 176. — Trib. civ. Seine, 2 fév. 1889, S., 89. 2. 71. — Ord. référé Trib. civ. Seine, 3 oct. 1855, *Gaz. des Trib.*, 15 oct. 1855. — Fuzier-Herman, art. 1719, n. 46 s.; Huc, X, n. 288. — Il doit recevoir les lettres adressées au locataire. Trib. civ. Seine, 4 déc. 1891, *Gaz. Pal.*, 92. 1. 34. — Il doit remettre les lettres dès qu'elles arrivent. Trib. civ. Seine, 2 fév. 1889 et 5 mars 1889, précités. — Trib. civ. Seine, 21 déc. 1891, précité. — Trib. civ. Seine, 1er mai 1897, précité. — Rousseau, *Tr. de la corresp. par lettres missives*, n. 211; Huc, *loc. cit.* — Jugé qu'il doit au moins remettre celles de la première distribution du matin et de la dernière du soir. Trib. paix Paris, 8e arrondissement, 27 janv. 1888, S., 88. 2. 70. — Agnel, n. 933. — Décidé également qu'à Lyon le concierge doit remettre régulièrement les correspondances et les objets adressés au locataire. Trib. civ. Lyon, 10 déc. 1886, *Mon. jud. Lyon*, 10 fév. 1887. — L'usage de la maison, qui obligerait les locataires à faire prendre le courrier chez le concierge, n'est pas opposable au locataire auquel il n'en a pas été donné connaissance. Trib. paix Paris, 27 janv. 1888, précité. — Fuzier-Herman, art. 1719, n. 51. — Le concierge doit garder les objets déposés dans sa loge par un locataire. Trib. paix Paris, 12 sept. 1888, *Gaz. Trib.*, 3 oct. 1888. — Le concierge ne doit pas s'absenter. Lyon, 21 janv. 1887, S., 87. 2. 104, D., 87. 2. 87. — Il doit fournir au locataire, sur sa demande, l'adresse du propriétaire. Trib. paix Paris, 1891, *Gaz. Trib.*, 28 avril 1891. — Il doit, en cas de déménagement du locataire qui laisse son adresse, faire suivre les lettres. Trib. paix Paris, 4 nov. 1892, *Loi*, 22 nov. 1892. — Trib. civ. Seine, 21 déc. 1891, précité. — Trib. civ. Seine, 21 mars 1895, précité. — Il doit également donner l'adresse du locataire momentanément absent, si ce dernier l'en a chargé. Trib. civ. Seine, 23 mars 1897, précité.

([2]) Lyon, 21 janv. 1887, S., 87. 2. 104, D., 87. 2. 87. — Trib. civ. Seine, 14 fév.

590. Par application de l'art. 1384, le propriétaire n'est pas responsable du fait du concierge qui agit en dehors de ses fonctions ([1]).

Par suite le bailleur n'est pas responsable du vol commis dans un lieu où l'objet volé n'était entreposé qu'avec l'assentiment du concierge et non celui du bailleur ([2]), car alors le concierge n'a pas agi comme préposé du bailleur.

Il en est de même du vol commis dans l'immeuble, mais en dehors de l'appartement loué ([3]).

591. Le fait du concierge peut, dans les cas où il entraîne garantie, comme le fait du propriétaire lui-même, donner lieu soit à la résiliation du bail ([4]), soit à une indemnité ([5]), soit à une diminution du loyer.

1894, *Gaz. Pal.*, 94. 1. 666 dans le cas au moins où la profession des locataires attirait beaucoup de monde). — Trib. civ. Seine, 18 mars 1896, *Gaz. Pal.*, 96. 2. 685, *Droit*, 8 sept. 1896. — *Contra* Trib. paix Paris, 13ᵉ arrondissement, *Gaz. Pal.*, 91. 1. 112. — Et cela même si le concierge a été chargé des clefs de l'appartement. Trib. civ. Seine, 7 juil. 1893, *Loi*, 23 déc. 1893. — Il en est de même du vol commis dans une maison faisant partie d'un passage ou d'une villa dont les portes sont fermées tous les soirs et qui est surveillé par un gardien, préposé du propriétaire. Trib. civ. Seine, 8 janv. 1895, *Gaz. Trib.*, 19 janv. 1895, — ou du vol commis dans un magasin situé dans un parc fermé par une grille. Trib. civ. Seine, 8 janv. 1895, précité. — Et cela même s'il est stipulé que le preneur devra se conformer aux heures d'ouverture et de fermeture des portes. Même jugement. — Il en est autrement s'il est démontré qu'il y a eu imprudence du concierge et que le vol provient de cette imprudence. Paris, 30 juin 1883, D., 87. 2. 87 (en note). — Lyon, 21 janv. 1887, précité (par exemple le vol a été commis pendant l'absence du concierge et sa présence l'aurait empêché). — Muteau, *op. cit.*, p. 205, — ou si l'immeuble était placé sous la surveillance du bailleur et que le preneur n'ait pu y pénétrer à tout moment. Trib. civ. Seine, 18 mai 1897, *Droit*, 4 août 1897 (vol dans des vitrines louées à des commerçants).

([1]) Muteau, *op. cit.*, p. 205. — Par exemple si le concierge, à l'aide des clefs que lui a laissées le preneur, s'introduit dans son appartement pour le voler. — Muteau, *op. cit.*, p. 206, qui cite Trib. civ. Seine, 24 nov. 1893 et Trib. civ. Sidi-bel-Abbès, 19 juin 1894. — Il en est autrement si c'est pour louer les fenêtres du preneur à l'occasion du passage d'un cortège. — Muteau, *loc. cit.*; mais v. Trib. paix, Paris, 7 nov. 1895, précité.

([2]) Trib. civ. Seine, 27 déc. 1898, précité (vol de bicyclettes).

([3]) Décidé cependant que le bailleur est responsable du vol d'une bicyclette entreposée dans un lieu désigné par le bail. — Trib. civ. Seine, 27 déc. 1898, *Droit*, 28 déc. 1898, *Loi*, 13 janv. 1899.

([4]) Trib. civ. Alger, 1ᵉʳ juin 1896, *Journ. trib. algér.*, 10 févr. 1897.

([5]) Bordeaux, 7 févr. 1871, D., 71. 2. 124. — Paris, 20 juill. 1889, précité. — Agnel, n. 934 s.; Tailliar, vº *Concierge*. n. 12; Fuzier-Herman, art. 1719, n. 60. — A moins que le bailleur n'offre de congédier le concierge. — Trib. civ. Seine,

En outre, le bailleur est tenu solidairement avec le concierge des dommages-intérêts prononcés contre ce dernier (¹), en vertu de l'art. 1384, ou peut être condamné à des dommages-intérêts spéciaux (²).

Quant au concierge, il est tenu des dommages-intérêts dont il vient d'être parlé (³).

Enfin le preneur peut exiger le renvoi du concierge et son remplacement (⁴).

592. Toutes ces sanctions disparaissent dans le cas exceptionnel où le concierge est choisi par le locataire unique de l'immeuble et payé par lui. Le concierge est alors le préposé du locataire, qui peut le renvoyer librement.

Si le concierge choisi est payé par le propriétaire, le locataire, même unique, n'a pas le droit de le renvoyer.

Il en est de même si le concierge est payé par le locataire, mais choisi par le propriétaire.

Toutefois la convention peut sur tous ces points décider le contraire (⁵).

VI. *Trouble provenant du propriétaire ou des personnes ayant la jouissance d'un immeuble voisin.*

593. Le trouble causé par les propriétaires d'un immeuble

27 juill. 1857, cité par Agnel, n. 934. — Trib. civ. Seine, 27 janv. 1886, S., 86. 2. 71 (motifs). — Trib. civ. Seine, 2 fév. 1889, précité. — *Contra* sur ce dernier point, Trib. civ. Seine, 5 mars 1889, *Gaz. Pal.*, 89. 1. 614.

(¹) Paris, 30 avril 1878, S., 78. 2. 130. — Paris, 29 juill. 1881, S., 81. 2. 188. — Trib. civ. Seine, 9 mai 1882, S., 83. 2. 21. — Trib. civ. Seine, 27 janv. 1886, S., 86. 2. 71. — Trib. civ. Seine, 21 mars 1895, S., 96. 2. 255. — Guillouard, I, n. 165; Tailliar, *loc. cit.*, n. 10.

(²) Lyon, 21 déc. 1887, précité.

(³) V. les autorités citées, *supra*, note 1. — Agnel, n. 934; Fuzier-Herman, art. 1719, n. 56.

(⁴) Paris, 30 avril 1878, précité. — Paris, 29 juill. 1881, précité. — Paris, 20 juill. 1889, précité. — Trib. civ. Seine, 27 janv. 1886, précité. — Guillouard, I, n. 165; Agnel, n. 936; Tailliar, v° *Concierge*, n. 10; Fuzier-Herman, art. 1719, n. 63.

(⁵) Décidé que s'il est convenu que le locataire principal d'une partie de la maison payera les gages du concierge de la maison entière, sauf une contribution du propriétaire et qu'au cas où le concierge ne ferait pas convenablement son travail, le propriétaire et le locataire principal auront respectivement le droit de le congédier, le locataire principal a ce droit sans le consentement du propriétaire. Trib. civ. Lyon, 19 juillet 1893, *Loi*, 18 déc. 1893.

voisin ou les personnes ayant la jouissance de cet immeuble
peut faire naître deux sortes d'actions du preneur troublé :
contre celui qui le trouble et contre son bailleur.

A. Action contre le bailleur.

594. En principe, le bailleur est responsable de ces troubles ([1]). Il s'agit, en effet, de troubles de droit, puisque l'auteur du trouble prétend exercer son droit, et qu'il ne se produit
pas par des voies de fait dirigées contre le preneur. Il est vrai
que, d'après l'art. 1725, le trouble de droit ne peut consister
que dans des actes accomplis sur l'immeuble, mais aussi le
bailleur n'est-il responsable des actes de jouissance faits sur
l'immeuble voisin que si ces actes ont leur contre-coup sur
l'immeuble loué et entravent la jouissance du preneur. Au
surplus, la responsabilité du bailleur peut encore s'expliquer
autrement, si on veut la rattacher à son obligation de faire
jouir le preneur. Enfin, quelques-uns des exemples cités par
Pothier, à qui est emprunté l'art. 1725, montrent que le
trouble de droit peut exister indépendamment de toute prétention à la chose louée.

Le bailleur n'est pas tenu cependant à garantie si le voisin
a agi dans la limite de ses droits ; en principe, ces droits sont
absolus, la propriété d'une chose permet au propriétaire
d'user ou d'abuser de la chose (art. 544) ([2]). Il y a bien alors
un trouble causé au preneur, mais, outre que ce dernier
devait s'y attendre, le trouble n'est pas opéré sur la chose
louée.

On en a conclu, mais à tort, que si des constructions élevées
sur l'immeuble voisin enlèvent au locataire de l'air ou de la
lumière, il n'a pas droit à garantie ([3]).

Toutefois, la jurisprudence admet que le droit absolu de
propriété est limité par les obligations du bon voisinage qui
interdisent au propriétaire de causer un préjudice sérieux

([1]) Guillouard, I, n. 176 ; Wahl, Note, S., 95. 4. 17.

([2]) Trib. civ. Amiens, 23 juin 1888, Rec. d'Amiens, 88. 139. — Trib. civ. Lyon,
5 déc. 1890, Mon. jud. Lyon, 29 déc. 1890 (travaux publics voisins). — Trib. civ.
Seine, 4 janv. 1896, Droit, 9 avril 1896.

([3]) Huc, X, n. 294. — V. infra, n. 597.

à l'immeuble voisin (¹). Dans ce cas il y aura trouble de droit, et le preneur pourra agir en garantie contre le bailleur ; du reste, dans toutes ces hypothèses, la jouissance est incomplète.

595. Ainsi le fermier peut obliger le bailleur à faire élaguer par le voisin les branches des arbres de ce dernier avançant sur l'immeuble ; c'est en effet, un trouble de droit, parce que les arbres sont la propriété du voisin et que ce dernier en jouit à raison de ce droit de propriété (²). Telle est d'ailleurs la solution qui a été admise dans les travaux préparatoires de la loi du 20 août 1881, modificative de l'art. 673 C. civ. (³). Enfin, le preneur n'ayant pas d'action contre le voisin (⁴) et le voisin agissant cependant contrairement à son droit (C. civ., art. 673), il faut bien que le preneur ait un moyen de faire observer la loi à son profit.

De même le trouble donnera lieu à garantie dans les hypothèses où le voisin installe une industrie qui augmente les chances d'incendie de l'immeuble loué, ou s'il y installe une industrie immorale comme une maison de tolérance (⁵), ou loue son immeuble à des prostituées (⁶), ou exerce une industrie insalubre (⁷), ou une industrie bruyante (⁸), à moins que le bruit ne soit normal (⁹).

(¹) V. Cass., 17 avril 1872, S., 72. 1. 76 (bal public). — Paris, 19 avril 1893, S., 93. 2. 124 (établissement incommode ou insalubre).

(²) Trib. paix Livarot, 24 nov. 1898, S., 99. 2. 83. — V. Baudry-Lacantinerie et Chauveau, *Tr. des biens*, n. 1018.

(³) Discours Leroy à la Chambre, S., *Lois annotées*, 1882, p. 278, col. 1, note 2.

(⁴) V. *infra*, n. 605.

(⁵) *Contra* Lyon, 18 avril 1894, S., 96. 2. 78, D., 95. 2. 377 (arrêt manifestement erroné ; il se fonde sur ce que le fait du voisin n'est jamais une cause de responsabilité pour le bailleur).

(⁶) Milan, 15 mai 1893, S., 95. 4. 17. — Cass. Turin, 28 juin 1867, *La Legge*, 67. 1. 1112.

(⁷) Trib. civ. Seine, 30 mai 1894, *Mon. jud. Lyon*, 19 nov. 1894 (écuries). — Wahl, *Note*, S., 95. 4. 17.

(⁸) Paris, 28 juill. 1888, *Gaz. Pal.*, 89. 1, *Suppl.*, 4 (écurie). — Lyon, 27 nov. 1896, *Droit*, 9 fév. 1897. — Trib. civ. Seine, 12 janv. 1887, *Mon. jud. Lyon*, 17 mai 1887 (machines). — Trib. civ. Marseille, 28 janv. 1887, *Rec. d'Aix*, 87. 231.

(⁹) Décidé que le bruit causé par l'installation et le fonctionnement de l'électricité est normal. Trib. civ. Seine, 16 avril 1894, *Gaz. Pal.*, 94. 2, *Suppl.*, 19. — Mais il en est autrement du bruit des machines à vapeur d'une usine destinée à la

596. En admettant que l'introduction par le bailleur, dans un immeuble voisin de l'immeuble loué, d'une industrie ou d'un commerce similaire à ceux qui sont exercés dans ce dernier par un preneur donne lieu à garantie, il en est autrement si la même introduction est faite par un tiers dans un immeuble voisin qui lui appartient (¹), car le voisin ne peut être considéré comme ayant fait un usage abusif de son droit.

C'est ainsi qu'il a été jugé que l'établissement d'un nouveau bureau de tabac dans une localité n'ouvre pas une action en garantie au profit du locataire d'un bureau de tabac déjà existant (²).

Mais le locataire subit un trouble de la part des voisins, lorsqu'il est actionné par eux en indemnité, à raison du bruit fait dans l'immeuble loué; si ce bruit est autorisé par le bailleur ou conforme à la nature ou aux besoins de l'industrie légalement exercée par le preneur, celui-ci est empêché, par une voie de droit, de jouir paisiblement, et il peut recourir en garantie contre le bailleur (³). Ainsi décidé pour une fabrique de colle exploitée normalement, mais qui laissait échapper sur les terres voisines des liquides nauséabonds et nuisibles aux récoltes (⁴).

Il en est autrement, toutefois, et le bailleur ne doit pas la garantie, si le fait du preneur qui provoque le recours du voisin, consiste dans un usage anormal de la chose (⁵).

597. Le bailleur doit également garantie au preneur si, en usant de son droit strict, le voisin porte une atteinte matérielle à la chose louée; dans ce cas, la jouissance est totalement ou partiellement impossible. La garantie est donc due alors même que le voisin agit dans la limite de ses droits.

---

production de la lumière électrique. Paris, 17 avril 1894, *Gaz. Trib.*, 24 juin 1894. — *Contra* Trib. civ. Lyon, 3 avril 1895, *Mon. jud. Lyon*, 11 juill. 1895 (ce jugement s'appuie sur ce qu'il y a trouble de fait).

(¹) Guillouard, I, n. 139.

(²) Pau, 8 nov. 1898, S., 99. 2. 144.

(³) Cass., 3 déc. 1872, S., 72. 1. 403, D., 73. 1. 294. — Guillouard, I, n. 193 et 287; Huc, X, n. 310.

(⁴) Cass., 3 déc. 1872, précité. — Guillouard, I, n. 287.

(⁵) Cass., 27 mars 1876, S., 76. 1. 271, D., 76. 1. 263. — Guillouard, I, n. 287; Fuzier-Herman, art. 1719, n. 32.

Ainsi le bailleur doit la garantie si, une chambre étant éclairée par un jour de tolérance, le propriétaire voisin bouche ce jour en élevant une construction contiguë; si la reconstruction d'un mur mitoyen prive le locataire de sa jouissance pendant la durée des travaux ([1]); si la hauteur plus grande donnée à ce mur ([2]) ou des constructions voisines ([3]) lui enlèvent en partie la lumière; si les affiches apposées sur le mur loué pour cette apposition sont masquées par des constructions élevées sur l'immeuble voisin ([4]); si la fumée qui s'échappe des cheminées voisines empêche la jouissance ([5]); si la chute d'un mur contigu cause des dommages à la propriété ([6]); si les infiltrations de l'immeuble voisin produisent de l'humidité ([7]); si les lapins ou le gibier des propriétés voisines détruisent les récoltes ([8]); si l'encombrement des matériaux entravent l'accès de l'immeuble loué ([9]).

598. Les dégâts causés aux meubles du locataire par l'incendie d'un immeuble voisin ne permettent aucun recours contre le propriétaire ([10]); ce n'est qu'un trouble de fait et, d'ailleurs, il n'entrave pas la jouissance de l'immeuble loué.

599. Comme tout trouble de droit, celui qui est causé par le voisin ne peut donner lieu à indemnité que s'il est dénoncé au bailleur dans le plus bref délai possible ou si le preneur

---

([1]) Orléans, 20 avril 1888, S., 90. 2. 85. — Trib. civ. Seine, 21 déc. 1887, *Loi,* 9 mars 1888. — Trib. civ. Seine. 28 fév. 1890, *Droit,* 29 mars 1890. — Trib. civ. Lyon, 27 juin 1895, *Gaz. Pal..* 95. 2. 386. — Trib. civ. Lyon, 28 mai 1895, *Gaz. Pal.,* 95. 2.563. — Trib. civ. Lyon, 3 juil. 1897, *Mon. jud. Lyon,* 30 juil. 1897. — V. *supra.* n. 476.

([2]) Trib. civ. Seine, 25 juil. 1892, *Droit,* 11 nov. 1892.

([3]) Trib. civ. Perpignan, 30 oct. 1895, *Mon. jud. Midi,* 10 nov. 1895 (qui s'appuie à tort sur l'art. 1722). — *Contra* Huc, X, n. 294.

([4]) Trib. civ. Seine, 17 déc. 1894, *Droit,* 29 déc. 1894.

([5]) Amiens, 1er août 1888, S., 89. 2. 39.

([6]) Trib. civ. le Mans, 8 mai 1888, *Mon. jud. Lyon.* 17 août 1888.

([7]) Trib. civ. Seine, 6 juin 1888, *Gaz. Pal..* 88. 1. 402.

([8]) Trib. civ. Nivelles Belgique, 19 avril 1887, *Gaz. Pal.,* 87. 2. *Suppl.,* 27 (motifs). — Cpr. Cass. req., 12 mai 1886, D., 87. 1. 323.

([9]) Trib. civ. Marseille, 17 mars 1887, *Rec. d'Aix.* 87. 248. — Trib. civ. Seine, 25 juil. 1892, *Droit,* 11 nov. 1892. — Trib. civ. Lyon, 28 juin 1895, précité. — Guillouard, I, n. 177 et 178.

([10]) Trib. civ. Seine, 26 fév. 1891, *Mon. jud. Lyon,* 22 avril 1891 (explosion de gaz). — Trib. civ. Toulouse, 1er juil. 1893, *Rec. des assur.,* 1894, p. 13 (chute d'un mur de l'immeuble voisin provoqué par l'incendie).

démontre que le défaut de dénonciation n'a pas nui aux intérêts du bailleur.

S'il s'agit des travaux faits sur l'immeuble voisin et dont l'exécution a causé un préjudice au preneur, on soutient que le preneur qui ne s'adresse au bailleur qu'après la fin des travaux est déchu de tout droit à une indemnité (¹). Le bailleur, dit-on, peut soutenir que s'il avait été prévenu à temps, il aurait empêché le préjudice de naître.

Les principes que nous avons développés (²), et qui sont universellement admis, ne permettent pas d'accepter cette solution dans toute sa généralité ; pour nous, le preneur sera admis à prouver, soit que le bailleur connaissait d'autre part les travaux, soit qu'il n'aurait pas pu les empêcher.

600. La garantie du bailleur pour les troubles causés par l'industrie ou le commerce du voisin se traduit par l'obligation imposée au bailleur de réparer le dommage causé.

Le preneur peut demander la résiliation du bail, conformément à l'art. 1184 (³).

Il peut également demander une indemnité représentant la privation ou les difficultés de la jouissance (⁴) ; cette indemnité peut être remplacée par la diminution des loyers (⁵).

Mais on décide souvent que le preneur n'a droit à aucuns dommages-intérêts (⁶), car le bailleur n'a commis aucune faute et le préjudice causé au preneur dérive d'un pur cas fortuit. Cette solution nous paraît exacte, mais à la condition que le bailleur ait fait son possible pour mettre fin au trouble (⁷). Elle est exacte en tout cas si la garantie est due à raison d'un fait que le voisin a accompli dans les limites de son droit (⁸).

(¹) Guillouard, I, n. 179.

(²) V. *supra*, n. 544 s.

(³) Lyon, 27 nov. 1896, *Droit*, 9 fév. 1897. — Guillouard, I, n. 176.

(⁴) Orléans, 29 avril 1888, précité.

(⁵) Trib. civ. Marseille, 17 mars 1887, *Rec. d'Aix*, 87. 248. — Trib. civ. Lyon, 28 juin 1895, précité. — Guillouard, I, n. 176.

(⁶) Trib. civ. Seine, 25 juil. 1892, *Droit*, 11 nov. 1892. — Trib. civ. Lyon, 28 juin 1895, précité. — Guillouard, I, n. 176; Benaglia, *Delle locazioni*, I, n. 16 et s. — V. cep. Lyon, 27 nov. 1896, précité.

(⁷) Wahl, *Note*, S., 95. 4. 17.

(⁸) Trib. civ. Lyon, 27 juin 1895, *Gaz. Pal*, 95. 2. 386. — Trib. civ. Lyon, 28 juin 1895, précité.

Cela donne intérêt à la question de savoir si le preneur jouit également d'un recours contre l'auteur du dommage [1].

601. Le preneur n'a droit à aucune indemnité s'il connaissait au moment du bail l'existence du vice de l'immeuble voisin [2] ou s'il a renoncé à s'en prévaloir [3].

602. L'immeuble voisin n'est pas seulement celui qui touche l'immeuble loué, c'est tout immeuble où il se produit un fait de nature à causer un préjudice au preneur. Ainsi donne lieu à garantie l'exercice de la prostitution dans une maison sur laquelle a vue la maison louée [4].

603. On doit considérer comme un immeuble voisin non pas seulement un immeuble distinct de l'immeuble loué, mais encore la partie de ce dernier immeuble qui n'appartient pas au bailleur. Ainsi lorsqu'une maison est divisée en étages appartenant à des propriétaires distincts, le locataire de chaque étage est considéré vis-à-vis du locataire d'un autre étage comme un voisin et les rapports entre les intéressés doivent être réglés sur cette base [5].

B. *Action contre le voisin.*

604. On admet que le locataire a le droit d'agir contre le propriétaire, possesseur ou détenteur d'un immeuble voisin qui dirige une industrie bruyante, comme une forge ou certaines fabriques, dans cet immeuble [6], par la raison que l'usage du droit de propriété ne peut avoir lieu quand il entrave la jouissance d'un immeuble voisin. En effet, dit-on, si le propriétaire peut user et abuser de sa chose aux termes de l'art. 544, il ne peut nuire aux droits d'autrui par application de l'art. 1382.

Ce raisonnement peut être exact en lui même, mais tout ce qui en résulte, c'est que le propriétaire de l'immeuble loué a un droit d'action contre le propriétaire de l'immeuble voisin;

---

[1] V. *infra*, n. 604 s.

[2] Milan, 15 mai 1893, précité. — Wahl, *Note*, S., 95. 4. 17.

[3] Trib. civ. Nivelles (Belgique), 19 avril 1887, *Gaz. Pal.*, 87. 2. *Suppl.*, 27.

[4] Milan, 15 mai 1893, précité. — Wahl, *Note*, S., 95. 4. 17.

[5] Lyon, 18 avril 1894, S., 96. 2. 78, D., 95. 2. 377. — Huc, X, n. 304.

[6] Trib. civ. Seine, 28 fév. 1890, *Droit*, 29 mars 1890. — Guillouard, I, n. 173 et 174.

le preneur n'a pas ce même droit, car il s'agit d'un trouble
de droit et le trouble de droit ne permet au preneur un recours
que contre le bailleur. On ne peut objecter que toute personne
à laquelle un dommage a été causé peut en demander la
réparation ; la théorie du trouble de droit est une exception à
cette solution.

Nous déciderons de même pour une industrie insalubre,
comme celle qui enverrait dans les locaux loués des émanations malsaines ([1]).

De même aussi pour une industrie dangereuse, comme
celle qui enverrait dans les sécheries d'un blanchisseur de la
fumée et des parcelles de charbon ([2]).

De même encore pour une industrie immorale, comme une
maison de tolérance ([3]), ou pour les dégâts résultant du
gibier ([4]).

605. Le preneur n'a pas d'action contre le voisin pour le
forcer à observer l'art. 673 C. civ., d'après lequel « celui sur
la propriété duquel avancent les branches des arbres du voisin peut contraindre celui-ci à les couper » ([5]). Les termes
mêmes du texte indiquent que ce droit appartient au propriétaire seul ; telle est d'ailleurs la solution donnée dans les travaux
préparatoires de la loi du 20 août 1881, qui a modifié l'art. 673.
Le preneur n'a donc d'action que contre le bailleur ([6]).

606. Le preneur n'a pas davantage, selon nous, une action
contre le voisin qui, par des travaux faits à son propre immeuble, nuit à la jouissance de l'immeuble voisin, par exemple
en entravant son accès, en encombrant les appartements de
poussière, en détériorant les marchandises ([7]), etc.

On convient qu'il en est ainsi quand la durée des travaux

([1]) *Contra* Trib. civ. Marseille, 23 fév. 1892, *Rec. Aix*, 92. 2. 130.

([2]) *Contra* Guillouard, I, n. 173 et 174.

([3]) *Contra* Trib. civ. Lyon, 8 mai 1891, *Mon. jud. Lyon*, 25 mai 1891 (action
contre les locataires et propriétaires). — Guillouard, I, n. 173 et 174.

([4]) *Contra* Cass. req., 12 mai 1886, D., 87. 1. 323.

([5]) Trib. paix Livarot, 24 nov. 1898, S., 99. 2. 83. — V. Baudry-Lacantinerie et
Chauveau, *Tr. des biens*. n. 1018.

([6]) V. *supra*, n. 595.

([7]) Trib. civ. Lyon, 27 juin 1895, *Gaz. Pal.*, 95. 2. 383 (reconstruction d'un mur
mitoyen).

n'excède pas le temps normalement nécessaire pour les mener
à bout et quand, en outre, le voisin s'est conformé, dans le
mode d'exécution, à l'usage des lieux et aux règlements (¹).
Mais on prétend qu'il en est autrement si toutes ces conditions ne se trouvaient pas réunies (²). La raison en serait
toujours tirée de l'art. 1382, et nous l'avons réfutée.

607. Il va sans dire que si l'opinion que nous combattons
est exacte, elle reste fondée quoique le voisin ait obtenu pour
le mode d'exécution de ses travaux l'autorisation administrative (³) ; cette autorisation n'est jamais donnée que sous
réserve des droits des tiers, et, du reste, les intérêts des tiers
ne sont pas à la discrétion de l'autorité administrative.

Le preneur a intérêt à réclamer le plus tôt possible afin
que le voisin ne puisse pas lui répondre qu'il aurait consenti
à modifier l'exécution des travaux (⁴).

608. Parmi les travaux figure la reconstitution d'un mur
mitoyen ; nous nous en sommes occupés à propos des réparations (⁵).

Le preneur ne peut forcer le propriétaire voisin à lui céder
la mitoyenneté d'un mur (⁶).

609. En admettant que le preneur ait une action contre le
voisin, cette action doit avoir un double résultat.

D'une part la cessation du trouble pour l'avenir ; on obtiendra cette cessation soit par la fermeture de l'entreprise, soit
par une modification dans son installation, soit par une
indemnité calculée comme celle qui s'applique au passé.

D'autre part la réparation du préjudice causé.

Cette réparation doit être intégrale (⁷). Elle comprendra :
une somme représentant la moins-value du loyer (⁸) ;

au besoin une somme représentant les pertes subies par
le preneur dans son commerce ou dans son industrie (⁹).

(¹) Guillouard, I, n. 177.
(²) Cass., 12 juil. 1892, S., 96. 1. 510 (barrage établi contrairement aux règlements). — Trib. civ. Lyon, 27 juin 1895, précité (motifs). — Guillouard, I, n. 178.
(³) Guillouard, I, n. 178.
(⁴) Guillouard, I, n. 178.
(⁵) V. *supra*, n. 476.
(⁶) Trib. civ. Lyon, 30 nov. 1892, *Gaz. Pal.*, 93. 197.
(⁷⁻⁸⁻⁹) Guillouard, I, n. 175.

610. Le bailleur a dans tous les cas un recours contre le voisin si ce dernier est en faute (¹).

VII. *Des baux auxquels s'applique la garantie des troubles.*

611. L'obligation de garantie est la conséquence de l'obligation de délivrance et existe dans tout contrat à titre onéreux.

On doit donc l'admettre dans toutes espèces de baux.

Notamment le bailleur de meubles est tenu à garantie (²). Il faut admettre cette solution même si on soutient que les règles du louage de choses ne sont pas applicables aux baux de meubles.

Les mêmes règles s'appliquent aux baux de biens domaniaux ou de l'Etat (³).

612. La qualité des personnes n'est d'aucune importance. Ainsi il a été décidé qu'une compagnie de chemins de fer doit la garantie des troubles à ses locataires (⁴), notamment au locataire du droit d'exploiter un buffet dans une gare (⁵).

SECTION IV

OBLIGATION DE REMBOURSER LES DÉPENSES FAITES PAR LE PRENEUR SUR LA CHOSE

§ I. *Dépenses autres que celles de constructions et plantations.*

613. Le bailleur n'a pas à rembourser les dépenses d'entretien faites par le preneur, car le preneur est forcé d'entre-

---

(¹) Lyon, 27 nov. 1896, *Droit*, 9 fév. 1897 (usine). — Trib. civ. Marseille, 17 mars 1887, *Rec. d'Aix*, 87. 248. — Trib. civ. Marseille, 23 juin 1887, *Rec. d'Aix*, 88, 97 (faute dans la reconstruction d'un mur mitoyen). — Trib. civ. Seine. 28 fév. 1890, *Droit*, 29 mars 1890 (chute d'un mur mitoyen par la faute du voisin).

(²) Troplong, I, n. 196; Duvergier, II. n. 242; Guillouard, II. n. 678.

(³) Déc. min. fin., 20 nov. 1884, citée *Rev. de l'Enreg.*, n. 63. p. 217. — Fuzier-Herman, art. 1719, n. 37. — V. *supra*, n. 457, 566.

(⁴) Cass. req., 28 oct. 1895, S., 96. 1. 293, D., 96. 1. 509. — Fuzier-Herman, art. 1719, n. 34.

(⁵) V. *supra*. n. 512, note.

tenir la chose louée dans l'intérêt de sa jouissance ; la loi lui impose ces dépenses sous le nom de réparations locatives.

Comme le bailleur est forcé de faire les réparations non locatives, c'est-à-dire les dépenses nécessaires autres que les menues dépenses d'entretien, le preneur qui fait ces dépenses a droit à leur remboursement intégral, c'est ce que nous avons déjà montré ([1]). Il importe peu que le bailleur n'ait pas été prévenu de l'urgence des dépenses ([2]).

Quant aux dépenses d'améliorations ou dépenses utiles, autres que les constructions et plantations, le bailleur doit les rembourser ([3]); c'était déjà la solution de l'ancien droit ([4]); conformément au droit commun, il doit à son choix payer au preneur soit leur montant, soit la valeur de la plus-value qu'elles ont procurée à l'immeuble.

Les dépenses voluptuaires, toujours par application du droit commun, ne donnent lieu à aucun remboursement; le preneur a seulement le droit de les enlever, à condition de ne pas endommager l'immeuble. Nous nous occuperons de ces dépenses à propos des changements de forme.

Enfin la plus-value de l'immeuble ou du matériel ne donne lieu à aucune indemnité ([5]).

Les dépenses d'entretien doivent être elles-mêmes remboursées si elles sont faites pour le compte du bailleur. On peut supposer que le bail à ferme se termine dans le cours d'une année et que le preneur ait fait les labours et les ensemencements pour la récolte suivante ; si même le bail se termine par une résiliation provoquée par la faute du fermier, ce dernier a droit à une indemnité ([6]). Cela résulte de l'art.

---

[1] Trèves, 7 juill. 1811, S. chr. — Douai, 23 mars 1842, S., 42. 2. 482. — Duranton, XVII, n. 215; Troplong, I, n. 352; Agnel, n. 910; Guillouard, I, n. 296. — V. *supra*, n. 321 s.

[2] Guillouard, I, n. 296.

[3] V. cep. Trib. civ. Seine, 20 nov.1893, *Loi*, 23 déc. 1893.

[4] Grenoble, 18 nov. 1639, cité par l'annotateur de Chorier, *Jurispr. de Guy Pape*, 2ᵉ édit., 1769, p. 243.

[5] Cass., 1ᵉʳ août 1859, S., 60. 1. 67. — Guillouard, I, n. 301.

[6] Caen, 19 mars 1862, *Rec. Caen*, 1862, p. 197. — Caen, 14 août 1877, *Rec. Caen*, 1877, p. 247. — Guillouard, II, n. 606.

555 (¹) et non pas, comme on l'a dit (²), aussi de l'art. 1375 (³); le fermier n'a pas voulu faire l'affaire du bailleur.

Mais le fermier ne peut prétendre bénéficier de la récolte, car la récolte appartient à celui qui est en possession de la chose. On objecte donc à tort que le bailleur réalise un bénéfice injuste aux dépens du preneur.

Seulement le juge a le droit de ne prononcer la résiliation qu'à dater de l'époque qui suit la perception des récoltes (⁴).

614. Si le fermier a déposé des engrais pour les récoltes suivantes et que son bail se termine après une récolte, il n'a droit à aucune indemnité (⁵), car le fermier n'a fait qu'exécuter ses obligations.

De même pour le marnage des terres (⁶).

Des propositions ont été faites à plusieurs reprises pour permettre, par une disposition additionnelle à l'art. 1766, au fermier sortant, d'obtenir une partie de la plus-value qu'il aurait procurée au fonds loué (⁷).

§ II. *Constructions et plantations.*

615. Pour les constructions et plantations, une distinction doit être faite suivant qu'elles sont ordonnées, ou autorisées, ou passées sous silence, ou interdites par le bail.

I. *Constructions autorisées ou ordonnées par le bail.*

616. Si le preneur est simplement autorisé à faire des

(¹) Guillouard, *loc. cit.*
(²) Guillouard, *loc. cit.*
(³) Guillouard, II, n. 606. — *Contra* Caen, 3 juil. 1862, *Rec. Caen*, 1862, p. 202.
(⁴) Guillouard, II, n. 606.
(⁵) Guillouard, II, n. 605.
(⁶) Douai, 31 août 1877, S., 81. 2. 150. — Guillouard, II, n. 650.
(⁷) 14 déc. 1893, Proposition Emile Dubois, Doc. parl., Chambre, n. 164, *J. Off.*, p. 189 (deux tiers de la plus-value procurée par les travaux de culture, avec maximum égal à trois années de fermage). — 15 janv. 1894, Rapport sommaire Montaut, Déb. parl., Chambre, n. 225, *J. Off.*, p. 2. — 20 janv. 1894, Proposition Chevallier, Doc. parl., Chambre, n. 287, *J. Off.*, p. 81 (ne fixe pas le montant de l'indemnité). — 12 mars 1804, Rapport sommaire Orsat, Doc. parl., Chambre, n. 509, *J. Off.*, p. 419. — 21 nov. 1894, Rapport Dubois.

constructions ou plantations, la question de savoir à qui elles
appartiendront sera réglée par la convention (¹).

Si la convention porte que le preneur restera propriétaire
des constructions dans le cas où il acquerrait le terrain pour
un prix déterminé, dans un délai déterminé, faute de quoi
les constructions seront la propriété du bailleur sans indemnité, et que, par sa faute, le bailleur mette le preneur dans
l'impossibilité de déclarer son option dans ce délai, le preneur peut encore faire son option après ce délai. Il peut aussi
se comporter comme ayant construit sans droit et demander
au propriétaire une indemnité (²) ; l'action qu'il intentera à cet
effet est l'action *de in rem verso*. Il a même été décidé qu'il
exercera l'action en gestion d'affaires (³). Cela est douteux,
car cette action n'est pas donnée à celui qui a fait l'affaire
d'un tiers, croyant faire son affaire personnelle.

617. On ne saurait considérer comme une autorisation de
construire la clause que le preneur *à ses risques et périls*,
édifiera les ouvrages ou importera les matériaux dont il aura
besoin (⁴). Le droit commun, en effet, comme nous le montrerons, permet au preneur, quoique les constructions lui
soient interdites, de se procurer tout ce qui est nécessaire à
l'exploitation de l'immeuble et d'élever, en fait, sauf l'éventualité d'une destruction requise par le bailleur (c'est-à-dire
précisément à ses risques et périls), les ouvrages qui lui conviennent ; le droit commun lui interdit également de demander au bailleur une contribution aux frais de l'exploitation.

(¹) Cass. req., 16 juill. 1890, S., 94. 1. 19. — Paris, 8 fév. 1892, D., 92. 2. 309 (le
preneur est propriétaire des constructions si, en l'autorisant à les faire, le bailleur
lui en reconnaît la propriété). — Trib. civ. Seine, 13 nov. 1891, *Rev. de l'Enreg.*,
1891-92, n. 5 (si le bail dit que le bailleur ne pourra reprendre les constructions
qui pourront exister, le preneur en est propriétaire). — Gand, 27 mai 1895, *Pasicr.*,
95. 2. 414 (même solution que l'arrêt de Paris 1892 ; même si le propriétaire se
réserve de reprendre les constructions à la fin du bail, le preneur peut les hypothéquer).

(²) Cass. req., 16 juil. 1890, S., 94. 1. 19 (le bailleur obtient pour le preneur une
ouverture de crédit destinée à lui procurer les fonds nécessaires ; le crédit est ensuite suspendu à cause d'une fraude du bailleur et cette suspension, entraînant la
faillite du preneur, lui rend la continuation des travaux impossible).

(³) Cass. req., 16 juill. 1890, précité.

(⁴) C'est l'espèce de Cass. civ., 19 juil. 1893, S., 94. 1. 241, qui ne se prononce
pas sur le sens de la clause.

Une clause de ce genre est donc inutile ; le bailleur veut simplement se mettre à l'abri de réclamations hypothétiques par
lesquelles le preneur lui demanderait une contribution. La
situation est la même que si le preneur élevait des constructions dont il n'aurait pas été question dans le bail ([1]).

A plus forte raison cette clause n'oblige-t-elle pas le preneur à faire les constructions ([2]).

618. Si le preneur est simplement *autorisé* à faire les
constructions et que le sort n'en soit réglé ni explicitement
ni implicitement, on doit supposer que le bailleur a renoncé
à son droit d'accession et que, par suite, les constructions
appartiennent au preneur, qui peut les aliéner ou les hypothéquer ([3]). En effet, on ne peut admettre que le bailleur ait
entendu devenir propriétaire des constructions, car il l'aurait dit. D'autre part, si le preneur ne devenait pas propriétaire des constructions, le bailleur aurait le droit de les faire
enlever, peut-être dans le cours même du bail, et cela est
inadmissible en présence de la clause qui autorise les constructions et, par suite, en consacre le caratère définitif.

Cependant le bailleur peut, en autorisant les constructions,
se réserver le droit de les détruire ou de les garder ([4]). Dans
ce cas, on ne peut admettre qu'il ait, même temporairement,
renoncé à son droit d'accession ([5]) ; la situation est semblable
à celle où le preneur fait construire sans autorisation ([6]).

([1]) Wahl, *Note,* S., 94. 1. 241, n. 1.

([2]) V. cep. Rennes, 4 août 1890, sous Cass. civ., 19 juil. 1893, S., 94. 1. 241.

([3]) Trib. civ. Saint-Nazaire, 4 juil. 1891, *Droit,* 30 sept. 1891. — Trib. civ. Seine,
8 juin 1894, *Droit,* 8 juil. 1894 (spécialement au cas où le bail est fait avec promesse de vente et stipulation qu'à défaut de réalisation de cette promesse, les constructions seront démolies). — Baudry-Lacantinerie et de Loynes, *Tr. des priv. et
hyp.,* 2e éd., II, n. 1299 ; Planiol, *Note,* D., 92. 2. 409 ; Wahl, *Note,* S., 94. 1. 241,
n. 1. — Cpr. Paris, 9 août 1889, D., 90. 2. 119 (si le propriétaire s'engage à louer
son terrain à une personne qui y fera des constructions pour le tout, et à vendre
à profit commun, le preneur est propriétaire des constructions qu'il élève). — V.
cep. Trib. civ. Marseille, 7 fév. 1890, *Rec. d'Aix,* 90. 2. 206. — Pont, *Priv. hyp.,*
II, n. 634 ; Sérésia, *Rép. pér. de l'Enreg.,* 1890, p. 271 ; Baudry-Lacantinerie et
Chauveau, *Tr. des biens,* n. 38.

([4]) Trib. civ. Bourges, 12 juin 1891, *Rép. pér. de l'Enreg.,* n. 7694. — Cpr. Bordeaux, 22 fév. 1894, *Rec. de Bordeaux,* 94. 1. 98. — Trib. civ. Seine, 9 juin 1896,
Loi, 26 mars 1897.

([5]) *Contra* Baudry-Lacantinerie et de Loynes, *op. cit.,* II, n. 1298.

([6]) Jugé que le droit de vente immobilière est dû sur la vente des constructions

Toutefois, à supposer que dans ce dernier cas le preneur soit assimilé au possesseur de mauvaise foi, il doit l'être ici au possesseur de bonne foi et le bailleur doit rembourser au preneur la plus-value ([1]).

619. S'il est simplement dit que le preneur devra démolir les constructions qu'il aura faites dans le cours du bail, on soutient que le preneur obtient ainsi la reconnaissance de sa propriété temporaire et peut vendre ou hypothéquer les constructions dans le cours du bail ([2]).

Il le peut, sans contestation, si, tout en l'obligeant à enlever les constructions à la fin du bail, le contrat l'autorise expressément à les élever ([3]).

620. Il nous paraît dans tous les cas certain, que si le bailleur renonce à son droit d'accession, soit dans le bail, soit postérieurement, le preneur a un droit de propriété immobilière sur les constructions ([4]) : les constructions sont nécessairement à quelqu'un, car un immeuble ne peut être vacant et sans maître ; comme elles n'appartiennent pas au bailleur, elles appartiennent au preneur.

Cela a été cependant contesté ([5]) : le preneur, dit-on, n'a que le droit de jouir des matériaux, et tout ce que lui permet la renonciation du bailleur, c'est d'enlever les matériaux sans avoir à craindre qu'ils ne soient retenus. Ce n'est pas ainsi, selon nous, que doit être interprétée la convention ; si le bailleur renonce à son droit d'accession, c'est-à-dire au droit de réclamer la propriété de l'immeuble, c'est qu'il reconnaît

faites par le locataire. — Trib. civ. Bourges, 12 juin 1892, précité, — que le preneur peut hypothéquer les constructions. — Paris, 8 fév. 1892, *Gaz. Trib.*, 25 fév. 1892.

([1]) Trib. civ. Marseille, 7 fév. 1890, précité.

([2]) Baudry-Lacantinerie et de Loynes, *op. cit.*, II, n. 1298.

([3]) Trib. civ. Seine, 3 août 1878, *Journ. de l'Enreg.*, n. 21765.

([4]) Cass. req., 27 juin 1893, S., 94. 1. 43, D., 94. 1. 38.— Paris, 4 nov. 1886, S., 88. 2. 126. — Paris, 9 août 1889, D., 90. 2. 119. — Paris, 8 fév. 1892, D., 92. 2. 409. — Grenoble, 23 juin 1892, D., 92. 2. 309. — Trib. civ. Seine, 2 fév. 1894, *Journ. de l'Enreg.*, n. 24213. — Gand, 29 mai 1895, D., 97. 2. 218. — Pont, *Tr. des priv. et hyp.*, II, n. 634 ; Mourlon, *Tr. de la transcr.*, I, n. 13 ; Garsonnet, I, p. 598, § 355, note 1 ; Aubry et Rau, II, p. 622, § 223, note 2 *bis* ; Laurent, V, n. 416 ; Baudry-Lacantinerie et de Loynes, *op. cit.*, II, n. 1298 ; Baudry-Lacantinerie et Chauveau, *Tr. des biens*, n. 31.

([5]) Dubois, *Rev. prat.*, XIV, 1862, p. 185, n. 8 ; Guillouard, I, n. 299.

la propriété du preneur sur les constructions elles-mêmes.

Il résulte de là qu'à la fin du bail le preneur ne peut être forcé d'enlever ses constructions (¹), qu'il a le droit de les hypothéquer (²), qu'il peut exercer les actions possessoires relativement aux constructions (³).

De même, si le preneur renonce à son droit au profit du bailleur, il se produit une vente immobilière (⁴).

Enfin, le droit du preneur sur les constructions étant immobilier, il ne peut donner ce droit en gage (⁵).

621. Nous examinerons si la renonciation du bailleur est opposable à l'acquéreur de l'immeuble loué (⁶).

622. Ce droit de propriété immobilière, à moins de clause contraire, est définitif, et non pas seulement limité à la durée du bail (⁷) ; renoncer au bénéfice de l'accession, c'est renoncer à la faculté d'acquérir la propriété des constructions, et par conséquent laisser cette propriété au preneur. Il y a d'autant moins de raisons d'adopter l'opinion contraire que, en dehors de toute convention, le droit d'accession ne peut être exercé par le bailleur qu'après la fin du bail (⁸). Donc en limitant les effets de la renonciation à la durée du bail, et en permettant au bailleur d'exercer le droit d'accession après la fin du bail, on ne laisse à la renonciation aucun effet.

623. La renonciation peut être tacite ; elle résulte de ce que les constructions sont hypothéquées au bailleur pour le paiement des loyers (⁹).

(¹) *Contra* Planiol, *Note*, D., 92. 2. 409. — V. aussi Paris, 9 août 1889, précité (même si, à la suite de l'expulsion du locataire, les constructions sur lesquelles le bailleur a renoncé à son droit d'accession reviennent à ce dernier, les droits réels consentis par le preneur subsistent, la résolution n'ayant pas d'effet rétroactif).

(²) Paris, 4 nov. 1886, précité.

(³) Garsonnet, *loc. cit.*

(⁴) Cass., 15 nov. 1875, S., 76. 1. 86 (exigibilité du droit de vente immobilier). — Baudry-Lacantinerie et Chauveau, *op. cit.*, n. 33.

(⁵) Trib. civ. Seine, 12 mai 1896, *Droit*, 13 juin 1896. — Sur la mise en gage du droit au bail, v. *infra*, n. 690.

(⁶) V. *infra*, n. 1308.

(⁷) V. cep. Aubry et Rau, II, p. 627, § 227, note 16 (ces auteurs paraissent adopter notre opinion en note et l'opinion contraire dans le texte).

(⁸) V. *infra*, n. 664 s.

(⁹) Aubry et Rau, II, p. 627, § 223, note 17.

Mais elle ne résulte pas de ce que le preneur reçoit le droit d'enlever les constructions à la fin du bail (¹). Cette clause implique bien que le preneur peut empêcher le bailleur d'exiger, comme le lui permettrait le droit commun (²), le maintien des constructions. Mais elle ne montre pas que si les constructions sont maintenues, elles appartiendront au preneur.

624. Si le bailleur se réserve le droit de reprendre les constructions à la fin du bail, la situation est la même que si rien n'était convenu au sujet des constructions, car nous montrerons que précisément, dans cette dernière hypothèse, le bailleur a le droit de reprendre les constructions (³).

Le preneur est donc propriétaire des constructions pendant le bail (⁴), il peut les hypothéquer (⁵), elles peuvent être saisies immobilièrement par ses créanciers (⁶).

De même, c'est le preneur et non le bailleur qui est tenu de satisfaire, le cas échéant, à la loi du **13 août 1850** sur les logements insalubres (⁷).

625. Le droit d'accession du bailleur peut s'exercer au préjudice des créanciers hypothécaires du preneur (⁸), mais il ne peut s'exercer à leur préjudice qu'à l'époque de l'expiration normale du bail, même en cas de résiliation anticipée (⁹).

626. Si le bailleur, à la fin du bail, devient régulièrement propriétaire, par suite de son option, des constructions, l'hypothèque des créanciers du preneur ne s'étend pas à l'indemnité due par le bailleur au preneur (¹⁰). Cette indemnité n'est pas, en effet, le prix du transfert de propriété, car le bail-

---

(¹) *Contra* Aubry et Rau, *loc. cit.*

(²) V. *infra*, n. 665.

(³) V. *infra*, n. 665.

(⁴) Gand, 29 mai 1895, D., 97. 2. 218.

(⁵) Gand, 29 mai 1895, précité.

(⁶) Gand, 29 mai 1895, précité.

(⁷) *Contra* Conseil d'Etat, 17 mai 1895, S., 97. 3. 94.

(⁸) Cass. req., 31 déc. 1894, D., 95. 1. 16. — Trib. civ. Seine, 9 juin 1896, *Loi* 26 mars 1897.

(⁹) Paris, 8 fév. 1892, précité.

(¹⁰) *Contra* Paris, 8 fév. 1892, précité (cet arrêt conclut logiquement que le bailleur ne peut opposer aux créanciers hypothécaires en compensation sa créance des loyers).

leur a entendu devenir propriétaire des constructions dans les mêmes conditions que si elles avaient été faites pour son compte, c'est-à-dire par voie d'accession et rétroactivement.

Le droit des créanciers ne s'étendrait pas davantage à l'indemnité que payerait le bailleur pour la démolition des constructions ([1]).

L'opinion contraire est condamnée à décider que les créanciers hypothécaires du preneur peuvent surenchérir sur le montant de l'indemnité et obliger le bailleur à purger, ce qui est contraire aux intérêts des parties. On a cependant voulu écarter cette solution, en se fondant sur ce que le droit du preneur est temporaire ([2]). Cette considération nous semble étrangère à la question.

627. En tout cas, si le preneur cède ses constructions dans le cours du bail, ses créanciers hypothécaires peuvent surenchérir sur le prix de la vente ([3]).

628. Le juge du fait décide souverainement si le bailleur a voulu conserver les constructions ([4]) et s'il a entendu ou non, le faire sans indemnité ([5]).

629. Si le preneur est obligé de faire les constructions ou plantations, le bailleur peut le contraindre, même dans le cours du bail, à les faire ; on verra, en effet, que, d'une manière générale, le bailleur n'est pas obligé d'attendre l'expiration du bail pour exiger l'exécution des obligations du preneur.

630. Le juge du fait ne peut dispenser le preneur de faire les travaux promis, sous prétexte qu'ils ne sont pas indispensables ([6]).

631. Mais les constructions que le preneur est obligé de faire lui appartiendront-elles ou appartiendront-elles au bailleur ?

La convention est évidemment libre sur ce point ([7]). Si elle

[1] *Contra* Planiol, *Note*, D., 92. 2. 409.
[2] Planiol, *loc. cit.*
[3] Paris, 8 fév. 1892, précité.
[4] Cass. req., 31 déc. 1894, D., 95. 1. 16.
[5] Cass. req., 31 déc. 1894, précité.
[6] V. cep. Cass. civ., 24 avril 1893, S., 94. 1. 438.
[7] Bordeaux, 22 fév. 1894, S., 95. 2. 52, D., 94. 2. 584.

est muette, la solution dépendra des circonstances. On pourrait être tenté de dire que le bailleur, ayant nécessairement
imposé dans son intérêt personnel les constructions au preneur, a voulu devenir propriétaire. La valeur de ce raisonnement serait contestable : les constructions élevées sur l'ordre
du bailleur peuvent, sans devenir sa propriété, avoir pour lui
une grande utilité en augmentant la valeur du terrain. On
doit, au contraire, supposer, à défaut de convention, que le
bailleur n'a pas entendu acquérir les constructions élevées
des deniers du preneur (1).

En tout cas les clauses accessoires de la convention qui
oblige le preneur à faire édifier des constructions peuvent être
considérées comme rendant le preneur propriétaire des constructions qu'il élèvera (2).

632. Dans le cas où les constructions que le preneur a été
obligé d'élever n'appartiennent pas au bailleur, le preneur
ne peut être tenu de les détruire ; on doit admettre que le
bailleur a, en ce qui les concerne, renoncé au droit d'accession (3). On ne peut donner au preneur une situation inférieure
à celle qu'il aurait s'il était simplement autorisé à faire les
constructions.

633. Si les constructions que le preneur a été obligé d'élever appartiennent au bailleur, lui appartiennent-elles sans
indemnité ou moyennant une indemnité ? Il est évident que
la convention est maîtresse de régler ce point.

Si elle est muette, tout dépend des circonstances. Il est
possible que le bailleur ait entendu devenir propriétaire des
constructions sans indemnité, et en ait indirectement acquitté
la valeur par une atténuation du prix du bail. La comparai-

---

(1) Rennes, 4 août 1890, sous Cass. civ., 19 juill. 1893, S., 94. 1. 241. — Wahl,
Note, S., 94. 1. 241, n. 1.

(2) Cass. req., 27 juin 1893, S., 94. 1. 43, D., 94. 1. 38 (crédit ouvert par le bailleur au preneur pour faciliter l'exécution des travaux, hypothèque des constructions
comme garantie de remboursement, droit réservé au preneur d'acquérir le terrain,
stipulation que dans des éventualités déterminées les constructions appartiendront
au bailleur sans indemnité). — Trib. civ. Seine, 3 fév. 1894, sous Cass., 19 juin
1895, S., 96. 1. 295 (clause que si le preneur n'acquiert pas le terrain, le terrain et
les constructions seront mis en adjudication et la partie du prix afférente aux constructions sera versée au preneur).

(3) Wahl, *Note*, S., 94. 1. 241, n. 1.

son de ce prix avec la valeur locative de l'immeuble fournira donc le principal élément de solution.

634. Au cas où le bailleur doit une indemnité au preneur obligé de faire les constructions, nous pensons que cette indemnité se calcule sur les dépenses faites et non sur la valeur des constructions.

635. Si, aux termes du bail, les constructions appartiennent au bailleur, même avec indemnité, le preneur n'a, en ce qui les concerne, dès le début que sa qualité de preneur. Il ne peut donc les vendre ni les hypothéquer ([1]) ; ses créanciers ne peuvent les saisir ([2]).

S'il cède avec son bail *son droit aux constructions,* ou s'il cède isolément son droit aux constructions, soit au bailleur, soit à un tiers, il ne cèdera que son droit au bail des constructions ; c'est donc le droit de cession de bail (20 cent. 0/0) qui sera exigible ([3]).

636. Lorsque le preneur est obligé de construire, il se peut, on l'a vu, que le bailleur se soit réservé le droit de faire disparaître les constructions sans indemnité ([4]), aussi bien que dans le cas où le preneur aura construit sans droit.

Dans ce cas, le preneur n'a qu'un droit personnel de jouissance sur les constructions ([5]) : il a donc été décidé avec raison que, pendant le bail, une saisie immobilière ne peut être faite sur le preneur parce que jusqu'à l'option du bailleur il n'est pas propriétaire des constructions ([6]).

De même le preneur ne peut hypothéquer les constructions ([7]).

637. S'il est stipulé que dans le cas de cessation du bail pour une certaine cause, le preneur pourra être obligé d'en-

---

([1]) Cass., 27 mai 1873, S., 73. 1. 254, D., 73. 1. 420. — Aubry et Rau, II, p. 628, § 223, note 19 ; Baudry-Lacantinerie et Chauveau, *Tr. des biens*, n. 30.

([2]) Baudry-Lacantinerie et Chauveau, *loc. cit.*

([3]) Cass., 2 juill. 1851, S., 51. 1. 535. — Baudry-Lacantinerie et Chauveau, *Tr. des biens*, n. 30.

([4]) Cass. req., 22 janvier 1894, S., 94. 1. 264 (impl.). — Bordeaux, 22 fév. 1894, S., 95. 2. 52, D., 94. 2. 584.

([5]) Aubry et Rau, *loc. cit.*

([6]) Bordeaux, 22 fév. 1894, S., 95. 2. 52, D., 94. 2. 584.

([7]) Pont, *Tr. des priv. et hyp.*, II, n. 634 ; Baudry-Lacantinerie et de Loynes, *op. cit.*, II, n. 1299.

lever sans indemnité les constructions que le bail lui a imposées, il en résulte que, dans le cas de cessation de bail pour
toute autre cause, l'enlèvement ne peut être exigé sans indemnité (¹).

638. Il peut arriver que le bailleur se réserve les constructions sans indemnité pour le cas où le preneur n'acquerrait
pas l'immeuble loué dans un délai déterminé ; si en ce cas
le bailleur a mis le preneur dans l'impossibilité de faire l'acquisition dans le délai fixé, la condition est, par application
de l'art. 1178 C. civ., réputée accomplie et le preneur devient
propriétaire des constructions (²).

639. S'il est convenu que les améliorations appartiendront
au bailleur à la fin du bail, le juge du fait déterminera si les
parties ont entendu viser l'expiration de la durée fixée ou une
fin quelconque (³).

640. En principe, on doit considérer que les stipulations
attribuant au bailleur la propriété des constructions ou un
droit d'option sur ces constructions après la fin du bail sont
applicables à l'hypothèse où le bail est résilié avant l'expiration de sa durée normale (⁴).

Cependant si la résiliation est causée par la faute du bailleur, il y a lieu de comprendre dans le calcul de l'indemnité
dont il est redevable envers le preneur la valeur de la jouissance dont le preneur est privé.

641. Si le bail réserve au bailleur le droit d'acquérir les
constructions à la fin du bail, le preneur ne peut les détruire(⁵).

642. Si le bailleur doit, aux termes du bail, indemniser
le preneur des constructions élevées, ce dernier peut retenir
l'immeuble loué jusqu'au paiement de l'indemnité (⁶).

(¹) Cass. req., 22 janv. 1894, S., 94. 1. 264 (bail par l'administration de la guerre
avec clause qu'il n'y aura lieu à aucune indemnité si les besoins du service militaire exigeaient la reprise des terrains ; expiration du bail par l'arrivée du terme).

(²) Cass. req., 16 juil. 1890, D., 91. 1. 49. — Planiol, *Note*, D., 91. 1. 49.

(³) Cass. req., 5 juillet 1886, S., 87. 1. 159 (il peut donner la première solution,
et alors, en cas d'incendie, le bailleur n'aura aucune indemnité à prétendre pour
les améliorations).

(⁴) Bordeaux, 22 fév. 1894, S., 95. 2. 52, D., 94. 2. 584 (motifs).

(⁵) Douai, 12 mars 1892, *Gaz. Pal.*, 92. 2, *Suppl.*, 34.

(⁶) Guillouard, *Tr. du dr. de rétent.*, n. 83.

643. Si le preneur est obligé de construire avec la clause que les constructions seront vendues à profit commun avec le bailleur, le bailleur doit être réputé avoir renoncé à son droit d'accession (¹).

644. Le preneur autorisé ou obligé à faire des constructions doit évidemment, vis-à-vis des voisins, au point de vue des ouvertures, se conformer aux prescriptions du titre *Des servitudes*, il n'a droit à aucune garantie pour la gêne que peut lui causer l'observation de ces prescriptions.

Toutefois, il n'a pas à les observer vis-à-vis d'un terrain voisin appartenant au bailleur lui-même (²).

645. La question de savoir à qui appartiennent les constructions élevées par le preneur avec l'autorisation ou sur l'ordre du bailleur est importante au point de vue des droits respectifs des parties en cas de destruction de ces constructions.

Si elles appartiennent au preneur, leur destruction ne peut donner lieu à aucun recours du bailleur contre le preneur (³) ; cela est évident. Il n'est pas moins certain que, pour donner lieu à un recours du preneur contre le bailleur, la destruction doit être imputable à la faute de ce dernier ; l'art. 1722 n'est donc pas applicable à la destruction fortuite.

Si, au contraire, les constructions appartiennent au bailleur, elles sont réputées avoir été comprises dans le bail et leur destruction équivaut à celle de la chose louée.

II. *Constructions interdites ou passées sous silence par le bail.*

646. Si le bail ne dit rien des constructions, elles sont interdites au preneur (⁴), car elles modifieraient la forme de la chose louée.

(¹) Paris, 9 août 1889, D., 90. 2. 119. — Donc le preneur peut hypothéquer les constructions et les créanciers peuvent les saisir immobilièrement. Paris, 9 août 1889, précité. — Ce droit ne disparaît pas même en cas de résiliation judiciaire du bail. Même arrêt.

(¹) Trib. civ. Gien, 22 nov. 1892, *Gaz. Pal.*, 93. 1. 358.

(³) Toulouse, 23 mars 1876, sous Cass., 16 mai 1877, S., 79. 1. 353, D., 79. 1. 164.

(⁴) Planiol, *Note*, D., 92. 2. 409 ; Guillouard, I, n. 294 ; Huc, X, n. 308, — et les autorités citées aux notes suivantes.

L'interdiction de faire les constructions est donc en principe une clause inutile ; elle ne produit pas de conséquences particulières.

Il en est de même, comme nous l'avons montré, de la clause portant que le preneur fera les constructions qui lui paraîtront nécessaires *à ses risques et périls*.

Toutefois, en l'absence de clause contraire, on peut, suivant les circonstances, admettre que le preneur est de plein droit autorisé à faire les constructions nécessaires à l'exercice d'une profession connue du bailleur ([1]), et alors le droit du preneur sur ces constructions sera le même que s'il était formellement autorisé à les faire ([2]).

La clause par laquelle le bailleur pourra à son choix se rendre propriétaire moyennant indemnité des constructions qu'élèvera le preneur ou les faire démolir sans indemnité, équivaut à l'absence de conventions, puisque c'est là la situation des parties, d'après la jurisprudence, quand aucune convention n'a été faite.

Par suite, jusqu'à la fin du bail et l'option du bailleur, le preneur est propriétaire ; on ne peut dire que le bailleur soit propriétaire sous condition résolutoire ([3]).

Les créanciers du preneur peuvent donc saisir immobilièrement les constructions ([4]).

647. Les relations entre le bailleur et le preneur qui fait des constructions ou plantations qu'il ne lui est pas permis de faire doivent être étudiées soit pendant le cours du bail, soit après la fin du bail.

Toutefois, une observation préalable est nécessaire : c'est qu'en toute hypothèse, les constructions sont des immeubles ([5]), car l'art. 519 les range parmi les immeubles par leur nature.

---

[1] Ainsi on peut admettre que le locataire de bâtiments industriels a le droit d'élever des bâtiments supplémentaires sur les parties vides. Planiol, *loc. cit.*

[2] Planiol, *loc. cit.*

[3] *Contra* Bordeaux, 22 fév. 1894, précité.

[4] *Contra* Bordeaux, 22 fév. 1894, précité.

[5] Paris, 1er mars 1890, D., 91. 2. 38. — Lyon, 4 nov. 1892, *Loi.* 15 déc. 1892. — Planiol, *Note*, D., 92. 2. 409 ; Sérésia, *Rép. périod. de l'Enreg.*, 1890, n. 7391, p. 269.

A. *Situation des parties pendant le bail.*

648. Il est tout d'abord certain que les constructions, quoique élevées sans autorisation du bailleur, sont immeubles; les
bâtiments sont en effet immeubles par leur nature (C. civ.,
art. 518) ([1]).

649. Mais le preneur est-il ou non propriétaire des constructions qu'il élève? On a dit que sur cette question et sur
ses applications la jurisprudence ne présente aucune harmo-
nie ([2]). Nous sommes d'avis contraire ([3]).

Nous adoptons l'affirmative ([4]); par suite, il nous paraît
certain que le preneur peut enlever les constructions et plantations, car ce sont des modifications à la forme et le preneur
peut, nous le montrerons, faire disparaître ces modifications ([5]).
La jurisprudence est en ce sens ([6]).

Il serait fort singulier que le bailleur devînt immédiatement propriétaire des constructions et plantations : d'une
part, il a pu ignorer leur existence ou ne pas vouloir devenir
propriétaire et on ne peut admettre qu'il soit devenu propriétaire sans le savoir; d'autre part, les constructions et planta-

---

([1]) V. Baudry-Lacantinerie et Chauveau, *Tr. des biens*, 2ᵉ éd., n. 27. — V. aussi
les autorités citées dans les notes suivantes.

([2]) Laurent, XXV, n. 182 *bis;* Larcher, *Tr. des constr. élevées sur le terrain
d'autrui*, n. 168.

([3]) Wahl, *Notes*, S., 94. 1. 242, et S., 96. 2. 25.

([4]) Trib. civ. Pont l'Évêque, 15 mai 1883, *Rép. périod. de l'Enreg.*, n. 6276. —
Wahl, *Notes*, S., 94. 1. 242, n. 5 s. et S., 96. 2. 25; Baudry-Lacantinerie et Chauveau, *Tr. des biens*, n. 31. — Sol. Régie belge, 13 fév. 1882, *Rec. gén. des décis.
admin.*, n. 9811. — *Contra* Lyon, 14 janv. 1832, S., 33. 2. 190. — Rennes, 4 août
1890, sous Cass. civ., 19 juill. 1893, S., 94. 1. 241. — Trib. civ. Mauriac, 26 fév.
1891, sous Riom, 12 nov. 1892, D., 94. 2. 137. — Demolombe, IX, n. 172 et 172
bis: Guillouard, I, n. 297 s.; Planiol, *Note*, D., 92. 2. 409; Baudry-Lacantinerie et
de Loynes, *Du nantiss. des priv. et hyp.*, II, n. 1298; Sérésia, *op. cit.*, p. 270;
Aubry et Rau, II, p. 628, § 223, note 18.

([5]) Duvergier, I, n. 461 ; Laurent, XXV, n. 177 et 179; Wahl, *Note*, S., 94. 1.
243, n. 8 *d; Rev. dr. belge*, I, p, 58 s.; Huc, X, n. 307. — *Contra* Aubry et Rau,
II, p. 398, § 204, note 22 et IV, p. 490, § 367; Agnel, n. 904; Guillouard, I. n. 296,
297 et 299; Larcher, *op. cit.*, n. 154 s. et 161; Planiol, *Note*, D., 92. 2. 409.

([6]) Cass., 22 nov. 1864, S., 65. 1. 41, D., 65. 1. 14. — Les arrêts qu'on a cités
en sens contraire (Cass., 3 janv. 1849, S., 49. 1. 95. — Cass., 1er juill. 1851, S., 51.
1. 481, D., 51. 1. 249. — Cass., 8 mai 1877, S., 77. 1. 297, D , 77. 1. 308, règlent
les relations des parties à la fin du bail et sont, par suite, étrangers à la question.
— *Contra* Paris, 22 nov. 1886, S., 88. 2. 126.

tions ayant été élevées par le preneur dans son intérêt, il ne peut en perdre immédiatement la propriété au profit du bailleur ; enfin on n'a jamais soutenu que le bailleur devint propriétaire contre sa propre volonté : c'est donc que la propriété ne lui est pas acquise de plein droit. Cette solution est conforme au droit commun : la propriété d'une chose appartient évidemment à celui qui l'a créée.

Nous invoquons aussi l'art. 553, d'après lequel « toutes constructions, plantations et ouvrages sur un terrain ou dans l'intérieur sont présumés faits par le propriétaire à ses frais *et lui appartenir, si le contraire n'est prouvé* ». Il résulte de là très clairement que, si des constructions et plantations sont faites par le preneur, elles n'appartiennent pas au bailleur.

L'art. 555 vient à l'appui de la même solution, car, en cas de constructions, etc., faites par un tiers, il n'autorise le propriétaire qu'à *les retenir* ou à obliger le constructeur de les enlever. Or la rétention d'un ouvrage fait sur un immeuble suppose la rentrée en possession de cet immeuble et, par conséquent, l'expiration du bail. Cette solution trouve encore sa justification dans la suite de l'art. 555 qui, pour calculer l'indemnité due par le propriétaire au constructeur, le met successivement en présence de constructeurs qui avaient, soit de bonne foi, soit de mauvaise foi, la possession de l'immeuble sur lequel étaient élevées les constructions ; or il ne peut y avoir de rapports entre le possesseur et le propriétaire avant que ce dernier ne soit rentré en possession.

C'est donc bien à tort qu'on invoque le même art. 555 à l'appui de l'opinion que nous combattons ; c'est également à tort qu'on se prévaut de l'art. 551 d'après lequel « tout ce qui s'unit et s'incorpore à la chose appartient au propriétaire ». Cet article n'est que le résumé des diverses dispositions qui le suivent (« suivant les règles qui seront ci-après établies », dit-il) et parmi lesquelles figurent les art. 553 et 555 dont nous venons de donner l'explication ; l'art. 551 signifie donc, comme l'art. 555, que le bailleur devient propriétaire à l'expiration du bail. Du reste, personne n'admet l'application complète de l'art. 551, qui rendrait le bailleur propriétaire, même contre son gré, des constructions.

Nous ajoutons que l'opinion contraire exagère les obligations que le bail impose au preneur : le preneur est tenu de
restituer la chose même qu'il a reçue et rien de plus ; on le
force à restituer les ouvrages qu'il a faits, c'est-à-dire des
objets qu'il n'a pas reçus. C'est une puérilité que d'objecter,
comme on l'a fait, que l'art. 1730, en posant ce principe,
statue sur le cas le plus usuel et a négligé l'hypothèse de
constructions et plantations (¹).

La cour de cassation (²) a fait ressortir un autre inconvénient de la doctrine que nous combattons : elle oblige le
preneur à « conserver un mécanisme établi par lui pour
l'exercice de son industrie, quoique l'expérience lui en ait
démontré le vice ou l'insuffisance ».

On a cru (³) répondre à cet argument en disant que le preneur, qui peut modifier l'immeuble pour l'exercice de son
industrie, peut de même modifier les constructions qu'il y a
faites ; tout ce qu'il ne pourra pas faire, ce sera de supprimer
ce qu'il aura construit pour ne rien mettre à la place. C'est
une singulière distinction, car, si les constructions deviennent
complètement inutiles au preneur, pourquoi aurait-il seulement le droit de les modifier sans les supprimer ? et jusqu'à
quel point, d'ailleurs, le bailleur devra-t-il en admettre la
modification ? On voit immédiatement le nombre des difficultés pratiques auxquelles donnera naissance cette solution.
Elle fait du reste appel à un principe qui n'existe pas, car le
seul droit qu'ait le preneur, c'est d'introduire des modifications
insignifiantes à la chose louée ; ce droit ne pourra lui être
d'une grande utilité ici. On nous dit, il est vrai, qu'il pourra
l'exercer, pour les améliorations qu'il aura lui-même introduites, « dans une mesure plus large » (⁴) ; c'est encore une
restriction difficile à justifier : car si les améliorations du
preneur deviennent la propriété du bailleur, comment le
preneur aurait-il, en ce qui les concerne, un droit de modi-

(¹) V. *infra*, n. 652.
(²) Cass., 22 nov. 1864, précité.
(³) Guillouard, I, n. 297.
(⁴) Guillouard, I, n. 297.

fication plus grand qu'à l'égard de l'immeuble, qui est, au même degré, la propriété du bailleur?

Il n'est pas admissible, dit-on encore (¹), que le preneur, qui n'a qu'un droit personnel sur la chose louée, ait un droit réel immobilier sur les constructions et plantations qu'il y a élevées; on arrive à dire que les actions du preneur contre les tiers, personnelles en ce qui concerne la jouissance du sol, sont réelles en ce qui concerne la jouissance des constructions.

Nous ne voyons rien là d'étrange, ni de contradictoire. Pourquoi le preneur d'une chose ne serait-il pas propriétaire des constructions? Cette propriété peut évidemment lui être conférée par le bailleur (²), pourquoi ne lui appartiendrait-elle pas en dehors d'une convention? Au surplus, on voit, dans d'autres situations juridiques, le sol et les constructions appartenir à deux personnes différentes. N'est-ce pas la situation respective du propriétaire et du superficiaire? Et, cela étant, qu'y a-t-il d'étrange à ce que le preneur soit envisagé à deux points de vue différents suivant qu'il s'agit du sol ou des constructions?

C'est encore à tort qu'on veut assimiler la situation du preneur à celle de l'acheteur d'une maison pour être démolie ou d'un bois pour être abattu. Ces deux situations n'ont rien de comparable; le preneur se comporte comme propriétaire de l'immeuble, il l'exploite, il l'habite, son droit de possession n'est pas subordonné à l'obligation de détruire l'immeuble. Au contraire, l'acheteur, dans les hypothèses auxquelles on fait allusion, achète non pas l'immeuble, mais les meubles qui le composent. Du reste, cette assimilation n'existe pas même dans l'opinion que nous combattons; car cette opinion attribue au preneur non pas la propriété des matériaux qui composent les ouvrages, mais un droit de créance contre le bailleur.

Au point de vue de l'équité, on peut encore faire remarquer ceci : le preneur qui fait des constructions et plantations

---

¹) Guillouard, 1, n. 299.
²) V. *supra*, n. 616 s.

songe avant tout à son intérêt personnel ; il veut augmenter les bénéfices de son industrie ou l'agrément de sa jouissance ; les moyens dont il use ne peuvent qu'être encouragés, puisqu'ils ne nuisent pas au bailleur, et on n'enrichit pas illicitement le preneur en lui permettant d'enlever ses travaux. Le système contraire détruit la balance, il fait des travaux du preneur un injustifiable moyen d'enrichissement pour le bailleur et lui permet de recueillir les fruits de l'habileté d'autrui.

Nous répétons enfin que si l'on se réfère aux principes du contrat de louage, on se trouve en présence de l'art. 1730, d'après lequel le preneur doit rendre la chose telle qu'il l'a reçue. L'opinion que nous combattons le force à rendre quelque chose de plus, puisqu'il est forcé de laisser subsister les constructions qu'il a élevées.

La jurisprudence est, quoi qu'on ait dit (¹), entièrement en notre sens ; ses décisions ne présentent aucune inconséquence, la plupart d'entre elles se justifient entièrement.

650. La jurisprudence ne paraît pas attribuer au droit de propriété du preneur le caractère conditionnel ; il est, en effet, *à certains égards*, pur et simple (²) : le bailleur aura le droit, comme nous le montrerons, de se déclarer propriétaire des constructions après la fin du bail, et, en ce sens, la propriété du preneur est soumise à une condition résolutoire ; mais comme le preneur, de son côté, a le droit de restituer l'immeuble dans l'état où il l'a reçu, ce droit du bailleur ne peut s'exercer que si les constructions existent encore à la fin du bail. En un mot, dans tout le cours du bail, le preneur a les droits non pas d'un propriétaire conditionnel, mais d'un propriétaire définitif.

651. De ce que nous venons de dire, il résulte que le bailleur ne peut opter pendant le bail pour le maintien ou la démolition des constructions (³). Il empêcherait ainsi le preneur d'exercer ses droits de propriétaire. L'option, étant inopposable au preneur, n'engage pas davantage le bailleur,

---

(¹) Guillouard, I, n. 296 et 298 ; Larcher, *op. cit.*, n. 154 s.

(²) V. cep. Baudry-Lacantinerie et Chauveau, *op. cit.*, n. 36.

(³) V. cep. Baudry-Lacantinerie et Chauveau, *op. cit.*, n. 36.

lequel a entendu, en l'exerçant, faire naître des obligations à
la charge du preneur, et n'a voulu lui conférer des droits
que comme conséquences de ces obligations.

Dans l'opinion d'après laquelle l'option peut être exercée
dans le cours du bail, les créanciers du bailleur peuvent-ils
l'exercer ? La question est la même qu'après la fin du bail ([1]).
Nous ne pensons donc pas que les créanciers puissent exercer
cette option ([2]).

652. Nous avons dit que dans notre opinion le preneur
peut détruire les constructions au cours du bail.

Certains des auteurs qui ne lui reconnaissent aucune propriété sur les constructions lui permettent cependant de les
détruire au cours du bail ([3]), parce qu'il peut également détruire, même avant leur maturité, les récoltes qui ne lui
appartiennent pas. C'est un singulier rapprochement. D'autres
se sont appuyés pour donner la même solution sur ce que le
preneur peut modifier l'immeuble loué ([4]), ce qui est une
erreur.

Il faut donc, dans l'opinion qui reconnaît au bailleur la
propriété des constructions, interdire au preneur de les détruire. Mais cela est contraire à l'art. 1730, qui l'oblige seulement à « rendre la chose telle qu'il l'a reçue ». En vain dit-
on que l'art. 1730 ne statue que sur le cas le plus usuel, celui
où aucune construction n'a été faite; il n'en est pas moins
vrai que le preneur n'a pas à rendre ce qu'il n'a pas reçu.

Le bailleur ne peut ainsi, en faisant son option pendant
le bail, empêcher le preneur d'exercer sur l'immeuble ses
droits de propriétaire ([5]).

653. Notons, d'ailleurs, que pour certains partisans de
l'opinion d'après laquelle le bailleur devient propriétaire des
travaux, ce droit de propriété ne lui appartient que s'il en
fait l'option à la fin du bail. Le bailleur ne pourrait donc pas,
au cours du bail, être mis en demeure de déclarer s'il en-

([1]) V. *infra*, n. 670.

([2]) V. cep. Baudry-Lacantinerie et Chauveau, *op. cit.*, n. 37.

([3]) Nancy, 2 mars 1889, S., 90. 2. 127. — Sérésia, *op. cit.*, p. 270.

([4]) Larcher, *op. cit.*, n. 160. — V. *supra*, n. 648 et *infra*, n. 663.

([5]) Trib. civ. Amiens, 22 juin 1889, *Rec. d'Amiens*, 91. 203.

tend faire détruire les ouvrages ou en devenir propriétaire.

Certains des auteurs d'après lesquels le bailleur est immédiatement propriétaire des constructions, lui interdisent cependent d'en exiger l'enlèvement dans le cours du bail, par la raison que les constructions sont assimilées à l'immeuble loué, dont le bailleur ne peut modifier la forme (¹). Le rapprochement est inexact; le bailleur ne peut modifier la forme de l'immeuble loué, mais il n'a pas loué les constructions.

654. Jusqu'à l'option du bailleur, quelle est, dans l'opinion qui considère ce dernier comme ayant acquis de plein droit la propriété des constructions, la situation du preneur vis-à-vis de ces constructions? On dit qu'il en est le locataire (²), et cela est logique. Mais comment peut-il être locataire de constructions sans payer pour la jouissance de ces constructions aucun loyer?

655. D'autres intérêts sont encore engagés dans la question de savoir si le bailleur devient immédiatement propriétaire, quoiqu'on se soit considérablement exagéré ces intérêts.

Ainsi nous montrerons que la question de savoir si le bailleur est tenu de l'impôt foncier afférent aux constructions se résout par des principes différents (³).

Mais le preneur peut-il, durant le bail, hypothéquer les constructions qu'il a élevées? Il faut, pour que la question se pose, que les constructions élevées par le preneur soient susceptibles d'hypothèque, ce qui n'est pas contestable, les constructions étant des immeubles par nature (⁴).

Dans l'opinion que nous avons combattue, la négative n'est pas douteuse (⁵). Le preneur n'est pas propriétaire des constructions, il ne peut donc pas les hypothéquer (arg. art. 2124).

Il en va tout autrement dans notre opinion; le preneur est

(¹) Sérésia, *op. cit.*, p. 270.

(²) Planiol, *Note*, D., 92. 2. 409.

(³) V. *infra*, n. 887.

(⁴) Baudry-Lacantinerie et de Loynes, *Du nantissement, des priv. et hyp.*, II, n. 930.

(⁵) Paris, 4 nov. 1886, S., 88. 2. 126. — Demolombe, IX, n. 168; Martou, *Tr. des priv. et hyp.*, n. 955; Guillouard, I, n. 297; Baudry-Lacantinerie et de Loynes, II, n. 1298; Sérésia, *op. cit.*, p. 271.

propriétaire des constructions, il peut donc les hypothéquer ([1]).

De même, dans notre opinion, les hypothèques légales ou judiciaires qui grèvent la généralité des biens du preneur s'appliquent aux constructions élevées par lui sur l'immeuble loué ([2]).

Les créanciers hypothécaires du preneur peuvent poursuivre l'immeuble entre les mains d'un tiers acquéreur ([3]).

656. De son côté le bailleur peut hypothéquer les constructions. Il le peut même dans notre opinion, puisqu'il pourra devenir propriétaire des constructions après son option ([4]).

Pour nos adversaires, les créanciers hypothécaires du bailleur sur l'immeuble peuvent, s'ils sont dans les conditions où, d'après le droit commun, l'hypothèque s'étend aux constructions, inscrire leur hypothèque sur les constructions en même temps que sur l'immeuble ([5]).

De même le bailleur peut, dans ce système, vendre les constructions ([6]).

Ces conventions ne sont pas définitives, elles dépendent de l'option que fera le bailleur à la fin du bail; elles ne sont définitives que dans l'opinion d'après laquelle cette option peut s'exercer au cours du bail ([7]).

657. Comme propriétaire des constructions, le preneur peut les vendre ([8]). Il peut aussi céder la créance qui lui appartiendra sur le bailleur si ce dernier, à l'expiration du bail, opte pour la propriété des constructions.

---

[1] Cass , 13 fév. 1872, S., 72. 1. 104, D., 72. 1. 256. — Lyon, 18 fév. 1871, S., 71. 2. 81, D., 71. 2. 191. — Trib. civ. Seine, 12 déc. 1888, *Gaz. Pal.*, 89.1, *Suppl.*, 17. — Trib. civ. Seine, 5 avril 1897, *Loi*, 6 mai 1897. — Pont, *Tr. des priv. et hyp.*, II, n. 634; Baudry-Lacantinerie et de Loynes, *op. cit.*, II, n. 1299; Baudry-Lacantinerie et Chauveau, *Tr. des biens*, n. 32 et 36. — On cite à tort en sens contraire Cass., 27 mai 1873, S., 73. 1. 254, qui a trait à l'hypothèse où le bailleur s'est réservé la propriété des constructions.

[2] Wahl, *loc. cit.*

[3] Pont, II, n. 634; Baudry-Lacantinerie et de Loynes, *op. cit.*, II, n. 1300.

[4] Baudry-Lacantinerie et Chauveau, *op. cit.*, n. 37.

[5] Nancy, 2 mars 1889, S., 90. 2. 127. — V. *infra*, n. 661.

[6] Baudry-Lacantinerie et Chauveau, *op. cit.*, n. 37.

[7] Baudry-Lacantinerie et Chauveau, *op. cit.*, n. 37.

[8] Wahl, *Note*, S., 94. 1. 243, n. 8 *b*.

La vente est soumise à la transcription ([1]).

Dans le système qui ne laisse au preneur aucun droit sur les constructions, il ne peut céder que la créance dont nous venons de parler ([2]).

658. Si le preneur cède, soit seules, soit, ce qui est plus ordinaire, en même temps que son bail, les constructions élevées par lui, cette cession donne-t-elle lieu au droit de vente immobilière ou au droit de vente mobilière?

La jurisprudence est dans le premier sens ([3]) et cela ne fait pas de doute, car il s'agit, dans son opinion, d'un véritable immeuble dont le preneur aliène la propriété.

Les partisans du système d'après lequel le bailleur est devenu immédiatement propriétaire des constructions, n'admettent au contraire que la perception du droit de vente mobilière parce que le preneur n'a qu'un droit mobilier sur les constructions ([4]).

Nous nous expliquons mal sur ce qu'on entend par un droit mobilier sur un immeuble ; ce qu'on veut dire, sans doute, c'est que le preneur a un droit de propriété sur les matériaux qui composent les constructions, c'est-à-dire sur des meubles. Mais ne serait-il pas mieux de dire que, le bailleur ayant acquis la propriété des constructions, le preneur n'a contre lui qu'une action en indemnité et que, dès lors, les constructions ne lui appartiennent ni comme immeubles, ni comme meubles ?

Du reste, ce raisonnement, comme celui même de l'opinion

([1]) Paris, 1er mars 1889, D., 91. 2. 38. — Baudry-Lacantinerie et Chauveau, *op. cit.*, n. 32.

([2]) Sérésia, *op. cit.*, p. 271.

([3]) Cass., 2 fév. 1842, S., 42. 1. 172. — Cass., 26 juil. 1843, S., 43. 1. 805. — Cass., 3 juil. 1844, S., 44. 1. 682. — Cass., 26 août 1844, S., 44. 1. 708. — Cass., 1er juil. 1845, S., 45. 1. 491. — Cass., 15 avril 1846, S., 46. 1. 396. — Cass., 5 janv. 1848, S., 48. 1. 197. — Cass., 27 juill. 1868, S., 69. 1. 38. — Cass., 12 fév. 1872, S., 73. 1. 13. — Cass., 11 août 1884, S., 85. 1. 231. — Rouen, 20 août 1859, S., 59. 2. 647. — Paris, 1er mars 1889, D., 91. 2. 38. — Trib. civ. Dijon, 18 juin 1888, *Journ. de l'enreg.*, art. 23084. — Trib. civ. Bourges, 12 juin 1891, *Rép. période. de l'enreg.*, n. 7694. — Garsonnet, IV, p. 24, § 642, note 7 ; Wahl, *Note*, S., 94. 1. 243, n. 8 b : Baudry-Lacantinerie et Chauveau, n. 32 et 36.

([4]) Trib. civ. Seine, 30 nov. 1893, *Rép. période. de l'enreg.*, 1894, art. 8255. — Guillouard, I, n. 298 ; Larcher, n. 431 s. — *Contra* Sérésia, *op. cit.*, p. 271.

que nous combattons, pèche par la base. Les constructions, qu'elles appartiennent au preneur ou au bailleur, sont des immeubles par nature (C. civ., art. 518). Si donc le preneur aliène des constructions appartenant au bailleur, il aliène l'immeuble d'autrui ; et on sait que, d'après la jurisprudence fiscale, la vente de l'immeuble d'autrui est soumise au droit de mutation immobilière, la régie n'ayant pas à se préoccuper du point de savoir si l'immeuble appartenait ou non au vendeur.

En vain tire-t-on argument [1] des droits dus sur la vente d'un immeuble destiné à être détruit ; nous avons fait remarquer les différences qui séparent ce cas de celui qui nous occupe.

659. De toute manière, comme les constructions sont des immeubles, l'acquéreur, pour être préféré aux autres ayants cause du preneur, doit faire transcrire son titre [2].

660. A qui l'administration peut-elle s'adresser pour faire opérer dans les constructions les travaux d'assainissement nécessaires ? Elle peut s'adresser au preneur puisqu'il est considéré comme propriétaire. Peut-elle s'adresser au bailleur? Non, puisque, selon nous, le bailleur n'a aucune propriété sur la chose louée [3].

661. Les créanciers du preneur peuvent-ils, pendant la durée du bail, poursuivre l'expropriation des constructions par la voie de la saisie immobilière ? La négative est certaine dans l'opinion que nous avons combattue [4]; l'affirmative n'est pas moins certaine dans notre opinion [5] et elle a été adoptée par la jurisprudence : les constructions sont, en effet, des immeubles et elles appartiennent au preneur [6].

---

[1] Demolombe, IV, n. 172 ; Guillouard, I, n. 299.

[2] Paris, 1er mars 1889, D., 94. 2. 38. — Baudry-Lacantinerie et Chauveau, *op. cit.*, n. 36.

[3] *Contra* Cons. préf. Seine, 28 fév. 1893, *Gaz. des Trib.*, 23 août 1893 (ce jugement est relatif à l'hypothèse où le bailleur s'est réservé la faculté d'acquérir les constructions à la fin du bail, il est injustifiable).

[4] Bordeaux, 22 fév. 1894, S., 95. 2. 52, D., 94. 2. 584. — Trib. civ. Mauriac, 26 fév. 1891, sous Riom, 12 nov. 1892, D., 94. 2. 137. — Demolombe, IX, n. 167 ; Guillouard, I, n. 297 et 298.

[5] Wahl, *Note*, S., 94. 1. 243, n. 8 a.

[6] Rouen, 20 août 1859, S., 59. 2. 647. — Angers, 6 juin 1894 (motifs), S., 96. 2.

Mais les créanciers du bailleur ont-ils le même droit ? Non certainement dans notre système, puisque le bailleur ne peut être propriétaire avant la fin du bail (¹). Il semble que l'opinion contraire doit être amenée à permettre cette saisie (²); elle aurait les plus graves inconvénients pour le preneur ; il serait en outre fort singulier qu'avant que le bailleur eût fait son option ses créanciers pussent s'approprier le prix des constructions.

Un système particulier permet la saisie immobilière aux créanciers soit du bailleur, soit du preneur (³).

Les travaux élevés par le preneur peuvent-ils faire l'objet d'une saisie-exécution ou saisie mobilière à la requête de ses créanciers? Ils ne le peuvent pas dans notre opinion et c'est en ce sens qu'a statué la cour de cassation (⁴). Ils ne le peuvent pas davantage dans l'opinion contraire (⁵), quoi qu'on ait pu dire (⁶). La saisie exécution n'est possible que sur le propriétaire de meubles corporels; or, dans l'opinion à laquelle nous faisons allusion, le preneur n'a pas la propriété des meubles corporels qui constituent, par leur réunion les ouvrages élevés par lui; il a simplement un droit personnel, un droit de créance contre le bailleur ; en autorisant la saisie-exécution sur le preneur, on confond donc le droit *personnel* avec le *droit réel mobilier*.

Les constructions ne pouvant être saisies qu'immobilièrement par les créanciers du preneur, le prix de l'adjudication

---

25. — Trib. civ. Seine, 12 déc. 1888, *Gaz. Pal.*, 89. 1. *Suppl.*, 17. — Baudry-Lacantinerie et de Loynes, *op. cit.*, II, n. 1300; Baudry-Lacantinerie et Chauveau, *op. cit.*, n. 32. — On a cité en sens contraire des arrêts (Cass., 14 fév. 1849, S., 49. 1. 261. — Lyon, 14 janv. 1832, S., 33. 2. 190. — Besançon, 22 mai 1845, S., 45. 2. 273), qui concernent l'hypothèse où une convention règle la propriété des constructions et sont par suite étrangers à la question.

(¹) Wahl, *Note*, S., 94. 1. 243, n. 8 *a* et S., 96. 2. 25.

(²) V. en ce sens Nancy, 2 mars 1889, précité. — Baudry-Lacantinerie et Chauveau, *op. cit.*, n. 37.

(³) Garsonnet, IV, p. 24, § 642.

(⁴) Cass. civ., 19 juill. 1893, S., 94. 1. 241, D., 93. 1. 603. — Lyon, 4 nov. 1892, *Loi*, 15 déc. 1892. — Wahl, *Note*, S., 93. 1. 242, n. 3.

(⁵) Wahl, *Note*, S., 94. 1. 242, n. 3; Glasson, *Note*, D., 94. 2. 137.

(⁶) Rennes, 4 août 1890, sous Cass. civ., 19 juil. 1893, précité. — Trib. civ. Mauriac, 26 fév. 1891, précité.

sera distribué par voie d'ordre et non par voie de contribution ([1]).

662. Le droit du preneur peut-il faire l'objet d'une saisie-arrêt? Par exemple, si le preneur cède sa créance en indemnité à un tiers, dans le cours du bail, le cessionnaire pourra-t-il pratiquer une saisie-arrêt entre les mains du bailleur? Sans aucun doute, notre opinion, qui ne confère pas au bailleur un droit de propriété immédiate, est conduite à la négative, quoiqu'on ait dit le contraire ([2]). Quant au système qui reconnaît au bailleur un droit de propriété immédiate, il a cru pouvoir logiquement adopter la même solution ([3]). C'est une erreur ([4]) ; l'exigibilité de la créance est, il est vrai, subordonnée à l'option du bailleur, mais une créance conditionnelle peut faire l'objet d'une saisie-arrêt ([5]).

En tout cas, la créance du preneur sera, le jour où elle existera, passible d'une saisie-arrêt ([6]).

663. Le preneur peut, dans notre opinion, comme nous l'avons dit, détruire les constructions, puisqu'elles lui appartiennent ; si elles périssent par cas fortuit, il n'a droit évidemment à aucune indemnité ni à la résiliation du bail. L'opinion qui considère le bailleur comme devenu immédiatement propriétaire des constructions défend logiquement au preneur de les détruire ([7]). Il ne pourra même les modifier sans l'assentiment du bailleur. Etant regardé comme locataire des constructions, il sera tenu, en cas de dégradations, de la même manière que s'il s'agissait d'un immeuble loué ; les art. 1733 et 1734 seront applicables à l'incendie des constructions ([8]). Mais ira-t-on jusqu'à dire qu'en cas de perte fortuite des

---

([1]) Cass., 13 fév. 1872, S., 72. 1. 104, D., 72. 1. 256. — Lyon, 18 fév. ou 18 mars 1871, S., 71. 2. 81, D., 71. 2. 191. — Rouen, 26 août 1871, S., 72. 2. 170. — Paris, 22 fév. 1872, S., 72. 2. 170, D., 74. 2. 21. — Baudry-Lacantinerie et de Loynes, *op. cit.*, II, n. 1300; Baudry-Lacantinerie et Chauveau, *op. cit.*, n. 32.

([2]) Wahl, *Note*, S., 94. 2. 243, n. 8 *f*. — Cpr. Guillouard, I, n. 297.

([3]) Guillouard, I, n. 297 ; Larcher, *op. cit.*, n. 167.

([4]) Glasson, *Note*, D., 94. 2. 137. — On cite Limoges, 17 mars 1877, S., 77. 2. 236, qui paraît étranger à la question.

([5]) Cass., 29 oct. 1890, S., 91. 1. 305 et nombreuses décisions antérieures.

([6]) Larcher, *op. cit.*, n. 167 ; Wahl, *Note*, S., 94. 2. 242, n. 3.

([7]) V. *supra*, n. 652.

([8]) Planiol, *Note*, D., 92. 2. 409.

constructions, le locataire peut exiger leur réédification ou demander la résiliation du bail?

664. Le preneur ne peut se dispenser de payer les loyers à raison de la créance qu'il a contre le bailleur pour les travaux faits sur la chose (¹); car cette créance n'est pas liquide, et manque ainsi d'une des conditions nécessaires à la compensation (art. **1291**).

B. *Situation des parties après l'expiration du bail.*

665. En admettant, comme nous l'avons fait, que le bailleur ne soit pas devenu propriétaire des constructions dès le jour où elles ont été faites, en devient-il propriétaire à la fin du bail?

Sans aucun doute, le bailleur ne deviendra pas propriétaire malgré lui; nous ne croyons pas que l'opinion contraire soit admise par personne.

Mais le bailleur peut-il au moins exiger que les constructions et plantations soient maintenues sur l'immeuble, de manière qu'il en deviendra propriétaire moyennant indemnité?

L'affirmative nous paraît certaine (²); on peut ici appliquer directement l'art. **555** (³) : cet article dispose d'une manière générale que « lorsque les plantations, constructions et ouvrages ont été faits par un tiers et avec ses matériaux, le propriétaire du fonds a droit ou de les retenir, ou d'obliger ce tiers à les enlever ». Ce texte est trop général pour que son appli-

---

(¹) Laurent, XXV, n. 242; Guillouard, I, n. 222.

(²) Cass., 3 janv. 1849, S., 49. 1. 85, D., 49. 1. 27. — Cass., 1ᵉʳ juil. 1851, S.,51. 1. 481, D., 51. 1. 249. — Cass., 23 mai 1860, S., 60. 1. 702, D., 60. 1. 384 (sol. impl.). — Cass. req., 27 juin 1893, S., 94. 1. 43, D., 94. 1. 38 (impl.). — Orléans. 20 avril 1849, S., 49. 2. 597, D., 50. 2. 1. — Nancy, 2 mars 1889, S., 90. 2. 127. — Bourges, 27 oct. 1897, *Droit,* 30 nov. 1897 (haies et fossés). — Trib. civ. Seine, 3 mars 1893, *Droit,* 24 mai 1893, *Loi,* 14 juin 1893 (objets mobiliers incorporés).— Trib. civ. Seine, 9 janv. 1895, *Gaz. Trib.,* 4 avril 1895. — Demante, II, n. 392 *bis,* II ; Massé et Vergé, II, p. 111, § 297, note 10; Demolombe, IX, n. 693 ; Aubry et Rau, II, p. 398, § 204, note 22 et IV, p. 471, § 365, note 6 ; Guillouard, I, n. 296 ; Garsonnet, IV, p. 27, § 642; Wahl, *Note,* S., 94. 1. 241, n. 2; Huc, X, n. 307; Baudry-Lacantinerie et Chauveau, *op. cit.,* n. 35 et 376.— *Contra* Laurent, XXV, n. 179 ; Sérésia, *op. cit.,* p. 273. — V. cep. *infra,* n. 675.

(³) V. cep. Sérésia, *op. cit.,* p. 272 (les rapports des parties ne dériveraient pas de la loi, mais du contrat).

cation puisse être écartée. On objecte donc à tort que, le preneur pouvant enlever les constructions, le bailleur ne peut l'obliger à les laisser. Si le preneur peut enlever les constructions, c'est seulement dans le cours du bail. Il est divinatoire d'objecter en outre que le bailleur ne saurait avoir, après la fin du bail, plus de droits que pendant sa durée.

666. Le bailleur peut également, par application de l'art. 555 et des art. 1730 et 1731, contraindre le preneur d'enlever les ouvrages sans indemnité ([1]).

667. Dans ce cas, dès que l'option du bailleur est faite, le droit du preneur se transforme, — rétroactivement comme nous le dirons ([2]), — en un droit sur les constructions, c'est-à-dire en un droit de propriété mobilière ([3]).

668. Le bailleur ne peut exercer son option au détriment des droits qu'il a concédés lui-même à des tiers. Si, par exemple, il a loué l'immeuble avec les constructions élevées par un précédent locataire, il ne peut faire démolir ces constructions([4]).

669. En reprenant la jouissance de l'immeuble, le bailleur devra déclarer s'il opte pour la conservation ou pour l'enlèvement des matériaux ; aucune mise en demeure n'est nécessaire de la part du preneur ([5]). Le preneur n'a même pas à s'informer du point de savoir si le bailleur connaît l'existence des constructions ([6]), car le devoir du bailleur est d'examiner l'état de l'immeuble en possession duquel il rentre. L'option peut être tacite : si le bailleur prend possession des constructions elles-mêmes, il sera réputé avoir opté pour leur acquisition ([7]), s'il saisit les matériaux, il opte ainsi pour l'enlèvement ([8]).

([1]) Cass. req., 17 janv. 1871. S., 71. 1. 57, D., 70. 1. 293. — Cass. req., 22 janv. 1894, S., 94. 1. 264. — Trib. civ. Seine, 9 janv. 1895, précité. — Aubry et Rau, II, p. 398, § 204, note 22 ; Planiol, *Note.* D., 92. 2. 409 ; Baudry-Lacantinerie et Chauveau, *op. cit.,* n. 35 et 376.

([2]) V. *infra,* n. 676.

([3]) Bordeaux, 22 déc. 1868, S., 69. 2. 268, D., 71. 2. 190. — Baudry-Lacantinerie et Chauveau, *op. cit.,* n. 33.

([4]) Trib. civ. Seine, 26 nov. 1891, *Gaz. Pal.,* 91. 2. 703.

([5]) Cass., 8 mai 1877, S., 77. 1. 297 — Guillouard, I. n. 300.

([6]) *Contra* Guillouard, I, n. 300.

([7]) Trib. civ. Chambéry, 28 juin 1888, *Gaz. Pal.,* 89. 1. *Suppl.,* 49.

([8]) Nancy, 4 juill. 1895, *Gaz. Pal.,* 95. 2. 509, *Loi,* 22 nov. 1895.

Qu'arrivera-t-il si le bailleur n'indique pas sa volonté ? On admet quelquefois que le preneur aura le droit d'enlever les matériaux (¹) ; s'il fallait choisir entre cette solution et la solution contraire, nous adopterions cette dernière. En effet l'art. 551 nous apprend que le bailleur est de plein droit propriétaire des constructions. Toutefois, comme il a le choix entre deux partis, il semble que le preneur devra s'adresser au tribunal, qui imposera au bailleur un délai d'option et le déclarera, à défaut d'option dans ce délai, propriétaire, moyennant indemnité, des constructions et plantations.

670. L'option ne peut être exercée par les créanciers du bailleur (²). D'une part on peut soutenir qu'il s'agit d'un acte essentiellement personnel, puisqu'il consiste à choisir entre plusieurs partis dont le bailleur seul peut apercevoir les avantages respectifs. D'autre part il est certain que les créanciers ne peuvent opter pour le maintien des constructions, puisqu'ils grèveraient ainsi d'une indemnité le patrimoine du bailleur et qu'il n'appartient pas aux créanciers de faire naître des obligations à la charge de leur débiteur ; comment, dès lors, pourraient-ils choisir entre les autres partis ?

671. C'est encore l'art. 555 qu'on appliquera pour la fixation de l'indemnité (³), c'est-à-dire que « si le propriétaire préfère conserver ces plantations et constructions, il doit le remboursement de la valeur des matériaux et du prix de la main-d'œuvre, sans égard à la plus ou moins grande augmentation de valeur que le fonds a pu recevoir » (⁴).

Cependant certains auteurs n'obligent le bailleur à rendre que la plus-value (⁵). Cette solution est inacceptable, car l'art. 555 ne la donne que pour le possesseur de bonne foi ; s'il traite mieux le possesseur de mauvaise foi, c'est parce qu'en

---

(¹) Guillouard, I, n. 300. — V. *infra*, n. 675.

(²) V. cep. Baudry-Lacantinerie et Chauveau, *op. cit.*, n. 37.

(³) Trib. civ. Chambéry, 28 juin 1888, *Gaz. Pal.*, 89. 1. *Suppl.*, 49. — Trib. civ. Marseille, 7 fév. 1890, *Rec. d'Aix*, 90. 2. 206.

(⁴) Cass., 3 janv. 1849, précité. — Cass., 1ᵉʳ juill. 1851, précité. — Orléans, 20 avril 1849, précité. — Aubry et Rau, *loc. cit.*; Guillouard, I, n. 300; Demolombe, IX, n. 694 s.; Laurent, VI, n. 275.

(⁵) Duranton, IV, n. 581; Proudhon, *Tr. de l'usufruit*, III, n. 1456; Troplong, II, n. 354; Duvergier, I, n. 457 s.

revanche ce dernier, à la différence du possesseur de bonne foi, est exposé à se voir enlever les constructions par la volonté du propriétaire : le bailleur, ayant le droit d'enlever les constructions, est donc tenu par là même, s'il les conserve, de fournir au preneur une indemnité correspondante aux dépenses faites.

D'autre part il a été jugé que le propriétaire a le choix entre ces deux modes de calcul (¹).

Dans une autre opinion on rejette l'application de l'art. 555 et on donne au juge la mission de fixer l'indemnité comme il l'entend, par le motif que l'indemnité est la conséquence du bail (²). Cela n'est pas exact suivant nous : l'indemnité n'est pas une conséquence du bail puisqu'elle est due à la suite de constructions élevées *sans droit ;* le bail n'a été que l'occasion des constructions, en ce qu'il a donné au preneur la possibilité matérielle d'élever les constructions.

672. Il s'agit là d'une action *de in rem verso* (³), et non pas, comme on l'a dit (⁴), d'une action de gestion d'affaires.

Cette action peut-elle être intentée contre le bailleur par l'entrepreneur des travaux? Nous étudions la question ailleurs (⁵).

Les intérêts de l'indemnité ne courent que de la demande en justice (⁶).

673. Le bailleur peut aussi exiger l'enlèvement des matériaux (⁷), en admettant même qu'il n'y soit pas forcé, comme le veut l'opinion que nous venons de réfuter. On ne peut assimiler le preneur à un possesseur de bonne foi, c'est-à-dire à une personne qui s'est cru propriétaire, et lui permettre d'exiger le maintien des matériaux.

674. Tant que le bailleur ne s'est pas prononcé, les créanciers du preneur ont les mêmes droits que pendant la durée

---

(¹) Trib. civ. Seine, 3 mars 1893, *Droit*, 24 mai 1893 (pour les meubles incorporés à l'immeuble).

(²) Baudry-Lacantinerie et Chauveau, *op. cit.*, n. 376.

(³) Planiol, *Note*, D., 91. 1. 49.

(⁴) Cass. req., 16 juill. 1890, S., 93. 1. 19, D., 91. 1. 49.

(⁵) V. *infra*, t. II.

(⁶) *Contra* Trib. civ. Chambéry, 28 juin 1888, précité.

(⁷) Aubry et Rau, *loc. cit.*

du bail. Ils peuvent, dans l'opinion que nous avons soutenue, procéder à une saisie immobilière.

Dans l'opinion contraire, ils pratiqueront une saisie-arrêt.

Ils pourront cependant, dans l'opinion qui leur donne un droit de saisie-exécution pendant le bail, exercer ce droit après la fin du bail. Dans l'opinion qui ne leur donne qu'un droit de saisie-arrêt pendant le bail, ils ne pourront pratiquer une saisie-exécution qu'après que le bailleur aura opté pour la démolition (¹).

675. Le preneur peut, tant qu'il n'a pas sollicité l'option du bailleur, enlever les constructions (²). Il ne fait qu'user du droit de propriétaire qui lui appartient jusqu'à l'option du bailleur et que l'expiration du bail ne peut transformer.

676. Si le bailleur conserve les constructions pour son propre compte, nous pensons qu'il ne doit pas être considéré comme l'ayant-cause du preneur et que l'hypothèque consentie par ce dernier disparaît (³).

En effet, l'art. 555 n'impose aucune charge au bailleur. D'autre part, son droit d'option ne saurait être indirectement entravé par le fait du preneur. Enfin, s'il en était autrement, il faudrait dire également que le bailleur doit respecter les aliénations du preneur, ce qui est inadmissible.

En un mot, l'option du bailleur est rétroactive (⁴).

677. Si le bailleur opte pour l'enlèvement des constructions, elles ne pourront plus être saisies que mobilièrement par les créanciers du preneur (⁵), car elles ne sont destinées qu'à devenir des matériaux. Cela est exact même avant que la démolition n'ait lieu (⁶).

678. Si le bailleur laisse au preneur les constructions, les hypothèques consenties par ce dernier deviendront évidemment définitives (⁷).

(¹) D'après M. Glasson, *Note*, D., 94. 2. 137, ils doivent attendre la démolition.

(²) Laurent, V, n. 416. — *Contra* Baudry-Lacantinerie et Chauveau, *op. cit.*, n. 49 et n. 376, note. — V. *supra*, n. 669.

(³) Trib. civ. Seine, 5 avril 1897, *Loi*, 6 mai 1897. — Pont, *loc. cit.*; Wahl, *loc. cit.*; Baudry-Lacantinerie et Chauveau, *op. cit.*, n. 35.

(⁴) Trib. féd. suisse, 28 sept. 1895, *Ann. dr. comm.*, X, 1896, p. 40.

(⁵) Nancy, 4 juin 1895, *Gaz. Pal.*, 95. 2. 509, *Loi*, 22 nov. 1895.

(⁶) Nancy, 4 juin 1895, précité.

(⁷) Baudry-Lacantinerie et Chauveau, *op. cit.*, n. 35.

Il est non moins certain qu'elles disparaîtront si le bailleur
opte pour l'enlèvement des constructions ; car l'hypothèque
ne survit pas à l'immeuble sur lequel elle est établie ([1]).

679. Les créanciers hypothécaires du preneur n'ont aucun
droit de préférence sur l'indemnité due par le bailleur ([2]) ;
cette indemnité, en effet, n'est pas le prix de l'acquisition des
constructions, puisque le bailleur n'est pas l'ayant cause du
preneur ; d'autre part, le droit de préférence ne saurait sur-
vivre au droit de suite, en dehors des hypothèses spécialement
prévues par la loi. En vain objecte-t-on que le preneur a eu
un droit de propriété temporaire ; cette objection, si elle
était exacte, conduirait à attribuer aux créanciers du preneur non seulement le droit de préférence, mais le droit de
suite.

680. L'action que le preneur intente contre le bailleur pour
être indemnisé de la valeur de ses travaux est-elle réelle ou
personnelle ? Quoiqu'on ait prétendu que la question dépen-
dait du point de savoir si les constructions et plantations
appartiennent au bailleur ou au preneur ([3]), nous pensons que,
si l'action doit être personnelle dans la première opinion ([4]),
elle l'est également dans la seconde, qui est la nôtre ([5]). Aussi
la jurisprudence a-t-elle décidé en ce sens ([6]). Il est, en effet,
incontestable qu'une action tendant au paiement d'une somme
d'argent est une action personnelle ; du reste, cette action
suppose que le bailleur a fait son option, c'est-à-dire que le
preneur a cessé d'être propriétaire.

681. Comme nous le dirons plus loin, le preneur peut
retenir l'immeuble loué jusqu'au paiement de l'indemnité ([7]).

([1]) Baudry-Lacantinerie et Chauveau, *loc. cit.*

([2]) Pont, II, n. 634. — *Contra* Paris, 8 fév. 1892, D., 92. 2. 409 (même en cas de
résiliation). — Baudry-Lacantinerie et de Loynes, *op. cit.*, II, n. 1301.

([3]) Guillouard, I, n. 297 et 298.

([4]) Guillouard, I, n. 297 et 298 ; Larcher, *op. cit.*, n. 167.

([5]) Wahl, *Note*, S., 94. 1. 243, note 8.

([6]) Douai, 17 nov. 1846, S., 47. 2. 276.

([7]) V. *infra*, n. 683.

SECTION V

PRESCRIPTION DES ACTIONS DU PRENEUR CONTRE LE BAILLEUR

682. Les actions du preneur se prescrivent par trente ans, conformément au droit commun (C. civ., art. 2262).

Il en est ainsi notamment de l'action fondée sur le défaut de jouissance ; on ne peut lui appliquer la prescription annale des actions possessoires ([1]), car, comme nous le dirons à propos de la compétence ([2]), cette action n'est pas une action possessoire.

SECTION VI

GARANTIES DES OBLIGATIONS DU BAILLEUR

683. Si l'on admet avec la jurisprudence que le créancier a un droit de rétention sur la chose au sujet de laquelle est née sa créance ([3]), le preneur peut, après la fin du bail, retenir la chose louée jusqu'à ce que le bailleur lui ait payé ce qui lui est dû à l'occasion de la chose ([4]). Ainsi, le prix des constructions faites par le preneur avec l'autorisation du bailleur doit être payé au preneur avant sa sortie de l'immeuble ([5]).

Les constructions, même faites sans autorisation, obligeant le bailleur, s'il veut les garder, à verser une indemnité au preneur ([6]), le bailleur ne peut, s'il opte pour le maintien des constructions, rentrer en possession de l'immeuble qu'après avoir payé cette indemnité ([7]). Il ne peut même rentrer en possession sans avoir déclaré quel parti il entend prendre au sujet des constructions, puisque cette déclaration seule permettra au preneur de s'assurer si le bailleur entend

---

([1]) Garsonnet, I, n. 589, § 350, note 7.
([2]) V. *infra*, t. II.
([3]) V. Baudry-Lacantinerie et de Loynes, *Tr. du nantiss., des priv. et hyp.*, 2e éd., I.
([4]) Guillouard, *Tr. du nantiss.*, n. 83-1.
([5]) Guillouard, *loc. cit.*
([6]) V. *supra*, n. 665.
([7]) Guillouard, *loc. cit.*

rembourser les constructions et s'il y a lieu, par suite, **au** droit de rétention.

CHAPITRE X

NATURE DU DROIT DU PRENEUR

684. Il paraît incontestable que le preneur a contre le bailleur un droit personnel (¹), une action lui permettant d'exiger la délivrance de l'immeuble et une jouissance persistante ; cela est démontré par la tradition (Pothier était en ce sens) (²) et par divers textes qui seront cités plus loin, notamment par l'art. 1709.

Mais on a pendant un certain temps agité très vivement la question de savoir si le preneur n'a pas en outre un droit réel sur l'immeuble affecté à sa jouissance.

La négative n'avait même pas semblé pouvoir être soutenue en doctrine et n'avait été admise que par un petit nombre d'arrêts (³), lorsque Troplong, qui y a attaché son nom, la développa par un grand luxe d'arguments (⁴) et la fit adopter par un certain nombre d'arrêts (⁵) et d'auteurs (⁶).

Mais la cour de cassation a rejeté ce système, que la majorité de la doctrine a également refusé d'admettre (⁷) et qui,

---

(¹) Guillouard, I, n. 37.

(²) *Du bail à rente*, n. 3.

(³) Paris, 16 fév. 1808, S. chr. — Bruxelles, 3 avril 1811, S. chr. — Dijon, 21 avril 1827, S. chr.

(⁴) I, n. 60, II, n. 473 s.

(⁵) Rouen, 30 juil. 1855, D., 57. 2. 33. — Paris, 24 juin 1858, S., 59. 2. 146, D., 59. 2. 217. — Paris, 29 mars 1860, S., 60. 2. 122, D., 60. 2. 185. — Paris, 8 juil. 1861, S., 62. 2. 274, D., 61. 2. 196. — Chambéry, 28 nov. 1862, S., 63. 2. 221, D., 63. 2. 67. — Paris, 12 mars 1863, S., 63. 2. 221, D. *Rép.. Suppl.*, v° *Louage*, n. 130.

(⁶) De Fréminville, *Tr. de la minorité*, I, n. 528 ; Bélime, *Tr. de la possession*, n. 309 ; Jozon, *Rev. prat.*, XX, 1865, p. 358 ; Rozy, *Rev. prat.*, XX, 1865, p. 488.

(⁷) Cass., 6 mars 1861, S., 61. 1. 713, D., 61. 1. 417. — Cass., 16 juin 1880, S., 80. 1. 156, D., 80. 1. 428. — Cass. req., 18 janv. 1893, S., 93. 1. 237. — Lyon, 1ᵉʳ juil. 1881, S., 83. 2. 212, D., 82. 2. 131. — Cass. belge, 8 fév. 1894, *Pasicr.*, 94. 1. 110. — V. aussi les décisions citées à propos des questions qui se rattachent à celle-ci. — Delvincourt, III, p. 185, 188 et 198 ; Toullier, III, n. 388, VI, n. 435 et XII, n. 105 ; Duranton, IV, n. 73 et XVII, n. 139 ; Proudhon, *Tr. de l'usufruit*, I, n. 102 ; Poncet, *Des actions*, n. 124 ; Curasson, *Tr. de la compét. des juges de paix*, I, n. 252 ; Bioche, *Dict. de proc.*, v° *Action*, n. 48 ; Duvergier, I, n. 28 et 279 ; Championnière et Rigaud, *Tr. des*

jusqu'à une époque récente (¹), n'avait plus été soutenu.

685. Au point de vue du droit naturel, on comprendrait l'une aussi bien que l'autre des deux opinions. Mais il est certain, comme nous le montrerons, que dans le droit romain et dans l'ancien droit, le preneur avait exclusivement un droit personnel, puisque le bail ne pouvait être opposé aux ayants cause particuliers du bailleur (²) ; on ne saurait objecter en sens contraire la solution contraire donnée pour les baux de longue durée : ils étaient assimilés à une vente.

Le droit du preneur n'a pas changé de nature dans la législation intermédiaire, et si, à cette époque, l'acquéreur a dû respecter les baux ruraux d'une certaine durée, c'est évidemment que, sans souci des principes, on s'est laissé guider par une considération économique très grave : le cultivateur qui loue des terres pour une longue exploitation doit pouvoir, dans son intérêt et dans l'intérêt même du propriétaire, faire des dépenses dont il ne recouvrera que plus tard le bénéfice ; il ne fera pas ces dépenses si son droit est à la merci d'événements aussi normaux et aussi fréquents que l'aliénation de

---

dr. d'enreg., IV, n. 3032 ; Ferry. *De la nature du dr. du fermier ou du locataire de maisons*, Rev. étrangère, VIII, 1841, p. 609 s., 649 s., et IX, 1842, p. 123 s. ; Marcadé, II, art. 526, n. 5, art. 578, n. 2 et art. 595, n. 1 ; VI, art. 1743, n. 1 ; Valette, *Tr. des priv. et hyp.*, I, p. 195 ; Rodière et Pont, *Tr. du contr. de mar.*, I, n. 337 ; Odier, *Tr. du contr. de mar.*, I, n. 84 ; Flandin, *Tr. de la transcr.*, I, n. 196 ; d'Hauthuille, *De la révision du régime hypoth.*, p. 121 ; Pont, *Tr. des priv. et hyp.*, I, n. 385 ; Mourlon, Rev. prat., XXIX, 1870, p. 193 s. ; Méplain, *Tr. du bail à portion de fruits*, p. 83 ; Lefort, *Hist. des contr. de loc. perpét.*, p. 327 s. ; Demolombe, IX, n. 492 et 493 ; Aubry et Rau, II, p. 36, § 165, note 19, et IV, p. 471, § 365, note 7 ; Colmet de Santerre, VII, n. 198 et 198 bis, XIII s. : Laurent, XXV, n. 9 s. et XXX, n. 215 ; Arntz, IV, n. 1122 ; Guillouard, I, n. 28 et 299, et *Tr. des priv. et hyp.*, II, n. 655 ; Garsonnet, IV, p. 23 et 28, note 20, § 642 ; Wahl, *Note*, S., 94. 1. 242, n. 3 ; Labbé, *Note*, S., 92. 1. 433 ; Huc, X, n. 273 et 343. — V. aussi en Italie, Pacifici-Mazzoni, *Diritto di locazione* ; Saredo, *Natura del diritto conferito al conduttore*, la Legge, IX, 1869, p. 38.

(¹) Yseux, *Nat. du dr. du preneur dans le contr. de louage*, Rev. crit., XXII, 1893, p. 102 s. ; Borsari, *Commento al cod. civ.*, IV, n. 3648 (cité par Yseux, *op. cit.*, p. 105). — M. Yseux croit se distinguer de l'opinion soutenue par Troplong en subordonnant (p. 117) l'existence du droit réel à la date certaine ou au caractère authentique de l'acte. En réalité, personne n'oserait prétendre que dans le cas contraire le droit réel soit opposable aux tiers, car l'art. 1328 permet aux tiers de méconnaître les actes dépourvus de date certaine, et si le droit réel n'est pas opposable aux tiers, il ne produit presque plus aucun effet.

(²) V. *infra*, n. 1271.

l'immeuble. Du reste, à certaines conditions, l'acquéreur pou
vait méconnaître le bail rural (¹).

Les rédacteurs du code civil n'ont pas vu les raisons juridiques qui faisaient de cette disposition une exception au droit
commun, et ils ont étendu la solution donnée par le droit
intermédiaire à tous les baux (art. 1743). Peut-être aussi ont-
ils pensé que le preneur qui loue un immeuble pour un nombre d'années déterminé, a l'intention de rester, quoi qu'il
arrive, locataire pendant tout ce temps (²); à l'appui de cette
considération, on peut rappeler que l'usage s'était établi de
stipuler dans le bail que le bail continuerait malgré l'aliénation de l'immeuble. Or, on sait qu'une clause devenue de
style arrive facilement à être suppléée par le législateur.

C'est là une considération pratique qui explique parfaitement l'art. 1743, sans qu'on soit obligé d'y voir la consécration de la réalité du droit du preneur; ajoutons que l'art.
1743 est placé dans une série de dispositions relatives à la
cessation du droit du preneur, et on ne peut supposer qu'à
cette place le législateur ait voulu introduire la réforme très
importante, et confinant à un ordre d'idées tout différent,
qu'on lui impute.

C'est cependant l'art. 1743 qui a servi de principal argument à la doctrine contraire. Mais on a tiré des textes et des
travaux préparatoires d'autres arguments qui ne valent pas
mieux.

L'art. 595, dit-on, en permettant à l'usufruitier, contrairement à l'ancien droit, de faire des baux opposables au nu
propriétaire, accorde implicitement au preneur un droit réel
sur l'immeuble. Nous répondons que l'art. 595 se justifie par
les pouvoirs d'administration assez larges accordés à l'usufruitier et surtout par l'idée que l'usufruitier louerait mal et
trouverait difficilement un preneur s'il ne pouvait consentir
que des baux subordonnés à ses propres droits. Ainsi interprété, ce texte vient à l'appui de notre opinion, car il apparaît comme étant inspiré des mêmes préoccupations. Au

reste, le nu propriétaire n'est pas l'ayant cause de l'usufruitier : la vente de l'immeuble consentie par l'usufruitier ne lui est pas opposable ; la concession d'une servitude ou de tout autre droit réel ne peut lui être opposée davantage ; on n'explique donc rien en rattachant l'art. 555 à l'idée que le preneur est titulaire d'un droit réel. Nous réfuterons de la même manière l'argument qu'on pourrait tirer des textes qui rendent opposable au propriétaire définitif le bail consenti par le propriétaire dont le droit est résolu (art. 1673). Même réponse également à l'argument tiré de l'art. 684 C. pr., qui rend le droit du preneur opposable aux créanciers saisissants et à l'adjudicataire de l'immeuble ; au surplus, l'art. 684 C. pr. contient une disposition empruntée à l'ancien droit (¹), où la réalité du droit du preneur n'avait jamais été soutenue (²).

On a encore invoqué l'art. 1725, qui, en cas de trouble de fait, n'autorise pas le preneur à recourir contre le bailleur, L'argument qu'on tire de ce texte est insuffisant, car l'art. 1725 s'explique fort bien par l'idée que le bailleur n'a pu garantir que ce qui lui appartenait ; du reste, l'art. 1725 est emprunté à Pothier, qui ne donnait au preneur qu'un droit personnel.

Au surplus, des textes nombreux, et dont la signification est beaucoup plus sûre, proclament que le droit du preneur est exclusivement personnel.

Le plus important de ces textes est l'art. 1709, qui définit le louage de choses « un contrat par lequel l'une des parties *s'oblige à faire jouir* l'autre d'une chose ». Cette disposition est surtout probante, si on la rapproche de la définition donnée par Pothier (³), dont on connaît les idées sur la nature du droit du preneur. Le bail, d'après Pothier, est « un contrat par lequel l'un des deux contractants s'oblige de faire

---

(¹) Pothier, n. 304.

(²) Dumoulin, *Cout. de Paris*, § 30, n. 80 s. ; Coquille, *Cout. de Nivernais*, quest. 202 ; Despeisses, *Œuvres*, 1, p. 119 ; Pothier, n. 288 et *Tr. de la communauté*, n. 71 ; Brodeau sur Louet, let. L, som. 4, II, p. 23 ; Brillon, *Dict.*, vᵒ *Bail*, n. 19, 42 et 45 ; Bretonnier sur Henrys, IV, p. 27 ; Ferrière, *Cout. de Paris*, art. 171, gl. 1, n. 52 ; Rousseaud de Lacombe, *Rec. de jurispr. civ.*, vᵒ *Bail*, sect. I et II.

(³) N. 1.

jouir ou user l'autre d'une chose... » Le code a donc presque textuellement emprunté sa définition à Pothier ; il n'a certainement pas voulu attacher à cette définition un sens autre que ne le faisait Pothier lui-même.

La définition de l'art. 1709 est surtout intéressante si on la rapproche de la définition de l'usufruit, donnée par l'art. 578 ; cet article ne manque pas de dire que l'usufruit est « le droit de jouir des choses dont un autre a la propriété » et montre ainsi que l'usufruitier, à la différence du locataire, a un droit sur la chose.

Les art. 1719, 1720 et 1721, qu'on a également invoqués en notre sens, sont moins probants ; ils énumèrent bien les *obligations* du bailleur, mais, si ces obligations témoignent de l'existence d'un droit personnel au profit du preneur, rien n'empêcherait qu'à ce droit personnel se trouvât adjoint un droit réel ; les art. 1719 et s. ne servent donc d'argument que contre l'opinion qui accorde au preneur un droit *exclusivement* réel.

Il en est de même de l'art. 1727, qui interdit au preneur, troublé par un tiers qui prétend avoir un droit sur le fonds, de défendre à l'action du tiers, et l'oblige à appeler le bailleur dans l'instance ; ce texte montre, dit-on, de la manière la plus certaine, que le preneur n'a pas un droit réel, c'est-à-dire un droit *opposable à tous ;* cela n'est, croyons-nous, pas décisif, car la même solution est donnée par l'art. 614 en matière d'usufruit.

Il n'est pas plus exact de dire que, d'après l'art. 1727, la chose jugée contre le bailleur est opposable au preneur, ce qui est exclusif d'un droit réel ; l'art. 1727 ne donne cette solution que pour le cas où le preneur a demandé sa mise hors de cause et peut alors se justifier par une présomption de mandat donné par le preneur au bailleur de le représenter.

On a dit encore que si le droit du preneur était réel, le droit, conféré au bailleur, d'interdire la sous-location ne se justifierait pas. Ceci encore est peu sérieux, car rien n'interdit de limiter la portée d'un droit réel.

Enfin les travaux préparatoires sont loin d'être formels ; la discussion très confuse qui a eu lieu au conseil d'Etat ne

laisse rien percer sur les intentions du législateur (¹). L'exposé
des motifs de Jaubert (²) dit bien : « Pourquoi l'intérêt des
tiers serait-il lésé par la vente qui leur est étrangère? Pourquoi un titre nouveau détruirait-il un titre préexistant? »
Mais on peut aussi bien voir là une considération d'équité
que l'énoncé d'un principe de droit. Seul Mouricault, dans
son rapport au Tribunat, fonde la nouvelle disposition sur
l'idée qu' « on ne peut transmettre à autrui plus de droits
qu'on n'en a soi-même »; mais il est difficile d'attacher la
moindre importance à ces paroles, qui appliquent un principe
exact d'une manière évidemment erronée.

En revanche, les travaux préparatoires de la loi du 23 mars
1855, qui a soumis à la transcription les baux de plus de
dix-huit ans, nous fournissent un argument très sérieux. Le
rapporteur de la loi au corps législatif s'exprime dans les
termes suivants : « On a dû assujettir à la transcription tous
les actes qui, *sans constituer des droits réels,* imposent cependant à la propriété des charges qui sont de nature à en alté-
rer sensiblement la valeur; tels sont les baux à long terme ».

686. La question de savoir si le droit du preneur est personnel ou réel, présente les plus grands intérêts aux points
de vue suivants, qui sont étudiés ailleurs :

1° Le droit du preneur est-il opposable aux tiers (en dehors
de l'acquéreur) ? (³).

2° Quels sont ses droits et ses obligations vis-à-vis de l'acquéreur? (⁴).

3° Quel est, vis-à-vis de lui, l'effet des jugements prononcés entre un tiers et le bailleur ? (⁵).

4° Le preneur a-t-il une action contre ceux qui lui causent
un trouble de droit? (⁶).

5° Comment se règle la priorité entre preneurs qui, tous
deux, ont obtenu la jouissance du même immeuble? (⁷).

(¹) V. Troplong, II, n. 490.
(²) Fenet, XIV, p. 353 ; Locré, VII, p. 212.
(³) V. *infra,* n. 1325 s.
(⁴) V. *infra,* n. 1301 s.
(⁵) V. *supra,* n. 547.
(⁶) V. *supra,* n. 543
(⁷) V. *supra,* n. 137 s.

6° L'action du preneur doit-elle être intentée devant le tribunal du domicile du bailleur ou devant le tribunal de la situation des lieux ? (¹).

687. Le droit du preneur est personnel quelle que soit la durée du bail (²). Dans l'ancien droit, au contraire, le bail à rente conférait au preneur un droit réel (³) et on considérait comme baux à rente tous les baux de plus de neuf ans (⁴).

A plus forte raison le bail de dix-huit ans, quoique soumis à la transcription par l'art. 2, n. 4 de la loi du **23 mars 1855**, ne confère qu'un droit personnel (⁵).

Toutefois il existe des contrats, qualifiés de baux perpétuels, qui confèrent au preneur un droit réel (⁶).

688. La nature juridique du droit du preneur d'immeubles doit être examinée à un autre point de vue : est-il mobilier ou immobilier ? Cette question ne se confond pas avec la précédente : un droit réel peut être mobilier, un droit personnel peut être immobilier. L'art. **529**, en effet, range parmi les meubles « les obligations et actions qui ont pour objet des effets mobiliers », alors que l'art. **526** considère comme immeubles « les actions qui tendent à revendiquer un immeuble ».

Il paraît incontestable que, dans l'opinion qui y voit un droit réel, le droit du preneur est immobilier ; en effet, il contient alors comme l'usufruit, une portion des attributs de la propriété et constitue un *droit sur une chose immobilière*.

On a soutenu assez récemment (⁷) que le droit du preneur d'un immeuble est immobilier, et cela par la raison qu'il tend à la délivrance d'un immeuble et que le bailleur, comme le vendeur, peut être contraint à cette délivrance par la force armée.

Cette opinion nous paraît exacte : on ne saurait objecter que l'art. **526** attribue exclusivement le caractère mobilier

---

(¹) V. *infra*, t. II.

(²) Guillouard, I, n. 47.

(³) Ferrière, *Dict.*, v° *Bail fait pour plus de neuf années* ; Pothier, n. 4.

(⁴) Ferrière, *loc. cit.* ; Pothier, n. 5.

(⁵) Aubry et Rau, II, p. 82, § 174, note 13.

(⁶) V. *infra*, t. II.

(⁷) Colmet de Santerre, VII, n. 198 *bis*, XIX. — *Contra* Gand, 29 mai 1895, D., 97. 2. 218. — Aubry et Rau, II, p. 36, § 165, note 19 ; Guillouard, I, n. 24 ; Demolombe, IX, n. 154 s. ; Huc, X, n. 343 ; Garsonnet, I, p. 562, § 335, note 6.

aux actions en revendication, c'est-à-dire à celles qui ont
pour objet la propriété de l'immeuble ou un droit réel sur
cet immeuble ; si les termes de l'art. 526 étaient pris à la
lettre, ils n'admettraient que des actions *réelles immobilières*
et considèreraient ainsi comme mobilières les actions en
créance d'un immeuble ; or c'est ce que personne n'admet.
L'art. 526 doit être interprété par son rapprochement avec
l'art. 529 et, l'art. 529 considérant comme mobilières les
seules actions qui ont pour *objet* un meuble, toutes les
actions tendant à la possession ou à la détention d'un immeuble sont immobilières. Du reste, l'art. 526 est la reproduction
de l'adage *Actio quæ tendit ad quid immobile immobilis est.*

On a prétendu cependant que les seules actions immobilières
sont celles qui mettent « dans le patrimoine un immeuble de
plus », à l'exclusion de celles qui ont pour but la perception
des fruits ou l'usage de l'immeuble. C'est une simple affirmation, démentie par les textes que nous venons de citer. En
vain insiste-t-on en disant que le droit du preneur a pour
objet les seuls produits de l'immeuble, lesquels sont essentiellement mobiliers : les produits ne sont qu'indirectement
l'objet des droits du preneur, lequel n'a directement qu'un
but : sa mise en possession de l'immeuble ; au surplus, certains immeubles, tous ceux qui sont destinés à l'habitation,
n'ont pas de produits.

Il n'est pas plus exact d'objecter que la vente d'arbres
pour être abattus ou d'un bâtiment pour être démoli ne procure à l'acquéreur qu'un droit mobilier. Cette solution provient de ce que l'acquéreur n'a voulu acheter que le bois ou
les matériaux et a expressément considéré comme mobilier
l'objet de son acquisition. Or ce raisonnement est loin de
pouvoir s'appliquer à l'espèce.

689. A supposer que, contrairement à notre opinion, le
droit au bail soit mobilier, il garde ce caractère alors même
que le preneur élève des constructions sur l'immeuble et que
ces constructions appartiennent au preneur ; car le terrain
et les constructions sont deux choses indépendantes [1].

---

[1] *Contra* Trib. civ. Seine. 12 mai 1896, *Droit*, 13 juin 1896.

690. L'importance de la question que nous venons de discuter est considérable :

1° Au point de vue de la capacité en matière de cession du droit au bail (¹) ;

2° Au point de vue des droits respectifs du légataire de meubles, du légataire d'immeubles et de l'héritier du preneur, ainsi que nous le montrerons plus tard (²) ;

3° Au point de vue des rapports du preneur avec son conjoint, en cas de mariage postérieur au bail et contenant adoption du régime de la communauté légale. Les meubles seuls entrant en communauté, le droit au bail n'entrera en communauté que s'il est mobilier (³) ;

4° Au point de vue de la capacité nécessaire pour plaider en matière de bail. Pour ceux qui regardent le droit du preneur comme mobilier, le preneur mineur émancipé (⁴) ou le tuteur du preneur (⁵) agiront seuls. Dans l'opinion contraire, que nous avons adoptée, ils ne peuvent agir qu'avec l'autorisation du conseil de famille ;

5° Au point de vue des droits réels que le preneur peut consentir sur l'immeuble loué. Il ne peut certainement pas constituer une hypothèque sur son droit au bail, même considéré comme immobilier, l'art. 2118 C. civ. ne le comprenant pas dans son énumération limitative des droits (d'ailleurs tous réels) susceptibles d'hypothèques. Mais si le droit au bail est mobilier, il peut être donné en gage (⁶).

CHAPITRE XI

OBLIGATIONS DU PRENEUR

691. Aux termes de l'art. 1728 : « *Le preneur est tenu de* » *deux obligations principales : — 1° D'user de la chose louée*

(¹) V. *infra*, n. 1058.
(²) V. *infra*, n. 1260.
(³) En ce dernier sens, Guillouard, I, n. 24.
(⁴) Guillouard, I, n. 24.
(⁵) Guillouard, *loc. cit.*
(⁶) V. Baudry-Lacantinerie et de Loynes, *Du nantiss., des priv. et hyp.*, 2ᵉ éd., I.

» *en bon père de famille, et suivant la destination qui lui a*
» *été donnée par le bail, ou suivant celle présumée d'après les*
» *circonstances à défaut de convention ; — 2° De payer le*
» *prix du bail aux termes convenus* ».

Ce texte est incomplet ; le preneur doit en outre payer les
frais du contrat, restituer la chose à la fin du bail, garnir
l'immeuble loué.

SECTION PREMIÈRE

OBLIGATION DE PAYER LES FRAIS DU CONTRAT

692. Les frais du contrat de bail sont supportés [1] par le
preneur, car ils sont faits dans son intérêt et pour lui permettre d'entrer en jouissance ; on peut tirer aussi argument
en ce sens de l'art. 1593, qui met à la charge de l'acquéreur
les frais de la convention.

Parmi ces frais rentrent :

Les frais de timbre [2] ;

Les honoraires du notaire [3] ou de tout autre intermédiaire qui a rédigé l'acte ;

Les frais d'enregistrement [4] s'il s'agit d'immeubles ; car
l'enregistrement est alors obligatoire. Il en est autrement
s'il s'agit de meubles ; la partie qui requiert l'enregistrement
doit alors payer les frais, car elle le requiert dans son intérêt. Dans le cas où le bail est notarié, l'enregistrement est
toujours obligatoire et par conséquent les frais sont toujours
à la charge du preneur ;

Les frais d'état des lieux [5].

693. Si le bail d'immeubles n'est pas enregistré dans le
délai fixé, le bailleur et le preneur encourent chacun la
pénalité d'un double droit, lequel ne peut être inférieur à
50 fr. Ces pénalités sont personnelles, le bailleur ne peut
donc se faire rembourser la sienne par le preneur [6].

---

[1] Guillouard, I, n. 229.
[2] Guillouard, I, n. 229.
[3] Guillouard, I, n. 229.
[4] Guillouard, I, n. 229.
[5] V. *supra*, n. 262.
[6] Guillouard, I, n. 229.

694. La transcription du bail n'est exigée que si le bail excède dix-huit ans et seulement dans l'intérêt du preneur; c'est donc lui qui paye les frais de la transcription (¹) s'il juge nécessaire de la requérir.

SECTION II

OBLIGATION DE GARNIR L'IMMEUBLE LOUÉ

695. Cette obligation, qui existait déjà dans l'ancien droit(²), est inscrite dans l'art. 1752 pour les baux de maisons ou baux à loyer et dans l'art. 1766 pour les héritages ruraux.

L'art. 1752 dispose : « *Le locataire qui ne garnit pas la* » *maison de meubles suffisants, peut être expulsé, à moins qu'il* » *ne donne des sûretés capables de répondre du loyer* ».

En ce qui concerne les héritages ruraux, l'art. 1766 porte : « *Si le preneur d'un héritage rural ne le garnit pas de bes-* » *tiaux et ustensiles nécessaires à son exploitation… et qu'il* » *en résulte un dommage pour le bailleur, celui-ci peut, sui-* » *vant les circonstances, faire résilier le bail* ».

696. La justification suivante peut être donnée de ces deux textes :

L'art. 2102-1° accorde au bailleur à loyer, pour la sûreté des diverses créances que le contrat de bail fait naître à son profit, un privilège sur les meubles garnissant la maison ou la ferme louées. C'est en vue d'assurer l'exercice de ce privilège que le preneur doit garnir l'immeuble loué (³).

En ce qui concerne la ferme, on fait encore dériver l'obligation du preneur d'une autre considération : la ferme doit être garnie des ustensiles et bestiaux nécessaires à son exploitation, parce que la bonne culture doit être assurée (⁴). Mais il n'en est pas moins vrai que le désir d'assurer le privilège du bailleur a également inspiré le législateur (⁵); on ne compren-

---

(¹) Guillouard. I, n. 229.

(²) Loisel, liv. III, tit. VI, sect. 5; Pothier, n. 204; Denisart, v° *Bail*, n. 16.

(³) Guillouard, I, n. 186.

(⁴) Pothier, n. 204; Laurent, XXV. n. 435; Arntz, IV, n. 1181; Guillouard, I, n. 187; Huc, n. 362.

(⁵) Guillouard, I, n. 187 et II, n. 516.

drait pas pourquoi une obligation créée pour sanctionner un privilège n'existerait pas dans toutes les hypothèses où ce privilège est donné. Du reste nous montrerons que l'obligation de garnir l'immeuble de meubles nécessaires à l'exploitation est aussi la conséquence de l'obligation de jouir suivant la destination et existe dans tous les baux.

697. Il résulte de là que le mobilier de la ferme doit être suffisant, non pas seulement pour la bonne exploitation, mais encore pour le paiement des loyers (¹). On invoque en sens contraire les termes de l'art. 1766 et l'autorité de Pothier; mais l'art. 1766 doit être complété, comme nous venons de le voir, par l'art. 1752, et quant à Pothier, il dit simplement que le fermier doit garnir la ferme des meubles nécessaires à l'exploitation, mais ne se prononce pas sur le point de savoir s'il doit également la garnir des meubles nécessaires à l'exercice du privilège.

Il suit de là encore que le fermier doit non seulement avoir les ustensiles nécessaires à l'exploitation, mais aussi, si la ferme comprend un bâtiment d'habitation, des meubles meublants (²).

698. On admet que l'obligation de garnir ne s'applique pas aux appartements garnis (³); et, en effet, dit-on, le bailleur, fournissant lui-même le mobilier nécessaire à l'habitation, ne peut exiger que de son côté le preneur apporte le même mobilier. Nous croyons également que le preneur n'a pas à apporter de mobilier; mais le bailleur peut exiger qu'il apporte les vêtements de nombre et de qualité suffisants pour sa condition (⁴).

(¹) Alger, 7 juin 1895, *Journ. trib. Alger*, 23 oct. 1895. — Laurent, XXV, n. 435; Arntz, *loc. cit.*; Guillouard, II, n. 516; Huc, *loc. cit.* — *Contra* Troplong, II, n. 660; Duvergier, II, n. 100; Aubry et Rau, IV, p. 506, § 372, note 2.

(²) *Contra* Trib. civ. Bordeaux, 13 juin 1890, *Rec. Bordeaux*, 90. 2. 89.

(³) Trib. civ. Montmédy, 10 sept. 1895, *Loi*, 1er oct. 1895. — Trib. paix Reims, 18 janv. 1896, *Loi*, 28 janv. 1896. — Trib. civ. Bruxelles, 10 déc. 1866, D., 67. 3. 79. — Guillouard, I, n. 464 et *Tr. des priv. et hyp.*, I, n. 266.

(⁴) Cpr. en ce sens Trib. paix Paris (8e arrond.), 14 mai 1891, *Journ. de dr. int.*, XIX, 1892, p. 955, *Rev. prat. dr. int.*, 90-91. 332, *Gaz. Trib.*, 27 mai 1891 (ce jugement décide que si *les loyers sont payés*, un hôtelier ne peut s'opposer à la sortie des malles de ses locataires sous prétexte que ces derniers auront *peut-être* des réparations à payer).

Si le preneur a apporté du mobilier, il peut le retirer librement (¹).

699. L'art. 1752 ne dit pas le nombre de termes dont les meubles doivent assurer le paiement, il se contente d'exiger des « meubles suffisants ».

Il est certain d'abord qu'il ne s'agit pas seulement des termes échus et que, par suite, l'obligation de garnir existe, même si les termes échus sont tous payés (²).

Il est certain aussi que les meubles ne doivent pas nécessairement avoir une valeur assez grande pour garantir le payement de tous les loyers à échoir, car le bailleur commet une négligence en attendant la fin du bail pour réclamer les loyers. L'ancien droit donnait déjà cette solution (³).

Il est certain, en sens inverse, qu'il ne suffit pas uniformément qu'un seul terme soit garanti ; la loi aurait expressément donné cette solution si elle avait voulu l'admettre. Les termes vagues qu'elle emploie conduisent à décider que le nombre des termes garantis sera fixé par l'usage des lieux (⁴). Mouricault le disait dans son rapport au Tribunat : « Le rapport ne détermine pas la proportion qui doit exister entre la valeur de ces meubles et les loyers, tant échus qu'à échoir ; les usages varient... ; c'est à ces usages qu'il faut renvoyer » (⁵). Pothier était dans le même sens (⁶) et, dans l'ancien droit, les solutions différaient, en effet, suivant les coutumes. Dans le ressort du parlement de Paris, il fallait que la vente des meubles pût procurer, outre les frais, le montant d'une année de loyer. La coutume d'Orléans (art. 417) voulait que le mobilier garantît une année entière de loyer (⁷).

Aussi l'obligation de garnir existe-t-elle même si le preneur a versé un terme d'avance (⁸).

700. Concurremment avec l'usage des lieux, les juges doi-

(¹) Trib paix Paris, 14 mai 1891, précité.

(²) Lyon, 1er juill. 1892, D., 93. 2. 88.

(³) Bourjon, liv. IV, tit. IV, chap. III, sect. III, n. 31.

(⁴) Guillouard, I, n. 461.

(⁵) Fenet, XIV, p. 332.

(⁶) N. 318.

(⁷) Merlin, *Rép.*, v° *Bail*, § 7, n. 3.

(⁸) Amiens, 8 juill. 1890, *Rec. d'Amiens*, 90. 223. — V. *infra*, n. 702.

vent tenir compte de la profession du locataire et de la destination de l'objet loué (¹); il est certain, par exemple, que
si un local est loué pour des conférences publiques, on ne
peut, à moins d'une clause formelle, obliger le locataire à le
garnir par des meubles autres que le mobilier sommaire
usité en pareil cas. Un maître d'armes n'aura à mettre dans
le local loué pour l'exercice de sa profession que les instru-
ments de cette profession (²).

Le parlement de Paris avait décidé de même que le joueur
de marionnettes ne pouvait être tenu de mettre des meubles
dans l'immeuble loué pour l'exercice de sa profession (³) et
son arrêt a gardé toute sa valeur (⁴). D'une manière générale,
l'industriel n'a pas à garnir le local loué par des meubles
autres que ceux qui sont nécessaires à l'exercice de son industrie (⁵).

En vain objecte-t-on à toutes ces solutions que l'art. 1752,
à défaut de meubles suffisants, exige d'autres sûretés; ces
sûretés ne sont nécessaires que si, étant donné toutes les circonstances que nous avons indiquées, les meubles ne sont pas
suffisants.

701. Pour le cas très fréquent où ni l'usage local ni la profession du locataire ni la destination de la chose louée ne
peuvent servir d'indices, les solutions les plus diverses ont
été proposées. Les uns veulent que les meubles répondent de
tous les loyers échus ou à échoir (⁶), sous prétexte que l'art.
1752 ne contient aucune limitation, mais l'expression de meubles suffisants n'est-elle pas une limitation? et du reste, à
défaut de limitation expresse, il y aurait autant de raisons
pour restreindre la garantie à un seul terme que pour l'étendre à tous.

D'autres admettent que le mobilier doit répondre, outre les
frais de saisie et de vente, soit du terme courant et du terme à

(¹) Denisart, vᵒ *Bail*, n. 16; Aubry et Rau, IV, p. 504, § 370, note 3; Guillouard,
I, n. 461. — *Contra* Laurent, XXV, n. 424.
(²) Guillouard, I, n. 461.
(³) Arrêt du 18 sept. 1759, cité par Denisart, *loc. cit.*
(⁴) Guillouard, I, n. 461. — *Contra* Laurent, XXV, n. 424.
(⁵) Guillouard, I, n. 461.
(⁶) Laurent, XXV, n. 424.

échoir (¹), soit d'une année de loyer (²). S'il fallait choisir entre ces deux opinions, nous préfèrerions la première, car le locataire est à même d'exiger le loyer à l'expiration de chaque terme du loyer et, en pratique, il n'attend pas l'accumulation des termes. Toutefois nous ne croyons pas que cette opinion soit entièrement satisfaisante ; son inconvénient est de nuire au locataire en obligeant indirectement le bailleur à ne donner aucun répit et à exiger, malgré la gêne ou l'indigence du locataire, les loyers au fur et à mesure de leur échéance.

A notre avis, le juge se demandera s'il n'y a pas de fraude, c'est-à-dire si, étant donné la situation de fortune du locataire, ses revenus, la représentation à laquelle il est obligé, et le montant du loyer. les meubles sont d'une valeur suffisante (³).

Dans tous les cas, si la créance du bailleur est primée par une autre créance, le bailleur peut exiger que les meubles soient suffisants pour garantir, outre cette créance, celle des termes du loyer que les meubles sont, d'après ce qui précède, destinés à garantir (⁴).

702. L'expulsion du locataire qui ne garnit pas les lieux loués peut être ordonnée même s'il n'est dû aucun terme de loyer (⁵) et notamment s'ils ont été payés d'avance (⁶).

703. En cas de contestation, la valeur du mobilier est déterminée par le juge d'après les éléments qu'il peut avoir à sa disposition ; une expertise n'est pas nécessaire (⁷).

704. La nature des meubles, la difficulté plus ou moins grande que le locataire pourrait avoir à les transporter hors des lieux loués ne sont d'aucune considération (⁸). Ainsi les meubles qui sont généralement renfermés et peuvent être enlevés sans difficulté sont de ceux que vise l'art. 1752 (⁹).

(¹) Delvincourt, III, p. 201 ; Duranton, XVII, n. 157.

(²) Duvergier II, n. 16 ; Guillouard, II, n. 462.

(³) Aubry et Rau, IV, § 370, note 3 ; Huc, X, n. 348.

(⁴) Trib. civ. Seine, 11 avril 1891, *Droit.* 30 avril 1891.

(⁵ Bordeaux, 26 juill. 1888, S., 92. 2. 249, D., 90. 2. 94 (sous-note). — Tissier, *Note*, S., 92. 2. 251, § 2.

(⁶) Bordeaux, 26 juill. 1888, précité. — *Contra* Liège, 30 déc. 1890, *Gaz. Pal.*, 91. 1. *Suppl.*, 2. — V. *supra*, n. 699.

(⁷) *Contra* Guillouard, II, n. 463 ; Huc, X, n. 348.

(⁸) Guillouard, II, n. 463.

(⁹) Guillouard, II, n. 463. — *Contra* Colmet de Santerre, VII, n. 200 *bis*.

Cette disposition, en effet, est générale; elle s'applique à tous les meubles qui garnissent la chose louée; du reste l'art. 1752, nous l'avons dit, est le corollaire de l'art. 2102 et on reconnaît généralement que les meubles de ce genre sont soumis au privilège du locateur.

Il en est ainsi de l'argenterie (¹), du linge qui garnit les armoires (²).

705. On admet que les meubles qui, par leur nature, sont soustraits au privilège du bailleur ne peuvent pas compter au nombre de ceux dont parle l'art. 1752 (³). Il en est ainsi des bijoux (⁴), du numéraire (⁵). Cette solution est exacte non pas, peut-être, parce que ces meubles sont soustraits au privilège de l'art. 2102, mais parce que l'art. 1752 vise uniquement les meubles qui *garnissent* la chose louée.

706. A plus forte raison, n'a-t-on pas à tenir compte des meubles que le bailleur n'aurait pas le droit de saisir pour le paiement des loyers; ce ne sont pas là des meubles *suffisants,* car ils ne répondent pas des loyers (⁶).

Nous citerons :

Les titres de créance (⁷); ils ne peuvent faire l'objet d'une saisie mobilière; et, du reste, ils ne garnissent pas la chose louée;

Les meubles que le bailleur sait appartenir à des tiers (⁸). On sait que, dans ce cas, le bailleur est privé de son privilège sur les meubles; il n'a pas même le droit de les saisir;

Les meubles insaisissables, par exemple ceux dont parle l'art. 592 C. pr. (⁹).

Mais les meubles appartenant à des tiers entrent en ligne

(¹) Guillouard, II, n. 463.

(²) Guillouard, *loc. cit.*

(³) Duvergier, II, n. 13; Laurent, XXV, n. 423; Guillouard, II, n. 463; Huc, X, n. 348.

(⁴) Guillouard, *loc. cit.*

(⁵) Guillouard, *loc. cit.*

(⁶) Huc, *loc. cit.*

(⁷) Guillouard, *loc. cit.*

(⁸) Guillouard, *loc. cit.*

(⁹) Guillouard, *loc. cit.*

de compte si les tiers n'ont pas fait connaître leur propriété au bailleur ([1]), car, dans ce cas, leurs meubles sont soumis au privilège du bailleur.

707. La loi exigeant simplement des « meubles suffisants », le preneur peut librement enlever une partie de son mobilier, pourvu que le surplus reste suffisant ([2]) ; le bailleur ne peut en effet se prévaloir de ce que le preneur a outrepassé son obligation, pour l'empêcher de la restreindre à ses limites normales.

708. Le locataire, dont le mobilier n'est pas suffisant, peut y remédier en fournissant des sûretés, ainsi que l'y autorise formellement l'art. 1752. Parmi ces sûretés figurent la caution ([3]), l'hypothèque ([4]), le gage ([5]).

Toutefois, nous montrerons que le bailleur n'est pas forcé d'accepter ces sûretés si le mobilier n'est pas suffisant pour que le preneur puisse jouir de sa chose suivant sa destination.

709. Il va sans dire que le preneur qui sous-loue réguliè-

([1] Huc, X, n. 348.

([2]) Cass. civ., 8 déc. 1806, S. chr., D. *Rép.*, v° *Louage à cheptel*, n. 72. — Bordeaux, 11 janv. 1826, S. chr., D. *Rép.*, v° *Louage*, n. 469 et 609. — Besançon, 1er juil. 1886, D. *Rép.*, *Suppl.*, v° *Priv. et hyp.*, n. 134. — Rouen, 30 juin 1846, S., 47. 2. 540. — Lyon, 28 mai 1891, D., 93. 2. 210. — Lyon, 1er juil. 1892, D., 93. 2. 88. — Grenoble, 21 fév. 1896, *Rec. Grenoble*, 96. 205. — Besançon, 21 mai 1897, D., 98. 2. 127. — Trib. civ. Seine, 7 oct. 1893, D. *Rép.*, *Suppl.*, v° *Priv. et hyp.*, n. 134 ; *Gaz. Pal.*, 93. 2. 440 par exemple pour s'en servir à la campagne). — Trib. civ. Seine, 11 déc. 1897, *Gaz. Pal.*, 98. 1. 89. — Pothier, n. 268 ; Troplong, II, n. 532, et *Tr. des priv. et hyp.*, I. n. 164 ; Duvergier, II, n. 17 et 18 ; Favard, v° *Saisie-gagerie*, n. 1 ; Persil, *Des priv. et hyp.*, art. 2102, § 1, n. 4 ; Valette, *Tr. des priv. et hyp.*, n. 67 ; Grenier, *ibid.*, II, n. 311 ; Laurent, XXV, n. 425 ; Aubry et Rau, III, p. 149, § 261, note 40 ; Bioche, v° *Saisie-gagerie*, n. 13 ; Guillouard, II, n. 465 et *Tr. des priv. et hyp.*, I, n. 345 ; Carré et Chauveau, VI, quest. 2798 et *Suppl.*, p. 761 ; Dutruc, *Suppl. aux lois de la procédure*, de Carré et Chauveau, III, v° *Saisie-gagerie*, n. 29 ; Carou, *De la compét. civ. des juges de paix*, I, n. 212 ; Martou, *Des priv. et hyp.*, II, n. 436. — *Contra* Paris, 2 oct. 1806, S. chr., D. *Rép.*, v° *Louage*, n. 618 et v° *Priv. et hyp.*, n. 286-1°. — Poitiers, 28 janv. 1819, S. chr., D. *Rép.*, v° *Priv. et hyp.*, n. 286-2°. — Trib. paix Paris, 17 déc. 1897, *Droit*, 28 janv. 1898 (il faudrait l'autorisation de justice). — Mourlon, *Ex. du comment. de M. Troplong sur les priv. et hyp.*, n. 164 ; Pont, *Tr. des priv. et hyp.*, I, n. 132. — Cpr. Paris, 21 avril 1886, S. 87. 2. 203, D., 87. 2. 52.

([3]) Guillouard, II, n. 466.

([4]) Guillouard, II, n. 466.

([5]) Guillouard, II, n. 466.

rement l'immeuble peut enlever ses meubles pour les faire remplacer par ceux du sous-preneur (¹).

Le preneur peut, en tous cas, enlever ses meubles en les remplaçant (²).

Le preneur peut aussi vendre librement les marchandises de son fonds de commerce, à condition de les remplacer par d'autres (³).

Mais il ne peut déplacer le matériel de ce fonds, si les meubles restants dans l'immeuble ne répondent plus suffisamment des loyers (⁴).

710. La sanction de l'obligation imposée au preneur par les art. 1752 et 1766 est, aux termes mêmes de ces articles, l'expulsion.

Le même sort est réservé au locataire qui, après avoir garni les lieux loués de meubles suffisants, fait disparaître ces meubles.

Mais le bailleur ne peut obtenir contre le preneur une condamnation à garnir l'immeuble (⁵); on ne conçoit pas, en effet, que cette condamnation puisse être exécutée par la force, le choix des meubles étant un acte personnel au preneur et les obligations de faire, quand elles exigent un acte personnel du débiteur, ne pouvant être l'objet d'une contrainte.

711. Le bailleur peut s'opposer à la sortie des meubles, mais il doit pour cela être autorisé, suivant les distinctions qui seront faites plus loin (⁶), par le juge de paix ou le président du tribunal civil (⁷).

Au cas où le locataire annoncerait l'intention de vendre toutes les marchandises garnissant les lieux loués sans les

---

(¹) Trib. civ. Lyon, 11 juin 1892, *Mon. jud. Lyon*, 28 nov. 1892. — Bruxelles, 15 mars 1879, *Pasicr.*, 80. 3. 60. — Trib. civ. Verviers, 22 sept. 1882, Cloes et Bonjean, *Jurispr. des Trib.*, 83-84. 901. — Laurent, XXV, n. 426; Huc, X, n. 349. — Mais il faut que le remplacement ait lieu rapidement. — Trib. civ. Lyon, 11 juin 1892, précité.

(²) Paris, 21 avril 1886, S., 87. 2. 203, D.,87. 2. 52. — Huc, X, n. 348.

(³) Trib. civ. Lyon, 18 janvier 1893, *Loi*, 7 avril 1893. — V. Baudry-Lacantinerie et de Loynes, *Tr. du nantiss., des priv. et hyp.*, I. n. 365.

(⁴) Trib. civ. Lyon, 18 janv. 1893, précité.

(⁵) Trib. civ. Lille, 31 janv. 1898, *Nord. jud.*, 98. 179.

(⁶) V. *infra*, t. II.

(⁷) Trib. paix Pantin, 15 oct. 1886, *Mon. jud. Lyon*, 28 janv. 1887.

remplacer, le locateur pourrait demander la nomination d'un séquestre chargé de percevoir les prix de vente jusqu'à concurrence d'une somme suffisante pour faire face à l'exécution des obligations résultant du bail ('). Même solution dans le cas où le propriétaire s'aperçoit que le locataire ne remplace pas les marchandises qu'il vend dans l'exercice de son commerce (²).

Il en est de même encore si le preneur vend ou déplace ses meubles meublants ou annonce l'intention de les vendre ou de les déplacer (³).

Mais l'obligation de garnir ne peut servir de prétexte au bailleur pour exercer sur le preneur une surveillance blessante (⁴), ni pour réclamer de lui une caution (⁵), ni à plus forte raison pour exercer sur ses meubles une saisie-gagerie (⁶).

SECTION III

OBLIGATION D'ENGRANGER DANS LES LIEUX A CE DESTINÉS

712. C'est là une des rares obligations qui soient spéciales au fermier. C'est pour garantir le privilège du bailleur que l'art. 1767 dispose : « *Tout preneur de bien rural est tenu* » *d'engranger dans les lieux à ce destinés d'après le bail* »; car, s'il engrangeait ailleurs, le bailleur, qui a privilège sur la récolte de l'année (art. 2102-1°), n'aurait plus cette récolte sous sa main et pourrait voir son privilège compromis : no-

(¹) Paris, 23 fév. 1884, *Gaz. Trib.*, 24 août 1884 (même si le locataire prétend que c'est une réclame). — Paris, 15 avril 1885, S., 87. 2. 183, D., 87. 2. 127. — Paris, 21 avril 1886, S., 87. 2. 203, D., 87. 2. 52. — Baudry-Lacantinerie et de Loynes, *Tr. du nantiss., des priv. et hyp.*, I, n. 365.

(²) Ord. référé Trib. Seine, *Gaz. Trib.*, 12 janv. 1881.

(³) Décidé que la mise sous séquestre ne peut être ordonnée si le preneur a payé les termes échus et offre de payer le terme courant. — Grenoble, 4 nov. 1891, *Rec. Grenoble*, 92. 1. 38.

(⁴) Ainsi il ne peut faire observer ouvertement les sorties du locataire, le forcer à ouvrir les paquets qu'il porte en sortant de son appartement, visiter ses malles au bas de l'escalier ou dans un autre lieu accessible à tout le monde. — Trib. civ. Seine, 4 fév. 1891, *Gaz. Pal.*, 91. 1. *Suppl.*, 40.

(⁵) Grenoble, 21 fév. 1896, *Rec. Grenoble*, 96. 1. 205.

(⁶) Grenoble, 21 fév. 1896, précité.

tamment des détournements pourraient plus facilement être commis à son préjudice (¹).

En outre, l'art. 1767 peut être considéré comme ayant pour but d'assurer la consommation des herbes sur place.

L'art. 4 de la loi du 10 juillet 1889 (al. 3) dit à propos du colon partiaire : « *Il doit se servir des bâtiments d'exploita-* » *tion qui existent dans les héritages qui lui sont confiés, et* » *résider dans ceux qui sont affectés à l'habitation* ».

Il suit de là que le colon doit notamment engranger les récoltes dans les bâtiments à ce destinés ; c'est déjà ce qu'on décidait sous l'empire du code civil (²).

713. Mais, à défaut de bâtiments situés sur l'immeuble, le fermier n'est pas tenu de laisser les récoltes sur cet immeuble (³) : ce ne serait pas là un engrangement, et par conséquent l'art. 1767, qui, restreignant la liberté du fermier, a un caractère exceptionnel, cesse de s'appliquer par son texte. Il pourrait être d'ailleurs préjudiciable aux récoltes que le fermier fût obligé de les laisser en plein air.

SECTION IV

OBLIGATION DE JOUIR EN BON PÈRE DE FAMILLE

714. L'obligation de jouir en bon père de famille est indiquée par l'art. 1728 ; elle est répétée pour les baux à ferme par l'art. 1766.

L'art. 4 de la loi du 10 juillet 1889, sur le bail à colonat partiaire dit également : « *Le preneur est tenu d'user de la* » *chose louée en bon père de famille, et suivant la destination* » *qui lui a été donnée par le bail* ».

Cette obligation était, d'ailleurs, déjà indiquée par le droit romain (⁴) et l'ancien droit (⁵).

Cela signifie, dit Pothier, que « le preneur doit jouir et

(¹) Troplong, II, n. 683 ; Arntz, IV, n. 1183 ; Laurent, XXV, n. 443 ; Guillouard, II, n. 523 ; Huc, X, n. 363.
(²) Guillouard, II, n. 621.
(³) *Contra* Huc, X, n. 363.
(⁴) L. 25, § 3, D., *loc. cond.*
(⁵) Argou, liv. III, ch. XXVII, p. 280.

user de la chose qui lui est louée comme un bon père de
famille se sert de la sienne propre : il doit avoir le même
soin pour la conserver qu'un bon et soigneux père de famille
aurait pour la chose qui lui appartient » ([1]). C'est du reste
une obligation imposée à tout détenteur de la chose d'autrui, et qui repose sur une interprétation de la convention
tacite.

715. L'obligation d'user de la chose louée *suivant sa destination* est distincte de celle d'en *user en bon père de
famille*. Il se peut en effet que le preneur use de la chose
louée en bon père de famille sans en user suivant sa destination ; par exemple si le locataire d'une maison destinée à
l'habitation l'affecte à un commerce rémunérateur. En sens
inverse, il peut arriver que le preneur use de la chose suivant
sa destination sans en user en bon père de famille ; **par
exemple si le fermier d'un domaine rural épuise les terres,
faute de leur donner les engrais nécessaires.

Il suit de là que si le preneur n'use pas de la chose en
bon père de famille, quoiqu'il en use suivant sa destination,
le preneur ne remplit pas ses obligations ([2]).

716. Comme hypothèse où la jouissance n'est pas celle
d'un bon père de famille, Pothier ([3]) cite les cas suivants, que
reproduisent les auteurs modernes ([4]) : « Celui qui a pris à
loyer un cheval ne doit pas le surmener, le faire courir, lui
faire faire de trop fortes journées ; il doit avoir le soin de le
bien faire panser et nourrir. Le fermier d'une vigne doit la
bien façonner, la bien fumer, la bien entretenir d'échalas, la
provigner et généralement la cultiver de la même manière
qu'un bon et soigneux vigneron cultiverait sa propre vigne».

Le fermier d'une terre labourable doit fumer, semer, labou-
rer, enlever les mauvaises herbes ([5]).

---

[1]) N. 190; Guillouard, I, n. 189.

[2]) Bruxelles, 18 mai 1822, S. chr. — Guillouard, I, n. 191.

[3]) N. 190.

[4]) Guillouard, I, n. 190 et II, n. 518.

[5]) Toulouse, 6 janv. 1888. sous Cass. req., 12 nov. 1889, S., 91. 1. 203 (prairie,
jardin, soin des arbres fruitiers). — Angers, 14 août 1895, *Rec. Angers*, 97. 10
(obligation de fumer les terres). — Arntz, IV, n. 1181 ; Laurent, XXV, n. 435 ; Guillouard, II, n. 518; Huc. X, n. 362.

Il doit en un mot « façonner les terres en saison convenable » ([1]).

Le fermier doit, tout au moins si l'usage est en ce sens, dépouiller dans un pàturage les herbes qui n'ont pas été pâturées ([2]).

Il doit également ne pas « charger les terres » ([3]), ni les « désaisonner » ([4]).

De ce que le preneur doit fumer les terres, on conclut, peut-être à tort ([5]), qu'il doit employer dans ce but les fumiers provenant de la consommation des pailles et fourrages de la ferme ([6]) et, par suite, faire consommer sur place ces pailles et fourrages ([7]).

Toutefois, on reconnait que, dans certaines contrées ([8]), l'usage permet de vendre du foin et doit être observé ([9]).

D'autre part, tout en affirmant que cette obligation s'applique aux prairies artificielles ([10]), on permet au fermier de vendre ce qui excède évidemment les besoins de la culture ([11]).

Le système d'assolement, autrefois employé et d'après lequel, les terres étant réputées avoir besoin de se reposer, il était d'usage que le preneur laissàt en jachères tous les ans une fraction des terres, n'est plus admis aujourd'hui. On reconnait que le cultivateur peut *dessoller*, c'est-à-dire cultiver en même temps et tous les ans la totalité de ses terres, en changeant, pour chacune d'elles, la nature de la culture chaque année, sans aucun inconvénient ([12]).

---

(1) Pothier, n. 190.

(2) Caen, 25 juil. 1808, *Rec. Caen*, 98. 252.

(3) Pothier, *loc. cit.*; Guillouard, I, n. 190.

(4) Pothier, *loc. cit.*; Argou, p. 281; Guillouard, I, n. 190.

(5) Huc, X, n. 362.

(6) Arntz, IV, n. 1181; Laurent, XXV, n. 435 : Guillouard, II, n. 519.

(7) Douai, 12 avril 1848, S., 49. 2. 671. — Guillouard, II, n. 519.

(8) « Dans quelques parties de la Normandie », dit M. Guillouard.

(9) Guillouard, II, n. 519 ; Troplong, II, n. 667.

(10) Bourges, 9 juil. 1828, S. chr. — Duvergier, II, n. 98 ; Troplong, II, n. 667 ; Guillouard, II, n. 519.

(11) Duvergier, *loc. cit.*; Troplong, *loc. cit.*; Guillouard, *loc. cit.*

(12) Cass., 16 août 1853, S., 56. 1. 61. — Amiens, 18 nov. 1896, *Rec. Amiens*, 95. 208 (transformation temporaire de terres labourables en pàturages). — Merlin, *Rép.*, vᵒ *Assolement*; Guillouard, II, n. 520 et 521 ; Huc, X, n. 362.

Mais le bailleur a le droit de stipuler le contraire et toute
clause empêchant le dessolement doit être observée ([1]) ; elle
n'a, en effet, rien de contraire à l'ordre public et le bailleur
peut, comme il l'entend, régler l'exploitation de sa propriété.
En vain dit-on que les clauses de ce genre sont maladroitement copiées des anciens baux ; si, en fait, il en est ainsi, rien
n'empêche le preneur de solliciter du bailleur la faculté de
dessoler. En vain encore dit-on que la terre est suffisamment
ménagée si le fermier rend la terre dans l'état d'assolement
où il l'a reçue et limite-t-on en conséquence le fermier à cette
dernière obligation. L'objection ne répond pas à la considération que nous avons invoquée.

En tout cas le fermier doit, autant que possible, faire de la
culture pratiquée au moment où il est entré en jouissance, la
culture normale de la terre et y ramener les terres ([2]).

717. Le fermier d'un immeuble rural doit entretenir les
chemins ([3]).

Le bois taillis doit être coupé en saison convenable ([4]) ; les
jeunes arbres doivent être laissés en quantité suffisante ([5]) et
le fermier doit veiller à ce qu'ils ne soient pas détruits par
les bestiaux ([6]).

718. Le preneur ne peut jouir des parties accessoires que
dans l'intérêt de l'immeuble loué. Ainsi il ne peut user d'un
puits dépendant du terrain loué pour arroser d'autres propriétés ([7]).

719. Le preneur ne peut pas exercer dans l'immeuble une
profession dont l'exercice entraverait moralement la jouissance des autres locataires ou attirerait sur l'immeuble une

---

[1] Douai, 20 mars 1846, S., 47. 2. 385, D., 47. 2. 107. — Trib. paix Carrouges,
10 juin 1898, *Mon. jug. paix*, 99. 32. — Laurent, XXV, n. 339 ; Huc, X, n. 362.
— *Contra* Cass., 16 août 1853, S., 56. 1. 61. — Bruxelles, 24 mars 1807, S. chr. —
Paris, 21 fév. 1822, S. chr. — Orléans, 21 juil. 1877, S., 77. 2. 292. — Troplong,
II, n. 663 ; Duvergier, II, n. 99 ; Guillouard, II, n. 521.

[2] Trib. paix Carrouges, 10 juin 1898, précité.

[3] Toulouse, 6 janv. 1888, sous Cass. req., 12 nov. 1889, S., 91. 1. 203.

[4] Guillouard, II, n. 518.

[5] Guillouard, II, n. 518.

[6] Guillouard, II, n. 518.

[7] *Contra* Paris, 6 avril 1886, D., 88. 2. 17. — Huc, X, n. 309.

renommée fâcheuse, si le bailleur ne connaissait pas cette profession (¹).

Il en est ainsi, par exemple, de la profession de femme galante ou de gérant d'établissement de prostitution (²).

Mais rien n'empêche le preneur d'amener une concubine dans l'immeuble loué, pourvu qu'aucun trouble ne soit causé à la jouissance des autres locataires (³).

S'il a avec lui un fou dangereux, il ne jouit pas en bon père de famille (⁴).

Il ne peut pas installer dans l'immeuble un commerce dont l'exercice serait dommageable à l'immeuble (⁵) ou aux autres locataires (⁶).

Le bailleur ne peut toutefois interdire au preneur l'exercice d'une profession dont il connaissait l'existence (⁷). On a cependant décidé qu'il peut, malgré cette circonstance, demander l'expulsion du preneur en se fondant sur sa propriété (⁸).

Le preneur ne méconnaît pas d'ailleurs ses obligations envers le bailleur en lésant par des actes étrangers à sa jouissance le bailleur ou d'autres preneurs, par exemple en insul-

---

(¹) Cass., 19 mars 1835, S., 35. 1. 186. — Cass., 21 août 1840 (impl.), S., 40. 1. 867. — Lyon, 6 fév. 1833, S., 33. 2. 392. — Paris, 30 nov. 1839, S., 40. 2. 121. — Trib. civ. Genève, 6 mars 1895, *Gaz. Trib.*, 25 août 1895. — Trib. civ. Caen, 2 mars 1891, *Gaz. Trib.*, 26 avril 1891 (transformation d'un débit de vins en maison de débauche). — Trib. civ. Seine, 17 mai 1890, *Droit*, 3 juill. 1890 (*id.*).

(²) Lyon, 29 juill. 1887, *Gaz. Pal.*, 87. 2, *Suppl.*, 48.

(³) Bourges, 21 mars 1898, S., 98. 2. 266, D., 99. 2. 163. — Trib. civ. Seine, 6 août 1895, *Droit*, 7 août 1895, *Loi*, 7 août 1895.

(⁴) Cass. req., 23 avril 1898, D., 98. 1. 507.

(⁵) Trib. civ. Bordeaux, 2 avril 1894, *Rec. de Bordeaux*, 94. 2. 72 (commerce de charbon, à cause de la poussière et des insectes). — Trib. civ. Seine, 28 déc. 1897, *Gaz. trib.*, 24 avril 1898 (ce jugement décide que la vente de lampes au gaz acétylène n'est pas dangereuse, si le preneur ne détient pas une quantité accumulée de gaz).

(⁶) Trib. civ. Lyon, 8 juill. 1897, *Mon. jud. Midi*, 12 nov. 1897 (bruit).

(⁷) Lyon, 7 janv. 1888, *Mon. jud. Lyon*, 22 mai 1888 (bruit. — Lyon, 15 mars 1895, S., 96. 2. 31 (le bailleur, actionné en garantie par un locataire à raison de ce qu'une partie de l'immeuble est occupée par une femme galante, ne peut recourir contre cette dernière dont il a connu la profession. — *Sic* Fuzier-Herman, art. 1719, n. 133.

(⁸) Trib. civ. Guelma, 13 juin 1895, *Journ. trib. Alger*, 27 oct. 1895 (prostitution). — Comp. *supra*, n. 174.

tant ces derniers (¹) ou le bailleur (²); à plus forte raison, s'il a subi une condamnation infamante (³).

D'autre part, le preneur peut exercer un commerce similaire au commerce exercé par un autre locataire, quoique le bailleur se soit engagé envers ce dernier à interdire à ses preneurs tout commerce similaire (⁴), et à moins que le preneur ne se soit engagé à ne pas exercer le commerce similaire (⁵).

720. Le preneur ne manque pas à son obligation de jouir en bon père de famille, s'il installe dans l'immeuble les appareils nécessaires à l'exercice de son commerce ou de son industrie (⁶); l'invention des machines ou leur développement obligent les industriels qui ne veulent pas voir leur industrie péricliter à employer eux-mêmes ces machines; et ils ne nuisent pas à l'immeuble en les employant. Il n'y a pas là, comme on l'a soutenu (⁷), de dérogation à la règle que le preneur n'a pas le droit de changer la forme de la chose louée : changer la forme, c'est introduire une modification dans la chose elle-même; or, ce n'est pas ce que fait le preneur en introduisant des machines dans l'immeuble.

Ainsi le preneur peut installer dans l'immeuble les machines à vapeur nécessaires à l'exercice de son industrie (⁸).

(¹) *Contra* Trib. Genève, 6 mars 1895, *Pand. franc.*, 96. 2. 134 (en note).

(²) Le contraire a été décidé pour le colonage partiaire. — Riom, 3 juill. 1895, *Rec. Riom*, 95. 447.

(³) Trib. civ. Anvers, 18 nov. 1879, *Pasicr.*, 80. 3. 189.

(⁴) Paris, 8 nov. 1856, S., 58. 2. 322, D., 60. 2. 188. — Paris, 14 mai 1859, S., 59. 2. 486, D., 59. 2. 140. — Paris, 8 juill. 1861, S., 62. 2. 274, D., 61. 2. 198. — Paris, 30 avril 1889, *Droit*, 28 sept. 1889. — Trib. civ. Seine, 29 mars 1893, *Gaz. Pal.*, 93. 1. 483. — Fuzier-Herman, art. 1719, n. 113, 115 et 124.

(⁵) Paris, 8 nov. 1856, précité. — Paris, 5 nov. 1859, S., 59. 2. 649, D., 59. 2. 140. — Paris, 4 mai 1897, S., 97. 2. 235. — Fuzier-Herman, art. 1719, n. 122.

(⁶) Lyon, 9 fév. 1886, *Mon. jud. Lyon*, 10 mai 1886 (l'imprimeur peut faire mouvoir ses machines même pendant la nuit). — Trib. civ. Seine, 19 juill. 1898, *Gaz. Trib.*, 2 août 1898 (motifs : un moteur à gaz n'est pas indispensable à la profession de photographe). — Guillouard, I, n. 292; Huc, X, n. 307.

(⁷) Guillouard, I, n. 292.

(⁸) Rouen, 24 juill. 1856, S., 57. 2. 143. — Lyon, 3 déc. 1860, S., 61. 2. 388, D., 61. 2. 181. — Amiens, 14 mai 1890, *Rec. d'Amiens*, 90. 201. — Laurent, XXV, n. 254; Guillouard, I, n. 292. — *Contra* Lyon, 26 janv. 1847, S., 47. 2. 536, D., 52. 2. 33. — Lyon, 6 janv. 1852, S., 52. 2. 143, D., 53. 2. 79. — Aubry et Rau, IV, p. 382, § 367. — Décidé qu'il doit en ce cas au bailleur la somme dont la prime

Toutefois le preneur doit installer ces appareils à l'endroit fixé par le bail (¹).

D'ailleurs les machines ne peuvent être installées si elles nuisent à la solidité de l'immeuble (²).

Nous examinerons si elles sont aussi interdites dans le cas où elles causeraient un préjudice aux autres locataires ou aux voisins.

Il va sans dire que le preneur peut également enlever les machines qu'il a installées (³). On ne peut les assimiler à des constructions.

721. Il ne peut faire pénétrer des voitures dans l'immeuble qui n'est pas aménagé à cet effet (⁴) et doit, s'il existe deux escaliers, user de chacun d'eux suivant l'usage de l'immeuble (⁵).

d'assurance de l'immeuble se trouve augmentée. — Trib. civ. Montargis, 4 déc. 1890, *Loi*, 22 avril 1891. — Cela est faux ; v. *infra*, n. 734.

(¹) Il en est autrement cependant si un vice de construction de l'immeuble l'a empêché de le faire. — Trib. civ. Lyon, 25 mars 1887, *Gaz. Pal.*, 87. 2. *Suppl.*, 86.

(²) Guillouard, I, n. 292.

(³) Guillouard, I, n. 296.

(⁴) Lorsqu'une porte cochère et une allée pavée ou dallée montrent que l'immeuble a été aménagé pour que des voitures puissent y pénétrer, les locataires peuvent exiger que leurs voitures et celle des personnes qui viennent les visiter aient le droit de pénétrer à toute heure du jour et de la nuit. Trib. civ. Seine, 14 janvier 1895, cité *supra*, p. 260, note 1. — D'autre part, le preneur qui a loué pour l'exercice d'un commerce peut faire entrer et sortir les voitures nécessaires à son commerce. — Trib. civ. Seine, 11 août 1885, *Loi*, 20 sept. 1885.

(⁵) Lorsqu'une maison habitée bourgeoisement est pourvue de deux escaliers, un grand escalier et un escalier de service, il est d'usage que le premier est réservé aux locataires eux-mêmes, à leur famille et à leurs visiteurs ; leurs domestiques et fournisseurs passent par l'escalier de service. Les locataires sont obligés de tenir la main à l'observation de ce dernier usage et sont responsables des contraventions. — Tout locataire peut exiger du propriétaire que les autres locataires observent cette règle. Trib. civ. Seine, 25 avril 1898, *Droit*, 28 sept. 1898. — Si la maison pourvue de deux escaliers est en partie louée pour l'exercice de commerces, la règle subit des dérogations. Jugé qu'alors le grand escalier peut être pratiqué par les personnes suivantes se rendant dans les locaux occupés par les commerçants : commissionnaires en marchandises, placiers, courtiers, porteurs d'échantillons ou de coupons de peu de volume, serviteurs accompagnant les clients, même avec des paquets appartenant à ces derniers. Mais les ouvriers et gens de service d'autres maisons et les employés portant des paquets ne peuvent passer que par le petit escalier. Trib. civ. Seine, 24 nov. 1893, *Gaz. Pal.*, 94. 1. 138. — Décidé que la clause interdisant de faire entrer par l'escalier de service, après dix heures du matin, les porteurs d'eau, charbonniers et autres fournisseurs, ne s'applique qu'aux fournisseurs approvisionnant chaque matin les locataires et non pas à ceux qui,

722. Le preneur doit jouir en bon père de famille de la cour commune (¹). Il ne peut y décharger des marchandises que si la cour a cette destination (²).

Le preneur n'a pas non plus le droit de détériorer les murs extérieurs.

Il ne les détériore pas en y apposant des enseignes indiquant sa profession ; ce droit d'apposer des enseignes doit donc lui être reconnu (³).

723. Le preneur est obligé de ramoner les cheminées ; nous traiterons de cette obligation à propos des réparations locatives (⁴).

Il est également obligé de laver les vitres ; nous parlerons de cette obligation à propos de la restitution de la chose.

Il ne peut installer un système de chauffage dangereux soit d'une manière absolue, soit à raison de la disposition de l'appartement (⁵).

724. Comme application de l'obligation de jouir en bon père de famille, le preneur n'a pas le droit de dégrader la chose (⁶), c'est-à-dire d'en enlever la plus petite fraction matérielle.

Il en est autrement toutefois des dégradations qui sont la suite d'une jouissance normale et de la destination de la chose (⁷).

---

d'habitude, viennent à toute heure. Trib. civ. Seine, 31 juil. 1895, *Gaz. Pal.*, 95. 2. 730. — Dans tous les cas le preneur peut faire passer ses fournisseurs par le grand escalier si l'escalier de service est inutilisable. Trib. civ. Seine, 25 avril 1898, précité. — Décidé aussi qu'un commerçant peut faire passer par le grand escalier ses employés venant prendre leurs repas chez lui. Trib. civ. Seine, 19 janv. 1898, *Droit*, 23 janv. 1898.

(¹ V. pour l'introduction de voitures, la note 4, p. 379.

(² Il a été décidé avec raison, sous l'empire de la loi du 18 nov. 1814 relative à la célébration des fêtes (aujourd'hui abrogée par la loi du 12 juill. 1880), que le bailleur ne peut s'opposer à la décharge des marchandises sous prétexte qu'elle constitue une contravention à cette loi. Trib. civ. Dunkerque, 20 mars 1874, S., 74. 2. 122.

(³ V. *supra*, n. 508-2°.

⁴ V. *infra*, n. 806.

(⁵) Paris, 7 déc. 1893, *Gaz. Pal.*, 94. 1. 35 le locataire ne peut installer un poêle Choubersky, lequel est à combustion lente, dans une cheminée destinée à combustion vive).

⁶ Bruxelles, 18 mai 1822, S. chr. — Caen, 8 août 1873, *Rec. Caen*, 74, p. 33. — Argou. p. 281 ; Guillouard, I, n. 191 et II, n. 468.

(⁷ Paris, 10 janv. 1842, D. *Rép.*, v° *Louage*, n. 286. — Lyon, 28 fév. 1877, S.,

Nous nous occuperons plus tard des dégradations existantes lors de la restitution.

Une dégradation est causée par la faute du preneur si elle provient de l'humidité provoquée par les mauvaises conditions de fermeture et d'aération dans lesquelles le locataire a tenu la chose louée (¹), ou de ce qu'un robinet ayant été ouvert par mégarde, l'eau a inondé l'appartement (²), ou de ce qu'un chemin n'étant pas entretenu, une passerelle a disparu et les eaux qui se sont introduites ont entraîné l'éboulement des murs (³), ou de ce qu'une usine ne fonctionnant pas, le matériel s'est détérioré (⁴).

725. Le preneur ne jouit pas en bon père de famille s'il détourne la chose louée ou une portion de cette chose.

Ainsi le bail peut être résilié si le colon partiaire vole les grains (⁵).

726. Le fermier, étant obligé de jouir en bon père de famille, doit faire, à ses frais, l'acquisition des semences nécessaires à l'exploitation, ainsi que des pailles et fourrages, si, par suite d'un événement imprévu, ceux qui lui ont été fournis sont insuffisants.

Cette acquisition est à la charge du fermier, même dans le bail à colonat partiaire (⁶). On n'a pu soutenir le contraire qu'en partant de l'idée fausse que le preneur est un associé et en appliquant, dès lors, l'art. 1859 al. 3. Notre solution n'a, quoi qu'on dise, rien d'injuste. Elle est aussi facile à justifier que dans le bail à ferme ordinaire.

---

77. 2. 268. — Guillouard, I, n. 191. — Décidé en conséquence que le fermier peut élaguer des branches d'un châtaigner et couper de la litière et quelques branches de chêne sur une parcelle du domaine affermé. — Bordeaux, 11 déc. 1891, *Rec. Bordeaux*, 92. 1. 17.

(¹) Paris, 28 août 1873, S., 73. 2. 256. — Guillouard, I, n. 468.

(²) Trib. civ. Seine, 10 nov. 1893, *Gaz. Pal.*, 94. 1. 100 (et cela même si l'ouverture a eu lieu quand, à raison de travaux, la Compagnie des eaux a fermé les robinets de descente d'abonnement, et si la réouverture de ces derniers a donné lieu à l'inondation. Peu importe que la concierge ait oublié de fermer de son côté les robinets d'arrêts qui desservent toute la maison, car elle n'y était pas obligée).

(³) Toulouse, 6 janv. 1888, sous Cass. req., 12 nov. 1889, S., 91. 1. 203.

(⁴) Toulouse, 6 janv. 1888, précité.

(⁵) Bordeaux, 21 juin 1854, S., 55. 2. 21. — Guillouard, II, n. 633.

(⁶) Guillouard, II, n. 620. — *Contra* Méplain, *Bail à colonage*, n. 192.

727. Le preneur peut, en principe, librement faire la récolte sans l'intervention du propriétaire.

Cependant, dans le bail à colonat partiaire, le fermier doit préalablement prévenir le propriétaire (¹); car ce dernier a intérêt à s'assurer de la consistance de la récolte, à une partie de laquelle il a droit.

La récolte une fois faite, le preneur peut en disposer.

Il en est autrement toutefois du métayer (²), qui n'a que les droits d'un copropriétaire indivis et ne peut, par conséquent, disposer que de la part que le partage lui attribue.

728. Le preneur ne peut, par sa négligence, rendre l'immeuble loué inhabitable.

Il ne peut, par exemple, introduire des punaises dans l'appartement (³). Nous étudierons la question de savoir si, lors de la restitution, les punaises existantes dans l'appartement sont censées avoir été introduites par le preneur.

729. Le preneur est responsable non seulement de ses abus de jouissance, mais de ceux que commettent les membres de sa famille, ses domestiques ou ses hôtes, en un mot des personnes habitant avec lui (⁴).

730. Si le voyageur ou une personne se trouvant avec lui est, pendant son séjour dans un hôtel, atteint d'une maladie contagieuse qui ne permet pas un déplacement immédiat, ou meurt de cette maladie, le voyageur n'encourt aucune responsabilité envers l'aubergiste (⁵). Il s'agit, en effet, d'un cas fortuit.

Mais le voyageur est tenu de payer les frais de désinfection (⁶).

(¹) Duvergier, II, n. 94; Guillouard, II, n. 622.

(²) Rolland de Villargues, v° *Bail partiaire*, n. 14; Duvergier, II, n. 94; Guillouard, II, n. 622.

(³) Caen, 25 févr. 1871, S., 72. 2. 206, D., 72. 2. 150 (motifs).

(⁴) Bourges, 21 mars 1898, S., 98. 2. 266, D., 99. 2. 168 (trouble causé par une femme de mauvaise vie habitant avec le locataire). — Trib. civ. Seine, 6 août 1895, *Gaz. Trib.*, 7 août 1895 (id.). — Trib. civ. Seine, 5 janv. 1897, *Gaz. Pal.*, 97. 1. 163, *Droit*, 10 mai 1897 (ne peut prendre à son service une personne qui avait été, comme concierge, chassée par le propriétaire et dont la présence est une cause de trouble). — V. *infra*, n. 932 s.

(⁵) Trib. civ. Seine, 30 juin 1893, *Droit*, 2 juill. 1893. — Trib. paix Châlons-sur-Marne, 4 juin 1889, *Loi*, 7 juin 1889.

(⁶) Trib. civ. Seine, 30 juin 1893, précité. — V. *infra*, n. 808 et 918.

731. Le bruit fait par le locataire n'empêche pas que sa jouissance ne soit celle d'un bon père de famille, pourvu qu'il soit nécessité par le commerce ou l'industrie que le locataire était autorisé à exercer ([1]); la responsabilité du bailleur est seule engagée vis-à-vis des autres locataires, et le preneur use de son droit.

Il en est ainsi même si les autres logements de l'immeuble sont ainsi rendus inhabitables; la faute, nous le répétons, est entièrement au bailleur.

C'est donc à tort qu'on a jugé ([2]) qu'un marchand de fers commet un acte de jouissance abusive si, par le maniement des fers dans ses magasins et le bruit qui en résulte, il rend inhabitables les autres locaux de l'immeuble.

De même, étant donné que le preneur peut installer dans l'immeuble les machines nécessaires à l'exercice de son industrie, il importe peu que le bruit de ces machines rende le surplus de l'immeuble inhabitable ([3]).

Mais il en est autrement si le bruit ne se justifie pas par les raisons qui précèdent ([4]).

732. De même, le preneur, pourvu qu'il jouisse en bon père de famille ou conformément au bail, n'a pas à s'inquiéter du recours en dommages-intérêts que son mode de jouissance fait naître de la part des voisins contre le bailleur.

Ainsi il importe peu que l'installation de machines à vapeur nécessitées par l'industrie du preneur ou l'industrie bruyante du preneur doive avoir pour effet de faire naître cette action en dommages-intérêts ([5]).

De même, si le preneur a introduit, comme l'y autorisait son bail, des femmes galantes dans l'immeuble ou y exploite une maison de prostitution ([6]).

([1]) Guillouard, I, n. 191. — A moins que le preneur ne se soit engagé à ne pas faire de bruit. Paris, 17 avril 1894, *Gaz. Trib.*. 24 juin 1894.

([2]) Grenoble, 26 avril 1875, sous Cass., 27 mars 1876, S., 76. 1. 271, D., 76. 1. 263. — Guillouard, I, n. 191 et 287; Laurent, XXV, n. 174.

([3]) *Contra* Guillouard, I, n. 292.

([4]) Bordeaux, 25 août 1836, D. *Rép.*, v⁰ *Louage*, n. 286. — Trib. civ. Seine, 19 juill. 1898, *Gaz. Trib.*. 2 août 1898. — Guillouard, I, n. 191.

([5]) Lyon, 30 juill. 1898, *Mon. jud. Lyon*, 21 janv. 1899. — *Contra* Guillouard, I, n. 292.

([6]) Trib. civ. Lyon, 2 janv. 1896, *Gaz. Pal.*, 96. 2. 347.

Mais le preneur est tenu de garantir le bailleur des dommages-intérêts que ses abus de jouissance ont obligé ce dernier à payer aux autres preneurs, alors même que les abus auraient été commis de bonne foi (¹).

De même, à supposer que les voisins puissent recourir contre le bailleur à raison des abus de jouissance commis par le preneur contrairement à son bail (²), le bailleur, actionné de ce chef par les voisins, a un recours contre le preneur (³).

733. Lorsque le locataire adopte un nouveau mode de jouissance autre que celle d'un bon père de famille, les juges peuvent ordonner des travaux destinés à rendre le changement inoffensif (⁴).

Les frais de ces travaux sont à la charge du preneur.

Toutefois si les travaux présentent pour le bailleur une utilité durable et augmentent la valeur de la propriété, les tribunaux peuvent mettre une partie des frais à la charge du bailleur (⁵).

734. Quelques transformations qu'opère le preneur, il n'est jamais tenu d'indemniser le bailleur de la surprime qui peut être demandée à ce dernier par son assureur en raison des dangers spéciaux d'un incendie que lui font courir les transformations (⁶). Car, de deux choses l'une : ou ces transformations sont conformes, ou elles sont contraires au bail : dans le second cas le bailleur peut obliger le preneur à les faire disparaître et s'il ne s'oppose pas à leur maintien il ratifie l'acte du preneur ; dans le premier cas le preneur agit suivant son droit ; il n'y a donc en aucune hypothèse lieu à des dommages-intérêts.

Il en est ainsi, à plus forte raison, quand les modifications ont été autorisées par le bailleur sous la condition que

---

(¹) Trib. civ. Seine, 22 janv. 1890, *Gaz. Pal.*, 90. 1. 244 (fermeture d'une ouverture commune).

(²) V. *infra*, n. 1041.

(³) Trib. civ. Lyon, 25 fév. 1898, *Mon. jud. Lyon*, 27 mai 1898.

(⁴) Cass., 17 fév. 1873, S., 73. 1. 221. — Guillouard, I, n. 191.

(⁵) Cass., 17 fév. 1873, S., 73. 1. 221. — Guillouard, I, n. 191.

(⁶) *Contra* Toulouse, 30 juin 1897, *Rec. des assur.*, 98. 47. — Trib. civ. Montargis, 4 déc. 1890, *Loi*, 22 avril 1891. — Trib. civ. Caen, 1ᵉʳ déc. 1896, *Droit*, 31 mars 1897. — Trib. civ. Toulouse, 17 déc. 1896, *Loi*, 26 fév. 1897.

le preneur, s'il les effectuait, paierait un supplément de loyer (¹).

735. L'obligation de jouir en bon père de famille est l'application du droit commun; elle existe donc dans toutes espèces de baux.

Ainsi le preneur de meubles doit jouir en bon père de famille (²).

Nous avons dit aussi que cette obligation s'applique au métayer (³).

L'obligation de jouir en bon père de famille s'applique également au locataire de la chasse (⁴).

Le preneur d'un droit de chasse est notamment responsable des dommages causés au bailleur par le pullulement du gibier (⁵).

SECTION V

OBLIGATION DE NE PAS CHANGER LA FORME DE LA CHOSE

736. Le preneur, qui est obligé de conserver et de restituer la chose, ne peut pas, à plus forte raison, modifier dans son intérêt la forme de la chose (⁶), c'est-à-dire y introduire des modifications destinées à rendre l'usage plus commode.

S'il méconnaît cette obligation, il est immédiatement exposé à une indemnité, au rétablissement des lieux et à la résiliation, sans compter les dommages-intérêts. Le bailleur n'est pas obligé d'attendre, pour agir contre le preneur, la fin du bail (⁷).

737. Le preneur ne peut pas :

(¹) **Toulouse**, 30 juin 1897, précité. — Trib. civ. Toulouse, 17 déc. 1896, précité.
(²) Guillouard, II, n. 679.
(³) V. *supra*, n. 714.
(⁴) L'emploi d'engins prohibés n'est pas un abus de jouissance. Trib. civ. Dunkerque, 16 juin 1887, *Loi*, 30 juin 1887 (fait de capturer des lapins à l'aide de filets et de chiens).
(⁵) Trib. civ. Seine, 28 nov. 1891, *Droit*, 20 déc. 1891 (même si une clause du bail l'exempte de toute indemnité pour les dommages que le gibier a causés aux bois et taillis, cette clause ne s'appliquant qu'aux dégâts qui sont la conséquence naturelle de la chasse et non à la destruction des bois). — V. *infra*, n. 791.
(⁶) Guillouard, I, n. 288; Huc, X, n. 307.
(⁷) V. cep. Guillouard, 1, n. 288. — V. *infra*, n. 772 s.

Démolir les murs qui séparent deux chambres, cette démolition pouvant compromettre la solidité de l'immeuble;

Percer des gros murs ou y pratiquer des ouvertures ([1]), par exemple pour déplacer une porte ([2]).

Faire des constructions ou plantations; nous nous sommes occupés de cette dernière hypothèse à propos des obligations du bailleur ([3]);

Arracher une vigne ([4]);

Installer dans l'immeuble un commerce l'obligeant à des modifications de forme ([5]);

Etablir une marquise devant l'appartement ([6]).

738. A cette règle, il faut apporter une exception qui repose sur un usage admis dès l'ancien droit ([7]), lequel, étant encore reconnu aujourd'hui, tient lieu de convention tacite ([8]). C'est que le preneur peut introduire dans la forme les modifications trop peu importantes pour changer la physionomie de la chose louée, qui en même temps sont facilement réparables à la fin du bail, et qui enfin peuvent être considérées comme habituelles. Ces quatre conditions sont nécessaires, quoique la plupart des auteurs ([9]) n'exigent que les trois premières. Il va sans dire que le preneur devra, à moins que le bailleur ne l'en dispense, remettre les choses en état avant de restituer l'immeuble, c'est-à-dire avant la fin du bail ([10]).

([1]) Paris, 2 nov. 1887, S., 87. 2. 240 (par exemple s'il s'agit d'un mur mitoyen entre la propriété louée et une autre propriété appartenant au preneur). — Duvergier, I, n. 399 ; Guillouard, I, n. 289.

([2]) V. cep. Huc, X, n. 307.

([3]) V. *supra*, n. 615 s.

([4]) Guillouard, II, n. 522.

([5]) Lyon, 30 nov. 1892, *Gaz. Pal.*, 93. 1. 197 (transformation d'un atelier de menuiserie à la main en un atelier mécanique mû par la vapeur). — Trib. civ. Seine, 22 nov. 1892, *Gaz. Trib*, 29 déc. 1892 (un pharmacien ne peut préparer des produits pharmaceutiques qui exigent une appropriation spéciale des lieux).

([6]) Paris, 12 déc. 1887, *Droit*, 27 janv. 1888. —Paris, 19 juil. 1895, S., 97. 2. 27 (implic.. — Trib. civ. Seine, 2 nov. 1892, *Gaz. Pal.*, 92. 2. 704 (cependant ce jugement veut que le bailleur prouve qu'il en résulte un préjudice). — V. n. 458.

([7]) Lepage, *Lois des bâtiments*, II, p. 186.

([8]) Duvergier, I, n. 398; Aubry et Rau, IV, p. 471, § 365; Laurent, XXV, n. 175; Guillouard, I, n. 289; Huc, X, n. 307. — *Contra* Rennes, 25 janv. 1815, S. chr.

([9]) Guillouard, *loc. cit.*

([10]) Guillouard, *loc. cit.*; Lepage, *loc. cit.*

Il va sans dire également que ces modifications ne peuvent être faites par le preneur si le bail les lui interdit ([1]).

739. Ainsi le preneur peut, à condition de rétablir les choses en l'état :

Diviser une chambre en deux par une cloison ([2]) ;

Réunir deux chambres en abattant une cloison (nous avons vu qu'il en est autrement si les chambres sont séparées par un mur) et notamment réunir une alcôve à une chambre ([3]) ;

Déplacer les glaces ([4]) ;

Remplacer les vitres des fenêtres par des vitraux ;

Planter des clous dans les murs ;

Transformer un grenier à farine en dépôt de charbons ([5]).

740. Nous avons déjà examiné si le preneur peut mettre des enseignes ou concéder l'affichage sur l'immeuble loué ou indiquer par une affiche son changement de domicile ou sa profession ([6]).

741. Le preneur peut introduire l'éclairage au gaz dans l'immeuble loué ([7]). Cet éclairage ne présente, en effet, rien de plus dangereux pour l'immeuble que certains autres ; d'un autre côté, il est passé entièrement dans les mœurs et employé partout.

L'opinion contraire a été admise par des arrêts déjà anciens et par quelques commentateurs ([8]) ; ils ne sauraient faire autorité, car ils s'appuient sur l'idée, reconnue fausse aujourd'hui, que l'éclairage au gaz est dangereux ; ils ajoutent — et cela n'est pas plus important — que l'éclairage au gaz exige le percement des murs et des planchers. Il n'en est autrement que si, en fait, des travaux importants sont nécessaires ([9]).

([1]) Lepage, *loc. cit.*; Guillouard, *loc. cit.*

([2]) Lepage, *loc. cit.*; Guillouard, I, n. 289; Huc, X, n. 307.

([3]) Lepage, *loc. cit.*; Guillouard, *loc. cit.*

([4]) Lepage, *loc. cit.*; Guillouard, *loc. cit.*; Huc, *loc. cit.*

([5]) Trib. civ. Blaye, 7 déc. 1892, *Rec. de Bordeaux*, 93. 3. 25.

([6]) V. *supra*, n. 508-2°.

([7]) Paris, 29 nov. 1862, S., 63. 2. 32, D., 62. 2. 108. — Laurent, XXV, n. 255 ; Aguel, n. 330 ; Guillouard, I, n. 290 ; Huc, X, n. 307.

([8]) Paris, 22 déc. 1851, S., 52. 2. 115, D. *Rép.*, v° *Louage*, n. 600. — Paris, 22 déc. 1864, S., 65. 2. 134. — Troplong, I, n. 177 ; Duvergier, I, n. 295 et 339 ; Colmet de Santerre, VII, n. 166 *bis*, II ; Laurent, XXV, n. 110.

([9]) Trib. civ. Seine, 2 juin 1894, *Gaz. Trib.*, 7 oct. 1894.

Certains auteurs (¹) subordonnent notre solution à la condition que, dans la ville où est situé l'immeuble, l'éclairage au gaz soit en usage constant. Cette condition n'a plus grande signification, car l'éclairage au gaz est employé à peu près partout. Même dans les endroits où il n'est pas en usage, nous croyons qu'il peut être installé par le preneur ; car, à raison de l'extension qu'a prise l'usage de ce mode d'éclairage, le bailleur a dû s'attendre à ce qu'il fût installé dans l'immeuble.

Notre opinion est surtout exacte si l'immeuble est loué pour l'exercice d'un commerce ou d'une industrie (²).

Nous en dirons autant de l'éclairage à l'électricité, qui commence à se répandre beaucoup ; il n'est pas dangereux et ne nécessite pas des travaux considérables (³).

La substitution de l'électricité au gaz nous paraît aussi permise (⁴).

Le preneur peut également installer le téléphone dans l'appartement (⁵).

Toutefois les solutions doivent être différentes, s'il est expressément interdit au preneur de percer aucun mur ni cloison (⁶) ; mais il en serait autrement s'il était seulement stipulé que le preneur ne peut faire aucun changement aux lieux loués (⁷) ; cette clause ne fait que reproduire les termes de la loi.

Dans tous les cas le bailleur peut forcer le preneur à rétablir, après la fin du bail, les lieux dans leur état primitif (⁸).

742. Le preneur peut aussi introduire l'eau dans son appartement par des appareils ne causant aucune détérioration (⁹),

---

(¹) Aubry et Rau, IV, p. 482, § 367.

(²) Guillouard, I, n. 293.

(³) Grenoble, 23 juil. 1897, S., 99. 2. 43, D., 98. 2. 117. — Huc, X, n. 307; Guillouard, I, n. 293.

(⁴) Grenoble, 23 juil. 1897, précité.

(⁵) Huc, X, n. 307.

(⁶) Trib. civ. Seine, 18 avril 1890, *Gaz. Trib.*, 30 avril 1890.

(⁷) *Contra* Grenoble, 23 juil. 1897, précité.

(⁸) Grenoble, 23 juil. 1897, précité.

(⁹) Décidé en ce sens qu'un photographe peut établir sur la toiture vitrée de son atelier une tuyauterie permettant de l'arroser si cette installation ne porte pas préjudice aux autres locataires. Trib. civ. Lyon, 28 juil. 1896, *Droit*, 13 oct. 1896.

ou tout au moins, comme nous l'avons dit, causant une détérioration très faible et facilement réparable. Mais il ne pourrait, pour introduire l'eau, faire des canalisations qui compromettraient la solidité de l'immeuble ([1]).

743. Certains auteurs sont beaucoup moins rigoureux pour le bail d'une terre ; ils autorisent le preneur à changer le mode de culture, pourvu que ce changement ne nuise pas à l'immeuble ([2]) ; le fermier pourrait, par exemple, convertir une terre de labour en herbe ([3]). La raison qui les décide est que, si le preneur d'une maison ou d'un appartement n'obéit à aucune pensée de spéculation, il en est autrement du preneur d'un immeuble rural ; donc, dit-on, on doit permettre les changements destinés à accroître les bénéfices de l'exploitation, qui sont des moyens d'atteindre le but recherché par les parties.

Cet argument est dépourvu de valeur. Si le preneur cherche à spéculer, il est certain qu'on ne peut lui permettre tous les moyens destinés à lui assurer des bénéfices sérieux, mais seulement ceux qui concordent avec l'intention du bailleur ; or, le bailleur a interdit expressément ou tacitement au preneur de changer la forme de la chose louée, et surtout de la changer d'une manière définitive. Du reste, ne peut-on pas dire aussi que le locataire d'une usine, d'un moulin, d'une boutique, agissent dans un but de spéculation ? Ne pourrait-on pas dire même que le locataire d'une maison ou d'un appartement cherche à jouir d'une manière agréable, et doit, en conséquence, avoir le droit de faire toutes les modifications qui lui facilitent la jouissance ?

En tout cas le preneur ne peut abattre les arbres de haute futaie ([4]).

Comme nous l'avons dit, le preneur peut modifier *annuellement* la nature de la culture, dans le but de maintenir la force productrice de la terre ([5]).

([1]) Trib. civ. Lyon, 21 mars 1896, *Droit*, 24 mai 1896.
([2]) Duvergier, I, n. 405 ; Guillouard, I, n. 291 et II, n. 522.
([3]) Guillouard, I, n. 291 et II, n. 522.
([4]) Caen, 24 mai 1865, S., 65. 2. 269.
([5]) V. *supra*, n. 716.

Il peut, comme conséquence, faire tous les changements accessoires qui seraient nécessités par cette transformation, à la condition de les faire disparaître lors de la cessation de la culture qui les lui a imposés [1].

744. On considère souvent comme une exception à la défense de changer la forme, le droit qu'a le preneur d'installer les machines nécessaires à l'exercice de son industrie; mais ce droit doit plutôt être rattaché à la jouissance en bon père de famille [2].

745. Le fermier peut évidemment mettre en état d'exploitation les choses louées; on peut dire que ce changement est implicitement autorisé.

Ainsi, comme le disait Pothier [3], il peut défricher les terres en friche [4].

Mais nous avons vu que la conversion en herbage d'une terre de labour ne rentre pas dans cette hypothèse.

746. Le preneur peut également de lui-même faire disparaître les modifications qu'il a apportées à la forme; il le peut même malgré la volonté du bailleur, car on ne peut défendre à personne de réparer les conséquences d'une faute commise. Le bailleur n'a, du reste, aucun droit à empêcher le preneur de faire disparaître les modifications apportées à la chose louée : en ce qui concerne ces modifications, il ne s'est formé aucun lien contractuel entre les parties.

On pourrait cependant objecter que le bailleur est devenu de plein droit propriétaire des *additions* faites à l'immeuble ; nous avons étudié cette objection à propos des constructions et plantations, au sujet desquelles la question que nous venons de traiter s'est surtout posée. Elle ne peut avoir aucune valeur quand il ne s'agit pas de travaux qui constituent des immeubles par nature, tels que les constructions et plantations;

---

[1] Amiens, 18 nov. 1896, *Rec. Amiens*, 96. 208 (le preneur qui transforme momentanément des terres labourables en pâturages peut établir un abreuvoir et le clôturer, à la condition de rétablir les lieux).

[2] V. *supra*, n. 720.

[3] N. 279.

[4] Guillouard, II, n. 522. — C'est pourquoi on a décidé qu'il peut abattre des arbres pour le soin de la culture, et cela même si le bail lui défend d'enlever les arbres debout. Cass., 27 mai 1872, S., 72. 1. 114, D., 72. 1. 403.

ce sont, en effet, ces dernières seules, d'après l'art. 551, qui deviennent l'accessoire de l'immeuble.

L'opinion que nous venons de défendre n'est cependant pas acceptée d'une manière absolue.

On admet, sans doute, que les machines et appareils placés par le preneur peuvent être enlevés (¹) ; mais ce n'est pas là notre question, car nous avons dit que l'installation des machines ne constitue pas une modification de forme.

On admet aussi que le preneur peut faire disparaître les additions ayant pour lui quelque valeur et susceptibles d'être utilisées ailleurs (²) ; il en serait ainsi, sans doute, des vitraux par lesquels le preneur aurait remplacé des vitres ; il lui suffirait de remettre les choses dans leur ancien état.

Mais on soutient généralement que le preneur ne peut faire disparaître les modifications qu'il a introduites, si leur enlèvement ne doit lui causer aucun profit personnel (³). Par exemple, il ne pourrait enlever les peintures des murs ou enlever les papiers qu'il a posés en remettant les choses dans leur ancien état (⁴).

Cette opinion ne nous paraît pas exacte : d'une part, c'est non seulement un droit, mais une obligation pour le preneur de rétablir l'état de la chose ; on ne peut donc lui reprocher de l'avoir fait. D'autre part, le preneur est propriétaire de tous les objets qu'il a ajoutés à l'immeuble loué ; il peut donc en disposer librement. On pourrait, nous le répétons, soutenir que, d'après l'art. 551, le bailleur est devenu propriétaire des additions faites à l'immeuble ; mais nous avons réfuté cette considération à propos des constructions et on ne songe pas à la reproduire ici.

Nous ajoutons qu'il s'agit ici d'une dépense voluptuaire. Or il est de principe que ceux qui ont fait des dépenses voluptuaires sur la chose d'autrui peuvent, à condition de ne pas

---

(¹) Trib. civ. Lyon, 11 juin 1892, *Mon. jud. Lyon*, 28 nov. 1892.

(²) Lyon, 13 janv. 1875, S., 75. 2. 265. — Guillouard, I, n. 296.

(³) Lyon, 13 janv. 1875, S., 75. 2. 265. — Trib. civ. Lyon, 11 juin 1892, *Mon. jud. Lyon*, 28 nov. 1892 (motifs). — Duvergier, I, n. 458 ; Troplong, I, n. 355 ; Demolombe, IX, n. 693 ; Guillouard, I, n. 296. — *Contra* Laurent, XXV, n. 185.

(⁴) Lyon, 13 janv. 1875, précité. — Guillouard, *loc. cit.*

détériorer cette chose, faire disparaître ce qu'ils y ont mis.

Ce principe est sans exceptions ; aussi nous importe-t-il peu que, dans l'ancien droit (¹), un arrêt du Parlement de Paris ait interdit au preneur de faire disparaître les peintures.

Nous ne sommes pas touchés par l'argument que la doctrine contraire tire de la maxime *malitiis non est indulgendum*. Cet argument, qu'on considère comme capital, nous paraît être sans valeur. S'il est injuste que le preneur enlève ses additions dans le seul but de nuire au bailleur, cela n'est pas illégal : le propriétaire peut disposer de sa propriété comme il l'entend ; du reste, nous le répétons, cette objection est contredite par le principe, généralement reconnu, qui permet à l'auteur d'impenses voluptuaires d'enlever ces impenses.

Certains partisans de notre opinion (²) y font exception pour le cas où le propriétaire offre des objets une somme beaucoup plus importante que ne sera la valeur de ces objets une fois enlevés ; dans ce cas, le preneur ne pourrait enlever les objets, parce qu'il obéirait plutôt à un sentiment d'animosité contre le bailleur qu'au désir de conserver ce qui lui appartient.

Cette restriction n'est pas admissible ; c'est en qualité de propriétaire que le preneur enlève ses constructions et plantations ; or, le propriétaire a le droit d'user de sa propriété comme il l'entend.

747. De son côté le bailleur peut, à la fin du bail, exiger le rétablissement des lieux dans leur état primitif (³).

Il ne peut même être obligé de se contenter de dommages-intérêts (⁴) ; par suite, le preneur qui, au moment de la fin du bail, n'a pas terminé le rétablissement des lieux, doit au bailleur une indemnité pour privation de jouissance (⁵).

748. Si le preneur maintient les modifications et si le bail-

---

(¹) Lepage, II, p. 188.

(²) Duvergier, I, n. 461.

(³) Trib. civ. Lyon, 21 avril 1893, *Gaz. Pal.*, 93. 1. 710 (suppression d'ouvertures et rétablissements de cloisons, etc.).

(⁴) Trib. civ. Lyon, 21 avril 1893, précité.

(⁵) Trib. civ. Lyon, 21 avril 1893, précité.

leur ne demande pas qu'elles soient enlevées, le preneur a
une action contre le bailleur *de in rem verso*, en remboursement du profit qu'il a procuré à l'immeuble ([1]).

749. C'est au bailleur qu'il appartient de prouver que des
modifications ont été apportées à l'immeuble ([2]). Il doit faire
cette preuve suivant le droit commun, car il pouvait, en dres-
sant un état des lieux, se procurer une preuve écrite de l'état
dans lequel se trouvait l'immeuble lors de l'entrée en jouissance.

750. Le preneur peut faire à l'immeuble les modifications
que le bailleur l'a d'avance autorisé à faire ([3]) et, dans ce cas,
le bailleur ne peut en exiger la suppression, alors même que
ces modifications entraîneraient à sa charge une obligation de
garantie vis-à-vis d'un autre preneur ([4]).

Cette autorisation comporte le droit de faire les modifications
accessoires nécessitées par les modifications principales ([5]).

Si le bailleur autorise simplement les modifications qui ne
nuiront pas aux intérêts de l'immeuble, aucune modification
ne peut être faite sans l'assentiment du bailleur ([6]).

751. A moins de clause contraire, on doit supposer que si
le bailleur s'est réservé le droit d'autoriser les modifications,
les changements apportés ne peuvent disparaître ou être
eux-mêmes modifiés sans l'assentiment du bailleur ([7]).

Mais, néanmoins, le bailleur peut exiger leur suppression ([8]).

752. Il va sans dire que le bailleur peut renoncer au droit
d'exiger la suppression des modifications ([9]).

Il y renonce implicitement s'il stipule que les modifications
lui appartiendront à la fin du bail.

([1]) Orléans, 17 fév. 1898, *France jud.*, 98. 2. 102, *Loi*, 23 avril 1898.

([2]) Trib. civ. Lyon, 21 avril 1893, précité.

([3]) Bordeaux, 2 mai 1894, *Rec. Bordeaux*, 94. 1. 209. — Paris, 19 juill. 1895,
S., 97. 2. 27.

([4]) Paris, 19 juill. 1895, précité.

([5]) Bordeaux, 2 mai 1894, précité.

([6]) Bordeaux, 2 mai 1894, précité.

([7]) Bordeaux, 2 mai 1894, *Rec. Bordeaux*, 94. 1. 209.

([8]) Trib. civ. Lyon, 21 avril 1893, *Gaz. Pal.*, 93. 1. 710.

([9]) Décidé qu'il y renonce implicitement en prolongeant le bail. Trib. civ. Seine,
14 janv. 1891, *Loi*, 5 fév. 1891. — V. *supra*, n. 748.

Dans ce cas le preneur ne peut les supprimer (¹), mais il n'en est pas moins propriétaire pendant le cours du bail des additions faites à la chose (²).

SECTION VI

OBLIGATION DE NE PAS ABANDONNER L'IMMEUBLE

753. S'il s'agit d'une maison ou d'un appartement ou d'une boutique, l'obligation de jouir en bon père de famille entraîne l'obligation soit de l'habiter, soit de faire veiller par des tiers à ce que l'immeuble soit aéré et chauffé de manière à ne pas se dégrader (³). Aussi verrons-nous que le preneur est responsable des dégradations que sa présence aurait empêchées.

Certains partisans du système de la réalité du droit du preneur ont cependant permis au preneur d'abandonner l'immeuble, sauf cependant, disent-ils, le maintien de son obligation de payer les loyers, à raison des obligations personnelles qu'il a contractées (⁴). Ces auteurs n'ont pas remarqué que, parmi ces obligations, figure celle de jouir en bon père de famille, et qu'elle s'oppose à l'abandon.

Mais le preneur n'est pas obligé d'habiter ou d'exploiter lui-même ; ainsi il peut faire gérer le commerce établi dans l'immeuble loué par un commis ou un gérant (⁵).

Il va sans dire que, s'il s'agit d'une maison de campagne qu'il est d'usage d'habiter seulement pendant certains mois

---

(¹) Cpr. pour les constructions, *supra*, n. 641.

(²) Grenoble, 15 juill. 1896, D., 98. 2. 303 (organes neufs ajoutés à des métiers). — Cpr. pour les constructions, *supra*, n. 616 s. — L'arrêt précité conclut avec raison qu'en cas d'incendie avant la fin du bail, le preneur assuré peut réclamer de la Compagnie d'assurances une indemnité.

(³) Douai, 8 fév. 1854, D., 55. 2. 3. — Amiens, 15 mars 1894, *Rec. d'Amiens*, 94. 173. — Trib. civ. Amiens, 26 déc. 1891, *Rec. d'Amiens*, 93. 16 (le preneur ne peut fermer le magasin loué pour cesser son commerce ou le transporter ailleurs, si ce magasin était depuis longtemps destiné à ce commerce. Il en est ainsi même si, en prenant le magasin à bail, il a en même temps acheté du propriétaire lui-même le fonds de commerce qui y était exploité). — Trib. civ. Bruges, 6 juin 1876, *Pasicr.*, 76. 3. 344. — Trib. civ. Bruges, 7 janv. 1895, *Pasicr.*, 95. 3. 226. — Duvergier, I, n. 437; Guillouard, I, n. 194 et 271; Huc, X, n. 308. — *Contra* Liège, 30 déc. 1890, *Gaz. Pal.*, 91. 2, *Suppl.*, 2.

(⁴) Nancy, 26 fév. 1846, D., 46. 2. 117. — Lyon, 1ᵉʳ juill. 1892, D., 93. 2. 88.

(⁵) Yseux, *Rev. crit.*, XXII, 1893, p. 117.

de l'année, le preneur satisfait à son obligation en l'habitant pendant ce temps (¹).

Le bâtiment dépendant d'une ferme doit être également habité par le fermier ou par un de ses préposés (²). Est-il tenu d'habiter lui-même s'il lui est interdit de sous-louer? Nous nous occuperons de cette question à propos de la sous-location.

Nous avons cité le texte de l'art. 4 de la loi de 1889, qui oblige le colon partiaire à habiter la ferme louée (³).

754. Le locataire d'une boutique doit y exercer commerce et ne peut la fermer (⁴).

Mais rien ne force un preneur, en principe, à se livrer dans tout le cours du bail au commerce même qu'il exerçait lors de son entrée en jouissance (⁵).

Le preneur peut même choisir un commerce similaire du commerce exercé par un autre preneur (⁶), quoiqu'en certaines circonstances cette situation puisse entraîner la responsabilité du bailleur.

755. Une usine doit être exploitée, sous peine par les preneurs de réparer les dégâts causés ou de voir prononcer contre eux la résiliation avec dommages-intérêts (⁷).

(¹) Trib. civ. Seine, 9 juin 1891, *Gaz. Trib.*, 8 sept. 1891 (donc pas de responsabilité pour le vol des objets loués avec cette maison). — Guillouard, II, n. 271. — Décidé même qu'il n'est aucunement obligé de l'habiter. — Amiens, 8 juill. 1890, *Rec. d'Amiens*, 90. 223.

(²) Guillouard, II, n. 524.

(³) V. *supra*, n. 712.

(⁴) Paris, 28 avril 1810, S. chr. — Paris, 1ᵉʳ mars 1830, D. *Rép.*, vᵒ *Louage*, n. 278. — Rennes, 17 mars 1834, S., 34. 2. 596 (auberge). — Trib. civ. Seine, 20 mai 1887, *Gaz. Pal.*, 87. 2, *Suppl.*, 83 (il ne peut transformer la boutique en débarras). — Pothier, n. 189; Troplong, I, n. 309; Massé et Vergé, IV, p. 368, § 702, note 3; Aubry et Rau, IV, p. 481, § 367; Colmet de Santerre, VII, n.175 *bis* ; Laurent, XXV, n. 252 et 261 ; Agnel, n. 320; Huc, X, n. 308. — V. cep. Lyon, 26 mai 1824, S. chr. — *Contra* Liège, 30 déc. 1890, précité. — V. *infra*, n. 767.

(⁵) Alger, 14 déc. 1889, *Rev. algér.*, 90. 202 (pour le cas où le bail a été consenti par le vendeur d'un fonds de commerce). — Trib. civ. Seine, 29 mars 1893, *Gaz. Pal.*, 93. 1. 483. — *Contra* Trib. civ. Seine, 7 fév. 1887, *Droit*, 8 fév. 1887. — Il peut donc sous-louer pour une autre destination et aller exercer son commerce ailleurs. — Alger, 14 déc. 1889, précité.

(⁶) V. *supra*, n. 719.

(⁷) Cass. req., 12 nov. 1889. S., 91. 1. 203. — Besançon, 4 juin 1846, S., 47. 2. 534. — Aubry et Rau, IV, p. 481, § 367.

756. Le preneur manque à son obligation de conserver s'il quitte l'immeuble, le laisse à l'abandon, et si des tiers profitent de son absence pour causer des dommages à la propriété [1].

Il en est de même si le preneur laisse les terres sans culture [2].

C'est ce qui arrive dans le cas où le preneur, par crainte d'un danger chimérique résultant de la guerre, abandonne l'immeuble [3] ; nous avons vu que, si le danger était réel, le preneur a, au contraire, une action contre le bailleur.

757. Le preneur ne peut transporter ailleurs l'industrie ou le commerce qu'il exerçait dans l'immeuble loué, si cette industrie ou ce commerce y étaient déjà exercés antérieurement [4] ; car le preneur profiterait ainsi de la clientèle qui y était attachée et s'approprierait cette clientèle, dont la jouissance seule lui a été donnée.

A plus forte raison ne le peut-il pas si, explicitement ou implicitement, le bail lui a imposé l'obligation de maintenir son commerce [5].

Il en est autrement de l'industrie ou du commerce que le preneur a lui-même introduits dans l'immeuble loué [6], et on doit y assimiler ceux qui y étaient exercés antérieurement si l'occupant antérieur, le bailleur par exemple, avait cédé son fonds de commerce à un tiers [7].

SECTION VII

OBLIGATION DE NE PAS ÉPUISER LE SOL

758. L'obligation de jouir en bon père de famille emporte

---

[1] Argou, liv. III, chap. XXVI, p. 285.

[2] Argou, *loc. cit.*

[3] Orléans, 14 juil. 1871, S., 72. 2. 237. — Paris, 28 août 1873, S., 73. 2. 256, D., 74. 2. 160. — Guillouard, I, n. 391.

[4] Limoges, 11 fév. 1889 (impl.), D., 90. 2. 345. — Besançon, 21 mai 1897, D., 98. 2. 127. — Trib. paix Valence, 17 déc. 1895, *Mon. jug. paix*, 96. 258.

[5] Par exemple, si le bail portait que l'immeuble resterait garni des marchandises composant le commerce du preneur et qu'elles seraient affectées à ce commerce jusqu'à la fin de la location. — Trib. civ. Seine, 9 mai 1896, *Droit*, 31 mai 1896.

[6] Limoges, 11 fév. 1889, précité.

[7] Besançon, 21 mai 1897, précité.

défense d'épuiser le sol pour lui faire produire hâtivement des récoltes importantes (¹).

Ainsi le preneur ne peut défricher un bois (²).

De même, s'il s'agit d'un bail de mine, minière ou carrière, — et à cet égard il importe peu que cette concession soit un véritable bail, car, ainsi que nous l'avons remarqué, l'obligation de jouir en bon père de famille est commune à tous les détenteurs de biens d'autrui —, le preneur ne peut, pendant la durée du bail, extraire une quantité trop considérable de produits, de manière à les épuiser très rapidement (³); il y a là une question de mesure, sur laquelle la convention a pu rester muette, en raison même de l'obligation que nous venons de signaler.

Les auteurs qui ont soutenu l'opinion contraire, en se basant sur la liberté que le silence de la convention assure au preneur, ont méconnu, croyons-nous, l'obligation de jouir en bon père de famille. Cette obligation, objectent-ils, consiste uniquement à prendre les précautions nécessaires pour ne pas endommager l'immeuble. Cela ne répond pas, selon nous, à la définition du bon père de famille ; le bon père de famille est celui qui jouit de sa propriété avec modération, de manière à ne pas en épuiser, par une exploitation hâtive, les revenus.

On reproche à notre théorie de donner lieu à de grandes difficultés de fait. Mais ces difficultés ne se produisent-elles pas quand il s'agit de savoir si le preneur a ou non épuisé la terre pour lui faire produire rapidement de belles récoltes ?

Réciproquement, dans l'hypothèse où le prix du bail consiste soit dans une redevance proportionnelle aux produits,

---

(¹) Guillouard, II, n. 522 ; Huc, X, n. 362.

(²) Guillouard, II, n. 522.

(³) Grenoble, 5 mars 1835, S., 35. 2. 320, D. *Rép.*, vº *Louage*, n. 285. — Troplong, I, n. 315. — *Contra* Duvergier, I, n. 404 ; Guillouard, I, n. 199. — Cpr. Fuzier-Herman, art. 1709, n. 30. — L'arrêt précité décide avec raison que, si pendant le bail d'une carrière voisine d'une ville, le démantèlement des fortifications a entraîné une augmentation de constructions dans cette ville et, par suite, une exploitation plus considérable de la carrière, susceptible de l'épuiser rapidement, le bailleur peut exiger une indemnité, les parties n'ayant songé qu'à une exploitation normale.

soit dans une part des produits en nature, l'obligation de jouir
en bon père de famille emporte l'obligation de recueillir une
quantité de produits suffisante, et telle qu'un exploitant dili-
gent l'aurait fait.

Cela a été jugé pour la concession de mines et carrières (¹),
et nous répétons que cette solution est vraie même pour les
auteurs qui ne considèrent pas cette concession comme un bail.

Les objections qu'on a faites à cette doctrine reproduisent
celles que nous avons réfutées à propos du point de savoir si
le concessionnaire d'une mine ou carrière pour un prix annuel, peut épuiser rapidement, par une exploitation hâtive,
les richesses du sol.

Le preneur épuiserait encore le sol s'il en enlevait la terre
ou les moellons.

759. Il est évident que le droit d'enlever ces matières
peut être conféré au fermier ; cette concession constitue une
vente mobilière (²), car elle porte sur des parcelles détachées
du sol et dont le bailleur aliène la propriété.

SECTION VIII

OBLIGATION DE JOUIR DE LA CHOSE SUIVANT SA DESTINATION

760. Aux termes formels de l'art. 1728 (³), la destination
de la chose est indiquée par la convention et, s'il n'y a pas de
convention, par les circonstances.

761. La convention prévoit généralement le mode de
jouissance (⁴).

(¹) Bordeaux, 2 mai 1846, S., 47. 2. 15, D., 47. 2. 60. — *Contra* Guillouard, I, n. 199
(² Cass. req., 15 fév. 1893, S., 94. 1. 149, D., 93. 1. 292. — V. *infra*, n. 779 s.
(³) V. *supra*, n. 691.
(⁴) « Si, disait Pothier (n. 189), une maison a été louée comme maison bourgeoise, et était exploitée comme telle, il ne sera pas permis au locataire d'en
faire un cabaret ou un brelan, d'y établir une forge de maréchal ou de serrurier »
Guillouard, I, n. 195 et 196. — Ainsi on ne peut établir une maison de commerce dans un immeuble qui a toujours été habité bourgeoisement, qui est aménagé comme tel. Trib. civ. Huy (Belgique), 12 juin 1894, *Pasicr.*, 94. 3. 279,
ou qui est déclarée devoir être habitée bourgeoisement. Trib civ. Lyon, 25 janv.
1881, S., 81. 2. 219. — Huc, X, n. 308. — On ne peut établir un café-concert dans
l'endroit loué en vue de l'établissement d'un café ou d'un débit de boissons. Grenoble, 8 mai 1882, S., 84. 2. 123, D., 83. 2. 94. — Bordeaux, 8 août 1898, *Gaz. Trib.*

Les circonstances qu'on peut considérer à défaut de convention sont des plus variées. Les observations du Tribunat portent : « Ces circonstances sont si variées qu'elles ne sont point susceptibles d'être prévues par la loi. Le législateur ne peut se dispenser de s'en rapporter à cet égard à la sagesse et à l'expérience des juges » ([1]).

La première circonstance à consulter est la destination actuelle de la chose ([2]).

Le projet de l'art. 1728 disposait à cet égard qu'à défaut de convention, le preneur devait jouir « suivant l'usage ». Cette proposition fut modifiée sur l'observation faite par le Tribunat que les circonstances pouvaient faire penser que les parties avaient voulu changer la destination de la chose ([3]). La destination ancienne est donc l'un des principaux éléments à l'aide desquels le juge peut déterminer la destination voulue par les parties ; mais le juge peut, sans encourir la cassation, puiser ailleurs ses éléments d'appréciation ([4]).

10 déc. 1898. — Trib. civ. Chambéry, 18 juin 1889, *Mon. jud. Lyon*, 24 août 1889. — Guillouard, 1, n. 197, — ou d'un café-restaurant. Paris, 25 juin 1896, *Loi*, 2 nov. 1896. — Trib. civ. Cholet, 24 janv. 1896, *Rec. Angers*, 96. 79, — ni un débit de boissons dans un établissement loué pour un bureau de tabacs. Grenoble, 30 juin 1894, *Rec. Grenoble*, 94. 260, — ni un restaurant dans un établissement loué pour un café. Trib. civ. Lyon, 9 avril 1895, *Mon. jud. Lyon*, 12 juil. 1895. — Dans l'immeuble loué pour un magasin de comestibles, le preneur ne peut vendre du poisson. Trib. civ. Seine, 29 juin 1898, *Droit*, 20 août 1898. — L'immeuble loué à une société musicale pour y établir un cercle, ne peut être transformé en cercle donnant des représentations presque publiques. Trib. civ. Arras, 22 déc. 1886, *Gaz. Pal.*, 87. 1. 531. — Si le bail porte que l'immeuble est loué pour être habité, le preneur ne peut y installer un atelier, même dans un but exclusivement charitable. C. d'appel Londres, 28 mai 1884, *Journ. de dr. intern.*, XIII, 1886, p. 120, — ni un débit de boissons. Amiens, 8 mai 1894, *Rec. Amiens*, 94. 145. — Jugé que la clause d'un bail interdisant au preneur de vendre des articles de bureau et de papeterie, ne l'empêche pas de vendre des livres anciens et modernes. Paris, 7 fév. 1892, *Gaz. Pal.*, 93. 2. 2e p., 50, — que l'obligation d'exercer un commerce déterminé n'est pas méconnue par le preneur qui, en outre, vend quelques marchandises d'une autre catégorie. Gand, 27 nov. 1873, *Pasicr.*, 74. 2. 55. — Huc, X, n. 308. — Jugé même que le locataire auquel l'immeuble a été loué pour y exercer l'ébénisterie, peut y établir une boucherie. Trib. civ. Vervins, 31 janv. 1877, Cloes et Bonjean, *Jurispr. des trib.*, 78-79. 571. — V. cep. Huc, *loc. cit.* — Cpr. *supra*, p. 253, note 9.

([1]) Fenet, XIV, p. 281.

([2]) Rennes, 23 avril 1896, *Rec. Angers*, 96. 308. — Cpr. Guillouard, n. 196.

([3]) Fenet, IV, p. 281.

([4]) Huc, X, n. 306.

Ainsi le locataire de tout ou partie d'un immeuble qui a toujours été habité bourgeoisement ne peut convertir son habitation en hôtel ([1]).

Toutefois la profession du preneur peut indiquer chez les parties l'intention de modifier la destination ancienne ([2]). Ainsi le Tribunat disait avec raison ([3]) que si une maison antérieurement occupée par un boulanger est louée à un serrurier, ce dernier peut y exercer sa profession ([4]).

Si donc le bail mentionne la profession du preneur, il peut être décidé que l'immeuble loué a été destiné ([5]) à l'exercice de cette profession, ou tout au moins que le preneur peut y exercer un commerce ([6]).

Toutefois, il n'en est pas toujours ainsi; cette mention peut avoir pour but simplement de désigner le preneur d'une manière précise sans lui permettre d'exercer son industrie dans l'immeuble. Ainsi un appartement d'une maison bourgeoise loué à un forgeron ne devra pas, en général, comporter l'installation d'une forge ([7]).

La profession du preneur, même non indiquée dans le bail, peut être prise en considération s'il est avéré que le bailleur la connaissait et que les parties ont entendu que cette profession s'exercerait dans l'immeuble loué.

762. Lorsqu'il est dit que l'immeuble est loué pour telle destination, le preneur ne peut la modifier ([8]).

([1]) Bastia, 4 mai 1892, D., 92. 2. 446. — Sur le point de savoir s'il peut sous-louer pour cette destination, v. *infra*, n. 1073.

([2]) Alger, 18 mars 1892, *Rev. algér.*, 92. 230. — Guillouard, I, n. 196.

([3]) Fenet, XIV, p. 281.

([4]) Guillouard, I, n. 196.

([5]) Paris, 4 juill. 1888, *Gaz. Pal.*, 88. 2. 274 (un marchand de vins ne peut joindre à son commerce la vente des huîtres). — Trib. civ. Marseille, 7 mai 1887, *Rec. d'Aix*, 88. 51 (un marchand de comestibles fins ne peut vendre, en outre, de la pâtisserie). — Trib. civ. Seine, 4 juin 1887, *Gaz. Pal.*, 87. 2. 51 (maintenu par Paris, 4 juill. 1888, précité). — Guillouard, I, n. 196. — Le contraire peut être également décidé : jugé que le bail à un *négociant* d'un appartement dans un immeuble habité bourgeoisement, ne permet pas au preneur d'entreposer les marchandises de son commerce dans la cour de l'immeuble. — Trib. civ. Seine, 2 nov. 1895, *Gaz. Pal.*, 95. 2. 534. — Décidé que, en tout cas, le preneur peut accessoirement ajouter une seconde industrie à la première. — Trib. civ. Bordeaux, 30 mars 1892, *Loi*, 27 mai 1892.

([6]) Amiens, 8 mai 1894, *Rec. d'Amiens*, 94. 145. — Huc, X, n. 309.

([7]) V. la note 5, *supra*.

([8]) Trib. civ. Seine, 3 mai 1890.

C'est modifier la destination que de joindre au commerce du preneur un autre commerce (¹) ; toutefois, il en est autrement si ce nouveau commerce peut être regardé comme l'accessoire du premier (²).

763. En toute hypothèse, et à moins d'une convention formelle, le preneur ne peut établir dans l'immeuble un commerce ou une industrie immoraux, par exemple une maison de tolérance (³), car ce ne peut être la destination normale de l'immeuble loué.

Toutefois nous faisons exception pour le cas où la destination antérieure était en ce sens.

764. De même on ne peut exercer dans une maison habitée bourgeoisement un commerce encombrant (⁴).

765. Le preneur ne peut pas davantage vivre d'une manière immorale sans qu'il y ait abus de jouissance ; il peut cependant vivre avec une concubine (⁵).

766. L'obligation de jouir de la chose suivant sa destination n'est pas remplie si le preneur n'apporte pas les meubles suffisants pour la destination de la chose (⁶).

Ainsi un aubergiste doit entretenir un mobilier suffisant pour l'exploitation de l'auberge (⁷).

Cette obligation n'a rien de commun avec l'obligation principale de garnir la chose louée, laquelle a pour but d'assurer le paiement des loyers et non pas le maintien de la valeur de la chose louée. Aussi, quoique l'art. 1752 permette au locataire de suppléer à l'insuffisance du mobilier par une sûreté, aucune sûreté ne peut tenir lieu du mobilier nécessaire à l'exploitation (⁸).

(¹) Trib. civ. Seine, 3 mai 1890 (un local loué pour un établissement de gymnastique ne peut être affecté, même une ou deux fois par semaine, à des conférences littéraires).

(²) Douai, 19 avril 1898, *Rec. Douai*, 98. 269.

(³) Paris, 11 mars 1826, S. chr. — Lyon, 6 fév. 1833, S., 33. 2. 392. — Duvergier, I, n. 402 ; Guillouard, I, n. 197 ; Huc, X, n. 308.

(⁴) Trib. civ. Seine, 2 nov. 1895, *Gaz. Pal.*, 95. 2. 634 (tonneaux de vin emmagasinés dans la cour). — V. *supra*, note 2, p. 398.

(⁵) V. *supra*, n. 719.

(⁶) Rennes, 17 mars 1834, S., 34. 2. 596. — Guillouard, II, n. 466.

(⁷) Rennes, 17 mars 1834, précité. — Guillouard, II, n. 466.

(⁸) Rennes, 17 mars 1834, précité. — Guillouard, II, n. 466.

En sens inverse, tandis que l'obligation de garnir exige un mobilier appartenant au preneur, il importe peu, au point de vue de l'obligation de jouir de la chose suivant sa destination, que le mobilier appartienne à un tiers.

767. Lorsque l'immeuble est loué pour une destination industrielle ou commerciale, le preneur est-il obligé de maintenir cette destination et d'exercer effectivement le commerce et l'industrie, de manière que la clientèle reste intacte?

On admet l'affirmative ([1]). Pothier déjà disait ([2]) : « Si un aubergiste a pris à loyer une auberge, il est obligé de l'entretenir comme auberge pendant tout le temps du bail, sinon il est obligé envers son locateur des dommages-intérêts qu'il souffre de ce que la maison n'a pas été entretenue comme auberge. Ces dommages et intérêts consistent en ce que la maison en est dépréciée. Le locataire, en n'entretenant pas la maison comme auberge, donne occasion à ceux qui avaient coutume d'y loger de se pourvoir d'une autre auberge; l'auberge, n'étant plus fréquentée, est par là dépréciée, et ne peut plus se louer à l'avenir pour un prix aussi considérable ».

Cette considération est déterminante pour le cas où la destination imposée au preneur existait déjà antérieurement au bail; et c'est d'ailleurs le seul que la jurisprudence ait visé. Le prix du loyer n'a pas été seulement stipulé eu égard au revenu des immeubles similaires, mais aussi eu égard aux revenus spéciaux que la destination des lieux peut procurer au locataire; ces revenus sont transmis temporairement à ce dernier, mais il doit veiller à ce que l'immeuble conserve les mêmes revenus après l'expiration du bail. A plus forte raison une clause en ce sens est-elle valable ([3]).

([1]) Paris, 28 avril 1810, S. chr. — Rennes, 17 mars 1834, S., 34. 2. 596. — Bourges, 4 mars 1842, P., 42. 2. 756. — Besançon, 4 juin 1846, S., 47. 2. 534. — Grenoble, 8 mai 1882, S., 84. 2. 123. — Paris, 6 déc. 1888, *Gaz. Pal.*, 89. 1. 78. — Besançon, 5 juin 1891, *Gaz. Pal.*, 91. 2. *Suppl.*, 16. — Trib. civ. Seine, 6 juin 1887, *Loi*, 1er sept. 1887. — Trib. civ. Lille, 15 juin 1896, *Droit*, 24 juill. 1896 (sol. implic.. — Duvergier, I, n. 403; Laurent, XXV, n. 252 et 261; Agnel, n. 315; Guillouard. I. n. 194; Huc, X, n. 308. — *Contra* Lyon, 26 mai 1824, S. chr. — Le preneur n'est pas tenu, s'il cesse son commerce à la fin du bail, de renouveler les approvisionnements. — Caen, 15 mai 1891, *Gaz. Trib.*, 10 oct. 1891. — V. n. 768.

([2]) N. 189.

([3]) Caen, 15 mai 1891, précité.

Mais nous admettons le contraire si le preneur installe dans l'immeuble un commerce ou une industrie qui n'y existaient pas ; le bailleur ne peut alors l'obliger à conserver la clientèle ou l'achalandage, puisque la clientèle et l'achalandage, créés par le preneur, lui appartiennent en propre ; le preneur peut donc soit s'abstenir de jouir de l'immeuble, soit transporter ailleurs le commerce ou l'industrie qu'il y exerçait.

Ces dernières solutions doivent être également admises si le commerce ou l'industrie ont été cédés, indépendamment du bail, au preneur ([1]) soit par le bailleur lui-même ([2]), soit par le tiers qui les exerçait antérieurement. Ici encore l'achalandage n'est pas attaché à l'immeuble loué, puisqu'il est transmis par une convention autre que le bail.

Dans le cas où le preneur est tenu de maintenir la clientèle, il ne peut créer, même en gardant l'exploitation du fonds, un fonds similaire dans un immeuble voisin, si la nouvelle création est de nature à diminuer la clientèle du premier. Le contraire a été cependant décidé ([3]).

768. Il ne faut pas toutefois pousser les obligations du preneur jusqu'à l'exagération : il peut laisser dans les derniers temps de sa jouissance ses marchandises s'épuiser sans avoir à les renouveler, car on ne saurait l'obliger à faire, au moment où il va quitter l'immeuble, des approvisionnements qui pourront lui être inutiles ([4]).

769. Dans tous les cas le preneur peut, après la fin de son bail, exercer ailleurs un commerce similaire à celui qu'il exploitait dans l'immeuble.

Cependant le contraire peut être stipulé ; la clause contraire est valable dans les conditions où elle l'est d'après le droit commun ([5]).

([1]) Orléans, 19 mai 1865, S., 65. 2. 159. — Guillouard, I. n. 194.

([2]) *Contra* Trib. civ. Amiens, 26 déc. 1891, *Rec. d'Amiens*, 94. 173. — Trib. civ. Lille, 15 juin 1896, *Droit*, 24 juil. 1896 (sol. impl.).

([3]) Rouen, 7 juil. 1892, *Gaz. Pal.*, 92. 2. 249.

([4]) V. p. 402, note 1. — Décidé même qu'il peut quitter le commerce quelques semaines avant la fin du bail, s'il laisse l'enseigne et les autres signes extérieurs et continue à habiter l'immeuble. Trib. civ. Lille, 15 juin 1896, *Droit*, 24 juil. 1896.

([5]) Trib. civ. Caen, 26 déc. 1898, *Rec. Caen*, 98. 257 (validité de la clause inter-

770. Si le locataire était tenu d'exercer un commerce déterminé, on doit supposer que cette obligation lui a été imposée dans l'intérêt du propriétaire, pour laisser à ce dernier, après l'expiration de son bail, un commerce prospère. Le bailleur peut donc, après cette expiration, exploiter le même commerce dans l'immeuble, sous l'enseigne adoptée par le preneur. Ce dernier ne peut se servir de cette même enseigne pour exercer ailleurs un commerce similaire.

Au contraire, si le preneur n'était pas tenu d'exercer un commerce, son enseigne lui appartient ; il peut s'en servir pour exercer le même commerce dans le voisinage (¹) ; le bailleur ne peut exercer ou faire exercer le même commerce avec la même enseigne ou une enseigne rappelant la précédente (²).

771. Le preneur ou le bailleur peuvent s'être trompés sur la destination ; il n'y aura pas alors nullité du contrat (³). L'erreur d'une partie sur ses obligations ou sur celles de son cocontractant n'est pas, en effet, rangée au nombre de celles qui entraînent la nullité de la convention.

SECTION IX

SANCTION DE L'OBLIGATION DE JOUIR EN BON PÈRE DE FAMILLE ET DES OBLIGATIONS QUI S'Y RATTACHENT

772. Cette sanction se trouve indiquée dans l'art. 1729, ainsi conçu : « *Si le preneur emploie la chose louée à un autre* » *usage que celui auquel elle a été destinée, ou dont il puisse* » *résulter un dommage pour le bailleur, celui-ci peut, suivant* » *les circonstances, faire résilier le bail* ».

L'art. 1729, on le voit, prévoit d'abord la jouissance d'une chose contrairement à sa destination.

Mais il prévoit aussi la jouissance d'une chose comme ne

disant au preneur de s'établir à deux lieues à la ronde).— V. à propos du louage de services, *infra*, t. II.

(¹) Trib. comm. Seine, 8 juil. 1887, *Ann. prop. industr.*, 90. 293.

(²) Trib. comm. Seine, 8 juil. 1887, précité (telle que « *ancien* hôtel de l'Europe »).

(³) V. cep. Guillouard, I, n. 34.

le ferait pas un bon père de famille (¹) ; les mots « *ou* dont il puisse résulter un dommage pour le bailleur » le démontrent ; ces termes prouvent qu'il ne s'agit pas d'une jouissance causant un dommage actuel et certain au bailleur, mais pouvant, à raison de la manière dont elle est exercée, lui nuire éventuellement ; et c'est bien là la jouissance contraire à celle d'un bon père de famille. Du reste, l'art. 1728 rapprochant les deux obligations, il est naturel de supposer que l'art. 1729 contient également la sanction des deux obligations.

On objecte à tort que le mot *ou* signifie *et*. Mouricault, dans son rapport au Tribunat, dit bien : « Si le preneur faisait servir la chose louée à un autre usage que celui auquel elle était destinée, *et* s'il en pouvait résulter un dommage pour le bailleur... ». Mais il n'explique pas sa pensée et se contente, on le voit, de reproduire, sauf le mot incriminé, le texte de l'art. 1729 ; il est singulier qu'en présence d'un texte législatif et d'un rapport qui ne diffèrent que d'un mot, on laisse le texte de côté pour s'en tenir au rapport.

La discussion est moins importante qu'elle ne paraît l'être ; l'opinion que nous venons de combattre n'a pas pour résultat, comme on l'a prétendu (²), de refuser toute sanction à l'obligation de jouir en bon père de famille, mais simplement de ramener cette sanction à l'application du droit commun dont, comme nous allons le voir, l'art. 1729 est lui-même une application.

La seule solution erronée à laquelle arrive l'opinion contraire consiste à exiger, pour que le preneur soit responsable d'une jouissance contraire à la destination de la chose, que cette jouissance ait causé un dommage au bailleur. Cette solution suffit, du reste, pour condamner la doctrine qui la formule, car il est contraire aux principes les plus élémentaires que les dommages-intérêts résultant de l'inexécution

(¹) Cass. req., 2 nov. 1889, S., 91. 2. 203. — Trib. civ. Anvers, 9 mai 1878, *Pasicr.*, 80. 3. 111. — Aubry et Rau, IV, p. 482, § 367 ; Laurent, XXV, n. 263 ; Guillouard, I, n. 201 ; Huc, X, n. 311. — *Contra* Duranton, XVII, n. 99 ; Duvergier, I, n. 402.

(²) Guillouard, I, n. 201.

d'une obligation contractuelle soient subordonnés à un préjudice dont le créancier serait victime.

773. De son côté, pour les baux à ferme, l'art. 1766 porte :
« *Si le preneur d'un héritage rural ne le garnit pas des bes-*
» *tiaux et des ustensiles nécessaires à son exploitation, s'il*
» *abandonne la culture, s'il ne cultive pas en bon père de*
» *famille, s'il emploie la chose louée à un autre usage que*
» *celui auquel elle a été destinée ou, en général, s'il n'exécute*
» *pas les clauses du bail et qu'il en résulte un dommage pour*
» *le bailleur, celui-ci peut, suivant les circonstances, faire*
» *résilier le bail. — En cas de résiliation provenant du fait*
» *du preneur, celui-ci est tenu des dommages et intérêts, ainsi*
» *qu'il est dit en l'article 1764* ».

Et l'art. 13 de la loi du 10 juill. 1889 dispose : « *Les dis-*
» *positions de la section V du titre du Louage... et celles de*
» *la section III du même titre... contenues dans les art.*
» *1766... sont applicables aux baux à colonat partiaire* ».

774. La sanction des obligations qui précèdent dériverait,
d'après les principes, de l'idée que l'obligation de jouir en
bon père de famille et selon la destination, c'est-à-dire de ne
faire aucun acte abusif de jouissance, est une obligation de
ne pas faire. Or l'art. 1145 porte : « Si l'obligation est de ne
pas faire, celui qui y contrevient doit les dommages-intérêts
par le seul fait de la contravention », et, quoique l'art. 1184
porte d'une manière générale que « la partie envers laquelle
l'engagement n'a point été exécuté a le choix ou de forcer
l'autre à l'exécution de la convention lorsqu'elle est possible
ou d'en demander la résolution avec dommages et intérêts »,
on admet que, si l'obligation inexécutée est une obligation
de ne pas faire, c'est le tribunal qui a le choix entre une condamnation à des dommages-intérêts et la résolution ([1]).

C'est précisément ce que décide l'art. 1729, qui se présente
ainsi comme une application pure et simple du droit commun.

Les mots « suivant les circonstances » indiquent que les

---

[1] Cass. req., 26 mai 1868, S., 68. 1. 336. — Aubry et Rau, IV, p. 83, § 302,
note 81.

tribunaux ont, à cet égard, un pouvoir discrétionnaire [1]. Ils l'ont en particulier pour les baux à ferme [2].

775. Une distinction doit être faite suivant que les dommages causés sont réparables ou non et suivant que l'action est intentée dans le cours du bail ou après la fin du bail.

Si l'action est intentée après la fin du bail, les tribunaux ne peuvent plus prononcer la résolution, car nous montrerons que la résiliation ou résolution du bail est une simple cessation et suppose par conséquent un bail encore en cours; le tribunal pourra seulement, comme nous allons le montrer, prononcer la réparation des dégâts ou une indemnité.

Mais le bailleur ne peut plus agir si les dommages ont été réparés.

Si le bailleur s'aperçoit des dégâts et que ces dégâts soient irréparables, il peut agir sans attendre l'expiration du bail [3]; en effet le preneur est tenu de jouir dans les conditions légales pendant le bail; il commet donc une contravention immédiate; nous ajoutons que le système contraire est des plus iniques, puisqu'il oblige le bailleur à différer son action jusqu'au moment où peut-être le preneur sera devenu insolvable; il est en outre fort singulier, puisqu'il place à des époques différentes la sanction de l'obligation de jouir en bon père de famille et la sanction des autres obligations du preneur. Une dernière considération détruit la doctrine que nous réfutons : si le bailleur est tenu d'attendre la fin du bail, il ne sera jamais en situation de demander, comme le veut l'art. 1729, la résolution de la convention.

L'action du bailleur ne tend, d'après l'art. 1729, à la résiliation du bail que suivant les circonstances; c'est-à-dire qu'on

---

[1] Cass., 7 nov. 1882, S., 84. 1. 187. — Cass. civ., 24 avril 1893, S., 94. 1. 438, D., 93. 1. 407. — Grenoble, 8 mai 1882, S., 84. 2. 123. — Trib. civ. Seine, 1er mars 1898, *Droit*, 31 juill. 1898, *Gaz. Trib.*, 14 juin 1898. — Guillouard, I, n. 203; Huc, X, n. 311.

[2] Rouen, 11 mars 1847, S., 49. 2. 719. — Guillouard, II, n. 527; Huc, X, n. 364.

[3] Cass. req., 20 déc. 1858, S., 60. 1. 66, D., 59. 1. 136. — Cass. req., 12 nov. 1889, S., 91. 1. 203 (impl.). — Rennes, 28 janv. 1828, D. *Rép.*, v° *Louage*, n. 279. — Bourges, 20 mars 1839, D. *Rép.*, v° *Louage*, n. 303. — Laurent, XXV, n. 266; Guillouard, I, n. 205 et II, n. 527; Huc. X. n. 311. — *Contra* Nîmes, 22 mai 1855, S., 55. 2. 772, D., 55. 5. 276.

appliquera le droit commun. Le juge pourra donc condamner au remboursement de la valeur de la chose. Il se décidera pour le premier parti si les dégâts sont importants, pour le second dans le cas contraire (¹). Mais la loi ne lui traçant aucun devoir sur ce point, il pourra adopter l'une ou l'autre de ces solutions sans avoir à craindre la cassation.

Si le bailleur s'aperçoit au cours du bail de dégradations qui sont réparables, il pourra encore, comme dans le cas précédent, agir sans attendre la fin du bail (²).

C'est l'opinion générale ; mais on décide souvent que l'action aura pour seul but de constater les dégâts et que le droit à une indemnité ne naîtra que si ces dégâts ne sont pas réparés à la fin du bail (³) ; on s'appuie sans doute sur l'idée qu'avant la fin du bail le bailleur ne peut savoir si la chose lui sera ou non restituée dans son intégrité.

Nous pensons que la doctrine contraire est plus soutenable ; le preneur, nous l'avons dit, commet une contravention immédiate, il ne jouit pas en bon père de famille ; la répression peut donc être également immédiate. L'opinion contraire est d'autant plus singulière que ses partisans sont de notre avis quand il s'agit de dégâts irréparables ; or, juridiquement, la contravention est aussi certaine dans le premier que dans le second de ces cas ; d'un autre côté si, dans la seconde hypothèse, on s'appuie sur la considération que le bailleur ne peut être obligé de différer son action jusqu'au moment où le preneur sera peut-être insolvable, cette considération n'a-t-elle pas, dans la première hypothèse, une valeur égale ?

Du reste, si le preneur ne pouvait être immédiatement condamné, c'est que son obligation ne prendrait naissance qu'à

(¹) Cass., 20 déc. 1858, S., 60. 1. 66, D., 59. 1. 136. — Guillouard, I, n. 205 et II, n. 526 et 527 ; Huc, X, n. 311.

(²) Cass., 19 mai 1825, S. chr. — Cass. req., 23 mars 1898, D., 98. 1. 507 (locataire logeant un fou dangereux). — Paris, 20 mars 1835, S., 45. 2. 630, D., 46. 2. 29. — Paris, 27 déc. 1836, S., 45. 2. 630, D., 46. 2. 29. — Bourges, 20 mars 1839, D. *Rép.*, vº *Louage*, n. 303. — Caen, 6 juin 1857, S., 58. 2. 55, D., 58. 2. 86. — Caen, 7 août 1869, *Rec. Caen*, 1869, p. 131. — Laurent, XXV, n. 267 ; Guillouard, I, n. 204 et II, n. 527.

(³) Caen, 6 juin 1857, S., 58. 2. 55, D., 58. 2. 86.—Laurent, XXV, n. 267 ; Guillouard, I, n. 204 et II, n. 527 ; Huc, X, n. 311 et 364.

la fin du bail. Et nous nous demandons alors en vertu de quel principe on permet au bailleur de faire constater les dégâts avant la fin du bail. Enfin, quelle utilité aurait pour le bailleur cette constatation ? Le fermier, dit-on, fera disparaître les traces des dégradations qui ne sont pas visibles extérieurement ; on ne s'apercevra pas, à la fin du bail qu'il a cultivé sans mettre du fumier sur ses terres. Nous croyons au contraire qu'on s'en apercevra facilement.

Nous ajoutons que les partisans du système contraire permettent eux-mêmes au bailleur d'exiger du preneur, pendant le cours du bail, les réparations locatives. Quelle raison y a-t-il de décider ici le contraire?

776. Dans le cas où les dégâts sont réparables, les tribunaux peuvent encore prononcer la résiliation ou une condamnation à une indemnité; en outre (ce qui est matériellement impossible si les dégâts sont irréparables), ils pourront condamner le preneur à réparer les dégâts ou les faire réparer à ses frais; c'est, en effet, l'une des sanctions de l'obligation de ne pas faire. Les tribunaux s'arrêteront plus généralement à ce dernier parti si les dégâts ne sont pas très importants.

La résiliation peut être prononcée même si les dégâts ont été réparés ([1]).

De même, si le preneur exerce dans l'immeuble une profession qu'il n'a pas le droit d'exercer, les tribunaux peuvent lui défendre de l'exercer à l'avenir ([2]).

777. Quant aux dommages-intérêts, ils sont toujours dus en cas de faute du preneur. Nous rappelons, en effet, qu'il s'agit ici d'une obligation de ne pas faire, qui est toujours sanctionnée par des dommages-intérêts; du reste l'art. 1766 est général.

Cette considération a été perdue de vue par les auteurs et les arrêts ([3]) qui ont soutenu que, si l'abus de jouissance est réparable et a été réparé au cours du bail sur une condam-

---

([1]) Cass. req., 23 avril 1898, précité.
([2]) Trib. civ. Bordeaux, 2 avril 1894, *Rec. Bordeaux*, 94. 2. 72.
([3]) Cass. req., 18 nov. 1829, S. chr. — Caen, 6 juin 1857, S., 58. 2. 55, D., 58. 2. 86. — Guillouard, I, n. 203.

nation judiciaire, le bailleur n'a droit à aucuns dommages-intérêts; l'art. 1145 décide expressément le contraire. Et on ne saurait objecter qu'il n'existe pas de contravention avant la fin du bail; l'opinion commune, nous l'avons vu, admet justement le contraire.

Le bailleur a droit notamment à la restitution, au moins en partie, des sommes qu'il a dépensées pour faire, dans l'intérêt du preneur, des modifications qui n'ont donné aucune valeur nouvelle à l'immeuble ([1]).

Dans tous les cas les dommages-intérêts sont dus, d'après l'opinion générale, si le dommage est irréparable ([2]).

Ils sont également dus, sans aucun doute, que les dommages soient réparables ou non, si l'action est intentée après la fin du bail.

Enfin, s'il y a faute du preneur, le bailleur peut demander une indemnité de relocation ([3]).

Au lieu de cette indemnité, il peut demander que l'immeuble soit remis en adjudication et réclamer la différence entre les deux prix de location ([4]). Mais les tribunaux ne pourront être forcés d'accueillir cette prétention ([5]). Ils ont également le droit d'allouer au bailleur une indemnité à raison de ce que le nouveau bail qu'il a consenti n'a pu être fait que pour un prix inférieur au prix du bail résilié ([6]).

A plus forte raison, les tribunaux ne sont-ils pas forcés d'accepter une sous-location amiable aux risques du preneur; ils n'ont même pas le droit de l'accepter ([7]), car le preneur garderait sa qualité de preneur.

778. Le bailleur ne peut, de lui-même, expulser le loca-

([1]) Trib. sup. Cologne, 18 déc. 1896, S., 99. 4. 6.

([2]) Cass., 20 déc. 1858, S., 60. 1. 66. D., 59. 1. 136 — Rennes, 28 janv. 1828, D. Rép., v° Louage, n. 279. — Bourges, 20 mars 1839, D. Rép., v° Louage, n. 303. — Laurent, XXV, n. 266; Guillouard, I, n. 265. — Contra Nimes, 22 mai 1855, S., 55. 2. 772, D., 55. 5. 276.

[3] Trib. civ. Bayonne, 23 janv. 1894, Gaz. Trib., 28 août 1894. — Guillouard, II, n. 526.

([4]) Caen, 28 mai 1855, Rec. de Caen, 1855, p. 234. — Aix, 6 mars 1867, S., 67. 2. 100. — Guillouard, II, n. 526. — Cpr. Huc, X, n. 364.

([5]) Contra Guillouard, II, n. 526.

([6]) Contra Trib. sup. Cologne, 18 déc. 1896, S., 99. 4. 6.

([7]) Douai, 16 juin 1847, S., 49. 2. 38, D., 49. 2. 246. — Guillouard, II, n. 526.

taire ou sortir ses meubles de l'appartement loué, alors même qu'il se trouve dans des circonstances où sans aucun doute l'expulsion aurait été obtenue du tribunal; il doit donc, s'il le fait, des dommages-intérêts ([1]).

SECTION X

OBLIGATION DE NE PAS PERCEVOIR LES PRODUITS QUI N'ONT PAS LE CARACTÈRE DE FRUITS

779. Comme conséquence de l'obligation de conserver la substance, le preneur contracte l'obligation de ne percevoir aucun produit du sol, en dehors des produits périodiques qui constituent les fruits et dont la perception est l'objet même du bail. Ainsi le preneur ne peut percevoir les produits des mines, minières et carrières; en vain objecterait-on que ce droit appartient à l'usufruitier (art. 598) et à la communauté (art. 1403), laquelle est usufruitière des biens propres aux époux. Il n'y a aucune analogie, ainsi que nous l'avons observé, entre la situation de l'usufruitier, qui a un droit réel, et la situation du preneur, qui a un droit personnel. On comprend, du reste, que l'usufruitier et la communauté aient droit aux produits qui n'ont pas le caractère de fruits ; l'un et l'autre jouissent de l'immeuble comme le ferait le propriétaire lui-même, puisque le droit réel qui leur appartient est détaché de la propriété et, en ce qui concerne la jouissance, représente ainsi la propriété elle-même. L'intention soit du constituant de l'usufruit, soit de l'époux propriétaire, conduit aussi à justifier les solutions de la loi sur le point : ils ont entendu que le nu propriétaire ne tirât, pendant la durée de l'usufruit, aucun profit de son droit. Au contraire, le bailleur se réserve tous les profits de l'immeuble, puisque le loyer représente pour lui l'équivalent des produits : on ne peut donc lui attribuer l'intention que nous venons d'indiquer. D'un autre côté, la loi dit expressément que le preneur a

---

([1]) Trib. civ. Châlons-sur-Marne, 15 oct. 1889, *Loi*, 22 oct. 1889. — Décidé cependant que le preneur doit prouver son préjudice. Trib. civ. Lyon, 28 janv. 1887, *Loi*, 3 mars 1887.

droit aux *fruits*, c'est-à-dire aux produits périodiques de la chose; le preneur n'a donc aucun droit sur les produits non périodiques.

Cette solution n'est pas discutée ([1]), mais les considérations que nous venons d'invoquer, et qui seules peuvent la justifier, vont nous être d'un grand secours pour résoudre une autre question.

780. Le preneur ne peut pas davantage abattre à son profit les arbres de haute futaie ou arracher une vigne ([2]).

781. Il va sans dire que les parties peuvent décider le contraire et attribuer au preneur le droit de percevoir les produits non périodiques, soient que ces produits constituent le seul moyen de tirer un bénéfice de l'immeuble, soit qu'en outre l'immeuble produise des fruits.

La difficulté est de déterminer le caractère de cette convention. Y faut-il voir un bail ou une vente mobilière des produits? La question s'est surtout présentée en matière fiscale, où elle offre les intérêts que nous avons signalés à propos de la distinction entre le bail et la vente. Elle est également importante au point de vue civil : notamment, s'il y a vente, le propriétaire ne peut, à moins qu'il ne s'agisse d'une *emptio spei,* réclamer le prix stipulé dans le cas où les produits vendus n'existeraient pas; au contraire, s'il y a bail de l'immeuble, le preneur, mis en état de jouir de la chose, doit en toute hypothèse payer le loyer promis; l'art. 1769 ne trouve même pas son application, puisque cette disposition est spéciale aux baux ruraux.

En ce qui concerne la question de savoir à qui incombent les frais de la perception, elle doit, croyons-nous, être résolue dans le même sens, quel que soit le caractère de la convention contre le preneur, car, si même il y a vente, le fait de concéder un *droit d'extraction* implique pour le concessionnaire l'obligation de supporter les frais d'extraction.

([1]) Trib. civ. Périgueux, 30 juil. 1886, *Mon. jud. Lyon,* 9 déc. 1886. — V. aussi les autorités citées ci-après. — Il va sans dire, en tout cas, que si le preneur ne peut, d'après le bail, se servir des terres louées que pour la culture, il n'a pas le droit d'extraire des pierres. Trib. civ. Seine, 6 juil. 1894, *Gaz. Trib.,* 22 août 1894.

([2]) V. *supra,* n. 737 et 743.

La jurisprudence décide d'une manière constante que la concession du droit d'extraire un produit non périodique constitue une vente de ces produits (c'est-à-dire d'objets mobiliers) et non pas un bail d'immeubles [1]. La plupart des auteurs sont d'avis contraire [2], ainsi que la jurisprudence belge [3].

Le système de la jurisprudence s'appuie sur une considération qui nous paraît irréfutable : le preneur n'ayant droit qu'aux *fruits,* tout acte qui lui attribue autre chose que des fruits n'est pas un bail ; et comme la concession du droit d'extraire les produits non périodiques a pour dernier résultat l'aliénation de ces produits, elle constitue une vente ; du reste, à la différence des fruits, les produits non périodiques sont une fraction de l'immeuble ; leur extraction l'épuise et l'immeuble dépouillé de ces produits perd une partie de lui-même, qu'il ne retrouvera plus. On ajoute (mais c'est là une

[1] Cass., 22 août 1842, S., 42. 1. 790. — Cass., 17 janv. 1844, S., 44. 1. 174, D., *Rép.*, vᵒ *Enregistrement*, n. 2878. — Cass., 23 avril 1845, D., 47. 1. 80. — Cass., 26 nov. 1845, S., 46. 1. 240. — Cass., 26 janv. 1847, S., 47. 1. 102. — Cass., 6 mars 1855, S., 55. 1. 379, D., 55. 1. 123. — Cass., 28 janv. 1857, S., 57. 1. 640, D., 57. 1. 391. — Cass., 15 déc. 1857, S , 60. 1. 536. — Cass., 4 août 1886, S., 88. 1. 226. — Cass. req., 15 fév. 1893, S., 94. 1. 149, D., 93. 1. 292. — Besançon, 28 fév. 1848, D., 48. 5. 153. — Trib. civ. Toulon, 30 juil. 1864, *Rép. périod. de l'Enreg* , n. 1968. — Trib. civ. Pont-Lévêque, 4 déc. 1890, *Rép. périod. de l'Enreg.*, n. 7655 (moellons). — Trib. civ. Uzès, 7 avril 1891, *Rép. périod. de l'Enreg.*, 1892, n. 7869 (adjudication du droit d'extraire le phosphate de chaux). — V. dans le même sens Sol. de la Régie, 1ᵉʳ déc. 1871, D., 73. 5. 205. — Laurent, XXV, n. 8 et 63 ; Huc, X, n. 5 et 275. — *Contra* Paris, 24 juin 1885, sous Cass., 29 juin 1886, S., 89. 1. 266, D., 86. 1. 141. — Il est arrivé à la cour de cassation de qualifier ce contrat de *bail*, mais sans y attacher de conséquences juridiques. Cass. req., 12 juil. 1892, S., 94. 1. 333.

[2] Favard, vᵒ *Louage*, sect. 1, § 1, n. 2 ; Rolland de Villargues, vᵒ *Louage*, n. 108 ; Troplong, I, n. 93 ; Duvergier, I, n. 404 ; Guillouard, I, n. 14 ; Bastiné, *Dr. fiscal*, I, n. 287.

[3] Cass. belge, 2 juil. 1847, *Journ. de l'enreg. belge*, n. 4091. — Cass. belge, 22 juil. 1886 (motifs), *Rev. de législ. des mines*, 86. 336. — Trib. civ. Tournai, 14 août 1840, *Journ. de l'enreg. belge*, n. 2278. — Déc. min. fin. belge, 28 fév. 1835, *ibid.*, n. 484. — *Contra* Bruxelles, 10 févr. 1886, *Pasicr.*, 86. 2. 181 (terre plastique) — Déc. min. fin. belge, 17 août 1838, *Journ. de l'enreg. belge*, n. 1601. — Déc. min. fin. belge, 25 juil. 1840, *ibid.*, n. 2210. — Trib. civ. Bruxelles, 25 janv. 1888, *Gaz. Pal.*, 88. 1. *Suppl.*, 84 (terre plastique destinée à être transformée en briques). — Trib. civ. Bruxelles, 31 juil. 1894, *Pasicr.*, 95. 3. 25. — Décidé que c'est un contrat *sui generis*, intermédiaire entre la vente et le louage. — Liège, 31 déc. 1870, *Pasicr.*, 71. 2. 94.

considération sans importance et même sans grande signification) que le prétendu loyer stipulé est calculé non sur la valeur de la jouissance, mais sur la valeur des matériaux à extraire; ne peut-on pas dire également que le loyer d'un immeuble est calculé d'après la valeur des fruits qui peuvent en être tirés?

L'objection principale faite par la doctrine à la jurisprudence est tirée de l'assimilation, établie par les textes que nous avons déjà cités, au point de vue des droits de l'usufruitier et de la communauté, entre les fruits et les produits non périodiques. Cette objection est dépourvue de valeur; d'une part, nous avons exposé les considérations qui justifient cette assimilation et celles qui empêchent de l'étendre au preneur. D'autre part, si l'objection était exacte, elle conduirait à dire (ce qui n'est pas soutenable) qu'à l'égal de l'usufruitier et de la communauté, le preneur a droit, même en dehors d'une autorisation formelle, à l'extraction de tous les produits non périodiques.

On objecte encore que si les produits non périodiques épuisent l'objet loué, la même observation peut être faite pour certaines catégories de choses que la jouissance normale du locataire épuise également : animaux, prairies artificielles et vignes. Cette objection nous paraît moins spécieuse encore que la précédente : l'extraction de produits miniers et autres produits non périodiques enlève matériellement une fraction du terrain; dans tous les cas qu'on a voulu rapprocher de celui-ci, il en est autrement : le terrain loué reste entier, L'analogie n'existe donc pas.

782. Si, en même temps qu'aux produits non périodiques, le preneur a droit aux fruits, la vente est mélangée de bail ([1]).

Toutefois l'acte est un bail pour la totalité, si l'extraction de matériaux est faite pour aider à la jouissance du preneur, et sans profit pour lui, par exemple s'il s'agit de matériaux nuisibles à la culture ([2]).

---

[1] Cass. req., 15 fév. 1893, S., 94. 1. 149, D., 93. 1. 292. — Trib. civ. Pont-Lévêque, 4 déc. 1890, *Rép. périod. de l'Enreg.*, n. 7655. — Wahl, *Note*, S., 94. 1. 149.

[2] Cass. req., 15 fév. 1893, précité. — Wahl, *loc. cit.*

783. La question de savoir si la concession de mines, etc., est un bail, importante aux points de vue indiqués [1], peut présenter un intérêt encore au point de vue de l'application des art. 1728 et 1729, qui sanctionnent l'obligation imposée au preneur de jouir en bon père de famille et suivant la destination de la chose. On a décidé que ces textes s'appliquent au bail de mines et carrières. La question est, pour nous, peu importante, puisque nous considérons les art. 1728 et 1729 comme l'application du droit commun. Nous avons montré également que, quelle que soit la nature des concessions de cette sorte, elles emportent pour le preneur l'obligation de jouir en bon père de famille.

784. Mais, de toute manière, la concession temporaire du droit d'exploiter une mine n'est pas soumise à l'autorisation du gouvernement, alors même qu'elle porte sur une partie seulement des produits ou de la concession, et quoique l'art. 7 de la loi du 21 avril 1810 interdise la vente par lots ou le partage des concessions sans cette autorisation [2] ; car, à supposer même que, comme nous l'admettons avec la jurisprudence, ce contrat constitue une vente, il est une vente de produits et non une vente de la concession même.

785. Le droit de chasse appartient au bailleur en cas de stipulations formulées.

Lui est-il également réservé, à l'exclusion du preneur, en dehors de toute stipulation?

La jurisprudence et la majorité de la doctrine admettent avec raison l'affirmative [3].

Le bail, en effet, par définition, confère exclusivement au preneur le droit de percevoir les fruits du sol ; or le droit de

---

[1] V. *supra*, n. 781.

[2] Cass. req., 20 déc. 1837, S., 38. 1. 91, D. *Rép.*, v° *Mines*, n. 77. — *Contra* Cass., 4 juin 1844, S., 44. 1. 723, D. *Rép.*, v° *Mines*, n. 77.

[3] Cass., 12 juin 1828, S. chr., D. *Rép.*, v° *Chasse*, n. 50. — Cass., 4 juill. 1845, S., 45. 1. 774, D. *Rép.*, v° *Chasse*, n. 56. — Cass., 5 avril 1866, S., 66. 1. 412, D., 66. 1. 411. — Paris, 19 mars 1812, S. chr. — Angers, 14 août 1826, S. chr., D. *Rép.*, v° *Chasse*, n. 50. — Rennes, 22 mars 1861, S., 61. 2. 406. — Amiens, 3 mars 1888, *Gaz. Pal.*, 88. 1. 874. — Trib. corr. Dunkerque, 20 nov. 1896, *Nord jud.*, 97. 19. — Troplong, I, n. 161 ; Marcadé, art. 1719, n. 1 ; Aubry et Rau, IV, p. 470, § 365, note 2 ; Guillouard, I, n. 286. — *Contra* Duranton, IV, n. 286 ; Duvergier, I, n. 73 ; Laurent, XXV, n. 172 ; Daviel, *Cours d'eau*, n. 685 ; Huc, X, n. 307.

chasse ne porte pas sur les fruits. C'est donc à tort qu'on objecte que le bail confère au preneur tous les attributs de la propriété.

La loi du 10 juillet 1889 sur le colonat partiaire dit, du reste : « Les droits de chasse et de pêche restent au propriétaire » (art. 5).

Dans l'ancien droit la faculté de chasser était refusée au fermier ([1]) ; mais on se fondait sur une raison qui a perdu toute valeur, à savoir que le droit de chasse est un droit honorifique attaché à la personne par l'ordonnance de 1669 sur les eaux et forêts et que les ordonnances défendent expressément aux artisans et aux paysans de l'exercer.

Une proposition de loi a été déposée autrefois à la chambre pour permettre, en l'absence d'une clause contraire, au fermier et à son fils habitant avec lui de chasser sur le terrain loué ([2]).

786. Le preneur ne peut rien faire pour entraver l'exercice du droit de chasse réservé au bailleur ou au tiers ; par exemple, il ne peut, par des grillages ou des collets, empêcher la libre circulation du gibier ou des chasseurs ([3]).

787. Si le droit de chasse est concédé au preneur, les droits du preneur doivent être interprétés restrictivement ([4]).

788. Par exception, d'après l'art. 15 de la loi du 21 juin 1898, lorsque des animaux errants sont trouvés pacageant sur les terrains d'autrui, « le propriétaire lésé ou son représentant a le droit de les faire conduire au lieu de dépôt fixé par l'autorité municipale ; si ces animaux sont des volailles, des oiseaux de

---

([1]) V. Arrêt du Parlement de Paris du 14 fév. 1698, pour le fermier judiciaire, Bruneau, *Nouv. traité des criées*, 3e éd., Paris, 1704, 1re p., ch. III, p. 50.

([2]) 6 juill. 1894, Proposition Lemire, Doc. parl., Chamb., n. 784.

([3]) Paris, 26 mars 1878, S., 87. 2. 73 (sous-note). — Trib. civ. Melun, 5 mars 1886, S., 87. 2. 73.

([4]) Décidé que le fermier d'une chasse, autorisé par le cahier des charges à se faire accompagner par des invités, ne peut donner à ses amis le droit de chasser qu'en concourant avec eux, d'une manière effective et continue, à toute la chasse. Il ne suffirait pas qu'il concourût seulement à une partie de la chasse, en laissant ensuite ses invités chasser isolément. — Cass., 18 juil. 1867, S., 68. 1. 140, D., 68. 1. 365. — Mais il n'est pas nécessaire que les invités du fermier se tiennent à ses côtés ; ils peuvent être momentanément séparés de lui et suivre isolément les évolutions de la chasse. Même arrêt. — De Neyremand, *Quest. sur la chasse*, p. 343.

basse-cour ou des pigeons, le propriétaire, fermier ou métayer du champ envahi pourra les tuer, mais seulement sur le lieu, au moment où ils auront causé le dégât et sans pouvoir se les approprier... Si, après un délai de vingt-quatre heures, celui auquel appartiennent les volailles tuées ne les a pas enlevées, le propriétaire, fermier ou métayer du champ envahi est tenu de les enfouir sur place ».

D'après l'art. 16 de la même loi, les propriétaires, fermiers ou métayers ont le droit de saisir ou de faire saisir par les agents de la force publique les chiens que leurs maîtres laissent divaguer dans les terres ; ces chiens sont conduits dans le lieu de dépôt désigné par l'autorité municipale et abattus si les dommages-intérêts ne sont pas payés dans les huit jours ou les quarante-huit heures, suivant que les chiens portent ou non la marque de leur maître.

789. Le seul droit du preneur, dans le cas où le droit de chasse a été soit réservé par le bailleur, soit concédé par lui à un tiers, consiste à demander au bailleur la réparation du dommage que la chasse cause aux récoltes ou à l'immeuble [1]. Nous croyons toutefois que ce droit ne lui appartient pas si le bailleur exerce la chasse dans les conditions normales, telles qu'elles sont rendues nécessaires par la nature du gibier [2].

On verra plus tard devant quelle juridiction le preneur doit attaquer le bailleur [3].

790. Le bailleur a-t-il le droit de pénétrer dans l'immeuble pour chasser en dehors de la saison où la chasse est autorisée? Nous ne le pensons pas [4]; sans doute le bailleur deviendra propriétaire du gibier qu'il aura tué en temps pro-

---

[1] Cass., 9 avril 1836, S., 36. 1. 844, D. Rép., v° Chasse, n. 53. — Cass., 4 juil. 1845 (motifs), S., 45. 1. 774, D. Rép., v° Chasse, n. 56. — Cass., 5 avril 1866, S., 66. 1. 412, D., 66. 1. 411. — Bruxelles, 6 nov. 1822, S. chr. — Bruxelles, 25 fév. 1826, S. chr. — Angers, 14 août 1826, S. chr., D. Rép., v° Chasse, n. 50. — Angers, 20 janv. 1836, S., 38. 2. 269, D. Rép., v° Chasse, n. 53. — Grenoble, 19 mars 1846, S., 46. 2. 468, D. Rép., v° Chasse, n. 50. — Marcadé, art. 1720; Aubry et Rau, IV, p. 470, § 365 ; Guillouard, I, n. 286 : Fuzier-Herman, art. 1719, n. 174. — V. aussi supra, n. 432.

[2] V. supra, n. 432.

[3] V. infra, t. II.

[4] Cass., 2 avril 1881, S., 83. 1. 331, D., 81. 1. 279. — Cass., 9 mai 1884, S., 86. 1. 89, D., 84. 5. 52. — Huc, X, n. 275. — Contra Villey, Note, S., 86. 1. 89.

hibé, mais, comme la réserve du droit de chasse provient d'une convention tacite, on doit supposer que le preneur n'a pas entendu être gêné dans l'exercice de ses droits en dehors des époques où il est d'usage de chasser.

Le bailleur peut-il introduire dans la chose louée le tiers chassant avec lui? Cela est une question de fait; la nature du gibier qui se trouve sur le terrain loué doit indiquer si la chasse doit être conduite par une personne seule ou par plusieurs.

Il va sans dire que le bailleur peut se faire remplacer par un tiers, mandataire ou cessionnaire, car le droit de chasse est dans le commerce ([1]).

Le preneur ne peut même se plaindre que le tiers lui cause plus de gêne que ne lui en causait ou en aurait causé le bailleur ([2]); cela résulte du droit même qu'a le bailleur de se faire remplacer. Les intérêts du preneur sont suffisamment sauvegardés par le droit que nous lui avons reconnu de se faire rembourser les dommages matériels que la chasse lui cause.

791. On décide que le bailleur ne peut pénétrer pour l'exercice de la chasse dans les immeubles loués quand les terres sont préparées ou chargées de récoltes ([3]); on va même jusqu'à lui appliquer les pénalités spéciales prononcées contre ceux qui pénètrent sur ces terres (C. pén., 471, n. 13, 475, n. 9) ([4]).

Cela paraît très contestable ([5]); le bailleur, en se réservant

---

([1]) Rouen, 25 août 1857, S., 58. 2. 557.

([2]) *Contra* Rouen, 25 août 1857, précité. — Dans l'espèce, le bailleur s'était formellement réservé le droit de chasse, mais c'est là une circonstance indifférente.

([3]) Trib. civ. Pontoise, 25 nov. 1891, *Gaz. Pal.*, 91. 2. 641 (et de même pour le fermier de la récolte), et les arrêts cités à la note suivante. — Il a même été jugé que le preneur peut tendre des collets pour défendre ses récoltes contre le gibier, alors même qu'il s'est engagé par le bail à n'exercer aucun recours contre le bailleur à raison des dégâts commis par le gibier. — Paris, 21 août 1840, S., 40. 2. 416, D. *Rép.*, v° *Chasse*, n. 194. Cela est, en tout cas, inadmissible.

([4]) Cass., 2 avril 1881, S., 83. 1. 331, D., 81. 1. 279. — Cass., 29 fév. 1884, S., 85. 1. 463. — Cass. crim., 9 mai 1884, S., 86. 1. 89, D., 84. 5. 52. — Jullemier, *Des locations de chasse*, p. 138; Camusat, *Police de la chasse*, p. 116; Giraudeau, Lelièvre et Soudée, *La chasse*, 2e éd., n. 779 et 780.

([5]) Villey, *Note*, S., 86. 1. 89; Guillouard, I, n. 143-II; de Neyremand, *Quest. sur la chasse*, 2e éd., p. 301; Leblond, *Code de la chasse*, 1, n. 215.

le droit de chasser, s'est réservé par là même le droit de faire tous les actes nécessaires à son exercice. La solution contraire a l'inconvénient de priver le bailleur de la chasse pendant un temps souvent très long. On a ajouté en notre sens un argument tiré du prétendu droit qu'aurait le bailleur de pénétrer dans l'immeuble loué pour s'assurer que le preneur accomplit ses obligations ; nous repoussons cet argument, car un pareil droit n'appartient certainement pas au bailleur.

En tout cas, le bailleur peut se réserver la faculté de pénétrer dans l'immeuble à toute époque pour y exercer le droit de chasse ([1]).

792. Ce que nous avons dit du droit de chasse est également vrai du droit de pêche ([2]) ; le poisson n'étant pas un fruit, le preneur ne peut être réputé avoir reçu le droit de s'en emparer.

793. Toutes ces solutions peuvent être modifiées par la convention.

L'usage des lieux peut également tenir lieu de convention.

Enfin la volonté des parties peut s'induire des circonstances ([3]) ; ainsi on peut juger qu'à raison de son peu d'importance la pêche est comprise dans le bail ([4]).

794. Le locataire de la chasse (et il en est de même du fermier auquel est conféré le droit de chasse) n'est pas, en principe, responsable des dégâts causés par le gibier ([5]). Sans doute il n'y a pas là un cas fortuit, mais le preneur a le droit de jouir de la chose suivant la manière que la convention autorise.

Toutefois, il en est autrement si le preneur a laissé par sa négligence le gibier se multiplier ([6]).

---

[1] Cass. crim., 9 mai 1884, précité.

[2] Rouen, 13 juin 1844, S., 44. 2. 329. — Troplong, I, n. 163 ; Marcadé, art. 1719, n. 1 ; Guillouard, I, n. 286. — *Contra* Daviel, *Tr. des cours d'eau*, n. 685 ; Duvergier, I, n. 75 ; Laurent, XXV, n. 173. — V. n. 785, pour le bail à colonage.

[3] Guillouard, I, n. 286.

[4] Guillouard, I, n. 286.

[5] *Contra* Trib. civ. Seine, 28 juill. 1877, *Rép. de législ. et de jurispr. forest.*, VII, n. 106.

[6] V. *supra*, n. 735.

Le bail peut imposer au preneur l'obligation de répondre des dégâts causés par le gibier [1].

Toutefois, plusieurs faits peuvent réduire l'indemnité au-dessous de la valeur des dégâts.

Ainsi le preneur ne répond pas des dégâts causés par la multiplication naturelle du gibier [2] ou qui exigeraient, pour être évités, des dégradations non autorisées à l'immeuble [3].

Il ne répond pas à plus forte raison de ceux qui proviennent de la faute du bailleur [4].

Le bail peut également obliger le locataire à détruire le gibier.

Cette destruction n'est obligatoire que dans la mesure où elle est possible ; on ne peut exiger la destruction complète [5].

795. Le fermier a, d'après l'art. 9, § 3 de la loi du 3 mai 1844, aussi bien que le propriétaire lui-même, le droit de détruire les animaux déclarés malfaisants et nuisibles par un arrêté préfectoral.

Le même droit appartient au locataire de la chasse, car le motif auquel a obéi cette loi, à savoir l'intérêt social, garde sa valeur [6]. C'est à tort qu'on a voulu [7] restreindre ce droit à la période pendant laquelle la chasse est ouverte.

---

[1] Paris, 5 mars 1867, *Rép. de législ. et de jurispr. forest.*, III, n. 544. — Paris, 15 mai 1893. D., 93. 2. 355.

[2] Paris, 5 mars 1867, précité. — Paris, 16 mai 1893, précité (augmentation par la rigueur de la saison .

[3] Paris, 16 mai 1893, précité.

[4] Paris, 16 mai 1893, précité (coupes de bois anticipées qui ont aidé à la multiplication du gibier .

[5] Paris, 1er mai 1873, D., 75. 2. 204. — Trib. civ. Melun, 28 fév. 1862, *Rép. de législ. et de jurispr. forest.*, I, n. 163.

[6] Colmar, 30 août 1862, rapporté par de Neyremand, *Quest. sur la chasse*, 2e éd., p. 34. — Camusat-Busserolles, *Code de la police de la chasse*, p. 97 ; Rogron, *Code de la chasse*, p. 116 ; Villequez, *Du dr. de destr. des animaux malfaisants,* n. 34 ; Jullemier, *Tr. des loc. de chasse*, p. 70 ; de Neyremand, *loc. cit.*; Menche de Loisne, *Essai sur le droit de chasse*, p. 205. — Certains auteurs restreignent cette solution aux animaux détruisant le gibier. De Neyremand, *op. cit*, n. 37 ; Jullemier, *Procès de chasse*, p. 113 et *Tr. des local. de chasse*, p. 70. — D'après d'autres, le droit de destruction n'appartient pas au locataire de la chasse, Chenu, *Chasse et procès*, p. 139.

[7] Giraudeau, Lelièvre et Soudée. *La chasse*, 2e éd., n. 672.

Une convention peut enlever ce droit au preneur (¹) ; elle n'a rien d'illicite, puisque la destruction réservée au bailleur n'est pas ainsi rendue impossible. Objecter, comme on l'a fait, que cette destruction est d'intérêt public, c'est donc répondre à côté de la question.

Il semble que, quand le locataire du droit de chasse a le droit de destruction, ce droit n'appartient pas au propriétaire (²).

796. La poursuite du délit de chasse est permise au preneur si la chasse lui appartenait ou si le délit lui a causé un préjudice (³).

SECTION XI

OBLIGATIONS RELATIVES AUX RÉPARATIONS

§ I. *Réparations dont la charge incombe au preneur.*

797. L'obligation de faire les réparations locatives incombe au preneur, d'après l'art. 1754 C. civ. (⁴). Cette obligation existe aussi bien pour les biens ruraux, les usines, etc., que pour les maisons (⁵). L'art. 1754, il est vrai, le seul texte qui impose directement la charge des réparations locatives au preneur, est placé au milieu des règles spéciales aux baux à loyer. Mais ce n'est là qu'un vice de classement, car l'art. 1720, qui, nous l'avons vu, impose au bailleur les réparations non locatives, est rangé parmi les dispositions communes à toutes les espèces de baux. En outre, les motifs qui ont inspiré la disposition de l'art. 1754 sont généraux.

Nous avons vu que cette obligation existe aussi dans le colonage partiaire (⁶).

798. La raison suivante explique la charge, imposée au

(¹) Trib. civ. Langres, 30 janv. 1889 (impl.), S., 89. 2. 94. — *Contra* Trib. com. Narbonne, 8 oct. 1896, *Gaz. Pal.*, 96. 2. 678. — Villequez, *op. cit.*, n. 39 ; de Neyremand, *op. cit.*, n. 45 ; Giraudeau, Lelièvre et Soudée, *op. cit.*, n. 609.

(²) *Contra* Chenu, *op. cit.*, p. 137 ; Leblond, *Code de la chasse*, 2ᵉ éd., I, n. 138 ; Villequez, *op. cit.*, n. 40 (seulement pour les animaux qui n'ont pas le caractère de gibier) ; de Neyremand, *op. cit.*, p. 39 (*ibid.*).

(³) Paris, 11 déc. 1890, *Gaz. Trib.*, 12 mars 1891.

(⁴) V. *infra*, n. 806.

(⁵) Guillouard, I, n. 207 et II, n. 454.

(⁶) V. *supra*, n. 321.

preneur, des réparations locatives (¹) ; « c'est, disait Pothier (²), qu'elles proviennent ordinairement de la faute des locataires et des personnes de leur famille qui y donnent lieu ».

Le tribun Mouricault disait, dans le même sens, au cours de son rapport au Tribunat (³) : « Ces réparations locatives sont censées occasionnées par l'usage même de la chose, ou par son abus trop fréquent, par le défaut de soin de la part du locataire ou des personnes dont il est responsable ».

On a ajouté comme motifs le peu d'importance des réparations locatives (⁴) et la difficulté de prouver le fait qui les a rendues nécessaires (⁵). Ces motifs ne sont, en tout cas, que d'une valeur secondaire ; car les réparations locatives sont à la charge du bailleur, malgré leur peu d'importance, s'il est démontré qu'elles ne sont pas nécessitées par un cas fortuit.

De toute manière, il y a là une dérogation au droit commun ; car l'obligation de faire jouir comporte pour le bailleur l'obligation de faire toutes les réparations qui ne proviennent pas d'une faute proprement dite du preneur.

799. L'art. 1720 montre que l'obligation de faire les réparations, autres que les locatives, est de plein droit à la charge du bailleur (⁶). Une stipulation n'est donc pas nécessaire pour que le preneur puisse forcer le bailleur à les faire. Il a le droit de le forcer à faire toutes celles qui, en dehors des réparations locatives, sont nécessaires soit pour que l'immeuble soit maintenu dans son état actuel (⁷), soit pour que les dégradations disparaissent.

800. Les grosses réparations sont à la charge du bailleur alors même qu'elles proviennent des vices apparents de la chose (⁸) ; si le bailleur n'est pas tenu de faire disparaître ces vices, c'est que le preneur est réputé avoir renoncé à une action en garantie qu'il n'a pas fait valoir (⁹) ; mais il ne peut

---

(¹) Guillouard, I, n. 104, 206 et 207, II, n. 468.
(²) N. 107.
(³) Fenet, IV, p. 333.
(⁴) Guillouard, III, n. 207 ; Lepage, 2 p., ch. III, p. 278.
(⁵) Lepage, *loc. cit.*
(⁶) Guillouard, X, n. 153.
(⁷) V. cep. Huc, X, n. 290.
(⁸) Paris, 10 mars 1897, *Pand. franç.*, 98. 2. 16.
(⁹) V. *supra*, n. 440.

être réputé avoir renoncé dès la conclusion du bail à une action en réparation de dégradations qui se sont produites ultérieurement et qu'il n'a pas prévues. D'ailleurs la loi met d'une manière générale les grosses réparations à la charge du bailleur.

801. Mais rien n'empêche que les parties ne dispensent le bailleur, soit de toutes les réparations [1], soit de certaines catégories de réparations [2]. L'art. 1756 en donne un exemple [3].

L'interprétation des stipulations de ce genre appartient souverainement aux juges du fond [4]; elle doit être restrictive [5], puisque ces clauses dérogent au droit commun; sauf, comme nous allons le voir, l'application de l'usage des lieux.

Ainsi, en principe, la dispense des réparations d'*entretien* ne s'entend que des réparations *locatives,* et cette clause est de superfétation [6]; car les réparations locatives sont précisément les réparations d'entretien; on ne peut objecter que les clauses doivent être interprétées de manière à être utiles (art. 1157); car au moins faut-il que la clause soit claire, et du reste l'art. 1162 dit que les conventions s'interprètent contre celui qui a stipulé.

Toutefois l'usage des lieux peut conduire à décider que

---

[1] Cass. civ., 16 nov. 1898, D., 99. 1. 117. — Lyon, 4 janv. 1894, D., 95. 2. 183. — Guillouard, I, n. 103 et II, n. 469; Huc, X, n. 290, 293 et 351.

[2] Cass. req., 14 janv. 1895, D., 95. 1. 341 (clause que le locataire d'un café-concert subira les modifications ordonnées par les autorités administratives pour la sécurité des spectateurs). — Paris, 29 nov. 1892, D., 93. 2. 473.

[3] V. *infra*, n. 807.

[4] Caen, 19 juill. 1845, P., 45. 2. 361. — Lyon, 4 janv. 1894, précité. — Guillouard, I, n. 103 et 210, et II, n. 469. — Ainsi décidé que le preneur qui s'est engagé à payer la moitié des frais de construction d'un calorifère ne peut, alors qu'il a été renoncé d'un commun accord au calorifère, être obligé à payer la moitié des frais de construction de cheminées ou poêles. — Paris, 10 avril 1875, sous Cass., 28 déc. 1875, S., 76. 1. 110, D., 76. 1. 307.

[5] Cass. civ., 16 nov. 1898, précité.

[6] Caen, 7 janv. 1828, S. chr. — Lyon, 10 déc. 1896, *Journ. des assur.*, 97. 120. — Trib. civ. Lyon, 15 janv. 1897, *Mon. jud. Lyon*, 21 avril 1897. — Guillouard, I, n. 210; Duvergier, I, n. 449; Laurent, XXV, n. 429. — V. cep. Bordeaux, 6 janv. 1843, cité à la note suiv. — Fuzier-Herman, art. 1721, n. 29 *bis*. — S'il est dit, en outre, que le bailleur « s'oblige à tenir les lieux clos et couverts », on ne peut en conclure que le bailleur n'est tenu que des grosses réparations aux couvertures et clôtures. — Trib. civ. Seine, 4 déc. 1889, *Loi*, 22 déc. 1889.

cette dispense s'applique aux réparations que l'art. 606 considère comme réparation d'entretien ([1]). Les circonstances peuvent conduire à la même solution ([2]).

La clause que le bailleur n'est chargé que des grosses réparations ne doit pas davantage s'entendre au sens de l'art. 606, sauf intention contraire des parties : elle s'applique seulement aux réparations locatives et constitue une superfétation ([3]).

De même, la clause d'après laquelle le preneur est chargé des *réparations* ne s'entend que des réparations locatives ([4]), à moins qu'un sens différent ne résulte des circonstances, par exemple de la fixation du prix ([5]).

On a même émis l'opinion que cette dernière interprétation peut résulter des anciens baux du même immeuble ([6]). Cela nous paraît contestable, car il s'agit de connaître l'intention des parties et on ne peut rechercher l'intention du preneur dans des conventions auxquelles il n'a pas participé et que souvent il n'a pas connues.

La clause chargeant le preneur de *toutes* les réparations peut être considérée comme comprenant même les grosses réparations ([7]). Si elle est limitée par une clause obligeant

---

[1] Bordeaux, 6 janv. 1843, S., 43. 2. 233, D. *Rép.*, v° *Louage*, n. 617. — Guillouard, I, n. 103 ; Huc, X, n. 351.

[2] Duvergier, I, n. 449 ; Guillouard, I, n. 210.

[3] Bruxelles, 10 juill. 1895, *Pas.*, 96. 2. 16. — Trib. civ. Bruxelles, 13 mars 1895, *Pas.*, 95. 3. 297 (le bailleur est tenu des réparations aux gouttières). — Huc, X, n. 351.

[4] Agen, 16 juin 1880, sous Cass. civ., 2 janv. 1884, S., 86. 1. 459, D., 84. 1. 298 (elle signifie simplement que le preneur a la charge des réparations d'entretien).— Lyon, 4 janv. 1894, précité (la clause que le preneur n'aura droit à aucune réparation ne s'applique pas à la destruction partielle ni au cas où l'immeuble devient inhabitable par suite de vétusté . — Bruxelles, 7 mai 1834, D. *Rép.*, v° *Louage*, n. 620. — Laurent, XXV, n. 429 ; Guillouard, II, n. 469. — L'arrêt de Bordeaux, 6 janv. 1843, précité, qu'on cite en sens contraire, n'a pas rapport à la question.

[5] Guillouard, II, n. 469.

[6] Guillouard, *loc. cit.*

[7] Bordeaux, 12 janv. 1892, *Rec. de Bordeaux*, 92. 2. 111 (notamment si elle ajoute « et les installations à faire » . — Il a même été décidé que le preneur sera tenu de payer les frais de reconstruction partielle et par places du mur mitoyen, et cela bien que le mur ait été repris dans ses fondations. — Paris, 4 fév. 1890, *Gaz. Pal.*, 90. 1. *Suppl.*, 148.

le bailleur aux grosses réparations, elle s'applique aux réparations d'entretien, telles que les définit l'art. 606 C. civ. ([1]).

Le juge du fait est d'ailleurs souverain pour l'interprétation de ces clauses ([2]).

Les réparations nécessitées par les vices de la chose peuvent être elles-mêmes mises par la convention à la charge du preneur, mais cette convention doit être formelle ([3]).

Si, faute des réparations imposées au preneur, le bailleur est condamné à réparer un dommage causé à un tiers, il peut agir en indemnité contre le preneur ([4]).

Un usage local suffit pour que les grosses réparations ou certaines d'entre elles soient à la charge du locataire ([5]), pourvu que cet usage soit constant et précis ([6]).

802. Réciproquement les réparations locatives peuvent être mises à la charge du bailleur ([7]) ; les art. 1754 et 1756 prévoient des clauses de ce genre.

Les clauses de cette nature peuvent, suivant les circonstances, constituer des donations rapportables ou réductibles ([8]).

803. Pour juger si une réparation est locative, il faut avant tout consulter l'usage des lieux ([9]) ; c'est ce que dit expressément l'art. 1754, et c'est ce qui est évident, les parties étant censées se conformer, pour tous les points qu'elles ne règlent pas, à l'usage des lieux. Aussi faut-il admettre cette solution également pour les baux à ferme, quoique l'art. 1754 ne parle que des baux à loyer ([10]).

L'usage des lieux est à peu près uniforme sur la plupart des points et notamment au sujet des réparations que l'art. 1754 a cru devoir, à raison même de cette uniformité, énu-

---

([1]) Trib. civ. Seine, 15 mai 1889, *Loi*, 22 mai 1889.

([2]) Cass., 28 déc. 1875, S., 76. 1. 110, D., 76. 1. 307. — Cass. civ., 2 janv. 1884, S., 86. 1. 459, D., 84. 1. 298. — Fuzier-Herman, art. 1720, n. 24 et 26.

([3]) V. *supra*, n. 441.

([4]) Trib. civ. Marseille, 3 juill. 1888, *Rec. d'Aix*, 89. 2. 14.

([5]) Limoges, 3 août 1891, D., 95. 2. 177. — Dramard, *Note*, D., 95 2. 177.

([6]) Limoges, 3 août 1891, précité cet arrêt exige, en outre, que l'usage soit ancien). — Dramard, *loc. cit.*

([7]) Guillouard, II, n. 469 ; Huc, X, n. 351.

([8]) V. notre *Tr. des succ.*, 2ᵉ édit., III, n. 2774.

([9]) Guillouard, I, n. 207 et II, n. 531.

([10]) Guillouard, II, n. 531.

mérer comme réparations locatives; mais la loi n'a pas
entendu, en ce qui concerne même ces dernières, prendre le
pas sur l'usage des lieux; si l'usage des lieux a dérogé à
l'art. 1754, il doit l'emporter; c'est ce qui résulte des mots :
« Les réparations locatives sont celles désignées comme telles
par l'usage des lieux, *et, entre autres...* ».

A défaut d'usage des lieux, on tiendra compte d'une circonstance que Pothier (¹) plaçait en première ligne; on se
référera aux motifs qui justifient l'art. 1754, et on recher-
chera si les dégradations au sujet desquelles la contestation
s'élève « ont coutume de provenir de la faute des locataires
ou de leurs gens » (²); on examinera également si elles sont
peu importantes (³).

804. Il faut entendre rigoureusement, et dans un sens
favorable au preneur, l'expression de *réparations locatives;*
les procédés d'interprétation que nous avons proposés pour le
bail, — interprétation en faveur du preneur —, conduisent à
ce résultat. Il doit être également admis par les auteurs qui,
en principe, interprètent le bail en faveur du débiteur ou de
l'obligé, c'est-à-dire, dans l'espèce, du preneur.

Enfin on peut invoquer dans le même sens le caractère
dérogatoire de l'obligation imposée au preneur; en principe,
nous l'avons montré, l'obligation de faire les réparations est
une suite de l'obligation de faire jouir imposée au bailleur.
Aussi Pothier (⁴) et l'art. 1754 font-ils dériver de l'usage cette
obligation du preneur.

Il faut, d'autre part, éviter de considérer comme réparations
locatives les réparations d'entretien que les art. 605 et 606
imposent à l'usufruitier (⁵); les réparations locatives sont
celles qui, généralement, *proviennent de l'usage;* les réparations d'entretien sont celles qui *sont nécessaires à l'usage;*
aussi l'art. 1754 dit-il : « réparations locatives ou de *menu
entretien* ». D'un autre côté, il est naturel que l'usufruitier

---

(¹) N. 219.
(²) Guillouard, I, n. 207.
(³ Guillouard, I, n. 207.
⁴ N. 107.
⁵ Guillouard, I, n. 105.

ait, à cet égard, des obligations plus larges que le preneur ; car, tandis que le nu propriétaire n'a aucune obligation vis-à-vis de l'usufruitier, le bailleur est, vis-à-vis du preneur, tenu, en vertu même de la nature du bail, de faire, en principe, toutes les réparations.

805. L'art. 1755 dispose : « *Aucune des réparations répu-* » *tées locatives n'est à la charge des locataires, quand elles ne* » *sont occasionnées que par vétusté ou force majeure* ».

La loi du 10 juillet 1889 donne la même solution pour le bail à colonat partiaire.

Nous examinerons ces hypothèses à propos de l'obligation de restituer ; nous y montrerons aussi qu'il appartient au locataire de démontrer la vétusté ou la force majeure.

Le preneur n'est pas tenu davantage des réparations néces-sitées par les vices de construction ou les malfaçons ([1]).

806. L'art. 1754 énumère dans les termes suivants les répa-rations locatives : « *Les réparations locatives ou de menu* » *entretien dont le locataire est tenu, s'il n'y a clause con-* » *traire, sont celles désignées comme telles par l'usage des* » *lieux, et, entre autres, les réparations à faire, — Aux âtres,* » *contre-cœur, chambranles et tablettes des cheminées ; — Au* » *recrépiment du bas des murailles des appartements et autres* » *lieux d'habitation à la hauteur d'un mètre ; — Aux pavés et* » *carreaux des chambres, lorsqu'il y en a seulement quelques-* » *uns de cassés ; — Aux vitres, à moins qu'elles ne soient cas-* » *sées par la grêle, ou autres accidents extraordinaires et de* » *force majeure, dont le locataire ne peut être tenu ; — Aux* » *portes, croisées, planches de cloison ou de fermeture de bou-* » *tique, gonds, targettes et serrures* ».

Les termes mêmes de ce texte montrent qu'il est simplement énonciatif ([2]). Son énumération est empruntée à Desgodets ([3].

On doit considérer comme réparations locatives les menues réparations, aux murailles ([4]), planchers et pla-

---

([1]) Trib. civ. Seine, 5 déc. 1888, *Gaz. Pal.*, 89. 1. 86.
([2]) Guillouard, II, n. 470.
([3]) *Lois des bâtiments*, des servitudes, art. 172.
([4]) La mise « du recrépiment du bas des murailles, des appartements et autres lieux d'habitations » à la charge du locataire était déjà admise dans l'ancien droit ;

fonds (¹), pavés ou carreaux des chambres (²) ou des
cours (³) ;

 aux cheminées (⁴) ;

la présomption, disait Pothier n. 220, est que cette dégradation vient de ce qu'on
a appuyé, sans précaution, des meubles contre les murailles. Mais dans l'ancien
droit la hauteur jusqu'à laquelle le locataire était responsable n'était pas précisée.
— La réparation des lambris de menuiserie est à la charge du locataire. Goupy,
sur Desgodets, *loc. cit.*; Guillouard, II, n. 476. — Le remplacement des papiers
détruits par sa faute est également à sa charge. Rouen, 8 fév. 1853, P., 53. 2. 393,
D., 53. 2. 111. — Il en est de même du rétablissement des peintures. Même arrêt. —
Mais le rétablissement des lambris et papiers détruits par suite de vétusté est à la
charge du bailleur. Rouen, 8 fév. 1853, précité. — Huc, X, n. 350.

 (¹) Il en est ainsi du blanchissage du plafond. Rouen, 8 fév. 1853, P., 53. 2. 393,
D., 53. 2. 111.

 (²) Pour les pavés et carreaux des chambres, la loi distingue suivant qu'ils sont
tous cassés ou que quelques-uns seulement le sont. Il va sans dire que si quelques
carreaux seulement sont cassés par cas fortuit ou vétusté ou vice de la matière, le
propriétaire en est responsable et que réciproquement le locataire est responsable
de tous les carreaux s'ils sont cassés par sa faute. — Goupy, *loc. cit.*; Guillouard,
II, n. 472; Huc, X, n. 350. La loi a seulement pensé que, dans le second cas, à la
différence du premier, le vice de la matière devait être présumé. — La nature du
pavage importe peu, l'art. 1754 est applicable indifféremment aux pavés de marbre,
de pierre ou de terre cuite. Guillouard, *loc. cit.*; Goupy, *loc. cit.* — Il est également applicable aux parquets. Mêmes auteurs.

 (³) L'art. 1754 ne parlant que des chambres, le locataire n'est pas responsable
des pavés des cours, car les cours sont exposées, comme le disait Goupy, aux
intempéries et généralement le dégât est causé par les égouts ou les gouttières,
ou parce que les pavés, à cause de la qualité des matériaux, ne pouvaient supporter
les charges qui y ont été mises. Goupy, *loc. cit.*; Duvergier, II, n. 24 ; Guillouard,
II, n. 473. — *Contra* Huc, X, n. 350. — De même le locataire n'est pas responsable des pavés des écuries, les dégâts provenant généralement de ce que la mauvaise qualité des pavés ne les mettait pas en état de supporter les sauts des chevaux.
Mêmes auteurs. — Enfin il n'est pas responsable des pavés des communs et offices,
car leur dégradation provient généralement des lavages qui y sont faits. Mêmes
auteurs. — Mais dans ces diverses hypothèses le locataire peut être tenu du déplacement des pavés. Mêmes auteurs.

 (⁴) Pour les cheminées, l'art. 1754 donne comme réparations locatives « les âtres,
contre-cœurs et chambranles ». Goupy, *loc. cit.*, justifiait cette solution, déjà admise
par Desgodets en ce qui concerne les âtres et contre-cœurs, en disant que « leur
dépérissement arrive par l'activité du feu, qui est fait plus ou moins grand et plus
ou moins souvent par certains locataires que par d'autres, et par le choc des bûches
qu'on jette souvent sans précaution contre les contre-cœurs et sur les âtres des
cheminées ». — Quant aux chambranles, la solution de la loi était déjà admise par
Goupy pour les chambranles et tablettes de menuiserie, et elle n'a pas cessé d'être
vraie. Guillouard, II, n. 471. — Pour les chambranles, tablettes et foyers de marbre,
leur réparation est également, comme le disait Goupy, à la charge du locataire, si
elle résulte de l'action du feu. Mais il en est autrement, comme il le disait aussi,
si elle résulte d'un vice de la matière, par exemple de ce que le chambranle était

aux rampes des escaliers (¹) ;
aux portes et aux fenêtres (²) ;
aux dessus des cheminées ou des portes et aux glaces (³) ;
aux ouvrages extérieurs (⁴) ;
aux fours et fourneaux (⁵) ;

tranché par des fils que le marbrier avait bouchés avec du mastic mêlé de poudre de marbre. Guillouard, *loc. cit.* — Le locataire est, comme le disait encore Goupy, responsable des « croissants » placés des deux côtés du foyer pour retenir les pelles et pincettes. Guillouard, *loc. cit.* ; Huc, X, n. 350. — Il est tenu du ramonage des cheminées, car il est nécessité par l'usage des cheminées. — Trib. simple police Lille, 16 juil. 1898, *Nord jud.*. 98. 250. — Guillouard, *loc. cit* ; Huc, *loc. cit.* — *Contra* Cons. d'Etat, 16 fév. 1894, D., 95. 3. 49. — Cons. d'Etat, 5 mai 1894, S., 96. 3. 76. — Et, quoiqu'il y ait clause contraire, les contraventions de police pour défaut de ramonage sont encourues par le preneur seul. Trib. simple police Paris, 26 mai 1898, *Gaz. Trib.*, 29 juin 1898. — Les réparations aux gaînes des cheminées ne sont pas locatives et restent à la charge du bailleur. — Lyon, 10 déc. 1896, *Journ. des assur.*, 97. 120. — Trib. civ. Lyon, 22 mai 1895, *Rec. des assur.*, 95. 290. — Trib. civ. Lyon, 15 janv. 1897, *Mon. jud. Lyon*, 21 avril 1897. — Le bailleur doit réparer les cheminées qui fument, car elles ne peuvent fumer qu'à raison d'une détérioration de l'immeuble. — Rouen, 8 fév. 1853, P., 53. 2. 393, D., 53 2. 111. On admet généralement cette solution, mais à la condition que la fumée des cheminées empêche l'habitation des lieux par son degré de violence. Colmar, 14 nov. 1825, S. chr. — Amiens, 1er août 1888, S., 89. 2. 39. — Aubry et Rau, IV, p. 478 ; Guillouard, I, n. 118 ; c'est qu'on range cette circonstance au nombre des vices de la chose ; nous avons montré, en nous occupant des vices (n. 430), que cette qualification est discutable.

(¹) Huc, X, n. 350.

(²) Le bris des vitres, comme le disait déjà Pothier (n. 220), est à la charge du preneur d'après l'art. 1754, à moins de cas fortuit : nous faisons une restriction à cette dernière solution pour l'hypothèse où le cas fortuit aurait été occasionné par une faute du locataire. — Nous verrons que le lavage des vitres est imposé au locataire par l'obligation de rendre la chose en bon état. — Les réparations des portes, croisées, etc. étaient également indiquées par Pothier, *loc. cit.* — L'entretien des serrures est à la charge du preneur. Huc, X, n. 350.

(³) Le locataire est tenu de ces réparations. — Goupy, *loc. cit.* ; Guillouard, II, n. 476 ; Huc, *loc. cit.*

(⁴) Comme ouvrages extérieurs, le preneur doit réparer les balcons, les barreaux, les treillis de fer ou de laiton. — Guillouard, II, n. 477. — Nous nous occupons du balayage à propos des charges. — Le propriétaire est tenu de la réparation des gouttières et tuyaux de descente des eaux pluviales et ménagères, car ils ne peuvent avoir été détériorés par le locataire. — Guillouard, *loc. cit.* — V. *supra*, p. 424, note 3.

(⁵) Pour *les fours et fourneaux*, on suit encore les solutions données par Goupy : « Pour les fours, l'usage est que le propriétaire entretient les murs, la voûte du dessous du four, s'il y en a, le tuyau ou la cheminée du four ; et le locataire n'est tenu que de l'aire du four, qu'il soit de terre ou du carreau de terre cuite, de la chapelle du four, qui est la voûte de briques ou de tuileaux qui couvre

aux écuries ([1]) ;

aux ouvrages existant dans les cours ([2]) ;

aux jardins ([3]) ;

aux moulins ([4]) ;

les fours, laquelle voûte reçoit l'impression du feu plus ou moins, suivant l'usage que l'on fait du four. — Dans les fourneaux potagers, le propriétaire est tenu des murs, voûtes et planchers et le locataire est tenu de l'entretien du carreau sur les planchers qui reçoivent les cendres des réchauds, du carreau sur le dessus des fourneaux, des scellements des réchauds et de la fourniture des réchauds potagers lorsqu'il y en a de cassés et des grilles lorsqu'elles sont brûlées. Il en est de même des autres fourneaux, tels que ceux qui servent aux lavoirs ». — Guillouard, II, n. 478.

([1]) Dans les écuries, le locataire doit faire les réparations des mangeoires ; de la maçonnerie qui supporte les mangeoires ; du devant des mangeoires abîmé par la dent des chevaux. — Guillouard, loc. cit. — Nous nous sommes déjà occupés des pavés.

([2]) Dans les cours, le preneur n'a pas à réparer les auges de pierres destinées à faire boire les chevaux ; car, comme le disait Goupy, « on peut les contregarder avec du fer, de manière qu'elles ne puissent être endommagées par des voitures ; le propriétaire est donc en faute de n'avoir pas fait la construction assez solide ». Goupy, loc. cit. ; Guillouard, II, n. 479 ; Huc, X, n. 350. — De même le propriétaire est tenu des réparations à faire aux barrières et aux bornes ; car, disait Goupy, « les barrières ne sont placées, dans les cours et dans les remises, que pour conserver les murs de la maison, ainsi que les bornes ». En vain objecte-t-on qu'il faut une imprudence du preneur pour entamer la barrière ou la borne ; il est bien évident que, s'il y a imprudence, le preneur est responsable conformément au droit commun. Contra Guillouard, loc. cit. ; Huc, loc. cit.

([3]) En cas de location d'un jardin, le preneur doit-il rendre le jardin avec les mêmes allées et dans la même forme qu'il lui a été remis ? Doit-il remplacer les arbres manquants ? Nous étudions ces questions à propos du changement de forme et de la restitution. — Les réparations aux treillages et aux berceaux ne sont pas à la charge des locataires. Guillouard, II, n. 482. — Il en est de même, comme le disait Goupy, des réparations aux vases de terre cuite, de marbre ou de pierre, car les dégradations peuvent provenir des intempéries ou des matériaux ; mais il en est autrement des vases et statues de faïence, de fonte ou de fer. Goupy était également en ce sens. — Guillouard, loc. cit.

([4]) En ce qui concerne les réparations locatives des moulins, on est d'accord (V. Guillouard, II, n. 485 s. ; Huc, X, n. 350 pour adopter les règles suivantes, d'après Desgodets et Goupy. — Pour les moulins à vent, Desgodets disait : « Le fermier entretient généralement tous les tournants, travaillants, volants, cabestans, meubles, harnais, et ustensiles dont on fait la pesée et estimation au commencement et à la fin ». Goupy ajoutait : « Les meuniers sont ordinairement chargés de l'entretien des toiles, des volants de dehors, des volants de dedans, de l'arbre tournant, du marbre, du frein, du rouet, des trois palliers (savoir du pallier du gros fer, du pallier du petit collet et du pallier du heurtoir), du gros fer, de la lanterne, du câble, des quatre pièces d'archures, des quatre marteaux à rhabiller les meules, d'une pince ou queue de fer, corbeille, boisseau, picotin et échelles, de la nille de fer, du moulinet ou engin à monter le blé, de la meule courante, de la meule gisante,

aux fermes (¹) ;

aux granges (²) ;

aux terres arables (³) ;

aux clôtures (⁴).

807. « *Le curement des puits et celui des fosses d'aisance* » *sont à la charge du bailleur s'il n'y a clause contraire* », dit l'art. 1756.

L'ancien droit décidait le contraire (⁵).

---

du cerceau de fer, du petit fer, de la tempure, du pallier du petit fer, de la rouette, boète et boètillon, du babillard et de la petite huche, de la grande huche, du blutteau, d'une armoire de la queue et brouette, de la garoine ou la grouane, des garouans, de la rouette, des crocs, des pieux et du cableau pour l'escalier ». — « Si, disait Desgodets, *loc. cit.*, un moulin à vent vient à périr par les grands vents, faute par le fermier du moulin de l'avoir tourné au vent pendant les grands vents, le fermier en est responsable ». Cette solution est encore exacte. V. en ce sens Guillouard, *loc. cit.*; Huc, *loc. cit.* — Pour les *moulins à eau*, Desgodets s'exprimait ainsi : « A l'égard des palis et vannes, et généralement tous les tournants et travaillants, meubles, câbles, harnais et ustensiles, ils doivent être entretenus par le fermier locataire ». Guillouard, *loc. cit.*: Huc, *loc. cit.* D'après Goupy, suivi par les auteurs modernes (Guillouard, II, n. 487), les réparations des objets suivants dans les baux de moulins ne sont pas locatives : « des bouchis qui se font pour retenir l'eau et la porter en plus grande quantité sur le moulin ; du coupement des herbes qui croitraient dans l'eau et qui en retarderaient le cours et la vitesse ; des gravouillements et enlèvements des attéries. Les attéries sont des amas de sable qui se font au-dessus et au-dessous des moulins, lesquels, si on ne les détruisait point, empêcheraient le cours de l'eau, ou le retarderaient de façon que l'eau n'aurait plus assez de force pour faire tourner le moulin ».

(¹) C'est au bailleur et non pas au preneur qu'il appartient de recouvrir les toits de la ferme. — Le fermier n'est même pas obligé d'employer annuellement de la paille à entretenir les toits recouverts en paille, car la réfection des toits n'est pas une réparation locative. *Contra* Guillouard, II, n. 531.

(²) Dans une grange, le fermier doit entretenir l'aire. Guillouard, II, n. 531.

(³) Dans le *bail à ferme*, le fermier doit couper et tailler périodiquement les haies. Guillouard, II, n. 529 ; — élaguer les arbres. Guillouard, *loc. cit.* — Mais non, comme nous le verrons à propos de l'obligation de restituer, les remplacer. — Il doit entretenir les digues pour éviter les *infiltrations de l'eau dans les terres*. Cass., 24 nov. 1832, S., 33. 1. 238. — Guillouard, II, n. 530. — Il doit écheniller, comme le lui ordonne la loi du 26 vent. an II. Guillouard, II, n. 531 ; — bêcher au pied des pommiers et poiriers. Guillouard, *loc. cit.*; — protéger les jeunes plants contre les bestiaux. Guillouard, *loc. cit.*; — enlever les mauvaises herbes. Guillouard, *loc. cit.*; — détruire les taupes et les fourmilières. Guillouard, *loc. cit.*; — entretenir les échalas des vignes et remplacer ceux qui sont brisés ou pourris. Guillouard, *loc. cit.*; Huc, X, n. 350.

(⁴) Le bailleur est tenu de l'entretien des clôtures d'un herbage. Paris, 29 nov. 1892, D., 93. 2. 473, — ou d'un étang. *Contra* Guillouard, II, n. 530.

(⁵) Desgodets, *loc. cit.*

Le curement des fosses d'aisance comprend leur vidange (¹).

L'entretien des poulies, cordes et mains de fer, qui servent à tirer l'eau des puits est à la charge du locataire (²).

Le curage des fossés d'une ferme est à la charge du bailleur (³). L'analogie avec le curage des puits dont parle l'art. 1756 est absolue. L'autorité de Pothier (⁴) ne peut donc être invoquée en sens contraire, car, en donnant cette dernière solution, l'art. 1756 s'est mis en désaccord avec l'ancien droit.

Le bailleur doit également curer et entretenir les rigoles servant à l'irrigation (⁵), les cours d'eau qui bordent et traversent la propriété (⁶), les étangs et pièces d'eau (⁷).

Il doit encore curer les bassins et citernes (⁸).

En ce qui concerne les cours et jardins, on appliquera les solutions que nous avons données à propos du bail à loyer.

808. Les réparations ordonnées par l'administration sont à la charge du bailleur.

Les travaux d'assainissement et de salubrité (⁹) ou de sûreté (¹⁰) sont donc à la charge du bailleur. Nous avons même vu, à propos de la garantie pour fait de l'administration, que ces travaux peuvent donner au preneur une action en dommages-intérêts contre le bailleur (¹¹).

Toutefois, les travaux sont à la charge du preneur, s'ils sont nécessités par l'industrie du preneur ou par son fait (¹²).

(¹) Cons. d'Etat, 16 fév. 1894, D., 95. 3. 49. — Cons. d'Etat, 5 mai 1894, S., 96. 3. 76. — Rouen, 11 mars 1892, *Rec. de Rouen*, 92. 1. 99. — Trib. paix Paris, 5ᵉ arrondissement), 21 avril 1893, *Gaz. Pal.*, 93. 1. 562.

(²) Guillouard, II, n. 480.

(³) *Contra* Guillouard, I, n. 207 et II, n. 509.

(⁴) N. 224.

(⁵) *Contra* Guillouard, II, n. 529.

(⁶) Vaudoré, *Droit rural*, II, n. 558. — *Contra* Guillouard, II, n. 530; Duvergier, II, n. 105. — Cass., 25 nov. 1832, S., 33. 1. 238.

(⁷) Guillouard, II. n. 530.

(⁸) *Contra* Huc, X, n. 350.

(⁹) Cons. préf. Seine, 28 fév. 1893, *Gaz. Trib.*, 23 août 1893. — Paris, 9 janv. 1891, *Gaz. Trib.*, 24 mai 1891. — Trib. civ. Seine, 5 fév. 1892, *Droit*, 27 fév. 1892.

(¹⁰) Paris, 2 juill. 1890 et 30 nov. 1892, *Pand. franç.*, 95. 2. 3 (modification, dans l'aménagement d'un théâtre à la suite d'un incendie).

(¹¹) V. *supra*, n. 556.

(¹²) Paris, 9 janv. 1891 précité (hôtel meublé). — Trib. civ. Seine, 5 fév. 1892, précité. — V. *supra*, n. 570.

Ils peuvent être également mis à la charge du preneur par le bail; il ne suffira pas, sans doute, que le bail lui confère l'obligation de faire, d'une manière générale, les réparations; mais la clause qui l'oblige à se conformer aux prescriptions administratives ne laisse pas place au doute (¹).

Les frais de désinfection exigés par une maladie contagieuse dont a été atteint le preneur ou quelqu'une des personnes vivant avec lui sont à la charge du preneur (²).

Il en est autrement, bien entendu, si la maladie provenait de l'état de l'immeuble (³).

809. Toutes les réparations sont à la charge du locataire si elles sont causées par sa faute (⁴).

Il est responsable de sa faute légère.

810. Les dégradations provenant du commerce exercé par le preneur sont à la charge du bailleur si elles sont dues au mauvais conditionnement de l'immeuble (⁵).

811. Le tribunal décide souverainement si les réparations sont à la charge du bailleur ou du preneur, et, par exemple, si elles proviennent ou non du preneur (⁶).

Un expert peut être nommé pour déterminer si les dégradations sont le résultat d'un cas fortuit ou de la négligence du locataire (⁷); cet expert peut, comme nous le verrons, être désigné par le juge des référés.

812. Le preneur doit prévenir le bailleur de l'urgence des réparations non locatives (⁸).

(¹) Paris, 30 nov. 1892, précité.

(²) Poitiers, 24 janv. 1895, D., 96. 2. 337 (diphtérie). — Paris, 1ᵉʳ fév. 1895, D., 96. 2. 340. — Trib. civ. Seine, 30 juin 1893, *Pand. franc.*, 94. 2. 36. — V. *infra*, n. 918.

(³) Poitiers, 24 janv. 1895, précité (motifs).

(⁴) Orléans, 14 juil. 1871, S., 72. 2. 237 (la mise en état des lieux abandonnés à l'ennemi doit être en partie mise à la charge du preneur si les dégradations sont dues jusqu'à un certain point à l'absence du preneur).

(⁵) Trib. civ. Seine, 6 fév. 1890, *Gaz. Pal.*, 92. 1. *Suppl.*, 34 (plancher qui s'effondre par suite de l'empilement de sacs).

(⁶) Cass. civ., 24 avril 1893, S., 94. 1. 438.

(⁷) Lyon, 2 fév. 1894, *Mon. jud. Lyon*, 29 mars 1894.

(⁸) Argou, II, p. 281.

§ II. *Cas où il existe plusieurs locataires.*

813. Les réparations locatives des parties communes d'immeubles occupés par plusieurs locataires (cour, vestibule, escaliers), sont à la charge de tous les locataires [1]. Pothier [2] adoptait cette solution, que rejetait Goupy ; ce dernier soutenait, et certains auteurs soutiennent encore, qu'en ce cas les réparations locatives sont à la charge du propriétaire. Le texte général de l'art. 1754 empêche d'accepter cette solution. En vain dit-on que, l'obligation des locataires aux réparations locatives étant fondée sur leur faute présumée, on ne peut présumer la faute de plusieurs locataires en présence d'une dégradation qui est nécessairement l'œuvre d'un seul. Il est, au contraire, très fréquent que la dégradation soit l'œuvre de tous les locataires ; la dégradation ne se fait pas généralement en un jour ; elle résulte de l'usage prolongé, et l'usage des parties communes appartient à tous les locataires.

Pothier soutenait son opinion par un raisonnement différent du nôtre : la présomption de faute, disait-il, « n'a pu donner lieu à l'usage qui l'y a assujetti, mais, l'usage une fois établi, la cause prochaine de l'obligation que tous les locataires contractent de faire les réparations est que les locataires se sont tacitement soumis à la charge des réparations qu'il est d'usage que les locataires supportent ». Ce raisonnement nous paraît également sérieux.

Il est, dans tous les cas, certain que si la dégradation provient d'un locataire, il en est responsable dans les termes de l'art. 1754 [3].

814. La difficulté sera de répartir la charge de la réparation entre les divers locataires.

Il ne peut être ici question de solidarité ; car aucun lien de droit n'existe entre les locataires ; ils ont, chacun de leur côté, pratiqué l'usage qui est présumé avoir donné lieu à la

---

[1] Trib. civ. Amiens, 15 juin 1888, *Rec. d'Amiens*, 89. 58 (obstruction d'un tuyau de cabinet d'aisance commun). — *Contra* Trib. civ. Lyon, 19 nov. 1895, *Mon. jud. Lyon*, 30 déc. 1895 (allées et escaliers communs). — Guillouard, II, n. 484.

[2] N. 223.

[3] Guillouard, II, n. 484.

dégradation ; du reste, la solidarité entre colocataires ne peut exister sans un texte ; la preuve en est dans l'ancien art. 1734, qui avait cru nécessaire d'édicter expressément cette solidarité en matière d'incendie.

Nous ne pensons pas non plus que la répartition doive être faite suivant la valeur locative des appartements occupés ; car ce n'est pas en proportion de la valeur locative de son appartement que chaque locataire a fait usage des parties communes.

La meilleure solution est celle-ci : le juge devra tenir compte de la proportion suivant laquelle chaque locataire a, en fait, pu jouir de la partie commune, par lui-même ou par les personnes habitant avec lui, ses domestiques, ses employés, ses visiteurs.

§ III. *Sanction du défaut de réparations.*

815. Le bailleur a une action pour obliger le preneur à faire les réparations locatives.

Cette action lui appartient dans le cours même du bail ; nous pouvons reproduire ici le raisonnement que nous avons fait à propos de l'obligation de jouir en bon père de famille ; il y a contravention par cela seul que le locataire n'exécute pas son obligation. Du reste, l'art. 1754 emploie, pour déterminer les réparations que le preneur est tenu de faire, les expressions dont use l'art. 1756 pour certaines réparations qui restent à la charge du bailleur ; or il est certain que le bailleur est tenu de faire immédiatement les réparations qui lui incombent. Enfin l'obligation de procéder immédiatement aux réparations devenues nécessaires nous paraît seule d'accord avec l'obligation de jouir en bon père de famille [1].

La plupart des auteurs admettent cette solution, mais seulement s'il y a urgence, c'est-à-dire si le retard dans les réparations peut faire courir un danger à la chose louée [2] : on

---

[1] Cpr. *supra*, n. 774 s.

[2] Trib. civ. Liège, 20 oct. 1885, *Pasic.*, 86. 3. 341. — Lepage, 2e p., ch. III, p. 179 s.; Vaudoré, *Dr. rural*, II, n. 516; Duvergier, I, n. 418; Guillouard, I, n. 200; Huc, n. 351.

s'appuie, pour le décider ainsi, sur l'idée que le bailleur a intérêt aux réparations immédiates et sur l'absence de toute indication d'époque dans les art. 1754 et 1755. Mais ces arguments n'ont-ils pas la même valeur pour les réparations non urgentes?

On considère comme réparations urgentes :

Celles de l'âtre d'une cheminée, si la maison court des dangers d'incendie ([1]) ;

Celles des vitres ([2]), parce qu'elles laissent passer l'eau et la neige ;

Le curage des fossés ([3]) (en admettant que le preneur en soit tenu), parce que les eaux séjournent par là dans les terres et dégradent le sol.

On admet quelquefois aussi le droit immédiat du bailleur, s'il est dès à présent certain, en raison de l'importance de la dégradation, que l'immeuble ne pourra pas être rendu en bon état à la fin du bail ([4]).

Dans une autre opinion, les réparations locatives ne pourraient jamais être demandées qu'après la fin du bail ([5]).

816. Le preneur ne peut obliger le bailleur à accepter la valeur des réparations à sa charge, il doit exécuter lui-même ces réparations avant de restituer ([6]).

Mais le bailleur ne peut pas davantage exiger que le preneur verse une indemnité, si ce dernier préfère faire les réparations ; toutefois cela cesse d'être vrai si la contestation ne s'élève qu'après la fin du bail ; le preneur, n'ayant plus la jouissance de la chose, ne peut exiger qu'on le laisse accomplir un travail sur cette chose ([7]).

([1-2-3]) Guillouard, I, n. 209.

[4] Trib. civ. Liège, 20 oct. 1885, précité. — Huc. *loc. cit.*

[5] Paris, 18 mars 1895, D., 95. 2. 240.

[6] Dijon, 6 mars 1893, *Revue bourguignonne de l'enseign. sup.*, 1893, p. 813. — Trib. civ. Seine, 13 fév. 1891, *Gaz. Pal.*, 91. 1. *Suppl.*, 37. — Trib. civ. Saint-Dié, 8 mai 1891, *Gaz. Pal.*, 91. 2. *Suppl.*, 6. — Saleilles et Tissier, *Revue bourguign.*, III, 1893, p. 813. — Il a été décidé que cette obligation disparaît si le bailleur refuse d'assister à une visite contradictoire destinée à indiquer les réparations à faire. — Trib. civ. Saint-Dié, 8 mai 1891, précité, — ou si le bailleur a, en vertu d'une clause du bail, déposé entre ses mains un cautionnement destiné à garantir ces réparations. — Trib. civ. Seine, 13 fév. 1891, *Gaz. Pal.*, 91. 1. *Suppl.*, 37.

[7] Trib. civ. Seine, 14 janv. 1897, *Droit*, 11 fév. 1897, *Loi*, 23 fév. 1897.

817. Les dommages-intérêts dus pour défaut de réparations locatives portent sur le préjudice directement subi par le bailleur (¹), sur le montant des dépenses que le bailleur devra faire pour remettre l'immeuble en état, augmentés du prix du loyer pour le temps pendant lequel, à raison de ces réparations, l'immeuble n'aura pu être loué (²).

Il va sans dire que si ce temps a été exagéré par suite de la négligence du bailleur à faire commencer ou poursuivre les réparations, le tribunal doit tenir compte de cette circonstance pour modifier le chiffre des dommages-intérêts (³).

818. Une fois l'indemnité payée, le preneur n'a pas le droit de s'inquiéter de son emploi; peu importe donc que le bailleur ne fasse pas réparer l'immeuble, ou même qu'il le démolisse (⁴).

819. Les dommages-intérêts dus par le bailleur qui n'a pas fait les réparations qui lui incombaient, portent sur la privation de jouissance (⁵) et sur la perte faite et le gain dont le preneur a été privé par l'impossibilité où il s'est trouvé d'exercer son commerce ou son industrie (⁶).

Le preneur qui n'obtient pas les réparations nécessaires peut aussi demander la résiliation du bail (⁷).

820. L'action du bailleur, en réparations locatives, ne durait, dans l'ancien droit, qu'un an après la sortie du preneur (⁸). Cette courte prescription était sans doute édictée parce que le silence du bailleur rentré en possession de la chose louée était considéré comme une renonciation.

Aujourd'hui, à défaut de texte, cette solution n'est plus exacte. Les tribunaux peuvent évidemment (et feront souvent) résulter la renonciation d'un silence un peu prolongé (⁹).

(¹) Orléans, 18 nov. 1893, *Loi*, 24 mars 1894 (on ne peut baser le montant de la condamnation sur le chiffre du loyer du bail expiré .

(²) Paris, 11 déc. 1895, *Gaz. Pal.*, 96. 1. 109.

(³) Orléans, 18 nov. 1893, précité.

(⁴) Trib. Seine, 14 janv. 1897, précité.

(⁵) Riom, 22 janv. 1895, *Rec. Riom*, 95. 109.

(⁶) Riom, 22 janv. 1895, précité (pour le mobilier industriel).

(⁷) Trib. civ. Seine, 16 déc. 1889, *Loi*, 17 déc. 1889.

(⁸) Denisart, v° *Répar. locat.*, n. 8.

(⁹) Trib. paix Roye, 1ᵉʳ avril 1898, *Mon. jug. paix*, 99. 34. — Duvergier, I, n. 455; Guillouard, I, n. 214.

D'un autre côté, le bailleur sera souvent débouté à cause de la difficulté qu'il aura, après un délai assez rapproché, de démontrer que les réparations devaient être faites dans le cours du bail. Et cela même enlève presque tout intérêt à la question de la durée de la prescription.

Mais il n'en faut pas moins maintenir que cette durée est de 30 ans, conformément au droit commun (art. 2262) (¹). On ne peut même appliquer la prescription de 5 ans, édictée par l'art. 2277, car cette prescription est spéciale aux prestations ayant un caractère de périodicité.

Les 30 ans courent du jour où naît l'action du bailleur, c'est-à-dire, suivant nous, du jour où les réparations sont devenues nécessaires ; dans l'opinion que nous avons combattue (²), on acceptera sans doute ce point de départ pour les réparations urgentes, mais, pour les réparations non urgentes, on ne fera courir la prescription que du jour où aura cessé le bail.

821. Le fait que le bailleur a laissé le preneur déménager (³), ou a accepté le paiement des derniers termes de loyer (⁴), ou même a repris possession de l'immeuble sans faire constater l'état des lieux (⁵), n'emporte pas renonciation au droit d'exiger les réparations locatives.

Mais, si le bailleur a repris possession de l'immeuble sans réclamer les réparations locatives, il ne peut plus les exiger qu'en démontrant qu'elles résultent du fait du preneur (⁶). En effet la raison pour laquelle ces réparations sont à la charge du preneur est qu'il doit rendre la chose en bon état et prouver par suite que les dégâts ne proviennent pas de son fait ; une fois la chose rendue, le bailleur est réputé, par cela

---

(¹) Guillouard, I, n. 214.

(²) V. *supra*, n. 815.

(³) Trib. civ. Seine, 29 nov. 1887, *Gaz. Pal.*, 90. 1, *Suppl.*, 22. — Trib. paix Roye, 1ᵉʳ avril 1898, précité.

(⁴) Trib. paix Roye, 1ᵉʳ avril 1898, précité.

(⁵) Trib. paix Lavit, 5 mars 1897, *Rev. just. paix*, 97. 301. — V. cep. Trib. civ. Seine, 8 fév. 1898, *Loi*, 12 fév. 1898 (motifs). — Trib. civ. Seine, 1ᵉʳ mars 1898, *Droit*, 22 mai 1898, *Loi*, 28 mai 1898. — Dans tous les cas la présomption de renonciation disparaît si, ultérieurement, le preneur reconnaît son obligation. — Trib. civ. Seine, 8 fév. 1898, précité.

(⁶) Trib. paix Lavit, 5 mars 1897, précité.

même qu'il n'a pas fait d'observations, avoir reconnu que les réparations à faire n'étaient pas des réparations locatives.

822. Le preneur qui fait des réparations auxquelles il n'était pas tenu a un recours contre le bailleur ([1]), et même, comme nous le verrons, dans certaines circonstances contre l'acquéreur de l'immeuble loué ; le recours s'opère par une action de gestion d'affaires, si le preneur a agi dans l'intérêt du bailleur, et par une action *de in rem verso,* dans le cas contraire ([2]).

Elle obéit d'ailleurs aux mêmes règles que toutes les actions dirigées contre le bailleur par le preneur qui a fait des dépenses incombant au bailleur ([3]).

§ IV. *Modes de preuve en matière de réparations.*

823. La preuve que l'une des parties n'a pas fait les réparations qui étaient à sa charge porte sur un simple fait ; elle peut donc être faite par témoins et par présomptions ([4]).

§ V. *Baux dans lesquels existe l'obligation de réparations.*

824. L'obligation des réparations imposée soit au preneur, soit au bailleur, suivant qu'il s'agit de réparations locatives ou non, existe dans tous les baux d'immeubles ([5]).

En matière de meubles comme en matière d'immeubles, les réparations locatives, dérivant de l'usage de la chose, sont à la charge du locataire ([6]).

Toutefois, on doit admettre qu'il en est autrement si le meuble loué est conduit ou géré par un préposé du bailleur ;

([1]) Grenoble, 23 juin 1891, D., 92. 2. 309. — Trib. civ. Seine, 18 mars 1892, *Gaz. Trib.*, 26 avril 1892. — V. cep. Trib. civ. Seine, 16 déc. 1889, *Loi*, 17 déc. 1889. — V. du reste, *supra*, n. 324 s.

([2]) Grenoble, 23 juin 1891, précité, donne au locataire par inadvertance l'action de mandat.

([3]) V. *supra*, n. 324.

([4]) Cass., 2 mars 1875, S., 75. 1. 125. — Guillouard, I, n. 433.

([5]) V. *supra*, n. 797.

([6]) Valéry, n. 21. — Par exemple pour le locataire de machine, Paris, 26 juin 1886, *Ann. pr. industr.*, 87. 265 ; Valéry, *loc. cit.*

tel serait le cas d'un bateau ou d'une voiture conduits par un préposé du bailleur ([1]). La raison de décider n'est pas peut-être que le bailleur conserve la chose par l'intermédiaire de son préposé ([2]) (car le préposé est chargé d'aider le preneur à l'usage, et non pas de veiller sur la chose), mais que le contrat est alors en réalité un louage d'ouvrage et, plus spécialement, un contrat de transport.

En tout cas, les réparations importantes d'un mobilier industriel loué et qui est détérioré par l'usage et la vétusté, sont à la charge du bailleur ([3]).

825. En général les dépenses des voyageurs dans les hôtels sont de trop courte durée pour que des réparations locatives puissent leur être demandées; l'usage est, du reste, que les réparations locatives soient dans les hôtels à la charge des hôteliers; aussi en est-il ainsi même si le séjour du voyageur se prolonge ([4]). Toutefois, si la location d'une chambre d'hôtel est faite au mois, elle ne se distingue pas de la location d'un appartement garni et les réparations locatives sont à la charge du preneur.

SECTION XII

OBLIGATION DE DÉNONCER LE TROUBLE DE DROIT

826. Nous avons vu que le preneur a pour obligation de dénoncer le trouble de droit causé à sa jouissance. Nous avons également étudié la sanction de cette obligation ([5]).

SECTION XIII

OBLIGATION DE LAISSER LE BAILLEUR PÉNÉTRER SUR L'IMMEUBLE

827. La mesure dans laquelle le bailleur a le droit de pénétrer dans l'immeuble loué n'est pas définie par la loi.

[1] Trib. com. Seine, 17 nov. 1886, *Loi*, 8 déc. 1886. — Trib. com. Nantes, 15 déc. 1887, *Rec. Nantes*, 88. 17. — Pothier, n. 107 et 129. — Valéry, *loc. cit.*
[2] Valéry, *loc. cit.*
[3] Riom, 22 janv. 1895, *Rec. Riom*, 95. 109.
[4] Trib. paix Paris, 21 avril 1897. *Rec. just. paix*, 98. 184.
[5] V. *supra*, n. 544 s.

Il est certain que le bailleur n'a pas le droit de pénétrer arbitrairement dans cet immeuble.

Par suite, alors même que le preneur a abandonné l'immeuble loué avant la fin du bail, le bailleur n'a pas le droit de rentrer en possession avant que le bail soit expiré ([1]). Il en est ainsi même si (ce qui est le cas habituel) le preneur, qui s'est logé et a transporté son mobilier ailleurs, ne subit pas de préjudice matériel. Il subit en tout cas un préjudice moral, résultant de ce que la jouissance qui lui appartenait lui a été enlevée et de ce que la prise de possession du bailleur l'a empêché, dans le cas où il l'aurait voulu, de reprendre possession de l'immeuble.

828. Le bailleur ne peut même pénétrer sur l'immeuble pour se rendre dans une autre de ses propriétés ([2]). Peu importe même qu'il existe sur l'immeuble loué un sentier destiné à ce passage ([3]).

Il ne peut pas davantage y pénétrer pour y abattre les arbres lui appartenant ([4]).

829. Mais si le bailleur s'est réservé un droit de jouissance sur cet immeuble, ou si l'immeuble est de telle nature et de telle consistance qu'un droit de ce genre lui soit réservé, comme le droit de chasse ou de pêche, ou celui de percevoir les produits d'une usine ou d'une carrière, le bailleur a le droit de se rendre sur l'immeuble pour exercer ce droit ([5]).

D'un autre côté, certaines obligations du preneur, telles que celles de faire les réparations locatives ou de garnir, pouvant nécessiter la surveillance du bailleur et le bailleur ayant le droit de faire les réparations urgentes, ce dernier peut exiger qu'on le laisse, de temps à autre, examiner si ces obligations sont remplies ([6]).

Nous avons vu également qu'il peut faire visiter l'immeuble par des tiers, quelque temps avant l'expiration du bail ([7]).

([1]) V. cep. Cass. req., 25 nov. 1896, D., 97. 1. 521.
([2]) Rennes, 28 déc. 1896, *Rec. Angers*, 96. 177.
([3]) Rennes, 28 déc. 1896, précité.
([4]) *Contra* Caen, 24 mai 1865, S., 65. 2. 269.
([5]) V. *supra*, n. 785 s.
([6]) Trib. civ. Lille, 20 nov. 1897, *Nord jud.*, 98. 126.
([7]) V. *supra*, n. 463.

830. Peut-il pénétrer sur un immeuble rural pour s'y promener? On l'a soutenu (¹), par un argument *a fortiori* tiré du droit que nous venons de rappeler pour le cas de chasse; on ajoute en ce sens que la location de l'immeuble a procuré exclusivement au preneur le droit de retirer tous les produits de la chose, et a laissé au bailleur le droit d'exercer tous les autres attributs de la propriété.

Ces arguments nous paraissent insuffisants. Si le bailleur peut pénétrer dans l'immeuble pour l'exercice du droit de chasse, c'est que, s'étant réservé ce droit, il s'est implicitement réservé les moyens de l'exercer; on ne peut ici rien dire de semblable; d'un autre côté, le preneur a non pas seulement le droit de recueillir les produits, mais le droit de *jouir*, c'est-à-dire de pénétrer seul sur l'immeuble.

831. Dans le bail à colonat partiaire, d'après l'art. 5 de la loi du 10 juill. 1889 : « *Le bailleur a la surveillance des tra* » *vaux et la direction générale de l'exploitation, soit pour le* » *mode de culture, soit pour l'achat et la vente des bestiaux.* » *L'exercice de ce droit est déterminé, quant à son étendue,* » *par la convention ou, à défaut de convention, par l'usage* » *des lieux* ».

On admettait déjà avant la loi de 1889 que le bailleur peut donner des ordres au colon pour l'exploitation de l'héritage (²).

Les conflits sont tranchés par les tribunaux (³).

SECTION XIV

OBLIGATION DE PAYER LE PRIX ET D'ACQUITTER LES CHARGES DE L'IMMEUBLE

§ 1. *Du prix.*

I. *Fixation du prix.*

832. Le prix est, comme nous l'a montré l'art. **1709**, une des conditions de validité du bail, à tel point que le bail sans

---

(¹ Guillouard, I, n. 143.
(²) Grenoble, 20 mars 1863, S., 63. 2. 108. — Guillouard, II, n. 619.
(³) Guillouard, II, n. 619.

prix se métamorphose en une véritable donation (¹), réductible(²), mais non rapportable (³).

Il peut cependant constituer en fait un commodat, suivant les distinctions que nous étudions dans notre *Traité du prêt*.

Il peut également constituer une concession gratuite de jouissance se rapprochant du commodat, lorsque le propriétaire ne se dessaisit pas de la chose louée et permet seulement à des tiers de participer à sa jouissance; c'est ce caractère qui appartient à une permission de pêcher donnée par le propriétaire d'un cours d'eau aux riverains (⁴).

D'autre part, il peut arriver que le prix ne soit pas indiqué dans l'acte et dérive de l'usage des lieux (⁵); ainsi, dans un pays où l'hectare de vigne a un prix de location courant, on doit supposer que les parties ont adopté ce prix; la validité d'un bail fait dans de pareilles conditions ne soulève pas d'objection.

Si même l'usage des lieux ne fixe pas le prix, le bail est valable; le juge déterminera le prix suivant les circonstances.

A plus forte raison n'est-il pas nécessaire que les parties fixent d'elles-mêmes le prix du bail; elles peuvent décider que le prix sera fixé par un arbitre ou un expert (⁶); c'est ce que décide, en matière de vente, l'art. 1592.

Mais qu'arrivera-t-il si l'expert n'accomplit pas sa mission pour une raison ou pour une autre?

Dans le cas où il résulte des stipulations formelles de l'acte ou des circonstances que, même en pareille hypothèse, les parties ont entendu se lier, elles devront désigner un autre

---

(¹) L. 20, § 1, L. 46, D., *loc. cond.* — Pothier, n. 32; Merlin. *Rép.*, v° *Bail*, § 5: Troplong, I, n. 3; Duvergier, I, n. 93; Guillouard, I. n. 62; Fuzier-Herman, art. 1709, n. 14. — Rappr. *infra*, n. 839.

(²) V. *infra*, n. 841.

(³) V. notre *Tr. des succ.*, 2e éd., III, n. 2774.

(⁴) Dijon, 12 fév. 1874, S., 74. 2. 176, D.. 75. 2. 82. — Fuzier-Herman, art. 1709, n. 20.

(⁵) Trib. com. Nantes, 22 juin 1887, *Jurispr. de Nantes*, 1887, p. 144 (futailles,. — Valéry, *Ann. dr. com.*, IX, 1895, p. 33, n. 8. — V. cep. Guillouard, I, n. 65.

(⁶) Pothier, n. 37; Duranton, XVII, n. 11: Troplong, I, n. 3; Championnière et Rigaud, IV, n. 3100; Duvergier, I, n. 104; Guillouard, I, n. 65; Fuzier-Herman. art. 1709, n. 23,

expert et, à défaut d'accord, l'expert sera désigné par le tribunal (¹).

Dans le cas où l'acte ne contiendrait aucune clause au sujet du remplacement de l'expert, le défaut d'accomplissement de la mission confiée à ce dernier rendrait nulles les conventions passées, et le cas serait assimilé à celui où le prix n'aurait pas été fixé (²). Pothier, il est vrai, décidait le contraire (³) ; mais sa solution n'est plus acceptable en présence de l'art. 1592, qui la contredit formellement en matière de vente ; du reste, ce serait méconnaître la volonté des parties et y substituer celle des tribunaux, que de permettre à ces derniers de nommer un expert, alors que les parties en avaient désigné un autre.

833. La fixation du prix peut être laissée également à l'arbitraire du bailleur (⁴). On ne saurait objecter qu'il n'y a pas alors de prix ; le prix existe tout aussi bien que s'il doit être fixé par un tiers. On ne saurait objecter davantage que le bail est alors fait sous condition purement potestative ; l'art. 1174 C. civ. n'annule que l'obligation sous condition potestative *de la part de celui qui s'oblige ;* il valide donc implicitement l'obligation sous condition potestative de la part du créancier, et c'est le bailleur qui est créancier du prix.

Mais le même texte nous conduit à décider que la fixation du prix ne peut être laissée à l'arbitraire du preneur (⁵).

Si le bailleur peut se réserver de fixer le prix, à plus forte raison peut-il se réserver de l'augmenter dans des circonstances qu'il appréciera lui-même, par exemple si le commerce du preneur devient prospère (⁶).

Mais la clause qui laisserait au preneur la faculté d'élever

(¹) Troplong, I, n. 3; Duvergier, I, n. 105; Guillouard, *loc. cit.;* Fuzier-Herman, art. 1709, n. 24.

(²) Troplong, *loc. cit.:* Duvergier, *loc. cit.* ; Guillouard, *loc. cit.;* Fuzier-Herman, *loc. cit.*

(³) N. 37.

(⁴) *Contra* Duvergier, I, n. 107; Fuzier-Herman, art. 1709, n. 23. — Pothier (n. 37) repoussait aussi notre solution, mais cependant reconnaissait qu'après l'entrée en jouissance du preneur le bail devenait valable.

(⁵) Duvergier, *loc. cit.* — V. cep. Pothier, *loc. cit.*

(⁶) Pau, 22 mars 1898, S., 98. 2. 237.

le prix serait nulle, pour la raison que nous avons indiquée. La clause étant nulle, le loyer primitif sera définitif.

Réciproquement, nous pensons que si le bailleur se réserve de réduire le prix du bail, cette clause est nulle comme étant faite sous condition potestative de la part de celui qui s'oblige, mais que le preneur peut valablement se réserver le même droit.

834. Il peut arriver que le prix ne soit pas fixé faute par les parties d'avoir songé ou réussi à s'accorder sur ce point ; dans ce cas le bail est nul pour défaut de consentement ; la situation est la même qu'en cas de défaut d'accord sur la durée (¹).

835. Il est possible que, quoique le prix n'ait pas été fixé, le pseudo-preneur entre en jouissance ; il n'est pas admissible que cette jouissance soit gratuite, alors que ni l'une ni l'autre des parties ne l'ont ainsi entendu ; on décide qu'il appartiendra donc aux tribunaux de fixer, pour le temps de jouissance écoulé, une indemnité représentative des pertes causées au bailleur par la jouissance du preneur (²). Cette fixation, d'ailleurs, dit-on, ne servira pas de règle pour l'avenir, puisque le prix du bail ne peut être fixé par les tribunaux.

A notre avis, c'est une erreur : du moment que la convention de bail est démontrée, ou n'est pas contestée, les parties, en ne fixant pas de prix, ont entendu, s'il n'y a pas d'usage des lieux, se réserver d'établir le prix ultérieurement ; et dans le cas de désaccord, le tribunal doit remplir son rôle ordinaire, qui consiste à trancher les contestations, en fixant le prix (³).

836. L'hypothèse où le prix n'est pas fixé ne doit pas être confondue avec celle où le montant du prix est contesté ; nous nous sommes occupés de ce dernier point à propos de la preuve (⁴).

(¹) V. *infra*, n. 1224.
(²) Orléans, 12 fév. 1842, sous Cass., 28 mars 1842, S., 42. 1. 159, D., 42. 1. 208. — Guillouard, I, n. 66 ; Fuzier-Herman, art. 1709, n. 16.
(³) Cass. civ., 14 nov. 1892, S., 93. 1. 22, D., 93. 1. 11.
(⁴) V. *supra*, n. 236 s.

837. Le prix est déterminé quand il est fixé à tant la mesure; nous avons étudié cette hypothèse à propos de l'obligation de délivrance.

Il n'est pas contraire à l'essence du bail que le prix soit variable et consiste dans une portion des bénéfices; le métayage nous en offre un exemple. Cependant, en pareille hypothèse, le contrat devra souvent être considéré comme une société, ainsi que nous le montrerons dans notre *Traité de la société* ([1]).

838. Quoique fixé par le bail, le prix peut subir des modifications pour différences dans la contenance, comme nous l'avons dit en étudiant l'obligation de délivrance imposée au bailleur.

Il peut également subir des modifications diverses au cas de perte partielle, ou si le bailleur n'exécute pas ses obligations.

Il peut être réduit ou augmenté par la volonté des parties ([2]).

Mais le bailleur ne peut évidemment demander une augmentation du prix à raison de bénéfices imprévus faits par le preneur ([3]).

839. Il ne suffit pas que le prix ait été déterminé; il faut que les parties aient l'intention de l'exiger et de le payer. Dans le cas contraire, il y a une donation déguisée sous forme de bail ([4]). Nous préférons cette interprétation à celle qui consisterait à voir dans la convention un prêt à usage ([5]); si le prêt à usage est, à la vérité, une concession gratuite de jouissance, cette concession est peu importante et ne doit pas appauvrir le concédant; or, le fait seul de déguiser une

---

[1] V. *infra*, n. 847.

[2] V. *supra*, n. 833. — Décidé que la réduction consentie au cours du bail ne s'applique qu'aux loyers payables ultérieurement et non aux termes payés d'avance pour des échéances ultérieures. — Trib. civ. Seine, 7 juill. 1892, *Gaz. Trib.*, 25 août 1892.

[3] Troplong, I, n. 239; Duvergier, I, n. 404; Fuzier-Herman, art. 1709, n. 29. — On a cité en sens contraire Grenoble, 5 mars 1835, qui a trait à une toute autre question, celle de l'étendue de la jouissance. — V. *supra*, n. 758.

[4] Guillouard, I, n. 63. — Cpr. *supra*, n. 832.

[5] Pothier, n. 32; Duvergier, n. 93; Championnière et Rigaud, *Tr. d'enreg.*, IV, n. 3592; Bastiné, *Dr. fisc.*, n. 288 (qui cite dans le même sens Déc. min. fin. belge, 12 mars 1849, *Journ. enreg. belge*, n. 4355; cependant cet auteur pense que, selon les circonstances, l'acte peut être regardé comme une donation).

concession gratuite sous forme de bail montre qu'on a voulu faire une libéralité sérieuse. Cette donation est donc réductible et peut être rapportable.

En fait cependant il peut arriver que le prétendu bail soit un commodat ou une concession gratuite du même genre (¹).

840. Enfin le prix doit être *sérieux* (²).

Cela ne signifie pas qu'il doit représenter le revenu exact de la chose louée, c'est-à-dire ne pas être vil ; chacune des parties est sur ce point juge de son intérêt (³) ; nous avons même vu que les personnes administrant l'immeuble d'autrui peuvent consentir un bail pour un prix inférieur au revenu sans que le propriétaire ait le droit d'attaquer la convention (⁴), et nous dirons que le débiteur n'a, dans les mêmes conditions, rien à craindre de ses créanciers (⁵). Enfin, dans le même cas, le preneur ni même le bailleur ne peuvent faire rescinder la convention pour lésion des sept douzièmes (⁶) ; le vendeur d'immeubles seul jouit de l'action en rescision pour cause de lésion.

Le prix est *sérieux* lorsque, dans la pensée des parties, il représente en réalité un prix de bail, c'est-à-dire lorsqu'il n'a pas été calculé de manière à rendre un service gratuit, à assurer le bénéfice d'une libéralité au preneur. C'est sans doute ce qu'entendait Pothier, lorsqu'il disait (⁷) que le prix devait être « de quelque considération, eu égard à la valeur de la jouissance ou usage de la chose louée ».

Qu'arrivera-t-il donc si le prix n'est pas sérieux ? La plupart des auteurs pensent que la convention constituera un prêt à l'usage (⁸) ; certains exceptent le cas, — de beaucoup le

---

(¹) Cpr. Dijon, 12 fév. 1874, S., 74. 2. 176, D., 75. 2. 82 (concession aux riverains du droit de pêcher). — V. *supra*, n. 832.

(²) Laurent, XXV, n. 59 ; Guillouard, n. 63 ; Fuzier-Herman, art. 1709. n. 19.

(³) Pothier, n. 36 ; Merlin, *Rép.*, vᵒ *Bail*, §5 ; Duranton, XVII, n. 13 ; Troplong, I, n. 3 ; Marcadé, art. 1713, n. 3 ; Duvergier, I, n. 102 ; Laurent, XXV, n. 59 ; Guillouard, I, n. 63 ; Fuzier-Herman, art. 1709, n. 21.

(⁴) V. *supra*, n. 89.

(⁵) V. *infra*, n. 1333.

(⁶) Laurent, XXV, n. 59 ; Guillouard, I, n. 63.

(⁷) N. 33.

(⁸) Pothier, *loc. cit.* ; Duvergier, n. 101 ; Troplong, I, n. 3 ; Guillouard, I, n. 63. — Cpr. Bastiné, *loc. cit.* (question de fait).

plus fréquent, — où la chose produit des fruits naturels ou civils (¹); dans ce dernier cas, ils considèrent le contrat comme une donation.

Nous ne comprenons guère cette distinction ; que la chose louée produise ou non des fruits, l'intention des parties est la même et la convention doit être caractérisée d'une manière unique, si le prix du bail est volontairement inférieur au prix normal.

Cela étant, nous croyons qu'il est également faux de voir dans la convention précitée ou un prêt à usage ou une donation.

L'idée de prêt à usage doit être écartée, parce que le prêt à usage est essentiellement et entièrement gratuit.

L'idée de donation n'est pas plus acceptable, parce que la donation suppose chez le donateur une intention exclusivement libérale, tandis que, dans l'espèce, le bailleur consent seulement une réduction libérale sur le prix normal du bail. La science juridique a un mot pour caractériser ces sortes de contrats ; elle les appelle des contrats à titre onéreux mélangés de libéralité (²).

841. Le bail doit être alors exécuté comme toute donation déguisée ou mélangée d'un contrat à titre onéreux. Mais il est réductible s'il porte atteinte à la réserve des héritiers.

La réduction s'opèrera au moyen de la mise par le preneur, dans la succession du bailleur, d'une somme représentant l'avantage supérieur à la quotité disponible (³).

Un autre mode de réduction a été proposé : le bail est réduit à une partie des immeubles correspondante au montant de la quotité disponible (la moitié des immeubles, s'ils composent tout le patrimoine du disposant et que ce dernier ne laisse qu'un enfant), sauf réduction proportionnelle du loyer (⁴).

(¹) Duranton, XVII, n. 12; Guillouard, *loc. cit.*

(²) On peut citer en ce sens les arrêts qui considèrent l'acte de ce genre comme étant *principalement* une donation déguisée. — Cass. req., 20 juil. 1893, S., 93. 1. 424. — Riom, 4 juil. 1892, D., 93. 2. 340 (immeubles d'une valeur locative de 14,000 fr., loués pour 7,500 fr.).

(³) Laurent, XII, n. 326.

(⁴) Caen, 26 janv. 1880, S., 80. 2. 105, D., 82. 2. 49. — Angers, 29 janv. 1840, S., 40. 2. 112, D., 40. 2. 90.

842. Le bail dont le prix n'est pas sérieux ne donne jamais lieu au rapport successoral (¹).

843. Dans les pays où (comme à Paris) le preneur a, après l'expiration de son bail ou du congé, un certain délai pour vider les lieux, aucun loyer n'est, à moins de clause contraire, dû pour la jouissance afférente à ce délai (²). Car le locataire est censé, non pas être encore en jouissance, mais remettre l'immeuble en état et prendre ses dispositions pour déménager.

II. *Nature que doit avoir le prix.*

844. La nature que doit avoir le prix n'a pas été déterminée par la loi ; cependant on s'accorde à dire que le prix doit consister en argent (³). Rien ne justifie cette nécessité (⁴), qui cependant est édictée pour les biens de l'Etat et du domaine public (⁵), et d'ailleurs la loi elle-même range au nombre des baux le métayage, où le prix est payé en nature ; l'autorité de Pothier (⁶), qui était en sens contraire, ne peut donc être invoquée.

(¹) V. notre *Tr. des succ.*, 2ᵉ éd., III, n. 2774.

(²) Duranton, XVII, n. 167 ; Troplong, II, n. 421 ; Guillouard, II, n. 498.

(³) Duranton, XVII, n. 9 ; Troplong, I, n. 3 ; Marcadé, art. 1713, n. 3 ; Duvergier, I, n. 95 et 101 ; Aubry et Rau, IV, p. 465, § 363 ; Laurent, XXV, n 58 ; Guillouard, I, n. 62 (V. cep. II, n. 614) ; Fuzier-Herman, art. 1709, n. 19.

(⁴) Bastiné, I, n. 288. — Dès la plus haute antiquité, on voit des baux dont le prix consiste en denrées. V. pour le droit byzantin, Dareste, *Les papyrus gréco-égyptiens du musée de Berlin*, *Nouv. Rev. hist. du dr.*, 1894, p. 691.

(⁵) L'art. 9 de la loi des 19 août-12 sept. 1791 dispose que le prix des baux stipulés jusqu'alors payables en denrées sera converti en argent, sauf les champarts, agriers, terrages et autres redevances en quotité de fruits qui se perçoivent en nature. De là il résulte que les charrois, paille, avoine, etc., ne peuvent être stipulés payables en nature. Mais cette disposition, édictée dans un intérêt de comptabilité, nous paraît être purement réglementaire ; nous croyons donc que la stipulation de prestations en nature doit être observée. V. cep. Déc. min. fin., 3 juin 1844, *Rev. de l'Enreg.*, n. 63, p. 214. — A plus forte raison l'Etat doit-il, comme tout ayant cause, respecter les stipulations de ce genre qui se trouvent dans les baux d'immeubles qu'il acquiert, notamment par voie de déshérence. *Contra Rev. de l'Enreg.*, *loc. cit.*, p. 213. — On est allé, dans l'opinion contraire, jusqu'à admettre que l'Etat n'a pas à respecter ces stipulations dans les baux d'immeubles appartenant à un condamné par contumace. *Rev. de l'Enreg.*, *loc. cit.* — Enfin nous ne pensons pas que la loi de 1791 interdise les baux à moitié fruits des biens de l'Etat. — *Contra Rev. de l'Enreg.*, *loc. cit.*

(⁶) N. 38.

Ainsi le prix peut consister dans des constructions à faire par le preneur, ou, si le bail est fait en renouvellement, dans les constructions déjà faites par lui ([1]).

De même, on a jugé que le prix de la concession de la jouissance d'un terrain à une commune pour ses foires peut consister, sans que le contrat perde son caractère de bail, dans les déjections des animaux parqués pendant les foires sur le terrain ([2]).

845. Nous n'insistons pas sur cette question, car elle n'offre aucun intérêt ([3]). Pothier déjà ([4]) faisait remarquer que le bail moyennant un prix ne consistant pas en argent est un « contrat équipollent à louage et produit les mêmes obligations ». Cette solution est unanimement acceptée aujourd'hui ([5]) et elle ne fait pas de doute. En effet, dans notre droit, tous les contrats sont de bonne foi et on observe l'intention des parties; or, elle est ici évidemment de faire un bail. D'un autre côté, il est de principe que les contrats innommés prennent les règles des contrats dont ils se rapprochent le plus.

En vain a-t-on rappelé ([6]), pour donner à la question une importance, que la concession de la jouissance d'un immeuble moyennant une partie des loyers que le concessionnaire pourra en tirer n'est pas un bail; nous avons montré qu'en effet il n'y a pas, dans cette convention, un bail; mais précisément, les prestations à fournir au concédant y consistent en argent et, d'un autre côté, cet acte ne constitue pas davantage un contrat innommé. Le rapprochement est donc peu heureux.

846. L'art. 2 de la loi du 10 juillet 1889 porte : « *Les* » *fruits et produits se partagent par moitié, s'il n'y a stipula-* » *tion ou usage contraire* ».

Ainsi on peut convenir que les fruits se partageront dans

([1]) Cons. d'Etat, 15 mars 1838, P. (déc. admin.) chr., D. *Rép.*, vº *Louage,* n. 108 (constructions faites et à faire). — Fuzier-Herman, art. 1709, n. 15.

([2]) Grenoble, 11 mars 1897, D., 98. 2. 428.

([3]) Colmet de Santerre, VII, n. 156 *bis;* Laurent, XXV, n. 58. — *Contra* Guillouard, *loc. cit.*

([4]) Pothier, *loc. cit.*

([5]) Colmet de Santerre, Laurent, Guillouard, *loc. cit.*

([6]) Guillouard, *loc. cit.*

une proportion autre que la moitié, ou que certains produits seront attribués en totalité soit au propriétaire, soit au colon, ou que le propriétaire prélèvera avant partage une portion des fruits pour le paiement des impôts.

Les usages contraires visés par la loi varient à l'infini suivant les localités.

847. Le prix consiste généralement dans une somme fixe.

Cependant il peut consister dans une somme ou valeur proportionnelle aux produits ou aux bénéfices.

Le métayage nous offre un exemple d'une semblable convention. La difficulté sera alors de distinguer le bail d'avec la société (¹).

A plus forte raison le bailleur peut stipuler, outre une somme fixe, une part proportionnelle dans les bénéfices (²).

848. Il y aura société si le propriétaire de l'immeuble participe aux pertes comme aux bénéfices ; dans le cas contraire, il y aura bail.

A plus forte raison y aura-t-il bail si le propriétaire touche une somme calculée sur les *recettes brutes* et non sur les bénéfices (³).

849. Le prix peut également varier suivant les époques. Par exemple il peut être plus élevé dans les dernières années que dans les premières, ou en temps de paix qu'en temps de guerre (⁴).

III. *Epoques du payement du prix.*

850. Le payement du prix peut avoir, suivant la convention, lieu ou après l'échéance du terme auquel il s'applique

---

(¹) V. *infra*, t. II, et notre *Tr. de la société, du prêt, du dépôt.*

(²) Orléans, 13 juil. 1892, S., 95. 2. 134, D., 93. 2. 329 (impl.).

(³) Cependant il a été décidé qu'il y a association en participation et non bail dans la convention par laquelle un propriétaire loue son usine à un tiers en s'obligeant à lui fournir les outils et la force motrice, et à payer les salaires du mécanicien et du chauffeur et le charbon utilisé par la machine, moyennant une part des recettes de l'exploitation. — Paris, 25 mai 1897, *Loi*, 29 oct. 1897. — A notre avis le contrat constitue plutôt la réunion d'un bail, d'un contrat d'entreprise et d'un marché de fournitures.

(⁴) En ce sens, sur ce dernier point, Aix, 6 déc. 1816, S. chr. — Les juges décident si, à une époque déterminée, il y a paix ou guerre. Même arrêt. — Fuzier-Herman, art. 1709, n. 27.

ou d'avance ([1]). Il peut également avoir lieu dans le cours
du terme.

Le payement du prix est ordinairement périodique; cependant le prix peut être stipulé payable en une seule fois ([2]),
par exemple lors de l'entrée en jouissance ([3]).

851. Le bailleur peut, nous l'avons dit, stipuler que le
payement des loyers aura lieu d'avance, notamment que le
loyer afférent à chaque trimestre sera payé avant le commencement de ce trimestre. Cette clause est usitée à Paris pour
les baux de boutiques.

Elle est destinée uniquement, en apparence, à garantir le
bailleur contre l'insolvabilité du preneur ([4]); en réalité, elle
constitue aussi un moyen indirect d'augmenter, par la boni-
fication des intérêts, le montant du loyer.

852. Une proposition a été faite à la Chambre des députés pour empêcher le propriétaire d'abuser des loyers payés
d'avance ([5]).

853. Si l'époque de paiement des loyers n'a pas été fixée

---

[1] Guillouard, I, n. 216.

[2] Guillouard, I, n. 216; Bastiné, I, n. 288. — V. cep. Planiol, *Note*, D., 93. 2. 329.

[3] Guillouard, I, n. 216.

[4] Et aussi peut-être contre les responsabilités qui peuvent incomber au bailleur dans le cours du bail. Paris, 12 avril 1886, S., 88. 2. 39.

[5] Proposition Pétrot, déposée à la Chambre des députés le 8 février 1894, *Journ. off., Doc. parl.*, n. 360, p. 136, *Lois nouvelles*, 1894, 4e p., 40. — Art. 1er. Les cautionnements, dépôts de garantie et les sommes remises à titre de loyers d'avance par les locataires aux propriétaires devront être versés à la caisse des dé-pôts et consignations. Il sera délivré à chacun des intéressés un reçu sur lequel sera mentionné le taux d'intérêt fixé d'après les usages et règlements de la dite caisse des dépôts et consignations. — Art. 2. Dès le premier trimestre de chaque année, celui qui aura remis les fonds à titre de garantie pourra toucher le montant des intérêts produits pendant l'année précédente. — Art. 3. Le retrait de la somme consignée ne pourra être effectué par le déposant ou son représentant que sur la présentation d'un certificat de quittance délivré par celui qui avait exigé la garan-tie, ou d'une décision judiciaire en tenant lieu. — Art. 4. Celui en faveur de qui la garantie a été stipulée pourra de même opérer le retrait, en justifiant que la con-dition résolutoire du contrat est accomplie et que le dépôt lui est désormais acquis. — Art. 5. Toute clause stipulée contrairement à la présente loi est réputée nulle et non écrite. — Rapport sommaire Pétrot, 12 mars 1894, *Doc. parl.*, n. 508, *Journ. off.* p. 419.—Prise en considération, 28 avril 1894, *Journ. off., Déb. parl.*, p. 641. — Rapport André Reille, 5 juillet 1894, *Doc. parl.*, n. 769. — Une propo-sition déposée à la Chambre des députés le 4 juin 1894, par M. Chauvin, interdit au propriétaire d'immeubles de recevoir des loyers d'avance.

par les parties, elle est indiquée par l'usage des lieux ([1]) ; l'hypothèse où les parties ne s'entendent pas sur ce qui a été décidé à cet égard est, comme nous l'avons vu à propos de la preuve, toute différente ([2]).

L'importance de l'usage des lieux en cette matière avait été signalée par Pothier ([3]) : « Quand on ne s'est pas expliqué, disait-il, on est censé s'être conformé à l'usage du pays ». Mouricault dit également, dans son rapport au Tribunat : « Quant aux obligations du preneur, la première est celle de payer le prix de la location aux termes expressément ou tacitement convenus. J'appelle ici termes tacitement convenus ceux sur la fixation desquels les *parties s'en sont rapportées à l'usage, en ne stipulant rien de contraire* » ([4]).

854. A Paris, il est d'usage que le prix du loyer affermé à un terme expirant le 1er du mois soit payé le 15 (ou le 8, s'il s'agit d'un loyer ne dépassant pas 400 fr.) ([5]) ; le locataire peut donc obliger le propriétaire à attendre jusqu'à ce moment. Cela est vrai, même si le bail porte que le payement aura lieu le 1er ([6]), à moins que les parties n'aient spécifié qu'elles veulent déroger à l'usage ([7]).

L'exigibilité étant ainsi reculée par l'usage, le bailleur ne peut jusque-là procéder à des voies d'exécution ([8]) ; et il ne peut, avant le terme fixé par l'usage, s'établir aucune compensation entre la créance du bailleur et celle que le preneur pourrait avoir sur le bailleur ([9]). On a, en sens contraire, es-

---

([1]) Grenoble, 6 août 1832, S., 33. 2. 74. — Lyon, 7 janv. 1898, *Mon. jud. Lyon*, 22 mars 1898. — Trib. civ. Toulon, 12 janv. 1887, *Rec. d'Aix*, 87. 114. — Duvergier, I, n. 463 ; Aubry et Rau, IV, p. 483. § 367, note 12 ; Laurent, XXV, n. 236 ; Guillouard, I, n. 215.

([2]) V. *supra*, n. 249.

([3]) N. 135.

([4]) Fenet, XIV, p. 327.

([5]) Paris, 10 nov. 1896, S., 98. 2. 249, D., 97. 2. 188. — Trib. civ. Seine, 13 nov. 1895 et 11 fév. 1896, S , 98. 2. 249, D., 97. 2. 182. — Cpr. *supra*, n. 301 et *infra*, n. 958.

([6]) Paris, 10 nov. 1896, précité. — Trib. civ. Seine, 13 nov. 1895 et 11 fév. 1896, précités.

([7]) Trib. civ. Seine, 13 nov. 1895, précité.

([8]) Paris, 10 nov. 1896, précité. — Trib. civ. Seine, 13 nov. 1895, précité. — *Contra* Agnel, n. 379.

([9]) Trib. civ. Seine, 11 fév. 1896, précité. — *Contra* Agnel, *loc. cit.*

sayé de donner au terme d'usage le caractère d'un délai de grâce, mais le délai de grâce ne peut être octroyé que par jugement.

855. Quel que soit le jour fixé pour le payement, le locataire a, pour s'acquitter, la totalité de ce jour; il a donc le droit, à défaut d'usage contraire, de payer jusqu'à minuit. On a décidé cependant, par argument de l'art. 1037 C. pr., que le locataire peut exclusivement payer de 6 heures du matin à 6 heures du soir entre le 1er octobre et le 31 mars et de 4 heures du matin à 9 heures du soir entre le 1er avril au 30 septembre ([1]).

856. Si le bailleur a droit aux charrois en vertu du bail, il doit les réclamer annuellement; s'il s'abstient de le faire, il ne peut les réclamer ultérieurement et son droit aux charrois pour les années écoulées s'anéantit ([2]). En effet, la gêne serait trop grande pour le preneur s'il était obligé de donner les charrois de plusieurs années.

Ainsi que le disait déjà Pothier ([3]), le bailleur n'a pas le droit de réclamer pendant les époques consacrées aux travaux des champs les charrois auxquels il peut avoir droit ([4]). Il occasionnerait au preneur une gêne trop grande pour que cette gêne puisse supposer avoir été prévue.

Ainsi le bailleur ne peut réclamer les charrois pendant les périodes des moissons ([5]) ou des labours ([6]).

On admet cependant le contraire pour les charrois nécessités par des réparations urgentes qui ne pourraient être différées sans danger ([7]).

857. Si plusieurs termes ont été payés et acceptés à une époque déterminée, on peut voir là une dérogation à l'usage des lieux, laquelle doit, par conséquent, continuer à être appliquée pendant tout le cours du bail ([8]).

([1]) Trib. civ. Bordeaux, 29 nov. 1893, *Rec. de Bordeaux*, 94. 3. 34.

([2]) Bourges, 6 avril 1832, S., 32. 2. 488. — Caen, 25 nov. 1846, *Rec. de Caen*, 1846, p. 564. — Troplong, I, n. 330; Duvergier, II, n. 131 ; Guillouard, II, n. 540.

([3]) N. 205.

([4]) Rouen, 29 déc. 1877, *Rec. de Rouen*, 1878, p. 152. — Duvergier, II, n. 130; Troplong, II, n. 677 s.; Guillouard, II, n. 540.

([5-6-7]) Guillouard, II, n. 540.

([8]) Trib. civ. Toulon, 12 janv. 1887, *Rec. d'Aix*, 87. 114.

858. Dans le bail à colonat partiaire, suivant l'art. 11, al. 1, de la loi du 10 juillet 1889 : « Chacune des parties peut demander le règlement annuel des comptes d'exploitation ».

859. D'après l'opinion générale, consacrée par la jurisprudence et combattue par quelques auteurs (¹), la dette des loyers à échoir est une dette à terme et non pas une dette conditionnelle, et cette solution nous paraît exacte ; en effet, le locataire est dès le jour de la signature du bail, engagé à payer les loyers au fur et à mesure des échéances ; sa dette existe donc actuellement et les époques de paiement sont seules reculées. On objecterait à tort que, les obligations des deux parties étant corrélatives, l'exigibilité de la dette du preneur est subordonnée à la condition que le bailleur exécutera ses obligations, car l'inexécution des obligations du bailleur n'a pas d'autre sanction que le droit pour le preneur de faire résilier le contrat et d'échapper ainsi à ses obligations ; elle ne fait donc qu'éteindre la dette du preneur, elle ne l'empêche pas d'avoir pris naissance. La situation n'est-elle pas analogue dans tout contrat synallagmatique, dans la vente par exemple, où la dette de l'acheteur, si elle est stipulée payable à échéances déterminées, est incontestablement une lettre à terme, quoique l'inexécution des obligations du vendeur permette à l'acheteur d'échapper à l'exécution de ses propres obligations ?

En vain dit-on que, les obligations des parties étant successives, la dette du preneur naît jour par jour, à mesure que le bailleur exécute ses propres obligations ; le caractère successif des obligations signifie précisément que chacune d'elles, tout en existant dès le début du contrat, s'exécute par fractions jusqu'à l'expiration du bail. Dès lors que les parties ne peuvent, par leur volonté, se soustraire à cette exécution, c'est que leurs obligations existent à partir du jour où une convention a été passée entre elles.

860. La dette des loyers étant une dette à terme, l'art. 1188 C. civ. s'y applique (²). Pour nous exprimer autrement, le preneur

---

(¹) V. dans les deux sens les autorités citées *infra*, notes suiv.

(²) Cass. civ., 28 mars 1865, S., 65. 1. 201, D., 65. 1. 201. — Cass. civ., 16 fév. 1870, S., 70. 1. 318, D., 70. 1. 261. — Cass. req., 11 avril 1892, S., 92. 1. 433, D..

ne peut plus réclamer le bénéfice du terme quand il a par
son fait diminué les sûretés qu'il avait données par le contrat. Il en est de même, comme nous le verrons plus loin,
s'il tombe en faillite ou en déconfiture (¹).

IV. *Lieu de payement du prix.*

861. A défaut de convention, le payement du loyer doit
avoir lieu au domicile du preneur (²), conformément à l'art.
1247, d'après lequel, si le paiement ne consiste pas en un
corps certain, « le paiement doit être fait au domicile du
débiteur ». C'est donc au bailleur qu'il appartient de faire
toucher les loyers chez le preneur.

Il en est ainsi (sauf l'usage contraire que nous signalerons)
même si le preneur n'habite pas l'immeuble loué et en est
assez éloigné (³).

Aussi le changement de domicile du débiteur change-t-il le
lieu de payement (⁴); car l'art. 1247 est généralement interprété en ce sens.

Pothier (⁵) faisait une exception à la règle pour le cas où le
bailleur demeure près de la métairie louée, et dans un endroit
où le fermier va souvent pour ses affaires ; il admettait alors
que le paiement devait avoir lieu chez le bailleur par « défé-
rence ». Il est inutile de dire que cette exception ne peut plus
être admise aujourd'hui (⁶).

862. On peut convenir d'un lieu différent et l'art. **1247**

---

92. 1. 345. — Dijon, 28 avril 1858, sous Cass., 28 déc. 1858, S., 59. 1. 423. — Orléans, 5 août 1865, S., 65. 2. 283, D., 65. 2. 136. — Desjardins, *Rev. crit.*, XXIX,
1866, p. 1 ; Pont, *Tr. des priv. et hyp.*, I, n. 126 *bis* ; Colmet de Santerre, IX,
n. 28 *bis*, XXI ; Thézard, *Du nantiss., des priv. et hyp.*, n. 338 ; Loubers, *Rapport*,
sous Cass., 11 avril 1892, S., 92. 1. 436, D., 92. 1. 346 ; Labbé, *Note*, S., 92. 1.
434 ; Guillouard, I, n. 358 ; Baudry-Lacantinerie et de Loynes, *Tr. du nant., des
priv. et hyp.*, I, n. 399. — *Contra* Rouen, 23 déc. 1864, S., 65. 1. 201 (en note),
D., 65. 2. 162. — Thiercelin, *Rev. crit.*, XXV, 1867, p. 37 ; Mourlon, *Rev. prat.*,
XXIII, 1867, p. 385 ; Laurent, XXIX, n. 393.
(¹) V. *infra*, n. 1268 s.
(²) Guillouard, I, n. 218 et 219.
(³) Guillouard, I, n. 219.
(⁴) Guillouard, I, n. 219.
(⁵) N. 136.
(⁶) Duvergier, I, n. 467 ; Laurent, XXV, n. 237 ; Guillouard, I, n. 219.

porte : « Le paiement doit être exécuté dans le lieu désigné par la convention ».

Cette convention peut être tacite, c'est-à-dire dériver de l'usage des lieux. Ainsi l'usage des baux veut généralement que, s'il s'agit d'un immeuble urbain (appartement ou boutique), le paiement ait lieu dans le local loué, quoique le preneur n'y ait pas son domicile.

On convient souvent (et cette convention est très légitime) (¹) que le paiement aura lieu au domicile du bailleur.

Si, dans ce cas, le bailleur change de domicile au cours du bail, le paiement devra-t-il être fait à l'ancien ou au nouveau domicile? Pothier (²) tenait pour la première solution, qui est également admise par les auteurs modernes (³). Elle se justifie par une considération décisive : le preneur connaissant nécessairement le domicile du bailleur, où il doit porter ses loyers, on doit supposer que les parties n'ont songé qu'à ce domicile et non pas aux domiciles successifs que pourrait acquérir le bailleur.

Toutefois il en est autrement si la convention porte, ou si les circonstances indiquent que les parties ont entendu que le payement s'effectuerait au domicile qu'aurait le bailleur à l'époque de l'échéance.

V. *Forme du payement du prix. Quittance.*

863. La quittance des loyers peut avoir lieu dans la forme ordinaire ; mais l'art. 2 n. 3 de la loi du 23 mars 1855 exige la transcription, pour qu'il soit opposable aux tiers, de « *tout acte ou jugement constatant..... quittance..... d'une somme équivalente à trois années de loyers ou fermages non échus* ».

La raison de cette prescription de la loi est que les paiements anticipés nuisent aux personnes qui auraient le droit de compter sur l'affectation des loyers futurs à leur profit, et notamment à l'acquéreur et au prêteur sur hypothèque.

864. Il est incontestable que la quittance anticipée de

---

¹) Guillouard, I, n. 220.
(²) N. 137.
³ Demolombe, XXVII, n. 273; Laurent, XXV, n. 238; Guillouard, I, n. 220.

moins de trois ans de loyers est opposable aux créanciers inscrits postérieurement ou à l'acheteur qui a fait transcrire son
titre postérieurement ([1]).

Mais les quittances anticipées de moins de trois ans sont opposables également aux créanciers hypothécaires inscrits avant
qu'elles aient été faites ([2]). En effet, le débiteur garde l'administration de l'immeuble hypothéqué et de ce que la loi soumet à la transcription, c'est-à-dire assimile à une aliénation,
les quittances anticipées de trois ans de loyers au moins, il
résulte que les quittances de moins de trois ans sont des actes
d'administration. D'ailleurs l'hypothèque ne porte que sur
l'immeuble et les loyers sont des meubles. On peut ajouter que
les art. 682 et 685 C. pr., en attachant à la transcription de
la saisie certains effets relativement aux loyers, montrent que
l'hypothèque elle-même n'en produit aucun. Enfin, en soumettant les quittances de trois ans de loyers à la transcription
avant l'inscription de l'hypothèque, pour qu'elles soient opposables au créancier hypothécaire, la loi du **23 mars 1855**
montre que les quittances de moins de trois ans lui sont opposables de plein droit.

([1]) Cass. req., 6 mai 1867, S., 67. 1. 233, D., 67. 1. 308.—Grenoble, 17 juin 1865,
S., 65. 2. 271. — Aubry et Rau, III, p. 433, § 286, note 24 ; Pont, *Tr. des priv. et
hyp.*, I, n. 366 ; Guillouard, *Tr. des priv. et hyp.*, III, n. 1609.

([2]) Cass. req., 6 mai 1867, S., 67. 1. 233, D., 67. 1. 308. — Cass. req., 30 mars
1868, S., 68. 1. 201 (sol. impl.). — Cass. civ., 19 juin 1897, S., 98. 1. 169. — Rouen,
4 avril 1843, S., 43. 2. 413. — Douai, 26 fév. 1850, S., 50. 2. 517, D., 52. 2. 78. —
Colmar, 6 août 1851, S., 54. 2. 429, D., 53. 2. 53. — Nîmes, 7 juil. 1852, S., 53. 2.
53, D., 54. 2. 212. — Rouen, 18 fév. 1854, S., 56. 2. 38, D., 55. 2. 258. — Paris,
24 déc. 1894, S., 97. 2. 1, D., 95. 2. 193. — Bordeaux, 27 mars 1895, S., 97. 2. 1,
D., 95. 2. 390. — Dijon, 3 août 1896, S., 97. 2. 1. — Trib. civ. Châteauroux, 16 avril
1894, D., 95. 2. 193. — Trib. civ. Seine, 14 mai 1895, *Gaz. Trib.*, 13 juil. 1895. —
Trib. civ. Bourges, 23 déc. 1887, *Journ. des conserv. des hyp.*, 1889, n. 3912,
Pand. franç., 88. 2. 173. — Toullier, VI, n. 365 et VII, n. 81 ; Grenier, *Tr. des
hyp.*, II, n. 444 ; Proudhon, *Tr. de l'usufr.*, I, n. 87 ; Duvergier, I, n. 464 ; Troplong, *Tr. des priv. et hyp.*, III, n. 777 *ter* ; Flandin, *De la trans.*, II, n. 1281 ; Pont,
Tr. des priv. et hyp., I, n. 366 ; Thézard, *Du nantiss., des priv. et hyp.*, n. 218 ;
Boitard, *Leçons de proc.*, II, n. 928 ; Rousseau et Laisney, *Dict. de proc.*, v° *Vente
jud. d'imm.*, n. 476 s. ; Baudry-Lacantinerie et de Loynes, *Du nantiss., des priv.
et hyp.*, II, n. 914 ; Wahl, *Note*, S., 97. 2. 1, § 1, — et les autorités citées à propos
de la question suivante. — *Contra* Cass. civ., 3 nov. 1813, S. chr. — Nîmes, 28 janv.
1810, S. chr.— Nîmes, 24 août 1819, S. chr. — Bourges, 3 fév. 1851, S., 52. 2. 425,
D., 53. 2. 115. — Persil, *Rég. hyp.*, II, art. 2166, n. 7 ; Duranton, XVII, n. 163 ;
Carré, *Lois de la proc.*, I, n. 289 ; Guillouard, *Tr. des priv. et hyp.*, III, n. 1608.

865. En cas de saisie immobilière, les quittances de moins de trois ans sont également opposables au saisissant qui, après ces quittances, fait transcrire la saisie (¹). Il est vrai que, d'après les art. 682 et 685 C. pr., la transcription de la saisie immobilise les fruits ; mais ces textes ne peuvent s'appliquer qu'aux fruits restés dans le patrimoine et les loyers payés ont cessé d'avoir une existence propre ; ce qui prouve que ces textes écartent les loyers payés, c'est que l'art. 685 C. pr. fait dépendre, pour les loyers, l'immobilisation d'une opposition, équivalente à saisie-arrêt ; or il ne peut y avoir de saisie-arrêt que de ce qui est encore dû.

865 *bis*. Toutefois les quittances de moins de trois ans ne sont opposables aux tiers que si elles ont acquis date certaine au moment où les fruits sont immobilisés, c'est-à-dire au moment de la transcription de la saisie en cas de saisie immobilière et de la sommation au tiers détenteur en cas d'aliénation volontaire (²).

D'autre part les quittances frauduleuses, c'est-à-dire faites dans le but de nuire aux créanciers, qu'elles atteignent ou non trois ans de loyers, peuvent être révoquées par l'action paulienne (³); mais le bailleur et le preneur doivent avoir

---

(¹) Cass. civ., 19 juin 1897, précité. — Colmar. 6 août 1851, précité. — Rouen, 18 fév. 1854, précité. — Paris, 24 déc. 1894, S., 97. 2. 1, D., 95. 2. 193. — Bordeaux, 27 mars 1895, S., 97. 2. 1, D., 95. 2. 390. — Dijon, 3 août 1896, S., 97. 2. 1. — Trib. civ. Seine, 14 mai 1895, *Gaz. Trib.*, 13 juil. 1895. — Pont, *op. cit.*, I, n. 366 ; Wahl, *Note*, S., 97. 2. 2, § 2. — *Contra* Cass., 23 mai 1859, S., 60. 1. 72, D., 59. 1. 433. — Metz, 29 janv. 1859, S., 64. 2. 491 (en note). — Rouen, 1ᵉʳ fév. 1854, S., 56. 2. 398, D., 54. 2. 241. — Metz, 30 avril 1863, S., 64. 2. 191, D., 66. 5. 420. — Grenoble, 17 juin 1865, S., 65. 2. 271. — Caen, 21 déc. 1874, D., 76. 2. 81. — Angers, 16 fév. 1882, D., 83. 2. 219. — Caen, 6 juin 1893, D., 94. 2. 289. — Trib. civ. Seine, 28 mai 1895, *Gaz. Trib.*, 13 juill. 1895. — Rousseau et Laisney, vᵒ *cit.*, n. 480; Garsonnet, IV, p. 100, § 663, notes 25 s. et III, p. 432 et 433, § 286, note 31 ; Aubry et Rau, II, p. 86, § 174, note 22; Baudry-Lacantinerie et de Loynes, *op. cit.*, III, n. 2036 ; de Loynes, *Note*, D., 95. 2. 311; Guillouard, *Tr. des priv. et hyp.*, III, n. 1608.

(²) Cass., 22 fév. 1854, S., 54. 1. 692. — Dijon, 3 août 1896, S., 97. 2. 1. — Rousseau et Laisney, vᵒ *cit.*, n. 476; Garsonnet, IV, p. 110, § 663, note 22 ; Wahl, *Note*, S., 97. 2. 3, § 3.

(³) Paris, 24 déc. 1894, précité. — Bordeaux, 27 mars 1895, précité. — Dijon, 3 août 1896, précité. — Guillouard, *op. cit.*, III, n. 1612 d'après cet auteur cependant il n'y a fraude qu'en cas de simulation ; Wahl, *Note*, S., 97. 2. 4, § 3.

agi tous deux frauduleusement, conformément au droit commun (¹).

866. Les tiers auxquels n'est pas opposable la quittance des loyers équivalents à trois ans sont ceux qui ont des droits sur l'immeuble et qui les ont conservés en se conformant aux lois (L. 23 mars 1855, art. 3).

Ce sont donc :

Les acquéreurs de l'immeuble loué ayant fait transcrire leur titre avant la transcription de la quittance (²);

Les créanciers ayant hypothèque sur cet immeuble et ayant fait inscrire leur hypothèque avant la transcription de la quittance (³).

Les créanciers chirographaires du bailleur ne sont pas des tiers (⁴) ; ils n'ont d'autre droit que celui d'user de l'action paulienne, si le paiement est fait en fraude de leurs droits avec la complicité du preneur (⁵), et de l'action en simulation si le paiement est fictif.

867. Les quittances anticipées de trois ans au moins de loyers sont-elles opposables aux tiers pour trois ans, si elles ne sont pas transcrites ? A notre avis elles ne sont pas, même dans cette limite, opposables aux tiers (⁶). L'art. 3 de la loi du 23 mars 1855 dispose expressément : « Jusqu'à la transcrip-

---

¹ Wahl, *loc. cit.*

²) V. *infra*, n. 1310 et 1311.

³) Guillouard, I, n. 216 et *Tr. des priv. et hyp.*, III, n. 1608 ; Aubry et Rau, II, p. 86, § 174, note 22 (Les annotateurs d'Aubry et Rau, *loc. cit.*, interprètent cependant Cass., 6 mai 1867, précité, comme ayant décidé que les quittances *de trois ans au moins* non transcrites sont opposables aux créanciers hypothécaires et paraissent approuver cette solution dans le cas de bonne foi. L'arrêt de 1867 a trait en réalité aux quittances et cessions de moins de trois ans et s'il avait un autre sens il serait inexplicable).

(⁴) Guillouard, I, n. 216.

⁵) Guillouard, I, n. 216. — V. *supra*, n. 865 *bis*.

(⁶) Riom, 11 déc. 1860, S., 62. 2. 415. — Toulouse, 12 mars 1890, *Pand. franç.*, 90. 2. 240. — Caen, 6 juin 1893, D., 94. 2. 289. — Dijon, 3 août 1896, S., 97. 2. 1. — Troplong, *De la transcr.*, n. 209 ; Sellier, *Tr. de la transcr.*, n. 92 ; Verdier, *ibid.*, II, n. 399 ; Mourlon, *De la transcr.*, II, n. 503 ; Guillouard, I, n. 217 et *Tr. des priv. et hyp.*, III, n. 1608 et 1611. — *Contra* Bordeaux, 14 juin 1883, S., 97. 2. 4 (en note). — Trib. civ. Bordeaux, 20 nov. 1894, sous Bordeaux, 27 mars 1895, S., 97. 2. 1. — Bressolles, *De la transcr.*, n. 50 ; Lesenne, *De la transcr.*, n. 80 ; Flandin, *ibid.*, II, n. 1279 s. : Aubry et Rau, III, p. 433 et 434, § 286, note 25 ; Garsonnet, IV, p. 102 et 104, § 663, notes 31 et 38 ; Glasson, *Note*, D., 95. 2. 193.

tion, les droits résultant des actes et jugements énoncés aux articles précédents ne peuvent être opposés aux tiers ». Et c'est par une exception insusceptible d'extension qu'il ajoute que les baux de plus de dix-huit ans non transcrits sont opposables aux tiers pour dix-huit ans ; du reste, cette exception peut se justifier par l'idée qu'un bail, quand il est fait pour un prix sérieux, ne porte pas généralement autant de préjudice aux tiers qu'un payement de loyers. On objecte à tort qu'une quittance de trois ans ne peut être traitée plus défavorablement qu'une quittance de moins de trois ans ; cette différence s'explique : la première est nulle, comme acte d'aliénation, la seconde est un acte d'administration.

Les partisans de l'opinion contraire se divisent : d'après les uns, la quittance est valable pour trois ans moins un jour ([1]) ; d'après les autres, elle est valable pour deux ans ([2]).

868. En dehors de la quittance, le preneur peut prouver sa libération par les procédés ordinaires.

Ainsi l'écrit, le serment et l'aveu peuvent être employés ([3]).

Si la quittance a été détruite, la preuve du paiement pourra être faite par témoins (art. 1348).

Elle pourra être également faite par témoins s'il y a un commencement de preuve par écrit (art. 1347).

Elle pourra enfin être faite par témoins si le paiement ne dépasse pas 150 fr. (art. 1341), à moins que le terme dont une partie est payée ne dépasse lui-même 150 fr. (art. 1344).

Les présomptions judiciaires sont admises dans les mêmes cas que la preuve par témoins (art. 1353).

On doit considérer comme un commencement de preuve par écrit, autorisant la preuve par témoins ou par présomption du paiement de certains termes, les quittances des termes postérieurs ([4]). En effet, ces quittances répondent à la

([1]) Bordeaux, 14 juin 1883, précité. — Flandin, *loc. cit.* — C'est l'opinion que nous avons soutenue dans une note (S., 97. 2. 4, § 3) : un examen nouveau de la question nous détermine à l'abandonner.

([2]) Glasson, *loc. cit.*

([3]) Décidé que l'aveu par lequel le preneur reconnaît l'existence du bail, mais prétend avoir payé des loyers, est indivisible. Trib. paix Bazas, 27 décembre 1890, *Rec. Bordeaux*, 91. 3. 62.

([4]) Cass., 8 mars 1837, S., 37. 1. 914. — Cass., 27 février 1882, S., 84. 1. 223. —

définition que l'art. 1347 donne des commencements de preuve par écrit : d'une part, elles émanent du bailleur ; d'autre part, elles rendent vraisemblable le paiement des termes antérieurs, car il n'est pas d'usage que le bailleur accepte le paiement de loyers, sans avoir reçu celui des termes antérieurs.

On pourra donc, à l'appui de ce commencement de preuve, invoquer des présomptions, comme la situation précaire du bailleur (¹), la situation de fortune du preneur (²), ses habitudes de régularité dans les paiements (³), la manière d'agir du bailleur vis-à-vis de tous ses preneurs, etc.

En tout cas, le paiement des termes postérieurs est, en ce qui concerne le paiement des années antérieures, une présomption qui peut suffire à prouver les paiements dans les cas où la preuve testimoniale est admise (⁴).

869. Dans l'ancien droit, les quittances des termes postérieurs formaient même une présomption légale du paiement des termes antérieurs, si elles représentaient trois années entières et consécutives (⁵) ; cette solution consistait à étendre un texte du droit romain (⁶), qui l'avait ainsi décidé pour les impôts ; on la fondait sur le peu de vraisemblance de la solution contraire.

Cette présomption légale n'existe évidemment plus aujourd'hui (⁷).

870. Le preneur est dispensé de toute preuve si le bail n'a été établi que par son aveu et s'il a en même temps affirmé avoir payé les termes échus (⁸) ; c'est la conséquence de l'indivisibilité de l'aveu.

Colmar, 22 mai 1812, S., chr. — Bordeaux, 21 janvier 1840, S., 40. 2. 222. — Trib. civ. Arras, 30 novembre 1887, *Gaz. Trib.*, 8 janvier 1888. — Guillouard, I, n. 226. — *Contra* Laurent, XXV, n. 239.

¹) Guillouard, I, n. 226.

(²) Guillouard, I, n. 226.

³) Guillouard, I, n. 226.

⁴) Cass., 18 juil. 1854, S., 56. 1. 421, D., 54. 1. 311. — Laurent, XXV, n. 239.

⁵) Pothier, n. 179.

⁶) L. 3, Cod., *de apoch. publ.*

⁷) Cass., 18 juill. 1854, précité. — Trib. civ. Gand, 20 déc. 1893, *Pasicr.*, 94. 3. 58. — Guillouard, I, n. 225.

⁸) Trib. paix le Quesnoy, 5 janv. 1898, *Mon. juj. paix*, 98. 265.

871. La loi du 10 juillet 1889 (art. 11, al. 3) règle de la manière suivante la preuve en matière de comptes d'exploitation entre le bailleur et le colon partiaire : « Le juge statue sur le ou les registres des parties ; il peut admettre la preuve testimoniale s'il le juge convenable ».

Mais, comme l'indique le second alinéa du même article, il ne s'agit ici que de l'hypothèse où l'action est de la compétence du juge de paix, c'est-à-dire où les obligations résultant du contrat ne sont pas contestées.

VI. *Personnes tenues du paiement du prix.*

872. Ce n'est pas seulement le preneur qui est tenu du paiement du prix. Ses héritiers en ont également la charge, puisque le bail ne prend pas fin par le décès du preneur [1]. Dans les cas exceptionnels où le décès met fin au bail, les héritiers du preneur restent tenus des termes antérieurs non payés.

873. On a décidé que si, après la mort du mari, qui avait pris un appartement à location, la femme reste dans l'appartement jusqu'à la fin du bail, elle n'est pas tenue personnellement des loyers, qui peuvent seulement être réclamés aux héritiers du mari [2]. La raison invoquée en ce sens est que le mari n'a engagé que la communauté ; elle est insuffisante, car la femme est tenue des engagements de la communauté.

874. Si l'immeuble a été loué indivisément à plusieurs personnes, elles sont tenues solidairement du loyer [3]. On objecterait à tort que la solidarité ne se présume pas ; car ici elle résulte formellement de ce que chacun des preneurs, étant locataire de tout l'immeuble, doit répondre de la totalité des loyers.

VII. *Personnes auxquelles le paiement est fait et capacité pour recevoir le paiement.*

875. Le preneur doit payer son loyer au bailleur ; il n'est pas tenu de le payer à un tiers. Le bailleur ne peut refuser

---

[1] V. *infra*, n. 1259 s.
[2] Paris, 3 juill. 1893, *Gaz. des Trib.*, 22 août 1893.
[3] *Contra* Trib. civ. Saint-Etienne, 7 mars 1888, *Droit*, 21 août 1888.

le paiement sous le prétexte qu'il a remis la quittance entre les mains d'une personne, d'un huissier par exemple, chargée d'en faire le recouvrement (¹). Le créancier ne peut, en effet, sous aucun prétexte, refuser le paiement.

Il suit de là que la saisie-gagerie pratiquée sur le locataire après sa tentative de payement est frustratoire et que les frais en tombent à la charge du propriétaire, sans préjudice des dommages-intérêts (²).

876. Le prix du bail, portant sur une somme d'argent, est divisible entre les différents bailleurs (³).

877. La réception des loyers à l'échéance est un acte d'administration, puisqu'elle ne peut être refusée. Le tuteur peut donc recevoir les loyers sans l'autorisation du conseil de famille (¹).

878. Mais la réception des loyers par anticipation est généralement considérée comme un acte de disposition.

Par analogie des art. 457 et 458 C. civ., et en rapprochant les perceptions anticipées de l'acte avec lequel elles présentent la plus grande ressemblance, à savoir l'aliénation d'une jouissance, on décide que le payement anticipé des loyers dus au mineur n'est valable que si le tuteur, avant de le recevoir, a obtenu l'autorisation du conseil de famille et l'homologation du tribunal (⁵).

En réalité il n'y a là aucune aliénation de jouissance : le tuteur reçoit le capital qui lui est dû et garde la jouissance de ce capital, tout aussi bien qu'à l'époque où le capital était

---

(¹) Trib. civ. Bordeaux, 29 nov. 1893. *Rec. de Bordeaux*, 94. 3. 34 (ce jugement est rendu dans une espèce où le preneur avait offert le paiement le jour de l'échéance du terme, et s'appuie sur cette circonstance : mais la solution doit être la même si le terme est échu .

(²) Trib. civ. Bordeaux, 29 nov. 1893, précité.

(³) Trib. civ. Seine, 19 avril 1894, *Droit*, 24 mai 1894 (qui en conclut avec raison que la saisie-arrêt pratiquée par les créanciers de l'un des bailleurs ne porte que sur la portion de loyer due à ce dernier et que, par suite, le preneur, dans les offres réelles qu'il a faites aux autres bailleurs, ne peut subordonner le paiement à la mainlevée de la saisie).

(⁴) Aubry et Rau, I, p. 715, § 113, note 56.

(⁵) Limoges, 28 janv. 1824, S. chr. — De Fréminville, *Tr. des minorités*, I, n. 537 ; Demolombe, VII, n. 642 ; Troplong, I. n. 145 ; Aubry et Rau, I, p. 709, § 113, note 29. — *Contra* Laurent, V, n. 49.

représenté par une somme due. En tout cas cette jouissance
ne portait que sur une créance ; or le tuteur n'a pas toujours
besoin de l'homologation du tribunal et même, avant la loi
du 27 février 1880, n'avait jamais besoin ni de cette homologation ni de l'autorisation du conseil de famille pour aliéner
une créance.

La vérité est qu'un paiement, même anticipé, des loyers
constitue un acte d'administration ; loin d'appauvrir le mineur, il le soustrait aux chances d'insolvabilité du débiteur ;
en outre, il lui donne immédiatement la jouissance d'un capital, avec la faculté de faire produire des intérêts à ce capital,
alors que, si le payement des loyers ne s'était effectué qu'à
l'échéance, le mineur aurait attendu plus longtemps pour toucher la même somme.

879. Le mineur émancipé peut recevoir ses loyers sans
l'autorisation de son curateur; cela résulte *a contrario* de
l'art. 482 C. civ., qui exige cette assistance pour les capitaux [1].
Il peut les recevoir même par anticipation sans cette assistance [2].

VIII. *Sanction de l'obligation de payer le prix.*

880. Le défaut de paiement du prix a de graves sanctions.

Elles ne sont pas toutefois applicables dans les hypothèses
où on admet que le preneur a le droit de refuser le paiement.
Nous nous sommes demandé, à propos des obligations du
bailleur, si ce droit existe pour le preneur dans les divers cas
où le bailleur ne remplit pas ses engagements, et dans celui
où la chose louée a péri.

D'une part, le bailleur peut demander la résiliation du
bail, conformément à l'art. 1184 [3].

Les tribunaux, par application du droit commun, ont le

[1] Aubry et Rau, I, p. 841, § 132, — et les autorités citées à la note suivante.
[2] *Contra* Poitiers, 5 mars 1823, S. chr. — Chardon, *Tr. de la puiss. tutélaire*,
n. 566 ; Troplong, I, n. 145 ; Demolombe, VIII, n. 273 ; Aubry et Rau, I, p. 841,
§ 132, note 1 ; Laurent, V, n. 215 ; Huc, III, n. 483.
[3] Cass. req., 9 janv. 1893, S., 94. 1. 438, D., 93. 1. 120. — Guillouard, I, n. 223.
— Dans l'ancien droit on exigeait, en s'appuyant sur le droit romain (L. 54, § 1,
D., *Loc. cond.*), que le loyer fût resté impayé pendant deux ans. Argou, liv. III,
chap. XXVII, p. 276.

droit de ne pas prononcer cette résiliation immédiatement et d'accorder au preneur un délai pour se libérer (C. civ., 1244)(¹). Ils le feront surtout si le nombre des termes en retard n'est pas considérable (²) et si le preneur est de bonne foi.

D'un autre côté, toujours par application du droit commun, le bailleur ne peut demander la résiliation du bail si, de son côté, il n'exécute pas ses obligations (³).

Le bailleur est d'ailleurs réputé avoir renoncé à l'action en résolution, s'il reçoit les loyers sans protestation (⁴).

Les tribunaux ne peuvent refuser de prononcer la résolution, comme nous le verrons, si la résolution est prévue dans le bail (⁵).

Ce n'est pas là le seul droit du bailleur. Il peut exiger l'exécution de l'obligation, et pour cela saisir les différents biens du débiteur (⁶); il peut notamment faire saisie-gagerie des meubles garnissant l'immeuble loué, mais à condition d'observer les formalités de l'art. 819 C. pr. (⁷).

En outre, dans le cas de résiliation, le bailleur a droit à des dommages-intérêts; c'est la solution donnée par l'art. 1184; l'art. 1760, que nous avons reproduit en parlant de la perte causée par le preneur, fait l'application de cette solution au bail; ce texte est commun à toutes les espèces de bail.

Si le bailleur force le preneur au paiement du prix, les dommages-intérêts sont, comme nous le montrerons, remplacés par les intérêts.

881. Le bailleur peut, pour obtenir le paiement du prix, faire saisie-exécution des meubles qui garnissent l'immeuble (⁸), ainsi que des autres meubles du fermier.

Mais, à la différence de la saisie-gagerie, la saisie-exécution ne peut être faite que pour des créances exigibles; le

---

¹ Trib. paix Châtelet en Brie, 2 juin 1896, *Mon. jug. paix*, 97. 539. — Guillouard, I, n. 223.

² Guillouard, I, n. 223.

(³) Cass., 3 janv. 1883, S., 84. 1. 432, D., 83. 1. 415. — V. *infra*, n. 1378.

⁴ Nîmes, 2 mars 1895, *Loi*, 27 juill. 1895.

⁵ V. *infra*. n. 1380 s.

⁶ V. cep. Guillouard, I, n. 224.

⁷ Cass., 14 mars 1883, S., 83. 1. 204, D., 83. 1. 338. — Guillouard, I, n. 223.

⁸ Amiens, 3 janvier 1893, S.,94.2. 175, D., 93. 2. 135.

bailleur ne peut donc y procéder pour les loyers ou ferma-ges à échoir ([¹]).

Il en est de même pour la saisie immobilière.

De même, d'après la jurisprudence, une saisie-arrêt ne peut être pratiquée pour une créance conditionnelle.

IX. *Prescription de l'action en paiement du prix.*

882. La question de savoir si la prescription de cinq ans devait être appliquée aux loyers et fermages était discutée dans l'ancien droit. Denisart prétend qu'on l'appliquait au Châtelet. Pothier ([²] affirme le contraire. L'ordonnance de 1629 (art. 142) était dans le premier sens, mais elle n'avait pas été enregistrée par le Parlement de Paris.

Aujourd'hui, suivant les termes formels de l'art. 2277, les loyers et fermages se prescrivent par cinq ans.

La prescription est de cinq ans même pour les loyers paya-bles d'avance, qu'ils soient exigibles au gré du propriétaire([³]) ou même à époque fixe, par exemple avant l'entrée en jouis-sance ([⁴]).

Pour les loyers payables d'avance, mais à l'époque que le bailleur jugera convenable, la prescription ne court que de l'échéance du terme, de sorte que si ces loyers sont déclarés imputables sur les derniers termes du bail (ce qui est le cas habituel) la prescription ne court que de ces termes ([⁵]). En effet la prescription ne commence à courir que du jour où la dette est exigible.

Si les loyers sont payables d'avance avant l'entrée en jouis-sance, la prescription court de l'entrée en jouissance ([⁶]).

X. *Intérêts du prix.*

883. Au prix du loyer peuvent s'ajouter des intérêts soit en vertu de la convention, soit en vertu du retard du débi-

---

([¹]) Amiens, 9 janvier 1893, précité.

([²]) N. 186.

([³]) Cass. civ., 1ᵉʳ décembre 1891, S., 92. 1. 26, D., 92. 1. 67.

([⁴]) *Notes*, S., 92. 1. 27, D., 92. 1. 66.

([⁵]) Cass. civ., 1ᵉʳ déc. 1891, précité. — *Note*, S., 92. 1. 27.

([⁶]) *Note*, S., 92. 1. 27.

teur. L'art. 1155 porte en effet : « *Les revenus échus, tels*
» *que fermages, loyers..... produisent intérêt du jour de la*
» *demande ou de la convention* ».

XI. *Frais du paiement du prix.*

884. L'art. 1248 porte que « les frais du payement sont à
la charge du débiteur ».

Le preneur payera donc les frais du payement du loyer ([1]).

Parmi ces frais rentrent :

Les honoraires du notaire si l'acte est notarié ([2]) ;

Le timbre de 10 centimes imposé par la loi du **23 août 1871**
aux quittances sous seing privé ([3]), le timbre dû suivant la
dimension du papier si l'acte est notarié ;

Les droits d'enregistrement si l'acte est notarié. Il en est
autrement si l'acte est sous seing privé ([4]) : les quittances
sous seing privé n'étant pas soumises à l'enregistrement
d'une manière obligatoire, le paiement de ces droits incombe
à celle des parties qui fait enregistrer l'acte ;

Les frais de mesurage, de comptage ou de pesage des denrées si le fermage est payable en denrées ([5]).

Le preneur ne paie pas les frais, autres que les frais judiciaires, faits par le bailleur pour le recouvrement des loyers,
notamment les honoraires de l'agent d'affaires chargé du
recouvrement. Ce ne sont pas là des frais de payement.

§ II. *Des charges de l'immeuble.*

885. Les charges de l'immeuble peuvent être de deux
natures : les unes sont imposées au *propriétaire*, les autres à
l'*habitant* ou détenteur. En principe, le bailleur est tenu
d'acquitter les premières, et les secondes incombent au preneur ; cela n'a pas besoin de justification.

Pothier ([6]) entendait sans doute exprimer la première règle

---

([1]) Guillouard, I, n. 228.
([2]) Guillouard, I, n. 228.
([3]) Guillouard, I, n. 228.
([4]) V. cep. Guillouard, I, n. 228.
([5]) Demolombe, XXVII, n. 288 s.; Guillouard, I, n. 228.
([6]) N. 221. — V. aussi Guillouard, I, n. 231.

quand il disait : « Le propriétaire qui loue son héritage en conserve non seulement la propriété, mais encore la possession et la jouissance, car il en jouit par son fermier, de qui il reçoit les fermes qui lui tiennent lieu de jouissance et possession. D'où il suit que c'est le propriétaire qui doit supporter toutes les charges de l'héritage et non point le fermier, qui ne possède point proprement l'héritage, n'en étant en possession qu'au nom de celui duquel il tient l'héritage à ferme ».

Ces propositions ne sont d'ailleurs exactes qu'en partie ; c'est le preneur qui jouit et qui doit supporter toutes les charges imposées à ceux qui recueillent les produits ou ont la détention d'une chose. C'est donc à tort qu'on a posé en principe (¹) qu'à défaut de texte le bailleur est tenu de toutes les contributions.

I. *Impôts.*

886. *L'impôt foncier* est une contribution assise sur la propriété de l'immeuble. C'est donc le bailleur qui en est tenu (²) ; telle est la disposition expresse de l'art. 147 de la loi du 3 frimaire an VII.

Mais cette même disposition oblige le preneur à payer l'impôt foncier pour le compte du bailleur, sauf son recours contre ce dernier, qui est tenu de recevoir le montant des quittances de l'impôt pour comptant sur le prix des fermages ou loyers (³).

887. Une exception doit être faite au principe en ce qui concerne l'impôt foncier afférent aux constructions élevées par le preneur. Nous ne croyons pas (⁴) que la question

---

(¹) Guillouard, I, n. 231.

(²) Pour le droit byzantin, v. déjà R. Dareste, Les papyrus gréco-égyptiens du musée de Berlin, *Nouvelle Revue historique du droit*, 1894, p. 691. — Il suit de là que si l'impôt foncier est mis à la charge du preneur, son montant doit être ajouté au prix du bail pour la perception du droit d'enregistrement. Bastiné, *Droit fiscal*, I, n. 300, — ou de l'impôt foncier lui-même, Cons. d'Etat, 21 fév. 1895, S., 97. 3. 48, — et que, réciproquement, s'il est laissé à la charge du bailleur, il ne doit pas être ajouté au prix du bail pour le calcul de l'impôt foncier. Cons. d'Etat, 10 mai 1895, S., 97. 3. 88.

(³) V. *infra*, n. 889.

(⁴) V. cep. Guillouard, I, n. 234, 297 et 298 ; Larcher, *Des constr. sur le terrain d'autrui*, n. 450 ; Planiol, *Note*, D., 92. 2. 409.

dépende essentiellement de celle de savoir si le bailleur devient propriétaire des constructions élevées par le preneur; si même le bailleur en devient propriétaire, les avantages de la propriété ne lui sont acquis qu'à la fin du bail; jusque-là, le preneur jouit des constructions non pas comme preneur (ce qui le dispenserait du paiement de l'impôt), mais comme possesseur de mauvaise foi; or le possesseur est tenu de l'impôt foncier; il serait du reste étrange que le bailleur fût tenu de l'impôt afférent à des constructions qu'il n'a pu empêcher et dont il ignore peut-être l'existence ([1]).

Si la solution que nous combattons était exacte, elle suffirait à rendre inadmissible l'opinion dont elle prétend être la conséquence. Car, comment admettre que le bailleur soit tenu de payer l'impôt foncier d'un immeuble dont il ignore peut-être l'existence, et qui ne lui procure ni une jouissance effective, ni des loyers correspondant à la privation de cette jouissance?

Enfin, le résultat le plus certain de cette solution serait que le bailleur obligerait immédiatement le preneur à enlever les constructions, pour être dispensé de payer l'impôt foncier.

La jurisprudence qu'on invoque en ce dernier sens ([2]), nous est, au contraire, entièrement favorable ([3]).

De même et à plus forte raison, le preneur sera-t-il tenu de l'impôt foncier s'il reste propriétaire des constructions ou s'il est stipulé que le bailleur en deviendra propriétaire à la fin du bail.

Mais, s'il est stipulé que le bailleur deviendra propriétaire des constructions dès le jour où elles seront faites, ou si une convention le rend propriétaire, c'est à lui qu'incombera le paiement de l'impôt foncier ([4]), car le preneur ne jouira alors des constructions qu'en sa qualité de preneur.

([1]) *Contra* Guillouard, *loc. cit.;* Larcher, *loc. cit.;* Planiol, *loc. cit.*

([2]) Guillouard, I, n. 297 et 298.

([3]) Trib. civ. Seine, 24 janv. 1894, *Gaz. Pal.,* 94. 1. 527. — V. aussi Cass., 8 juil. 1851, et Paris, 15 déc. 1865, cités à la note suivante. — Ils prennent soin de constater que les constructions élevées pour le compte du bailleur, sont devenues immédiatement sa propriété et que le preneur en jouissait comme tel. Ces arrêts reconnaissent donc implicitement qu'à défaut de convention l'impôt foncier est à la charge du preneur.

([4]) Cass., 8 juill. 1851, S., 51. 1. 682. — Paris, 15 déc. 1865, S., 66. 2. 83.

888. Même dans le bail à colonat partiaire, l'impôt foncier est à la charge du propriétaire ([1]). L'opinion contraire est admise par les auteurs qui voient dans ce bail une société; dans cette théorie même, la mise d'une partie de l'impôt foncier à la charge du métayer nous paraît critiquable. Car la jouissance de l'immeuble est seule mise en société, la propriété reste au bailleur; or l'impôt foncier est une charge de la propriété.

889. D'après l'art. 147 de la loi du 3 frim. an VII et l'art. 2 de la loi du 12 nov. 1808, le Trésor peut réclamer au fermier personnellement l'impôt foncier dû par le propriétaire.

Mais il ne s'agit là évidemment que de l'impôt afférent à l'immeuble détenu par le fermier ([2]).

890. Il va sans dire que le preneur qui a payé par erreur l'impôt foncier dû par le bailleur a un recours contre ce dernier ([3]).

Mais il ne peut lui demander les intérêts de la somme payée qu'à partir de son assignation en restitution ([4]).

891. Un décret du 16 mars 1848 avait établi sur les immeubles bâtis un impôt dit des *45 centimes*. Cet impôt devait être payé, comme l'impôt foncier dont il avait la nature, par le bailleur et non par le preneur ([5]).

892. L'impôt *personnel et mobilier* est un impôt destiné à atteindre les revenus; il est donc supporté par chaque locataire en ce qui le concerne et sans recours contre le bailleur (L. 21 avril 1832, art. 12).

Toutefois les « propriétaires et, à leur place, les principaux locataires devront, un mois avant l'époque du déménagement de leurs locataires, se faire représenter par ces derniers les quittances de leur contribution personnelle et mobilière.

([1]) Guillouard, II. n. 618. — *Contra* Méplain, *Bail à colonage*, n. 208.

([2]) Cass. civ., 4 déc. 1895, S., 96. 1. 93. — Pour soutenir le contraire, on se basait sur ce que la loi de 1808, à la différence de celle du 3 frimaire an VII, à laquelle elle succède, ne fait pas textuellement cette restriction. L'objection ne méritait pas l'examen.

([3]) Trib. civ. Lyon, 3 déc. 1897, *Mon. jud. Lyon*, 26 janv. 1898.

([4]) Décidé cependant que les intérêts courent du jour du paiement. Trib. civ. Lyon, 3 déc. 1897, précité.

([5]) *Contra* Cass., 8 juill. 1851, S.. 51. 1. 682. — Guillouard, I, n. 298, note.

Lorsque les locataires ne représenteront point ces quittances, les propriétaires ou principaux locataires seront tenus, sous leur responsabilité personnelle, de donner dans les trois jours avis du déménagement au percepteur » (L. 1832, art. 22).

« Dans le cas de déménagement furtif, les propriétaires et, à leur place, les principaux locataires, deviendront responsables des termes échus de la contribution de leurs locataires, s'ils n'ont pas fait constater dans les trois jours ce déménagement par le maire, le juge de paix ou le commissaire de police » (*ibid.*, art. 23) (¹).

On fonde la loi de 1832 sur l'idée que le propriétaire ou le locataire principal, ayant intérêt, pour le paiement des loyers et des réparations, à empêcher le déménagement des locataires, peut y veiller en même temps dans l'intérêt de l'Etat (²). Cette raison est insuffisante, car elle aboutirait à dégager le propriétaire et le locataire principal vis-à-vis de l'Etat, au cas où les loyers auraient été payés d'avance et où une caution aurait été fournie pour les réparations. Tout ce qu'on peut dire c'est que la loi de 1832 a voulu obliger à une surveillance des personnes qui étaient en mesure de la fournir.

La jurisprudence n'admet pas la responsabilité du propriétaire :

Pour les contributions personnellement imposées à un individu que le fermier, en quittant l'immeuble après avoir payé les contributions, avait préposé à la garde de cet immeuble (³) ;

Pour celles du locataire gratuit (⁴), parce que le propriétaire n'a aucun intérêt à empêcher le déménagement de ce dernier.

893. Lorsque le propriétaire exécute son obligation dans le délai qui lui est fixé, il est en règle vis-à-vis de l'administration, même si le locataire déménage ensuite avant l'expiration de son bail (⁵).

(¹) Le délai de trois jours court du jour du déménagement, même si le bailleur n'a connu ce fait qu'ensuite. — Cons. d'Etat, 9 juill. 1886, S., 88. 3. 61.

(²) D., 93. 3. 81.

(³) Cons. d'Etat, 11 janv. 1889, D., 89. 3. 34.

(⁴) Cons. d'Etat, 14 mars 1891, D., 92. 3. 39.

(⁵) Cons. d'Etat, 21 fév. 1890, *Rec. des arr. du Cons. d'Etat*, 1890, p. 600. — Cons. d'Etat, 14 mai 1891, S., 93. 3. 57.

894. Le propriétaire n'est pas tenu de déclarer, pour n'être pas responsable des contributions et de la patente dues par son locataire, qu'il fait vendre les meubles de ce dernier [1]. Les lois de 1832 et de 1880 ne mentionnent pas cette hypothèse; d'ailleurs elle n'offre pas le même péril pour l'Etat que le déménagement furtif du locataire. car elle laisse aux agents du Trésor le temps de faire valoir leur privilège sur le prix des meubles.

895. Il résulte des termes de la loi de 1832 que le locataire principal et le propriétaire ne sont jamais responsables en même temps du déménagement furtif; si donc il existe un locataire principal, le propriétaire est dégagé [2].

On doit entendre par locataire principal même celui qui sous-loue l'immeuble entier à une même personne; il n'est pas nécessaire que l'immeuble soit divisé entre plusieurs sous-locataires [3].

Le propriétaire n'est pas tenu davantage des contributions du sous-locataire gratuit de son locataire [4].

896. Des termes généraux du texte il résulte que le bailleur qui n'a pas obéi aux prescriptions de la loi est responsable de la contribution du preneur non seulement pour les termes courants, mais aussi pour les termes antérieurs non atteints par la prescription [5].

Mais il semble difficile de le rendre responsable des sommes applicables à une époque antérieure à l'entrée en jouissance du preneur; car ces sommes ne sont plus dues par le preneur comme *locataire* du bailleur [6].

897. *L'impôt des patentes* est à la charge du locataire, puisqu'il est assis sur ses bénéfices industriels ou commerciaux.

Mais l'art. 30 de la loi du 15 juil. 1880 contient, au sujet de la responsabilité du propriétaire, une disposition analogue à celle de l'art. 22 de la loi du 21 avril 1832.

[1] Cons. d'Etat, 26 janv. 1889, S., 91. 3. 7.
[2] Cons. d'Etat, 27 mai 1892, D., 93. 3. 81.
[3] Cons. d'Etat, 27 mai 1892, précité.
[4] Cons. d'Etat, 7 juill. 1882, D., 84. 3. 12.
[5] Cons. d'Etat, 2 avril 1897, S., 99. 3. 44.
[6] Le Conseil d'Etat décide le contraire. — Cons. d'Etat, 10 fév. 1894, S., 96. 3. 16. — Cons. d'Etat, 2 avril 1897, précité.

898. *L'impôt des portes et fenêtres,* quoiqu'étant un impôt sur l'immeuble, est, par exception, à la charge du preneur (L. 4 frim. an VII, art. 12) ([1]). Mais c'est le bailleur qui est débiteur vis-à-vis de l'Etat, sauf son recours contre le preneur (même texte) ([2]).

On peut en dire autant de la « taxe représentative » de 2 fr. 40 p. 100 du revenu net imposable de la propriété foncière, taxe créée en remplacement de l'impôt des portes et fenêtres par la loi du 18 juil. 1892 (art. 1) à partir du 1er janvier 1894 et qui d'ailleurs n'a pas été mise en vigueur ([3]).

Ce recours dure trente ans, à défaut de texte spécial, et conformément à l'art. 2262 C. civ. ([4]).

899. Nous avons vu que les *impôts de l'enregistrement et du timbre* sont également supportés par le preneur ([5]).

900. La taxe des *voitures et chevaux* était due autrefois par les *possesseurs* (L. 23 juil. 1872, art. 11).

D'après le conseil d'Etat, le locataire d'une voiture et d'un cheval n'était pas tenu de la taxe, si le cocher lui était fourni par le locateur ([6]).

([1]) Conseil d'Etat, 23 déc. 1893, S., 95. 3. 114. — Cons. d'Etat, 9 nov. 1894, S., 96. 3. 135. — Cons. d'Etat, 18 janv. 1895, S , 97. 3. 23. — Cons. d'Etat, 10 mai 1895, S., 97. 3. 88. — Caen, 14 août 1869, S., 70. 2. 107. — Trib. paix Corvigny, 13 janv. 1894, *Mon. jug. paix*, 94. 116. — Trib. paix Paris, 14 déc. 1896, *Rev. just. paix*, 98. 92.

([2]) V. Cons. d'Etat, 9 mai 1873, *Rec. des arr. du conseil d'Etat*, 73. 397. — Cons. d'Etat, 29 juin 1877, *ibid.*, 77. 638. — Cons. d'Etat, 29 nov. 1889, S., 92. 3. 23.

([3]) Dans son rapport général sur le budget de 1893, Doc. parl., Chamb., oct. 1892, p. 1332 s., M. Burdeau, remarque que, si des propositions antérieures, qui fusionnaient l'impôt des portes et fenêtres avec l'impôt foncier, n'ont pas abouti, c'est en partie parce que l'impôt des portes et fenêtres, tout en constituant un annexe de l'impôt foncier, est, en définitive, payé par le locataire. Il ajoute que par la taxe de remplacement créée par la loi nouvelle « on évite de changer même partiellement le caractère de l'impôt des portes et fenêtres, qui reste attaché à l'immeuble comme précédemment, *mais qui continue également à pouvoir être recouvré intégralement par le propriétaire sur ses locataires* ». La Chambre avait adopté un amendement contraire de M. Cornudet (7 juil., *Journ. off.* du 8, déb. parl. p. 1114), mais elle revint sur son vote (9 juil., *Journ. off.* du 10, déb. parl., p. 1150).

([4]) Caen, 14 août 1869, S., 70. 2. 107. — Guillouard, I, n. 233.

([5]) V. *supra*, n. 692.

([6]) Cons. d'Etat, 27 déc. 1889, S., 92. 3. 36. — Cons. d'Etat, 24 janv. 1890 (1er arrêt), S., 92. 3. 55. — *Contra* Cons. d'Etat, 21 fév. 1879, S., 80. 2. 276. — Cons. d'Etat, 6 fév. 1880, *Rec. des arr. du Cons. d'Etat*, p. 152. — Cons. d'Etat,

Mais il en était tenu s'il les faisait conduire par un cocher à son service ([1]).

La question est aujourd'hui réglée par l'art. 4 de la loi des finances du 17 juillet 1895 dans les termes suivants : « *A* » *partir du 1er janvier 1896, les voitures, chevaux, mules et* » *mulets, fournis par les loueurs, marchands ou carrossiers, à* » *des particuliers qui les logent dans des locaux à leur dispo-* » *sition, seront imposés au nom de ces derniers, à la contri-* » *bution sur les chevaux, voitures, mules et mulets, alors même* » *que les voitures, chevaux, etc., seraient toujours entretenus* » *aux frais des loueurs, marchands ou carrossiers, et conduits* » *par une personne à leur service* ». C'est donc seulement dans le cas où les loueurs logent les chevaux et voitures que le locataire n'acquitte pas l'impôt.

901. Toutes les solutions que nous avons données au sujet du paiement des impôts peuvent être modifiées par la convention ([2]), et ici encore l'usage des lieux tient lieu de convention ([3]).

Ainsi on stipule fréquemment ([4]) (surtout pour les immeubles ruraux ou pour les maisons louées entièrement à un seul locataire) que le preneur supportera l'impôt foncier.

Il est non moins fréquent et parfaitement légal de voir stipuler que l'impôt des portes et fenêtres sera supporté par le bailleur ([5]). A Paris, l'usage des lieux est en ce sens ([6]). La convention peut également résulter de ce que le bailleur a

---

6 nov. 1885, S., 87. 3. 28. — Cons. d'Etat, 26 fév. 1886, *Rec. des arr.*, p. 172. — Gauwain, *Conclusions*, sous Cons. d'Etat, 27 déc. 1889, S., 92. 3. 36.

([1]) Cons. d'Etat, 24 janv. 1890 (2e arrêt), S., 92. 3. 55. — Gauwain, *loc. cit.*

([2]) Guillouard, I, n. 232.

([3]) Trib. paix Malines, 27 avril 1894, *Pasicr.*, 94. 3. 121. — Guillouard, I, n. 232.

([4]) Guillouard, I, n. 232.

([5]) Caen, 14 août 1869, S., 70. 2. 107 (motifs . — Guillouard, I, n. 232. — Décidé que le fait, par le propriétaire, de donner pendant deux ans quittance des loyers, n'implique pas cette convention. — Trib. civ. Lyon, 14 déc. 1892, *Loi*, 23 fév. 1893. — Jugé, d'autre part, que la clause qui fixe le loyer « y compris les frais de contribution », met à la charge du bailleur l'impôt des portes et fenêtres, mais non pas les contributions mobilières et des patentes. — V. cep. p. 476, note 3, *infra*.

([6]) Cass., 23 mars 1869, S., 69. 1. 241. — Paris, 22 juin 1876, S., 78. 2. 259. — Trib. civ. Seine, 16 avril 1866, S., 67. 2. 25. — A Lyon, l'usage est contraire. — Trib. civ. Lyon, 14 déc. 1892, précité.

négligé pendant plusieurs années de réclamer l'impôt au preneur ([1]).

La même convention peut exister pour la contribution des patentes et la contribution personnelle et mobilière ([2]). Il a été jugé qu'à Paris l'usage des lieux veut que cette dernière contribution reste, dans *les appartements garnis,* à la charge du propriétaire ([3]).

Il va sans dire que si l'usage des lieux contredit la loi, la convention peut rétablir l'application de la loi ([4]).

902. Quelquefois il est convenu que le prix fixé comprend les contributions. On doit supposer que cette clause dispense le locataire de rembourser au bailleur l'impôt des portes et fenêtres, — sinon elle n'aurait pas de sens ([5]), — mais que ce dernier n'a pas entendu prendre à sa charge les impôts que le fisc réclame directement au preneur, et que la convention ne met pas habituellement à la charge du bailleur, notamment l'impôt mobilier ([6]) et l'impôt des patentes ([7]).

903. L'action en remboursement des impôts que la loi met à la charge du preneur et qui sont avancés par le propriétaire se prescrit non par cinq ans, mais par trente ans ; on ne peut les considérer comme une portion du prix du loyer.

Au contraire les impôts que la loi met à la charge du bailleur et que le bail met à la charge du preneur forment un supplément de prix de loyer, puisque le preneur n'en est pas tenu de plein droit ; l'action en remboursement du bailleur se prescrit donc par cinq ans. Il en est ainsi par exemple pour l'impôt foncier ([8]).

([1]) Trib. paix Paris, 6 oct. 1887, *Loi,* 20 oct. 1887. — Trib. paix Corvigny, 13 janv. 1894, *Mon. jug. paix.* 94. 116. — Trib. paix Paris, 14 déc. 1897, *Rev. just. paix*, 98. 92.

([2]) Paris, 3 mars 1896, S., 98. 2. 247 (sol. impl.).

([3]) Paris, 17 nov. 1875, S., 77. 2. 262. — En tout cas, la clause qui met les contributions à sa charge comprend l'impôt personnel et mobilier. — Trib. civ. Seine, 28 mai 1895, *Gaz. Trib.*, 17 novembre 1895. — Mais elle ne comprend pas les prestations. Même jugement.

([4]) Guillouard, I, n. 232.

([5]) Paris, 3 mars 1896, S., 98. 2. 247.

([6]) Paris, 3 mars 1896, précité.

([7]) Paris, 3 mars 1896, précité.

([8]) Trib. civ. Lille, 6 mars 1899, *Gaz. Pal.*, 99. 1. 572.

II. *Charges autres que les impôts.*

904. Rien n'empêche le bailleur de stipuler des charges accessoires. Il peut notamment convenir d'un pot-de-vin, d'arrhes, etc.

Le pot-de-vin est un supplément de prix ([1]).

Cela produit, comme nous le verrons, une importante conséquence en ce qui concerne la tacite reconduction ([2]).

905. Il peut se présenter, à propos de la répartition des arrhes ou du pot-de-vin entre deux personnes qui ont eu la jouissance successive, des difficultés; on doit admettre que, bien que versés à l'usufruitier et au mari, ils doivent être restitués par eux au nu propriétaire et à la femme ou ses héritiers dans la proportion du temps restant à courir jusqu'à la fin du bail comparé à la durée totale de ce bail ([3]).

906. Il est souvent stipulé que le métayer payera, sous le nom de *charges de culture,* une somme déterminée qui s'ajoutera à la portion de fruits que le bailleur s'est réservée. Cette clause est évidemment valable ([4]), mais elle doit être formelle ([5]).

Elle a pour but, non pas, comme on l'a prétendu, de faire payer au métayer sa part dans l'impôt foncier et le loyer de son logement ([6]), mais de compenser les avantages trop grands qu'à raison de la qualité de la terre le fermier retire du partage des fruits ([7]).

Elle constitue donc un supplément de loyer.

Néanmoins, comme le contrat est indivisible, on ne peut soutenir que le bail devienne, jusqu'à concurrence de ce prix, un bail à ferme ordinaire.

Nous avons tiré de là une importante conséquence en parlant de la perte de récoltes.

[1] V. *supra,* n. 193.
[2] V. *infra,* t. II.
[3] En ce sens pour l'usufruitier Proudhon, *Tr. de l'usufr.,* II, n. 999; Demolombe, X, n. 353; Aubry et Rau, II, p. 693, § 230, note 47; Laurent, X, n. 468.
[4] Méplain, *Bail à colonage,* n. 209 s.; Duranton, XVII, n. 177; Guillouard, II, n. 614. — V. pour les charrois, *supra,* n. 856.
[5] Guillouard, II, n. 624.
[6] Duranton, *loc. cit.*
[7] Méplain, *loc. cit.*

907. Le locataire n'est tenu, à moins d'une convention ou d'un usage contraires, de payer aucune portion des gages du concierge ([1]).

Il en est ainsi, même pour le locataire d'un immeuble tout entier, par exemple le principal locataire d'une maison destinée à être sous-louée à plusieurs locataires, en garni ou non.

La convention peut être contraire ([2]) et nous avons examiné quelle est alors l'autorité respective du propriétaire et du locataire sur le concierge ([3]).

908. Le balayage de l'immeuble est à la charge du locataire ([4]), qui peut être poursuivi pour contravention à cette obligation. En effet l'art. 471 C. pén., al. 3, inflige les peines de simple police à ceux qui auront négligé de nettoyer les rues ou passages, dans les communes où ce soin est laissé à la charge de l'habitant. Il ne s'agit donc pas ici d'une charge de la propriété, mais bien d'une charge imposée à l'habitant. On comprend du reste cette solution, et la solution contraire ne peut se justifier : le locataire est seul à même de remplir une pareille obligation, le propriétaire qui n'habite pas la maison n'est pas en situation de l'exécuter. — C'est puérilité pure que d'opposer que la municipalité connaît le propriétaire et peut ne pas connaître les locataires ; le contraire est plus exact. — C'est, d'un autre côté, une pétition de principe que d'objecter que l'obligation de balayer est une conséquence de la propriété. — La jurisprudence et la majeure partie de la doctrine sont cependant en sens contraire ([5]).

La taxe nous paraît incomber au locataire, même si le propriétaire habite la maison ([6]). Car le fait que le propriétaire

---

([1]) Cons. d'Etat, 16 février 1894, D., 95. 3. 49. — Cons. d'Etat, 5 mai 1894, S., 96. 3. 76. — Cons. d'Etat, 8 août 1895, S., 97. 3. 135.

([2]) Trib. civ. Lyon, 19 juill. 1893, Loi, 18 déc. 1893.

([3]) V. supra, n. 592.

([4]) Cass., 3 déc. 1880, D., 81. 1. 344. — Cons. d'Etat, 2 déc. 1887, Rec. des arr. du cons. d'Etat, 87. 757. — Huc, X, n. 351.

([5]) Cass., 25 juill. 1845, D., 45. 4. 43. — Cass., 4 mai 1848, D., 48. 5. 21. — Cass., 28 mars 1857, D., 57. 5. 29. — Cass., 15 juill. 1859, D., 59. 5. 39. — Cass., 7 avril 1864, D., 65. 5. 31. — Cass., 15 janv. 1875, S., 75. 1. 136, D., 75. 1. 283. — Morin, Rép. de dr. crim., v° Balayage. n. 1 ; Blanche, Cours de dr. pén., art. 471, n. 52 ; Guillouard, II, n. 491.

([6]) Contra Cass., 24 avril 1834, Bull. crim., n. 120. — Cass., 24 mai 1835, Bull.

est habitant et comme tel tenu de balayage n'empêche pas le locataire d'en être également tenu.

Même solution si l'immeuble est loué à plusieurs locataires (¹). C'est alors une charge commune.

Par suite le bailleur n'est jamais tenu du balayage et des taxes et amendes qui concernent cette obligation, soit qu'il habite, soit qu'il n'habite pas la maison louée (²); dans l'opinion contraire, on admet entre ses locataires et lui une solidarité qui n'est pas dans la loi.

Le propriétaire n'est même pas tenu du balayage si la maison n'est pas louée (³), et à plus forte raison si le locataire a disparu (⁴).

Les raisons que nous avons données pour justifier l'obligation du locataire sont d'ordre public; nous n'admettons donc pas que le propriétaire puisse, en vertu des règlements municipaux, être tenu du balayage soit seul, soit concurremment avec le locataire.

Réciproquement, dans l'opinion contraire, on devrait décider que le locataire ne peut être tenu de balayer; cependant on permet aux règlements municipaux d'imposer cette obligation au locataire concurremment avec le propriétaire (⁵). Le locataire, dit-on, est un habitant au sens de l'art. 471. Nous en convenons, mais alors c'est le propriétaire qui n'est pas habitant; en considérant le propriétaire comme étant l'habitant de l'art. 471, on exclut par là même le locataire. Il est essentiel, dit-on encore, que le balayage, indispensable à

---

crim., n. 174. — Cass., 3 déc. 1880, précité. — Cass., 5 janv. 1884, D., 84. 5. 34. — Guillouard, II, n. 491; Huc, X, n. 351.

(¹) Contra Cass., 13 fév. 1834, S., 34. 1. 554. — Cass., 28 mars 1857, Bull. crim., n. 132. — Cass., 19 fév. 1858, Bull. crim., n. 62. — Cass., 15 juill. 1859, D., 59. 5. 39. — Cons. d'Etat, 16 fév. 1894, D., 95. 3. 49. — Cons. d'Etat, 5 mai 1894, S., 96. 3. 76. — Guillouard, II, n. 491.

(²) Contra Cass., 3 déc. 1880, D., 81. 1. 334. — Cass., 3 juin 1881, D., 82. 1. 44. — Huc, X, n. 351.

(³) Contra Cass., 6 avril 1833, S., 33. 1. 713. — Cass., 25 juill. 1845, D., 45. 4. 43. — Cass., 1er mars 1851, Bull. crim., n. 81. — Cass., 6 nov. 1857, S., 58. 1. 255. — Guillouard, II, n. 491.

(⁴) Contra Cass., 4 mai 1848, D., 48. 5. 21. — Cass., 7 nov. 1867, Bull. crim., n. 27. — Guillouard, II, n. 491.

(⁵) Cass., 31 mars 1848, D., 48. 5. 20. — Cass., 28 nov. 1868, S., 70. 1. 144. D., 69. 2. 148. — Guillouard, II, n. 492.

la salubrité et à la propreté, soit fait; cela est vrai, mais les municipalités n'ont pas cependant le droit de prendre en vue du balayage les mesures qui leur conviennent.

909. L'ancienne jurisprudence administrative décidait que le bailleur peut être tenu des amendes dues à raison des contraventions de grande voirie commises, même à son insu ou contre sa volonté, par le locataire([1]). La jurisprudence actuelle est avec raison en sens contraire ; toute peine est personnelle.

910. Il est évident que le locataire doit acquitter le prix du gaz ou de l'électricité qu'il consomme ([2]).

Au contraire l'éclairage des parties communes est à la charge du bailleur ([3]).

911. En principe, le preneur doit acquitter le prix de l'eau qu'il consomme ([4]).

Si le locataire a trouvé l'eau installée dans l'appartement au moment où il y est entré et que l'eau consommée se paye par abonnement, le prix de cet abonnement reste à la charge du propriétaire ([5]), car le locataire a pu compter sur la jouissance de l'eau et, d'autre part, il serait exorbitant de lui faire payer une taxe qui excède souvent le montant de la valeur de l'eau qu'il consomme.

A plus forte raison, les frais de l'eau d'une fontaine dont la jouissance appartient à tous les locataires sont-ils à la charge du bailleur ([6]).

([1]) Cons. d'Etat, 4 août 1862, *Rec. des arr. du Cons. d'Etat*, 1862, p. 643. — Cons. d'Etat, 14 nov. 1879, D., 80. 3. 29. — Gautier, *Rev. crit.*, X, 1881, p. 549. — *Contra* Cons. préf. Seine, 22 janv. 1878, D., 78. 5. 478.

([2]) Trib. civ. Nevers, 22 mai 1894, *Gaz. Pal.*, 94. 1. *Suppl.*, 46 (motifs).

([3]) Cons. d'Etat, 16 fév. 1894, D., 95. 3. 49. — Cons. d'Etat, 5 mai 1894, S., 96. 3. 76. — Cons. d'Etat, 18 janv. 1895, S., 97. 3. 23. — Cons. d'Etat, 22 fév. 1895, S., 97. 3. 48. — Cons. d'Etat, 10 mai 1895, S., 97. 3. 88. — Cons. d'Etat, 26 juill. 1895, S., 97. 3. 128. — Cons. d'Etat, 25 oct. 1895, S., 97. 3. 140.

([4]) Cons. d'Etat, 16 fév. 1894, D., 95. 3. 49. — Cons. d'Etat, 21 juill. 1894, S., 96. 3. 114. — Cons. d'Etat, 9 nov. 1894, S., 96. 3. 135. — Cons. d'Etat, 18 janv. 1895, précité. — Cons. d'Etat, 22 fév. 1895, précité. — Cons. d'Etat, 10 mai 1895, précité. — Cons. d'Etat, 26 juill. 1895, précité. — Cons. d'Etat, 25 oct. 1895, précité. — Trib. civ. Seine, 26 janv. 1888, *Loi*, 10 mars 1888.

([5]) Trib. civ. Bordeaux, 17 fév. 1890, *Rec. de Bordeaux*, 90. 2. 49. — Trib. civ. Nevers, 22 mai 1894, *Gaz. Pal.*, 94. 1, *Suppl.*, 46. — L'usage peut être contraire. Trib. civ. Bordeaux, 28 juin 1886, *Rec. Bordeaux*, 87. 2.

([6]) Cons. d'Etat, 24 mai 1895, *Journ. dr. admin.*, 95. 250.

Mais il est souvent stipulé que le locataire paiera au propriétaire une somme à forfait pour l'eau qu'il consommera ([1]).

D'autre part, on admet que le locataire paie l'abonnement à l'eau s'il est seul locataire de l'immeuble ([2]).

Il en est de même s'il contracte directement avec la compagnie des eaux ([3]).

Rien n'empêche que le locataire ne soit chargé de payer l'eau consommée par le propriétaire ou par d'autres locataires ([4]).

912. Le preneur doit également payer le loyer, l'acquisition ou l'entretien des appareils ou compteurs destinés à déterminer la quantité d'eau ou de gaz qu'il consomme.

Si donc un système nouveau est substitué au système existant, par exemple si, après que le prix de l'eau était fixé à forfait, il est désormais fixé d'après la quantité d'eau consommée et si, par suite, un compteur devient nécessaire, les frais d'acquisition de ce compteur sont à la charge du preneur ([5]).

913. Les travaux d'assainissement de logements insalubres sont, d'après la loi du 13 avril 1850, à la charge du bailleur ([6]).

914. Les frais de vidange sont à la charge du bailleur ([7]). Il en est autrement des frais de ramonage ([8]).

915. C'est au bailleur qu'il appartient de payer la prime d'assurance de l'immeuble, s'il juge utile d'assurer la chose louée contre l'incendie. ([9]). La convention peut cependant mettre la prime d'assurance à la charge du preneur ([10]).

([1]) En ce cas si par abus de jouissance le preneur fait une consommation exagérée de l'eau dont le bailleur acquitte l'abonnement, décidé que le bailleur peut réclamer au preneur une somme supérieure à celle fixée à forfait. Trib. civ. Seine, 16 janv. 1894, *Loi*, 5 mars 1894.

([2]) Trib. civ. Nevers, 22 mai 1894, précité.

([3]) Trib. civ. Nevers, 22 mai 1894, précité.

([4]) Trib. civ. Seine, 5 déc. 1893, *Droit*, 7 janv. 1894 (cette clause n'est pas illicite comme contraire à l'arrêté du préfet de la Seine du 25 juill. 1880, si la consommation se fait au moyen d'un compteur que l'administration des eaux agrée).

([5]) Trib paix Reims, 30 nov. 1895, *Loi*, 3 déc. 1895.

([6]) Trib. civ. Seine, 12 avril 1894, *Loi*, 13 nov. 1894. — V. *supra*, n. 556 et 570.

([7]) V. *supra*, n. 807.

([8]) V. *supra*, n. 806, note.

([9]) Cons. d'Etat, 22 fév. 1895, S., 97. 3. 48. — Cons. d'Etat, 10 mai 1895, S., 97. 3. 88.

([10]) Laurent, XXV, n. 290 et 291.

Cette convention n'a pas pour effet de décharger le preneur de sa responsabilité en cas d'incendie ([1]).

La convention peut également obliger le preneur à faire assurer l'immeuble ([2]).

SECTION XV

OBLIGATION DE CONSERVER ET DE RESTITUER LA CHOSE

§ I. État dans lequel la chose doit être restituée.

916. Une fois que le bailleur a fait la preuve de l'obligation de restituer contractée par le preneur (elle résulte du contrat même de bail) et de l'étendue de cette obligation, si le preneur soutient qu'il se trouve sans sa faute dans l'impossibilité de l'exécuter en tout ou en partie et que par suite il en est libéré totalement ou partiellement, il doit, conformément au droit commun (art. 1302), fournir la preuve de cette allégation ([3]), car il est présumé en faute ; la faute contractuelle se présume. Ainsi le preneur prétend que les dégradations, subies par la chose pendant sa jouissance, se sont produites sans sa faute, qu'elles sont, par exemple, le résultat de la vétusté, que par suite il n'en est pas responsable; il devra en faire la preuve. C'est ce que dit l'art. 1732 : « *Il répond des dégradations ou des pertes qui arrivent pendant* » *sa jouissance, à moins qu'il ne prouve qu'elles ont eu lieu* » *sans sa faute* ». L'art. 1735 ajoute : « *Le preneur est tenu* » *des dégradations et des pertes qui arrivent par le fait des* » *personnes de sa maison ou de ses sous-locataires* ».

La loi du 10 juil. 1889 (art. 4) dit à propos du colon partiaire : « *Il répond de l'incendie, des dégradations et des* » *pertes arrivées pendant la durée du bail, à moins qu'il ne*

([1]) Laurent, *loc. cit.*; Huc, X, n. 322.

([2]) Huc, *loc. cit.*

([3]) Colmet de Santerre, VII, n. 178 *bis*, III; Laurent, XXV, n. 274; Guillouard, I, n. 237; Huc, X, n. 314. — *Contra* Duvergier, I, n. 407. — Il a été également décidé en ce dernier sens que si un cheval loué en bon état est restitué atteint de boiterie le bailleur doit prouver qu'il y a faute du preneur. — Paris, 5 mars 1896, *Droit*, 11 avril 1896.

» *prouve qu'il a veillé à la garde et à la conservation de la*
» *chose en bon père de famille* ».

917. Ainsi le preneur est responsable de sa faute et de celle
de certaines autres personnes. Pothier déjà donnait l'une ([1])
et l'autre ([2]) de ces solutions.

Le degré de faute dont répond le preneur est réglé par le
texte général de l'art. 1137, d'après lequel « l'obligation de
veiller à la conservation de la chose soumet celui qui en est
chargé à y apporter tous les soins d'un bon père de famille ».
Pothier ([3]) décidait, conformément à la théorie généralement
admise de son temps, que, le bail étant un contrat fait pour
l'utilité réciproque des deux parties, le preneur répondait
seulement de sa faute lourde et de sa faute légère à l'exclusion de sa faute très légère. On est d'accord pour admettre
que, sous l'empire de l'art. 1137, toute personne obligée à conserver, que ce soit dans son intérêt ou dans l'intérêt du propriétaire, répond de la faute que ne commettrait pas un bon
père de famille envisagé idéalement.

Cette solution est donc applicable au preneur ([4]).

918. Obligé de restituer la chose en bon état, le preneur
doit, avant de restituer la maison ou l'appartement loué,
faire laver les vitres ([5]). Cette solution était à tort rattachée
par Goupy à l'obligation de faire les réparations locatives ;
il ne s'agit pas de réparations, puisqu'aucune dégradation
n'a été faite. Certains auteurs ([6]) font dériver cette obligation
de celle de jouir en bon père de famille ; mais la propreté
de l'immeuble est étrangère à cette obligation. La véritable
raison de décider est que l'état des vitres provient de l'usage
de l'immeuble par le locataire et, par conséquent, de sa
faute.

Le preneur doit aussi, d'après la jurisprudence, faire désinfecter l'appartement si l'une des personnes qui l'ont habité

([1]) N. 192 et 209.

([2]) N. 193. — V. aussi Domat, liv. I, tit. IV, sect. II, n. 5.

([3]) N. 192.

([4]) Guillouard, I, n. 236.

([5]) Goupy, sur Desgodets, *Lois des bâtiments. Des servitudes*, art. 171 ; Guillouard, II, n. 474 ; Huc, X, n. 350.

([6]) Guillouard, II, n. 474.

y a été atteinte d'une maladie contagieuse (¹). Cette maladie cependant provient d'un cas fortuit ; on peut donc soutenir que le locataire n'a pas à faire procéder à la désinfection. La jurisprudence peut néanmoins se justifier par le motif suivant : le preneur n'est pas responsable des suites de sa maladie, laquelle est un cas fortuit ; mais les dangers résultant pour l'immeuble du défaut de désinfection sont le fait du preneur, et par suite la désinfection, à laquelle la prudence l'oblige de procéder, est à sa charge.

919. Si le preneur n'a pas terminé, au moment de restituer, les réparations à sa charge, il doit de plein droit des dommages-intérêts au bailleur ; ce dernier n'a pas à démontrer l'existence d'un préjudice (²).

920. L'obligation de restituer la chose dans l'état où elle se trouvait lors de l'entrée en jouissance force le preneur à restituer la chose dans son entier (³).

Ainsi le preneur doit restituer les clefs de la maison (⁴).

De même le fermier est responsable des déficits dans la contenance des terres, telle que cette contenance avait été fixée par l'état des lieux ou existait lors de l'entrée en jouissance (⁵). Il doit démontrer, pour échapper à cette responsabilité, que le déficit provient d'une force majeure (⁶), par exemple du fait du voisin (⁷) ; encore avons-nous vu que, dans ce dernier cas, il doit avoir dénoncé le fait du voisin au bailleur.

La responsabilité du preneur ne disparaît pas devant le fait que, d'autre part, l'immeuble s'est agrandi par des antici-

---

(¹) Poitiers, 21 janv. 1895, D., 96. 2. 337. — Paris, 1er fév. 1895, D., 96. 2. 340 (hôtel meublé. — Trib. civ. Seine, 30 juin 1893, *Pand. franç.*, 94. 2. 36 (dans un hôtel meublé. — Trib. paix Oran, 4 fév. 1895, D., 96. 2. 339. — Boistel, *Notes*, D., 96. 2. 337 et 340. — Mais jugé que le voyageur n'est pas responsable du dommage causé à l'industrie de l'hôtelier par la maladie, car il est certain, en tous cas, que la maladie est un cas fortuit. — Paris, 1er fév. 1895, précité. — *Contra* Boistel, *Note*, D., 96. 2. 340. — V. *supra*, n. 808.

(²) *Contra* Trib. civ. Amiens, 20 fév. 1886, *Rec. d'Amiens*, 86. 185.

(³) Guillouard, I, n. 243.

(⁴) Wahl, *Note*, S., 99. 4. 3.

(⁵) Nancy, 5 août 1865, D., 70. 2. 53. — Laurent, XXV, n. 269 ; Guillouard, I, n. 243 ; Huc, X, n. 312.

(⁶⁻⁷) Mêmes autorités.

pations émanant du preneur (¹); ces anticipations constituent une usurpation de la chose d'autrui et le bailleur ne peut être forcé de s'approprier la chose d'autrui.

D'après Goupy (²), en cas de bail d'un jardin, « les arbres et arbrisseaux doivent être rendus en même nombre qu'ils ont été livrés, et lorsqu'il en vient à mourir quelques-uns le locataire doit les remplacer ».

Cette solution n'est plus admissible. Il ne s'agit pas ici, comme le pensait Goupy, de réparations locatives, car l'immeuble n'a pas été dégradé; il s'agit de l'obligation de restituer ce qui a été confié au locataire; or, sans doute le locataire doit restituer les arbres qui lui ont été confiés, mais il est déchargé de cette obligation en démontrant que la perte a eu lieu par cas fortuit (³). Il est toutefois inexact de dire, comme on l'a fait (⁴), que le cas fortuit doit toujours être supposé.

De même le fermier d'une terre ou d'une ferme n'a pas à restituer les arbres morts (⁵), sauf usage contraire (⁶); ici encore il ne s'agit pas de réparations locatives (⁷).

921. L'obligation du preneur portant sur la chose elle-même, une modification dans la valeur de cette chose ne modifie pas l'obligation du preneur.

Ainsi les machines louées peuvent être restituées par le preneur sans indemnité, quoique les progrès de l'industrie leur aient fait subir une grave dépréciation (⁸). On rattache souvent cette solution à l'idée que le preneur n'est pas tenu de supporter les détériorations provenant de l'usage (⁹); mais il ne s'agit ici ni de détérioration ni d'usage.

Réciproquement, si les machines louées ont augmenté de valeur, le preneur doit les restituer sans avoir droit à une indemnité (¹⁰).

(¹) Mêmes autorités.
(²) Sur Desgodets, *Des servitudes*, art. 171.
(³) Guillouard, II, n. 481.
(⁴) Troplong, II, n. 583.
(⁵) Vaudoré, *Dict. de dr. civ.*, vº *Fermier*, n. 73; Guillouard, II, n. 529.
(⁶) Guillouard, II, n. 529.
(⁷) V. cep. Guillouard, II, n. 481 et 529.
(⁸) Cass., 1ᵉʳ août 1859, S., 60. 1. 67, D., 59. 1. 353. — Guillouard, I, n. 242.
(⁹⁻¹⁰) Guillouard, I, n. 242.

Quand même une estimation des accessoires de la chose est faite lors de l'entrée en jouissance, les parties ne sont pas obligées de se tenir compte de la différence entre cette estimation et l'estimation des mêmes choses à l'expiration du bail. A défaut d'une clause formelle, on ne peut donner à l'estimation l'effet contraire ; car elle s'explique suffisamment par l'idée que les parties ont voulu éviter des contestations sur le point de savoir si le fermier n'a pas substitué à un objet un autre objet de même nature et d'une valeur moindre.

Cependant Desgodets (¹) disait, à propos des tournants, travaillants et ustensiles d'un moulin : « Avant que d'entrer en jouissance, on fait un état et estimation de toutes ces choses ; et à la fin du bail on fait encore une autre estimation. Si l'estimation de la fin est plus forte que la première, le propriétaire rembourse le fermier du surplus ; et, au contraire si la dernière estimation est plus faible que la première, c'est le fermier qui rembourse le propriétaire ». Quelques auteurs, toujours en ce qui concerne les moulins, adoptent la même solution (²).

Elle peut être admise en cas d'usage certain, car cet usage peut tenir lieu de convention ; mais il doit être bien établi.

Dans tous les cas, cet usage ne permet pas au locataire de substituer à l'outillage ancien un outillage nouveau et de réclamer au bailleur la différence de valeur entre ces deux outillages. Nous montrerons en effet que l'outillage doit être restitué en nature (³).

922. Il est souvent stipulé dans les baux de choses qui se détériorent rapidement, et notamment dans les baux de moulins et d'usines, qu'à la fin du bail le bailleur et le preneur se tiendront réciproquement compte de la différence entre la valeur du matériel lors de l'entrée en jouissance et sa valeur lors de l'expiration du bail ; c'est ce qu'on appelle le *bail à la prisée*.

Cette clause est incontestablement valable (⁴). Elle consti-

(¹) *Des servitudes,* art. 171.
(²) Guillouard, II, n. 485.
(³) V. *infra,* n. 965.
(⁴) Caen, 7 avril 1869, *Rec. de Caen,* 1869, p. 231. — Guillouard, II, n. 486.

tue, non pas, comme on l'a dit (¹), une espèce de mandat donné au locataire de gérer la chose dans l'intérêt commun du bailleur et dans le sien propre (car le mandat implique l'obligation de rendre compte, de replacer les choses dans leur ancien état), mais une promesse faite par le bailleur d'accepter l'échange du matériel ancien contre le matériel nouveau.

La valeur du matériel existant à la fin du bail doit être calculée sans tenir compte de la dépréciation du matériel par suite d'inventions nouvelles (²), l'avilissement des matières premières (³), l'abaissement du prix de la main-d'œuvre (⁴). De même on n'a pas à tenir compte de l'augmentation de valeur causée par la rareté des matières premières (⁵), etc. Les parties n'ont pas eu ces éléments en vue.

923. A défaut de faute prouvée, la chose doit être restituée dans l'état où elle se trouvait lors de l'entrée en jouissance, c'est ce qui résulte du droit commun et des art. 1730 et 1731. Ces textes indiquent aussi de quelle manière doit être déterminé l'état qu'avait la chose lors de l'entrée en jouissance.

« *S'il a été fait un état des lieux entre le bailleur et le pre-* » *neur, celui-ci doit rendre la chose telle qu'il l'a reçue, sui-* » *vant cet état, excepté ce qui a péri ou a été dégradé par* » *vétusté ou force majeure* » (art. 1730).

« *S'il n'a pas été fait d'état des lieux, le preneur est pré-* » *sumé les avoir reçus en bon état de réparations locatives, et* » *doit les rendre tels, sauf la preuve contraire* » (art. 1731).

L'art. 4 de la loi du 10 juillet 1889 sur le colonage partiaire dit : « *Il* [le preneur] *est également tenu des obligations spé-* » *cifiées pour le fermier par les art. 1730, 1731 et 1768 C. civ.* ».

924. Nous avons déjà indiqué dans quels cas et suivant quelle forme est dressé l'état des lieux (⁷).

(¹) Guillouard, II. n. 486.
(²) Guillouard, II, n. 486.
(³) Rouen, 2 déc. 1854, *Recueil de Caen et de Rouen*, 1854, p. 330. — Guillouard, II, n. 486.
(⁴) Rouen, 2 déc. 1854, précité. — Guillouard, II, n. 486.
(⁵) Rouen, 2 déc. 1854, précité.
(⁶) Rouen, 2 déc. 1854, précité. — Guillouard, II, n. 486.
(⁷) V. *supra*, n. 259 s.

S'il n'y a pas d'état des lieux, l'immeuble est censé avoir été reçu en bon état non seulement de réparations *locatives,* mais de toutes réparations ([1]) ; il faut entendre l'art. **1731** comme s'il parlait de réparations *même* locatives. L'argument *a fortiori* qu'on peut tirer de ce texte même est décisif; si le preneur est présumé avoir reçu la chose en bon état de réparations, c'est qu'on suppose que, si des réparations locatives avaient été nécessaires, le preneur les aurait exigées. Or, cette considération est beaucoup plus forte pour les réparations non locatives, dont l'absence rend la jouissance beaucoup plus gênante que l'absence des réparations locatives. On objecte à tort que le preneur a vraisemblablement examiné seulement si l'immeuble a besoin de réparations locatives; cela est, au contraire, très peu vraisemblable; la solidité de la maison, par exemple, lui importe beaucoup plus que l'état des papiers, et on doit présumer qu'il y a porté son attention.

925. L'art. **1731** ne doit être entendu que des dégradations qui auraient pu, si elles avaient existé lors de l'entrée en jouissance, être constatées dans l'état des lieux. En effet, d'une part, il s'offre comme destiné à punir le preneur de l'imprudence qu'il a commise en omettant de faire dresser un état des lieux. D'autre part, il déroge au droit commun, car le bailleur, d'après les principes, en sa qualité de demandeur en restitution, devrait démontrer que la chose ne lui a pas été rendue dans l'état où il l'avait remise.

Aussi l'art. **1731** ne s'applique-t-il qu'aux dégradations qui, par leur nature, sont apparentes, et non pas à celles qu'un examen des lieux ne peut faire apparaître ([2]). Ainsi, dans le cas où l'immeuble est, à la fin du bail, infesté de punaises, ce vice est censé, si le bailleur n'apporte pas la preuve du contraire, avoir existé lors du bail ([3]).

926. La preuve contraire ne pourrait, d'après la combinaison des art. **1730** et **1731**, être administrée par le preneur que s'il n'y avait pas d'état des lieux. Toutefois le droit com-

---

([1]) Colmet de Santerre, VII, n. 178 *bis,* III ; Guillouard, I, n. 244. — *Contra* Laurent, XXV, n. 272 ; Arntz, IV, n. 1144 ; Huc, X, n. 313.

([2]) Guillouard, I, n. 246.

([3]) Caen, 25 fév. 1871, S., 72. 2. 206, D., 72. 2. 150. — Guillouard, I, n. 246.

mun commande de décider que le preneur peut démontrer la simulation de l'état des lieux.

927. La preuve peut, d'après l'opinion générale, être administrée par témoins et présomptions même au-dessus de 150 fr. ([1]) ; il s'agit, dit-on, d'un fait matériel et non d'un fait juridique ; or il est de principe que les faits matériels peuvent, en toute hypothèse, être prouvés par témoins. D'un autre côté, il serait étrange que la loi exigeât une preuve écrite, alors que les parties ont omis de rédiger l'état des lieux, c'est-à-dire de se réserver la seule preuve écrite usitée en cette matière. Le preneur pourrait se servir notamment d'actes passés entre le bailleur et les précédents locataires ([2]).

Ces arguments ne sont pas déterminants : il s'agit, en réalité, croyons-nous, d'un fait juridique et non d'un fait matériel : le preneur prétend, en effet, prouver qu'il a reçu à titre de bail une chose qui n'était pas en bon état ; du reste, la raison qui a fait admettre la preuve testimoniale pour les faits matériels est que les parties n'ont pu les constater par écrit et rien n'empêchait le preneur de faire dresser un état des lieux. Enfin nous ne voyons rien d'étonnant à ce que la preuve par témoins soit interdite, alors que les parties ont omis de dresser un écrit ; l'art. 1341 n'interdit-il pas, d'une manière générale, la preuve par écrit en cette hypothèse ? Nous ajoutons qu'il est faux de soutenir que l'état des lieux soit la seule preuve écrite possible : une mention dans le bail, une reconnaissance écrite du bailleur, peuvent également prouver le mauvais état de la chose louée.

([1]) Cass., 2 mars 1875 (motifs), S., 75. 1. 125, D., 76. 1. 87. — Cass. req., 27 juill. 1896, S., 97. 1. 327, D., 97. 1. 421 (et cela même quand le bail porte que les meubles seront estimés d'accord entre les parties, si cette expertise n'a pas lieu). — Rennes, 23 août 1819, S. chr., D. *Rép.*, v⁰ *Louage*, n. 342 (procès-verbal fait contradictoirement entre le bailleur et le fermier sortant). — Rennes, 5 mars 1821, S. chr., D. *Rép*, v⁰ *Louage*, n. 342. — Bourges, 2 mars 1825, S. chr. — Caen, 11 mars 1880, *Rec. Caen*, 1881, p. 202. — Paris, 18 mars 1895, D., 95. 2. 240. — Duranton, XVII, n. 101 ; Duvergier, I, n. 443 ; Marcadé, art. 1730, n. 1 ; Massé et Vergé, IV, p. 375, § 702, note 23 ; Troplong, I, n. 340 ; Aubry et Rau, IV, p. 489, § 367, note 37 ; Laurent, XXV, n. 273 ; Agnel, n. 363 ; Guillouard, I, n. 245 ; Fuzier-Herman, art. 1720, n. 1 ; Huc, X, n. 314. — *Contra* Trib. civ. Marseille, 7 déc. 1887, *Rec. d'Aix*, 88. 173. — Delvincourt, III, p. 96, note.

([2]) Cass. req., 27 juill. 1896, précité. — Rennes, 23 août 1819, précité.

928. En tout cas, pour être dégagé d'une indemnité de dégradation que lui demande le bailleur, il ne suffit pas au preneur de prouver que l'immeuble lui a été livré en mauvais état ; il doit démontrer que la dégradation au sujet de laquelle s'élève la contestation existait déjà au moment de son entrée en jouissance (¹).

929. Le preneur peut offrir cette preuve contraire avant l'expiration du bail (²), quoique, dans une certaine opinion, l'exécution des réparations locatives ne puisse pas lui être demandée avant cette époque, car la preuve contraire peut alors être devenue impossible ; on ne saurait objecter que les preuves, et notamment les enquêtes *in futurum,* sont interdites ; l'obligation du preneur est actuelle, le terme seul en est retardé.

929 *bis*. De son côté le bailleur peut répondre aux preuves du preneur par la preuve que la chose a été louée en bon état. Cette preuve peut être faite par témoins ou présomptions si l'on admet que les preuves du preneur peuvent être faites de la même manière (³).

930. Pour échapper à la restitution suivant l'état constaté par l'état des lieux, le preneur doit, suivant la loi, prouver ou la vétusté ou la force majeure.

La *vétusté* se démontrera ordinairement par l'examen même de la chose louée (⁴).

À la vétusté il faut assimiler l'usage normal de la chose, que certains auteurs considèrent comme une circonstance distincte, tout en convenant qu'il a également pour effet de décharger le preneur (⁵) ; la vétusté n'étant pas autre chose qu'un usage prolongé, l'usage proprement dit doit produire les mêmes effets ; du reste, le preneur étant *tenu* de jouir de la chose suivant sa destination, ne peut être obligé de réparer les suites de cet usage.

Ainsi l'usure des machines louées ne donne pas lieu à indem-

(¹) *Contra* Trib. paix Courbevoie, 2 juin 1896, *Loi*, 19 juin 1896.
(²) Paris, 18 mars 1895, D., 95. 2. 240.
(³) Cass., 2 mars 1875, précité.
(⁴) Guillouard, I, n. 242.
(⁵) Laurent, XXV, n. 270 ; Guillouard, I, n. 242 ; Huc, X, n. 312.

nité ; on cite encore la diminution de valeur de ces machines ; mais ceci se rattache au principe opposé, celui de la restitution intégrale de la chose.

La force majeure comprend évidemment le cas fortuit ; nous avons indiqué, à propos des réparations locatives, en quoi ils consistent.

Il y a force majeure notamment :

Si un dégât, — comme la chute d'un toit, — est causé par un ouragan ou par la neige ([1]) ;

Si les vitres sont cassées par la grêle, ainsi que le dit expressément l'art. 1734, ou sont brisées par un passant ou un malfaiteur ([2]) ;

Si l'enduit du bas des murs est enlevé par une inondation ([3]).

Il n'y a pas force majeure, comme le disait déjà Goupy ([4]), si un moulin loué est endommagé « par les glaces ou par quelque pièce de bois échappée, ou quelque bateau lâché » ([5]), car le locataire devait prendre ses précautions.

Au contraire il y a force majeure s'il survient une crue subite dont on n'a pu empêcher les effets ([6]). Goupy était sur ce dernier point en sens contraire, par le motif que ces accidents sont « pour ainsi dire périodiques ».

Le *fait du prince,* c'est-à-dire l'acte de l'autorité administrative, constitue un cas fortuit, dont nous nous sommes occupés en parlant de la garantie.

On s'est demandé autrefois si la dégradation causée par un ennemi du preneur est un cas fortuit. Gaius ([7]) assimilait le fait de l'ennemi du preneur au fait du preneur lui-même et cette opinion a été reproduite, dans l'ancien droit, par Domat ([8]) et Despeisses ([9]) ; elle était fondée sur l'idée que la faute du preneur a indirectement causé le fait incriminé.

([1]) Troplong, I, n. 220 ; Guillouard, I, n. 107 et II, n. 468.
([2]) Trib. civ. Bourges, 12 mars 1891. *Loi.* 23 mars 1891.
([3]) Guillouard, II, n. 468.
([4]) Desgodets, *Des servitudes,* art. 171.
([5]) Guillouard, II, n. 488.
([6]) Guillouard, II, n. 488.
([7]) L. 25, § 4, D., *Loc. cond.,* 19. 2.
([8]) Liv. I, tit. IV, sect. 2, n. 6.
([9]) *Du louage,* tit. II, sect. 4, n. 16.

Mais ce système était repoussé par Pothier ([1]) et doit l'être encore aujourd'hui ([2]). Le fait d'un tiers est évidemment une force majeure et, du reste, l'art. 1735, en énumérant les personnes dont la faute est considérée comme faute du preneur, n'y comprend pas l'ennemi de ce dernier.

Même prévu, le cas fortuit produit ses effets ordinaires, pourvu qu'on n'ait pu l'empêcher ([3]) ; il en est ainsi, en principe, d'une inondation ([4]).

Toutefois, la solution est autre si l'événement prévu pouvait être empêché ([5]), par exemple si des phénomènes naturels rendaient l'inondation certaine et si des travaux pouvaient en empêcher l'effet. Rien n'oblige évidemment le bailleur à connaître l'éventualité de l'inondation ; mais si, en fait, il l'a connue, par exemple à raison d'informations venant du preneur, il doit l'empêcher ; il a donc commis une faute.

Réciproquement, c'est le preneur qui a commis une faute si, pouvant empêcher l'événement fortuit ou ses effets, il ne l'a pas fait, par exemple s'il a laissé ouvertes, pendant un orage, des fenêtres dont les carreaux ont été brisés, ou s'il aurait pu éviter le bris en fermant les volets ([6]), ou si, informé d'une inondation prochaine, il ne l'a pas fait connaître au bailleur.

931. Le preneur répond également du cas fortuit causé par sa faute ; c'est l'application du droit commun ; ainsi il répond d'un cas fortuit causé par son absence de la maison louée ([7]), car il est tenu d'y être présent.

Nous avons vu aussi que le preneur répond des réparations, même non locatives, si elles proviennent de sa faute ([8]).

932. Le preneur n'est pas seulement tenu de sa propre faute ; d'après l'art. 1735, « le preneur est tenu des dégradations et des pertes qui arrivent par le fait des personnes de sa maison ou de ses sous-locataires ».

Deux questions sont soulevées par ce texte :

---

[1] N. 195.
[2] Duvergier, I, n. 438 ; Guillouard, I, n. 242.
[3-4] Guillouard, I, n. 387.
[4] Cpr. Guillouard, I, n. 387.
[5] Troplong, II, n. 560 ; Guillouard, I, n. 474.
[6] Duvergier, I, n. 437 (pour l'incendie) ; Guillouard, I, n. 271 (*id.*).
[7] V. *supra*, n. 809.

1° Quelles sont les personnes du fait desquelles répond le preneur ?

2° A quelles conditions en répond-il ?

1° Les termes de l'art. 1735 répondent à la première question par une solution des plus larges (¹). Pothier (²) et Domat (³) étaient également très sévères pour le preneur. En droit romain aussi, le preneur était responsable du fait de ses esclaves et de ses hôtes. La raison qui peut servir de justification à cette solution législative, c'est que le preneur a, en général, choisi ou accueilli toutes les personnes qui se trouvent dans sa maison et que, même dans le cas où il ignorait la présence du tiers qui a dégradé l'immeuble ou ne pouvait refuser de l'accueillir, il est en faute de n'avoir pas exercé sur la chose louée une étroite surveillance et a ainsi méconnu son obligation de jouir en bon père de famille. C'est ce que disait Pothier (⁴). On peut encore ajouter qu'il serait injuste que le bailleur fût obligé de supporter le fait des tiers quand il lui était interdit d'exercer sur l'immeuble la moindre surveillance (⁵).

Parmi les personnes de la maison, nous rangeons :

La femme (⁶) ;

Les enfants (⁷) ;

Les parents ou amis qui habitent l'immeuble (⁸ temporairement ou à titre définitif ;

Les invités ;

Les domestiques (⁹) ;

Les ouvriers travaillant dans l'immeuble (¹⁰, alors même qu'ils sont sous la dépendance d'un patron (¹¹) ;

(¹) Guillouard, I, n. 247.

(²) N. 193.

(³) Liv. I, tit. IV, sect. 2, n. 5.

(⁴) N. 193 ; Guillouard, I, n. 247.

(⁵) Guillouard, I, n. 247.

(⁶) Guillouard, I, n. 247.

(⁷) Guillouard, I, n. 247.

(⁸) Guillouard, I, n. 247.

(⁹) Guillouard, I, n. 247.

(¹⁰) Besançon, 28 déc. 1898, D., 99. 2. 104 (motifs). — Trib. civ. Seine, 22 mars 1898, *Journ. des assur.*, 98. 163. — Guillouard, I, n. 247.

(¹¹) Trib. civ. Seine, 22 mars 1898, précité.

Les pensionnaires ([1]);

Les sous-preneurs, comme le dit expressément l'art. 1735.

Le voyageur logé par un aubergiste est une personne de la maison, ou plus exactement un sous-preneur ([2]). **Le texte** général de l'art. 1735 oblige de rendre l'aubergiste responsable du fait du voyageur, et du reste l'aubergiste est en situation de surveiller le voyageur. L'opinion contraire etait admise par le droit romain ([3]) qui disait : « *caupo viatorum factum non prestat* », mais la doctrine du droit romain a été abandonnée par le code.

Pothier ([4]) était également en sens contraire ; mais ses arguments sont sans portée ; il invoque d'abord le droit romain, auquel cependant l'ancien droit, à son témoignage même, avait dérogé. Il se fonde aussi sur ce que « l'aubergiste est par son état obligé de recevoir les voyageurs qui s'y présentent » ; or nous avons vu que Pothier lui-même ne fonde pas exclusivement la responsabilité du preneur sur la liberté avec laquelle il a choisi ou accueilli les personnes de sa maison. Enfin Pothier se contredit en faisant exception pour l'incendie sous le prétexte que « si l'aubergiste eût veillé, comme il le devait, il aurait prévenu et empêché l'incendie dans son commencement ».

933. Le locataire ne répond pas du fait de ses fournisseurs ou des personnes qui, sans être ses préposés, conduisent chez lui une marchandise ([5]).

934. 2° Il résulte des termes généraux de l'art. 1735 que la responsabilité du preneur n'est pas subordonnée à la condition qu'il ait choisi ou volontairement accueilli les auteurs des dégradations ([6]) ; la loi romaine décidait, il est vrai, le contraire ; mais elle était déjà combattue par Pothier ([7]), et le système qu'elle suivait a contre lui, outre le texte de l'art. 1735, les considérations qui justifient ce texte. On ne peut

---

([1]) Guillouard, I, n. 247.

([2]) Guillouard, I, n. 248 ; Huc, V, n. 329.

([3]) L. *unic.*, § 6, D., *furt. adv. naut.*, 47. 5.

([4]) N. 194.

([5]) Trib. com. Seine, 2 janv. 1897, *Loi*, 27 janv. 1897 (camionneur).

([6]) Laurent, XXV, n. 275 ; Guillouard, I, n. 247.

([7]) N. 193.

donc invoquer en sens contraire l'art. 1384 C. civ., qui s'exprime en termes différents, et qui ne vise, d'ailleurs, que la responsabilité délictuelle.

Ainsi nous appliquerions l'art. 1735 au cas où des hôtes avaient été imposés au preneur (par exemple des militaires venant loger dans l'immeuble), et à plus forte raison au cas où un département ou une commune, obligés de fournir le logement à des fonctionnaires, les ont logés dans un immeuble loué par eux (¹).

Nous ne l'appliquerions cependant pas au cas de dégradations commises par l'ennemi (²) ; il s'agit là, comme nous l'avons dit plus haut, d'un cas fortuit ; on ne peut considérer comme une *personne de la maison* celle qui s'installe dans l'immeuble par la force.

935. La question de savoir s'il y a faute est une question de fait ; on appliquera ici les solutions que nous avons données à propos de la faute commise par le locataire lui-même. Le locataire est responsable de toutes espèces de fautes commises par les personnes, donc il répond même des crimes (³).

936. L'art. 1735 n'est pas davantage subordonné à la condition que les antécédents de l'auteur de l'incendie, son état mental ou toute autre considération aient permis au preneur de prévoir la faute (⁴).

Peu importe encore que le locataire n'ait pu exercer de surveillance sur l'auteur du méfait (⁵).

937. Le preneur peut être chargé du cas fortuit comme dans tout contrat.

Cette clause ne résulte pas de ce que les meubles donnés à bail ont été estimés (⁶), car l'estimation peut avoir un autre but et notamment de déterminer le montant de la responsabi-

---

(¹) Trib. civ. Limoges, 27 janv. 1899, *Gaz. Pal.*, 99. 1. 686 (incendie d'un immeuble pris à bail par un département pour y installer une caserne de gendarmerie.

(²) V. *supra*, n. 526 et 930.

(³) V. à propos du sous-locataire, *infra*, n. 1131.

(⁴) V. à propos du sous-locataire, *infra*, n. 1131.

(⁵) V. cep. Besançon, 28 déc. 1898, D., 99. 2. 104.

(⁶) Angers, 12 janv. 1872, S., 73. 2. 22, D., 72. 2. 38. — Duvergier, II, n. 246 ; Guillouard, II, n. 680. — *Contra* Valéry, n. 25.

lité du preneur en cas de perte par sa faute ou d'empêcher que le meuble loué soit remplacé par un autre meuble de même nature et de valeur moindre ; c'est à tort qu'on objecte l'art. 1883, lequel est spécial au prêt à usage.

A plus forte raison ne doit-on pas admettre que les meubles loués sont à la charge du preneur s'ils ont un prix moyen fixé par l'usage ([1]).

La clause portant que le preneur se charge des cas fortuits, sans autre explication, ne s'entend que des cas fortuits ordinaires. Il faut ici appliquer l'art. 1773, qui le décide expressément en matière de perte de récoltes, car il n'y aucune raison de distinguer, l'art. 1773 reposant sur l'idée générale et très exacte que le preneur n'a pas dû penser aux cas fortuits extraordinaires.

Pour la distinction entre ces deux sortes de cas fortuits, nous nous référons aux développements que nous avons donnés à propos de la perte des récoltes ([2]).

938. Mais, toujours par extension de l'art. 1773 et par application du droit commun, le preneur peut se charger expressément des cas fortuits extraordinaires. Nous avons donné des exemples de ces clauses. Ainsi le preneur qui se charge des cas fortuits extraordinaires d'une manière générale se charge non pas seulement de ceux qui occasionnent une perte de la récolte, mais de tous les autres.

A supposer donc que le preneur se soit chargé des cas fortuits imprévus, les effets de la guerre sont à sa charge, non seulement s'ils produisent une diminution ou la destruction des récoltes, mais encore s'ils empêchent la jouissance ([3]) et en admettant que dans la règle la guerre soit considérée comme une perte fortuite. Nous ne saisissons pas les raisons pour lesquelles on a soutenu l'opinion contraire.

De même pour l'inondation qui détruirait la chose ([4]).

939. On a décidé que, s'il n'y a pas eu d'état des lieux, les

---

[1] *Contra* Valéry, n. 25 (pour les sacs et futailles).
[2] V. *supra*, n. 407.
[3] Paris, 13 mai 1873, D., 73. 2. 201. — *Contra* Paris, 29 avril 1817, S. chr. — Guillouard, II, n. 586.
[4] *Contra* Guillouard, II, n. 586.

différents locataires qui se sont succédé sont tenus solidairement des réparations (¹).

§ II. *Restitution des pailles et engrais.*

940. L'art. 1778 porte : « *Le fermier sortant doit aussi* » *laisser les pailles et engrais de l'année, s'il les a reçus lors* » *de son entrée en jouissance ; et quand même il ne les aurait* » *pas reçus, le propriétaire pourra les retenir suivant l'estima-* » *tion* ». — C'est une véritable expropriation ; mais il y a un intérêt public en cause, celui de la bonne culture des terres et c'est pourquoi la loi l'a autorisée ; le fermier entrant serait forcé, s'il ne trouvait pas dans l'immeuble les pailles et engrais, d'en faire l'acquisition, et ce serait pour lui des frais considérables (²). Aussi l'introduction dans le code de la seconde partie de l'art. 1778 avait-elle été demandée par plusieurs cours, dans l'intérêt de l'agriculture (³). Nous verrons, à propos de l'art. 1777, que, d'après l'art. 13 de la loi du 10 juillet 1889, ce texte est applicable au bail à colonage partiaire (⁴).

941. Juridiquement, l'art. 1778 établit de la part du fermier qui n'avait pas reçu de paille à son entrée ou qui en avait reçu moins qu'il n'en laisse une véritable vente, laquelle a lieu de plein droit : car il y a un prix, une chose vendue, un vendeur (le fermier sortant), un acquéreur (le propriétaire).

De là il faut conclure, comme nous le ferons, que les créanciers du fermier sortant ne peuvent saisir les pailles (⁵).

942. L'indemnité due en cas de destruction des pailles comprend la valeur de ces pailles et non pas la valeur des fumiers que ces pailles auraient produits (⁶), car nous avons vu que la restitution devait porter sur les pailles et non pas sur les fumiers.

(¹) Trib paix Paris, 9 janv. 1895, *Gaz. Trib.*, 16 juil. 1895.
(²) Laurent, XXV, n. 451 ; Guillouard, II, n. 553 et 556 : Huc, X, n. 377.
(³) Fenet, III, p. 249 et IV, p. 25.
(⁴) V. *infra*, n. 1045.
(⁵) V. *infra*, n. 1197.
(⁶) Nancy, 14 fév. 1867, D., 70. 2. 52. — Guillouard, II, n. 547.

Obligé de laisser les pailles et engrais de l'année, le preneur ne peut, la dernière année, faire consommer les pailles sur place par ses bestiaux que dans les limites nécessaires à l'exploitation de l'immeuble ; il ne peut, par une consommation exagérée, se soustraire à son obligation (¹).

De même il ne peut employer une quantité exagérée de fumier pour ses dernières récoltes (²).

Enfin il ne peut disposer des pailles et foins, et cela même s'il n'en a pas reçu (³).

943. Le mot de *paille* doit être entendu largement.

Ainsi on l'applique sans difficulté aux fourrages, etc. ; le fermier qui les a reçus doit en restituer une pareille quantité (⁴). S'il n'en a pas reçu, il doit laisser les siens au prix d'estimation.

De même le fermier doit laisser les colzas (⁵). Seulement on admet qu'il peut en employer une partie au chauffage de la ferme (⁶).

Dans le cas où la plante même doit être semée, le fermier n'a à laisser que la plante nécessaires aux récoltes futures, et non pas toute celle qu'il a récoltée.

Ainsi en est-il pour le colza (⁷).

944. Le fermier n'a droit à aucune indemnité pour le fumier qu'il aura mis dans les terres louées au delà de la quantité nécessaire, et cela quoique ce fumier donne une plus value à l'immeuble et que le bail finisse avant sa durée normale (⁸). Le fermier, en effet, n'a fait que se conformer à son obligation de jouir en bon père de famille.

945. Si, dans l'intervalle qui s'est écoulé entre le commencement et la fin du bail, la ferme a été aliénée, c'est évidem-

---

¹ Laurent, XXV, n. 449 ; Guillouard, II, n. 550 ; Huc, X, n. 377.

²) Nancy, 14 fév. 1867, D., 70. 2. 52. — Amiens, 5 avril 1876, S., 77. 2. 7. — Laurent, XXV, n. 450 ; Guillouard, II, n. 550.

³) Trib. paix Bourganeuf, 3 mars 1896, *Rev. just. paix*, 96. 240.

(⁴) Trib. paix Bourganeuf, 3 mars 1896, *Rev. just. paix*, 96. 240. — Duvergier, II, n. 225 ; Guillouard, II, n. 551.

(⁵ Caen, 21 fév. 1849, *Recueil de Caen*, 1849, p. 58. — Caen, 12 nov. 1858, *Recueil de Caen*, 1859, p. 117. — Guillouard, II, n. 551.

⁶ Caen, 12 nov. 1858, précité. — Guillouard, II, n. 551.

(⁷, Caen, 21 fév. 1849, *Rec. de Caen*, 1849, p. 58. — Guillouard, II, n. 551.

(⁸) Laurent, XXV, n. 453 ; Guillouard, II, n. 555. — V. *supra*, n. 614.

ment à l'acquéreur et non au vendeur que la restitution doit
être faite. Il s'agit, en effet, d'une obligation accessoire de
celle de restituer l'immeuble, et c'est l'acquéreur qui a droit
à la restitution de l'immeuble. D'un autre côté, l'acquéreur
seul a intérêt à recevoir les pailles et engrais et le vendeur
n'en tirerait aucune utilité. Enfin, en aliénant la ferme, l'ancien propriétaire a implicitement cédé tous les droits que
comportait la propriété de cette ferme.

Nous ne croyons pas que cette solution ait été contestée.

Aussi déciderons-nous que si la ferme a été morcelée entre
divers acquéreurs, la restitution des pailles et engrais doit
être faite par partie à chacun de ses acquéreurs (¹). Toutes les
considérations que nous venons d'invoquer gardent ici leur
valeur.

Toutefois un parti très important soutient qu'en cas de
morcellement de la propriété entre divers acquéreurs, la restitution doit être faite au vendeur.

On invoque en ce sens la difficulté de trouver un mode de
répartition entre les acquéreurs; mais, si sérieuse que puisse
être cette difficulté, elle ne permet pas de déroger aux principes. On dit encore que l'art. 1778 ne prévoit pas la question,
mais ce n'est pas une raison pour écarter le droit commun.
On ajoute que l'art. 524 ne répute les pailles et fumiers
immeubles par destination que s'ils sont placés pour le service et l'exploitation du fonds et cela exclut, dit-on, l'idée d'une
répartition entre les terres vendues en détail ; nous avouons
ne pas saisir l'argument.

946. Il reste à déterminer le mode de répartition des pailles
et engrais entre les acquéreurs.

La solution nous paraît très simple : la répartition doit être
faite pour les pailles en donnant à chaque acquéreur les pailles
excrues sur la terre qui lui est échue (²). Il est peu sérieux

---

(¹) Nancy. 16 mars 1895, S., 98. 2. 155 sol. impl.. — Leudière, *Rev. prat.*, 1868,
I, p. 500: Guillouard, II, n. 552 *bis* (qui avait autrefois admis le contraire) et *Tr.
de la rente*, I, n. 225. — *Contra* Dijon, 16 déc. 1867, S., 68. 2. 241, D., 68. 2. 63.
— Caen. 23 mars 1898, S., 98. 2. 248. — Proudhon, *Tr. du dom. de propr.*, I,
n. 138.

(²) Leudière, *loc. cit.*

d'objecter (¹) que cet acquéreur peut n'en avoir pas besoin et qu'au contraire les pailles peuvent être très utiles à l'acquéreur d'une autre parcelle qui n'aura pas produit de pailles.

Quant aux engrais, la répartition doit être faite proportionnellement non pas à la contenance des terres (²), mais à leurs besoins ; car c'est aux besoins de la fumure des terres qu'a songé l'art. 1778 en imposant la restitution des pailles et engrais.

947. Ce n'est pas à l'acquéreur ou aux acquéreurs que le preneur doit restituer les pailles et engrais, mais au vendeur si, bien que la vente soit antérieure à la fin du bail, l'entrée en jouissance des acquéreurs est postérieure (³) : nous avons justifié le droit des acquéreurs par l'idée qu'ils ont droit à la restitution de l'immeuble ; or, ce n'est pas à eux mais au vendeur que doit être restitué l'immeuble s'ils ne sont pas encore en jouissance.

948. On décide que le fermier n'a pas le droit de retenir les pailles et fumiers jusqu'au paiement de l'indemnité (⁴), car le droit de rétention est exceptionnel et ne peut être donné sans texte ; cette solution nous paraît inexacte ; le fermier est est un vendeur, comme nous l'avons montré ; il doit avoir les mêmes droits que tout vendeur de meubles. Nous préférons cet argument à celui qu'on tire de ce que l'indemnité d'expropriation doit être préalable (⁵). Ce dernier principe n'est posé par la loi qu'en cas d'expropriation pour cause d'utilité publique. Nous n'acceptons pas davantage la considération tirée de ce qu'un créancier ne peut être forcé d'accomplir son obligation envers son débiteur si ce dernier n'exécute pas la sienne (⁶) ; l'application de cette idée est très contestable.

La rétention s'exerce-t-elle, comme on l'a prétendu (⁷), par la conservation de la clef de la grange où sont les pailles?

(¹) Guillouard, II, n. 552.

(²) V. cep. Lendière, *loc. cit.*

(³) Nancy, 16 mars 1895, S., 98. 2. 155.

(⁴) Laurent, XXV, n. 454. — *Contra* Guillouard, II, n. 556, et *Tr. du dr. de rétention*, n. 83, I.

(⁵) Guillouard, *loc. cit.*

(⁶) Guillouard, *loc. cit.*

(⁷) Guillouard, *loc. cit.*

c'est, à notre avis, une erreur, car le fermier sortant conserverait alors la possession de la grange elle-même et de tout ce qui s'y trouve. Il nous paraît préférable d'autoriser le fermier, comme tout vendeur, à emporter les pailles et à les conserver en dehors de l'immeuble.

949. Comme tout vendeur, le fermier a un privilège pour le paiement de l'indemnité.

950. L'obligation de laisser les pailles et engrais s'applique non seulement si le bail se termine par l'expiration de sa durée, mais encore s'il finit avant cette époque par une cause accidentelle [1].

951. L'obligation de laisser les pailles et engrais, étant une obligation de livrer, s'éteint, comme toutes les obligations de ce genre, et notamment comme l'obligation de restituer la chose louée, par la perte fortuite de la chose [2]. Mais elle ne s'éteint pas par la perte provenant de la faute du preneur [3].

Ainsi la destruction des pailles par la grêle dispense le preneur d'en restituer la valeur [4].

Quant à l'incendie, une distinction est nécessaire : s'il provient de la faute du preneur, le paiement d'une indemnité peut être exigé [5]. Il en est autrement si l'incendie provient d'un cas fortuit [6].

952. En cas de perte fortuite, le preneur doit-il restituer la somme qu'il aura touchée à titre d'indemnité d'assurance? Cette question est étrangère à notre sujet; la négative nous paraît certaine.

953. Conformément au droit commun, la preuve du cas fortuit incombe au preneur [7].

Il ne suffira donc pas de prouver l'incendie, la preuve que cet incendie a été allumé par cas fortuit devra être apportée [8].

---

[1] Duvergier, II, n. 224; Guillouard, II, n. 546: Huc, X, n. 377. — *Contra* Cass., 29 avril 1863, S., 64. 1. 460, D., 64. 1. 290.

[2] Guillouard, II, n. 548.

[3] Guillouard, II, n. 547.

[4] Guillouard, II, n. 548.

[5] Guillouard, II, n. 547.

[6] Rouen, 25 mars 1880, *Recueil de Rouen*, 1880, p. 209. — Guillouard, II, n. 547.

[7] Nancy, 14 fév. 1867, D., 70. 2. 52. — Guillouard, II, n. 547.

[8] Nancy, 14 fév. 1867, D., 70. 2. 52. — Guillouard, II, n. 547.— *Contra* Rouen, 25 mars 1880, *Rec. de Rouen*, 1880, p. 209.

954. L'obligation de laisser les pailles et engrais moyennant indemnité n'est pas d'ordre public ([1]) ; car, étant introduite dans l'intérêt des parties, elle peut être modifiée ou abrogée par elles.

Ainsi le propriétaire peut dans le bail renoncer au droit de prendre les pailles ([2]). Mais cette renonciation, conformément aux principes, ne se présume pas ([3]).

La renonciation ne résulte pas d'une clause portant que le preneur, n'ayant pas trouvé de pailles et fumiers lors de son entrée en jouissance, aura le droit de ne pas en laisser à sa sortie ([4]). Cette clause, en effet, peut s'interpréter dans le sens d'une constatation que le preneur n'a pas trouvé de pailles et fumiers.

955. Réciproquement le fermier peut renoncer à l'indemnité qui lui est due ([5]). Mais cette renonciation, comme la précédente, ne se présume pas.

La renonciation à l'indemnité ne résulte pas de la clause du bail portant que le fermier doit rendre les pailles ([6]) ; elle ne résulte pas davantage de ce que le « fermier est tenu de convertir toutes les pailles en fumier » ([7]). Cette obligation est de plein droit, puisque le fermier doit employer les pailles en engrais ; elle rappelle donc simplement l'une des conséquences de l'obligation, imposée au fermier, de jouir en bon père de famille ; elle laisse intact son droit de garder les pailles de la dernière année, sauf indemnité.

Il en est ainsi même si on ajoute la clause que le preneur ne pourra vendre aucune paille ou fumier ([8]).

Au contraire, la clause portant que le fermier convertira en fumier toutes les pailles, *même celles de la dernière année,*

([1]) Guillouard, II, n. 553.

([2]) Caen, 7 mars 1876, *Rec. de Caen*, 1876, p. 171. — Guillouard, II, n. 553.

([3]) Guillouard, II, n. 553.

([4]) Rouen, 4 juill. 1881, S., 81. 2. 264. — Guillouard, II, n. 553.

([5]) Guillouard, II, n. 553 et 554 ; Huc, X, n. 377.

([6]) Amiens, 23 oct. 1886, *Rec. d'Amiens*, 88. 166.

([7]) Douai, 19 juil. 1850, S., 50. 2. 507, D., 52. 2. 98.— Metz, 18 juil. 1861, S., 61. 2. 590, D., 62. 2. 70. — Rouen, 7 oct. 1864, S., 65. 2. 143. — Pont, *Rev. crit.*, I, p. 193 ; Laurent, XXV, n. 452 ; Guillouard, II, n. 554 ; Huc, X, n. 377. — *Contra* Douai, 4 juin 1849, S., 50. 2. 507, D., 52. 2. 97. — Troplong, II, n. 785.

([8]) Bruxelles, 20 nov. 1893, *Pasicr.* 94. 2. 165.

emporte renonciation à l'indemnité, par cela même que le bail interdit au preneur de conserver les pailles.

956. D'après les termes mêmes de l'art. 1778, le bailleur a seulement la faculté et non pas l'obligation de retenir les pailles (¹).

Mais l'usage local peut lui en imposer l'obligation (²).

957. La sanction de l'obligation de laisser les pailles et engrais consiste en des dommages-intérêts.

Ces dommages-intérêts peuvent être réclamés par le bailleur; ils ne peuvent être réclamés directement par le fermier entrant, ce dernier n'ayant pas les droits du bailleur; cependant, si le bailleur a promis au fermier entrant de lui remettre les pailles et engrais que devra laisser le fermier sortant, le premier a, comme bénéficiaire d'une cession, le droit d'agir contre le second (³).

§ III. *Epoque de la restitution.*

958. La restitution doit avoir lieu le jour même de la fin du bail (⁴). Cependant à Paris, quoique les baux expirent habituellement le premier jour d'un trimestre, la restitution peut être reculée jusqu'au 8 ou jusqu'au 15 (⁵).

Le preneur est en faute de retarder la restitution, même si la restitution est rendue impossible par les réparations qu'il est tenu de faire (⁶).

Il doit de ce chef une indemnité ; cette indemnité, représentant le préjudice causé au bailleur, peut être inférieure au prix du bail (⁷). On ne peut appliquer la solution admise pour le cas de tacite réconduction.

Nous reviendrons du reste sur ces points (⁸).

(¹) Trib. paix Bazas, 15 janv. 1890, *Rec. Bordeaux*, 91. 3. 21.

(²) *Contra* Trib. paix Bazas, 15 janv. 1890, précité.

(³) Amiens, 21 janv. 1896, *Rec. Amiens*, 96. 66. — V. *infra*, n. 1045.

(⁴) Wahl, *Note*, S., 99. 4. 3.

(⁵) V. *infra*, n. 1394 s.

(⁶) Cass. req., 7 nov. 1894, D., 95. 1. 15. — Paris, 11 déc. 1895, D., 96. 2. 193.

(⁷) Cass. req., 7 nov. 1894, précité (surtout si le bailleur a entravé les réparations). — V. cep. Paris, 11 déc. 1895, précité.

(⁸) V. *infra*, n. 1394 s.

§ IV. *Lieu de la restitution.*

959. Pour les immeubles, la restitution ne peut avoir lieu évidemment qu'à l'endroit de la situation.

Pour les meubles, elle doit avoir lieu à l'endroit où ils ont été livrés.

Toutefois les usages commerciaux veulent souvent que les objets loués soient retournés au bailleur, dans l'endroit de son domicile, aux frais du preneur (¹).

§ V. *De la restitution en nature ou par équivalent.*

960. Il résulte des art. 1730 et s. que la restitution doit avoir lieu en nature ; nous avons dit (²) que les choses consomptibles (argent, denrées, etc.), si elles font l'objet d'un véritable bail, doivent être restituées en nature.

Mais il peut arriver que les parties aient entendu que la restitution aura lieu *en équivalent;* l'hypothèse est peu pratique pour les choses non consomptibles (quoiqu'on puisse supposer la location d'un meuble, d'une table par exemple, à charge de restituer un meuble identique), mais elle est très fréquente pour les choses consomptibles : location de denrées moyennant la restitution de denrées identiques augmentées d'un prix de location. Ce sont des contrats qui ont lieu fréquemment entre négociants vendant des objets de même nature.

Y a-t-il là un véritable bail?

On admet généralement, et avec raison, la négative (³).

Les caractères essentiels du bail sont que le preneur *jouit* de la chose sans avoir la propriété, que cette propriété est réservée au bailleur, qu'enfin le preneur restitue la chose en nature. Tous ces caractères sont formellement indiqués par

---

(¹) Rennes, 20 juin 1883, *Rec. Nantes,* 84. 1. 203. — Valéry, n. 25, note.

(²) V. *supra,* n. 123.

(³) Pothier, n. 11 ; Merlin, *Rép.,* vᵒ *Bail,* § 1 ; Duranton, XVII, n. 21 ; Troplong, I, n. 83 ; Duvergier, I, n. 80 et 81 ; Colmet de Santerre, VII, n. 159 *bis,* III ; Aubry et Rau, IV, p. 467, § 364 ; Laurent, XXV, n. 63 ; Guillouard, 1, n. 69 ; Bastiné, I, n. 286 ; Fuzier-Herman, art. 1713, n. 7. — V. cep. Rolland de Villargues, vᵒ *Bail,* n. 78 s.

l'art. 1709; or, ils se trouvent méconnus dans le contrat que
nous analysons; par dessus tout, le preneur acquiert sur la
chose un droit de propriété qui est incompatible avec l'idée
de location.

L'objection qu'on tirerait de l'art. 587, qui autorise l'usufruit des choses consomptibles aussi bien que des choses non
consomptibles, quoiqu'en principe l'usufruit ne donne qu'un
droit réel et non un droit de propriété sur la chose, n'est
pas décisive. Ce n'est pas, comme on le dit très souvent, parce
que l'art. 587 contient une exception non susceptible d'être
étendue; c'est parce qu'à moins d'interdire l'usufruit des
choses non consomptibles, ce qui eût été, en équité, inexplicable, le législateur a dû déroger en ce qui les concerne à
l'obligation de restitution en nature; au contraire, nous montrerons que la solution que nous donnons relativement au
bail n'interdit pas le contrat, qui, seulement, reçoit une autre
qualification.

Du reste, notre opinion est corroborée par les travaux préparatoires; le rapport du tribun Mouricault porte en effet [1]:

« On peut, en effet, louer toutes sortes de biens...., il ne
faut excepter que les choses qui se consomment par l'usage,
comme l'argent comptant, le blé, le vin, etc., parce qu'elles
ne peuvent se rendre identiquement au bailleur ».

Enfin, nous rappelons que le prix du bail doit nécessairement, d'après l'opinion générale, consister en argent.

961. L'acte fait dans de pareilles conditions, même sous
le nom de bail, sera-t-il donc nul ? Évidemment non [2]: l'ordre public n'a rien qui interdise une convention de ce genre
et ne rentrerait-t-elle dans aucune des conventions reconnues
qu'elle serait valable comme contrat innommé.

Le tribun Mouricault, dans son rapport précité, considérait cette convention comme une espèce de vente, dont la
quantité reçue forme la matière, et dont une quantité pareille,
réunie au bénéfice stipulé, forme le prix. Ce n'est pas une
qualification exacte, car le prix de la vente, comme celui du

---

[1] Fenet, XIV, p. 322.
[2] V. cep. Guillouard, I, n. 69 et 70, et II, n. 672.

bail, doit être, d'après l'opinion commune, une somme d'argent.

Il nous paraît incontestable qu'il s'agit ici plutôt d'un prêt de consommation ; suivant l'art. 1892, le prêt de consommation est un contrat par lequel l'une des parties livre à l'autre une certaine quantité de choses qui se consomment par l'usage, à la charge par cette dernière de lui en rendre autant de même espèce et qualité, et l'art. 1905 permet « de stipuler des intérêts pour simple prêt.... de denrées ou autres choses mobilières ». C'est bien là ce qui se produit dans l'espèce (¹).

962. L'importance de la question est assez considérable, car s'il y avait bail, le bailleur contracterait ses obligations ordinaires ; notamment, il devrait garantie pour les troubles de droit et de fait ; en outre, le bailleur a un privilège qui n'appartient pas au prêteur.

963. La difficulté sera de savoir si les parties ont voulu faire un bail avec restitution en nature, ou un prêt de consommation. La seconde hypothèse devra être admise de préférence, car il n'est pas fréquent que des choses consomptibles doivent être, dans la pensée des parties, restituées en nature ; toutefois la profession des parties, les circonstances, les clauses de l'acte pourront faire admettre le point de vue contraire.

964. On admet souvent une exception au principe que les choses consomptibles, à moins d'être restituables en nature, ne peuvent faire l'objet du bail ; il s'agit du cas où les choses consomptibles sont louées en même temps qu'un établissement industriel et commercial dont elles sont l'accessoire (²). On admet, par exemple, que les approvisionnements de matières premières destinés à la fabrication peuvent faire l'objet d'un bail en même temps que l'usine (³) et, par suite, que le

---

¹ D'après Bastiné, *loc. cit.*, ce serait une vente.

(²) V. les autorités citées à la note suivante.

(³) Cass., 7 avril 1857, S., 58. 1. 51, D., 57. 1. 171. — Paris, 21 mars 1822, S. chr., D. *Rép.*, v° *Louage*. n. 39. — Rolland de Villargues, v° *Bail*, n. 79; Troplong, I, n. 83; Guillouard, I, n. 70 et II, n. 672; Fuzier-Herman, art. 1713, n. 8 à 11. — *Contra* Duvergier, I, n. 81; Laurent, XXV, n. 63. — Il est évident que les marchandises fabriquées, livrées par le preneur au bailleur, ne sont pas comprises dans ce bail, mais vendues. Cass., 7 avril 1857, précité.

bailleur jouit de son privilège pour le paiment du loyer
total ([1]).

Les raisons qu'on a invoquées en ce sens ne nous paraissent pas convaincantes. Les approvisionnements sont, dit-on,
nécessaires au fonctionnement de l'usine. Quelle importance
a cette observation pour la solution de la question? Nous le
cherchons en vain.

L'intention des parties est, ajoute-t-on, que le preneur
restitue non pas une somme d'argent, mais l'équivalent même
des matières reçues. Nous n'y contredisons pas, mais nous
avons montré qu'en cette hypothèse, il y a prêt à intérêt et
non pas bail.

On dit encore que l'art. 1778 prévoit une convention accessoire de ce genre en obligeant le fermier à laisser les pailles
et engrais de l'année s'il les a reçus lors de l'entrée en
jouissance. L'art. 1778 est étranger à la question, car il suppose une convention tacite, mais sans indiquer qu'il y voie
un bail ; en fût-il autrement, que l'art. 1778 serait alors une
exception au droit commun et ne pourrait s'étendre.

L'intérêt général, dit-on, veut que de pareilles conventions
soient valables ([2]). Nous répondons qu'il n'est pas question de
les annuler.

965. L'obligation de restituer les objets loués en nature
interdit au preneur de remplacer le matériel loué par un
matériel plus nouveau et meilleur; le bailleur peut exiger
que l'ancien matériel lui soit rendu, comme le preneur peut,
malgré le bailleur, enlever le matériel qu'il a installé et
rendre l'ancien ([3]).

A plus forte raison le preneur ne peut-il pas, si le matériel
nouveau est d'une valeur supérieure au matériel ancien, exiger que le bailleur garde le matériel nouveau en lui rem-
boursant la différence de valeur ([4]).

Il en est ainsi même dans le cas où le matériel ancien a été
estimé, et pour les objets au sujet desquels cette estimation

---

[1] Arrêts précités. — Guillouard, *loc. cit.*; Fuzier-Herman, art. 1713, n. 13.
[2] Guillouard, *loc. cit.*
[3] Guillouard, II, n. 485.
[4] Guillouard, II, n. 486.

est faite en vue de faire payer soit au bailleur, soit au preneur la différence de valeur entre le matériel existant au commencement et à la fin du bail (par exemple, comme nous l'avons vu, pour les moulins) (¹); cela n'autorise pas le preneur à changer le matériel.

Cependant le contraire peut être stipulé; c'est ce qu'on appelle, comme nous l'avons dit, le bail à la prisée (²).

966. La restitution a lieu, pour les pailles laissées au fermier entrant, en équivalent, suivant l'art. 1777 (³); car ces pailles étaient destinées à être consommées.

§ VI. *Sanction de l'obligation de restituer.*

967. Si le preneur refuse de restituer, le bailleur a le droit d'agir par une action personnelle en restitution.

Il peut aussi agir en revendication.

Il peut même exercer contre lui une action possessoire (⁴), mais seulement si le preneur prétend avoir le droit de rester en possession en une qualité autre que celle du preneur (⁵), l'action possessoire ne pouvant être formée contre un détenteur précaire.

968. En outre le bailleur a le droit de demander des dommages-intérêts au preneur. Il peut aussi en demander si la chose ne lui est pas restituée dans l'état où elle devait l'être (⁶).

Le bailleur ne peut pas demander dans ce dernier cas la résiliation du bail, puisque l'obligation de restituer suppose que le bail est terminé (⁷).

969. Le preneur qui ne restitue pas l'objet loué en doit donc la valeur, outre le prix du loyer, plus des dommages-

---

(¹) Cass., 3 janv. 1849, S., 49. 1. 85, D., 49. 1. 27. — Guillouard, II, n. 485.

(²) V. *supra*, n. 929.

(³) V. *infra*, n. 1045.

(⁴) Cass. req., 6 frim. an XIV, S. chr. — Bélime, *Tr. du dr. de poss.*, n. 327 et 328 ; Crémieu, *Théor. des act. possess.*, n. 312 ; Curasson, *Tr. des act. possess.*, II, n. 602 ; Aubry et Rau, II, p. 224 et 225, § 187, note 8.

(⁵) Mêmes autorités.

(⁶) Trib. civ. Seine, 27 juill. 1893, *Droit*, 10 août 1893. — Le preneur doit être, avant toute action en justice, mis en demeure, conformément au droit commun. — Même jugement.

(⁷) V. cep. Argou, liv. III, ch. XXVII, p. 277.

intérêts représentant le gain dont le bailleur a été privé ; il en est ainsi même pour les meubles dont le loyer est très élevé comparativement à leur valeur, tels que les sacs ou futailles (¹).

En outre s'il s'agit d'un meuble, le détournement est un abus de confiance (²).

970. Comme le preneur ne s'est pas engagé à restituer le surplus de l'immeuble, il n'a pas à démontrer, pour échapper au paiement de la valeur de ce surplus, l'absence de faute de sa part ; au contraire, le propriétaire ne peut, sans prouver la faute du locataire, obliger ce dernier à payer la valeur de la partie de l'immeuble qu'il n'occupe pas ; en admettant que l'art. 1734 décide le contraire pour le cas d'incendie, ce texte ne peut s'étendre (³).

§ VII. *Baux auxquels s'applique l'obligation de restituer.*

971. L'obligation imposée au preneur de restituer la chose en bon état et sans dégradations, sauf s'il prouve que ces dégradations ne proviennent pas de sa faute, s'applique à toutes espèces de baux (⁴), et notamment aux baux de meubles (⁵).

On cite comme exception le cas où le bailleur a chargé quelqu'un de veiller à la conservation de la chose, par exem-

---

(¹) Cass., 26 mai 1868, S., 69. 1. 33. D., 68. 1. 171. — Caen, 7 juin 1872, *Rec. Havre*, 73. 2. 77. — Aix, 25 mars 1886, *Rec. Marseille*, 88. 1. 12. — Trib. com. Dieppe, 25 janv. 1869, *Rec. Havre*, 69. 2. 80. — Trib. com. Havre, 8 juil. 1872, *Rec. Havre*, 72. 1. 219. — Trib. com. Marseille, 18 nov. 1879, *Rec. Marseille*, 80. 1. 73. — Valéry, n. 26. — Cependant on décide quelquefois que le locataire doit seulement les loyers pendant la durée fixée et pendant quelques mois en plus. — Montpellier, 8 déc. 1892. *Mon. jud. Midi*, 12 fév. 1893. — Trib. com. Marseille, 21 juin 1881, *Rec. Marseille*. 81. 1. 224, — ou même que le bail se transforme en vente et qu'il n'est dû que la valeur des sacs. — Trib. com. Havre, 28 août 1866, *Rec. Havre*, 66. 1. 239. — Trib. com. Havre, 5 nov. 1867, *Rec. Havre*. 68. 1. 110. — Pour le cas où l'usage transforme le bail en vente, V. *supra*, n. 960.

(²) Cass. crim., 8 déc. 1893, D., 97. 1. 425. — Il en est ainsi même si le prix n'était pas fixé et s'il avait été stipulé que ce prix serait fixé ultérieurement (même arrêt).

(³) Trib. civ. Seine, 7 juil. 1893, *Journ. des assur.*, 1894, p. 84.

(⁴) Pour le métayer. v. *supra*. n. 916.

(⁵) Trib. civ. Seine, 26 fév. 1897, *Mon. jud. Lyon*, 28 fév. 1897 (cheval de selle). — Troplong, I, n. 297 ; Duvergier, II, n. 244 ; Guillouard, II, n. 679 ; Valéry, n. 25.

ple où il a fourni, avec les chevaux et voitures loués pour un voyage, un cocher pour les conduire (¹). Mais comme nous le montrerons, il s'agit là d'un louage d'ouvrage.

SECTION XVI

OBLIGATION SPÉCIALE DU LOCATAIRE EN CAS D'INCENDIE

§ I. *Justification de la responsabilité. Preuve contraire.*

972. Les principes que nous avons développés à propos des dégradations et de la perte s'appliquent à la dégradation et à la perte provenant d'un incendie.

Le législateur a cru devoir les consacrer par une disposition spéciale. Le preneur est responsable de l'incendie à l'égard du bailleur, à moins qu'il ne prouve que cet incendie est survenu sans sa faute ; car il est présumé en faute ou, si on le veut, la preuve du cas fortuit lui incombe. Or l'incendie en lui-même n'est ni un cas fortuit, ni le résultat d'une faute (²), c'est un simple fait, comme le serait la chute d'un toit, et c'est au preneur à justifier que l'incendie est la suite d'un cas fortuit. Il ne suffit donc pas au locataire qui se prétend libéré, de prouver le fait de l'incendie ; il doit en outre établir que cet incendie est un cas fortuit, qu'il n'est pas le résultat de sa faute. Le législateur n'a pas fait autre chose, peut-on croire, que de consacrer, à ce point de vue, le droit commun dans l'art. 1733 (³). « Il [le locataire] *répond de l'in-* » *cendie à moins qu'il ne prouve :* — *Que l'incendie est arrivé* » *par cas fortuit ou force majeure ou par vice de construc-*

(¹) Guillouard, II, n. 679.

(²) Guillouard, I, n. 249.

(³) Poitiers, 24 janv. 1889, S., 89. 2. 182, D., 90. 2. 97. — Toulouse, 7 fév. 1888, D., 90. 2. 97. — Trib. civ. Langres, 16 nov. 1888, *Gaz. Pal.*, 89. 1, *Suppl.*, 86. — Trib. civ. Seine, 12 juin 1895, *Gaz. Trib.*, 19 nov. 1895. — Guillouard, I, n. 249 et 253 ; Dramard, *De la preuve du commenc. de l'incendie, Rev. crit.*, XVI, 1887, p. 241, n. 1 ; Boucart, *France jud.*, 1887, p. 50 ; Sauzet, *De la responsab. des locataires envers le bailleur au cas d'incendie, Rev. crit.*, XIV, 1885, p. 168 s., n. 4 s., et *Note sur les art. 1733 et 1734 C. civ., Rev. crit.*, VIII, 1879, p. 568, n. 2 (V. aussi le même auteur, *Rev. crit.*, XII, 1883, p. 611, n. 27) ; Saleilles, *Th. gén. de l'oblig. d'après le proj. de C. civ. allemand*, n. 333.

» *tion,* — *Ou que le feu a été communiqué par une maison*
» *voisine* » (¹).

On peut ajouter, pour justifier cette disposition, que si la
loi avait décidé le contraire, et imposé au bailleur la preuve
de la faute du preneur, elle se serait heurtée à d'insurmon-
tables difficultés de fait. Il est en effet plus difficile pour le
bailleur, qui n'est pas en possession de l'immeuble et ignore
dans quelles circonstances l'incendie a eu lieu, de prouver la
faute du preneur, qu'il n'est difficile au preneur de prouver
le cas fortuit (²). Enfin on peut dire que, même si l'incendie
est allumé par un cas fortuit, le locataire aurait pu, par une
surveillance étroite, soit l'empêcher, soit le limiter (³).

De toutes ces raisons, la première est évidemment la meilleure, c'est la seule qui s'appuie sur des principes juridiques.

973. Cependant il est certain que le code l'a entièrement
négligée (⁴). D'une part, comme l'ancien droit n'en fait aucune
mention et que les travaux préparatoires ne s'en préoccupent
pas, on ne peut croire que le législateur se soit inspiré de
cette idée. D'autre part, au contraire, la tradition historique
et les travaux préparatoires de l'art. 1733 nous montreront
qu'on a uniquement songé, soit avant le code civil, soit dans
les discussions qui ont précédé sa rédaction, à sanctionner
une faute présumée du preneur.

Il nous paraît donc certain que l'art. 1733 doit être considéré non pas comme une application de la théorie des preuves,
mais comme une présomption légale (*juris tantum*) que l'incendie est la faute du locataire ; sans doute la loi du 5 janvier
1883, qui a modifié l'art. 1734, a donné à cette dernière disposition un fondement tout nouveau et l'a, comme nous le montrerons, rattachée à la théorie des preuves, mais l'art. **1733,**
étant maintenu dans son texte sans aucune modification, n'a

(¹) Pour le montant de l'indemnité v. *infra.* n. 981.

(²) Guillouard, I, n. 249 et 253 ; Sauzet, *Rev. crit.*, VIII, 1879, p. 571, n. 4.

(³) Guillouard, I, n. 253.

(⁴) Trib. civ. Seine. 2 août 1884, *Journ. des assur.*, 1884, p. 544. — D'autres
pensent que l'art. 1733 est une combinaison des art. 1302 et 1382 pour aggraver la
responsabilité du locataire. — De Lalande et Couturier, *Tr. du contr. d'assur.
contre l'incendie,* n. 625.

pu perdre son ancien fondement ; ce ne sont pas les déclarations faites au cours des travaux préparatoires du nouvel
art. 1734 qui peuvent faire décider le contraire : elles nous
donnent la pensée du législateur moderne et c'est la pensée
des rédacteurs du code civil qui seule nous importe ; nous
verrons même qu'une modification proposée, et qui aurait eu
pour résultat de mettre l'art. 1733 d'accord avec la théorie
des preuves, ne fut pas admise.

Ces déclarations elles-mêmes sont assez contradictoires : la
première proposition déposée modifiait, comme nous le verrons,
l'art. 1733 en mettant la preuve à la charge du propriétaire
et méconnaissait ainsi la corrélation entre cette disposition
et la théorie de la preuve. Le rapport de la commission, au vu
duquel la réforme de l'art. 1733 a été rejetée, fait bien ce rat-
tachement, mais il s'appuie aussi sur ce que les incendies sont
généralement causés par la faute des locataires ; nous verrons
que sur des questions spéciales le point de départ a été complètement perdu de vue par la chambre des députés.

Il n'en est pas de même, toutefois, du Sénat : le rapport
de la commission est très net : « Les art. 1732 et 1733 sont,
dit-il, l'application à la matière du bail de la règle posée dans
l'art. 1302 C. civ. ».

974. Une double raison peut, en tout cas, faire comprendre
que le législateur ait cru devoir s'expliquer sur la preuve de
l'incendie.

D'abord, à supposer même que l'art. 1733 applique le droit
commun, en ce qui concerne le principe, il déroge, d'après
l'opinion générale, au droit commun en ce qui concerne les
moyens qu'a le preneur d'échapper à la responsabilité.

En second lieu il était bon de mettre fin aux difficultés que
la tradition historique avait fait naître sur la responsabilité
en cas d'incendie des différents locataires habitant la même
maison et, pour amener la solution qu'il donne dans cette
hypothèse, le code a dû commencer par formuler le principe.

975. La seule solution qu'ait donnée le droit romain sur
ce point consistait à décider que le preneur était tenu de
l'incendie, même causé par cas fortuit, si le bail contenait la

clause : « *Ne ignem habeto* » ([1]). Il résultait de là qu'à défaut de cette clause le preneur n'était tenu de l'incendie que si l'incendie provenait de sa faute; mais le droit romain ne tranchait pas la question de preuve. Il était également décidé que le vendeur qui n'a pas encore fait livraison est responsable de l'incendie causé par sa faute ([2]), mais la question de preuve, ici encore, n'était pas tranchée.

Toutefois les principes généraux conduisaient à décider que le preneur devait justifier du cas fortuit, car les textes posent d'une manière absolue cette règle que la personne obligée de prendre pour une chose les soins d'un bon père de famille est tenue, si cette chose vient à périr, de prouver le cas fortuit ([3]).

On ne partait donc pas de la présomption que l'incendie provenait de la faute du preneur; si les auteurs de l'ancien droit ont attribué au droit romain cette présomption, c'est qu'ils ont mal interprété un texte ([4]) qui, pour éviter les incendies, frappe de peines sévères ceux qui par leur faute allument les incendies, et formule cette raison devenue célèbre : « *Quia plerumque incendia fiunt culpa inhabitantium* ».

976. Il est assez singulier que, dans l'ancien droit, on ait déjà perdu de vue le terrain du débat et oublié que la responsabilité du preneur en matière d'incendie se rattachait à la théorie des preuves. On s'occupa uniquement du point de savoir si l'incendie était, en général, le résultat d'une faute ou d'un cas fortuit et cette manière d'envisager la question conduisit, comme nous le verrons, à des solutions erronées au sujet des rapports du preneur avec les propriétaires d'immeubles voisins.

Les chartes générales du Hainaut ([5]) disposaient que le « louagier ne sera sujet à quelque restitution, s'il n'est trouvé coupable ou ses domestiques ». Voët décidait dans le même sens.

([1]) L. 11, § 1, D., *Loc. cond.*, 19. 2. — V. aussi L. 9, § 3, *eod. tit.*
([2]) L. 11, D., *De peric. et comm. rei vend.*, 18. 6.
([3]) L. 5, C., *De pignor. in rem act.*, 4. 24.
([4]) L. 3, § 1, D., *De off. præf. vigil.*, 1. 15.
([5]) Ch. CXVII, art. 8.

Mais la jurisprudence admettait que, jusqu'à preuve du contraire, le preneur était réputé en faute. Cette théorie fut consacrée par des arrêts des 24 janv. 1637 et 11 déc. 1657. C'était également l'opinion suivie par Basnage (¹), Pothier (²) et Denisart (³). On la justifiait par l'idée que l'incendie est ordinairement causé par la faute du locataire. « Comme les incendies, disait Pothier, arrivent ordinairement par la faute de personnes qui demeurent dans les maisons, lorsqu'une maison est incendiée, l'incendie est facilement présumé arrivé par la faute du locataire ou par celle de ses domestiques, desquels nous venons de dire qu'il est responsable. C'est pourquoi il est, en ce cas, tenu de rétablir la maison incendiée ».

Aujourd'hui encore, la jurisprudence invoque souvent l'idée d'une présomption de faute (⁴).

La question a joué un rôle considérable dans la discussion du point de savoir si, au cas où l'immeuble est incendié entre les mains d'un sous-locataire, le bailleur a contre ce dernier une action directe (⁵).

977. L'art. 1733 indique divers faits dont la preuve décharge le locataire de toute responsabilité.

1° Le cas fortuit ; nous savons déjà ce que, d'une manière générale, signifie cette expression (⁶).

Parmi les cas fortuits, on peut citer :

La malveillance (⁷), même si l'auteur en est incon-

(¹) Cout. de Normandie, art. 453.

(²) N. 194.

(³) V° *Incendie*, n. 7 ; Argou, liv. III, ch. XXVII, p. 281.

(⁴) Cass. civ., 13 janv. 1892, S., 92. 1. 89, D., 92. 1. 509 (motifs). — De Lalande et Couturier, *Tr. du contr. d'assur. contre l'incendie*, n. 977.

(⁵) V. *infra*, n. 1150.

(⁶) V. *supra*, n. 930 s.

(⁷) Amiens, 6 janv. 1886, D., 87. 2. 152. — Paris, 5 déc. 1887, *Gaz. Pal.*, 88. 1. 77. — Toulouse, 26 juin 1895, *Gaz. Pal.*, 95. 2. 383 (la preuve de la malveillance peut résulter des dépositions d'une instruction criminelle, sans qu'une enquête selon les formes de la procédure civile soit nécessaire, et alors même qu'il y a eu ordonnance de non lieu . — Trib. civ. Saint-Gaudens, 21 juillet 1894, *Gaz. Trib.*, 21 oct. 1894 (incendie allumé par un étranger de passage, que le preneur a logé dans une écurie ; le fait de loger l'étranger n'est pas une imprudence, si tel est l'usage du pays'. — Trib. civ. Argentan, 19 déc. 1894, *Gaz. Trib.*, 23 avril 1895. — Trib. civ. Seine, 17 nov. 1896, *Droit*. 19 janv. 1897 (incendie allumé par des voleurs).

nu (¹), et à moins qu'il n'ait été possible au preneur d'y résister (²) ;

La foudre (³) ;

Le défaut d'entretien de la chose louée par le bailleur est un cas fortuit (⁴) ; il peut même donner lieu à la responsabilité de ce dernier (⁵).

Il n'y a pas cas fortuit, au contraire, quand l'incendie est allumé par l'imprudence d'une personne qui a ouvert la porte d'une chambre, dont les fenêtres étaient également ouvertes, sans prendre de précautions(⁶), ni si le maitre a laissé circuler son domestique dans un escalier exposé aux courants d'air (⁷).

2° Le vice de construction : par exemple le feu a pris dans des solives de bois placées sous une cheminée et qui n'étaient pas suffisamment isolées de l'àtre (⁸). Il va sans dire que le preneur doit également établir la relation entre ce vice de construction et l'incendie (⁹). Encore faut-il excepter le cas où le vice de construction est le fait du preneur (¹⁰), par exemple

---

(¹) Amiens, 6 janv. 1886, précité. — Paris, 5 déc. 1887, précité. — Toulouse, 26 juin 1895, précité. — Contra-Rouen, 9 avril 1887, *Gaz. Pal.*, 87. 2. 235.

(²) Trib. civ. Seine, 2 nov. 1886, *Journ. des assur.*, 87. 165. — Trib. civ. Seine, 17 nov. 1896, précité.

(³) Trib. civ. Trévoux, 21 mai 1895, *Journ. des assur.*, 96. 327.

(⁴) Ainsi le défaut de ramonage, lorsque l'usage ou la convention mettent le ramonage à la charge du bailleur. — Trib. civ. Lyon, 25 fév. 1892, *Rec. des assur.*, 92. 377. — De même le mauvais état d'une gaine de cheminée. Lyon, 15 janv. 1897, *Mon. jud. Lyon*, 21 avril 1897. — Et il en est ainsi alors même que le bailleur a ignoré la nécessité des réparations. — Trib. civ. Lyon, 27 janv. 1891, *Mon. jud. Lyon*, 27 juil. 1891.

(⁵) V. *supra*, n. 324 s.

(⁶) Paris, 9 mars 1893, D., 93. 2. 296.

(⁷) Paris, 9 mars 1893, précité. — Muteau, *De la responsab. civ.*, p. 206.

(⁸) V. aussi Trib. civ. Lyon, 18 mai 1894, *Rec. assur.*, 94. 309 (feu de cheminée éclatant dans une cheminée qui n'a pas été appropriée pour la profession de boulanger exercée par le preneur). — Trib. civ. Lyon, 28 août 1894, *Journ. des assur.*, 95. 171. — Trib. civ. Lyon, 22 mai 1895, *Rec. des assur.*, 95. 290, *Mon. jud. Lyon*, 7 mai 1895 (gaine de cheminée).

(⁹) Trib. civ. Lyon, 14 nov. 1894, *Loi*, 12 fév. 1895. — Trib. civ. Tarbes, 6 avril 1895, *Rec. des assur.*, 95. 326. — Trib. civ. Toulouse, 4 juin 1888, *Gaz. Trib. Midi*, 11 nov. 1888. — Contra Toulouse, 20 mars 1894, D., 95. 2. 318. — Trib. civ. Roanne, 14 août 1889, *Loi*, 13 sept. 1889.

(¹⁰) Caen, 19 mai 1896, *Rec. des assur.*, 98. 357. — Trib. civ. Lyon, 18 mai 1894, précité (motifs). — Trib. civ. Lyon, 22 mai 1895, *Rec. des assur.*, 95. 290, *Mon. jud. Lyon*, 7 mai 1895.

où il provient de ce qu'une réparation locative n'a pas été faite (¹) ou du mauvais agencement d'une cheminée que le preneur a substituée à celle du bailleur (²).

3° La communication par une maison voisine ; on excepte toutefois l'hypothèse où la maison voisine appartient au locataire lui-même (³) ou est habitée par lui (⁴), parce qu'il est tenu de la surveiller au même degré que l'immeuble loué. Cette exception ne nous paraît pas fondée : si le preneur est responsable de l'incendie, c'est à raison soit de ce qu'il doit rendre l'immeuble intact, soit d'une présomption de faute arbitrairement créée par la loi. Or il n'a contracté aucune obligation envers le bailleur au sujet de l'immeuble qui lui appartient personnellement et, d'autre part, on ne peut étendre une présomption au delà de ses termes.

Les considérations que nous venons de développer s'appliquent même à l'hypothèse où le preneur a établi une communication entre les deux immeubles (⁵).

Dans tous les cas, en acceptant la considération sur laquelle se fonde l'opinion contraire, il faut rendre le locataire responsable de l'incendie communiqué par une maison voisine, non pas si elle lui appartient, mais seulement s'il l'habite ; c'est alors seulement qu'on peut lui reprocher une surveillance insuffisante.

Il peut également prouver, comme nous le verrons, que l'incendie a commencé chez un autre locataire.

978. Mais c'est une question très délicate que de savoir si le locataire peut également se libérer en faisant la preuve qu'il n'y a ou qu'il ne peut pas y avoir de faute de sa part, par exemple en démontrant l'absence, au moment où l'incen-

---

(¹) Trib. civ. Lyon, 22 mai 1895, précité.

(²) Caen, 19 mai 1896, précité.

(³) Cass., 28 nov. 1881, S., 83. 1. 209, D., 82. 1. 217. — Pascaud, *Rev. crit.*, XII, 1883, p. 186.

(⁴) Trib. civ. Grenoble, 23 mai 1888, *Rec. de Grenoble*, 88. 223 (à moins, bien entendu, qu'il ne prouve que l'incendie a commencé hors de la portion occupée par lui). — *Contra* Amiens, 20 avril 1898, *Rec. Amiens*, 98. 93. — Trib. civ. Perpignan, 23 mai 1887, *Loi*, 28 juin 1887.

(⁵) *Contra* Amiens, 20 avril 1898, précité. — Trib. civ. Perpignan, 23 mai 1887, précité.

die éclate, de tout feu dans l'appartement, ou le fait que le feu a pris naissance dans une partie de l'appartement où ni le locataire ni aucun membre de sa famille ne pénétraient.

Nous admettons la négative (¹) ; elle a pour elle une grande partie de la doctrine, et la jurisprudence, après avoir long-temps été d'avis contraire, a fini par s'y ranger.

La raison qui nous paraît décisive est tirée de la manière même dont l'art. 1733 est conçu ; ce qu'il exige, c'est la preuve du fait précis qui a causé l'incendie, le locataire ne peut donc se contenter d'apporter la preuve négative, plus facile, qu'il n'est pas en faute.

On comprend que le locataire ait été par le Code civil astreint à une surveillance plus rigoureuse que tous les autres

---

(¹) Cass., 16 août 1882, S., 84. 1. 33. — Orléans, 4 déc. 1886, S., 88. 2. 154, D., 88. 2. 63. — Angers, 20 mai 1891, *Gaz. Trib.*, 30 juil. 1891. — Paris, 16 mars 1894, *Rec. des assur.*, 1894, p. 249. — Nancy, 31 juil. 1895, *Rec. des assur.*, 95. 433. — Lyon, 11 mars 1898, *Gaz. Pal.*, 98. 2. 59, *Droit*, 27 juil. 1898. — Trib. civ. Seine, 2 nov. 1886, *Journ. des assur.*, 87. 165. — Trib. civ. Lyon, 24 nov. 1886, *Gaz. Trib.*, 8 fév. 1887. — Trib. civ. Seine, 17 juin 1893, *Gaz. Trib.*, 24 sept. 1893. — Trib. civ. Seine, 1er août 1893, *Rec. des assur.*, 1894, p. 39. — Trib. civ. Lan-gres, 2 mai 1894 (motifs), *Gaz. Trib.*, 13 juin 1894. — Trib. civ. Domfront, 4 août 1895, *Rec. assur.*, 95. 462. — Trib. civ. Trévoux, 21 mai 1895, *Journ. des assur.*, 96. 237. — Trib. civ. Gien, 16 fév. 1897, *Loi*, 27 avril 1897 (motifs). — Bruxelles, 13 mars 1894, *Pasicr.*, 94. 2. 222. — Toullier, XI, n. 161 ; Marcadé, art. 1733, n. 1 ; Massé et Vergé, IV, § 702, note 10 ; Aubry et Rau, IV, p. 485, § 367, notes 20, 21 et 22 ; Huc, X, n. 315 s. — Cpr. Duranton, XVII, n. 104. — *Contra* Cass., 14 nov. 1853, S., 54. 1. 676, D., 54. 1. 56. — Cass., 11 janv. 1870, S., 70. 1. 335, D., 70. 1. 256.— Rouen, 16 janv. 1845, S., 45. 2. 473, D., 45. 2. 172. — Metz, 21 déc. 1854, S., 55. 2. 121, D., 55. 2. 197. — Chambéry, 10 avril 1867, S., 67. 2. 212, D., 67. 2. 90. — Caen, 15 juin 1872, S., 73. 2. 7. — Nancy, 21 mai 1873, S., 73. 2. 139, D., 74. 5. 318. — Lyon, 26 mars 1879, S., 79. 2. 67. — Amiens, 9 avril 1880, S., 80. 2. 212. — Caen, 19 mai 1881, *Rec. de Caen*, 1881, p. 177. — Bordeaux, 10 mai 1884, S., 84. 2. 198. — Toulouse, 19 fév. 1885, S., 85. 2. 73. — Rouen, 6 janv. 1887, *Rec. Rouen*, 87. 188. — Bordeaux, 22 juin 1887, *Rec. Bordeaux*, 87. 1. 433. — Caen, 18 juin 1890, *Rec. Rouen*, 91. 2. 89. — Riom, 11 août 1891, D., 92. 2. 175. — Caen, 1er déc. 1892, S., 93. 2. 152, D., 93. 2. 379. — Rouen, 13 juil. 1893, *Rec. Rouen*, 94. 231. — Alger, 25 nov. 1893, D., 94. 2. 502. — Besançon, 27 nov. 1895, *Gaz. Pal.*, 95. 2. 755, *Journ. des assur.*, 96. 43. — Aix, 15 nov. 1897, *Rec. Marseille*, 98. 1. 17. — Lyon, 21 janv. 1898, *Mon. jud. Lyon*, 7 juin 1898. — Trib. civ. Seine, 23 déc. 1885, *Gaz. Trib.*, 18 janv. 1886. — Trib. civ. Bazas, 16 janv. 1894, *Gaz. Pal.*, 94. 2. 244, *Pand. franç.*, 95. 2. 120. — Trib. civ. Argentan, 19 déc. 1894, *Gaz. Trib.*, 23 avril 1895. — Trib. civ. Gand, 2 mai 1894, *Pasicr.*, 94. 3. 281. — Prou-dhon, *Tr. de l'usufr.*, IV, n. 1552 ; Larombière, *Th. et prat. des oblig.*, art. 1148, n. 14 ; Taulier, VI, p. 244 ; Duvergier sur Toullier, I, n. 435 ; Boileux, VI, p. 76 ; Laurent, XXV, n. 279 s. ; Arntz, IV. n. 1145 et 1146 ; Guillouard, I, n. 269.

détenteurs de la chose d'autrui. L'art. 1733 et aussi l'art. 1734, tel qu'il était conçu sous l'empire du code civil, sont empreints d'une défiance exagérée vis-à-vis des locataires ; les travaux préparatoires et la tradition montrent qu'on les considère comme étant en faute, et l'art. 1734 assignait même à cette faute présumée des conséquences particulièrement graves. Il est naturel qu'en partant d'un pareil point de vue on n'ait admis les locataires à se décharger de leur responsabilité que par une preuve positive du fait d'autrui ou du cas fortuit. En prouvant qu'il n'a pas commis de faute, au sens où ce mot est généralement entendu, le locataire ne se dégagerait pas aux yeux de la loi, qui a voulu l'astreindre non seulement à un rôle passif, mais à une surveillance exercée sur les autres locataires, sur les tiers, sur la maison voisine, etc.

Cette interprétation est surtout certaine si on rapproche l'art. 1733 de l'art. 1732, qui s'exprime d'une tout autre manière en disant : « A moins qu'il ne prouve qu'il a eu lieu sans sa faute... » Si le code avait entendu adopter l'opinion que nous combattons, ou bien l'art. 1733 se serait exprimé comme l'art. 1732, ou bien l'art. 1732 aurait été considéré comme suffisant pour régler l'hypothèse de l'incendie ; en interprétant l'art. 1733 comme le font nos adversaires, on en fait une disposition inutile.

L'ancien droit (qu'on a pourtant invoqué en sens contraire) vient à l'appui de notre opinion ; il était admis par les anciens auteurs que le locataire était présumé avoir causé l'incendie, et c'est pourquoi Pothier disait : « Il est tenu de rétablir la maison incendiée, à moins qu'il justifie que l'incendie est arrivé par un cas fortuit, ou que le feu a été communiqué par une maison voisine où il avait commencé » (¹). Pothier limitait donc aussi, au préjudice du preneur, les modes de preuve, et la comparaison entre le passage de Pothier et l'art. 1733 est la meilleure preuve qu'on puisse donner de l'intention du législateur. L'art. 1733 reproduit Pothier, mais en autorisant, en outre, le locataire à faire la preuve d'un vice de construc-

---

(¹) N. 194. — D'autres auteurs disent simplement que le locataire est présumé en faute s'il ne prouve pas le contraire. — Argou, *loc. cit.*

tion ; cela montre le souci avec lequel le législateur détermine limitativement les moyens de preuve qu'il permet.

En vain essaye-t-on de prouver que Pothier entendait autoriser la preuve négative de l'absence de faute ; le seul argument qu'on puisse donner en faveur de cette idée est qu'au témoignage de Basnage, la jurisprudence discutait la question de savoir « si le fermier est responsable *faute de justifier que le malheur n'est point arrivé par sa faute ni par celle de ses domestiques* ». D'une part, Basnage n'a pas voulu poser la question qui nous occupe, mais simplement se demander s'il existe ou non contre le locataire une présomption de faute. D'autre part, il nous paraît singulier qu'on interprète un passage très clair de Pothier par un passage obscur de Basnage auquel Pothier n'a rien emprunté. Enfin il ne suffirait pas de démontrer que la pensée de Pothier est contraire à celle que nous lui prêtons, car les différences entre le passage de Pothier et l'art. 1733 montrent, nous le répétons, que les rédacteurs du code civil ont interprété le texte de Pothier d'une manière étroite, et c'est là tout ce qu'il importe de savoir.

On objecte aussi à tort que, d'après le droit commun, le locataire peut se contenter de prouver qu'il n'est pas en faute ; le droit commun n'a aucune importance, car nous avons montré que, dérogeant au droit commun, les rédacteurs du Code civil ont fondé la responsabilité du preneur non pas sur sa qualité de détenteur de la chose d'autrui, mais sur une présomption de faute.

En vain encore invoque-t-on un passage de la discussion au Conseil d'État, ou Tronchet, répondant à une question posée au sujet de la manière dont le locataire prouvera soit en matière de dégradations, soit en matière d'incendie, que l'événement est arrivé sans sa faute, s'exprime ainsi : « Les preuves de cette nature se tirent des circonstances » ([1]). Il ne résulte pas le moins du monde de cette réponse que les modes de preuve soient les mêmes en matière de dégradation et en matière d'incendie, il en résulte seulement que Tronchet n'a pas voulu.

([1]) Fenet, XIV, p. 249.

fournir une réponse précise à la question qu'on lui posait. Du reste, une réponse improvisée par Tronchet au cours d'une discussion n'a nécessairement qu'une autorité médiocre.

Nous répondons à une dernière objection : le locataire, dit-on, en prouvant qu'il n'est pas en faute, prouve indirectement le cas fortuit. Cette objection repose sur une pétition de principe, car elle suppose admis que la loi assimile l'absence de faute ou cas fortuit directement prouvé ; or la loi, nous l'avons dit, oblige le locataire à une surveillance toute particulière et considère que le locataire n'a pas exécuté son obligation si l'incendie s'est produit sans être causé par certains événements déterminés.

Notre solution est-elle, comme on le prétend (¹), devenue absolument insoutenable depuis la loi du 5 janvier **1883** qui a modifié l'art. **1733** C. civ. ?

La théorie contraire a été, nous en convenons, adoptée par le rapport de la commission nommée par la chambre des députés pour l'élaboration de la loi du 5 janvier **1883** ; pour repousser un amendement qui tendait à autoriser tous les moyens de preuve contraire, on s'est appuyé sur la considération suivante : « Prouver le cas fortuit ou la force majeure, n'est-ce pas précisément prouver l'inexistence de la faute ? Ici, comme partout, les cours et tribunaux ont, d'ailleurs, accompli leur œuvre. N'est-il pas de jurisprudence aujourd'hui, non seulement qu'il n'est pas nécessaire que le locataire établisse la cause précise de l'incendie, non seulement qu'il n'est pas besoin que la force majeure soit déterminée et spécifiée, mais même que l'appréciation des faits qui peuvent constituer une faute de la part du preneur ou qui peuvent, au contraire, mettre sa responsabilité à couvert, appartient souverainement aux juges du fond ? »

Outre que cette opinion est uniquement celle de la commission et que rien ne prouve son adoption par les chambres, le rapporteur invoque une considération évidemment inexacte en disant que l'absence de faute se confond avec la force majeure ; enfin, la jurisprudence qu'il signalait venait de se

(¹) Guillouard, I, n. 270.

modifier. Il y a là une triple raison pour n'attacher aucune importance à la déclaration du rapporteur.

Le même amendement ayant été présenté dans la séance du 5 mars 1881, le rapporteur répète qu'établir le cas fortuit ou la force majeure, c'est « précisément établir l'absence de faute ». Et toutefois, la commission finit par adopter cet amendement dans les termes suivants : « ..... à moins qu'il ne prouve que l'accident est arrivé par cas fortuit ou force majeure, ou par vice de construction, ou malgré la diligence qu'un père de famille soigneux a coutume d'exercer sur le fonds ».

Le rapporteur s'exprime ainsi à ce propos : « Elle [la commission] a pensé, en somme, que son adoption n'offrait pas d'inconvénients sérieux et qu'elle pourrait même avoir l'avantage d'empêcher certaines hésitations ou de prévenir quelque retour de jurisprudence ».

Mais le projet de loi étant devenu caduc, un nouveau projet fut présenté par divers députés, parmi lesquels figuraient à la fois l'auteur de l'amendement finalement admis et le rapporteur de l'ancienne commission ; ce projet ne contenait aucune modification à l'art. 1733. Il ne fut plus question, dans les délibérations qui suivirent, de reprendre l'art. 1733, qui est ainsi resté ce qu'il était sous l'empire du code civil. On ne doit donc pas admettre que le sens de l'art. 1733 ait été modifié.

979. La solution cependant est différente en matière de bail à colonage (¹).

980. Dans tous les cas, il ne suffit pas au locataire de prouver l'absence de sa propre faute, il doit prouver l'absence de faute des personnes dont il répond aux termes de l'art. 1735(²).

---

¹) V. *supra*, n. 916 et *infra*, n. 1005.

(²) Caen, 1er déc. 1892, S., 93. 2. 152, D., 93. 2. 179. — Trib. civ. Argentan, 19 déc. 1894, *Gaz. Trib.*, 23 avril 1895. — A plus forte raison il ne se dégage pas en prouvant la faute d'un domestique. — Rouen, 9 avril 1887, *Gaz. Pal.*, 87. 2. 235. — Le locataire est responsable de son domestique, même si ce dernier a allumé l'incendie par malveillance. — Rouen, 9 avril 1887, précité. — Mais décide qu'il n'est pas responsable de son ancien domestique ou de son domestique qui s'est introduit par la violence dans l'immeuble, car il n'a pu le surveiller. — Besançon, 28 déc. 1898, D., 99. 2. 104. — V. du reste, sur la portée de l'art. 1735, *supra*, n. 932 s.

A plus forte raison ne peut-il se contenter de prouver que l'incendie *a pu* avoir lieu sans sa faute ([1]), ou provenir d'un vice de construction ([2]), ou qu'il a veillé en bon père de famille sur l'immeuble ([3]), ou que toute son existence témoigne de sa vigilance ([4]).

Il ne lui suffit pas davantage de démontrer qu'au moment de l'incendie il était, ainsi que toute sa famille, absent de l'immeuble, car il est tenu de veiller sur l'immeuble même s'il ne s'y trouve pas ([5]).

Il en est ainsi alors même que l'immeuble est gardé par un concierge ([6]).

981. Les art. 1733 et 1734 ne s'appliquent qu'à l'incendie; par exemple, ils ne s'appliquent pas au cas d'une explosion de gaz ([7]).

Pour ce cas, on applique le droit commun ([8]).

([1]) Paris, 4 juil. 1835, P. chr. — Grenoble, 30 nov. 1852, sous Cass., 14 nov. 1853, S., 54. 1. 676. — Nancy, 21 mai 1873, S., 73. 2. 139. — Bordeaux, 26 janv. 1877, S., 77. 2. 232.

([2]) Cass. req., 11 janv. 1870, S., 70. 1. 335, D., 70. 1. 256 (il ne suffit pas que le locataire démontre l'*existence* d'un vice de construction). — Paris, 17 nov. 1893, S., 94. 2. 11, D., 94. 2. 165 (il ne suffit pas qu'un rapport d'experts déclare vraisemblable l'opinion que l'immeuble a péri par un vice de construction). — Paris, 31 oct. 1894, *Gaz. Pal.*, 94. 2. 607 (il ne suffit pas que le locataire établisse un vice de construction). — Trib. civ. Lyon, 29 nov. 1887, *Mon. jud. Lyon*, 20 janv. 1888 (id.). — Trib. civ. Verdun, 10 juil. 1890, *Rec. de Nancy*, 90-91. 178 (existence d'un vice de construction). — Huc, X, n. 317. — Cependant des présomptions très graves équivalent à la preuve. Lyon, 29 janv. 1890, *Mon. jud. Lyon*, 12 avril 1890. — Trib. civ. Toulouse, 6 mars 1890, *Gaz. Trib. Midi*, 30 mars 1890.

([3]) Toulouse, 20 mars 1894, D., 95. 2. 318. — Trib. civ. Dax, 24 mars 1892, *Gaz. Pal.*, 92. 1. 631 (pour le colonage partiaire).

([4]) Toulouse, 20 mars 1894, précité.

([5]) Bordeaux, 22 juin 1887, *Rec. Bordeaux*, 87. 1. 433. — Nancy, 31 juil. 1895, *Rec. des assur.*, 95. 433. — Lyon, 11 mars 1898, *Gaz. Pal.*, 98. 2. 59, *Droit*, 27 juil. 1898. — Trib. civ. Lyon, 31 déc. 1886, *Mon. jud. Lyon*, 13 avril 1887. — Trib. civ. Bazas, 16 janv. 1894, *Gaz. Pal.*, 94. 2. 245. — Huc, X, n. 316. — *Contra* Rouen, 6 janv. 1887, précité.

([6]) Décidé que le locataire de magasins est responsable de l'incendie qui a éclaté pendant la nuit, alors même qu'il les quitte à la tombée de la nuit en remettant au concierge les clefs de la cour et des bâtiments et en conservant seulement celles des caves qu'il a louées. — Cass. civ., 26 mai 1884, S., 86. 1. 342. — Amiens, 11 fév. 1885, S., 86. 2. 203.

([7]) Trib. civ. Seine, 7 juil. 1893, *Journ. des assur.*, 1894, p. 84.

([8]) V. *supra*, n. 916 s.

§ II. *De la responsabilité du locataire qui n'occupe qu'une partie de l'immeuble.*

1. *Cas où l'immeuble est occupé par plusieurs locataires.*

982. La question de la responsabilité des divers locataires de l'immeuble incendié ne paraît pas avoir été agitée en droit romain.

Dans l'ancien droit, on rattachait naturellement la question à l'idée que l'incendie mettait le locataire généralement en faute ; de cette idée, Pothier (¹) croyait devoir conclure qu'aucun locataire n'était tenu de l'incendie si sa faute n'était pas démontrée. « C'est, disait-il, le locataire de la partie par où le feu a commencé qui est le seul tenu de l'incendie, mais si on ne sait par où le feu a commencé, en seront-ils tenus tous ? Aucun n'en sera-t-il tenu ? Je pense qu'aucun n'en sera tenu, car, étant entièrement incertain par la faute duquel le feu a pris, il ne peut y avoir lieu contre aucun d'eux à aucune présomption de faute qui puisse servir de fondement contre lui à la demande que donnerait le locateur pour faire rétablir sa maison et par conséquent la demande ne peut procéder contre aucun ».

Du même principe, le parlement de Paris avait, au contraire, déduit, dans un arrêt du 3 août 1777, que si la faute de l'un des locataires ou le cas fortuit n'étaient pas démontrés, tous les locataires étaient solidairement responsables de l'incendie.

L'art. 1734 du code civil adopta la même solution dans les termes suivants :

« *S'il y a plusieurs locataires, tous sont solidairement res-*
» *ponsables de l'incendie ; — A moins qu'ils ne prouvent que*
» *l'incendie a commencé dans l'habitation de l'un d'eux, auquel*
» *cas celui-là seul en est tenu ; — Ou que quelques-uns ne*
» *prouvent que l'incendie n'a pu commencer chez eux, auquel*
» *cas ceux-là n'en sont pas tenus* ».

Cette disposition qui, on le voit, s'explique par la tradition

(¹) N. 194.

historique, fut très combattue par différents tribunaux d'appel ([1]); ils firent remarquer l'injustice de la solution qui faisait retomber sur chaque locataire la faute d'un seul et la faute même du propriétaire, lequel, en dernière analyse, avait eu le tort d'accepter un locataire négligent; mais ils ne firent pas appel à la théorie des preuves. Néanmoins, le tribunal d'appel de Colmar proposa le principe de la responsabilité divisée ([2]), qui l'a emporté depuis. Toujours en se plaçant sur le terrain de la faute présumée, Mouricault, dans son rapport au Tribunat ([3]), justifia l'art. 1734 par l'idée qu'une faute a été commise, que l'auteur direct de cette faute est inconnu, mais qu'en réalité chaque locataire a commis la faute de ne pas surveiller les autres locataires.

983. La solution de l'art. 1734 fut généralement critiquée par les interprètes ([4]). On ne lui reprochait pas seulement de méconnaître la théorie des preuves, qui doit conduire à la responsabilité divisée (chaque locataire étant responsable seulement de ce qui lui a été confié), on lui reprochait encore d'exiger des locataires une surveillance réciproque impossible à réaliser et d'établir la solidarité entre personnes qui ne se connaissaient pas, ne s'étaient pas choisies et n'avaient pas contracté ensemble.

La solution de Pothier ne pouvait remplacer celle du code civil : elle avait le tort d'enlever toute action au propriétaire dans le cas précisément où, à raison du nombre des locataires, une faute devenait plus probable ([5]).

Ce n'est pas la théorie des fautes, ni aucune des considérations précédentes, qui ont déterminé la première proposition de réforme; on s'est uniquement basé sur ce que, le bailleur et le preneur étant tous deux, en pratique, assurés contre l'incendie, et les compagnies d'assurances ne manquant jamais de se faire subroger aux actions en recours des parties,

---

[1] Fenet, III, p. 430 (Colmar), IV, p. 200 (Lyon), V, p. 613 (Toulouse).

[2] Fenet, III, p. 430.

[3] Fenet, XIV, p. 328.

[4] Guillouard, *Rev. crit.*, VII, 1878, p. 13 s.; Sauzet, *Rev. crit.*, VIII, 1879, p. 578, n. 14. — *Contra* Lefebvre, *Rev. crit.*, XV, 1886, p. 497 s.

[5] Merlin, *Rép.*, v° *Incendie*, § 2, n. 9; Guillouard, *Rev. crit.*, VII, 1878, p. 13 s.

la solution des art. 1733 et 1734 profitait surtout à ces compagnies ; d'un autre côté, disait-on, la responsabilité du locataire étant, en raison de l'art. 1734, très étendue, le locataire payait, à titre d'assurance contre les risques locatifs, une somme très considérable ; on proposa donc « de revenir au principe général édicté pur les art. 1382 et 1384 » ; on établissait à la fois la responsabilité du propriétaire à moins de faute démontrée du locataire et le principe de la responsabilité divisée (¹). Mais la commission nommée par la chambre des députés, en accueillant la réforme proposée de l'art. 1734, donna le vrai motif de décider, à savoir l'application de la responsabilité contractuelle. Toutefois nous verrons que sur certaines questions particulières le principe a été perdu de vue par les différentes commissions législatives. Quant à la commission du Sénat, elle a constamment rattaché l'art. 1734, comme l'art. 1733, à la théorie des preuves.

Quoi qu'il en soit, la loi du 5 janvier 1883 a modifié de la manière suivante l'art. 1734 : « *S'il y a plusieurs locataires,* » *tous sont responsables de l'incendie proportionnellement à la* » *valeur locative de la partie de l'immeuble qu'ils occupent ;* — » *A moins qu'ils ne prouvent que l'incendie a commencé dans* » *l'habitation de l'un d'eux, auquel cas celui-là seul en est* » *tenu ;* — *Ou que quelques-uns ne prouvent que l'incendie* » *n'a pu commencer chez eux, auquel cas ceux-là n'en sont pas* » *tenus* ».

Ainsi, au système de la responsabilité solidaire, édicté par le code civil, la loi du 5 février 1883 substitue le système de la responsabilité proportionnelle.

984. Comment sera fixé le montant de l'indemnité due au propriétaire par les divers locataires de la maison incendiée ? D'après les règles du droit commun, puisque la loi n'a pas réglé ce point d'une manière spéciale. On payera la valeur de la maison ou de la partie de maison occupée par chaque locataire.

En outre l'indemnité comprend une somme équivalente à la perte qu'éprouve le propriétaire à raison de ce qu'il ne

____

(¹) Chamb. des députés, séance du 18 mars 1879, annexe.

touche aucun loyer pendant le temps nécessaire à la reconstruction (¹).

Elle comprend même une somme représentant la perte qui résultera de ce que, dans les premiers temps qui suivent la reconstruction, les immeubles neufs se louent difficilement.

L'indemnité nécessaire à la reconstruction ne consiste pas dans l'intégralité des dépenses que devra faire le propriétaire pour reconstruire l'immeuble loué ; on devra tenir compte de l'état dans lequel se trouvait l'immeuble incendié et déduire de la somme représentant l'intégralité des dépenses nécessaires, la différence entre la valeur qu'aura le nouvel immeuble et celle qu'avait l'immeuble ancien (²) ; le propriétaire gardera à sa charge cette différence, qu'on appelle différence *du vieux au neuf.*

L'opinion contraire était, il est vrai, reçue dans l'ancien droit ; mais elle ne peut plus, en l'absence de texte, être admise aujourd'hui. Elle impose au locataire plus que la réparation du dommage causé, contrairement à tous les principes.

Enfin le propriétaire peut, suivant les circonstances, réclamer des dommages-intérêts.

985. Aux termes formels de l'art. 1734, l'indemnité est répartie entre les locataires « proportionnellement à la valeur locative » et non proportionnellement au loyer convenu entre chaque locataire et le propriétaire (³) ; ce loyer peut ne pas être égal à la véritable valeur locative. D'autre part, la contribution proportionnelle ne s'établit qu'entre les locataires de la partie de l'immeuble qui a été incendiée. Ainsi, le deuxième étage d'une maison ayant été incendié, alors que le premier étage et le rez-de-chaussée sont demeurés intacts, la contribution proportionnelle ne s'établira qu'entre les divers loca-

---

¹) Caen, 29 juil. 1874, *Rec. de Caen.* 1875, p. 159. — Lyon, 25 fév. 1892, *Gaz. Pal.*, 92. 1. 463. — Trib. sup. Mexique, 4 juin 1894, *Journ. dr. int.*, XXII, 1895, p. 666. — Guillouard, I, n. 279.

(²) Caen, 9 nov. 1869, S., 70. 1. 60, D., 74. 5. 319. — Nancy, 3 août 1849, S., 51. 2. 129. — Paris, 7 janv. 1850, S., 51. 2. 132. — Marcadé, art. 1733, n. 4 ; Aubry et Rau, IV, § 367, note 29 ; Guillouard, I, n. 280. — *Contra* Troplong, I, n. 330 ; Duvergier, I, n. 419.

(³) V. cep. Guillouard, I, n. 277.

taires du deuxième étage, seuls responsables de l'incendie.

Enfin les motifs qui ont inspiré la rédaction du nouvel art. 1734 conduisent à décider que par la « partie de l'immeuble qu'ils occupent » il faut entendre la partie de l'immeuble *susceptible, à raison de sa nature, d'être détruite par un incendie*. Ainsi celui qui est locataire du rez-de-chaussée de la maison incendiée et d'un jardin attenant, ne contribuera pas à l'indemnité pour la valeur locative du jardin.

986. Ces solutions ne sont pas purement et simplement l'application de l'art. 1302 ([1]). L'art. 1302 conduirait à dire que chaque locataire est responsable du montant des dégâts qui se sont produits dans l'immeuble qu'il occupe ; or, l'art. 1734 répartit tous les dégâts entre les locataires proportionnellement à la valeur des locaux qu'ils occupent.

L'art. 1734 ne concorde avec l'art. 1302 que dans le cas exceptionnel où la perte de l'immeuble est totale ([2]).

Aussi n'appliquerons-nous pas l'art. 1734 si l'un des occupants est un locataire à titre gratuit ([3]).

987. L'un ou plusieurs des locataires peuvent prouver que le feu n'a pu prendre chez eux. Le propriétaire alors ne peut plus rien leur demander. Que peut-il demander aux autres locataires ? Pourra-t-il seulement demander à chacun une indemnité proportionnelle à la valeur locative de la partie qu'il occupait, ou pourra-t-il répartir entre eux tous, proportionnellement à la valeur locative des parties occupées, le montant total des dégâts ?

La première commission de la Chambre avait adopté la seconde solution dans les termes suivants : « auquel cas ceux-là n'en sont pas tenus *et les autres répondent du tout, comme il est dit ci-dessus*, c'est-à-dire en conformité de l'al. 1... » Le rapport de la commission s'appuie sur la raison suivante : « En principe et *a priori*, quand la cause d'un incendie n'est pas connue, tous les locataires sont présumés en faute. Lorsque l'un d'eux établit qu'il ne l'est pas, la présomption ne

---

([1]) Sauzet, *Rev. crit.*, XIV, 1885, p. 200, n. 38.

([2]) Sauzet, *loc. cit.*

([3]) *Contra* Besançon, 7 janv. 1891, *Gaz. Pal.*, 91. 1. 547 ,mais la question spéciale n'était pas discutée dans l'espèce).

peut que se reporter tout entière sur les autres; et c'est dès
lors sur eux aussi que doit retomber d'autant la responsabilité de l'incendie ». Un amendement ayant été proposé, qui
portait que « le propriétaire n'a, dans ce cas, d'action contre
les autres que pour la part et portion de chacun », cet amendement fut repoussé sur les observations du rapporteur,
lequel répétait qu'il y avait alors faute présumée des autres
locataires.

Lorsqu'un nouveau projet fut présenté à la Chambre en
1881, le rapporteur de la commission, qui était également le
rapporteur de l'ancienne commission et l'un des auteurs de
la proposition nouvelle, s'exprime ainsi : « Ne faudrait-il pas,
par application du principe que leur obligation (celle des
locataires) n'embrasse que la partie de l'immeuble qu'ils ont
louée, faire retomber sur le propriétaire la conséquence de la
preuve que l'un ou quelques-uns ont faite, et ne lui permettre, par suite, d'agir contre les autres que pour la part originaire de chacun? *Une telle solution paraîtra peut-être logique,*
mais elle serait trop rigoureuse, et certainement en désaccord avec les faits. En thèse, quand la cause d'un incendie
reste inconnue, tous les locataires sont réputés en faute.
Lorsque l'un d'eux prouve qu'il ne l'est pas, la présomption
ne peut que se reporter tout entière sur les autres, et c'est,
dès lors, sur eux aussi que doit retomber d'autant la responsabilité de l'incendie » (¹).

Mais, le projet ayant été voté dans ces termes par la Chambre, ce système ne fut pas admis par la commission du Sénat.

« S'il est juste, porte le rapport fait au nom de cette commission, que la responsabilité en cas d'incendie soit limitée à
une part corrélative à la valeur locative, pourquoi cette part
serait-elle augmentée par l'exonération d'un ou plusieurs
locataires? Ce serait rentrer dans l'obligation *in solidum* après
l'avoir condamnée et y avoir substitué l'obligation *pro rata
parte;* sans doute, la part de celui qui a fait la preuve qu'il
n'est pas en faute sera supportée par le propriétaire, mais
l'objection ne doit pas nous arrêter, car il est naturel que la

(¹) *Journ. off.*, *Doc. parlem.*, Chambre, nov. 1881, p. 1784.

perte tombe sur le propriétaire en vertu du principe *res perit domino*. Les locataires, à moins que la faute de l'un d'eux ne soit démontrée, ne pourraient être tenus qu'en vertu d'une présomption qu'on n'a pas trouvé juste de maintenir, et d'une responsabilité collective qu'on a été d'avis de supprimer... Il y a dans l'argumentation de l'honorable rapporteur (de la commission nommée par la Chambre) une confusion entre la preuve complète et la présomption. Si, comme il le dit, la preuve est entière, il n'est pas douteux que le locataire, dont la faute est démontrée, ne soit tenu pour le tout. Que cette preuve soit faite directement ou indirectement, peu importe, il suffit qu'elle porte la conviction dans l'esprit des juges. Les art. 1732 et 1733 sont l'application à la matière du bail de la règle posée dans l'art. 1302 C. civ. L'art. 1734, tel que nous nous proposons de le modifier, n'en sera aussi que l'application correcte. En effet, quand il y a plusieurs locataires, chacun d'eux n'est tenu de restituer que la portion que le bailleur lui a livrée. A l'égard des autres appartements, il n'est qu'un voisin, et en dehors de tout engagement contractuel. Si pour son appartement, qui est l'objet de son bail, il est tenu en vertu de l'art. 1302, pour le reste de la maison le locataire n'est obligé que par l'art. 1382. Aussi doit-il prouver, pour la portion habitée par lui, qu'il n'est pas en faute. Pour les appartements voisins, il faut au contraire qu'on lui prouve qu'il est en faute, car on ne peut l'actionner pour cette portion des locaux que s'il a commis un délit ou un quasi-délit » [1].

Le projet fut voté avec cette modification par le Sénat [2]; il fut, à la vérité, modifié en seconde lecture par la commission, qui revint au texte de la Chambre, en retranchant les mots « chacun en proportion de la partie qu'il occupe », mais il fut entendu que ces mots étaient supprimés comme inutiles [3].

Lors du retour du projet à la Chambre, le rapporteur reconnut, cette fois, d'une manière très affirmative, qu'elle était seule

[1] *Journ. off., Doc. parl.*, Sénat, mai 1882, p. 245.
[2] 23 mai 1882.
[3] Sénat, séance du 23 juil. 1882, *Journ. off.*, Sénat, *Déb. parl.*, p. 868.

conforme aux principes : « Il est certain, dit-il, que la doctrine
qui limite la responsabilité de chaque locataire à la partie de
l'immeuble qu'il a louée est conforme à la logique des principes. A quoi, en effet, chacun d'eux s'est-il obligé? A surveiller
et à restituer ce qu'il a reçu. Or, qu'a reçu chaque locataire?
Seulement la partie de l'immeuble qui fait l'objet de son bail ;
donc c'est aussi à cette partie que son obligation est limitée ;
donc, en droit strict, c'est d'elle seule ou de sa valeur qu'il
doit répondre lorsqu'un sinistre se produit ». Après avoir
essayé de démontrer à nouveau les raisons qui auraient pu
faire admettre un échec à ce principe, le rapporteur conclut :
« Votre commission aurait sans doute incliné à persister
dans sa première résolution, si elle n'avait cru devoir subordonner ses préférences à l'intérêt de la réforme qui est en
jeu. Il nous a paru que la réforme avait trop d'importance
pour que le sort pût en être compromis par une divergence
de vues sur un point particulier » (¹).

Ces considérations indiquent d'une manière certaine la
volonté du législateur : le propriétaire garde à sa charge une
portion d'indemnité proportionnelle à la valeur locative de
l'appartement occupé par le locataire qui apporte la preuve
prévue par la loi ; le surplus seulement est réparti entre les
autres locataires.

Nous ajoutons en ce sens que, comme les travaux préparatoires le font ressortir, cette solution est seule conforme aux
principes qu'applique l'art. 1734 : l'obligation de chaque locataire reposant sur l'idée que la chose louée doit être restituée
intacte, il ne peut être tenu de supporter les conséquences
de l'obligation de restitution afférente à la portion de l'immeuble occupée par un tiers.

On ne peut objecter que ce système fait porter l'injustice
sur le propriétaire, qui n'a pu surveiller l'immeuble qu'il
n'habitait pas. Il y aurait plus d'injustice encore à rendre le
locataire responsable d'une chose dont il n'a pas la garde.

On ne peut objecter davantage que notre système donnera

(¹) *Journ. off.*, *Doc. parl.*, Chambre, 1882, p. 2416. Vote sans observations le
28 déc. 1882, *Journ. off.*, *Déb. parl.*, Chambre, p. 2230.

lieu à de nombreux procès ; ces procès avaient déjà été prévus par le rapporteur de la Chambre qui, néanmoins, conseillait le vote de la disposition déjà votée par le Sénat. Du reste, nous ne voyons pas pourquoi notre système occasionnerait plus de procès que le système inverse.

Cette solution est adoptée par la majorité des auteurs [1], mais la jurisprudence fait, au contraire, retomber sur les locataires les conséquences de la preuve contraire apportée par l'un d'eux [2].

988. Il va sans dire que si, au lieu de prouver que le feu n'a pas pris naissance dans les locaux qu'il occupe, l'un des locataires démontre l'existence de l'un des faits qui, d'après l'art. 1733, lui permettent de se décharger, les autres locataires sont également déchargés ; car ils peuvent également se prévaloir de ces faits, qui déchargent tous les locataires.

989. Une autre hypothèse est à prévoir.

Il est prouvé que le feu a commencé chez l'un des locataires : c'est le cas le plus fréquent. Les autres sont déchargés par application des principes que nous avons développés. Le propriétaire ne peut donc rien leur demander. Que peut-il demander à celui chez lequel l'incendie a éclaté ? Une indemnité proportionnelle à la valeur locative de la partie de la maison qu'il occupait, incontestablement. A-t-il le droit de lui réclamer en outre la réparation du préjudice que lui cause la perte des autres parties de la maison ? Oui, sans difficulté, s'il prouve que l'incendie qui a pris chez le locataire a été allumé par sa faute ou par celle des personnes dont il est responsable. Mais nous refuserions ce droit au propriétaire s'il n'établit pas la faute, conformément aux règles du droit commun, que le législateur, nous l'avons déjà dit, a entendu consacrer purement et simplement. La solution contraire

---

[1] Guillouard, I, n. 277 ; Sauzet, *op. cit.*. *Rev. crit.*, XIV, 1885, p. 176 s., n. 12 s. ; Charmont, *Rev. crit.*. XX, 1891, p. 85.

[2] Cass. civ., 4 juin 1889 (2e arrêt), S., 89. 1. 477, D., 90. 1. 351. — Cass. civ., 9 mai 1892, S., 92. 1. 240, D., 92. 1. 607. — Bordeaux, 12 fév. 1890, *Rec. Bordeaux*, 90. 1. 201. — Orléans, 10 mai 1890, D., 91. 2. 230. — Montpellier, 24 mai 1897, *Mon. jud. Midi*, 22 août 1897. — Trib. civ. Vienne, 5 août 1886, *Rec. des assur.*, 86. 468. — *Contra* Pau, 15 juillet 1891, S., 91. 2. 216 (cassé par Cass., 9 mai 1892, précité. — Trib. civ. Bourges, 17 mars 1887, *Loi*, 15 avril 1887.

pourrait paraître, au premier abord, résulter des termes de
l'alinéa **2** du nouvel art. **1734,** qui se termine par ces mots :
« Auquel cas celui-là seul EN *est tenu* », c'est-à-dire *est tenu*
DE L'INCENDIE, donc de toutes ses conséquences. Mais l'argument tiré du pronom *en* perd à peu près toute sa force, si
l'on observe qu'il n'existait pas dans la rédaction primitive,
ainsi conçue : « auquel cas celui-là seul est tenu », et qu'il n'a
été ajouté que par un motif de pure forme et nullement dans
l'intention de modifier le sens du texte, ainsi que l'a déclaré
formellement le rapporteur de la loi au Sénat. Du reste, le
mot *en* signifie que le locataire chez qui le feu a commencé
est *seul* tenu *de l'incendie,* mais ne dit pas dans quelle proportion il est tenu et, à moins de contredire la solution admise
par la loi pour le cas où l'un des locataires se décharge de
la responsabilité, on doit admettre que le locataire chez qui
le feu a commencé n'est tenu de l'incendie que pour une part
proportionnelle à la valeur de son appartement, c'est-à-dire
de la fraction de l'immeuble dont il avait la garde (¹).

On a, dans le cours des travaux préparatoires, pour essayer
de justifier l'opinion contraire, prétendu que le locataire
chez qui l'incendie a commencé est présumé en faute (²).

(¹) Trib. civ. Lyon, 19 janv. et 30 avril 1884, cités Batbie, *op. cit. infra,* p. 740,
note 1. — Trib. civ. Valence, 4 juin 1884, cité Batbie, *loc. cit.* — Labbé, *Notes,* S.,
85. 2. 1 et 73 : Lassaigne, *Nouvelle loi sur les risques locatifs,* p. 19 ; de Varennes,
L'assurance, avril 1884 ; Sauzet, *op. cit., Rev. crit.,* XIV, 1885, p. 182 s.,
n. 18 s.; Planiol, *Rev. crit.,* XV, 1886, p. 626 s. et XVII, 1888, p. 286 s. ; Charmont, *Rev. crit.,* XX, 1891, p. 85 ; Saleilles, *Théorie gén. de l'objet d'après le dr.
all.,* n. 333 ; Huc, X, n. 326 et 327. — *Contra* Cass. req., 5 avril 1887, S., 87. 1.
125, D., 87. 1. 331. — Cass. civ., 4 juin 1889 (1ᵉʳ arrêt), S., 89. 1. 477, D., 90. 1.
351. — Nîmes, 15 mars 1884, S., 85. 2. 1. — Toulouse, 19 fév. 1885, S., 85. 2. 73.
— Dijon, 23 déc. 1885, S., 86. 2. 31. — Paris, 10 nov. 1886, S., 86. 2. 231, D., 88.
2. 47. — Paris, 11 avril 1895, *Journ. des assur.,* 96. 1. — Trib. civ. Nîmes, 29 déc.
1883, S., 85. 2. 1. — Trib. civ. Bordeaux, 7 mai 1884, S., 85. 2. 1. — Trib. civ.
Seine, 2 août 1884, S., 85. 2. 1. — Trib. civ. Lyon, 16 fév. 1887, *Gaz. Trib.,* 3 juin
1887. — Trib. civ. Seine, 6 juil. 1893, *Journ. des assur.,* 1894, p. 81. — Trib. civ.
Seine, 7 juil. 1893, *Journ. des assur.,* 1894, p. 84 (motifs). — Trib. civ. Seine,
1ᵉʳ août 1893, *Rec. des assur.,* 1894, p. 39. — Batbie, *De la loi du 5 janvier 1883
sur les risques locatifs,* Rev. crit., XIII, 1884, p. 740 s.; *Gaz. trib.,* 26 mai 1883.

(²) Rapport Batbie au Sénat (dans son art. précité de la *Revue critique,* cet auteur
revient sur la présomption de faute et s'appuie sur l'art. 1382 C. civ.; il contredit
ainsi l'idée de la responsabilité contractuelle qu'il a lui-même proclamée plusieurs
fois au cours des travaux préparatoires).

Mais si, alors qu'un locataire prouve que le feu n'a pas commencé chez lui, les autres ne sont pas présumés en faute, comment celui chez qui le feu a commencé serait-il en faute? Il est clair, du reste, qu'il y a là une confusion : ce fait est tout au plus un indice de faute, l'incendie en lui-même n'est ni une faute, ni un cas fortuit, il est un événement qui, même quand il s'est produit dans l'habitation d'une personne, peut être indépendant du fait de cette personne.

990. On peut également supposer que tous les locataires, sauf un, démontrent que l'incendie n'a pu prendre chez eux; la situation est la même que s'il était démontré que le feu a commencé chez ce dernier locataire (¹).

991. En quoi consiste la preuve que l'incendie a ou non *commencé* dans tel logement? S'agit-il du lieu où le feu *a pris naissance*, ou de celui où le feu *a éclaté,* c'est-à-dire est devenu apparent? La première solution nous paraît être la meilleure (²); elle résulte du rapprochement de l'art. **1734** avec l'art. **1733**, qui permet au locataire de se dégager en prouvant que le feu a été *communiqué* par une maison voisine, c'est-à-dire que l'incendie a son origine dans cette maison; il est clair que, quand l'art. **1734** prévoit l'hypothèse où le feu a été transmis non plus de la maison voisine, mais d'un appartement voisin, il entend donner la même solution. D'autre part, si l'on admet que l'art. **1734** se fonde sur ce que le locataire chez qui l'incendie a commencé est présumé être en faute, évidemment cette présomption de faute serait inique, si l'incendie n'avait pas éclaté chez ce locataire, mais avait pris naissance chez un autre locataire. Enfin, l'art. **1733** gardant son application lorsqu'il y a plusieurs locataires, la solution contraire donnerait lieu à de très grandes difficultés, car, d'après l'art. **1734**, le locataire chez qui le feu aurait éclaté serait tenu, quoique le feu eût pris naissance ailleurs ; or l'art. **1733** lui permet de se dégager en prouvant qu'il a pris naissance dans une maison voisine.

On objecte que la loi parle d'incendie et que, d'après les

(¹) Dijon, 23 déc. 1885, précité.
(²) Limoges, 18 janv. 1886, *Rec. des assur.*, 86. 87. — *Contra* Dramard, *De la preuve du commencement de l'incendie, Rev. crit.*, XVI, 1887, p. 249 s., n. 3 s.

dictionnaires littéraires, l'incendie est la manifestation du feu. Les définitions des dictionnaires nous intéressent peu, car évidemment le législateur ne les a pas consultées ; il est beaucoup plus simple de résoudre rationnellement la difficulté, comme nous l'avons fait ; du reste, le langage courant ne distingue guère le feu de l'incendie ; et peut-être l'art. 1734 emploie-t-il l'expression d'*incendie*, uniquement pour ne pas reproduire le terme de *feu* qui se trouve dans l'art. 1733.

992. Il va sans dire que si la faute d'un locataire est prouvée, il sera tenu pour le tout ([1]), mais en revanche les autres locataires n'auront aucune indemnité à payer ([2]).

La faute d'un locataire peut résulter de ce que l'incendie est causé par la présence d'un corps déterminé dans son appartement ([3]).

993. Les documents de l'information judiciaire à laquelle l'incendie a donné lieu peuvent être invoqués comme preuve de la faute du locataire ou de ce que l'incendie a commencé chez lui ([4]).

994. On doit considérer comme colocataires :

Les locataires habitant divers appartements d'une même maison ;

Les locataires d'un bâtiment divisé en plusieurs parties séparées par des clôtures ou des palissades ([5]).

Le colon ou fermier entrant et le colon ou fermier sortant qui habitent ensemble la ferme sont des colocataires au sens de l'art. 1734 ([6]).

II. *Cas où l'immeuble est occupé en partie par le propriétaire.*

995. Quelle sera la responsabilité du locataire ou des différents locataires, si une partie de l'immeuble est occupée par le propriétaire ?

([1]) Guillouard, I, n. 277 ; Sauzet, *op. cit., Rev. crit.*, XIV, 1885, p. 184, n. 19, et p. 197, n. 33.

([2]) Guillouard, I, n. 277.

([3]) Trib. civ. Seine, 1er août 1893, *Rec. des assur.*, 1894, p. 39 (celluloïd).

([4]) Trib. civ. Lyon, 14 mars 1894, *Mon. jud. Lyon*, 16 mai 1894.

([5]) Trib. civ. Seine, 30 avril 1890, *Journ. des assur.*. 91. 121.

([6]) Trib. civ. Chambéry, 31 mai 1887, *Gaz. Trib.*, 16 juin 1887. — Trib. civ. Bazas, 16 janv. 1894, *Gaz. Pal.*, 94. 2. 244, *Pand. franç.*, 95. 2. 120. — Huc, X, n. 328.

Chaque locataire n'étant responsable de l'incendie que dans la mesure de la valeur locative de la portion qu'il occupe, il s'ensuit que, si le propriétaire habite une partie de la maison, il supportera la perte de cette partie, à raison de laquelle il ne saurait avoir de recours à exercer que contre lui-même.

Les travaux préparatoires de la loi de **1883** rendent cette solution certaine. La question avait été posée devant la commission nommée par la Chambre pour l'examen du second projet de loi; elle fut repoussée par un motif que le rapporteur exprime en ces termes : « S'il est utile et même nécessaire de réformer une loi imparfaite, il ne l'est pas au même degré et il peut même être dangereux d'introduire dans le domaine législatif des solutions qui s'induisent soit des principes généraux, soit des textes déjà existants et qui, d'ailleurs, paraissent généralement acceptées. Ajoutez que les décisions qui ont prévalu lorsque le propriétaire est lui-même habitant de la maison, cadreront sans peine avec le principe de la responsabilité limitée à la part et portion de chacun des locataires ».

Le rapport fait au nom de la commission du Sénat (¹) s'exprime dans le même sens, mais en termes plus explicites : « La part de maison occupée par le propriétaire est assimilée à la part qu'occuperait un autre locataire. C'est ce que décidait l'ancien code sarde (art. 1743), rédaction qui se trouve reproduite dans l'art. 1590 du C. civ. italien ».

En conséquence, la commission du Sénat avait modifié l'art. 1734 de la manière suivante : « Si une maison est habitée par plusieurs locataires, tous sont responsables de l'incendie, *ainsi que le bailleur, si celui-ci y habite également,* et chacun en proportion de la valeur de la partie qu'il occupe ; à moins qu'ils ne prouvent, etc. ».

Ce texte fut voté en première délibération (²) ; mais, à la seconde délibération (³), le passage relatif au bailleur fut

---

(¹) Sénat, séance du 11 mai 1882, annexe.
(²) Séance du 23 mai 1882.
(³) Séance du 22 juill. 1882.

retranché comme inutile sur la demande même de la commission. « Cette mention nous a paru inutile, puisque chaque
locataire n'est tenu que d'une part d'indemnité proportionnelle à la valeur locative de la portion qu'il occupe. Il était
superflu d'ajouter que le propriétaire n'aurait pas de recours
pour la portion qu'il habite ».

Le principe est donc aujourd'hui que l'appartement occupé
par le propriétaire est, au point de vue de la responsabilité
des locataires, considéré comme occupé par un locataire.
On ne peut plus appliquer la solution admise avant la loi
du 5 janvier 1883 : le Code civil partant de l'idée que l'habitant était présumé en faute, on disait que cette présomption
existait aussi bien à la charge du propriétaire qu'à la charge
du locataire ; le propriétaire ne pouvait donc poursuivre le
locataire que s'il prouvait que l'incendie n'avait pu commencer chez lui ; cette preuve une fois faite, le locataire pouvait
être poursuivi, mais seulement pour une part proportionnelle
à la valeur du local qu'il occupait ; pour le surplus, il n'était
tenu qu'en cas de faute démontrée (¹).

996. Aujourd'hui deux hypothèses doivent être distinguées.
La faute peut être démontrée ou ne pas l'être.

a) Si le propriétaire prétend que le locataire est en faute, il
doit le démontrer et alors le locataire est tenu de tout le dommage (²). Si au contraire le locataire prétend que le propriétaire est en faute, il doit le démontrer et alors le locataire est
à l'abri de tout recours, il peut même exiger l'application des
principes de la garantie en cas de destruction par la faute du
bailleur.

(¹) Cass., 20 nov. 1855, S., 56. 1. 103, D., 55. 1. 457. — Cass. civ., 15 mars 1876,
D., 76. 1. 153. — Cass. req., 29 juillet 1885, S., 87. 1. 21, D., 86. 1. 374. — Riom,
4 août 1829, S. chr. — Toulouse, 7 juil. 1843, S., 44. 2. 175. — Besançon, 11 mai
1854, D., 83. 2. 209 (en note). — Grenoble, 20 mai 1872, S., 73. 2. 69. — Paris,
2 déc. 1872, D., 74. 5. 318. — Lyon, 29 juil. 1880, D., 81. 2. 70. — Lyon, 26 déc.
1882, D., 83, 2. 209. — Poitiers, 24 janv. 1889, S., 89. 2. 182, D., 90. 2. 97. — Troplong, I, n. 380; Duvergier, I, n. 425; Marcadé, art. 1733, n. 4; Aubry et Rau, IV,
p. 386, § 367, note 27. — V. cep. Duranton, XVII, n. 109 (même pour la portion
qu'il occupe, le locataire ne pourrait être poursuivi qu'en cas de faute démontrée) ;
Laurent, XXV, n. 398; Colmet de Santerre, VII, n. 179 *bis*, IV.

(²) Grenoble, 19 déc. 1893, D., 94. 2. 471. — Trib. civ. Lyon, 24 mai 1889, *Mon.
jud. Lyon*, 10 juill. 1889.

Ces solutions dérivent du droit commun, le nouvel art. 1734 ne les modifie pas et elles ne font pas difficulté.

b' Si (ce qui est le cas le plus usuel) on ne sait pas par la faute de qui l'incendie a commencé, on appliquera les principes développés à propos du cas où l'immeuble est occupé par plusieurs locataires et on distinguera les cas suivants :

1° *On ne sait où l'incendie a pris naissance.* — Chaque locataire paiera une indemnité proportionnelle à la portion de l'immeuble qu'il occupe, le propriétaire n'aura aucun recours pour la portion d'indemnité correspondante aux locaux qu'il occupe (¹). Mais le propriétaire, pour agir contre les locataires, n'aura pas à démontrer qu'ils sont en faute ² , ni que l'incendie a commencé chez eux ou n'a pas commencé chez lui (³).

La jurisprudence adopte la solution contraire ; elle l'applique même au copropriétaire indivis qui occupe une partie de l'immeuble par suite d'un bail avec ses copropriétaires : vis-

---

' Orléans, 10 mai 1890, D., 91. 2. 230. — Guillouard, I, n. 273.

² Guillouard, I, n. 273.

³ *Contra* Riom, 21 mai 1886, S., 87.2.103. D., 87. 2. 67. — Chambéry, 1er mars 1890, *Rec. Chambéry*, 90. 227. — Toulouse, 7 fév. 1888. S., 88. 2. 101. D., 90. 2. 97. — Nancy, 5 fév. 1887, *Gaz. Pal.*, 87. 1. 338. — Bordeaux, 4 janv. 1887, *Gaz. Pal.*, 87. 2. 406. — Toulouse, 16 mai 1887, *Gaz. Pal.*, 87. 2. 540. — Trib. civ. Langres, 16 nov. 1888, *Gaz. Pal.*, 89. 1. *Suppl.*, 86. — Montpellier, 24 janv. 1889, *Gaz. Pal.*, 89. 1. 508. — Lyon, 20 mars 1889, *Mon. jud. Lyon*, 7 sept. 1889. — Montpellier, 30 janv. 1889, *Mon. jud. Lyon*, 15 juin 1889. — Trib. civ. Le Havre, 8 fév. 1889, *Gaz. Pal.*, 89. 2. 15. — Bordeaux, 11 mai 1888, D., 90. 2. 87. — Bordeaux, 29 mars 1889, *Rec. Bordeaux*, 89. 1. 268. — Bordeaux, 22 juin 1888, *Gaz. Trib.*, 4 sept. 1888. — Poitiers, 24 janv. 1889, S., 89. 2. 182. D., 90. 2. 97. — Rouen, 9 déc. 1889, *Gaz. Pal.*, 90. 1. 30. — Grenoble, 30 déc. 1890, *Rec. Grenoble*, 91. 45. — Besançon, 7 janv. 1891, *Gaz. Pal.*, 91. 1. 547. — Rennes, 15 fév. 1889, S., 90. 2. 136, D., 90. 2. 97. — Orléans, 3 déc. 1897, *Gaz. Trib.*, 98. 1. 126, *Loi*, 21 janv. 1898. — Besançon, 6 avril 1898, D., 98. 2. 316. — Trib. civ. Chambéry, 31 mai 1887, *Gaz. Trib.*, 16 juin 1887. — Grenoble, 19 déc. 1893, précitée. — Lyon, 15 mai 1895, *Mon. jud. Lyon*, 1er oct. 1895. — Trib. civ. Lyon, 3 fév. 1892, *Mon. jud. Lyon*, 21 mars 1892. — Trib. civ. Lyon, 14 mars 1894, *Mon. jud. Lyon*, 16 mai 1894. — Trib. civ. Toulouse, 23 déc. 1889, *Gaz. Trib. Midi*, 26 janv. 1890. — Trib. civ. Toulouse, 28 déc. 1889, *Gaz. Trib. Midi*, 2 fév. 1890 (entre le preneur et le sous-preneur). — Trib. civ. Lyon, 2 mai 1894, *Gaz. Pal.*, 94. 2. 550 (motifs). — Trib. civ. Pontarlier, 28 janv. 1896, *Gaz. Pal.*, 96. 1. 716, *Rec. assur.*, 96. 176. — Trib. civ. Moissac, 26 mars 1897, *Rec. assur.*, 97. 289. — Trib. paix Paris, 12 fév. 1897, *Loi*, 18 fév. 1897. — Richard et Maucorps, *Respons. en mat. d'incendie*, n. 446 s. et 457 ; de Lalande et Couturier, *op. cit.*, n. 709 ; Huc, X, n. 319.

à-vis des autres locataires, il garde sa qualité de propriétaire (¹).

2° *Le propriétaire démontre que le feu n'a pu prendre chez lui.* — Ici encore, le propriétaire agira contre chaque locataire pour la portion d'indemnité lui incombant (²) et en défalquant la portion correspondante au local du propriétaire (³) ; ce cas est donc assimilé au précédent. On sait, en effet, que si l'un des locataires démontre que le feu n'a pu prendre chez lui, la portion de l'indemnité qui serait normalement à sa charge ne peut être imposée aux autres locataires. Cependant le propriétaire pourra répartir entre les locataires la portion d'indemnité afférente aux locaux qu'il occupe, dans l'opinion qui répartit entre les autres locataires la portion d'indemnité dont l'un des locataires se trouve déchargé.

Comme dans le cas précédent, le propriétaire n'a pas à prouver la faute des locataires (⁴).

Mais il va sans dire que chaque locataire pourra prouver, pour se dégager, que le feu n'a pu prendre chez lui ; ce sera alors l'hypothèse qui suit.

D'autre part, conformément à l'art. 1733, chaque locataire peut prouver qu'en tout cas l'incendie provient d'un cas fortuit (⁵).

3° *L'un des locataires démontre que le feu n'a pu prendre chez lui.* — La portion d'indemnité afférente aux locaux qu'il occupe ne peut être réclamée à personne ; le propriétaire ne peut pas davantage réclamer aux autres locataires la portion d'indemnité afférente aux locaux qu'il occupe lui-même ; il leur réclamera simplement la portion afférente à leurs propres locaux, mais sans avoir à prouver leur faute.

(¹) Trib. civ. Pontarlier, 28 janv. 1896, *Gaz. Pal.*, 96. 1. 706, *Recueil assur.*, 96. 176.

(²) Trib. civ. Toulouse. 28 déc. 1889, *Gaz. Trib. Midi*, 2 fév. 1890 (entre le preneur et le sous-preneur).

(³) Guillouard, I, n. 273. — Décidé que le locataire est responsable pour le tout. — Bordeaux, 29 mars 1889, *Rec. Bordeaux*, 89. 1. 268. — Trib. civ. Lyon, 24 mai 1889, *Mon. jud. Lyon*, 10 juil. 1889. — Montpellier, 24 janv. 1889, *Gaz. Pal.*. 89. 1. 508.

(⁴) Besançon, 6 avril 1898, D., 98. 2. 316. — Trib. civ. Toulouse, 28 déc. 1889, précité. — Guillouard, I, n. 273.

(⁵) Besançon, 6 avril 1898, précité.

Dans l'opinion d'après laquelle la portion d'indemnité dont un locataire est déchargé se répartit sur les autres locataires, elle se répartira, dans l'espèce, proportionnellement à la valeur locative des locaux, entre le propriétaire et les locataires.

4° *Il est démontré* (soit par voie directe, soit par la preuve, apportée par tous les locataires, que le feu n'a pu prendre chez eux) *que l'incendie a commencé dans les locaux occupés par le propriétaire.* — Le propriétaire, seul tenu de l'incendie, ne peut exercer aucun recours contre les locataires.

Mais les locataires ne peuvent agir contre le propriétaire pour les pertes qu'ils ont faites sur leurs meubles qu'en prouvant la faute du propriétaire, par exemple en démontrant qu'un vice de construction ou une imprudence du propriétaire a causé l'incendie ([1]).

5° *Il est démontré que le feu a commencé chez l'un des locataires.* — Il est tenu de l'incendie ([2]), dans les conditions que nous avons indiquées pour le cas où l'immeuble est occupé exclusivement par des locataires. Le propriétaire ne peut donc faire retomber sur ce locataire les dommages résultant pour lui de l'incendie de la partie de l'immeuble occupée par lui-même ([3]).

997. A l'hypothèse où le bailleur occupe une partie de l'immeuble, il faut assimiler celle où il occupe, concurremment avec les locataires, une partie commune de l'immeuble, par exemple une cour ([4]).

998. Lorsqu'il existe un concierge dans l'immeuble, la situation est la même que si l'immeuble était en partie occupé par le propriétaire, puisque le concierge est son préposé.

Donc, suivant la jurisprudence, le propriétaire, avant de pouvoir agir contre un locataire, doit prouver ou que le feu a pris chez le locataire ou qu'il n'a pas pris soit dans la loge du concierge, soit dans les parties communes de la maison

[1] V. *infra*, n. 1013.
[2] Trib. civ. Lyon, 14 mars 1894, *Mon. jud. Lyon*, 16 mai 1894.
[3] *Contra* Bordeaux, 11 déc. 1891, *Rec. Bordeaux*, 92. 1. 25.
[4] Trib. civ. Moissac, 26 mars 1897, *Rec. assur.*, 97. 289.

surveillées par ce dernier (¹). Nous avons dit pourquoi cette solution ne nous paraît pas exacte (²).

999. S'il y a plusieurs copropriétaires indivis et que l'un d'eux, chargé d'administrer l'immeuble, y habite, la situation est la même que si tous les copropriétaires l'habitaient : les copropriétaires sont tenus des obligations de celui d'entre eux qui est chargé d'administrer et n'ont pas plus de droits que lui.

Si l'un des copropriétaires habite l'immeuble comme preneur, les autres preneurs, en cas d'incendie, peuvent se comporter vis-à-vis de lui en invoquant sa qualité de copropriétaire, que le bail qui lui a été consenti n'a pas détruite.

Mais vis-à-vis des autres copropriétaires ils ne peuvent considérer le copropriétaire locataire que comme locataire, puisqu'il ne détient que comme locataire les portions indivises appartenant aux autres copropriétaires ; en d'autres termes la jurisprudence d'après laquelle un propriétaire ne peut rendre ses locataires responsables de l'immeuble qu'en prouvant que l'incendie a éclaté chez eux ne peut être opposée par les locataires aux copropriétaires autres que le copropriétaire locataire (³). On objecte que le bail consenti à un copropriétaire est *res inter alios acta* pour les locataires, mais les copropriétaires, en agissant contre les locataires, ne se prévalent pas du bail consenti à leur copropriétaire ; ils se prévalent simplement de ce que les locataires défendeurs sont responsables de la partie de l'immeuble qu'ils occupent ; si l'objection était exacte, on dirait aussi bien qu'un propriétaire, agissant contre ses divers locataires, se prévaut vis-à-vis de chacun d'eux du bail consenti aux autres.

1000. On a décidé que l'art. 1733 reprend son empire et que le locataire est responsable de l'incendie si le propriétaire, au lieu d'occuper une partie de l'immeuble d'une manière permanente, y entrepose simplement des objets qu'il se ré-

---

(¹) Trib. civ. Lyon, 10 déc. 1896, *Gaz. Pal.*, 97. 1. 25, *Loi*, 8 janv. 1897, *Droit*, 28 janv. 1897. — Trib. civ. Lyon, 15 janv. 1897, *Mon. jud. Lyon*, 3 mars 1897. — Trib. civ. Lyon, 8 juin 1897, *Mon. jud. Lyon*, 22 nov. 1897.

(²) V. *supra*, n. 996.

(³) *Contra* Trib. civ. Pontarlier, 28 janv. 1896, *Rec. assur.*, 96. 176.

serve le droit de chercher ([1]); mais cela est douteux, car les motifs auxquels a obéi l'art. 1734 continuent à s'appliquer ici.

En tout cas, c'est l'art. 1733 qui redevient applicable si la la partie incendiée est dans un autre bâtiment que la partie réservée par le propriétaire ([2]).

En tout cas aussi, une occupation gratuite par un tiers, même parent du bailleur, ne peut être assimilée à l'occupation de ce dernier ([3]).

1001. On admet également que le propriétaire a contre les locataires les recours des art. 1733 et 1734, alors même qu'il existe dans l'immeuble des locaux vacants ([4]), et cela même si (ce qui est le cas habituel), il a les clés de ces locaux ([5]).

Mais le propriétaire est considéré comme occupant l'immeuble, dès lors qu'il s'y est réservé d'une manière permanente un local, fût-ce un simple grenier ([6]).

C'est au locataire qu'il appartient de prouver que le bailleur fait usage de cette portion de l'immeuble ([7]).

1002. Le propriétaire n'occupe pas davantage l'immeuble, s'il y a envoyé des ouvriers qui y travaillent ([8]).

§ III. *A quelles sortes de baux s'appliquent les art. 1733 et 1734.*

1003. Les art. 1733 et 1734 s'appliquent à toutes espèces de baux immobiliers, car ils sont placés dans la section commune aux baux des maisons et des biens ruraux. En outre

---

([1]) Trib. civ. Chambéry, 31 mai 1887, *Gaz. Trib.*, 16 juin 1887. — Trib. civ. Lyon, 2 mai 1894, précité. — *Contra* Orléans, 3 déc. 1897, *Gaz. Pal.*, 98. 1. 126, *Loi*, 22 janv. 1898. — Trib. civ. Lyon, 15 janv. 1897, *Mon. jud. Lyon*, 3 mars 1897.

([2]) Trib. civ. Lyon, 2 mai 1894, précité.

([3]) Besançon, 7 janv. 1891, *Gaz. Pal.*, 91. 1. 547.

([4]) Cass. civ., 4 juin 1889 (2ᵉ arrêt, impl.), S., 89. 1. 477. D., 90. 1. 351. — Chambéry, 1ᵉʳ mars 1890, *Rec. Chambéry*, 90. 227. — Orléans, 10 mai 1890, D., 91. 2. 230. — *Contra* Trib. civ. Lyon, 10 déc. 1896, *Gaz. Pal.*, 97. 1. 25, *Droit*, 28 janv. 1897, *Loi*, 8 janv. 1897.

([5]) Orléans, 10 mai 1890, précité.

([6]) Toulouse, 16 mai 1887, *Gaz. Pal.*, 87. 2. 540. — Lyon, 15 mai 1895, *Mon. jud. Lyon*, 1ᵉʳ oct. 1895. — *Contra* Cass. civ., 26 mai 1884, S., 86. 1. 342.

([7]) Trib. civ. Tarbes, 6 avril 1894, *Rec. des assur.*, 95. 326.

([8]) Trib. civ. Marseille, 28 nov. 1891, *Journ. des assur.*, 92. 147. — Trib. civ. Tarbes, 6 avril 1894, précité.

ils sont fondés sur des considérations qui ont une portée générale. En effet, l'art. 1734 est l'application du droit commun, qui règle la situation de tous les détenteurs de la chose d'autrui ; quant à l'art. 1733, s'il n'est pas probablement l'application du droit commun, il est fondé sur une présomption de faute commune à tous les locataires.

Ainsi les art. 1733 et 1734 s'appliquent :

Au preneur d'une ferme (¹) ; c'est du reste devant cette hypothèse que se plaçaient les auteurs anciens et c'est elle qu'a tranchée l'arrêt du 3 août 1777 ;

Au preneur d'une terre ensemencée ;

Au preneur d'un bâtiment autre qu'une maison (²), par exemple d'un théâtre (³), d'un hangar (⁴), d'une usine ;

Au preneur d'un chantier.

Les art. 1733 et 1734 s'appliquent également aux baux des biens domaniaux (⁵).

Ils s'appliquent encore dans le cas où le preneur est l'un des copropriétaires de l'immeuble (⁶).

1004. Les art. 1733 et 1734 s'appliquent même au louage des meubles.

Cela est certain pour l'art. 1734, puisqu'aujourd'hui cette disposition est, en son principe, l'application du droit commun. Quant à l'art. 1733, la jurisprudence et la majorité des auteurs l'appliquent également au louage de meubles (⁷).

---

¹) Guillouard, I, n. 274 ; Huc, X, n. 328.

²) Guillouard, I, n. 274.

³) Guillouard, I, n. 274. — On a cité en sens contraire Paris, 18 avril 1836, S., 37. 2. 69. Cet arrêt est étranger à la question, car il rejette l'action dirigée contre le directeur du théâtre en se fondant sur ce que ce dernier n'avait commis aucune faute.

⁴) Bruxelles, 13 mars 1894, Pasicr., 94. 2. 222.

⁵) Cons. d'Etat, 20 nov. 1851, Rev. de l'enreg., n. 63, p. 218.

⁶) Trib. civ. Pontarlier, 28 janv. 1896, Rec. des assur., 96. 176. — V. supra, n. 999.

⁷) Cass. civ., 16 août 1882, S., 84. 1. 33, D., 83. 1. 213. — Lyon, 7 mars 1840, S., 40. 2. 275. — Rouen, 15 janvier 1894, Rec. des assur., 94. 294. — Trib. com. Havre, 4 février 1886, Rec. Havre, 86. 84 (motifs). — Trib. com. Havre, 1ᵉʳ mars 1887, Rec. Havre, 87. 117. — Trib. com. Nantes, 15 fév. 1890, Rec. Nantes, 91. 1. 71. — Trib. com. Marseille, 16 nov. 1890, Rec. des assur., 91. 271. — Guillouard, 1, n. 275 et II, n. 680 et Rev. crit., 1878, p. 32, n. 28. — Contra Rouen, 8 déc. 1879, S., 81. 2. 125. — Rouen, 28 janv. 1880, S., 81. 2. 125.

Cela ne fait pas difficulté dans l'opinion qui considère l'art. 1733 comme étant l'application du droit commun établi pour tous les détenteurs de la chose d'autrui [1].

Mais cela est tout aussi exact dans l'opinion contraire, qui est la nôtre [2]. En effet, nous avons établi d'une manière générale que les dispositions contenues dans les chapitres consacrés au louage de choses sont applicables aux baux d'objets mobiliers. On ne peut donc objecter que l'art. 1733 est placé dans les dispositions communes aux *baux des maisons et des biens ruraux*. On ne peut objecter davantage que l'un des faits dont la preuve est réservée au preneur, le vice de construction, ne peut s'appliquer qu'aux immeubles. Si l'observation était exacte, elle prouverait simplement que ce fait doit être écarté, quand il s'agit de meubles; mais elle n'est pas exacte : l'incendie d'un objet mobilier ne peut-il pas être dû au vice de construction de l'immeuble loué avec cet objet ?

Nous ajoutons que la considération dont s'inspire l'art. 1733 justifie la solution que nous venons de donner ; l'art. 1733 se fonde sur la présomption d'une faute commise par le preneur chargé de surveiller étroitement l'objet qui lui est confié. La surveillance n'est pas moins nécessaire s'il s'agit de meubles que s'il s'agit d'immeubles. En vain dirait-on que les présomptions légales ne s'étendent pas ; il ne s'agit pas ici d'étendre une présomption, mais de fixer à l'aide des travaux préparatoires et de l'intention du législateur la portée de cette présomption. Enfin, l'opinion que nous combattons conduirait à de singuliers résultats dans le cas le plus usuel, celui où les meubles sont loués avec l'appartement qu'ils garnissent. Il est inadmissible de soumettre le locataire à une responsabilité différente pour les meubles et pour l'appartement.

Cependant on fait exception pour le cas où il s'agit de meubles qui sont destinés à séjourner sur la voie publique et

[1] Valéry, n. 30. — *Contra* Trib. com. Marseille, 10 nov. 1897, *Rec. Marseille*, 98. 1. 96 (le bailleur devrait prouver la faute du preneur).

[2] *Contra* Valéry, *loc. cit.* ; Esmein, *Note*, S., 84. 1. 33 ; Huc, X, n. 274 (cet auteur se contredit formellement au n. 319).

que le preneur ne peut surveiller; tels seraient les prélarts
destinés à couvrir les marchandises ([1]).

1005. Aux termes de l'art. 4 al. **2**, de la loi du **10** juillet
1889 : « *Il* (le colon partiaire) *répond de l'incendie, des dé-*
» *gradations et des pertes arrivées pendant la durée du bail,*
» *à moins qu'il ne prouve qu'il a veillé à la chose en bon père*
» *de famille* ».

Une preuve positive n'est donc pas exigée ; les travaux
préparatoires montrent qu'on a intentionnellement écarté
l'art. **1733**, comme étant trop rigoureux pour le colon. Il suffit que le preneur démontre qu'il a eu pour la chose les soins
d'un bon père de famille, à la condition cependant d'invoquer des faits déterminés qui justifient cette prétention ([2]).

La preuve exigée par la loi de 1889 ne résulte pas de ce
que le preneur a fait assurer l'immeuble ([3]), ou de ce qu'il
jouit depuis longtemps de l'immeuble ([4]), ou de ce qu'il a
toujours géré en bon père de famille les immeubles dont il
a été antérieurement locataire ([5]).

Mais il pourra être utile au colon de prouver qu'après
l'incendie le bailleur l'a mis en possession des immeubles
construits à la place des immeubles détruits ([6]), ou qu'il
existait un vice de construction qui a pu causer l'incendie ([7]).

§ IV. *Entre quelles personnes s'appliquent les art. 1733 et 1734.*

1006. D'après les termes mêmes des art. **1733** et **1734**, ces
dispositions ne devraient s'appliquer que dans des relations
entre le propriétaire et le locataire.

Cependant il est certain que l'art. **1734** s'applique dans les

---

([1]) Trib. com. Havre, 1er mars 1887, précité.

([2]) Toulouse, 20 mars 1894, S., 95. 2. 44, D., 95. 2. 318. — Orléans, 13 août 1897,
Pand. franç., 98. 2. 259, *Gaz. Pal.*, 97. 2. 325, *Droit*, 24 août 1897. — Trib. civ.
Dax, 24 mars 1892, *Lois nouv.*, 93. 2. 33. — Trib. civ. Gien, 16 fév. 1897, *Loi*,
27 avril 1897. — Trib. paix Cotignac, 6 déc. 1897, *Mon. jug. paix*, 98. 219.

([3]) Trib. civ. Dax, 24 mars 1892, précité.

([4]) Trib. civ. Dax, 24 mars 1892, précité.

([5]) Toulouse, 20 mars 1894, précité.

([6]) Toulouse, 20 mars 1894, précité.

([7]) Toulouse, 20 mars 1894, précité.

relations entre le détenteur d'une chose quelconque et celui à qui la chose doit être restituée, — sauf pour la dérogation qu'il apporte à l'art. 1302 ([1]). L'art. 1734 est, en effet, fondé sur les principes établis pour la restitution de la chose d'autrui ; il en est ainsi soit de l'al. 1, soit de l'al. 2 ([2]), soit de l'al. 3 ([3]).

Quant à l'art. 1733, la question est plus délicate, à raison de la controverse qui s'est élevée sur le point de savoir si cette disposition est conforme ou non au droit commun.

Il est incontestable que l'art. 1733 s'applique dans les relations entre un *locataire principal* et un *sous-locataire* ([4]). La situation est, au fond, celle même que prévoit expressément l'art. 1733, car le locataire principal et le sous-locataire ne sont autre chose, dans leurs relations communes, qu'un bailleur et un preneur.

Quelques questions délicates se posent, notamment celle de savoir si le propriétaire a une action directe contre le sous-locataire et quelle est la situation si le preneur principal habite une partie de l'immeuble ; nous étudions ces questions à propos de la sous-location ([5]).

1007. Si le bail a été consenti à l'un des copropriétaires indivis de l'immeuble, ce dernier est responsable, comme locataire, en vertu de l'art. 1733 C. civ., mais seulement jusqu'à concurrence des parts indivises appartenant à ses copropriétaires ([6]).

1008. Les parties peuvent déroger à la responsabilité du locataire pour cause d'incendie ([7]).

Ainsi, sans examiner si le preneur est ou non responsable

([1]) V. *supra*, n. 986.

([2]) Trib. civ. Langres, 2 mai 1894, *Gaz. Trib.*, 13 juin 1894.

([3]) *Contra* Trib. civ. Langres, 2 mai 1894, précité.

([4]) Rouen, 10 fév. 1843, S., 43. 2. 234. — Trib. civ. Seine, 12 juin 1895, *Gaz. Trib.*, 19 nov. 1895. — Troplong, I, n. 372 ; Duvergier, I, n. 434 ; Larombière, art. 1148, n. 12 ; Guillouard, I, n. 276 ; Huc, X, n. 319. — V. *infra*, n. 1129.

([5]) V. *infra*, n. 1150 s.

([6]) Orléans, 7 janv. 1888, S., 88. 2. 102, D., 88. 2. 295. — Trib. civ. Pontarlier, 28 janv. 1896, *Gaz. Pal.*, 96. 1. 706. — Huc, X, n. 319. — Cpr. *supra*, n. 999.

([7]) Nancy, 28 avril 1894, S., 96. 2. 93. — La renonciation ne résulte pas de ce que le bailleur a exigé que le preneur assurât l'immeuble. — Aix, 12 juin 1890, *Rec. d'Aix*, 94. 1. 52. — Trib. civ. Marseille, 17 janv. 1890, *Rec. d'Aix*, 90. 2. 94. — V. n. 1026.

de l'incendie, les juges peuvent l'en décharger, si les événements ultérieurs prouvent que le bailleur a reconnu que le preneur n'en est pas responsable ([1]).

1009. Quant aux détenteurs en vertu de conventions autres que le louage, la question de savoir si l'art. 1733 leur est applicable dépend du point de savoir si cet article est l'application du droit commun. Les auteurs qui adoptent sur ce dernier point l'affirmative admettent l'extension de l'art. 1733 ([2]) ; nous sommes, pour nous, d'un avis contraire. Au reste, la question est peu importante, car, en rejetant l'art. 1733, nous appliquerons le droit commun, lequel conduit à autoriser la preuve de tous les faits tendant à prouver que le détenteur n'est pas en faute, et c'est là précisément l'interprétation que nos adversaires donnent de l'art. 1733.

Ainsi, tombent sous l'application de l'art. 1733, interprété en ce dernier sens :

L'usufruitier ([3]),

L'usager et le titulaire d'un droit d'habitation,

Le vendeur ([4]),

Le commodataire ([5]),

L'occupant à titre gratuit ([6]),

([1]) Cpr. Toulouse, 20 mars 1894, S., 95. 2. 44, D., 95. 2. 318 (propriétaire qui, après l'incendie, a gardé pendant 18 mois le preneur et l'a installé dans les nouvelles constructions édifiées après l'incendie).

([2]) Trib. civ. Seine, 5 mai 1893, *Gaz. Pal.*, 93. 1. 650. — Guillouard, I, n. 278 ; Sauzet, *Rev. crit.*, VIII, 1879, p. 570, n. 3.

([3]) Cass. req., 4 juill. 1887, S., 87. 1. 465, D., 87. 1. 321. — Riom, 10 mars 1836, S., 36. 2. 181. — Toulouse, 15 mai 1837, S., 37. 2. 357, D. *Rép.*, v° *Usufr.*, n. 496. — Rouen, 27 fév. 1886, S., 86. 2. 230. — Laurent, XXV, p. 339; Colmet de Santerre, VII, n. 179 *bis*, VII; Chavegrin, *Note*, S., 87. 1. 465; Guillouard, I, n. 278 ; Planiol, *Rev. crit.*, XVII, 1888, p. 289; Sauzet, *loc. cit.* ; Huc, X, n. 319 (cependant cet auteur, quoiqu'étant de notre avis sur le caractère dérogatoire de l'art. 1733, applique l'art. 1733). — *Contra* Lyon, 19 nov. 1852, D., 53. 2. 83. — Bruxelles, 2 nov. 1868, *Journ. des assur.*, 1869, p. 681. — Proudhon, *Tr. de l'usufr.*, III, n. 1556 s.; Rodière et Pont, *Tr. du contr. de mar.*, III, n. 1754; Massé et Vergé, IV, p. 702, § 374, note 19; Demolombe, X, n. 628; Richard et Maucorps, *op. cit.*, n. 363 ; Perrin et Rendu, *Dict. des constr.*, n. 2442; Demolombe, X, n. 628.

([4]) Orléans, 11 mars 1898, *France jud.*, 98. 2. 191. — Guillouard, I, n. 278.

([5]) Guillouard, I, n. 278.

([6]) Paris, 3 avril 1897, *Rec. assur.*, 97. 349 (motifs). — Trib. civ. Langres, 16 nov. 1888, *Gaz. Pal.*, 89. 1. *Suppl.*, 86. — Trib. civ. Civray, 13 juin 1895, *Rec. assur.*, 95. 436. — *Contra* Rouen, 1er déc. 1897, *Rec. assur.*, 98. 354 (il ne serait respon-

Le dépositaire ([1]), mais non le déposant ([2]),

Le mandataire ([3]),

Le possesseur de la chose d'autrui ([4]),

L'antichrésiste ([5]),

L'usinier ou autre locateur d'ouvrage qui reçoit des matériaux pour les travailler ([6]),

La personne qui habite l'immeuble comme condition d'un contrat à titre onéreux passé avec le bailleur ([7]),

Le copropriétaire chargé d'administrer les biens indivis ([8]) et à plus forte raison le copropriétaire qui détient à bail la chose indivise ([9]).

On ne peut invoquer l'art. 1733 contre un hôte du locataire ([10]).

1010. Les divers détenteurs sont tenus de l'incendie, à moins de prouver le cas fortuit, même s'ils n'habitaient pas l'immeuble et, par exemple, s'ils l'ont donné en location; car ce fait n'éteint pas l'obligation de restitution.

Dans l'opinion même qui admet que l'art. 1733 déroge au droit commun, cette solution s'impose.

sable qu'en cas de faute prouvée). — Trib. civ. Provins, 13 juin 1895, *Rec. assur.;* 95. 398 (*ibid.*).

([1]) Guillouard, I, n. 278.

([2]) Il est évident que si une personne autorise une autre personne à déposer chez elle des objets, le déposant n'est pas réputé avoir causé par sa faute l'incendie de ces objets, puisqu'il ne pouvait les surveiller et n'avait pas à les restituer. Ainsi décidé au profit du fermier entrant, autorisé par le fermier sortant à laisser ses pailles dans un hangar de ce dernier. Paris, 3 avril 1897, *Rec. assur.*, 97. 349.

([3]) Guillouard, I, n. 278. — *Contra* (pour le copropriétaire habitant l'immeuble comme mandataire). Nancy, 28 avril 1894, S., 96. 2. 93. — V. *infra*, note 8.

([4]) Trib. civ. Saint-Gaudens, 11 juin 1894, *Gaz. Pal.*, 94. 2. 127. — Guillouard, I, n. 278.

([5]) Sauzet, *loc cit.;* Huc, X, n. 319.

([6]) Sauzet, *loc. cit.*

([7]) Cons. d'Etat, 13 mars 1891, S., 93. 3. 34 (fournisseur de l'Etat; cet arrêt va trop loin en le qualifiant de locataire). — Trib. civ. Langres, 2 mai 1894, *Gaz. Trib.*, 13 juin 1894 (le locateur de services qui reçoit le logement comme supplément de traitement). — Huc, X, n. 319 (fournisseur de l'Etat).

([8]) *Contra* Nancy, 28 avril 1894, S., 96. 2. 93 (cet arrêt applique à tort les principes de la responsabilité délictuelle, en se fondant sur ce que le copropriétaire n'a pas l'obligation de restituer et que, par suite, l'art. 1302 ne lui est pas applicable).

([9]) V. *supra*, n. 1007.

([10]) Poitiers, 24 janv. 1889, cité *infra*, n. 1019.

La cour de cassation a cependant décidé que le mari commun, usufruitier en cette qualité des immeubles de sa femme, n'est pas tenu de l'incendie de l'immeuble loué à des tiers « parce que la responsabilité imposée à ces preneurs par l'art. 1733 est substituée à celle de l'usufruitier qui n'occupe pas l'immeuble » ([1]). Cela est inexplicable.

1011. Enfin il reste à étudier l'art. 1733 dans son application aux rapports du locataire (ou même du propriétaire) d'un immeuble avec le propriétaire ou le locataire d'un immeuble voisin ou plus généralement aux rapports entre personnes qui ne sont pas unies par un lien contractuel.

Dans l'ancien droit, comme on suivait, pour l'examen des relations entre le bailleur et le preneur, l'idée que l'incendie est généralement causé par une faute du locataire, on fut amené logiquement à décider que, dans ses rapports avec les propriétaires des immeubles voisins, le preneur serait réputé également être en faute. C'est ce que décida un arrêt du 22 août 1743, rapporté et approuvé par Denisart ([2]).

Le tribunal de cassation voulait également faire insérer dans le code civil un article d'après lequel le propriétaire ou le locataire d'un appartement où avait pris le feu serait responsable envers les propriétaires des maisons voisines endommagées, « à moins qu'il ne prouve que l'incendie a pour cause un fait qui lui est étranger, ainsi qu'il est dit, pour le locataire, respectivement au propriétaire, au titre du *Louage* » ([3]).

Cette solution reposait sur une idée dont l'erreur est parfaitement mise en relief par le rapport de la commission du Sénat, nommée en vue de la réforme de l'art. 1734 : « Le dommage à la chose d'autrui peut être causé ou par une personne qui n'était, à l'égard du propriétaire, dans les liens d'aucun contrat, ou par une personne qui avait contracté avec le propriétaire. Dans le premier cas, l'auteur du dommage est sans doute tenu de le réparer et même pour le tout (art. 1382 C. civ.) ; mais le propriétaire demandeur est obligé de démontrer quel est l'auteur du fait dont il poursuit la répa-

---

([1]) Cass. req., 24 fév. 1890, S., 92, 1. 495, D., 93. 1. 119.
([2]) V° *Incendie*.
([3]) Fenet, II, p. 605.

ration. Le propriétaire est demandeur et *onus probandi incumbit ei qui dicit...* En d'autres termes, dans le cas de l'art. 1382 C. civ., entre parties qui ne sont pas liées par des contrats, le propriétaire est obligé, pour justifier sa demande, de prouver que la chose a péri par le fait et la faute du défendeur ».

Le rapporteur de la première commission nommée par la Chambre dit également : « Entre voisins, la présomption édictée au profit du propriétaire n'existe pas : nul ne répond alors que de sa faute prouvée ».

Les raisons que nous venons de reproduire sont décisives et il n'y a rien à y ajouter ; aucun lien contractuel ne s'est établi entre l'habitant des deux immeubles voisins l'un de l'autre ; si même le feu a été communiqué par l'un de ces immeubles à l'autre, l'habitant de l'immeuble où l'incendie a commencé n'est tenu à des dommages-intérêts que si sa faute est prouvée, ainsi que la relation entre cette faute et l'incendie (¹). Du reste, d'après l'art. 1386 C. civ., le propriétaire n'est responsable des dommages causés par son bâtiment que s'il y a défaut d'entretien ou vice de construction.

Aussi est-il responsable du préjudice causé aux habitants d'un immeuble voisin par la chute d'un mur de sa maison à la suite de l'incendie, si la chute est due au peu de solidité du mur (²).

(¹) Cass., 22 oct. 1889, S., 89. 1. 478, D., 90. 1. 122. — Cass., 7 mars 1892, S., 92. 1. 271. — Agen, 13 mars 1866, D., 66. 2. 92. — Rouen, 24 déc. 1878, S., 79. 2. 179, D., 79. 2. 155. — Paris, 16 déc. 1889, D., 90. 2. 364. — Bastia, 16 juin 1890, D., 91. 2. 235. — Nancy, 23 nov. 1893, *Gaz. Pal.*, 94. 1. 20, *Pand. franç.*, 94. 2. 63 — Aix, 4 juill. 1894, S., 95. 2. 204, D., 95. 2. 167 (le fait d'exercer une industrie sans avoir sollicité l'autorisation administrative nécessaire n'est pas une faute). — Trib. civ. Marseille, 10 janv. 1890, *Rec. Aix*, 90. 2. 114. — Trib. civ. Marseille, 9 juin 1891, *Rec. Aix*, 91. 2. 222. — Trib. civ. Brioude, 13 août 1891, *Journ. des assur.*, 92. 149. — Trib. civ. Chambéry, 14 déc. 1891, *Rec. Chambéry*, 92. 30. — Trib. civ. Seine, 24 déc. 1895, *Droit*, 18 janv. 1896. — Trib. civ. Narbonne, 29 déc. 1898, *Loi*, 5 janv. 1899. — Trib. paix Sceaux, 3 déc. 1897, *Loi*, 4 déc. 1897. — Guillouard, I, n. 278; Planiol, *Rev. crit.*, XIX, 1890, p. 333 ; Sauzet, *Rev. crit.*, XIV, 1885, p. 197, n. 34 ; Richard et Maucorps, *op. cit.*, n. 697 s. ; Labbé, *Rev. crit.*, XV, 1886, p. 440; Lefebvre, *Rev. crit.*, XV, 1886, p. 495; Huc, X, n. 320. — *Contra* Trib. paix Magny en Vexin, 8 août 1896, *Mon. jug. paix*, 97. 11.

(²) Trib. civ. Toulouse, 1ᵉʳ juill. 1893, *Rec. des assur.*, 94. 13.

Ces solutions sont applicables même si l'immeuble voisin appartient au bailleur de l'immeuble où a éclaté l'incendie ([1]).

1012. De même, l'art. 1733 ne peut être invoqué par le bailleur contre une personne qui a loué au locataire des meubles que celui-ci a introduits dans l'immeuble loué ([2]).

1013. Pour la même raison encore, le propriétaire qui habite une partie de l'immeuble n'est pas, si l'incendie éclate dans les locaux qu'il occupe, responsable, à moins de faute prouvée, envers ses locataires de la perte de leur mobilier ([3]). Aucun lien contractuel ne s'est établi entre eux en ce qui concerne ce mobilier.

1014. De même le voisin dans l'immeuble duquel on a dû s'introduire pour éteindre l'incendie ne peut réclamer des dommages-intérêts au propriétaire ou au locataire incendié sans prouver leur faute ([4]).

1015. Le locataire de partie d'un immeuble qui actionne en responsabilité le locataire d'une autre partie, dans laquelle un incendie a éclaté, doit prouver la faute de ce dernier ([5]).

Il en est de même du locataire qui prétend que l'incendie provient de la faute du propriétaire n'habitant pas l'immeuble ([6]).

1016. Le propriétaire de l'immeuble voisin peut actionner le propriétaire de l'immeuble dans lequel l'incendie a éclaté, alors même qu'un locataire de cet immeuble a été vis-à-vis du propriétaire déclaré responsable de l'incendie en vertu des art. 1733 et 1734 du C. civ. ([7]). En effet, le voisin peut,

---

([1]) Trib. civ. Seine, 24 déc. 1895, précité.

([2]) Alger, 25 nov. 1893, D., 94. 2. 502 (locateur de bâches pour la construction et de patins pour l'exploitation d'un *skating-ring*). — Huc, X, n. 319.

([3]) Poitiers, 24 janv. 1889, S., 89. 2. 182, D., 90. 2. 97. — Trib. civ. Lyon, 13 juill. 1886, *Rec. des assur.*, 86. 494.

([4]) Trib. civ. Périgueux, 5 août 1886, *Loi*, 16 nov. 1886.

([5]) Aix, 10 juill. 1890, *Rec. d'Aix*, 90. 1. 319. — Paris, 20 nov. 1895, *Journ. des assur.*, 96. 117. — Trib. civ. Narbonne, 10 juin 1890, *Loi*, 13 juin 1890. — Trib. paix Paris, 4 août 1892, *Rec. des assur.*, 92. 560. — Trib. paix Lyon (7e canton), 12 juill. 1895, *Mon. jud. Lyon*, 23 juil. 1895. — Lefebvre, *op. cit.*, p. 495 ; Guillouard, I, n. 278.

([6]) Aix, 10 juill. 1890, précité. — Trib. civ. Marseille, 9 août 1889, *Droit*, 8 nov. 1889 (dépôt de matières inflammables dans un immeuble voisin).

([7]) Paris, 11 déc. 1889, D., 90. 2. 364. — Huc, X, n. 320.

malgré ces textes, démontrer l'existence d'une faute du propriétaire, consistant, par exemple, dans l'absence de précautions (¹).

1017. Le voisin peut évidemment se plaindre d'une simple faute ; le locataire qui a obtenu une indemnité d'assurance, parce qu'il n'a pas commis de faute lourde, ne peut soutenir que, pour la même raison, il est également irresponsable vis-à-vis du propriétaire voisin (²).

1018. Dans ses rapports entre ses locataires et ses voisins comme dans ses rapports avec le bailleur, le preneur est tenu de la faute de ses préposés (³).

1019. L'art. 1733 n'est pas applicable dans les rapports entre le bailleur et ceux qui habitent l'immeuble sans le détenir, c'est-à-dire sans être obligés de le restituer, par exemple les membres de la famille du preneur (⁴) ; le bailleur qui veut agir contre eux doit prouver leur faute.

1020. On ne peut appliquer l'art. 1733 au locataire d'un terrain dans le cas d'incendie d'un immeuble contigu à ce terrain et appartenant au même propriétaire ; ce dernier doit donc, pour obtenir une indemnité de son locataire, démontrer sa faute (⁵).

1021. Si dans l'immeuble loué et incendié se trouvaient des meubles appartenant au propriétaire et restés en dehors du bail, le propriétaire n'a droit à une indemnité pour ces meubles qu'en démontrant la faute du locataire (⁶). De même le locataire ne peut rendre le propriétaire responsable de ses meubles qu'en prouvant la faute de ce dernier (⁷).

1022. Quoique, d'après la jurisprudence, la personne qui a été victime d'un accident en voulant réparer la faute d'un

(¹) Paris, 11 déc. 1889, précité.

(²) Labbé, *Rev. crit.*, XV, 1886, p. 449.

(³) Paris, 9 mars 1893, *Gaz. Pal.*, 93. 1. 501 (domestique qui circule avec une lampe à feu nu dans un escalier exposé à des courants d'air).

(⁴) Poitiers, 24 janv. 1889, S., 89. 2. 182, D., 90. 2. 97. — Huc, X, n. 319.

(⁵) Cass. req., 19 juin 1895, S., 96. 1. 444, D., 95. 1. 480. — Paris, 31 oct. 1893, S., 94. 2. 172. — Huc, X, n. 320.

(⁶) Nîmes, 15 mars 1884, S., 85. 2. 1. — Montpellier, 24 janv. 1889, *Gaz. Pal.*, 89. 1. 508. — Montpellier, 30 janv. 1889, *Mon. jud. Lyon*, 15 juin 1889. — Labbé, *Rev. crit.*, XV, 1886, p. 439.

(⁷) Agen, 18 fév. 1891, *Gaz. Pal.*, 91. 2. 410. — V. *supra*, n. 1013.

tiers, ait un recours contre ce dernier, la personne qui a été victime d'un accident en essayant d'éteindre un incendie qui a pris naissance chez le locataire ne peut agir contre ce dernier sans avoir démontré sa faute (¹).

§ V. *Sanction de la responsabilité.*

1023. Nous nous référons sur ce point aux détails que nous avons donnés sur l'effet de la perte totale ou partielle par le fait du preneur (²) et sur l'obligation du preneur de restituer la chose (³).

Nous avons, d'autre part, indiqué la répartition des dommages-intérêts dans le cas où il y a plusieurs locataires, ainsi que leur montant (⁴).

1024. Le bailleur peut-il saisir-arrêter les créances du locataire pour obtenir le payement de l'indemnité qui lui est due? La question dépend du point de savoir si sa créance est certaine. L'affirmative nous paraît être exacte en principe (⁵).

1025. Le bailleur a des droits tout spéciaux sur la prime d'assurance qui peut être due au preneur ; ces droits sont réglés par la loi du 19 février 1889 (⁶).

§ VI. *Clauses modifiant la responsabilité.*

1026. Les parties peuvent convenir expressément ou tacitement que le preneur ne sera pas responsable de l'incendie ;

(¹) *Contra* Trib. civ. Seine, 2 déc. 1887, *Rec. des assur.*, 88. 375, *Gaz. Pal.*, 88. 2. *Suppl.*, 45.

(²) V. *supra*, n. 345 s., 356 s.

(³) V. *supra*, n. 968 s.

(⁴) V. *supra*, n. 984 s.

(⁵) Toulouse, 1ᵉʳ fév. 1877, S., 80. 2. 333, D., 81. 2. 201. — Besançon, 2 fév. 1881, S., 82. 2. 28, D., 90. 2. 97 (en note). — Poitiers, 24 janv. 1889, S., 89. 2. 182, D., 90. 2. 97 (il faut, dit cet arrêt, qu'en fait la créance du bailleur soit prouvée être certaine). — Trib. civ. Seine, 6 juil. 1893, *Journ. des assur.*, 1894, p. 81.—*Contra* Trib. civ. Angoulême, 29 nov. 1881, D., 90. 2. 97 (en note). — Trib. civ. Villefranche, 14 déc. 1887, *Droit*, 7 janv. 1888. — Cette dernière solution a été également donnée pour la créance des locataires contre leur colocataire par la faute duquel l'incendie a été allumé. — Trib. civ. Saint-Etienne, 11 juil. 1894, *Gaz. Trib.*, 2 août 1894. — V. *infra*, n. 1170.

(⁶) V. Baudry-Lacantinerie et de Loynes, *Tr. du nantiss., des priv. et hyp.*, 2ᵉ éd., I, n. 280 s.

cette clause, conformément aux principes, exclut la responsabilité du preneur, même si elle est causée par la faute du preneur ou par la faute ou le dol de ses préposés. Son dol ou sa faute lourde engagent seuls sa responsabilité malgré toute clause contraire.

Il va sans dire que l'obligation imposée par le bail au bailleur de faire assurer l'immeuble contre l'incendie n'emporte pas renonciation au droit de se prévaloir, le cas échéant, de la responsabilité du preneur ([1]). Il est de principe, en effet, que la renonciation tacite à un droit ne peut s'induire que d'une clause ne comportant aucune autre interprétation ; or le preneur peut avoir intérêt à l'assurance de l'immeuble pour rencontrer devant lui un débiteur solvable dans le cas où l'incendie proviendrait d'une faute du bailleur.

Il est encore plus certain que la renonciation ne résulte pas d'une clause mettant toutes les réparations locatives à la charge du bailleur ([2]).

Quant à la clause obligeant le preneur à assurer l'immeuble ou à payer les primes d'assurances, nous l'avons étudiée ([3]).

1027. Il va également sans dire que les règles posées par l'art. 1734 ne s'imposent pas aux parties ; la convention peut y déroger ([4]).

§ VII. *Effets de la réforme opérée par le nouvel art. 1734 sur les conventions antérieures à sa promulgation.*

1028. En vertu du principe que la loi n'a pas d'effet rétroactif (art. 2), on doit décider que les locataires, liés par des baux de date antérieure à l'époque où la nouvelle loi est devenue obligatoire, ont continué ou continueront à être soumis pendant toute la durée de ces baux à la responsabilité solidaire édictée par l'ancien art. 1734 ([5]). Pour soutenir

---

([1]) Trib. civ. Limoges, 27 janv. 1899, *Gaz. Pal.*, 99. 1. 686.
([2]) Trib. civ. Limoges, 27 janv. 1899, précité.
([3]) V. *supra*, n. 915 et 1008, note.
([4]) Huc, X, n. 328. V. le n. suiv.
([5]) Cass. req., 26 avril 1892, S., 92. 1. 304, D., 92. 1. 548. — Nîmes, 15 mars 1884,

qu'ils ont dû bénéficier de la loi nouvelle, on a prétendu que la disposition du nouvel art. 1734 était d'ordre public, c'est-à-dire d'intérêt général ; or les lois d'ordre public rétroagissent. Mais il ne suffit pas d'affirmer cette proposition, il faudrait la démontrer ; et cette démonstration paraît impossible. On pourrait très certainement déroger à la disposition de la loi nouvelle, en convenant que la solidarité aura lieu entre les colocataires d'une même maison, de même qu'avant la loi nouvelle on pouvait certainement déroger à la disposition de l'art. 1734, en stipulant que les colocataires ne seraient pas solidairement responsables de l'incendie, et c'est une preuve que la disposition n'est pas d'ordre public (arg. art. 6). La solidarité établie par l'ancien art. 1734 était jusqu'à un certain point le résultat d'une convention tacite, d'une clause sous-entendue dans les baux, et par conséquent la situation du propriétaire doit être la même que s'il eût stipulé la solidarité par une clause expresse, *eadem vis est taciti atque expressis consensus;* or qui douterait qu'en pareil cas il conservât le bénéfice de la solidarité sous l'empire de la loi nouvelle ?

1029. Mais le nouvel art. 1734 s'appliquerait à la tacite reconduction opérée sous l'empire de la loi nouvelle. C'est un nouveau contrat dont les effets sont régis par la loi en vigueur à l'époque où il est passé.

Si le bail a été fait selon l'usage des lieux, il est censé fait pour une période déterminée (généralement à l'année) ; comme à l'expiration de chaque période un nouveau bail est commencé, ceux de ces baux qui ont commencé après la mise en vigueur du nouvel art. 1734 sont régis par ce texte [1].

1030. Il se peut qu'une maison soit louée à plusieurs locataires dont les uns ont traité sous l'empire de l'ancien art.

S., 85. 2. 1, D., 84. 2. 97. — Bordeaux, 31 déc. 1884, S., 85. 2. 62, D., 85. 1. 338. — Lyon, 5 mars 1887, S., 90. 2. 77, D., 88. 2. 91. — Trib. civ. Villefranche-sur-Saône, 19 juil. 1883, S., 85. 2. 1. — Trib. civ. Toulouse, 7 juil. 1884, S., 85. 2. 1. — Trib. civ. Seine, 2 août 1884, S., 85. 2. 1. — Planiol, *Rev. crit.*, XV, 1886, p. 628 ; Janssens, Servais et Leclercq, *Suppl.* aux *Princ. du dr. civ.* de Laurent, I, n. 78 ; Huc, X, n. 328. — *Contra* Trib. civ. Lyon, 9 janv. 1884, S., 85. 2. 1, D., 84. 3. 104. — Trib. civ. Bordeaux, 7 mai 1884, S., 85. 2. 1. — Trib. civ. Montluçon, 10 juin 1887, *Loi*, 22 sept. 1887. — Balbie, *Rev. crit.*, XIII, 1884, p. 737 s. ; de Varennes, *L'assurance*, avril 1884 ; *Gaz. Trib.*, 26 avril 1883.

[1] Cass. req., 26 avril 1892, précité. — Lyon, 5 mars 1887, précité.

1734 du C. civ., et les autres sous l'empire de la loi nouvelle qui a modifié cet article. Il est certain que ces derniers pourront invoquer le bénéfice de la loi nouvelle ; ils ne répondront donc envers le propriétaire que de la partie de l'édifice qu'ils occupent. Quelle sera la situation des autres locataires ? Nous croyons qu'ils cesseront d'être responsables envers le propriétaire des parties de la maison louée sous l'empire de la loi nouvelle, mais qu'ils demeurent tenus solidairement entre eux à raison des autres portions de la maison, c'est-à-dire de celles louées sous l'empire de l'ancienne loi (¹). Cette solution nous paraît résulter par argument de l'art. 1210, qui la donne dans l'hypothèse où un créancier a renoncé à la solidarité vis-à-vis de certains de ses débiteurs.

1031. A plus forte raison le nouvel art. 1734 n'est-il pas applicable aux sinistres antérieurs à sa promulgation (²).

1032. Ce qui a été dit des baux n'est pas moins vrai des sous-baux ; ils sont régis par le nouvel art. 1734, s'ils sont postérieurs à la mise en vigueur de ce texte, ou si, étant faits selon l'usage des lieux, l'incendie éclate pendant une période postérieure (³).

SECTION XVII

DES GARANTIES ACCORDÉES AU BAILLEUR POUR L'EXÉCUTION DES OBLIGATIONS DU PRENEUR

1033. L'art. 2102 donne au bailleur un privilège pour l'exécution des obligations du preneur.

L'art. 10 de la loi du 10 juillet 1889 sur le bail à colonage partiaire dispose également :

« *Le bailleur exerce le privilège de l'article 2102 du Code* » *civil sur les meubles, effets, bestiaux et portion de récolte* » *appartenant au colon, pour le payement du reliquat du* » *compte à rendre par celui-ci* ».

L'étude de ce privilège rentre dans le commentaire du titre des *Privilèges et hypothèques*.

(¹) Janssens, Servais et Leclerq, *loc. cit.* : Huc, *loc. cit.*
(²) Agen, 3 août 1892, *Recueil des assur.*, 1892, p. 696.
(³) Agen, 3 août 1892, précité.

1034. En outre le bailleur peut obtenir la résiliation du bail si le preneur n'exécute pas ses engagements. Nous avons parlé de cette résiliation en recherchant les sanctions des diverses obligations du preneur (¹). Nous étudierons ultérieurement ses effets (²).

1035. En principe, le bailleur n'a pas un droit de rétention sur les meubles du preneur, car ces meubles ne sont pas en sa possession et la possession est la condition indispensable du droit de rétention; d'autre part, il n'y a droit de rétention que sur les objets pour la conservation ou la création desquels a été faite la dépense qui justifie la créance (³).

Cependant il en est autrement si le bail consiste dans le droit accordé au preneur de remiser un meuble dans l'immeuble et sous la garde du bailleur, alors le bailleur est en possession de l'objet (⁴).

Le droit de rétention n'appartient même pas au bailleur qui a repris possession de l'immeuble, sur les meubles laissés par le preneur dans l'immeuble (⁵). Car le droit de rétention suppose une mise en possession opérée avec le consentement même du propriétaire des objets retenus; en outre, la créance du bailleur n'est pas née à l'occasion de ces objets.

1036. Le bailleur ne peut, pour s'assurer le paiement des loyers, vendre à l'amiable, sans s'exposer à une action en dommages-intérêts, les meubles laissés dans l'immeuble loué par le preneur après la fin du bail (⁶).

CHAPITRE XII

DROITS ET OBLIGATIONS DES PARTIES VIS-A-VIS DES TIERS

1037. Nous avons recherché dans quelles hypothèses le preneur a une action contre le tiers ou le colocataire qui le

---

(¹) V. *supra*, n. 710 s., 772 s., 815 s., 880.
(²) V. *infra*, n. 1385 s.
(³) V. Baudry-Lacantinerie et de Loynes, *Tr. du nantiss., des priv. et hyp.*, I.
(⁴) Trib. paix Grenoble. 12 janv. 1898, *Rev. just. paix*, 98. 258 (bicyclette remisée dans un local).
(⁵) Orléans, 17 fév. 1898, *Droit*, 24 mars 1898, *Loi*, 11 mars 1898.
(⁶) Orléans, 17 fév. 1898, *Droit*, 24 mars 1898, *Loi*, 11 mars 1898.

trouble et dans quelles hypothèses cette action appartient au bailleur ([1]).

Nous avons examiné également plus haut si le preneur peut ou doit se charger de l'expulsion d'un preneur antérieur resté en jouissance ([2]).

1038. Le preneur est responsable envers les tiers des fautes qu'il commet à leur préjudice, par application du droit commun (C. civ., art. 1382).

Ainsi le preneur est tenu de toutes les restrictions au droit de jouissance d'un immeuble qui, d'après la jurisprudence, existent au profit des voisins ([3]).

Par exemple les voisins ont le droit de réclamer au preneur des dommages-intérêts pour le préjudice que leur cause l'établissement d'une maison de tolérance ([4]).

De même la multiplication exagérée des lapins dans le bois loué, par suite de la négligence du preneur, engage sa responsabilité vis-à-vis des propriétaires voisins ([5]). Il est également responsable vis-à-vis d'eux des dégâts que leur cause le gibier de la propriété louée si le droit de chasse lui appartient dans cette propriété ([6]).

1039. Il en est ainsi même si ces faits sont autorisés par le bail. Il y a seulement lieu, en ce cas, de se demander si le preneur a un recours contre le bailleur ([7]).

1040. Comme les actions possessoires ont pour objet de faire disparaître les troubles de fait aussi bien que les troubles de droit, le preneur qui trouble la possession immobilière d'un voisin est soumis à la complainte ([8]).

1041. Mais c'est le bailleur et lui seul qui est responsable

[1] V. *supra*, n. 519 s., 554 s., 576 s., 593 s.
[2] V. *supra*, n. 137 s.
[3] V. sur ces restrictions, *supra*, n. 594 s.
[4] Cass., 5 juin 1882, S., 84. 1. 71. — Cass., 8 juil. 1884, S., 85. 1. 487. — Aix, 20 mars 1867, S., 68. 2. 181. — Aix, 19 nov. 1878, S., 79. 2. 139. — Montpellier, 18 fév. 1898, S., 98. 2. 160. — Trib. civ. Lyon, 2 janv. 1896, *Gaz. Pal.*, 96. 2. 347.
[5] Cass. civ., 15 juin 1895, D., 95. 1. 506. — Trib. paix Magny en Vexin, 20 août 1898, *Gaz. Trib.*, 15 oct. 1898.
[6] Trib. paix Magny en Vexin, 8 avril 1897, *Rev. just. paix*, 98. 270.
[7] V. *supra*, n. 594 s.
[8] Trib. civ. Saint-Flour, 25 mai 1898, D., 99. 2. 41.

de l'accident causé à un tiers par une mauvaise disposition des lieux (¹).

Au contraire, comme le preneur n'est pas le préposé du bailleur, le bailleur n'est pas responsable envers les tiers des délits et des fautes que commet le preneur dans son exploitation (²).

Les dommages causés par les abus de jouissance du preneur n'entraînent pas davantage la responsabilité du bailleur si le bailleur ne les a pas autorisés (³).

Mais il en est autrement s'il les a autorisés (⁴), car le dommage n'a pu être alors causé que par son consentement, c'est-à-dire par son fait.

Il en est autrement aussi, et à plus forte raison, s'il les a ordonnés, le preneur n'étant alors que son mandataire.

Si, par exemple, un immeuble est loué pour l'exploitation d'une maison de tolérance, le bailleur est responsable solidairement avec le preneur des dommages que cause au voisin cette exploitation (⁵).

Il est encore responsable des dégâts causés aux propriétés voisines par le gibier de la propriété louée si le droit de chasse a été concédé au preneur (⁶).

Mais il n'est pas responsable de la multiplication des lapins dans les lieux loués par la négligence du preneur (⁷).

(¹) Trib. civ. Béziers, 23 juin 1898, *Gaz. Pal.*, 98. 2. 363, *Droit*, 15 oct. 1898.

(²) Cons. d'Etat, 16 juil. 1817, D. *Rép.*, v° *Responsab.*, n. 615. — Cass. civ., 27 nov. 1844, D., 45. 1. 13. — Cass. civ., 12 juin 1855, S., 55. 1. 710, D., 55. 1. 422. — Cass. civ., 3 déc. 1872, D., 73. 1. 294. — Rouen, 16 nov. 1842, D., 43. 2. 137. — Bordeaux, 15 juil. 1845, S., 47. 2. 537. — Grenoble, 19 juin 1866, D., 66. 2. 196. — Douai, 10 mars 1874, D., 75. 2. 67. — Limoges, 24 juin 1895, D., 98. 2. 348. — Demolombe, XXXI, n. 626 ; Laurent, XX, n. 612 et 623, XXV, n. 174; Guillouard, I, n. 287; Sourdat, *Tr. de la responsab.*, II, n. 895 ; Fuzier-Herman, art. 1384, n. 147 s., et art. 1728, n. 22.

(³) Cass. req., 19 janv. 1898, S., 98. 1. 265, D., 98. 1. 175. — V. cep. Trib. civ. Lyon, 25 fév. 1898, *Mon. jud. Lyon*, 27 mai 1898 (industrie bruyante).

(⁴) Cass. req., 19 janv. 1898, précité (motifs), — et les autorités citées à la note suivante.

(⁵) Cass., 5 juin 1882, S., 84. 1. 71. — Cass., 8 juill. 1884, S., 85. 1. 487. — Aix, 20 mars 1867, S., 68. 2. 181. — Aix, 19 nov. 1878, S., 79. 2. 139. — Montpellier, 18 fév. 1898, S., 98. 2. 160. — Trib. civ. Lyon, 2 janv. 1896, *Gaz. Pal.*, 96. 2. 347.

(⁶) Trib. paix Magny en Vexin, 8 avril 1897, *Rev. just. paix*, 98. 270.

(⁷) *Contra* Trib. paix Magny en Vexin, 20 août 1898, *Gaz. Trib*, 15 oct. 1898.

1042. Le dommage causé par les meubles et animaux garnissant la chose louée n'engage, par application de l'art. 1385 C. civ., que la responsabilité du preneur.

Ainsi le bailleur d'une écurie ou d'une stalle dans une écurie n'est pas responsable de l'accident causé par l'animal occupant cette écurie ou cette stalle à celui qui le soigne ([1]); cette responsabilité incombe au preneur ([2]).

De même la chute d'un objet tombé de l'appartement du preneur n'engage pas la responsabilité du bailleur vis-à-vis des tiers lésés ([3]).

Ainsi, encore, le bailleur n'est pas responsable de l'incendie d'immeubles voisins causé par la faute du preneur ([4]), sauf cependant si l'incendie est occasionné par une opération que le bail autorisait le preneur à faire ([5]).

1043. Les fournitures faites au preneur ne donnent pas lieu à une action contre le bailleur ([6]).

Il en est de même du travail fourni au preneur ([7]).

1044. Cependant, en vertu des principes de l'action *de in rem verso,* on admet que le propriétaire est tenu dans les limites de l'enrichissement que le tiers lui a procuré. Notamment, le fournisseur de semences ou d'engrais pourra agir contre le bailleur, à raison de la plus-value que ces engrais auront procurée à la terre ([8]). Cette solution n'est pas très sûre, à supposer même (et nous n'avons pas à l'examiner ici) que l'action *de in rem verso* soit accordée contre une personne à la seule condition qu'un fait l'ait enrichie ; car le preneur était tenu de jouir de la chose en bon père de famille ; il n'a fait qu'exécuter cette obligation en déposant des engrais dans

---

([1]) Rouen, 3 août 1895, *Rec. Rouen,* 96. 217.

([2]) Rouen, 3 août 1895, précité.

([3]) Paris, 30 avril 1896, *Gaz. Pal.,* 96. 2. 546, *Droit,* 4 nov. 1896 (chute d'un pot de fleur placé sur la bordure d'une fenêtre, surtout si cette bordure n'était pas destinée à recevoir des pots de fleur).

([4]) Limoges, 24 juin 1895, précité. — *Contra* Trib. paix Magny-en-Vexin, 8 août 1896, *Mon. just. paix,* 97. 11.

([5]) V. cep. Limoges, 24 juin 1895, précité (opération de l'écobuage).—V. n. 1041.

([6]) Cass. civ., 9 mai 1853, S., 53. 1. 699.

([7]) Cass. civ., 18 oct. 1898, S., 99. 1. 165 (fermier ou métayer). — Rérolle, *Du métayage,* p. 355 (pour le métayage).

([8]) Cass., 15 janv. 1892, S., 93. 1. 281. — V. cep. Cass. civ., 9 mai 1853, précité.

la terre; la propriété n'a pas ainsi augmenté de valeur, mais a gardé simplement sa valeur.

De même, l'ouvrier employé par le preneur pour les travaux agricoles n'a pas d'action *de in rem verso* contre le bailleur. Le travail de l'ouvrier n'a qu'à maintenir la valeur actuelle de la propriété; il ne l'a pas augmentée. La cour de cassation a statué en ce sens ([1]).

CHAPITRE XIII

DROITS ET DEVOIRS RESPECTIFS DU FERMIER ENTRANT ET DU FERMIER SORTANT

1045. Les baux de biens ruraux expirent ordinairement à la fin de novembre. Le nouveau fermier qui doit succéder à l'ancien ne peut pas attendre jusqu'à cette époque pour commencer ses travaux de culture et d'ensemencement, autrement il ne pourrait préparer la récolte des grains qui se sèment avant l'hiver, ni nettoyer les terres après l'enlèvement de la récolte. C'est à quoi obvie le 1er alinéa de l'art. 1777 qui seul, dans le projet, réglait les rapports entre le fermier entrant et le fermier sortant.

Sur l'observation d'un tribunal d'appel ([2]), on voulut accorder la même facilité au fermier sortant. L'art. 1777 est donc ainsi conçu :

« *Le fermier sortant doit laisser à celui qui lui succède dans*
» *la culture, les logements convenables et autres facilités pour*
» *les travaux de l'année suivante; et réciproquement, le fer-*
» *mier entrant doit procurer à celui qui sort, les logements*
» *convenables et autres facilités pour la consommation des*
» *fourrages et pour les récoltes restant à faire. — Dans l'un*
» *et l'autre cas, on doit se conformer à l'usage des lieux* ».

L'art. 1778 a également trait aux rapports du fermier entrant avec le fermier sortant ([3]).

D'après l'art. 13 de la loi du 10 juillet 1889, les dispositions

---

([1]) Cass. civ., 18 oct. 1898, précité. — Rérolle, *loc. cit.*
([2]) Fenet, III, p. 456.
([3]) V. *supra*, n. 940 s.

contenues dans les art. 1777 et 1778 sont applicables aux baux à colonat partiaire.

1046. Si même il y a un bail écrit, muet sur les rapports entre le fermier entrant et le fermier sortant, ces rapports sont réglés par l'art. 1777 et l'usage des lieux ([1]). Car le fait que le preneur a le droit de rester en possession jusqu'à une époque déterminée ne met pas obstacle à son obligation de laisser le fermier entrant faire certains travaux sur l'immeuble.

1047. Que si le bail règle ces rapports, la clause qu'il y consacrera sera souvent nulle, car le fermier entrant n'est pas obligé de tenir compte d'un bail auquel il n'a pas été partie et il sera fréquemment à supposer que le fermier sortant ne s'est engagé qu'en vue de l'engagement imposé au fermier entrant.

Cependant rien n'empêchera le fermier sortant de consentir à une limitation ou à une abrogation de son droit : son bail peut, par exemple, restreindre la durée de l'occupation à laquelle il aura droit après l'expiration de ce bail ([2]).

D'autre part, si le bailleur impose au fermier entrant de respecter des conventions passées avec le fermier sortant dans le bail consenti à ce dernier, le fermier sortant, de son côté, doit respecter l'engagement qu'il a pris à l'égard du fermier entrant dans son propre bail.

1048. Si l'époque exacte du départ du fermier sortant n'est pas fixée par le bail, notamment si le bail est fait jusqu'à l'époque où la récolte des terres sera terminée, le fermier sortant pourra rester en possession de la maison d'habitation jusqu'à la récolte de toutes les terres.

Le fermier entrant pourra prendre possession de chaque terre dès qu'elle sera dépouillée des récoltes ([3]).

1049. Quant aux logements, le fermier sortant, tant qu'il a le droit de rester sur la propriété, n'est évidemment tenu de les fournir au fermier entrant que dans la mesure où cela lui est possible ([4]).

([1]) Caen, 21 août 1875, *Rec. de Caen*, 1875, p. 204. — Guillouard, II, n. 515.
([2]) Gand, 25 nov. 1881, *Pasicr.*, 82. 2. 187. — Huc, X, n. 376.
([3]) Lespinasse, *Rev. crit.*, V, 1876, p. 301 ; Huc, X, n. 374.
([4]) Huc, X, n. 374.

Réciproquement il n'a pas droit à garder des logements s'il n'a plus de fourrages, ni de bestiaux, ni de récoltes ([1]).

1050. Le preneur entrant ne peut demander au preneur sortant la réparation des dégradations commises par ce dernier ([2]) ; la loi ne lui accorde d'action, en effet, que contre le bailleur ; d'autre part, le preneur sortant n'a, en dégradant l'immeuble, contrevenu qu'au contrat qui le liait au bailleur et n'a, en conséquence, commis de faute que vis-à-vis de ce dernier.

Cependant, comme créancier du bailleur, le preneur entrant peut exercer contre le preneur sortant l'action oblique de l'art. 1166 C. civ.

Nous avons parlé des rapports entre les deux fermiers en cas d'incendie ([3]).

CHAPITRE XIV

DES CESSIONS DE BAIL ET DES SOUS-LOCATIONS

SECTION PREMIÈRE

VALIDITÉ DES CESSIONS ET SOUS-LOCATIONS. — DISTINCTION ENTRE LA CESSION ET LA SOUS-LOCATION

1051. Le droit de sous-louer était déjà reconnu par les Romains, le Digeste le pose pour les maisons, mais sans paraître exclure la sous-location des autres immeubles ([4]).

Le Code permet d'une manière générale la sous-location de la chose louée ([5]).

L'ancien droit admettait également sans difficulté la sous-location ([6]).

([1]) Huc, loc. cit.

([2]) Huc, X, n. 304. — *Contra* Grenoble, 26 mai 1849, S., 50. 2. 375.

([3]) V. *supra*, p. 547, note 2.

([4]) L. 60 pr., D., *De loc. cond.*, 19. 2.

([5]) L. 6, C., *De loc. cond.*, 4. 65.

([6]) Pothier, n. 280 s. ; Brodeau, *Cout. de Paris*, art. 161, n. 16 et art. 162, n. 2 et 3 ; Ferrière, *Corps et compil. sur la cout. de Paris*, II, art. 162, *gl. un.* ; Bourjon, *Dr. commun de la France*, II, liv. IV, sect. 5 et 6.

On a soutenu ([1]) que dans l'ancien droit la cession ne se distinguait pas de la sous-location, parce que les anciens auteurs ne s'occupaient que de la seconde ([2]). La vérité est plutôt, sans doute, que la cession de bail, étant fort peu usitée, n'a pas préoccupé les interprètes. Toutefois certains d'entre eux prévoient à la fois la cession du bail et la sous-location ; mais pour eux ces deux opérations ont la même nature juridique ; elles ne diffèrent que par l'étendue du droit transmis : la cession porte sur la totalité des biens loués, la sous-location sur une partie seulement d'entre eux ([3]).

Dans tous les cas, la distinction existe aujourd'hui.

1052. « *Le preneur,* dit l'art. 1717 C. civ., *a le droit de » sous-louer, et même de céder son bail à un autre, si cette » faculté ne lui a pas été interdite. — Elle peut être interdite » pour le tout ou partie. — Cette clause est toujours de ri-* » *gueur* ».

Sous-louer, c'est donner à bail la chose que l'on tient soi-même à ce titre, ou, en d'autres termes, la louer en sous-œuvre, pour le tout ou pour partie, à une autre personne ([4]). On donne le nom de *sous-bailleur* à celui qui a fait le sous-bail ou sous-location, et on appelle *sous-preneur* celui au profit de qui la sous-location est faite. Il y a alors deux baux superposés ; le sous-bailleur est engagé dans l'un et l'autre à la fois : preneur dans le premier, il devient bailleur dans le second.

Céder son bail, c'est transmettre à un autre, à titre de cession, les droits résultant d'un contrat de bail dans lequel on figure à titre de preneur. La cession de bail est un transport du droit de jouissance résultant d'un bail ([5]). Il s'ensuit, d'une part, que le cessionnaire acquiert une action directe contre le bailleur, et, d'autre part, qu'il ne sera saisi à l'égard des tiers que par l'accomplissement de l'une des deux

---

([1]) Planiol, *Note*, D., 92. 2 521.

([2]) Pothier, n. 280 s.

([3]) Brodeau, *Cout. de Paris*, art. 161, n. 16, et art. 162, n. 2 et 3 ; Ferrière, *Corps et compil. sur la cout. de Paris*, II, art. 162, *gl. un.*; Bourjon, *Dr. comm. de la France*, II, liv. IV, sect. 5 et 6.

([4]) Toulouse, 20 juin 1888, *Rec. des assur.*, 88. 349. — Guillouard, I, n. 312 ; Huc, X, n. 281 ; Eck, *Holtzendorff's Encyklopaedie*, v° *Aftermiethe*.

([5]) Guillouard, I, n. 311 ; Huc, X, n. 281 ; Eck, *loc. cit.*

formalités prescrite par l'art. 1690. D'ailleurs la cession de bail, comme la sous-location, peut être totale ou partielle.

Tel est le sens technique des expressions *sous-louer, céder son bail*. La sous-location est un louage enté sur un autre ; la cession de bail, un transport, une vente du droit de jouissance résultant d'un bail. Cette dernière opération nous apparaît ainsi comme plus radicale que la première, et c'est sans doute l'idée qu'entend exprimer l'art. 1717, lorsqu'il dit que « le preneur a le droit de sous-louer, et *même* de céder son bail ».

Dans la pratique, on emploie assez généralement l'expression *céder son bail,* pour désigner une sous-location portant sur la totalité de la chose louée ; il arrivera donc souvent que les parties, ayant eu l'intention de faire une sous-location totale, auront désigné l'opération sous le nom de cession de bail. Comme il faut avant tout tenir compte de la volonté des parties contractantes, on devra dans ce cas appliquer les règles de la sous-location, et non celles de la cession. Mais à quel signe reconnaître la véritable intention des parties ? A notre avis, la manière dont le prix a été fixé fournit l'élément de décision le plus considérable en cette matière. Il n'y aura guère de doute que les parties aient voulu faire une véritable cession de bail, si le prix a été fixé en bloc à une somme de... pour tout le temps qui reste à courir jusqu'à l'expiration du bail, alors même que plusieurs termes successifs auraient été accordés au cessionnaire pour le paiement. Au contraire, les parties auront presque toujours entendu faire une sous-location, alors même qu'elles auraient parlé de cession de bail, si le prix a été fixé à tant par an, par semestre, par trimestre, par mois ou par jour, surtout si les périodes de paiement sont les mêmes que celles du bail cédé.

Dans le cas de doute, les expressions employées doivent être surtout consultées ; ainsi le mot de *cession de bail,* s'il n'est pas interprété par une autre clause, indique qu'il y a bien cession [1].

---

[1] Guillouard, I, n. 319. — *Contra* Laurent, XXV, n. 187 ; Planiol, *Note,* D., 92. 2. 521. — Cpr. Huc, *Tr. de la cession et de la transmission des créances,* I, n. 206.

A défaut d'expression ou de clause indiquant la volonté des parties, on doit présumer la sous-location [1] ; c'était autrefois le mode de transmission le plus usuel, puisque les anciens auteurs ne s'occupent guère de la cession ; encore aujourd'hui on doit supposer que les parties ont entendu faire naître entre elles les droits et les obligations du bailleur et du preneur.

1053. La question de savoir si, dans telle hypothèse déterminée, il y a sous-location ou cession de bail présente une grande importance, parce qu'il existe des différences considérables entre ces deux opérations ; elles dérivent toutes de cette prémisse que la sous-location est un louage et la cession de bail une vente.

1° La preuve de la cession est plus facile que celle de la sous-location ;

2° La sous-location fait naître au profit du sous-bailleur un privilège sur les meubles du sous-preneur, garnissant la maison louée ou la ferme (arg. art. 2102-1°). Ce privilège n'existe pas au profit de celui qui a cédé son bail [2] ;

3° Le sous-preneur peut invoquer à l'égard du sous-bailleur l'art. 1720, et exiger en conséquence que la chose lui soit délivrée en bon état de réparations de toute espèce. Le cessionnaire d'un bail n'a pas le même droit : comme tout acheteur, il ne peut réclamer la chose que dans l'état où elle se trouvait au moment de la cession (arg. art. 1614) ;

4° Le sous-fermier peut exiger du sous-bailleur une indemnité, lorsqu'un cas fortuit enlève plus de la moitié de la récolte que le fonds affermé devait normalement produire (arg. art. 1769). Le cessionnaire d'un bail n'a pas le même droit ; il ne l'a que contre le bailleur et dans le cas où le cédant l'aurait eu lui-même ;

5° La cession de bail transmet au cessionnaire le droit de jouissance qui appartenait au cédant contre le bailleur ; le cessionnaire peut donc agir directement contre le bailleur ; il en est autrement du sous-locataire : toutefois, comme nous le verrons, cette différence est contestée ;

[1] Guillouard, I, n. 319.
[2] Pothier, n. 280 s.; Huc, op. cit., I, n. 209 — Mais le cédant a un privilège sur le prix de la cession nouvelle que ferait le cessionnaire, Huc, loc. cit.

6° Le cessionnaire du bail, comme tout cessionnaire, doit, conformément à l'art. 1690, signifier la cession au bailleur; il en est autrement du sous-locataire;

7° Le cessionnaire doit respecter les clauses qui, dans le bail, dérogent au droit commun, de même qu'il peut s'approprier le bénéfice de ces clauses; il en est autrement du sous-locataire.

1054. La cession de bail et la sous location doivent être distinguées de la cession ou de la délégation de loyers.

Le preneur qui, après avoir sous-loué les terres louées, cède son bail à un tiers fait une cession de bail et non une délégation de loyers ([1]). En effet, il entend non seulement donner au cessionnaire les profits des baux partiels, passés antérieurement, mais le substituer à lui-même dans ses rapports avec le propriétaire.

1055. D'autre part, la cession d'une portion indivise d'un bail est quelquefois difficile à distinguer de la société ou de l'association. En général elle constitue une société si elle est faite dans un but de spéculation, c'est-à-dire en vue du partage des bénéfices de l'exploitation commune ([2]).

1056. Il peut arriver qu'après avoir loué une partie d'un immeuble à une personne, ou diverses parties à diverses personnes, le bailleur en loue la totalité à une personne unique, qui se trouvera ainsi servir d'intermédiaire entre le bailleur et les preneurs.

Ce cessionnaire du bail peut se prévaloir de toutes les clauses du bail puisque tous les droits du bailleur lui sont transmis.

Ainsi il peut exiger le paiement des loyers ([3]).

Il peut invoquer la clause du bail qui, en cas de non-payement des loyers, prononcerait la résiliation immédiate du bail ([4]).

([1]) Cass. civ., 30 mai 1888, S., 90. 1. 84, D., 89. 1. 92 (cet arrêt en conclut que le droit d'enregistrement exigible est le droit de 20 c. p. 100 pour cession de bail). — Wahl, *Note*, S., 90. 1. 84; Huc, X, n. 459.

([2]) V. notre *Tr. de la société*, n. 25 s.

([3]) Paris, 27 fév. 1888 (impl.), S., 92. 2. 249 (sous note).

([4]) Paris, 27 fév. 1888, précité.

Mais le bailleur ne peut céder à un tiers le bail, de manière que le cessionnaire succède à ses obligations en même temps qu'à ses droits; pour les obligations, cette cession serait inopposable au preneur (¹).

1057. Il résulte de l'art. 1717 que la cession de bail et le sous-bail sont tous deux permis au preneur.

C'était la solution du droit romain (²). Elle est également adoptée par les législations étrangères (³).

Elle est, du reste, très rationnelle (⁴); le bailleur n'a pas considéré dans le preneur ses qualités personnelles, sa profession, son âge, le rang qui lui appartient dans la société; en principe, il a voulu seulement avoir un locataire solvable, et la cession ou sous-location ne fait qu'augmenter cette solvabilité, puisque le bailleur joint à son débiteur primitif un débiteur nouveau.

SECTION II

CAPACITÉ EN MATIÈRE DE SOUS-LOCATION ET DE CESSION DE BAIL

1058. Le sous-locataire et le cessionnaire du bail contractent tous deux les obligations d'un preneur; la capacité exigée d'eux est donc la capacité nécessaire au preneur.

Le sous-locateur n'est autre chose qu'un bailleur; c'est donc la capacité nécessaire au bailleur qu'il doit avoir.

Enfin le cédant du bail reste débiteur du bailleur, tout en devenant créancier du cessionnaire; il est donc dans la situation d'une personne qui cède son droit contre un tiers. Or, la capacité en cette matière varie suivant que le droit est mobi-

---

(¹) Huc, *op. cit.*, I, n. 200.

(²) L. 6, C., *De loc.*, 4. 65. — V. *supra.* n. 1051.

(³) Allemagne, *Droit commun.* V. Eck, *Holtzendorff's Rechtslexicon*, v° *After-miethe.* — C. civ. saxon, § 1194. — En Prusse (Code gén., §§ 309 à 312. I. 21) il faut le consentement du bailleur, mais, s'il le refuse sans un motif jugé légitime par la loi, le bail peut lui être dénoncé. Pour les corps de domaines ruraux, les métairies et terres qui les composent peuvent faire individuellement l'objet d'une sous-location ou d'une cession sans l'autorisation du bailleur, § 314. — Le nouveau C. civ. allemand (art. 549) adopte, dans son principe, la solution du code prussien.

(⁴) V. cep. Planiol, *Note*, D., 92. 2. 521. — V. aussi observations du Trib. de Cassation, Fenet, II, p. 930.

lier ou immobilier, et par suite la nature juridique du bail influe sur la question (¹).

Ainsi, dans l'opinion qui voit dans le droit du preneur d'immeubles un droit mobilier, le bail pourra être cédé pour le tuteur agissant seul (²) ; si, avec nous, on considère le droit comme immobilier, on défendra au tuteur de le céder sans l'autorisation du conseil de famille et l'homologation du tribunal.

De même, dans la première opinion, le mineur émancipé pourra céder seul son bail (³) ; il ne le pourra pas, selon nous, sans l'autorisation du conseil de famille et l'homologation du tribunal.

1059. L'héritier bénéficiaire, qui peut faire un bail, peut également céder un bail. Il a cependant été décidé que le droit de faire cet acte ne lui appartient pas et ne peut même lui être accordé par la justice (⁴).

1060. Le tuteur, ne pouvant prendre à bail les biens du mineur, ne peut davantage se faire céder le bail de ces biens consenti à un tiers (⁵), ou les sous-louer.

SECTION III

PREUVE DU SOUS-BAIL ET DE LA CESSION DU BAIL

1061. La sous-location, étant un véritable bail, est soumise aux mêmes modes de preuve que le bail (⁶).

Il en est autrement de la cession de bail ; elle peut être établie par les modes de preuve du droit commun.

Ainsi les art. 1715 et 1716 du C. civ. (⁷) sont applicables à la preuve du sous-bail, offerte soit par le sous-bailleur soit par le sous-preneur (⁸).

---

¹) Guillouard, I, n. 24.
(²) Guillouard, loc. cit.
(³) Guillouard, loc. cit.
(⁴) V. notre Tr. des succ., 2ᵉ édit., II, n. 1339.
(⁵) Bourges, 29 déc. 1842, S., 44. 2. 255. — Laurent, V, p. 81 ; Demolombe, VII, n. 686 ; Aubry et Rau, I, p. 731, § 116, note 3.
(⁶) Paris, 3 déc. 1892, S., 93. 2. 71, D., 93. 2. 71. — Huc, X, n. 279.
(⁷) V. supra, n. 207 s.
(⁸) Paris, 3 déc. 1892, S., 93. 2. 71, D., 93. 2. 71. — Fuzier-Herman, art. 1715, n. 8.

Mais l'art. 1715 n'est pas applicable à la preuve de la cession du bail (¹), et il en est de même de l'art. 1716.

1062. Si c'est le bailleur principal qui invoque la sous-location ou la cession, il peut la prouver par tous les moyens, car il est un tiers qui n'a pu se procurer une preuve écrite du contrat.

Il peut, par exemple, démontrer par tous les moyens une sous-location contraire à l'interdiction contenue dans le bail (²).

SECTION IV

DES CHOSES ET DES BAUX QUI PEUVENT DONNER LIEU A UNE CESSION OU SOUS-LOCATION

1063. Le droit de sous-louer existe pour les choses de toute nature : maisons (³), usines (⁴), ferme (⁵), moulin, etc.

Il existe également pour les meubles (⁶), car les règles posées au titre du *louage* sont applicables aux baux de meubles ; on ne voit pas, du reste, les motifs qui justifieraient une restriction. Il en est ainsi spécialement des navires (⁷).

1064. Le droit de sous-louer existe également pour les appartements meublés (⁸). La loi est générale ; on a donc tort d'objecter que les locations d'appartements meublés se font généralement en considération de la personne du locataire. Au reste, cette observation est inexacte en fait ; la considération de la personne joue, au contraire, dans les baux d'appartements meublés, un rôle moins grand que dans les autres baux ; l'usage des lieux ou la convention obligeant souvent le locataire d'appartements meublés à payer les loyers d'avance,

---

(¹) V. cep. Alger, 21 fév. 1895, *Journ. Trib. alg.*, 8 janv. 1896.

(²) Bruxelles, 9 mars 1853, *Pasicr.*, 53. 2. 220. — Huc, X, n. 280.

(³) Guillouard, I, n. 321.

(⁴) Guillouard, I, n. 321.

(⁵) Guillouard, I, n. 321.

(⁶) Valéry, n. 24.

(⁷) De Courcy, *Quest. de dr. marit.*, 1re série, p. 127 ; Desjardins, *Tr. de dr. comm. marit.*, III, n. 761.

(⁸) Paris, 20 juin 1861, S., 62. 2. 587, D., 62. 2. 65. — Aubry et Rau, IV, p. 490, § 368 ; Guillouard, I, n. 321 ; Fuzier-Herman, art. 1717, n. 2. — *Contra* Sauger, *Louage et servitude*, n. 218.

la considération de la personne ne peut guère avoir d'importance.

1065. Le même droit existe pour les meubles incorporels, tels que l'exploitation d'un journal (¹), le nom commercial, les brevets d'invention.

Le bail de la chasse peut être cédé ou sous-loué (²).

1066. Le locataire peut également faire participer des invités à sa jouissance ; cette solution doit être admise *a fortiori* de ce qu'elle est exacte même en cas d'interdiction de sous-location.

Ainsi le locataire de la chasse peut amener des invités avec lui ou les admettre à chasser sans lui, en nombre illimité (³). Évidemment l'usage peut être contraire ; la convention peut également restreindre ou supprimer le droit du preneur (⁴).

1067. Il a été décidé que le concessionnaire du droit d'exploiter une mine ou une carrière ne peut, en l'absence d'une clause qui l'y autorise, transmettre sa concession à un tiers, les lois et règlements rendant le propriétaire d'une carrière ou d'une mine responsable des dommages causés par l'exploitant, et le propriétaire ne pouvant être tenu des faits d'un tiers avec lequel il n'est pas entré personnellement en relations (⁵). Cette question sort de notre sujet, puisque, selon nous, la concession du droit d'exploiter une mine ou une carrière est une vente et non pas un bail (⁶) ; il nous suffira de dire que, quelque caractère qu'on lui attribue, elle est, suivant nous, cessible (⁷) : si c'est un bail, en vertu de l'art. 1717 ; si c'est une vente, en vertu du droit commun.

1068. Par exception, aux termes formels de l'art. 1763 :

(¹) Lyon, 22 mars 1890, *Mon. jud. Lyon*, 1er mai 1890.

(²) Huc, X, n. 275 : Meves, *Holtzendorff's Rechtslexikon*, v° *Jagdpachtvertrag*. — Mais il ne faut pas confondre avec le bail de la chasse l'autorisation personnelle de chasser donnée à un fermier ; cette autorisation ne peut être cédée ou sous-louée. — Trib. paix Longjumeau, 31 déc. 1894, *La Loi*, 16 janv. 1895.

(³) Douai, 7 avril 1897, S., 98. 2. 112. — Cet arrêt conclut avec raison que les invités ne sont pas coupables du délit de chasse sur le terrain d'autrui (L. 3 mai 1844, art. 1er).

(⁴) Sur la sanction correctionnelle, v. *infra*, n. 1115.

(⁵) Paris, 28 juill. 1825, P. chr., D. *Rép.*, v° *Louage*, n. 435.

(⁶) V. *supra*, n. 78!.

(⁷) Troplong, I, n. 131.

« *Celui qui cultive sous la condition d'un partage de fruits*
» *avec le bailleur ne peut ni sous-louer ni céder, si la faculté*
» *ne lui en a été expressément accordée par le bail* ».

Cette solution provient de l'analogie, sinon de l'identité
absolue, entre le colonage partiaire et la société : de même
qu'un associé ne peut se substituer au tiers sans le consentement de ses associés (art. 1861), de même le preneur à colonage partiaire ne le peut sans le consentement du bailleur,
parce que, le bail de cette espèce aboutissant à augmenter ou
à diminuer les droits du bailleur suivant le degré d'intelli-
gence ou d'habileté du fermier, le bailleur a dû obéir, en
choisissant son fermier, à des considérations de personnes.

Nous montrerons que les créanciers ne peuvent jamais
sous-louer l'immeuble loué à colonage partiaire (¹).

Mais l'exception ne s'applique pas aux autres baux faits
moyennant un prix et une portion de bénéfices (²).

D'autre part le colon peut s'adjoindre un *parsonnier* ou
associé (³).

1069. Il va sans dire qu'une promesse de bail synallagmatique ou une promesse de bail unilatérale peut être cédée par
celui qui a stipulé la location à son profit (⁴).

1070. Le locataire à titre gratuit ne peut pas sous-louer (⁵).
L'art. 1717 ne s'applique pas à lui, car il n'est pas véritablement un locataire, mais bien un donataire ; d'autre part la
donation est un contrat essentiellement personnel.

1071. Le sous-bail consenti par le preneur peut n'être pas
de la même nature que celui qui lui a été consenti par lui-
même.

Ainsi un preneur à ferme peut faire un sous-bail à colonage
partiaire. Cette solution, qui ne fait pas de doute, est corroborée par l'art. 1 de la loi du 10 juillet 1889, qui définit ainsi
le bail à colonat partiaire : « contrat par lequel le *possesseur*

(¹) V. *infra*, n. 1196.
(²) Lyon, 22 mars 1890, *Mon. jud. Lyon*, 1ᵉʳ mai 1890 (exploitation d'un journal).
(³) V. *infra*, n. 1100.
(⁴) Huc, X, n. 277.
(⁵) C. supr. Norvège, 20 janv. 1883, *Journ. dr. intern.*, X, 1883, p. 646.

d'un héritage rural le remettra.... » Et le mot *possesseur* a
été, ainsi que les travaux préparatoires en font foi, substitué
à celui de *propriétaire,* qui figurait dans le projet du gouvernement, pour englober le preneur.

1072. De même le preneur peut ne sous-louer qu'une partie des droits qui lui appartiennent, par exemple le droit de
chasse (¹).

Le preneur peut sous-louer pour l'exercice d'un commerce
autre que le sien (²), pourvu que ce dernier ne lui ait pas été
imposé implicitement ou explicitement (³).

1073. Mais il ne peut céder son bail ou sous-louer qu'à
des personnes exerçant les professions qu'il a lui-même le
droit d'exercer, c'est-à-dire devant jouir de la chose suivant
sa destination (⁴). Il est évident, en effet, que le preneur,
ayant explicitement ou implicitement contracté au sujet du
mode de jouissance certaines obligations, ne peut autoriser
un tiers, qui tient de lui ses droits, à méconnaître cette obligation. Le juge du fait règle souverainement ce point (⁵).

Ainsi, dans les hypothèses où le preneur est obligé de
maintenir dans l'immeuble le commerce qui y est exercé (⁶),
il ne peut sous-louer pour un autre objet (⁷).

(¹) A moins que ce droit ne lui ait été donné, non en sa qualité de fermier, mais
à titre d'autorisation personnelle. Trib. paix Longjumeau, 31 déc. 1894, précité.

(²) Paris, 27 janv. 1887, *Mon. jud. Lyon,* 9 mai 1887.

(³) Douai, 24 mai 1887, *Gaz. Pal.,* 87. 2. 129.

(⁴) Duvergier, I, n 391; Troplong, I, n. 126; Fuzier-Herman, art. 1717, n. 7 et
9. — Décidé que le preneur d'un appartement peut le sous-louer à un bureau de
placement. Paris, 4 fév. 1889, *Gaz. Pal.,* 89. 1. 826. — Mais l'immeuble loué pour
être habité bourgeoisement ne peut être sous-loué pour un commerce. Bastia,
4 mai 1892, D., 92. 2. 446 (hôtel). — Trib. civ. Lyon, 17 nov. 1886, *Mon. jud.
Lyon,* 28 janv. 1887. — Huc, X, n. 285. — Le preneur dont la location est bourgeoise ne peut sous-louer pour une industrie, quoique presque toute la maison soit
louée industriellement, surtout si la profession du sous-locataire est une aggra-
vation de gène pour les locataires. Cass., 1er juill. 1872, S., 72. 1. 264, D., 75. 5.
275. — Fuzier-Herman, art. 1717, n. 5. — Le preneur d'une maison destinée à un
débit de marchandises ne peut louer à un serrurier. Cpr. Paris, 25 mars 1817, S.
chr., D. *Rép.,* v° *Louage,* n. 272-1°. — Fuzier-Herman, art. 1717, n. 19. — Le preneur ne peut jamais sous-louer à une personne exerçant un commerce dangereux.
Trib. civ. Seine, 28 déc. 1897, *Gaz. Trib.,* 24 avril 1898.

(⁵) Cass., 1er juill. 1872, précité.

(⁶) V. *supra,* n. 757.

(⁷) Trib. civ. Seine, 9 mai 1896, *Droit,* 31 mai 1896.

1074. Les mêmes restrictions s'appliquent à l'hypothèse où le droit de sous-louer est accordé au preneur par une clause du bail ; cette clause, qui n'est qu'une consécration inutile de la loi, ne saurait avoir plus d'effet que cette dernière (¹).

Peu importerait même que le preneur fût formellement autorisé à sous-louer *à qui bon lui semblera* ou *lui plaira* (²). Il est clair, en effet, que si le bailleur soumet le preneur à certaines obligations concernant sa jouissance, c'est qu'il entend que ces obligations soient imposées à tous les occupants des lieux loués.

1075. Rien n'empêche le preneur de sous-louer à un tiers qui exercera dans l'immeuble un commerce ou une industrie engageant vis-à-vis d'un autre locataire la responsabilité du bailleur ; le preneur, lui-même, en effet, n'a pas à se préoccuper, dans sa propre jouissance, de la responsabilité du bailleur (³). Ainsi le preneur qui n'a pas reçu défense d'exercer dans l'immeuble un commerce ou une industrie similaires de ceux d'un autre locataire, peut sous-louer en vue de l'exercice de ce commerce ou de cette industrie, quoique, vis-à-vis de ce dernier locataire, le bailleur ait pris l'engagement de ne pas louer dans de semblables conditions (⁴).

Une sous-location de ce genre engage seulement la responsabilité du bailleur principal vis-à-vis du preneur envers lequel il s'est obligé à ne pas laisser exercer un commerce ou une industrie similaires dans l'immeuble (⁵).

1076. L'obligation de ne sous-louer la chose que suivant sa destination peut conduire à la nullité de sous-baux divisant la chose louée en logements trop nombreux (⁶), ou con-

---

(¹) Cass., 1ᵉʳ juill. 1872, S., 72. 1. 264, D., 75. 5. 275.

(²) Pothier, n. 281 ; Fuzier-Herman, art. 1717, n. 7. — *Contra* Duvergier, I. n. 392.

(³) V. *supra*, n. 719.

(⁴) Cpr. Cass. req., 18 juill. 1865, S., 65. 1. 455, D., 66. 1. 32. — Cet arrêt n'est pas contraire à notre opinion ; il permet seulement aux juges de faire résulter des documents de la cause que le preneur avait connaissance de l'obligation ainsi assumée par le bailleur *et s'était implicitement engagé à s'y conformer lui-même* dans les sous-locations qu'il consentait.

(⁵) V. *supra*, n. 487.

(⁶) Amiens, 7 nov. 1895, *Rec. Amiens*. 96. 87 (division en six).

duisant à entasser un nombre trop considérable de personnes dans l'immeuble ([1]).

1077. Le bailleur peut faire expulser le sous-preneur ou cessionnaire dont la jouissance est contraire à la destination des lieux ([2]).

1078. Nous examinerons plus loin dans quelles limites le preneur est responsable du mode de jouissance du sous-preneur ou cessionnaire ([3]).

1079. La cession de bail ou la sous-location ne peut, pas plus que tout autre acte, être faite en fraude des droits appartenant aux créanciers du preneur, ou en lésant les droits des créanciers hypothécaires de ce dernier. Ainsi on a décidé que le vendeur d'une portion d'immeubles, qui a pris à bail les constructions élevées par l'acquéreur sur cette portion, ne peut céder ce bail à l'acquéreur de la portion qu'il s'était réservée au préjudice des créanciers hypothécaires inscrits sur cette dernière portion, l'obligation imposée à l'acquéreur de payer les loyers diminuant le gage des créanciers hypothécaires ([4]).

SECTION V

DES FORMALITÉS ET DES CONDITIONS AUXQUELLES EST SOUMISE LA FACULTÉ DE CÉDER OU DE SOUS-LOUER

1080. La cession de bail est, pour sa validité vis-à-vis des tiers, subordonnée à une signification faite au bailleur ou à l'acceptation de ce dernier (C. civ., art. 1690) ([5]), car elle contient une cession de créance.

Il en est autrement du sous-bail ([6]).

([1]) Il semble bien, par exemple, que la sous-location consistant dans la transformation d'un immeuble en asile de nuit ne doit pas être autorisée. — *Contra* Trib. civ. Seine, 3 mars 1896, *Droit*, 3 mai 1896.

([2]) Paris, 25 mars 1817, S. chr., D. *Rép.*, v° *Louage*, n. 272 1°.

([3]) V. *infra*, n. 1131 s.

([4]) Paris, 29 mars 1849, S., 49. 2. 684, D. *Rép.*, v° *Priv. et hyp.*, n. 1773. — Fuzier-Herman, art. 1709, n. 76.

([5]) Paris, 24 janv. 1873, S., 73. 2. 335, D., 74. 2. 140. — Guillouard, I, n. 317, 318 et 346 ; Laurent, XXV, n. 197 ; Huc, X, n. 284 et *Tr. de la cession des créances*, I, n. 211 et 312. — *Contra* Aubry et Rau, IV, p. 425, § 359. — V. *infra*, n. 1186.

([6]) Guillouard, *loc. cit.* ; Huc, *loc. cit.*

1081. D'autre part, le preneur ne peut plus céder son bail ou sous-louer après la fin de son bail, par exemple à la suite d'une résiliation volontaire ; la cession ou le sous-bail est donc nul (¹) ; il autorise le cessionnaire ou le sous-preneur à intenter contre le preneur cédant une demande en dommages-intérêts (²).

Mais une demande en résiliation n'empêche pas la cession ou le sous-bail (³). La question qui s'élève alors, et qui sera traitée plus loin, est de savoir si la résiliation du bail résout la cession de bail ou le sous-bail.

1082. Enfin la loi reconnaît la validité des clauses qui restreignent la faculté de cession ou de sous-location.

L'idée exprimée par l'art. 1717, que les clauses interdisant la sous-location ou limitant le droit de sous-louer sont de rigueur, est l'application de ce principe du droit commun que les conventions tiennent lieu de lois à ceux qui les ont faites (art. 1134). Aussi cet art. 1717 contiendrait-il une superfétation, s'il ne s'expliquait par des raisons historiques.

Si le droit romain décidait d'une manière générale que la convention pouvait interdire la sous-location (⁴), dans l'ancien droit, suivant le langage de Pothier (⁵), cette clause ne s'exécutait pas toujours à la rigueur. La jurisprudence du Châtelet d'Orléans et celle du Châtelet de Paris avaient admis pour les baux de maisons que « lorsque le sous-locataire, qui a fait le sous-bail avec cette clause, étant obligé de quitter la maison, présente au seigneur d'hôtel un sous-locataire *æque idoneum,* c'est-à-dire qui est tel qu'il est indifférent au seigneur d'hôtel que ce soit lui ou le principal locataire qui occupe la maison, en ce cas tout l'effet de la clause est que le seigneur d'hôtel peut reprendre sa maison et faire prononcer le résiliement du bail. Mais, s'il ne veut pas reprendre le bail, il ne doit pas être écouté et empêcher l'exécution du sous-bail ». Pothier justifiait ainsi cette solution : « C'est une suite

(¹) Pau, 21 mars 1893, S., 93. 2. 168, D., 93. 2. 304.
(²) Pau, 21 mars 1893, précité.
(³) Caen, 23 mai 1857, S., 58. 2. 21, D., 58. 2. 86.
(⁴) L. 6. C., *De loc. cond..* 4. 65.
(⁵) N. 283.

du grand principe de l'amour du prochain, qui est le principe fondamental du droit naturel. Il est évident qu'il nous oblige à consentir à toutes les choses qui, sans nous causer aucun préjudice, peuvent faire plaisir au prochain ».

Le projet du Code civil limitait par le même tempérament la clause d'interdiction quand il s'agissait de maisons ; cette clause n'était de rigueur que pour les biens ruraux et les usines.

Le Code civil a proscrit les tempéraments d'équité que nos anciens parlements apportaient à l'exécution de cette clause. Ainsi cette circonstance, que le locataire est obligé de quitter la maison louée pour aller demeurer ailleurs, ne l'autoriserait pas à sous-louer, s'il existe une clause qui lui interdit la sous-location ([1]).

Il n'importe pas davantage que le bailleur n'ait, en fait, aucun intérêt à empêcher la sous-location ([2]).

1083. L'interdiction de sous-louer s'impose à tous les locataires, quelle que soit leur qualité ; peu importe, par exemple, qu'il s'agisse d'un fonctionnaire exposé à changer de résidence ([3]).

Peu importe également qu'il s'agisse d'un commerçant ; quoique ce commerçant puisse céder son fonds de commerce, il n'a pas le droit de sous-louer à son acquéreur l'immeuble où est exploité le fonds, s'il s'est engagé à ne pas sous-louer ([4]).

Il va donc sans dire que le preneur ne peut se baser sur l'interdiction de sous-louer pour demander la résiliation du bail, alors même que les circonstances l'empêcheraient de continuer à habiter l'immeuble ([5]), et sauf s'il se trouve dans une hypothèse où il a le droit, en vertu d'autres principes, de demander la résiliation.

Le preneur ne pourrait pas davantage sous-louer par le

([1]) Cass., 12 mai 1817, S. chr. — Colmar, 16 août 1816, S. chr. — Duvergier, I, n. 364 ; Aubry et Rau, IV, p. 491, § 368 ; Laurent, XXV, n. 220 ; Guillouard, I, n. 325 et 332.

([2]) Dijon, 9 janv. 1889, *Gaz. Pal.*, 89. 2. 10.

([3]) *Contra* Douai, 5 juin 1841, S., 41. 2. 278 (sous-officier).

([4]) Duvergier, I, n. 365. — *Contra* Paris, 16 fév. 1822, S. chr., D. *Rép.*, v° *Louage*, n. 456.

([5]) Cass., 12 ou 26 fév. 1812, S. chr., D. *Rép.*, v° *Louage*, n. 460.

motif que l'exploitation des terres louées est trop difficile pour qu'il puisse la mener à bonne fin ([1]).

1084. Comme l'interdiction de sous-louer n'est pas seulement inspirée par la crainte qu'éprouve le bailleur de voir les lieux occupés par un insolvable, le preneur ne peut passer outre à cette interdiction en offrant au bailleur de lui payer ou de déposer à la caisse des dépôts et consignations une somme égale aux loyers délivrés jusqu'à l'expiration du bail ([2]), ni à plus forte raison en présentant une caution qui s'engage à répondre de ces loyers ([3]).

1085. L'interdiction de sous-louer emporte interdiction de sous-louer même en garni ([4]).

1086. Le preneur ne peut pas davantage prendre des pensionnaires qui logeront dans l'immeuble ([5]).

1087. Toutefois, il est clair que l'interdiction de sous-louer ou de céder, si elle s'adresse à un hôtelier dont la profession est connue du bailleur, n'empêche l'hôtelier que de sous-louer ou céder, soit une portion de l'immeuble, non garnie, soit l'immeuble entier, garni ou non ; l'hôtelier peut prendre des voyageurs ; autrement interprétée, la clause l'empêcherait d'exercer sa profession.

Il peut aussi remiser les voitures des voyageurs dans la cour de l'hôtel ([6]).

1088. Il semble aussi que, sauf intention contraire, l'interdiction de sous-louer ou de céder le bail faite à une société n'empêche pas que l'un des associés, en cédant ses droits sociaux à l'autre, ne lui cède en même temps ses droits au bail ([7]).

1089. Mais l'interdiction de sous-louer entraîne l'interdic-

([1]) Cass., 12 mai 1817, S. chr. — Favard, v⁰ *Louage*, sect. 1, § 1, n. 3 ; Duranton, XVII, n. 85 ; Duvergier, I, n. 364.

([2]) Paris, 6 mai 1835, S., 35. 2. 305, D. *Rép.*, v⁰ *Louage*, n. 479-2⁰. — Troplong, I, n. 132 ; Aubry et Rau, IV, p. 491, § 368 ; Laurent, XXV, n. 220 ; Colmet de Santerre, VII, n. 163 ; Fuzier-Herman, art. 1617, n. 61.

([3]) Paris, 16 juin 1812, S. chr. — Fuzier-Herman, art. 1717, n. 62.

([4]) Grenoble, 18 août 1807, P. chr., D. *Rép.*, v⁰ *Louage*, n. 473-2⁰. — Guillouard, I, n. 328 ; Fuzier-Herman, art. 1717, n. 15.

([5]) Douai, 7 avril 1842, P., 42. 2. 70, D. *Rép.*, v⁰ *Louage*, n. 473-1⁰. — Laurent, XXV, n. 222 ; Guillouard, I, n. 328 ; Fuzier-Herman, art. 1717, n. 14.

([6]) Amiens, 1ᵉʳ juill. 1896, *Rec. Amiens*, 96. 186. — Cpr. *supra*, n. 508.

([7]) Trib. civ. Lille, 12 déc. 1895, *Nord jud.*, 96. 24.

tion de maintenir en jouissance des tiers qui se trouveraient
déjà en possession, moyennant le payement d'un loyer, de
tout ou partie de l'immeuble (¹).

1090. Le juge du fait interprète d'ailleurs souverainement
les clauses restreignant le droit de céder le bail ou de sous-
louer (²).

1091. L'interdiction de sous-louer ou de céder le bail emporte-t-elle interdiction de sous-louer une *partie* de la chose
ou de céder une partie du bail? Malgré les difficultés qui se
sont élevées sur ce point, nous n'hésitons pas à adopter l'affirmative (³) : défendre de sous-louer ou de céder, c'est défendre de faire une sous-location ou une cession quelconque. Du
reste, les considérations personnelles auxquelles a nécessairement obéi le bailleur en interdisant les conventions de ce
genre empêchent toute distinction. Enfin le preneur éluderait
facilement la prohibition en faisant une cession ou une sous-
location qui porterait sur la plus grande partie de la chose
louée.

Il va sans dire que l'examen des circonstances peut faire
adopter la solution contraire (⁴). Aussi le juge peut-il décider
comme il l'entend, sans encourir la cassation (⁵).

1092. De même la question de savoir si la clause portant
interdiction de sous-louer entraîne interdiction de céder le
bail, et réciproquement, est une question de fait à résoudre
par le juge en cas de contestation (⁶). Presque toujours la
clause portant interdiction de sous-louer devra être considérée

---

(¹) Colmar, 16 août 1816, S. chr. — Duvergier, I, n. 364; Fuzier-Herman, art.
1717, n. 16.

(²) Il peut être décidé que la clause interdisant de sous-louer pour un café ou un
cercle empêche de sous-louer à un restaurateur. Cass., 7 nov. 1853, S., 55. 1. 812,
D., 54. 1. 396. — V. pour les commerces et industries similaires, *supra*, n. 595 et
1073.

(³) Amiens, 22 juin 1822, S. chr., D. *Rép.*, v° *Louage*, n. 472-1°. — Trib. civ.
La Flèche, 11 juin 1896, *Loi*, 25 août 1896. — Duranton, XVII, n. 92; Troplong, I,
n. 135; Marcadé, art. 1717, n. 2; Aubry et Rau, IV, p. 490, § 368; Laurent, XXV,
n. 217; Guillouard, I, n. 323; Fuzier-Herman, art. 1717, n. 31. — *Contra* Bruxelles,
17 juil. 1821, S. chr. — Duvergier, I, n. 374 et 378; Planiol, *Note*, D., 92. 2. 521.

(⁴) Guillouard, I, n. 323 et 324; Troplong, I, n. 134; Laurent, XXV, n. 217;
Fuzier-Herman, art. 1717, n. 34.

(⁵) Cass., 1er juil. 1872, S., 72. 1. 264. — Guillouard, I, n. 324.

(⁶) Guillouard, I, n. 324.

comme emportant interdiction de céder le bail (¹). Car, comme la sous-location, la cession entraine la substitution d'une personne à une autre. Les parties ne peuvent qu'avoir voulu empêcher cette substitution.

La défense de céder le bail emporte également la défense de sous-louer, au moins en totalité (²). La sous-location a pour le bailleur à peu près les mêmes inconvénients que la cession. D'un autre côté, le mot de cession, non seulement dans le langage courant, mais encore dans le langage juridique, emporte l'idée d'une transmission quelconque de droits.

Mais l'interdiction de céder le bail emporte-t-elle interdiction de sous-louer une partie de la chose? Nous admettons encore l'affirmative (³) : si le bailleur a voulu empêcher que le preneur ne pût se substituer un tiers, la substitution partielle est interdite au même degré quand il y a défense de céder que quand il y a défense de céder et de sous-louer. Cela est exact dans l'opinion même qui assimile la cession à une sous-location totale (⁴).

Ici encore le juge peut, en s'inspirant des circonstances, décider le contraire (⁵).

(¹) Trib. civ. Lille, 12 déc. 1895, *Nord jud.*, 96. 24 (motifs). — Trib. civ. La Flèche, 11 juin 1896, précité. — Duranton, XVII, n. 92; Merlin, *Rép.*, v° *Sous-location*; Duvergier, I, n. 375 et 376; Marcadé, art. 1717, n. 2; Aubry et Rau, IV, p. 490, § 368; Laurent, XXV, n. 215; Colmet de Santerre, VII, n. 163 *bis*, III; Guillouard, I, n. 324; Fuzier-Herman, art. 1717, n. 25; Huc, X, n. 285.

(²) Paris, 7 août 1812, P. chr. — Paris, 28 août 1824, S. chr., D. *Rép.*, v° *Louage*, n. 481. — Paris, 24 fév. 1825, S. chr. — Amiens, 22 déc. 1825, S. chr., D. *Rép.*, v° *Louage*, n. 479-1°. — Paris, 18 mars 1826, S. chr., D. *Rép.*, v° *Louage*, n. 481. — Paris, 28 mars 1829, S. chr., D. *Rép.*, v° *Louage*, n. 479-3°. — Paris, 6 mai 1835, S., 35. 2. 305, D. *Rép.*, v° *Louage*, n. 479-2°. — Duranton, XVII, n. 92; Troplong, 1, n. 133; Duvergier, I, n. 375; Marcadé, art. 1717, n. 2; Aubry et Rau, IV, p. 490, § 368; Laurent, XXV, n. 215; Guillouard, I, n. 324; Colmet de Santerre, VII, n. 163 *bis*, III; Fuzier-Herman, art. 1717, n. 26 s. — *Contra* Amiens, 24 mai 1817, S. chr., D. *Rép.* v° *Louage*, n. 480.

(³) Paris, 28 août 1824, S. chr., D. *Rép.*, v° *Louage*, n. 481. — Paris, 28 mars 1829, S. chr., D. *Rép.*, v° *Louage*, n. 479-3°. — Guillouard, I, n. 324; Fuzier-Herman, art. 1717, n. 27. — *Contra* Angers, 27 mars 1817, S. chr., D. *Rép.*, v° *Louage*, n. 480. — Paris, 6 mai 1835, S., 35. 2. 305, D. *Rép.*, v° *Louage*, n. 479-2°. — Paris, 18 mai 1892, D., 92. 2. 521. — Duvergier, I, n. 376 et 377; Aubry et Rau, IV, p. 490, § 368; Huc, X, n. 285.

(⁴) *Contra* Planiol, *loc. cit.*

(⁵) Troplong, I, n. 134; Laurent, XXV, n. 217; Guillouard, I, n. 324; Fuzier Herman, art. 1717, n. 34.

1093. L'interdiction de sous-louer emporte interdiction de faire un colonat partiaire (¹).

1094. Le preneur ne peut apporter en société la jouissance de l'immeuble qu'il lui a été défendu de sous-louer (²).

Si la location a été consentie à une société, cette société peut-elle se transformer sans être réputée avoir consenti une sous-location ? Cette question rentre dans un problème plus général, celui de savoir si une société qui se transforme met fin à sa personnalité juridique pour donner naissance à une nouvelle société. Dans le cas de l'affirmative, il y aura cession de bail à une nouvelle société (³). Dans le cas de la négative, ce sera la solution contraire qu'on admettra (⁴).

Or, d'après la jurisprudence, la question de savoir si les transformations subies par une société, — augmentation du capital, réduction du capital, transfert du siège social, prorogation, etc. —, entraînent la formation d'une nouvelle société, est une question de fait. En principe, on admet la négative.

1095. En cas d'autorisation de sous-louer une partie de l'immeuble, le preneur ne peut sous-louer la totalité moins une chambre (⁵).

1096. L'interdiction de sous-louer se transmet, comme toutes les obligations, aux héritiers du preneur (⁶).

1097. Nous verrons que l'interdiction de sous-louer n'est pas toujours opposable aux créanciers du preneur (⁷).

(¹) *Contra* Trib. civ. Toulouse, 15 juin 1894, *Gaz. Trib.*, 2 sept. 1894 (sauf le cas de fraude).

(²) Trib. civ. Lyon, 28 janv. 1888. *Mon. jud. Lyon*, 9 avril 1888. — Huc, X, n. 275. — *Contra* Amiens, 15 nov. 1883, D., 84. 5. 55 (mise en action d'un droit de chasse).

(³) Cass., 2 fév. 1859, S., 59. 1. 310, D., 59. 1. 80. — Cass., 10 janv. 1881 (motifs), S., 81. 1. 310, D., 81. 1. 119 (transformation en société anonyme d'une société en commandite). — Lyon, 7 avril 1859, S., 59. 2. 484, D., 59. 2. 159. — Aubry et Rau, IV, p. 492, § 368 ; Laurent, XXV, n. 223 ; Guillouard, I, n. 330 ; Fuzier-Herman, art. 1717, n. 18 s. — Cpr. Cass. civ., 13 mars 1860, S., 60. 1. 879, D., 60. 1. 113. Cet arrêt n'est pas contraire à notre opinion ; il maintient un bail fait à plusieurs associés qui ont dissout la société pour en former une nouvelle, parce que le bail était fait aux associés personnellement et a continué à les lier personnellement.

(⁴) Alger, 6 oct. 1858, sous Cass., 28 juin 1859, S., 60. 1. 447, D., 59. 1. 459.

(⁵) Paris, 16 juin 1812, S. chr. — Fuzier-Herman, art. 1717, n. 35.

(⁶) Paris, 24 fév. 1825, S. chr., D., 25. 2. 208. — Fuzier-Herman, art. 1717, n. 18.

(⁷) V. *infra*, n. 1195.

Le preneur peut-il prendre avec lui un parent ou un ami, sans quitter l'appartement loué ? Il le peut sans difficulté, car l'ami ou le parent est de la famille du preneur, qui reste locataire et occupant pour son propre compte.

Mais le preneur peut-il également, en quittant l'appartement, céder gratuitement la jouissance à un ami ? Nous ne le pensons pas (¹) : ce mode de transmission a pour le bailleur les mêmes inconvénients qu'une cession à titre onéreux ; l'opinion contraire donnerait du reste au preneur des facilités trop grandes pour échapper à la prohibition en prétendant que la location consentie est gratuite. En vain objecte-t-on qu'il y a là une libéralité très exceptionnelle et qui n'est pas entrée dans la prévision des parties. Son caractère exceptionnel ne l'empêche pas de contrevenir à la convention et le fait qu'elle n'a pas été prévue ne l'empêche pas d'être une sous-location et, par conséquent, d'être interdite.

1098. Il va sans dire que, malgré l'interdiction, le bail se transmet aux héritiers du preneur. Mais le preneur, ne pouvant céder le bail à titre gratuit de son vivant, ne peut pas davantage léguer la jouissance à un tiers.

De même la clause d'un contrat de mariage portant que les locations faites par la communauté seront continuées par le conjoint survivant, ne s'applique pas si c'est la femme qui survit (il en est autrement si c'est le mari, car c'est à lui que le bail a été consenti) au bail dont la cession a été interdite (²).

1099. Il est certain que le preneur qui, en quittant momentanément un appartement, y laisse un domestique chargé de veiller à sa conservation ne fait pas une sous-location (³). Nous examinons ailleurs s'il ne méconnaît pas une autre de ses obligations (⁴).

(¹) Duvergier, I, n. 367. — V. aussi Amiens, 8 mai 1894, *Rec. Amiens*, 94. 145. — *Contra* Aubry et Rau, IV, p. 491, § 368 ; Troplong, I, n. 136 ; Guillouard, I, n. 328 ; Agnel, n. 517 ; Fuzier-Herman, art. 1717, n. 13.

(²) *Contra* Gand, 1er mai 1880, *Pasicr.*, 80. 2. 241. — Huc, X, n. 285.

(³) Bordeaux, 11 janv. 1826, S. chr., D. *Rép.*, v° *Louage*, n. 469. — Duvergier, I, n. 366 ; Marcadé, art. 1717, n. 2 ; Troplong, I, n. 138 ; Aubry et Rau, IV, p. 491, § 368 ; Laurent, XXV, n. 221 ; Guillouard, I, n. 328 ; Agnel, n. 517 ; Fuzier-Herman, art. 1717, n. 12.

(⁴) V. *supra*, n. 753 s.

De même le preneur peut, au lieu d'habiter lui-même l'immeuble, le faire habiter par l'un de ses domestiques ou préposés.

Cela est vrai notamment du fermier ([1]).

1100. Le fermier prend quelquefois avec lui un membre de sa famille ou un étranger qui s'associe avec lui à la culture ; c'est ce qu'on appelle un *parsonnier*.

Cette association n'est pas une cession de bail ; elle est donc valable.

Elle l'est notamment dans le bail à colonage partiaire ([2]).

1101. Malgré la clause d'interdiction, le preneur peut installer à sa place un gérant du fonds de commerce exploité dans l'immeuble loué ([3]).

1102. L'interdiction doit résulter d'une clause du bail ou d'une convention ; la mention d'interdiction mise sur les quittances de loyer ne s'impose pas au preneur ([4]).

L'interdiction de sous-louer peut être tacite, mais elle ne résulte pas de ce que le bail a été consenti au preneur à raison des garanties particulières qu'il présentait au bailleur ou de ce qu'il importe au bailleur que l'objet loué ne soit pas mis entre des mains quelconques ([5]) ; la loi ne s'est pas dissimulé que, très souvent, le bailleur s'enquiert des qualités ou de la situation du preneur avant de lui consentir le bail et cependant elle subordonne sans distinction la défense de sous-louer à une interdiction expresse.

Les clauses qui autorisent la sous-location au profit de certaines personnes doivent être interprétées comme interdisant la sous-location au profit d'autres personnes ; par exemple, la clause qui permet à un commerçant ou à un officier ministériel de sous-louer l'immeuble à son successeur prohibe la sous-location à toute autre personne ([6]). Cette clause n'aurait,

---

([1]) Nancy, 12 juin 1840, P., 40. 669. — Troplong, II, n. 668 ; Guillouard, II, n. 524.

([2]) Méplain, *Du métayage*, n. 175 ; Guillouard, II, n. 628 ; Huc, n. 356.

([3]) *Contra* Lyon, 27 janv. 1888, *Mon. jud. Lyon*, 5 mai 1888 (bureau de tabac).

([4]) Trib. civ. Toulouse, 18 juil. 1890, *Gaz. Pal.*, 90. 2. 199.

([5]) V. cep. pour les meubles, Valéry, n. 24.

([6]) *Rép. gén. du Not.*, 1894, p. 27.

en effet, aucun sens s'il fallait l'interpréter dans le sens d'une autorisation générale (C. civ., arg. art. 1157).

1103. L'interdiction tacite résulte encore de ce que la location n'a été faite qu'en vue de la personne du locataire (¹). C'est pourquoi le locataire à titre gratuit ne peut sous-louer ou céder son bail (²).

1104. Les baux portent souvent : « Le preneur ne pourra pas céder son bail *sans le consentement* (ou sans le consentement écrit) *du propriétaire* ». Cette clause doit être interprétée rigoureusement comme toutes les autres. Elle donne au propriétaire le droit de rendre la cession impossible, en refusant son consentement, sans que les tribunaux aient à apprécier en fait les motifs de ce refus (³) ; elle équivaut donc à une prohibition de céder le bail.

1105. Une clause non moins fréquente, et qui doit être rapprochée de la précédente, est celle-ci : « Le preneur ne pourra céder son bail qu'à une personne agréée par le propriétaire » ou « convenant au propriétaire ». On admet souvent qu'alors le preneur peut céder son bail, pourvu que le cessionnaire offre au propriétaire les mêmes garantie d'honorabilité et de solvabilité que le cédant (⁴).

La jurisprudence la plus récente rejette cette solution et ne fait aucune distinction entre cette clause et la précédente (⁵). Cette jurisprudence s'appuie, il faut le reconnaître,

---

(¹) Paris, 20 juin 1860, S., 61. 2. 587, D., 62. 2. 65.

(²) V. *supra*, n. 1070.

(³) Lyon, 26 déc. 1849, S., 50. 2. 45, D. *Rép.*, vᵒ *Louage*, n. 454-1ᵒ. — Paris, 6 janv. 1880, S., 80. 2. 196, D., 81. 2. 80. — Grenoble, 24 mai 1881, S., 81. 2. 184, D., 82. 2. 24. — Lyon, 6 mars 1889, *Gaz. Pal.*, 89. 2. 240. — Trib. civ. Seine, 6 fév. 1898, *Gaz. Trib.*, 3 juil. 1898. — Aubry et Rau, IV, p. 491, § 368 ; Laurent, XXV, n. 218 ; Guillouard, I, n. 326 ; Fuzier-Herman, art. 1717, n. 39 s.

(⁴) Paris, 6 août 1847, S., 47. 2. 447, D. *Rép.*, vᵒ *Louage*, n. 454-2ᵒ. — Colmar, 12 avril 1864, S., 64. 2. 285, D., 65. 2. 32. — Grenoble, 7 août 1866, S., 67. 2. 44. — Bordeaux, 27 avril 1891, *Gaz. Trib.*, 25 sept. 1891 (ce serait même au bailleur à prouver que le sous-preneur ne présente pas toutes garanties). — Aubry et Rau, IV, p. 491, § 368.

(⁵) Rouen, 24 janv. 1881, S., 82. 2. 147. D., 83. 2. 71. — Douai, 7 déc. 1881, S., 82. 2. 117, D., 84. 5. 320. — Chambéry, 1ᵉʳ juin 1887, *Gaz. Pal.*, 87. 2. 413. — Nancy, 11 juin 1887, S., 87. 2. 213. — Laurent, XXV, n. 218 ; Guillouard, I, n. 326 ; Fuzier-Herman, art. 1717, n. 36. — Cependant l'arrêt de Rouen dit que s'il s'agit d'un fonds de commerce dont on ne peut tirer parti qu'en le cédant avant la fin du bail, le bailleur doit indiquer ses motifs, que le juge appréciera.

sur des motifs très sérieux : en se réservant d'*agréer* les cessionnaires, le bailleur se réserve de *consentir* ou non, suivant son caprice, à la cession ; du reste, on ne peut dire qu'il y ait agrément du bailleur, c'est-à-dire que la condition à laquelle est subordonnée la validité de la sous-location soit observée, si le tribunal substitue sa volonté à celle du bailleur, et oblige ce dernier à accepter un cessionnaire qu'il ne veut pas accepter.

En tout cas les juges du fait peuvent interpréter cette clause comme ils l'entendent ([1]).

1106. L'agrément du bailleur doit être prouvé par les modes du droit commun ([2]). Il peut être tacite et résulter, par exemple, de ce que le bailleur a reçu sans observation les loyers du sous-preneur ([3]).

1107. Ainsi que nous le dirons plus loin le consentement verbal ou tacite du bailleur suffit, alors même que le contrat de bail exige son consentement écrit ([4]).

1108. La sanction de l'interdiction de sous-louer ou de céder est fournie par le droit commun ; on doit s'inspirer de l'idée que le preneur a contrevenu à une obligation de ne pas faire.

D'une part, nous pensons que le bailleur peut, sans faire annuler la sous-location, demander des dommages-intérêts au preneur ([5]), mais dans la mesure seulement du préjudice subi par lui, et à la condition de prouver ce préjudice.

D'autre part, le bailleur peut méconnaître la sous-location, faire procéder à l'expulsion du sous-preneur comme jouissant sans droit, et exiger que le preneur rentre en possession ([6]). Il le peut même alors qu'il n'y a pas intérêt ([7]).

Enfin l'art. 1764, à propos de la sous-location faite par le

([1]) Cass. req., 7 fév. 1888, S., 89. 1. 104, D., 88. 1. 164. — Fuzier-Herman, art. 1717, n. 37 et 38 ; Huc, X, n. 285.

([2]) Trib. civ. Anvers, 2 juin 1877, *Pasicr.*, 79. 3. 233 (interrogatoire sur faits et articles). — Huc, *loc. cit.*

([3]) V. *infra*, n. 1117.

([4]) V. *infra*, n. 1117.

([5]) Rennes, 22 fév. 1830, P. chr., D. *Rép.*, v° *Louage*, n. 457-2°. — Trib. civ. La Flèche, 11 juin 1896, *Loi*, 25 août 1896. — Lyon, 30 juin 1887, D., 88. 2. 59. — Laurent, XXV, n. 226 ; Guillouard, I, n. 332 ; Fuzier-Herman, art. 1717, n. 69.

([6]) Lyon, 3 avril 1889, *Mon. jud. Lyon.* 29 août 1889. — Guillouard, I, n. 332.

([7]) V. *supra*, n. 1082.

colon partiaire, dit : « *En cas de contravention, le propriétaire*
» *a droit de rentrer en jouissance, et le preneur est condamné*
» *aux dommages-intérêts résultant de l'inexécution du bail* ».

Ce texte reproduit une règle du droit commun ([1]). Il s'applique donc à toute sous-location ou cession faite sans droit ; ainsi le bailleur peut demander la résiliation du bail qu'il a consenti, pour inexécution des obligations du preneur ([2]) (art. 1184) et cela aussi avec des dommages-intérêts.

Les tribunaux pourront alors, conformément au droit commun, accorder au preneur un délai pour expulser le sous-locataire et rentrer en jouissance ([3]).

Ce délai ne pourra pas être accordé si le bail stipulait qu'en cas de sous-location la résolution aurait lieu de plein droit ([4]). Mais il pourra l'être quoiqu'il soit stipulé que la sanction de la défense sera la résiliation ([5]).

La concession d'un délai peut être faite même en cas de sous-location consentie par le colon partiaire, malgré les termes en apparence généraux de l'art. 1764 ([6]). Le juge peut aussi, même dans ce cas, refuser de prononcer la résiliation et condamner seulement le colon à des dommages-intérêts à raison du peu d'importance de la contravention ([7]).

([1]) Guillouard, II, n. 626.

([2]) Rennes, 22 fév. 1830, précité. — Trib. civ. Lyon, 28 janv. 1888, *Mon. jud. Lyon*, 29 avril 1888. — Trib. civ. La Flèche, 11 juin 1896, *Loi*, 25 août 1896. — Guillouard, I, n. 332 ; Fuzier-Herman, art. 1717, n. 68.

([3]) Lyon, 6 juin 1821, S. chr., D. *Rép.*, v° *Louage*, n. 465. — Lyon, 16 déc. 1825, S. chr., D. *Rép.*, v° *Louage*, n. 465. — Liège, 14 août 1872, *Pasic.*, 73. 2. 41. — Duranton, XVII, n. 86 ; Duvergier, I, n. 370 ; Troplong, I, n. 139 et 140 ; Favard, v° *Louage*, sect. 1, § 1, n. 3 ; Marcadé, art. 1717, n. 3 ; Massé et Vergé, IV, p. 378, § 703, note 3 ; Aubry et Rau, IV, p. 492, § 368 ; Laurent, XXV, n. 228 et 229 ; Guillouard, I, n. 332 et II, n. 627 ; Huc, X, n. 285. — *Contra* Colmar, 16 août 1816, S. chr., D. *Rép.*, v° *Louage*, n. 465. — Surtout si le preneur, ayant mal interprété le bail, est de bonne foi. — Trib. civ. Lille, 26 mars 1888, *Droit*, 27 mai 1888. — Et cela même si le locataire exerce une profession de nature à discréditer la maison, comme celle de fille publique. — Paris, 6 janv. 1838, S., 40. 1. 867, D. *Rép.*, v° *Louage*, n. 467-1°.

([4]) Cass. req., 29 mars 1837, S., 37. 1. 613, D. *Rép.*, v° *Louage*, n. 463-3°. — Duvergier, *loc. cit.* ; Aubry et Rau, IV, p. 492, § 368 ; Laurent, XXV, n. 230 ; Guillouard, I, n. 332.

([5]) *Contra* Bruxelles, 11 juil. 1872, *Pasic.*, 73. 2. 151. — Huc, X, n. 285.

([6]) Guillouard, II, n. 628.

([7]) Huc, X, n. 356.

Le tribunal peut également, dans tout autre bail, se contenter de condamner le preneur à des dommages-intérêts et refuser de prononcer la résiliation (¹), surtout si, au moment de la demande, la sous-location a cessé (²), ou si le preneur offre d'expulser le sous-locataire (³) ; ici encore il faut excepter le cas où le bail impose la résiliation de plein droit (⁴). Les tribunaux peuvent aussi refuser de prononcer la résiliation du bail, si la sous-location ne cause aucun préjudice au bailleur (⁵). Il est, en effet, de principe, que l'art. 1184 C. civ. peut être écarté en pareil cas par les juges, et l'art. 1764 n'est qu'une conséquence de l'art. 1184.

1109. En cas de défense de sous-louer, le bailleur ne peut réclamer le prix du bail au sous-locataire (⁶) ; on tire en sens contraire un argument *a fortiori* des droits du bailleur en cas de sous-location autorisée ; cet argument n'est pas probant. Le bailleur qui réclamerait ce prix serait considéré comme ayant renoncé à l'interdiction.

1110. Mais le sous-preneur ou cessionnaire est passible de dommages-intérêts envers le bailleur ; sa situation est la même que celle d'un tiers qui occuperait sans droit l'immeuble d'autrui ; il a commis vis-à-vis du bailleur une faute délictuelle. Toutefois le bailleur doit démontrer que cette occupation lui cause un préjudice, conformément au droit commun en matière délictuelle.

1111. Pour ce dernier motif, on a pu décider que les sous-locataires ou cessionnaires intermédiaires qui, au moment de l'action du bailleur, n'occupent plus l'immeuble, ne sont pas tenus envers lui de dommages-intérêts s'ils ont exécuté les

---

(¹) Trib. civ. La Flèche, 11 juin 1896, précité.

(²) Grenoble, 18 août 1897, S. chr., D. *Rép.*, vº *Louage*, n. 473-2º.

(³) Cass. req., 13 déc. 1820. S. chr. — Cass. req , 29 mars 1837, S., 37. 1. 613, D. *Rép.*, vº *Louage*, n. 463-3º. — Besançon, 8 juin 1854, S., 55. 2. 368, D., 55. 2. 254. — Fuzier-Herman, art. 1717, n. 70, — et les auteurs et arrêts cités, *supra*, note 3, p. 585.

(⁴) Cass. req., 29 mars 1837, précité. — Fuzier-Herman, art. 1717, n. 75.

(⁵) Douai, 19 avril 1898, *Rec. Douai*, 98. 269.

(⁶) *Contra* Trib. Alexandrie, 28 juin 1876, *Journ. dr. int.*, III, 1876, p. 389. — Ni à plus forte raison aux cessionnaires intermédiaires qui ont cessé de jouir, Lyon, 30 juin 1887, S., 89. 2. 180, D., 88. 2. 59.

charges du bail (¹) ; on ne voit pas le préjudice que leur occupation, actuellement terminée, a pu causer au bailleur.

1112. En cas de sous-location consentie sans droit, la faillite ou la déconfiture du sous-locataire rend-elle exigibles contre le preneur les termes à échoir, aussi bien que si le preneur lui-même était déclaré en faillite ou en déconfiture? On l'a décidé, et même que la l'imitation à cette déchéance, édictée par la loi du **12 fév. 1872** vis-à-vis du preneur, ne s'impose pas au bailleur (²).

Nous sommes d'avis contraire (³). Le sous-preneur qui occupe sans droit l'immeuble loué est un inconnu pour le bailleur; celui-ci n'a d'action contre lui que comme créancier du preneur, c'est le preneur seul qui répond du loyer et, tant que le preneur est en état de les payer, le bailleur ne peut avoir aucun intérêt légitime à exiger tous les loyers.

En vain dit-on que le preneur est en faute; il est en faute sans doute, mais pour avoir sans droit introduit un sous-locataire dans l'immeuble, et cette faute donne lieu à des dommages-intérêts, mais elle est étrangère à la question.

On n'a pas réfléchi, pensons-nous, qu'il est difficile, dans l'opinion contraire, d'admettre que la faillite du preneur lui-même entraînera l'application de la loi du **12 fév. 1872.** Et c'est cependant ce qu'il est nécessaire de décider si on ne veut pas laisser le bailleur sans action suffisante en cas de faillite du preneur.

1113. On a jugé que, si la sous-location était interdite, les meubles du sous-locataire répondent, par privilège, de la totalité du prix de location, contrairement aux termes de l'art. 1753 (⁴). Cette question rentre dans le commentaire de l'art. 2102.

1114. L'interdiction de sous-louer ou de céder n'a aucun effet dans les rapports entre le preneur et son sous-locataire

---

(¹) Lyon, 30 juin 1887, S., 89. 2. 180, D., 88. 2. 59. — Guillouard, I, n. 332 ; Fuzier-Herman, art. 1717, n. 79.

(²) Cass. req., 11 avril 1892, S., 92. 1. 433. — Loubers, *Rapport*, sous Cass., 11 avril 1892, précité, S., 92. 1. 436; Labbé, *Note*, S., 92. 1. 434.

(³) Reynaud, *Concl.* sous Cass., 11 avril 1892, précité, S., 92. 1. 436.

(⁴) Cass. req., 11 avril 1892, S., 92. 1. 433. — Huc, X, n. 349.

ou cessionnaire, tant que ce dernier n'a pas été soumis à une
demande d'expulsion de la part du preneur.

Il doit donc payer les loyers stipulés tant que dure sa
jouissance ([1]).

1115. Si la sous-location ou la cession interdites portent
sur un bail de chasse, il existe en outre une sanction correctionnelle ; le sous-preneur ou cessionnaire qui chassera sur
le terrain loué commettra le délit de chasse sur le terrain
d'autrui (L. 3 mai 1844, art. 1er et 11).

Mais si le locataire de la chasse amène ses invités alors que
défense lui a été faite de le faire par le bail, ou en amène
plus qu'il ne devait, on admet que les invités ne sont passi-
bles d'aucune peine ([2]).

1116. Le bailleur peut expressément renoncer au bénéfice
de la clause d'interdiction ([3]) ou de celle qui soumet la sous-
location ou la cession à certaines conditions ([4]).

1117. Le consentement tacite du bailleur valide lui-même
la sous-location, soit si la sous-location a été subordonnée à
son consentement ou à son agrément ([5]), soit même si elle a
été absolument interdite ([6]), car rien n'empêche le bailleur de
renoncer au droit qu'il s'est réservé.

Le consentement tacite suffit, même s'il a été dit que le consentement *par écrit* du bailleur serait nécessaire ([7]). La néces-

([1]) Trib. civ. Bordeaux, 15 fév. 1892, *Rec. Bordeaux*, 92. 3. 80.

([2]) Cass., 29 nov. 1845, S., 46. 1. 143. — Dijon, 21 déc. 1844, S., 45. 2. 97. —
Colmar, 25 nov. 1847, P., 48. 1. 512. — Douai, 7 avril 1897, S., 98. 2. 112. — De
Neyremand, *Quest. sur la chasse*. 2e éd., p. 345 s. ; Leblond, *Code de la chasse*,
2e éd., I, n. 234 ; Jullemier, *Tr. des locations de chasse*, 3e éd., p. 138. — V. cep.
Giraudeau, Lelièvre et Soudée, *La chasse*, 2e éd., n. 811 s.

([3]) Trib. civ. Seine, 6 fév. 1898, *Gaz. Trib.*, 3 juil. 1898.

([4]) Sur la preuve, v. *supra*, n. 1106.

([5]) Chambéry, 1er juin 1887, D., 88. 2. 38 (bailleur qui n'a pu ignorer l'occupation du sous-preneur et l'a laissé durer un certain temps). — Trib. civ. Seine,
11 fév. 1887, *Gaz. Pal.*, 87. 1. 251 (*id.*). — Trib. civ. Lille, 11 nov. 1895, *Nord
jud.*, 96. 116 (*id.*). — Aubry et Rau, IV, p. 491, § 368 ; Guillouard, I, n. 327 ; Huc,
X, n. 285.

([6]) Trib. civ. Seine, 6 fév. 1898, précité. — Troplong, I, n. 141 ; Duvergier, I,
n. 372 ; Massé et Vergé, IV, p. 377, § 703, note 2 ; Laurent, XXV, n. 232 et 233 ;
Guillouard, I, n. 331 ; Fuzier-Herman, art. 1717, n. 52. — V. *supra*, n. 1109.

([7]) Cass., 19 juin 1839, S., 39. 1. 462, D. *Rép.*, vo *Louage*, n. 475-1o. — Cass.
req., 23 mai 1870, S., 70. 1. 283. — Lyon, 3 mai 1837, P., 37. 2. 518, D. *Rép.*, vo
Louage, n. 476. — Douai, 15 juin 1841, P., 41. 2. 278. — Colmar, 12 avril 1864,

sité d'un écrit n'a été, en effet, stipulée que pour faciliter la preuve : les parties n'ont pas voulu subordonner à un écrit la validité de la sous-location. L'eussent-elles voulu, que le consentement verbal ou tacite serait encore suffisant, car le bailleur n'a pas pu se lier les mains et se condamner à ne pas pouvoir consentir sans écrit; si donc il donne son consentement sans écrit, une nouvelle convention se forme en vertu de laquelle la sous-location est agréée par le bailleur. Aussi la cour de cassation ne va-t-elle pas assez loin, selon nous, en décidant qu'il appartient aux juges de décider souverainement si l'écriture a été ou non, d'après la volonté des parties, un élément substantiel du consentement ([1]).

Le consentement tacite résulte notamment de ce que le bailleur a reçu les loyers du sous-locataire ([2]). La cour de cassation voit même dans ce fait un consentement écrit ([3]).

1118. La simple connaissance du sous-bail par le bailleur, sans protestation, peut être considérée, en fait, comme une ratification du sous-bail ([4]); mais elle peut aussi être regardée comme n'ayant pas ce caractère ([5]), surtout si cette connaissance lui a été acquise en raison de ses fonctions. Ainsi on a pu décider que le bailleur qui connaît le sous-bail pour l'avoir enregistré en sa qualité de receveur de l'enregistrement, ne ratifie pas nécessairement le sous-bail ([6]).

1119. Le consentement du bailleur est irrévocable, même s'il est donné après l'entrée en jouissance du sous-preneur et

---

64. 2. 285, D., 65. 2. 32. — Trib. civ. Avesnes, 11 nov. 1881, *Fr. jud.*, 1881-82, p. 630. — Trib. civ. Seine, 19 avril 1882, *Fr. jud.*, 1881-82, p. 671. — Trib. civ. Seine, 11 fév. 1887, précité. — Troplong, I, n. 141; Massé et Vergé, IV, p. 377, § 703, note 2; Guillouard, I, n. 327; Agnel, n. 526; Fuzier-Herman, art. 1717, n. 48.

([1]) Cass., 19 juin 1839, précité.

([2]) Duvergier, I, n. 372; Troplong, I, n. 141; Massé et Vergé. IV, p. 376, § 703, note 1; Laurent, XXV, n. 232 et 233; Guillouard, I, n. 327 et 331. — Des réparations à l'extérieur de l'immeuble n'impliquent pas le consentement. — Lyon, 27 janv. 1888, *Mon. jud. Lyon*, 5 mai 1888.

([3]) Cass. req., 28 juin 1859, S., 60. 1. 447, D., 59. 2. 459. — Fuzier-Herman. art. 1717, n. 60.

([4]) Lyon, 3 mai 1837, précité. — V. cep. Rouen, 20 janv. 1846, P., 46. 2. 103.

([5]) Rouen, 20 janv. 1846, précité.

([6]) Rennes, 22 fév. 1830, P. chr., D. *Rép.*, v° *Louage*, n. 476. — Fuzier-Herman, art. 1717, n. 53.

quoique le contrat de bail exige de sa part un consentement préalable à cette jouissance (¹) ; nous ne pouvons que répéter ici ce que nous avons dit à propos de l'hypothèse où le bailleur consent verbalement à la sous-location après avoir stipulé que son consentement devrait être écrit (²) ; il y a, dans le consentement donné par lui dans des conditions autres que les conditions fixées, une modification valable à la convention primitive. Ajoutons que, dans l'opinion contraire, la situation serait plus défavorable pour le sous-preneur que dans l'hypothèse où le bailleur a complètement interdit toute sous-location.

1120. Si le bailleur qui a interdit la sous-location de la cession consent à une sous-location ou une cession, est-il réputé avoir d'avance consenti à toutes les sous-locations ou cessions postérieures ? En principe, il faut admettre la négative (³). Les renonciations ne doivent pas se présumer ; du reste, le bailleur n'a pas, en agréant un sous-locataire, voulu renoncer à son droit.

Le contraire peut cependant résulter des circonstances.

SECTION VI

EFFETS DE LA SOUS-LOCATION ET DE LA CESSION VALABLES

§ I. *Rapports entre le preneur et le sous-preneur ou le cessionnaire.*

1121. Ces rapports varient suivant qu'il s'agit d'une sous-location ou d'une cession.

S'il s'agit d'une sous-location, les parties jouent respectivement les rôles de preneur et de bailleur (⁴).

(¹) Cass. req., 28 juin 1859, S., 60. 1. 447, D., 59. 2. 459. — Fuzier-Herman, art. 1717, n. 51.

(²) V. *supra*, n. 1117.

(³) Paris, 19 nov. 1821, S. chr., D. *Rép.*, vº *Louage*, n. 474. — Rennes, 8 mai 1858, S., 59. 2. 236. — Trib. civ. Seine, 11 fév. 1887 (motifs), *Gaz. Pal.*, 87. 1. 251. — Guillouard, I, n. 331 ; Fuzier-Herman, art. 1717, n. 55.

(⁴) Nancy, 26 juin 1895, S., 97. 2. 66, D., 96. 2. 367 (recours pour les vices de la chose).

Donc le bail primitif ne devra être aucunement consulté pour connaître les droits et les obligations des parties (¹) (sauf, comme nous le verrons, le droit qu'a le propriétaire de faire respecter les clauses de ce bail).

Le prix devra être payé au sous-bailleur (²); le sous-preneur devra faire les réparations locatives (³), jouir de la chose suivant sa destination (⁴).

1122. Le sous-bailleur devra garantie au sous-preneur dans les hypothèses déterminées par la loi (⁵), par exemple si le sous-preneur est obligé par le bailleur à accomplir une obligation que son sous-bail ne l'obligeait pas d'exécuter (⁶), ou s'il se produit une perte de récoltes (⁷). Il devra lui délivrer la chose en bon état de réparations (⁸).

1123. Le preneur principal n'est responsable envers le sous-preneur des faits d'un colocataire du preneur principal, c'est-à-dire d'un locataire du bailleur principal, que dans les conditions où il est responsable des faits d'un tiers quelconque; car ses colocataires sont vis-à-vis de lui des tiers avec lesquels il n'est pas en relations juridiques.

1124. Au contraire, il est responsable de ses propres locataires dans les conditions où un bailleur est responsable du fait de ses locataires envers ses autres locataires (⁹).

(¹) Cass., 23 mai 1870, S., 70. 1. 283. — Aubry et Rau, IV, p. 493; Laurent, XXV, n. 194; Guillouard, I, n. 334 et 316; Huc, *Tr. de la cession des créances*, I, n. 211; Wahl, *Note*, S., 95. 4. 18. — Ainsi le sous-preneur qui connaissait, au moment de la conclusion du bail, l'exercice de la prostitution dans une autre partie de l'immeuble, ne peut demander garantie au preneur, alors même que ce dernier s'est engagé envers le bailleur à ne pas sous-louer à des prostituées. — Milan, 15 mai 1893, S., 95. 4. 17.

(²) Trib. com. Nantes, 16 mai 1891, *Rec. Nantes*, 91. 1. 270. — Laurent, XXV, n. 194 s.; Guillouard, I, n. 334.

(³⁻⁴) Duvergier, I, n. 386; Laurent, XXV, n. 194 s.; Guillouard, I, n. 334.

(⁵) Cass., 31 juill. 1878, S., 81. 1. 77. — Nancy, 26 juin 1895, S., 97. 2. 66, D., 96. 2. 367 (vices). — Milan, 15 mai 1893, précité. — Guillouard, I, n. 334.

(⁶) Guillouard, I, n. 316. — Notamment, s'il ne lui a pas fait connaître les clauses du bail lui interdisant de sous-louer pour un commerce déterminé. — Trib. civ. Seine, 24 déc. 1894, *Droit*, 6 mars 1895, — ou si le preneur a dû faire disparaître un changement de forme fait par le bailleur. — Trib. civ. Seine, 2 nov. 1892, *Gaz. Pal.*, 92. 2. 704.

(⁷) V. *infra*, n. 1127.

(⁸) Aubry et Rau, IV, p. 493; Laurent, XXV, n. 136; Guillouard, I, n. 334 et 315.

(⁹) V. *supra*, n. 480 s., 576 s.

1125. Réciproquement, si le bailleur a, comme il en a le droit, rendu le preneur responsable d'un fait du sous-preneur, contraire au bail primitif, le preneur principal a un recours contre le sous-preneur ([1]), mais à la condition que ce dernier ait également agi contre son propre bail.

1126. Si le concierge est choisi par le locataire principal, celui-ci est responsable du fait du concierge dans les conditions où un bailleur est responsable envers ses preneurs du fait du concierge ([2]).

Mais si le concierge est choisi par le bailleur principal, le preneur principal n'est responsable du fait du concierge que dans la mesure où il est responsable des faits d'un tiers quelconque, car le concierge n'est pas son préposé ([3]).

1127. Le sous-bailleur aura, pour le paiement des loyers, le privilège conféré au bailleur par l'art. 2102-1° ([4]).

Le preneur principal jouit également, vis-à-vis du sous-preneur, de l'action en résiliation ; mais il en jouit dans les conditions déterminées par le droit commun ou par le sous-bail et non pas dans les conditions fixées par le bail principal. Si, par exemple, ce dernier décide que le bail sera résilié de *plein droit* pour défaut de paiement des loyers, le défaut de payement des loyers dus par le sous-preneur au preneur principal ne permet pas à ce dernier d'invoquer la résiliation de plein droit ([5]). Toutefois, à supposer que le bailleur principal ait le droit d'invoquer cette clause vis-à-vis du sous-locataire, le preneur principal aura également ce droit, mais seulement après avoir payé son bailleur, et comme subrogé légalement à ce dernier, vis-à-vis duquel il est tenu avec le sous-preneur ([6]).

En cas de perte des récoltes, le sous-preneur peut obtenir du preneur l'indemnité prescrite par l'art. 1769 ([7]).

([1]) Paris, 25 juin 1896, *Loi*, 2 nov. 1896.

([2]) V. *supra*, n. 588 s.

([3]) *Contra* Trib. civ. Seine, 2 août 1897, *Droit*, 22 oct. 1897.

([4]) Rouen, 8 août 1890, *Rec. Rouen*, 90. 230. — Trib. civ. Lyon, 21 nov. 1890, *Mon. jud. Lyon*, 26 déc. 1890. — Aubry et Rau, IV, p. 493; Laurent, XXV, n. 135; Guillouard, n. 314 et 334.

([5]) Paris, 10 fév. 1888, S., 92. 2. 249 (sous-note), D., 89. 2. 233.

([6]) Paris, 10 fév. 1888, précité.

([7]) Laurent, XXV, n. 197 ; Guillouard, I, n. 318; Huc, X, n. 369.

1128. Le sous-bailleur obligé envers le bailleur de réparer les fautes du preneur a un recours contre ce dernier (¹).

1129. Au point de vue de l'incendie, il y a lieu de reproduire les solutions que nous avons données en étudiant les rapports du bailleur avec le preneur ; nous l'avons montré à propos de l'art. 1733 (²).

En particulier, le preneur peut, vis-à-vis du sous-preneur, invoquer l'art. 1733 C. civ. (³). Il semble cependant que cette action est subordonnée à la condition que le preneur sera actionné par le bailleur principal ; jusque-là, en effet, sa responsabilité n'est pas en jeu (⁴).

Si le preneur principal occupe une partie de l'immeuble, — et sauf le cas où sa faute est démontrée — il aura un recours contre le sous-locataire, sans avoir à démontrer que le feu n'a pas commencé chez lui ou a commencé chez ce dernier (⁵) ; mais ce recours est limité à la valeur de la portion occupée par le sous-preneur, comparativement à celle de la portion occupée par le preneur (⁶).

1130. *S'il s'agit d'une cession,* les rapports entre les parties seront ceux d'un vendeur avec son acquéreur.

Les clauses du bail seront donc opposables au cessionnaire et pourront être observées par lui (⁷). Le preneur principal ne peut être tenu à aucune garantie de ce chef (⁸), alors même

---

(¹) Trib. paix Paris, 11 déc. 1890, *Loi*, 18 janv. 1891.

(²) V. *supra*, n. 1006.

(³) Cass. req., 4 juill. 1896, D., 96, 1. 331. — Besançon, 11 mai 1854, D., 83. 2. 210 (en note). — Lyon, 26 déc. 1882, D., 83. 2. 209 (en note). — Limoges, 18 janv. 1886, *Rec. des assur.*, 86. 87. — Toulouse, 7 fév. 1888, S., 88. 2. 101, D., 90. 2. 97. — Poitiers, 24 janv. 1889, S., 89. 2. 182, D., 90. 2. 97. — Larombière, *Th. et prat. des oblig.*, art. 1148, n. 12 ; Laurent, XXV, n. 203 ; Ch. Dupuis, *Note*, D., 90. 2. 97.

(⁴) Aucune des autorités précitées ne mentionne cette restriction.

(⁵) Limoges, 18 janv. 1886, précité. — *Contra* Toulouse, 7 fév. 1888, précité. — Toulouse, 20 juin 1888, *Rec. des assur.*, 1888, p. 349. — Poitiers, 24 janv. 1889, précité. — Agen, 3 août 1892, *Rec. des assur.*, 1892, p. 696. — En tout cas, ces arrêts admettent qu'il y a lieu d'appliquer les mêmes principes que dans les rapports entre le bailleur occupant une partie de l'immeuble et le preneur. — V. *supra*, n. 996 s.

(⁶) Limoges, 18 janv. 1886, précité.

(⁷) Cass., 23 mai 1870, S., 70. 1. 283. — Aubry et Rau, IV, p. 493 ; Laurent, XXV, n. 194 ; Guillouard, I, n. 334 et 316.

(⁸) Amiens, 9 mars 1886, *Rec. d'Amiens*, 1887, p. 121.

qu'il n'a pas fait connaitre au preneur les clauses du bail ([1]), car rien n'empêchait le preneur d'en prendre connaissance.

Le cédant n'est obligé de délivrer la chose que dans l'état où elle existe ([2]) (art. 1614 ; il n'est pas tenu de faire au cours du bail les réparations nécessaires ([3]).

Si le cessionnaire a les obligations d'un locataire ([4]), le preneur, envers lequel il n'a pas contracté d'engagement, ne peut le contraindre directement à les exécuter ; il peut seulement recourir contre lui, s'il est forcé par le bailleur à les accomplir, par une action de gestion d'affaires ou *de in rem verso*. Il n'a pas vis-à-vis de lui la saisie-revendication accordée au bailleur ([5]).

Le prix du bail est payable au bailleur ; par suite le cédant n'a pas de privilège pour son recouvrement ([6]).

En cas de pertes de récoltes, le cessionnaire ne peut exiger du cédant l'indemnité prescrite par l'art. 1769 ([7]).

§ II. *Rapports entre le bailleur et le preneur principal.*

1131. Ces rapports se règlent par une distinction qui doit être faite entre les obligations et les droits du preneur primitif.

La sous-location et la cession ne déchargent pas le preneur de ses obligations ; cela est certain pour la sous-location ([8]), car le sous-locataire devient le locataire du premier preneur et non pas le locataire du bailleur. L'art. 1735 dit, du reste, que le preneur répond du fait des sous-locataires.

---

[1] Guillouard, I, n. 316. — *Contra* Huc, *Tr. de la cession des créances*, I, n. 211.

[2] Aubry et Rau, IV, p. 493; Laurent, XXV, n. 136 ; Guillouard, I, n. 334 et 315.

[3] Guillouard, I, n. 334.

[4] Guillouard, I, n. 334.

[5] Trib. civ. Niort, 14 avril 1891. *Gaz. Trib.*, 25 avril 1891.

[6] Même jugement. — Aubry et Rau, IV, p. 493; Laurent, XXV, n. 135; Guillouard, I, n. 314.

[7] Laurent, XXV, n. 197; Guillouard, I, n. 318; Huc, X, n. 369.

[8] V. les arrêts cités ci-après, n. 1137, à propos de la renonciation. — V. aussi Lyon, 30 juin 1887, S., 89. 2. 180, D.. 89. 2. 59. — Trib. civ. Seine, 12 juin 1895, *Gaz. Trib.*, 25 sept. 1895. — Trib. civ. Seine, 6 fév. 1898, *Gaz. Trib.*, 3 juill. 1898. — Guillouard, I, n 325 et *Rev. crit.*, XI, 1882, p. 196, n. 29; Boileux, VI, p. 29; Massé et Vergé, IV, p. 377, § 703, note 1; Duvergier, I, n. 380; Troplong, I, n. 128; Aubry et Rau, IV, p. 494, § 368; Laurent, XXV, n. 198 et 208 ; Huc, X, n. 284 et 349.

Cela n'est pas plus douteux pour la cession ([1]), car il est de principe que nul ne peut, sans le consentement de son créancier, se décharger de ses obligations. La cession est donc, au point de vue des obligations du preneur, assimilée à la sous-location ([2]).

Peu importe même, à ce point de vue, que le bailleur soit intervenu à la cession ([3]).

Ainsi, le bailleur peut réclamer le prix au preneur principal ([4]), et cela sans même avoir à actionner d'abord le sous-locataire ou le cessionnaire.

De même, le bailleur peut demander compte au preneur principal de toutes les contraventions commises par le sous-locataire ou le cessionnaire, par exemple de ce que des dégradations se sont produites par leur faute ([5]), ou de ce que les réparations locatives ne sont pas faites, ou de ce qu'un changement a été opéré dans la forme de l'immeuble ([6]) ou dans le mode d'exploitation imposé ([7]), ou de ce que le cessionnaire ou sous-preneur use de la chose d'une manière dommageable ([8]) ; les contraventions pourront être sanctionnées par des dommages-intérêts prononcés contre le locataire principal ou par la résiliation du bail.

Il en est ainsi même s'il s'agit d'un véritable crime, car l'art. 1735 ne distingue pas ([9]).

([1]) Trib. civ. Seine, 12 juin 1895, précité. — Trib. civ. Seine, 6 fév. 1898, précité. — Trib. civ. Seine, 13 mai 1898, *Droit*, 21 août 1898, *Gaz. Trib.*, 16 sept. 1898. — Guillouard, I, n. 335; Huc, *loc. cit.*

([2]) Riom, 11 août 1891, D., 92. 2. 175.

([3]) Riom, 11 août 1891, précité (motifs).

([4]) Guillouard, I, n. 335. — Et cela, même s'il a accepté certains paiements du sous-locataire ; il n'y a pas là de novation. — Trib. civ. Bordeaux, 9 juin 1894, *Rec. Bordeaux*, 95. 2. 35.

([5]) Trib. civ. Saint-Flour, 30 oct. 1890, D., 91. 2. 95. — Trib. paix Paris, 11 déc. 1890, *Loi*, 18 janv. 1891. — Guillouard, I, n. 335. — Cependant, dans le droit allemand où, comme en France, le preneur était libre de sous-louer, on concluait de cette liberté qu'il n'était pas responsable des faits du sous-preneur, sauf s'il avait mal choisi ce dernier, et on citait L. 11, pr. D., *loc. cond.* — Eck, *loc. cit.*

([6]) Trib. civ. Seine, 2 nov. 1892, *Gaz. Pal.*, 92. 2. 704.

([7]) Bordeaux, 26 déc. 1890, *Rec. Bordeaux*, 91. 1. 90. — Paris, 25 juin 1896, *Loi*, 2 nov. 1896 (café-restaurant transformé en café-concert).

([8]) Trib. civ. Seine, 28 déc. 1897, *Gaz. Trib.*, 24 avril 1898. — Duvergier, I, n. 391 ; Troplong, I, n. 126; Fuzier-Herman, art. 1717, n. 7.

([9]) Riom, 11 août 1891, D., 92. 2. 175. — Huc, X, n. 329. — *Contra* Trib. civ.

Nous avons dit également que le preneur ne peut sous-louer pour l'exercice de professions qu'il n'a pas le droit d'exercer lui-même dans l'immeuble (¹).

1132. L'incendie qui se produit dans un lieu occupé par un sous-locataire donne au bailleur contre le preneur les mêmes droits que si ce dernier occupait lui-même les lieux incendiés (²). Il en est de même si les lieux sont occupés par un cessionnaire (³). Ainsi, le preneur ne se dégagera pas en démontrant que le feu n'a pu prendre dans la partie de l'immeuble qu'il occupait lui-même (⁴).

Il ne se dégagera même pas en prouvant que l'incendie a éclaté par la faute de son sous-locataire; car il est tenu de la faute de ce dernier (⁵). De même, pour le cessionnaire (⁶). Et ici encore à la faute doit être assimilé le crime (⁷).

Nous avons examiné s'il a un recours contre le sous-locataire ou cessionnaire.

Si l'incendie porte sur les meubles du bailleur laissés en dehors de la location, le preneur n'est pas, à moins d'une faute démontrée du sous-preneur, responsable de ces meubles, l'art. **1733** ne s'appliquant pas à ces derniers. Mais si le sous-preneur est responsable à raison de sa faute démontrée, le preneur est responsable du fait de son sous-preneur (⁸).

Par exception, le preneur est dégagé des obligations qu'il a assumées personnellement comme occupant l'immeuble.

Ainsi, le preneur qui s'est engagé à ne pas exercer un commerce autre que le commerce exploité dans l'immeuble loué,

---

Saint-Flour, 30 oct. 1890, précité (sauf pour le cas où les antécédents du sous-locataire devaient attirer l'attention du preneur).

(¹) V. *supra*, n. 1073 s.

(²) Limoges, 18 janv. 1886, *Rec. des assur.*, 86. 87. — Orléans, 7 janv. 1888, S., 88. 2. 102, D., 88. 2. 295. — Montpellier, 30 janv. 1889, *Mon. jud. Lyon*, 15 juin 1889. — Riom, 11 août 1891, D., 92. 2. 175. — Agen, 3 août 1892, *Rec. des assur.*, 92, p. 696. — Huc, X, n. 284.

(³) Riom 11 août 1891, D., 92. 2. 175. — Huc, *loc. cit.*

(⁴) Agen, 3 août 1892, précité.

(⁵) Orléans, 7 janv. 1888, S., 88. 2. 102, D., 88. 2. 295. — Agen, 3 août 1892, précité.

(⁶) Riom, 11 août 1891, précité.

(⁷) V. pour et contre l'arrêt de Riom et le jugement de Saint-Flour, précités.

(⁸) *Contra* Montpellier, 24 janv. 1889, *Gaz. Pal.*, 89. 1. 508. — Montpellier, 30 janv. 1889, *Mon. jud. Lyon*, 15 juin 1889.

peut exercer un commerce différent après avoir cédé son bail (¹).

1133. Il n'existe d'ailleurs aucune solidarité entre le preneur et le sous-preneur (²).

1134. En ce qui concerne les droits du preneur principal, une sous-distinction paraît devoir être faite entre la sous-location et la cession.

En cas de *sous-location,* le preneur conserve tous ses droits contre le bailleur (³); il peut notamment l'obliger à faire les réparations (⁴), à le garantir des vices, de l'éviction ou du trouble de droit (⁵). En effet, la sous-location ne fait pas disparaître le bail principal, et aucune des parties ne peut échapper à ses obligations. Du reste, comme le sous-bailleur est tenu de toutes les obligations du bailleur vis-à-vis du sous-preneur, il est juste qu'il puisse réclamer à son propre bailleur l'exécution de ces mêmes obligations.

1135. Il va sans dire que le fait du sous-preneur ne donne pas au preneur une action en responsabilité contre le bailleur. La question n'a pu se poser que dans une hypothèse où le bailleur avait choisi le sous-preneur en l'absence du preneur et avec le consentement de celui-ci. En pareil cas le bailleur est mandataire du preneur ; il n'est pas responsable du fait du sous-preneur (⁶), parce que le mandataire n'est pas responsable des suites de l'exécution du mandat (⁷).

1136. Dans le cas de cession de bail, à la différence de celui de sous-location, le preneur, ayant cédé ses droits, les a

---

(¹) Cpr. Amiens, 25 avril 1891, *Rec. Amiens,* 91. 217.

(²) Ainsi jugé pour le cas d'un changement de forme fait par le sous-preneur. — Trib. civ. Seine, 2 nov. 1892, précité.

(³) Nancy, 26 juin 1895, S., 97. 2. 66, D., 96. 2. 367. — Trib. paix Montpellier, 1ᵉʳ août 1895, *Mon. jud. Midi,* 3 nov. 1895.

(⁴) Guillouard, I, n. 335.

(⁵) Il est évident que le preneur n'a d'action contre le bailleur que suivant les termes du bail primitif et les rapports existant entre les deux parties. Si, par exemple, le preneur est actionné par un sous-bailleur en réparation de vices et que ces vices, inconnus du sous-preneur, eussent été, au moment de son contrat avec le bailleur, connus du preneur principal, ce dernier ne peut recourir en garantie contre le bailleur. — Nancy, 26 juin 1895, précité.

(⁶) Trib. civ. Lyon, 10 mars 1897, *Mon. jud. Lyon,* 5 mai 1897.

(⁷) V. notre *Tr. des contr. aléat., du mandat,* etc., n. 604 s.

nécessairement perdus ; il n'a donc plus aucune action contre le bailleur (¹).

On a cependant prétendu (²) que le preneur conserve le droit d'exiger du bailleur les réparations (et le raisonnement qu'on fait paraît devoir conduire à la même solution pour toutes les obligations du bailleur) ; le preneur, a-t-on dit, n'a transmis au cessionnaire que la jouissance de la chose, mais le droit de la faire mettre en état appartient au cédant tout autant qu'au cessionnaire, car il y a intérêt ; une entente pourrait, dans l'opinion contraire, s'établir entre le cessionnaire et le bailleur ; le premier ne ferait pas les réparations locatives et le propriétaire, à la fin du bail, en demanderait l'exécution au preneur principal.

Ce raisonnement est loin d'être probant : il contient une confusion entre le droit et l'intérêt ; il ne suffit pas d'avoir intérêt à une chose pour avoir le droit de la faire ; du reste, l'intérêt du preneur à faire exécuter les réparations nous paraît des plus contestables.

1137. Il va sans dire que le bailleur peut renoncer à tous ses droits contre le preneur et se contenter de l'action directe qui lui est accordée contre le cessionnaire (³) et (d'après la jurisprudence) contre le sous-locataire.

Ce sera là, non pas, comme on l'a prétendu (⁴), une novation — car le bailleur ne change pas de débiteur et supprime seulement l'un de ses débiteurs — mais une remise d'obligation.

Toutefois, comme il s'agit d'une renonciation, on ne doit pas facilement supposer que le bailleur ait entendu abdiquer ses droits contre le preneur principal (⁵).

Ainsi des stipulations faites avec le cessionnaire et modifiant les obligations de ce dernier, ne constitueront pas la volonté de décharger le cédant (⁶).

(¹) Laurent, XXV, n. 208.

(²) Guillouard, I, n. 335. — *Contra* Laurent, XXV, n. 208.

(³) Cass., 28 août 1833 (impl.), S., 33. 1. 802. — Cass., 13 janv. 1835 (impl.), S., 35. 1. 198. — Cass., 13 mars 1872, S., 72. 1. 331. — Lyon, 30 juin 1887, S., 89. 2. 180, D., 88. 2. 59. — Guillouard, I, n. 336 et *Rev. crit.*, XI, 1882, p. 197, n. 30.

(⁴) Lyon, 30 juin 1887, précité. — Guillouard, *loc. cit.*

(⁵) Guillouard, *loc. cit.*

(⁶) Cass., 28 août 1833, S., 33. 1. 802 (autorisation du bailleur au **gendre du pre-**

Mais la décharge du cédant peut résulter d'un acte passé avec le cessionnaire ([1]) ; il n'est pas nécessaire que cet acte soit également passé avec le preneur principal.

Le bailleur peut également consentir à ce que le preneur ne soit que la caution du cessionnaire ([2]).

§ III. *Rapports du bailleur avec le cessionnaire ou le sous-locataire.*

1138. Le preneur ne peut conférer au cessionnaire ou au sous-locataire, vis-à-vis du bailleur, plus de droits qu'il n'en a lui-même.

Ainsi le preneur ne peut donner au sous-preneur des droits, autres que ceux qu'il aurait eus lui-même, sur les constructions élevées par ce dernier ([3]).

Nous avons vu également que le preneur ne peut conférer au cessionnaire ou au sous-preneur le droit d'exercer des professions qu'il ne pouvait exercer lui même ([4]).

En un mot, le sous-preneur ou cessionnaire doit obéir, vis-à-vis du bailleur, à toutes les obligations du preneur ([5]).

Au point de vue de la nature des actions respectives du bailleur et du cessionnaire ou sous-locataire, il faut distinguer nettement le cessionnaire du sous-locataire.

I. *Cessionnaire.*

1139. Il paraît évident (et cela n'est contesté par personne) que le cessionnaire a contre le bailleur principal une action directe pour le forcer à l'exécution des engagements contractés vis-à-vis du débiteur principal ([6]). Le cessionnaire d'un

---

neur de remplacer son beau-père'. — Cass., 13 janv. 1835, S., 35. 1. 198 (*Ibid*). — Cass., 12 mars 1872, S., 72. 1. 331 (engagements nouveaux pris par le cessionnaire au cours du bail). — Cass., 10 juil. 1875, D., 76. 1. 105. — Guillouard, *loc. cit.*

([1]) Guillouard, *loc. cit.*

([2]) Paris, 22 juin 1894, S., 96. 2. 203 (dans ce cas, dit avec raison cet arrêt, c'est au cessionnaire et non au preneur que doit être adressé le congé).

([3]) Nancy, 2 mars 1889, S., 90. 2. 127 (droit d'enlever les constructions .

([4]) V. *supra*, n. 1073.

([5]) V. du reste *infra*, n. 1140 s., 1142 s.

([6]) Cass. req., 31 juil. 1878, S., 81. 1. 77. — Laurent, XXV, n. 210 ; Guillouard, I, n, 337 ; Huc, X, n. 282 et *Tr. de la cession des créances*, I, n. 207.

droit, comme tout acquéreur, prend la place du cédant ou vendeur. On ne pourrait, du reste, adopter la solution contraire qu'en refusant, dans la plupart des cas, au cessionnaire le droit de jouir paisiblement. En effet le cessionnaire ne peut, de l'avis général, agir contre le cédant que pour se faire mettre en possession; le trouble, les dégradations ne lui donnent aucune action contre le cédant, et, par suite, ne lui permettent pas d'agir, comme créancier du cédant et en se basant sur l'art. 1166, contre le bailleur ([1]); le cessionnaire n'aurait donc, si l'action directe contre le bailleur lui faisait défaut, aucun moyen de se faire rendre justice.

Par exemple, en cas de perte des récoltes, le cessionnaire peut actionner le bailleur en garantie ([2]).

Il résulte de là que, pour déterminer s'il y a lieu à garantie pour perte de récoltes, et pour établir la moyenne prescrite par l'art. 1769, on doit tenir compte de toutes les années du bail, même de celles qui précèdent la cession ([3]) : il y a lieu de présumer que le preneur cède, en même temps que le bail, le droit éventuel à une indemnité; la solution contraire profiterait au bailleur, puisque le preneur, après avoir cédé son bail, ne peut pas de son côté réunir les déficits de la récolte pendant ses années de jouissance aux déficits postérieurs pour réclamer une indemnité; du reste c'est un principe, appliqué notamment en nature de vente, que toute transmission à titre onéreux emporte transmission des actions attachées au droit de l'aliénateur sur l'immeuble.

1140. De son côté le bailleur peut-il agir directement contre le cessionnaire ?

Une réponse négative conduirait-elle, comme on le croit généralement ([4]), à donner au bailleur contre le cessionnaire une action indirecte qu'il intenterait, en vertu de l'art. 1166, du chef du cédant ? On pourrait soutenir qu'elle conduirait à refuser toute action au bailleur contre le cessionnaire; sans

_____

([1]) C'est par erreur que certains auteurs semblent adopter l'idée contraire. Guillouard, I, n. 337.

([2]) Huc, X, n. 369.

([3]) *Contra* Huc, *loc. cit.*

([4]) Guillouard, I, n. 337.

doute le bailleur reste créancier du cédant et peut, par conséquent, exercer tous les droits de ce dernier; mais, dirait-on, le cédant n'a plus (nous l'avons montré) aucun droit contre le cessionnaire. Cette considération aurait sans doute, si on l'avait envisagée, donné une très grande force à l'opinion d'après laquelle le bailleur a une action directe contre le cessionnaire; car il n'est pas admissible que le cessionnaire puisse librement contrevenir à la convention dont il a assumé les charges.

L'action directe peut se baser, du reste, sur d'autres arguments (¹). Le cessionnaire s'est engagé à exécuter les obligations du bail; il a acheté les droits du cédant grevés de ces charges; l'engagement a été contracté non pas envers le cédant, puisque le cédant n'a aucune action pour forcer le cessionnaire à l'exécuter, mais envers le bailleur; celui-ci peut donc s'en prévaloir.

Quoi qu'on en ait dit, la situation n'a rien d'anormal; elle est au contraire très fréquente, et il est peut-être inexact d'objecter qu'on ne peut transmettre à un tiers ses obligations. Le cessionnaire d'une hérédité est, sans aucun doute, tenu directement envers les créanciers des charges de cette hérédité; le délégué est tenu directement de la dette qu'il a l'obligation de payer.

Le raisonnement qu'on oppose paraît s'expliquer par une confusion; si un débiteur ne peut transmettre des obligations, cela s'entend en ce qu'il ne peut se décharger sur un tiers de ses dettes, mais cela ne signifie pas qu'un tiers ne peut s'engager envers le créancier à payer les dettes.

Une objection plus décisive peut être faite; comment, dira-t-on, le bailleur pourrait-il acquérir un droit contre le cessionnaire en vertu d'un contrat auquel il est resté étranger? Cette considération est évidemment très sérieuse; la réponse suivante, qu'on peut y faire, n'est pas décisive; on dirait que le cessionnaire est censé avoir pris directement un engagement

<hr>

(¹) Amiens, 9 mars 1886, *Rec. d'Amiens*, 1887, 121. — Paris, 31 déc. 1896, D., 97. 2. 515. — Guillouard, I, n. 340; Garsonnet, I, p. 526, § 312. — *Contra* Laurent, XXV, n. 210; Huc, X, n. 282 et 283 et *Tr. de la cession des créances*, I, n. 207. — V. les autorités citées *infra*, n. 1161 et 1162.

envers le bailleur et que celui-ci accepte l'engagement en
poursuivant le cessionnaire, mais cette réponse ne conduirait-
t-elle pas à admettre que le cessionnaire a le droit, soit de déclarer qu'il n'entend pas s'engager envers le bailleur, soit de
retirer cet engagement avant que le bailleur ne l'ait accepté?

Quand à l'idée que si le bailleur n'a pas d'action directe
contre le cessionnaire il n'a pas non plus d'action indirecte
contre lui, elle peut être réfutée; le cessionnaire s'engage
implicitement et nécessairement envers le cédant à exécuter
le bail; le bailleur, comme créancier du cédant, a le droit
d'exercer les actions en exécution qui appartiennent à ce dernier.

On pourrait dire encore que le fait de l'occupation suffit
pour donner lieu à une action directe; nous examinerons cette
considération à propos du sous-locataire et nous verrons
qu'elle est acceptée par la jurisprudence.

Nous verrons plus tard quels sont les intérêts de la question de savoir si le bailleur a une action directe ou seulement
une action indirecte.

L'action directe existe dans toutes les opinions si les parties
ont entendu qu'elle naîtrait [1]. Il suffirait pour cela que le
bail contînt une clause en ce sens [2], car le cessionnaire, en
se faisant consentir la cession, accepterait cette clause.

1141. Le bailleur a-t-il, en tout cas, une action directe
contre le cessionnaire en cas d'incendie? Si l'on admet que
l'art. 1733 rend responsable envers le bailleur tous les habitants de l'immeuble, comme tels, il faut adopter l'affirmative.
Nous examinons la question à propos du sous-preneur [3].

II. Sous-preneur.

1142. Nous avons dit que le sous-locataire, à la différence
du cessionnaire, n'est pas tenu d'observer les clauses dérogatoires au droit commun contenues dans le bail primitif et qu'il
ne peut réciproquement se prévaloir de ces clauses [4].

---

[1] Huc, X, n. 349.
[2] Paris, 22 juin 1894, D., 95. 2. 71. — V. cep. Huc, *loc. cit.*
[3] V. *infra*, n. 1150.
[4] V. *supra*, n. 1121 s.

Mais le propriétaire peut exiger que les stipulations du bail soient observées ; par exemple, le sous-locataire devra vis-à-vis du propriétaire observer la destination de la chose (¹).

De même, si le bail principal stipule qu'à défaut du payement de loyers le bail sera résilié de plein droit, le bailleur, à défaut de ce payement, peut faire expulser le sous-locataire (²).

1143. A la différence de la cession, la sous-location ne fait pas acquérir au sous-locataire un droit direct contre le bailleur ; celui-ci ne peut être atteint par le sous-locataire qu'à l'aide d'une action indirecte exercée en vertu de l'art. 1166. En d'autres termes, ce n'est pas son droit propre que le sous-locataire exercera contre le bailleur, mais celui du sous-bailleur, dont il est devenu le créancier en vertu du sous-bail et du chef duquel il agira (³). Toutefois cette différence est contestée ; certains auteurs pensent que le sous-locataire peut, comme le cessionnaire d'un bail, agir directement contre le bailleur (⁴). Ils ne se donnent pas la peine de justifier cette proposition, qui ne repose pourtant sur rien.

On ne peut évidemment la baser sur un argument de réciprocité, tiré de ce que le bailleur a une action directe contre le ·sous-preneur ; cette action directe, en admettant qu'elle existe, se fonde sur une série d'arguments dont aucun n'est applicable à l'espèce.

De ce que le sous-preneur n'a pas un droit direct contre le bailleur, il suit qu'en cas de résiliation du bail, le sous-preneur qui a payé des loyers d'avance au preneur principal, ne peut recourir que contre ce dernier et non pas contre le bailleur (⁵).

(¹) **Paris**, 25 mars 1817, S. chr. — Guillouard, I, n. 321. — Si par exemple il était interdit au preneur de sous-louer pour un usage déterminé, le sous-preneur, même s'il a ignoré cette clause, doit l'observer. — Trib. civ. Seine, 24 déc. 1894, *Droit*, 6 mars 1895.

(²) **Paris**, 10 fév. 1888, S., 92. 2. 249 (sous note). D., 89. 2. 233.

(³) **Cass. req.**, 8 nov. 1882, S., 84. 1. 333, D., 83. 1. 305. — Bordeaux, 27 avril 1891, *Gaz. Trib.*, 25 sept. 1891 (pour les réparations). — Nancy, 26 juin 1895, S., 97. 2. 66, D., 96. 2. 367 (vices de la chose). — Trib. civ. Lyon, 31 mars 1896, *Droit*, 21 août 1896 (motifs). — Arntz, IV, n. 1155 ; Laurent, XXV, n. 211 ; Huc, X, n. 209.

(⁴) **Aix**, 19 déc. 1885, *Rec. d'Aix*, 86. 114. — Guillouard, I, n. 345. — V. pour l'incendie, *infra*, n. 1150.

(⁵) **Trib. civ. Seine**, 26 juillet 1893, *Gaz. Pal.*, 94. 1, *Suppl.*, 14.

Le sous-preneur a cependant une action directe contre le bailleur pour les faits délictueux de ce dernier ou des personnes dont il répond (¹) ; cette action dérive des art. 1382 et s. C. civ.

Par suite le sous-preneur a une action directe contre le bailleur principal pour le fait du concierge, car le bailleur principal est responsable du concierge qu'il a désigné, comme de tous ses autres préposés, en vertu de l'art. 1384 C. civ. (²).

1144. Quelle action le bailleur a-t-il, soit pour le payement des fermages et des loyers qui lui sont dûs, soit pour l'exécution des autres obligations résultant du bail, contre le sous-preneur ?

L'action indirecte existe certainement (³), car, le bail principal gardant tous ses effets, le bailleur est créancier du preneur et peut exercer ses actions ; d'un autre côté le preneur est créancier du sous-preneur pour l'exécution des obligations qu'il a lui-même stipulées. Les conditions d'application de l'art. 1166 se rencontrent donc ; d'ailleurs l'art. 1753 montre que le bailleur a une action contre le sous-preneur et cette action, n'étant pas, comme nous allons le montrer, directe, est nécessairement indirecte.

1145. La difficulté est de savoir si le bailleur a également une action directe contre le sous-preneur. Quoique nous devions convenir que la question est beaucoup plus délicate que celle de savoir si le bailleur a une action directe contre le cessionnaire du preneur, nous admettons ici encore la négative (⁴). La jurisprudence est presque fixée en sens contraire (⁵).

---

¹) Trib. civ. Lyon, 31 mars 1896, *Droit*, 21 août 1896 (dégâts causés par le ramonage que le bailleur a ordonné).

²) Trib. civ. Seine, 2 août 1897, *Droit*, 22 oct. 1897.

³) Poitiers, 24 janv. 1889, S., 89. 2. 182, D., 90. 2. 97.

⁴) Bruxelles, 7 août 1839, D. *Rép.*, vº *Louage*, n. 366. — Lyon, 26 déc. 1882, S., 84. 2. 121, D., 83. 2. 209. — Toulouse, 7 fév. 1888, S., 88. 2. 101, D., 90. 2. 97. — Poitiers, 24 janv. 1889, S., 89. 2. 182, D., 90. 2. 97. — Paris, 3 août 1896, D., 97. 2. 333. — Trib. paix Paris, 11 déc. 1890, *Loi*, 18 janv. 1891. — Trib. civ. Liège, 7 juil. 1880, Clocs et Bonjean, *Jurispr. des trib.*, 81-82. 26 ; Laurent, XXV, n. 200 s. ; Labbé, *Rev. crit.*, V, 1876, p. 571 s. et 666 s., et *Note*, S., 76. 2. 329 ; Ch. Dupuis, *Note*, D., 90. 2. 97 ; Huc, X, n. 283, 321 et 349. — V. en ce sens pour l'Allemagne, Eck, *loc. cit.*

⁵) Cass. civ., 24 janv. 1853, S., 53. 1. 321, D., 53. 1. 124. — Cass. civ., 2 juill.

L'argument qui nous parait décisif est celui que nous avons invoqué à propos du cessionnaire ; le bailleur ne peut acquérir de droit contre une personne qui a contracté non pas avec lui, mais avec le preneur.

Le bailleur, objecte-t-on, a été représenté par le locataire principal qui, dans les différentes stipulations qu'il a faites, n'a pas seulement agi pour son propre compte, mais pour le compte du bailleur ; il avait un mandat tacite de ce dernier, qui l'a chargé implicitement de choisir, s'il le voulait, des sous-locataires (¹).

Ce raisonnement est, croyons-nous, le résultat d'une confusion ; le bailleur n'a pas donné implicitement au preneur le *mandat,* mais bien l'*autorisation* de sous-louer ; car d'un côté la sous-location ne peut-être, en aucune manière, profitable au bailleur, et l'on sait que le mandat doit toujours être donné, en partie du moins, dans l'intérêt du mandant ; d'un autre côté, le propre du mandat est que le mandataire est obligé à l'exécution d'un engagement, or il est incontestable que le preneur n'est pas *obligé* de sous-louer. Enfin le raisonnement que nous combattons aboutirait à nier l'action directe dans le cas où le preneur aurait sous-loué contrairement à une prohibition contenue dans le bail ; c'est pourtant ce qu'aucun des partisans de cette opinion ne soutient, et c'est ce que contredisent également les autres arguments qu'elle invoque. Nous ajoutons qu'il y aurait quelque chose d'étrange dans la situation d'un preneur chargé de trouver des sous-locataires sans cependant y être obligé et agissant quand il

1873, S., 73. 1. 323, D., 73. 1. 412. — Cass., 31 juil. 1878, S., 81. 1. 77. — Cass. req., 8 nov. 1882, S., 84. 1. 333, D., 83. 1. 305. — Cass. civ., 13 janv. 1892, S., 92. 1. 89, D., 92. 1. 509. — Lyon, 30 juin 1887, S., 89. 2. 180, D., 88. 2. 59. — Agen, 3 août 1892, *Rec. des assur.,* 1892, p. 696. — Trib. civ. Seine, 9 janv. 1895, *Gaz. Trib.,* 4 avril 1895. — Trib. civ. Seine, 5 fév. 1889, *Droit.* 14 fév. 1889. — Trib. civ. Lyon, 31 mai 1890, *Mon. jud. Lyon,* 4 juil. 1891. — Trib. civ. Seine, 8 août 1895, *Droit,* 15 sept. 1895. — Trib. civ. Seine, 12 juin 1895, *Gaz. Trib.,* 25 juin 1895. — Trib. civ. Verviers, 14 déc. 1887, Cloes et Bonjean, *Jurispr. des trib.,* 88. 605. — Troplong, I, n. 128 ; Duvergier, I, n. 539 ; Marcadé, art. 1717, n. 1 ; Aubry et Rau, IV, p. 494 ; Massé et Vergé, IV, p. 374, note 20 ; Aguel, n. 350 ; Guillouard, I, n. 329 et *Tr. des priv. et hyp.,* I, n. 302 ; Demolombe, XXV, n. 148 ; Garsonnet, I, p. 526, § 312.

(¹) Guillouard, *loc. cit.*

sous-loue pour le compte du bailleur qui n'y a aucun intérêt.

On dit encore que l'action directe du bailleur, si elle ne peut reposer sur un contrat, repose du moins sur l'occupation de son immeuble; il y aurait donc dans cette occupation une sorte de quasi-contrat dont les effets seraient ceux du contrat du bail. Il est à peine besoin de dire que cet argument ne repose sur rien et ajoute à la liste de l'art. 1370 un quasi-contrat nouveau dont le code ne contient aucune trace.

On a voulu encore justifier l'action directe par la fiction d'une convention entre le bailleur et le sous-preneur. Cette convention présumée se trouve utilisée par Ulpien qui, pour décider comme le fait l'art. 1753, que les meubles du sous-locataire répondent envers le bailleur de ce que doit le locataire, se base sur ce que le bailleur est censé avoir fait une stipulation en ce sens avec le sous-preneur ([1]). Cette convention résulterait de l'occupation des lieux à laquelle acquiesce le bailleur ([2]). On ne peut croire à cette convention, puisque le bailleur et le sous-preneur ne sont pas en rapport et que le premier peut fort bien ignorer l'existence du second.

En vain dit-on encore que tout détenteur de la chose d'autrui, par une sorte de quasi-contrat, assume l'obligation de donner ses soins à la chose qu'il détient et de la rendre au propriétaire non détériorée par sa faute, conformément à l'art. 1302. On oublie que l'art. 1302 est fait exclusivement pour les contrats, que rien ne démontre l'existence du quasi-contrat dont on parle, que ce quasi-contrat est en opposition directe envers le contrat en vertu duquel le sous-locataire a la détention de l'immeuble, aucune personne ne pouvant être tenue à la restitution en vertu d'un contrat et d'un quasi-contrat à la fois.

Enfin on invoque les art. 2102-1° C. civ. et 820 C. pr., qui accordent au bailleur un privilège sur les meubles du sous-locataire pour le montant des loyers; or, dit-on, l'existence d'un privilège suppose l'existence d'une créance.

Cette interprétation nous paraît forcée; la preuve que le

([1]) *Videtur tacite et cum domino ædium hoc convenisse*, L. 11, § 5 D., *de pigner. act.*, 13. 7.

([2]) Troplong, II, n. 547.

privilège ne suppose pas l'action directe, c'est, qu'en vertu des termes généraux de l'art. 2102-1°, le privilège du bailleur porte sur tous les meubles qui garnissent la chose louée et, par conséquent, sur ceux qui appartiennent non seulement au sous-locataire de l'immeuble, mais à un tiers quelconque.

C'est précisément le rapprochement de l'art. 2102 qui sert à faire comprendre que l'art. 1753 ait pris la peine de rappeler l'existence d'une action du bailleur sur les biens du locataire. En vertu de l'art. 2102, les meubles du sous-preneur, par lui apportés dans la maison louée ou dans la ferme, se seraient trouvés grevés du privilège du bailleur pour la totalité de la créance de ce dernier. Dans ces conditions, les sous-locations fussent devenues impossibles. Aussi l'art. 1753 est-il venu limiter les droits du bailleur : il ne lui permet d'exercer son privilège sur les meubles du sous-locataire que jusqu'à concurrence de la partie du prix de la sous-location dont celui-ci est débiteur au moment de la saisie. Mais ce n'est pas à dire pour cela que le sous-locataire devienne dans cette mesure débiteur personnel du bailleur, et que celui-ci puisse, de son propre chef, le poursuivre par l'action personnelle sur tous ses autres biens.

Reste une objection tirée des termes de l'art. 1753, qui déclare le sous-locataire *tenu...* envers le bailleur : donc, dit-on, il est tenu sur tous ses biens et non pas seulement sur ceux grevés du privilège, par conséquent il est tenu personnellement. On pourrait répondre d'abord qu'il y a des textes dans lesquels le mot *tenu* signifie *tenu réellement,* tenu *propter rem,* et non personnellement. V. notamment art. 2168. Mais il y a une réponse plus péremptoire. Pour apprécier le sens de cette expression, il faut voir dans quelle hypothèse la loi se place. Elle suppose que le bailleur procède à la saisie-gagerie des meubles qui garnissent les lieux occupés par le sous-locataire; or il est tout simple d'entendre que, lorsque la loi déclare le sous-locataire tenu envers le bailleur du prix de la sous-location dont il est encore débiteur au moment de la saisie, elle veut dire qu'il en tenu sur les meubles saisis. Voilà tout ce que signifie l'art. 1753 et cette interprétation est confirmée par l'art. 820 C. pr.

Si on ne veut pas accepter cette interprétation, on pourra considérer le mot *tenu* comme faisant l'application de l'action indirecte que le bailleur peut exercer contre le sous-preneur.

Mais alors, dit-on, l'art. 1753 devient une simple application de l'art. 1166 et on ne doit pas entendre leur texte dans un sens qui en fait disparaître toute l'utilité. Nous pourrons répondre qu'il y a dans le code bien des dispositions inutiles; nous préférons dire que l'art. 1753 n'est pas inutile, même avec cette interprétation, car il déroge à l'art. 1166 en défendant au sous-preneur d'opposer au bailleur les paiements faits par anticipation et c'est précisément dans ce but que l'art. 1753 a été introduit dans le code sur les observations du tribunal de Lyon ([1]). Cette réponse nous paraît décisive.

Cette disposition de l'art. 1753, sainement interprétée, fournit au contraire un argument très puissant en faveur de notre doctrine; du moment que les paiements faits après l'échéance au preneur par le sous-preneur peuvent être opposés au bailleur, c'est que le bailleur n'a pas contre le sous-preneur une action directe, c'est à-dire indépendante de celle du preneur ([2]). Le sous-locataire, objecte-t-on, peut, comme tout débiteur qui a deux créanciers, payer indifféremment à l'un ou à l'autre ([3]); cela est vrai quand les deux créanciers sont solidaires; mais ici les créanciers ne sont pas solidaires, le sous-preneur est (si l'on adopte l'opinion que nous combattons) tenu séparément et pour le tout envers le bailleur et envers le preneur; il ne devrait pas donc pouvoir s'acquitter entre les mains de l'un plutôt qu'entre les mains de l'autre.

1146. En tout cas, le bailleur n'a pas d'action directe contre le sous-preneur s'il a cédé ses droits au preneur ([4]). Cette cession a besoin, pour être opposable aux tiers, d'être soumise aux formalités de l'art. 1690 ([5]).

1147. D'après certains auteurs, si le bailleur n'a pas d'action directe contre le sous-locataire, il a un privilège sur la

[1] Fenet, IV, p. 201.
[2] Labbé, *loc. cit.*
[3] Guillouard, I, n. 341.
[4] Trib. civ. Seine, 15 juin 1898, *Loi*, 28 juin 1898.
[5] Trib. civ. Seine, 15 juin 1898, précité.

créance du preneur contre le sous-locataire (¹) ; ce serait une application du privilège sur les créances, dont beaucoup d'auteurs reconnaissent l'existence ; ce privilège appartiendrait à tous ceux dont la chose a été l'occasion de la naissance de la créance ; or c'est la chose du bailleur qui a donné naissance à la créance du bailleur contre le preneur.

Il suffit de faire remarquer, pour réfuter cette théorie, que les privilèges sont de droit étroit et supposent nécessairement un texte qui les édicte (²).

1148. L'intérêt de la distinction entre l'action directe et l'action privilégiée est que si, dans la seconde comme dans la première, le bailleur passe avant les autres créanciers du preneur principal, il peut se voir opposer, dans l'opinion qui lui donne une action privilégiée, les exceptions acquises par le sous-preneur contre le preneur principal.

1149. En tout cas, le bailleur a un privilège sur les meubles du sous-preneur garnissant la chose louée pour sa créance contre le preneur ; cela résulte de l'art. 2102-1° C. civ.

D'autre part, le bailleur a une action directe contre le sous-preneur s'il résulte des circonstances qu'ils ont entendu tous deux se considérer comme étant unis par un lien contractuel (³), ou, comme nous l'avons dit à propos de la cession (⁴), si le bail principal contient une clause en ce sens.

1150. Les solutions qui viennent d'être discutées peuvent être appliquées au cas d'incendie.

Dans notre opinion, le bailleur n'a pas d'action directe contre le sous-preneur (⁵), mais peut agir contre lui du chef du preneur principal (⁶). Peut-il faire une saisie-arrêt entre les mains du débiteur du sous-preneur? Nous le dirons plus loin. — Il est soumis aux mêmes exceptions que le preneur

---

(¹) Labbé, *Des priv. spéciaux sur les créances*, Rev. crit., V, 1876, p. 579 s., n. 2 s., p. 668, n. 20 s., et *Note*, S., 76. 2. 329.

(²) Guillouard, I, n. 341 ; Ch. Dupuis, *Note*, D., 90. 2. 97.

(³) Huc, X, n. 349.

(⁴) V. *supra*, n. 1140.

(⁵) Toulouse, 7 février 1888, S., 88. 2. 101, D., 90. 2. 97, *Gaz. Trib. Midi*, 19 fév. 1888. — Poitiers, 24 janv. 1889, S., 89. 2. 182, D., 90. 2. 97. — Huc, X, n. 321 et 349.

(⁶) Poitiers, 24 janv. 1889, précité. — Huc, X, n. 321.

principal, notamment à celle qui dériverait de ce que ce dernier habite l'immeuble sous-loué ([1]).

Si, au contraire, le propriétaire a une action directe contre
le sous-locataire, il semble que cette action lui appartient
notamment en cas d'incendie, car, ici comme dans tous les
cas précédents, le sous-locataire actionné en responsabilité
de l'incendie est actionné comme n'ayant pas satisfait à ses
obligations. Il y a une raison de plus pour décider ainsi : c'est
que les art. 1733 et 1734 n'exigent pas de l'habitant la qualité de locataire principal. L'opinion contraire ne serait exacte
que si on limitait l'action directe, fondée sur l'art. 1753, au
cas même que prévoit cet article.

La jurisprudence a accepté cette application du système
général qu'elle admet ([2]) ; mais les auteurs qui ont admis ce
système y font — ce qui est singulier — une dérogation pour
le cas d'incendie ([3]). Ils se fondent sur ce qu'il n'existe aucun
lien de droit entre le propriétaire et le sous-locataire, alors
que nous les avons vus tout à l'heure rejeter cet argument ;
ils disent encore — ce qui n'est pas plus plausible — que
l'art. 1753, en permettant au sous-locataire d'opposer au
propriétaire les quittances du locataire principal, met obstacle à l'action directe.

[1] Poitiers, 24 janv. 1889, précité.
[2] Cass. civ., 13 janv. 1892, S., 92. 1. 89, D., 92. 1. 509. — Paris, 12 fév. 1851,
S., 51. 2. 207, D., 51. 2. 71. — Paris, 18 juin 1851, S., 52. 2. 235, D., 52. 2. 277. —
Paris, 16 août 1872, S., 72. 2. 196. — Amiens, 4 avril 1883, S., 83. 2. 178. — Agen,
3 août 1892, *Rec. des assur.*, 1892, p. 696. — Bastia, 15 fév. 1893, D., 93. 2. 327.
— Grenoble, 4 juin 1895, D., 96. 2. 370. — Trib. civ. Châtillon-sur-Seine, 28 juin
1882, S., 83. 2. 21. — Trib. civ. Villefranche, 7 avril 1881, sous Lyon, 26 déc. 1882,
S., 84. 2. 121, D., 83. 2. 209. — Trib. civ. Bordeaux, 12 juill. 1893, *Journ. des
assur.*, 1894, p. 164. — Massé et Vergé, IV, p. 374, note 20; Agnel, n. 350; de
Lalande et Couturier, *Tr. du contr. d'assur. contre l'incendie*, n. 694 et 695;
Richard et Maucorps, *Tr. de la responsabilité en cas d'incendie*, n. 347 et 348.
[3] Besançon, 11 mai 1854, S., 54. 2. 613, D., 83. 2. 210 (en note). — Lyon, 26 déc.
1882, S., 84. 2. 121, D., 83. 2. 209. — Toulouse, 7 fév. 1888 (cassé par Cass., 13 janv.
1892, précité), S., 88. 2. 101, D., 90. 2. 97. — Troplong, I, n. 372; Laurent, XXV,
n. 200 et s.; Ch. Dupuis, *Note*, D., 90. 2. 97; Larombière, *Th. et prat. des oblig.*, art.
1148, n. 12 et art. 1166, n. 27; Guillouard, I, n. 276 (cep. au n. 337 cet auteur paraît
indiquer, comme une conséquence de l'action directe, que le propriétaire ne partage pas avec les autres créanciers du preneur l'indemnité due par le sous-locataire
au cas d'incendie; au n. 342 il adopte formellement l'opinion admise par les arrêts
de 1851 et les cite en ce sens).

L'argument que la jurisprudence tire de l'art. 1753 est évidemment sans valeur dans notre opinion, qui voit dans l'art. 1753 la négation et non pas l'affirmation de l'action directe. Mais la jurisprudence invoque encore une autre considération qui, si elle était exacte, conduirait même les partisans de notre opinion à admettre l'action directe en cas d'incendie. La cour de cassation (¹) dit que la responsabilité en cas d'incendie édictée par l'art. 1733 est fondée sur ce que l'incendie est la conséquence de la faute des habitants chargés de surveiller l'immeuble.

Il est clair que, pour ceux qui acceptent ce fondement, le sous-locataire est directement tenu envers le bailleur des conséquences de l'incendie.

1151. La question paraissait présenter, avant que la loi du 5 janvier 1883 n'eût modifié l'art. 1734, un intérêt tout particulier. On sait que, d'après la jurisprudence, le propriétaire qui habitait la maison louée voyait ses droits contre le locataire très limités; de ce que le propriétaire avait une action directe contre le sous-locataire, on concluait que ses droits n'étaient pas limités de la même manière par l'habitation du locataire principal dans l'immeuble loué (²). De l'opinion contraire, on déduisait, en sens opposé, que la cohabitation du locataire principal était assimilée à celle du propiétaire (³).

Cet intérêt de la question ne se présente plus aujourd'hui, car la cohabitation d'une personne autre que le locataire produit toujours, quelle que soit la qualité de cette personne, les mêmes résultats.

Voici un autre intérêt : si le bailleur a une action directe contre le sous-preneur en cas d'incendie, il conserve cette action alors même qu'il aurait renoncé à son action contre le preneur principal (⁴).

1152. Ici encore s'est produite l'opinion qui donne au bailleur un privilège sur l'indemnité due par le sous-preneur au

---

(¹) Paris, 12 fév. 1851 et 18 juin 1851, précités.
(²) Besançon, 11 mai 1854, précité, et les autorités précitées (M. Guillouard, ici encore, paraît adopter les deux opinions aux n. 276 et 342).
(³) Trib. civ. Seine, 24 oct. 1891, *Journ. des assur.*, 92. 12.
(⁴) Cass. civ., 13 janv. 1892, précité.

preneur principal ([1]); elle se réfute par les considérations que nous avons déjà invoquées ([2]).

1153. Le bailleur peut, en tout cas, agir contre le sous-preneur du chef du débiteur principal, en vertu de l'art. 1166 C. civ. ([3]).

Peut-il agir du chef du sous-preneur contre les débiteurs de ce dernier? Cela dépend du point de savoir si un créancier (le bailleur) peut exercer les actions d'un débiteur (le sous-preneur) de son propre débiteur (le preneur). La négative a été admise ([4]).

1154. Si l'action directe existe, elle existe aussi bien dans la sous-location de meubles que dans celle d'immeubles ([5]).

1155. Si le preneur a fait élever des constructions sur l'immeuble loué et a sous-loué le sol et les constructions, l'action directe du bailleur n'existe que jusqu'à concurrence de la portion du prix afférente au sol ([6]); car, le preneur étant propriétaire des constructions qu'il a élevées, le bailleur n'a pas le droit d'exiger le loyer de ces constructions.

1156. Le bailleur n'a pas d'action directe contre le sous-preneur à titre gratuit.

Il n'a pas davantage contre lui l'action indirecte. Enfin il n'a pas contre lui l'action privilégiée ([7]).

III. *Hypothèse où il existe plusieurs cessions ou sous-locations successives.*

1157. L'étude des actions qui peuvent exister entre le bailleur et les sous-preneurs ou cessionnaires dans l'hypothèse où plusieurs cessions ou sous-baux ont eu lieu successivement donne lieu à diverses difficultés.

([1]) Labbé, *op. cit. supra.* p. 668, n. 21.

([2]) Ch. Dupuis. *Note*, D., 90. 2. 97.

([3]) Toulouse, 7 fév. 1888, S., 88. 2. 101, D., 90. 2. 97. — Poitiers, 24 janv. 1889, S., 89. 2. 182, D., 90. 2. 97. — Trib. civ. Seine, 26 janv. 1892, *Gaz. Pal.*, 92. 1. 372. — Ch. Dupuis, *Note*, D., 90. 2. 97.

([4]) Poitiers, 24 janv. 1889, précité.

([5]) Trib. com. Havre, 8 mai 1866, *Rec. Havre*, 66. 1. 106. — Valéry, n. 24. — V. cep. Trib. com. Marseille, 11 déc. 1868, *Rec. Marseille*, 69. 1. 58.

([6]) Trib. civ. Seine, 5 fév. 1889, *Droit*, 14 fév. 1889.

([7]) Labbé, *Rev. crit.*, V, 1876, p. 668, n. 20.

A. *Rapports des cessionnaires avec le bailleur.*

1158. Les droits du preneur se transmettent aux cessionnaires successifs : le dernier cessionnaire a donc le droit d'agir contre le bailleur par une action directe.

Toutefois, si l'une des transmissions intermédiaires est une sous-location, les cessions ultérieures ne confèrent aux cessionnaires que les droits du sous-preneur ; le dernier cessionnaire ne pourra donc agir que dans les conditions où le sous-preneur pourrait agir, et comme nous avons refusé l'action directe au sous-preneur, nous la refusons à ce cessionnaire.

1159. Quant aux cessionnaires intermédiaires, ils ne sont tenus vis-à-vis de leurs propres cessionnaires qu'exceptionnellement (pour la délivrance de la chose) ; c'est seulement en cas d'action intentée de ce chef qu'ils agiront en garantie contre le preneur.

Cette action en garantie est incontestablement une action directe ; on admet, en effet, très généralement que, si une chose est vendue successivement à diverses personnes, les divers acquéreurs actionnés en garantie par leur propre acquéreur peuvent recourir directement contre le premier vendeur.

1160. Réciproquement, le bailleur a-t-il une action directe contre les différents cessionnaires ?

La négative est certaine dans notre opinion, qui refuse au bailleur une action directe contre le cessionnaire ; les cessionnaires n'ont contracté d'engagement que vis-à-vis de leur cédant ; le bailleur n'agira que comme créancier de son propre preneur [1], il agira comme créancier du créancier du premier cessionnaire contre le second cessionnaire, et ainsi de suite. Plus donc le cessionnaire contre lequel il agira sera séparé de lui, plus sera grand le nombre des personnes avec lesquelles le bailleur sera obligé de partager le bénéfice de son action. Seulement la doctrine de l'action privilégiée permet au bailleur d'exercer l'action de chaque cessionnaire, avec le privilège qui l'affecte, de sorte que le bailleur, s'il partage

---

[1] Labbé, *op. cit., Rev. crit.*, V, 1876, p. 666, n. 20 ; Huc, X, n. 283.

avec les créanciers de chaque cessionnaire l'action qu'il exerce du chef de ce dernier, passe, ainsi que ces créanciers, avant les créanciers du cessionnaire sur les biens desquels il agit (¹).

1161. Dans l'opinion qui accorde une action directe au bailleur contre le cessionnaire, il semble que le bailleur peut faire valoir cette action contre tous les cessionnaires successifs ; on fonde en effet l'action directe sur un engagement pris par le cessionnaire envers le bailleur ; or cet engagement est pris par tous les cessionnaires successifs et on sait qu'une personne ne peut, sans le consentement de son créancier, se décharger de ses dettes sur autrui.

Cette opinion a été quelquefois admise (²), mais on décide plus généralement que l'action directe du bailleur existe exclusivement contre le cessionnaire actuel et non pas contre les cessionnaires antérieurs, et tel est l'avis de la jurisprudence (³).

Au point de vue de l'équité et des considérations pratiques, on doit l'approuver : en général, les intérêts du bailleur sont suffisamment sauvegardés par l'action directe qu'il a contre son preneur et contre le dernier cessionnaire ; d'un autre côté, les cessionnaires qui ont eux-mêmes cédé leur droit ne peuvent s'attendre à se voir directement actionnés par le bailleur avec lequel ils ne sont pas en relations et avec lequel ils n'ont pas contracté. On peut toutefois objecter, toujours au point de vue pratique, que les cessionnaires ne sont pas complètement à l'abri, car on peut défendre au bailleur d'agir contre eux par la voie indirecte.

On a cependant essayé de justifier au point de vue des principes la théorie de la jurisprudence (⁴). A la différence du

---

(¹) Labbé, *loc. cit.*

(²) D., 77. 1. 57. — Trib. Seine, 31 déc. 1874, *Droit*, 20 janv. 1875. — Aubry et Rau, IV, § 368, note 18.

(³) Cass. civ., 19 juin 1876, S., 76. 1. 465, D., 77. 1. 57. — Paris, 29 fév. 1876, S., 76. 2. 329. — Paris, 7 fév. 1877, S., 78. 2. 15, D., 78. 2. 107. — Paris, 11 fév. 1879, S., 79. 2. 82, D., 79. 2. 135. — Lyon, 30 juin 1887, S., 89. 2. 180, D., 88. 2. 59. — Paris, 31 déc. 1896, D., 97. 2. 515. — Trib. civ. Seine, 13 mai 1898, *Droit*, 21 août 1898, *Gaz. Trib.*, 16 sept. 1898. — Guillouard, I, n. 348 et *Rev. crit.*, XI, 1882, p. 206, n. 39 s. ; Chévrier, *Conclusions*, sous Paris, 17 fév. 1879, S., 79. 2. 82.

(⁴) Guillouard, I, n. 348.

preneur, a-t-on dit, le cessionnaire n'entend s'engager envers le bailleur qu'à raison des droits qu'il acquiert contre lui et pour la durée de ses droits; donc, une fois ses droits éteints, ses obligations disparaissent également; du reste, il est certain que l'obligation directe du cessionnaire cesse en cas de résiliation et rien ne l'empêche de faire par une nouvelle cession ce qu'il peut faire par une résiliation.

Ce raisonnement a un double tort : il ne répond pas au principe d'après lequel les obligations sont perpétuelles, et se fonde sur des considérations qui sont toutes inexactes. Il importe peu, en effet, que le cessionnaire n'ait voulu s'engager que pour un certain temps, car son obligation dérive des principes et non de sa volonté; s'il en était autrement, on devrait permettre au cessionnaire de répudier, même pendant la durée de sa jouissance, toute obligation vis-à-vis du bailleur. Il est faux, d'un autre côté, que sa jouissance terminée, le cessionnaire n'ait plus aucun droit contre le bailleur; il a un droit de recours contre lui dans les mêmes conditions que le preneur qui a cédé son bail ; or il est certain que la cession ne décharge pas le preneur. Enfin il est faux que la résolution puisse être assimilée à une cession : la résolution du bail principal décharge bien le preneur, alors que la cession ne le décharge pas.

1162. Il paraît certain qu'une clause du bail suffit pour que le bailleur obtienne une action directe contre les cessionnaires intermédiaires ([1]). Cette clause est acceptée par chaque cessionnaire dès lors qu'il obtient la cession du bail.

1163. En tout cas, dans l'opinion qui donne au bailleur une action directe contre le cessionnaire unique, il a la même action, en cas de cessions successives, contre le cessionnaire actuel ([2]).

1164. A côté de son action directe contre les cessionnaires, le bailleur a contre eux une action indirecte, ainsi que nous l'avons montré.

Si même on refuse au bailleur toute action directe contre

([1]) Paris, 31 déc. 1896, précité.
([2]) Lyon, 30 juin 1887, précité. — Paris, 31 déc. 1896, précité.

les cessionnaires intermédiaires, on devra lui accorder contre eux l'action indirecte, qui provient de ce qu'il est et demeure le créancier de son preneur. Cela n'est pas douteux, à moins qu'on n'admette qu'un créancier ne peut exercer par l'art. 1166 les actions du débiteur de son débiteur (¹). Il a en tout cas cette action contre le premier cessionnaire, du chef du preneur principal (²).

Cette action indirecte n'existe pas du chef du preneur qui, en cédant son bail, s'est fait décharger de ses obligations par le bailleur (³).

B. *Rapports des sous-preneurs avec le bailleur.*

1165. Le sous-preneur actuel a une action indirecte contre le bailleur; il peut agir, en effet, comme créancier de son sous-bailleur, lequel est lui-même créancier de son propre sous-bailleur, etc.

Quant aux sous-preneurs intermédiaires, étant tenus à garantie envers leurs propres sous-preneurs, et ayant droit à un recours contre leurs sous-bailleurs, ils peuvent également agir par l'action indirecte contre le bailleur.

1166. L'action directe (en admettant qu'elle existe) est donnée au sous-preneur actuel, mais à lui seul, car elle ne peut être fondée que sur le lien existant entre le bailleur et le sous-preneur, à raison de l'occupation de l'immeuble appartenant au premier. Elle n'est pas donnée aux sous-preneurs intermédiaires, qui ne peuvent se prévaloir de l'occupation. Il en est autrement toutefois de l'action en garantie, qui est accordée, nous le savons, d'une manière directe à tout acquéreur de droits contre les cédants antérieurs; or, tout sous-preneur a acquis les droits de son sous-bailleur. Il va sans dire également que le premier preneur a contre le bailleur l'action directe que lui confère la convention.

1167. Le bailleur a une action directe contre le sous-pre-

(¹) Guillouard, I, n. 349. — *Contra* Paris, 7 fév. 1877 (motifs), S., 78. 1. 15, D., 78. 2. 107. — Lyon, 30 juin 1887, S., 89. 2. 180, D., 88. 2. 59.

(²) Lyon, 30 juin 1887, précité.

(³) Labbé, *Rev. crit.*, V, 1876, p. 666, n. 20.

neur actuel, en admettant que cette action puisse exister (¹);
elle se fonde, en effet, sur des considérations qui ne souffrent
aucune distinction entre le sous-preneur qui tient ses droits
du premier preneur et celui qui tient ses droits des sous-
preneurs antérieurs.

Le bailleur peut également agir directement contre son
propre preneur, en vertu de la convention.

Peut-il agir directement contre les sous-preneurs intermédiaires? Il le peut, si on fonde l'action directe sur l'art. 1753,
car cette disposition s'applique par sa généralité à tous les
sous-preneurs; il ne le peut pas, si on fonde l'action directe
sur l'occupation (²). Il ne le peut pas davantage dans l'opinion qui ne donne au bailleur qu'une action privilégiée (³).

1168. L'action directe contre le sous-preneur actuel peut
être fondée sur le fait, par exemple, d'un changement de
forme émanant du sous-preneur intermédiaire (⁴).

Il n'y a aucune solidarité entre eux (⁵).

1169. En tout cas, le bailleur peut agir contre le sous-preneur intermédiaire pour les faits qui lui sont personnels, par
exemple pour un changement de forme apporté à l'immeuble (⁶).

Le bailleur peut également, du chef du preneur, agir contre les sous-preneurs intermédiaires par l'action indirecte (⁷).

IV. *Conséquences de l'action directe et de l'action indirecte.*

1170. Les principaux intérêts de la question de savoir si le
bailleur a contre le sous-locataire ou le cessionnaire une
action directe sont les suivants :

D'abord le bailleur, s'il n'a pas d'action directe, ne pourra

---

(¹) Lyon, 30 juin 1887, S., 89. 2. 180, D., 88. 2. 59. — Trib. civ. Lyon, 31 mai
1890, *Mon. jud. Lyon*, 4 juil. 1890.

(¹) Lyon, 30 juin 1887, précité. (Cet arrêt parle de cessions, mais est relatif aussi
aux sous-locations). — Trib. civ. Lyon, 31 mai 1890, précité. — Trib. civ. Troyes,
26 déc. 1888, *Gaz. Pal.*, 89. 1. 386.

(³) Labbé, *loc. cit.*

(⁴) Trib. civ. Seine, 2 nov. 1892, *Gaz. Pal.*, 92. 2. 704.

(⁵) Trib. civ. Seine, 2 nov. 1892, précité.

(⁶) Trib. civ. Seine, 2 nov. 1892, précité.

(⁷) Trib. civ. Troyes, 26 déc. 1888, *Gaz. Pal.*, 89. 1. 386.

agir que si le preneur n'a pas renoncé à ses droits, sauf à faire révoquer cette renonciation si elle est frauduleuse.

Ensuite, dans la même opinion, l'indemnité que le bailleur pourra obtenir entrera dans le patrimoine du preneur principal et se répartira ainsi entre tous les créanciers de ce dernier ([1]).

On soutient aussi que, dans l'opinion qui limite le bailleur à une action indirecte, le bailleur ne pourra saisir les meubles du sous-preneur que par la voie de la saisie-gagerie, fondée sur le privilège du bailleur, et qu'il ne pourra user ni de la saisie-exécution ni de la saisie-arrêt ([2]). Cela nous paraît être inexact. Sans doute dans l'opinion que nous combattons, le bailleur peut agir par la saisie-exécution ([3]) ou la saisie-arrêt ([4]), mais il le peut également dans la nôtre : le preneur, en sa qualité de créancier du sous-preneur, a évidemment à sa disposition ces voies d'exécution ; le bailleur, agissant en son nom, ne peut manquer de les avoir également. Aussi la jurisprudence n'a-t-elle pas invoqué l'action directe pour donner au bailleur soit la saisie-exécution ([5]), soit la saisie-arrêt ([6]).

1171. Quel sera vis-à-vis du bailleur le sort des paiements faits par le cessionnaire au preneur ? Appliquera-t-on l'art. 1753 ? ([7]).

Nous ne le pensons pas ; qu'on confère au bailleur une action directe ou une action indirecte, de toute manière l'art. 1753 déroge au droit commun.

Cela étant, il est certain que, dans notre opinion, le bailleur n'ayant contre le cessionnaire que les droits qui appartiennent à tous les créanciers du preneur, le payement lui est opposable.

La question devient plus délicate si on confère au bailleur

([1]) Guillouard, I, n. 337.
([2]) Guillouard, I, n. 339.
([3]) Guillouard, I, n. 339.
([4]) Guillouard, I, n. 339.
([5]) Paris, 18 mai 1849, S., 49. 2. 430, D., 49. 2. 179.
([6]) Cass., 24 janv. 1853, S., 54. 1. 321, D., 53. 1. 124. — Cass., 8 nov. 1882, S., 84. 1. 333, D., 83. 1. 305. — Poitiers, 24 janv. 1889, S., 89. 2. 182, D., 90. 2. 97.
([7]) V. *infra*, n. 1173.

une action directe; à quelle solution rationnelle doit conduire l'existence de l'action directe? D'après les uns, il faut adopter la même solution que si on admet l'existence de la seule action indirecte : les payements faits au preneur sont opposables au bailleur. D'après les autres, ils ne lui seraient pas opposables et le bailleur pourrait réclamer un nouveau payement; c'est à cette dernière solution que nous croirions devoir nous arrêter.

Quant à l'effet de la compensation, il ne dépend pas, comme nous le montrerons à propos de la compensation, de la question de savoir si l'action du bailleur est directe ou non [1].

1172. Le sous-preneur auquel le loyer est réclamé à la fois par le bailleur et par le sous-bailleur est forcé de payer au premier si on accorde au bailleur une action directe contre le sous-preneur [2], car, le preneur ne pouvant garder les loyers reçus par lui et étant obligé de les verser au bailleur, il semble que les droits de ce dernier sont plus forts que ceux du premier; au contraire, si le bailleur n'a contre le sous-preneur qu'une action indirecte, c'est entre les mains du preneur que ce dernier devra s'acquitter.

1173. Le sous-preneur (à la différence, comme nous l'avons vu, du cessionnaire) ne peut pas toujours payer sans danger ses loyers au preneur principal. L'art. 1753 est ainsi conçu :
« *Le sous-locataire n'est tenu envers le propriétaire que jus-*
» *qu'à concurrence du prix de sa sous-location dont il peut*
» *être débiteur au moment de la saisie, et sans qu'il puisse*
» *opposer des paiements faits par anticipation. — Les paie-*
» *ments faits par le sous-locataire, soit en vertu d'une stipu-*
» *lation portée en son bail, soit en conséquence de l'usage des*
» *lieux, ne sont pas réputés faits par anticipation* ».

Cette disposition, à raison de ses termes généraux est, quoique placée dans la section des baux à loyer, applicable à toutes espèces de baux [3]; l'art. 820 C. pr. civ., qui permet au bailleur de saisir-gager les effets des sous-fermiers et des sous-locataires, conduit à la même solution.

[1] V. *infra*, n. 1176.
[2] Trib. Alexandrie, 28 juin 1876. *Journ. dr. int.*. III, 1876, p. 389.
[3] Guillouard, I, n. 343 et II, n. 455.

1174. Ainsi, en premier lieu, les payements faits aux échéances sont opposables au bailleur.

Il faut excepter bien entendu le cas où les payements seraient faits frauduleusement, avec la complicité du sous-preneur [1] (art. 1167). Mais ce n'est là qu'une observation théorique, car il est difficile d'imaginer qu'un payement fait à l'échéance soit frauduleux.

1175. Le payement peut être opposé au bailleur même si la quittance n'a pas date certaine ou s'il n'a pas été donné de quittance ; cela est certain dans notre opinion, car le bailleur n'agit qu'en qualité de représentant du preneur et par suite les actes opposables au preneur lui sont opposables également [2].

Si, au contraire, le bailleur a une action directe, c'est un tiers auquel, d'après l'art. 1328, les actes du preneur ne sont opposables que s'ils ont date certaine. Toutefois la doctrine et la jurisprudence admettent, en général, que cette règle ne s'applique pas aux quittances ; la solution sera donc la même que dans l'opinion qui rejette l'action directe.

1176. Que l'action du bailleur soit directe ou indirecte, le sous-preneur peut lui opposer soit la compensation avec une dette du preneur, soit le paiement fait à ce dernier ; l'art. 1753 nous donne cette solution pour le paiement et elle résulte, pour la compensation, de ce que la compensation est un paiement abrégé.

De même, que l'action soit directe ou indirecte, le bailleur peut, comme nous l'avons dit, empêcher par une saisie-arrêt le paiement du loyer au preneur principal.

1177. Peut-il également, par une mise en demeure faite avant l'échéance, empêcher la compensation des loyers avec une dette du preneur envers le sous-preneur ?

Il le peut certainement s'il a une action directe [3]. On paraît croire qu'il en est autrement dans notre opinion, qui n'accorde au bailleur qu'une action indirecte [4]. C'est une

[1] Guillouard, I, n. 343.
[2] Laurent, XXV, n. 204 ; Arntz, IV, n. 1153 ; Huc, X, n. 349.
[3] Cass., 3 juill. 1873, S., 73. 1. 323, D., 73. 1. 412 (motifs). — Guillouard, I, n. 342.
[4] Guillouard, loc. cit.

erreur selon nous, car, aux termes formels de l'art. 1298 :
« Celui qui étant débiteur est devenu créancier depuis la
saisie-arrêt faite par un tiers entre ses mains, ne peut, au
préjudice du saisissant, opposer la compensation », et, l'art.
1298 disant d'une manière plus générale que « la compensation n'a pas lieu au préjudice des droits acquis à un tiers »,
il faut également admettre qu'une mise en demeure adressée
par un créancier au débiteur de son débiteur empêche la
compensation.

1178. Dans l'opinion qui donne au bailleur une action directe, on admet que le bailleur peut faire une saisie-exécution ou une saisie-immobilière sur les biens du cessionnaire
(ou du sous-preneur), même alors que la cession (ou sous-
location) est constatée non pas par un acte authentique, mais
par un acte sous seing privé (¹), et il faut décider de même
si elle est conclue verbalement. Il suffit que le bail soit authentique (²). En effet, le titre qui sert de base à l'exécution
est le bail et non pas le sous-bail, auquel le bailleur est étranger et dont il ne se prévaut pas.

On a dit avec raison (³) que, dans le système de l'action
indirecte, la solution est tout autre. Le bailleur exerce les
droits du preneur dont il est créancier; son titre de créance
(le bail) peut n'être pas authentique, le titre du preneur doit
l'être nécessairement.

Il résulte de cette double solution que le bailleur, quoique pourvu d'après la jurisprudence d'une action directe,
peut avoir intérêt, si le bail n'est pas authentique et si la cession ou le sous-bail est authentique, à se prévaloir de l'action
indirecte.

1179. De ce que le bailleur n'a pas d'action directe contre
le sous-preneur, il résulte que les créanciers du bailleur ne
peuvent faire une saisie-arrêt des sommes dues par le sous-
preneur au preneur (⁴). Ils ont, au contraire, ce droit si on
reconnaît au bailleur une action directe.

(¹) Cass., 4 nov. 1863, S., 63. 1. 539, D., 64. 1. 36. — Guillouard, I, n. 342.
(²) Cass., 4 nov. 1863, précité. — Guillouard, *loc. cit.*
(³) Guillouard, *loc. cit.*
(⁴) Paris, 3 août 1896, D., 97. 2. 333.

En tout cas ils ne l'ont pas si le bailleur a cédé ses droits au preneur et si cette cession a été signifiée (¹).

1180. Le bailleur, n'ayant pas action directe contre le sous-preneur, ne peut de même demander son expulsion pour n'avoir pas garni suffisamment les lieux loués (²).

1180 bis. Mais que le cessionnaire ou le sous-preneur ait, d'ailleurs, ou non une action contre le bailleur, il peut intervenir dans les instances engagées entre le bailleur et le preneur sur les questions qui le touchent, par exemple sur l'étendue du bail (³). On sait, en effet, que la seule condition à laquelle soit, d'après la jurisprudence, subordonné le droit d'intervention est l'intérêt de l'intervenant.

1181. La question de savoir si l'action est directe ou non n'a également aucune influence sur le point de savoir si la résolution du bail principal entraîne la résolution du sous-bail ou de la cession.

§ IV. *Effets de la sous-location et de la cession vis-à-vis des tiers.*

1182. Le cessionnaire ou le sous-locataire ont vis-à-vis des tiers les mêmes droits que le preneur primitif (⁴); ces droits leur ont été, en effet, régulièrement transmis.

Pour l'exercice de ces droits, il faut, nous l'avons dit, que le cessionnaire ait signifié la cession au bailleur (⁵).

1183. Le conflit entre deux sous-preneurs du même preneur se règle comme le conflit entre deux preneurs principaux : les sous-preneurs ne sont, en effet, vis-à-vis l'un de l'autre, que les preneurs d'un même bailleur.

1184. Le conflit entre deux cessionnaires du même preneur se règle suivant les principes de la cession; la signification au débiteur (c'est-à-dire au bailleur) rendant, aux termes de l'art. 1690, la cession parfaite à l'égard des tiers, celui des

---

(¹) Trib. civ. Seine, 15 juin 1898, *Loi*, 28 juin 1898.
(²) *Contra* Paris, 25 mars 1817, S. chr., D. *Rép.*, v° *Louage*, n. 272-1°.
(³) Paris, 10 nov. 1896, D., 97. 2. 188 (pour le cessionnaire).
(⁴) Guillouard, I, n. 346.
(⁵) V. *supra*, n. 1080.

cessionnaires qui, le premier, aura fait cette signification, sera préféré à l'autre.

1185. Le conflit entre un cessionnaire et un sous-preneur nous paraît devoir être réglé de la manière suivante :

Il est de principe qu'un cessionnaire n'a pas d'autres droits que son cédant ; que les actes faits par le premier sont opposables au second, à condition d'avoir date certaine. Donc la sous-location sera ou non opposable au cessionnaire suivant qu'elle aura ou non date certaine (ou qu'elle sera ou non transcrite) avant la signification de la cession.

Cependant certains auteurs décident d'une manière générale que la sous-location n'est pas opposable au cessionnaire [1] ; ils se fondent sur cette raison, évidemment insuffisante, « qu'autre chose est le bail primitif à l'exécution duquel il est obligé, autre chose une sous-location dont il n'est tenu que si elle lui est spécialement imposée ». Cette condition conduirait à un singulier résultat : elle permettrait au cessionnaire d'expulser le sous-locataire, quoique le sous-locataire eût rempli les formalités nécessaires pour rendre son droit opposable aux tiers.

1186. La sous-location, constituant un véritable bail, doit être transcrite, comme tout bail, si elle excède dix-huit ans ; à défaut de transcription, elle n'est pas opposable aux tiers qui ont acquis des droits du chef du preneur, et notamment, comme nous l'avons vu, au cessionnaire.

Au contraire, la cession, qui n'est pas un bail, n'est jamais soumise à la transcription. En revanche, comme toute cession de droits incorporels, elle doit être signifiée [2] pour être opposable aux tiers qui acquièrent des droits du chef du cédant (art. 1690).

Cette signification doit être faite au bailleur et non à une autre personne [3], car c'est le bailleur qui est débiteur.

1187. Il faut enfin étudier le conflit d'un cessionnaire de bail ou d'un sous-locataire soit avec un preneur (autre que

---

[1] Guillouard, I, n. 335 (qui cite les motifs de Cass., 27 fév. 1877, S., 79. 1. 125, mais la question ne paraît pas y être tranchée).

[2] V. *supra*, n. 1080.

[3] Paris, 14 janv. 1873, S., 75. 2. 335, D., 74. 2. 140. — Guillouard, I, n. 346.

celui duquel ils tiennent leurs droits), soit avec un sous-locataire ou un cessionnaire de ce preneur.

La question doit recevoir une solution uniforme. Le sous-
preneur et le cessionnaire sont créanciers du preneur qui
leur a transmis ses droits; il leur a garanti à tous deux,
même au second, l'existence du droit cédé, c'est-à-dire l'existence d'un bail valable qui lui a été consenti; comme les créanciers peuvent exercer les actions de leur débiteur (art. **1166**),
le sous-locataire et le cessionnaire seront dans la même situation que si le conflit s'élevait avec leur auteur. Ils prendront
la place de ce dernier; il ne sera même pas nécessaire pour
cela que l'acte, d'où ils tiennent leurs droits, ait acquis date
certaine; car ce n'est pas là une condition d'action pour les
créanciers.

Il va sans dire que le cessionnaire ou le sous-bailleur peuvent, au lieu de se mettre directement en lutte avec les tiers
dont nous parlons, appeler en garantie leur auteur

SECTION VII

DE LA RÉSOLUTION DE LA CESSION ET DU SOUS-BAIL

1188. La cession de bail et de sous-bail sont tous deux des
contrats synallagmatiques à titre onéreux ; ils sont donc
sujets à résolution pour défaut d'exécution des conditions,
conformément à l'art. **1184**.

La résolution peut être demandée par les parties l'une
contre l'autre.

Le cessionnaire et le sous-bailleur peuvent-ils la demander
contre le bailleur ? Nous ne le pensons pas ; même dans l'opinion qui leur accorde une action directe contre le bailleur,
cette solution nous paraît évidente, car ils n'ont pas contracté
avec le bailleur ; ils pourront seulement demander contre lui
(par une action directe ou indirecte suivant les opinions) la
résolution du bail principal.

Quant au bailleur, il ne peut pas davantage demander en
sa qualité la résolution du sous-bail ou de la cession, car il
n'est pas partie à l'acte. Il peut le faire dans notre opinion

comme créancier de son preneur et par l'action indirecte ; il peut le faire également dans l'opinion qui lui donne une action directe contre le cessionnaire ou le sous-preneur ; mais ce sera toujours, pensons-nous, par l'action indirecte ; l'action en résolution, directement exercée, ne peut être fondée que sur la convention, à laquelle le bailleur n'a pas participé.

1189. La résiliation du bail principal ne peut être demandée par le bailleur contre le cessionnaire du bail qu'en la présence du preneur ; en l'absence de cette condition, elle n'est pas opposable à ce dernier [1].

1190. Si, comme nous le montrerons, la résolution du bail principal entraine la résolution du sous-bail et de la cession de bail [2], en sens inverse la résolution de ces derniers n'entrainera pas la résolution du bail principal.

Les cessionnaires et sous-preneurs dont les titres sont résolus sont dégagés des suites de leurs contrats ; ils ne sont donc plus tenus envers le bailleur [3], quoique le bailleur n'ait pas été partie à l'action en résolution.

1191. Les causes d'expiration de la cession de bail et de sous-bail sont d'ailleurs les mêmes que celles de bail [4].

Nous recherchons plus loin dans quelle mesure la fin du bail entraine la fin de la cession de bail ou du sous-bail [5].

CHAPITRE XV

DROITS DES CRÉANCIERS DES PARTIES EN MATIÈRE DE BAIL

1192. Le droit du preneur n'est pas un droit attaché à la personne ; la loi l'a considéré comme transmissible, puisqu'elle permet au preneur de se faire remplacer par un cessionnaire ou un sous-locataire, et puisqu'elle n'admet pas que le décès du preneur mette fin au bail.

---

[1] Trib. civ. Troyes, 26 déc. 1888, *Gaz. Pal.*, 89. 1. 386.
[2] V. *infra*, n. 1386.
[3] Guillouard, I, n. 348.
[4] V. à propos de la cession d'un droit indivis du bail de chasse, *infra*. n. 1264. note.
[5] V. *infra*, n. 1386.

Aussi les créanciers du preneur peuvent-ils, en vertu de l'art. 1166, dans le cas où il abandonne l'objet loué, jouir de l'immeuble et l'exploiter en son nom (¹).

En serait-il de même si, à raison des circonstances (que nous avons indiquées à propos de la cession et de la sous-location) (²), le bail devait être considéré comme personnel ? On doit admettre que si le bailleur a interdit au preneur de se faire remplacer dans l'immeuble par un tiers et a ainsi manifesté qu'il attachait une grande importance aux qualités personnelles du preneur, les créanciers ne peuvent, en remplaçant le bailleur, méconnaître cette volonté. Dira-t-on que les créanciers n'ont pas à observer la volonté du bailleur, que l'art. 1166 leur donne un droit dont ils ne peuvent être dépouillés par une convention à laquelle ils n'ont pas participé? Cette objection ne serait pas exacte.

1193. Les créanciers du preneur ne peuvent accepter une promesse de bail faite à leur débiteur (³).

1194. Les créanciers du preneur peuvent mettre en sous-location la chose louée, si le preneur s'abstient de jouir ; car ils peuvent, en cas de négligence de leur débiteur, exercer toutes les actions de ce dernier (⁴). Du reste le droit de sous-louer résulte aussi pour eux de ce que la loi, comme nous allons le voir, leur permet quelquefois de sous-louer malgré l'interdiction du bailleur.

1195. Mais la défense de sous-louer ou les restrictions à ce droit de sous-louer sont opposables aux créanciers ; ils n'ont, en effet, d'autres droits que ceux de leur débiteur.

Toutefois cette dernière règle comporte deux exceptions.

D'après l'art. 2102-1° C. civ., si le bailleur exerce, pour le payement des loyers ou fermages, son privilège sur les fruits de l'immeuble et les meubles qui le garnissent, « les autres créanciers ont le droit de relouer la maison ou la ferme pour le restant du bail, et de faire leur profit des baux ou ferma-

---

(¹) Douai, 13 nov. 1852, S., 55. 2. 203, D., 56. 2. 21. — Guillouard, I, n. 302.

(²) V. *supra*, n. 1063, 1080 s.

(³) Huc, X, n. 277 et *Tr. de la cession des créances*, I, n. 91.

(⁴) Il va sans dire qu'ils ne peuvent le faire dans le seul but d'obtenir un loyer, si le preneur exploite ou occupe l'immeuble. Caen, 31 mai 1853, S.,54. 2. 207, D., 54. 5. 473.

ges, à la charge toutefois de payer au propriétaire tout ce qui lui serait encore dû ».

Évidemment ce droit leur est accordé malgré toute interdiction ou restriction contenue dans le bail ([1]) ; sinon la disposition de l'art. 2102, qui se présente comme une faveur accordée aux créanciers, leur porterait préjudice, puisqu'elle leur imposerait, contrairement au droit commun, le payement de ce qui est dû au propriétaire. Du reste, le droit de sous-location, dans l'hypothèse prévue par l'art. 2102, se justifie entièrement ; le propriétaire, touchant par privilège ses loyers futurs, ne doit pas pouvoir empêcher les créanciers de tirer profit de la chose louée.

Ajoutons que le bailleur qui veut empêcher la sous-location peut demander la résiliation du bail pour défaut de paiement du prix.

En second lieu, l'art. 650 C. co., modifié par la loi du 12 février 1872, applique en matière de faillite l'art. 2102 tel que nous venons de l'interpréter : « Dans le cas où le bail contiendrait interdiction de céder le bail ou de sous-louer, les créanciers ne pourront faire leur profit de la location que pour le temps à raison duquel le bailleur aurait touché ses loyers par anticipation et toujours sans que la destination des lieux puisse être changée ».

1196. Nous ne croyons pas que, même dans les circonstances prévues par les textes que nous venons de citer, les créanciers puissent sous-louer l'immeuble donné en colonage partiaire à leur débiteur. La sous-location de cet immeuble est, en effet, interdite en raison de l'influence que la personne du preneur a eue *nécessairement* sur le bail ; cela étant, on ne

---

([1]) Cass., 28 déc. 1858, S., 59. 1. 423, D., 59. 1. 63. — Rennes, 3 déc. 1858, sous Cass., 4 janv. 1860, S., 60. 1. 17, D., 60. 1. 35. — Delvincourt, III, p. 503 ; Persil, *Rég. hyp.*, I, art. 2102, § 1, n. 20 ; Grenier, *Tr. des priv. et hyp.*, II, n. 302 ; Rolland de Villargues, v° *Priv. de créances*, n. 70 ; Mourlon, *Ex. du comm. de Troplong sur les priv.*, n. 70 ; Duranton, XVII, n. 89 ; Duvergier, I, n. 372 ; Troplong, I, n. 132 et *Tr. des priv. et hyp.*, n. 155 ; Massé et Vergé, IV, p. 378, § 703, note 5 ; Pont, *Tr. des priv. et hyp.*, I, n. 128 ; Aubry et Rau, III, p. 146, § 261 et IV, p. 491 et 492, § 368 ; Laurent, XXV, n. 225 ; Arntz, IV, n. 1152 ; Guillouard, I, n. 329 ; Huc, X, n. 285 ; Baudry-Lacantinerie et de Loynes, *Tr. des priv. et hyp.*, I, n. 440. — *Contra* Paris, 16 juin 1812, S. chr. — Paris, 24 fév. 1825, S. chr., D., 25. 2. 208.

peut obliger le bailleur à subir un autre locataire. Du reste, c'est à cause de la ressemblance du bail à colonage partiaire avec la société que la sous-location est interdite en cette matière : or il est certain que les créanciers d'un associé ne peuvent lui substituer un autre associé. Enfin, le nouvel art. 650 C. co. ne donne de droits aux créanciers du preneur que si le bail contient *interdiction de sous-louer*.

1197. Les créanciers du preneur ont le droit de saisir tout ce qui leur appartient sur l'immeuble loué, quoique l'art. 2102 accorde au propriétaire un privilège à leur encontre.

Mais ils ne peuvent saisir les pailles existant lors du départ du fermier [1] ; car, en vertu de l'art. 1778, ces pailles n'appartiennent pas à leur débiteur.

Les créanciers peuvent enfin consentir à la résiliation du bail ou provoquer cette résiliation si le preneur n'occupe et n'exploite pas l'immeuble et n'exprime pas, au sujet de cette résiliation, une volonté différente [2].

1198. Les droits du bailleur ne sont pas plus que ceux du preneur attachés à la personne.

Les créanciers peuvent donc les exercer.

Ils peuvent notamment donner l'immeuble à bail si le bailleur a négligé de le faire ou de cultiver lui-même [3].

Ils peuvent également réclamer le prix et l'exécution de toutes les obligations du preneur.

Nous verrons, en étudiant les causes de fin du bail, à quelles conditions le bail est opposable aux créanciers du bailleur [4].

CHAPITRE XVI

DE LA FIN DU BAIL ET DE L'INFLUENCE DES ÉVÉNEMENTS POSTÉRIEURS SUR LE BAIL

1199. Les causes qui mettent fin au contrat de louage sont nombreuses. On peut les diviser en deux catégories : les cau-

---

[1] Douai, 12 avril 1848, S., 49. 2. 671, D., 50. 2. 201. — Guillouard, II, n. 549.
[2] Douai, 13 nov. 1852, S., 55. 2. 203. D., 56. 2. 21.
[3] Caen, 29 août 1841, S., 41. 2. 492, D., 41. 2. 250.
[4] V. *infra*, n. 1333.

ses normales et les causes accidentelles ; la cause normale est l'expiration du temps fixé, toutes les autres causes sont accidentelles.

SECTION PREMIÈRE

EXPIRATION DE LA DURÉE DU BAIL. — CONGÉ

1200. Le contrat de louage est essentiellement temporaire. Mais on ne sait pas toujours, au moment où il est passé, quelle sera sa durée : quelquefois elle n'est pas indiquée dans l'acte, comme si par exemple je vous ai loué ma maison à raison de 5,000 fr. par an, sans dire pour combien de temps.

Lorsque les parties dressent ou font dresser un acte écrit pour constater un contrat de louage, la durée du bail y est presque toujours indiquée ; au contraire, il est assez ordinaire que le bail verbal soit fait pour un temps indéterminé. S'inspirant sans doute de cette circonstance, toute de fait, le législateur, dans les art. 1736 à 1738, désigne sous le nom de *baux faits sans écrit* tous les baux dont la durée est indéterminée, alors même qu'il en aurait été dressé acte, et sous le nom de *baux faits par écrit* ou *baux écrits* tous ceux dont la durée est déterminée par la convention expresse ou légalement présumée des parties, alors même qu'ils seraient le produit d'une simple convention verbale. Ainsi, d'après la terminologie des art. 1736 s., le bail verbal d'une maison, fait pour une durée de trois ans, est un bail *écrit* ; en sens inverse, le bail d'une maison, passé par acte authentique ou sous seing privé pour un temps indéterminé, est un bail *sans écrit*. On a reproché, non sans raison, au législateur de n'avoir pas employé des expressions en rapport avec les idées qu'il entend exprimer, ce qui peut jeter un certain trouble dans l'esprit ([1]). Ajoutons qu'il a beaucoup aggravé ce mal, en donnant aux mêmes expressions un sens tout à fait différent dans d'autres dispositions de notre titre. En effet, dans les art. 1715 s., il désigne sous le nom de *bail sans écrit*

([1]) Guillouard, I, n. 406; Huc, X, n. 331.

un bail verbal, et sous le nom de *bail écrit* un bail dont il a été dressé acte, et il n'est pas bien sûr que ces mêmes expressions n'aient pas un troisième sens dans les art. 1774 à 1776.

Cela posé, le bail *non écrit*, c'est-à-dire, dans le langage des art. 1736 à 1738, celui dont la durée est indéterminée, prend fin par un congé. Au contraire le bail *écrit*, ou autrement dit celui dont la durée est fixée par la convention des parties, prend fin par l'expiration du temps assigné à sa durée, alors même qu'il serait verbal ([1]). Telles sont les causes normales de cessation du bail; elles sont indiquées par les art. 1736 et 1737.

En outre, d'autres hypothèses doivent être prévues.

§ I. *Des conventions licites et illicites au sujet de la durée du bail.*

1201. La durée du bail est librement fixée par les parties ([2]), seulement il est un maximum qu'elles ne peuvent dépasser.

Le bail, en effet, ne peut être *perpétuel* ([3]).

On s'est appuyé([4]), pour décider en ce sens, sur la définition que donne du bail l'art. 1709, suivant lequel le bailleur s'oblige à faire jouir le preneur « pendant un certain temps », et on pourrait invoquer de même l'art. 1er de la loi du 10 juil-

---

([1]) V. *infra*, n. 1223.

([2]) Cependant la loi des 23-28 oct.-5 nov. 1790 tit. II, art. 15) portait, pour le domaine public et de l'Etat, que « les baux de droits incorporels seront passés pour neuf années; ceux des autres biens seront passés pour trois, six ou neuf années ». Mais l'art. 10 de la loi des 19 août-12 sept. 1790 disposait que « les baux des domaines corporels pourront être faits pour une ou plusieurs années ». La durée a été prolongée par la loi du 6 déc. 1897 (V. *infra*, n. 1209). — Ce ne sont là que des dispositions réglementaires, des ordres donnés à l'administration. — *Contra Rev. de l'Enreg.*, n. 63, p. 215. — A plus forte raison ne fallait-il pas appliquer aux baux du domaine public, avant la loi de 1897, le maximum de 18 ans établi par la loi du 25 mai 1835 pour les biens ruraux des établissements publics. *Rev. de l'Enreg.*, loc. cit. — *Contra* Gaudry, *Tr. du domaine*, II, n. 505. — Les autres biens des établissements publics ne peuvent être loués que pour neuf ans au plus, L. 6 fév. 1791.

([3]) Riom, 26 juill. 1887, D., 89. 2. 87. — Duranton, IV, n. 87; Troplong, I, n. 55; Aubry et Rau, I, p. 644, § 224, note 19, IV, p. 469, § 364; Laurent, XXV, n. 38; Guillouard, I, n. 36; Fuzier-Herman, art. 1709, n. 6; Huc, X, n. 270; Garsonnet, I, p. 548, § 324, note 1. — Allemagne, Eck, *Holtzendorff's Rechtslexikon*, v° *Miethe;* Jug. dans *Seuffert's Archiv*, VI, n. 29.

([4]) Guillouard, *loc. cit.*

let 1889, qui s'exprime de la même manière pour le bail à colonat partiaire. L'argument n'est pas probant; comme nous l'avons dit en parlant de la nature du droit du preneur, l'art. 1709 reproduit à peu près textuellement la définition de Pothier; or, suivant Pothier, le bailleur s'engage à faire jouir le preneur « pendant le temps convenu ». Il y a presque identité dans les termes, et rien, dans les travaux préparatoires, n'indique que le code ait voulu modifier le fond de la définition de Pothier; or, dans l'ancien droit, le bail perpétuel était valable. Il serait singulier qu'une innovation aussi importante que celle qu'on prête à l'art. 1709 résultât d'une modification aussi légère dans les termes.

La véritable raison de décider est que l'emphytéose perpétuelle, laquelle était autrefois le type des baux perpétuels, a été abrogée par la loi des 18-29 déc. 1790 (art. 1er), toujours en vigueur, et que les baux à locatairerie perpétuelle, qui étaient usités dans certaines provinces, ont été déclarés rachetables par le décret du 2 prairial an II; les raisons qui ont amené cette solution législative s'appliquent, du reste, à toute catégorie de baux perpétuels : on a voulu éviter que les propriétés ne pussent être chargées de droits qui constitueraient une atteinte définitive à la jouissance; ce motif s'applique à toutes espèces de baux perpétuels, et c'est également lui qui a fait déclarer rachetables les rentes foncières.

1202. Le bail perpétuel étant interdit, on ne peut évidemment tourner cette interdiction en stipulant une durée assez longue pour que le bail puisse être considéré comme perpétuel. Or, à ce point de vue, la loi des 18-29 déc. 1790 (tit. I, art. 1er), a établi pour l'emphytéose une limite qui doit être étendue aux baux de toute espèce ([1]), la raison de décider que nous avons indiquée étant la même : les baux ne peuvent être consentis ni pour plus de 99 ans, ni pour plus de trois têtes.

Le bail *héréditaire,* c'est-à-dire destiné à continuer au profit des descendants mâles du preneur, et à s'éteindre

([1]) Troplong, I, n. 4; Aubry et Rau, II, p. 644, § 224, note 19, IV, p. 469, § 364 : Laurent, XXV, n. 38; Guillouard, I, n. 38; Fuzier-Herman, art. 1709, n. 7; Huc, X, n. 270; Garsonnet, I, p. 548, § 324, note 1.

quand cette descendance sera elle-même éteinte, est-il, au contraire, valable ? Les chambres réunies de la cour de cassation (¹) et certains auteurs (²) ont décidé l'affirmative ; le bail, devant s'éteindre à la mort du preneur ou de l'un de ses descendants sans descendants mâles, ne leur a pas paru présenter les caractères d'un contrat perpétuel.

L'opinion contraire, qui a également été soutenue (³), est, selon nous, beaucoup plus juridique. Le bail héréditaire est conditionnellement perpétuel puisque, si la descendance du preneur se prolonge indéfiniment, il ne prend lui-même jamais fin ; or un bail perpétuel, sous condition résolutoire, a les mêmes inconvénients qu'un bail simplement perpétuel. Dans l'opinion contraire, il faudrait au moins décider que le bail serait rétroactivement frappé de nullité si, au bout de 99 ans, il existait encore des descendants du preneur, ou si, en fait, le bail se trouvait constitué sur plus de trois têtes ; or cette solution aurait les plus grands inconvénients.

1203. On a décidé que le bail héréditaire est translatif de propriété en Belgique (⁴) et dans le Luxembourg (⁵), mais la cour de cassation a décidé, pour le bail héréditaire d'Alsace, que le preneur n'a qu'un droit personnel (⁶).

1204. L'interdiction de la perpétuité ne s'applique pas seulement au bail portant sur la jouissance d'un immeuble, elle s'applique encore au bail portant sur un démembrement de la propriété, par exemple au bail de chasse ou de pêche. D'une part, les textes sont généraux et concernent tous les

---

(¹) Cass., ch. réun., 24 nov. 1837, S., 37. 1. 954, D. *Rép.*, vᵒ *Enregistr.*, n. 3058.

(²) Troplong, I, n. 4 ; Rivière, *Rev. crit.*, XXXV, 1869, p. 201 ; Championnière et Rigaud, IV, n. 3558.

(³) Cass., 28 janv. 1833, S., 33. 1. 196, D., 33. 1. 112. — Cass. req., 16 juin 1852, S., 52. 1. 547, D., 52. 1. 285. — Duvergier, I, n. 202 ; Aubry et Rau, IV, p. 469, § 364 ; Guillouard, I, n. 39 ; Huc, X, n. 270.

(⁴) Liège, 17 déc. 1812, D. *Rép.*, vᵒ *Louage héréditaire*, n. 3.

(⁵) Metz, 22 juil. 1856, S., 56. 2. 678, D., 57. 2. 207.

(⁶) Cass. (ch. réun.), 23 nov. 1837, précité. — Aubry et Rau, II, p. 642, § 224, note 15 ; Lefort, *Hist. des locat. perpét.*, p. 330 ; Rivière, *Rev. crit.*, XXXV, 1869, p. 194. — Il avait été également décidé que ce bail est emphytéotique et donne au preneur un droit réel. — Cass. req., 16 juin 1852, précité. — Le Conseil d'Etat, dans un avis du 6 fructidor an XIII (Merlin, *Rép.*, vᵒ *Emphytéose*, § 5, n. 4), non inséré au Bulletin des lois, a déclaré que le preneur acquérait la propriété des biens.

baux d'immeubles : or un droit incorporel portant sur un immeuble est lui-même immeuble. D'autre part, les motifs d ont ces textes se sont inspirés conduisent à la même solution.

On peut invoquer en ce sens la jurisprudence d'après laquelle la réserve perpétuelle du droit de chasse au profit du vendeur de l'immeuble est nulle [1], car la réserve du droit de chasse est, d'après la jurisprudence, un bail, ainsi que nous le montrerons en parlant du commodat.

L'opinion qui considère les baux de ce genre comme ne conférant qu'un droit de créance, au lieu de constituer un bail véritable, est conduite à en autoriser la perpétuité [2]. En effet, non seulement une créance peut être perpétuelle, mais elle l'est même normalement.

De même la réserve du droit de chasse, si on y voit un bail, ne peut être perpétuelle.

1205. Les baux de meubles, au contraire, peuvent être perpétuels : aucun texte ne s'y oppose, la loi de 1790 n'étant applicable qu'aux baux d'immeubles [3].

1206. Le bail fait avec la clause « aussi longtemps que la maison subsistera » est un bail perpétuel, car il doit durer indéfiniment ; dans l'opinion contraire, il n'y aurait plus de baux perpétuels, car il est bien entendu que les baux même stipulés perpétuels par une clause expresse doivent cesser si la chose louée vient à périr ; nous avons, en effet, montré que la perte de l'immeuble met toujours fin au bail.

Cependant on voit souvent, dans la clause en question, un bail à vie, qui doit cesser par la mort du preneur [4]. C'est interpréter la clause au rebours de sa signification véritable.

1207. Le bail qui doit, d'après un certain délai, durer jusqu'au moment où le preneur sera devenu propriétaire de l'immeuble loué n'est pas perpétuel [5].

1208. Quel est le sort du bail perpétuel? La plupart des

---

[1] Cass., 19 janv. 1891, S., 91. 1. 489. — Douai, 10 fév. 1890, S., 90. 2. 113.

[2] Esmein, *Note*, S., 93. 1. 185.

[3] *Contra* Huc, X, n. 274.

[4] Paris, 4 juin 1859, S., 59. 2. 542. — Guillouard, I, n. 408 ; Fuzier-Herman, art. 1709, n. 11.

[5] Riom, 26 juil. 1887. D., 89. 2. 87.

auteurs considèrent qu'il est valable, mais comme vente moyennant la constitution d'une rente foncière ([1]); ils ne voient aucune différence entre l'un et l'autre de ces contrats.

Nous préférons annuler le bail perpétuel; la loi de 1790 l'interdit, et par là même en prononce la nullité; d'autre part il existe entre le bail perpétuel et la constitution de rente foncière des différences trop importantes pour que les parties puissent être présumées avoir confondu l'un de ces contrats avec l'autre; le propriétaire qui aliène son immeuble moyennant une rente foncière n'est pas un bailleur, mais un vendeur; il a le privilège du vendeur, les obligation du vendeur.

D'autres proposent de réduire le bail à 99 ans ([2]), mais cela est contraire à la volonté des parties.

Nous étudierons ultérieurement quelques espèces particulières de baux perpétuels ([3]).

1209. Suivant l'art. 15, tit. II, de la loi des 13-28 oct.-7 nov. 1890, les baux des biens corporels de l'Etat ne pouvaient être passés, en dehors d'une loi, que pour trois, six ou neuf ans, ceux des biens corporels pour plus de neuf ans.

Aujourd'hui, d'après l'art. 7 al. 1 de la loi du 6 décembre 1897 : « *Les baux amiables des biens de l'Etat peuvent être* » *consentis pour une durée maxima de 18 années, par une ou* » *plusieurs périodes* ».

Il ne résulte pas de là que les baux des biens de l'Etat faits sous forme d'adjudication peuvent avoir lieu pour plus de 18 ans. Il ressort de l'exposé des motifs de la loi de 1897, qu'on a voulu à la fois augmenter la durée maxima de ces baux et rendre inutile la forme de l'adjudication. Il y est dit : « Il n'y aurait aucun inconvénient à permettre d'étendre jusqu'à 18 années la durée des baux des biens de l'Etat. Au delà de ce délai, il conviendrait de maintenir l'intervention du pouvoir législatif » ([4]).

([1]) Duranton, *loc. cit.*; Troplong, *loc. cit.*: Guillouard, I, n. 36 et 39. — En Allemagne on dit qu'il y a « vente de l'immeuble ou au moins de l'usufruit ». Jug. dans Seuffert, *Archiv*, VI, n. 29. — Eck, *op. cit.*, v° *Miethe*.

([2]) Grenoble, 11 mai 1897, D., 98. 2. 428. — Aubry et Rau, II, p. 644, § 224, note 19.

([3]) V. *infra*, t. II.

([4]) *Journ. off.*, *Doc. parl.*, Chambre, fév. 1897, p. 1572

Mais la disposition de la loi de 1897 n'est que règlementaire ([1]).

Les baux des biens des établissements publics ne peuvent être faits pour plus de neuf ans ([2]).

1210. Le terme fixé peut être indéterminé ou incertain. Par exemple on peut convenir que le bail sera à vie, c'est-à-dire cessera au décès soit de l'une ou de l'autre partie, soit du bailleur, soit du preneur. Les baux de ce genre sont évidemment valables ([3]) ; ils cessent de plein droit lorsque se produit l'événement prévu.

Nous distinguerons ces baux d'autres baux avec lesquels on les a confondus ([4]).

1211. Il résulte de l'art. 1762 ([5]) qu'au lieu d'être, comme dans certains exemples que nous donnerons, laissée à la discrétion des deux parties, la durée du bail peut être laissée à la discrétion de l'une d'elles seulement.

Ainsi un bail peut contenir la clause « tant qu'il plaira au preneur ». Ce n'est pas là, comme on le prétend généralement ([6]), un bail à vie, destiné à cesser de plein droit après la mort du preneur, car rien n'indique que les héritiers du preneur n'aient pas, comme lui, la faculté de continuer ou de cesser le bail à leur gré. Mais c'est un bail à durée indéterminée. Il n'est pas nul ([7]) : ce n'est pas, comme on l'a dit, parce que la condition n'est pas purement potestative, la volonté du preneur pouvant être déterminée par les circonstances ([8]) ; il n'y aurait plus, avec un pareil raisonnement, de

([1]) V. *supra*, n. 1201. note.

([2]) V. *supra*, *loc. cit.*

([3]) Riom, 26 juill. 1887, D., 89. 2. 87 (bail à une ville pour un temps déterminé avec la clause qu'il continuera ensuite jusqu'au moment où la ville sera devenue propriétaire de l'immeuble). — C. suprême Danemark, 28 nov. 1882, *Anal. journ. dr. int.*, X, 1883, p. 203. — Guillouard, I, n. 40.

([4]) V. *infra*, n. 1211.

([5]) V. *infra*, n. 1221.

([6]) Paris, 20 juil. 1840, S., 40. 2. 445, D. *Rép.*, vº *Louage*, n. 89. — Pothier, n 317 ; Toullier, VI, n. 497 ; Guillouard, I, n. 40 et 408 ; Duvergier, I, n. 517 ; Aubry et Rau, IV, p. 498, § 369, note 16 ; Laurent, XXV, n. 39 ; Fuzier-Herman, art. 1709, n. 10 ; Huc, X, n. 270.

([7]) Paris, 20 juil. 1840, précité. — Guillouard, I, n. 40 ; Aubry et Rau, *loc. cit.* ; Laurent, *loc. cit.* ; Fuzier-Herman, *loc. cit.*

([8]) Guillouard, I, n. 40.

condition purement potestative. La vérité est qu'aux termes de l'art. 1174 la seule condition qui annule le contrat est celle à laquelle les parties subordonnent la naissance de l'obligation et, ici, c'est la durée seule du contrat qui est soumise à une condition suspensive.

Les auteurs que nous combattons reconnaissent eux-mêmes que dans ce cas le preneur peut mettre fin au bail par un congé ([1]) ; or il n'en est pas ainsi dans le bail à vie.

Le bail « à la volonté du preneur » a le même sens ([2]).

La clause par laquelle le bailleur s'interdit d' « augmenter ses locataires, tout le temps qu'il leur plaira de rester ses locataires », se rapproche de la précédente ; elle empêche le bailleur de donner congé aux preneurs pendant leur vie ([3]), mais non pas à leurs héritiers.

Réciproquement on peut stipuler que le bail cessera quand il plaira au bailleur ([4]) ; ici encore, et pour les raisons que nous venons de développer, on a tort ([5]) de dire que le bail est à vie.

1212. Les stipulations de ce genre peuvent être postérieures au bail ([6]). Dans ce cas encore le bail deviendra (ou restera) un bail à durée indéterminée et non pas un bail à vie ([7]).

1213. L'engagement de ce genre n'est définitif que s'il est accepté par la partie qui en profite.

Mais, comme il n'est pas réciproque, il est valable même s'il est fait par acte sous seing privé sans être rédigé en double ([8]).

1214. Dans le cas où la durée du bail est laissée à la discrétion du bailleur, ce dernier doit signifier, avant l'époque où

([1]) Guillouard, I, n. 408.

([2]) Décidé cependant qu'il laisse simplement au preneur le droit de décider à l'avance quand se terminera le bail. — Trib. civ. Seine, 3 déc. 1895, *Gaz. Pal.*, 96. 1. 215.

([3]) Toulouse, 22 mai 1896, *Loi*, 8 juill. 1896.

([4]) Trib. civ. Lyon, 13 nov. 1886, *Mon. jud. Lyon*, 13 janv. 1887. — Trib. civ. Seine, 2 juil. 1898, *Gaz. Trib.*, 26 nov. 1898.

([5]) Aix, 14 fév. 1872, D., 73. 2. 93. — Guillouard, *loc. cit.* ; Fuzier-Herman, art. 1709, n. 12.

([6]) Paris, 24 août 1865, S., 65. 2. 328. — Guillouard, I, n. 437.

([7]) *Contra* Guillouard, I, n. 437.

([8]) Paris, 24 août 1865, précité. — Guillouard, I, n. 437.

il entend que le preneur quitte l'immeuble, un congé aux époques déterminées par l'usage des lieux ; c'est la disposition expresse de l'art. 1762 ([1]).

Mais il ne doit aucune indemnité au preneur ([2]), car il ne fait qu'user d'un droit. On objecte l'analogie entre cette situation et celle du bailleur qui s'est réservé le droit d'expulser le locataire en cas de vente de l'immeuble loué. Mais l'analogie n'est qu'apparente : le bailleur qui vend sa maison fait un acte de spéculation et on comprend à la rigueur que la loi lui enlève une partie de son bénéfice ; du reste, l'art. 1744 déroge aux principes et, par suite, ne peut s'étendre. Enfin notre hypothèse présente beaucoup plus d'analogie avec celle où, le bail n'ayant pas de durée déterminée, l'une des parties donne congé à l'autre ; or, dans cette dernière hypothèse, il est bien certain que la partie qui donne congé n'est tenue d'aucune indemnité.

Toutefois le bailleur doit des dommages-intérêts si, après s'être réservé le droit de résilier le bail pour occuper l'immeuble, il le résilie sous prétexte d'occuper l'immeuble et en réalité pour le louer à un tiers ([3]). Il semble même que dans ce cas le preneur peut s'adresser aux tribunaux pour décider que la condition à laquelle était subordonnée la résiliation ne s'est pas accomplie, et pour exiger sa réintégration.

La faculté réservée au bailleur, par le contrat, d'occuper lui-même l'immeuble, est personnelle, en raison même de son objet ; elle ne peut être exercée ni par les créanciers du bailleur ([4]), ni par les cessionnaires ([5]). Mais elle peut être être exercée par les héritiers du bailleur ([6]).

1215. Le bailleur peut-il se réserver le droit de résoudre le bail, tout en continuant à toucher les loyers ?

On l'a contesté ([7]). Ce serait, a-t-on dit, faire un contrat

---

([1]) V. *infra*, n. 1221.

([2]) Troplong, II, n. 626 ; Aubry et Rau, IV, p. 505, § 370, note 7 ; Guillouard, II, n. 512 ; Huc, X, n. 354. — *Contra* Duvergier, II, n. 10.

([3]) Arntz, IV, n. 1179 ; Huc, X, n. 354.

([4]) Huc, *loc. cit.*

([5]) Huc, *loc. cit.*

([6]) Huc, *loc. cit.*

([7]) Guillouard, I, n. 144.

sans cause, car il est de l'essence du bail qu'à l'obligation du preneur corresponde l'obligation, imposée au bailleur, de faire jouir le preneur.

Nous croyons, pour notre part, à la validité de la clause dont nous venons de parler : l'obligation du preneur, au cas de résiliation, ne sera pas sans cause ; elle s'appliquera au temps de jouissance qu'il aura eue, en un mot le loyer applicable à la durée effectuée de la jouissance se trouvera payable en partie après l'expiration de la jouissance.

1216. Le bail fait pour trois, six ou neuf années (¹) est un bail fait pour neuf ans, avec faculté pour les deux parties, ou pour l'une d'elles seulement, d'y mettre fin par un congé au bout de trois ou six années ; ce n'est pas un bail de trois ans susceptible d'être prolongé par tacite reconduction (²). La durée du bail est, en effet, fixée par la volonté expresse des parties ; elle n'est pas prolongée par leur volonté tacite.

Il suit de là que les sûretés fixées par le bail continuent à subsister pendant toute la durée du bail (³).

Nous en avons tiré une autre conséquence en ce qui concerne l'époque où doit être envisagée la capacité.

De même, le bail ne pouvant être résilié que par la volonté du bailleur ou du preneur, la volonté de tous les preneurs solidaires est nécessaire pour mettre fin au bail. S'ils ne s'entendent pas, on décide que le bail continuera (⁴). Peut-être vaut-il mieux décider que, les parties étant en désaccord, le tribunal jugera quel est le parti le plus avantageux pour leur intérêt commun.

La même solution doit être adoptée si la solidarité existe entre bailleurs.

(¹) On ne peut considérer comme tel un bail d'une durée fixe, divisé en deux périodes à raison de la différence existant entre les deux périodes au point de vue des obligations des parties. — Rouen, 12 août 1890, *Rec. Rouen*, 90. 160.

(²) Trib. civ. Saint-Quentin, 26 déc. 1894, *Journ. de l'Enreg.*, n. 24687. — Trib. civ. Nancy, 13 août 1895, *Gaz. Pal.*, 95. 2. 564. — Marcadé, art. 1739 ; Aubry et Rau, IV, p. 499, § 369, note 23 ; Laurent, XXV, n. 347 ; Guillouard, I, n. 423.

(³) Cass., 10 janv. 1882, S., 82. 1. 261. — Marcadé, art. 1739 ; Aubry et Rau, IV, p. 499, § 369, note 23 ; Laurent, XXV, n. 347 ; Guillouard, I, n. 423.

(⁴) Cass., 19 avril 1831, S., 31. 1. 162. — Cass., 10 janv. 1882, précité. — Guillouard, I, n. 423.

1217. Le bail devant continuer jusqu'à neuf ans si la partie ne déclare pas sa volonté contraire, un congé sera nécessaire pour manifester cette volonté lors de chaque période ([1]).

Ce congé sera donné, si la convention n'en fixe pas le délai, dans le délai fixé par l'usage des lieux ([2]). Nous ignorons pourquoi, en matière de baux ruraux, certaines autorités exigent un délai d'un an, par application de l'art. 1746 ([3]) ; cet article est étranger à la question.

Si, malgré le congé, le preneur reste en possession avec le consentement tacite du bailleur, il s'opèrera une tacite reconduction ([4]). On ne pourra soutenir que l'ancien bail continue, car le congé y a mis fin. On est dans la même situation que si un bail fait pour une durée fixe et unique avait pris fin par le congé ; il s'agit, en effet, ici encore, comme nous l'avons montré, d'un bail à durée déterminée.

1218. Une loi modifiant les obligations des parties n'aura pas d'effet même sur les périodes non encore commencées ([5]).

1219. La nature juridique du bail à périodes produit également ses effets en matière fiscale. La cession des loyers donne lieu au droit proportionnel de cession de créances calculé sur tous les loyers à échoir jusqu'à la fin de la dernière période ([6]), tandis que, si le bail était fait pour les périodes subséquentes, sous condition suspensive, le droit ne pourrait être perçu que sur les loyers à échoir avant la fin de la période en cours.

1220. Le bail fait pour une durée indiquée dans le bail cesse de plein droit à l'expiration de cette durée. L'art. 1737 porte en effet : « *Le bail cesse de plein droit à l'expiration du* » *terme fixé, lorsqu'il a été fait par écrit, sans qu'il soit* » *nécessaire de donner congé* ».

Nous verrons que le bail peut continuer par la tacite reconduction.

([1]) Guillouard, I, n. 424 et II, n. 598 ; Huc, X, n. 333.

([2]) Guillouard, I, n. 424.

([3]) Guillouard, II, n. 598 (qui cite Caen, 9 nov. 1874, *Rec. de Caen*, 1875, p. 357).

([4]) Paris, 5 avril 1850, D., 50. 2. 157. — Laurent, XXV, n. 350 ; Guillouard, I, n. 324.

([5]) Trib. civ. Nancy, 13 août 1895, *Gaz. Pal.*, 95. 2. 564.

([6]) Trib. civ. Saint-Quentin, 26 déc. 1894, précité.

1221. Une loi romaine célèbre, la loi _Æde_ (¹), autorisait le propriétaire à expulser son locataire de la maison louée lorsqu'il en avait besoin pour son usage personnel ou voulait la rebâtir. Notre ancien droit avait admis cette disposition (²), bien qu'elle portât une atteinte assez peu justifiée au grand principe de l'irrévocabilité des conventions et que Pothier (³) la considérât comme « purement arbitraire et contraire aux principes généraux ». Mouricault, dans son rapport au Tribunat (⁴), lui reproche également et très justement de « mettre obstacle ou nuire à des établissements utiles qui, pour se former ou s'étendre avec confiance, ont besoin d'être assurés d'une jouissance fixe ou durable ».

Le silence du code aurait suffi pour abroger l'ancienne disposition. Un excès de prudence a porté le législateur à s'expliquer catégoriquement sur ce point. On lit dans l'art. 1761 : « _Le bailleur ne peut résoudre la location, encore qu'il_ » _déclare vouloir occuper par lui-même la maison louée, s'il_ » _n'y a eu convention contraire_ ». Et l'art. 1762 ajoute : « _S'il_ » _a été convenu, dans le contrat de louage, que le bailleur_ » _pourrait venir occuper la maison, il est tenu de signifier_ » _d'avance un congé aux époques déterminées par l'usage des_ » _lieux_ ».

1222. La règle s'applique aux hôteliers comme à tout

(¹) L. 3, C., _De loc. cond._, 4. 65.

(²) Catherinot, _Axiomes de droit_, v° _Baux prédiaux_, axiome 4; Pothier, _Append. au Tr. du contr. de louage_, n. 486; Argou, liv. III, ch. XXVII, p. 278. Le propriétaire pouvait renoncer, dans son bail, à ce droit (Argou, p. 279), qui, d'ailleurs, ne s'appliquait qu'aux maisons (Argou, p. 278) et seulement si le bailleur était propriétaire de toute la maison ou était muni du consentement par écrit de ses copropriétaires. Brodeau sur Louet, VI, som. 4, n. 4; Argou, p. 278. — Ce droit était accordé à la mère tutrice (Brodeau, _loc. cit._ : Argou, p. 279) ou au mari (Brodeau, _loc. cit._ : Argou, _loc. cit._), à condition de loger avec les enfants ou la femme propriétaire (mêmes auteurs). — Si le propriétaire ne voulait occuper qu'une partie de la maison et louer le surplus, le preneur pouvait se contenter de lui offrir un appartement commode. Arrêt dans Soefve, I, cent. 2, n. 18; Argou, p. 278. — Le locataire n'avait pas droit à des dommages-intérêts. Barbier sur Argou, p. 279. — V. cep. Louet et Brodeau, let. L, ch. IV; Argou, p. 279. — Il avait, suivant sa qualité et l'importance de la maison, trois ou six mois pour chercher une autre maison. Brodeau sur Louet, liv. VI, som. 4, n. 4; Argou, p. 279.

(³) _Loc. cit._

(⁴) Fenet, XIV, p. 334.

autre bailleur : en cas d'accord avec le voyageur sur la durée
du séjour, il ne peut expulser ce dernier avant le terme
fixé ([1]).

§ II. *De la durée du bail fait sans expression de durée.*

1223. On a vu que la loi considère comme valables, sous le
nom de *baux sans écrit*, les baux sans expression de durée et
qu'ils sont réputés faits pour une durée indéterminée. On a
vu aussi que les *baux écrits* sont les baux à durée fixe,
alors même qu'ils sont verbaux. Ainsi le bail verbal à durée
fixe cesse de plein droit à l'expiration du temps fixé ([2]).

Il ne faut pas confondre avec le bail sans écrit ou à durée
indéterminée le bail fait sans que la durée ait été indiquée
dans l'acte ni expressément convenue. Il peut se faire, en
effet, que ce bail ait une durée limitée ([3]); il sera alors assimilé au bail par écrit.

Cette durée ressortira des clauses de l'acte ([4]). V. aussi art.
1757, 1758, 1774 et **1775** ([5]).

Dans toutes ces hypothèses, un congé sera donc inutile ([6]).
Cependant rien n'empêche les parties de stipuler qu'un
congé sera, même alors, nécessaire ([7]).

1224. Il ne faut pas confondre non plus avec le bail sans
écrit celui où les parties ont omis de s'accorder sur la durée ;
il y a alors défaut d'accord ou de consentement et, par suite,
nullité du contrat ([8]).

([1]) Trib. civ. Nice, 7 avril 1892, S., 92. 2. 189, D., 94. 2. 132 (motifs). — V. *infra*.
n. 1237.

([2]) Cass. req., 4 janv. 1898, D., 99. 1. 64.

([3]) Guillouard, I, n. 35.

([4]) Cass., 12 août 1858, S., 59. 1. 79, D., 58. 1. 369. — Guillouard, I, n. 35 ;
Fuzier-Herman, art. 1709, n. 5.

([5]) V. *infra*, n. 1225 s.

([6]) Bruxelles, 15 mars 1808, S. chr. — Laurent, XXV, n. 321 et 322; Guillouard.
I, n. 407.

([7]) Trib. civ., Anvers, 2 janv. 1886, *Pasicr.*, 86. 3. 242. — Huc, X, n. 333.

([8]) Douai, 5 août 1852, S., 53. 2. 188, D., 53. 2. 276. — Rouen, 20 nov. 1895, *Rec.
Rouen*, 96. 220. — Montpellier, 3 fév. 1896, *Gaz. Pal.*, 96. 1. 756, *Mon. jud. Midi*,
22 mars 1896. — Aubry et Rau, IV, p. 464, § 363; Laurent, XXV, n. 37; Guillouard, *loc. cit.*; Fuzier-Herman, art. 1709, n. 2. — V. cep. Trib. civ. Seine, 13 juin
1891, *Gaz. Pal.*, 91. 2. 281 (le bail serait réputé fait sans durée déterminée).

Le contrat est nul, en pareille hypothèse, alors même que le preneur aurait payé une somme déterminée comme à compte sur le loyer (¹).

1225. La durée du bail peut aussi être fixée par l'usage des lieux dans le cas où les parties n'indiquent pas cette durée (²). L'usage des lieux tient, en effet, lieu de convention et cela est surtout vrai pour les questions qui s'élèvent à propos de baux.

L'art. 1737 nous paraît également fournir à cette opinion un argument décisif; en disant que le bail des meubles loués pour garnir une maison est censé fait pour la durée ordinaire des baux de maisons et selon l'usage des lieux, il montre que l'usage des lieux peut fixer la durée des baux de maisons. et de meubles; il n'y a aucune raison de décider le contraire pour d'autres objets.

On objecte à tort, en présence de considérations aussi puissantes, que le code ne contient aucun renvoi aux usages locaux; d'une part, ce renvoi est contenu dans l'art. 1737; d'autre part, il était inutile.

Il n'est pas plus sérieux de dire que l'art. 1737 décide que les baux sans écrit ne finissent que par un congé. Cet argument constitue une pétition de principe; rien ne démontre en effet si l'art. 1737 vise exclusivement les baux dont la durée est indiquée par la convention expresse ou aussi ceux dont la durée est fixée par la convention tacite.

Dans les contrées donc où le bail dont la durée n'est pas déterminée par les parties est fixé par l'usage des lieux, le bail expire de plein droit à l'expiration du terme sans congé.

Cet usage est, comme nous l'avons dit, valable (³). Pothier (⁴) nous en signale un à Orléans qui est toujours en vigueur (⁵); les baux de maisons y sont censés faits pour un

---

(¹) Douai, 5 août 1852, précité. — Fuzier-Herman, art. 1709, n. 3.

(²) Paris, 13 prair. an XI, S. chr. — Laurent, XXV, n. 322. — *Contra* Duranton, XVII, n. 117; Duvergier, I, n, 484; Colmet de Santerre, VII, n. 183 *bis*, VII; Huc, X, n. 331; Guillouard, I, n. 407 et II, n. 501 (cet auteur nous paraît se contredire en disant au n. 35 que la durée peut résulter de la nature de l'objet loué et en approuvant (II, n. 499) l'usage des lieux d'Orléans.

(³) Guillouard, II, n. 499.

(⁴) N. 29.

(⁵) Guillouard, II, n. 499.

an à partir du terme également fixé par l'usage des lieux et, si l'entrée en jouissance est antérieure à ce terme, le temps qui courra entre ces deux époques doit être ajouté à l'année.

1226. C'est seulement le bail à loyer, qui, en l'absence d'une expression de durée, est réputé fait pour un temps indéterminé.

Il n'en est pas de même du bail à ferme : la loi en fixe la durée au temps nécessaire pour que le preneur recueille tous les fruits de l'héritage, lorsque les parties ne se sont pas expliquées sur ce point ; et telle est en effet leur volonté probable. L'art. 1774 al. 1, emprunté à Pothier (¹), dit à ce sujet : « *Le bail, sans écrit, d'un fonds rural, est censé fait pour le* » *temps qui est nécessaire afin que le preneur recueille tous* » *les fruits de l'héritage affermé* » (²).

Les mots *bail sans écrit* désignent ici, comme dans l'article suivant, tout bail dont les parties n'ont pas fixé la durée par une convention expresse, écrite ou verbale peu importe (³).

La loi ajoute : « — *Ainsi le bail à ferme d'un pré, d'une* » *vigne, et de tout autre fonds dont les fruits se recueillent* » *en entier dans le cours de l'année, est censé fait pour un* » *an.* — *Le bail des terres labourables, lorsqu'elles se divi-* » *sent par soles ou saisons, est censé fait pour autant d'années* » *qu'il y a de soles* » (art. 1774 al. 2).

La division en *soles* ou *saisons* correspond à un aménagement des terres au point de vue de la culture. Par exemple, dans certaines contrées, — Pothier citait comme exemple la Beauce, — les propriétaires divisent leurs héritages en trois *soles*, c'est-à-dire en trois parties égales, dont chacune, à tour de rôle, est consacrée à la culture du blé, puis l'année suivante à celle des menus grains, et se repose la troisième année. Le bail sans écrit d'un fonds ainsi aménagé sera censé fait pour trois ans, parce que ce délai est nécessaire pour que chaque partie du fonds ait donné ce qu'elle est appelée à produire périodiquement.

(¹) N. 28.

(²) On a décidé de même pour un bail de pêche ou de chasse ; ils seraient d'un an. — V. *infra*, même numéro.

(³) Guillouard, II, n. 592 ; Huc, X, n. 372.

De même dans celles (Pothier citait le Val-de-Loire) où les terres sont partagées en deux saisons, pendant l'une desquelles elles se reposent, le bail est censé fait pour deux ans.

De même, dans le système aujourd'hui généralement adopté où la terre change de cultures tous les ans pendant une période déterminée, le bail est censé durer cette période ([1]), car une jouissance de pareille durée est nécessaire pour que le fermier recueille le bénéfice de ses engrais et récolte tous les fruits.

Si le bailleur d'un étang est dans l'usage de le pêcher une fois par période déterminée, le bail est censé fait pour cette période ([2]). C'est ce que disait Pothier ([3]).

On a décidé que le bail de chasse et de pêche est, censé durer un an, le preneur ayant besoin de ce temps pour jouir de tous les avantages du bail ([4]).

De même le bail d'un bois taillis dure le temps nécessaire pour l'achèvement total des coupes annuelles, suivant la répartition que faisait le propriétaire ([5]); c'est encore ce que disait Pothier ([6]). Le projet du C. civ. ([7]) disait, au contraire, que « le bail d'un bois taillis, lors même qu'il se partage en plusieurs coupes, n'est censé fait que pour une coupe ». Une cour d'appel critiqua cette disposition et, après la discussion qui eut lieu au Conseil d'Etat, on décida, sur la proposition de Tronchet, que la question ne serait pas tranchée. Elle doit donc être résolue dans le sens que nous avons indiqué, par application de l'art. 1774 et sur l'autorité de Pothier.

Le bail d'un établissement horticole doit être considéré

([1]) Cass., 16 août 1853. S., 56. 1. 61, D., 54. 1. 83. — Trib. civ. Bruxelles, 4 juil. 1857, *Belg. jud.*. 62. 740. — Laurent, XXV, n. 470 ; Guillouard, II, n. 594 ; Huc, X, n. 372.

([2]) Guillouard, II. n. 596.

([3]) N. 28.

([4]) Trib. civ. Péronne, 4 juil, 1894, *La Loi*, 15 déc. 1894. — Décidé à tort que le bail est fait *à l'année* et qu'un congé donné six mois avant l'ouverture de la chasse est nécessaire pour mettre fin au bail. Trib. civ. Seine, 18 juin 1897, *Droit*, 9 juillet 1897. C'est oublier que le bail de la chasse porte sur un bien rural.

([5]) Laurent, XXV, n. 472 ; Guillouard, II, n. 596 ; Huc, X, n. 372.

([6]) N. 28.

([7]) Fenet, V, p. 395.

comme un bail rural tombant sous l'application de l'art. 1774 ([1]).

Il en est de même du bail portant à la fois sur une maison d'habitation et sur un terrain rural ([2]).

1227. Si l'immeuble loué comprend diverses natures de cultures, le bail dure le temps nécessaire pour la culture la plus longue ([3]), car le bail est indivisible dans la pensée des parties.

Ainsi, si les fruits de certains immeubles peuvent être recueillis au bout d'un an et que d'autres soient soumis à l'assolement triennal, le bail dure trois ans ([4]).

Toutefois, si la terre sujette à la location la plus longue est insignifiante par rapport aux autres immeubles loués, il n'est pas à supposer que les parties aient songé à la première et il n'en sera tenu aucun compte ([5]).

1228. Si l'immeuble loué donne plusieurs récoltes par an, portant sur des objets divers, le bail est fait pour un an ([6]), temps nécessaire pour que le fermier recueille tous les fruits. Tels sont les jardins ([7]).

1228 bis. Comme l'art. 1774 est fondé sur la volonté des parties, cette volonté peut être contraire et l'usage des lieux tient lieu de convention ; si donc cet usage est que la durée ne se calcule pas suivant le mode adopté par l'art. 1774, les parties sont réputées s'y être conformées ([8]).

1229. Mais la volonté des parties doit être commune ; ainsi il va sans dire que le fermier n'est pas maître de combiner les cultures de manière à prolonger ou à abréger le bail ; comme l'art. 1774 est fondé sur la volonté présumée

---

([1]) Trib. paix Lille, 21 janv. 1889, *Loi*, 14 avril 1889. — V. *infra*, n. 1228.

([2]) Trib. paix Lille, 21 janv. 1889, précité.

([3]) Duvergier, II, n. 225 ; Laurent, XXV, n. 471 ; Guillouard, II, n. 595 ; Huc, X, n. 372.

([4]) Guillouard, II, n. 595.

([5]) Guillouard, II, n. 595 (cite le cas où 40 ou 50 hectares de terres cultivables seraient loués avec 1 ou 2 hectares de bois taillis, sujets à des coupes nombreuses et fractionnées) ; Huc, X, n. 372.

([6]) Troplong, II, n. 768 ; Guillouard, II, n. 593.

([7]) Troplong, II, n. 768 ; Guillouard, II, n. 593.

([8]) *Contra* Trib. civ. Verviers, 6 mars 1872, *Pasicr.*, 73. 3. 51. — Huc, X, n. 372.

des parties, c'est à leur intention commune au moment de la conclusion du contrat qu'il faut se reporter; la succession des cultures doit donc s'opérer suivant l'usage des lieux et c'est cet usage qui sert à déterminer la durée du bail (¹).

1229 *bis*. Enfin, de même que l'usage des lieux peut faire cesser à un terme déterminé des baux qui seraient, d'après le droit commun, illimités, de même l'usage des lieux peut donner une durée illimitée aux baux de biens ruraux et rendre ainsi un congé nécessaire (²). L'usage peut, on le sait, déroger à toute loi qui n'est pas d'ordre public, et c'est pour avoir nié ce principe qu'un tribunal a donné la solution contraire.

1230. En dehors de cette dernière hypothèse, le bail d'un immeuble rural a toujours un terme fixe, qui est déterminé par la convention expresse ou présumée des parties. De là résultent deux conséquences :

1° « *Le bail des héritages ruraux, quoique fait sans écrit,* » *cesse de plein droit à l'expiration du temps pour lequel il* » *est censé fait selon l'article précédent* » (art. 1775). Un congé n'est donc pas nécessaire (³). Il en est autrement si le bail est fait pour plusieurs périodes (3, 6 ou 9 ans);

2° Comme nous le verrons, si le preneur reste en possession après l'expiration du temps fixé par l'art. 1774, il s'opère une tacite reconduction.

1231. Il serait assez logique à première vue d'appliquer l'art. 1774 et 1775 au bail à métairie, car c'est un bail à ferme, et, en outre, les considérations dont se sont inspirées ces dispositions ont la même valeur, quelle que soit la forme du bail à ferme.

Aussi appliquait-on sans difficulté, avant la loi du 10 juillet 1889, les art. 1774 et 1775 au bail à métairie (⁴); cepen-

---

(¹) Huc, X, n. 372.

(²) Lyon, 4 sept. 1806, S. chr. — Trèves, 27 mai 1808, S. chr. — Trib. paix Ernerven, 19 avril 1895, *Mon. just. paix*, 95. 411. — Duranton, XVII, n. 215; Duvergier, II, n. 210; Laurent, XXV, n. 476; Guillouard, II, n. 597 et 598. — V. cep. Trib. civ. Bagnères-de-Bigorre, 29 nov. 1893, *Journ. des not.*, 95. 180.

(³) *Contra* Trib. civ. Quimper, 11 nov. 1897, *Pand. franç.*, 98. 2. 282, *Gaz. Trib.*, 22 janv. 1898.

(⁴) Laurent, XXV, n. 478; Guillouard, II, n. 630.

dant quelques autorités, partant de l'assimilation entre le bail à métairie et la société, décidaient que le bail prendrait fin par la volonté de l'un des contractants, conformément à l'art. 1865 ([1]).

L'art. 13 de la loi de 1889 dispose que : « Les dispositions de la section première du titre *Du louage*, dans les art. 1736 à 1741 inclusivement, sont applicables aux baux à colonat partiaire ». Ainsi le bail *sans écrit,* c'est-à-dire sans durée fixée, finit par un congé survenant de l'une ou l'autre partie ; la loi assimile en d'autres termes le bail à métairie aux baux de maisons ([2]). Cette distinction entre le colonage partiaire et les autres baux à ferme a été réfléchie, ainsi qu'en témoignent les travaux préparatoires. On a pensé qu'il y aurait quelque inconvénient à retenir dans une association des personnes qui ont cessé de s'entendre. D'autre part, la règle de l'art. 1774 a paru démodée, depuis que le système des soles a perdu de son importance.

1232. La durée des baux de meubles, quand elle n'est pas expressément convenue, est avant tout déterminée par le but de la location ([3]).

Ainsi le bail de chevaux et voitures pour un voyage est de la durée du voyage ([4]) ; c'est une solution de bon sens, que donne déjà Pothier ([5]).

C'est à cette idée que se rattache l'art. 1757 d'après lequel :

« *Le bail des meubles fournis pour garnir une maison entière,* » *un corps de logis entier, une boutique, ou tous autres appar-* » *tements, est censé fait pour la durée ordinaire des baux de* » *maisons, corps de logis, boutiques et autres appartements,* » *selon l'usage des lieux* ».

De ce texte il résulte que, si l'immeuble est loué pour une durée différente de la durée fixée par l'usage des lieux, c'est

---

([1]) Limoges, 18 mars 1842, S., 42. 2. 522. — Limoges, 18 mai 1887, sous Cass. civ., 21 oct. 1889, S., 89. 1. 453, D., 90. 1. 124.

([2]) Trib. civ. Moulins, 6 déc. 1894, *Gaz. Pal.*, 95. 1, *Suppl.*, 9. — Trib. civ. Bazas, 6 juin 1895, *Loi*, 14 janv. 1896.

([3]) Trib. com. Seine, 18 sept. 1894, *Gaz. Pal.*. 94. 2. 406 (bail d'une partition à un directeur de théâtre). — Valéry, p. 38, n. 17.

([4]) Guillouard, II, n. 681.

([5]) N. 31.

cette dernière qui fixe la durée du bail de meubles ([1]).

Toutefois on fait souvent exception pour le cas où le bailleur des meubles connaissait la durée du bail de l'immeuble ([2]); en ce cas, dit-on, le bailleur a dû penser que son locataire devait garder les meubles pour la durée du bail.

L'exactitude de cette solution n'est pas démontrée ([3]). Outre qu'elle est contraire aux termes généraux de l'art. 1757, elle interprète d'une manière très arbitraire la pensée du bailleur ; ce dernier a pu compter sur les droits que lui donnait l'art. 1757 et supposer ou, si la durée du bail de l'immeuble est inférieure à la durée normale, que le bail continuerait par tacite reconduction, ou, si elle lui est supérieure, que le preneur remplacerait à l'expiration de la durée normale du bail les meubles loués par d'autres meubles.

1233. On décide que l'art. 1757, par la généralité de ses termes, s'applique non seulement à l'hypothèse où le bail des meubles est consenti au locataire d'un immeuble, mais encore à celle où il est consenti au propriétaire ([4]), soit pour son usage personnel, soit pour celui de ses locataires.

Nous croyons préférable de décider que, en général, le bail des meubles est alors de la durée normale des baux de chambres ou appartements garnis; car le bailleur des meubles ne peut se dissimuler que le propriétaire de l'immeuble loue des meubles pour pouvoir louer des chambres et appartements garnis. Cette solution est plus conforme que la précédente à l'esprit de l'art. 1757 et ne respecte pas moins que cette dernière le texte.

1234. Dans les hypothèses où l'art. 1757 n'est pas applicable, le juge décidera de la durée du bail de meubles suivant les circonstances.

Certains auteurs, appliquant l'art. 1758 ([5]), décident que la location faite à tant la semaine est censée faite pour une

---

([1]) Troplong, II, n. 599 ; Arntz, IV, n. 1176 ; Guillouard, II, n. 683 ; Huc, X, n. 352.

([2]) Troplong, II, n. 599 ; Guillouard, II, n. 683.

([3]) Huc, *loc. cit.*

([4]) Guillouard, II, n. 684 ; Huc, X, n. 352.

([5]) V. *infra*, n. 1235.

semaine, etc. (¹). Il nous paraît difficile d'accepter cette solution, qui étend un texte exceptionnel; si l'analogie de motifs existe, n'existe-t-elle pas encore également, et peut-être davantage, entre les baux d'appartements meublés et ceux d'appartements non meublés? Cependant on n'a jamais songé à mettre ces derniers sous l'application de l'art. 1758.

Au surplus, l'analogie n'existe pas; les baux de meubles étant fréquemment consentis aux personnes qui, à raison de leur situation de fortune, ne peuvent acheter des meubles, ou qui n'offrent pas une surface suffisante, il est naturel que le bailleur stipule des paiements à échéance très rapprochée, sans pour cela entendre louer les meubles pour peu de temps.

Enfin la preuve que la loi n'a pas entendu appliquer l'art. 1758 aux baux de meubles, est qu'elle a écarté cette disposition dans l'hypothèse prévue par l'art. 1757.

Sans doute l'usage peut être en sens contraire (²), mais, à défaut d'usage, le bail est censé être fait pour une durée indéterminée et le congé doit être donné d'avance, à un délai raisonnable (³).

1235. « *Le bail d'un appartement meublé est censé fait à* » *l'année, quand il a été fait à tant par an;* — *au mois,* » *quand il a été fait à tant par mois;* — *au jour, s'il a été* » *fait à tant par jour.* — *Si rien ne constate que le bail soit* » *fait à tant par an, par mois ou par jour, la location est* » *censée faite suivant l'usage des lieux* » (art. 1758) (⁴).

L'usage des lieux ne devrait, d'après les termes de ce texte, être consulté qu'à défaut d'une indication sur les termes périodiques en vue desquels le prix est fixé. Cette solution ne peut cependant être acceptée (⁵) : tout ce qu'a voulu dire l'art. 1758, c'est que l'usage des lieux est le seul élément à consulter en l'absence d'une pareille indication. On ne comprendrait pas que, contrairement à ses habitudes, le législateur donnât

---

(¹) Duvergier, II, n. 282; Guillouard, II, n. 681.

(²) Valéry, p. 38, n. 17.

(³) Trib. civ. Seine, 31 juil. 1886, *Droit*, 2 août 1886. — Valéry, *loc. cit.*

(⁴) De même si le loyer est fixé à tant par trimestre, le bail est censé être fait au trimestre. — Trib. civ. Seine, 23 juin 1887, *Gaz. Pal.*, 88. 1, *Suppl.*, 60.

(⁵) *Contra* Troplong, II, n. 603; Duvergier, II, n. 37; Laurent, XXV, n. 431; Colmet de Santerre, VII, n. 207 *bis*, I, II et III; Guillouard, II, n. 505.

à ses dispositions la préférence sur l'usage des lieux. Du reste l'art. 1758 est évidemment fondé sur une convention tacite; or l'usage des lieux est également admis tacitement par les parties. Nous avons vu que d'autres textes sont, malgré des expressions analogues, interprétés dans le même sens. Enfin nous allons voir que l'opinion générale écarte l'art. 1758 pour certains baux de maisons meublées; notre interprétation est ici moins hardie, puisque nous n'éliminons pas l'art. 1758, mais lui laissons au contraire une large interprétation.

1236. On convient généralement que l'art. 1758 ne s'applique pas aux baux d'hôtels meublés (¹). Cette solution est exacte, mais on a tort de la fonder sur l'expression d' « appartement meublé » employée par le texte; les raisons sont les mêmes pour une maison meublée tout entière et, en sens inverse, pour les chambres meublées; or, on écarterait l'art. 1758, avec le système d'interprétation que nous signalons, pour l'une et pour les autres. La véritable raison de décider (certains auteurs l'invoquent également) est que le bail d'un hôtel meublé est nécessairement fait pour un temps assez long, car il est fait dans une pensée de spéculation, exige des avances de fonds considérables et, par suite, suppose chez le preneur l'intention d'exploiter l'hôtel assez longtemps pour tirer de cette exploitation un bénéfice.

De là il résulte que l'art. 1758 est applicable au bail d'une maison meublée, par exemple d'une maison de campagne (²).

1237. Un hôtelier peut, quand il lui convient, congédier un voyageur (³), s'il n'est pas intervenu d'accord sur la durée du séjour (⁴). C'est l'application de l'art. 1758, puisque le bail est fait à *tant par jour*.

De même le voyageur peut mettre fin quand il lui convient au bail (⁵), sauf clause ou intention contraire.

La clause contraire ne résulte pas des termes d'affiches

(¹) Cass., 6 nov. 1860, S., 61. 1. 153, D., 61. 1. 170. — Laurent, XXV, n. 432; Guillouard, II, n. 506; Huc, X, n. 353.

(²) Trib. civ. Seine, 23 juin 1887, *Gaz. Pal.*, 88. 1. *Suppl.*, 60.

(³) Trib. civ. Nice, 7 avril 1892, S., 92. 2. 189, D., 94. 2. 132.

(⁴) V. *supra*, n. 1222.

(⁵) Trib. civ. Seine, 16 juil. 1898, *Gaz. Trib.*, 23 déc. 1898.

placées dans les couloirs de l'hôtel ou dans la chambre du voyageur ([1]), car le voyageur n'en a eu connaissance qu'après le contrat.

Le droit de mettre fin au bail quand il leur convient appartient au voyageur ou à l'hôtelier, même si le séjour du voyageur dans l'hôtel s'est prolongé longtemps ([2]).

Si le prix de la chambre d'hôtel est fixé par semaine ou par mois, le bail se terminera chaque semaine ou chaque mois, toujours conformément à l'art. 1758.

1238. Si le bail est à loyer pour certains objets, à ferme pour d'autres, on appliquera, au point de vue de la durée, les règles des objets qui ont le plus d'importance ([3]), car il n'est ni conforme à la volonté des parties, ni profitable à l'exploitation qu'un bail unique cesse à des époques différentes. Ainsi le bail d'une ferme et d'un moulin a la durée des baux de terres.

1239. « *Si le bail a été fait sans écrit,* porte l'art. 1736, » *l'une des parties ne pourra donner congé à l'autre qu'en* » *observant les délais fixés par l'usage des lieux* ».

Il résulte de là que si le bail est fait sans durée indiquée dans l'acte, il dure indéfiniment jusqu'à ce que l'une des parties y mette fin par un congé ([4]).

Nous avons vu qu'il en est de même du bail fait pour durer « tant qu'il plaira aux parties » ([5]).

Nous avons vu également qu'on peut stipuler que l'une des parties seule pourra mettre fin au bail ([6]).

Nous avons montré aussi que le congé n'a aucune application en matière de baux ruraux ([7]).

Enfin nous avons étudié le congé dans le bail à périodes ([8]).

([1]) Trib. civ. Seine, 16 juil. 1898, précité.

([2]) Trib. paix Paris, 21 avril 1897, *Rev. just. paix*, 98. 184.

([3]) Pau, 14 janv. 1899, S., 99. 2. 80. — Guillouard, II, n. 453.

([4]) Il en est ainsi même si le loyer est déclaré payable au mois; il n'en résulte pas qu'un nouveau bail recommence chaque mois. Trib. paix Tourcoing, 29 nov. 1890, *Mon. jud. Lyon*, 30 nov. 1891.

([5]) V. *supra*, n. 1211 s.

([6]) V. *supra*, n. 1211 s.

([7]) V. *supra*, n. 1226 s.

([8]) V. *supra*, n. 1216 s.

1240. Le congé est la déclaration que l'une des parties fait à l'autre de sa volonté de mettre fin au bail. Il peut émaner indifféremment du bailleur ou du preneur (¹).

1241. Le congé adressé au preneur doit émaner du bailleur lui-même ou de son mandataire. Il ne peut être donné par un tiers auquel l'immeuble a été loué (²).

De même le congé ne peut être donné par un tiers sans relations avec les parties (³), ce tiers prétendit-il avoir la propriété de l'immeuble. Son seul droit est d'évincer le bailleur par les voies ordinaires, et, son droit de propriété une fois démontré, il pourra expulser le preneur.

1242. Lorsque le bail a été fait par plusieurs copropriétaires solidaires, le congé n'est opposable au preneur que s'il émane de tous les copropriétaires (⁴). Cette solution vient de ce que, dans l'intention des parties, comme nous l'avons montré à propos de l'obligation de délivrance (⁵), le bail ne peut porter que sur la chose entière et non sur une ou plusieurs portions indivises de cette chose. Il n'en serait autrement que dans le cas où celui des bailleurs qui donnerait congé aurait reçu mandat de ses copropriétaires et où ce mandat serait porté à la connaissance du preneur (⁶).

Réciproquement, si le bail a été consenti à plusieurs preneurs, ils doivent s'entendre pour donner congé (⁷).

Mais si c'est à l'un des copropriétaires que le bail a été consenti, — ou, ce qui revient au même, si le bailleur laisse plusieurs héritiers parmi lesquels se trouve le preneur, — il suffit, pour la validité du congé, qu'il soit donné par les autres

---

(¹) Guillouard, I, n. 427.

(²) *Contra* Douai, 20 nov. 1889, *Loi*, 30 avril 1890.

(³) Guillouard, I, n. 433 (l'arrêt de Cass., 7 juin 1837, S., 37. 2. 134, que cite cet auteur, nous paraît entièrement étranger à la question).

(⁴) Toulouse, 10 mars 1898, *Loi*, 2 juin 1898. — Bruxelles, 31 déc. 1807, S. chr. — Trib. civ. Cherbourg, 13 août 1890, *Loi*, 12 nov. 1890. — Trib. paix Paris, 24 févr. 1892, *Gaz. Trib.*, 13 mai 1892. — Trib. paix Saint-Palais, 20 mars 1897, *Rev. just. paix*, 97. 337. — Troplong, I, n. 428; Carasson, *Comp. des juges de paix*, n. 284; Guillouard, I, n. 433; Dalmbert, *Note*, S., 98. 2. 241.

(⁵) V. *supra*, n. 286 s.

(⁶) Cass., 25 pluviôse an XII, S. chr. — Toulouse, 10 mars 1898, précité. — Troplong, I, n. 427; Guillouard, I, n. 433.

(⁷) Trib. civ. Seine, 13 fév. 1893, *Gaz. Pal.*, 93. 1. 498.

propriétaires ou héritiers ('). Le preneur n'est pas, en effet, son propre preneur ; il ne se paye pas de loyers, ce sont donc ses copropriétaires ou cohéritiers seuls qui sont ses bailleurs. On a objecté que, l'obligation de faire jouir imposée au bailleur étant indivisible, il n'y a pas confusion entre la qualité de copropriétaire ou de cohéritier et celle de preneur. Mais peu nous importe cette indivisibilité qui, d'ailleurs, ne mettrait aucun obstacle à la confusion; il ne s'agit pas de savoir quelle est la nature de l'obligation du bailleur, il s'agit de savoir quels sont les bailleurs.

Faut-il signaler la double absurdité de la solution contraire, qui, d'une part, subordonne la validité du congé à une signification que l'un des contractants, le preneur, se fera à lui-même et, d'autre part, supprime en réalité, dans l'hypothèse prévue, le droit du bailleur à donner congé ?

1243. Lorsque le bail a été consenti à plusieurs preneurs solidaires, le congé n'est valable que s'il est donné et signifié à tous les preneurs, car, si on peut admettre que chacun des débiteurs solidaires a mandat d'améliorer la condition commune, on est d'accord pour reconnaître qu'il n'a pas mandat d'amoindrir cette même condition ; du reste, il serait singulier que l'une des parties solidaires représentât les autres parties solidaires pour recevoir un congé, alors qu'il ne les représente pas pour donner congé.

L'opinion contraire est généralement admise(²) ; on la fonde sur une extension de l'art. 2249, d'après lequel la prescription interrompue contre l'un des débiteurs solidaires est interrompue contre les autres. Cet argument est sans valeur, car on reconnaît que la disposition précitée déroge au droit commun et qu'elle ne se justifie pas.

Réciproquement le congé doit être adressé par le preneur à tous les bailleurs solidaires.

1244. Le congé est un acte d'administration, puisqu'il a

(¹) Rouen, 15 avril 1897, S., 98. 2. 241 (pour le cas où le preneur est l'un des héritiers du bailleur).— Dalmbert, *Note*. S., 98. 2. 241.— *Contra* Trib. civ. Rouen, 9 fév. 1897, sous Rouen, 15 avril 1897, précité.

(²) Paris, 18 avril 1857, S., 57. 2. 107. — Aubry et Rau, IV, p. 500, § 369, note 28 ; Guillouard, I, n. 433 ; Huc, X, n. 332.

pour objet de modifier seulement le mode d'exploitation de l'immeuble ; aussi le successible qui n'a pas encore pris parti peut-il y procéder sans être réputé héritier pur et simple (¹). A plus forte raison en est-il ainsi de l'héritier bénéficiaire. Mais il n'est pas un acte conservatoire, donc il ne peut être donné par la femme commune qu'avec l'autorisation de son mari(²).

1245. Le congé doit, d'après l'art. 1736, être donné dans les délais fixés par l'usage des lieux, et l'art. 1759 dit également que le congé doit être donné dans « le terme fixé par l'usage des lieux ».

Cette disposition a été édictée, comme le dit le tribun Mouricault dans son rapport (³), parce que l' « on est accoutumé à faire ses spéculations et ses dispositions d'après les usages », parce que les usages locaux sont très variés, et, enfin, parce qu'il n'y a aucun inconvénient à s'y référer. Sans doute la détermination des usages locaux est quelquefois difficile, mais nous ne saurions cependant, comme le font quelques auteurs (⁴), blâmer le législateur de ne leur avoir pas substitué une règle uniforme ; toute disposition législative sur ce point n'aurait pu mériter l'approbation que si elle avait été l'expression de la volonté tacite des parties ; or les parties ne peuvent avoir d'autres volontés que de se conformer à l'usage établi dans la région où est située la chose louée. D'un autre côté, cet usage répond souvent aux nécessités de l'exploitation, il varie suivant la nature de cette exploitation, il varie pour le même genre de culture, suivant les régions, à raison du climat et de la précocité plus ou moins grande des récoltes ; on comprend qu'il eût été difficile au législateur de tenir compte de tous ces éléments.

L'usage des lieux étant souverain en cette matière, le juge du fait décide si le congé a été donné conformément aux règles fixées par cet usage (⁵) ; il peut décider, par exemple

____

(¹) V. notre *Tr. des succ.*, 2ᵉ édit., II, n. 1151.

(²) Trib. civ. Cherbourg, 13 août 1890, *Loi*, 12 nov. 1890.

(³) Fenet, XIV, p. 329.

(⁴) Laurent, XXV, n. 329 ; Guillouard, I, n. 435.

(⁵) Cass., 29 déc. 1880, D., 81. 1. 345. — Guillouard, II, n. 504. — V. *infra*, t. II. — A Paris le délai est de trois mois pour les appartements. — Trib. paix

que le congé donné pour le milieu d'une année de jouissance est valable (¹).

L'usage des lieux peut être consulté non seulement pour le délai qui doit s'écouler entre le congé et la sortie du preneur, mais encore pour la question de savoir à quelles époques le bail peut prendre fin en vertu d'un congé (²). En effet, il y a des termes d'usage, auxquels les baux commencent ou finissent habituellement. Ces termes se confondent ordinairement avec les termes fixés par l'usage pour le paiement. Mais si le paiement doit avoir lieu hors des termes d'usage, il ne s'ensuit pas nécessairement que le congé doive être donné pour l'un des termes convenus pour le paiement (³).

D'autre part, dans certaines régions, il est d'usage que le bail ne puisse finir qu'à des échéances fixées à un certain délai après son commencement (⁴).

1246. Souvent le délai n'est pas le même pour les divers objets loués; il peut varier par exemple pour les locaux industriels et pour les appartements compris dans le bail (⁵); il va sans dire que le délai de congé est alors unique, la volonté des parties étant en ce sens ⁶(). Le délai applicable est celui qui concerne l'objet auquel les parties ont attaché le plus d'importance (⁷).

1247. La convention des parties peut déroger à l'usage des lieux (⁸).

Paris, 5 mai 1898, *Loi*, 31 mai 1898, — et de six mois pour les boutiques et locaux industriels. — Trib. paix Paris, 5 mai 1898, précité. — Décidé qu'à Saint-Denis Seine), à la différence de certaines communes voisines, le délai pour les maisons, boutiques et usines est de trois mois et non de six mois. — Trib. civ. Seine, 8 juil. 1896, *Droit*, 20 août 1896.

(¹) Cass., 29 déc. 1880, D., 81. 1. 345. — Guillouard, I, n. 434.

(²) Guillouard, I, n. 435 ; Huc, X, n. 332.

(³) V. cep. Lyon, 12 mars 1898, *Mon. jud. Lyon*, 26 juil. 1898.

(⁴) Trib. civ. Cognac, 15 juin 1891, *Rec. de Bordeaux*, 93. 3. 1 (usage de Cognac, le bail d'une maison est censé fait à l'année.

(⁵) V. la note 5, p. 654, *supra.*

(⁶) Cpr. pour les baux de biens ruraux et urbains, *supra*, n. 1238.

(⁷) Décidé qu'en cas de bail d'une écurie et d'un logement peu important à un loueur de voitures, c'est le délai des locaux industriels qu'il faut appliquer. — Trib. paix Paris, 5 mai 1898, *Loi*, 31 mai 1898.

(⁸) Trib. civ. Seine, 30 déc. 1897, *Gaz. Trib.*, 14 mai 1898. — Trib. paix Paris, 14 juin 1894, *Loi*, 19 juin 1894.

D'un autre côté, le congé donné par l'une des parties contrairement à l'usage des lieux est valable s'il est accepté par l'autre partie [1].

1248. Le congé peut être donné le jour même fixé pour l'entrée en jouissance.

Il ne peut être donné avant l'entrée en jouissance, de manière, par exemple, que le bail soit résilié avant le jour fixé pour l'entrée en jouissance [2]; l'opinion contraire tendrait à permettre à chacune des parties, dans toutes les hypothèses où le bail a été conclu à une époque précédant l'entrée en jouissance d'un temps égal à la durée ordinaire des congés, de résoudre le contrat avant son exécution et de méconnaître ainsi la convention.

Le congé donné avant l'entrée en jouissance doit donc être réputé avoir été donné le jour de l'entrée en jouissance [3].

1249. Si l'usage des lieux donne un certain délai pour le congé, c'est avant le commencement de ce délai que le congé doit être donné; ainsi, si l'usage veut que le congé soit donné six mois avant l'expiration du bail, il doit être donné la veille au plus tard du jour où commencent ces six mois [4].

1250. Le congé qui, faute d'avoir été donné dans un délai suffisant avant le terme, est nul, doit-il être observé par le terme suivant ? Par exemple, le congé donné pour le premier terme habituel de l'année, mais dans un délai insuffisant suivant l'usage des lieux, oblige-t-il le preneur à quitter l'immeuble loué lors de l'arrivée du second terme ? Le congé donné à trois mois, alors que le délai est de six mois, est-il valable pour six mois ?

On admet souvent l'affirmative [5] : si le bailleur, dit-on, a voulu expulser le preneur à une époque déterminée, à plus forte raison a-t-il voulu l'expulser à une époque postérieure.

---

[1] Trib. civ. Lyon, 5 janv. 1887. *Mon. jud. Lyon*, 18 avril 1887.

[2] Trib. paix Paris, 11e arrondissement, 30 janv. 1895, *Pand. franç.*, 95. 2. 136. — *Contra* Bordeaux, 28 fév. 1881, *Rec. Bordeaux*, 1881, p. 77.

[3] Trib. civ. Seine, 13 juin 1891, *Gaz. Pal.*, 91. 2. 281.

[4] Limoges, 2 mars 1892, D., 94. 2. 189. — Huc, X, n. 332.

[5] Paris, 15 déc. 1897, *Gaz. Trib.*, 14 janv. 1898 (pour un bail de chasse). — Trib. civ. Seine, 20 oct. 1871, S., 71. 2. 184. — Trib. paix Montpellier, 27 fév. 1895, *Mon. Trib. Midi*, 17 mars 1895. — Guillouard, I, n. 435.

Nous ne croyons pas que cette opinion doive l'emporter [1] ; tout acte doit être interprété dans le sens où il a été rédigé : donc le congé donné pour une époque déterminée ne peut être considéré comme s'appliquant à une époque postérieure. D'un autre côté, la volonté contraire du bailleur est loin d'être certaine ; peut-être voulait-il mettre fin au bail pour installer dans l'immeuble un tiers déterminé qui, lors du terme suivant, n'est plus disposé à y entrer ; peut-être aussi le bailleur craint-il d'avoir plus de peine à trouver un preneur lors de la seconde échéance que lors de la première. Dans tous les cas la volonté du bailleur a besoin d'être clairement manifestée pour que le preneur soit obligé d'en tenir compte.

1251. Le congé hors délai est nul, même si la partie justifie qu'elle a été empêchée par un événement de force majeure de le donner dans le délai légal [2] : la loi, en effet, ne fait aucune distinction. D'un autre côté, la force majeure ne peut servir à excuser que l'inexécution d'une obligation ; elle ne peut servir à justifier le défaut d'exécution d'un acte nécessaire pour faire naître un droit. Sans doute, aucune faute n'a été commise par celui qui n'a pas donné le congé dans le délai légal, mais celui auquel le congé aurait dû être donné a-t-il davantage commis une faute ?

Nous n'admettons donc pas que le locataire étranger, expulsé de France et qui a fait de vains efforts pour donner congé en temps utile, puisse se prévaloir du congé qu'il a tardivement donné [3].

En tous cas, celui qui quitte volontairement une ville assiégée et qui ne peut, à raison de son consentement, y rentrer, ne peut invoquer la force majeure [4] ; il aurait dû avant de partir donner le congé.

---

[1] Trib. civ. Seine, 2 juil. 1890, *Gaz. Trib.*, 31 juil. 1890. — Trib. paix Paris. 15 juin 1893, *Loi*, 19 juin 1893.

[2] *Contra* Paris, 17 janv. 1872, S., 72. 2. 238. — Paris, 29 avril 1872, S., 72. 2. 238, D., 72. 2. 145. — Guillouard, I, n. 436 ; Huc, X, n. 332 et 452.

[3] *Contra* Paris, 29 avril 1872, précité. — Guillouard, I. n. 436 ; Huc, X, n. 453.

[4] Paris, 17 janv. 1872, précité.

1252. Le congé peut être donné dans une forme quelconque (¹). Mais le contrat peut exiger une forme déterminée (²).

Il peut, en dehors d'une convention, être donné par acte sous seing privé aussi bien que par acte authentique (³).

Lorsqu'il est fait par acte sous seing privé, le congé n'a pas besoin, pour être valable, d'être rédigé en double, puisque l'art. 1325 n'exige cette formalité que pour les conventions synallagmatiques et que le congé n'est même pas une convention (⁴). On objecte à tort que l'art. 1325 doit s'appliquer par identité de motifs et que la preuve de la résolution du contrat, pas plus que la preuve du contrat lui-même, ne doit être laissée à la discrétion d'une seule des parties. Ne pourrait-on pas en dire autant de tous les actes unilatéraux?

Ainsi le congé peut être donné au pied d'une quittance de loyer (⁵).

Le congé peut être donné également par lettre missive (⁶).

Il peut être donné par exploit d'huissier (⁷).

---

¹) Trib. civ. Toulouse, 13 avril 1889, *Gaz. Trib. Midi,* 26 mai 1889.— Trib. civ. Seine, 30 déc. 1897, *Gaz. Trib.,* 11 mai 1898. — Trib. paix Melun, 11 juill. 1887, *Mon. des juges de paix*, 87. 403 (correspondance). — Duvergier, I, n. 488; Aubry et Rau, IV, p. 500, § 367; Boullanger, *Note,* S., 65. 1. 249; Laurent, XXV, n. 327; Guillouard, I, n. 430; Huc, X, n. 332 et les autorités citées aux notes suivantes. — On est cependant allé trop loin, selon nous, en décidant que la demande en résiliation non accueillie doit, dans un bail à période, être considérée comme un congé pour la fin de la période en cours. — Bruxelles, 27 avril 1895, *Pasicr.,* 96. 2. 33.

(²) Trib. civ. Seine, 30 déc. 1897, précité (ce jugement décide que si le bail exige un écrit, un télégramme, surtout signé d'une personne autre que le locataire, ne suffit pas).

(³) Cass., 3 mai 1865, S., 65. 1. 249. — Trib. paix Paris (15ᵉ arrond.), 11 oct. 1894, *Pand. franç.,* 95. 2. 252. — Duvergier, I, n. 488; Aubry et Rau, *loc. cit.;* Laurent, XXV, n. 328; Guillouard, *loc. cit. ;* Huc, *loc. cit.* — Il résulte, par exemple, d'une lettre dans laquelle le locataire déclare que, ne considérant pas le bail comme conclu, il n'entrera pas en jouissance. — Trib. civ. Seine, 13 juin 1891, *Gaz. Pal.,* 91. 2. 281.

(⁴) Troplong, I, n. 425; Guillouard, I, n. 429; Aubry et Rau, VIII, p. 226, § 756, note 14; Larombière, *Th. et prat. des oblig.,* VI, art. 1325, n. 18; Demolombe, XXIX, n. 405; Huc, X, n. 332. — *Contra* Duvergier, I, n. 492; Bioche, *Dict. de procéd*, vᵒ *Congé*, n. 28.

(⁵ Guillouard, I, n. 431; Boullanger, *Note,* S., 65. 1. 249; Huc, *loc. cit.*

(⁶) Guillouard, I, n. 430; Boullanger, *Note,* S., 65. 1. 249; Huc, *loc. cit.* — V. *supra,* note 3. — *Contra* Trib. civ. Marseille, 25 fév. 1881, *Fr. jud.,* 1881-82, p. 544.

⁷) Cass, 3 mai 1865, S., 65. 1. 249. — Guillouard, I, n. 430; Huc, X, n. 332.

Enfin il peut être donné verbalement ([1]), sauf les difficultés de preuve dont nous allons parler.

De là il suit que le congé donné par un exploit d'huissier nul en la forme est valable ([2]), car il manifeste la volonté de donner congé et aucune autre condition n'est exigée.

Mais il est indispensable que le congé soit porté à la connaissance de la partie à laquelle il est donné ([3]) et qu'il soit donné en termes clairs ([4]).

1253. Le congé est un acte unilatéral; par suite il est valable sans avoir été accepté par la partie à laquelle il est adressé ([5]). Les auteurs qui décident le contraire confondent le congé avec la résiliation du bail par consentement mutuel, alors que, d'après les art. 1738 et 1759, le congé est « donné par l'une des parties ».

Mais le refus par l'une des parties d'exécuter ses obligations, sous le prétexte qu'un contrat de louage n'est pas intervenu, n'équivaut pas, ce contrat une fois prouvé, à un congé ([6]).

1254 Le congé doit être adressé directement par l'une des parties à l'autre. La question de savoir si le congé du preneur peut être remis au concierge est une question de fait ([7]); la solution affirmative doit, en tout cas, être admise si le preneur ignore l'adresse du bailleur.

([1]) Paris, 2 juill. 1890, *Droit*, 27 juill. 1890. — Guillouard, I, n. 430; Boullanger, *Note*, S., 65. 1. 249.

([2]) Caen, 26 janv. 1864, *Recueil de Caen*, 1866, p. 98. — Guillouard, I, n. 430; Huc, X, n. 332.

([3]) Cass., 3 mai 1865, précité. — Huc, *loc. cit.*

([4]) On ne peut considérer comme un congé ni l'avis donné au bailleur par un preneur que si un autre preneur reste dans l'immeuble le bailleur aura à subir probablement des congés, ni la lettre collective adressée au bailleur par les locataires et portant que la résiliation sera demandée si ce bail est maintenu. — Trib. civ. Seine, 12 nov. 1892, *Gaz. Pal.*, 93. 1, *Suppl.*, 25.

([5]) Paris, 18 avril 1857, S., 57. 2. 507. — Paris, 3 mars 1896, S., 98. 2. 247, D. 96. 2. 416. — Trib. paix Paris, 15ᵉ arrond., 11 oct. 1894, *Pand. franç.*, 95. 2. 252. — Duvergier, I, n. 493; Aubry et Rau, IV, p. 500, § 369, note 27; Laurent, XXV, n. 326; Guillouard, I, n. 428; Huc, X, n. 332; Agnel, n. 1121, VIII. — *Contra* Duranton, XVII, n. 122.

([6]) *Contra* Paris, 2 févr. 1850, P., 50. 1. 198.

([7]) Paris, 3 mars 1896, S., 98. 2. 247. D., 96. 2. 416 (le congé remis au concierge est valable si, en fait, le preneur a pu le considérer comme ayant pouvoir de recevoir le congé).

La preuve du congé est évidemment à la charge de la partie qui invoque ce congé ([1]).

1255. La preuve du congé pourrait, d'après le droit commun, être faite par écrit, par l'aveu, par le serment. Elle pourrait également être faite par témoins ou par présomptions, si le prix du bail n'excédait pas 150 fr., ou si le titre du congé était perdu, ou enfin s'il y avait un commencement de preuve par écrit.

Cependant la jurisprudence et la plupart des auteurs rejettent d'un manière absolue la preuve par témoins ou présomptions ([2]) et appliquent l'art. 1715, qui écarte ce mode de preuve lorsqu'il s'agit de prouver le bail; dans l'opinion qui écarte pour la preuve du bail les témoins, même s'il y a commencement de preuve par écrit, on décide de même pour la preuve du congé ([3]).

L'application du droit commun nous paraît préférable ([4]). Peu importe que les considérations dont s'est inspiré l'art. 1715 s'appliquent également au congé; c'est un principe absolu qu'on ne peut étendre, même en cas d'identité de motifs, un texte exceptionnel.

Du reste, on peut contester que cette identité de motifs existe : si les baux verbaux sont très fréquents, les congés verbaux sont assez rares. La partie qui par sa volonté met fin au bail, craint justement que l'autre partie, hostile à la résiliation, ne nie le congé, elle songe donc généralement à constater le congé par écrit.

L'opinion que nous combattons a un grand inconvénient,

([1]) Trib. civ. Seine, 10 nov. 1897, *Loi*, 6 janv. 1898, et les autorités citées aux notes suivantes.

([2]) Cass., 12 mars 1816, S. chr. — Bastia, 15 nov. 1826, S. chr. — Caen, 30 avril 1860, S., 61. 2. 93. — Caen, 10 juin 1880, *Rec. de Caen*, 1881, p. 6. — Orléans, 8 janv.1886, D., 87. 1. 447.—Bordeaux, 25 janv.1898, *Droit*, 23 juil. 1898. — Trib. Alexandrie, 18 juil. 1876, *Journ. dr. int.*, III, 1876, p. 389. — Trib. paix Paris, 17 avril 1895, *Gaz. Trib.*, 20 avril 1895. — Duranton, XVII, n. 121 ; Duvergier, I, n. 489; Troplong, I, n. 422; Marcadé, art. 1737, n. 3; Aubry et Rau, IV, p. 500, § 369, note 26; Boullanger, *Note*, S., 65. 1. 249; Guillouard, I, n. 43.

([3]) Trib. paix Paris, 17 avril 1894, précité.

([4]) Limoges, 18 mars 1842, S., 42. 2. 522. — Paris, 2 juil. 1890, *Droit*, 27 juil. 1890. — Trib. civ. Bruxelles, 12 mai 1877, *Pas.*, 78. 3. 64. — Laurent, XXV, n. 327; Colmet de Santerre, VII, n. 183 *bis*, VII ; Huc, X, n. 332.

c'est qu'en pratique le congé doit être nécessairement donné
par exploit d'huissier, si celui à qui le congé est donné ne
reconnaît pas par écrit l'avoir reçu; or la loi n'exige pas
l'emploi de cette forme.

1256. A Paris, d'après Pothier (¹) qui citait en ce sens un
acte de notoriété du Châtelet, du 20 mars 1713, le congé devait
être signifié, six mois d'avance pour un loyer au-dessus de
1,000 livres, si le bail portait soit sur une maison entière,
soit sur une boutique donnant sur la rue, ou si le congé était
donné, soit à un commissaire, soit à un maître d'école, lesquels, par état, sont obligés de loger dans le quartier. Dans
tous les autres cas, il suffisait de trois mois, et, si le bail était
au-dessous de 300 livres, de six semaines.

Aujourd'hui, quel que soit le chiffre du loyer, le délai n'est
pas à Paris de six mois (²); il est de trois mois au-dessus de
400 fr., et de six semaines jusqu'à 400 fr. inclusivement (³).

Toutefois, le délai est de six mois (et quel que soit le chiffre
du loyer) pour les maisons entières (⁴), pour les corps de
logis (⁵), pour les boutiques (⁶).

La boutique est soumise à cette règle, même si elle n'est
pas située au rez-de-chaussée, mais à un étage supérieur (⁷).

On admet également aujourd'hui que cette solution est applicable à la boutique située sur la cour (⁸), car elle peut avoir
la même importance qu'une boutique située sur la rue. Du
reste, le cahier rédigé en 1852, par les juges de paix de Paris,
pour constater les usages locaux en matière de congés, assimile
les boutiques et magasins donnant sur une rue, un passage
public ou une cour marchande ayant libre accès au public.

(¹) N. 29. — V. aussi Denisart, vᵒ *Congé sur location*, n. 5.

(²) Guillouard, II, n. 497.

(³) Duvergier, II, n. 39; Guillouard, II, n. 497. — Pour le premier point, en ce
sens, Trib. civ. Seine, 13 juin 1891, *Gaz. Pal.*, 91. 2. 281. — Trib. paix Paris,
14 juin 1894, *Loi*, 19 juin 1894.

(⁴) Guillouard, II, n. 496.

(⁵) Guillouard, II, n. 496.

(⁶) Paris, 17 déc. 1872, S., 73. 2. 47. — Guillouard, II, n. 497.

(⁷) Paris, 22 juil. 1857, *Gaz. Trib.*, 26 juil. 1857. — Paris, 21 nov. 1863, S., 64.
2. 158. — Trib. civ. Seine, *Gaz. Trib.*, 12 janv. 1862. — Guillouard, II, n. 497.

(⁸) Guillouard, II, n. 497. — *Contra* Paris, 22 juin 1842, D., 42. 2. 243. — Duvergier, II, n. 39; Troplong, I, n. 407: Agnel, n. 855.

Quant aux boutiques situées dans une cour non ouverte au public, la même solution ne leur est pas applicable ([1]).

Enfin le délai est encore de six mois quand le congé est donné à une personne qui, par ses fonctions, est tenue d'habiter dans un quartier déterminé ([2]), telle qu'un juge de paix ([3]), un commissaire de police ([4]), un instituteur ([5]).

Réciproquement, c'est six mois d'avance que ces diverses personnes doivent donner congé ([6]).

Le délai est encore de six mois pour les terrains qui ne sont pas l'accessoire des habitations ([7]).

1257. Le preneur qui quitte l'immeuble sans avoir observé les délais de congé doit le loyer pendant ce délai ([8]).

Toutefois il en est autrement à partir du jour où le bailleur fait entrer en jouissance un autre locataire ([9]).

1258. En principe, la contestation, même mal fondée, sur la validité du congé n'oblige pas le contestant à des dommages-intérêts; il ne fait, en effet, qu'user de son droit ([10]). Il n'en est autrement que si le contestant connaissait le mal fondé de sa contestation et l'a soulevée dans le seul but de nuire à la partie qui a donné congé, conformément à la jurisprudence d'après laquelle l'usage abusif d'un droit donne lieu à des dommages-intérêts.

SECTION II

MORT DES PARTIES

1259. L'art. 1742 dispose : « *Le contrat de louage n'est* » *point résolu par la mort du bailleur, ni par celle du preneur* ». Ce texte est l'application du principe posé par l'art. **1722**; cette application était faite déjà dans l'ancien droit ([11]).

([1]) *Contra* Guillouard, II, n. 497.
([2]) Troplong, I, n. 407 ; Duvergier, II, n. 40 ; Guillouard, II, n. 497.
([3-4-5]) Guillouard, II, n. 497.
([6]) Troplong, I, n. 407 ; Duvergier, II, n. 40 ; Guillouard, II, n. 497.
([7]) Trib. paix Paris, 15 juin 1893, *Loi*, 19 juin 1893.
([8]) Trib. paix Paris, 22 oct. 1891, *Gaz. Trib.*, 30 oct. 1891.
([9]) Trib. paix Paris, 22 oct. 1891, précité.
([10]) V. cep. Paris, 11 déc. 1896, *Gaz. Pal* , 96. 1. 109.
([11]) Argou, liv. III, ch. XXVII, p. 289 (le proverbe, dit-il, que « mort et mariage rompent tout louage » est faux).

La mort des parties a donc pour effet de transmettre leurs droits et leurs obligations à leurs héritiers légitimes ; si le preneur n'est pas encore entré en possession, les successeurs universels du bailleur sont tenus de l'y faire entrer ([1]).

Si le bailleur a légué l'immeuble loué, il va sans dire que les droits résultant du bail se transmettent au légataire, comme tous les avantages de la propriété ; en est-il de même des obligations résultant du bail ? Le locataire nous paraît pouvoir en demander l'exécution à tous les légataires universels et héritiers naturels du bailleur, par la raison que les obligations se transmettent aux successeurs universels. Mais quelle est la situation du preneur vis-à-vis du légataire particulier de l'immeuble loué ? Nous pensons que le légataire particulier, comme le donataire, doit être assimilé à l'acquéreur et pour les mêmes raisons. En tout cas si le preneur a fait exécuter les obligations du bail par les successeurs universels, ceux-ci ont, comme l'aurait le bailleur lui-même vis-à-vis de son acquéreur, un recours contre le propriétaire actuel.

1260. Les obligations se transmettant aux héritiers, le preneur ne peut évidemment décharger ses successeurs universels de l'obligation d'entretenir le bail et de payer les loyers. Mais il peut léguer son droit au bail ; le légataire aura le droit de se mettre en possession ; nous ferons cependant exception pour le cas où il serait interdit au preneur de céder ou de sous-louer. Le légataire pourra aussi acquitter le loyer, puisque toute personne, même non intéressée, a le droit d'acquitter les dettes d'un tiers. Mais comme le bailleur a le droit de réclamer le paiement du loyer aux successeurs universels, ceux-ci auront, en cas d'acquittement, un recours contre le légataire du droit au bail.

On a examiné le point de savoir si, au cas où les meubles et les immeubles du preneur défunt sont dévolus à des personnes différentes, le droit au bail appartient au légataire de meubles ou au légataire d'immeubles, et on a dit justement ([2]) que la question dépend du point de savoir si le pre-

---

([1]) Guillouard, I, n. 99.
([2]) Guillouard, I, n. 24.

neur a un droit mobilier ou immobilier; les partisans de la première opinion ont, par conséquent, décidé que le droit au bail appartient à celui qui devient propriétaire des meubles (¹). Pour nous, qui avons adopté le système opposé, le droit au bail appartient, au contraire, à celui qui devient propriétaire des immeubles.

1261. La règle que le bail ne se termine pas par le décès s'applique même si l'acceptation des héritiers est bénéficiaire (²), car le texte est général; on a objecté à tort une prétendue assimilation entre la faillite et le bénéfice d'inventaire; cette assimilation est fausse (³).

Cette règle s'applique également si la succession est vacante.

1262. La règle que pose l'art. 1742 se justifie plus facilement quand il s'agit de la mort du bailleur que quand il s'agit de la mort du preneur (⁴). Il est rare, en effet, que les héritiers du preneur aient la compétence nécessaire pour exploiter l'usine louée, qu'ils exercent la profession en raison de laquelle le preneur avait pris à bail une boutique, qu'ils soient en mesure d'habiter l'appartement loué; d'un autre côté, le preneur n'a songé en louant qu'à ses besoins ou ses agréments personnels et n'a pas voulu grever ses héritiers de la charge de la location. Mais le bailleur, de son côté, a voulu tirer de sa propriété un revenu durable et ne pas être exposé aux inconvénients de la cessation subite et imprévue du bail par le décès du preneur; c'est pour cette raison sans doute que l'art. 1742 a voulu appliquer la disposition de l'art. 1122, d'après lequel les engagements et les droits d'une personne se transmettent à ses héritiers.

1263. L'art. 1742 s'exprime dans les termes les plus généraux, aussi faut-il l'appliquer à toutes les hypothèses.

Le bail ne se termine donc pas par le décès du preneur, même si la location est faite en considération de la personne

---

(¹) Guillouard, *loc. cit.*

(²) Caen, 8 janv.1862, *Recueil de Caen*, 1862, p. 100. — Demolombe, XV, n. 168 *bis;* Fuzier-Herman, art. 802, n. 9; Guillouard, I, n. 358; Huc, X, n. 340. — V. notre *Tr. des succ.*, 2ᵉ éd., II, n. 1229.

(³) V. notre *Tr. des succ.*, 2ᵉ éd., II, n. 1229.

(⁴) Guillouard, I, n. 350.

du preneur, par exemple pour l'exercice de sa profession (¹).

Ainsi en est il des chevaux et de la voiture loués par un médecin (²) ;

De l'usine louée par un industriel (³) ;

De la ferme louée par un agriculteur (⁴) ;

De la boutique louée par un négociant ;

Des bureaux loués par un agent d'affaires ou un fonctionnaire ;

De la chasse (⁵).

1264. Le bail subsiste après la mort des parties même si la cession du bail est interdite ou subordonnée à certaines restrictions ; une clause de ce genre indique bien que les parties ont entendu, jusqu'à un certain point, donner à leur convention un caractère personnel, mais non pas qu'elles ont voulu la rendre personnelle d'une manière absolue (⁶).

1265. Dans l'ancien droit déjà, Guy Coquille exprimait l'idée que le bail à colonage cessait par la mort du preneur, « si la veuve ou héritiers mineurs ne peuvent continuer, sinon avec grande difficulté » (⁷). Mais, en principe, il admettait que ce bail continuait après le décès du preneur.

(¹) Guillouard, I, n. 351 ; Huc, X, n. 340. — *Contra* Laurent, XXV, n. 319.

(²) Paris, 14 avril 1869, S., 69. 2. 251. — Guillouard, I, n. 351.

(³) Guillouard, I, n. 351.

(⁴) Guillouard, I, n. 351.

(⁵) Gand, 8 mars 1875, *Pasicr.*, 75. 2. 155. — Guillouard, I, n 351 : Huc, X, n. 340. — *Contra* Bruxelles, 20 janv. 1877, *Pasicr.*, 77. 2. 75.

(⁶) V. cep. Douai, 15 mars 1893, sous Cass. req., 31 janv. 1894, S., 94. 1. 237, D., 94. 1. 532 (approuvé par Huc, X, n. 275). Cet arrêt est relatif à une cession, par le preneur d'une chasse, du droit indivis de chasser avec lui ; l'arrêt, à la vérité, voit dans cette convention, à tort (V. *supra*, n. 1055), un contrat innommé, intermédiaire entre la cession de bail et la société, et c'est en partie sur le rapprochement avec la société qu'il se fonde pour admettre qu'en fait la convention n'est pas transmissible aux héritiers du preneur ; mais il s'appuie aussi sur la clause indiquée ci-dessus et en conclut que le contrat est personnel même si on le considère comme une cession de bail. La cour de cassation a admis qu'il y avait là une interprétation souveraine. — Dans l'espèce, on tirait une objection de ce qu'en fait le défunt avait été agréé par l'administration locateur de la chasse, comme caution de l'adjudicataire, son cocontractant ; mais, comme le remarque la cour d'appel, si cette caution est indépendante de la cession de bail et si, en vertu des principes, elle subsiste après le décès du fidéjusseur, ce n'est pas une raison pour que la cession de bail subsiste également.

(⁷) *Quest. sur les coutumes*, n. 206, p. 261.

Sous l'empire du code civil, et à raison des termes généraux de l'art. 1742, on admettait généralement que le bail à colonage ne s'éteignait pas par le décès du preneur [1].

L'art. 6 de la loi du 10 juillet 1889 porte : « *La mort du bail-* » *leur de la métairie ne résout pas le bail à colonat. — Ce bail* » *est résolu par la mort du preneur ; la jouissance des héritiers* » *cesse à l'époque consacrée par l'usage des lieux pour l'expi-* » *ration des baux annuels* ».

Ainsi le législateur, dans la solution qu'il adopte, applique les règles du louage quant à la mort du bailleur (art. 1742) et celles de la société quant à la mort du preneur (art. 1865-3°). Cela s'explique. Envisagé par rapport au preneur, le contrat est fait *intuitu personæ*, comme le contrat de société : le bailleur a pris en considération l'aptitude professionnelle du colon et surtout son honorabilité ; il est naturel que sa mort mette fin au contrat ; son héritier n'offrirait peut-être pas les mêmes garanties. Le contrat n'a plus le même caractère de personnalité si on l'envisage par rapport au bailleur. Le colon a traité bien plus en vue de la propriété qu'en vue du propriétaire. Pourquoi donc la mort du propriétaire mettrait-elle fin au contrat ?

1268. Quoique, en principe, l'art. 6 de la loi de 1889 ne mette pas fin au métayage immédiatement après la mort du preneur, le bailleur peut demander la résiliation dès cette époque s'il existe une cause de résiliation, par exemple en cas d'inexécution, par les héritiers, des obligations du preneur [2].

S'il attend l'expiration du temps fixé par la loi, le bail se termine de plein droit à cette époque ; un congé n'est pas nécessaire [3]. Et si les héritiers du preneur restent en possession avec le consentement du bailleur, il se forme une tacite reconduction [4].

---

[1] Paris, 21 juin 1856, S., 56. 2. 560. — Duvergier, II, n. 91 ; Aubry et Rau, IV, p. 511, § 371, note 20 ; Laurent, XXV, n. 483 ; Guillouard, I, n. 351 et II, n. 631 et 632. — *Contra* Delvincourt, III, p. 203 ; Troplong, II, n. 646 ; Larombière, I, art. 1122, n. 32. — D'après ces auteurs le bail ne passait pas aux héritiers du colon, à moins qu'ils ne fussent déjà les collaborateurs du preneur au moment du contrat. — Cpr. Duranton, XVII, n. 178 (qui reproduit l'opinion de Coquille).

[2] Huc, X, n. 359.

[3] Huc, *loc. cit.*

[4] V. *infra*, t. II.

1267. Dans les hypothèses exceptionnelles où le décès de l'une des parties met fin au bail, cette expiration anticipée produit les mêmes effets que si elle se produisait en vertu d'une résiliation ([1]). Notamment les arrhes, le pot de vin ou le denier à Dieu, qui font partie du prix ([2]), doivent être, pour une portion, restitués au preneur ou à ses héritiers ([3]).

SECTION III

FAILLITE, LIQUIDATION JUDICIAIRE ET DÉCONFITURE DU PRENEUR

1268. La faillite du preneur en elle-même ne met pas fin au bail ; le bail continue si le bailleur est, par anticipation, payé de tous ses loyers ([4]) ; peu importe même que le bail soit verbal ([5]).

Mais il était admis par la jurisprudence, sous l'empire du code civil, que le bailleur pouvait, si les loyers n'étaient pas tous payés d'avance, et si le bail avait date certaine, demander immédiatement la résiliation en vertu de l'art. 1188, d'après lequel les créances à terme sont rendues exigibles par la faillite ([6]) ; le bailleur pouvait aussi réclamer tous les loyers à

([1]) V. *infra*, n. 1385 s.

([2]) V. *supra*, n. 198.

([3]) Douai, 7 nov. 1845, S., 46. 2. 64, D. *Rép.*, v° *Louage*, n. 543.

([4]) Cass. req., 23 fév. 1858, S., 58. 1. 68, D., 58. 1. 391. — Cass. civ., 1er déc. 1886, S., 87. 1. 253. — Paris, 13 fév. et 23 mars 1833, S., 34. 2. 121, D., 33. 2. 202. — Poitiers, 12 mars 1856, S., 56. 2. 196, D., 56. 2. 274. — Aix, 25 mars 1886, *Bull. d'Aix*, 86. 381. — Trib. civ. Puy, 27 avril 1882, *Rép. périod. de l'Enreg.*, n. 5952. — Lyon-Caen et Renault, *Tr. de dr. comm.*, VIII, n. 865 ; Baudry-Lacantinerie et de Loynes, *Tr. du nantiss., des priv. et hyp.*, I, n. 412 ; Huc, X, n. 340.

([5]) Paris, 13 fév. et 23 mars 1833, précités. — Fuzier-Herman, art. 1714, n. 3.

([6]) Cass. req., 22 avril 1851, S., 51. 1. 646, D., 51. 1. 237. — Cass. civ., 7 déc. 1858, S., 59. 1. 425, D., 59. 1. 62. — Cass. req., 28 déc. 1858, S., 59. 1. 425, D., 59. 1. 63. — Cass. civ., 4 janv. 1860, D., 60. 1. 35. — Cass. civ., 28 mars 1865 (2e arrêt), S., 65. 1. 201, D., 65. 1. 201. — Paris, 2 mai 1857, S., 57. 2. 727. — Orléans, 15 août 1865, S., 65. 2. 283, D., 65. 2. 136. — Orléans, 10 nov. 1865, S., 66. 2. 120, D., 65. 2. 227. — Desjardins, *Rev. crit.*, XXIX, 1866, p. 1 s. et 97 s. ; Aubry et Rau, III, p. 147, § 261, note 34 ; Colmet de Santerre, IX, n. 28 bis, XXII ; Thézard, *Tr. du nantiss., des priv. et hyp.*, n. 338 ; Baudry-Lacantinerie et de Loynes, *op. cit.*, n. 399 et 412. — *Contra* Thiercelin, *Note*, D., 62. 2. 1 et *Rev. crit.*, XXX, 1867, p. 37 s. — V. *supra*, n. 859.

échoir en exerçant le privilège que lui confère l'art. **2102.** Nous examinons, à propos du prix, cette solution.

La loi du 12 février 1872 a modifié ces principes par les changements qu'elle a introduits dans l'art. **2102** C. civ. et dans les art. 550 et 650 C. co.

Il résulte de ces textes que les syndics peuvent empêcher la résiliation en offrant de continuer le bail et de satisfaire à toutes les obligations du locataire, et en maintenant dans l'immeuble un gage suffisant. Il en résulte également que les syndics peuvent céder le bail ; ils le peuvent même, dans les conditions que nous avons déterminées (¹), si le bail contient interdiction de céder le bail ou de sous-louer.

Le bailleur n'a pas, en ce cas, privilège pour les loyers à échoir.

À défaut d'offre par les syndics, le bail est résilié, et la loi fixe le nombre des années auxquelles s'applique le privilège du bailleur.

L'explication de cette loi rentre dans le commentaire de l'art. **2102** (²).

Il faut cependant noter qu'il appartient au syndic de résoudre le bail, ou de le maintenir en fournissant des sûretés suffisantes ou en laissant le bailleur exercer son privilège, en dehors des années échues, pour l'année courante et pour une année à échoir, que le bail ait ou non date certaine.

Toutes ces solutions s'appliquent à la liquidation judiciaire (³).

Le contrat peut évidemment stipuler que le bail sera résilié en cas de faillite (⁴).

Les syndics ne peuvent offrir de continuer le bail si la convention réserve au bailleur le droit d'y mettre fin en cas de faillite du preneur (⁵), ou si, aux termes du contrat, le bail est résilié de plein droit à défaut de paiement des loyers (⁶).

(¹) V. *supra*, n. 1195.

(²) V. Baudry-Lacantinerie et de Loynes, *op. cit.*, I, n. 411 s.

(³) Huc, X, n. 340.

(⁴) Trib. civ. Seine, 26 mai 1881, *France jud.*, 1881-82, p. 703. — Guillouard, I, n. 356.

(⁵) Trib. civ. Seine, 11 avril 1894, *Loi*, 31 mai 1894, *Pand. franç.*, 95. 2. 179.

(⁶) Angers, 24 avril 1895, *Rec. d'Angers*, 95. 144.

Ils n'ont pas davantage ce droit, si, avant le jugement déclaratif de faillite, un jugement a prononcé la résiliation du bail, par exemple en raison de l'inexécution des obligations du preneur ([1]).

Au cas où le bailleur exerce son privilège par anticipation, les créanciers ont un droit de résiliation ([2]).

1269. La déconfiture n'est pas visée par la loi de 1872 Aussi reste-t-elle sous l'empire des principes antérieurs. La déconfiture n'est donc pas par elle-même une cause de cessation du bail ([3]).

Mais le défaut de paiement des loyers à échoir permet la résiliation du bail ([4]). Toutefois nous avons vu que certains auteurs décident que, si les sûretés offertes sont suffisantes, les loyers à échoir ne deviennent pas exigibles ; dans cette opinion, il faudra également admettre qu'à la même condition, la résiliation du bail sera impossible ([5]). Cette opinion, d'ailleurs, ne paraît pas exacte ; l'art. 1188 C. civ. veut que toutes les dettes à terme deviennent exigibles en cas de déconfiture. La dette des loyers est à terme, car elle doit devenir exigible à un moment déterminé ; on a dit à tort qu'elle est subordonnée à la condition que le bailleur fasse jouir le preneur : c'est une erreur, nous l'avons montré, car le preneur s'est engagé d'une manière ferme à payer les loyers, et si, en cas d'inexécution des obligations du bailleur, il peut se dérober à leur paiement, c'est en faisant résilier le contrat. Il n'est pas plus exact de soutenir que le bailleur a, pour chaque terme de loyer, des créances successives dont la naissance sera concomitante à chaque période de jouissance.

Ainsi, le bailleur peut exiger tous les termes à échoir ; toutefois, le bailleur « d'un fonds rural », même si son bail a acquis date certaine, ne peut exercer son privilège « que pour les fermages des deux dernières années échues de l'année courante et d'une année à partir de l'expiration de l'année

---

[1] Trib. civ. Seine, 16 nov. 1898, *Mon. des huiss.*, 99. 33.
[2] Sur ce droit, Baudry-Lacantinerie et de Loynes, *op. cit.*. I, n. 435 s.
[3] Huc, X, n. 340.
[4] V. *supra*, n. 859.
[5] Guillouard, I, n. 358.

courante, ainsi que pour tout ce qui concerne l'exécution du bail et pour les dommages et intérêts qui pourront lui être alloués par les tribunaux » (L. 19 fév. 1889, art. 1) ([1]).

1270. La mise en liquidation d'une société implique sa déconfiture, du moins vis-à-vis du bailleur, qui, une fois la répartition de l'actif effectuée, perdra toute chance de pouvoir se faire payer les loyers à échoir. Il faut donc assimiler cette liquidation à la déconfiture; le bail n'est pas résilié ([2]), mais le bailleur peut exiger que les loyers futurs lui soient immédiatement payés ([3]).

SECTION IV

VENTE OU TRANSMISSION DE LA CHOSE LOUÉE

§ I. *Historique. Enumération des baux qui sont opposables à l'acquéreur.*

1271. Ainsi que nous l'avons montré, le preneur n'a aucun droit réel sur l'immeuble, mais seulement un droit personnel contre le bailleur ([4]) ; si on poussait jusqu'au bout les conséquences de cette solution, l'acquéreur de l'immeuble n'aurait pas à respecter le bail ; on sait, en effet, que les successeurs particuliers ne sont pas tenus des obligations de leur auteur.

Le droit romain avait suivi cette doctrine, qui avait été formulée dans la fameuse loi *Emptorem* ([5]).

Si le droit germanique obligeait l'acquéreur à respecter le bail ([6]), l'ancien droit, au témoignage de Pothier ([7]), avait

---

([1]) V. sur cette disposition Baudry-Lacantinerie et de Loynes, *op. cit.*, I, n. 426 s.

([2]) Trib. civ. Lyon, 6 août 1887, *Mon jud. Lyon*, 7 déc. 1887.

([3]) A plus forte raison le bailleur peut-il exiger la consignation de la différence entre le loyer jusqu'à la fin du bail et le montant des sous-locations consenties par la société. Trib. civ. Lyon, 6 août 1887, précité.

([4]) V. *supra*, n. 684 s.

([5]) L. 9, C., *de loc.*, 4. 65. Cependant on a soutenu que l'acquéreur ne pouvait expulser le preneur en possession. Ihering, *Du rôle de la volonté dans la possession*, trad. Meulenaere, p. 382 s.

([6]) V. Stobbe, *Handbuch des deutsch. Rechts*, III, § 186.

([7]) *Tr. du louage*, n. 285. — Chorier, *La jurispr. de Guy-Pape*, 2ᵉ éd., 1719, liv. IV, sect. 6, art. 2, p. 242 ; Argou, liv. III, ch. XXVII, p. 280. — Même système en

suivi la logique jusqu'au même point que le droit romain et, s'il faisait exception pour les baux à long terme ([1]), c'est qu'il y voyait de véritables concessions de droits réels au profit du preneur ([2]); l'acquéreur pouvait expulser le fermier même si le bailleur avait garanti son obligation par une hypothèque prise sur l'immeuble loué ([3]).

La première atteinte à cette règle provint de la loi des **28 septembre-6 octobre 1791**, d'après laquelle le bail d'un immeuble rural fait pour six ans au moins ne peut être méconnu par l'acquéreur, à moins qu'il ne cultive lui-même, ne signifie congé un an à l'avance et ne dédommage le fermier des avantages de l'exploitation continuée jusqu'à la fin du bail ([4]); et l'art. **1742** a étendu cette disposition de la manière la plus générale.

Nous avons indiqué plus haut les considérations qui ont fait introduire cette innovation, et l'influence que l'art. **1743** peut avoir sur la question de savoir si le droit du preneur est réel ou personnel ([5]).

1272. Aux termes de l'art. **1743** : « *Si le bailleur vend la* » *chose louée, l'acquéreur ne peut expulser le fermier ou le* » *locataire qui a un bail authentique ou dont la date est cer-* » *taine, à moins qu'il* [le bailleur] *ne se soit réservé ce droit* » *par le contrat de bail* ».

L'art. **7** de la loi du **10 juillet 1889**, pour le bail à colonat partiaire, porte : « *S'il a été convenu qu'en cas de vente l'acqué-*

Pays-Bas. En Belgique, sauf dans la cout. de Namur (art. 29), la solution contraire l'emportait avec la maxime « *locatio venditioni præfertur* ». Cout. d'Anvers, titre 59, art. 1. — Cout. de Bruxelles, art. 106. — Cout. de Gand, rubr. 13, art. 12. — Cout. de Hainaut, art. 15. — Chrystyn, *In leg. municip.*, p. 251, tit. VIII, art. 1. — Il y avait exception, bien entendu, si dans son contrat l'acquéreur s'était engagé à entretenir le bail ou s'il l'avait approuvé. Argou, liv. III, ch. XXVII, p. 280.

([1]) Pothier, *loc. cit.*; Azo, *Summa in* 4ᵐ *lib. cod., de loc. cond.*, 21 ; Chorier, *loc. cit.*

([2]) Azo, *loc. cit.*; Chorier, *loc. cit.*

([3]) Bretonnier sur Argou, *loc. cit.* et sur Henrys, *Œuvres posth., quest.* 8 : Dumoulin, *Cout. de Paris*, § 43, n. 108 et 109 (*Œuvres*, 1681, I, p. 520): Domat, liv. I, tit. IV, sect. 3, n. 5; Pothier, n. 291. — *Contra* Chorier, *loc. cit.* — C'est à tort que M. Valéry (n° 22 *bis*, note) donne cette dernière opinion comme étant générale et cite à l'appui les auteurs précités, qui disent le contraire.

([4]) Tit. I, sect. 3, art. 2 et 3.

([5]) V. *supra*, n. 684 s.

» *reur pourrait résilier, cette résiliation ne peut avoir lieu*
» *qu'à la charge par l'acquéreur de donner congé suivant*
» *l'usage des lieux. — Dans ce cas, comme dans celui qui est*
» *prévu par le dernier paragraphe de l'article précédent, le*
» *colon a droit à une indemnité pour les impenses extraordi-*
» *naires qu'il a faites, jusqu'à concurrence du profit qu'il*
» *aurait pu en tirer pendant la durée de son bail : la résilia-*
» *tion en cas de vente est régie au surplus par les art. 1743,*
» *1749, 1750 et 1751 du code civil* ».

1273. Le bail de chasse (ou de pêche) est opposable à l'acquéreur sous les conditions fixées par l'art. 1743 [1] ; l'art. 1743
est général et, du reste, on ne concevrait aucune distinction.

L'opinion contraire a été soutenue [2] ; elle se fonde sur
une doctrine que nous avons déjà réfutée, et d'après laquelle
le bail de chasse ne serait pas un véritable bail, mais simplement un contrat constitutif de créance. Il semble que, dans
cette opinion, une action en indemnité doit être accordée au
créancier contre l'ancien propriétaire ou ses héritiers.

Ce que nous avons dit du bail de chasse est également
applicable au bail de pêche et au bail des différents autres
droits incorporels qui peuvent être concédés sur un immeuble.

La même solution doit encore être donnée pour la réserve
du droit de chasse (ou de tout autre droit sur l'immeuble)
faite au profit du vendeur de l'immeuble [3]. Nous montrerons, en étudiant le commodat, que cette réserve est un véritable bail et non pas un commodat.

Le bail du droit de chasse ou de tout autre droit incorporel
sur l'immeuble n'est opposable, par application de l'art.
1743, à l'acquéreur que s'il a date certaine [4]. Il en est de
même de la réserve d'un de ces droits [5].

---

[1] Cass. civ., 10 janv. 1893, S., 93. 1. 185, D., 93. 1. 161. — Trib. corr. Dunkerque, 20 nov. 1896, *Nord jud.*, 97. 18. — Pardessus, *Tr. des servit.*, I, n. 11 ;
Renault, *Journ. dr. int.*, IV, 1877, p. 557 ; Planiol, *Note*, D., 93. 1. 161 ; Huc, X,
n. 345. — *Contra* Bruxelles, 20 janv. 1877, *Pas.*, 77. 2. 75, *Journ. dr. int.*, IV,
1877, p. 557.

[2] Esmein, *Note*, S., 93. 1. 185.

[3] Cass. civ., 10 janv. 1893, précité. — V. *infra*, n. 1281.

[4] Cass. civ., 10 janv. 1893, S., 93. 1. 185, D., 93. 1. 161. — V. *infra*, n. 1282.

[5] Cass. civ., 10 janv. 1893, précité.

Ces divers actes doivent, en outre, être transcrits s'ils excèdent dix-huit ans : c'est, en effet, en termes absolus que la loi de 1855 soumet à la transcription les baux d'immeubles excédant dix-huit ans, et les baux dont nous parlons sont des baux de droits immobiliers, c'est-à-dire d'immeubles (¹).

1274. Comme l'art. 1743 déroge au droit commun, et, qu'il ne parle que des baux d'immeubles, l'acquéreur n'est pas tenu de respecter les baux de meubles (²), à moins qu'il ne s'y soit engagé par son contrat (³).

Cette solution est applicable notamment aux baux de navires (⁴).

1275. Certains auteurs donnent au preneur de meubles un droit de rétention contre l'acquéreur jusqu'à la fin du bail, ce qui équivaut à rendre le bail opposable à l'acquéreur dès que la chose a été livrée au preneur (⁵); ils se fondent sur la théorie d'après laquelle le droit de rétention peut être exercé par tout débiteur de la chose pour les obligations contractées à l'occasion même de cette chose. Cela nous paraît fort contestable : il faut, pour que cette solution soit exacte, non seulement (ce qui est discuté) que le droit de rétention existe avec le caractère de généralité qu'elle lui attribue, mais (ce qui est plus discuté encore) que le droit de rétention soit un droit réel, opposable aux tiers acquéreurs de la chose. A supposer même qu'il en soit ainsi, le preneur ne peut pas, à notre avis, exercer le droit de rétention vis-à-vis de l'acquéreur, car le droit de rétention s'exerce seulement pour les créances *actuelles* du détenteur sur le revendiquant, et on veut ici permettre au preneur de retenir la chose pour ses créances futures, subordonnées au payement des loyers. Ajoutons que si le droit de rétention était admis, il le serait sans distinction entre le bail à date certaine et le bail sans

---

(¹) V. *infra*, n. 1285.

(²) Valéry, n. 22 *bis*.

(³) Valéry, *loc. cit.*

(⁴) Bédarride, *Du commerce maritime*, II, n. 727 ; Valéry, *loc. cit.*, note ; Lyon-Caen et Renault, *Tr. de dr. comm.*, V, n. 145. — *Contra* Bugnet, sur Pothier, *Du contr. de charte partie*, n. 55 ; Alauzet, *Comment. du C. com.*, V, n. 1486 ; Desjardins, *Tr. de dr. marit.*, III, n. 762.

(⁵) Valéry, n. 22 *bis*.

date certaine (¹), entre le bail de meubles et le bail d'immeubles et ainsi la règle d'après laquelle le bail d'immeubles sans date certaine n'est pas opposable à l'acquéreur se trouverait, contrairement à l'art. 1743, qui permet à l'acquéreur d'*expulser* le preneur, écartée pour le cas où le preneur serait en jouissance.

En tout cas l'acquéreur n'est pas tenu personnellement des obligations du bail (²), à moins qu'il n'en réclame l'exécution (³).

1276. On a prétendu que le bail de meubles est opposable à l'acquéreur des meubles si ces meubles font partie d'un fonds de commerce vendu, et cela parce que l'acquéreur est alors un successeur à titre universel tenu des obligations de son auteur (⁴); cette considération conduirait à nier toute distinction entre le bail à date certaine et le bail sans date certaine.

Cela nous paraît inexact. Si, d'après l'opinion générale, le fonds de commerce constitue une *universitas rerum,* il ne résulte pas de là que l'acquéreur soit un successeur à titre universel; un successeur à titre universel succède à un patrimoine ou à une quote-part d'un patrimoine; le fonds de commerce est un composé d'objets de nature différente, et a par là même une nature spéciale, c'est pour cette raison qu'on le qualifie d'*universitas rerum,* mais il n'est pas *universitas juris.* Personne ne soutient que l'acquéreur soit tenu de plein droit des dettes contractées par le vendeur du fonds, pour achat d'objets, paiement de représentants, etc. ; or les obligations du vendeur vis-à-vis de son preneur font partie de ces dettes.

C'est faire une pétition de principe que d'ajouter en sens contraire que les obligations du bailleur, étant successives, prennent une vie nouvelle à chaque moment du bail et naissent ainsi sur la tête du cessionnaire; cela est exact à la condition seulement que le cessionnaire du fonds soit obligé de respecter le bail, ce qui est précisément le point à démontrer.

(¹) M. Valéry dit le contraire, mais sans aucune espèce de fondement.
(²) Valéry, *loc. cit.*
(³) Valéry, *loc. cit.*
(⁴) Valéry, n. 22 *bis* (il cite dans les deux sens des auteurs italiens).

1277. Si le meuble loué fait l'objet d'une saisie-arrêt ou d'une saisie-exécution, l'adjudicataire n'est pas tenu davantage de respecter le bail (¹); il importe peu que les formalités de ces procédures lui aient fait connaître l'existence du bail; la connaissance du bail, pas plus ici qu'en matière de baux d'immeubles, ne peut équivaloir aux actes qui lui imposent l'obligation de le respecter.

Cette obligation existera si, en cas de saisie-arrêt, le saisi déclare l'existence du bail (²), ou si, en cas de saisie-exécution, le cahier des charges mentionne le bail (³); mais le preneur ne peut forcer les créanciers à insérer cette mention dans le cahier (⁴); en vain dit-on que les créanciers du bailleur n'ont pas d'autres droits que ce dernier; le bailleur peut (sauf sa responsabilité personnelle) vendre sans imposer à l'acquéreur la charge du bail; ses créanciers le peuvent donc également.

1278. L'art. 1743 ne s'applique pas aux baux de biens domaniaux. La loi des **23-28** octobre-5 novembre 1790 porte qu'en cas de vente de ces biens l'acquéreur pourra expulser le fermier sans indemnité à l'expiration de la période triennale commencée (art. 15). Ce texte doit encore être observé, en vertu du principe que les lois générales ne dérogent pas aux lois spéciales (⁵).

1279. La promesse synallagmatique de bail est opposable à l'acquéreur, puisqu'elle équivaut à un bail (⁶).

Il en est de même de la promesse unilatérale du bail, acceptée par le preneur avant la vente et pourvu que la promesse et l'acceptation aient date certaine, c'est-à-dire réunissent les conditions auxquelles le bail lui-même est opposable à l'acquéreur : par l'acceptation, la promesse s'est convertie en bail.

Il en est de même encore, pour le même motif, de la pro-

(¹) V. cep. Valéry, n. 22 *bis*, note.

(²) Valéry, *loc. cit.*

(³) Valéry, *loc. cit.*

(⁴) *Contra* Valéry, *loc. cit.*

(⁵) *Rev. de l'Enreg.*, n. 63, p. 215. — Dans l'ancien droit, au contraire, le bail consenti par le fisc était opposable à ses successeurs particuliers. — Chorier, *op. cit.*, p. 242.

(⁶) V. *supra*, n. 43.

messe du preneur, suivie d'une acceptation du bailleur, toutes deux pourvues de la date certaine avant la vente.

Mais le preneur ne peut, après la vente, en acceptant la promesse unilatérale de bail qui lui a été faite, soutenir qu'il s'est formé un bail opposable à l'acquéreur; cette solution dérive *a fortiori* de ce qu'un bail, même parfait, n'est pas opposable à l'acquéreur s'il n'a pas date certaine. Le preneur peut accepter, même après la vente, la promesse qui lui est faite, mais son acceptation ne lui confère de droit que contre son bailleur, de même qu'un bail sans date certaine.

De son côté le bailleur ne peut transmettre à l'acquéreur la promesse unilatérale de location qui lui a été faite, si cette promesse ne s'est pas convertie en bail avant la vente (¹), car ce serait pour lui se substituer l'acquéreur pour le droit d'opérer cette conversion et se dégager, si cette conversion s'opère, des obligations que la conversion de la promesse en bail devait mettre à sa charge ; or il n'appartient à personne de se dégager de ses obligations.

1280. L'art. 1743 ne s'applique pas à la réserve temporaire du droit de jouissance que le vendeur d'un immeuble avait stipulée à son profit (²); cette réserve ne disparaît donc pas par la revente de l'immeuble, alors même que le bail dans lequel elle est contenue n'a pas date certaine ; elle ne constitue pas un bail, mais un droit réel (³).

Il en est de même pour la réserve d'un droit réel sur la chose.

1281. Quant à la réserve d'un droit personnel sur la chose (par exemple d'un droit de chasse), elle ne tombe pas davantage sous l'art. 1743 (⁴), si on décide qu'elle n'est pas non plus un bail (⁵). Mais ici il faut admettre, non pas que la réserve, même sans date certaine, est opposable à l'acquéreur, mais que, même si elle a date certaine, elle ne lui est pas opposa-

---

(¹) *Contra* Huc, X, n. 277 et *Tr. de la cession et de la transcr. des créances*, I, n. 178.

(²) *Contra* Huc, X, n. 345.

(³) V. notre *Tr. de la soc., du prêt, du dépôt*, n. 611.

(⁴) *Contra* Cass. civ., 10 janv. 1893, S., 93. 1. 185, D., 93. 1. 161. — Huc, X, n. 345. — V. *supra*, n. 1273.

(⁵) V. sur ce point notre *Tr. de la soc., du prêt, du dépôt*, n. 611.

ble : les droits personnels ne peuvent être invoqués contre les ayants cause à titre particulier, et l'art. 1743, qui décide le contraire, est exceptionnel.

§ II. *Conditions auxquelles un bail est opposable à l'acquéreur.*

1282. Le seul bail qui doive être respecté par l'acquéreur est celui qui est « authentique ou dont la date est certaine » (art. 1743).

La date certaine s'acquiert suivant les modes indiqués par l'art. 1328, dont l'art. 1743 n'est qu'une application.

Il ne suffirait pas que l'acte eût acquis date certaine le jour même de la vente, car le preneur ne peut alors affirmer que la date certaine est antérieure à la vente [1].

Le fait que l'acquéreur connaissait le bail ne tient pas lieu de date certaine [2]. Il est, en effet, de principe que, quand la loi organise un mode spécial de publicité, la connaissance des tiers ne tient pas lieu de cette publicité. En outre, on reconnaît généralement que les mots de l'art. 1328 sont limitatifs et que la connaissance des actes par les tiers ne tient pas lieu de date certaine; cette interprétation de l'art. 1328 doit être d'autant plus facilement appliquée à l'art. 1743 que ce dernier étend l'art. 1328 à une disposition pour laquelle il n'est pas fait.

Notre solution est exacte même si l'acquéreur connaît, outre l'existence du bail, toutes ses conditions, et sait, en outre, que le vendeur ne s'est pas réservé la faculté de résilier le bail en cas d'aliénation [3].

1283. Mais, évidemment, l'acquéreur peut s'engager par

---

[1] Douai, 5 fév. 1865, S., 65. 2. 293. — Pau, 21 fév. 1898, S., 98. 2. 303. — Demolombe, XXIX, n. 584; Troplong, II, n. 503; Guillouard, I, n. 362.

[2] Douai, 11 août 1837, S., 38. 2. 106. — Pau, 21 fév. 1898, précité. — Trib. civ. Agen, 8 août 1891, *Loi*, 23 sept. 1891. — Trib. civ. Seine, 20 nov. 1893, *Droit*, 22 déc. 1893 (mention du bail dans le cahier des charges). — Bruxelles, 8 mai 1896, *Pasicr.*, 96. 2. 353. — Laurent, XXV, n. 106 et 390; Guillouard, I, n. 363; Huc, X, n. 344.

[3] Laurent, XXV, n. 106; Guillouard, I, n. 363. — *Contra* Aubry et Rau, IV, p. 502, § 369, note 37.

son acte d'acquisition à maintenir le bail (¹). Pourra-t-il alors critiquer le bail fait par un administrateur pour une durée trop longue? C'est ce que nous avons déjà examiné (²).

1284. Pour que l'acquéreur puisse expulser le preneur, il doit justifier de son acquisition, antérieure au moment où le bail a acquis date certaine.

Mais peu importe que l'acte de vente n'ait pas date certaine ou même ne soit pas écrit (³).

A plus forte raison n'est-il pas nécessaire que la vente soit transcrite avant que le bail ait acquis date certaine, pour être opposable au preneur (⁴).

1285. Toutefois, si le bail est de plus de dix-huit ans, il est sujet à transcription pour être opposable aux tiers (L. 23 mars 1855, art. 2-4° et 3) et réciproquement le preneur qui a fait transcrire son titre peut méconnaître les droits consentis sur l'immeuble et qui ne sont rendus publics qu'après la transcription de son bail.

Par suite l'acquéreur doit respecter le bail de plus de dix-huit ans transcrit avant la transcription de sa vente (⁵). Cela résulte de l'art. 3 de la loi de 1855, d'après lequel le droit d'opposer le défaut de transcription appartient à tous ceux *qui ont des droits* sur l'immeuble et les ont conservés ; ce texte ne limite donc pas le droit d'opposer le défaut de transcription à ceux qui ont des droits *réels* sur l'immeuble ; le mot *réels* figurait dans le projet primitif et a été supprimé dans le but précisément de mettre au nombre des personnes pouvant opposer le défaut de transcription celles qui ont sur l'immeuble un droit personnel soumis à la publi-

---

(¹) Guillouard, I, n. 366.

(²) V. *supra*, n. 167 *bis*.

(³) *Contra* Trib. paix Limonest, 17 mai 1894, *Mon. just. paix*, 94. 507.

(⁴) Bressolles, *Exposé sur la transcr.*, n. 50; Lesenne, *Comment. de la loi du 23 mars 1855*, n. 77; Verdier, *Tr. de la transcr.*, I, n. 399; Aubry et Rau, II, p. 84, § 174, note 15. — V. cep., pour le cas où le bail est postérieur à la vente, Grenoble, 11 juin 1832, *Rec. de Grenoble*, VI, 105.

(⁵) Flandin, *Tr. de la transcr.*, II, n. 1263 et 1264; Lesenne, *op. cit.*, n. 79 ; Rivière et Huguet, *Quest. sur la transcr.*, n. 216 s.; Verdier, *op. cit.*, I, n. 416; Bressolles, *op. cit.*, n. 77; Mourlon, *Ex. crit. du comm. de M. Troplong sur les priv. et hyp.*, app., n. 347; Martou, *Tr. des hypoth.*, I, n. 66 et 91; Aubry et Rau, II, p. 82, § 174, note 13, et p. 85, § 174, note 16; Laurent, XXIX, n. 41.

cité (¹). Il serait, d'autre part, singulier que le droit d'opposer le défaut de transcription n'appartînt pas aux titulaires de tous les droits soumis à la transcription.

1286. Le bail transcrit avant la transcription de l'aliénation est opposable en son entier à l'acquéreur, alors même qu'il serait postérieur à la vente (²).

1287. Réciproquement le bail de plus de dix-huit ans, même ayant date certaine avant la vente, ne peut être opposé à l'acquéreur si la vente a été transcrite avant le bail (³).

1288. Toutefois les baux de plus de dix-huit ans qui ne sont pas transcrits, ou ne sont transcrits qu'après la transcription de l'aliénation, ne sont pas entièrement inopposables à l'acquéreur. L'art. 3 al. 2 de la loi du 23 mars 1855 porte en effet : « *Les baux qui n'ont point été transcrits ne peuvent jamais leur être opposés* (aux tiers) *pour plus de dix-huit ans* ».

1289. Il y a de très grandes difficultés sur le point de départ des dix-huit ans de bail qui peuvent être opposés à l'acquéreur. Suivant l'opinion qu'on adopte, le preneur peut opposer le bail à l'acquéreur pour une durée plus ou moins longue.

L'opinion qui nous paraît la plus conforme au texte et à l'esprit de la loi fait courir le délai de dix-huit ans du jour où s'élève le conflit entre l'acquéreur et le preneur, c'est-à-dire du jour où l'acquéreur prétend méconnaître le bail (⁴). L'art. 3 de la loi du 23 mars 1855, d'une part, veut que le bail non transcrit soit opposable à l'acquéreur pour une durée uniforme de dix-huit ans; or la durée ne serait pas uniforme si on faisait partir le délai de tout autre moment et si, par conséquent, une portion variable du délai de dix-huit

---

(¹) V. S., 60. 1. 608, en note (passage de la discussion au conseil d'Etat).

(²) Lesenne, *op. cit.*, n. 79; Rivière et Huguet, *op. cit.*, n. 216 s.; Flandin, *op. cit.*, II, n. 1261 et 1262 ; Verdier, *op. cit.*, I, n. 416; Aubry et Rau, II, p.85, §174, note 16. — *Contra* Bressolles, *op. cit.*, n. 50 ; Mourlon, *op. cit.*, app., n. 347.

(³) Troplong, *Tr. de la transcr.*, n. 201; Flandin, *Tr. de la transcr.*, II, n. 1252 s.; Aubry et Rau, III, p. 431, § 286, note 20; Guillouard, *Tr. des priv. et hyp.*, III, n. 1598. — V. cep. Pont, *Tr. des priv. et hyp.*, I, n. 368.

(⁴) Rivière et Huguet, *op. cit.*, n. 232 s.; Lemarcis, *Comment. de la loi du 23 mars 1855*, p. 25, n. 9; Mourlon, *op. cit.*, app., n. 348 et *Rev. prat.*, XIII, 1862, p. 361 s.

ans pouvait déjà s'être écoulée au moment où s'élève le conflit. En vain objecte-t-on qu'au contraire l'art. 3, en disant que le bail ne pourra jamais être opposé aux tiers pour plus de dix-huit ans, implique qu'il peut fort bien ne leur être opposable que pour une durée inférieure : dire qu'un bail ne peut être opposé pour plus de dix-huit ans, c'est dire qu'il peut l'être pour dix-huit ans ; et, au surplus, on ne comprendrait pas que la loi eût voulu fixer seulement un maximum de durée au bail vis-à-vis de l'acquéreur sans indiquer en même temps le minimum de la durée, c'est-à-dire sans déterminer le point de départ des dix-huit ans.

D'autre part, il est vraisemblablement dans l'esprit de la loi que le preneur dont le bail n'est pas transcrit se trouve toujours, vis-à-vis de l'acquéreur, dans une même situation ; l'acquéreur a ainsi intérêt, s'il veut user du droit qu'il a de méconnaître en partie le bail, à manifester son intention le plus tôt possible, et il est important, tant pour le preneur que pour la société, intéressée à la bonne exploitation de l'immeuble, que le preneur soit fixé le plus tôt possible.

Suivant une seconde opinion, les dix-huit ans prennent leur point de départ au commencement de la période de dix-huit ans, calculée à partir de l'entrée en jouissance du preneur, dans laquelle se trouve le preneur au moment de la transcription de l'aliénation (¹). Cette opinion cherche un argument d'analogie dans la règle d'après laquelle un bail de plus de neuf ans, consenti par l'administrateur ou par certaines sortes d'administrateurs des biens d'autrui, n'est opposable au propriétaire mis à la tête de l'administration de son patrimoine que pour la période de neuf ans dans laquelle on se trouve au moment où se produit le changement d'administration (²). Les deux questions n'ont cependant aucune analogie.

(¹) Troplong, *Tr. de la transcr.*, n. 203 s. ; Lesenne, *op. cit.*, n. 73 ; Verdier, *op. cit.*, I, n. 409 et 410 ; Flandin, *op. cit.*, II, n. 1266 s. ; Pont, *Tr. des priv. et hyp.*, I, n. 260 et *Rev. crit.*, X, 1857, p. 408 s., n. 9 ; Aubry et Rau, II, p. 85, § 174, note 17, et p. 86, § 174, note 18, III, p. 430 et 431, § 286, note 18 ; Laurent, XXIX, n. 200 ; Guillouard, *Tr. des priv. et hyp.*, III, n. 1602.

(²) V. *supra*, n. 92 s.

1290. En tous cas, pour que le bail de plus de dix-huit ans, non transcrit avant la transcription de l'aliénation, soit opposable dans une certaine mesure à l'acquéreur, il faut que le bail soit antérieur à l'aliénation (¹). Telle est, en effet, la condition nécessaire pour qu'un bail de dix-huit ans au plus soit opposable à l'acquéreur. On ne saurait admettre que le bail de plus de dix-huit ans fût soumis à une condition plus favorable, d'abord parce que la loi de 1855 a imposé au preneur une charge dont il ne peut être reçu à tirer profit, ensuite parce que le bail de plus de dix-huit ans, plus onéreux pour l'acquéreur que le bail de durée moindre, ne peut pas raisonnablement lui être opposable plus facilement.

Nous pensons même, pour toutes ces raisons, que pour être opposable à l'acquéreur jusqu'à dix-huit ans, le bail doit avoir date certaine avant l'aliénation (²).

1291. On admet que, dans les hypothèses où le bail n'est pas opposable à l'acquéreur, ce dernier ne peut de son côté obliger le preneur à exécuter le bail (³). Cela nous paraît fort douteux ; la date certaine n'est exigée par la loi que pour conférer des droits ; les obligations assumées par un acte sont régulièrement contractées alors même que l'acte n'a pas date certaine. Cela résulte de l'art. 1328, d'après lequel les actes sous seing privé n'ont de date, *contre les tiers,* que du jour où ils ont été enregistrés ; et, au surplus, il serait singulier qu'un preneur mécontent de son bail pût s'abstenir de l'exécuter en invoquant le défaut de date certaine qui lui est imputable.

En somme, l'acquéreur n'est pas obligé d'abdiquer les droits et les obligations résultant du bail ; il en a seulement le droit.

1292. L'acquéreur ou l'adjudicataire, sur adjudication volontaire ou sur saisie, ne peuvent demander la révocation pour fraude du bail ayant date certaine, car l'action paulienne n'appartient qu'aux créanciers et les acquéreurs ou adjudicataires ne sont pas les créanciers du bailleur, mais au

---

(¹) Lesenne, *op. cit.*, n. 77 ; Verdier, *op. cit.*, I, n. 398 et 399 ; Aubry et Rau, II, p. 86, § 174, note 19.

(²) Cpr. *supra*, n. 1282.

(³) Pothier, n. 298 ; Duranton, XVII, n. 147 ; Aubry et Rau, II, p. 99, § 176, note 7. — *Contra* Delvincourt, III, p. 199.

contraire ses ayants cause et n'ont pas de droits supérieurs
à ceux du bailleur ([1]).

Au contraire, ils peuvent demander la nullité d'un bail
simulé ([2]), car l'action en nullité pour cause de simulation
appartient à tout intéressé.

Et il en est ainsi même si le bail a été mentionné dans le
cahier des charges de l'adjudication ([3]) ou dans l'acte d'acquisition, car on ne peut les forcer à exécuter un bail qui
n'existe pas; il importe donc peu qu'en fait ils aient peut-être
tenu compte de l'existence du bail dans la fixation du prix.

1293. L'acquéreur n'a pas à faire précéder l'expulsion du
preneur dont le titre n'a pas date certaine par un congé
donné dans les délais fixés par l'usage des lieux pour la résiliation des baux conclus sans date fixe ([4]).

On ne peut, en effet, assimiler le bail dépourvu de date
certaine au bail sans durée fixe résilié par la volonté des
parties. Cela étant, on se trouve en face du principe d'après
lequel le bail sans date certaine est considéré comme non
avenu vis-à-vis de l'acquéreur qui, par conséquent, n'a aucun
ménagement à garder vis-à-vis du preneur.

Du reste, l'art. 1748 fournit un argument *a contrario* qui
est décisif; cette disposition oblige l'acquéreur à observer les
délais de congé vis-à-vis du preneur qui a date certaine et
qui a laissé insérer dans son bail une clause de résiliation en
cas de vente; aucune disposition de ce genre n'est édictée en
faveur du preneur dont le titre n'a pas date certaine.

([1]) Rennes, 7 déc. 1818, D. *Rép.*, v° *Vente publ. d'imm.*, n. 786. — Gand, 17 janv.
1883, D., 84. 2. 92. — Alger, 19 janv. 1893, D., 94. 2. 455. — Glasson, *Note*, D.,
95. 1. 369.

([2]) Cass. civ., 25 fév. 1895, S., 95. 1. 184, D., 95. 1. 369. — Glasson, *loc. cit.*

([3]) Cass. civ., 25 fév. 1895, précité. — Glasson, *loc. cit.*

([4]) Turin, 21 juin 1810, S. chr. — Douai, 15 fév. 1865, S., 65. 2. 293. — Mont-
pellier, 4 mars 1867, S., 67. 2. 130. — Cass. belge, 8 fév. 1894, *Pasicr.*, 94. 2. 110.
— Bruxelles, 8 mai 1896, *Pasicr.*, 96. 2. 353. — Laurent, XXV, n. 389. — *Contra*
Trib. paix Luzech, 1er fév. 1895, *Mon. just. paix*, 95. 168, *Loi*, 30 mai 1895. —
Trib. paix Paris, 30 déc. 1897, *Loi*, 12 janv. 1898. — Bruxelles, 13 vend. an XIII,
S. chr. — Bruxelles, 28 juillet 1826, *Jurispr. de Belg.*, 26. 2. 191. — Bruxelles,
28 déc. 1840, *ibid.*, 40. 2. 291. — Marcadé, art. 1751, n. 1; Laurent, XXV, n. 388;
Guillouard, I, n. 365; Huc, X, n. 344. — En tout cas il peut donner congé dès le
jour de son acquisition, sans attendre son entrée en possession. — Trib. paix
Paris, 18 oct. 1894, *Rev. just. paix*, 95. 50.

C'est à tort qu'on essaye, en sens contraire, de trouver un argument d'analogie dans ce même art. 1748. Les deux situations sont très différentes l'une de l'autre. Le preneur dont le titre a date certaine est censé être connu des tiers et notamment de l'acquéreur; il en est tout autrement du preneur dont le titre n'a pas date certaine. On comprend donc facilement que l'acquéreur ait à ménager les intérêts du premier et n'ait pas à se préoccuper du second. D'un autre côté, le preneur qui a donné date certaine à son titre a agi aussi sagement qu'il pouvait le faire et on ne peut pas lui reprocher l'imprudence dont est coupable le preneur qui n'a pas donné date certaine à son titre.

Pothier ([1]), il est vrai, était d'avis contraire; mais les arguments dont il se servait n'ont aucune valeur; il attribuait la solution qu'il donnait à l' « équité naturelle » et à « la loi de charité que les hommes doivent avoir les uns pour les autres, laquelle ne permet pas qu'en usant à la rigueur de tout notre droit, nous causions à un autre homme un grand préjudice que nous pouvons lui éviter *sine nostro magno dispendio* ». Aussi Pothier admettait-il une exception (que nos adversaires ne proposent pas) pour le cas où l'acquéreur aurait un besoin pressant de la chose. Du reste le prétendu principe d'équité auquel fait allusion Pothier a complètement disparu de notre droit; on n'admet plus aujourd'hui qu'un propriétaire soit forcé, dans l'exercice de son droit de propriété, de ménager les intérêts des tiers.

L'autorité de Pothier disparaît surtout devant la combinaison des art. 1744 et s. avec l'art. 1750. Les premiers règlent la situation du preneur expulsé en exécution de l'autorisation contenue dans le bail; ils lui attribuent des dommages-intérêts et obligent l'acquéreur à observer un certain délai. L'art. 1750 seul règle la situation du preneur dont l'acte n'a pas date certaine. Il lui refuse tous dommages-intérêts et ne parle même pas de l'inutilité d'un délai, tant cette inutilité lui paraît évidente.

On ne peut même pas obliger l'acquéreur à attendre un

([1]) N. 297.

délai de quelques jours (¹) pour permettre au preneur de chercher un autre appartement.

1294. Le preneur n'a même pas, contrairement à l'ancien droit (²), d'action en dommages-intérêts contre le bailleur (³) car il ne peut s'en prendre qu'à lui-même de n'avoir pas fait donner date certaine à son acte; le bailleur n'est, du reste, coupable en aucune manière, car il n'a fait qu'user de son droit en aliénant l'immeuble. On rappellerait en vain que le bailleur doit des dommages-intérêts au preneur dont le titre a date certaine et qui est expulsé parce que l'expulsion avait été autorisée dans le bail; la loi, dans ce dernier cas, suppose que les parties, ayant prévu et autorisé l'expulsion, ont voulu indemniser le preneur; aussi ne règle-t-elle les dommages-intérêts que si la convention est muette en ce qui les concerne. Au contraire, dans le cas qui nous occupe, l'expulsion est uniquement imputable à la négligence du preneur, qui ne doit pouvoir faire retomber sur personne les conséquences de cette négligence.

Du reste, si l'art. 1750 porte que « si le bail n'est pas fait par acte authentique ou n'a point de date certaine, l'acquéreur n'est tenu d'aucun dommage-intérêt », c'est, croyons-nous, pour refuser au preneur des dommages-intérêts même contre le bailleur; en effet, le preneur expulsé en vertu de l'autorisation soutenue dans le bail, n'a pas d'action contre l'acquéreur; celui-ci n'est pas *tenu* des dommages-intérêts; leur paiement est seulement la condition préalable de l'expulsion, de sorte que l'acquéreur peut être obligé de les payer. L'art. 1750 ne s'expliquerait donc pas si, dans le cas qu'il prévoit, il refusait simplement une action en dommages-intérêts contre l'acquéreur; il est trop évident, en effet, que si l'acquéreur ne doit pas de dommages-intérêts au preneur dont il connaissait l'existence, il ne saurait en devoir à celui dont il ignorait l'existence.

Dans tous les cas, il résulte de l'art. 1750 que le preneur n'a pas d'action contre l'acquéreur et ne peut exercer une

---

(¹) V. cep. Montpellier, 4 mars 1867, S., 67. 2. 130.
(²) Chorier, *op. cit.*, p. 242 ; Argou, liv. III, ch. XXVII, p. 280.
(³) *Contra* Guillouard, 1, n. 361 et 373 ; Huc, X, n. 346.

rétention sur la chose louée jusqu'au paiement des dommages intérêts ([1]). L'ancien droit était en sens contraire ([2]).

Si l'on adopte l'opinion que nous avons réfutée, il va sans dire que les art. 1744 à 1747, qui fixent le montant des dommages-intérêts, ne sont pas applicables à l'hypothèse ([3]), car l'art. 1744 se place textuellement en face d'une expulsion autorisée par le bail; le juge pourra toutefois, en fait, se baser sur les art. 1744 s. ([4]).

1295. Si le preneur a élevé des constructions sans droit sur la chose louée sa situation vis-à-vis de l'acquéreur n'est pas la même que vis-à-vis du bailleur ([5]). L'acquéreur n'est pas forcé, bien entendu, de garder les constructions, il peut donc obliger le preneur à les enlever ([6]). Mais ce dernier n'a en aucun cas d'action contre lui ([7]).

1296. Il résulte des termes formels de l'art. 1743 que l'acquéreur ne peut expulser le preneur dont le bail a date certaine, à moins que le bail ne contienne l'indication de ce droit.

Lorsque le bail contient la réserve du droit d'expulser le preneur au cas de vente, la clause ne peut être invoquée que par l'acquéreur; elle ne peut pas l'être par le preneur ([8]).

L'acquéreur pourra donc exiger la continuation du bail, s'il y trouve son profit.

On peut invoquer en ce sens les termes des art. 1743 et 1748 qui considèrent la disposition du bail comme conférant une faveur à l'acquéreur; du reste, l'art. 1748 fixe des délais dans lesquels l'acquéreur doit donner congé au preneur, sans indiquer également de délai au preneur.

Mais évidemment les parties peuvent décider que le bail

([1]) Guillouard, I, n. 374.
([2]) Chorier, *op. cit.*, p. 242.
([3]) Guillouard, I, n. 373.
([4]) Guillouard, I, n. 373.
([5]) V. *supra*, n. 646 s.
([6]) Cass. req., 17 janv. 1870, S., 71. 1. 58. — Aubry et Rau, II, p. 398, § 204, note 22. — V. *infra*, n. 1308.
([7]) V. *infra*, n. 1308.
([8]) Laurent, XXV, n. 294; Colmet de Santerre, VII, n. 196 *bis*, I; Guillouard, I, n. 370; Huc, X, n. 344 et 346.

sera résilié de plein droit (¹) et, comme il s'agit d'ici d'une question d'interprétation, les juges sont souverains sur l'interprétation de la volonté des parties (²).

Elles peuvent aussi décider que le preneur seul, au cas de vente, pourra résilier le bail (³).

1297. L'insertion du droit d'expulsion dans le contrat de bail suffit à l'acquéreur ; il n'est pas nécessaire que l'acte de vente reproduise la même indication (⁴). En effet, la clause contenue dans le bail contient une stipulation pour autrui, et, conformément aux principes, l'acquéreur en faveur duquel elle est faite peut se l'approprier ; or il se l'approprie implicitement en devenant acquéreur. On a dit, dans le même sens (⁵), qu'un acquéreur succède à tous les droits que le vendeur avait sur la chose ; cette considération n'est pas probante : le droit de résiliation est un droit accordé personnellement à l'acquéreur contre le preneur, ce n'est pas un droit sur la chose.

1298. Aux termes de l'art. 1748 : « *L'acquéreur qui veut* » *user de la faculté, réservée par le bail, d'expulser le fermier* » *ou locataire en cas de vente est, en outre, tenu d'avertir le* » *locataire au temps d'avance usité dans le lieu pour les con-* » *gés.* — *Il doit aussi avertir le fermier des biens ruraux, au* » *moins un an à l'avance* ».

Le congé est soumis à la forme ordinaire des congés, il n'est pas subordonné à la condition que le titre de l'acquéreur soit notifié au preneur (⁶).

Mais ce dernier peut exiger la preuve de l'acquisition (⁷).

L'avertissement doit avoir lieu un an à l'avance pour les baux à colonage comme pour les baux à ferme ordinaires (⁸) ; il a, en effet, autant de raison d'être pour les premiers que

---

(¹) Guillouard, *loc. cit.* : Huc, *loc. cit.*

(²) Guillouard, I, n. 370.

(³) Huc, *loc. cit.*

(⁴) Duvergier, I, n. 543 ; Aubry et Rau, IV, p. 502, § 370, note 34 ; Laurent, XXV, n. 395 ; Guillouard, I, n. 371 ; Huc, X, n. 344. — *Contra* Duranton, XVII, n. 148 ; Troplong, I, n. 511.

(⁵) Guillouard, *loc. cit.* ; Huc, *loc. cit.*

(⁶) Laurent, XXV, n. 397 ; Huc, X, n. 346.

(⁷) Laurent, *loc. cit.* ; Huc, *loc. cit.*

(⁸) *Contra* Huc, X, n. 359.

pour les seconds et, si l'art. 7 de la loi du 10 juillet 1889 (¹) ne l'exige pas formellement en matière de colonage, l'art. 1748 suffit pour l'imposer.

1299. L'acquéreur qui veut expulser le preneur étant tenu d'avertir le preneur, ce dernier peut mettre l'acquéreur en demeure de se déclarer (²) ; le juge décidera alors que, si dans un certain délai l'acquéreur n'a pas fait son option, le bail sera maintenu.

Le preneur n'a intérêt à mettre l'acquéreur en demeure que s'il désire être immédiatement fixé sur les intentions de ce dernier, mais, dans le cas contraire, le preneur attendra les événements, car il suffira, non seulement, comme on le dit, que l'acquéreur ait reçu les fermages pendant un ou deux ans (³), mais qu'il ait reçu un seul terme, qu'il ait fourni la garantie au preneur, etc., en un mot qu'il ait accompli un seul des droits ou une seule des obligations du bailleur, pour que désormais le droit d'expulsion lui soit refusé ; tous ces actes attestent chez l'acquéreur l'intention de considérer le preneur comme étant son propre preneur ; ils constituent donc une renonciation au droit d'expulser.

Pothier (⁴) décidait, il est vrai, le contraire ; il cite l'avis de Despeisses, d'après lequel la réception des loyers pendant un an emportait renonciation au droit d'expulser, et adopte l'opinion de Carrocius : « Le successeur, dit-il, en laissant jouir le locataire ou fermier, est bien censé avoir consenti qu'il jouît de l'héritage aux mêmes conditions que celles portées par le bail de son auteur, pendant le temps que dure une tacite reconduction ; mais je ne vois pas qu'il y ait nécessité d'insérer qu'il y ait consenti qu'il en jouît pendant tout le temps qui reste à courir de ce bail ». Pothier cite en ce sens un arrêt du 5 mai 1714.

Cette idée que les actes de l'acquéreur emportaient seulement une tacite reconduction était admissible dans l'ancien droit,

---

(¹) V. *supra*, n. 1272.
(²) Guillouard, I, n. 375.
(³) Bugnet sur Pothier, IV, p. 106, notes 1 et 2 ; Colmet de Santerre, VII, n. 196 *bis*, II ; Laurent, XXV, n. 396 ; Guillouard, I, n. 375 ; Huc, X, n. 346.
(⁴) N. 300.

où, *de plein droit,* la vente résiliait le bail ; et elle ne serait pas moins soutenable aujourd'hui si cette dernière solution devait être admise ; mais on sait que le principe est aujourd'hui tout opposé : la vente ne produit aucun effet sur le bail, et le droit d'expulsion conféré à l'acquéreur est, comme le dit la loi, une *faculté,* c'est-à-dire un privilège. Il est donc indispensable que l'acquéreur, s'il veut profiter de cette faculté, ne fasse aucun acte qui en suppose l'abandon.

C'est pour cette raison qu'un *seul acte* de l'acquéreur nous paraît suffisant, et que nous trouvons inutile qu'il ait, par des actes nombreux et répétés, manifesté son intention de rester bailleur.

1300. Pour la même raison, nous n'admettons pas que les effets d'un acte emportant nécessairement chez l'acquéreur la qualité du bailleur puissent être détruits par des réserves ou des protestations concomitantes à cet acte. Ainsi l'acquéreur ne peut se réserver, en donnant au preneur quittance d'un terme, le droit d'expulsion ([1]). L'adage *protestatio contra actum non valet* trouve ici son application.

§ III. *Limites dans lesquelles l'acquéreur doit respecter le bail qui lui est opposable. Droits et obligations de l'acquéreur, du bailleur et du preneur.*

1301. L'acquéreur doit respecter toutes les clauses qui concernent le bail ayant date certaine ([2]), c'est-à-dire qui règlent les droits et les obligations du bailleur et du preneur considérés comme tels.

Il en est ainsi de la clause relative au remboursement de certaines dépenses faites par le locataire sur l'immeuble et qui, d'après la loi, ne seraient pas sujettes à remboursement ([3]), ou des clauses relatives à la destination de la chose ([4]) ou aux sous-locations ([5]).

([1]) *Contra* Guillouard, n. 375.

([2]) Guillouard, I, n. 361 ; Huc, X, n. 344. — V. cep. Trib. paix Paris, 7 fév. 1894, *Gaz. Trib.,* 7 août 1894 (loyers payés d'avance).

([3]) Trib. civ. Seine, 20 nov. 1893, *Droit,* 22 déc. 1893.

([4]) Amiens, 20 janv. 1886, *Rec. d'Amiens,* 86. 182.

([5]) Amiens, 20 janv. 1886, précité.

Mais, comme l'art. 1743 déroge au droit commun, on ne peut l'étendre aux conventions accessoires, fussent-elles contenues dans le même acte que le bail et unies avec lui par un lien indivisible ([1]).

Ainsi, quand le bailleur vend par le même acte des produits destinés à entretenir l'usine louée, cette vente n'est pas opposable à l'acquéreur ([2]). Il y a du reste un motif très sérieux de décider ainsi dans cette hypothèse : c'est que le bail est un acte d'administration, qui peut être beaucoup plus facilement que la vente consenti par un non-propriétaire.

1302. Le preneur peut-il alors faire résilier le bail ? Nous ne le pensons pas, car ni le bailleur ni l'acquéreur ne méconnaissent les obligations résultant du bail ([3]).

Mais il peut réclamer des dommages-intérêts au bailleur ([4]).

1303. L'acquéreur doit respecter les clauses relatives aux époques de payement du prix.

Mais c'est lui qui a droit désormais au prix. S'il n'a pas droit aux termes échus, les termes à échoir lui appartiennent alors même qu'ils sont applicables à une jouissance antérieure à son acquisition ; c'est, en effet, dès le jour de l'acquisition qu'il a tous les droits du propriétaire ([5]).

1304. L'acquéreur n'a pas à respecter les autorisations de pure tolérance que le bailleur a pu accorder au preneur sans vouloir contracter un engagement personnel ([6]).

Le juge du fait est souverain sur le point de savoir s'il y a simple tolérance ou obligation ([7]).

1305. Réciproquement, l'acquéreur ne peut invoquer les

([1]) Renault, *Note.* S., 75. 1. 33 ; Guillouard, I, n. 361. — V. cep. Trib. civ. Lille, 28 mars 1898, *Droit*, 17 mai 1898.

([2]) Renault, *Note*, S., 75. 1. 33 ; Guillouard, I, n. 361. — *Contra* Dijon, 11 fév. 1874, S., 75. 1. 33.

([3]) *Contra* Guillouard, I, n. 361.

([4]) Guillouard, I, n. 361.

([5]) Cependant il a été décidé que si, dans un bail à métayage, les grains dus au propriétaire ne doivent lui être livrés qu'un an après la récolte, la première échéance postérieure à la vente est pour le vendeur. — Trib. civ. Saint-Calais, 20 déc. 1895, *Gaz. Pal.*, 96. 1, *Suppl.*, 5.

([6]) Cass. civ., 18 avril 1893, D., 93. 1. 351 (jouissance des eaux).

([7]) Cass. civ., 18 avril 1893, précité.

clauses dont le but a été de conférer au bailleur une faveur personnelle ; le juge du fait peut décider qu'il en est ainsi des clauses permettant au bailleur d'évaluer lui-même le montant du préjudice que lui cause une faute du preneur (¹), ou de la clause qui réserve au bailleur le droit de chasse (²).

1306. Les conventions qui modifient au profit du preneur les clauses d'un bail antérieur ne sont jamais opposables à l'acquéreur (³) ; il ne faut pas, en effet, perdre de vue que l'art. 1743 déroge au droit commun en forçant l'acquéreur à exécuter les obligations personnelles de son vendeur; cette dérogation ne peut pas être étendue. D'un autre côté, la publicité à laquelle l'art. 1743 subordonne cette succession de l'acquéreur aux obligations du vendeur est fictive en elle-même et le serait particulièrement pour les clauses modificatives, car l'acquéreur peut supposer que l'immeuble est loué, il a même souvent le preneur sous les yeux, tandis qu'il n'a aucune raison de connaître les conventions modificatives.

Ainsi en est-il de la convention; postérieure au bail, qui obligerait ou autoriserait le preneur à faire des constructions (⁴).

Cependant la cour de cassation paraît voir là une question de fait (⁵).

1307. Dans tous les cas, si l'on adopte l'opinion contraire à la nôtre, il est évident que, pour être opposables à l'acquéreur, les clauses modificatives devront répondre aux conditions de l'art. 1743 (⁶).

(¹) Cass. civ., 5 mars 1894, S., 97. 1. 74, D., 94. 1. 508 (évaluation du dégât causé par le gibier).

(²) Cass. req., 31 oct. 1898, D., 98. 1. 563. — Mais cette interprétation est douteuse : une clause de ce genre est une superfétation, le droit de chasse appartenant même sans clause au bailleur et à son acquéreur. — V. *supra*, n. 785.

(³) *Contra* Grenoble, 23 juin 1891, D., 92. 2. 309 (clause relative aux constructions). — Trib. civ. Seine, 20 nov. 1893, *Droit*, 22 déc. 1893 (promesse par le bailleur de rembourser les dépenses faites par le preneur).

(⁴) V. cep. Huc, X, n. 347. — V. la note qui précède.

(⁵) Cass., 10 janv. 1882, S., 83. 1. 246, D., 82. 1. 55 (dans l'espèce, il a été décidé que la convention n'était pas opposable à l'acquéreur, mais la cour de cassation, pour approuver cette solution, se fonde sur le pouvoir souverain des juges du fait.

(⁶) Trib. civ. Seine, 20 nov. 1893, précité.

1308. A plus forte raison les actions qui appartenaient au preneur contre le bailleur pour des actes au sujet desquels il n'était intervenu aucune convention ne se transmettent pas contre l'acquéreur. Ainsi le preneur qui, sans qu'une convention fût intervenue à ce sujet, a fait des constructions, des améliorations ou de grosses réparations, n'a pas d'action contre l'acquéreur (¹) : d'abord il a fait l'affaire du bailleur seul, puisque l'immeuble, à ce moment, appartenait au bailleur; ensuite l'acquéreur a payé au bailleur la valeur totale de l'immeuble, en y comprenant les réparations et améliorations, et on ne peut lui faire payer une seconde fois cette dernière valeur. Le preneur conserve donc simplement son action contre le bailleur (²). Dans l'opinion contraire, il faut en tout cas donner à l'acquéreur un recours contre son vendeur (³).

En tout cas l'acquéreur peut, comme le bailleur, forcer le preneur à enlever les constructions (⁴).

C'est au contraire contre l'acquéreur que le preneur agira si les réparations et améliorations sont postérieures à l'acquisition.

1309. Si le bailleur autorise ou exige, aux termes du bail, les constructions et plantations, un contrat se sera formé entre lui et le preneur; l'acquéreur de l'immeuble ne sera donc pas, à moins d'avoir accepté expressément cette qualité, le débiteur du preneur; il a les droits qui appartiennent, à défaut d'autorisation, au bailleur (⁵). On peut se demander cependant, comme nous le dirons, si, jusqu'au payement, le preneur expulsé de l'immeuble a le droit de retenir la possession (⁶). Dans tous les cas, le preneur arrivé à la fin de son bail ne pourra retenir l'immeuble contre l'acquéreur jusqu'au paye-

---

(¹) Grenoble, 23 juin 1891, D., 92. 2. 309. — Trib. civ. Marseille. 7 fév. 1890, *Rec. d'Aix*, 90. 2. 206. — *Contra* Trib. civ. Amiens, 22 juin 1889, *Rec. d'Amiens*, 91. 203. — Guillouard, I, n. 377.

(²) Grenoble. 23 juin 1891, précité. — Trib. civ. Marseille, 7 fév. 1890, *Rec. d'Aix*, 90. 2. 206.

(³) Trib. civ. Amiens. 22 juin 1889. précité.

(⁴) Cass. req., 17 janv. 1870, S., 71. 1. 58. — Aubry et Rau. II. p. 398. § 204, note 22.

(⁵) Il peut donc, à la fin du bail, exiger l'enlèvement. Alger, 20 mars 1884, *Rev. algér.*, 86. 403.

(⁶) V. *infra*, n. 1324.

ment de son indemnité (¹); le droit de rétention qu'on lui accorde souvent dans l'hypothèse précédente est fondé sur l'art. 1749; or ce texte suppose l'expulsion du preneur par l'acquéreur de l'immeuble.

1310. Suivant l'art. 2-5° de la loi du **23** mars 1855, il y a lieu de transcrire « tout acte ou jugement constatant, même pour bail de moindre durée (c'est-à-dire même pour un bail n'excédant pas dix-huit ans), quittance ou cession d'une somme équivalente à trois années de loyers ou fermages non échus ». La sanction de cette disposition est, suivant l'art. 3 al. 1ᵉʳ de la même loi, que « jusqu'à la transcription, les droits résultant des actes et jugements énoncés aux articles précédents ne peuvent être opposés aux tiers qui ont des droits sur l'immeuble et les ont conservés en se conformant aux lois ».

De ces textes résultent les solutions suivantes, l'acquéreur étant certainement un des tiers dont parle l'art. 3 (²) :

La quittance du bailleur, portant sur moins de trois ans de loyer, est opposable à l'acquéreur, sauf, bien entendu, son recours contre le bailleur si le paiement anticipé n'a pas été porté à sa connaissance.

Mais la quittance de trois ans de loyer au moins n'est opposable à l'acquéreur que si elle a été transcrite avant la transcription de l'acquisition.

1311. Les autres difficultés relatives à l'interprétation de l'art. 3 ont été étudiées plus haut (³).

1312. Si le preneur a un droit réel, il peut incontestablement s'en prévaloir contre l'acquéreur dont le titre a acquis date certaine postérieurement au sien et le méconnaître (⁴) ; on dit aussi que, dans cette opinion, il peut exiger de l'acquéreur sa mise en possession (⁵) ; c'est, selon nous, une erreur, puisque le preneur n'a aucun droit personnel contre l'acquéreur.

S'il n'a qu'un droit personnel, comme nous le pensons,

(¹) *Contra* Grenoble, 18 nov. 1639, cité par Chorier, *La jurispr. de Guy-Pape*, 2ᵉ éd., 1769, liv. IV, sect. 6, art. 2, p. 243.

(²) Aubry et Rau, II, p. 86, § 174 ; Guillouard, I, n. 216.

³) V. *supra*, n. 863 s.

(⁴) Troplong, II, n. 493. — V. *supra*, n. 684 et s.

(⁵) Guillouard, I, n. 99.

nous admettrons également qu'il peut intenter une action personnelle en délivrance contre l'acquéreur ([1]). Nous ne tenons aucun compte de l'opinion contraire de Pothier ([2]), laquelle était exacte dans l'ancien droit.

En effet, l'art. 1743, en rendant le droit du preneur opposable à l'acquéreur, a voulu lui donner contre ce dernier les mêmes droits que contre le bailleur ; d'une part, l'art. 1743 ne s'explique que par une extension des personnes auxquelles le droit du preneur est opposable ; et, comme nous l'a montré le tribun Mouricault, on n'a pas voulu que l'acquéreur eût plus de droits que son auteur. D'autre part, l'art. 1743 défendant à l'acquéreur d'expulser le preneur, il serait illogique que l'acquéreur pût empêcher l'entrée en possession du preneur ; un retard dans la prise de jouissance, retard causé peut-être par la faute du bailleur, la stipulation d'une entrée en jouissance non immédiate suffiraient pour mettre le preneur à la merci de l'acquéreur.

Il est donc certain qu'en défendant à l'acquéreur d'expulser le preneur, la loi n'a voulu parler que du cas le plus usuel. En vain essaye-t-on d'établir une distinction rationnelle entre les deux hypothèses en disant que l'acquéreur a dû nécessairement connaître le bail s'il y a eu entrée en jouissance, et n'a aucun moyen de le connaître dans le cas contraire. Nous ne répondrons pas que l'acquéreur peut connaître le bail par les registres du bureau de l'enregistrement, car ces registres ne sont ouverts qu'aux parties contractantes ; les tiers ne peuvent se les faire ouvrir qu'en vertu d'une ordonnance du juge de paix, laquelle peut leur être refusée ; et, du reste, pour avoir l'idée de consulter les registres de l'enregistrement, il faut que déjà l'acquéreur soupçonne l'existence d'un bail.

([1]) Dijon, 21 avril 1827, S. chr. — Bordeaux, 21 juill. 1830 (sol. impl.), S. chr., D. *Rép.*, v° *Surenchère*, n. 269. — Chambéry, 28 nov. 1862, S., 63. 2. 87. — Rouen 15 mars 1869, D., 71. 2. 78. — Marcadé, art. 1743, n. 2 ; Marinier, *Rev. prat.*, VIII, 1859, p. 529 ; Aubry et Rau, IV, p. 502, § 269, note 33 ; Colmet de Santerre, VII, n. 185 *bis*, V ; Arntz, IV, n. 1164 ; Guillouard, I, n. 99 et 367 ; Laurent, XXV, n. 393 ; Huc, X, n. 291 et 344. — *Contra* Bugnet sur Pothier, n. 62, note 1 ; Duranton, XVII, n. 139 ; Duvergier, I, n. 281 et 541. — V. *supra*, n. 684 s.

([2]) N. 62.

Mais l'acquéreur peut au moins connaître le bail par la transcription, sans laquelle le bail, s'il a plus de dix-huit ans, ne lui est pas opposable et les acquéreurs prudents ne manquent jamais de requérir la transcription, laquelle leur fait connaître les droits existant sur l'immeuble. Du reste, si le bail non suivi d'entrée en jouissance peut n'être pas connu de l'acquéreur, les baux d'immeubles ruraux peuvent sans difficulté lui être dissimulés même si le preneur est en jouissance, la jouissance ne s'exerçant pas d'une manière permanente. Il est donc bien clair qu'en défendant l'expulsion du preneur la loi n'est pas partie de l'idée que l'acquéreur connaissait le bail, mais a simplement suivi les conséquences logiques de l'extension qu'elle attribuait aux droits du preneur.

L'acquéreur ne peut du reste se plaindre; outre que la loi, en n'exigeant la transcription que pour les baux de plus de dix-huit ans, considère que les baux de durée moindre ne sont pas très préjudiciables aux tiers, l'acquéreur pourra faire déclarer par le bailleur dans l'acte que l'immeuble n'est pas loué et il aura ainsi un recours en garantie contre le vendeur s'il découvre un bail dont l'existence ne lui avait pas été révélée [1].

Cette déclaration est couramment insérée dans les actes de vente notariés.

1313. De ce que le preneur a une action personnelle en délivrance contre l'acquéreur, il résulte que l'acquéreur doit faire les réparations qui auraient dû précéder l'entrée en jouissance [2].

Il en résulte aussi que l'acquéreur est obligé d'*entretenir* le bail consenti par son vendeur, c'est-à-dire d'exécuter envers le preneur les obligations que le contrat ou la loi imposent au vendeur [3]. En un mot, l'acquéreur est subrogé au vendeur. Dans le système de la réalité du droit du preneur, on décide au contraire que l'acheteur est seulement tenu de lais-

---

[1] Guillouard, I, n. 99.
[2] Bordeaux, 21 juil. 1830, S. chr., D. *Rép.*, v° *Surenchère*, n, 269.
[3] Cass. req., 25 avril 1893, S., 93. 1. 464, D., 93. 1. 287 (l'acquéreur ne peut changer la forme). — Trib. sup. Carlsruhe, 6 déc. 1895, *Pasicr.*, 96. 4. 97. — Laurent, XXV, n. 392; Colmet de Santerre, VII, n. 189 *bis*, II; Guillouard, I, n. 369; Huc, X, n. 344.

ser jouir le preneur, mais non de le faire jouir. Certains partisans de la personnalité l'ont également soutenu ([1]), en invoquant l'idée que l'art. 1743 ne déroge pas au principe d'après lequel le successeur particulier n'est pas tenu des obligations de son auteur; l'art. 1743, dit-on, est uniquement fondé, comme le disent les travaux préparatoires, sur l'idée qu'on ne peut transmettre à autrui des droits qu'on n'a pas soi-même.

Cette opinion ne concorde pas avec la solution que nous avons admise sur la question de la délivrance; elle est, en outre, formellement rejetée par Pothier ([2]), d'après lequel, « lorsque celui à qui j'ai succédé à titre singulier à un héritage m'a chargé de l'entretien du bail, soit par une clause expresse, soit par une clause sous-entendue, comme dans les acquisitions qu'on fait du fisc, il est censé, en me chargeant de l'entretien du bail, m'en avoir aussi cédé tous les droits et actions ». Or la vente d'un immeuble loué contient bien la stipulation tacite que l'acquéreur entretiendra le bail.

Il y a quelque chose de choquant, objecte-t-on, à ce que l'acquéreur ne puisse pas, même en renonçant aux loyers, se dispenser d'entretenir le bail; pourquoi cette situation serait-elle plus choquante que la situation analogue du bailleur?

1314. Réciproquement l'acquéreur a tous les droits du vendeur; il a le droit d'exiger du preneur l'exécution de toutes les obligations que le bail impose à ce dernier ([3]). C'est également ce que disait Pothier ([4]), et les arguments que nous avons invoqués en faveur du preneur peuvent être reproduits ici.

L'opinion contraire ne s'explique que dans le système d'après lequel l'acquéreur n'est pas tenu d'entretenir le bail. D'ailleurs, même dans ce système, nous croyons qu'il est juste de décider que l'acquéreur peut forcer le preneur à l'exécution du bail; comme nous l'avons montré ([5]), il peut l'y forcer si le bail n'a pas date certaine, c'est-à-dire ne lui est pas

---

([1]) Aubry et Rau, II, p. 103, § 176 *bis*, note 3 et IV, p. 501, § 369, note 32.

([2]) N. 299.

([3]) Duranton, XVII, n. 147; Laurent, XXV, n. 392; Colmet de Santerre, *loc. cit.*; Guillouard, I, n. 369; Huc, V, n. 342. — *Contra* Aubry et Rau, II, p. 99, § 176, note 8.

([4]) N. 299.

([5]) V. *supra*, n. 1291.

opposable ; on ne voit pas pourquoi il en serait différemment dans l'hypothèse contraire. Ajoutons que, si l'on décide autrement, le preneur, qui garde les droits d'un locataire, se dégage de ses obligations vis-à-vis de tout le monde. Car le bailleur, n'ayant plus intérêt à lui demander l'exécution de ses engagements, ne peut l'y contraindre.

En vain objecte-t-on qu'il est singulier de permettre à l'acquéreur d'exiger l'exécution d'un bail que la commune volonté du bailleur et du preneur peut résilier ; cette résiliation serait nulle ([1]) ; à supposer même qu'elle soit valable, le bail, tant qu'il n'est pas résilié, doit produire ses effets.

1315. Ainsi l'acquéreur peut empêcher le preneur de changer la destination de la chose ; il en est ainsi soit si la chose a été acquise avec indication de sa destination ([2]), soit même dans le cas contraire.

Il peut refuser d'exécuter le bail dans les mêmes conditions que le vendeur, notamment s'il y a perte totale de la chose ([3]).

Toutes les clauses limitant la garantie du bailleur peuvent être invoquées par lui ([4]).

Cependant l'acquéreur ne peut invoquer les clauses convenues en considération de la personne du bailleur ([5]).

1316. Les obligations de l'acquéreur ne s'aggravent pas et ses droits ne diminuent pas s'il s'est engagé formellement à exécuter le bail ([6]) ; car cet engagement, qui rappelle le droit commun, ne peut y ajouter.

1317. L'acquéreur, obligé de respecter le bail à date certaine, a, s'il a ignoré l'existence de ce bail, un recours en garantie contre son vendeur, dans le cas où le bail lui ferait éprouver un préjudice.

Il a, en tout cas, un recours contre son vendeur, si ce dernier s'est engagé à faire résilier le bail et n'a pas exécuté

([1]) V. *infra*, n. 1319.

([2]) Trib. civ. Amiens, 26 déc. 1891, *Rec. d'Amiens*, 1893, p. 16 (magasin où s'exerçait le même commerce depuis longtemps).

([3]) Limoges, 5 janv. 1887, D., 88. 2. 167.

([4]) Cass. req., 12 mai 1886 (motifs), D., 87. 1. 323.

([5]) Huc, X, n. 342.

([6]) Limoges, 5 janv. 1887, précité.

cette obligation (¹), alors même qu'il aurait fait tous ses efforts pour obtenir la résiliation (²).

1318. Dans les rapports entre le bailleur et le preneur, et, sauf le cas d'expulsion de ce dernier (³), le bail est maintenu, non pas en ce qui concerne les droits du bailleur puisqu'il les a abdiqués au profit de l'acquéreur, mais en ce qui concerne ses obligations, un débiteur ne pouvant, en imposant à un tiers la charge de ses engagements, s'y soustraire lui-même (⁴). Le preneur a donc désormais deux débiteurs.

1319. Le bailleur et le preneur ne peuvent d'un accord commun résilier le bail (⁵) ; ils nuiraient aux droits de l'acquéreur, vis-à-vis duquel l'art. 1743 veut que le bail soit maintenu.

§ IV. *Droits du preneur expulsé contre le bailleur ou l'acquéreur.*

1320. Nous avons vu que le preneur dont le bail n'avait pas date certaine et qui a été expulsé par l'acquéreur, ne peut réclamer des dommages-intérêts au bailleur (⁶).

1321. Pour le cas où le preneur dont le bail avait date certaine a été expulsé par l'acquéreur conformément aux clauses du bail, l'action en dommages-intérêts est réglée par la loi.

ART. 1744. *S'il a été convenu, lors du bail, qu'en cas de vente, l'acquéreur pourrait expulser le fermier ou locataire, et qu'il n'ait été fait aucune stipulation sur les dommages et intérêts, le bailleur est tenu d'indemniser le fermier ou le locataire de la manière suivante.*

ART. 1745. *S'il s'agit d'une maison, appartement ou boutique, le bailleur paie, à titre de dommages et intérêts, au locataire évincé, une somme égale au prix du loyer, pendant le temps qui, suivant l'usage des lieux, est accordé entre le congé et la sortie.*

(¹) Alger, 17 fév. 1894, D., 95. 2. 262 (impl.).

(²) *Contra* Alger, 17 fév. 1894, précité.

(³) V. *infra*, n. 1320 s.

(⁴) En ce sens sur ce dernier point Trib. sup. Carlsruhe, 6 déc. 1895, *Pasicr.*, 96. 4. 97.

(⁵) *Contra* Aubry et Rau, II, p. 99, § 176, note 8.

(⁶) V. *supra*, n. 1294.

Art. 1746. *S'il s'agit de biens ruraux, l'indemnité que le bailleur doit payer au fermier est du tiers du prix du bail pour tout le temps qui reste à courir.*

Art. 1747. *L'indemnité se règlera par experts, s'il s'agit de manufactures, usines ou autres établissements qui exigent de grandes avances.*

Ainsi les dommages-intérêts peuvent être fixés par le bail.

Ils peuvent évidemment l'être également (quoique la loi ne le dise pas) par une convention nouvelle faite entre le bailleur et le preneur ; cette convention n'est opposable à l'acquéreur que s'il y a participé.

C'est seulement à défaut de convention que le juge adoptera la base fixée par la loi. Cette base est, à raison des termes absolus de nos articles, obligatoire pour le juge.

1322. Les choses visées par les art. 1744 et s. ne sont pas les seules qui puissent être comprises dans un contrat de louage. Pour celles qui ne rentrent pas dans l'énonciation de ces articles, la base de l'indemnité sera fournie par le droit commun. Les tribunaux fixeront l'indemnité comme ils l'entendront ; ils pourront recourir à des experts, mais n'y seront pas forcés. Ils pourront également tenir compte du prix du bail, de l'avantage qu'il offrait au preneur, etc.

Dans tous les cas l'indemnité devra être fixée en tenant compte de la bonne foi du bailleur ; ce dernier n'est jamais de mauvaise foi, puisque l'expulsion a été prévue dans le contrat (¹).

1323. Cette solution est notamment applicable aux baux de meubles corporels.

Elle l'est encore aux immeubles qui ne sont pas indiqués dans les art. 1744 et s.

Ainsi en est-il des *chantiers*. C'est évidemment à tort qu'on les a assimilés aux biens ruraux (²) ; ils n'ont pas pour objet une exploitation agricole (³).

C'est également à tort qu'on a voulu décider que l'indem-

(¹) Huc, X, n. 346.

(²) Paris, 16 juin 1825, S. chr.

(³) Troplong, II, n. 514 ; Duvergier, II, n. 3 ; Laurent, XXV, n. 425 ; Guillouard, I, n. 376 et II, n. 451 et 452.

nité serait réglée par experts ([1]). Le chantier n'est évidemment pas un de ces établissements qui exigent de grandes avances ([2]). En vain objecte-t-on que la dépossession d'un chantier peut être la cause de pertes importantes. N'en est-il pas de même de la dépossession de toute autre chose louée? Il importe peu également que, comme nous le montrerons plus tard, le bail d'un chantier soit un bail à loyer.

Il peut arriver qu'un bail comprenne plusieurs choses, réglées par des textes différents; alors, comme nous le verrons à propos de la distinction entre les baux à loyer et à ferme, on doit considérer l'objet le plus important.

1324. Au sujet du paiement de l'indemnité, l'art. 1749 s'exprime en ces termes :

« *Les fermiers ou les locataires ne peuvent être expulsés* » *qu'ils ne soient payés par le bailleur ou, à son défaut, par* » *le nouvel acquéreur, des dommages et intérêts ci-dessus* » *expliqués* ».

Le preneur a une action personnelle contre le bailleur en paiement de l'indemnité ([3]).

Il n'a pas d'action personnelle contre l'acquéreur, qui n'est pas son débiteur; mais l'acquéreur ne peut enlever au preneur la possession qu'après l'avoir indemnisé ([4]); c'est ce qu'entend l'art. 1749 en disant que l'acquéreur est tenu à défaut du bailleur.

Le droit de rétention existe-t-il également en ce qui concerne le prix des améliorations et constructions élevées par le preneur ?

Certains auteurs admettent l'affirmative pour le cas où le bail porterait que le preneur sera, à la fin de sa jouissance, indemnisé de ses améliorations ([5]).

On admet, en général, que, l'acquéreur ayant les mêmes droits que le bailleur (comme nous l'avons dit nous-mêmes) dans le cas de constructions élevées sans droit, le preneur

---

[1] Troplong, II, n. 514; Duvergier, II, n. 3; Guillouard, I, n. 376 et II, n. 452.
[2] Laurent, XXV, n. 421.
[3] Guillouard, I, n. 377.
[4] Guillouard, I, n. 374 et 377.
[5] Guillouard, I, n. 377; Huc, X, n. 347.

pourra encore retenir l'immeuble jusqu'à son paiement si l'acquéreur opte pour la conservation des améliorations moyennant indemnité ([1]). Au contraire, il en serait autrement si l'acquéreur optait pour la démolition ([2]).

Enfin, si les constructions sont faites conformément à une convention postérieure au bail et conclue avec le bailleur, cette convention serait inopposable à l'acquéreur ([3]). On déciderait donc, sans doute, que cette hypothèse doit être assimilée à celle d'améliorations faites sans droit.

Nous croyons, pour notre compte, que le preneur n'a jamais le droit d'user de la rétention contre l'acquéreur. Le droit de rétention ne peut être admis, d'après l'opinion générale, que dans le cas où la loi le reconnaît expressément. Or l'art 1749 ne donne au preneur le droit de rétention que pour « les intérêts ci-dessus expliqués », c'est-à-dire les dommages-intérêts dus en vertu de la résolution.

En admettant avec une certaine opinion que le droit de rétention soit admis partout où il y a *debitum cum re junctum,* le preneur ne pourra encore retenir la chose que si l'acquéreur est son débiteur personnel, et nous avons montré qu'il n'en est pas toujours ainsi.

§ V. *Des personnes considérées comme acquéreurs.*

1325. La loi ne distingue pas entre les diverses sortes d'acquéreurs ; l'acquéreur de partie de l'immeuble doit donc respecter le bail comme l'acquéreur de l'immeuble tout entier ([4]) ; l'acquéreur sur expropriation forcée doit respecter le bail à date certaine aussi bien que l'acquéreur amiable ([5]). Nous verrons cependant que l'art. 684 C. pr. lui permet, en certains cas, de faire annuler le bail ([6]).

En tout cas, tout acquéreur, même résolutoire, doit res-

---

[1] Cass., 23 mai 1860, D., 60. 1. 384. — Cass., 17 janv. 1870, S., 71. 1. 57, D., 70. 1. 293. — Guillouard, I, n. 377; Huc, X, n. 347.

[2] Guillouard, I, n. 377.

[3] Cass., 10 janv. 1882, S., 83. 1. 246, D., 83. 1. 55. — Guillouard, I, n. 377.

[4] Huc, X, n. 345.

[5] Montpellier, 14 déc. 1870, S., 71. 2. 108. — Guillouard, I, n. 361.

[6] V. *infra*, n. 1333 s.

pecter le bail. Il en est ainsi par exemple de l'acquéreur soumis à une surenchère ([1]), ou de l'acquéreur grevé de substitution ([2]). Il ne peut exercer aucun recours, tant que son droit n'est pas résolu contre le propriétaire sous condition suspensive ([3]).

Ce dernier n'est tenu d'aucune obligation vis-à-vis du preneur, car il est de principe que le propriétaire sous condition suspensive n'est pas, dans ses rapports avec les tiers, considéré comme propriétaire.

1326. Aux termes de l'art. 1751 : « *L'acquéreur à pacte de* » *rachat ne peut user de la faculté d'expulser le preneur* » (quand le bail n'a pas date certaine), *jusqu'à ce que, par* » *l'expiration du délai fixé par le réméré, il devienne proprié-* » *taire incommutable* ».

C'est là une disposition exceptionnelle, dont la raison est facile à saisir, et qui, du reste, était également admise par l'ancienne jurisprudence ([4]). Le droit de l'acquéreur à réméré est incertain et il se peut que le vendeur redevienne propriétaire ; comme le vendeur ne peut résilier le bail et que le délai de réméré est nécessairement très bref (C. civ. art. 1660), on a pensé qu'il y aurait plus d'avantages que d'inconvénients à obliger l'acquéreur de maintenir le bail ; si le réméré n'est pas exercé au bout du temps fixé par l'acte de vente et au plus tard après cinq ans, l'acquéreur a le droit d'expulsion.

Ces considérations ne s'appliquent pas entièrement à l'acquéreur sous condition résolutoire, et comme l'art. 1743 s'exprime en termes généraux et que l'art. 1751 est excep tionnel, nous n'hésitons pas à affirmer que l'acquéreur sous condition résolutoire peut expulser le preneur dont le bail n'a pas date certaine ([5]). L'opinion contraire aurait pour princi pal inconvénient pratique d'enlever le droit d'expulsion à tout acquéreur tant que son prix n'aurait pas été payé ; en effet, jusqu'à ce que le prix soit payé, l'acquéreur est sous le coup

---

([1]) Bordeaux, 21 juil. 1830, S. chr., D. Rép., v° *Surenchère*, n. 269.
([2]) Bordeaux, 21 juil. 1830, précité.
([3]) Bordeaux, 21 juil. 1830, précité.
([4]) Guillouard, I, n. 372.
([5]) Huc, X, n. 347.

d'une résolution. Or, le paiement préalable du prix n'est pas indiqué par la loi comme étant la condition du droit d'expulsion.

1327. L'expulsion faite par l'acquéreur sous condition résolutoire est-elle définitive et doit-elle être maintenue même si, plus tard, par suite de la résolution, le vendeur (le bailleur) revient en possession de l'immeuble?

L'affirmative serait conforme aux principes, car la résolution fait disparaître rétroactivement tous les actes passés par le propriétaire dont le droit est résolu. On pourrait ajouter dans le même sens que le vendeur rentré en possession ne peut méconnaître, d'après l'opinion générale, le bail qu'il a consenti.

Il nous paraît cependant préférable de considérer comme définitive et irrévocable l'expulsion du preneur. En décidant que l'acquéreur à pacte de réméré ne peut expulser le preneur, l'art. 1751 montre que si cette expulsion était permise, elle serait définitive. D'un autre côté, l'expulsion du preneur a pour but de substituer à la gestion de l'immeuble une autre gestion ; elle constitue donc un acte d'administration. Or, il est de principe que les actes d'administration consentis par le propriétaire sous condition résolutoire sont définitifs.

L'opinion contraire aboutirait à des embarras considérables. Elle permettrait non seulement à l'ancien preneur d'exiger sa remise en possession, mais à l'ancien bailleur d'exiger la rentrée de son preneur, alors que ce dernier aurait, dans l'intervalle, loué un autre immeuble ou entrepris une autre exploitation. En outre, nous ne savons comment elle résoudrait le conflit qui pourrait s'élever entre l'ancien preneur et la personne à laquelle l'acquéreur, de son côté, aurait loué la chose, car il est incontestable que le bail consenti par l'acquéreur est valable.

1328. Si l'acquéreur à réméré se trouve, à raison des stipulations de l'acte de vente (notamment du délai trop long fixé pour le rachat), propriétaire incommutable, le droit d'expulsion lui appartient évidemment.

1329. Quant à l'acquéreur sous condition suspensive, il n'a pas, tant que la condition suspensive n'est pas accomplie, le droit d'expulser le preneur; tout acte de propriétaire qu'il accomplit est, en effet, subordonné à la même éventualité que sa propriété elle-même : donc, le preneur expulsé par lui peut rester en jouissance.

Toutefois, comme l'accomplissement de la condition aura pour effet de rendre l'acquéreur rétroactivement propriétaire à partir du jour de la vente, le congé qu'il aura donné au preneur avant l'accomplissement de la condition sera, en cas de réalisation de la condition, valablement donné.

1330. L'acquéreur sous pacte de réméré ne peut pas plus expulser le preneur dont l'acte n'a pas date certaine que le preneur soumis à l'expulsion en vertu du contrat de bail (¹). L'art. 1751 s'exprime en termes généraux et il ne peut manquer de s'appliquer à la dernière hypothèse, qui est prévue immédiatement auparavant par l'art. 1750. Les raisons de décider sont d'ailleurs les mêmes. On objecte qu'il serait, dans notre opinion, facile au vendeur de s'entendre avec un preneur fictif, auquel il soutiendrait avoir loué avant la vente ; les auteurs de cette objection oublient que la fraude, si elle est démontrée, entraîne le paiement des dommages-intérêts et que même le seul fait de dissimuler un bail existant peut être considéré comme la source de dommages-intérêts.

1331. Le droit du preneur est-il opposable aux personnes qui acquièrent un droit réel sur l'immeuble, par exemple au créancier antichrésiste ou hypothécaire, à l'usufruitier, à l'usager?

On fait ordinairement dépendre la question de celle de savoir si le preneur a un droit réel ou personnel (²). Pour ceux qui adoptent la première opinion, le droit du preneur est opposable à tous les ayant-cause particuliers du bailleur : c'est, en effet, le propre des droits réels d'être opposables à tout intéressé ; les partisans de la seconde opinion sont d'avis contraire (³).

Une distinction nous paraît cependant nécessaire. Sans doute, le droit personnel du preneur n'est pas opposable au

---

(¹) *Contra* Guillouard, I, n. 372.
(²) Guillouard, I, n. 19.
(³) Guillouard, I, n. 29.

créancier antichrésiste ou hypothécaire, lequel a un droit réel sur l'immeuble et n'a pas à se préoccuper des droits qui existent non pas sur l'immeuble, mais contre le bailleur ; encore faut-il excepter le cas, dont nous parlerons plus loin, d'un bail de dix-huit ans transcrit ; ce créancier peut donc retenir ou faire vendre l'immeuble ([1]).

Le droit du preneur n'est pas opposable davantage aux usufruitiers et usagers, dont le droit est antérieur au sien propre, et cela toujours en vertu du même motif ([2]).

Mais il en est autrement de l'usufruitier et de l'usager dont le droit ne serait né qu'après que le bail aurait obtenu date certaine ; l'art 1743 s'applique alors directement : le preneur se trouve en face d'un acquéreur qui a obtenu non pas certes la propriété de l'immeuble, mais un des démembrements de cette propriété ; la chose louée est aliénée, comme le suppose l'art. 1743, quoique l'aliénation ait lieu seulement quant à un démembrement de la propriété. Il serait, du reste, inadmissible que l'acquéreur de l'usufruit eût un droit qui n'appartînt pas à l'acquéreur de la pleine propriété ; les motifs de décider sont les mêmes.

1332. Les donataires doivent être traités comme les acquéreurs à titre onéreux ; il est vrai que l'art. 1743 ne vise textuellement que l'hypothèse d'une *vente ;* mais les motifs qui le justifient commandent d'appliquer la même solution à la donation ; les termes restrictifs du texte s'expliquent par l'idée que l'art. 1743 a poursuivi l'évolution commencée avant le code civil ; or, dans l'ancien droit, on ne s'était jamais préoccupé de l'hypothèse d'une libéralité, sans doute à cause de son caractère peu pratique.

On peut même tirer en faveur de la solution que nous proposons un argument *a fortiori* de l'art. 1743. S'il est à présumer que le bailleur a voulu imposer à son acheteur le respect du bail, à plus forte raison combien cette présomption n'est-elle pas admissible quand il s'agit d'un donataire qui reçoit du bailleur un service entièrement gratuit !

([1]) Mais il ne peut faire annuler le bail. V. *infra*, n. 1333.
([2]) Baudry-Lacantinerie et Chauveau, *Tr. des biens*, n. 538.

Nous en dirons autant, pour les mêmes motifs, des légataires particuliers ([1]).

La même solution est également applicable aux échangistes ([2]).

1333. Quant aux ayants cause universels du bailleur, le preneur a vis-à-vis d'eux les mêmes droits que vis-à-vis du bailleur lui-même; il est, en effet, de principe que les obligations d'une personne se transmettent à ses ayants cause universels. Aussi était-ce déjà la solution de l'ancien droit ([3]).

Il en est ainsi :

Des héritiers, comme la loi nous l'a montré ([4]);

Des créanciers chirographaires et même hypothécaires, car les créanciers hypothécaires ne peuvent méconnaître que les droits réels ([5]).

A cette dernière solution, les art. 684 C. pr. et 1167 C. civ. apportent de très importantes exceptions; le premier dispose qu'en cas de saisie d'un immeuble « les baux qui n'auront pas acquis date certaine avant le commandement pourront être annulés, si les créanciers ou l'adjudicataire le demandent ». Le second accorde aux créanciers, d'une manière générale, le droit de faire révoquer les actes de leur débiteur faits en fraude de leurs droits.

L'art. 1167 s'applique sans contredit au bail; les créanciers devront prouver, comme pour tout acte à titre onéreux, un préjudice à eux causé, la fraude de leur débiteur, la complicité du preneur ([6]).

La fraude ne résultera pas de la vileté du prix ([7]); car le propriétaire peut louer son immeuble comme il l'entend et sans que le prix représente nécessairement le revenu. Cette

---

([1]) V. *supra*, n. 1259.

([2]) Trib. sup. Carlsruhe, 6 déc. 1895, *Pasicr..* 96. 4. 97.

([3]) Chorier, *op. cit.*, liv. IV, sect. 6, art. 2, p. 242.

([4]) V. *supra*, n. 1259 s.

([5]) V. *supra*, n. 1331.

([6]) Cass., 27 janv. 1862, S., 62. 1. 232, D., 62. 1. 181. — Montpellier, 18 mai 1896, *Mon. jud. Midi*, 14 juin 1896. — Guillouard, I, n. 61.

([7]) Paris, 23 mars 1832, S., 33. 2. 124, D. *Rép.*, v° *Louage*, n. 72. — Rouen, 21 mai 1844, S., 44. 2. 653. — Douai, 24 juill. 1865, D., 66. 2. 29. — Troplong, I, n. 3; Duvergier, I, n. 102; Guillouard, I. n. 64; Fuzier Herman, art. 1709, n. 22.

solution a été donnée avec raison même contre les créanciers hypothécaires (¹).

Les créanciers peuvent également attaquer le bail simulé (²).

1334. Quant à l'art. 684 C. pr., il contient une application de l'art. 1167, avec cette seule différence que, les circonstances rendant la fraude plus probable, les créanciers n'auront à démontrer que l'existence d'un préjudice à eux causé (³). Toutefois, si le bail est sérieux, les juges pourront ne pas l'annuler (⁴); ils ont sur ce point un pouvoir d'appréciation absolu (⁵).

On voit qu'il est inexact de considérer, ainsi qu'on l'a fait (⁶), la disposition de l'art. 684 C. pr. comme énonçant un cas d'incapacité du bailleur; le bailleur n'est pas incapable de louer l'immeuble, mais il ne peut le louer en fraude des droits de ses créanciers.

1335. L'art. 684 C. pr. ne s'applique pas aux baux ayant date certaine avant le commandement (⁷).

Mais ces baux, à condition d'être frauduleux, peuvent être révoqués par application de l'art. 1167 C. civ. (⁸).

(¹) Mêmes autorités.

(²) Montpellier, 18 mai 1896, précité.

(³) Nimes, 4 mars 1850, S., 50. 2. 452, D., 52. 2. 449. — Paris, 19 août 1852, S., 52. 2. 499, D., 53. 2. 221. — Alger, 4 fév. 1874, sous Cass., 27 nov. 1875, D., 76. 1. 151. — Paris, 10 mai 1893, *Loi*, 5 juin 1893. — Guillouard, I, n. 61 et *Tr. des priv. et hyp.*, III, n. 1601; Boitard, *Leçons de proc. civ.*, n. 925; Planiol, *Rev. crit.*, XV, 1886, p. 619; Huc, X, n. 287. — *Contra* Bordeaux, 18 nov. 1848, S., 49. 2. 282, D., 49. 2. 133.

(⁴) Trib. civ. Versailles, 19 juill. 1894, *Journ. des avoués*, 94. 372. — V. cep. Guillouard, *loc. cit.*

(⁵) Cass., 8 mai 1872, S., 72. 1. 241, D., 72. 1. 372. — Cass., 22 mai 1878, S., 79. 1. 109, D., 78. 1. 484. — Cass., 9 déc. 1878, S., 79. 1. 360, D., 79. 1. 310. — Cass. civ., 1ᵉʳ juin 1892, S., 92. 1. 312, D., 92. 1. 384. — Caen, 6 mars 1893, *Rec. de Rouen*, 93. 2. 121. — Chauveau, *Lois de la proc.*, V, n. 155; Bioche, *Dict. de proc.*, vº *Saisie immobilière*, n. 285; Planiol, *Rev. crit.*, XV, 1886, p. 618; Guillouard, I, n. 61.

(⁶) Guillouard, *loc. cit.*

(⁷) On applique cette solution même aux baux relatés dans un acte (sous-bail, citation) ayant date certaine avant le commandement. Trib. civ. Marseille, 24 nov. 1891, *Rec. d'Aix*, 92. 1. 20.

(⁸) Cass., 27 janv. 1862, S., 62. 1. 232, D., 62. 1. 184. — Guillouard, *Tr. des priv. et hyp.*, III, n. 1602.

S'ils sont simulés, ils peuvent même être attaqués sans aucune autre condition que la preuve de cette simulation (¹).

1336. Le commandement produit d'ailleurs son effet sur le bail, alors même qu'il serait ultérieurement périmé (²).

Il importe peu également que le commandement contienne des irrégularités de forme, s'il a servi néanmoins de base à la saisie, c'est-à-dire si les personnes autorisées à invoquer la nullité ne l'ont pas fait (³).

1337. Lorsque la saisie immobilière est faite sur un tiers détenteur, c'est la sommation faite au tiers détenteur qui produit les effets du commandement (C. civ., art. 2169). Par conséquent les baux qui n'ont pas date certaine avant la sommation sont susceptibles d'annulation en vertu de l'art. 684 C. pr. (⁴); il en est autrement des baux ayant date certaine antérieure à la sommation, alors même que la date certaine serait postérieure au commandement fait au débiteur principal (⁵).

1338. Rappelons que, si le bail a plus de dix-huit ans, il doit, pour être opposable aux créanciers *hypothécaires,* comme aux adjudicataires, être transcrit avant l'inscription de l'hypothèque ou la transcription de l'adjudication (⁶).

1339. Quoique l'art. 684 C. pr. n'autorise les juges qu'à annuler le bail, ils s'accordent, par un argument *a fortiori,* le droit de le réduire (⁷).

1340. L'art. 684 C. pr. est applicable aux mêmes baux que l'art. 1743 ; ainsi il est applicable au bail de chasse. Si on a soutenu le contraire (⁸), c'est par une conséquence logique de l'opinion qui ne voit pas dans le bail de chasse un contrat de louage véritable. Les auteurs qui considèrent la réserve du droit de chasse comme un commodat, doivent éga-

---

(¹) Cass., 25 avril 1887, S., 87. 1. 149. — Cass. req., 16 mars 1887, S., 90. 1. 301. — Paris, 26 juin 1810, P. chr.

(²) Alger, 12 déc. 1895, D., 96. 2. 390.

(³) Alger, 12 déc. 1895, précité.

(⁴) Cass. civ., 14 fév. 1899, *Gaz. Pal.,* 99. 1. 470.

(⁵) Cass. civ., 14 fév. 1899, précité.

(⁶) V. *supra,* n. 1285 s.

(⁷) Douai, 12 fév. 1884, S., 85. 2. 80. — Planiol, *Rev. crit.,* XV, 1886, p. 620. — *Contra* Huc, X, n. 287.

(⁸) Esmein, *Note,* S., 93. 1. 185. — V. *supra,* n. 1273.

lement, en ce qui concerne cette dernière, rejeter l'application de l'art. 684 C. pr.

1341. L'apport de l'immeuble loué dans une société contractée par le bailleur équivaut à une aliénation. L'aliénation est faite au profit de la société, pour le tout, si la société est un être moral c'est-à-dire dans la plupart des cas et, suivant la jurisprudence, alors même que la société est civile. Dans le cas où la société n'est pas un être moral, l'aliénation est faite au profit des coassociés et seulement pour la part excédant les droits que l'auteur de l'apport conserve dans l'immeuble apporté.

De toute manière, l'art. 1743 paraît être applicable, soit dans le premier cas pour la totalité de l'immeuble, soit dans le second cas pour la part acquise par les coassociés dans cet immeuble. Ce texte s'exprime, en effet, dans les termes les plus généraux et interdit toute distinction.

Mais, s'il s'agit d'une société commerciale ou d'une société civile à forme commerciale, il ne suffira pas, pour que la société puisse exercer vis-à-vis du preneur les droits que l'art. 1743 accorde à tout acquéreur, que l'acte de constitution ait date certaine antérieure au bail ; il faut encore que cet acte ait été régulièrement publié ; tel est, en effet, la condition pour que l'acte de société soit opposable aux tiers.

De toute manière, le bailleur reste, conformément aux principes, responsable du bail vis-à-vis du preneur, et cela est exact alors même que la société est publiée (¹).

1342. L'effet de la dissolution de la société varie, d'une part suivant que la société était ou non une personne morale, d'autre part suivant que l'attribution de l'immeuble a lieu au profit du bailleur, auteur de l'apport, ou au profit d'une autre personne.

Supposons d'abord que la société n'eût pas de personnalité : à raison de l'effet rétroactif du partage, l'immeuble est censé avoir appartenu dès le jour de la société à l'associé qui en reçoit l'attribution. Si donc cet associé est le bailleur lui-même, il sera censé n'avoir jamais perdu la propriété de

---

(¹) V. cep. Gand, 5 déc. 1894, *Pasicr.*, 95. 2. 164 (impl.).

l'immeuble depuis le jour où il a consenti le bail; l'application de l'art. 1743 sera donc rétroactivement anéantie. — Si, au contraire, l'immeuble est attribué à un coassocié, c'est dès le jour de la société que, pour la totalité, l'art. 1743 deviendra rétroactivement applicable; dans le cas où, en fait, cela aurait pour résultat de rendre le bail inopposable à l'attributaire, le preneur garde une action personnelle contre le bailleur [1].

Passons au second cas, celui où la société avait une personnalité morale; l'effet rétroactif du partage ne remonte alors qu'au jour de la dissolution de la société; l'attributaire, fût-il le bailleur lui-même, est l'ayant cause de la société; il pourra donc, comme propriétaire et au même titre que la société, se prévaloir de l'art. 1743.

Mais le bailleur, attributaire ou non, restera tenu vis-à-vis du preneur [2].

§ VI. *De la défense d'aliéner imposée au bailleur par le contrat.*

1343. Il peut être convenu entre le bailleur et le preneur que, pendant la durée du bail, le bailleur ne pourra aliéner la chose louée [3]. L'intérêt du preneur à insérer dans le bail une pareille clause est évident : il peut craindre que ses relations avec un nouveau propriétaire ne soient difficiles; or on autorise, notamment dans les dispositions à titre gratuit, les défenses d'aliéner qui ont pour cause l'intérêt des parties.

1344. Mais comme le preneur n'a aucun droit réel sur la chose, et que l'interdiction d'aliéner est ainsi une obligation personnelle du bailleur, l'aliénation faite par ce dernier est valable; le preneur pourra seulement demander des dommages-intérêts au bailleur; il pourra même demander la résiliation du bail si, en fait, la clause d'inaliénabilité peut être considérée comme soumettant le bail à une condition résolutoire.

---

[1] V. cep. Gand, 5 déc. 1894, précité (motifs).

[2] V. cep. Gand, 5 déc. 1894, précité, qui n'admet cette solution que pour le cas où la société aurait été régulièrement publiée.

[3] *Contra* Huc, *Tr. de la cession et de la transmission des créances*, I, n. 35.

SECTION V

CONSOLIDATION ET CONFUSION

1345. La réunion des qualités de preneur et de bailleur en une même personne (succession du bailleur au preneur ou réciproquement ([1]), acquisition par le preneur de l'immeuble loué) ([2]) met évidemment fin au bail.

1346. La confusion disparaît rétroactivement si l'acquisition disparaît elle-même rétroactivement, par exemple si elle est résolue pour défaut de payement du prix ou si l'adjudication est résolue par voie de folle enchère ([3]). Dans ce cas, le bail est censé n'avoir jamais cessé et le preneur doit les loyers pour le temps même pendant lequel il a pu se croire propriétaire ([4]) et pour le temps postérieur jusqu'à l'expiration du bail.

SECTION VI

PERTE DE LA CHOSE

1347. Tout ce qui concerne la perte de la chose a été étudié plus haut, à propos des obligations du bailleur ([5]).

SECTION VII

EXPROPRIATION POUR CAUSE D'UTILITÉ PUBLIQUE

§ I. *Rapports du bailleur et du preneur avec l'expropriant.*

1348. En cas d'expropriation pour cause d'utilité publique, la loi du 3 mai 1841 règle de la manière suivante les rapports du bailleur et du preneur avec l'administration.

Dans la huitaine qui suit la notification du jugement d'ex-

([1]) Guillouard, I, n. 379.
([2]) Lyon, 1er avril 1892, S., 94. 2. 174, D., 93. 2. 163 (impl). — Duvergier, I, n. 514 ; Guillouard, I, n. 379.
([3]) Lyon, 1er avril 1892, précité.
([4]) Lyon, 1er avril 1892, précité.
([5]) V. *supra*, n. 335 s.

propriation, le bailleur est tenu de dénoncer à l'administration ses fermiers et locataires.

L'administration fait alors des offres à ces derniers ([1]).

Le locataire qui n'a pas été dénoncé à l'expropriant par le propriétaire ou ne s'est pas fait connaître dans la huitaine à partir de la notification du jugement d'expropriation n'a plus de recours que contre son propriétaire ([3]).

Toutefois son droit est sauvegardé si d'autres circonstances ont fait connaître à l'expropriant l'existence du preneur ([3]). Car l'art. 21 oblige seulement le propriétaire à *faire connaître* le preneur; il n'exige donc pas une notification en forme ([4]). De même, l'art. 21 § 2 oblige seulement les tiers à se *faire connaître*. Or, on ne voit pas la nécessité de cet avis, du moment qu'antérieurement déjà, l'expropriant avait obtenu connaissance de l'existence du preneur.

On objecte que, d'après l'art. 15 de la loi de 1841, la signification du jugement d'expropriation est faite au propriétaire entre les mains du preneur; mais tout ce qui résulte de là, c'est que le preneur doit toujours être connu, non pas qu'il doit en être donné connaissance même alors qu'il est entièrement connu de l'expropriant.

Le droit du preneur est également sauvegardé si l'expropriant est le bailleur lui-même, puisque ce dernier est tenu à garantie envers le preneur non dénoncé ([5]).

1349. Si tardive que soit la réclamation du locataire, le jury, qui n'a aucune attribution contentieuse, ne peut la

---

([1]) Il a été décidé qu'aucune indemnité n'est due au concierge. — Trib. civ. Lyon, 8 juin 1892, *Mon. jud. Lyon*, 18 août 1892.

([2]) Cass., 19 août 1856, S., 59. 1. 272. — Crépon, *Code annoté de l'expropriation*, art. 21, n. 73.

([3]) Cass. req., 21 déc. 1891, S., 93. 1. 262. — Paris, 21 mai 1890, S., 91. 2. 197, D., 91. 2. 12 (locataire qui a obtenu des indemnités pour privation de jouissance et dégâts à ses récoltes, a comparu à l'enquête et reçu la notification au propriétaire du jugement d'expropriation). — Arnaud, *Manuel du directeur du jury*, n. 26; de Peyronny et Delamarre, *Comm. théor. et prat. des lois sur l'expropr.*, n. 283; Herson, *De l'exropr.*, n. 25; Delalleau et Jousselin, *Tr. de l'expropr.*, I, n. 406; Crépon, *Code annoté de l'expropr.*, art. 21, n. 26; Babinet, *Rapport*, S., 93. 1. 262.

([4]) Cass. req., 21 déc. 1891, précité. — Babinet, *loc. cit.*

([5]) Trib. civ. Seine, 21 déc. 1887, *Mon. jud. Lyon*, 31 janv. 1888 (expropriation par l'Etat d'un immeuble lui appartenant).

rejeter ; il ne peut davantage lui allouer une indemnité définitive ; il fixe une indemnité éventuelle et le magistrat directeur renvoie la question devant les juges compétents ([1]).

Mais si l'expropriant n'a pas opposé au preneur devant le
jury la tardiveté de sa réclamation, l'indemnité est valablement allouée ([2]).

1350. Si l'expropriation est totale, le bail est résilié de
plein droit à partir du jugement d'expropriation et le preneur n'a plus dès lors droit qu'à une indemnité ([3]). La cession amiable produit le même effet ([4]).

L'expropriant ne peut obliger le preneur à continuer le
bail ([5]), car la loi de 1841 décide d'une manière générale que
le jugement d'expropriation résout de plein droit tous les
droits réels (art. **17, 18 et 55**) et cette solution s'applique à
plus forte raison aux droits personnels.

L'opinion contraire est, on le voit, contredite par les textes ;
on lui reproche aussi d'aboutir à permettre à l'expropriant
de résilier le bail à l'époque ultérieure qui lui conviendra ;
l'expropriant ne pouvant être contraint de maintenir un bail
qui le gêne. Cette conséquence n'est évidemment pas fatale ;
nous allons dire, en effet, que le concours de l'expropriant et
du preneur peut maintenir le bail jusqu'à son expiration.

Et si le preneur reste en possession, par la tolérance de
l'expropriant, et cela même jusqu'à la fin du bail, il n'en a

---

([1]) Cass., 31 juill. 1867, S., 67. 1. 454. — Cass., 11 (et non 17) juin 1883, S., 84.
1. 35. — Cass., 20 mai 1885, S., 87. 1. 388.

([2]) Cass., 8 juil. 1879, S., 81. 1. 377. — Crépon, *op. cit.*, art. 21, n. 74.

([3]) Cass., 17 juin 1867, S., 70. 1. 369, D., 71. 1. 251. — Cass., 22 mars 1870, S.,
70. 1. 369, D., 71. 1. 297. — Cass., 23 nov. 1880, S., 81. 1. 129. — Paris, 14 janv.
1873, S., 73. 2. 243, D., 73. 2. 137. — Paris, 21 juil. 1886, S., 88. 2. 4, D., 87. 2.
92. — Trib. civ. Seine, 25 juin 1895, *Gaz. Trib.*, 13 oct. 1895. — Guillouard, I,
n. 400 ; Daffry de la Monnoye, *Expropriation pour cause d'utilité publique*, II,
p. 365 s. ; Crépon, *op. cit.*, p. 84 et 357 s.

([4]) Cass., 22 juin 1860, S., 60. 1. 1005. — Cass., 17 juin 1867, précité. — Trib.
civ. Seine, 25 juin 1895, précité. — Guillouard, I, n. 400 ; Huc, X, n. 295.

([5]) Cass., 16 avril 1862, S., 62. 1. 721. — Paris, 11 août 1862, S., 62. 2. 417. —
Aubry et Rau, IV, § 369, note 6 ; Guillouard, I, n. 400. — *Contra* Trib. civ. Seine,
11 avril 1862, S., 62. 2. 417. — Il a été jugé (Trib. civ. Lyon, 3 déc. 1892, *Loi*,
28 janv. 1893) que l'expropriant peut, si le bail est fait sans durée déterminée,
se contenter de donner congé au preneur dans le délai ordinaire, sans lui payer
d'indemnité, au moins s'il lui a donné ce congé avant le jugement d'expropriation.

pas moins droit à l'indemnité, car, sachant sa possession précaire, le preneur n'a pu exploiter l'immeuble ou en jouir de la manière qui lui aurait été la plus profitable ([1]).

1351. Il est certain que la volonté commune de l'expropriant et du preneur peut empêcher la résiliation du bail ([2]). Dans ce cas, le bail continuera jusqu'à son expiration et l'expropriant n'y pourra mettre fin que par une nouvelle expropriation ; la convention qui s'est formée lie, en effet, les deux parties.

Le consentement des parties résulte de ce que le preneur est resté en possession et n'a pas, six mois après l'acquisition, c'est-à-dire au moment où la loi le lui permet, réclamé l'indemnité ([3]).

Mais le simple maintien en possession du preneur après l'expiration ne constitue pas une convention destinée à maintenir le bail ([4]) ; la possession du preneur est précaire et n'a aucune conséquence juridique. Elle n'est évidemment pas gratuite, mais elle ne donne lieu qu'à une indemnité d'occupation et non pas à un véritable loyer ([5]). Les tribunaux fixent cette indemnité ; en principe, elle ne peut être supérieure au prix du bail antérieur ; mais elle peut lui être inférieure, à raison du caractère précaire de la jouissance ([6]).

1352. Si le bail est maintenu, l'expropriant est entièrement substitué au propriétaire exproprié.

C'est à lui qu'il appartient de tenir compte aux locataires des loyers payés d'avance ([7]).

([1]) Cass., 17 juin 1867, précité. — Paris, 14 janv. 1873, précité. — Guillouard, I, n. 400 ; Huc, X, n. 295.

([2]) Guillouard, I, n. 400.

([3]) Cass., 22 mars 1870, S., 70. 1. 369, D., 71. 1. 297. — Guillouard, I, n. 400.

([4]) Cass., 20 juin 1864, S., 64. 1. 368. — Cass., 4 juil. 1864, S., 64. 1. 368, D., 64. 1. 443. — Cass., 22 mars 1870, S., 70. 1. 369, D , 71. 1. 297. — Cass., 23 nov. 1880, S., 81. 1. 129. — Paris, 14 janv. 1873, S., 73. 2. 243, D., 73. 2. 137. — Paris, 21 juil. 1886, S., 88. 2. 4, D., 87. 2. 92. — Daffry de la Monnoye, *op. cit.*, II, p. 371 ; Crépon, *op. cit.*, p. 357 ; Guillouard, I, n. 400.

([5]) Lyon, 17 juil. 1890, *Gaz. Pal.*, 90. 2. 213. — Trib. civ. Lyon, 10 mars 1892, *Droit*, 31 mai 1892. — Trib. civ. Seine, 25 juin 1895, *Gaz. Trib.*, 13 oct. 1895. — Trib. civ. Seine, 21 juil. 1896, *Droit*, 8 janv. 1897.

([6]) Trib. civ. Lyon, 10 mars 1892, précité.

([7]) Trib. civ. Seine, 22 avril 1893, *Loi*, 8 juil. 1893.

Quant au propriétaire exproprié, il peut poursuivre le payement des loyers jusqu'au jour où s'est effectuée la transmission au profit de l'expropriation, sans avoir à déduire les loyers payés d'avance ([1]).

1353. Avec le bail lui-même tombent toutes les clauses accessoires du bail ([2]).

1854. L'indemnité est due au preneur quoique son bail n'ait pas date certaine ([3]). Les art. 28 et 39 de la loi de 1841, qui donnent au preneur droit à indemnité, s'expriment, en effet, d'une manière générale ; d'un autre côté, ils ont pour but de mettre une indemnité à la charge de l'expropriant en déchargeant le bailleur. Or, dans l'opinion contraire et si on adopte le système d'après lequel le preneur dont le bail n'a pas date certaine a, en cas d'expulsion, un recours contre le bailleur, le bailleur cesserait d'être indemne.

On ne peut objecter en sens contraire l'art. 1750 : ce texte ne s'applique qu'à l'acquéreur ordinaire, et la preuve qu'il n'a pas une portée générale est que la situation de l'acquéreur sur expropriation forcée est toute différente. C'est à tort également qu'on objecte l'art. 1328 ; la loi sur l'expropriation pour cause d'utilité publique y déroge.

Il va sans dire que si le bail est démontré être frauduleux, l'expropriant n'a pas à en tenir compte ([4]). Il en est ainsi, par exemple, si le bail a été consenti après la publication du décret d'utilité publique, lequel indiquait les zones des travaux projetés ([5]).

1355. L'indemnité d'expropriation est due, bien qu'aux termes du bail le bailleur ait stipulé qu'il n'aurait aucune indemnité à payer en cas d'expropriation ([6]).

([1]) Trib. civ. Seine, 22 avril 1893, précité.

([2]) Paris, 21 juil. 1836, S., 88. 2. 4, D., 87. 2. 92 (par exemple la clause qui mettait les impôts à la charge du preneur).

([3]) Cass.. 17 avril 1861. S., 61. 1. 497, D., 61. 1. 145. — Lyon, 7 août 1855, S., 55 2. 637, D., 56. 2. 102. — Grenoble, 30 août 1856, S., 58. 2. 111, D., 58. 2. 83. — Guillouard, I, n. 402 ; Gautier, *Précis des mat. administratives*, p. 364 ; Huc, X, n. 296. — *Contra* Cass., 2 fév. 1847. S., 47. 1. 280, D., 47. 1. 93. — Paris, 16 mai 1854, S., 54. 2. 345, D., 55. 2. 54. — Lyon, 16 mars 1855, S., 55. 2. 236, D., 55. 2. 297.

([4]) Guillouard, I, n. 402.

([5]) Trib. civ. Seine, 21 fév. 1893, *Droit*, 12 juil. 1893.

([6]) Rouen, 12 fév. 1847, S., 48. 2. 591. — Guillouard, I, n. 403 ; Huc, X, n. 296. —

Il n'est pas à supposer, en effet, que le bailleur ait entendu stipuler en faveur de l'expropriant, dont l'intérêt ne le touche en aucune manière : tout ce qu'a voulu le bailleur, c'est qu'en cas d'expropriation partielle, le preneur ne vînt pas lui réclamer l'indemnité ou la diminution de loyers auxquelles il a droit. — Le bailleur n'ayant pas entendu décharger l'expropriant de l'indemnité, on ne voit pas de quel droit ce dernier se prétendrait déchargé.

C'est donc à tort qu'on objecte que l'indemnité d'expropriation due au preneur par l'expropriant est, au fond, l'indemnité de résiliation due par le bailleur d'après les art. 1744 et s. et prise par l'expropriant à sa charge. Ce raisonnement ne répond pas à la question : il s'agit de savoir ce que le bailleur a voulu et non ce qu'il a pu faire.

Mais il va sans dire que la stipulation du bail peut porter sur l'indemnité d'expropriation ([1]) et, qu'en ce cas, l'expropriant est déchargé de toute indemnité.

1356. L'indemnité d'expropriation ne produit au profit du preneur des intérêts qu'à partir de la demande en justice ([2]). Cette solution doit être admise par application du droit commun ; l'art. 55 de la loi du 3 mai 1841 n'y déroge que pour le propriétaire exproprié ([3]) et se justifie sans doute comme une extension de l'art. 1652, qui fait courir de plein droit les intérêts du prix de vente, si l'objet vendu est frugifère ; en d'autres termes, la loi assimile l'expropriation à une vente ; or l'indemnité qui peut être due au preneur par l'acquéreur ne porte pas intérêt de plein droit.

1357. De ce que le bail est résilié au jour de l'expropriation, on doit conclure qu'il ne dure pas jusqu'au moment du paiement de l'indemnité d'expropriation au propriétaire

Contra Cass., 13 mars 1861, S., 61. 1. 501, D., 61. 1. 306. — Paris, 24 déc. 1859, S., 60. 2. 311, D., 60. 5. 156. — Trib. civ. Seine, 8 août 1889, *Droit*, 29 sept. 1889. — Gautier, *op. cit.*, p. 364.

([1]) Guillouard, I, n. 403.

([2]) Cass., 14 nov. 1865, S., 66. 1. 221, D., 66. 1. 134. — Trib. civ. Laon, 18 mars 1891, *Gaz. Pal.*, 91. 1. 543.

([3]) « Quand l'indemnité aura été réglée, si elle n'est ni acquittée ni consignée dans les six mois de la décision du jury, les intérêts courront de plein droit à l'expiration de ce délai ».

exproprié, quoique l'expropriation de ce dernier soit reportée au jour de ce payement (¹).

Si donc cette indemnité n'est pas payée, la résiliation des baux, étant définitive, n'est pas révoquée (²) ; le propriétaire a simplement le droit de réclamer des dommages-intérêts à l'expropriant (³).

Pour la même raison, le preneur n'a plus à payer de loyers et, s'il en a payé, il peut les répéter (⁴).

De même le preneur n'a plus, à partir du jugement d'expropriation, à payer les impôts mis à sa charge par le bail (⁵).

1358. L'expropriation partielle produit, en ce qui concerne la partie expropriée, mais pour elle seule, les mêmes effets entre l'expropriant et le preneur que l'expropriation totale (⁶).

En ce qui concerne le surplus, le bail est maintenu en principe, comme nous le dirons en étudiant les rapports entre le bailleur et le preneur (⁷).

1359. L'expropriation est partielle même si l'expropriant a dû, sur la réquisition du propriétaire (L. **3 mai 1841**, art. **50**), acquérir la partie non expropriée de l'immeuble (⁸). Il est, en effet, pour cette partie, considéré comme acquéreur.

Si donc l'expropriation partielle est suivie d'une acquisition du surplus de l'immeuble, sur la réquisition du bailleur, l'expropriant est, en ce qui concerne ce surplus, un acquéreur auquel s'applique l'art. **1743** C. civ. ; le bail continue entre l'expropriant et le preneur (⁹), sauf pour le preneur le droit de réclamer la résiliation pour destruction partielle de

---

(¹) Trib. civ. Seine, 25 juin 1895, *Gaz. Trib.*, 13 oct. 1895.

²) Trib. civ. Seine, 25 juin 1895, précité.

(³) Trib. civ. Seine, 25 juin 1895, précité.

(⁴) Trib. civ. Villefranche, 18 avril 1890, *Mon. jud. Lyon*, 23 mai 1890.

(⁵ Paris, 21 juill. 1886, S., 88. 2. 4, D., 87. 2. 92.

(⁶) Cass., 22 juin 1860, S., 60. 1. 1005. — Cass., 17 juin 1867, S., 70. 1. 369, D., 71. 1. 251. — Guillouard, I, n. 400.— Ainsi l'expropriant ne peut faire déguerpir le locataire de l'immeuble que des locaux expropriés. Trib. civ. Périgueux, 27 mai 1892, *Loi*, 9 juin 1892.

(⁷) V. *infra*, n. 1362.

⁸) V. les arrêts cités à la note suiv. — Guillouard, I, n. 401. — *Contra* Huc, X, n. 296.

(⁹) Cass., 19 mars 1872, S., 72. 1. 86. — Paris, 12 fév. 1833, S., 33. 2. 606, D. *Rép.*, v° *Expropr. publ.*. n. 740-2. — Paris, 12 août 1862, S., 62. 2. 421. — Lyon, 29 déc. 1894, *Mon. jud. Lyon*, 22 fév. 1895. — Guillouard, I, n. 401.

la chose, dans le cas où une destruction partielle justifie une demande en résiliation (¹).

1360. Toutes les solutions qui précèdent s'appliquent également dans le cas où, les parties et l'administration, s'étant accordées sur le montant de l'indemnité, le délaissement a lieu à l'amiable et sans jugement d'expropriation (²).

§ II. *Rapports entre le bailleur et le preneur.*

1361. Nous avons examiné plus haut, à propos de la capacité, si le décret d'expropriation enlève au propriétaire de l'immeuble le droit de faire ou de renouveler un bail (³).

1362. L'expropriation totale entraîne évidemment, comme la perte totale, la résiliation du bail (⁴). Le bailleur doit au preneur des dommages-intérêts si, en omettant de le dénoncer à l'expropriant, il l'a empêché d'obtenir de celui-ci une indemnité (⁵).

Le bailleur doit, en cas d'expropriation partielle, tenir compte aux preneurs d'une diminution de loyer proportionnelle à la partie de l'immeuble dont ils sont privés (⁶). La résiliation du bail peut également être demandée par le preneur (⁷), conformément à l'art. **1722** (⁸), si la chose ne peut

(¹) Paris, 12 fév. 1833, précité.

(²) V. *supra*, n. 1350.

(³) V. *supra*, n. 80.

(⁴) Aubry et Rau, IV, p. 479, § 366 ; Guillouard, I, n. 404 ; Fuzier-Herman, art. 1722, n. 87.

(⁵) Nancy, 13 janv. 1891, *Gaz. Pal.*, 91. 2. 671. — Sur le calcul de ces dommages-intérêts ne doit pas influer une tolérance de l'expropriant en vertu de laquelle le locataire reste en jouissance et à titre précaire, car le propriétaire doit non pas seulement réparer le préjudice causé au locataire par l'expropriation, mais lui payer une somme égale à l'indemnité que lui aurait allouée le jury ; or le jury n'aurait pas tenu compte de ce fait postérieur à sa délibération. Nancy, 13 janv. 1891, précité.

(⁶) Cass., 7 juill. 1847, S., 47. 1. 835, D. *Rép.*, v° *Louage*, n. 199. — Cass., 8 août 1855, S., 56. 1. 422. — Cass. req., 18 nov. 1890. S., 91. 1. 265, D., 92. 1. 81. — Guillouard, I, n. 148 ; Fuzier-Herman, art. 1722, n. 92 ; Huc, X, n. 295.

(⁷) Cass. req., 9 janv. 1889, S., 89. 1. 105, D , 89. 1. 9. — Paris, 16 mars 1881, S., 81. 2. 261. — Trib. civ. Seine, 25 nov. 1887, *Pand. franç.*, 88. 2. 83. — Guillouard, I, n. 401 ; Fuzier-Herman, art. 1722, n. 88 et 89. — V. *supra*, n. 1359.

(⁸) Trib. civ. Périgueux, 27 mai 1892, *Loi*, 9 juin 1892. — V. les détails donnés à propos de la perte partielle, *supra*, n. 358 s.

plus remplir sa destination. La question de savoir si la résiliation peut être imposée par le bailleur au preneur doit être
tranchée par les principes développés à propos de ce dernier
article. Ainsi la résiliation peut être imposée si, par suite de
l'expropriation d'une partie de l'immeuble, le surplus, à raison de sa solidité insuffisante, doit être détruit (¹).

En aucun cas, le bailleur ne doit des dommages-intérêts (²),
car l'expropriation est un cas fortuit.

Si même le bailleur requiert l'expropriation totale d'une
parcelle détachée de l'immeuble exproprié, il ne doit pas de
dommages-intérêts au preneur, ce dernier en ayant été instruit
par la procédure à laquelle il a assisté et ayant pu réclamer
une indemnité supplémentaire à l'exropriant (³) ; mais, ici
encore le preneur peut demander une diminution de loyer (⁴).

Toutefois, il va sans dire que des dommages-intérêts peuvent être réclamés au bailleur dont la faute nécessite la démolition de la partie non expropriée de l'immeuble (⁵).

1363. Au cas où l'expropriation pour cause d'utilité publique consiste dans la destruction d'une partie de l'immeuble,
le bailleur peut-il être forcé de reconstruire cet immeuble ?

L'affirmative doit être admise dans l'opinion qui décide que
l'immeuble détruit partiellement doit être reconstruit aux frais
du bailleur (⁶).

Dans l'opinion contraire, le cas doit être assimilé à celui
où l'immeuble en partie détruit est remplacé dans le patrimoine du bailleur par une indemnité ; l'opinion générale est
pour la négative ici encore (⁷) ; l'expropriation, comme le con-

---

(¹) Cass., 3 août 1847, S., 47. 1. 838, D. *Rép.*, vᵒ *Louage*, n. 202.

(²) Cass., 7 juill. 1847, précité. — Paris, 16 mars 1881, S., 81. 2. 261. — Guillouard, I, n. 404.

(³) Trib. civ. Seine, 29 juil. 1890, *Droit*, 3 oct. 1890.

(⁴) Trib. civ. Seine, 29 juil. 1890, précité.

(⁵) Paris, 25 mai 1846, sous Cass., 3 août 1847, S., 47. 1. 838, D., 47. 1. 251. —
Fuzier-Herman, art. 1722, n. 95.

(⁶) Troplong, I, n. 523. — V. *supra*, n. 358 s.

(⁷) *Note*, S., 91. 1. 265 ; Massé et Vergé, IV, p. 381, § 704, note 4 ; Pont, *Rev. crit.*,
III, 1853, p. 281 ; Poncet, *Note*, D., 92. 1. 81 ; Laurent, XXV, n. 405 ; Guillouard,
I, n. 394, 395 et 405 ; Georges Lemaire, *Rapport*, sous Cass. req., 18 nov. 1890, S.,
91. 1. 265, D., 92. 1. 81 ; Huc, X, n. 295. — On cite en ce sens Paris 27 juil. 1850 et Douai,
21 mai 1852, qui sont relatifs à la perte partielle ordinaire. — *Contra* Paris, 12 fév.

trat d'assurance, est étrangère au preneur, qui ne peut s'en prévaloir. D'autre part, l'art. 1722 dispense en termes généraux le bailleur de la reconstruction.

Cependant on objecte ici des considérations spéciales [1].

L'indemnité d'expropriation, dit-on, à la différence de l'indemnité d'assurance, comprend la somme nécessaire pour remettre l'immeuble en état ; le preneur peut donc exiger que cette somme réserve la destination prévue.

L'objection est peu convaincante : d'une part, elle ne répond pas à l'argument que nous venons de reproduire et qui résulte de la règle que les tiers ne peuvent tirer profit des actes auxquels ils sont étrangers. D'autre part, l'indemnité d'assurance, elle aussi, est destinée à remettre l'immeuble en état ; il y a donc contradiction à traiter différemment l'indemnité d'expropriation et l'indemnité d'assurance. Enfin, si le bailleur reçoit une indemnité en vue des reconstructions, c'est pour son propre compte et non pour le compte du preneur.

La solution contraire est même plus injuste pour l'expropriation que pour l'assurance, car, si le contrat d'assurance passé par le bailleur ne procure aucune indemnité au preneur, ce dernier est, en cas d'expropriation pour cause d'utilité publique, personnellement indemnisé du préjudice que lui cause l'expropriation (L. 3 mai 1841, art. 39).

Mais, comme en cas de perte partielle ordinaire, le bailleur est tenu, si le preneur l'exige, de faire les réparations nécessaires pour que la partie restante de l'immeuble puisse remplir sa destination, pourvu que les réparations possibles soient de nature à produire ce résultat [2]. Les art. 1719 et 1720 sont décisifs pour ce cas comme pour la perte partielle ordinaire [3].

1333, S., 33. 2. 606, D. *Rép.* vº *Expropr. pour utilité publique*, n. 740-2º. — Douai, 31 mai 1852, S., 53. 2. 57, D., 53. 2. 226 (motifs). — Duvergier, I, n. 523 ; Aubry et Rau, IV, p. 496, § 369, note 7.

[1] Paris, 12 fév. 1833, précité. — Aubry et Rau, *loc. cit.*

[2] Cass. req., 18 nov. 1890, S., 91. 1. 265, D., 92. 1. 81 (mais cet arrêt exige que les réparations puissent se faire sans dépenses exagérées). — *Note*, S., 91. 1. 265 ; George Lemaire, *Rapport*, sous Cass. req., 18 nov. 1890, précité ; Huc, X, n. 295.

[3] V. *supra*, n. 366.

1364. L'indemnité due pour les constructions élevées par le preneur appartient à ce dernier et non pas au bailleur, dans l'opinion que nous avons soutenue, et d'après laquelle les constructions appartiennent jusqu'à la fin du bail au preneur, car l'expropriation saisit les droits des parties tels qu'ils existent actuellement (¹).

1365. Quel est l'effet d'une expropriation pour cause d'utilité publique qui n'a pas été opérée régulièrement et, par exemple, n'a pas été précédée des formalités obligatoires?

On admet souvent que cette expropriation cause au preneur un trouble de fait, dont garantie ne lui est pas due (²).

Les développements que nous avons donnés au sujet du trouble causé par un acte de l'administration nous empêchent d'accepter cette opinion; il y a trouble de droit et non pas trouble de fait, lorsque l'administration use d'un prétendu droit qui ne lui appartient pas.

Cependant nous arrivons par une autre voie à la solution qu'on propose.

L'expropriation pour cause d'utilité publique n'est pas un trouble, c'est une destruction; or, si l'expropriation est irrégulière, le preneur a le droit de l'attaquer et la destruction n'est qu'apparente; il n'y a donc pas lieu à garantie.

1366. Les solutions qui précèdent sont applicables aussi dans le cas d'un délaissement amiable fait à l'administration, après une déclaration d'utilité publique (³).

SECTION VIII

RÉSILIATION OU RÉSOLUTION DU BAIL

§ I. *Résiliation par l'accord des parties.*

1367. Rien n'empêche évidemment les parties de mettre fin, par leur accord, au bail avant l'expiration du temps fixé (⁴),

---

(¹) Cette solution a été donnée et ce motif invoqué pour le cas d'un bail emphytéotique. — Cass. req., 22 juin 1885, S., 88. 1. 130.

(²) Guillouard, I, n. 147.

(³) Huc, X, n. 235.

(⁴) Guillouard, I, n. 280.

mais cet accord est nécessaire et la volonté d'un seul ne suffit pas (¹), en dehors du cas où le bail est fait sans durée déterminée (²).

La résiliation, comme le bail lui-même, peut être écrite ou verbale; elle peut même être tacite (³).

Si elle est écrite, elle peut être faite par un acte authentique ou par acte sous seing privé.

Dans ce dernier cas, la résiliation doit être rédigée en double (⁴), conformément à l'art. 1325 : elle constitue, en effet, un contrat synallagmatique, puisque chacune des deux parties abandonne ses droits. Elle doit être signée des deux parties; la résiliation n'est donc pas prouvée par une lettre missive signée de l'une d'elles (⁵).

1368. Si le preneur abandonne l'immeuble loué, la saisie et la mise en vente de ses meubles à la requête du bailleur emportent consentement de ce dernier à la résiliation (⁶). Ce sera une résiliation tacite.

Il en sera de même si le bailleur rentre en possession au su et sans réclamations du preneur (⁷).

On peut également induire la résiliation de ce qu'après un commandement de payer adressé par le bailleur au preneur, et la déclaration faite par ce dernier de sa renonciation au bail, le bailleur fait saisir-gager les meubles du preneur (⁸).

Si l'une des parties offre de résilier le bail en demandant une réponse immédiate, cette offre ne subsiste que pendant le temps nécessaire pour que la réponse lui parvienne (⁹).

(¹) Angers, 3 avril 1818, P. chr., D. Rép., vᵒ Louage. n. 526-2ᵒ. — Caen, 26 janv. 1824, S. chr., D. Rép., vᵒ Louage, n. 526-1ᵒ.

(²) V. supra, n. 1223 s.

(³) Cass., 20 janv. 1862, S., 62. 1. 705. — Cass., 25 mai 1870, S., 71. 1. 91. — Paris, 22 nov. 1897, S., 98. 2. 243, D., 98. 2. 288. — Laurent, XXV, n. 351.

(⁴) Cass., 26 janv. 1831, D. Rép., vᵒ Louage, n. 526. — Laurent, XXV, n. 353 ; Guillouard, I, n. 382.

(⁵) Angers, 3 avril 1818 et Caen, 26 janv. 1824, précités.

(⁶) Cass., 25 mai 1870, S., 71. 1. 91. — Guillouard, I, n. 383.

(⁷) Paris, 22 nov. 1897, S., 98. 2. 243, D., 98. 2. 288.

(⁸) Cass., 20 janv. 1862, S., 62. 1. 705. — Guillouard, I, n. 383.

(⁹) Décidé que l'offre de résiliation accompagnée d'une demande de réponse « par courrier », est implicitement révoquée si la réponse n'est envoyée que quinze jours après. — Dijon, 29 mars 1893, Rev. bourguign. de l'enseign. sup., III, 1893, p. 803.

1369. La résiliation est un contrat ; elle peut donc, comme tous les contrats, être prouvée par les modes de preuve indiqués dans le code civil, et notamment, si le bail n'excède pas 150 fr., s'il y a un commencement de preuve par écrit ou, si l'écrit est perdu, par témoins ([1]) ; la cour de cassation se prononce aujourd'hui en ce sens, après avoir admis l'opinion contraire.

Une autre opinion admet cependant que l'art. 1715, qui limite les moyens de preuve admissibles pour le contrat de bail, est applicable à la résiliation ([2]).

Un seul argument nous paraît suffire pour rejeter ce système : c'est que l'art. 1715 déroge au droit commun et ne peut, par conséquent, être étendu.

Sans doute les considérations qui ont fait introduire l'art. 1715 — difficulté des enquêtes, faible importance pécuniaire du procès — peuvent être invoquées ici avec une égale force ; mais elles n'ont pas moins de valeur dans une multitude d'autres hypothèses auxquelles on ne songe pas à appliquer l'art. 1715.

On objecte encore que, d'après l'opinion générale (à laquelle adhèrent plusieurs partisans de notre opinion), le congé ne peut être prouvé que conformément à l'art. 1715 ; or, dit-on, il n'y a aucune raison de distinguer entre le congé et la résiliation. Mais cette solution est elle-même, comme nous l'avons montré, très contestable.

Le système que nous combattons se montre peu conséquent

([1]) Cass., 4 janv. 1887, S., 87. 1. 57, D., 87. 1. 447 (sol. impl.). L'arrêt d'appel appliquait l'art. 1715. — La cour de cassation, pour rejeter le pourvoi, se contente de dire que les faits invoqués *n'étaient pas pertinents*, et que ce *dernier motif* justifie la décision ; c'est dire, implicitement, qu'en principe, les faits de cette nature, c'est-à-dire les présomptions et les témoins, peuvent être invoqués). — Bordeaux, 3 mai 1872, S., 72. 2. 104, D., 73. 2. 60. — Rouen, 20 août 1881, D., 83. 2. 205. — Pau, 21 mars 1893, S., 93. 2. 168, D., 93. 2. 304. — Aubry et Rau, IV, p. 504, § 369, note 24 ; Laurent, XXV, n. 352 ; Huc, X, n. 279 ; Garsonnet, III, p. 12, § 822, note 3.

([2]) Cass., 21 janv. 1812, S. chr. — Cass., 18 nov. 1861, S., 62. 1. 38, D., 62. 1. 121. — Angers, 3 avril 1818, P. chr., D. *Rép.*, v° *Louage*, n. 526-2°. — Caen, 12 nov. 1883, S., 84. 2. 15, D. (sous Cass., 26 janv. 1885), 85. 1. 234. — Orléans, 8 janv. 1886, sous Cass., 4 janv. 1887, précité. — Montpellier, 10 déc. 1896, *Mon. jud. Midi*, 7 fév. 1897. — Rouen, 16 fév. 1895, *Rec. Rouen*, 95. 103. — Bordeaux, 25 janv. 1898, *Droit*, 23 juill. 1898. — Guillouard, I, n. 381.

avec lui-même, en admettant que la preuve de certains faits manifestant le consentement des parties, et que nous avons indiqués en parlant de la forme de la résiliation, emporte la preuve de la résiliation ([1]). Ces faits, quand ils ne sont pas constatés par écrit, ne peuvent être prouvés que par témoins ou présomptions.

1370. Dans tous les cas, par application du droit commun, la preuve par témoins n'est reçue que jusqu'à 150 fr. (C. civ., 1341).

Au-dessus de 150 fr., le demandeur ne pourrait même pas prouver par témoins des faits matériels, tels que l'abandon des lieux par le preneur et leur reprise par le bailleur ([2]) ; car les faits matériels ne peuvent être prouvés par témoins, au-dessus de 150 fr., que s'ils ne se rattachent pas à une convention, c'est-à-dire ne produisent pas des effets juridiques.

Il faut reconnaître aussi, dans toutes les opinions, qu'une fois la résiliation prouvée, les conditions et clauses de cette résiliation peuvent être établies suivant le droit commun, et notamment par témoins jusqu'à 150 fr. ([3]). Nous renvoyons sur ce point aux développements que nous avons fournis à propos des conditions du bail ([4]).

1371. La résiliation tacite elle-même obéit à ces règles ([5]). On a cependant soutenu qu'elle peut être prouvée, en toute hypothèse, par témoins ([6]). Nous avons combattu une opinion identique proposée à propos du bail tacite : les arguments que nous avons alors invoqués peuvent être reproduits ici.

1372. La résiliation ayant pour résultat une mutation de jouissance comme le bail lui-même, les règles de capacité sont les mêmes qu'en matière de bail.

Le tuteur peut donc sans autorisation résilier un bail ([7]) si,

---

([1]) Cass., 20 janv. 1862, S., 62. 1. 705. — Cass., 25 mai 1870, S., 71. 1. 91. — Guillouard, I, n. 383.

([2]) Cpr. Orléans, 8 janv. 1886, précité.

([3]) Cass., 18 nov. 1861, S., 62. 1. 38, D., 62. 1. 121. — Fuzier-Herman, art. 1715, n. 60.

([4]) V. *supra*, n. 235 s.

([5]) Orléans, 8 janv. 1886, précité.

([6]) *Note*, S., 87. 1. 58.

([7]) Cass. req., 15 nov. 1898, S., 99. 1. 140 (sol. implic.). — Trib. civ. Seine,

au moment de la résiliation, le bail n'a plus une durée inférieure à neuf ans.

Le successible, qui administre la succession avant d'avoir
pris parti, ne peut résilier un bail qu'en cas d'urgence; s'il n'y
a pas urgence, la résiliation fait de lui un héritier (¹).

Au contraire, l'héritier bénéficiaire, ayant tous les droits
d'un administrateur, peut, sans être déchu du bénéfice d'inventaire, résilier un bail (²).

Il a été décidé cependant que l'héritier bénéficiaire ne peut
résilier un bail même avec l'autorisation du tribunal (³). Cela
nous paraît inexact.

Le curateur à la succession vacante a le même droit (⁴).

§ II. *Résolution pour cause d'inexécution des conditions ou par l'arrivée d'une condition résolutoire.*

I. *Causes de résolution.*

1373. Le bail peut être résolu pour cause d'inexécution
des conditions; l'art. 1741 C. civ. porte à cet égard : « *Le
» contrat de louage se résout par le défaut respectif du bail-
» leur et du preneur de remplir leurs engagements* ». V. aussi
l'art. 1766, sur l'obligation de garnir en matière de baux à
ferme. Nous renvoyons, sur ce point, aux développements
que nous avons donnés à propos des diverses obligations du
bailleur et du preneur; nous avons montré que ces obligations sont, pour la plupart, sanctionnées par la résolution du
bail.

Quant aux conditions résolutoires auxquelles la volonté des
parties soumet le bail, elles dépendent de la convention et
ne méritent en général aucune observation particulière.
Nous dirons seulement quelques mots du départ obligatoire

---

6 janv. 1853, cité par Bertin, *Chambre du conseil.* 3ᵉ éd., I, n. 476. — Bertin,
loc. cit.

 (¹) V. notre *Tr. des succ.*, 2ᵉ édit., II, n. 1149.

 (²) V. notre *Tr. des succ.*, 2ᵉ édit., II. n. 1338.

 (³) Trib. civ. Seine, 5 janv. 1850, 4 sept. 1850, 8 juil. 1852, cités par Bertin,
Chambre du conseil, 3ᵉ édit., II, n. 1227. — Bertin, *loc. cit.*

 (⁴) V. notre *Tr. des succ.*, 2ᵉ édit., II, n. 1964.

du preneur, de l'autorisation administrative et du changement de profession du preneur.

1374. En l'absence d'une clause spéciale, l'obligation où se trouve le preneur de quitter la localité dans laquelle il a loué un appartement ne met pas fin au bail ; ce n'est pas là une force majeure l'empêchant d'exécuter son obligation principale, laquelle est de payer le prix.

C'est ce qu'on a décidé pour le démembrement d'un territoire (¹).

1375. Souvent le preneur entend exercer dans l'immeuble une industrie ou un commerce dont l'exercice est subordonné à une autorisation administrative : industrie dangereuse, incommode ou insalubre, négoce de tabacs et de timbres, etc.

L'influence du refus ou du retrait de l'autorisation administrative sur le bail est assez délicate à fixer.

Si l'autorisation administrative est refusée *avant l'entrée en jouissance,* la question est de savoir si le bail prend cependant naissance ou si, au contraire, le refus d'autorisation joue le rôle d'une condition suspensive.

Il va sans dire que la convention des parties est souveraine (²) ; ainsi la clause du bail portant que le preneur obtiendra l'autorisation nécessaire à ses risques et périls empêche que le refus d'autorisation entraîne la résolution du bail (³).

Si le bail est muet, on soutient que le bail ne se forme pas, les parties ayant entendu traiter suivant un certain mode de jouissance (⁴). Cette considération n'est exacte que si l'immeuble était, par sa forme ou son aménagement, nécessairement destiné à l'industrie que le preneur voulait y établir ou si cette destination résultait de l'intention des parties et qu'en outre, dans cette intention, l'industrie projetée ne pût être exercée qu'après autorisation (⁵) ; au cas contraire, le

---

(¹) Paris, 4 juin 1875, *Bull. cour Paris,* 75. 214. — Trib. civ. Seine, 17 juin 1893, *Droit,* 8 juil. 1893. — Vincent et Penaud, *Dict. dr. int.,* vᵒ *Annexion et démembrement,* n. 385. — V. aussi *infra.* n. 1377.

(²) Guillouard, I, n. 152.

(³) Guillouard, I, n. 152. — V. à propos du retrait de l'autorisation, *infra,* n. 1376.

(⁴) Guillouard, I, n. 152 et 153.

(⁵) Troplong, I, n. 234 ; Duvergier, I, n. 404.

bailleur n'a promis que la jouissance et non pas un certain mode de jouissance ([1]). En un mot, nous appliquons la distinction généralement admise au sujet de la garantie due par le bailleur en raison d'actes de l'administration. L'équité, qu'on invoque en sens contraire, ne nous paraît pas de nature à influer sur la question ; s'il est vrai que le preneur a peut-être consenti à payer un loyer supérieur au revenu de l'immeuble dans l'espoir d'y introduire une industrie insalubre ou dangereuse qu'il n'a pas été autorisé à exploiter, le bailleur ne peut néanmoins être rendu responsable du défaut d'autorisation ; le preneur a couru des risques, et la chance aurait pu lui être favorable comme elle lui a été funeste.

Il ne suffira même pas que le bail contienne la mention de l'industrie que le preneur veut exercer, ou fixe le loyer en considération de cette industrie, pour que le refus d'autorisation donne lieu à la garantie ([2]).

A plus forte raison le bail n'est-il pas subordonné à la condition que l'administration accordera, pour certains actes, une autorisation dont le refus nécessiterait simplement des travaux spéciaux ([3]).

1376. Si l'autorisation administrative est retirée *après l'entrée en jouissance,* les principes sont encore les mêmes.

Ainsi on consultera d'abord la convention ([4]). Si elle porte qu'il appartient au preneur de s'assurer le maintien de l'autorisation, le retrait de l'autorisation ne donne pas lieu à garantie ([5]).

A défaut de convention, certains auteurs admettent la résolution ([6]). Nous appliquerons la distinction que nous venons de formuler ([7]).

([1]) Mêmes auteurs. — Huc, X, n. 305.

([2]) Cass., 14 nov. 1827, S. chr., D., 28. 1. 22. (maison de jeu). — Troplong, *loc. cit.*; Duvergier, *loc. cit.*; Fuzier-Herman, art. 1709, n. 72; Huc, X, n. 305. — V. cep. Guillouard, *loc. cit.*

([3]) *Contra* Trib. civ. Marseille, 16 mars 1887, *Rec. d'Aix*, 88. 119 (refus par l'administration de laisser s'écouler à l'air libre les eaux d'un lavoir à laines).

([4]) Guillouard, I, n. 152.

([5]) Cass., 14 avril 1874, S., 75. 1. 317, D., 75. 1. 203 (pour l'établissement d'un tir). — Guillouard, I, n. 152 ; Fuzier-Herman, art. 1722, n. 24.

([6]) Guillouard, I, n. 152 et 153.

([7]) Huc, X, n. 305. — Décidé qu'à supposer que le bail d'une maison de tolérance

1377. Il peut être stipulé que le bail pourra être résilié, soit d'une manière absolue, soit au gré du bailleur ou du preneur, si un événement déterminé se produit, par exemple si l'une des parties cesse sa profession dans un endroit déterminé (¹) ou si le preneur prend telle profession nouvelle.

1378. Si l'une des parties n'exécute pas ses obligations, l'autre partie n'est pas forcée d'exécuter les siennes (²).

Le juge en ce cas prononcera la résolution contre la plus coupable (³).

1379. Tous les baux sont résolubles pour cause d'inexécution des conditions.

Le bail à vie peut lui-même être résolu pour cette cause (⁴) ; on ne peut en effet le considérer comme une constitution de rente viagère.

II. *Manière dont opère la résolution et extinction de l'action.*

1380. La résolution provenant de l'événement d'une condition résolutoire opère de plein droit, conformément au droit commun.

Quant à la résolution pour cause d'inexécution des condi-

---

soit valable, le retrait de l'autorisation d'exploiter cette maison est un fait du prince qui permet au preneur de résilier le bail. Trib. civ. Seine, 13 oct. 1886, *Loi*, 24 oct. 1886.

(¹) Lyon, 11 déc. 1895, S., 96. 1. 279. — Cass. Autriche, 10 fév. 1869, *Journ. dr. int.*, III, 1876, p. 44 (impl.). — Guillouard, II, n. 144. — Cette clause peut être invoquée par le bailleur aussi bien que par le preneur. Cass. Autriche, 10 fév. 1869, précité. — Décidé que la clause résolutoire stipulée pour le cas où le fonctionnaire locataire changerait de résidence ne s'applique pas s'il est mis à la retraite. Lyon, 11 déc. 1895, précité. — Ni s'il est forcé de changer de quartier ou de maison dans la même ville. Rennes, 1ᵉʳ mars 1897, *Rec. Angers*, 97. 209. — V. aussi *supra*, n. 1374.

(²) Orléans, 20 avril 1888, S., 90. 2. 85, D., 89. 2. 247 (il n'y a pas lieu d'appliquer la clause stipulant une résiliation de plein droit à défaut de payement des loyers si le preneur n'a pas eu une jouissance complète). — Orléans, 8 août 1888, D., 89. 2. 247 (même solution si des travaux de réparations n'ont pas été faits). — Dijon, 25 janv. 1893, *Rev. bourg. de l'Enseign. sup.*, III, 1893, p. 808 (le bailleur d'une machine ne peut réclamer le payement des loyers si la machine n'a pu être, à raison des défectuosités de sa construction, d'aucune utilité pour le preneur). — Saleilles et Tissier, *Rev. bourg. de l'Enseign. sup.*, III, 1893, p. 810 ; Guillouard, I, n. 442. — Pour la retenue des loyers, *supra*, n. 328.

(³) Cass. req., 9 janv. 1893, S., 94. 1. 438, D., 93. 1. 120.

(⁴) Dijon, 30 nov. 1892, *Rev. bourguignonne de l'enseign. sup.*, III, 1893, p. 187.

tions, elle constitue une application pure et simple du principe posé en termes généraux, pour les contrats synallagmatiques à titre onéreux, par l'art. 1184.

Elle présente donc les caractères suivants :

Le juge n'est pas forcé de la prononcer.

Il peut accorder un délai à la partie qui n'a pas accompli ses obligations (¹), conformément à l'art. 1244 et comme le rappelle l'art. 1184.

Il peut simplement condamner la partie à exécuter son obligation, si la contravention est peu importante (²); divers articles, notamment l'art. 1729, consacrent implicitement cette solution.

Il peut se contenter, si l'infraction ne lui paraît pas grave, d'allouer à la partie lésée une indemnité pécuniaire (³).

Il peut soumettre la demande à une expertise (⁴) et, pendant la durée de l'expertise, nommer, comme nous le verrons dans notre *Traité du dépôt* (⁵), un séquestre judiciaire.

Mais il peut prononcer la résolution purement et simplement et n'est pas forcé d'y mettre pour condition que le défendeur n'exécutera pas ses obligations (⁶).

Le défendeur peut d'ailleurs empêcher la résolution en exécutant ses engagements, avant que le jugement soit passé en force de chose jugée (⁷).

1381. Conformément à l'art. 1184, la résolution doit être prononcée par le tribunal.

Mais on admet unanimement la validité de la stipulation portant que, faute d'exécution par l'une des parties de ses obligations, le contrat sera résolu de plein droit.

Cette solution est évidemment applicable en matière de location (⁸).

(¹) Douai, 29 déc. 1849, D., 50. 2. 57. — Trib. paix Nogent-sur-Seine, 30 mars 1887, *Loi*, 1ᵉʳ avril 1887. — Guillouard, I, n. 438.

(²) Cass., 18 janv. 1869, S., 69. 1. 304. — Guillouard, I, n. 438.

(³) Cass. req., 9 janv. 1893, S., 94. 1. 438, D., 93. 1. 120.

(⁴) Cass. req., 9 janv. 1893, précité.

(⁵) N. 1271.

(⁶) *Contra* Trib. civ. Bordeaux, 17 fév. 1890, *Rec. de Bordeaux*, 90. 2. 49.

(⁷) Huc, X, n. 339.

(⁸) Cass., 2 juil. 1860, S., 60. 1. 705. — Trib. civ. Seine, 9 janv. 1895, *Gaz. Pal.*,

S'il est simplement dit que le bail sera résolu au cas d'inexécution des conditions, notamment à défaut de paiement d'un terme de loyer, les parties rappellent seulement l'art. 1184, qui reste applicable (¹).

Il en est autrement s'il est dit que « le bail sera résilié de plein droit » (²), ou qu'il sera résilié « de plein droit après commandement » ou « un certain temps après commandement » (³), « ou s'il plait au bailleur après commandement ou un certain temps après commandement » (⁴).

1382. Malgré la clause de résiliation de plein droit, d'après l'opinion générale, si le défaut du paiement des loyers provient de ce que le preneur prétend pouvoir exercer une action en garantie contre le bailleur, la résolution ne doit pas être prononcée (⁵). Cette solution se rattache à l'opinion d'après laquelle le preneur a le droit, dans le cas où il entend exercer une action de ce genre, de retenir tout ou partie des loyers.

D'autre part la résolution fondée sur l'art. 1184 ne peut

---

4 avril 1895. — Guillouard, I, n. 223 et 440; Huc, X, n. 338. — V. aussi les autorités citées aux numéros suivants.

(¹) Bruxelles, 7 août 1811, S. chr. — Colmar, 6 déc. 1814, S. chr. — Paris, 27 mars 1843, S., 43. 2. 259. — Guillouard, I, n. 440; Huc, X, n. 338.

(²) Cass., 2 juil. 1860, S., 60. 1. 705. — Liège, 1ᵉʳ août 1810, S. chr. — Orléans, 9 nov. 1860, S., 61. 2. 144. — Bordeaux, 1ᵉʳ juin 1864, S., 64. 2. 263. — Paris, 11 fév. 1874, S., 74. 2. 197. — Nancy, 16 avril 1877, S., 79. 2. 325. — Paris, 17 oct. 1883, Echo du Palais, 10 nov. 1883 (cité par Guillouard). — Trib. paix Nogent-sur-Seine, 30 mars 1887, Loi, 1ᵉʳ avril 1887. — Aubry et Rau, IV, p. 496, § 369, note 70; Guillouard, I, n. 440. — V. cep. Laurent, XXV, n. 369.

(³) Bourges, 2 nov. 1886, D., 87. 2. 51. — Orléans, 20 avril 1888, S., 90. 2. 85, D., 89. 2. 247. — Paris, 24 mai 1890, Loi, 2 août 1890. — Paris, 11 août 1891, Gaz. Trib., 21 août 1891. — Alger, 7 nov. 1892, D., 93. 2. 294. — Bordeaux, 25 mars 1894, Rec. de Bordeaux, 94. 1. 171. — Paris, 7 juin 1894, Gaz. Trib., 25 sept. 1894. — Paris, 29 juil. 1896, D., 97. 2. 31. — Huc, X, n. 338.

(⁴) Paris, 12 déc. 1891, Gaz. Trib., 12 fév. 1892. — Trib. civ. Seine, 10 août 1892, Gaz. Pal., 92. 2. 546. — Décidé qu'en cas de clause « que le bail pourra être résilié de plein droit à la volonté seule du bailleur après sommation », il faut non seulement une sommation, mais encore un commandement. Rouen, 9 janv. 1890, Gaz. Pal., 90. 1. 597.

(⁵) Cass., 20 janv. 1879, S., 79. 1. 412. — Cass., 3 janv. 1883, S., 84. 1. 432, D., 83. 1. 415 (pouvoir souverain du juge de fait). — Dijon, 28 déc. 1857, S., 58. 2. 141. — Paris, 9 juil. 1887, Pand. franç., 88. 2. 1. — Orléans, 20 avril 1888, S., 90. 2. 85, D., 89. 2. 247. — Cass. belge, 26 juil. 1844, Pasicr., 44. 122, Belg. jud., 45. 600. — Bruxelles, 28 avril 1876, Pasicr., 76. 289. — Aubry et Rau, IV, p. 496. § 369, note 8 : Guénot, Note. Pand. franc., 95. 1. 417; Guillouard, I, n. 442.

être prononcée si le demandeur lui-même n'a pas exécuté ses obligations. Cependant si les infractions du défendeur sont beaucoup plus fortes que celles du demandeur, la résiliation peut être prononcée contre lui (¹).

1383. Une mise en demeure préalable à la demande en résolution n'est pas nécessaire (²), car l'art. 1184 ne l'exige pas ; on ne peut donc objecter que l'exécution forcée de l'obligation doit être nécessairement précédée d'une mise en demeure ; du reste l'assignation en résolution peut être, à la rigueur, considérée comme une mise en demeure.

1384. Si même la résolution est de plein droit, la partie qui a le droit de s'en prévaloir peut y renoncer, et la partie qui n'a pas exécuté ses engagements ne peut exiger que la résolution soit prononcée (³) : ce n'est pas en sa faveur que la clause a été introduite et, dans l'opinion contraire, elle aurait un moyen trop facile de mettre fin à la convention.

Mais aussi, à la suite de la renonciation, la partie qui a manqué à ses engagements s'opposera légitimement à la résolution.

La renonciation peut être tacite, mais elle ne se présume pas (⁴). Elle résulte de ce que le bailleur a, après connaissance de l'inexécution des obligations du preneur, reçu les fermages applicables à une époque postérieure (⁵) ou l'a actionné en paiement de fermages (⁶). Elle ne résulte pas, au contraire, de ce que le bailleur a reçu des loyers appréciables à une période antérieure (⁷).

En dehors d'une renonciation, l'action en résolution, conformément au droit commun, ne se prescrit que par trente ans. On ne peut appliquer à l'action en résolution du bailleur

---

(¹) Huc, X, n. 337.

(²) Cass., 16 mars 1853, S., 53. 1. 361. — Douai, 14 juil. 1843, D. *Rép.*, v° *Louage*, n. 553. — Douai, 24 mars 1847, S., 48. 2. 190. — Douai, 7 mai 1856, S., 57. 2. 209. — Pau, 17 mai 1865, S., 65. 2. 199. — Demolombe, XXIV, n. 544 ; Laurent, XXV, n. 758 ; Guillouard, I, n. 430. — *Contra* Huc, X, n. 337.

(³) Aix, 21 janv. 1864, S., 64. 2. 157. — Guillouard, I, n. 444.

(⁴) Laurent, XXV, n. 372. — Guillouard, I, n. 442. — V. cep. Huc, X, n. 339.

(⁵) Guillouard, I, n. 442.

(⁶) Orléans, 17 janv. 1895, S., 96. 2. 168, D., 96. 2. 93.

(⁷) Huc, X, n. 339.

ni l'art. 717 C. proc. civ., relatif à l'action en résolution du
vendeur d'immeubles en cas de saisie, ni l'art. 550 C. co.,
relatif à l'action en résolution du vendeur de meubles en cas
de faillite, et cela même si le bailleur est, en même temps,
vendeur d'immeubles ou de meubles (¹).

III. *Effets de la résolution.*

1385. En ce qui concerne l'avenir, la résolution est définitive et le bail cesse, soit par application de la convention qui
a décidé que la résolution aurait lieu de plein droit, soit en
raison de la force qui s'attache à la chose jugée.

En conséquence, la partie contre laquelle la résolution a été
prononcée ne peut en arrêter le cours par l'offre de remplir
ses engagements et notamment par des offres réelles portant
sur les loyers échus et dus par le preneur (²).

Le bailleur devra restituer les loyers qu'il aura touchés à
l'avance et qui seront applicables à la période non échue (³).
On considère même avec raison que le pot-de-vin, étant une
partie du prix payée d'avance(⁴), doit être restitué proportionnellement à la portion de la jouissance qui n'a pas eu lieu (⁵).

De son côté, le preneur a droit au remboursement des
dépenses faites, suivant les règles que nous avons développées. Le fermier, en cas de résiliation avant la récolte, peut
réclamer le prix de ses labours et semences (⁶).

(¹) Jugé cependant qu'en cas de faillite, le vendeur d'un fonds de commerce
qui perd son droit de résolution conformément à l'art. 550 C. com., perd en même
temps son droit de résolution en ce qui concerne le bail des lieux où s'exploite le
fonds vendu. — Cass. civ., 24 déc. 1889, S., 91. 1. 455, D., 90. 1. 161. — Paris,
21 juil. 1842, D. *Rép.*, v° *Faillite*, n. 1042. — *Contra* Paris, 24 août 1839, S., 39. 2.
533, D. *Rép.*, v° *Faillite*, n. 1041-1° et 1042.

(²) Cass., 11 janv. 1865, S., 65. 1. 239. — Bourges, 15 juin 1812, S. chr. — Guillouard, I, n. 445.

(³) Cass., 19 janv. 1863, S., 63. 1. 185, D., 63. 1. 248. — Guillouard, I, n. 445.

(⁴) V. *supra*, n. 192 s., 904 s.

(⁵) Douai, 28 juin 1839, S., 46. 2. 64 (en note), D. *Rép.*, v° *Louage*, n. 111-1°. —
Douai, 30 déc. 1839, S., 46. 2. 64 (en note), D. *Rép.*, v° *Louage*, n. 111-2°. —
Douai, 7 nov. 1845, S., 46. 2. 64, D. *Rép.*, v° *Louage*, n. 543 (il s'agissait de l'expi-
ration par le décès. — V. *supra*, n. 1267). — Toullier, XII, n. 408; Proudhon, *Tr. de
l'usuf.*, III, n. 1219; Rolland de Villargues, v° *Bail*, n. 172; Duranton, XIV, n. 312;
Laurent, XXV, n. 378; Guillouard, I, n. 445; Fuzier-Herman, art. 1709, n. 28.

(⁶) Trib. civ. Amiens, 26 déc. 1890, *Rec. Amiens*. 91. 151.

La partie contre laquelle la résolution est prononcée peut être condamnée à payer des dommages-intérêts, conformément à l'art. 1184 ([1]). Il va sans dire que, si la résiliation est prononcée pour un fait qui ne suppose la faute d'aucune des deux parties, il ne sera pas dû de dommages-intérêts ([2]).

Nous avons fait de ces principes diverses applications; ils sont reproduits par l'art. 1760, que nous avons commenté à propos de la perte ([3]).

Si la résolution est prononcée contre le bailleur, on décide qu'il doit à titre de dommages-intérêts rembourser au preneur les frais d'acte et les droits d'enregistrement payés par ce dernier ([4]); cela nous paraît très douteux.

Le preneur contre lequel la résiliation est prononcée doit au bailleur des dommages-intérêts représentant la privation de loyers pendant le temps qui est réputé être nécessaire pour une relocation ([5]).

1386. En ce qui concerne le passé, la résolution produit des effets rétroactifs et, suivant le langage de l'art. 1183, « remet les choses au même état que si l'obligation n'avait pas existé » ([6]).

Notamment la résolution du bail, comme toute résolution, entraîne la résolution des actes passés par la partie contre laquelle elle est prononcée ([7]).

Ainsi la sous-location consentie par le preneur est résolue ([8]).

---

[1]) Guillouard, I, n. 447.

[2]) Ainsi le preneur ne devra aucune indemnité pour le temps nécessaire à la relocation. — Trib. civ. Charleroi, 1er mars 1878, Pasicr., 79. 3. 20. — Huc, X, n. 354.

[3]) V. *supra*, n. 345 s.

[4]) Cass., 19 janv. 1863, S., 63. 1. 185, D., 63. 1. 248. — Guillouard, I, n. 447.

[5]) Trib. civ. Seine, 31 déc. 1886, *Loi*, 16 janv. 1887.

[6]) Guillouard, I, n. 445.

[7]) *Contra* Trib. civ. Angoulême, 1er avril 1889, *Loi*, 28 mai 1889.

[8]) Cass., 27 mai 1872, S., 73. 1. 454. — Cass., 21 juill. 1873, S., 73. 1. 454. — Rennes, 18 nov. 1810, S. chr. — Bordeaux, 25 juill. 1844, S., 45. 2. 42. — Angers, 11 janv. 1890, *Gaz. Pal.*, 90. 1. 275 (donc le sous-preneur de la chasse qui continue à chasser commet un délit de chasse). — Lyon, 18 nov. 1891, *Mon. jud. Lyon*, 9 déc. 1891. — Paris, 20 juill. 1896, D., 97. 2. 31. — Poitiers, 13 févr. 1899, *Gaz. Pal.*, 99. 1. 554. — Trib. civ. Lyon, 15 juin 1881, *France jud.*, 81-82, p. 122. — Trib. civ. Marseille, 10 juin 1886, *Rec. d'Aix*, 87. 22. — Trib. civ. Seine, 2 nov.

On peut en dire autant de la cession du bail (¹).

Il est vrai que l'acquéreur dont le titre est résolu a pu valablement consentir un bail; mais la situation du preneur n'est pas celle d'un acquéreur; un propriétaire a le droit et le devoir d'administrer, de sorte que le bail qu'il consent peut être qualifié d'acte nécessaire; on ne peut évidemment en dire autant du preneur.

Certains auteurs (²) font une autre réponse; le bailleur, disent-ils, a voulu louer sa chose en bloc; il est inadmissible qu'on l'oblige à morceler sa jouissance et à reprendre une partie de sa chose en laissant l'autre entre les mains d'un tiers, et à accepter peut-être une diminution de la valeur locative de son immeuble. Cette considération est loin d'être décisive; car elle peut être également invoquée au profit du vendeur qui, par la résolution de la vente, redevient propriétaire d'un immeuble; d'un autre côté, elle conduirait à dire que la sous-location ou la cession portant sur la totalité de l'immeuble restent valables malgré la résolution du droit du preneur; or c'est là une distinction contraire à l'unité du principe et que personne n'a jamais proposée.

Notre solution n'en est pas moins certaine, et c'est à tort qu'on lui a opposé l'existence de l'action directe entre le bailleur et le sous-preneur; en admettant que cette action directe existe, il n'en résulte pas que le sous-locataire puisse échapper à la résolution, car le sous-locataire n'a, en tout cas, que des droits secondaires, qui dépendent du droit du preneur. L'existence de l'action directe entre le bailleur et le sous-preneur n'empêche certes pas que la nullité du bail entraîne la nullité du sous-bail; pourquoi la résolution aurait-elle des effets différents?

1893, *Loi*, 6 déc. 1893 (défaut de payement des loyers). — Trib. simple police Mont-Saint-Vincent, 1ᵉʳ déc. 1893, *Mon. just. de paix*, 94. 176. — Bruxelles, 11 janv. 1865, *Pasicr.*, 66. 2. 247. — Troplong, II, n. 544 s.; Larombière, art. 1183, n. 17; Aubry et Rau, IV, p. 498, § 369, note 15; Guillouard, I, n. 345 et 448; Huc, X, n. 285. — *Contra* Duvergier, I, n. 539; Fuzier-Herman, art. 1709, n. 54 (c'est par erreur que ce dernier auteur prétend que l'opinion commune admet le maintien de la sous-location).

(¹) Paris, 22 juin 1894 (motifs), D., 95. 2. 71.

(²) Guillouard, I, n. 345.

Les sous-baux et cessions de baux sont résiliés alors même qu'ils ont été faits avec l'autorisation du bailleur ([1]).

Mais il va sans dire que ce dernier peut renoncer explicitement ou implicitement à l'action en résiliation ([2]).

De ce que la résolution des droits du sous-preneur est la conséquence légale de la résolution des droits du preneur, il suit que le sous-preneur ne peut fonder sur sa résolution une action en dommages-intérêts contre le bailleur ([3]).

1387. Mais le bail est maintenu dans les rapports entre le preneur et le sous-preneur ([4]), car le premier a contracté l'obligation de faire jouir le second jusqu'à l'expiration du sous-bail ; il lui doit donc des dommages-intérêts pour cause d'éviction ([5]), à moins qu'il ne l'ait prévenu de la cause de nullité ou de résiliation ([6]).

1388. C'est le jour même où le bail a pris fin que le sous-preneur ou cessionnaire peut être expulsé, si le bail est arrivé au terme normal de son expiration. Mais il en est autrement si le bail s'est terminé d'une manière anticipée, par un événement que le sous-preneur n'a pu prévoir ; en ce dernier cas, ce dernier, étant en jouissance régulière, doit être assimilé à un locataire vis-à-vis duquel le propriétaire a le droit de résilier le bail à son gré ; il ne peut être forcé à quitter l'immeuble qu'après un congé donné dans les délais ordinaires ([7]).

1389. La cession ou le sous-bail étant anéantis par la cessation du bail, le cessionnaire ou sous-preneur qui reste en possession, en vertu du consentement exprès ou tacite du bailleur, est le locataire verbal de ce dernier ([8]).

([1]) Trib. civ. Marseille, 10 juin 1886, *Rec. d'Aix*, 87. 22.

([2]) Ainsi en est-il si le bailleur continue à présenter au sous-preneur les quittances de loyer. Il a été décidé que si le sous-preneur a payé d'avance les loyers sur des quittances visées par le propriétaire, il peut rester en jouissance pour le temps auquel ce loyer est applicable. — Trib. civ. Marseille, 10 juin 1886, précité.

([3]) Cass., 21 juil. 1873, S., 73. 1. 454. — Guillouard, I, n. 345.

([4]) Eck, *Holtzendorff's Rechtslexikon*, v° *Aftermiethe*.

([5]) Trib. civ. Seine, 2 nov. 1893, *Loi*, 6 déc. 1893.

([6]) Trib. civ. Seine, 2 nov. 1893, précité (preneur qui est sous le coup d'une résiliation pour défaut de paiement des loyers).

([7]) Trib. paix Paris, 28 mars 1895, *Loi*, 13 avril 1895.

([8]) Paris, 14 fév. 1895, *Gaz. Pal.*, table, 1er semestre 1895, v° *Bail*, n. 20.

1390. La résolution du bail laisse intacts, par exception, le sous-bail ou la cession de bail, si, dans le bail ou dans tout autre acte, le bailleur a convenu que le preneur principal deviendrait, en cas de cession ou de sous-bail, étranger au bailleur qui ne conserverait de rapports juridiques qu'avec le sous-preneur ou cessionnaire.

Mais il en est autrement s'il a été simplement convenu que le preneur principal serait la caution du sous-preneur ou cessionnaire ([1]) ; sans doute le cessionnaire ou sous-preneur devient alors l'obligé principal du bailleur ; mais le bailleur n'a voulu dégager de ses obligations le preneur principal que dans la mesure où il pouvait le faire sans mettre ses propres droits en péril ; il n'a pas effacé et n'a pas entendu effacer complètement le bail principal, dont le sous bail ou la cession restent une dépendance.

1391. Le principe que la résolution est rétroactive, subit des restrictions fondées sur l'idée que le bail est un contrat successif, c'est-à-dire que les loyers stipulés correspondent à la jouissance, laquelle est un fait matériel et ne peut être détruite rétroactivement.

Ainsi le bailleur percevra les loyers applicables à la jouissance écoulée ; il peut même réclamer ceux de ces loyers qui n'auront pas été payés ([2]).

SECTION IX

ANNULATION, RESCISION OU RÉSOLUTION DU TITRE DU BAILLEUR

1392. Nous avons montré plus haut que le bail consenti par un propriétaire sous condition résolutoire ne tombe pas par la résolution du droit du bailleur, le propriétaire sous condition résolutoire ayant la faculté d'administrer, c'est-à-dire de faire des baux irrévocables ([3]) ; il n'en est autrement que dans des hypothèses exceptionnelles ([4]).

([1]) *Contra* Paris, 22 juin 1894, D., 95. 2. 71.

([2]) Dijon, 30 nov. 1892, *Rev. bourguign. du l'enseign. sup.*, III, 1893, p. 187. — Guillouard, I, n. 445 et 446. — V. *infra*, n. 1393.

([3]) V. *supra*, n. 83 s.

([4]) V. *supra*, n. 83 s., 91 s.

Au contraire, aucun texte ne donne le droit d'administrer au propriétaire dont le titre est entaché de nullité ; le bail qu'il consent tombe, par conséquent, après que l'annulation a été prononcée dans des conditions qui la rendent opposable au preneur [1].

1393. La résolution du bail consenti par un bailleur dont le titre est annulé ou résolu ne produit, comme toute autre résolution [2], ses effets, en ce qui concerne les loyers dus ou payés que pour l'avenir [3], les loyers antérieurs au jour où la résolution est prononcée correspondant à la jouissance du preneur et devant lui servir de rémunération.

[1] Orléans, 13 juil. 1892, S., 95. 2. 134, D., 93. 2. 329 (bail d'un brevet d'invention).

[2] V. *supra*, n. 1391.

[3] Orléans, 13 juil. 1892, précité. — Fuzier-Herman, art. 1709, n. 92.

FIN DU TOME PREMIER

TABLE DES MATIÈRES

CONTENUES DANS LE TOME Ier

CHAPITRE PRÉLIMINAIRE

DÉFINITIONS

TITRE PREMIER

DU LOUAGE DES CHOSES

CHAPITRE PREMIER

DISTINCTION DU BAIL AVEC D'AUTRES ACTES ET CONTRATS. ACTES QUI
CONSTITUENT DES BAUX

CHAPITRE II

CARACTÈRES DU LOUAGE DE CHOSES

CHAPITRE III

DES PROMESSES DE LOCATION

CHAPITRE IV

INTERPRÉTATION DU BAIL

CHAPITRE V

MODALITÉS DU BAIL

CHAPITRE VI

CONDITIONS DE VALIDITÉ DU BAIL

SECTION PREMIÈRE

DU CONSENTEMENT ET DE SES VICES

SECTION II

CAPACITÉ ET POUVOIR EN MATIÈRE DE BAIL

§ I. Bailleur.

I. Des personnes qui ont le pouvoir et la capacité de faire un bail

II. *Effets, après la fin de l'administration, du bail consenti par un administrateur.*

A. Opposabilité au propriétaire.

B. Conditions et durée du maintien du bail.

a. *Date certaine.*

b. *Absence de fraude.*

c. *Absence d'indivisibilité avec une convention.*

SECTION IV

SANCTION DES CONDITIONS DE VALIDITÉ

§ I. *Nullité ou réductibilité du bail.*

§ II. *Personnes qui peuvent demander la nullité ou la réduction et époque à partir de laquelle elles peuvent le faire.*

CHAPITRE VII

FORMES DU BAIL

CHAPITRE VIII

PREUVE EN MATIÈRE DE BAIL

SECTION PREMIÈRE

PREUVE DE LA PROMESSE DE BAIL

SECTION II

PREUVE DU BAIL

§ I. *Cas où le bail est fait par écrit.*

§ II. *Cas où le bail est verbal.*

I. *Du bail verbal dont l'exécution n'est pas commencée.*

SECTION III

PREUVE DE L'ÉTENDUE DU BAIL ET DES OBJETS SUR LESQUELS IL PORTE

SECTION IV

PREUVE DES CLAUSES ET CONDITIONS DU BAIL

§ I. *Bail écrit.*

SECTION VIII

DE L'ÉTAT DES LIEUX

SECTION IX

DES BAUX AUXQUELS S'APPLIQUENT LES TEXTES RELATIFS A LA PREUVE DU BAIL

CHAPITRE IX

OBLIGATIONS DU BAILLEUR

SECTION PREMIÈRE

OBLIGATION DE DÉLIVRER LA CHOSE

§ I. *Etat dans lequel la chose doit être délivrée.*

§ II. *Époque de la délivrance ou de l'entrée en jouissance.*

§ III. *De l'endroit où se fait la délivrance.*

§ IV. *Frais de la délivrance.*

§ V. *Sanction de l'obligation de délivrance.*

§ VI. *Des baux auxquels s'applique l'obligation de délivrance.*

SECTION II

OBLIGATION D'ENTRETENIR LA CHOSE. — RÉPARATIONS

SECTION III

OBLIGATION DE FAIRE JOUIR PAISIBLEMENT LE PRENEUR

§ I. *Garantie de la perte de la chose.*

SECTION II

OBLIGATION DE GARNIR L'IMMEUBLE LOUÉ

SECTION III

OBLIGATION D'ENGRANGER DANS LES LIEUX A CE DESTINÉS

SECTION IV

OBLIGATION DE JOUIR EN BON PÈRE DE FAMILLE

SECTION V

OBLIGATION DE NE PAS CHANGER LA FORME DE LA CHOSE

SECTION IX

SECTION X

SECTION XI
OBLIGATIONS RELATIVES AUX RÉPARATIONS

SECTION XV

OBLIGATION DE CONSERVER ET DE RESTITUER LA CHOSE

§ I. *État dans lequel la chose doit être restituée.*

§ II. *Restitution des pailles et engrais.*

§ VI. *Clauses modifiant la responsabilité.*

§ VII. *Effets de la réforme opérée par le nouvel art. 1734, sur les conventions antérieures à sa promulgation.*

SECTION XVII

DES GARANTIES ACCORDÉES AU BAILLEUR POUR L'EXÉCUTION DES OBLIGATIONS DU PRENEUR

CHAPITRE XII

DROITS ET OBLIGATIONS DES PARTIES VIS-A-VIS DES TIERS

CHAPITRE XIII

DROITS ET DEVOIRS RESPECTIFS DU FERMIER ENTRANT
ET DU FERMIER SORTANT

CHAPITRE XIV

DES CESSIONS DE BAIL ET DES SOUS-LOCATIONS

SECTION PREMIÈRE

VALIDITÉ DES CESSIONS ET SOUS-LOCATIONS. DISTINCTION ENTRE LA CESSION ET LA SOUS-LOCATION

SECTION II

CAPACITÉ EN MATIÈRE DE SOUS-LOCATION ET DE CESSION DE BAIL

SECTION III

PREUVE DU SOUS-BAIL ET DE LA CESSION DE BAIL

SECTION IV

DES CHOSES ET DES BAUX QUI PEUVENT DONNER LIEU A UNE CESSION OU SOUS-LOCATION

SECTION V

DES FORMALITÉS ET DES CONDITIONS AUXQUELLES EST SOUMISE LA FACULTÉ DE CÉDER OU DE SOUS-LOUER

SECTION VI

EFFETS DE LA SOUS-LOCATION ET DE LA CESSION VALABLES

§ I. *Rapports du preneur avec le sous-preneur ou le cessionnaire.*

§ II. *Rapports entre le bailleur et le preneur principal.*

§ III. *Rapports du bailleur avec le cessionnaire ou le sous-locataire.*

I. *Cessionnaire.*

II. *Sous-preneur.*

CHAPITRE XVI

DE LA FIN DU BAIL ET DE L'INFLUENCE DES ÉVÉNEMENTS POSTÉRIEURS SUR LE BAIL

SECTION PREMIÈRE

EXPIRATION DE LA DURÉE DU BAIL. — CONGÉ

§ Ier. *Des conventions licites et illicites au sujet du bail.*

SECTION II

MORT DES PARTIES

SECTION III

FAILLITE, LIQUIDATION JUDICIAIRE ET DÉCONFITURE DU PRENEUR

SECTION IV

VENTE OU TRANSMISSION DE LA CHOSE LOUÉE

§ I. *Historique. — Enumération des baux qui sont opposables à*
l'acquéreur.

§ III. *Limites dans lesquelles l'acquéreur doit respecter le bail qui lui est opposable. Droits et obligations de l'acquéreur, du bailleur et du preneur.*

§ IV. *Droits du preneur expulsé contre le bailleur ou l'acquéreur.*

§ II. *Rapports entre le bailleur et le preneur.*

SECTION VIII
RÉSILIATION OU RÉSOLUTION DU BAIL

§ I. *Résiliation par l'accord des parties.*

§ II. *Résolution pour cause d'inexécution des conditions ou par l'arrivée d'une condition résolutoire.*

I. *Causes de résolution.*

TABLE

DES TEXTES DE LOIS

EXPLIQUÉS DANS LE TOME I⁽ᵉʳ⁾

I. CODE CIVIL

II. CODE DE PROCÉDURE CIVILE

III. CODE DE COMMERCE

IV. CODE PÉNAL

IV. LOIS SPÉCIALES

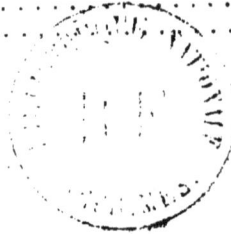

23,536. — Bordeaux, Y. Cadoret, impr., rue Poquelin-Molière, 17.